2011
中国文学艺术界联合会年鉴

China Federation of Literary and Art Circles Yearbook

《中国文学艺术界联合会年鉴》编委会

新 华 出 版 社

图书在版编目（CIP）数据

中国文学艺术界联合会年鉴. 2011/《中国文学艺术界联合会年鉴》编委会编.–北京：新华出版社，2011.12
ISBN 978-7-5011-9864-1

Ⅰ. ①中… Ⅱ. ①中… Ⅲ. ①中国文学艺术界联合会–2011–年鉴 Ⅳ. ① I2–232

中国版本图书馆CIP数据核字（2011）第278481号

中国文学艺术界联合会年鉴（2011）

责任编辑：梁秋克　王晓娜
特约编辑：朱德生
封面设计：朱　江
出 版 发 行：新华出版社
地　　址：北京市石景山区京原路8号
网　　址：http://press.xinhuanet.com
邮　　编：100040
经　　销：新华书店
广告总代理：北京厚积广告有限责任公司
印　　刷：北京盛通印刷股份有限公司
成 品 尺 寸：201mm×285mm　1/16
印　　张：44.125印张
彩 色 插 页：11.375印张
字　　数：1242千字
版　　次：2012年2月第1次
印　　次：2012年2月北京第1次印刷
书　　号：ISBN 978-7-5011-9864-1
定　　价：360.00元

本社购书热线：(010)63077112

《中国文学艺术界联合会年鉴》（2011）
编辑委员会

王守明　中国文联离退休干部局局长
黄啟钧　中国文联机关服务中心主任兼办公厅副主任
向云驹　中国艺术报社社长兼中国文联文艺资源中心主任
赵文民　中国文联文艺研修院副院长
姜　昆　中国文学艺术基金会秘书长
郁钧剑　中国文联演艺中心主任、中国文联国内联络部巡视员
季国平　中国戏剧家协会分党组书记、驻会副主席
康健民　中国电影家协会分党组书记、驻会副主席
徐沛东　中国文联副主席，中国音乐家协会分党组书记、驻会副主席
吴长江　中国美术家协会分党组书记、驻会副主席
董耀鹏　中国曲艺家协会分党组书记、驻会副主席
冯双白　中国舞蹈家协会分党组书记、驻会副主席
罗　杨　中国民间文艺家协会分党组书记、驻会副主席
赵长青　中国书法家协会分党组书记、驻会副主席
邵学敏　中国杂技家协会分党组书记、驻会副主席兼秘书长
张彦民　中国电视艺术家协会分党组成员、副秘书长
朱明德　北京市文联副主席
孙福海　天津市文联党组书记、秘书长
赵景之　河北省文联党组书记、副主席
王金喜　内蒙古自治区文联党组书记
宋新柱　山西省文联党组书记、常务副主席
郭兴文　辽宁省文联主席、党组副书记
尹爱群　吉林省文联党组书记、副主席

傅道彬 黑龙江省文联主席

杨益萍 上海市文联专职副主席

王慧芬 江苏省文联党组书记、常务副主席、书记处第一书记

黄先钢 浙江省文联党组成员、副主席、书记处书记

庄保斌 安徽省文联党组书记、副主席、书记处第一书记

范碧云 福建省文联党组书记、副主席、书记处书记

郜海镭 江西省文联党组书记、常务副主席

于钦彦 山东省文联党组书记、副主席

马国强 河南省文联主席

刘永泽 湖北省文联党组书记、常务副主席

江学恭 湖南省文联党组书记、副主席

白　洁 广东省文联党组书记、专职副主席

赵如锋 广西壮族自治区文联党组成员、副主席

朱寒松 海南省文联作协党组书记、省文联主席

黄启国 四川省文联党组书记、常务副主席

王　超 重庆市文联党组书记、副主席

李碧川 贵州省文联党组书记、副主席

郑　明 云南省文联主席、党组书记

王能生 西藏自治区文联党组成员、副主席

刘　斌 陕西省委宣传部副部长、陕西省文联党组书记、常务副主席

马少青 甘肃省文联党组书记、副主席，甘肃省书法家协会主席

刘　伟 宁夏回族自治区文联党组成员、副主席

张　民 青海省文联副主席

《中国文学艺术界联合会年鉴》（2011）
编 辑 部

主　任：

夏朝华

副主任：

梁秋克

刘尚军

成　员：

谢　力　余　宁　武震鑫　杨玉飞

胡英军　吕　骥　刘亚广　张　杭

张子杰　吴　辰

《中国文学艺术界联合会年鉴》(2011)

撰稿人

（同年鉴目录中单位排序）

谢　力	胡英军	张　杭	霍旭升	赵玉秀
暴淑艳	高庆春	李翌辰	朱孟宇	朱丽华
闫少非	焦　铎	李　华	林德源	余　宁
程翔宇	李亚菁	张　跃	林　琳	颖　莲
于　辉	王仁刚	张潇羽	黄　群	熊晓晖
谢桂华	徐岫鹃	刘　清	吴砚华	陈　瑾
吴川淮	王　芳	郭云鹏	王军强	窦风华
陈　双	刘乃奎	储天宝	张罗义	张海莺
田　晓	于　双	盖秀臣	丰　收	魏　薇
吴建勤	郑思奇	黄　新	张　杰	王幼丽
徐渊明	张娜娜	毛　杰	刘多斌	李甲杰
王涘海	刘　莹	何述强	温航军	王　彦
戴　洁	李　雯	赵　旭	李　琦	何见远
郭长春	王联仁	陈永秀	刘　彦	修忠一
周康芬	吕燕华	李志强	徐　迅	张晓京
田慕周	吴安民	李传珠	王　丹	戴东英

《中国文学艺术界联合会年鉴》(2011)

工作人员

耿志海	王　强	王　佳	李爱金	李立增
杨　雪	杨培培	杨小燕	王　君	

《中国文学艺术界联合会年鉴》(2011)
核 稿 人 员

重要讲话及文献：朱丽华、魏　宁

重要会议：李培隽

品牌活动：李培隽、董占顺

重大活动：李培隽、董占顺

文化名人纪念活动：李培隽

全国性文艺大奖、艺术节：李培隽

会议与活动：李培隽

对外及对港澳台地区文化交流：董占顺

理论研究：朱丽华、魏　宁

出版管理：郑会林、霍旭升、赵玉秀

权益保障：暴淑艳

社团管理：李培隽

机关建设：郑希友、焦　铎、潘和平、杨玉飞

中国文联机关服务中心：鲍次立

中国艺术报社：康　伟

中国文联文艺学校：赵文民

中国文学艺术基金会：雷　彤

中国文联演艺中心：薛　岚

中国剧协：林　琳

中国影协：柳秀文

中国音协：王建国、张大勇

中国美协：刘　建

中国曲协：曲华江、黄　群

中国舞协：熊晓晖

中国民协：谢桂华、徐岫鹃

中国摄协：刘　清

中国书协：吴川淮

中国杂协：郭云鹏

中国视协：李克琴、宋亚丽

北京文联：窦风华、仇洪剑

天津文联：陈　双

河北文联：张罗义

山西文联：崔莹玺、张海莺

内蒙古文联：田　晓

辽宁文联：金　芳

吉林文联：盖秀臣

黑龙江文联：丰　收

上海文联：胡晓军

江苏文联：刘　杰
浙江文联：黄先钢
安徽文联：黄　新
福建文联：王幼丽
江西文联：曹　杭
山东文联：王德斌
河南文联：董焕琳
湖北文联：刘多斌、郑保纯
湖南文联：王涘海
广东文联：曹利祥、孙秋峰
广西文联：何述强
海南文联：温航军
重庆文联：王　彦
四川文联：杨时川
贵州文联：徐凡军
云南文联：李　琦、袁　皓、卢　亚
西藏文联：何见远
陕西文联：黄道峻
甘肃文联：王联仁
青海文联：陈永秀
宁夏文联：刘　伟
新疆文联：修忠一
新疆生产建设兵团文联：周康芬
中国石油文联：康胜利
中国铁路文联：袁瑞伦
中国煤矿文联：徐　迅
中国电力文协：张晓京
中国水利文协：吴安民
中国化工文联：曹恒武
中国石化文联：王　丹
全国公安文联：戴东英

《中国文学艺术界联合会年鉴》（2011）
编 辑 说 明

一、《中国文学艺术界联合会年鉴》（以下简称《中国文联年鉴》）由中国文学艺术界联合会（以下简称中国文联）主办，中国文联、新华出版社联合编辑出版。《中国文联年鉴》是一部全面反映我国文联系统工作情况的综合性年刊，创刊于2007年，面向全国发行。本卷为第五卷。

二、《中国文联年鉴》以邓小平理论和"三个代表"重要思想为指导，认真贯彻落实党的十七大精神，全面落实科学发展观，力求全面、准确、客观、真实地反映中国文联及各团体会员全年工作成就、事业发展状况和总体工作情况，以发挥年鉴的资治、宣传、交流、存史作用，总结经验、加强交流，不断开创文联工作新局面。

三、《中国文联年鉴》内容主要有：重要讲话、文献，重要会议、活动，联络、协调、服务，中国文联各团体会员工作情况，中国文联大事记等。《中国文联年鉴》内容翔实、数据准确、覆盖面广、史料性强，是中国文联各团体会员及相关部门、单位必备的参考工具书。

四、《中国文联年鉴》采用篇目、类目、分目、条目四级编辑体例，并分别以不同字体、字号加以区分，条目为本年鉴内容的基本载体。

五、文联工作与发展情况是本刊的主要内容，着重在以下篇目中反映：

《重要讲话、文献，重要会议、活动》：中央、上级主管部门领导同志和中国文联主要领导关于文联工作的重要讲话，有关重要文献，中国文联的重要会议、具年度特色或品牌意义的重要活动，以及文艺界名人纪念活动等。

《联络、协调、服务》：中国文联及各团体会员开展的重要工作。

《中国文联各团体会员单位（一）》：中国文联所属全国各文艺家协会开展的主要工作。

《中国文联各团体会员单位（二）》：与中国文联有业务指导关系的其他团体会员的主要工作。

《中国文学艺术界联合会大事记》：对中国文联在2010年度所开展重要工作的记录。

《中国文联年鉴》主要内容由中国文联各团体会员、中国文联机关及各直属单位提供。

《附录》：各省（区、市）所辖市、县文联的有关情况（文字内容由新华出版社联系收录）。

Content

目　录

重要讲话及文献，重要会议、活动

特　载

重要讲话及文献

重要会议

品牌活动

重大活动

文化名人纪念活动

联络、协调、服务

全国性文艺大奖、艺术节

会议与活动

对外及对港澳台地区文化交流

理论研究

出版管理

权益保障

社团管理

机关建设

中国文联机关服务中心

中国艺术报社

中国文联艺术学校

中国文学艺术基金会

中国文联演艺中心暨中联百花文化艺术有限公司

中国文联各团体会员(一)

中国戏剧家协会

中国电影家协会

中国音乐家协会

中国美术家协会

中国民间艺术家协会

中国摄影家协会

中国书法家协会

中国杂技家协会

中国电视艺术家协会

中国文联各团体会员（二）

北京市文联

天津市文联

河北省文联

山西省文联

内蒙古自治区文联

辽宁省文联

吉林省文联

黑龙江省文联

上海市文联

江苏省文联

浙江省文联

安徽省文联

福建省文联

江西省文联

山东省文联

河南省文联

湖北省文联

湖南省文联

广东省文联

广西壮族自治区文联

海南省文联

重庆市文联

四川省文联

贵州省文联

云南省文联

西藏自治区文联

陕西省文联

甘肃省文联

青海省文联

宁夏回族自治区文联

新疆维吾尔自治区文联

新疆生产建设兵团文联

中国石油文联

中国铁路文联

中国煤矿文联

中国电力文协

中国水利文协

中国化工文联

中国石化文联

全国公安文联

2010年中国文学艺术界联合会大事记

附　录

索引

彩色插页

第一部分

第二部分

第三部分

第四部分

第五部分

第六部分

中国文艺家之家落成并投入使用

1. 1月，中国文艺家之家落成投入使用。图为中国文艺家之家外景。

中央领导同志视察中国文艺家之家

1. 2月7日，中共中央政治局常委李长春和中共中央政治局委员、中央书记处书记、中宣部部长刘云山，中共中央政治局委员、国务委员刘延东等党和国家领导人亲临中国文艺家之家视察、指导工作，传达胡锦涛总书记、温家宝总理的重要指示，与文艺家和文艺工作者亲切座谈，并发表重要讲话。

2. 2月7日，中共中央政治局常委李长春和中共中央政治局委员、中央书记处书记、中宣部部长刘云山，中共中央政治局委员、国务委员刘延东等党和国家领导人亲临中国文艺家之家视察、指导工作。

中国文联八届五次全委会

1. 1月15日，中国文联第八届主席团第五次会议在京举行。
2~3. 中国文联第八届主席团第五次会议现场。

4 | 5 | 6

4. 1月16日至17日，中国文联第八届全国委员会第五次会议在京召开。全国政协副主席、中国文联主席孙家正主持会议。
5. 中国文联党组书记、副主席胡振民做工作报告。
6. 在中国文联第八届全国委员会第五次会议上，委员们举手表决相关事宜。

中国文联八届六次全委会

1. 5月6日，中国文联第八届全国委员会第六次会议在京召开。

2. 在中国文联第八届全国委员会第六次会议上，全国政协副主席、中国文联主席孙家正投票增选中国文联副主席和主席团委员。

中国文学艺术界2010春节大联欢
百花迎春——

1	2
3	4
	5
6	

1. 1月16日，中国文学艺术界2010春节大联欢在京举行。图为联欢会豪华主持阵容。
2. 于魁智、孟广禄、李胜素、袁琴演唱京剧《荷花赋》。
3. 幺红等演唱《颂歌献给毛主席》。
4. 青年女歌唱家演唱歌曲。
5. 郭兰英等演唱歌曲。
6. 斯琴高娃、廖昌永等演唱歌曲。

百花迎春——中国文学艺术界2010春节大联欢

1	2	3
4	5	6
7		

1. 热闹的民间歌舞。
2. 王宏伟演唱歌曲。
3. 关牧村演唱歌曲。
4. 张也演唱歌曲。
5. 濮存昕表演朗诵。
6. 广州杂技团表演《球技》。
7. 欢快的舞蹈。

8. 宋祖英演唱《让我们舞起来》。

9. 王晓棠、奚美娟、张丰毅表演配乐诗朗诵《我来自美丽的云南》。

10. 吕思清、崔世光演奏小提琴、钢琴二重奏。

11. 著名摄影家侯波赠送自己的摄影作品《开国大典》。

送欢乐、下基层

1. 2009年12月31日至2010年1月1日，中国文联组织艺术家赴大连舰艇学院、北海舰队旅顺基地开展“送欢乐、下基层”慰问活动。
2. 书法家向官兵赠送书法作品。
3. 姜昆、戴志诚表演相声。
4. 中国摄协分党组书记、驻会副主席李前光向官兵赠送摄影作品。
5. 李彦培的变脸受到官兵们的热烈欢迎。

1	
2	3
4	
5	

6
7 8
9
10

6. 1月9日至10日，中国文联组织艺术家来到云南楚雄开展“送欢乐，下基层”慰问活动。
7. 中国文联党组书记、副主席胡振民和云南楚雄群众亲切话家常。
8. 中国文联党组书记、副主席覃志刚向楚雄群众赠送春联。
9. 精彩的演出受到楚雄群众的热烈欢迎。
10. 楚雄群众打出标语感谢艺术家。

送欢乐、下基层

1. 1月13日，中国书协组织书法家为首都交警送去春联。
2. 1月20日至22日，中国摄协组织摄影家赴四川地震灾区开展“送欢乐、下基层”慰问活动。
3. 1月11日至14日，中国文联、中国影协、广东文联主办的“送欢乐、下基层”慰问活动在广东举行。
4. 1月21日，由中国文联、中国舞协主办的“送欢乐、下基层”慰问演出在山东胶州举行。
5. 1月12日，中国文联、中国曲协、湖北利川市委市政府主办的“送欢乐、下基层”走进利川慰问远处活动在利川举行。图为奇志、张伟表演相声《超级播音员》。
6. 1月20日至21日，中国文联、中国剧协梅花奖艺术团2010年“送欢乐、下基层”慰问演出在广西百色举行。

7
8
9
10 11

7. 3月25日，中国文联在中国文艺家之家举办"送欢乐、下基层"活动文艺家联谊会。图为中国文联领导与艺术家们在一起。
8. 中国文联"送欢乐、下基层"活动文艺家联谊会现场。
9. 2月3日，中国文联组织艺术家来到北京顺义区后沙峪镇开展"送欢乐、下基层"慰问活动。
10. 刘全和、刘全利表演小品《小鸟与蜜蜂》。
11. 顺义区后沙峪镇向中国文联赠送锦旗。

首届中国农民艺术节

1. 6月16日，由农业部、文化部、中国文联共同主办的首届中国农民艺术节在北京全国农业展览馆隆重开幕。中共中央政治局委员、国务院副总理回良玉在中国文联党组书记、副主席胡振民，农业部部长韩长赋，文化部部长蔡武陪同下参观展览。
2. 6月3日，"美丽的田野·首届中国农民艺术节开幕式文艺晚会"在江苏昆山举行。全国政协副主席、中国文联主席孙家正，文化部副部长杨志今，中国文联党组副书记、副主席覃志刚，中国文联党组成员、书记处书记夏潮，江苏省副省长曹卫星，省政协副主席张九汉等出席晚会。
3. 6月，首届中国农民艺术节——全国"三农"题材小戏小品精品展演在昆山淀山湖镇举行。
4. 在北京农展馆展出的非物质遗产项目受到广大市民欢迎。
5. 6月，作为首届中国农民艺术节的重要组成部分，"北方水城·中国沁州"首届端午民俗文化节在山西举行。
6. 在北京全国农业展览馆举行的开幕式现场。

1	2
3	4
5	
6	

7. 12月9日，由农业部、文化部、中国文联主办的首届中国农民艺术节在京隆重闭幕。全国人大常委会副委员长华建敏，全国政协副主席、中国文联主席孙家正及中国文联、有关部委负责人等出席观看了当晚的闭幕式文艺晚会《金色的田野》。
8. 在闭幕式文艺晚会上表演的陕西老腔《黄土情韵》。
9. 在闭幕式文艺晚会上，民间艺术家展示剪纸作品。
10. 在闭幕式文艺晚会上表演的芦笙技巧舞蹈《滚山珠》。
11. 在闭幕式文艺晚会上，农民歌手演唱《丰收歌》。

7	
8	9
10	
11	

第八届中国国际民间艺术节

1. 10月17日，第八届中国国际民间艺术节在北京落幕。刘延东、华建敏、孙家正、顾秀莲等党和国家领导人观看闭幕式演出。
2. 中国艺术家们表演精彩的节目。
3. 古巴艺术家表演激情四射的舞蹈。
4. 来自各国的艺术家集体亮相。
5. 白俄罗斯的艺术家们表演舞蹈。

6 | 7
8 | 9
10

6. 捷克的艺术家们表演舞蹈。
7. 埃及艺术家在舞蹈中挥动中埃两国国旗。
8. 各国艺术家在闭幕式上向观众们告别。
9. 来自库克群岛的艺术家们表演舞蹈。
10. 中国（苏州）的艺术家们表演中国舞蹈。

『今日中国』艺术周

1 2
3 4
5
6

1. 阿根廷马德拉普市市长等在中国文联艺术团“中华风韵晚会”演出前，会见中国驻阿根廷大使曾刚，中国文联艺术团团长冯双白一行。
2. 阿根廷观众观看演出时热情鼓掌。
3. 蒙古族男子群舞《狼图腾》。
4. 蒙古族舞蹈《顶碗》。
5. 群舞《抛起你的盖头来》。
6. 在智利举办的中国当代艺术展开幕式现场。

7. 当地时间6月17日，"今日中国"艺术周在智利国家美术馆开幕，图为中国文联副主席、中国文联代表团团长冯远和中国驻智利大使吕凡，智利国家美术馆馆长米兰参观展览。
8. 达尔卡市市长胡安·卡斯特罗接受中国媒体采访。
9. 中国当代艺术展现场。
10. "三加一"音乐组合演唱歌曲。

『今日中国』艺术周

11. 在瓦尔帕莱索演出后，玛利亚大学校长克吕什、中国艺术团团长、中国舞协驻会副主席冯双白等，上台祝贺演出成功。
12. 在塔尔卡地震灾区慰问演出后，达尔卡市市长胡安·卡斯特罗向中国文联艺术团赠送纪念品。
13. 在圣地亚哥首场演出后，中国驻智利大使吕凡、智利参议院议长豪尔赫·皮萨罗向演出表示祝贺。
14. 中国文联副主席、中国文联代表团团长冯远在"中国当代艺术展"开幕式上致辞。
15. 智利国家美术馆馆长米兰·伊维克主持"中国当代艺术展"开幕式。

11
12
13
14 15

16 | 17
18 | 19
20

16. 中国文联向中国驻智利大使馆赠送书画作品。
17. 蒙古族男子群舞《狼图腾》。
18. 智利观众参观中国当代艺术展。
19. 中国当代艺术展现场。
20. 安徽花鼓灯表演。

第二届海峡两岸暨港澳地区艺术论坛

1. 12月18日，第二届海峡两岸暨港澳地区艺术论坛在台北开幕。图为参加开幕式的嘉宾们在一起合影。
2. 全国政协副主席、中国文联主席孙家正同参加第二届海峡两岸暨港澳地区艺术论坛的嘉宾在一起。
3. 孙家正主席、冯远副主席向刘兆玄赠送书法作品《上善若水》。

4~5. 孙家正等出席论坛相关活动。

第四届北京国际美术双年展

1. 9月27日，中共中央政治局委员、中央书记处书记、中宣部部长刘云山在中国文联党组书记、副主席胡振民、中宣部副部长翟卫华等陪同下参观第四届北京国际美术双年展。

2. 9月23日，中共中央政治局委员、国务委员刘延东在中国文联党组书记、副主席胡振民、党组成员、副主席冯远等陪同下参观第四届北京国际美术双年展。

3. 胡振民、冯远陪同奥地利教育艺术文化部部长克劳蒂亚·施密特观看展览。

抗击青海玉树地震斗争

1	2
3	
4	5

1~2. 4月20日晚，“情系玉树 大爱无疆”抗震救灾大型募捐活动在京举行。
3. 晚会上震撼人心的舞蹈。
4. 文艺家们为灾区捐款。
5. 来自灾区的艺术家们表演节目。

深入生活、采风创作活动

1. 6月23日，由中国文联、中国作协联合召开的“倡导深入生活、推动文艺繁荣”座谈会在京举行。
2. 5月25日，中国文联、中国摄协赴革命纪念地采风小分队来到西柏坡深入生活、采风创作。
3. 7月，中国文联、中国音协组织音乐家赴贵州进行采风创作活动。
4. 8月21日，中国文联、中国美协组织美术家赴湖南革命纪念地深入生活采风创作，美术家正在韶山毛泽东故居写生。
5. 4月，中国曲协组织艺术家赴江西进行采风创作。

1	
2	3
4	
5	

深入生活、采风创作活动

6	7
8	9
10	
11	

6. 7月2日，中国文联组织开展"共享世博 畅想未来"采风活动。
7. 7月8日到12日，中国文联组织文艺家赴四川达州，深入川气东送工程一线进行采风创作和慰问活动。
8. "共享世博 畅想未来"采风活动启动仪式现场。
9. 在文艺家赴四川达州川气东送工程一线采风慰问活动中，文艺家与当地文艺工作者举行座谈。
10. 9月25日，中国文联组织艺术家赴天津滨海新区开展采风慰问活动。
11. 文艺家赴四川达州川气东送工程一线采风慰问活动现场，歌唱家韩延文为职工现场演唱。

12 | 13
14
15 | 16
17

12. 8月5–9日，中国文联与黑龙江省委宣传部、省文联举办“走上高高的兴安岭”全国文艺家采风活动。图为书画家进行笔会交流。
13. “走上高高的兴安岭”全国文艺家采风活动座谈会在黑龙江加格达奇举办。
14. “走上高高的兴安岭”全国文艺家采风活动。
15. 7月19–25日，中国文联组织文艺家赴新疆建设兵团农十三师开展采风慰问活动。图为张保和为红山农场群众表演节目。
16. 张铜彦在瓜园里为当地群众创作书法。
17. 中国文联艺术家奉献精彩节目慰问农十三师的群众。

文化名人纪念活动

1. 9 月 24 日，由文化部、中国文联、北京市人民政府共同举办的纪念曹禺诞辰 100 周年座谈会在北京人民大会堂举行。中共中央政治局委员、中央书记处书记、中宣部部长刘云山出席会议并讲话。图为中国文联名誉主席周巍峙在座谈会上发言。
2. 中国文联党组书记、副主席胡振民主持座谈会。
3. 文化部党组成员、副部长王文章在座谈会上发言。
4. 北京市委常委、宣传部部长、北京市副市长蔡赴朝在座谈会上发言。
5. 北京人民艺术剧院院长张和平在座谈会上发言。
6. 湖北省委常委、宣传部部长尹汉宁在座谈会上发言。
7. 著名话剧表演艺术家蓝天野在座谈会上发言。
8. 曹禺先生的女儿万方在座谈会上发言。
9. 座谈会现场。

10. 1月18日，尚小云先生诞辰110周年纪念大会在北京人民大会堂举行。

11. 6月29日，华君武同志追思会在中国文联文艺家之家举行。

12. 8月9日，吴冠中纪念座谈会在北京举行。

第九届造型表演艺术成就奖颁奖典礼

1	
2	
3	4
5	6

1. 2 月 16 日，由中国文联主办的第九届造型表演艺术成就奖颁奖典礼在北京文艺家之家举行。王昆等 11 位获奖者出席颁奖仪式。
2. 胡振民等为王昆颁奖。
3. 冯远、吴长江、杨力等为盛杨先生颁奖。
4. 梅葆玖先生与颁奖嘉宾合影。
5. 斯琴塔日哈领奖时，其学生为其献上哈达。
6. 简庆福先生发表获奖感言。

文艺界全国人大代表全国政协委员联谊会

1. 3月2日，文艺界全国人大代表全国政协委员联谊会在中国文艺家之家举行。全国政协副主席、中国文联主席孙家正致辞。
2. 中国文联党组书记、副主席胡振民讲话。
3. 中国文联党组书记、副主席胡振民和金铁霖亲切交谈。
4. 中国文联党组成员、副主席冯远和欧阳中石亲切交谈。
5. 姜昆和刘敏热切交流。
6. 尹力接受记者采访。

以『中国文艺家之家』为依托的联络协调服务

1	2
3	4
5	6
7	

1~2. 3月17日，由中国文联、中国剧协、珠江电影制厂有限公司联合出品，中国剧协摄制，中国文学艺术基金会资助的大型戏曲电影《响九霄》在中国文艺家之家举行首映式。

3~4. 9月28日，由致公党中央、中国文联、中国书协、中共江苏省委宣传部主办的《徐利明书画篆刻》大型作品首发式在中国文艺家之家举行。

5~6. 8月18日，由中国文联、中国舞协主办的“走进北京，走进中国文艺家之家——新农村少儿舞蹈美育工程民族舞蹈交流展演”在中国文艺家之家举行。

7. 10月12日，由波兰驻华大使馆、中国文联和中国音协主办的《肖邦生平图片展》在中国文艺家之家开幕。

对外及与港澳台地区文化交流

1. 孙家正、胡振民等中国文联领导与参加新春招待会杂技专场的各国大使及全体演职人员合影。
2. 国际魔术联盟主席埃瑞克向胡振民赠送奖杯。
3. 覃志刚出席中国文联举办的第十一届香江明月夜演出活动。
4. 国际造型艺术家协会执委会在京召开。
5. 夏菊花率代表团出席在澳大利亚举办的同一个世界艺术大展。
6. 第十一届香江明月夜演出盛况。

对外及与港澳台地区文化交流

8
7 9
10 11
12

7. 李牧率中国文联代表团访问柬埔寨，图为李牧拜会柬文化部副部长。
8. 冯远率中国文联代表团访问古巴并与古方签订交流协议。
9. 冯远会见到访的古巴文化部长
10. 夏潮与坦桑尼亚文化部代表签订道具赠与协议。
11. "今日中国"主题演出（柏林）现场。
12. 中国青少年艺术团访美交流演出盛况。

理论研究与宣传信息

1	3	5
2	4	6
		7
	8	

1~4. 1月，中国文联与新闻媒体联谊会在京举行。图1为中国文联党组书记、副主席胡振民在会上讲话。图2为中国文联党组成员、副主席杨志今讲话。图3为中国文联理论研究室主任董耀鹏讲话。图4为媒体负责人代表发言。

5. 8月，第二届全国文联研究室主任暨文艺评论家协会秘书长研讨班在甘肃嘉峪关举办。

6. 6月，第五届中国文联中青年文艺评论家高级研修班在天津举办。

7. 第五届中国文联中青年文艺评论家高级研修班分组讨论现场。

8. 1月，中国文联与新闻媒体新春联谊会在京举行。

9	10
11	12
13	14
15	

9. 11月1日至2日，由中国文联主办，中国文联理论研究室和湖南省文联承办的第七届中国文联文艺评论奖颁奖式暨第五届当代文艺论坛在湖南长沙举办。
10. 5月，全国文联文艺舆情信息工作会议在上海举办。
11~12. 第七届中国文艺评论奖颁奖式颁奖现场。
13. 全国文联文艺舆情信息工作会议专家授课。
14. 第七届中国文艺评论奖颁奖式与会代表参观考察。
15. 第七届中国文联文艺评论奖颁奖式暨第五届当代文艺论坛会议现场。

机关党纪委工作

1	2
3	4
5	6
7	8

1. 2月11日，文联机关工会联合会牵头主办了中国文联2010年职工迎新春团拜会。图为在京中国文联党组全体成员向干部职工拜年。
2. 3月2日，文联机关工会联合会召开第三届工会委员和第三届经费审查委员会委员会议，进行换届选举。图为会议现场。
3. 5月26日至27日，文联机关工会联合会、机关团委、机关妇工委和机关文明办联合举办中国文联文艺知识竞赛。图为中国文联党组副书记、机关党委书记李牧为获奖代表队颁奖。
4. 5月31日，中国文联召开深入开展创先争优活动动员部署会。图为会议现场。
5. 9月6日至9日，文联机关工会联合会和机关团委联合举办中国文联第四届职工乒乓球比赛。图为有关领导与获奖单位及选手合影。
6. 9月13日至16日，中国文联机关党委采取赴延安进行现场教学的方式，举办以“弘扬延安精神，发扬优良传统”为主题的党务干部培训班。
7. 10月26日至30日，按照李长春重要指示精神和中宣部统一安排，中国文联组织学习考察团赴四川地震灾区考察灾后重建成果。
8. 11月29日至12月1日，文联机关团委在京举办中国文联团干部培训班。图为培训班开班式现场。

离退休干部局工作活动

1	2
3	4
5	6
7	

1. 2010年春节团拜会上，老干部合唱团展示表演风采。
2. 《桑榆天地》老同志通讯员培训班在学习。
3. 中国文联老艺术家采风团在珠海采风。
4. 中国文联老艺术家采风团在宁夏沙坡头。
5. 中国文联及国管局领导、老同志代表为文联老干部活动中心剪彩。
6. 文联老同志到怀柔七彩蝶园参加重阳节活动。
7. 中国文联老艺术家红色之旅采风团在毛泽东铜像广场合影。

中国文联机关服务中心

1	2
3	4
5	6

1. 中国文艺家之家一卡通门禁系统。
2. 中国文艺家之家中控室。
3. 中国文艺家之家职工餐厅。
4. 岗位技能竞赛。
5. 安外8号楼坡道改造。
6. 职工登山比赛。

中国艺术报社

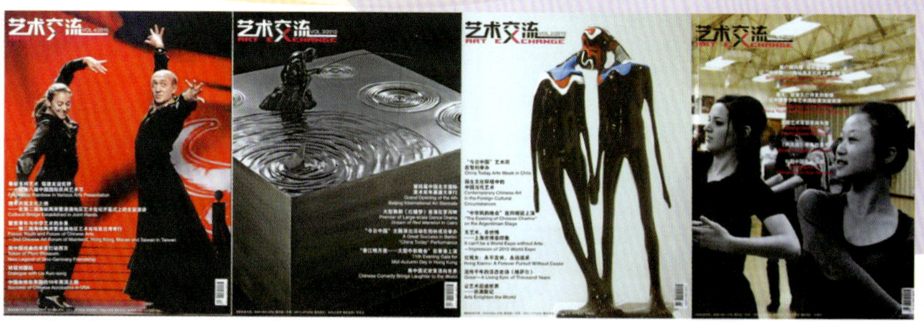

1. 在2010年，《中国艺术报》紧紧围绕党和国家的重大活动和重大事件，策划推出了“庆祝上海世博会”、“纪念西部大开发10周年”等一系列特刊，获得了良好的社会效益，受到中央领导同志和中国文联党组领导同志的表扬。
2. 由中国艺术报社承办的中国文联网进一步改版，为各地文联和广大文艺工作者搭建了有效的展示平台。
3. 由中国艺术报社和中国文联国际联络部联合编辑的中英文双语季刊《艺术交流》质量和社会影响进一步扩大。
4. 9月26日至30日，《中国艺术报》2010年通联工作会议在江苏南京举行。
5. 在2010年全国“两会”期间，《中国艺术报》受到文艺界代表委员们的喜爱。

中国文联文艺学校

1	2
3	4
5	6

1-2. 新疆文联系统管理干部培训班。
3-4. 中国文联处级干部任职培训班。
5. 中国文联党务干部培训班。
6. 中国文联老干部工作培训班。

中国文学艺术基金会

1	2
3	4
5	6
7	

1. 12月17日，“2010舞善之行——刘岩文艺专项基金慈善义拍”在北京举行。活动以刘岩文艺专项基金的名义进行多件艺术品的义拍，以筹集善款。
2. 8月16日，“红动中国——英雄史光柱创作歌曲演唱会”新闻发布会在北京举办。
3. 中国文联党组成员、副主席、书记处书记、中国文学艺术基金会副理事长廖奔出席基金会主办的“魅力校园”第10届全国校园春节联欢晚会。
4. 12月22日，由中球冠集团向中国文学艺术基金会捐赠200万元，用于中国文学艺术发展专项基金第二批资助项目，中国傣族舞剧《金孔雀——楠蝶蒂娜》项目。中国文联名誉主席周巍峙和廖奔、刀美兰、冯双白出席捐赠仪式。
5. 8月18日，由基金会主办，中国五老公益工程组委会承办的中国五老公益工程系列活动《盛世中华脊梁风采》书画赠送仪式暨慈善单位表彰大会在北京人民大会堂举行。
6. 7月7日，中国文学艺术发展专项基金第二批资助项目复评会议在中国文联文艺家之家举行。
7. 1月9日，基金会和中华文化促进会主办，中国管理科学研究院、中国五老公益工程组委会承办的主题为“天下、国运、使命”的第二届中国创新大会在北京举办。

中国文联演艺中心

1 | 2 | 3

1. 1月17日，“百花迎春——中国文学艺术界2010春节大联欢”在北京人民大会堂举行。
2. 3月，中国文联演艺中心组队参加“第14届CCTV青年歌手电视大奖赛”取得优异成绩。图为获流行唱法金奖的歌手阿鲁阿卓参赛演唱。
3. 7月21日，由中共唐山市委、唐山市人民政府主办，中共唐山市委宣传部和中国文联演艺中心等单位承办的“新唐山抒怀——纪念唐山抗震34周年文艺晚会”在唐山市体育中心举办。

军事动作大片
歼十出击
LOCK DESTINATION
出品人 明振江 杨永安 张新齐 总监制 宋琨 马维干 杨玲玲 李米莉 田野 张国平
总策划 王征 柳建伟 庞敏 张晓建 飞行顾问 刘国胜 崔文戈
总制片人 曹加辛 李朝晖 张新齐 摄影 王卫东 王岩 编剧 马维干 美术 王刚
录音 王乐文 安韶峰 作曲 张伟 剪辑 朱建龙 王淼 制片主任 张继耀 周德高
主演 王斑 李光洁 黄奕 胡可 祝新运 导演 宁海强
联合出品 八一电影制片厂 中国电影博物馆 上海良仟文化传播有限公司
华夏电影发行有限责任公司全国发行
媒体支持：
福建电影制片厂 八
FUJIANFILM STUDIO AUGUST FIRST FILM ST
华夏电影发行有
HUAXIA FILM DISTRIBUTIO
AUGUST FIRST FILM STUDIO

中国人民解放军
八一电影制片厂
廊橋
ervbridge
福建省寿宁县委县政府
福建省艺术摄影学会
极限冲刺
中国人民解放军总参谋部军训和兵种部
中国人民解放军八一电影制片厂 联合摄制
中国共产党建党90周年重点献礼影片
2011.7.28
全球首映 敬请期待
守望天山
中国妈妈
CHINESE MAMA
THE BOMB DISPOSAL UNIT
拆弹部队

庆祝中国共产党成立九十周年重点献礼影片
飞天
WENTIAN I WENTIAN II
一个古老民族的千年梦想 一部大国复兴的银幕史诗
ASTRONAUT CENTER
广告

增加新进年青团员演出机会
每年举办澳门乐坛新一代音乐会

邀请香港影视红星张达明和指挥梁建枫
共同演出交响与舞台剧结合「彼得与狼」

邀请比利时爱乐乐团共同演出
品牌系列「澳门新年音乐会」

澳门青年交響樂团協會

Associação Orquestra Sinfónica Jovem de Macau

Macao Youth Symphony Orchestra Association

2009 年，应葡国国立交响乐团和柏林欧洲青年古典音乐节组委会邀请，澳门青年交响乐团将于本年 7 月 26 日至 8 月 12 日前往葡国、意大利、德国和捷克开展“欧洲之旅”。此行将有近 90 名青交团员参与，于不同地点演出，包括有葡国里斯本的圣卡洛斯国立剧院、意大利加尔达、德国柏林音乐厅欧洲青年古典音乐节，在捷克与布拉格爱乐乐团同台献技。除演出外，亦有音乐学习与交流的时间，让团员们不单在演出方面能积累经验，也在音乐认知上能更进一步，拓展澳门音乐文化的领域。

中国国家画院

中国国家画院直属中华人民共和国文化部，是集美术创作、美术研究、美术教育、美术收藏及美术交流于一体的国家公益性事业单位。1981年，在党中央和国务院等领导同志的关心和支持下，中国国家画院正式成立，距今已有近30年的发展历史，期间诞生了很多在中国当代美术发展史上具有重要影响的艺术大师和美术作品。首任院长由著名中国画大家李可染先生担任，蔡若虹、叶浅予、黄胄组成了第一届院领导集体，现任院长为著名人物画家杨晓阳同志。

中国国家画院地处北京市中心，占地面积约1.53公顷，建筑面积为7500余平方米，是一座仿古园林式建筑，亭台楼阁、小桥流水绿荫掩映，与48套画室巧妙融合在一起，形成古朴、典雅的建筑风格。与此同时，中国国家画院在天津、上海、三亚等全国各地还有多个美术创作基地。中国国家画院现下设创作研究部、理论研究部、教学培训部、艺术交流部、美术馆、图书馆、办公室、人事处、财务处、总务处、信息中心等职能部门，现有工作人员及画家近百人。

2010年8月，根据中华人民共和国文化部领导提出的，要把中国国家画院创办成全国唯一的“对外代表中国，对内代表国家”的美术创作和研究机构，以及对美术全领域全覆盖的要求，中国国家画院成立了包括国画院、油画院、版画院、雕塑院、书法篆刻院、美术史论研究院、公共艺术院和青年画院在内的共8个专业院，这对完善中国国家画院的各项职能，健全学科体系来说具有重要意义。以此为契机，为了更好的发挥在中国美术界的引领和指导作用，中国国家画院在近几年内将把各门类的艺术家总体规模扩充到300人，组成一支在国内，乃至国际艺术界都具有广泛知名度和影响力的人才队伍。

此外，中国国家画院还承担为国家收藏美术精品的重任，每年投资数百万元收藏现当代名家的精品，现有藏品覆盖了现当代所有名家，这不仅为国家保留了大量的艺术精品，也为宣传和弘扬中国美术起到了重要作用。与此同时，中国国家画院还承担培训全国高层次美术创作人才的重任，通过选拔考试，吸收全国优秀美术人才进入专业美术工作室进修，在短期内大幅提升绘画的造诣和水平，为推动中国美术整体水平的提高具有重要的促进作用。

作为全国最高级别的美术创作和研究机构，中国国家画院在近年的发展中取得了很多重要成绩，在中国美术界具有不可替代的重要作用。随着党和国家对中华文化发展的重视，并在中华人民共和国文化部直接领导和支持下，我们相信，通过自己的不懈努力，一定能够实现“国内唯一，世界知名”的办院目标。

杨晓阳院长作品
《农民工》183×190cm 2010年

张江舟副院长作品
《殇·戊子记忆系列之二》

卢禹舜常务副院长作品
《天地大美 心驰神往 笔随墨顺》

Important speeches, documents,
important meetings, events

2011

重要讲话及文献，重要会议、活动

特　载

中央领导同志关怀“中国文艺家之家”

在党中央国务院的高度重视和亲切关怀下，在中央有关部门的大力支持和积极配合下，“中国文艺家之家”于2009年底顺利落成。2010年春节前，中国文联及所属9个全国文艺家协会迁入新址办公。

中共中央总书记胡锦涛、国务院总理温家宝分别于2月4日和2月6日发来贺信，对“中国文艺家之家”的落成表示热烈祝贺，对全国广大文艺工作者致以亲切问候，提出殷切希望。胡锦涛总书记在贺信中指出，文艺事业大发展大繁荣，归根到底要靠文艺工作者的创造性劳动。他衷心希望全国广大文艺工作者，自觉坚持先进文化的前进方向，积极投身我国改革开放和现代化建设的伟大实践，努力创作出更多为广大人民群众所喜闻乐见的优秀作品，为实现中华民族伟大复兴作出新的更大贡献。温家宝总理在贺信中希望大家共同努力，把“中国文艺家之家”建设成为文艺工作者的创作之家、温馨和谐之家，并为“中国文艺家之家”亲笔题名。2月7日，中共中央政治局常委李长春，中共中央政治局委员、中央书记处书记、中宣部部长刘云山，中共中央政治局委员、国务委员刘延东在百忙之中，亲临中国文艺家之家视察、指导工作，传达胡锦涛总书记、温家宝总理的重要指示，看望文艺工作者，与文艺家亲切座谈，并分别发表重要讲话。全国政协副主席、中国文联主席孙家正主持座谈会。中国文联党组书记、副主席胡振民作汇报。中国文联名誉主席周巍峙，中宣部副部长翟卫华，中国文联党组领导覃志刚、李牧、冯远、杨志今、廖奔，中国文联在京主席团成员，知名艺术家代表，中国文联机关各部门和有关直属单位主要负责人参加座谈会。

胡锦涛总书记、温家宝总理的贺信，李长春和刘云山、刘延东的重要讲话，充分体现了党中央对文艺工作和文联工作的高度重视，对全国广大文艺工作者的亲切关怀和殷切期待，为进一步做好文艺工作和文联工作指明了前进方向。

中央领导同志的亲切关怀和重要指示在全国文艺界引起强烈反响，各地文艺界纷纷以多种形式学习传达贯彻中央领导同志的重要指示精神。广大艺术家和文艺工作者表示，要站在新的起点上，奋发努力、锐意进取，以更加优异的成绩回报党和人民的厚爱，为推动社会主义文艺事业大发展大繁荣谱写新的篇章。

重要讲话及文献

在“中国文艺家之家”考察调研时的讲话

刘云山

（2010年2月7日）

今天和长春同志一起到中国文艺家之家，感到非常高兴。一会儿长春同志要作重要讲话，我先讲两点感受。

第一点：新年伊始，中国文联可以说喜事连连，“中国文艺家之家”落成使用，文联机关及各文艺家协会顺利乔迁，胡锦涛总书记、温家宝总理发来贺信，长春同志今天又前来考察调研。这是中国文联发展史上的大事、喜事，充分反映了党中央、国务院对文艺事业的高度重视，对文艺家和文艺工作者的亲切关怀，也标志着中国文联机关建设迈上了新的台阶。确实令人振奋，确实值得庆贺。

第二点：新的大楼，新的起点。希望中国文联认真学习贯彻胡锦涛总书记、温家宝总理和长春同志重要指示精神，以中国文艺家之家启用为契机，努力开创文联工作的新局面。要始终坚持先进文化前进方向，贯彻“二为”方向和“双百”方针，在倡导社会主义核心价值体系、弘扬先进文化中更好地发挥带动引领作用。要尊重劳动、尊重知识、尊重人才、尊重创造，团结引导广大文艺工作者投身改革开放和现代化建设，创作更多为人民群众喜闻乐见的优秀作品。要增强服务意识、拓宽服务渠道，为文艺工作者做好事、办实事、解难事，通过扎实有效的工作，把“中国文艺家之家”建设成为创作之家、温馨和谐之家。

最后，借此机会给同志们拜个早年，祝中国文联全体同志和广大文艺工作者春节愉快、身体健康、阖家幸福！

在中国戏剧家协会第七次全国代表大会开幕式上的讲话

刘云山

（2010年6月24日）

同志们、朋友们：

今天，中国戏剧家协会第七次全国代表大会隆重开幕，这是我国戏剧界的一件大事，也是全国戏剧工作者的一件喜事。来自全国的戏剧家代表济济一堂，回顾总结工作、分析研究形势、展望规划未来，对于更好地团结广大戏剧工作者，推动我国戏剧事业进一步繁荣发展具有重要意义。在此，谨向大会胜利召开表示热烈的祝贺，向各位代表和全国广大戏剧工作者致以崇高的敬意和诚挚的问候！

戏剧融文学、音乐、舞蹈、美术等为一体，以独特的艺术魅力吸引人、感染人，丰富着人们的精神世界，在满足人民群众文化需求、建设社会主义精神文明中发挥着十分重要的作用。我国是一个戏剧大国，中华戏剧艺术历史悠久、成就辉煌。中国戏剧不仅是中华文化的瑰宝，也是世界文化的明珠。伴随着我国经济社会的持续快速发展，伴随着文化的不断繁荣，我国戏剧艺术在继承中创新、在改革中发展，获得了长足进步，佳作不断、人才辈出，呈现出百花竞放、姹紫嫣红的繁荣景象，中国戏剧艺术焕发出蓬勃生机。广大戏剧工作者自觉坚持先进文化前进方向，积极投身改革开放和现代化建设生动实践，讴歌伟大时代、赞美火热生活、传承民族文化、服务人民群众，以饱满的热情、不懈的追求，锐意创新、勤奋耕耘，创作出一大批思想性、艺术性、观赏性俱佳的优秀戏剧作品，为我国戏剧事业的繁荣和发展作出了重要贡献。

中国戏剧家协会是党领导下的全国各民族戏剧家组成的人民团体，是党和政府联系戏剧界的桥梁和纽带。第六次全国代表大会以来，中国戏剧家协会认真履行联络、协调、服务的基本职能，努力发挥组织、引导、服务、维权的重要作用，在促进文化体制改革、组织深入生活、推动创作繁荣、加强理论评论、开展对外交流、加强队伍建设等方面做了大量富有成效的工作，协会的凝聚力日益增强。相信中国戏剧家协会一定能够以这次代表大会为契机，总结经验、再接再厉、奋发进取，团结带领广大戏剧工作者不断开创我国戏剧事业的新局面。

现在，我们已经站在一个新的历史起点上。文化越来越成为民族凝聚力和创造力的重要源泉、越来越成为综合国力竞争的重要因素，丰富精神文化生活越来越成为我国人民的热切愿望，包括戏剧在内的文学艺术面临难得发展机遇。兴起文化建设新高潮、推动文化大发展大繁荣，赋予每一位戏剧工作者光荣而神圣的使命。广大戏剧工作者要顺应时代要求，坚持以中国特色社会主义理论体系为指导，坚持“二为”方向、“双百”方针，以强烈的责任、充沛的激情、昂扬的风貌积极投身戏剧事业，创作更多无愧于历史、无愧于时代、无愧于人民的精品力作，让社会主义戏剧百花园更加绚丽多彩。

下面，我提四点希望：

第一，希望广大戏剧工作者坚持正确价值取向，唱响时代主旋律。社会主义核心价值体系是社会主义文艺的灵魂。我们要创作出能够启迪人、影响人的优秀作品，首先要有正确的创作思想。这就需要我们的戏剧家树立马克思主义文艺观，自觉践行社会主义核心价值体系，把正确的价值取向和个人的艺术追求统一起来，坚持崇高的审美理想，讴歌真善美，鞭挞假恶丑，传播先进文化，抵制腐朽文化。要尊重精神文化产品的创作生产规律，通过多样化的题材体裁和表现手法，通过典型化的艺术创造和艺术形象，充分展现高尚的道德情操、健康的人生追求、美好的艺术情趣，使戏剧作品更好地发挥陶冶心灵、提升境界、振奋精神的作用。

第二，希望广大戏剧工作者坚持“三贴近”，把最好的精神食粮奉献给人民。生活是创作戏剧的源头活水，人民是文艺工作者的母亲。鲜活生动的社会生活，人民群众的伟大创造，为戏剧创作提供了无比丰富的新题材、新人物、新精神，召唤着我们去发掘、去反映、去表现。这就要求广大戏剧工作者贴近实际、贴近生活、贴近群众，在建设中国特色社会主义事业的伟大实践和人民群众创造幸福生活的不懈追求中，获取创作素材和艺术灵感，以更开阔的创作视野、更丰富的生活体验、更深厚的艺术功力，创作出更多健康向上、人民群众喜闻乐见的戏剧精品。要怀着对人民群众的深厚感情，研究和把握人民群众审美需求的新特点，深入农村、社区、企业、校园、军营，把舞台搭建在基层、延伸到普通群众中间，把优秀的戏剧作品、高尚的思想情操、美好的人生追求传递给人民，更好地满足人民群众日益增长的精神文化需求。

第三，希望广大戏剧工作者坚守民族文化立场，在继承、借鉴中推进艺术创新。创新是文化的本质特征，是繁荣发展当代中国戏剧艺术的必由之路。我们要进一步解放思想、与时俱进，积极探索、勇于突破，大力推进观念、内容、风格、流派的创新，大力推进体裁、题材、形式、手段的发展，不断提高我国戏剧艺术的整体水平。任何变革与创新，都是在既有文化传统基础上进行的，离开传统就会迷失方向、丧失根本。我们要以礼敬、自豪的态度善待我国悠久的戏剧传统和丰厚的民族民间戏剧资源，传承中华文化的博大与深厚，从传统文化与时代精神结合上进行新的文化创造。创新离不开借鉴。在日益开放的国际环境中繁荣发展我们的戏剧事业，就要大胆吸收借鉴一切有利于我国戏剧艺术发展的有益经验和优秀成果，着力形成鲜明的中国特色、中国风格、中国气派，不断增强我国戏剧艺术的吸引力、感染力，不断增强中华文化的世界影响力。

第四，希望广大戏剧工作者按照德艺双馨的要求，更好地履行人类灵魂工程师的神圣职责。人品决定戏品。有高超艺术才华又有高尚精神追求，才能创作出有思想有境界有感染力的佳作，才能成为人民群众推崇和爱戴的艺术大家。戏剧工作者特别是名家名角都是广受关注的公众人物，无论是舞台作品还是个人言行，都对公众产生着重要影响，这就对戏剧工作者在思想境界、人生追求、人格修养、艺术情趣等方面提出了更高要求。要牢固树立正确的世界观、人生观、价值观，用科学的思想观察生活、反映社会、指导创作。要倍加珍惜时代提供的舞台，倍加珍惜社会给予的关爱，刻苦钻研，潜心创作，努力攀登艺术高峰，做勤奋敬业的表率。要倍加注意自己的言行，秉持良好的职业精神和职业道德，弘扬正气，甘于奉献，热心公益，树立良好公众形象，不辜负党和人民的期望和重托。

各位代表、同志们、朋友们，伟大时代提供了广阔的舞台，伟大人民期待多彩的艺术。让我们紧密团结在以胡锦涛同志为总书记的党中央周围，高举中国特色社会主义伟大旗帜，团结一心，开拓进取，努力工作，创作更多富有时代气息、充满艺术魅力的戏剧精品，谱写中国戏剧艺术的新篇章。

祝大会圆满成功！祝同志们工作顺利、身体健康！

在中国杂技家协会第六次全国代表大会开幕式上的讲话

刘云山

（2010 年 11 月 3 日）

各位代表、各位艺术家，同志们、朋友们：

中国杂技家协会第六次全国代表大会的隆重召开，是我国杂技界的一件大事，是杂技界学习贯彻党的十七届五中全会精神，总结工作、展望未来的重要会议，对于推动我国杂技事业繁荣发展具有重要意义。在此，谨向大会胜利召开表示热烈祝贺，向各位代表和广大杂技工作者致以崇高的敬意和诚挚的问候！

杂技是融各类艺术形式和艺术手法为一体的综合艺术。我国杂技历史悠久，群众基础广泛，是中华文化的瑰宝，在社会主义精神文明建设、丰富人民群众文化生活中发挥着独特作用。广大杂技工作者认真贯彻党的文艺方针政策，弘扬民族文化，积极改革创新，我国杂技事业蓬勃发展，呈现出欣欣向荣的喜人景象。中国杂技家协会是党和政府联系广大杂技工作者的桥梁和纽带，是繁荣社会主义文艺、建设先进文化的重要力量。第五次全国代表大会以来，中国杂技家协会认真履行联络、协调、服务职能，密切同广大杂技工作者的联系，围绕繁荣杂技艺术，组织采风活动，开展业务交流，推进队伍建设，做了大量富有成效的工作，为发展我国杂技事业做出重要贡献，为繁荣社会主义先进文化做出重要贡献。相信中国杂技家协会一定能够以这次大会为契机，总结经验、再接再厉，团结带领广大杂技工作者不断开创新的局面。

今年以来，中央就加强文化建设作出一系列重要部署。胡锦涛总书记在中央政治局第二十二次集体学习时明确指出，要加强对文化产品创作生产的引导，推出更多深受群众喜爱、思想性艺术性观赏性相统一的精品力作，充分发挥文化引导社会、教育人民、推动发展的功能。刚刚闭幕的党的十七届五中全会，专门用一个部分对文化建设作出部署、提出要求。所有这些，都充分体现了党中央对文化改革发展的高度重视。广大杂技工作者一定要认真学习领会胡锦涛总书记重要讲话和十七届五中全会精神，坚持“二为”方向和“双百”方针，顺应时代发展的新要求和人民群众的新期待，以强烈的责任感、使命感，开拓创新、锐意进取，努力为我国杂技艺术事业繁荣发展做出新的贡献。在这里，我提四点希望。

一要贴近实际、贴近生活、贴近群众，更好地服务基层、服务人民大众。杂技艺术是大众的艺术、人民的艺术，杂技作品源于生产生活、属于人民大众。广大杂技工作者要始终怀着对人民群众的深厚感情，把人民群众的文化需要放在第一位。要深入基层、深入生活、深入群众，从人民群众创造美好生活的伟大实践中，从丰富多彩的民间文艺中，挖掘创作资源，汲取艺术灵感，创作更多喜闻乐见的作品。要注意把握人民群众审美需求的新特点，充分运用人民群众喜爱的艺术形式，把舞台搭建在基层、延伸到普通群众中间，把“万里采风”、“送欢乐下基层”等活动经常化、制度化，让人民群众更多地享受到文化发展成果。

二要弘扬民族艺术、紧跟时代步伐，大力推进艺术创新。杂技既是古老的艺术，也是不断创新发展的艺术，杂技艺术的生命力就在于创新。创新要善于继承，只有植根于源远流长的中华文化，从博大精深的传统文化中汲取精华、推陈出新，才能创作具有中国特色、中国风格、中国气派的杂技艺术精品。创新要善于借鉴，只有积极借鉴世界各国杂技艺术的新成果、新经验，博采众长、为我所用，中华杂技艺术才能与时俱进、生机勃勃。创新要善于运用高新科技，只有密切跟踪现代科技的最新发展，积极运用先进技术手段，才能不断提高我国杂技艺术的艺术表现力和感染力。

三要秉持职业精神、勇攀艺术高峰，努力做德艺双馨的杂技工作者。德艺双馨，德为先、艺为本。对于文艺工作者来说，只有德艺双馨，才能创作出感召社会、激励人心、传之久远的优秀作品。杂技是一门对体能、对技术都有很高要求的艺术，杂技工作者需要大力弘扬吃苦耐劳、敢于拼博的精神，勤学苦练、潜心钻研，甘于寂寞、精益求精，创造一流业绩，不断攀登艺术高峰。在追求艺术之美的同时，还要不断追求人格之美、品德之美，珍惜时代提供的舞台，珍重社会给予的关爱，保持中国杂技界的良好声誉，展现当代艺术家的良好形象。

四要面向未来、放眼世界，不断增强中国杂技的竞争力和影响力。今天的中国杂技，已经越来越与世界杂技融为一体。改革开放以来，我国杂技艺术勇敢走出国门，积极参与国际文化交流，为中华文化赢得了荣誉、争得了光彩。要抓住经济全球化和文化交流日益频繁的有利契机，发挥杂技界自身优势，加快“走出去”步伐，向世界展示中国杂技的独特魅力。要进一步深化文化体制改革，解放和发展艺术生产力，把最具中国特色的杂技艺术推向国际市场，更好地促进中外文化交流、弘扬中华优秀文化。

推动文艺事业繁荣发展，建设社会主义先进文化，广大文艺家们责无旁贷、任重道远。让我们更加紧密地团结在以胡锦涛同志为总书记的党中央周围，高举中国特色社会主义伟大旗帜，坚持以邓小平理论和“三个代表”重要思想为指导，深入贯彻落实科学发展观，团结一心、开拓进取，共同谱写社会主义文艺事业新篇章！

在中国舞蹈家协会第九次全国代表大会开幕式上的讲话

刘云山

（2010 年 12 月 1 日）

各位代表、各位艺术家，同志们、朋友们：

中国舞蹈家协会第九次全国代表大会今天隆重开幕，这是我国舞蹈界的一次盛会，对于推动我国舞蹈事业繁荣发展具有重要意义。在此，谨向大会胜利召开表示热烈祝贺，向各位代表和广大舞蹈工作者致以崇高的敬意！

舞蹈是人类最古老的艺术之一。在中华民族走向伟大复兴的今天，舞蹈艺术在传承民族文化、弘扬民族精神、满足人民群众精神文化需求、建设社会主义精神文明方面发挥着独特作用。广大舞蹈工作者认真贯彻党的文艺方针政策，积极投身改革开放和现代化建设的生动实践，以饱满的热情和创造性劳动，创作了一大批具有民族风格和时代风貌的优秀作品，我国舞蹈事业呈现出百花齐放的繁荣景象。中国舞蹈家协会是党和政府联系广大舞蹈工作者的桥梁和纽带，是繁荣社会主义文艺、发展先进文化的重要力量。第八次全国代表大会以来，中国舞蹈家协会认真履行联络、协调、服务的基本职能，努力发挥组织、引导、服务、维权的重要作用，围绕繁荣舞蹈艺术，组织采风活动、推进队伍建设、促进中外交流等，做了大量卓有成效的工作，为建设社会主义先进文化作出重要贡献。相信中国舞蹈家协会一定能够以这次大会为契机，总结经验、再接再厉，团结带领全国广大舞蹈工作者不断开创新的局面。

现在，我们已经站在一个新的历史起点上。兴起文化建设新高潮、推动文化大发展大繁荣，赋予每一位文艺工作者光荣而神圣的使命。广大舞蹈工作者一定要认真学习贯彻党的十七大和十七届三中、四中、五中全会精神，坚持“二为”方向和“双百”方针，推出更多深受群众喜爱、思想性艺术性观赏性相统一的精品力作，更好地发挥文化引导社会、教育人民、推动发展的功能，为我国舞蹈艺术事业繁荣发展做出新的贡献。

下面，我提几点希望：

一要坚持正确价值取向，为民族而舞、为人民而舞、为时代而舞。社会主义核心价值是社会主义文艺的灵魂，我们的舞蹈家要树立马克思主义文艺观，把正确的价值取向和个人的艺术追求统一起来，坚持崇高的审美理想，传播先进文化，抵制腐朽文化。要坚持贴近实际、贴近生活、贴近群众，把创作之根深深扎进生活的沃土，创作更多展现高尚道德情操、美好艺术情趣的优秀作品，更好地发挥舞蹈艺术陶冶心灵、振奋精神的作用。要始终怀着对人民群众的深厚感情，把人民群众的文化需求放在第一位，把舞台搭建在基层、延伸到普通群众中间，让人民群众更多地享受到文化发展成果。

二要实现民族风格与时代特色相统一，在继承的基础上大力推进艺术创新。艺术的生命力在于创新，广大舞蹈工作者要进一步解放思想，勇于突破，敢于创新。要在继承的基础上创新，以中华优秀文化传统为根基，以丰富的民族民间文化为土壤，保持民族性，体现时代性，努力以更加鲜活的内容和新颖的样式，充分展示中华舞蹈的多姿多彩。要在借鉴中创新，积极吸收世界各国人民创造的有益经验和优秀成果，博采众长、为我所用，包括运用高新技术手段，着力创作具有鲜明中国特色、中国风格、中国气派的舞蹈精品。

三要弘扬职业精神、恪守职业道德，努力做德艺双馨的舞蹈工作者。德艺双馨是创作精品力作的重要基础，更是赢得社会赞誉和群众喜爱的基本前提。广大舞蹈工作者要把德艺双馨作为毕生追求，珍惜时代提供的舞台，珍重社会给予的关爱，孜孜不倦、潜心创作，努力升华人生境界，攀登艺术高峰。要树立良好的公众形象，弘扬正气，乐于奉献，秉持职业精神和职业道德，努力做良好艺术风气的维护者，做高尚艺术情操的传承者。

四要积极参加国际文化交流，不断增强我国舞蹈的国际影响力。舞蹈艺术作为形象艺术，观众欣赏不受语言限制，在国际文化交流中具有独特优势。改革开放以来，我国舞蹈艺术不断走出国门，影响日益扩大。要顺应世界各国更加关注我国发展，期盼进一步了解中华文化的新趋势，拓宽对外演出、交流的渠道和空间，向世界展示中国舞蹈的独特魅力。要进一步深化文化体制改革，解放和发展艺术生产力，把最具中国特色的舞蹈艺术推向国际市场，更好地向世界展示与传播中华文化。

我们正处在一个伟大的时代，文艺事业天地广阔、大有可为。让我们更加紧密地团结在以胡锦涛同志为总书记的党中央周围，高举中国特色社会主义伟大旗帜，坚持以邓小平理论和“三个代表”重要思想为指导，深入贯彻落实科学发展观，团结一心、开拓进取，为推动社会主义文化大发展大繁荣作出新的更大贡献！

在中国书法家协会第六次全国代表大会开幕式上的讲话

刘云山

（2010年12月27日）

各位代表、各位艺术家，同志们、朋友们：

新年即将来临之际，中国书法家协会第六次全国代表大会今天隆重开幕了。这是我国书法界的一次盛会，大家汇聚一堂，集思广益、总结工作、筹划未来，对于推动书法艺术事业进一步繁荣发展，具有重要意义。在此，我谨向大会胜利召开表示热烈的祝贺，向各位代表和广大书法工作者表示亲切的问候！

书法艺术是中国传统文化的瑰宝，在悠久灿烂的中华文明史上具有特殊重要的位置。千百年来，我国书法名家辈出，留下了许多传世佳作，成为中华民族的宝贵精神财富。改革开放以来特别是党的十六大以来，伴随着经济社会的持续快速发展，我国书法艺术事业获得长足进步，呈现出百花齐放的繁荣景象，群众基础越来越广，国内外影响越来越大，在传承中华文化、弘扬民族精神、丰富人们文化生活、建设社会主义精神文明方面发挥了重要作用。

广大书法工作者认真贯彻党的文艺方针政策，积极投身改革开放和现代化建设实践，辛勤耕耘、奋发有为，创作了一大批富有时代气息、具有中国特色的优秀书法作品，为丰富社会主义文艺百花园作出了重要贡献。中国书法家协会是党和政府联系广大书法工作者的桥梁和纽带，是繁荣社会主义文艺、建设先进文化的重要力量。第五次全国代表大会以来，中国书法家协会认真履行联络、协调、服务的基本职能，发挥组织、引导、服务、维权的重要作用，围绕繁荣书法艺术做了大量工作。相信中国书法家协会一定能够以这次大会为契机，总结经验、再接再厉，团结带领全国广大书法工作者不断开创新的局面。

现在，我们已经站在一个新的历史起点上。兴起社会主义文化建设新高潮、推动文化大发展大繁荣，赋予每一位文艺工作者光荣而神圣的使命。广大书法工作者要认真学习党的十七大和十七届三中、四中、五中全会精神，坚持“二为”方向和“双百”方针，坚持思想性艺术性观赏性相统一，推出更多群众喜爱的优秀书法作品，更好地发挥先进文化引导社会、教育人民、推动发展的功能，为书法艺术事业进一步繁荣发展作出新的贡献。

下面，我提几点希望：

一要坚持先进文化前进方向，书写时代发展和社会进步的新篇章。书法是社会主义文艺的重要组成部分，承载着以文化人、以文育人的重要责任。推动当代中国书法艺术事业繁荣发展，要求我们牢固树立马克思主义文艺观，自觉践行社会主义核心价值体系，大力弘扬代表时代发展方向、体现社会进步要求的主旋律。要尊重精神文化产品的创作生产规律，努力用精美的辞章和精湛的笔墨讴歌民族品格、描绘时代精神，充分展现正确的价值取向、健康的人生追求和高尚的艺术情趣，使书法作品更好地发挥陶冶心灵、提升境界、振奋精神的作用。

二要弘扬优秀文化传统，大力推动书法艺术创新。书法艺术的繁荣进步，一靠传承、积累，二靠创新、创造。我国书法艺术，在每一个历史时代，都留下了大量的不朽篇章，留下了无数的艺术精品。广大书法工作者要尊重传统、珍视传统，学习先辈前贤的宝贵经验，领悟历代书法大师的艺术智慧，在夯实传统基础之上，兼收并蓄、推陈出新。要以更加自信的心态、更加开阔的视野对待外来文化，以我为主、为我所用，不断增强中国书法艺术的活力、创造力。要大力提倡文以载道，秉持崇高美学理想，反映生活之美，创造艺术之美，努力让书法作品给人以思想启迪和美的享受。

三要落实“三贴近”要求，更好地让书法艺术扎根大众、回报社会。鲜活生动的社会实践、人民群众的伟大创造，为书法创作提供了无比丰富的新题材、新元素，召唤着我们去反映、去表现。这就要求广大书法工作者深入实际、深入生活、深入群众，始终怀着对人民群众的深厚感情，从人民群众的丰富实践中汲取艺术营养，不断丰富生活体验、增强艺术功力。要通过多种形式，推动书法进学校、进社区、进农村、进企业、进军营，大力普及书法艺术，推动形成弘扬传统文化、热爱书法艺术的社会氛围。

四要树立崇高职业精神，努力成为德艺双馨的书法工作者。中华民族历来是崇尚道德、重视操守的民族。德艺双馨理应成为当代文艺工作者的自觉追求。广大书法工作者要不断加强学习，相互尊重、取长补短，潜心创作、精益求精，努力创作充满艺术魅力的书法精品。要珍惜时代提供的舞台，珍重社会给予的关爱，弘扬正气、淡泊名利，努力实现人品与书品相促进、相统一，以高尚的职业精神和职业道德展示书法工作者的良好形象。

同志们，伟大的时代呼唤多彩的艺术篇章。让我们更加紧密地团结在以胡锦涛同志为总书记的党中央周围，高举中国特色社会主义伟大旗帜，团结一心、开拓进取，紧跟时代前进的步伐，大力推进艺术创新，努力铸就中国书法艺术事业的新辉煌。

最后，希望全体代表齐心协力，聚精会神，把这次大会开成团结的大会，鼓劲的大会，推动书法艺术大繁荣大发展的大会，以大会的圆满成功迎接新的一年的到来。祝同志们工作顺利、身体健康、新年快乐！

在视察中国文艺家之家同文艺家座谈时的讲话

刘延东

（2010 年 2 月 7 日）

今天陪同长春同志参观中国文联新大楼，感到非常振奋。在 21 世纪第二个 10 年的开端，在党中央、国务院的高度重视特别是胡锦涛总书记和温家宝总理的亲自关怀下，中国文联“中国文艺家之家”正式落成。大楼外形气派，功能齐全，是一个高效、优质、安全、适用的典范工程，对全国文艺界来说，这是一件大事，一件喜事，其影响和意义非同寻常。在此谨对“中国文艺家之家”的建成表示热烈的祝贺！在这样一个大喜日子里，总书记和总理分别发来贺信，总书记提出了四点要求，即坚持方向、投身实践、努力创作、作出贡献，总理提出要建设创作之家和温馨和谐之家，这些重要指示对中国文联今后工作指明了方向，提出了新的更高要求。没有文化的繁荣和发展就没有中国的现代化，没有艺术家们的文化自觉和创造精神也不可能有中国文化的繁荣和发展。希望中国文联认真学习贯彻总书记和总理的贺信精神，开拓创新，扎实进取，不断加强自身建设，努力提升工作水平，为促进社会主义文化大发展大繁荣做出新的更大贡献。

在国务院我负责联系、分管文化工作，今后文联的工作有什么需要政府支持的，我一定会全力给予支持帮助，切实做好服务工作。借此机会，衷心感谢同志们对国家文化事业作出的杰出贡献，并在虎年新春即将来临之际，向在座的同志们并通过你们向文联的全体艺术家和机关工作人员致以新春的祝福，祝大家虎年龙腾虎跃、虎虎生威，百尺竿头，更上一层，取得新的更大成绩！

第八届中国国际民间艺术节贺信

刘延东

（2010年9月10日）

中国国际民间艺术节是各国展示民间文化艺术的平台，也为各国艺术家建立友谊、交流技艺搭建了桥梁。希望艺术节组委会充分利用好这一载体，大力弘扬博大精深、源远流长的中华文化，充分吸收各具特色、各有优势的世界各民族优秀文明成果，为促进中外文化交流，增强中华文化国际影响力作出积极贡献。祝中国国际民间艺术节越办越好！

在第八届中国国际民间艺术节闭幕式上的致辞

孙家正

（2010 年 10 月 17 日）

女士们，先生们，朋友们：

由中国文联、江苏省人民政府主办的第八届中国国际民间艺术节今晚将在国家大剧院落下帷幕。在此，我谨代表中国文联和第八届中国国际民间艺术节组委会，向参加本届艺术节的各国艺术家和全体工作人员表示崇高的敬意！向为本届艺术节成功举办做出突出贡献的有关部门、单位和苏州市表示衷心的感谢！

在本届艺术节上，来自五大洲 14 个国家的民族民间艺术团，为中国的观众奉献了一台台争芳竞艳、异彩纷呈的演出。他们无论是在广场、街道还是在社区、校园，都受到热烈欢迎，更有许多群众参与其中，与艺术家们同歌共舞，欢快热烈场面激动人心，中外民俗风情交相辉映，在苏州和北京展开了一幅幅色彩斑斓的艺术画卷，奏响了一曲曲感人至深的艺术交响乐。文化的交流不仅使我国群众充分领略了世界各国的艺术风采，同时也使世界各国的艺术家们看到了充满生机与活力、和平与发展的现实中国。今天晚上，各国的艺术家们，将再次为首都观众奉献一台精彩的华美乐章，我们期待并预祝演出成功。

朋友们，让我们携起手来，进一步加强交流、密切合作，用文化的力量努力促进我们共同生活的地球成为文明友爱之所，为建设普遍繁荣、持久和平的和谐世界作出新的更大贡献！

谢谢大家！

在第二届海峡两岸暨港澳地区艺术论坛开幕式上的演讲

孙家正

（2010 年 12 月 18 日）

尊敬的来自海峡两岸和香港、澳门的专家、学者、文化界同仁们：

上午好！

第二届海峡两岸暨港澳地区艺术论坛今天在这里举行，我谨代表中国文学艺术界联合会，对论坛的开幕表示热烈祝贺！对大家的光临表示诚挚的欢迎！

这是我第一次访问台湾。昨天飞机还未降落，我从飞机舷窗鸟瞰宝岛，心情难以平静。虽是首次赴台，非但不觉得陌生，反而有一种似曾来过、故地重游的亲切之感。台湾，一直是我魂牵梦萦的地方！

我长期从事文化工作，有幸认识和结交了许多台湾文化界的朋友，每次与大家相聚都是在大陆。适时拜访各位老朋友，一直是我多年来的一个心愿。借出席论坛的机会，回访老朋友，同时结识更多的新朋友，见到各位，倍感亲切！感谢台湾文艺协会的邀请，使我得以实现这次非同寻常的文化之旅、心灵之旅。

海峡两岸文脉相通、血脉相连。近 30 年来，特别是 2008 年以来，两岸关系取得了一系列积极进展，实现了历史性重大转折。今年 6 月《海峡两岸经济合作框架协议》的签订，是继两岸实现全面直接双向“三通”之后，两岸经济关系发展进程中又一新的里程碑，给两岸同胞带来重大的经济利益。我们欣喜地看到，经过海峡两岸同胞的共同努力，两岸人员往来以及科技、文化、艺术、体育等各领域的交流日趋频繁，呈现出蓬勃发展的良好趋势。这种友好合作、和平发展的态势给两岸人民带来实惠、带来温馨。这样的良好势头来之不易，值得倍加珍惜。

在推动两岸关系和平发展过程中，文化发挥着极其重要的纽带作用。中华文化历史悠久，博大精深，历经磨难和挫折，始终未曾中断，表现出强大的凝聚力和生命力。中华文化是我们中华民族悠久历史的见证，是我们与遥远祖先沟通的唯一渠道，是全体中华儿女赖以生存和发展的根基和血脉。文化就像一条长河，不管怎么流淌，其成分如何变化，也像人的血脉一样，始终保存着祖先的基因。中华民族优秀传统文化，是我们祖先创造精神的结晶，也是全体中华儿女共同传承和培育的结果，它在坚守中创新，在创新中坚守，成为海内外中华儿女的共有的精神家园。

民族文化的根在历史和传统之中，但必须把这个历史和传统放到当代现实环境中加以丰富、塑造、创新、发展。文化关系着一个民族的素质，渗透在社会生活的各个方面，是一个民族的灵魂。进一步加深两岸的交流合作，文化担负着重要的历史使命。文化来自民间，属于大众。文化交流的基础在民间。民间文化交流始终是两岸文化交流最积极、最活跃的部分，是发展两岸关系广泛和坚实的民众基础。

中华文化多元一体，博大精深。在五千年的华夏文明发展过程中，中华儿女为中华文化的丰富、发展和传承作出了杰出的贡献。各地区各民族都创造了多姿多彩的文化，这些文化流淌着中华文明的血液，有着共同的文化底蕴和内涵。台湾文化是中华文化的重要组成部分。文化是人的生存状态以及情感、愿望的反映，反过来又对人的生存、发展给予能动的影响。尽管由于历史的原因，台湾和大陆分隔多年，但隔山隔水不隔心，正是中华民族共有的文化使大陆和台湾心心相连。

当前，两岸关系发展势头良好，两岸文化交流与合作的领域愈加宽广，面临难得的重要机遇。如何在新的历史条件下描绘中华文化新的蓝图，创造中华文化新的辉煌，正是当下我们共同关切的问题。立足两岸和平发展的现实，顺应两岸和平发展的趋势，着眼于两岸和平发展的前景，在这里，我真诚提出以下几点希望：

一是希望两岸文艺团体和文艺界的专家学者

进一步加强交流与合作，不断提高文化交流的层次和水平。当前，两岸关系正进入大交流、大合作、大发展的新时期，两岸人员往来之频密、各项交流之深入、合作领域之广泛，都是前所未有的。今年1至11月，台湾赴大陆的演艺人员3777人次，演出1477场，演出酬金为1.9526亿人民币。两岸人民因共有的传统和文化而有着天生的亲情。同时，也因历史的原因存在着一些隔膜。而心灵的沟通是交流、合作和发展的基础和前提，沟通人们的心灵，没有比文化更切合、更有效的东西了。胡锦涛总书记明确提出，“大陆将继续采取积极措施，包括愿意协商两岸文化教育交流协议，推动两岸文化教育交流合作迈上范围更广、层次更高的新台阶。”我想强调学术性的提升对于文化交流的重要性。没有学术思想引导的文艺活动，很容易流于低俗的娱乐。近年来，两岸文艺界组织实施了一系列以弘扬中华优秀传统文化为主题的大型文化交流活动，越来越多的文艺团体、文化经纪机构共同创作、演出、打造了一批艺术精品和品牌项目。比如，“海峡两岸暨港澳地区艺术论坛”就是在两岸四地的艺术家们共同倡议下举办的，旨在为两岸四地的艺术家、理论家、评论家们搭建一个学术交流的平台。今后，大陆还将会继续采取积极措施，加大两岸文化交流的力度，鼓励和支持艺术家和文艺团体到台湾交流研讨，大陆也非常欢迎台湾的文艺界团体和朋友，特别是文化学者和艺术方面的专家到大陆进行交流，以推动两岸文化交流与合作的深入发展，共同弘扬中华文化。

二是希望海峡两岸共同举办面向社会、服务大众的文化活动，为两岸和平发展奠定广泛的民心基础。文化从来不仅仅是文化人自己的事，文化属于民众。艺术是情感的载体，文化是心灵的桥梁。两岸文化交流的崇高目的是，增进民众的了解和亲情，从而造福于两岸人民。两岸文化基于共同的中华文化母体基础之上，其合作潜力巨大，前景非常广阔。加强两岸文化交流合作，不仅符合两岸文化发展的需要，也符合两岸同胞的共同利益。两岸应在优势互补的前提下，继续扩大合作与交流，保留各自文化的个性，提升创造力，面向社会，服务大众，共同举办一些文化活动，丰富两岸人民的文化生活，为两岸关系和平发展奠定民心基础。

三是希望青年朋友为两岸文化交流和促进和平发展多作贡献。青年是民族的希望，两岸关系的未来寄托在两岸青年一代身上。我相信，两岸的青年朋友一定会以中华民族的大义为重，将中华民族复兴的愿景铭于心间，勇于担当起这一代人的历史责任，做中华优秀文化的传承者，做推动两岸关系和平发展的生力军，携手并进，共同肩负起时代赋予的使命。两岸应继续鼓励和支持青年之间的交流，让两岸青年在共同体认中华悠久文化中增进互信，在共同传承中华优秀文化中加强合作，在共同推动中华文化与世界文明相互交融中展现青春风采。中华优秀传统文化的弘扬，两岸人民的福祉和共同愿景的实现，中华民族的伟大复兴，端赖青年！

四是希望两岸文化交流致力于长远，坚持不懈、久久为功。中华文化有着极为丰富的内涵，其中蕴藏了“和而不同”、“以和为贵”、“和谐共生”的思想，而这些思想和精神构成了当前中国和平发展的基本理念。在传统中华文化基底之下，两岸各自融入了不同文化元素，在中华文化传统的保存、维护与创新上也各有做法与体会。如何在尊重两岸文化差异性的前提下，共同维护中华文化多元、包容、创新的面貌，是我们共同面对的课题。因此，加强和深化两岸文化交流，理应站在全局的角度，应当有一个通盘的考虑和长远的打算。进一步推动文化交流制度化，促进两岸建立更为密切、经常性和规范性的联系与往来机制。切实拓展文化交流的广度和深度，定期轮流举办各种艺术节、艺术展演等综合性文化交流活动，推动两岸文化交流与合作稳定向前发展。文化对于社会进步的作用，常常难以见到立竿见影的效果。但它渗透在社会生活的各方面。文化如水，滋润万物，悄然无声。我相信，通过坚持不懈的长期努力，两岸文化交流一定会如春风化雨般催生万物，呈现出新的局面，取得更大的成效。

文化看似柔弱，实则坚强。回看历史，许多喧嚣和纷争都如烟云散去，唯有文化以物质的或非物质的形态长存世间，它是一个民族身份的凭证，也是这个民族满怀自信走向未来的根基。两岸和平发展的共同愿景赋予文化特殊的角色，赋予文化人特殊的历史使命。我期待，两岸四地的文化人拥有清醒的文化自觉，勇于担当光荣的文化责任，为两岸的和平发展夯实牢固的文化基础；我期待，两岸四地的文化人积极投身中华文化的挖掘、传承和交流，努力推动中华文化的繁荣和兴盛；我期待，两岸四地的文化人共同致力于中华文化的发展和创新，努力焕发中华文化的生机和活力，同时也共享中华文化在世界文化百花园中的风采与尊严。

最后，祝论坛圆满成功！

谢谢大家！

在中国文联八届五次全委会上的讲话

翟卫华

（2010 年 1 月 16 日）

在新的一年开始之际，中国文联召开八届五次全委会，总结经验、分析形势、展望未来，非常有意义。受云山同志委托，参加会议，非常高兴。过去的一年是很不平凡的一年，是我们经受考验、战胜困难、取得巨大成绩的一年。回顾一年来的历程，中国文联及各团体会员认真贯彻中央精神，团结一致，真抓实干，在出作品、出人才方面，在促进文化体制改革向纵深发展方面，在推动社会主义文艺大发展大繁荣方面，都取得重要进展，展现了良好的工作作风和精神风貌，为促进经济社会平稳较快发展作出了积极贡献。对文联一年的工作，振民同志一会要做全面总结。我感到去年文联工作有这样几个特点：

一是主题鲜明，主旋律响亮。紧紧围绕庆祝新中国成立60周年这一主题，精心组织开展了一系列重大文艺活动，包括内容丰富的“向祖国汇报”系列文艺活动和主题突出的展览、展演、演唱会、精品晚会、音乐周等，充分展示了新中国成立60年来发生的翻天覆地的变化，充分展示了党领导人民在革命斗争和现代化建设中取得的伟大成就，进一步激发了广大干部群众的爱国热情。同时充分发挥文联优势，组织知名艺术家参与大型音乐舞蹈史诗《复兴之路》的编创排演和国庆联欢晚会，会同多个部门开展“爱国歌曲大家唱”群众性歌咏活动等，唱响了共产党好、社会主义好、改革开放好、伟大祖国好、各族人民好的主旋律，营造了喜庆、团结、祥和的浓厚氛围。

二是评奖评论“两轮驱动”，促进繁荣成绩突出。把评奖作为引领创作的重要推动力，认真组织、成功举办全国优秀流行歌曲创作大赛和其他各艺术门类全国性评奖，推出了一批优秀人才和优秀作品，发挥了对文艺创作的示范导向作用。把评论作为推动创作繁荣的重要力量，举办中青年文艺评论家高级研修班、全国文联研究室主任暨文艺评论家协会秘书长研讨班，组织知名文艺评论家撰写重点文章，为倡导健康说理的文艺评论风气做了大量工作。评奖和评论两轮驱动，相得益彰，充分发挥了促进文艺繁荣的积极作用。

三是服务基层力度加大，示范带动作用明显。深入开展“送欢乐、下基层”和“聚焦新农村、文艺为农民”系列活动，组织文艺工作者赴革命老区、边疆地区、贫困地区以及遭受地震等自然灾害的地区进行慰问演出，送去党和政府的关怀和温暖。服务基层的渠道进一步拓展，服务群众的内容更加丰富，手段更加多样，范围日益扩大，有力地倡导广大文艺工作者走贴近实际、贴近生活、贴近群众的创作道路，带动各地文联广泛开展面向基层、服务群众的文艺活动。

四是自身建设进一步加强，凝聚力进一步增强。切实加强文联自身建设，积极推进思想建设、组织建设、作风建设、制度建设和后勤建设，积极为老艺术家办实事、办好事，重视做好中青年艺术家的联络和培养工作。文联干部职工的积极性、主动性、创造性进一步增强，服务文艺家和文艺工作者的意识进一步增强，文联组织的吸引力、凝聚力进一步增强，整个文联队伍呈现出团结和谐、昂扬向上的良好精神风貌。

总之，一年来，中国文联及各团体会员不断拓展繁荣创作的新方法，不断拓展面向基层的新途径，不断拓展对外文化交流的新渠道，不断拓展服务文艺工作者的新路子，工作很有特色、很有活力、很有成效，值得充分肯定。

2010 年是实施“十一五”规划的最后一年，也是夺取应对国际金融危机冲击全面胜利、实现经济平稳较快发展的关键一年。宣传思想文化战线肩负的任务十分繁重，面临的形势依然复杂。谋划安排好今年文联工作、牢牢掌握工作主动权，需要我们清醒认识形势、准确把握形势，全面审视形势发展变化对文联工作提出的新要求。

一是我国文化大发展大繁荣态势日益明显，对文联工作提出新的要求。党的十七大提出兴起社会主义文化建设新高潮、推动文化大发展大繁荣的战略任务以来，全社会文化建设热情空前高涨，不少省市提出了建设文化强省、文化强市的奋斗目标，文化事业、文化产业发展的步伐大大加快。现在，文化对经济的贡献率越来越大，文化产业日益成为国民经济新的增长点，全国有5个省的文化产业占到本省GDP的5%以上，成为支柱产业。特别是去年以来在国际金融危机影响的背景下，我国文化产业实现了逆势上扬，取得了令人瞩目的成绩。这些都充分说明，文艺在整个经济社会生活中的地位和作用越来越突出、越来越重要，文联工作舞台广阔，大有可为、大有作为。同时也要看到，在更加自觉、更加主动地推动文艺大发展大繁荣的历史进程中，如何进一步壮大社会主义文化的实力，如何让广大人民群众更好地享受先进文化发展的成果，文联肩负的责任更为重大、使命更为光荣。

二是文化需求和文化消费发生深刻变化，对文联工作提出新的要求。随着物质生活水平的大幅提高，人民群众的精神文化需求快速增长。现在，我国人均GDP已经超过3000美元，进入文化消费活跃阶段。据专家估算，我国每年的文化消费应该是4万亿元，但现在实际上只有8000亿元左右，应该说文化消费的潜力很大、文化发展的空间很大，这为进一步深化文化体制改革、解放和发展文化生产力提供了充分条件。同时也要看到，如何适应文化消费快速增长和深刻变化的新形势，进一步增强优秀文化产品的有效供给，进一步开展人民群众便于参与、乐于参与的文化活动，进一步提供健康向上、形式多样的文化服务，是摆在广大文联工作者面前的一个重要课题。

三是国内思想文化领域多元、多样、多变趋势更加明显，对文联工作提出新的要求。我国经济体制深刻变革、社会结构深刻变动、利益格局深刻调整，人们在思想认识、道德判断、价值取向等方面的独立性、选择性、多变性、差异性日益增强。文艺思想观念更加多样，文艺创作追求更加多元，文艺表达方式更加丰富，文艺思潮呈现出日益复杂、多变的发展趋势。这一变化，有利于文艺工作者开阔视野，丰厚思想积累，深化对生活实践的认识，加快文艺创新步伐。同时也要看到，如何把社会主义核心价值体系的要求贯穿到文艺评论、文艺评奖、文艺活动等实际工作中，如何在多元中立主导、在多样中谋共识，积极引导文艺朝着健康方向发展，任务十分艰巨。

四是世界范围内思想文化交流、交融、交锋日益频繁，对文联工作提出新的要求。当今世界正处在深刻复杂的大变动、大调整时期，伴随经济全球化的深入发展和以互联网为代表的全球传播格局的形成，各种思想文化在更广范围、更深层次上相互激荡，相互碰撞。中西文化交流渠道和内容日益增多，既有各种西方文艺理论介绍到我国，各种小说、诗歌、电影、电视剧和表演艺术引进我国文化市场，也有我国的文化产品推介到外国。这为我们充分利用文艺创作生产资源、广泛借鉴文艺发展经验、加快文化“走出去”步伐提供了有利条件。同时也要看到，如何在对外文艺演出、展览展示、学术交流中把好内容关、导向关、政治关，如何在对外民间文化交流中，保持民族文化品格、抵御西方文化侵蚀、维护国家文化安全，都会遇到一系列新的挑战。

五是文艺队伍结构、组织形式和创作方式发生新的变化，对文联工作提出新的要求。社会主义市场经济深入发展，文艺创作主体的身份更加多样，既有专业的、也有业余的，既有体制内的，也有体制外的。文艺创作的组织形式更加灵活，既有专业文艺院团、影视制作机构、各级文艺家协会和学会，又有各种独立制作人、民营文艺工作室、民间文艺团体。文艺创作方式更加多样，既有运用传统技法和手段创作的，又有利用高科技手段和新兴媒体创作的，特别是网络博客、播客、维客的出现，催生了一大批网络文艺创作者和评论者。这一变化为文艺事业提供了源源不断的人才资源和充沛的创新活力。同时也要看到，文联系统在加强队伍建设和创作引导方面，在创新活动方式和联络服务渠道方面，面临新的课题和更高要求。

总之，我们一定要从国际国内两个大局的高度，从建设社会主义先进文化的高度，深刻认识新形势下做好文联工作的重要性、紧迫性，进一步增强责任感使命感，奋发努力、乘势而上，扎扎实实做好各项工作。

最近，全国宣传部长会议刚刚结束，长春同志、云山同志分别做了重要讲话。会议充分肯定了去年以来宣传思想文化工作取得的成绩，深刻分析了当前面临的形势，全面部署了今年工作，对提高宣传思想文化工作科学化水平提出了明确要求。我们要认真贯彻落实全国宣传部长会议的部署，按照高举旗帜、围绕大局、服务人民、改革创新的总要求，努力在繁荣文艺创作上形成新的思路，在丰富群众文化生活上推出新的举措，在提升文化软实力上开辟新的路径，使文联工作迈出新的步伐、迈上新的台阶。

1. **在围绕中心、服务大局方面取得新进展、新成效。**要紧紧围绕党和国家工作大局，着眼推动改革发展、促进社会和谐，积极开展主题鲜明、影响广泛的文艺活动，激励人们增强攻坚克难的信心、增进热爱祖国的感情，为夺取应对国际金融危机冲击全面胜利、保持经济平稳较快发展提供良好的文化条件。要广泛开展以民族团结进步为主题的创作活动，组织文艺家深入少数民族和边疆地区采风，创作一批生动反映民族团结和谐、边疆发展进步的优秀作品，不断增强各族人民对中华文化的认同感，努力营造民族团结进步的文化氛围。今年要在我国举办世博会、亚运会，要以此为契机，开展丰富多彩的文艺活动。明年是中国共产党成立90周年和辛亥革命100周年，要提前筹划、尽早安排，确定一批重点文艺活动、重点文艺创作选题，有计划有步骤地加以实施。要集中资源、合力攻关，精心组织、精心打造，力争推出一批生动再现中国革命、建设和改革开放历史画卷，真实记录各族人民在党的领导下实现民族伟大复兴奋斗历程的精品力作。

2. **在促进社会主义核心价值体系建设方面取得新进展、新成效。**要把社会主义核心价值体系的要求贯穿文联工作全过程，融入深入生活、采风创作、理论评论、评奖办节、展览展示、对外交流等方面。要组织优秀文艺家深入井冈山、遵义、延安、西柏坡等革命纪念地，定点深入生活，采访采风创作，努力推出一批表现革命历史、弘扬革命传统、体现时代精神的高质量文艺作品。要加强理论研究，加强和改进文艺评论，通过组织理论座谈会、作品研讨会、发表重点文章，加大优秀作品宣传力度，引导文艺工作者更加自觉、更加主动地以多样化的题材体裁、艺术形式和表现手法，唱响代表时代发展方向、体现人民进步要求的主旋律。要把学习贯彻社会主义核心价值体系作为文艺界开展“三项学习教育”活动的重要内容，突出抓好马克思主义唯物史观和文艺观、职业精神和职业道德建设，及时发现和表彰文艺界的先进人物、先进事迹，大力倡导崇德尚艺的良好风尚，引导鼓励文艺工作者坚持正确创作方向，提高思想道德素养，履行好人类灵魂工程师的神圣职责。

3. **在改革创新方面取得新进展、新成效。**要不断改进方式、创新办法，严格内容要求，严格质量标准，保持和发展“百花迎春”、“梅花奖艺术团”、“周末相声俱乐部”等品牌，着力把优秀戏剧“数字电影工程”等打造成文艺界的新品牌。要做好新的文化组织和自由职业者的联络工作，加强与不同体制下文艺工作者的沟通，在联络中调动一切积极因素，在服务中团结一切可以团结的力量，在协调中拓展工作覆盖面。要进一步改进全国性文艺评奖的工作机制，扩大各行各业群众参与文艺评奖的范围和力度，发挥好全国性文艺评奖的示范导向作用。要拓展对外民间文化交流渠道，积极参加国际文化组织的活动，努力掌握话语权和主动权，加强与国外民间文化组织和文化界友好人士的合作，坚持“走出去”与“请进来”相结合，办好形式多样的演出、展示活动，搭建促进文化贸易的平台，推动中国文化“走出去”，提升中国文化的国际影响力。

4. **在满足人民群众精神文化需求方面取得新进展、新成效。**近年来，中国文联在服务基层、服务群众方面大大拓展了工作领域。新的一年，要继续坚持工作重心下移，加大力度、加大密度，努力在解决人民群众最关心、最直接、最现实的文化生活方面取得更大进展。要整合各艺术门类资源，调动各个方面的力量，深入开展“送欢乐、下基层”惠民文化活动，深入持久地开展梅花奖艺术团“送戏下基层”、曲艺家“送欢笑”、“美术、书法进万家”、文艺进社区进校园等活动，形成文联协调、群众受益、广大文艺工作者积极参与的长效机制。当前，要重点安排好春节期间的“送欢乐下基层”工作，组织文艺工作者深入农村、社区、企业、军营，深入革命老区、少数民族地区、边疆地区，深入重点建设工程第一线，为基层群众送去党和政府的温暖，为各族群众度过一个心情舒畅、欢乐祥和的春节做出文联系统应有的贡献。要充分发挥文联团体会员和各文艺家协会会员的优势，着力培养基层特别是农村的业余文艺骨干，努力建设一支“不走的”基层文艺人才队伍。

5. **在履行职能、扩大服务方面取得新进展、新成效。**中国文联是党领导下的人民团体，是党和政府联系文艺界的桥梁和纽带，在凝聚广大文艺工作者、推动社会主义文艺事业发展、提高国家文化软实力中担负着重大责任。要按照建立学习型组织的要求，以学习和运用党的理论创新成果为重点，大兴勤学之风、探求善学之道，坚持研究式学习、开放式学习、互动式学习，建立健全科学的学习组织、学习约束、学习激励机制，着力建设学习型领导班子，着力推动学习成果向实践转化。要总结新实践、提炼新经验，深化对文联工作规律的认识，不断提高系统谋划、统筹协调的能力，不断完善社会化文艺人才的联系和培养、重点文艺创作项目的扶持等制度，逐步建立与社会主义市场经济体制和社会主义精神文明相适应的文艺从业规范，不断提升文联工作的科学化水平。要积极搭建文艺活动平台，创设更多交流展示渠道，充分发挥老一辈文艺家的传帮带作用，着力培养和推出优秀文艺新人，着力为文艺家潜心创作提供条件，做好中青年文艺工作者德艺双馨评选表彰工作，努力形成拔尖人才脱颖而出、优秀人才不断涌现、各类人才共同进步的生动局面。要做好广交、深交朋友的工作，政治上充分信任，创作上热情支持，生活上真诚关怀，努力营造团结和谐的良好氛围。要进一步增强服务意识、扩大服务范围，拓宽服务渠道、改进服务方法，提升服务层次、增强服务本领，努力为文艺工作者做好事、办实事、解难事，使文联成为文艺工作者的温馨和谐之家。

同志们，让我们更加紧密地团结在以胡锦涛同志为总书记的党中央周围，高举中国特色社会主义伟大旗帜，坚持以邓小平理论和“三个代表”重要思想为指导，深入贯彻落实科学发展观，同心同德、扎实工作、奋发进取，为推动社会主义文艺大发展大繁荣作出新的更大贡献！

站在新起点　走向新辉煌
努力开创文艺工作和文联工作新局面
为推动社会主义文化大发展大繁荣作贡献

——在中国文联八届五次全委会上的工作报告

胡振民

（2010 年 1 月 16 日）

各位委员、同志们：

中国文联八届五次全委会，是在全党全国人民深入学习贯彻十七届四中全会和中央经济工作会议精神，各行各业立足新起点、走向新辉煌的大好形势下召开的一次重要会议。这次会议的主要任务是：以邓小平理论和“三个代表”重要思想为指导，深入贯彻落实科学发展观，认真学习贯彻党的十七大、十七届四中全会以及中央经济工作会议、全国宣传部长会议精神，回顾去年工作，分析当前形势，部署今年任务。

现在，我受中国文联主席团委托，向全委会作工作报告，请予审议。

一、去年以来中国文联及各团体会员团结一心、奋力开拓，各方面工作取得新进展、新成效，在服务党和国家工作大局中发挥了积极作用

2009 年是新世纪以来我国经济发展最为困难的一年，也是全国上下砥砺奋进、经受考验的一年。一年来，在党中央的坚强领导和中宣部的有力指导下，中国文联及各团体会员深入贯彻落实党的十七大和十七届三中、四中全会精神，牢牢把握“高举旗帜、围绕大局、服务人民、改革创新”的总要求，坚持用科学发展观统领文艺工作和文联工作，以服务党和国家工作大局为重点，以满足人民群众日益增长的精神文化需求为根本，以推动文艺大发展大繁荣为目标，认真履行联络协调服务基本职能，充分发挥组织引导服务维权重要作用，努力调动一切积极因素，团结一切可以团结的力量，振奋精神，锐意进取，各方面工作都取得了新进展、新成效，圆满完成了八届四次全委会确定的各项任务。

1. 隆重举办庆祝新中国和中国文联成立 60 周年系列活动，为营造欢乐喜庆和谐的社会环境作出了新贡献。一年来，中国文联及各团体会员紧紧围绕庆祝新中国和中国文联成立 60 周年，统筹规划，精心组织，深入开展系列活动。一是认真开展庆祝新中国成立 60 周年系列活动。组织知名艺术家和广大文艺工作者积极参与大型音乐舞蹈史诗《复兴之路》编创排演和国庆联欢晚会，成功举办第 11 届全国美展、著名艺术家演唱会、全国曲艺精品展演周、舞动中国——大型舞蹈精品晚会、美术书法摄影民间艺术精品展、中国书法名城巡礼、全国魔术精品展演、首届中国聂耳音乐周等“向祖国汇报”系列文艺活动，充分展现了广大文艺工作者与祖国共命运、与人民心连心、与时代共奋进的真挚情怀。二是成功举办纪念中国文联成立 60 周年系列活动。隆重召开纪念大会，中央政治局常委李长春发来贺信，中共中央政治局委员、中央书记处书记、中宣部部长刘云山出席会议并发表重要讲话，全国政协副主席、中国社科院院长陈奎元出席会议，全国政协副主席、中国文联主席孙家正致辞，向从事新中国文艺工作 60 年的文艺工作者代表颁发荣誉证章证书，给广大文艺工作者以巨大的鼓舞和亲切的关怀。举行纪念中国文联成立 60 周年座谈会，举办百花赋文艺晚会和百花芬芳集邮展，开展“我与文联”大型征文活动，推出中国艺术报 92 版纪念特刊，集中展现了文艺界大团结、大发展、大繁荣的生动景象，充分展示了广大文艺工作者昂扬向上、奋发有为的精神风貌。同时，去年也是中国剧协、中国影协、中国音协、中国美协、中国曲协、中国舞协和河北、山西、辽宁、黑龙江以及大连、南京等地方文联成立 60 周年，他们提前谋划，精心准备，开展庆祝活动，有效地配合了纪念中国文联成立60周年系列活动。三是广泛开展群众性文艺活动。成功举办中国摄影经典作品回顾展、全国优秀流行歌曲创作大赛、全国产业（行业）系统文艺展演、影像中国60年——电视纪录片论坛、第五届中国（长春）民间工艺博览会、中国民间文化遗产抢救工程成果展等，大大激发了广大人民群众支持国庆、参与国庆、奉献国庆的爱国热情。各地文联也根据自身实际，广泛开展了丰富多彩、形式多样的庆祝活动。通过上述工作，在举国上下隆重庆祝新中国成立60周年的整体部署中，发挥了文艺界的优势，做了大量工作，为营造欢乐喜庆和谐的社会环境做出了突出贡献，受到中央领导同志的充分肯定和社会各界的广泛好评。

2. **精心组织主题文艺活动，在配合党和国家工作大局方面发挥了新作用。**一年来，中国文联及各团体会员及时根据党中央作出的重大部署，精心组织开展一系列有声势有特色有影响的主题文艺活动。一是深入开展民族团结宣传教育活动。组织新疆作家、艺术家发表告世界书，表达文艺家维护民族团结、反对民族分裂的心声。组织音乐家、舞蹈家赴新疆开展采风交流活动，共同探索民族音乐舞蹈发展之路。成功举办中华全家福大型摄影展、灵感高原——西藏题材美术作品展、缤纷中国——中国民族民间服饰文化展、中国少数民族非物质文化遗产抢救与保护论坛、中国书法走进西藏等活动，彰显全国各族人民共同团结奋斗、共同繁荣发展的时代主题。二是大力弘扬伟大抗震救灾精神。围绕纪念汶川大地震一周年，组织知名艺术家赴陕西汉中灾区慰问演出，举办全国抗灾救灾优秀电视作品表彰活动，推出以邱光华机组为原型的优秀剧目《生命的飞翔》，编辑出版《羌族口头遗产集成》，捐建绵竹“兰亭小学”，为灾区人民重建家园奉献爱心。三是大力开展群众性爱国主义教育。根据中央要求，中国文联及时发出通知，要求各团体会员通过文艺的形式，深入开展群众性爱国主义教育。广泛开展“爱国歌曲大家唱”活动，成功举办百团万人颂中华歌咏会、“银幕上的新中国形象”主题研讨会，实施百城万场公益电影放映工程等，大力唱响共产党好、社会主义好、改革开放好、伟大祖国好、各族人民好的时代主旋律。通过上述工作，充分发挥了文艺在舒缓情绪、促进沟通、增强信心、凝聚力量方面的独特作用，有力配合了党和国家重大决策部署的贯彻落实。

3. **深入开展文化惠民活动，在保障人民群众的基本文化权益方面取得了新成绩。**一年来，中国文联及各团体会员深入开展一系列面向基层、服务群众的文化惠民活动，努力满足人民群众多方面、多层次、多样性的精神文化需求。一是扎实开展“送欢乐、下基层”活动。元旦春节期间，中国文联及所属各文艺家协会派出28支慰问团队，组织2000多位知名艺术家和文艺工作者，分赴四川、甘肃、新疆等18个省区市，深入到地震灾区、贫困地区、边疆地区、企业厂矿、军营哨卡和国家重大工程建设工地，举行慰问演出。二是深入开展“聚焦新农村、文艺为农民”系列活动。举办全国新农村少儿舞蹈展演、首届新农村电视艺术节、中国书法进万家、传统节日文化活动等，扶持建立农村文艺活动示范基地，培训农村文艺骨干，引导文艺工作者创作生产更多反映新农村建设的优秀作品，大力倡导百花回报沃土、艺术奉献人民的良好风尚。三是继续举办高品质、服务普通百姓的文艺活动。成功举办百花迎春——中国文学艺术界2009年春节大联欢，开展梅花奖艺术团“送戏下基层”、曲艺家“送欢笑”、少儿合唱歌曲进校园、中国民族音乐巡礼百场系列音乐会等活动，扶持中国曲协清音小剧场、周末相声俱乐部，为基层广大群众奉献了美好的精神食粮。各地文联也按照中国文联的统一部署，结合各自实际，开展了一系列各具特色、形式多样的文化惠民活动，初步形成了“全国文联一盘棋”的生动局面，受到广大群众的热烈欢迎。通过上述工作，进一步丰富了基层人民群众的精神文化生活，密切了文艺工作者与人民群众的血肉联系，广大文艺工作者也从中受到思想教育和精神洗礼。

4. **积极开展对外民间文化交流与合作，在推动中华文化走向世界方面迈出了新步伐。**一年来，中国文联及各团体会员充分发挥自身优势，紧密围绕“大外交”、“大外宣”格局，积极开展对外民间文化交流与合作。一是成功举办文化艺术展演展示活动。在埃及举办“今日中国艺术周”、在加拿大举办“欢声笑语迎国庆”访问演出、在芬兰举办“中国主宾国主题演出”，组织梅花奖艺术团美国行、中国美术世界行、中国书法环球行等文化交流活动，充分展示当代中国艺术发展的最新成果。二是积极参与国际双边和多边交流与合作。成功举办第24届世界魔术大会，来自66个国家和地区的2600多名魔术师和魔术爱好者出席，内容之丰富、形式之多样、宣传力度之大、社会反响之强烈均创历届世界魔术大会之最，不仅有力地推动了魔术艺术在国内的普及和提高，而且有效扩大了中国魔术艺术的国际影响。会同有关单位，成功推动中国书法艺术列入联合国《人类非物质文化遗产代表作名录》。举办亚欧电影家协会主席论坛、第13届中国国际摄影艺术展、上海合作组织电视高峰论坛、第三届中日韩非物质文化遗产保护论坛、中国—东盟青少年舞蹈交流展演、第24届中日电影剧作家研讨会、第25届中日友好少年书法交流大会、2009（三亚）国际幽默艺术周、第六届国际马戏论坛等活动，努力提高中国艺术在国际上的话语权和影响力。三是切实加大与港澳台地区文化交流力度。成功举办首届海峡两岸暨港澳地区艺术论坛，为两岸四地艺术家交流与合作搭建了新的平台。举办世纪初艺术——海峡两岸绘画联展、相约台中——第二届海峡两岸合唱节和海峡两岸青少年舞蹈展演、书法论坛、民间工艺发展论坛、闽南语电影研讨会等活动，进一步强化了中华民族同根同源、同文同宗的意识和情感。在澳门举办中国当代美术作品展、“中华情”摄影大展、京澳百名书法家“澳门基本法”精品展，有力地配合了庆祝澳门回归10周年活动。通过上述工作，进一步增进了中国人民与世界各国人民之间的理解与友谊，树立了当代中国民主进步、文明开放的良好国际形象，扩大了中华文化在国际上的吸引力、竞争力和影响力。

5. 始终坚持理论评论和评奖办节的正确导向，在推出优秀作品和优秀人才方面收获了新成果。一年来，中国文联及各团体会员始终坚持正确导向，采取有效举措，不断加强和改进文艺理论评论和评奖办节工作。一是进一步加强调查研究和理论评论。认真完成中宣部交办的重大课题调研任务，形成一批有参考价值和借鉴意义的研究报告。启动《文联工作概论》的编写，取得阶段性重要成果。举办第四届中国文联中青年文艺评论家高级研修班、首届全国文联研究室主任暨评论家协会秘书长研讨班、中国文联特约研究员评论员培训班，团结和凝聚各方面的智慧和力量推进理论评论工作。成功举办中国剧协首期编剧读书班、“电影理论评论60年”创作研讨会、成才之路——全国音乐创作研习班、全国中青年曲艺家创作会议、中国曲艺高峰（柯桥）论坛、中国传统节日文化论坛、全国第九届摄影理论研讨会、全国第八届书学研讨会、全国杂技高层论坛等活动，努力办好报刊理论评论栏目，切实加强各文艺家协会理论评论和学术委员会建设。二是扎实推进舆情信息和新闻宣传工作。召开全国文联文艺舆情信息工作会议，重视发挥舆情信息员和舆情信息直报点的作用，内刊编辑质量和水平稳步提高，为中央领导同志和上级领导机关提供了有价值的决策参考和信息服务。加大贯彻《中国文联新闻宣传工作管理办法》力度，加强归口管理，举办新闻宣传工作培训班，密切与中央新闻主管部门和新闻媒体的沟通与协作，有力地扩大了文联工作的社会影响。三是切实改进文艺评奖办节工作。认真落实《中国文联文艺评奖管理办法》，推动文艺评奖办节工作逐步走上规范化、制度化、科学化的轨道。精心组织文联系统报送第11届“精神文明建设五个一工程”优秀作品。成功举办第24届中国戏剧梅花奖、第27届中国电影金鸡奖、第七届中国音乐金钟奖、首届中国美术奖、第七届中国舞蹈荷花奖、第九届中国民间文艺山花奖、第八届中国摄影金像奖、第三届中国书法兰亭奖、第八届造型表演艺术成就奖，举办第11届中国戏剧节、第18届中国金鸡百花电影节、第三届中国舞蹈节、第八届中国摄影艺术节等，催生了一批新人新作。通过上述工作，进一步增强了文艺理论评论和评奖办节工作的导向性、示范性，推出了一大批思想性与艺术性相统一、反映人民主体地位和现实生活、群众喜闻乐见的精品力作，有力地弘扬了社会主义核心价值体系。

6. 切实加强自身建设和基础设施建设，文联机关的工作作风和干部职工的精神面貌呈现了新气象。一年来，中国文联及各团体会员采取有效措施，切实加强自身建设，努力把文联办成各方面各领域文艺工作者的“温馨和谐之家”。一是坚持不懈地用马克思主义中国化最新成果武装头脑、指导实践、推动工作。始终把思想理论建设放在突出位置来抓，坚持以党组理论学习中心组为龙头，以处以上领导干部为重点，采取各种行之有效的形式，扎实推进理论武装工作。坚持以“推动文艺繁荣，服务科学发展，促进社会和谐”为实践载体，认真开展学习实践科学发展观“回头看”活动，不断巩固和扩大学习实践活动的成果。二是抓好各级领导班子、干部队伍和基层党组织建设。制定下发《关于加强和改进新形势下中国文联党的建设若干意见》，举办司局级单位主要领导干部学习贯彻党的十七届四中全会专题培训班，切实加强基层党组织建设，努力发挥基层党组织的政治核心作用、党支部的战斗堡垒作用和党员的先锋模范作用。举办文艺知识系列讲座，加强业务培训，推进干部人事制度改革，实施干部交流轮岗，加大优秀年轻干部培养选拔力度，进一步从严管理干部。努力做好离退休干部工作。顺利完成中国音协的换届工作。三是努力为文艺工作者做好事、办实事。重视发挥中国文学艺术基金会的作用，重点扶持一批优秀文艺作品的创作和生产，并且已取得重要阶段性成果。先后举办欧阳予倩诞辰110周年系列活动、喻宜萱诞辰100周年座谈会、尹瘦石逝世10周年座谈会、刘炽作品音乐会，举办刘大为作品展、刘兰芳艺术生活50周年系列活动、王昆从艺70周年师生音乐会、傅庚辰时代之声作品音乐会、张海书法展等，完成京剧“彩霞”、“晚霞”工程二期34位艺术家专辑摄制工作和“艺坛大家”音像工程。积极探索维护文艺工作者合法权益的有效途径，注意加强与体制外文艺工作者的联系和沟通。四是扎实推进出版事业单位改革和后勤保障建设。按照中央确定的时间表和路线图，认真落实《中国文联出版业总体改革方案》，积极稳妥地推进出版事业单位的转企改制和资产重组。在胡锦涛总书记、温家宝总理的亲切关怀下，在中央有关部门的大力支持下，全国文艺界广为关注的“中国文艺家之家”顺利竣工，文联机关及所属9个文艺家协会喜迁新址，集中办公。据了解，各地文联在当地党委政府的关心和支持下，在加强自身建设和基础设施建设方面，也取得了积极成效。通过上述工作，进一步提升了服务广大文艺工作者的能力和水平，增强了文联组织的吸引力、亲和力和凝聚力，文联工作者的精神面貌焕然一新。

总之，去年文艺工作和文联工作在整体推进中重点突破，在稳步发展中奋力开拓，在改革创新中焕发活力，各方面的工作都有新的亮点，取得了新的成效。这是党中央亲切关怀、坚强领导的结果，是中宣部高度重视、有力指导的结果，是有关部门和社会各界密切协作、大力支持的结果，是广大文艺工作者同心协力、热情参与的结果，也是中国文联及各团体会员奋发努力、真抓实干的结果。实践充分证明，我们的文艺工作者是一支热爱祖国和人民、富于进取和奉献精神、值得党和人民信赖的队伍，我们的干部职工是一支想干事、能干事、也干得成事的队伍。借此机会，我代表中国文联主席团，向在座各位同志，并通过大家向全国广大文艺工作者表示衷心的感谢！

在充分肯定过去一年取得成绩的同时，也要清醒地看到，我们的工作与党和人民的要求相比、与广大文艺工作者的期望相比、与不断变化的形势相比，还存在许多亟待改进和加强的地方，突出表现在：一是转变思想观念、锐意改革创新的意识和能力有待进一步增强；二是服务广大文艺工作者、服务人民群众的能力和水平有待进一步提高；三是推动文艺繁荣、服务科学发展、促进社会和谐的方式和手段有待进一步探索和研究；四是加强行业管理、行业自律、行业服务的方式和手段有待进一步探索和研究；五是“全国文联一盘棋”的思想意识和打造文艺品牌的整体合力有待进一步增强；六是文联组织的社会形象和文联工作者的综合素质有待进一步提高，等等。我们要高度重视这些问题，努力在今后工作中，认真地加以研究和解决。

二、保持清醒头脑，深刻把握文艺工作和文联工作面临的新机遇新挑战，进一步增强做好工作的紧迫感、责任感和使命感

文艺工作和文联工作始终与国际国内形势、党和国家工作大局以及宣传思想文化工作全局紧密相关。胡锦涛总书记在中央经济工作会议上对当前国际国内形势作了深刻透彻的分析，李长春、刘云山在全国宣传部长会议上对当前宣传思想文化工作形势也做了深刻透彻的分析，我们要认真学习、深刻领会，清醒认识和准确把握文艺工作和文联工作面临的新机遇新挑战，增强工作预见性、针对性和实效性，牢牢把握工作主动权。

1. **要充分认识文艺工作和文联工作面临的新机遇。**第一，以胡锦涛同志为总书记的党中央始终把文化建设作为党和人民事业的重要组成部分，制定和实施一系列正确的方针政策，做出了一系列重大部署，各级党委和政府高度重视文化建设。这为我们进一步做好文艺工作和文联工作提供了坚强政治保证。第二，我国在应对国际金融危机中率先实现经济形势总体回升向好，凸显了中国发展理念、发展道路、发展模式的独特优势。这场金融危机把我国进一步推到了国际社会讨论和处理重大问题的前台，世界各国普遍看好我国发展前景，一些国家更加借重我国，与我合作的愿望更加强烈。这为我们进一步推动中华文化“走出去”、提升国家文化软实力提供了良好国际环境。第三，随着我国经济社会的发展和人们生活水平的提高，广大人民群众对精神文化的需求日益增长，追求科学、文明、健康生活方式的愿望更加强烈，全社会更加支持文化建设，全国人民更加积极参与文化建设，一个文化建设的新高潮正在兴起。这为我们进一步做好文艺工作和文联工作提供了强大动力。第四，我国经济社会发展继续保持良好态势，经济回升企稳向好的趋势不断巩固，中央经济工作会议提出把扩大居民消费需求、增强消费对经济的拉动作用作为今年的工作重点，将采取有效措施，拉动居民文化娱乐等方面的消费。这为我们进一步做好文艺工作和文联工作提供了广阔空间。第五，现代科技进步日新月异，以信息技术、网络技术和数字技术为主要标志的高新技术的迅猛发展，带来了信息传播方式的革命性飞跃。这为我们进一步做好文艺工作和文联工作开辟了新载体。第六，广大文艺工作者创造热情空前高涨，广大文联工作者精神面貌昂扬向上，文艺氛围更加融洽和谐，文艺创作更加积极活跃，文艺队伍更加意气风发，文艺界形成的大团结大繁荣大发展生动局面不断巩固。通过近年来的艰苦努力，中国文联的工作在全面拓展、形象在全面提升、影响在全面扩大。这为我们进一步做好文艺工作和文联工作奠定了坚实基础。

2. **要清醒看到文艺工作和文联工作面临的新挑战。**第一，世界政治经济格局深刻调整，思想文化较量更加激烈，西方敌对势力利用各种机会、寻找各种途径遏制中国发展、对我国实施西化分化，“西强我弱”的国际舆论格局短期内难以改变，意识形态安全面临较大压力，我们的国际传播能力和文化软实力与我国日益提高的国际地位还不相适应。这对我们进一步做好文艺工作和文联工作提出了新的更高要求。第二，国内社会思想多元、多样、多变的趋势日益明显，人们思想活动的独立性、选择性、多变性、差异性明显增强，坚持用社会主义核心价值体系引领社会思潮、推动社会主义文化大发展大繁荣的任务更加繁重。这对我们进一步做好文艺工作和文联工作提出了新的更高要求。第三，当前我国经济回升的基础还不牢固，经济运行中的新老矛盾和问题相互交织，保持经济平稳较快发展、推动经济发展方式转变和经济结构调整难度增大，经济发展面临的形势依然十分复杂，积极变化和不利影响同时出现，继续处在社会矛盾凸显期，改革发展稳定任务十分繁重。这对我们进一步做好文艺工作和文联工作提出了新的更高要求。第四，高科技特别是数字技术、网络技术、信息技术的迅猛发展，互联网传播的大众化、媒体化、数字化趋势日益凸显，对人们的文化生活方式、价值取向和艺术情趣的影响冲击越来越大，巩固阵地、引导文艺的难度大大增加，占领文化传播制高点的形势更加严峻。这对我们进一步做好文艺工作和文联工作提出了新的更高要求。第五，我国文化发展的整体水平还不高，特别是基层和农村的公共文化服务体系还不完善，文化科学发展的体制机制还不健全，优秀精神文化产品还不够丰富，国际竞争力还不够强。这对我们进一步做好文艺工作和文联工作提出了新的更高要求。第六，文联各级领导班子、干部队伍的精神面貌发生了可喜变化，但基础还比较脆弱，中国文联所属各文艺家协会、各直属单位和机关各部室局处两级领导干部年龄偏大、学历偏低、综合素质和业务能力不高的问题比较突出，加强干部学习培训、推进干部交流轮岗、提高干部综合素质和培养选拔优秀年轻干部的力度亟待加大。这对我们进一步加强文联自身建设提出了新的更高要求。

以上正反两个方面的情况表明，如何站在新的历史起点上，善于抓住新机遇、积极应对新挑战，既是我们当前面对的紧迫课题，又是需要长期努力才能解决的全局性、战略性课题。我们必须居安思危、未雨绸缪，与时俱进、改革创新，不断增强危机感、责任感和紧迫感，以更加积极的姿态、更加科学的方法、更加扎实的作风，尽心竭力做好各项工作，大力推动文艺工作和文联工作再上一个新台阶，努力在党和国家工作大局中发挥更大的作用。

三、认真贯彻中央精神和部署，扎实做好2010年工作，努力开创文艺工作和文联工作新局面

2010年是夺取应对国际金融危机冲击全面胜利、实现经济平稳较快发展的关键年，是完成“十一五”规划、实现全面建设小康社会“三步走”第一步战略目标的收官年，是深入贯彻落实党的十七届四中全会精神、全面推进党的建设新的伟大工程的重要一年。根据党的十七大和十七届三中、四中全会精神，按照中央经济工作会议和全国宣传部长会议部署，做好2010年文艺工作和文联工作总的要求是：高举中国特色社会主义伟大旗帜，以邓小平理论和“三个代表”重要思想为指导，全面贯彻落实科学发展观，牢牢把握高举旗帜、围绕大局、服务人民、改革创新的总要求，自觉坚持“二为”方向、“双百”方针和“三贴近”原则，紧紧围绕“推动文艺繁荣、服务科学发展、促进社会和谐”的总体思路，积极履行联络协调服务的基本职能，充分发挥组织引导服务维权的重要作用，着力在用科学发展观统领文艺工作和文联工作上下功夫，在服务党和国家工作大局上下功夫，在丰富人民群众精神文化生活上下功夫，在培养造就德艺双馨文艺工作者队伍上下功夫，在推动文艺工作和文联工作的改革创新上下功夫，为推动社会主义文化大发展大繁荣、促进经济社会又好又快发展、夺取全面建设小康社会新胜利作出积极贡献。

按照这个总的要求，今年要着力做好以下6个方面的重点工作。

1. 充分发挥马克思主义中国化最新成果的重要指导作用，深入开展理论学习，进一步提升用科学发展观统领文艺工作和文联工作的能力和水平。用马克思主义中国化的伟大成果武装头脑、指导实践、推动工作，是确保文艺工作正确方向和文艺事业繁荣发展的根本保证。2010年，中国文联及各团体会员要切实把加强理论学习摆上更加突出的位置，采取有效措施，努力抓出成效。要进一步巩固和扩大深入学习实践科学发展观活动的成果，不断增强用科学发展观统领文艺工作和文联工作的自觉性和坚定性。要认真落实党的十七届四中全会提出的推动马克思主义学习型政党建设重大任务，大力营造重视学习、崇尚学习、坚持学习的浓厚氛围，把学习党的理论创新成果作为第一位的任务，真学、真懂、真信、真用。要紧紧抓住提高理论素养这个关键，提高战略思维、创新思维、辩证思维能力，努力把文联各级党组织建设成为学习型党组织，把文联各级领导班子建设成为学习型领导班子，把文联各级各类单位建设成为学习型机关、学习型团队。要以坚定理想信念为重中之重，进一步加强社会主义核心价值体系的学习教育，深入学习“六个为什么”，切实划清“四个重大界限”，增强党员领导干部的政治敏锐性和政治鉴别力，自觉抵制各种错误思想的影响，增强走中国特色社会主义道路的自觉性和坚定性。要进一步加强对文艺领域的重大理论和现实问题的研究，加强对各艺术门类全局性、战略性、前瞻性重大问题的调查研究，力争形成一批有分量的调研成果。

工作中，要注意把握以下几点：一是要坚持用马克思主义的立场、观点、方法，分析文艺现象、研究文艺思潮、指导文艺创作；二是要树立强烈的学习意识和“本领恐慌”意识，努力改变“重活动、轻学习”的倾向，防止把时间消耗在事务性活动中，把精力浪费在不必要应酬中；三是要增强调查研究的针对性和有效性，突出调研的重点和方向，注重调研成果的转化和应用，充分发挥调研成果对工作的指导作用。

2. 充分发挥文艺在促进经济社会发展方面的重要作用，积极开展有声势有影响有特色的主题活动，进一步提升服务党和国家工作大局的能力和水平。充分发挥文艺陶冶情操、凝聚力量、提振信心、鼓舞士气的独特作用，为促进经济社会发展提供强大的精神动力和文化条件，是文艺工作和文联工作服务党和国家工作大局的重要方式。2010年，中国文联及各团体会员要紧紧围绕党和国家工作大局，积极开展一系列主题鲜明、影响广泛的文艺活动。要通过各种文艺形式，大力弘扬新中国成立60周年庆祝活动中形成的新的宝贵精神财富，为夺取应对国际金融危机冲击全面胜利、保持经济平稳较快发展提供良好的文化环境。要配合国家实施西部大开发战略10周年、中央召开第五次西藏工作座谈会和新疆工作座谈会，着眼巩固社会主义新型民族关系，促进边疆、民族地区繁荣发展、和谐稳定，精心组织民族大团结的各类主题文艺活动。要抓住举办上海世博会、广州亚运会和残亚会等有利契机，举办中国美术作品展、太湖文化论坛首届年会等一系列有利于展示我国民主进步、文明开放良好形象，提升中华文化国际影响力，扩大国际话语权的文艺活动。要密切配合国家重要纪念日、重大节庆、民族传统节日，继续组织“我们的节日”主题文化活动，弘扬优秀民族文化传统，引导人们把爱国之情转化为报国之行。各地文联也要按照当地党委和政府的统一部署，大力开展各具特色的主题文艺活动。

工作中，要注意把握以下几点：一是要积极适应国内外形势的新变化，从党和政府的重大决策部署中找准工作的结合点，从人民群众普遍关心的热点问题中找准工作的切入点，从文艺事业发展的关键环节中找准工作的着力点，切实做到在大局下思考、在大局下谋划、在大局下行动；二是要自觉运用富有时代气息、群众喜闻乐见的艺术形式，创作出更多更好反映民族精神和时代精神的精品力作，大力唱响社会进步和时代发展的主旋律，努力扩大主流文化和主流价值观的社会影响；三是要主动加强与党政有关部门和社会各界的沟通协调，赢得更多重视，争取更大支持。

3. 充分发挥文艺在推动保障人民基本文化权益方面的重要作用，深入开展面向基层、服务群众的文化惠民活动，进一步提升丰富人民群众精神文化生活的能力和水平。满足人民群众日益增长的精神文化需求，保障人民群众的基本文化权益，让人民群众共享文化发展成果，是包括文艺在内的社会主义文化建设的根本目的。2010年，中国文联及各团体会员要按照前不久李长春、回良玉、刘云山等中央领导同志的重要批示精神，精心组织好元旦春节期间的“送欢乐、下基层”活动，办好“百花迎春——中国文学艺术界大联欢”活动，营造欢乐祥和文明的节日氛围。要扎实深入地开展以“聚焦新农村、文艺为农民”为主题的系列活动，与有关部门联合举办农民艺术节，继续推进新农村少儿舞蹈美育工程、中国民间文化遗产抢救工程，开展梅花奖艺术团“送戏下基层”、曲艺家“送欢笑”、“美术家、书法家进万家”、文艺进社区进校园等活动，为推动农村文化和公共文化服务体系建设作贡献。要积极指导和推动群众性文艺活动，培训文艺骨干，建立创作基地，支持群众性文艺创作，鼓励群众开展自娱自乐的文化活动，千方百计活跃基层文化生活。要采取多种形式，组织广大文艺工作者深入生活、贴近实际，努力创作一批反映基层群众生活和新农村建设的优秀文艺作品。

工作中，要注意把握以下几点：一是要注意关心知名艺术家和文艺新秀、老艺术家和中青年艺术家、体制内和体制外文艺工作者的思想、工作和生活，调动和保护他们参与文化惠民活动的积极性；二是要牢固树立“全国文联一盘棋”的思想，注重加强中国文联与地方文联之间、各团体会员之间、各艺术门类之间的沟通合作，形成上下联动、左右互动的工作格局，不断增强工作的整体效应；三是要提前谋划、周密部署，精心组织、轻车简从，绝不能给基层增加负担，绝不能搞劳民伤财的“形象工程”、“面子工程”，确保文化惠民活动取得实实在在的效果。

4. 充分发挥文艺在增强国家文化软实力方面的重要作用，大力开展对外民间文化交流，进一步提升服务国家“大外交”、“大外宣”的能力和水平。当代中国同世界的关系正在发生历史性变化，中国的发展日益紧密地同世界的发展联系在一起，提升国家文化软实力已成为关系全局的重要战略任务。2010年，中国文联及各团体会员要紧密配合国家总体外交和对外战略的实施，充分发挥对外民间文化交流的自身优势和独特作用，推动中华文化走出国门、走向世界。要大力加强与国外政府和民间文化组织的合作，坚持“走出去”与“请进来”相结合，举办各类艺术节、艺术周、展览、演出和博览会等活动。要重点办好第八届中国国际民间艺术节、第四届中国北京国际美术双年展、“今日中国”艺术周、中欧艺术节“中国主宾国”活动等对外文化交流，认真办好梅花奖艺术团香港行和德国行、中国美术世界行、中国书法环球行，中国文联青少年艺术团赴美交流演出、巴黎中国曲艺节、中国—东盟青少年舞蹈交流展演和第九届国际书法交流展。组派中国文联代表团与国外文艺团体、文艺家开展交流。要深化大陆与港澳台地区之间的文化交流与合作，举办第2届海峡两岸暨港澳地区艺术论坛、中华情——海峡两岸民间艺术嘉年华、香港“香江明月夜中秋晚会”、台海两地电视艺术节，为开创两岸四地文化交流新局面作出应有贡献。

工作中，要注意把握以下几点：一是要加强与涉外部门的联系与沟通，争取把文联的项目纳入国家对外文化交流计划之中；二是要实施精品战略，突出重点，打造亮点，着力推出具有中国特色、中国风格、中国气派的对外民间文化交流品牌；三是要注意了解和研究不同国家的文化特点、风土人情和欣赏习惯，重点面向国外主流社会，展示中华民族优秀传统文化和当代中国文学艺术的最新发展成果，努力使我国在形象上更有亲和力、道义上更有感召力、文化上更有影响力。

5. 充分发挥文艺在引领社会风尚方面的重要作用，切实加强和改进文艺创作、理论评论和评奖办节工作，进一步提升推出优秀作品和优秀人才的能力和水平。坚持正确导向，推出优秀作品和优秀人才，引领社会风尚，是开展文艺创作、理论评论和评奖办节工作的根本宗旨。2010年，中国文联及各团体会员要采取有效举措，切实加强和改进文艺创作、理论评论和评奖办节工作。要积极推动文艺创作的繁荣和发展，正确处理传统与现代、继承与创新、高雅与通俗、普及与提高、引领与包容、社会效益与经济效益等方面的关系，努力推出更多反映伟大时代历史巨变、描绘人民群众精神图谱、思想性艺术性相统一的文艺精品，不断提高文化产品的供给能力。要认真贯彻中央领导同志的重要指示精神，推进重大革命和历史题材作品创作生产，组织知名艺术家到韶山、井冈山、遵义、延安、西柏坡等革命纪念地以及新疆等少数民族地区体验生活、采风创作，为庆祝中国共产党成立90周年、辛亥革命100周年做准备。要创造有利条件，适时召开全国文联繁荣文艺创作座谈会。要加大支持力度，集思广益，完成《文联工作概论》的编写出版。要召开全国文联文艺舆情信息工作会议，稳步提高《中国文联简报》、《文艺动态》、《文艺专题报告》和《文艺舆情摘报》的办刊质量和水平。要召开第二届全国文联文艺理论工作研讨会、全国社区文联工作研讨会，举办2010年当代文艺论坛、第五届中国文联中青年文艺评论家高级研修班、第二届全国文联研究室主任暨文艺评论家协会秘书长研讨班，继续办好文艺理论评论栏目，进一步巩固和扩大文艺阵地。要组织好第七届中国文联文艺评论奖、第三届中国戏剧奖、第30届大众电影百花奖、第六届中国曲艺牡丹奖、第七届中国舞蹈荷花奖、第10届中国民间文艺山花奖、第25届中国电视金鹰奖、第九届造型表演艺术成就奖等评奖工作，办好第二届中国校园戏剧节、第19届中国金鸡百花电影节、第四届中国舞蹈节、第八届中国民间艺术节、第八届中国金鹰电视艺术节等各类艺术节。要充分发挥中国文学艺术基金会的作用，加大对重点优秀文艺作品创作和生产的扶持力度。

工作中，要注意把握以下几点：一是要坚持正确的文艺导向，既要在重大原则和是非问题上立场坚定、旗帜鲜明，又要倡导艺术民主和学术民主，营造宽松、和谐的创作氛围。二是要把繁荣文艺创作作为工作的中心环节，努力推出一批正确表现历史、反映现实、体现时代、弘扬主流价值观的优秀作品和德艺双馨、深受群众喜爱的艺坛名家大师；三是要规范评奖办节程序，加强社会监督，增加透明度、扩大参与度，注重评奖办节的社会效益，努力发挥优秀文艺作品和优秀文艺人才对全社会的辐射带动作用。

6. 更加重视文联组织自身建设，注重改进创新，进一步提升文艺工作和文联工作的科学化水平。加强自身建设，是文联组织更好地履行职能、发挥作用的重要保障。2010年，中国文联及各团体会员要结合实际，深入研究人民群众精神文化需求日益旺盛情况下，文艺作品创作生产的规律，适应文艺工作和文联工作对象环境发生的深刻变化，全方位推进文艺工作和文联工作体制机制、内容形式和方法手段创新，更好地调动广大文艺工作者的积极性，激发他们的文化创造活力。要认真贯彻党的十七届四中全会精神，加强和改进新形势下中国文联党的建设，深化干部人事制度改革，加强领导班子建设和干部队伍建设，加大干部培训、交流、轮岗工作力度，积极培养选拔优秀年轻干部，认真做好中国剧协、中国舞协、中国杂协、中国书协的换届选举工作。按照中央关于进一步从严管理干部的要求，制定有效措施，明确责任，建立健全工作机制，加大治懒治庸力度，把从严管理干部贯穿到干部工作的全过程。要深入了解国内其他人民团体制定职业道德规范的成功做法，积极借鉴国外文艺从业人员开展行业自律的有益经验，开展《中国文艺工作者职业道德准则》重大课题的调查研究。要积极关心文艺工作者特别是知名老艺术家的工作与生活，进一步做好离退休干部工作。扎实推进“艺坛大家”音像工程，会同有关部门开展第三届全国中青年德艺双馨文艺工作者评选表彰，组织开展文艺名人从艺、诞辰纪念活动，探索服务体制外的文艺工作者的有效途径，努力把各方面各领域的文艺工作者团结和凝聚到党的文艺事业中来。要抓住“中国文艺家之家”投入使用的有利契机，大力开展以“树立新形象、展示新面貌、发挥新作用”为主题的学习教育活动，全面加强机关建设和管理。当前，文化体制改革已进入在面上推开、向纵深拓展的新阶段，到了必须在重点难点问题上取得突破的关键时期，时间紧、任务重、要求高。要按照已经确定的“路线图”和“时间表”，进一步增强时不我待的紧迫感，解放思想、转变观念，加大力度、加快进度，积极稳妥地推进文联所属出版事业单位的转企改制，确保年底前如期完成。

工作中，要注意把握以下几点：一是要按照以科学理论为指导、以科学制度为保障、以科学方法来推进的要求，切实加强自身建设，不僵化、不停滞、不保守，努力提高文艺工作和文联工作的科学化水平；二是要牢固树立抓好管理是本职、不抓管理是失职、抓不好管理不称职的观念，紧紧抓住管理这个关键环节，把履行管理责任作为评价工作、考核干部的重要指标，切实解决好工作中不同程度存在的不敢管、不愿管、不会管的问题；三是要进一步强化服务意识，注重系统谋划、加强统筹协调，集中资源、集中力量、集聚优势，形成文联系统的整体合力，努力把文联办成各方面各领域文艺工作者的“温馨和谐之家”。

各位委员、同志们，国运昌盛、文运必兴，中华民族的伟大复兴必然伴随着中华文化的大繁荣大发展。党中央对文艺事业和文联工作高度重视，人民群众对广大文艺工作者充满期待，我们面临的任务重大而艰巨，肩负的使命神圣而光荣。站在历史新起点上的文艺工作和文联工作，必将走向新的辉煌。让我们携起手来，更加紧密地团结在以胡锦涛同志为总书记的党中央周围，高举中国特色社会主义伟大旗帜，以邓小平理论和“三个代表”重要思想为指导，深入贯彻落实科学发展观，坚持解放思想、实事求是、与时俱进，以高度的政治责任感、良好的精神状态和扎实的工作作风，同心同德、开拓进取，努力开创文艺工作和文联工作的新局面，为推动社会主义文化大发展大繁荣、夺取全面建设小康社会新胜利作出新的更大贡献！

在贯彻全国人才工作会议精神会上的讲话

胡振民

（2010年6月1日）

同志们：

5月25日至26日，全国人才工作会议在北京召开。会议的主要任务是：贯彻党的十七大和十七届三中、四中全会精神，总结交流人才工作经验，就落实《国家中长期人才发展规划纲要（2010～2020年）》、做好当前和今后一个时期人才工作做出部署。25日上午，胡锦涛总书记、温家宝总理在主会场做了重要讲话，习近平同志主持会议并在26日闭幕式上做了总结讲话。中央政治局9位常委，在京的中央政治局委员、中央书记处书记、最高人民法院、最高人民检察院、解放军总政治部、武警部队负责人、各省（区、市）分管的副书记、副省长、组织部长、人社厅局长，以及中央国家机关各部委主要负责同志、分管领导和人事司局长，共300多人在主会场参加会议。各省、自治区、直辖市以电视电话会议形式收看了总书记、总理以及习近平同志的重要讲话。这次会议，主题鲜明、内容丰富、观点新颖、重点突出，同时，规格之高、规模之大、准备之细，都是空前的。它标志着我们党对人才工作重要性的认识达到新的高度，标志着人才工作在我国经济社会发展全局的位置有了新战略定位，标志着我国大力实施人才强国战略跃升到新的层次，标志着我国人才工作开启了新的发展篇章，对于今后一个时期人才发展具有里程碑意义。

按照中央要求，今天我们召开局级以上干部会议，对会议精神、主要是3位中央领导重要讲话进行传达学习。

刚才，传达学习了胡锦涛总书记、温家宝总理和习近平同志的重要讲话。总书记的重要讲话，全面准确深刻的阐述了加快建设人才强国对于党和国家事业发展全局的重要意义，具有很强的思想性、理论性和指导性。温总理的重要讲话，对于建设人才强国、创造良好的社会环境和为人才做好服务工作，提出了明确要求，具有很强的针对性。习近平同志对贯彻落实好这次人才工作会议精神，进行了全面部署。另外，中央下发了《中共中央、国务院关于印发〈国家中长期人才发展规划纲要（2010～2020年）〉的通知》（中发〔2010〕6号）至县团级，这里不再传达。

下面，我结合文艺工作和文联工作实际，就抓好会议精神贯彻落实，讲几点意见。

一、深刻领会全国人才工作会议精神实质，切实增强做好人才工作的责任感、使命感和紧迫感

胡锦涛总书记等中央领导同志在全国人才工作会议上的重要讲话和党中央、国务院颁布的国家人才发展规划纲要，着眼于我国科学发展、长远发展大局，提出了一系列人才工作重要思想，丰富和发展了中国特色社会主义人才理论。我们要通过认真学习、深刻领会，进一步统一思想，提高认识，把思想和行动统一到中央的决策部署上来；把中央提出的战略思想，转化为指导人才工作的科学理念和工作思路，转化为以改革创新精神推动人才工作科学发展的实际行动，不断增强做好人才工作的责任感、使命感和紧迫感。

第一，要深刻理解和认真贯彻人才资源是第一资源的重要思想，把培养人才、吸引人才、开发人才、用好人才，作为落实科学发展观、实现科学发展的基础，使人才真正成为科学发展的第一推动力。

第二，要深刻理解和认真贯彻建设人才强国的战略目标，培养造就规模宏大、结构优化、布局合理、素质优良的人才队伍，确立国家人才竞争比较优势，进入世界人才强国行列，为在本世纪中叶基本实现社会主义现代化奠定人才基础。

第三，要深刻理解和认真贯彻“服务发展、人才优先、以用为本、创新机制、高端引领、整体开发”的指导方针。

第四，要深刻理解和认真贯彻“坚持人才资

源优先开发、人才结构优先调整、人才投资优先保证、人才制度优先创新”的战略布局。

第五，要深刻理解和认真贯彻人才发展以用为本的理念，把用好人才作为当前人才工作第一位的任务，切实解决好人才不适用、不够用、不能充分使用的问题，努力形成人尽其才、人才辈出的生动局面。

二、认真组织好人才工作会议精神和人才规划纲要的学习宣传

贯彻落实好全国人才工作会议精神和全国人才规划纲要，学习宣传是前提。一要突出领导干部学习。近期，文联党组中心组要组织一次专题学习讨论。二要组织学习培训。各单位要结合实际，采取多种形式，组织干部职工学习会议精神，确保中央的决策部署深入人心。三要抓好宣传解读。文联将邀请有关专家举办讲座，对人才规划进行深度解读，使广大干部群众能理解，让各类人才都知道。四要通过学习宣传推动中国文联系统进一步解放思想、更新观念，破除一切阻碍人才培养和使用的思想观念和体制机制。

三、结合文联实际，抓好人才工作会议精神和人才规划纲要的贯彻落实

近年来，在中宣部指导下，中国文联始终把培养和造就一支高素质的文艺人才队伍，作为推动社会主义文化大发展大繁荣的重要举措，认真组织实施，取得了较好效果。例如在协会换届工作中，一大批各门类优秀文艺人才进入主席团、理事会，提升了协会的影响力、凝聚力；先后两批表彰了86名“全国中青年德艺双馨”文艺工作者，倡导崇德尚艺的良好风气；配合中组部、中宣部举办了文艺界高级专家理论研修班，推动文艺创作实践深入发展；协助中组部、中宣部举荐文艺界优秀人才，一批艺术造诣深厚、业界影响广泛的中青年文艺工作者，成为中央联系的专家和“四个一批”人才；组织开发文艺界人才信息数据库，为文艺事业发展搭建发现人才、培养人才、举荐人才的信息平台；按照中央提出的大规模培训干部、大幅度提高干部素质的要求，扎实开展干部教育培训工作，有效提高文艺界领导干部、文艺工作者以及文联干部职工的综合素质，等等。

但是，我们必须看到，文联的人才工作与党中央的要求和人民群众的期待，尤其是与这次全国人才工作会议提出的新思想新要求新目标相比，还有较大差距。党政领导干部、专业技术和经营管理人员能力不强、业务不精、综合素质不高的问题现在依然比较突出，懂艺术善管理的党政人才缺乏，懂市场善编辑的专业技术人员缺乏，懂管理善经营的经营管理人才缺乏。因此，我们必须认清形势、统一思想、振奋精神、真抓实干，把中央决策部署贯彻落实到实际工作中。近期要着重抓好以下工作：

要搞好调查研究。各单位首先要把人才工作存在的问题和薄弱环节搞清楚，把党政人才、经营管理人才和专业技术人才三支队伍的状况搞清楚，把本单位未来人才需求搞清楚，着力提高人才工作的主动性和针对性。

要结合文艺工作和文联工作实际，制定实施《规划纲要》的具体措施，确保《规划纲要》的规划目标要求，在文联落到实处。

要为人才成长营造良好环境。要进一步提高评奖办节、文艺展演等活动质量，积极维护文艺家合法权益，广泛开展对外文化艺术交流，为文艺人才提供展示艺术成果和才能的平台。要认真做好协会换届工作，通过换届，把各类文艺人才凝聚到文联和协会周围；要继续做好“全国中青年德艺双馨文艺工作者”评选表彰活动，今年抓好启动工作，明年上半年进行表彰；加紧进行文艺人才信息数据库建设，要在今年10月底前完成会员信息录入工作；近期要配合中宣部做好文化名家工程专题研究工作；要进一步深化干部人事制度改革，进一步推进事业单位人事制度改革，坚决破除一切不利于人才成长、人才流动、人才使用的思想观念和体制障碍，加大干部特别是优秀年轻干部的培养选拔力度，积极引进各类高层次人才，大力营造人才发展的良好环境，促使人才脱颖而出，努力做到用当适任、用当其时、用当尽才。四是要提高党管人才工作科学化水平。各单位要建立健全人才工作领导机构；一把手要亲自抓人才工作；组织人事部门要充分发挥职能作用，确保人才工作各项任务落到实处。

在倡导深入生活、推动文艺繁荣座谈会上的总结讲话

胡振民

（2010年6月23日）

各位作家、艺术家，同志们、朋友们：

今天，中国文联、中国作协联合在这里召开倡导深入生活、推动文艺繁荣座谈会，主要目的是认真总结作家艺术家深入革命纪念地采访采风活动的经验，大力倡导贴近实际、贴近生活、贴近群众的优良作风，进一步推动文艺创作繁荣。刚才，卫华同志宣读了中共中央政治局委员、中央书记处书记、中宣部部长刘云山同志为座谈会发来的贺信。云山同志在《贺信》中对中国文联、中国作协组织的这次系列采访采风创作活动给予了高度评价和充分肯定，并就做好下一步工作提出了殷切希望和明确要求，为深入持久地组织作家艺术家深入生活、采访采风创作指明了方向，我们一定要认真学习领会并在今后工作中切实加以贯彻落实。此前，中国作协以及中国文联所属各有关文艺家协会分别作了认真总结。刚才，6位作家艺术家代表作了很好的发言，畅谈了赴革命纪念地采风创作的体会和认识，感情真挚，语言朴实，发人深思，催人奋进，使我们深受启发、深受教育。

下面，按照中宣部的要求，我代表中国文联、中国作协，就组织作家艺术家深入生活，开展采访采风创作活动作一个简要总结，并就深入贯彻中央领导同志的重要指示精神，倡导深入生活、推动文艺繁荣，讲几点意见，供大家参考。

一、按照中宣部的统一部署，认真组织作家艺术家深入生活、采访采风创作

为了迎接中国共产党成立90周年、纪念辛亥革命100周年，推出更多思想性、艺术性、观赏性相统一的优秀作品，今年年初中宣部在全国宣传部长会上做出部署，要求推进重大革命和历史题材作品创作生产，组织优秀作家艺术家深入革命老区、少数民族和边疆地区，深入生活采风创作。随后，中宣部专门召开协调会，就采访采风创作活动制定实施方案，做出具体安排。按照中宣部的统一部署，今年3月到6月，中国文联会同中国剧协、中国音协、中国美协、中国曲协、中国舞协、中国摄协组织300多名艺术家分成19支文艺小分队，中国作协组织组织80多名作家分成6个团，赴井冈山、韶山、瑞金、遵义、延安、西柏坡等革命纪念地深入生活、采访采风创作。综合各方面的情况，这次活动主要有以下特点：

一是周密部署、精心组织。全国政协副主席、中国文联主席孙家正，中国作协主席铁凝多次关心过问作家艺术家赴革命纪念地采访采风创作情况，并提出具体要求。中国文联八届五次全委会和中国作协七届五次全委会，分别把组织作家艺术家赴革命纪念地深入生活、采访采风创作列为今年重点工作。中国文联制定《2010年组织艺术家赴革命纪念地深入生活、采风创作活动总体方案》，各文艺家协会结合各自情况做了具体安排，对采风创作的主旨、时间、方式和成果提出明确要求。中国作协在充分听取有关省区作协及采风团作家的意见的基础上，制定“走近红色岁月”大型采访采风活动方案，认真遴选参加采访采风活动的作家。活动开始后，中国作协举行“走进红色岁月”采访采风活动启动仪式，党组书记李冰同志亲自出席并作动员讲话。中国文联会同所属有关文艺家协会分别举行启动仪式，党组分管领导作动员讲话。中国文联召开赴革命纪念地采风创作艺术家座谈会，通报情况，畅谈体会。这一系列的精心安排和有效措施，有力地保障活动的顺利开展。

二是阵容强大、规模空前。这次采访采风创作活动规模之大、规格之高、范围之广、力量之强是近年来少有的。中国文联和中国作协有关领导同志以及中国文联所属有关文艺家协会主席和分党组书记以身作则，带头深入革命纪念地采风创作，有力地调动了广大文艺工作者的积极性。李存葆、蒋子龙、贾平凹、雷抒雁、叶辛等一大

批知名作家，阎肃、张继刚、牛群、巩汉林、张保和、孙晨、孟冰等一大批知名艺术家踊跃报名，他们克服环境艰苦、生活不便等种种困难，积极参加采访采风创作活动。在几个月内，中国文联、中国作协组织的近400名知名作家艺术家，各地组织的数千名作家艺术家，分期分批深入革命纪念地，集中进行采访采风创作活动，这是近年来少有的。

三是上下联动、多方协作。这次深入革命纪念地进行采访采风创作活动得到社会各方面的大力配合与支持。井冈山、韶山、瑞金、遵义、延安、西柏坡等革命纪念地所在省的省委宣传部、省文联、省作协都进行了充分的准备，做了大量艰苦细致、卓有成效的工作。活动所在地的党委政府以及党委宣传部门、文联、作协，认真制定接待方案，安排采访采风路线、座谈交流等，有的还就具体安排与作家艺术家进行充分沟通，为采访采风创作活动提供了便利。各省区市文联、作协也结合各地实际，开展了主题鲜明、内容丰富、形式多样的采访采风创作活动。

四是加强宣传、营造氛围。中宣部专门制定宣传方案，对这次活动的宣传报道做了周密部署和安排。新华社、《人民日报》、《光明日报》、《经济日报》、中央电台、中央电视台等中央主要新闻媒体派出精干记者，与作家艺术家一道，深入革命纪念地，采取文字、图片、音像等手段，运用消息、通讯、综述、评论等方式，进行全方位、多角度的报道。《中国文化报》、《中国艺术报》、《文艺报》等文化类专业新闻媒体，把这次新闻采访活动作为近期宣传报道的重要任务，开辟专栏专版，进行纵深报道。有关地方主要新闻媒体密切配合中央新闻媒体，结合本地实际，进行了特色鲜明、重点突出的宣传。声势大、范围广、力度强的宣传报道，为开展深入生活、采访采风创作活动营造了良好的舆论氛围。

二、组织作家艺术家深入生活、采访采风创作活动进展顺利，成效显著

几个月来，在各方的共同努力下，这次组织作家艺术家赴革命纪念地深入生活、采访采风创作活动获得了成功，达到了预期目的。特别值得一提的是，参加这次活动的作家艺术家，自始至终以饱满的热情和良好的精神状态，全身心地投入，确保这次活动圆满成功。一些老艺术家不顾年事已高、行动不便，不怕条件艰苦，努力克服困难，积极发挥示范带动作用。一些著名中青年作家艺术家主动调整工作，甚至放弃了一些商业演出，踊跃报名参加，积极发挥中坚作用。他们用自己的实际行动，充分展现了党的文艺工作者高度的社会责任感和吃苦耐劳、甘于奉献的精神，充分展现了当代作家艺术家良好的精神风貌。这次采访采风创作活动得到中央领导的高度赞扬和积极肯定，云山同志先后3次在中国作协、中国曲协、中国音协活动报告上做出重要批示，给广大作家艺术家以巨大鼓舞和有力鞭策。综合各方面的反映，这次采访采风创作活动主要取得了以下几个方面的收获：

1. 缅怀先烈、感悟历史，进一步坚定了走中国特色社会主义道路的信念。这次活动中，作家艺术家通过认真学习中国革命史、社会主义建设史和改革开放史，重温中国共产党带领全国各族人民同心同德、艰苦奋斗，战胜各种艰难曲折和风险考验的伟大历程，深刻认识到只有中国共产党才能救中国，只有改革开放才能发展中国、发展社会主义、发展马克思主义。通过亲眼目睹革命老区改革开放取得的伟大成就和发生的巨大变化，以及革命老区在全面建设小康社会过程中面临的机遇和挑战，深刻认识到我国仍处于并将长期处于社会主义初级阶段的基本国情没有变、人民日益增长的物质文化需求同落后的社会生产之间的矛盾这一主要矛盾没有变。通过亲身感受老区人民的良好精神状态，领会井冈山精神、长征精神、延安精神、西柏坡精神的主要内涵，深刻认识到只有大力弘扬以爱国主义为核心的民族精神和以改革创新为核心的时代精神，使全体人民始终保持昂扬向上的精神状态，才能战胜前进道路上的各种艰难险阻，实现中华民族的伟大复兴。

2. 净化心灵、陶冶情操，进一步增强了肩负当代文艺工作者庄严使命的历史责任感。胡锦涛总书记在八次文代会、七次作代会上明确指出，繁荣社会主义先进文化，建设和谐文化，为构建社会主义和谐社会做出贡献，是现阶段我国文化工作的主题和广大文艺工作者的庄严使命。这次活动中，作家艺术家通过学习革命先烈为新中国的建立舍生忘死、赴汤蹈火的英雄事迹，感悟他们身上所体现的无私奉献、勇于牺牲的高尚道德情操，感受老区人民和广大干部群众对优秀文艺作品渴望和需求，深刻认识到只有坚持把个人的艺术追求融入国家发展的洪流之中，把文艺的生动创造寓于时代进步的运动之中，以充沛的激情、生动的笔触、优美的旋律、感人的形象，创作出讴歌时代主旋律、无愧于祖国、无愧于人民的精品力作，才能担当起推动社会主义文化大发展大繁荣的时代责任，担当起为实现中华民族伟大复兴鼓与呼的历史责任。

3. 挖掘素材、捕捉灵感，进一步激发了创作优秀文艺作品的热情。深入革命纪念地采访采风创作，从光辉的革命历史中收集素材，从丰厚的红色文化资源中汲取营养，从伟大的民族精神财富中获得灵感，是作家艺术家激发创作热情、提高创作水平的有效途径。这次活动中，作家艺术家深入到革命纪念地，与当地群众进行零距离的交流，共同回顾那些“红色岁月”，走进历史的记忆，碰撞艺术的火花，丰富了创作素材，拓展了创作思路，对革命历史题材有了新思考新认识，创作欲望和热情空前高涨。现在，这种热情正在转化为实实在在的创作成果。中国作协组织作家已经创作出一批以革命老区为题材的小说、散文、诗歌，一批长篇小说、报告文学、影视作品、长诗也正在酝酿构思之中；中国音协、中国美协已经创作出一批音乐作品和美术作品，中国剧协将组织推出话剧《毛泽东在西柏坡的畅想》，中国曲协将组织一台曲艺专场晚会、出版一部曲艺作品集，中国舞协将打造一台红色经典舞蹈精品晚会，中国摄协将举办一个展览、出版一本画册，还有不少艺术作品正在创作之中。

4. 反响强烈、影响深远，进一步展现了文艺界的良好形象。广大作家艺术家反映，在中宣部统一领导下，中国文联、中国作协组织的这次采访采风创作活动为文艺工作者与人民群众之间、文艺创作与深入生活之间、面向基层与服务群众之间搭建了有效平台，进一步密切了文艺工作者与人民群众的血肉联系，增进了广大文艺工作者对人民群众的深厚感情。广大革命老区的干部群众反映，与知名作家艺术家近距离接触，面对面交流，深切感受到党和政府的温暖与关怀，感受到广大文艺工作者的深情厚谊。社会各界普遍反映，这次采访采风创作活动拉近了文艺工作者与人民群众的距离，树立了文艺界的良好形象，对抵制恶俗、低俗、庸俗等不良风气发挥了积极作用。

三、充分认识深入生活对于促进文艺创作的重要意义，不断把组织作家艺术家深入生活、繁荣创作引向深入

党的十七大明确提出，要兴起文化建设新高潮，更加自觉、更加主动地推动社会主义文化大发展大繁荣，使人民基本文化权益得到更好保障，使社会文化生活更加丰富多彩，使人民精神风貌更加昂扬向上。社会主义文化大发展大繁荣的基础是文艺创作的繁荣，没有高质量的文艺作品，文化大发展大繁荣就无从谈起。中国文联、中国作协和广大文艺工作者一定要自觉坚持先进文化的前进方向，积极投身我国改革开放和现代化建设的伟大实践，努力创作出更多为广大人民群众所喜闻乐见的优秀作品，为社会主义文化的大发展大繁荣作出新的更大贡献。

我们一定要认真学习党中央关于文艺创作与深入生活的一系列重要论述，坚定不移地走文艺与人民群众火热生活相结合的道路。文艺创作需要深入生活，是马克思主义文艺理论的基本观点，是我们党对文艺工作的一贯主张和对文艺工作者的根本要求。毛泽东同志在《在延安文艺座谈会上的讲话》中指出，人民生活中本来存在着文学艺术原料的矿藏，它们是一切文学艺术取之不尽、用之不竭的唯一源泉。中国的革命的文学家艺术家，必须到群众中去，到火热的斗争中去，到唯一的最广大最丰富的源泉中去，观察、体验、研究分析，然后才有可能进入创作过程。邓小平同志在第四次全国文代会祝词中指出，自觉地在人民的生活中汲取题材、主题、情节、语言、诗情和画意，用人民创造历史的奋发精神来哺育自己，这就是我们社会主义文艺事业兴旺发达的根本道路。江泽民同志在第七次全国文代会、第六次全国作代会上指出，脱离人民、脱离生活的艺术，矫揉造作、无病呻吟的作品，不可能有感召力，也不可能有生命力。只有虚心向人民群众学习，向生活学习，从人民群众的伟大实践和丰富多彩的生活中汲取营养，不断进行生活和艺术的积累，才会有美的发现和美的创造，才能为人民提供最好的精神食粮。胡锦涛同志在第八次全国文代会、第七次全国作代会上指出，人民的创造实践每时每刻都发生着令人感奋的变化，人民的生活舞台每时每刻都产生着五彩斑斓的素材，人民为文艺创造提供着丰富营养。脱离了人民，文艺创作就会成为无本之木、无源之水。党的三代中央领导核心和胡锦涛总书记的精辟论述，深刻揭示了文艺创作与社会生活的辩证关系，应当成为我们的座右铭和基本遵循。我们一定要反复学习，深刻领会，始终不渝地走文艺与人民群众火热生活相结合的道路。

我们一定要进一步深入生活、潜心创作，努力推出更多更好的优秀作品。实践证明，作家艺术家只有坚持“三贴近”原则，不断深入实际、深入生活、深入群众，从现实生活的源头活水中积累素材、汲取养分、激发灵感，才能创作出思想性、艺术性有机统一，深受人民群众喜爱的优秀作品。广大作家艺术家一定要始终怀着对人民群众的深厚感情，切实把投身社会、深入生活作为终生课题，把满足人民群众日益增长的精神文化需求作为出发点和落脚点，关注人民命运，赞颂人民奋斗，激励人民前进，与人民群众心心相印、息息相通。要用人民创造历史的奋发精神哺育自己，在人民的历史创造中进行艺术的创造，以人民群众欢迎不欢迎、满意不满意、喜欢不喜欢作为衡量文艺创作成败得失的重要标准，努力创作出有利于更多地弘扬社会主义核心价值体系的精品力作，唱响时代发展和社会进步的主旋律。要大力推进文艺观念、内容、风格、流派的积极创新，大力推进文艺体裁、题材、形式、手段的充分发展，不断增强文艺作品的时代感和吸引力感染力，努力开拓文艺事业的新天地。

我们一定要认真总结经验，加大工作力度，切实把倡导深入生活、繁荣文艺创作不断引向深入。这次集中性的深入生活、采访采风创作活动的直接目的，是要为迎接中国共产党成立90周年和纪念辛亥革命100周年创作一批优秀作品。但是，倡导作家艺术家深入生活、繁荣文艺创作不是权宜之计，而是具有全局意义和长远意义的战略之举，一定要深入持久地抓下去。要进一步牢固树立服务意识，强化服务观念，扩大服务范围，拓展服务渠道，创新服务方式，提高服务水平，引导更多的作家艺术家参与到采访采风创作活动中来。要认真总结组织作家艺术家深入生活、采风创作活动的成功做法和有益经验，继续完善有利于落实“三贴近”原则的体制机制，不断探索组织引导作家艺术家深入生活的新方法新途径，真正使作家艺术家下得去、蹲得住、出作品。要采取表彰奖励、政策扶持、宣传推广等多种方式，努力为作家艺术家深入生活、繁荣创作提供更多机会，创造更好条件，使他们的艺术潜力得到充分挖掘、艺术创造拥有展示空间、艺术贡献受到社会尊重。

同志们，当前，中国特色社会主义伟大事业正站在新的历史起点上，前景无限广阔。党和人民对文艺工作寄予着殷切希望，广大文艺工作者肩负的使命神圣而光荣。让我们更加紧密地团结在以胡锦涛同志为总书记的党中央周围，以邓小平理论和“三个代表”重要思想为指导，深入贯彻落实科学发展观，按照“高举旗帜、围绕大局、服务人民、改革创新”的总要求，深入生活、深入实际、深入群众，勤奋耕耘、奋发图强，更加自觉、更加主动地推动社会主义文化大发展大繁荣，为夺取全面建设小康社会新胜利、开创中国特色社会主义事业新局面、实现中华民族伟大复兴作出新的更大贡献！

以上简要总结，有不全、不到和不妥之处，请中宣部、中国文联、中国作协的各位同志和在座的各位作家、艺术家批评指正。

谢谢大家！

在中国戏剧家协会第七次全国代表大会上的讲话

胡振民

（2010年6月24日）

尊敬的各位代表、各位嘉宾，同志们、朋友们：

在各行各业深入贯彻落实党的十七大和十七届三中、四中全会精神，满怀信心地立足新起点、走向新辉煌的大好形势下，中国戏剧家协会第七次全国代表大会今天隆重开幕了。这是全国戏剧界欢聚一堂、共商戏剧事业发展大计的一次盛会。开好这次大会，对于进一步推动我国戏剧事业大发展大繁荣具有重要意义。在此，我谨代表中国文联向大会的召开表示热烈祝贺！向各位代表并通过你们，向全国广大戏剧工作者致以亲切问候和崇高的敬意！

六次剧代会后的5年来，我国经济社会发生了深刻变化。2006年11月，中国文联第八次全国代表大会和中国作协第七次全国代表大会隆重召开，胡锦涛总书记出席大会并发表重要讲话，科学分析了文艺工作面临的新形势、新任务，进一步指明了现阶段我国文化工作的主题和广大文艺工作者的庄严使命。2007年10月，党的十七大站在继续推进改革开放和社会主义现代化建设、实现全面建设小康社会宏伟目标的战略高度，作出了兴起社会主义文化建设新高潮、推动社会主义文化大发展大繁荣、提高国家文化软实力的重大决策部署。2008年10月，党的十七届三中全会对进一步推进农村改革发展作出总体部署，强调要把繁荣和发展农村文化事业作为事关党和国家工作全局的重大任务。2009年9月，党的十七届四中全会，对以改革创新精神推进党的建设新的伟大工程做出部署，强调着力提高党的建设科学化水平，为坚持和发展包括文化建设在内的中国特色社会主义事业提供根本保证。今年2月，胡锦涛总书记在省部级主要领导干部深入贯彻落实科学发展观加快经济发展方式转变专题研讨班开班式上讲话中，把加快发展文化产业列为加快经济发展方式转变的重点工作。五年来，全党更加重视文化建设，全社会更加支持文化建设，全国人民更加积极参与文化建设，人民群众追求科学、文明、健康生活方式的愿望更加强烈，一个文化建设的新高潮正在兴起，为做好新形势下文艺工作和文联工作指明了前进方向、创造了良好条件、注入了强大动力。我国文艺界百花竞放、异彩纷呈，文艺氛围更加融洽和谐，文艺创作更加积极活跃，文艺队伍更加意气风发，文艺事业发生了历史性深刻变化，进一步拓展了大团结大繁荣大发展的生动局面。

5年来，广大戏剧工作者认真贯彻中央的一系列重要决策部署，始终坚持先进文化的前进方向，牢牢把握现阶段我国文化工作的主题和文艺工作者的光荣使命，以昂扬向上的精神状态、出色的艺术劳动，热情讴歌改革开放的伟大成就和中国特色社会主义事业的伟大实践，创作出了一大批优秀的戏剧作品，为丰富人民群众精神文化生活、推动社会主义文化大发展大繁荣、提高我国文化软实力等方面作出了积极贡献，整个戏剧界呈现出昂扬向上、创新发展、全面繁荣的喜人景象。实践证明，我们的戏剧工作者队伍是一支政治坚定、艺术精湛、作风优良的队伍，是党和人民完全可以信赖的队伍，是大有希望和大有作为的队伍，是能够为实现中华民族伟大复兴作出新的更大贡献的队伍。

5年来，中国剧协紧紧围绕党和国家工作大局，始终坚持以邓小平理论和“三个代表”重要思想为指导，深入贯彻落实科学发展观，自觉坚持“二为”方向、“双百”方针和“三贴近”原则，认真履行联络协调服务基本职能，充分发挥组织引导服务维权的重要作用，围绕中心、服务大局，面向基层、服务群众，立足中国、走向世界，开展了一系列卓有成效的工作，为巩固和发展戏剧界的生动局面，作出了重要贡献。比如，紧紧围绕党的十七大召开、香港回归10周年、改革开放30周年、北京奥运会和上海世博会、新中国和中国文联成立60周年、抗灾救灾等重大事件和重要纪念日，开展了一系列主题鲜明、有声势有特色有影响的文艺活动，大力唱响社会发展和时代进步的主旋律；举办中国戏剧节、中国校园戏剧节、梅花奖大赛等重大戏剧活动，组织中国戏剧奖评奖和各种戏剧理论评论工作，大力推动戏剧事业不断繁荣；积极组织戏剧家和戏剧工作者广泛开展“送欢乐下基层”、梅花奖艺术团“送戏下基层”、抗灾救灾慰问演出等文化惠民活动，努力满足人民群众日益增长的精神文化需求，增进艺术家和人民群众之间的感情；组织梅花奖艺术团世界行，承办世界戏剧节和中韩日（BESETO）戏剧节，选拔国内优秀剧目参加国际戏剧节，组派代表团赴国外交流访问，入选国际剧协执委会和常委会，积极增进中外艺术家的了解和友谊，扩大中国戏剧的国际影响力和话语权，有力地配合了国家“大外交”、“大外宣”战略；认真加强协会自身建设，积极改进会员工作和戏剧评奖工作，努力提高协会干部综合素质和工作作风，着力把协会建设成为“戏剧家温馨和谐之家”，中国剧协的凝聚力和影响力不断增强。

戏剧是一门融合文学、音乐、美术、舞蹈等多种文艺元素的综合性艺术门类，具有反映社会生活、抒发美好理想、丰富精神世界、引领社会风尚的重要作用。当前，我们正处在夺取全面建设小康社会新胜利、开创中国特色社会主义事业新局面的新的历史起点上。这为文艺事业的发展指明了前进方向，为广大文艺工作者实现抱负、施展才华提供了广阔舞台，提出了更高要求。戏剧事业是社会主义文艺事业的重要组成部分，广大戏剧工作者是社会主义文艺队伍的重要组成部分。发展戏剧事业，繁荣戏剧艺术，为构建社会主义和谐社会贡献力量，是党和人民赋予广大戏剧工作者的光荣使命，是历史和时代赋予戏剧工作者的庄严职责。衷心希望广大戏剧工作者，从党和国家大局出发，准确把握时代脉搏，认真学习党的十七大、十七届三中、四中全会精神，深入贯彻落实党的文艺方针政策和最近中央领导同志在视察中国文艺家之家座谈会上的讲话精神，切实增强自豪感和使命感，更好地发挥积极性、主动性和创造性，积极投身全面建设小康社会的伟大实践，努力成为刻苦钻研、敬业奉献、勇于创新、服务人民的表率，努力创做出更多思想深刻、艺术精湛、影响良好的精品力作，为推动社会主义文化大发展大繁荣、兴起社会主义文化建设新高潮作出积极贡献。

中国戏剧家协会是党领导的全国各民族戏剧家组成的专业性人民团体，是党和政府联系戏剧界的桥梁和纽带，是繁荣发展社会主义文艺、建设社会主义先进文化的一支重要力量。衷心希望全体代表共同努力，把这次代表大会开成一次承前启后、继往开来的大会，一次总结过去、规划未来的大会，一次统一思想、振奋精神的大会，一次团结鼓劲、开拓进取的大会。衷心希望大会产生的新一届剧协领导班子，精诚团结、锐意创新，以更加良好的精神状态、更加务实的工作作风做好本职工作，努力创造出经得起实践、人民和历史检验的实绩，不断开创剧协工作的新局面，让党中央放心，让广大戏剧工作者和人民群众满意。

同志们，朋友们，新中国文艺事业走过了光辉灿烂的60年，我们正站在新的历史起点上，党和人民对文艺工作者寄托着更大希望，广大文艺工作者责任重大、使命光荣。让我们更加紧密地团结在以胡锦涛同志为总书记的党中央周围，以邓小平理论和“三个代表”重要思想为指导，深入贯彻落实科学发展观，按照“高举旗帜、围绕大局，服务人民、改革创新”的总要求，勤奋耕耘、奋发图强，更加自觉、更加主动地推动社会主义文化大发展大繁荣，为夺取全面建设小康社会新胜利、开创中国特色社会主义事业新局面、实现中华民族伟大复兴作出新的更大贡献！

祝中国戏剧家协会第七次全国代表大会圆满成功！

在中国文联党组理论学习中心组扩大会议上的讲话

胡振民

（2010年8月12日）

同志们：

7月23日，中共中央政治局就深化我国文化体制改革研究问题进行第二十二次集体学习，中共中央总书记胡锦涛同志主持并发表重要讲话。27日，中共中央政治局常委李长春主持召开中央宣传思想文化部门主要负责人会议，认真学习胡锦涛总书记重要讲话，对贯彻落实胡锦涛总书记重要讲话精神，深入推进文化体制改革，大力发展文化事业和文化产业做出部署。中宣部下发了《关于认真学习贯彻胡锦涛总书记在中央政治局第二十二次集中学习时的重要讲话精神的通知》要求宣传文化战线各部门各单位把讲话作为理论学习中心组学习的重要内容，迅速组织领导班子进行学习，并尽快向广大党员干部进行传达。

中国文联党组高度重视，7月26日，专门召开党组会，认真传达学习胡锦涛总书记重要讲话，并要求各级领导班子组织传达学习讲话精神。7月30日，转发了中宣部通知，要求各协会、直属单位和机关各部室组织开展学习。8月4日，专门制定《中国文联党组理论学习中心组扩大会议学习胡锦涛总书记重要讲话精神安排意见》，对这次学习作出安排。

这次理论学习中心组的主要任务是，认真学习领会胡锦涛总书记重要讲话精神，统一思想、提高认识，认真分析当前文艺工作和文联工作的新形势，研究探讨如何增强改革创新意识，进一步提高文艺工作和文联工作科学发展的能力，为深化文化体制改革，推进社会主义文化大发展大繁荣作出积极贡献。

参加这次学习的人员有文联党组成员，各全国文艺家协会、文联机关各部室、文联各直属出版单位负责人。为了使学习取得更好效果，还邀请部分在京文联主席团成员参加，听取他们的意见和建议。几天来，大家按照学习安排意见，认真自学文件，结合分管的工作和本单位本部室实际，深入思考，作了认真的准备。讨论采取重点发言与普遍发言相结合的方式。

刚才，同志们做了很好的发言，听后很受启发、很受教育。下面，我结合文联工作实际，围绕深入学习贯彻胡锦涛总书记重要讲话精神谈几点意见，供大家参考。

一、科学分析和正确判断当前文化体制改革的形势，进一步增强工作的责任感和紧迫感

文化是民族凝聚力和创造力的重要源泉，是综合国力竞争的重要因素，是经济社会发展的重要支撑。文化建设是我国社会主义现代化建设的重要组成部分。深化文化体制改革，是党中央做出的关系我国经济社会发展全局的重大决策。党的十六大对深化文化体制改革作出战略部署，党的十七大从兴起社会主义文化建设新高潮、推动社会主义文化大发展大繁荣的高度，对进一步深化改革提出了新要求。2003年6月，中央召开文化体制改革试点工作会议，改革进入开展试点、积极探索阶段。2005年底，中央下发《关于深化文化体制改革的若干意见》，明确了深化改革的指导思想、方针原则、总体目标和主要任务，改革进入扩大试点、由点到面阶段。2009年8月，中央召开全国文化体制改革经验交流会，系统总结了近年来的改革工作经验，进一步明确了改革的“路线图”、“时间表”、“任务书”，改革进入加快推进、全面展开的阶段。几年来，各地各部门认真贯彻中央的决策部署，积极推进文化体制改革，大力发展文化事业和文化产业，开创了中国特色社会主义文化建设新局面。通过文化体制改革，规范推进转企改制，国有文化单位市场主体缺失、竞争力不强的状况得到有力扭转；创新公共文化服务运行机制，覆盖城乡的公共文化服务体系初步形成；培育骨干文化企业，文化产业结构不断优化、规模和效益不断提升；推动文化发展和科技进步相结合，新兴文化业态不断涌现、产业升级不断加速；推动精品生产、繁荣文化市场，社会效益和经济效益实现有机统一；推动政府职能转变，文化宏观管理得到加强改进；实施文化“走出去”工程，中华文化国际竞争力和影响力进一步增强；加强队伍建设，各类文化人才竞相涌现、各尽其才、各展所长，各方面的工作都取得了举世瞩目的巨大成绩。实践证明，中央关于深化文化体制改革的决策部署是完全正确的，顺应了时代发展要求，顺应了各族人民过上更好生活的新期待，顺应了文化建设的内在规律和发展趋势，对于解放和发展生产力、促进文化大发展大繁荣、实现全面建设小康社会奋斗目标，具有极其重要的意义。

文艺工作和文联工作是宣传思想文化工作的一部分，文艺工作者和文联工作者是宣传思想文化队伍的一部分，文艺阵地和文联的阵地是宣传思想文化阵地的一部分。党的十六大以来特别是中国文联八次文代会以来，中国文联及各团体会员认真贯彻落实党中央关于加强文化建设、深化文化体制改革的一系列重大决策，紧密结合文联实际，按照胡锦涛总书记“高举旗帜、围绕大局、服务人民、改革创新”的总要求，紧紧围绕“推动文艺繁荣、服务科学发展、促进社会和谐”的总思路，切实履行联络协调服务基本职能，积极发挥组织引导服务维权重要作用，全面推进文艺工作和文联工作，精心组织有声势、有影响的各类主题文艺活动，在党和国家工作大局的作用日益凸显；广泛开展“送欢乐、下基层”等文化惠民活动，在保障人民群众基本文化权益方面的作用日益凸显；大力开展对外民间文化交流与合作，在推动中华文化走向世界方面的作用日益凸显；不断加强和改进理论评论和评奖办节工作，在引领文艺正确导向和推出优秀作品优秀人才方面的作用日益凸显；切实加强自身建设和基础设施建设，文联队伍在整个宣传思想文化队伍中的作用日益凸显。总之，党的十六大以来，文艺工作和文联工作全面拓展、整体推进、进入历史最好发展时期，广大文艺工作者精神焕发、锐意进取，在党和国家工作大局发挥了积极作用，中国文联及各团体会员影响不断扩大、地位日益提升、开创了工作新局面，在党和国家加强文化建设、深化文化体制改革的全局中发挥了重要作用。

同时也要清醒地看到，我们的工作与党和人民的要求相比、与广大文艺工作者的期望相比、与文化体制改革不断深化的新形势相比，还存在许多亟待改进和加强的地方。特别需要指出的是，目前中国文联所属出版单位的体制改革滞后，面临严峻局面。中国文联及所属各文艺家协会共有40家出版单位，纳入转企改制范围的有36家，涉及职工1006名，占中国文联总人数的69%。根据中央关于文化体制改革的“路线图”、“时间表”和“任务书”，中国文联有7家出版单位，已列入中央机关所属出版社中第一批转制的单位，须在今年年底前完成转制。2008年5月，我们对7家单位进行了清产核资，结果净资产为－2682万，其中4家文联直属出版单位净资产为－4374万。在多数出版社资不抵债、无力自己完成转企改制，实现发展的情况下，按照中央的有关指示精神，经上级批准，我们确定跨地区寻找有实力的合作伙伴，通过资产重组，转企改制，谋求双赢，求得发展的改革思路。为此，经过多方努力，我们与安徽出版集团初步达成共识。安徽方以现金出资；文联方以中央财政支持的文化产业发展专项资金，以及经双方共同认可的中介机构对文联方出版单位资产评估后的净资产组建合资企业。由重组后的企业接受重组前文联方文联社、大众社、影视中心的全部资产、业务和人员，以及音像社的全部人员。重组后的出版单位由安徽方控股，文联方参股。后来由于种种原因，安徽出版集团的态度发生重大变化，提出新的重组条件：要求文联出版单位先单独完成转企改制，安徽方购买有关出版单位的“壳”，同时只接纳在职的年轻员工，而不接收离退休人员和5年内达到法定退休年龄的人员。这些新的重组条件，我方无法接受，致使合作陷入僵局。国家新闻出版总署《关于加快推进经营性图书、音像和电子出版单位转制工作的通知》（新出字〔2009〕343号）规定，“对于2011年1月1日前未完成转制的中央各部门各单位经营性图书、音像和电子出版单位，视其为自动退出出版行业，将按规定注销”。财政部《关于进一步加强中央文化部门预算执行管理的通知》规定，截至9月30日，部门项目支出预算实际执行进度低于执行计划进度5个百分点的项目将扣减项目预算45%。也就是说，财政部支持我们出版改革的3000万预算资金，将被扣除1000多万。现在距年底只有4个多月，到9月底只有一个半月。应该说，目前中国文联经营性文化单位转企改制的时间十分紧迫，任务十分艰巨，形势十分严峻，对此，我们必须要有清醒的认识。

胡锦涛总书记重要讲话明确指出，文化体制改革是解放和发展文化生产力的根本途径。深入推进文化体制改革，促进文化事业全面繁荣和文化产业快速发展，关系全面建设小康社会奋斗目标的实现，关系中国特色社会主义事业总体布局，关系中华民族伟大复兴。就中国文联来说，如何站在新的历史起点上，在深入推进文化体制改革的历史进程中发挥重要作用，是摆在我们面前的重大而紧迫的任务。我们一定要从全局和战略的高度深刻认识深化文化体制改革的重要意义，顺应时代发展的要求，认清形势，转变观念，抓住机遇，迎难而上，以高度的责任感和紧迫感，积极推进文化体制改革，推动社会主义文化大发展大繁荣。

二、明确中国文联在深入推进文化体制改革过程中的基本思路，突出抓好几项重点工作

根据胡锦涛总书记重要讲话精神，我们认为，中国文联在深入推进文化体制改革中的基本思路是：以邓小平理论和“三个代表”重要思想为指导，深入贯彻落实科学发展观，始终坚持社会主义先进文化前进方向，牢牢把握“高举旗帜、围绕大局、服务人民、改革创新”的总要求，紧紧围绕“推动文艺繁荣、服务科学发展、促进社会和谐”的总思路，立足文联性质，把握文联特点，发挥文联优势，以发展为主题，以体制机制创新为重点，以推出优秀作品和优秀人才为工作的着力点，以满足人民群众精神文化需求为出发点和落脚点，着力构建充满活力、富有效率、更加开放、有利于文艺事业和文联事业科学发展的体制机制，努力为繁荣发展社会主义文化，不断增强我国文化软实力和国际竞争力做出积极贡献。当前和今后一个时期，要着力抓好以下4个方面的工作。

1. 进一步推进文艺工作和文联工作体制机制改革创新。体制机制创新是解放和发展文化生产力的关键环节，是文化体制改革的首要任务，也是文艺工作和文联工作科学发展的不竭动力。要积极适应国家深入推进文化体制改革的新形势，认真研究人民团体在党和国家全局工作中的功能和作用，积极推进文联工作的体制机制创新。要努力探索适应社会主义市场经济体制、符合文艺发展规律和人民团体特点的管理体制、运行机制、组织形式、活动方式，切实加强行业服务、行业管理、行业自律，依法维护文艺工作者的权益，广泛团结各方面各领域的文艺工作者。要注意总结各级文联特别是基层文联体制机制创新的好做法、好经验，善于从理论层面分析和把握改革创新的方向、途径和方法，对符合中央精神、已经实践检验、有利于文艺事业和文联事业科学发展、得到文艺工作者拥护的创新成果，要积极进行宣传和推广。尤其要按照创新体制、转换机制、面向市场、增强活力的要求，解放思想、转变观念，加大力度、加快进度，着力推进文联所属经营性文化单位转企改制，努力摆脱当前的被动局面。

2. 进一步发挥文联在构建公共文化服务体系中的作用。发展公益性文化事业，保障人民基本文化权益，是社会主义文化建设的重要目的，也是文联义不容辞的重要职责。中国文联全体干部职工要深刻学习胡锦涛总书记重要讲话精神，准确把握文联是党领导的人民团体性质，充分认识文联在构建公共文化服务体系当中的重要职能和作用。要精心组织好“送欢乐、下基层”文化惠民活动，办好“百花迎春——中国文学艺术界大联欢”，扎实深入地开展以“聚焦新农村、文艺为农民”为主题的系列活动，继续推进新农村少儿舞蹈美育工程、中国民间文化遗产抢救工程，深入开展梅花奖艺术团“送戏下基层”、曲艺家“送欢笑”、“美术家、书法家进万家”、文艺进社区进校园等公益性文化惠民活动。要积极探索建立党委政府支持、文联组织引导、文艺工作者积极参与、群众广泛受益的文化惠民活动长效机制。要积极指导和推动群众性文艺活动，培训文艺骨干，建立创作基地，支持群众性文艺创作，鼓励群众开展自娱自乐的文化活动，千方百计活跃基层文化生活。要采取多种形式，组织广大文艺工作者深入生活、贴近实际，努力创作更多反映时代发展、社会进步、弘扬社会主义核心价值体系，深受人民群众喜爱的优秀作品。

3. **积极动员广大文艺工作者投身发展文化产业。**发展文化产业是社会主义市场经济条件下满足人民群众多样化、多层次、多方面精神文化需求的必然选择，也是加快经济发展方式转变的重要抓手。中国文联要坚持从人民团体的性质和特点出发，按照中央的统一部署，认真落实文化产业振兴规划，切实完成文联承担的有关项目和任务。要充分发挥文联文艺人才荟萃、文艺门类齐全、文艺资源丰富的优势，积极创造有利条件，营造良好环境，积极动员广大文艺工作者为发展文化产业贡献智慧和力量。要适应社会主义市场经济的要求，团结和凝聚文化产业经营管理人才，为他们在发展文化产业中施展才华提供服务。要充分发挥文联在对外民间文化交流的独特优势，积极探索财政支持和市场运作相结合的办法，精心打造中华民族文化品牌，举办各类艺术节、艺术周、展览、演出和博览会等活动，努力开拓国际文化市场，推动中华文化走出国门、走向世界。

4. **进一步加强对文艺创作生产的引导。**创作生产更多无愧于时代、无愧于人民的文化精品，最大限度发挥文化引导社会、教育人民、推动发展的功能，是文化体制改革和文化建设的重要任务，也是文联必须承担的重要职责。要坚持“二为”方向、“双百”方针和“三贴近”原则，真正从群众需要出发，积极推动文艺创作的繁荣和发展，正确处理传统与现代、继承与创新、高雅与通俗、普及与提高、引领与包容、社会效益与经济效益等方面的关系，努力推出更多反映伟大时代历史巨变、描绘人民群众精神图谱、思想性艺术性观赏性相统一的文艺精品力作。要加强和改进评奖办节工作，牢牢把握正确导向，弘扬主旋律，提倡多样化，引导广大文艺工作者自觉践行社会主义核心价值体系，遵循公平、公正、公开的原则，提高评奖的公正性、科学性、权威性，使评奖工作进一步程序化、标准化、规范化。要充分发挥文艺评论在引导创作、甄别美丑、引领鉴赏的重要作用，切实加强和改进文艺理论评论工作，高度重视文艺理论评论队伍建设，整合力量，注重发挥中国文联特约研究员、特约评论员的作用，大力开展科学的、健康的文艺批评，提高批评的针对性、实效性和影响力，坚决抵制庸俗、低俗、媚俗之风。要切实抓好赴革命纪念地深入生活、采风创作活动，在前一段采风的基础上，努力创作一批反映革命老区、边疆地区、民族地区、贫困地区和国家重大建设工程等基层群众生活的优秀文艺作品，为明年庆祝中国共产党成立90周年和纪念辛亥革命100周年作准备。

三、加强领导、精心组织，切实把学习宣传贯彻胡锦涛总书记重要讲话精神的任务落到实处

胡锦涛总书记关于深化文化体制改革的重要讲话思想深邃、内涵丰富，高屋建瓴、总揽全局，充分体现了以胡锦涛同志为总书记的党中央对社会主义文化建设的高度重视和对文化建设规律的科学把握，是对科学发展观的丰富和发展，为当前和今后一个时期我国文化建设指明了方向，为进一步深化文化体制改革，更好地推动社会主义文化大发展大繁荣提供了强大动力，也为制定国家“十二五”时期文化体制改革和发展规划纲要提供了根本遵循。认真学习宣传贯彻胡锦涛总书记重要讲话，是当前宣传思想文化战线一项十分重要的政治任务。中国文联各级领导班子要高度重视，精心组织，周密安排，切实把这项重要的政治任务安排好、落实好。

1. **认真组织广大干部职工深入学习，切实把思想和行动统一到讲话精神上来。**要按照中宣部的通知要求，采取理论中心组学习、座谈研讨等多种方式，组织广大干部职工，认真学习胡锦涛总书记重要讲话精神，深刻领会《讲话》关于社会主义文化建设和文化体制改革重要性的重要论述，进一步提高对文化建设和文化体制改革重要地位与作用的认识；深刻领会《讲话》对文化建设面临的国际国内形势的科学分析和精辟论断，进一步增强深化文化体制改革的责任感和使命感；深刻领会《讲话》提出的深入推进文化体制改革必须坚持的指导思想，进一步明确深化文化体制改革的方向；深刻领会《讲话》提出的必须抓紧抓好的4项重点工作，进一步增强工作的针对性、时效性；深刻领会《讲话》对加强深入推进文化体制改革组织领导提出的新要求，进一步提高领导和推动文化科学发展的能力。通过广泛深入的学习，把广大干部职工思想和行动统一到《讲话》精神上来，把智慧和力量凝聚到中央的决策部署上来。

2. **扎实做好国家“十二五”文化体制改革和发展规划纲要调研工作，认真研究思考文艺工作和文联工作全局性、战略性、前瞻性重大问题。**制定国家“十二五”时期文化体制改革和发展规划纲要，对于贯彻落实党中央、国务院关于文化建设和文化体制改革的一系列重大决策部署，加快发展文化事业和文化产业，推动经济社会又好又快发展，夺取全面建设小康社会新胜利，具有十分重要的意义。中央高度重视，中央政治局常委李长春同志专门主持召开会议，就这项工作进行动员部署。我们要充分认识这项工作的重大意义，按照中宣部的要求和部署，充分发挥自身优势，调动各种资源，切实把本部门承担的调研任务完成好。要系统总结党的十六大以来文艺工作和文联工作的主要成绩、成功经验和有效做法，认真分析制约文艺工作和文联工作的突出问题，全面反映文艺界的第一手材料、情况。要抓住这个有利契机，认真分析文艺工作和文联工作面临的新形势、新任务，深入调研事关文艺工作和文联工作的全局性、战略性、前瞻性的重大问题，为文艺工作和文联工作的体制机制改革创新提供理论支撑。

3. **进一步加强领导班子和干部队伍建设，为中国文联在深化文化体制改革进程中发挥重要作用提供组织保障。**党的十六大以来，特别是八次文代会以来，文联党组高度重视各级班子和干部队伍建设，大力加强领导班子选拔配备，加强干部选拔任用、调整交流、教育培训和党的民主集中制建设，一批政治清醒坚定、熟悉文艺工作、具有改革创新精神的干部被选拔到领导岗位上来，各级班子的政治意识、大局意识和责任意识明显增强，干部队伍整体素质有所提高，整体合力和工作水平发生明显变化。同时也必须清醒看到存在的问题，一些领导班子总体理论素养不够高，把握规律、总揽全局、推动发展的本领不够强的问题不容忽视；一些党员领导干部事业心、责任心、上进心不强，精神状态和工作作风与所担负的职责不相适应的问题亟待解决；尤其是局处两级领导干部年龄偏大、结构断层，学历偏低、综合素质不高的问题还未根本解决。这些问题，必须引起高度重视，在今后的工作中认真研究解决。今年年底前，还有 3 个协会要换届，有 7 名局级干部达到退休年龄，目前文联和协会机关共有 34 个处长岗位空缺，协会换届和局处两级领导干部调整配备的任务十分繁重。面临换届的协会要把圆满完成换届作为最重要的政治任务，全力以赴做好各项准备工作，确保把换届大会开成民主、团结、鼓劲、繁荣的大会，开成振奋精神、开拓进取得大会。要进一步加大干部选拔任用工作力度，坚持德才兼备、以德为先的用人标准，严格按照《干部任用条例》规定的程序和步骤，切实把那些想干事、会干事、干成事、不出事的干部选拔到领导岗位上来，努力打造“能者上、平者让、庸者下”的用人环境，营造风清气正的良好氛围。要通过完善机制、改进工作，不断强化“凭本事吃饭、靠政绩说话”的导向，不让老实人吃亏，不让投机取巧者得利。要认真贯彻中央关于从严管理干部的要求，坚持对干部严格要求、严格教育、严格管理、严格监督，对干部队伍中存在的突出问题，要采取有力措施，切实加以解决，对少数干部违纪违规的现象，要按照有关规定严肃处理，绝不姑息迁就。

4. **加大力度、加快进度，积极稳妥做好文联出版单位转企改制工作。**中国文联党组、有关协会分党组、各出版单位领导干部要充分认识出版单位转企改制面临的严峻形势，切实增强推进改革、时不我待的紧迫感，以对党和人民的事业高度负责，对出版社广大干部职工高度负责的态度，同心同德、群策群力，按照中央提出的“时间表”、“路线图”和“任务书”，积极推进出版单位的转企改制，务求年底前完成任务。各出版单位都要把转企改制工作放在首要位置，深入细致地了解和分析本单位干部职工的思想状况，把中央有关政策规定和改革面临的形势，以及本单位生产经营、资产负债、人员结构等基本情况讲清楚，发动群众开展抓住机遇、迎接挑战、寻找出路、谋求发展的大讨论。要按照中央规定的出版单位完成转企改制的四条标准，认真制定转企工作方案，同时积极探索建立现代企业制度、完善法人治理结构，实现转企之后的更大发展。各出版单位可以独自完成转企改制，也可以通过股权合作、国有资产整体划转等多种方式，完成转企改制，实现更大发展。无论采取哪种方式，只要按照规定的时间，符合中央政策，有利于出版事业的健康发展，有利于维护职工的合法权益，我们都给予大力支持。文联出版业改革领导小组及其办公室要指导、督促、协调各单位按时完成转企改制任务。认真听取出版单位汇报，帮助解决工作中的实际困难，及时向上级主管部门汇报工作中遇到的问题，积极寻求上级部门的指导和支持。要按照“谁改革支持谁”、“早改革早受益”和“改革不吃亏，改革有实惠”的政策导向，根据出版单位转企的实际进展情况，经上级主管部门同意，用好中央财政拨付的文化产业发展专项资金，不搞平均分配。文联机关各有关部门要从文化体制改革的大局出发，多积极配合，多提供服务，为文联出版业转企改制的顺利开展创造更多有利条件。任何单位和个人如有不同意见，都可以通过正常途径反映，但决不能借机制造事端、煽动闹事、破坏稳定。党员尤其是党员领导干部要坚持以身作则，带头遵守纪律，切实维护出版单位的正常工作秩序，确保转企改制的正常进行。

同志们，当前，文艺工作和文联工作处在历史上最好发展时期，已经站在新的历史起点上，正在走向新的辉煌。我们一定要以胡锦涛总书记在中央政治局第二十二次集中学习时重要讲话精神为强大思想动力，保持清醒头脑，善于抓住机遇，勇于应对挑战，努力推动文艺工作和文联工作再上新台阶，为进一步深化文化体制改革、繁荣发展社会主义文化事业作出新的更大贡献！

在“国家‘十二五’时期文化体制改革和发展规划纲要调研座谈会”上的发言

胡振民

（2010年8月20日）

中央办公厅发来的调研座谈提纲涉及到七大方面24个题目，涵盖了文化体制改革和发展中一系列全局性、战略性、前瞻性的重大问题。深入研究分析这些重大问题，对于起草好国家“十二五”时期文化体制改革和发展规划纲要具有重要意义。根据调研座谈题目，结合文联实际，提以下几点建议，仅供参考。

1. **关于进一步明确中国文联等文艺界人民团体在党和国家全局工作中的职能定位，充分发挥其在团结广大文艺工作者、推动发展社会主义文艺事业中的重要作用。**2001年，中央在《关于中国文联“三定”方案》中明确规定，中国文联的基本职能是联络、协调、服务。2006年，八次文代会通过的《中国文联章程》继续沿用了这一提法。随着我国经济社会的发展和时代的进步，文艺工作和文联工作在党和国家工作大局中的地位和作用越来越突出，因此，文联等文艺界人民团体的职能定位需要跟上形势的发展要求。胡锦涛总书记在八次文代会上指出：“中国文联是党领导的文艺界人民团体，在团结广大文艺工作者、推动发展社会主义文艺事业中担负着重大责任。”2007年“两会”期间，胡锦涛总书记在看望工会、共青团、青联、妇联的全国政协委员并参加联组讨论时指出，工青妇等人民团体要在社会主义和谐社会建设中充分发挥组织群众、引导群众、服务群众和维护群众合法利益的作用。我们认为，这是党中央对新形势下人民团体基本职能科学、完整、准确的表述，符合深入推进文化体制改革和推动文化大发展大繁荣的新要求，完全适用于中国文联等文艺界人民团体的职能定位，建议在《规划纲要》中加以明确。

与此相联系的另一个问题是关于行业服务、行业管理、行业自律。2005年，中央《关于深化文化体制改革的若干意见》指出，要明确文化行政管理部门职责，理顺文化行政管理部门与所属文化企业事业单位的关系，推进政企分开、政资分开、政事分开、政府与市场中介组织分开，强化政策调节、市场监管、社会管理和公共服务职能，实现由办文化为主向管文化为主转变、由管微观为主向管宏观为主转变、由面向直属单位为主向面向全社会为主转变。2006年，胡锦涛总书记在八次文代会上强调：“要努力探索适应社会主义市场经济体制、符合文艺发展规律和人民团体特点的管理体制、运行机制、组织形式、活动方式，切实加强行业服务、行业管理、行业自律，依法维护文艺工作者的权益，广泛团结各方面各领域的文艺工作者。”这几年，全国文联系统在加强行业服务、行业管理、行业自律方面进行了积极探索，取得了一些成效，但也遇到了一些实际问题：政府文化行政管理部门负有行业管理职责，其下属的事业单位和社团组织实际上也在行使行业管理方面的职权，这样一来，文化行政管理部门、其下属事业单位及社团组织和党领导下的文艺界人民团体三者之间存在职责、权限划分不清的问题。据中国电影家协会反映，目前在民政部门注册的电影行业方面的社团组织有中国电影基金会、中国电影发行放映协会、中国电影制片人协会等数十家，在电影行业服务、行业管理、行业自律方面，与中国文联所属的中国电影家协会本已存在许多交叉重复，听说这些协会正在酝酿组建“中国电影协会”，如此一来，有可能会造成这一行业的更大混乱。随着文化体制改革的逐步深入，切实加强行业管理、行业服务和行业自律就显得越来越紧迫。我们希望中央有关部门对这一问题引起高度重视，进行深入研究，提出切实可行的措施和办法。

2. **关于建立文化惠民工作长效机制，充分发挥广大文艺工作者在构建公共文化服务体系中的**

积极作用。建立健全公共文化服务体系是人民群众基本文化权益的重要保障。发展公益性文化事业，保障人民基本文化权益，是社会主义文化建设的重要目的。胡锦涛总书记在八次文代会上指出："各级文联、作协要采取多种形式组织文艺工作者深入生活、服务基层，积极指导和推动群众性文艺活动。"近些年来，在中宣部的大力支持下，我们组织广大文艺工作者积极开展了"送欢乐、下基层"、"梅花奖艺术团下基层"、"新农村少儿舞蹈美育工程"、"聚焦新农村、文艺为农民"、"艺术进万家"等一系列文化惠民活动，深受基层广大人民群众的欢迎和拥护。实践证明，构建公共文化服务体系，既要重视硬件建设，也要重视软件建设，既要建设一批文化场所，也要利用这些场所组织广大群众开展多种形式的文艺活动。目前，中国文联所属全国性文艺家协会会员已达10万余人，省级文联所属各文艺家协会会员近100万人，全国文艺从业人员近1000万人，这是一支在构建公共文化服务体系方面的重要力量。我们建议，积极探索建立党委统一领导、政府提供保障、文联组织广大文艺工作者积极参与、人民群众受益的工作长效机制，加大财政支持力度，使"送欢乐、下基层"等文化惠民活动更加广泛、深入、扎实、持久地开展下去，发挥文艺工作者在构建公共文化服务体系中的重要作用。

3. **关于设立国家荣典制度，形成有利于优秀人才脱颖而出的体制机制。**党的十七大报告明确提出，要设立国家荣誉制度，表彰有杰出贡献的文化工作者。对此，全国文艺界和广大文艺工作者充满期待。最近，中央领导同志反复强调，对于为推动文化事业繁荣和发展做出杰出贡献的有重大影响的艺术家，应当给予应有的关爱、表彰和宣传。目前，中国文联及11个文艺家协会举办的全国性文艺评奖中都设立了终身成就奖。2000年以来，共有钟敬文、启功、华君武、吴冠中、吕骥、周巍峙、黄永玉、汤晓丹、张瑞芳、贾芝等150多名艺术大家获此殊荣，在文艺界引起了强烈反响。但是中国文联和各文艺家协会设立的终身成就奖，毕竟不是国家级的荣誉。我们建议，按照党的十七大的精神，在深入调查研究和广泛征求意见的基础上，尽快设立国家在文艺方面的荣典制度，可以考虑每五年表彰一次，与文代会、作代会周期一致。届时，请党和国家领导人颁奖，以奖励那些体现最高艺术水准、代表国家文化形象、作出突出贡献的知名文艺家，进一步推动形成优秀作品优秀人才脱颖而出的体制机制。

4. **关于进一步改进和完善评奖机制，切实加强对文艺作品创作生产的引导。**近年来，中央领导同志多次强调，要建立面向群众、面向市场和少而精的评奖机制，使评奖成为推动艺术作品更好地面向市场、为人民群众服务的重要宏观调控手段。2005年，在中央统一部署下，对文艺评奖过多的问题进行了清理整顿和规范，交叉重复和过多过滥的现象得到有效遏制，但目前，文化行政管理部门、文艺界人民团体、有关社会组织举办的全国性文艺评奖，有的名义上是一个奖项，但包含大量子项，交叉重复、过多过滥的问题并没有根本解决。我们建议，中央有关部门认真研究，合理设置文艺奖项，建立一套经得起市场检验、人民检验和艺术界检验的评价体系，真正发挥文艺评奖在引导广大文艺工作者践行社会主义核心价值体系、弘扬时代主旋律方面的重要作用。同时，采取有效措施，加大文艺理论评论工作力度，坚决抵制低俗、庸俗、媚俗之风。

5. **关于进一步重视民间文化交流与合作，充分发挥文联等党领导下的人民团体在推动中华文化"走出去"进程中的独特作用。**开展对外文化交流与合作，是我国文化外交和外宣工作的重要组成部分，是提升国家文化软实力、树立国家良好形象的重要途径。改革开放以来，经过党和政府以及社会各方面的共同努力，我国已经形成了全方位、多层次、宽领域的对外文化交流新格局。近些年来，中国文联在中宣部、文化部、外交部、财政部等有关部门的支持下，主动服务国家"大外交"、"大外宣"战略格局，把政府支持和海外市场运作有机结合起来，面向国际主流社会、政府官员和高端人群，组织开展"今日中国艺术周"、"艺术之旅"、"同一个世界——中国画家彩绘联合国大家庭"艺术大展等活动，取得了很好效果，扩大了中华文化的国际影响力。据了解，美国、英国、加拿大、瑞典、澳大利亚、新西兰等许多西方国家都设有艺术理事会或类似的文艺机构。以非政府组织的面目出现，依靠政府拨款，开展对外文化交流活动，起到了政府出面起不到的作用，他们的做法值得借鉴。实践证明，增强我国文化的国际竞争力和影响力，既要充分发挥政府部门的主导作用，着力打造具有国际竞争力的外向型企业，以企业为主体，以市场运作为主要方式，推动我国文化产品和服务出口，又要充分发挥人民团体、社会组织和民间力量在对外文化交流中的积极作用。我们建议，政府有关部门进一步加大支持力度，简化审批手续，帮助文联等党领导下的人民团体着力打造一批具有中国特色、中国风格、中国气派的对外民间文化交流品牌项目。

6. **关于采取切实有效措施，维护广大文艺工作者合法权益。**早在2001年，中办关于印发《中国文学艺术界联合会机关主要职责、内设机构和人员编制方案》（厅字〔2001〕57号）的通知中明确指出，中国文联增加“维护团体会员、文学艺术家和文艺工作者的知识产权等合法权益的职责”。2006年，胡锦涛总书记在八次文代会强调，要维护广大文艺工作者的合法权益，努力把文联建设成为各方面各领域文艺工作者的温馨和谐之家。随着文化体制改革的不断深入和文化产业的快速发展，切实维护文艺工作者合法权益已经成为一个重大而紧迫的现实课题。

目前，文艺领域著作权纠纷案件呈逐年上升趋势，各艺术门类侵犯知识产权现象越来越严重，已经引起文艺界乃至全社会的广泛关注。中国文联作为文艺界的人民团体，理应承担起维护文艺工作者著作权及其它合法权益的职责。但在内设机构和人员编制方面却没有相应安排，既无机构，又无人员。据我们所知，工青妇都有维权工作部门。另外，2004年12月，国务院发布的《著作权集体组织管理条例》规定，依法享有著作权或者与著作权有关的权利的中国公民、法人或者其他组织，只要权利人不少于50人的就可以发起设立著作权集体管理组织，成立之后，就不能再成立与其业务范围交叉重合的著作权集体管理组织，这与中央赋予中国文联维权的职责发生冲突。我们建议，切实加强对维护文艺工作者合法权益的这一重大问题进行调查研究，探索建立科学、规范、有效的维权机制，进一步调动广大文艺工作者繁荣发展文艺事业的积极性、主动性和创造性。

在第四届中国北京国际美术双年展开幕式上的讲话

胡振民

（2010 年 9 月 20 日）

尊敬的各位嘉宾，女士们、先生们、朋友们：

上午好！今天，中国文联、北京市政府和中国美协联合举办的第四届中国北京国际美术双年展隆重开幕。首先，我谨代表中国文联对本届双年展的开幕表示热烈的祝贺！对出席今天开幕式的各位嘉宾和朋友表示衷心的感谢！

为向世界展示我国全面开放的风采，加强全球范围内的艺术交流，促进世界文化多样性发展，从 2003 年开始，中国文联、北京市政府和中国美协每两年联合举办一届中国北京国际美术双年展，现在已经是第四届。这项活动得到世界各国美术家的热烈欢迎和积极参与，参展国从第一届 45 个增至本届 85 个，参展艺术家累计达 2000 人，观众累计超过 100 万人次，成为中国最大规模的国际美术交流平台之一。中国北京国际美术双年展以广泛吸纳各国有代表性的绘画、雕塑作品为办展特色，为世界各国艺术家展示美术才华、开展艺术交流提供了重要平台，成为展现各国文化艺术风格、增进中外艺术交流的重要文化品牌。

本届中国北京国际美术双年展以“生态与家园”为主题，是从国内外的现实情况出发而确定的。环境问题是全人类共同面临的重大课题。保护生态环境，妥善应对环境恶化挑战，实现可持续发展，涉及全球共同利益，关乎各国人民福祉，这既是世界各国的共同愿望和共同责任，也是各国文学艺术工作者的共同心声和共同使命。中国古代就强调“天人合一”，强调人与自然的和谐共处。新世纪以来，中国政府高度重视和积极推动以人为本、全面协调可持续的科学发展，明确提出了建设生态文明的重大战略任务，强调要坚持节约资源和保护环境的基本国策，坚持走可持续发展道路，促进经济发展与人口、资源、环境相协调，加快建设资源节约型、环境友好型社会。第四届中国北京国际美术双年展贴近社会现实和大众生活，响亮地提出了“生态家园”的重要文化命题，充分体现了世界各国当代美术家关注生态环境问题的社会责任和文化立场。这次展览可谓是一次盛况空前的国际性美术盛会，邀请了 80 多个国家的 500 多名著名艺术家齐聚一堂，展示了 500 多件当世的美术精品。这些艺术精品运用绘画和雕塑等当代艺术语言，积极倡导了“维护生态，保护地球！”世界各国人民共同的心声。

衷心希望通过本次展览，进一步贯彻北京双年展构建和谐世界、尊重文化多样性，加强东西方文化平等对话的主张，让大家领略各民族优秀文化的博大精深和世界美术的多姿多彩，感受中国人民的热情友好。衷心希望通过此次大展的成功举办，既促进各国的美术交流与合作、推动世界范围内的艺术共同发展，也让世界各国人民在“生态与家园”主题的倡导下，共同努力，关注环境生态，创造美好家园，迎接辉煌未来。

衷心祝愿第四届北京双年展取得圆满成功！谢谢大家！

在第八届中国国际民间艺术节开幕式上的讲话

胡振民

（2010年10月7日）

尊敬的各位嘉宾，女士们、先生们、朋友们：

在这金秋送爽、丹桂飘香的美好季节，由中国文联和江苏省人民政府共同主办的第八届中国国际民间艺术节今天隆重开幕了。首先，我谨代表中国文学艺术界联合会，向出席今天开幕式的各位嘉宾和朋友表示热烈的欢迎！向给予本届艺术节大力支持的苏州人民表示亲切的问候！向为筹备本届艺术节开幕式及主会场各项活动而付出辛勤努力的苏州市人民政府和各位工作人员，表示衷心的感谢！

为发展和交流各国民间艺术，丰富和活跃人民群众的文化生活，展示中国艺术创新成果，促进各国人民间友谊与世界和平，从1990年开始，经国务院批准，中国文联每三年举办一届中国国际民间艺术节，迄今已经成功举办了七届。这项活动得到中国政府的大力支持，受到世界各国艺术家的热烈欢迎和积极参与，共有来自五大洲52个国家的104个民族民间歌舞团参加了艺术节，艺术家总人数达2600人，直接观众累计数百万人，成为国内唯一的大型国际民间艺术节。在此，向多年来积极参与支持国际民间艺术节的世界各国艺术家朋友们表示衷心的感谢！

第八届中国国际民间艺术节以“发展民间艺术，促进友谊和平”为主题，有来自五大洲14个国家的近400名艺术家参加，除了开闭幕式和大联欢演出外，艺术团将分赴苏州周边区县与当地艺术家同台演出，与当地群众交流互动，还将赴有关高等院校和师生联欢交流。艺术节突出国际性、民间性、民族性、群众性的特点，通过精心组织，为中外艺术家之间创造相互了解和切磋技艺的平台，为维护和发展世界文化的多样性，为丰富人类文明的宝库贡献我们的力量。

艺术是超越国界的语言，是沟通心灵的纽带，是传播友谊的桥梁。正是因为有了五彩缤纷的花朵竞相吐艳才显示出大自然的美丽和谐，也正是有了丰富多彩、各具特色的各国民族民间艺术才使整个世界充满了无限的生机和活力。前来参加本届艺术节的各国、各民族的艺术家朋友们，在向中国观众展示你们本国本民族优秀民间艺术的同时，也将近距离地接触和了解源远流长、底蕴深厚的中国文化和民间艺术；在向中国人民播撒友谊种子的同时，你们也将亲身感受中国人民的善良与好客。中国的艺术家们必将在交流互动中积极吸收和借鉴世界各国文明成果，以丰富和发展绚丽多姿的中华文化。

苏州是中国首批公布的24个历史文化名城之一，中国重点风景旅游城市，也是长江三角洲的重要中心城市之一，拥有众多的历史文化遗产和丰厚的人文底蕴。苏州物华天宝，人杰地灵，素称“丝绸之都”、“园林之城”。因其从古至今繁荣发达、长盛不衰的经济和文化，被誉为“人间天堂”。改革开放以来，苏州人民走出了一条全面建设小康的成功之路，实现了腾飞，创造了奇迹。借此机会，我们也衷心祝愿，在江苏省委省政府和苏州市委市政府的领导下，苏州经济、政治、文化、社会全面发展，苏州的未来会更加美好！

我们相信，在江苏省委省政府、苏州市人民政府的大力支持下，在苏州市人民的热情参与和广大中外艺术家的精诚合作下，第八届中国国际民间艺术节一定会取得圆满成功！

谢谢大家！

在中国杂技家协会第六次全国代表大会上的讲话

胡振民

（2010年11月3日）

尊敬的各位代表、各位嘉宾，同志们、朋友们：

在全国各行各业深入贯彻落实党的十七届五中全会精神，满怀信心地立足新起点、走向新辉煌的大好形势下，中国杂技家协会第六次全国代表大会今天隆重开幕了。这是全国杂技家代表欢聚一堂、共商杂技事业发展大计的一次盛会。开好这次大会，对于进一步推动我国杂技事业大发展大繁荣具有重要意义。在此，受家正主席委托，我谨代表中国文联向大会的召开表示热烈祝贺！向各位代表并通过你们，向全国广大杂技工作者致以亲切问候和崇高敬意！

五次杂代会以来，我国经济社会发生了深刻变化，文化建设在全局中的地位和作用日益凸显。2006年11月，中国文联第八次全国代表大会和中国作协第七次全国代表大会隆重召开，胡锦涛总书记出席大会并发表重要讲话，科学分析了文艺工作面临的新形势、新任务，进一步指明了现阶段我国文化工作的主题和广大文艺工作者的庄严使命。2007年10月，党的十七大站在继续推进改革开放和社会主义现代化建设、实现全面建设小康社会宏伟目标的战略高度，作出了兴起社会主义文化建设新高潮、推动社会主义文化大发展大繁荣、提高国家文化软实力的重大决策部署。2008年10月，党的十七届三中全会对进一步推进农村改革发展做出总体部署，强调要把繁荣和发展农村文化事业作为事关党和国家工作全局的重大任务。2009年9月，党的十七届四中全会，对以改革创新精神推进党的建设新的伟大工程做出部署，强调着力提高党的建设科学化水平，为坚持和发展包括文化建设在内的中国特色社会主义事业提供根本保证。前不久召开的党的十七届五中全会进一步提出，文化是一个民族的精神和灵魂，是国家发展和民族振兴的强大力量。强调，要推动文化大发展大繁荣、提升国家文化软实力，坚持社会主义先进文化前进方向，提高全民族文化素质，推进文化创新，深化文化体制改革，增强文化发展活力，繁荣发展文化事业和文化产业，满足人民群众不断增长的精神文化需求，基本建成公共文化服务体系，推动文化产业成为国民经济支柱性产业，充分发挥文化引导社会、教育人民、推动发展的功能，建设中华民族共有精神家园，增强民族凝聚力和创造力。五年来，全党更加重视文化建设，全社会更加支持文化建设，全国人民更加积极参与文化建设，广大人民群众追求科学、文明、健康生活方式的愿望更加强烈，一个文化建设的新高潮正在蓬勃兴起，为进一步做好新形势下文艺工作和文联工作创造了良好条件。五年来，我国文艺界百花竞放、异彩纷呈，文艺氛围更加融洽和谐，文艺创作更加积极活跃，文艺队伍更加意气风发，文艺事业发生了历史性深刻变化，拓展了大团结大繁荣大发展的生动局面，为进一步作好文艺工作和文联工作奠定了坚实基础。

5年来，广大杂技工作者认真贯彻中央的重要决策部署，始终坚持先进文化的前进方向，牢牢把握现阶段我国文化工作的主题和文艺工作者的庄严使命，以昂扬向上的精神状态、出色的艺术劳动，热情讴歌改革开放的伟大成就和中国特色社会主义事业的伟大实践，为丰富人民群众精神文化生活、推动社会主义文化大发展大繁荣、提高我国文化软实力作出了积极贡献，整个杂技界呈现出昂扬向上、创新发展、全面繁荣的喜人景象。实践证明，我们的杂技工作者队伍是一支政治坚定、艺术精湛、作风优良的队伍，是党和人民完全可以信赖的队伍，是大有希望和大有作为的队伍，是能够为实现中华民族伟大复兴作出新的更大贡献的队伍。

五年来，中国杂协紧紧围绕党和国家工作大

局，始终坚持以邓小平理论和“三个代表”重要思想为指导，深入贯彻落实科学发展观，自觉坚持“二为”方向、“双百”方针和“三贴近”原则，认真履行联络协调服务基本职能，充分发挥组织引导服务维权的重要作用，围绕中心、服务大局，面向基层、服务群众，立足中国、走向世界，开展了一系列卓有成效的工作，为巩固和发展杂技界的生动局面，作出了重要贡献。比如，紧紧围绕党的十七大召开、改革开放30周年、北京奥运会、新中国和中国文联成立60周年、抗灾救灾等重大事件和重要纪念日，开展了一系列主题鲜明、有声势有特色有影响的大型活动，大力唱响社会发展和时代进步的主旋律；成功举办国际魔术联盟第24届世界魔术大会，中国杂技金菊奖全国杂技比赛、全国魔术比赛、终身成就奖评奖、理论奖评奖，有力地推动了杂技事业的繁荣发展；精心组织广大杂技工作者开展“送欢乐下基层”、抗灾救灾慰问演出等文化惠民活动，让人民群众共享杂技创作成果，大大增进了杂技工作者和人民群众之间的感情；积极配合党和政府，组派演出小组参加接待国宾、国际会议等重大外事活动演出，有力地配合了国家“大外交”、“大外宣”战略；通过组织代表团出国访问，选拔优秀杂技节目逐鹿国际赛场，应邀出任世界重大赛场国际评委，举办国际杂技艺术节等一系列对外文化交流活动，增进了中外杂技家的了解和友谊，为推动中华文化走向世界、扩大中华文化国际影响力发挥了积极作用；认真加强协会自身建设，积极改进会员工作和杂技评奖工作，努力提高协会干部综合素质和工作作风，着力把协会建设成为“杂技家温馨和谐之家”，协会的凝聚力和影响力不断增强。

杂技是一门古老的综合艺术。中国杂技有着3000多年的历史，民族特色鲜明，深受人民群众喜爱。今天，杂技艺术吸纳了音乐、戏剧、舞蹈等元素，不断创新表现形式，受到广大群众的普遍欢迎，显示出强大的生命力和感染力，在反映火热社会生活、满足人民群众精神文化需求、弘扬民族精神和时代精神、抒发美好理想和引领社会风尚等方面发挥着日益重要的作用。杂技事业是社会主义文艺事业的重要组成部分，广大杂技工作者是社会主义文艺队伍的重要组成部分。发展杂技事业，繁荣杂技艺术，为构建社会主义和谐社会贡献力量，是党和人民赋予广大杂技工作者的庄严职责，是历史和时代赋予杂技工作者的光荣使命。衷心希望广大杂技工作者，从党和国家大局出发，准确把握时代脉搏，认真学习党的十七大、十七届三中、四中、五中全会精神和胡锦涛总书记在中央政治局第二十二次集体学习时的重要讲话精神，切实增强责任感和使命感，更好地发挥积极性、主动性和创造性，积极投身全面建设小康社会的伟大实践，努力成为刻苦钻研、敬业奉献、勇于创新、服务人民的表率，努力创作更多思想深刻、艺术精湛、影响广泛的精品力作，为推动社会主义文化大发展大繁荣、兴起社会主义文化建设新高潮作出积极贡献。

中国杂技家协会是党领导的全国各民族杂技家组成的人民团体，是党和政府联系杂技界的桥梁和纽带，是繁荣发展社会主义文艺、发展社会主义先进文化的重要力量。衷心希望全体代表共同努力，把这次代表大会开成一次承前启后、继往开来的大会，一次总结过去、规划未来的大会，一次统一思想、振奋精神的大会，一次团结鼓劲、开拓进取的大会。衷心希望大会产生的新一届领导班子，紧密团结、锐意创新，以更加良好的精神状态、更加务实的工作作风做好本职工作，努力创造出经得起实践、人民和历史检验的实绩，不断开创杂协工作的新局面，让党中央放心，让广大杂技工作者和人民群众满意。

同志们，朋友们，新中国文艺事业走过了光辉灿烂的60年，现在正站在新的历史起点上，党和人民对广大文艺工作者寄予殷切期望，广大文艺工作者责任重大、使命光荣。让我们更加紧密地团结在以胡锦涛同志为总书记的党中央周围，坚持以邓小平理论和“三个代表”重要思想为指导，深入贯彻落实科学发展观，始终按照“高举旗帜、围绕大局，服务人民、改革创新”的总要求，勤奋耕耘、奋发努力，更加自觉、更加主动地推动社会主义文化大发展大繁荣，为夺取全面建设小康社会新胜利、开创中国特色社会主义事业新局面、实现中华民族伟大复兴作出新的更大贡献！

祝中国杂技家协会第六次全国代表大会圆满成功！

在中国舞蹈家协会第九次全国代表大会上的讲话

胡振民

（2010年12月1日）

尊敬的云山同志，各位代表、各位嘉宾，同志们、朋友们：

在全党全国人民深入贯彻落实党的十七届五中全会精神，各行各业立足新起点、走向新辉煌的大好形势下，中国舞蹈家协会第九次全国代表大会今天隆重开幕了。这是全国舞蹈界的一次盛会，是舞蹈界在新的历史起点上总结过去、规划未来，共商舞蹈事业发展大计的一次重要会议。开好这次会议，对于进一步推动舞蹈事业的大发展大繁荣，具有十分重要的意义。受家正主席委托，我谨代表中国文联向大会的召开表示热烈祝贺！向各位代表并通过你们，向全国广大舞蹈工作者致以亲切问候和崇高敬意！

八次舞代会以来，我国经济社会发生了深刻变化，文化建设在全局中的地位和作用日益凸显，正面临大发展大繁荣的难得历史机遇。5年来，全党更加重视文化建设，全社会更加支持文化建设，全国人民更加积极参与文化建设，广大人民群众追求科学、文明、健康生活方式的愿望更加强烈，一个文化建设的新高潮正在蓬勃兴起，为进一步做好新形势下文艺工作和文联工作创造了良好条件。5年来，我国文艺界百花竞放、异彩纷呈，文艺氛围更加融洽和谐，文艺创作更加积极活跃，文艺队伍更加意气风发，文艺事业发生了历史性深刻变化，拓展了大团结大繁荣大发展的生动局面，为进一步作好文艺工作和文联工作奠定了坚实基础。5年来，广大舞蹈工作者认真贯彻中央重要决策部署，始终坚持先进文化的前进方向，牢牢把握现阶段我国文化工作的主题和文艺工作者的庄严使命，自觉投身改革开放和现代化建设的时代洪流，深入实际、深入生活、深入群众，与人民心连心、与祖国共命运、与时代同步伐，热情讴歌火热生活，积极传播先进文化，创作出一大批优秀舞蹈作品，为弘扬社会主义核心价值体系，满足人民群众精神文化需求，推动我国舞蹈事业大发展大繁荣作出了重要贡献。实践证明，我们的舞蹈工作者队伍，是一支政治坚定、艺术精湛、作风优良的队伍，是党和人民完全可以信赖的队伍，是大有希望和大有作为的队伍，是能够为实现中华民族伟大复兴作出新的更大贡献的队伍。

八次舞代会以来，中国舞协坚持以邓小平理论和“三个代表”重要思想为指导，深入贯彻落实科学发展观，自觉坚持“二为”方向和“双百”方针，遵循党的十六大、十七大和中国文联第八次文代会精神，牢牢把握“高举旗帜、围绕大局、服务人民、改革创新”的总要求，团结广大舞蹈工作者，认真履行联络、协调、服务基本职能，积极发挥组织、引导、服务、维权的重要作用，坚持围绕中心、服务大局，面向基层、服务群众，立足中国、面向世界，做了一系列卓有成效的工作。比如：紧紧围绕庆祝新中国和中国文联成立60周年、纪念改革开放30周年、纪念长征胜利70周年、抗灾救灾等重大事件和重要纪念日，开展了一系列主题鲜明，有声势有特色有影响的文艺活动；成功举办中国舞蹈节、中国舞蹈“荷花奖”民族民间舞蹈大赛、中国舞蹈“荷花奖”现当代舞蹈大赛、中国舞蹈“荷花奖”校园舞蹈大赛、“小荷风采”全国少儿舞蹈展演、中国国际标准舞蹈艺术表演赛、新农村少儿舞蹈美育工程、中华舞蹈爱心行动等重大舞蹈活动，深入开展理论研讨和舆情信息工作，不断推出优秀舞蹈作品和舞蹈人才，大力推动舞蹈事业繁荣发展；积极组织广大舞蹈家和舞蹈工作者广泛开展“送欢乐、下基层”、赴灾区慰问演出、捐款捐助等活动，在不断满足人民群众日益增长的物质文化需求的同时，增进艺术家对人民群众的深厚感情；广泛开展对外舞蹈交流与合作，成功举办第五届亚欧舞蹈论坛、中国—东盟舞蹈论坛、首届“两岸小小艺术家暨青少年舞蹈展演”、“荷花奖艺术团”赴美公演活动，恢复在国际舞蹈理事大会中的地位，举办中国—东盟青少年舞蹈交流展演等，有力配合了党和国家总体外交战略；认真加强协会自身建设，积极改进会员工作，切实加强队伍建设，努力提高协会干部素质和工作水平，着力把协会建设成为“温馨和谐之家”，中国舞协的凝聚力和影响力不断增强。

舞蹈是人类历史上最早产生的艺术形式之一。我国是个多民族国家，舞蹈品类繁多、异彩纷呈，不同民族、不同地域、不同舞种都具有丰富多样的性格和色调。今天，舞蹈艺术正结合音乐、舞台美术等艺术手段，不断创新表现形式，受到广大人民群众的普遍欢迎，显示出强大的生命力和感染力，在反映社会生活、抒发美好理想、丰富精神世界、引领社会风尚等方面发挥着日益重要的作用。舞蹈事业是社会主义文艺事业的重要组成部分，广大舞蹈工作者是社会主义文艺队伍的重要组成部分。发展舞蹈事业，繁荣舞蹈艺术，为构建社会主义和谐社会贡献力量，是党和人民赋予广大舞蹈工作者的庄严职责，是历史和时代赋予舞蹈工作者的光荣使命。衷心希望广大舞蹈工作者，从党和国家大局出发，准确把握时代脉搏，认真学习党的十七大、十七届三中、四中、五中全会精神和胡锦涛总书记在中央政治局第二十二次集体学习时的重要讲话精神，切实增强责任感和使命感，更好地发挥积极性、主动性和创造性，积极投身全面建设小康社会的伟大实践，努力成为刻苦钻研、敬业奉献、勇于创新、服务人民的表率，创作出更多反映时代要求、体现时代精神的优秀舞蹈作品，为推动社会主义文化大发展大繁荣、兴起社会主义文化建设新高潮作出更大贡献。

中国舞蹈家协会是党领导的全国各民族舞蹈家组成的人民团体，是党和政府联系舞蹈界的桥梁和纽带，是繁荣发展社会主义文艺、发展社会主义先进文化的重要力量。衷心希望全体代表共同努力，把这次代表大会开成一次承前启后、继往开来的大会，一次总结过去、规划未来的大会，一次统一思想、振奋精神的大会，一次团结鼓劲、开拓进取的大会。衷心希望大会即将产生的新一届领导班子，同心协力、锐意进取，以昂扬向上的精神状态、开拓创新的工作作风、求真务实的实际行动，努力做好本职工作，多想谋全局、利长远的事情，多做打基础、立品牌的事情，多抓出效益、见实效的事情，努力做出经得起实践、人民和历史检验的实绩，不断开创舞协工作的新局面，让党中央放心，让广大舞蹈工作者和人民群众满意！

同志们，朋友们，新中国文艺事业已经走过了波澜壮阔的60年，我们正站在新的历史起点上。广大文艺工作者肩负的使命神圣而光荣。让我们更加紧密地团结在以胡锦涛同志为总书记的党中央周围，高举中国特色社会主义伟大旗帜，以邓小平理论和“三个代表”重要思想为指导，深入贯彻落实科学发展观，埋头苦干、扎实工作，更加自觉、更加主动地推动社会主义文化大发展大繁荣，为夺取全面建设小康社会新胜利、开创中国特色社会主义事业新局面而努力奋斗！

祝中国舞蹈家协会第九次全国代表大会圆满成功！

谢谢大家！

在中国书法家协会第六次全国代表大会上的讲话

胡振民

（2010年12月27日）

尊敬的云山同志，各位代表、各位嘉宾，同志们、朋友们：

在全党全国人民深入贯彻落实党的十七届五中全会精神，各行各业总结“十一五”、规划“十二五”的新形势下，中国书法家协会第六次全国代表大会今天隆重开幕了。这是全国书法界的一次盛会，是书法界在新的历史起点上总结过去、规划未来，共商书法事业发展大计的一次重要会议。开好这次会议，对于进一步巩固和发展书法界积极健康向上的良好局面、推动书法事业的大发展大繁荣，具有十分重要的意义。受家正主席委托，我谨代表中国文联向大会的召开表示热烈祝贺！向各位代表并通过你们，向全国广大书法工作者致以亲切问候和崇高敬意！

五次书代会以来，我国经济社会发生了深刻变化，文化建设在全局中的地位和作用日益凸显，正面临大发展大繁荣的难得历史机遇。5年来，全党更加重视文化建设，全社会更加支持文化建设，全国人民更加积极参与文化建设，广大人民群众追求科学、文明、健康生活方式的愿望更加强烈，一个文化建设的新高潮正在蓬勃兴起，为进一步做好新形势下文艺工作和文联工作创造了良好条件。5年来，我国文艺界百花竞放、异彩纷呈，文艺氛围更加融洽和谐，文艺创作更加积极活跃，文艺队伍更加意气风发，文艺事业发生了历史性深刻变化，拓展了大团结大繁荣大发展的生动局面，为进一步作好文艺工作和文联工作奠定了坚实基础。5年来，广大书法工作者认真贯彻中央决策部署，始终坚持先进文化的前进方向，牢牢把握现阶段我国文化工作的主题和文艺工作者的庄严使命，自觉投身改革开放和现代化建设的时代洪流，深入实际、深入生活、深入群众，与人民心连心、与祖国共命运、与时代同步伐，热情讴歌火热生活，积极传播先进文化，创作出一大批优秀书法作品，为弘扬社会主义核心价值体系，满足人民群众精神文化需求，推动我国书法事业大发展大繁荣作出了重要贡献。实践证明，我们的书法工作者队伍，是一支党和人民完全可以信赖的队伍，是大有希望和大有作为的队伍，是能够为实现中华民族伟大复兴作出重要贡献的队伍。

五次书代会以来，中国书协坚持以邓小平理论和“三个代表”重要思想为指导，深入贯彻落实科学发展观，自觉坚持“二为”方向和“双百”方针，遵循党的十六大、十七大和中国文联第八次文代会精神，牢牢把握“高举旗帜、围绕大局、服务人民、改革创新”的总要求，团结广大书法工作者，认真履行联络协调服务基本职能，积极发挥组织引导服务维权的重要作用，坚持围绕中心、服务大局，面向基层、服务群众，立足中国、走向世界，做了一系列卓有成效的工作。比如：紧紧围绕庆祝新中国成立60周年、纪念改革开放30周年、纪念长征胜利70周年、抗灾救灾等重大事件和重要纪念日，开展了一系列主题鲜明，有声势有影响的书法活动，努力为党和国家工作大局服务；认真实施中国书法进万家行动计划，大力推动书法艺术进社区、进乡村、进企业、进校园、进军营，启动中国书法家创作培训基地创建工作，着力提高书法教育普及水平，努力满足人民群众的精神文化需求；积极实施人才战略和当代书坛名家系统工程，评选中国书法兰亭奖，举办百位老书法家作品展、千人千作书法大展、五百家书法精品展、全国书法篆刻展览、当代篆刻艺术大展等展览，开展书学讨论会，国展论坛、文津大讲堂、书法史讲坛等学术活动，为培养和造就一支以老书家为龙头、以中青年书家为主体的当代书坛劲旅作出了积极贡献；推动中国书法篆刻艺术“申遗”成功，积极实施中国书法环球行计划，开展中国书法走进东南亚、澳洲、欧洲、非洲活动，举办国际书法大会、国际刻字艺术展、中韩书法大展、中日自作诗书展、中日妇女书法展，加大与各国书法界的交流力度，进一步扩大了中国书法的国际影响；认真加强协会自身建设，加强会员管理工作，完善理事会议事职能，有效开展专业委员会工作，努力提高协会干部素质和工作水平，着力把协会建设成为“温馨和谐之家”，中国书协的凝聚力和影响力不断增强。

我国的书法艺术历史悠久，源远流长。经过几千年不断地继承与创新，书法艺术成为最具中华文化特色，深受中国人民乃至世界人民所喜爱的传统艺术门类，是我国社会主义文艺百花园中的一朵奇葩。书法事业是社会主义文艺事业的重要组成部分，广大书法工作者是社会主义文艺队伍的重要组成部分。发展书法事业，繁荣书法艺术，为构建社会主义和谐社会贡献力量，是党和人民赋予广大书法工作者的庄严职责，是历史和时代赋予书法工作者的光荣使命。衷心希望广大书法工作者，从党和国家大局出发，准确把握时代脉搏，认真学习党的十七大、十七届三中、四中、五中全会精神和胡锦涛总书记在中央政治局第二十二次集体学习时的重要讲话精神，切实增强责任感和使命感，更好地发挥积极性、主动性和创造性，积极投身全面建设小康社会的伟大实践，努力成为刻苦钻研、敬业奉献、勇于创新、服务人民的表率，创作出更多反映时代要求、体现时代精神的优秀书法作品，为推动社会主义文化大发展大繁荣、兴起社会主义文化建设新高潮作出更大贡献。

中国书法家协会是党领导的全国各民族书法家组成的人民团体，是党和政府联系书法界的桥梁和纽带，是繁荣发展社会主义文艺、发展社会主义先进文化的重要力量。衷心希望全体代表共同努力，把这次大会开成一次承前启后、继往开来的大会，一次总结过去、规划未来的大会，一次统一思想、振奋精神的大会，一次团结鼓劲、开拓进取的大会。衷心希望大会即将产生的新一届领导班子，同心同德、精诚团结，以昂扬向上的精神状态、开拓创新的工作作风、求真务实的实际行动，努力做好本职工作，多想谋全局、利长远的事情，多做打基础、立品牌的事情，多抓出效益、见实效的事情，努力做出经得起实践、人民和历史检验的实绩，不断开创书协工作的新局面，让党中央放心，让广大书法工作者和人民群众满意！

同志们，朋友们，新中国文艺事业已经走过了波澜壮阔的60年，我们正站在新的历史起点上。广大文艺工作者肩负的使命神圣而光荣。让我们更加紧密地团结在以胡锦涛同志为总书记的党中央周围，高举中国特色社会主义伟大旗帜，以邓小平理论和“三个代表”重要思想为指导，深入贯彻落实科学发展观，埋头苦干、扎实工作，更加自觉、更加主动地推动社会主义文化大发展大繁荣，为夺取全面建设小康社会新胜利、开创中国特色社会主义事业新局面而努力奋斗！

祝中国书法家协会第六次全国代表大会圆满成功！

谢谢大家！

在中国文联八届五次全委会上的小结

覃志刚

（2010年1月17日）

各位委员、同志们：

在中组部、中宣部的关心指导下，经过大家的共同努力，中国文联八届五次全委会今天就要结束了。会议期间，大家紧紧围绕认真学习贯彻全国宣传部长会议精神以及这次会议上翟卫华同志代表中宣部所做的重要讲话、胡振民同志代表中国文联主席团所作的工作报告，进行了认真的讨论和审议。这次会议还根据中国文联章程的规定，进行了部分八届主席团成员的调整、部分全委会委员的更替和增补以及部分中国文联荣誉委员的增聘。刚才，郑明、于钦彦、罗成琰、王慧芬、庄保斌等5位小组召集人代表各小组分别做了发言，讲得都很好。大家一致认为，这次会议主题鲜明、会风务实、富有成效，达到了预期目的，取得了圆满成功，是一次科学分析形势、统一思想认识的会议，一次总结年度工作、开阔视野思路的会议，一次研究部署工作、明确任务要求的会议。下面，我结合两天的学习、交流情况，归纳大家的意见，做一个会议小结，主要讲3个问题，不当之处请大家批评指正。

一、通过认真学习领会全国宣传部长会议精神，达到了统一思想、认清形势、明确要求的目的

中国文联八届五次全委会，是在全党全国人民深入学习贯彻十七届四中全会和中央经济工作会议精神，各行各业立足新起点、走向新辉煌的大好形势下召开的一次重要会议。刚刚过去的2009年，是新世纪以来我国经济发展最为困难的一年，也是我们砥砺奋进、经受严峻考验的一年，面对复杂多变的国内外环境，以胡锦涛同志为总书记的党中央团结带领全国各族人民成功应对国际金融危机的严重冲击，隆重庆祝新中国成立60周年，战胜了来自各方面的困难和挑战，各项工作取得了巨大成绩。在这不平凡的一年中，包括中国文联及各团体会员在内的整个宣传思想文化战线按照高举旗帜、围绕大局、服务人民、改革创新的总要求，紧紧围绕党和国家中心工作，坚决贯彻中央决策部署，始终保持昂扬向上的精神状态，不断创新体制机制和方式方法，不断增强工作主动性、系统性、前瞻性和战略性，在成功举办重大活动、应对重大挑战、完成重要任务中发挥了重要作用，为推进党和国家事业提供了强大精神动力、思想保证和舆论支持。

这次全委会上，中国文联主席团成员、全委会委员以及各团体会员、机关各部室、各直属单位负责人结合认真学习1月4日至5日在京召开的全国宣传部长会议精神，畅谈了学习体会。大家一致认为，李长春、刘云山同志在会上所做的重要讲话，充分肯定了去年以来宣传思想文化工作取得的成绩，深刻分析了当前面临的形势，全面部署了今年工作，就提高宣传思想文化工作科学化水平提出了明确要求，具有很强的思想性、政治性、指导性，为我们开好这次全委会、做好今后一个时期的工作提供了重要遵循。通过认真学习贯彻全国宣传部长会议精神，大家在一些基本问题上取得了共识：一是充分肯定、高度评价过去一年的工作，一致认为包括文艺工作在内的宣传思想文化工作取得了新进展、实现了新突破、开创了新局面；二是辩证分析形势、全面把握形势，一致认为做好宣传思想文化工作机遇挑战同在、有利条件不利因素并存，必须始终保持清醒头脑、努力掌握工作主动；三是深入领会今年宣传思想文化工作的安排部署，认真把握工作的基本要求，一致认为任务明确、思路清晰、重点突出，做好工作心里更有底、更有数了。四是感到全国宣传部长会议振奋了精神、鼓舞了士气，增强了责任感和使命感，一致表示要以良好的精神状态把职责履行好、把工作做到位。

二、围绕讨论和审议全委会工作报告，认真回顾了2009年工作、辩证分析了面临的新机遇新挑战、科学部署了2010年工作

在会议分组讨论中，委员们说，翟卫华同志代表中宣部所做的重要讲话，充分肯定了中国文联2009年工作取得的显著成绩，全面审视形势发展变化对文联工作提出的新要求，并从国际国内两个大局和建设社会主义先进文化的战略高度，对做好当前和今后一个时期的文艺工作和文联工作提出了明确要求。胡振民同志的工作报告主题突出、内容丰富、求真务实。报告对2009年工作的总结实事求是，对文艺工作和文联工作面临形势的分析准确深刻，对2010年的工作安排切实可行。报告体现了解放思想、与时俱进的精神，起到了凝聚共识、团结鼓劲的作用，全体委员对报告给予了高度评价和一致赞同。围绕翟卫华同志的讲话和胡振民同志的报告，参加会议的同志进行了热烈的讨论。

大家认为，一年来，在党中央的坚强领导和中宣部的有力指导下，中国文联及各团体会员深入贯彻落实党的十七大和十七届三中、四中全会精神，牢牢把握“高举旗帜、围绕大局、服务人民、改革创新”的总要求，坚持用科学发展观统领文艺工作和文联工作，以服务党和国家工作大局为重点，以满足人民群众日益增长的精神文化需求为根本，以推动文艺大发展大繁荣为目标，认真履行联络协调服务基本职能，充分发挥组织引导服务维权重要作用，努力调动一切积极因素，团结一切可以团结的力量，振奋精神，锐意进取，各方面的工作都取得了新进展、新成效，圆满完成了八届四次全委会确定的各项任务。

大家深深感到，中国文联及各团体会员2009年的工作在应对挑战考验中整体推进，取得新的进展；在实践中大胆探索，实现新的突破；在改革发展中焕发活力，开创了新的局面。工作很有特色、很有活力、很有成效，值得充分肯定。特别是庆祝新中国和中国文联成立60周年系列活动等6个方面的重点工作主旨鲜明、成效明显、影响重大，凸现了文艺工作和文联工作在党和政府工作全局中的重要地位，展现了文艺工作者和文联工作者的良好形象，扩大了中国文联及各团体会员的社会影响。实践证明，只要我们认真贯彻中央的精神和部署，充分发挥自身优势和职能作用，就能够使文联工作迈出新的步伐、迈上新的台阶，就能够使我们的文艺工作和文联工作为推动文化大发展大繁荣、服务经济社会平稳较快发展作出新的更大贡献。

大家谈到，文艺工作和文联工作始终与国际国内形势、党和国家工作大局以及宣传思想文化工作全局紧密相关。中央领导同志对当前国际国内形势及宣传思想文化工作形势作了深刻透彻的分析，为我们认识形势、把握形势提供了遵循。振民同志的工作报告从国际国内大背景、大趋势、大事件中把握形势，明确指出了面临的新机遇与新挑战，发人深思，给人启迪。大家感到，只有清醒认识和准确把握文艺工作和文联工作面临的这种新机遇新挑战，增强忧患意识，保持清醒头脑，防止麻痹思想，才能进一步增强工作的预见性、针对性和实效性，牢牢把握工作主动权，在党和国家工作大局中发挥出中国文联及各团体会员应有的作用。

与会同志体会到，2010年是夺取应对金融危机冲击全面胜利、实现经济平稳较快发展的关键年，是完成“十一五”规划、实现全面建设小康社会“三步走”第一步战略目标的收官年，是深入贯彻落实党的十七届四中全会精神、全面推进党的建设新的伟大工程的重要一年。大家认为，振民同志报告提出的今年工作总的要求和6个方面重点工作思路清晰、布局合理、要求明确、措施得力，体现了系统谋划和统筹协调的精神，体现了科学理论为指导、科学制度为保障、科学方法来推进的要求。大家表示，各团体会员要按照工作报告的部署和要求，脚踏实地、尽心竭力地为完成今年的工作任务而努力。

三、本着解放思想、集思广益精神，与会同志为文艺工作和文联工作迈上新台阶建真言、献良策

这次全委会分组讨论中，全体委员以高度的政治责任感和求真务实精神，结合文联工作的实际和今年的特点，对做好今年和今后一个时期的文艺工作和文联工作提出了一些很好的意见和建议：如，要高度重视文艺创作，积极扶持文艺新人，尽早筹划纪念建党90周年和纪念辛亥革命100周年主题文艺活动和重点文艺创作选题；努力加强文艺理论评论和舆情信息工作，关注文艺领域的动态动向，为党领导文艺当好参谋助手；进一步改进和完善文艺评奖机制，彰显公开、公平、公正原则，努力树立正确的文艺导向；认真总结服务基层、服务群众工作经验，努力探索文化惠民活动“政府买单、文联协调、群众受益、文艺工作者积极参与”的长效机制；大力推进“全国文联一盘棋”工作格局，不断提升文联工作的整体效应；高度重视中国文联及各团体会员自身建设，营造风清气正的工作环境和工作氛围，等等。这些意见和建议，完全符合振民同志报告精神和文联工作实际，生动、鲜活、实在、管用，我们将在今后工作中予以认真地采纳。

胡锦涛总书记1月1日在全国政协新年茶话会上讲话指出，以新中国成立60周年为标志，我国发展已经站在新的历史起点上。文艺工作作为党和人民事业的重要组成部分，也已经站在一个新的历史起点上。中国文联2010年工作思路、目标、任务、措施都已经明确，中国文联及各团体会员要深入学习领会八届五次全委会精神，根据自身职责，通过扎扎实实的工作，不断总结探索，不断改进提高，保证全委会精神得到贯彻落实。

各位委员、同志们！新的一年赋予新的任务，新的起点承载新的使命。我们要认真贯彻党的十七大和十七届三中、四中全会精神，全面贯彻落实全国宣传部长会议精神，按照胡振民同志工作报告提出的各项要求，解放思想、开拓创新、奋发进取，以出色的工作业绩为推动文艺繁荣、服务科学发展、促进社会和谐作出新的更大贡献。

谢谢大家！

在这一困难时刻，同全国人民在一起

——部分知名艺术家致全国文艺工作者的倡议书

（2010 年 4 月 20 日）

汶川大地震留给中国人民的伤痛还未消退，玉树 7.1 级强震的冲击波又一次撕裂了我们的创口。4 月 14 日 7 时 49 分，全国人民的泪眼投向了同一个地方——曾经美丽纯净，而今却满目疮痍、无数生命罹难的青海玉树。

灾难再一次骤然降临，再一次考验中国人民承担灾难的坚强脊梁；悲痛再一次弥漫天空，也再一次彰显中华民族的大爱无疆。

“在这一困难时刻，我需要尽快赶回国内，同我国人民在一起，投入抗震救灾工作。”胡锦涛总书记调整南美国事访问行程，提前回国后，急速赶往灾区视察灾情，看望慰问受灾群众和救援人员，指导救灾工作；推迟出访的温家宝总理，饱含热泪拭去灾区儿童的泪水，鼓励灾区人民要坚强。党和国家领导人心系灾区、心系百姓的爱民情怀，极大地鼓舞了全国人民战胜灾难的信心和勇气。

在这一困难时刻，各级政府和有关部门紧急动员，救援队伍集结驰援，社会各界和国内外同胞的捐助款物八方汇聚，祈福的蜡烛烧红了互联网的天空。爱的洪流在中国大地上涌动奔腾。

在这一困难时刻，全国文艺工作者情系玉树，心急如焚。高原再高，隔不断我们对灾区人民的牵挂；寒风再烈，吹不散我们对玉树同胞的惦念。我们都是一家人！我们同是祖国大树上的片片叶子，我们身心相接，血肉相连。我们面朝祖国的西北方祈祷，愿逝者安息，愿生者坚强！

在这一困难时刻，我们向全国广大文艺工作者发出倡议——让我们同全国人民在一起，万众一心，共克时艰，为取得抗震救灾斗争的伟大胜利，奉献我们文艺界的一份力量。

同全国人民在一起，想灾区安危，念群众疾苦，每一位文艺工作者都要尽其所能倾一份心，献一份爱。让灾区人民在 13 亿双手的温暖拥握中不再颤抖；让玉树同胞在 13 亿颗心的真诚慰藉下不再泪满胸口。艺术家从来与人民同呼吸、共患难，我们与灾区人民相亲守望，风雨同行，即使天塌下来也压不垮中华儿女刚强的肩膀。

同全国人民在一起，为蒙难的灾区鼓呼，为受灾的民众祈福，向英雄的灾区人民学习。人民群众改天换地、创造世界的伟大实践永远是广大文艺工作者创作的不竭源泉，我们要时刻牢记文艺为人民大众服务的神圣使命，学习灾区人民在灾难面前不屈不挠、奋起自救的顽强精神，用激情的笔，抒写抗震救灾中不怕牺牲、无私奉献的英雄事迹；用奔放的歌，颂扬中华民族万众一心、共克时艰的伟大壮举。

同全国人民在一起，在悲痛中凝聚力量，擦干眼泪，直面灾难，同心合力，重建家园。灾区的重建，需要灾区人民的顽强自救，需要党和政府的亲切关怀，需要社会各界、全体同胞的全力支援，更需要我们每个人实实在在的真心付出。人民养育了艺术家，我们都是人民的儿女，为了同一家人的平安，为了我们家园的重建，只要灾区呼唤，只要人民需要，我们都将义不容辞地奔赴抗灾前线，奉献我们的才智和力量。玉树不倒，因为周围有 13 亿同胞的倾心护佑；青海长青，因为身后有强大祖国作为靠山。越动荡，越勇敢；越打击，越坚强。历史将再一次证明，任何困难都难不倒英勇的中国人民！

恩格斯说过：“每一次历史的灾难都是以历史进步为补偿的。”我们坚信，在中国共产党的坚强领导下，在全国人民的共同努力下，不久的将来，美丽的家园将在废墟上重新屹立，孩子们的笑声将重新在校园里荡漾，灿烂的格桑花将重新映亮高原的天空，伟大的中华民族将再一次向世界展现一个傲人的奇迹！

李默然　尚长荣　王晓鹰　白淑贤
刘长瑜　李维康　茅威涛　孟　冰
韩再芬　裴艳玲　魏明伦　濮存昕

瞿弦和　季国平　于　兰　袁慧琴
吴京安　于　洋　杨　静　田　华
奚美娟　王晓棠　李前宽　肖桂云
吴贻弓　谢　飞　李雪健　倪　萍
谢铁骊　潘　虹　尹　力　康健民
于　蓝　苏叔阳　丁荫楠　冯小刚
张会军　童　刚　王心刚　张瑞芳
陈　强　庞学勤　祝希娟　秦　怡
谢　芳　才旦卓玛　王　昆
王世光　王次炤　毛阿敏　叶小钢
印　青　邓玉华　吕继宏　刘文金
关牧村　乔　羽　孙　楠　李谷一
杜鸣心　吴祖强　吴雁泽　吴碧霞
谷建芬　宋　飞　宋祖英　闵惠芬
余　隆　金铁霖　那　英　张　也
张国勇　努斯勒提·瓦吉丁
杨洪基　孟卫东　陆在易　郁钧剑
赵季平　胡松华　郑　咏　郑绪岚
祖　海　徐沛东　殷秀梅　郭　颂
郭兰英　顾　欣　彭丽媛　蒋大为
傅庚辰　雷　蕾　鲍蕙荞　廖昌永
谭　晶　谭利华　靳尚谊　冯　远
刘大为　吴长江　王明明　龙　瑞
黄永玉　侯一民　潘公凯　詹建俊
朱乃正　刘勃舒　王　琦　常沙娜
杨力舟　曾成钢　许　江　施大畏
罗中立　杨晓阳　郭怡孮　张立辰
韩美林　范　曾　韦尔申　何家英
范迪安　许钦松　黄格胜　吴冠中
刘　健　尼玛泽仁　刘兰芳
姜　昆　李金斗　常贵田　冯　巩
黄　宏　朱光斗　程永玲　余红仙
崔　凯　王汝刚　盛小云　籍　薇
牛　群　贾作光　白淑湘　冯双白
资华筠　张继钢　陈维亚　刘　敏
陈爱莲　左　青　赵汝蘅　赵　青
杨丽萍　迪丽娜尔·阿不都拉
贾　芝　冯元蔚　赵　书　冯骥才
白庚胜　罗　杨　向云驹　赵铁信
刘铁梁　张　锠　吕厚民　李前光
王　瑶　王文澜　邓　维　朱宪民
张桐胜　罗更前　沈　鹏
欧阳中石　刘　艺　李　铎
张　飙　张　海　赵长青　申万胜
邵秉仁　林　岫　陈洪武　张旭光
段成桂　孙晓云　夏菊花　林　建
邵学敏　邓宝金　宁根福　蓝　天
边发吉　齐春生　孙力力　李西宁
阿迪力·吾休尔　程海宝　戴武琦
尹钰宏　李　甡　何天宠　金业勤
刘全和　刘全利　王馥荔　张国立
王奎荣　崔永元　胡　玫　李幼斌
唐国强　杨　阳　高希希　刘　佳
尤小刚　周振天　陈道明　张凯丽
朱　军　庞　敏　赵化勇　黎　鸣
张泽群　刘　劲　卢　奇　侯　勇
张丰毅　马维干　赵保乐　郭旭新
林永健　徐　滔　文　燕　李　殊
（共235人）

中国文联2010年工作要点

（2010年1月16日）

2010年是夺取应对国际金融危机冲击全面胜利、实现经济平稳较快发展的关键年，是完成“十一五”规划、实现全面建设小康社会“三步走”第一步战略目标的收官年，是深入贯彻落实党的十七届四中全会精神、全面推进党的建设新的伟大工程的重要一年。根据中央经济工作会议和全国宣传部长会议部署，2010年文联工作总的要求是：高举中国特色社会主义伟大旗帜，以邓小平理论和“三个代表”重要思想为指导，全面贯彻落实科学发展观，牢牢把握“高举旗帜、围绕大局、服务人民、改革创新”的总要求，自觉坚持“二为”方向、“双百”方针和“三贴近”原则，紧紧围绕“推动文艺繁荣、服务科学发展、促进社会和谐”的总体思路，积极履行联络协调服务的基本职能，充分发挥组织引导服务维权的重要作用，着力在用科学发展观统领文艺工作和文联工作上下工夫，在服务党和国家工作大局上下工夫，在丰富人民群众精神文化生活上下工夫，在培养造就德艺双馨文艺工作者队伍上下工夫，在推动文艺工作和文联工作改革创新上下工夫，为推动社会主义文化大发展大繁荣、促进经济社会又好又快发展、夺取全面建设小康社会新胜利做出积极贡献。按照这个总要求，今年要着力做好以下6个方面的重点工作。

一、充分发挥马克思主义中国化最新成果的重要指导作用，深入开展理论学习和调查研究，进一步提升用科学发展观统领文艺工作和文联工作的能力和水平

要巩固和扩大学习实践科学发展观活动成果。围绕“推动文艺繁荣、服务科学发展、促进社会和谐”，不断增强用科学发展观统领文艺工作和文联工作的自觉性和坚定性。

要扎实开展创建学习型组织活动。认真落实十七届四中全会提出的推动马克思主义学习型政党建设重大任务，大力营造重视学习、崇尚学习、坚持学习的浓厚氛围，把学习党的理论创新成果作为第一位的任务，紧紧抓住提高理论素养这个关键，提高战略思维、创新思维、辩证思维能力，努力把文联各级党组织建设成为学习型党组织，把文联各级领导班子建设成为学习型领导班子，把文联各级各类单位建设成为学习型机关、学习型团队。

要深入推进社会主义核心价值体系建设。以坚定理想信念为重中之重，进一步加强社会主义核心价值体系的学习教育，深入学习“六个为什么”，切实划清“四个重大界限”，提高党员领导干部的政治敏锐性和政治鉴别力，自觉抵制各种错误思想的影响，增强走中国特色社会主义道路的自觉性和坚定性。

要加强调查研究工作。进一步加强文艺领域的重大理论和现实问题以及各艺术门类全局性、战略性、前瞻性问题的调查研究，科学认识和敏锐把握文艺发展规律，力争形成一批有分量的调研成果，推动文艺工作和文联工作科学化、制度化、规范化。

二、充分发挥文艺在促进经济社会发展方面的重要作用，积极开展有声势有影响有特色的主题活动，进一步提升服务党和国家工作大局的能力和水平

要通过各种文艺形式，大力弘扬新中国成立60周年庆祝活动中形成的新的宝贵精神财富，为夺取应对国际金融危机冲击全面胜利、保持经济平稳较快发展提供良好的文化环境。

要配合国家实施西部大开发战略10周年、中央召开第五次西藏工作座谈会和新疆工作座谈会，着眼巩固社会主义新型民族关系，精心组织民族大团结主题文艺活动。

要抓住举办上海世博会、广州亚运会和残亚会等有利契机，举办中国美术作品展、太湖文化论坛首届年会等一系列有利于展示我国民主进步、文明开放良好形象，提升中华文化国际影响力，扩大国际话语权的文艺活动。

要密切配合国家重要纪念日、重大节庆、民族传统节日，继续组织“我们的节日”主题文化活动，弘扬优秀民族文化传统，引导人们把爱国之情转化为报国之行。

三、充分发挥文艺在推动保障人民基本文化权益方面的重要作用，深入开展面向基层、服务群众的文化惠民活动，进一步提升丰富人民群众精神文化生活的能力和水平

要精心组织好元旦春节期间的“送欢乐、下基层”活动，办好“百花迎春——中国文学艺术界大联欢”，营造欢乐祥和文明的节日氛围。

要扎实深入开展以“聚焦新农村、文艺为农民”为主题的系列活动。与有关部门联合举办农民艺术节，继续推进新农村少儿舞蹈美育工程、中国民间文化遗产抢救工程，开展梅花奖艺术团“送戏下基层”、曲艺家“送欢笑”、“美术家、书法家进万家”、文艺进社区进校园等活动，为推动农村文化和公共文化服务体系建设作贡献。

要积极指导和推动群众性文艺活动。培训群众文艺骨干，建立基层创作基地，支持群众性文艺创作，鼓励群众开展自娱自乐的文化活动，千方百计活跃基层文化生活。

要采取多种形式，组织广大文艺工作者深入生活、贴近实际，努力创作一批反映基层群众生活和新农村建设的优秀文艺作品。

四、充分发挥文艺在增强国家文化软实力方面的重要作用，大力开展对外民间文化交流，进一步提升服务国家“大外交”、“大外宣”的能力和水平

要积极开展对外民间文化交流活动。重点办好第八届中国国际民间艺术节、第四届中国北京国际美术双年展、“今日中国”艺术周、中欧艺术节“中国主宾国”活动等对外文化交流，认真办好梅花奖艺术团香港行和德国行、中国美术世界行、中国书法环球行、中国文联青少年艺术团赴美交流演出、巴黎中国曲艺节、中国—东盟青少年舞蹈交流展演和第九届国际书法交流展。组派中国文联代表团与国外文艺团体、文艺家开展交流。

要深化大陆与港澳台地区之间的文化交流与合作。举办第二届海峡两岸暨港澳地区艺术论坛、中华情——海峡两岸民间艺术嘉年华、香港“香江明月夜中秋晚会”、台海两地电视艺术节，为开创两岸四地文化交流新局面作出应有贡献。

五、充分发挥文艺在引领社会风尚方面的重要作用，切实加强和改进文艺创作、理论评论和评奖办节工作，进一步提升推出优秀作品和优秀人才的能力和水平

要积极推动文艺创作的繁荣和发展。适时召开全国文联繁荣文艺创作座谈会。努力推出更多反映伟大时代历史巨变、描绘人民群众精神图谱、思想性艺术性相统一的文艺精品。推进重大革命和历史题材作品创作生产，组织知名艺术家到韶山、井冈山、遵义、延安、西柏坡等革命纪念地以及新疆等少数民族地区体验生活、采风创作，为庆祝中国共产党成立90周年、辛亥革命100周年作准备。

要加强舆情信息工作。召开全国文联文艺舆情信息工作会议，稳步提高《中国文联简报》、《文艺动态》、《文艺专题报告》和《文艺舆情摘报》的办刊质量和水平，努力发挥文艺舆情信息服务大局、服务决策的积极作用。

要加强理论评论工作。加大支持力度，集思广益，完成《文联工作概论》的编写出版。召开第二届全国文联文艺理论工作研讨会、全国社区文联工作研讨会，举办当代文艺论坛、第五届中国文联中青年文艺评论家高级研修班、第二届全国文联研究室主任暨文艺评论家协会秘书长研讨班，继续办好文艺理论评论栏目，进一步巩固和扩大文艺阵地。

要认真做好评奖办节工作。组织好第七届中国文联文艺评论奖、第三届中国戏剧奖、第30届大众电影百花奖、第六届中国曲艺牡丹奖、第七届中国舞蹈荷花奖、第10届中国民间文艺山花奖、第25届中国电视金鹰奖、第九届造型表演艺术成就奖等评奖工作，办好第二届中国校园戏剧节、第19届中国金鸡百花电影节、第四届中国舞蹈节、第八届中国民间艺术节、第八届中国金鹰电视艺术节等各类艺术节。

要充分发挥中国文学艺术基金会的作用，加大对重点优秀文艺作品创作和生产的扶持力度。

六、更加重视文联组织自身建设，注重改进创新，进一步提升文艺工作和文联工作的科学化水平

要切实加强文联党的建设。认真贯彻党的十七届四中全会精神，加强和改进新形势下中国文联党的建设，深化干部人事制度改革，加强领导班子建设和干部队伍建设，加大干部培训、交流、轮岗工作力度，积极培养选拔优秀年轻干部。认真做好中国剧协、中国舞协、中国杂协、中国书协的换届选举工作。

要全面加强机关建设和管理。切实贯彻落实中央关于进一步从严管理干部的要求，制定有效措施，明确责任，建立健全工作机制，加大治懒治庸力度，把从严管理干部贯穿到干部工作的全过程。抓住“中国文艺家之家”投入使用的有利契机，大力开展以“树立新形象、展示新面貌、发挥新作为”为主题的学习教育活动。

要积极探索加强文艺队伍行业自律的有效办法。深入了解国内其他人民团体制定职业道德规范的成功做法，积极借鉴国外文艺从业人员开展行业自律的有益经验，开展《中国文艺工作者职业道德准则》重大课题的调查研究。

要努力把各方面各领域的文艺工作者团结和凝聚到党的文艺事业中来。积极关心文艺工作者特别是知名老艺术家的工作与生活，进一步做好离退休干部工作。扎实推进“艺坛大家”音像工程，会同有关部门开展第3届全国中青年德艺双馨文艺工作者评选表彰，组织开展文艺名人从艺、诞辰纪念活动，探索服务体制外的文艺工作者有效途径。

要按照已经确定的“路线图”和“时间表”，进一步增强时不我待的紧迫感，解放思想、转变观念，加大力度、加快进度，积极稳妥地推进文联所属出版事业单位的转企改制，确保年底前如期完成。

重要会议

中国文联第八届主席团第五次会议

1月15日，中国文联第八届主席团第五次会议在北京召开。全国政协副主席、中国文联主席孙家正主持会议。会议审议了《中国文联第八届全国委员会第五次会议议程（草案）》，审议并确认第八届全委会委员更替、增补事宜，审议调整中国文联第八届主席团成员事宜，审议并确认增聘李前宽、张西南为中国文联荣誉委员，审议了《在中国文联第八届全国委员会第五次会议上的工作报告（审议稿）》和《中国文联2009年工作要点（审议稿）》。

中国文联第八届全国委员会第五次会议

1月16～17日，中国文联第八届全国委员会第五次会议在京召开。全国政协副主席、中国文联主席孙家正主持会议，中宣部副部长翟卫华到会发表讲话。中国文联党组书法、副主席胡振民，党组副书记、副主席覃志刚、李牧，党组成员、副主席冯远、杨志今，党组成员、书记处书记廖奔、白庚胜，副主席丁荫楠、才旦卓玛、白淑湘、刘大为、刘兰芳、李维康、吴雁泽、陈晓光、赵化勇、段成桂，中宣部、中组部有关负责人出席会议。会议回顾了文联2009年的工作，对2010年工作做出部署；通报了中国文联第八届全委会委员变动情况及副主席、主席团委员调整的说明（选举黎国如为中国文联第八届副主席，季国平为中国文联第八届主席团委员，通报张亚南不再担任中国文联第八届副主席，董伟、林建不再担任中国文联第八届主席团委员，确认丰收、庄保斌、李光武、季宇、季国平、郭永祥、傅道彬、黎国如、潘春良、潘鲁生10名同志为中国文联第八届全委会委员，万卫平、马顺强、王凤胜、李致、杨屹、张西南、林建、赵彦良8名同志不再担任中国文联第八届全委会委员职务）；聘请李前宽、张西南为中国文联第八届荣誉委员并颁发了荣誉证书和证章；胡振民同志作了题为《站在新起点　走向新辉煌　努力开创文艺工作和文联工作新局面　为推动社会主义文化大发展大繁荣作贡献》的工作报告；委员们通过小组讨论、大会交流等形式认真讨论和审议此次会议的讲话及工作报告，表示将扎实做好新一年的各项工作，以出色业绩推动文艺繁荣，开创文艺工作和文联工作新局面。

中国文联第八届主席团第六次会议

5月5～6日，中国文联第八届主席团第六次会议在京召开。全国政协副主席、中国文联主席孙家正主持会议。会议推举夏潮为中国文联书记处书记，增聘杨志今为中国文联荣誉委员，审议并通过《中国文联第八届副主席、主席团委员选举办法（草案）》。

中国文联第八届全国委员会第六次会议

5月6日，中国文联第八届全国委员会第六次会议在京召开。全国政协副主席、中国文联主席孙家正出席并主持会议。中国文联党组书记、副主席胡振民，党组副书记、副主席覃志刚、李牧，党组成员、副主席冯远，党组成员、书记处书记廖奔、白庚胜、夏潮，文化部副部长杨志今，中国文联副主席丁荫楠、才旦卓玛、白淑湘、刘大为、刘兰芳、李维康、吴贻弓、吴雁泽、陈晓光、赵化勇、段成桂、夏菊花、裴艳玲，中组部、中宣部有关部门负责人出席会议。会议传达了全国宣传部长座谈会精神，对当前和今后一个时期的文艺工作和文联工作提出新要求。会议选举廖奔为中国文联第八届副主席，夏潮为中国文联第八届主席团委员。

品牌活动

送欢乐、下基层文化惠民工程

“送欢乐、下基层”自2005年底创办以来一直得到中央领导和中宣部的高度重视和关怀，并被纳入中宣部惠民文化工程，规模和影响不断扩大，受到社会各界的广泛好评以及各地干部群众的热烈欢迎。中共中央政治商委员、中央书记处书记、中宣部部长刘云山于2006年、2007年、2008年3次对活动做出重要批示；吴仪同志于2006年为活动发来贺信。2010年的“送欢乐、下基层”得到了广大艺术工作者的积极响应，他们不讲条件、不计报酬，放弃节假日休息和商演机会，深入到最广阔的基层，表现出了极高的思想觉悟和与人民群众血肉相连的深厚感情。

【赴辽宁大连“送欢乐、下基层”】

2009年12月31日至2010年1月1日，中国文联党组书记、副主席胡振民，党组副书记、副主席李牧与刘兰芳、徐沛东、姜昆、戴志诚、郁钧剑、邵学敏、刘斌、李幼斌、刘全和、刘全利、谭晶、于兰、小香玉、高保利、汪正正、郑卫莉、董蕾蕾、焦洋、王韵、韩春婷、崔孝华、宋洁、张倩渊、田鑫、汪晓旭、吴长江、李前光、陈洪武、马新林、詹庚西、王培东、姚大伍、王玉文、许志强、费茂华、刘恒、李洪海、高军法、魏哲等艺术家赴海军大连舰艇学院，正式拉开中国文联2010年“送欢乐、下基层”系列慰问活动的序幕。艺术家们纷纷登台献艺并向海军大连舰艇学院赠送了美术、摄影、书法作品，海军政治部则回赠了舰艇模型及锦旗；书画家与学院的教员、学员开展书画交流笔会。此外，大家还参观了方永刚事迹展览，观看了学员们的方队表演，并组成两队分赴海军旅顺保障基地的舰艇和观通站为战士们演出。

【赴云南楚雄“送欢乐、下基层”】

1月9日，中国文联党组书记、副主席胡振民，党组副书记、副主席覃志刚与吴雁泽、徐沛东、姜昆、李前光、宋祖英、戴志诚、刘全和、刘全利、朱迅、任鲁豫、茸芭莘那、王丽达、王红星、王莉、高保利、庞龙、汪正正、焦建东、石磊、郑咏等艺术家赴于2009年7月9日遭遇6.0级地震侵袭的多民族聚居地——云南楚雄“送欢乐、下基层”，为当地群众献上一道精彩纷呈的艺术盛宴，将党中央和国务院的亲切关怀和广大文艺工作者的深情厚谊送达灾民。中国美协、中国书协、中国摄协在演出期间分别向楚雄州和当地群众赠送了新创书画作品、拍摄“全家福”；中国书协现场举行了在楚雄捐建一所兰亭小学的授牌仪式及捐款的交接仪式。当日下午，艺术家们又组成三队分赴姚安县官屯乡官屯村、楚雄市紫溪彝村、大姚县石羊镇为当地群众进行慰问演出。

【赴北京顺义区后沙峪镇“送欢乐、下基层”】

2月3日，中国文联党组副书记、副主席李牧与刘兰芳、耿莲凤、郑咏、张华敏、李雪健、王馥荔、王霙、奇志、张伟、刘全和、刘全利、王小燕、范炳强、金波、林岫、张飙、张铜彦、朱迅、杨柳等30多位涵盖音乐、舞蹈、曲艺、魔术、影视、书法方面的艺术家赴连续四年被评为京郊小城镇建设先进镇的北京顺义后沙峪镇开展“送欢乐、下基层”慰问演出活动，为该镇的广大干部群众送去春联、书法作品，表达美好的节日祝愿。后沙峪镇党委、镇政府及广大父老乡亲向中国文联赠送了“送欢乐下乡 促和谐发展”的锦旗，表示衷心感谢。

【“送欢乐、下基层”联谊会】

3月25日，中国文联在北京中国文艺家之家举办“送欢乐、下基层”活动文艺家联谊会。贾作光、白淑湘、刘大为、刘兰芳、吴雁泽、吕厚民、谢铁骊等200余位来自各门类的艺术家代表欢聚一堂，中国文联党组领导胡振民、覃志刚、冯远、廖奔出席联谊会并向艺术家代表赠送纪念品。会议对五年来的“送欢乐、下基层”活动进行了总结和回顾，将党中央、国务院的亲切关怀和新春祝福传达给与会艺术家，号召各位文艺家一如既往地积极参与此项文化惠民活动，大力倡导“百花回报沃土、艺术奉献人民”的良好风尚，在新的一年里以深入学习贯彻中央领导同志的重要指示和重要讲话精神为强大动力，开拓创新、奋发进取，不断开创文艺工作和文联工作新局面，努力创造出更加辉煌的业绩，让党中央放心，让人民群众满意。艺术家代表张桐胜、郑咏、赵季平、谢志高和媒体记者代表裴斐分别发言。

【赴广东河源“送欢乐、下基层”】

1月11～14日，中国文联党组成员、副主席杨志今与陶玉玲、岳红、小香玉、王霙、谷伟、任真、董磊磊、佟凡、赵越、英壮、郭虹、丁柳元、梁召今、谷峰、郑莉、尹力、吴刚、高宝宝等老中青三代电影艺术家赴广东河源，开展由中国文联、中国影协、广东省文联共同主办的“送欢乐、下基层”系列慰问活动。举办著名影视演员见面会暨国产优秀影片《铁人》的放映活动，开展“送欢乐、下基层”情系河源慰问演出。中国文联、中国影协向河源市捐赠数字电影放映设备一套、电影艺术家传记丛书315册，广东省文联向河源市捐赠美术作品一件、文化科技书籍一批。慰问期间，艺术家们还到烈士陵园祭拜阮啸仙等革命烈士并参观河源市革命历史、革命烈士纪念馆；携带米、油、棉被等慰问品前往苏家围客家村落看望慰问军烈属并为当地小学生们送去300余册儿童读物。

【赴湖北利川“送欢乐、下基层”】

1月12日，中国文联副主席、中国曲协主席刘兰芳，中国曲协分党组书记、驻会副主席姜昆率奇志、鞠萍、刘全和、刘全利、戴志诚、赵津生等艺术家赴湖北利川，参加由中国文联、中国曲协、湖北省利川市委、市政府联合主办的“送欢乐、下基层”走进利川慰问演出活动，为当地上千名观众奉献了一场主题为“情系农民工，关爱留守儿童”的精彩演出并向该市20余万外出打工农民工的留守子女儿童代表赠送了书籍和学习用具，以推动全国农民工与留守儿童生活状况持续稳定好转，形成全社会关心他们的良好氛围。

【赴北京市公安局交管局西城交通支队“送欢乐、下基层”】

1月13日，中国书协分党组书记、驻会副主席兼秘书长赵长青与申万胜、陈洪武、白煦、于恩东、王学岭、刘洪彪、李洪海、杨明臣、张杰、张坤山、苗培红、高军法、彭利铭等书法家赴北京市公安局交管局西城交通支队“送欢乐、下基层”，举办笔会并向4位在严寒中执勤的复兴门岗位交警送去春联。这已是连续第五年的慰问，中国书协已把慰问交警作为一项长期活动并将其列入“中国书法进万家”。

【赴广西百色“送欢乐、下基层”】

1月20日，中国剧协主席尚长荣与王红丽、杨俊、陈澄、谷好好、齐爱云、杨益琨、刘建扬、龙红、熊宪刚、陈巧茹等来自全国各地14个剧种、21名梅花奖演员组成的艺术团赴广西百色开展“送欢乐、下基层”活动，为近5000名涵盖壮、汉、苗、彝、瑶、仡佬、回等多个民族的百色观众慰问演出，百色市右江民族歌舞团、百色田东县百谷红军村合唱团也倾情加盟。艺术团全体成员还前往红七军军部旧址参观并赴百色起义烈士纪念碑园瞻仰、敬献花圈。

【赴驻粤部队“送欢乐、下基层”】

1月27～31日，中国文联党组成员、副主席冯远与吴长江、刘健、姜宝林、赵宁安、张万凌等涵盖国、油、版、雕塑、水彩粉多种体裁的全国知名美术家到驻粤75210和75220部队“送欢乐、下基层”，为战备部队指战员赠送美术作品、美术用品及美术书籍，代表全国的美术家送去爱党爱国爱军的一片爱心。活动期间，各位美术家创作了许多的美术、书法作品赠予部队，不少爱好美术的战士得到了美术家们的言传身教，充分体现了美术工作者关心支持国防和军队建设以及服务基层、服务群众的艺术品质，进一步促进了部队文化建设。

百花迎春——中国文学艺术界2010年春节大联欢

“百花迎春——中国文学艺术界春节大联欢”是文艺界团聚的节日，自2003年举办伊始，就受到广大文艺家和社会各界的欢迎，影响越来越大。活动展现文艺界欣欣向荣的景象和文艺工作者斗志昂扬的面貌，不仅让人们欣赏到优秀的节目，更为文艺界新朋老友提供了结识重逢的良机，增强了文艺队伍的凝聚力。

1月17日下午，“百花迎春——中国文学艺术界2010年春节大联欢”在北京人民大会堂宴会厅举行。来自戏剧、电影、音乐、美术、曲艺、舞蹈、民间文艺、摄影、书法、杂技、电视11个协会的老中青三代艺术家共庆新春佳节。历时3小时的大联欢分为“序”、“北方草原美——梅花引”、“南国和风煦——桃花谣”、“西南彩云飞——荷花赋”、“东岳山河秀——芦花颂”、“尾声”不同板块，体现和谐精神和地域特色，格调高雅，形式活泼。演出人员有：德德玛、贾作光、郭兰英、于魁智、李胜素、孟广禄、袁慧琴、李谷一、关牧村、刀美兰、吴雁泽、王馥荔、殷秀梅、戴玉强、黄宏、郭达、冯巩、牛群、鞠萍、王晓棠、张丰毅、奚美娟、唐国强、倪萍、陈建斌、濮存昕、于小彤、杨洋、蒋梦婕、侯波、殷秀梅、戴玉强、瞿弦和、姜昆、朱军、周涛、董卿、王静、宋祖英、瞿弦和、斯琴高娃、斯琴格日乐、廖昌永、周笔畅、朱时茂、魏积安、赵宝乐、李少红、于洋、谭晶、吴玉霞等，到场的嘉宾还有秦怡、田华、陶玉玲、祝希娟、才旦卓玛、陈晓光、冯骥才、刘大为、傅庚辰、欧阳中石、李铎、丁荫楠、胡可、罗扬、张海、常莎娜、钱绍武、梅葆玖、尚长荣、刘兰芳、李维康、赵季平、金铁霖、彭丽媛、葛存壮、马玉涛、郭颂、刘秉义、邓玉华、邓在军、张良、杨在葆、王铁成、王苏娅、闵蕙芬、赵青、陈爱莲、陈铎、胡玫、尤小刚、常贵田、田连元、凯丽、李扬、小香玉、刘劲、吴军、吴若甫、张光北、王奎荣、宋飞、山翀、翟俊杰、冯双白、左青、杨绍明、杨力舟、王成喜、郭怡孮、詹庚西、韩影、谷文月、耿莲凤、杜鸣心、王世光、王祖皆、张卓亚、印青、王朝柱、成方圆、张暴默、任泉、张晶晶等众多明星。艺术家们齐聚一堂、携手联欢，共庆佳节。“百花迎春——中国文学艺术界2010春节大联欢”由中国文联党组副书记、副主席覃志刚担任总体设计，郁钧剑担任总策划和总导演，朱彤任艺术总监，曾庆淮任艺术总顾问。大联欢于2月16日（正月初三）和2月18日（正月初五）在中央电视台播出。该节目荣获第25届中国金鹰节电视文艺节目奖。

文艺界全国人大代表全国政协委员联谊会

3月2日晚，文艺界全国人大代表全国政协委员联谊会在刚落成投入使用的中国文艺家之家举行。参加全国“两会”的文艺界代表委员欢聚一堂，畅叙友情，共商文艺事业和文联事业发展大计。全国政协副主席、中国文联主席孙家正和中国文联党组书记、副主席胡振民，党组副书记、副主席覃志刚、李牧，党组成员、副主席冯远，文化部副部长、中国文联副主席杨志今，中国文联党组老领导胡珍、仲呈祥、董良翚，中国作协党组成员、书记处书记杨承志，中国文联荣誉委员李前宽、吴祖强、张海、欧阳中石、靳尚谊，中国文联主席团部分成员丁荫楠、丹增、刘大为、刘兰芳、李维康、陈晓光、赵化勇、段成桂、夏菊花，中宣部文艺局局长左中一、副局长汤恒，中组部干部三局副局长赵凡中宣部干部局副局长杨小平，以及中组部、中宣部等有关同志出席了联谊会。中国文联所属各文艺家协会、各直属单位、机关各部室的负责人也参加了联谊会。覃志刚主持联谊会。

孙家正在联谊会上致辞 。胡振民通报了中国文联2009年工作情况和2010年工作安排。代表委员们一致认为，中国文艺家之家落成并投入使用，是文联事业发展过程中的一件大事。中央领志同志到这里调研看望艺术家，体现了党中央对文艺事业和文联事业的高度重视和亲切关怀，以及对广大文艺工作者的殷切期望，为大家进一步做好文艺工作和文联工作指明了方向。大家纷纷表示，肩负着广大人民尤其是广大文艺工作者的重托，在“两会”期间，一定会认真履行职责，建言献策、参政议政，为推动社会主义文化大发展大繁荣作出积极的贡献。

首届中国农民艺术节

6月16日，农业部、文化部与中国文联主办的首届中国农民艺术节在北京全国农业展览馆开幕，国务院副总理回良玉，全国人大常委会副委员长严隽琪，全国政协副主席、中国文联主席孙家正，国务院副秘书长丁学东，农业部部长韩长赋，文化部部长蔡武，中国文联党组书记、副主席胡振民等领导出席。开幕式文艺晚会“希望的田野”在分会场江苏昆山同期举行，中国文联党组副书记、副主席覃志刚，党组成员、书记处书记夏潮出席观看。

随后，6场风格各异的农民艺术表演专场在全国农业展览馆相继登场；汇聚全国29个省区市和2个特邀单位的140多个项目的全国农民文化艺术一村一品展，以及非物质农业文化遗产展演、中国农民画精品展、中国民间剪纸精品展、新生代农民工主题摄影展、中国传统艺术与工艺礼品展、搏艺宋庄——北京画家村落集群艺术展等也同时推出。

7月6日，中国文联、中国美协、浙江省委宣传部在浙江美术馆举办“农民画时代·时代画农民——全国农民绘画展”。中国文联党组领导覃志刚、夏潮等出席开幕式。有600多幅参展，共分三部分：“农民画时代——全国农民画作品展”展示来自全国27个省区市的400幅优秀农民画作品，其中获奖作品46件，此展还于10月26日在进京举行了汇报展；“时代画农民——新中国农民题材美术作品展”展示近现代美术史上表现农民题材的经典作品百余件；“来自画乡的报告——全国农民绘画文献展”展示10个代表性画乡各发展阶段的代表性作品。展览展示了社会主义新农村的建设成果，对提高农民画创作水平和新农村文化建设起到了积极的推动作用。7月6、7日全国农民绘画展研讨会分别在杭州和嘉兴秀洲举办。吴长江、许江、马新林、李一、梁江等美术家、理论家和农民画家代表就中国农民画历史、发展现状以及存在的问题进行了广泛深入的研讨。2月1日，中国文联国内联络部与中国美协编辑出版《中国农民绘画调研汇编》。该书是在实地考察八省市农民画发展现状和各省、自治区、直辖市美协协助参与的基础上编辑而成，集中收录农民画调研报告成果49篇，作为“农民画时代”首届全国农民绘画作品展的理论著作。

8月18日，中国文联、中国舞协在京举办以“走进北京，走进中国文艺家之家”为主题的新农村少儿舞蹈美育工程民族舞蹈交流展演。中国文联主席孙家正为活动题词：“心系农村，快乐成长。”全国人大常委会原副委员长顾秀莲与中国文联党组领导胡振民、李牧、廖奔及中国舞协领导贾作光、白淑湘出席观看。展演现场播放了新农村少儿舞蹈美育工程实施以来的纪录短片。来自新疆、西藏、贵州、云南、内蒙古、延边等地基层县乡的8支农村少儿舞蹈队分别表演了维、藏、苗、蒙、纳西、朝鲜等民族丰富多彩的舞蹈。查干朝鲁、斯琴塔日哈、崔善玉、张继钢、刘敏、迪丽娜尔、王小燕、刘福洋等舞蹈家也到场观看。本次展演活动是中国舞协实施的新农村少儿舞蹈美育工程在2010年的阶段性成果展示，也是首届中国农民艺术节和第四届中国舞蹈节的重要活动内容之一。

11月22日，由文化部、中国文联、云南省政府主办的第二届中国·福保乡村文化艺术节暨首届中国农民艺术节·全国乡村歌手大赛闭幕式暨颁奖晚会在昆明举行。中国文联党组书记、副主席胡振民出席。共有来自全国21个省区市14个民族的86名农民歌手参赛，在以“七彩田野·盛世乐章”为主题的晚会上，向刘清、张映龙、姜波、李慈庸、刘树发、普艳喜、奇附林、史丽英等一批具有较高艺术水准的优秀农民歌手颁发了各个奖项。

12月9日，首届中国农民艺术节在京闭幕。全国人大常委会副委员长华建敏，全国政协副主席、中国文联主席孙家正出席并观看闭幕晚会“金色的田野”。胡振民、覃志刚、李牧、冯远、夏潮与牛盾、朱保成、杨志今、贺军科、洪天慧、赵实、蒋建国等中国文联及相关部委负责人出席观看。王馥荔、吴京安、于紫菲、魏积安、谭晶、王丽达、张建峰、王晶、张薇、李欣、春雷、丁晓红、王宏伟、赵炎、全维润、贾伦、安宁、崔金泉、常亮等艺术家与获奖农民歌手、空军蓝天幼儿艺术团、深圳宝安区文联农民工艺术团、辽宁本溪群众艺术馆、陕西华阴老腔艺术团、贵州纳雍县农民艺术团、山西绛州鼓乐艺术团、“北友舞集”、北京门头沟区京西太平鼓民间艺术团、8位民间剪纸高手、中华女子学院模特、北京军区战友文工团舞蹈队均现场表演了精彩节目。

中华情系列活动

1月31～2月6日，中国文联、中国民协、福建省文联在福州举办中华情——海峡两岸民间艺术嘉年华。全国政协副主席、中国文联主席孙家正与台湾亲民党中央委员谢章捷、台湾新党秘书长李胜峰等出席开幕式。期间共举办了踩街表演、海峡两岸民间收藏印石精品大赛、海峡两岸民间工艺绝技展示、海峡两岸民间文化名家讲坛、海峡两岸民间茶道及香道表演、海峡同乐——海峡两岸民乐演奏会、两岸同根——海峡两岸根雕艺术展、海天一览——海峡两岸剪纸艺术展、两岸同春——海峡两岸插花艺术展、金石同寿——海峡两岸寿山石精品展等多项活动。

中华经典系列咏诵

“中华经典系列咏诵”是在中国文联的指导下，世界华侨华人社团联合总会中华经典文化传播交流委员会联合有关单位共同精心打造的一款文化产品，以借助中华经典文化促进中华民族共有精神家园的建设为主题，融合历史眼光与时代视角、深入挖掘中华经典文化内涵及其当代价值，采取群众喜闻乐见的文化形式弘扬中华文化。首场演出“和韵天歌——感悟《道德经》咏诵会”已于2009年3月12日晚在北京中国剧院举办。

6月10日晚，中国文联与北京大学在北大百年讲堂举办“东方神韵——《诗经·风》咏诵会”。杨洪基、刘维维、佟铁鑫、王莉、殷之光、方明、徐涛、丁建华、肖雄、常思思、徐建顺、杨芬、黑鸭子组合等国内著名朗诵演员和歌唱演员联袂演绎远古诗篇。晚会以歌颂劳动、歌颂生活、歌颂爱情、歌颂爱国为思想脉络，采取原诗朗诵和歌曲演唱等形式，借助舞美、舞蹈、灯光、大屏幕演示等多种表现手段再现原诗意境，使观众感受东方神韵的魅力并拓展想象空间和审美体验。

8月27日，中国文联与军事科学院、世界华侨华人社团联合总会在北京中国剧院举办“兵道——《孙子兵法》情境咏诵剧”。徐才厚、严隽琪、张万年、许其亮以及胡振民、刘源、刘振起、朱发忠、刘继贤、谢国强、刘世民等有关方面领导出席并观看演出。节目采取原文朗诵、歌曲演唱以及军阵、舞蹈等多种表演形式。杨洪基、傅英、李宏伟、曲丹、王莉、林萍、孙砾、晗月、庄巧益、师鹏、于爽、钟丽燕、冯瑞丽和“红星组合”、武警北京总队军乐团栩栩如生的表演，使观众深刻理解“忘战必危，好战必亡”的重大主题。晚会由胡振民、刘源担任总顾问，覃志刚、冯远担任总监制，夏潮、刘世民、任兴亮担任总策划。

百花放映

“百花放映”惠民工程是在政府支持下，由中国文联和中国影协牵头打造的一项常态并可持续发展的电影文化品牌，采取社会赞助、市场化运作的形式常年免费送电影下基层。经几年实践已在全社会尤其是县、乡基层产生了很大的影响，现已建立24个省、市、县、乡镇、村放映网络平台。该工程仅在2009年下半年便在6个省30个市（县）、乡镇、村放映了5000余场，受益群众达800余万人次；2010年又在11个省110个市（县）8358个行政村放映公益电影11450场，受益群众近2000万人次。中国文联、中国影协同时组织数十位电影艺术家赴9个省20个市（县）、乡镇的放映场地进行慰问，赢得了广大基层群众特别是农民群众的热烈欢迎。

8月31日，由中国文联、中国影协主办的“百花放映”暨“百县千村万场”大型公益放映活动在京启动。中国文联党组成员、副主席冯远以及中国影协分党组书记、驻会副主席康健民，国家广电总局电影局副局长毛羽等领导，田华、翟俊杰、陶玉玲、冯远征、苗圃、侯勇、王霙、张晶晶、苗苗等艺术家和来自全国各地的80余位代表出席。仪式上，冯远等领导为艺术家、演员颁发爱心大使水晶奖杯，宜昌等16个地市放映单位被授予“百县千村万场”放映实施单位牌匾。

“今日中国”艺术周

智利是南美第一个与中国建交的国家。两国建交40周年之际，恰逢智利独立200周年。为贯彻中央关于中国文化“走出去”的战略，配合我国整体外交工作，6月中下旬，中国文联会同中国驻智利大使馆、智利政府及有关单位在智利举办“今日中国”艺术周活动，智方将此次活动列为其独立二百周年系列庆典活动的重要项目。艺术周活动结束后，艺术团应邀到阿根廷举办“中华风韵”巡演。艺术团的演出深受智、阿两国欢迎，反响热烈，标志着中国文联“今日中国”艺术周在拉美获得圆满成功。

智利“今日中国”艺术周由综艺演出和美术展览两部分组成，艺术周活动内容丰富多彩，别具特色，多角度、多方位展示了当代中国文化。综艺演出团由北京舞蹈学院民间舞系、中国东方歌舞团“3＋1”乐队等优秀表演团体和艺术家组成。展览项目“穿越地平线——中国当代艺术展”展出24位中国当代著名画家的83幅代表作品。

中国文联党组成员、副主席冯远率中国文联代表团前往智利出席艺术周开幕式并参加相关交流活动，会见了智利文化部副部长哈维·查马斯、智利国家美术馆馆长米兰·伊维利克。

6月17日，“今日中国”艺术周展览项目“穿越地平线——中国当代艺术展”在智利国家美术馆开幕，冯远与中国驻智利大使吕凡、智利参议院议长豪尔赫·皮萨罗、智利外交部文化司司长、智利文化部国际司司长中国驻智利大使吕凡、智利国家美术馆馆长米兰·伊维利克等出席了开幕式。吕凡大使赞扬中国文联艺术团为智利独立200周年和中智建交40周年这两个有纪念意义的日子献上了一份贺礼。

6月19日，艺术周综艺演出项目“中国民族歌舞晚会”在首都圣地亚哥特勒东（Teleton）剧场首演，智利参议院议长豪尔赫·皮萨罗及多位智利政界、军界、文化界高级官员和知名人士观看了演出。

智利总统皮涅拉因公务未能出席活动，他特别致信我驻智利大使吕凡，预祝艺术周获得成功。智利文化部副部长在会见冯远一行时，代表智利政府对“今日中国”艺术周活动的举办给予高度评价并表示衷心感谢。

6月21日和23日，艺术团又远赴瓦尔帕莱索和在大地震中损失惨重的南部城市塔尔卡，送上中国人民对智利地震灾区人民的祝福和问候。

2010年也是智利的邻国阿根廷举办独立200周年庆典活动之年。根据我驻阿根廷使馆的建议和安排，在中央有关部门的大力支持下，中国文联艺术团圆满完成在智利的“今日中国”艺术周演出任务后，于6月24日至30日在首都布宜诺斯艾利斯、马德普拉塔和拉普拉塔3个城市举办“中华风韵”晚会。据驻阿根廷使馆的粗略统计，3个城市的上座率分别达到110%、80%、90%，其中绝大多数观众来自主流社会。我驻阿根廷大使曾钢、马德普拉塔市市长和当地各界名流一起观看了演出。马德普拉塔市市长特意会见了曾钢大使和艺术团团长冯双白一行。

拉美人普遍热爱舞蹈和音乐，有很高的鉴赏水平。为使当地观众通过“今日中国”艺术周更多地了解中国，中国文联多方征求专家意见，力争多角度、多层面、多形式地展示中国的当代文化精神和最新艺术成果，艺术团编导人员精心选取汉、藏、蒙、维等多个民族精彩且节奏感强的舞蹈，生动而富有感染力的器乐、声乐节目，以及川剧绝活“变脸”，组成一台美轮美奂的综艺歌舞表演，给拉美人民留下美好的印象。中国驻阿根廷大使曾钢说，中国文联艺术团此行圆满完成了使命，是一次成功的公共外交之旅，为在阿根廷推广中国文化作出了贡献。两国的主流媒体都对智利“今日中国”艺术周和“中华风韵”在阿根廷的巡演做了大量报道。

第八届中国国际民间艺术节

10月7～18日，由中国文联和江苏省人民政府联合主办，苏州市人民政府等单位承办的第八届中国国际民间艺术节相继在苏州和北京举办。来自五大洲14个国家的民族民间歌舞团近400余位艺术家在苏州和北京两地奉献了79场精彩演出，直接观众达30万人次。演出节目以民族、民间舞蹈为主，充分体现了艺术节民间性、群众性、国际性的特点。艺术节不仅为各国艺术家提供了增进友谊、交流技艺的平台，也让中国观众领略了风情各异的多国民族民间艺术，让外国艺术家切身感受了今日中国繁荣稳定、和谐发展的生机与活力。

中国国际民间艺术节自1990年创建以来，始终得到党和国家的关怀和各级政府的重视。中共中央政治局委员、国务委员刘延东为本届艺术节开幕式致贺信，希望“艺术节组委会充分利用好这一载体，大力弘扬博大精深、源远流长的中华文化，充分吸收各具特色、各有优势的世界民族优秀文明成果，为促进中外文化交流，增强中华文化的国际影响力作出积极贡献”。10月7日晚，第八届中国国际民间艺术节在苏州工业园区科学文化艺术中心开幕。全国政协副主席、中国文联主席孙家正，中国文联党组书记、副主席胡振民，中共江苏省委副书记、江苏省省长罗志军，中国文联党组成员、副主席冯远，中共江苏省委常委、苏州市委书记蒋宏坤，中共苏州市委副书记、市长阎立，以及文化部、外交部、江苏省文化厅、江苏省文联等相关单位领导和嘉宾出席了开幕式。10月17日晚，艺术节闭幕演出在北京国家大剧院举行，刘延东、孙家正、陈至立、曹志、顾秀莲、李蒙等党和国家领导人，刘峰岩、孙忠同、朱维群、蔡武、王毅、陈云林、龙新民、黄晴宜、李冰、全哲洙、李适时、马駇、李立国、李盛霖、魏礼群、熊光楷等有关部委负责人及中国文联领导胡振民、李牧、冯远、廖奔、夏潮等与首都观众一起观看了闭幕演出。闭幕晚会精彩纷呈、气氛热烈，充分展示了不同风格和特色的民族民间艺术的魅力。

全国主要媒体对第八届中国国际民间艺术节活动进行了大量报道，中央电视台在焦点访谈节目也进行了专题报道。艺术节组委会还专门组织征求了中外艺术团负责人的意见。本届艺术节得到了有关领导、专家以及各界观众的充分肯定。

本届艺术节受邀的艺术团除3个是由在校学生组成的业余艺术团外，其余均为派出国文化主管部门或我国驻当地使领馆推荐的专业演出团体。中国、韩国的舞蹈典雅、大气，古巴、阿根廷、南非、库克群岛的音乐舞蹈自由豪放，白俄罗斯、埃及、土耳其、捷克的歌舞热烈欢快。风格迥异、多姿多彩的歌舞表演，展示了世界不同地区、不同民族的文化。3个学生艺术团也具备了相当高的艺术水平，美国“动力”舞蹈团青春活泼的街舞向观众们展示了当地社会的节奏，该团曾多次在全国舞蹈比赛中荣获各种奖项。本届艺术节开、闭幕式大型演出首次使用了高科技的新媒体手段展示各国民俗风情，让观众在享受世界民族民间艺术文化的盛会时还从视觉上领略科技发展的成果。艺术节在苏州举办期间，除各国艺术家共同参加的开幕式演出外，组委会还安排各国艺术团分赴26个区县广场与苏州的各文艺团体同台演出，为中外艺术家之间的交流创造机会。本届艺术节组委会出色的组织工作获得了各国艺术团的好评，多个艺术团负责人向组委会表示这是他们参加过的组织得最好的艺术节。

艺术节组委会坚持面向群众的办节原则，着力打造文化公益活动品牌，强化艺术节的社会效益，以向社会赠票方式吸引各界、各阶层观众，通过大量的广场演出和组织外国艺术团到社区、学校、军队等单位交流演出最大限度地扩大受众范围，这些举措深受人民群众的欢迎，丰富和活跃了当地群众的文化生活，外国艺术家通过与观众的广泛接触也切身感受到我国改革开放所带来的社会发展与进步。

第二届海峡两岸暨港澳地区艺术论坛

12月18～20日，由中国文联、台湾文艺协会、鹤山21世纪国际论坛主办，中国文联港澳台办公室、中国文联理论研究室承办，全国政协京昆室、中国摄协特别支持的第二届海峡两岸暨港澳地区艺术论坛在台湾台北、花莲两地举行。参加论坛的80余名代表涉及文学、戏剧、电影、电视、音乐、舞蹈、美术、摄影、书法、曲艺、杂技以及民间文艺等12个文艺领域，其中既有从事文艺理论研究的专家学者，也有活跃在第一线从事创作表演的艺术家；有德高望重的老艺术家，也有年富力强的中青年文艺骨干。全国政协副主席、中国文联主席孙家正出席开幕式并做了主旨演讲。中国文联党组成员、副主席冯远，台湾文化总会副会长林澄枝，台湾文协理事长愚溪，以及来自海峡两岸暨港澳地区的100多位艺术家、专家学者出席了论坛活动。

12月18日，论坛在台北开幕。孙家正在题为《携手共筑文化之桥》的主旨演讲中表示，文化在推动两岸关系和平发展过程中有着重要的纽带作用。中华文化历史悠久、博大精深，历经磨难和挫折始终未曾中断，表现出强大的凝聚力和生命力，是全体中华儿女赖以生存和发展的根基和血脉。当前，两岸关系发展势头良好，两岸文化交流与合作的领域愈加宽广，面临难得的重要机遇。他提出四点希望，希望两岸文艺团体和文艺界的专家学者进一步加强交流与合作，不断提高文化交流的层次和水平，共同弘扬中华文化；希望海峡两岸共同举办面向社会、服务大众的文化活动，为两岸和平发展奠定广泛的民心基础；希望青年朋友为两岸文化交流和促进和平发展多作贡献。青年是民族的希望，两岸关系的未来寄托在两岸青年一代身上。两岸青年在共同传承中华优秀文化中应加强合作交流；希望两岸文化交流致力于长远，坚持不懈、久久为功。站在全局的角度，建立更为密切、经常性和规范性的联系与往来机制。切实拓展文化交流的广度和深度，定期轮流举办各种艺术节、艺术展演等综合性文化交流活动，推动两岸文化交流与合作稳定向前发展。

冯远在开幕式上致辞：海峡两岸暨港澳地区艺术论坛是海峡两岸暨港澳地区文学艺术领域的专家学者交流对话的主要平台，本次论坛在海峡两岸暨港澳地区文学艺术界朋友们的携手努力下，汇聚群贤、集思广益，凝聚共识、描绘蓝图，必将为推进海峡两岸暨港澳地区的文化交流与合作、促进两岸关系和平与发展，发挥积极作用，产生深远影响。林澄枝、愚溪也分别在开幕式上致辞。

论坛结合两岸四地艺术交流的现状，以“青年与中华艺术的未来”为主题，围绕青年在当代中华艺术发展与创新中的责任与使命、当代青年艺术创作中的人文精神和价值取向、科技文明与中华艺术的发展、当代中华艺术的多元一体化格局、世界新格局下中华艺术的定位与发展等议题，进行了深入探讨和交流。在分组讨论中，与会专家学者结合海峡两岸暨港澳地区艺术交流的现状，围绕青年在当代中华艺术发展与创新中的责任与使命、当代青年艺术创作中的人文精神和价值取向、科技文明与中华艺术的发展、当代中华艺术的多元一体化格局、当代世界新格局下中华艺术的定位与发展等议题畅所欲言，各抒己见，相互启发，气氛热烈，共同为当代中华艺术的繁荣与发展，为海峡两岸暨港澳地区青年文艺家的团结与交流建言献策。大家一致认为举办这样的论坛活动有利于推动两岸及港澳地区文化交流与合作深入发展，丰富两岸及港澳地区人民精神文化生活，有利于激发对中华文化的自豪感，增强中华民族的认同感和凝聚力。

论坛期间，孙家正先后会见了连战、李敖、郝龙斌、陈文茜、江丙坤、蒋孝严、庄汉生、证严法师、惟觉大和尚、胡志强、刘兆玄等台湾文化界和宗教界知名人士，就开展两岸文化交流以及两岸文化发展的前景进行了深层次探讨。孙家正还参观了台北艺术大学，和学校师生座谈，鼓励同学们多到大陆的名胜古迹参观，两岸青年要更好地肩负起和平发展的历史使命。台北艺术大学学生代表期待大陆给台湾青年艺术家提供更为广泛自由的创作空间。

论坛期间，还举办了京昆交流演唱会、“世界遗产——灿烂的中华文化摄影展”和采风等丰富多彩的交流活动。全国政协京昆室组织孙毓敏、孟广禄、赵葆秀、耿其昌等京剧名家为台湾观众献上了两场京剧名段演唱会。台湾京剧表演艺术家魏海敏、吴兴国也先后登台，表演自己的代表剧目并与来自祖国大陆的同行相互切磋热情交流。配合此次论坛，12月18日中国摄协主办的“世界遗产——灿烂的中华文化”摄影展在台北开幕，展出作品都是我国知名摄影家拍摄的武当山、四川黄龙等入选联合国文化遗产和自然遗产名录的名胜古迹佳作。孙家正、冯远、愚溪等出席开幕式并参观展览。新华社、《人民日报》、中央人民广播电台、中央电视台、中国新闻社、《中国文化报》、《中国艺术报》等中央新闻媒体，凤凰卫视、澳亚卫视等香港、澳门地区新闻媒体，以及众多台湾新闻媒体对此次论坛进行了充分报道。

本次论坛的主要成果是：(1) 进一步交流了两岸四地文学艺术领域研究的成果，艺术论坛已经成为两岸四地艺术家、专家学者沟通交流的重要平台；(2) 进一步达成了两岸四地加强交流合作、共同推动中华文化繁荣发展的共识。代表们一致认为，两岸四地的艺术家特别是青年艺术家要勇于担当起这一代人的历史责任，做中华优秀文化的传承者。(3) 进一步增进了两岸四地文艺界朋友们之间的了解和友谊。文化交流的基础在民间，民间文化交流是发展两岸关系广泛和坚实的民众基础。

与会的艺术家们说，第二届论坛在台湾的成功举办，意味着海峡两岸暨港澳地区艺术论坛在良好的开端后有了更加令人欣慰的延续，希望这一论坛不断发展，吸引更多的艺术家参与其中，为促进海峡两岸暨港澳地区文化艺术的发展与交流发挥更大的作用。

第四届北京国际美术双年展

9月20日，由中国文联、北京市人民政府和中国美协共同主办，文化部作为后援单位的第四届北京国际美术双年展在中国美术馆开幕。中国文联党组书记、副主席胡振民，中国文联党组成员、副主席冯远出席了开幕式。此间访华的奥地利教育艺术文化部部长克劳蒂亚·施密特以及埃及、希腊、阿根廷、巴西、保加利亚、法国、德国、俄罗斯等国驻华使馆外交官以及国内外的众多艺术家代表应邀出席了开幕式。中共中央政治局委员、中央书记处书记、中宣部部长刘云山，中共中央政治局委员、国务委员刘延东分别参观展览。此次展览以“生态与家园”为主题，来自84个国家的500余件绘画、雕塑、装置、影像以及综合类作品参展，集中展示世界美术家对地球生态问题的艺术思考，多角度形象展示各自不同艺术风貌和共同关爱地球家园的热忱，力图较全面立体地展现全球当下艺术生态。除主题展外，还设有智利特展和奥地利特展，并举办“艺术与当代生态环境的关系”学术研讨会。

重大活动

支援抗灾救灾

【支援“4·14”青海玉树地震的抗震救灾】

4月14日7时49分，青海省玉树地震发生后，中国文联高度重视、迅速行动，把支援抗震救灾作为最重要最紧迫的工作。

4月19日，中国文联召开党组会议，传达中央政治局常委会部署抗震救灾工作的会议精神、国务院抗震救灾总指挥部发出的通知精神和中央政治局常委李长春在中央宣传文化部门和主要新闻单位负责人会议上的重要讲话精神，专题研究部署抗震救灾工作。中国文联向各团体会员发出“关于组织动员广大文艺工作者积极投身青海玉树抗震救灾工作的通知”，号召全国文艺界和广大文艺工作者紧急行动，积极投身抗震救灾工作，着力营造万众一心、众志成城、迎难而上、敢于胜利的良好氛围，为夺取抗震救灾胜利作出应有的贡献。235名知名艺术家向全国文艺工作者发出抗震救灾的倡议书。中国文联向青海省文联发出慰问函并捐赠50万元人民币用于抗震救灾。当日下午，中国文联在机关组织开展了“向青海玉树地震灾区人民献爱心”捐助活动，中国文联党组全体同志与贾作光、白淑湘、冯骥才、刘大为、刘兰芳、李维康、赵季平、尹力、冯巩、张桐胜、陶泽如、辛旭等60多位知名艺术家均加入了捐款队伍。

4月20日，由中国文联、中国摄协、青海省委宣传部主办，青海省文联、省摄协协办的“2010青海玉树抗震救灾纪实摄影展”开幕式暨向中央档案馆捐赠救灾影像史料仪式在京举行。中国文联党组领导胡振民、廖奔，中宣部秘书长官景辉，中国摄协分党组全体成员，青海省文联、省摄协领导，中央档案馆的有关领导以及联合国教科文组织和其他国际组织代表，尼泊尔、越南、蒙古等国驻华使馆官员等出席开幕式。大会为将携带救灾物资和摄影展览前往青海抗震救灾的中国摄协小分队授旗，并向青海省委宣传部、青海省文联、省摄协及参展作品作者颁发了抗震救灾组织工作荣誉证书和参展证书。中国摄协与中央档案馆进行了“捐赠影像史料”的交接仪式——由40余位摄影家在地震发生后于第一时间赶赴一线所拍的近80幅珍贵入展作品将捐赠给中央档案馆，成为共和国珍贵历史影像永久保存。该展旨在落实中央领导就抗震救灾工作对宣传文化战线的指示精神，呼吁摄影人积极投入抗震救灾宣传报道工作。展会现场的捐赠活动中，与会嘉宾和中国摄协干部职工共为玉树灾区捐出7万余元善款，中国摄影著作权协会也将19日在“赈灾摄影作品义卖活动”中所得的26万余元善款现场捐赠。

4月20日晚，由中宣部、民政部、国家广电总局、中国红十字会、中华慈善总会主办的“情系玉树、大爱无疆”抗震救灾大型募捐活动在中央电视台1号演播大厅举行，王昆、才旦卓玛、郭兰英、尚长荣、刘兰芳、吴雁泽、范曾、李谷一、耿其昌、李维康、冯巩、陈道明、鲍国安、陈宝国、蒋雯丽等艺术家深情献艺；沈鹏、张海、欧阳中石、谭晶、阎维文、李双江、印青等艺术家踊跃倾囊；众多企业和单位也向灾区伸出援手。据统计，本台晚会共募得善款21.75亿元人民币。

据统计，在这两次赈灾募捐活动中，中国文联组织的艺术家个人捐款约1200余万元。截至4月23日，中国文联捐款总数为5985750元。其中，中国美协向中国红十字会捐款300万元；中国书协向中华慈善总会捐款100万元；中国文联、中国音协分别向民政部捐款50万元；中国摄协捐款74万元并向灾区捐助价值4万元的急需物资；中国杂协捐款3万元。中国文联共计1380人参与个人捐款，捐款总额为202710元。

4月21日上午10时，中国文联党组领导胡振民、覃志刚、冯远、夏潮与各协会和机关工作人员200余人在北京中国文艺家之家胸佩白花、深切悼念青海玉树地震遇难同胞，李牧、廖奔两位领导也在不同地方表示深切哀悼；中国文联各直属单位分别举行哀悼仪式；各地文联也通过多种方式深切缅怀遇难同胞。大家表示，一定要积极投入到抗震救灾的工作之中，与灾区人民一起共克时艰，夺取抗震救灾的最后胜利。

【支援"8·8"甘肃舟曲泥石流的抗灾救灾斗争】

8月8日凌晨，甘肃省甘南州舟曲县因强降雨引发滑坡泥石流，堵塞嘉陵江上游支流白龙江，形成堰塞湖，造成重大人员伤亡，电力、交通、通讯中断。胡锦涛总书记、温家宝总理对抗险救灾做出明确指示。舟曲的灾情也牵动着全国文艺工作者的心。

8月16日，中国文联与中国红十字会、中国曲协在北京民族宫大剧院举办"情系舟曲 大爱无疆——曲艺界为甘肃舟曲灾区赈灾义演"。刘兰芳、姜昆、冯巩、常贵田、李金斗、赵炎、石富宽、李增瑞、籍薇、李立山、仝维润、巩汉林、金珠、种玉杰、戴志诚、牛群、张文甫、李世儒、李志强、刘全和、刘全利、宋德全、奇志、刘际、马云路、李伟建、武宾、刘颖、刘伟、杨菲、杨娇等曲艺界知名艺术家登台献艺，胡振民、王伟、李牧、冯远、廖奔、夏潮、郭长江、郝林娜、罗扬、白淑湘、孟祥林等领导出席观看。刘兰芳现场向全国曲艺界发出倡议，代表中国曲协呼吁全体曲艺界同仁再次伸出援手、支援灾区。本场晚会共募集善款近3500万元人民币。

8月17日，中国文联在北京中国文艺家之家开展了向舟曲灾区人民献爱心的现场捐助活动。中国文联全体在京党组领导胡振民、李牧、廖奔、夏潮，在京主席团成员丁荫楠、白淑湘、刘兰芳、李维康、黎国如以及各全国性文艺家协会、各直属单位领导班子成员及驻中国文艺家之家所有单位的300余名干部职工现场共捐善款近73000元。

赴革命纪念地采风活动

3月28～31日，中国文联、中国音协组织著名音乐家"走进红色圣地"——深入井冈山采风。他们参观了爱国主义教育基地、在革命旧址前聆听井冈山斗争史、向烈士敬献花圈并与基层文艺工作者交流。

4月6～11日，中国文联、中国曲协组织曲艺家赴江西深入生活、采风创作。先后举行了座谈会、参观南昌八一起义纪念馆和小平小道纪念馆、瞻仰井冈山北山烈士陵园、为革命先烈敬献花圈、考察井冈山革命博物馆和黄洋界等革命旧址并与井冈山曲艺工作者深入交流等多项活动。

4月29日，中国文联在北京中国文艺家之家召开艺术家赴革命纪念地深入生活、采风创作座谈会。中国文联党组成员夏潮出席。大会对前一阶段的艺术家赴革命纪念地深入生活、采风创作活动做了进一步说明，并对今后的活动提出了要求。姜昆、田晓耕、李甲芹、高琴、吴涛毅、周光等通报了本协会赴革命纪念地开展深入生活、采风创作活动的开展及筹备情况。宋小明、张保和、小柯、宫晓东、戚建波、牛群、车行、仝维润、孙涛等与会艺术家饱含深情地讲述了参加采风创作活动的所见所闻及所思所感，均表示赴革命纪念地深入生活、采风创作活动为自己提供了难得的了解历史、贴近群众的机会，今后如有相关活动一定再次积极参加，同时也会尽快将自己在采风中的收获转化打磨为文艺精品力作，以此为中国共产党的90华诞献礼。

5月4～8日，中国文联、中国舞协赴革命纪念地采风创作小分队首站前往西柏坡。小分队由中国舞协分党组书记、驻会副主席冯双白率队，汇集了赵明、罗斌、杨威、顾佩英、柳宁等知名舞蹈编导。4日晚，在石家庄举办了"西柏坡精神永放光芒——中国舞协赴革命纪念地采风创作座谈会"，次日清晨即赴西柏坡参观。回京后，编导们进行座谈，对创作的基本思路、创作手法、表现手段等进行了交流。在接下来的两个月中，舞蹈家们陆续走进遵义、韶山、井冈山、延安，以革命根据地具有典型性和代表性的红色舞蹈为基础，或加工提高、或重新创作，最终以红色经典专场舞蹈晚会晋京展演。

5月14～17日，中国文联、中国曲协组织郭刚、李时成、张保和、孙立生、全维润、大兵、李伟健、武宾、温淑萍等曲艺名家赴革命圣地延安采风。在吴起长征广场为当地观众奉献了一场精彩演出，此外还参观了杨家岭革命旧址、枣园革命旧址、延安革命纪念馆、吴起革命纪念馆、中央红军长征胜利纪念园、退耕还林森林公园会展中心、刘志丹烈士陵园、保安革命旧址等，并与当地曲艺工作者进行了联欢、座谈，聆听了知名革命历史研究者所作的红色记忆报告，接下来还赴南泥湾等地采风。本次采风团由中国文联副主席、中国曲协主席刘兰芳率队。

5月14日，中国文联、中国摄协组织一批来自京、沪、冀、陕等地的知名摄影家汇聚到北京天安门广场，正式启动“中国文联、中国摄协2010年赴革命纪念地深入生活、采风创作活动”。李前光、高琴、于志新、翟东风、石永亭、崔茂元、卢广、惠怀杰、杨越峦等摄影家在中国摄协革命纪念地创作小分队旗帜上郑重签名并合影，随后奔赴韶山、井冈山、遵义、延安、西柏坡5个革命纪念地深入生活、采风创作。5月21～25日，陈小波、黑明、朱恩光、惠怀杰、李泛等摄影家组成的分队赴陕西延安，在宝塔山上与当地的“圣地歌手”——刘和如老人同唱革命之歌；5月25～30日，高琴所率分队赴西柏坡，参观了西柏坡纪念馆、西柏坡青少年文明园、中共中央旧址、西柏坡村等地，用镜头记下该地人民的革命精神及全面建设小康社会的伟大实践；5月29日至6月3日，张桐胜、于云天、于志新、李晓英、朱圣珍、王远荣、熊汉泉、杨力田、龙先强等摄影家组成的分队赴湖南韶山采风创作；6月1～6日，于健、王达军、王争平、周国强、韩贵群等摄影家组成的分队在红军革命陵园接受90余岁老红军授出的活动启动旗帜后赴江西遵义，重温红色经典；6月7～11日，李前光率石永亭、宋刚明、翟东风、鄢平原、许景辉、管华鞍、郭佳胜、李志华、肖光明、刘冬生、燕平等摄影家赴江西井冈山，参观贺子珍故居及贺子珍纪念馆、湘赣革命纪念馆、三湾改编纪念馆、八角楼毛泽东旧居、革命烈士袁文才生平陈列、井冈山革命历史博物馆、革命烈士王佐故居等革命遗址，瞻仰了北山烈士陵园并向烈士敬献花圈，与当地负责人交流了井冈山丰富的摄影资源背景情况。此活动旨在认真贯彻落实中央精神，为2011年中国共产党90华诞献礼。经过两个多月的准备和实施，取得了阶段性成果——成功举办了相关展览并出版画册。

5月15～25日，中国文联党组成员、副主席冯远与吴长江、许钦松、马新林、丁杰、马振声、孔紫、王心耀、王克举、孙景波、朱理存、祁海峰、何水法、宋鸣、张彦、张文华、张复兴、张培成、李节平、杨长槐、邱瑞敏、邵亚川、邹立颖、陈琪、陈孟昕、陈钰铭、苗重安、姚鸣京、胡宁娜、徐勇民、桑建国、章飚等美术家赴革命纪念地江西南昌，参观八一南昌起义纪念馆、小平小道等爱国主义教育基地，并分两组赴井冈山和瑞金，参观井冈山烈士陵园、大井毛泽东同志旧居、三湾改编纪念馆、黄洋界保卫战遗址、茨坪毛泽东同志旧居、井冈山革命斗争全景画馆、茅坪八角楼、会师纪念馆等进行采风创作。活动旨在贯彻落实中央精神，为中国共产党成立90周年大型展览准备素材。此外，由于中国人民革命军事博物馆陈列室中近百位军职以上红军烈士只有姓名而没有影像资料，中国美协还在此次采风过程中组织美术家依各地烈士陵园、纪念堂所存烈士的生平资料、烈士后代的形象及烈士家属的口述绘制红军烈士画像，经家属签字认可后捐赠中国人民革命军事博物馆存档以供观众瞻仰。随后，中国文联、中国美协赴革命纪念地创作采风团还赴延安、贵州遵义、甘肃会宁与腊子口以及韶山、西柏坡等地开展采风创作活动。

7月16～20日，中国文联、中国音协“走进红色圣地”著名音乐家赴贵州采风创作活动在贵阳举行。中国文联党组书记、副主席胡振民，中国音协分党组书记、驻会副主席徐沛东，中国曲协分党组书记、驻会副主席姜昆等出席启动仪式，随后，魏德泮、王晓锋、韩葆、孟文豪、化方、李珂等词曲作家组团奔赴遵义，参观了遵义会议会址、红军政治部旧址以及娄山关、青杠坡战役遗址、土城四渡赤水纪念馆、女红军纪念馆、国酒文化城、怀仁市“四在农家”创建点、息烽集中营革命历史纪念馆等地，并举办了创作座谈会。

7月22～30日，中国文联、中国美协赴革命纪念地甘肃创作采风活动在甘肃举行。吴长江、范迪安、杨力舟、王迎春、崔开玺、张万凌、许俊、张大刚、苗再新、马锋辉、王书杰、代大权、张友宪、李洋、翁振新、旷小津、杜大恺、郝平、赵培智、唐辉、崔晓东、班苓、彭治力、谢振瓯、胡伟等美术家赴夏河，体验拉卜楞寺的神圣，感受迭部的青山碧水，体味宕昌哈达铺的历史风情，感怀当年的革命光辉岁月。

其他采风活动

6月30日～7月3日，中国文联国内联络部与上海市文联举办全国文联世博采风活动。中国文联党组领导覃志刚、夏潮与各省、自治区、直辖市、新疆生产建设兵团及15个副省级城市文联的负责同志共180余人参加，是全国文联系统近年来规模最大、规格最高的一次采风活动，具有创意新颖、组织有力、收获巨大三大特点。采风团参观了世博园，举办了“共享世博，畅想未来”主题大会并在世博综艺大厅观摩了由上海市文联组织的参与世博文化活动的专场演出——上海文艺界欢庆世博综艺晚会。此次世博采风活动的主旨为：文艺工作者应承担起城市文化发展的神圣使命，创作更多反映广大人民群众现实生活、为广大人民群众所喜闻乐见的精品力作，为更美好的城市、更美丽的生活作出应有贡献。

7月8～13日，中国文联副主席、中国曲协主席刘兰芳率奇志、石湾、周所同、张华敏、韩延文、刘君侠、王小燕、霍勇、张伟、金波、徐秋、韩冰、刘畅、蔡焕松、于恩东、田捷民、漆钢、张法汀、邓治平、陈涓等涉及7个文艺类别的艺术家赴四川达州、国家“十一五”规划重大项目川气东送工程一线采风创作，深入了解国家重点工程建设的新进展，实地感受贯彻落实科学发展观的丰硕成果。这次活动为“砥柱中流——中国文联文艺家赴基层企业采访创作活动”的一部分。文艺家们先后深入中国石化达州基地、普光气田采气厂P301集气站、应急救援中心、天然气净化厂、达州凤凰山红军亭、张爱萍故居、达州红军文化纪念馆、王维舟纪念馆等参观学习；与川气东送建设工程指挥部和达州市文艺工作者举行座谈；与来自中原油田歌舞团的演员们进行多场联欢和慰问演出，将欢乐直接送到了一线职工身边，受到热烈欢迎。

7月19～25日，中国文联党组成员、书记处书记夏潮率申万胜、张桐胜、张保和、刘洪彪、毛水仙、郑咏、汪荃珍、张铜彦、柴京津、狄少英、霍勇、刘国建、彭子义、蒋巍、傅琰东、魏勇、汪燕飞等文艺家赴新疆哈密，到生产建设兵团农十三师开展深入生活采风活动。为当地的群众、边防战士及农场职工进行慰问演出和作品创作；走访慰问老军垦人（黄秀卿、黄坚白）；参观红星一场场史陈列室、伊吾保卫战纪念馆、哈萨克民俗博物馆、边防连荣誉室、万亩枣园和万亩葡萄园；为兵团文艺爱好者做精彩演讲。艺术家们感谢中国文联给予大家深入生活、贴近生活的机会，返回后认真整理积累的素材，以自己掌握的文艺形式来弘扬军垦精神、赞美祖国。

8月5～9日，中国文联与黑龙江省委宣传部、省文联举办“走上高高的兴安岭”全国文艺家采风活动。中国文联党组副书记、副主席李牧率张飙、张宇、郑晓华、丁杰、张永金、吴震启、陈克永、程志、王利军、车行、李昕、于兰、宋德全、王玉、刘全和、刘全利、王德生、文欣等艺术家一行29人，与黑龙江省文联组织的60位艺术家一同参观了中国北极哨所、中国北极文艺创作中心、铁道兵纪念碑、塔河县图强林业博物馆，向图强林业局、塔河县十八站乡、鄂伦春村新村分别赠送了记录中国文联春节大联欢演出和中国文联历年“送欢乐、下基层”活动实况的光盘，并到于2007年被授予中国民间文化杰出传承人荣誉称号的64岁鄂伦春族老人郭宝林家探望，此外还召开了采风活动座谈会，举办了一场文艺演出及两场文艺笔会，创作书画作品60余件赠予大兴安岭人。

对外文化交流

【组派中国青少年艺术团赴美国交流演出】

2月15日～3月2日，应美国犹他州政府和欢乐儿童协会邀请，中国文联组派由中央电视台银河童声合唱团和内蒙古大学艺术学院附属中等艺术学校师生组成的中国青少年艺术团一行83人赴美国夏威夷州和犹他州交流演出。中国文联党组成员、副主席廖奔率中国文联代表团一行5人赴美国出席艺术团重要活动，指导艺术团的演出交流工作，会见了参与承办此次活动的各方代表。

艺术团在杨百翰大学夏威夷分校、夏威夷尼波利尼西亚文化中心、盐湖城文化中心、盐湖城“建设和谐世界”年度社区文艺晚会上共计演出18场，直接观众达2万人次。此外还在犹他州政府办公大楼为立法会、新闻界和州政府的要员们举行了专场演出，州长夫妇出席观看、州长夫人发表了热情洋溢的致辞。2月28日，中国青少年艺术团还与至今已有160年历史、有300多名成员、享誉美国和世界的美国摩门合唱团联袂演出，可容纳3000人的音乐厅座无虚席。银河童声合唱团演唱了旋律优美的《苗岭飞歌》，又与摩门合唱团联合演唱了中国民歌《茉莉花》和英文歌曲《让世界从此和平》，内蒙古艺校的乐手们演奏了热烈、欢快的马头琴齐奏《万马奔腾》。美国哥伦比亚广播公司对这次音乐会面向全美进行了现场直播，并在美国及世界各地2000多家广播电台、电视台播出。中国青少年艺术团访美交流演出期间，还与夏威夷儿童合唱团、杨百翰大学舞蹈系、音乐系和当地的一些中小学校进行了交流，相互展示自己的技艺，互教互学，合作表演。当地主要报纸《宇宙报》、《先驱报》等都对中国青少年艺术团访演的消息做了报道。杨百翰大学电视台派出摄影记者全程采访，根据艺术团的访美活动情况制作50分钟的专题片，在其有5000万固定用户的电视网络播出。中央电视台青少频道也派出摄制组随团赴美，制作专题片在电视台播放。此次中国青少年艺术团赴美交流，得到了中央电视台少儿频道、内蒙古自治区文联、内蒙古大学艺术学院和中国驻美国大使馆文化处、美国驻华大使馆的大力支持与协助，交流演出取得圆满成功。

【组派北京军区战友文工团舞剧《红楼梦》剧组赴埃及巡回演出】

7月1日至12日，应埃及国家文化中心开罗歌剧院邀请，中国文联组派北京军区战友文工团《红楼梦》剧组一行80余人赴埃及巡演6场，是一次向国外观众介绍中国古典名著的有益尝试。埃及观众对中国艺术家的精湛表演给予高度评价，每场演出观众都报以热烈的掌声。为扩大演出影响，中国文联、中国驻埃及使馆还特别在首演前举办了招待会，邀请埃及各界嘉宾出席并观看演出。7月3日～8日，应埃及国家文化中心邀请，中国文联党组书记、副主席胡振民率中国文联代表团访问埃及，出席了中国文联在埃及举办的《红楼梦》舞剧巡演开幕式及招待会，会见了埃及文化部副部长安瓦尔·易卜拉辛希姆、埃中友协副主席艾哈迈德·瓦利、埃及国家文化中心主席兼开罗歌剧院院长阿卜杜·穆尼姆·卡米勒等埃及文艺界知名人士，就加强双边文化交流交换了意见。

【组派中国曲艺艺术团参加加拿大国际幽默艺术节演出】

7月6～12日，应加拿大国际幽默艺术节组委会邀请，中国曲协分党组书记、驻会副主席姜昆率中国曲艺艺术团一行20人参加第28届加拿大国际幽默艺术节。在多伦多分会场举办了2场中国曲艺幽默艺术专场演出。这是中国曲艺幽默艺术首次登上加拿大国际幽默艺术节的舞台。加拿大最著名也是唯一的全国性英文报纸《环球邮报》对中国曲艺幽默艺术演出团进行了长篇报道，《北美在线》、《星星生活》等当地著名的媒体对中国的专场演出给予高度评价，扩大了曲艺艺术的国际影响力。

【在澳大利亚举办“同一个世界”艺术大展】

6月17～22日，应澳大利亚大洋洲文联邀请，中国文联在澳大利亚墨尔本市举办“同一个世界——中国画家彩绘联合国大家庭艺术大展”，在澳大利亚墨尔本市政厅展出192幅中国当代优秀美术家作品。中国文联副主席、中国杂协主席夏菊花率代表团一行6人赴澳大利亚出席艺术大展开幕式等活动。

【组派艺术团赴德国参加“今日中国”主题演出】

8月26日至9月2日，应德国柏林中国文化中心邀请，中国文联组派艺术团一行43人赴德国举办“今日中国”主题演出活动，共演出2场。此次演出以音乐、舞蹈、杂技为主要形式，展示当代中国艺术发展的最新成果，增进中德两国之间的了解与友谊，受到驻德各国外交使团及德国政府文化官员的欢迎和好评。中国文联党组成员、书记处书记夏潮率中国文联代表团一行4人应德国柏林中国文化中心邀请出席并观看了“今日中国”主题演出的首演。

【在芬兰举办“中国的世界文化遗产”摄影展】

为庆祝中芬两国建交60周年，9月16日至10月29日，中国文联、中国摄协和中国驻芬兰大使馆在芬兰联合举办“中国的世界文化遗产”摄影展，展出“中国的世界文化遗产”图片62幅。中国摄协副主席王文澜率代表团一行5人赴芬兰出席展览开幕式并进行摄影交流活动。

文化名人纪念活动

【纪念尚小云先生诞辰110周年系列活动】

1月15～18日，中国文联、文化部在京举办纪念尚小云先生诞辰110周年系列活动。全国政协副主席、中国文联主席孙家正，中国文联党组书记、副主席胡振民，党组副书记、副主席李牧出席了18日的纪念大会。欧阳中石、谭元寿、马长礼、黄宗江、叶少兰、孙明珠等来自京、津、冀、晋、沪、鲁、鄂、贵、陕、台的表演艺术家到场祝贺，深情回忆尚小云生前的动人故事和绝代的舞台风华。尚长荣代表尚氏家属对尚派京剧长期受到党和政府的关怀及全国广大京剧观众的喜爱表示感谢。15日、16日，张艳玲、尚慧敏、周百穗、王艳、鞠小苏、尚伟、牟元笛、范晶晶等尚派弟子及再传弟子在梅兰芳大剧院献上“荣春长喜——尚派经典剧目折子戏专场”，表演了《金水桥》、《坐宫》、《双阳公主》、《失子惊疯》、《盗令》、《南天门》、《打青龙》、《昭君出塞》、《绿衣女侠》等折子戏；17日，孙明珠、周莉等尚派弟子和再传弟子与尚长荣、叶少兰、马长礼、沈福存、谭孝曾、孟广禄、张克、王蓉蓉、李瑞芳等名家在国家大剧院戏剧场“荣春长喜——纪念京剧大师尚小云先生诞辰110周年名家演唱会”上，均表演了精彩唱段；17日的艺术研讨会上，60余位表演艺术家、学者和尚派传人同聚一堂，深切缅怀尚小云对京剧艺术的卓越贡献并研讨了尚派艺术的风格特色、交流了心得经验。

尚小云简历：

尚小云（1900～1976）原名德泉，字绮霞。1900年1月7日生于河北南宫县。无党派。著名京剧表演艺术家。1913年前在北京三乐科班学戏，出科后在京、津等地演出，后任北京梨园公会会长。创办荣春社戏班。建国后，历任北京市人民代表、京剧联合会副主任。1959年赴陕西，任省戏曲学校艺术总指导、陕西省京剧院院长。是政协陕西省第二、三届委员会常务委员。

【华君武同志追思会】

6月28日，中国文联与中国美协在京举办华君武同志追思会。中国文联党组领导覃志刚、李牧、冯远、夏潮与有关单位领导，刘大为、吴长江等百余位著名美术家和华君武的亲朋好友出席。会上，大家为华君武默哀，随后介绍了党和国家领导人在华君武逝世后以不同方式表示悼念并向其家属表示慰问的情况，宣读了中共中央政治局委员、中央书记处书记、中宣部部长刘云山的唁电。冯远、王文章、吴长江等领导与仲呈祥、于蓝、侯一民、邵大箴、阿鸽、董小明、徐鹏飞、吴天行、常沙娜、于学伟、姜维朴等华君武的延安鲁艺校友、同事、同乡等分别发言，缅怀华君武与中国革命和建设息息相关的一生。华君武的家属则向与会者表示了感谢。

华君武简历：

华君武（1915～2010），别名华潮，祖籍江苏无锡荡口。1915年4月24日生于浙江杭州。著名漫画家。早年就读于杭州浙江省立第一中学、上海大同大学高中部并开始发表漫画作品；1938年到延安，初入陕北公学学习，后任鲁迅艺术学院研究员和教员；1940年4月加入中国共产党；1945年到东北，1946年1月任《东北日报》文字记者，后在文艺部专司时事漫画；1949年12月调北京工作，历任《人民日报》美术组组长、文艺部主任，1953年后兼管全国美协工作；1979年当选中国美协副主席，曾任全国人大代表、政协委员；2010年6月因病于北京逝世，享年95岁。

【吴冠中纪念座谈会】

8月9日，中国文联与文化部在京举办吴冠中纪念座谈会。中国文联党组书记、副主席胡振民与文化部部长蔡武、副部长王文章等领导与吴长江、范迪安、杨晓阳、许江、李磊、田黎明、邵大箴、杨力舟、袁运甫、詹建俊、刘巨德、郭怡孮等美术界专家出席，从不同角度追忆吴冠中的卓越艺术成就，缅怀和学习他德艺双馨的艺术精神。

吴冠中简历：

吴冠中（1919～2010），1919年7月5日生于江苏宜兴。中国现代画家。1942年毕业于国立艺术专科学校并留校任教，后考取公费留学，赴巴黎国立高级美术学校进修油画；1950年秋返国后任教于中央美术学院、清华大学、北京艺术学院及中央工艺美术学院。一生致力于油画民族化及中国画现代化的探索，画风独特，曾在国内十余个主要城市及新加坡国家博物院、美国底特律等四家博物馆、大英博物馆、巴黎市立塞纽奇博物馆、日本西武等画廊举办个展；获1990年法国文化部最高文艺勋位及1993年巴黎市金勋章。出版画集约40余种，文集10余种，是当代中国具有国际声誉的杰出艺术家、教育家。曾任中国美协常务理事，全国政协委员、中国文联荣誉委员等职。

【曹禺诞辰100周年系列纪念活动】

曹禺诞辰100周年系列纪念活动于9～10月分别在京、鄂两地举行。9月7日至10月7日，曹禺的四部经典话剧《日出》、《北京人》、《雷雨》、《原野》及评弹《雷雨》和“曹禺作品经典片段欣赏”专场演出陆续在首都剧场和国家大剧院上演，《日出》手稿及大量珍贵图片和历史资料也在演出期间于首都剧场大厅同时展出，中国文联党组书记、副主席胡振民出席7日晚的启动仪式。9月24日为曹禺先生诞辰日，中国文联、文化部与北京市人民政府在人民大会堂举办纪念曹禺诞辰100周年座谈会，中共中央政治局委员、中央书记处书记、中宣部部长刘云山出席会议并讲话，中国文联名誉主席周巍峙，中国文联党组领导胡振民、覃志刚、李牧、冯远、廖奔、夏潮与文化部副部长王文章，北京市委常委、宣传部部长、北京市副市长蔡赴朝，湖北省委宣传部部长尹汉宁出席会议，北京人民艺术剧院院长张和平，艺术家代表蓝天野，曹禺先生的女儿万方先后发言，号召新时期的文艺工作者应向曹禺先生学习，努力成为人民喜爱的德艺双馨文艺工作者。9月21～27日，中国剧协、南开大学文学院、北京人艺、中国话剧理论与历史研究会联合在京、津两地举办曹禺诞辰100周年国际学术研讨会，此外，还出版发行了《曹禺画传》、《曹禺年谱》、《曹禺百年纪念文集》、纪念邮票邮折、纪念章等，并摄制推出多集电视人物专题片《戏剧诗人曹禺》。10月25～28日，中国文联与湖北省人民政府在曹禺家乡湖北潜江举办第二届中国（潜江）曹禺文化周，聊表对曹禺先生的崇敬和怀念，全国政协副主席、中国文联主席孙家正，中国文联党组成员、书记处书记夏潮出席开幕式，中国文联党组副书记、副主席李牧出席闭幕式暨第三届中国戏剧奖·曹禺剧本奖颁奖典礼，其间，中国剧协梅花奖艺术团赴潜江举办“曹禺故里行”大型演出，演职人员参观曹禺祖居并赴曹禺陵园扫墓、敬献花篮。

曹禺简历：

曹禺（1910～1996），原名万家宝，湖北潜江人。1910年9月24日生于天津。幼年在家塾读书，1923年考入南开中学即开始他的演剧生涯。1930年秋入清华大学西洋文学系；1934年发表了他创作的名著《雷雨》，轰动了当时的文坛和剧坛；1952年6月北京人民艺术剧院成立后，曹禺一直担任院长，近半个世纪以来，北京人艺先后上演了他的《雷雨》、《明朗的天》、《日出》、《北京人》、《胆剑篇》、《王昭君》、《家》、《蜕变》及《原野》9部剧作。作为创建者，他带领全院同仁将北京人艺建成了一个具有中国演剧体系和风格的世界闻名剧院。曹禺生前曾担任中国文联主席、中国剧协主席、中央戏剧学院名誉院长、北京人艺院长等职，为我国现代戏剧文学史上最负盛名的剧作家。

Communication、coordination、service

2011

联络、协调、服务

全国性文艺大奖、艺术节

第11届全国美术作品展

2009年12月25日至2010年2月3日，中国文联、文化部、中国美协在北京中国美术馆主办第11届全国美术作品展暨首届“中国美术奖·创作奖”、获奖提名作品展。中国文联党组书记、副主席胡振民，党组成员、副主席冯远，中国文联副主席、中国美协主席刘大为等出席开幕式。本届美展自2009年8月28日在长春举行首展雕塑展以来，已先后在全国10个展区开展，568件获奖及提名作品又汇聚首都，充分展现当代中国美术多个画种门类共同发展的繁荣局面和多样化格局，使观众全面了解当前中国美术的整体发展水准和探索态势。

第三届中国书法兰亭奖

兰亭奖是经中宣部批准的书法界唯一的综合性奖项，由中国文联、中国书协联合主办，为中国书法艺术的最高专业奖。第一、二届中国书法兰亭奖分别于2002年和2006年在青岛、合肥举办。第三届中国书法兰亭奖自6月启动，共收到来稿6000件，数量远超前两届，评审工作于10月30日至11月4日在河南平顶山市举行。

2009年12月28日至2010年1月6日，中国文联、中国书协在河南平顶山举办第三届中国书法兰亭奖作品展暨“尧山杯”新人展。全国政协副主席李金华，中国文联党组副书记、副主席覃志刚等领导出席开幕式，并在27日举办的颁奖晚会上为获奖者颁奖。入展的1080幅作品是从5900多件艺术奖参赛作品和20800多件“尧山杯”新人展参赛作品中遴选出来的，参赛作品数量为历届之最。（获奖情况：共设艺术奖、理论奖、教育奖、编辑出版奖、终身成就奖五类奖。其中艺术奖31人、获奖提名64人、入展作品354人；理论奖30人，其中一等奖5人，二等奖10人，三等奖15人；教育奖15个，其中一等奖1个，二等奖1个，三等奖个人12个，集体奖1个，获奖提名12个；编辑出版奖15个，其中一等奖2个，二等奖5个，三等奖8个。刘江、沙曼翁、孙其峰、姚奠中获终身成就奖。“尧山杯”新人展收到来稿20800件，共有369件作品入展。）

第二届中国秧歌节

首届中国秧歌节于2008年5月在胶州成功举办，据当时发表的《胶州宣言》约定，中国秧歌节每两年在胶州举办一次。自本届开始，中国秧歌节将永久落户山东胶州。

5月21～23日，中国文联与山东省委宣传部、青岛市政府在山东胶州举办“秧歌舞九州”第二届中国秧歌节。中国文联党组成员、副主席廖奔与中国文联副主席、中国舞协主席白淑湘，分党组书记、驻会副主席冯双白，中国舞协副主席刀美兰，分别参加了秧歌节的各项活动。开幕式晚会上，安徽花鼓灯、横山老腰鼓、沧州狮舞、京西太平鼓、稷山高台花鼓、铜梁龙舞、玉溪花灯、商河鼓子秧歌、辽宁海城高跷秧歌、海阳秧歌、胶州大秧歌11支国内知名秧歌队伍同台竞技，尽展舞姿，宋祖英、林依轮也应邀出演。活动期间开展了“全国优秀秧歌舞台展演”、“秧歌巡游踩街表演”、“秧歌艺术发展高峰论坛”、“魅力家园·中国秧歌之乡”书画摄影展、城隍庙庙会及美食文化活动等多项活动。

第七届中国舞蹈荷花奖

中国舞蹈“荷花奖”是国家级常设性舞蹈界专业艺术奖项，自1998年设立以来已成功举办了7届。2008年中国舞蹈“荷花奖”首次设立“校园舞蹈大赛”并于2008年9月在山西太原举办。

7月21～27日，中国文联与中国舞协、青岛市政府在山东青岛举办第七届中国舞蹈“荷花奖”校园舞蹈大赛。中国文联副主席、中国舞协主席白淑湘，中国舞协分党组书记、驻会副主席冯双白，副主席刘敏出席开幕式。中国文联党组成员、副主席廖奔，中国舞协名誉主席贾作光出席闭幕式。大赛设艺术院校组与普通院校组两个组别，共含4场半决赛和3场决赛。经激烈角逐，共产生4个金奖、9个银奖、19个铜奖、2个编导奖、20个“十佳作品”奖。此外，为普通院校组特设的“评委会特别奖”被授予山东省特殊教育学校作品《谁不说俺家乡好》。比赛期间还举办了全国校园舞蹈理论研讨会、首届海峡两岸青少年舞蹈交流展演及海峡两岸青少年联欢会。（获奖情况：艺术院校组中，上海戏剧学院《龙飞凤舞》和《秋》囊括2个作品金奖；辽宁文化艺术学校《一条大河》获作品银奖；北京舞蹈学院附中《罗敷行》、北京音乐舞蹈学校《月满春江》、中央民族大学舞蹈学院《嘎达赞》获表演银奖；厦门演艺职业学院《醉梅园》获编导奖。普通院校组中，东北师范大学音乐学院舞蹈系《南京·亮》获作品金奖；海南琼海嘉积中学男子舞蹈团《远征》获表演金奖；青岛五十二中学《海情灵韵》、北京工商大学《校园变奏曲》、南京师范大学音乐学院舞蹈系《我生长的地方》和山东师范大学音乐学院舞蹈系《梦里寻她千百度》获作品银奖；江西赣南师范学院音乐学院《血沃红土》获表演银奖；山东师范大学音乐学院舞蹈系《永远在一起》获编导奖。）

第八届中国金鹰电视艺术节

9月20～21日，中国文联与中国视协、湖南省政府、省广播电视台在长沙举办第八届中国金鹰电视艺术节。全国政协副主席张梅颖，中国文联党组副书记、副主席李牧，中国视协杨伟光、赵化勇、黎鸣等领导出席开幕式并观看晚会；李牧、杨伟光、赵化勇及国家广电总局副局长李伟等出席闭幕式并为获奖者颁奖；此外还举行了“金鹰论坛——第25届中国电视金鹰奖获奖作品研讨会暨第八届中国金鹰电视艺术节获奖论文颁奖”，李京盛、明振江、李汀、倪祖铭、李三林、李路等电影艺术家在论坛上分别介绍了成功经验并对中国电视艺术今后的发展进行了展望，89篇获奖论文被授予荣誉证书。（获奖情况：共设电视剧奖、电视文艺节目奖、电视纪录片奖、青少节目奖四类奖，参评作品共计716部，其中电视剧149部、文艺节目206部、电视纪录片224部、青少节目70部、电视节目主持人参评作品67部。海清、孙红雷获最具人气演员奖；闫妮、孙红雷获最佳表演艺术奖；孙红雷、黄海波、王雳、范伟获观众喜爱的电视剧男演员奖；闫妮、海清、姚晨、王茜华获观众喜爱的电视剧女演员奖；董卿获最佳电视节目主持人奖；李小萌、何炅、芮成钢、王冠、毕铭鑫获优秀电视节目主持人奖；李三林获最佳导演奖；《解放》获最佳长篇电视剧奖。）

第19届中国金鸡百花电影节

10月12～16日，中国文联与中国影协、江阴市委、市政府在江苏江阴举办第19届中国金鸡百花电影节。全国政协副主席陈宗兴，中央统战部副部长楼志豪，国家广电总局副局长张丕民，中国文联党组成员、书记处书记夏潮与中国影协谢铁骊、吴贻弓、李前宽、康健民等领导以及于洋、王晓棠、祝希娟、陶玉玲等电影艺术家出席开幕式；全国政协原副主席张怀西和中国文联党组副书记、副主席覃志刚等领导参加了闭幕式暨颁奖典礼。10月13～14日举办“中国电影论坛”、“电影科技之光”论坛，分别就“‘十二五’期间中国电影发展战略”与我国电影科技现状与创新的主题展开交流。仲呈祥、张会军、朱永德、杨步亭、黄会林进行了主题演讲，中国影协产业研究中心推出的《“十二五”期间中国电影产业黄金五年发展战略研究报告》精编版也在研讨会上进行了主题发布。此外举行了国产新片推介展映、金鸡国际影展、香港电影新片展、澳门题材电影展、台湾导演白景瑞电影回顾展、“与时代同行——金鸡百花走进乡镇·企业”等多项主题活动。(获奖情况：赵薇、白静获最佳女主角奖提名奖；陈坤、侯勇获最佳男主角奖提名奖；房祖名、冯远征、车晓、马苏、巩新亮、王嘉、徐箭、刘超峰等获其他各项提名奖；陈坤、赵薇获最佳男女主角奖；冯小刚凭《非诚勿扰》获最佳导演奖；影片《建国大业》获最佳故事片奖；苏有朋获最佳男配角奖；王嘉、许晴获最佳女配角奖；徐箭获最佳新人奖；《花木兰》、《惊天动地》获得优秀故事片奖；于洋、田华获终身成就奖。)

第六届中国曲艺牡丹奖

10月23日，由中国文联、中国曲协主办的第六届中国曲艺牡丹奖在南京举办颁奖系列活动。全国人大常委会原副委员长热地，中国文联党组书记、副主席胡振民，党组成员、副主席冯远，副主席白淑湘、吴雁泽、陈晓光、夏菊花，中国曲协名誉主席罗扬、主席刘兰芳，分党组书记、驻会副主席姜昆及冯巩、吴文科、李时成、郭刚、盛小云、崔凯、程永玲、籍薇、王汝刚等副主席等与尚长荣、冯双白、邵学敏等部分全国性文艺家协会负责人出席颁奖晚会。本届牡丹奖共有71个地方曲种参赛，既有相声、小品、快板书、苏州评弹、二人转，也有宁波走书、中国南音、水族旭早、杭州滩黄、河南坠子等，曲种之多创历届之最。此外还举办了曲艺演出进社区、进校园等活动：刘兰芳、大兵等艺术家赴工厂、学校、社区第一线演出、演讲；姜昆率演员将欢笑送入江阴农家。(获奖情况：宁波走书《“买”进“卖”出》、福建南音《相聚在宝岛》、现代中篇苏州弹词《雷雨》、相声《开心之旅》、小品《香烟的烦恼》、贵州水族旭早《水寨除魔》等获节目奖；吴瑕、杨娇、沈彬等获新人奖；杭州摊簧《青风收徒》、坐唱二人转《喜事》、司马伟创作的短篇苏州弹词《重逢》、韦明铧撰写的《一曲道情山水远》等获文学奖和理论奖；刘兰芳、句号、赵丹丹、毛猛达、包伟、戴志诚等获表演奖；92岁上海滑稽演员杨华生、87岁天津梅花大鼓演员花五宝、81岁天津相声演员苏文茂、79岁广东粤曲演员黄少梅、78岁相声演员唐杰忠、77岁曲艺理论编辑耿瑛、73岁扬州评话传人王丽堂获终身成就奖。)

第二届中国校园戏剧节

“中国戏剧奖·校园戏剧奖”是中宣部批准的国家级文艺常设奖项，也是目前唯一由国家设立的校园戏剧最高奖。

11月9～18日，中国文联与教育部、上海市政府在上海举办第二届中国校园戏剧节。中国文联党组书记、副主席胡振民，党组副书记、副主席李牧，教育部副部长陈小娅，中国剧协主席尚长荣与国际剧协主席拉门度·马珠姆达、秘书长托比亚斯·拜恩科恩出席开幕式。本届戏剧节的主题是“青春校园·理想人生”，共有27台剧目在上海各大院校和部分剧院上演，其中上海话剧艺术中心的新创优秀剧目《1977》和讲述世博志愿者故事的《我们的2010》为祝贺演出剧目；另外25台参评剧目则是从26个省区市、104所高校报送的126个戏剧作品中精选而出的，共含12台话剧、6台歌剧（音乐剧）、5台戏曲、1台相声剧及1台由8个小戏小品组成的专场演出，从不同角度反映了当代大学校园生活和青年一代的精神风貌，体现了我国现阶段校园戏剧发展的整体水平。(获奖情况：9台剧目获“中国戏剧奖·校园戏剧奖”优秀剧目奖，其中艺术类院校5台，非艺术类院校4台；同时还评出了优秀导演奖、优秀编剧奖和优秀表演奖等相关单项奖。此外，本届中国校园戏剧节共评出优秀剧目奖22个、校园戏剧之星26名，大型多媒体话剧《我们的2010》获特别奖。)

第九届造型表演艺术成就奖

造型表演艺术成就奖创建于2002年，由日本友人深见东州捐资设立，原由文化部主办，2006

年起改由中国文联主办。主要用于奖励中国造型、表演方面的艺术家和研究学者，目的是为了褒奖为中国当代文化艺术事业发展作出重要贡献的国家级艺术家，推动中国当代文化艺术创作与研究，弘扬先进文化。2002年至今，共有80余位中国杰出的艺术家荣获该奖。

12月16日，由中国文联、造型表演艺术创作研究基金理事会主办的第九届造型表演艺术成就奖在北京中国文艺家之家举行颁奖典礼。中国文联党组领导胡振民、覃志刚、冯远、夏潮，副主席吴雁泽与日本友人深见东州，组委会及评委会委员，中国文联机关各部室及相关全国性文艺家协会负责同志等200余人出席。水天中、刘江、关肇邺、孙其峰、赵延年、高虹、盛杨、简庆福、王昆、梅葆玖、斯琴塔日哈11位艺术家获得该奖。（获奖情况：水天中、刘江、关肇邺、孙其峰、赵延年、高虹、盛杨、简庆福获造型艺术成就奖；王昆、梅葆玖、斯琴塔日哈获表演艺术成就奖。）

会议与活动

【协会、产业文联组联干部培训会】

3 月 10 ～ 12 日，中国文联国内联络部在京举办 2010 年协会、产业文联组联干部培训会，传达学习中央领导同志对“中国文艺家之家”落成发来的贺信和来中国文联调研时的重要讲话精神、全国宣传部长会议精神；就各单位 2010 年的重点工作进行交流；中国文联荣誉委员、中国传媒大学艺术研究院院长仲呈祥与清华大学新闻与传播学院副院长尹鸿就当前文化思潮和文艺领域的热点现象做了专题讲座。通过学习培训，与会者更加明确了新形势下加强和改进组联工作的重要性，增强了做好组联工作的责任感和使命感，一致表示将做好新年度的各项工作。

【大型戏曲影片《响九霄》首映式】

3 月 17 日，由中国文联、中国剧协、珠江电影制片有限公司联合出品的大型戏曲影片《响九霄》在北京中国文艺家之家举行首映式。中国文联党组领导胡振民、覃志刚、李牧、冯远、廖奔与王晓鹰、白淑贤、李维康、刘长瑜、韩再芬、沈铁梅等戏剧家出席。胡振民为影片题词：“扬梨园儿女正气、展国粹艺术精华”；总导演丁荫楠和领衔主演裴艳玲则先后介绍了在艺术上的追求与感受。仪式结束后，与会领导和嘉宾在放映厅观赏了影片。《响九霄》是近年来京剧艺术的佳作，裴艳玲于 2009 年借这部戏摘取了中国戏剧表演艺术最高奖——梅花大奖。同名影片则将戏曲艺术与电影艺术巧妙结合，以最新的电影制作手段，将京剧的写意美学与国画的形式美感进行了有益融合。该片于 3 月 20 日起陆续在京新影联院线的多家影院公开放映，随后通过文化惠民电影数字院线与农村城镇观众见面。

【首届网络小说创作大赛】

4 月 8 日，由中国文联与北京市委宣传部共同指导的“首届网络小说创作大赛”颁奖典礼在京举行。中国文联党组副书记、副主席李牧出席。大赛自 2009 年 7 月正式启动后受到了广泛关注与支持。新浪读书、央视网、晋江原创网、红袖添香、起点中文网、铁血网、幻剑书盟、天涯社区、西祠胡同、搜狐原创、网易论坛、西陆网、和讯网、中搜网、第一视频 15 家主流文学网站为广大文学爱好者搭建了参赛和作品阅读平台，共 40000 余部作品参赛，符合条件的有 10777 部，总字数逾 12 亿，作品总浏览量突破 31 亿人次，单部作品最高浏览量超过 1270 万人次，均创国内网络小说创作大赛网上浏览点击量之最。经专家评审，共 19 部作品获奖且通过了网上公示、社会监督等程序。大赛丰富了当前文学形式，对规范网络秩序、净化网络环境起到了积极的推动作用，丰富了网络文学创作并促进了其繁荣与发展。（获奖情况：《王老五相亲记》获特等奖，《遍地狼烟》等 2 部作品获一等奖，《风云义和拳》等 6 部作品获二等奖，《卧虎城》等 10 部作品获三等奖，19 部作品共获奖金 52 万元。）

【全国基层文联领导干部学习培训班】

5 月 21 ～24 日，中国文联在山东威海举办全国基层文联领导干部学习培训班。中国文联党组副书记、副主席覃志刚，党组成员、书记处书记夏潮出席开班仪式。来自各省、自治区、直辖市文联，新疆生产建设兵团文联组联部负责人和全国部分基层文联领导干部代表 170 余人参加了培训班。覃志刚在开班仪式上讲话，夏潮主持开班仪式。中国文联荣誉委员仲呈祥、中国音协名誉主席傅庚辰、夏潮先后为培训班做了专题讲座，与会代表则就新形势下基层文联的新情况、新问题，如何认识基层文联工作的重要性，新形势下基层文联工作面临的新挑战等课题，紧密结合各地基层文联工作实际展开了深入交流。培训期间，与会者还观看了威海市环翠区第 37 届“5・23”群众歌咏会，参观了爱国主义教育示范基地中国甲午战争博物馆。

【倡导深入生活　推动文艺繁荣座谈会】

6月23日，中国文联、中国作协在京召开"倡导深入生活、推动文艺繁荣座谈会"。中共中央政治局委员、中央书记处书记、中宣部部长刘云山发来贺信。中宣部副部长翟卫华出席会议并宣读了刘云山的贺信。中国文联党组领导胡振民、李牧、夏潮，中国文联副主席白淑湘、刘大为、刘兰芳与中国作协党组领导李冰、何建明、杨承志，中宣部相关部门领导以及70余位参加采访采风创作活动的作家、艺术家参加座谈会。胡振民作总结讲话；何建明、朱理存、关仁山、李前光、张保和、阎肃代表深入革命纪念地体验生活、采风创作的作家艺术家积极发言，表示走进革命老区、"走进红色岁月"等活动对每位作家艺术家都是一次难得的精神洗礼、一次宝贵的学习"充电"机会，是一次体验之旅、心灵之旅、升华之旅，表示一定将通过自己的创作，把革命先辈的精神传承下去、发扬光大。

【第四届全国少数民族曲艺展演】

全国少数民族曲艺展演于1993年创办，至今已经举办3届，是展示少数民族曲艺艺术创作、表演水平和精神风貌的舞台，是民族团结的盛会，为繁荣少数民族曲艺创作与发展、增强各民族的凝聚力发挥了重要作用。

7月12～16日，中国文联与国家民委、贵州省政府、中国曲协在贵阳举办第四届全国少数民族曲艺展演。中国文联党组成员、副主席冯远，中国曲协名誉主席罗扬、主席刘兰芳出席开幕式。在7月12日、13日2天3场的比赛过程中，来自全国15个省、自治区、直辖市的35个节目在活动中一展风采，把多姿多彩的民族曲艺奉献给了广大观众。15日举行了此次展演的座谈会，颁奖晚会暨闭幕式也于当晚进行。全国政协副主席白立忱与中国文联领导胡振民、罗扬、刘兰芳出席并为获奖者颁奖，姜昆、徐沛东、冯巩、巩汉林、牛群等艺术家为获奖者开奖。（获奖情况：湖北省曲协选送的恩施竹琴《女人不讲理》等6个节目获一等奖；贵州省曲协选送的布依分彭绕《桥城新韵》等10个节目获二等奖；广西曲协选送的坭兴陶鼓《旱中情》等17个节目获三等奖；湖南省曲协选送的溜子坐唱《怪事》等3个节目获最佳作品奖；乌云桑等3人获最佳演员奖；叶尔泰等3人获最佳新人奖。）此次参赛节目题材广泛、贴近生活，充分反映了少数民族同胞的精神风貌，真实体现了近年来少数民族曲艺事业的发展成就。7月16日，中国文联党组书记、副主席胡振民还随中国曲协"送欢笑"义务演出小分队来到黔东南苗族侗族自治州凯里市，与当地数万名各族群众一起欣赏了刘兰芳、姜昆、耿莲凤、戴志诚、巩汉林、曲比阿乌等艺术家的表演以及展演中涌现的优秀曲艺节目。

【第五届中国民间工艺品博览会】

8月26～30日，中国文联、中国民协在山东烟台举办第五届中国民间工艺品博览会。中国文联党组副书记、副主席李牧与中国民协分党组领导罗杨、向云驹、赵铁信等出席开幕式。本届博览会以"传承、交流、合作、发展"为主题，共设展台1012个，参展范围涵盖全国31个省区市，另设俄罗斯、韩国、越南、缅甸、阿富汗等部分国家的展台，参展品类基本囊括当代工艺品的各个方面。26位国家级工艺美术大师、140位省级工艺美术大师和320余位各类民间艺术传承人参会并现场展示制作技艺。博览会期间还进行了"第十届山花奖·民间工艺美术作品奖"的评选，举行了中国民间工艺发展研讨会，推动了民间工艺的继承、创新，促进了地方经济社会的发展。

【第五届中国湖州·国际湖笔文化节】

9月17日，由中国文联、中国美协、浙江省政府主办的第五届中国湖州·国际湖笔文化节在湖州开幕。全国政协副主席、中国文联主席孙家正，中国文联党组成员、书记处书记夏潮出席开幕式并参观了"赵孟頫杯"中国画名家邀请展。展览汇集了72位具有代表性的中国画家的精品力作，题材丰富、风格多样，充分展示了当代中国画坛具较高的知名度和影响力的画家们深厚的艺术功底和创作智慧，反映了当今中国画创作的实力和水平。

【《徐利明书画篆刻》首发式】

9月28日，中国文联与中国致公党中央委员会、中国书协、江苏省委宣传部在北京中国文艺家之家举办《徐利明书画篆刻》首发式。中国文联党组领导胡振民、覃志刚、李牧、冯远、廖奔、夏潮，中国书协主席张海、副主席申万胜与有关单位领导、在京部分著名艺术家、学者出席首发式，中国文联主席孙家正致信祝贺。徐利明致答谢辞。

【全国社区文联工作研讨会】

12月3日，中国文联理论研究室、国内联络部和湖北省文联在武汉举办首届全国社区文联工作研讨会。百余位来自全国部分省市县的文联工作者参加会议，中国文联党组成员、书记处书记夏潮出席并发表讲话。上海市社区发展研究会常务副会长徐中振、中国人民大学社会与人口学院教授夏建中、北京社会科学院城市所所长于燕燕、北京大学社会学系副教授于长江等专家建议，应积极构建社区文化发展的公共领域，大力培育社区文化发展的社会化机制，努力激活社区文化发展的自组织资源。于志珍、王波、植中原、潘家林等基层文联工作者则向大家介绍了从工作实践中所体会到的基层文联工作对和谐社区文化建设的重要意义和作用。研讨会后，与会者参观考察了武汉百步亭社区文联和南湖街社区文联的社区文化建设情况。

【中国口头文学遗产数字化工程】

12月30日，由中国文联、文化部、中国民协主办的中国口头文学遗产数字化工程在北京人民大会堂正式启动。中国文联名誉主席周巍峙，党组书记、副主席胡振民，党组副书记、副主席李牧，中国文联副主席、中国民协主席冯骥才与中国民协刘铁梁、张锠、刘锡诚、刘魁立、杨亮才、陶立璠、段宝林等百余名专家学者出席了启动仪式。该工程将按照民间文学的科学分类编排、扫描、录入中国民协成立60年来组织全国民间文艺工作者所采录、总字数达8.4亿的所有民间文学文字和图片资料，以图书索引、检索的方法和专业分类设计科学、丰富的检索体系与功能，系统设计编排程序，使中国口头文学遗产普查资料全部实现分级、分类、分项、分词等强大的编程和检索功能，构建我国规模最大、种类最齐全、资料最丰富的民间口头文学数字图书馆，以方便广大学者和民间文艺工作者学习研究和利用。为了在更大范围内实现资源共享，还将以电子版形式向海内外出版发行中国口头文学遗产普查资料数字图书；适时将普查资料中的民间故事部分进行研究和主题分解分类，按国际通行的AT分类法（阿尔奈——汤普逊民间故事类型与分类法）进行编序和分类，使我国的民间故事类型成为世界故事类型不可或缺的组成部分；逐步出版具有高度科学性和民间口传文化特点的《中国口头文学遗产普查资料集成县卷本》，每县一种含若干册，每年推出10～20个县卷本，总计将达2500余种、5000余册。该工程已被列为中国民协正在实施的中国民间文化遗产抢救工程子项之一，计划于2014年7月之前完成。

【“我们的节日”系列活动】

“春节”

2009年12月29日，由中宣部、中央文明办、文化部、中国文联、河北省委、省政府主办的《我们的节日·春节——中华长歌行》大型特别节目在邯郸封镜。该节目时长60分钟，以围绕春节文化为主要内容，以“颂盛世国风，赞和谐中华”为主题，旨在宣传弘扬中华文明、演绎千年文采、共庆盛世佳节，通过经典诗文诵读、歌舞、年俗、人物访谈和穿插风光片等形式，彰显中国优秀历史文化的独特魅力，集中展示中华民族传统节日——春节和邯郸文化精髓。所含14个节目中有4个为邯郸独创节目，拍摄内容主要有烈士陵园、129师司令部旧址、赵王城遗址公园等名胜古迹，有曲周龙灯，永年杨、武式太极拳等国家级非物质文化遗产以及邯郸市容市貌、新农村建设、钢铁企业、学校、宾馆、飞机场、青兰高速等，所有外景地、民俗等文化元素均在邯郸拍摄，是《中华长歌行》开办以来地方文化内容最多、比重最大的一次，已于2010年2月12日（腊月二十九）在CCTV－1、CCTV－10黄金时段播出，对宣传燕赵历史文化、展示燕赵现代风采、提升河北形象、提高河北的影响力起到了良好的促进作用。

“清明”

3月26～4月11日，中国文联与河南省政府、中国民协在河南开封举办“我们的节日——中国（开封）2010清明文化节”。中国文联党组书记、副主席胡振民，党组副书记、副主席李牧出席开幕式。活动共持续15天，开展涉及文化、民俗民风、祭祖敬贤、缅怀革命先烈等54项群众性活动，在广大民众中引起强烈反响，为弘扬传统文化营造了良好氛围。开幕式上还举行了《清明节》特种邮票的首发式。

4月1～15日，中国民协在山西介休绵山风景区举办“我们的节日——第三届中国清明（寒食）文化论坛”。中国文联副主席、中国民协主席冯骥才出席开幕式，余未人、郑一民、曹保明、常嗣新、向云驹等专家学者以及来自全国各地和新加坡、马来西亚、印度尼西亚、泰国、越南、日本、韩国的近百位民间文化研究者以“清明寒食文化和习俗”为主题展开交流。此外还开展了祭祀介子推大典，冯骥才编著、中华书局出版的《绵山造像》、《绵山包骨真身像》新书发布会等活动。

“端午”

5月16日，由中宣部、中央文明办、文化部、中国文联和湖南省委、省政府主办的2010《我们的节日·端午——中华长歌行》节目在浙江汨罗屈原碑林内拉开了拍摄序幕。该节目时长约60分钟，以“续文明长河，颂中华盛世”为主题，共分“源头韵”、“天光赞”、“艳阳颂”三部分，通过诗文诵读、歌舞、人物访谈、端午习俗、外景专题片等形式彰显汨罗江畔的端午习俗和中华端午文化的独特魅力，集中展示汨罗深厚的人文底蕴、多彩多姿的民俗风情和现代文明风采。已于2010年端午节当日在CCTV－1和CCTV－10分别播出。

“中秋”

“香江明月夜——大型中秋晚会”自2000年创办至今已是第11届，以其特有的节庆氛围和强大的演出阵容获得香港各界一致好评，成为香港同胞欢度中秋的文化盛宴。每年都有来自国内以及海外最优秀的当代艺术家汇聚香港，与香港同胞共享一轮圆月，分享家庭亲情，同享中华文化。

9月19日，中国文联与香港中华文化城有限公司、中央电视台、香港电视广播有限公司在香港文化中心大剧院举办第11届“香江明月夜——大型中秋晚会”。香港特别行政区行政长官曾荫权，中国文联党组副书记、副主席覃志刚及欧阳坚、李刚、高玉琛、曾庆淮等有关部门领导出席观看。晚会以“香江明月夜，中华一家亲”为主题，张也、山翀、武巍峰、俞玖林、沈丰英、吕萌、赵媛、李玉刚等艺术家与中国铁路文工团、中央民族歌舞团、广州市歌舞团的艺术工作者倾情献艺，节目内容新颖、精彩纷呈，表达了中华儿女“欢聚、团圆、祈福”期盼香港明天更美好的愿景。3场演出均座无虚席，累计6000余名观众观看了演出。

对外及对港澳台地区文化交流

综　述

在中国文联党组的领导下，中国文联对外及对港澳台文化交流工作坚持以邓小平理论和“三个代表”重要思想为指导，坚持以科学发展观统揽全局，紧紧围绕党和国家工作大局和中国文联的中心工作，积极“走出去”、“请进来”，努力做到在工作思路上有新突破、在事业发展上有新局面、在内容创新上有新进展、在服务大局上有新成效，为促进和谐文化，构建社会主义和谐社会营造良好的国际氛围。中国文联及各文艺家协会共开展对外文化交流活动 140 项 3500 人次，举办各类艺术展览 18 项，演出 25 项，承办、参加多边交流活动 16 项，举办、参加各类艺术节 20 项。共计邀请 35 个国家的文化艺术团组来华考察访问，邀请和接待了奥地利教育艺术文化部部长和古巴文化部长率领的高级代表团。丰富的交流活动为中外文艺团体、文艺家提供了广阔的交流平台。

中国文联对港澳台文化交流工作遵循党的“一国两制，和平统一”方针，充分利用两岸关系和平发展的大好机遇和港澳地区繁荣稳定的大好形势，不断深化与港澳台地区的文化交流，培育民族情感，增进文化认同，一年内对港澳台地区交流项目 28 起，550 人次 。

中国文联主要对外及对港澳台地区文化交流活动

1 月 8 ～ 18 日，应中国文联邀请，以美国“欢乐儿童协会”主席朱莉·哈特为团长的美国杨百翰大学摄制组一行 8 人来华拍摄中国文联青少年赴美艺术团专题片。中国文联国际部主任黄文娟会见摄制组并就中国文联青少年艺术团访美接受采访。

1 月 15 ～ 17 日，应中国文联邀请，香港著名导演吴思远、澳门颐园书画会理事长陈志威等 9 位港澳全委来北京出席中国文联八届五次全委会。观看了“百花迎春——中国文学艺术界 2010 春节大联欢”演出。

1 月 18 ～ 20 日，应香港中华文化城邀请，中国文联党组成员、副主席冯远赴香港出席第三届当代中国画学术论坛，并在开幕式上致辞。本届论坛包括展览、学术讨论和主题演讲等活动，旨在将中国画推向世界，提升中国画的国际影响力。

1 月 26 日，由中国文联主办，中国杂技家协会、中国文联国际联络部承办的中国文联 2010 年驻华使节新春招待会在全国政协礼堂隆重举行。全国政协副主席、中国文联主席孙家正，中国文联党组书记、副主席胡振民，中国文联党组副书记、副主席李牧，中国文联党组成员、副主席冯远，中国文联副主席、中国杂技家协会主席夏菊花，国务院港澳办副主任周波、文化部副部长赵少华，海峡两岸关系协会副会长王在希及中国文联所属各文艺家协会负责人，35 个国家和地区的 80 多名驻华使节，以及多位相关部委司局的领导出席了招待会，与近千名观众一起观看了晚间的杂技专场演出。胡振民同志致辞感谢各国驻华使馆对中国文联对外文化交流工作所给予的长期支持，表示中国文联将一如既往地推动中外文艺家之间的交流与合作，相互学习，共谋发展。

3 月 4 ～ 8 日，受中国文联党组副书记、副主席、国际艺术理事会及文化机构联合会（IFACCA）执委李牧委托，中国文联国际部主任黄文娟一行 2 人赴加拿大出席 IFACCA 第 28 次执委会会议。

3 月 21 ～ 29 日，应印度国家美术院、印度国家表演艺术院和柬埔寨文化艺术部的邀请，中国文联党组副书记、副主席李牧率中国文联代表团一行6人访问印度、柬埔寨。先后拜访了印度国家美术院、印度国家表演艺术院、柬埔寨文化艺术部等文化单位，与上述两国美术、音乐、舞蹈、戏剧等门类的艺术家进行专业交流，介绍了《霸王别姬》、《复兴之路》等近年来中国文学艺术发展的最新成果，并就今后中国文联与上述两国开展文化交流达成初步意向。

3月22～28日，应中国文联邀请，以古巴作家艺术家联盟所属《联合会》杂志副主编艾尔奈斯多·佩雷斯·常（Ernesto Pérez Chang）为团长的古巴作家艺术家联盟代表团一行4人来访。中国文联党组成员、副主席冯远22日会见并宴请了代表团一行，介绍了中国文联的组织机构状况和近年来举办的一些重大活动，希望通过此次访问，进一步促进两组织之间的友好交往，提高、扩大双方交流合作的规模和水平。古巴驻华使馆公使马里奥·阿尔苏卡拉伊（Mario Alzugaray）参加了会见及宴请。代表团在北京分别与中国艺术报、中国电视艺术家协会的领导进行了座谈，参观了中国现代文学馆。在西安期间，陕西省文联党组成员、专职副主席兼秘书长黄道峻向代表团赠送了电视片《大秦岭》及国画作品“中华奔马图”。访问上海期间，上海市文联党组副书记、专职副主席迟志刚会见并宴请代表团，介绍了上海市文联的对外交流等情况。古巴驻上海领事馆总领事参加了会见和宴请。

3月28日至4月4日，应中国文联邀请，朝鲜文艺总同盟秘书长李熙源一行4人访华。中国文联党组成员、副主席冯远会见并宴请代表团。代表团访华期间与中国文联、中国美协、中国舞协等单位进行了工作交流，参观了中国美术馆、上海世博会场、上海博物馆、抗美援朝纪念馆等文化设施。

4月3日，由中国文联主办的“2010年中日文艺界围棋友谊赛”在中国棋院举办，中日双方各有6位选手参加比赛。此项赛事始于上世纪90年代，已连续举办7届，促进了中日两国文艺界之间的了解与友谊。

4月19～24日，应波兰文化部国际文化推广署邀请，中国文联副主席、中国剧协副主席裴艳玲一行4人赴波兰观摩第三届“戏剧展示窗”活动。

5月2～8日，中国文联副主席、中国作协副主席丹增一行5人访问台湾。出席台湾“中国文艺协会”成立60周年庆祝大会及“五四文艺奖章”颁奖仪式，并就将在台湾举办的“第二届海峡两岸及港澳地区艺术论坛”进行协商和考察。

5月5～6日，应中国文联邀请，香港摄影协会会长黄贵权、澳门颐园书画会理事长陈志威等8位中国文联港澳全委出席了在北京召开的中国文联第八届全国委员会第六次会议。

5月11～20日，中国文联副主席、中国作协副主席丹增率中国文联代表团一行4人应韩国文化艺术委员会和越南文联邀请，分别对韩、越两国进行友好访问。5月11～16日访问韩国期间，会见了韩国文化艺术委员会监察长李长燮，参观了首尔国立民俗博物馆、景福宫等文化艺术设施。丹增副主席在首尔中国文化中心与韩国学员一起座谈，结合本人学习汉语的心得为韩国学员讲授学习汉语的技巧和重要性。访问釜山期间，向驻釜山总领馆全体馆员介绍了藏族文学艺术的发展状况，反映藏族风俗民情和宗教信仰等方面的作品，希望外交人员在对外交往中积极宣传西藏文学发展成果和改革开放以来的巨大变化。5月17～20日访问越南期间，越南文联主席武绛香会见了代表团一行，访问广宁省期间，代表团一行与广宁省文联有关人员举行座谈，提议深圳市文联与广宁省文联建立友好交流关系，立即得到广宁省文联的响应和支持，双方表示将尽快就这一交流机制进行磋商。

6月5～6日，由中国视协、中共云南省委宣传部、云南省文联共同主办的第一届“中国·东南亚·南亚电视艺术周”在昆明举行。此次电视艺术周邀请东盟十国和南亚四国主要电视台台长、纪录片专家等电视界人士出席，内容包括电视交流合作论坛、电视纪录片“山茶花奖”评选及电视艺术周晚会等活动。中国文联副主席、中国视协主席赵化勇，中国文联党组成员、书记处书记、云南省人民政府副秘书长白庚胜，中国文联党组成员、书记处书记夏潮等出席开幕式。

6月14～25日，应马来西亚华人文化协会、新加坡文艺协会和日本中国文化交流协会的邀请，中国文联党组副书记、副主席覃志刚率中国文联代表团一行6人访问上述三国。与当地文化机构和组织进行会谈，推动中国文联与上述三国的文化交流与合作。

6月16～27日，应智利外交部和古巴文联邀请，中国文联党组成员、副主席冯远率代表团一行5人访问上述两国。出席在智利举办的“今日中国”艺术周活动，并与古巴文联签署交流合作协议。

7月23日，中国文联党组书记、副主席胡振民，中国文联党组成员、副主席冯远在中国文艺家之家会见了应邀来访的国际魔术联盟主席埃瑞克·埃斯文和副主席海瑞特·本杰明，双方就进一步深化合作交流事宜达成共识。会谈中埃斯文代表国际魔术联盟主席团向胡振民颁发了荣誉证书和代表国际魔术联盟最高荣誉的大奖杯。

7月25～30日，应香港孔子学院邀请，中国文联副主席、中国曲协主席刘兰芳，中国曲协分党组书记、副主席姜昆率中国曲协少儿艺术团一行29人赴香港参加“少儿曲艺香港行”演出活动。

7月26～30日，应新加坡新中友好协会邀请，中国文联副主席、中国舞协主席白淑湘一行2人赴新加坡出席中国—东盟青少年舞蹈交流展演及第五届中国—东盟民间友好组织友好大会。

8月7～12日，应中国文联邀请，以马来西亚华人文化协会会长戴小华为团长的代表团一行8人访问北京、上海两地。拜会中国文联，参观有关文化设施和机构，并同当地艺术家座谈交流。

8月24日～9月7日，应捷克民间艺术协会邀请，中国文联组派以贵州省文联党组书记、副主席李碧川为团长的贵州黔东南州歌舞团一行28人赴捷克出席该协会举办的国际民间艺术节演出活动。该协会已连续四年邀请中国文联组派艺术团参加捷克国际民间艺术节。

9月1～5日，应坦桑尼亚文化部邀请，中国文联党组成员、书记处书记夏潮率中国文联代表团一行4人访问坦桑尼亚。出席在达累斯萨拉姆举办的向坦桑尼亚捐赠杂技道具仪式。

9月6～12日，应中国文联邀请，以韩国文化艺术委员会委员长吴光洙为团长率的韩国艺委会代表团一行5人访问北京、上海、安徽、浙江。中国文联党组成员、副主席冯远会见并宴请代表团。代表团此次与上海市文联、浙江省文联进行了会谈，参观访问了中国美术馆、中国美术学院和上海世博会。

9月16～20日，应中国文联邀请，奥地利教育艺术文化部部长施密特率3人代表团访问上海、北京。中国文联党组书记、副主席胡振民，中国文联党组成员、副主席冯远会见并宴请代表团，就今后双方交流与合作充分交换了意见。文化部部长蔡武，教育部副部长郝平分别会见代表团。代表团还出席了第三届北京国际美术双年展及奥地利特展开幕式活动，并参观上海世博会、国家大剧院等。中国文联与奥地利教育艺术文化部曾于2007年在奥地利联合举办“今日中国”艺术周。

9月24～26日，由中国文联、文化部和北京市人民政府联合主办的纪念曹禺诞辰100周年国际学术研讨会在北京举行。来自国内外戏剧界的60多名专家学者从不同主题、不同角度对曹禺的戏剧成就、作品内涵、创作经历，以及曹禺对国内和国际戏剧界产生的影响进行了分析与探讨。

10月12日至11月11日，中国音协与波兰驻华大使馆合作，在中国文艺家之家举办“纪念波兰伟大音乐家肖邦诞辰200周年——肖邦生平图片展”，展出图片53幅。中国文联领导胡振民、覃志刚、李牧，波兰驻华大使塔德乌什·霍米茨基等出席展览开幕式。

10月18日，中国文联党组成员、副主席冯远会见并宴请古巴共产党中央政治局委员、古巴文化部部长普列托，就加强中古两国文化交流，扩大中国文联与古巴文化部之间的交流与合作交换了意见。普列托此次系应文化部邀请来华访问，并观看第八届中国国际民间艺术节闭幕演出。

11月20～24日，中国文联、中国红十字基金会和香港仁爱堂在香港联合举办“和韵天歌——感悟《德道经》咏诵会”。中国文联党组成员、书记处书记夏潮率艺术团一行45人赴港参加演出活动。

10月22日，中国摄协与湖南省长沙市人民政府在长沙联合举办“现代影像——首届中国国际网络摄影大赛”。中国文联党组书记、副主席胡振民出席展览开幕式。

11月25日，中国文联党组成员、副主席廖奔出席在北京举办的“第二届全国戏曲编剧高峰论坛——2010海峡两岸戏曲编剧学术研讨会”并致辞。本次研讨会由中国戏曲学院、台湾大学、中国戏剧文学学会联合主办，来自海峡两岸的戏曲专家学者结合各自研究与创作，探讨戏曲编剧的学者化、剧本创作的现代性等问题。

其他工作

【全国文联外事干部研修班】

中国文联高度重视外事干部素质的提高，利用召开全国文联外事工作交流会的机会将培训范围扩大到团体会员。培训内容增加了与外事工作有关的文学艺术知识培训。11月7～12日，与云南省文联、石林彝族自治县人民政府在石林县联合举办了以推动中华非物质文化遗产“走出去”为专题的培训班，旨在提高外事干部对我国非物质文化遗产保护和推广的认识，来自全国各省市自治区文联、各全国文艺家协会外事部门负责人以及中国文联国际联络部的工作人员共50余人参加了研修班的学习。中国文联党组成员、副主席冯远出席开班仪式并做重要讲话。中国文联党组成员、书记处书记、云南省人民政府副秘书长白庚胜为研修班做了三次非物质文化遗产知识专题讲座。大家一致认为，文联外事干部身处对外文化交流工作第一线，是民间文化交流的具体执行者，拓展对外文化交流渠道，加强对我国非物质文化遗产的对外宣传，是我们弘扬中华优秀传统文化、执行和落实中华文化“走出去”战略中的一项重要任务。

【叶克冬一行到中国文联指导对台交流工作】

5月18日，国务院台办副主任叶克冬、秘书局局长杨流昌、交流局局长李维一等一行7人到中国文联指导对台交流工作，听取中国文联对台交流工作情况介绍，并就中国文联今后对台交流工作提出了指导意见。中国文联党组成员、副主席冯远会见叶克冬副主任一行。

【第八届中国国际民间艺术节新闻发布会】

9月9日，第八届中国国际民间艺术节新闻发布会在中国文艺家之家召开。中国文联党组成员、副主席冯远，国际部主任黄文娟，理论研究室主任董耀鹏，苏州市文广局副局长成从武，艺术节总导演何利山等出席新闻发布会。会议通报了艺术节筹备情况，并介绍了文艺演出及相关活动。

【中国文联2010年度外事工作总结会】

12月26～29日，中国文联举办2010年度外事工作总结会。总结中国文联及各全国文艺家协会2010年度开展对外交流情况，规划2011年度对外交流工作，交流共享对外交流工作经验。

【日常工作】

中国文联注重提高外事干部综合素质，自2009年以来每年持续开展培训工作，聘请相关领域的专家，对中国文联外事干部开展国际形势、外事管理、外交外事知识、对港澳台工作等方面的知识培训，为做好中国文联外事管理工作，根据中央和上级主管部门的要求，国际联络部及时组织学习中央及外事主管部门下发的各项外事工作规定，按中央文件精神统一全体外事干部的思想，以规章制度为准则不断强化外事管理和服务，保障了各项对外文化交流工作的顺利实施。国际联络部根据工作需要，对2001年以来中国文联制定下发的外事文件进行整理、修订、补充，编印了中国文联外事文件汇编，为各文艺家协会外事部门开展工作提供政策依据。在外事管理方面，坚决贯彻十部委联席会议关于加强因公出国（境）管理的精神，对文联系统出访项目进行认真审核、严格把关、杜绝无实质内容的考察项目并按中纪委要求每月上报出访情况，2010年因公出国（境）较上年度压缩了12起74人次。《艺术交流》杂志是中国文联对外宣传的重要窗口，国际联络部利用代表团出访和来访机会有针对性地对外发送，扩大杂志的影响，发挥其对外宣传作用。另外还扩大了《中国文联外事简报》的报道内容和发行范围，把各省市文联的对外交流编入简报，发行范围扩大到全体会员单位。通过广泛合作，“全国文联一盘棋”的意识得到进一步强化，外事工作更加卓有成效。

理论研究

综　述

2010年，中国文联理论研究室在党组的正确领导下，牢牢把握“耳目、喉舌、参谋、助手和思想库、智囊团”的科学定位，坚持以科学发展观为统领，紧紧围绕中国文联八届五次全委会确定的中心任务和党组作出的决策部署，切实履行职能，努力发挥作用，不断开拓创新，在文字起草、调查研究、理论评论、新闻宣传、舆情信息等方面较好地完成了年度各项任务。

调查研究

【“中国文联开展对外民间文化交流”课题】

经过精心撰写和反复修改，11月，完成《中国文联开展对外民间文化交流》课题并上报中宣部，同时在《文艺专题报告》第13期刊发。此调研报告得到中宣部充分肯定并在中宣部编发的《决策参考》第30期上转发。

【关于近期媒体对文联及所属文艺家协会工作意见建议的情况报告】

根据文联党组会议精神，会同各文艺家协会采取报纸查阅、网络搜索、电话咨询等形式，分别从《中国青年报》、《中国文化报》、《京华时报》、《文汇报》和新华网、人民网、新浪网等报纸网络搜集媒体对文联及所属文艺家协会工作的意见和建议，并将这些意见建议梳理后，于2月8日形成并上报党组《关于近期媒体对文联及所属文艺家协会工作意见建议的情况报告》。

文艺理论评论

【第二届全国文联文艺理论工作研讨会】

5月19～21日在江西井冈山召开，由中国文联主办，中国文联理论研究室、江西省文联承办。中国文联党组书记、副主席胡振民发去贺信。中国文联党组成员、书记处书记夏潮出席并讲话。江西省文联党组书记、常务副主席部海镭，中宣部文艺局赵海虹和政策研究室符雷，高等院校、科研单位、文艺刊物从事文艺理论研究和评论的知名专家学者以及新闻媒体记者近130人出席会议。研讨会上，与会者围绕当前文化思潮和文化领域的热点现象，文艺理论工作队伍建设、阵地建设、机制建设以及文联在文艺理论工作中的作用等问题进行了深入讨论。许明、陈传席、袁禾、徐利明4位特约专家先后做主题发言。中国剧协、中国书协、北京市文联、天津市文联、江西省文联、湖南省文联、安徽省文联7家单位分别进行了大会交流。

【第五届中国文联中青年文艺评论家高级研修班】

6月22～30日在天津举办，由中国文联主办，中国文联理论研究室、天津市文联、天津师范大学承办。来自各文艺家协会、各省区市文联、产（行）业文联及高等院校的近100名学员参加研修。中国文联党组书记、副主席胡振民发去贺信。天津市委常委、宣传部部长肖怀远出席开班式并看望全体学员。中国文联党组成员、书记处书记夏潮，天津市副市长张俊芳，天津市委宣传部常务副部长陈浙闽出席开班式并讲话。中国文联荣誉委员李准、仲呈祥，中国文联副主席丁荫楠，北京大学艺术学院副院长彭吉象，清华大学哲学系副主任肖鹰，同济大学人文学院教授朱大可，天津师范大学教授夏康达为全体学员就文艺理论与评论的相关问题进行专题授课。

【第二届全国文联研究室主任暨文艺评论家协会秘书长研讨班】

8月5～6日在甘肃嘉峪关举办，由中国文联理论研究室、《光明日报》文艺部主办，甘肃省文联、中共嘉峪关市委承办。中宣部文艺局派人到会指导，中国文联党组成员、书记处书记夏潮出席会议并讲话。中国文联所属各文艺家协会、各省区市文联研究室（部）主任，16个省区市文艺评论家协会秘书长，10余家文联系统专业报刊杂志主编以及文联特约评论员等近百人参加了研讨班。研讨班围绕加强和改进文艺理论评论、充分发挥文艺理论评论在繁荣社会主义文艺中的重要作用，交流工作经验，研究分析问题，凝聚各方力量，努力开创全国文联系统研究工作和评论工作新局面进行了研究和讨论。部分与会代表作主题发言，并进行了分组讨论。

【第七届中国文联文艺评论奖颁奖式暨第五届当代文艺论坛】

11月1～2日在湖南长沙举办，由中国文联主办，中国文联理论研究室、湖南省文联承办。中国文联党组书记、副主席胡振民发去贺信。中国文联党组成员、书记处书记夏潮，湖南省政协副主席、省文联主席谭仲池到会讲话。中国文联各文艺家协会、各省区市文联分管理论评论工作的领导和理论评论工作部门代表，文艺理论评论家代表，获奖作者代表共约130人出席颁奖式。文艺评论奖的评选历时近9个月，经初评、复评和终评，共有101篇优秀文艺评论文章从44个团体会员报送的2376篇参评文章中脱颖而出。其中，3篇获特别奖，10篇获一等奖，30篇获二等奖，58篇获三等奖。中国剧协等12个单位荣获组织工作奖。第五届当代文艺论坛共15篇代表各个艺术门类和地域特点的文章最终入选，来自各方面各领域的文艺理论评论家围绕“文艺繁荣与价值引领”这一主题进行了发言和讨论。

【年度述评文章及出版书籍】

2010年初，中国文联理论研究室组织各文艺家协会对本艺术门类在一年里取得的成就、呈现的特点、存在的问题以及未来发展趋势等方面进行研究分析，撰写了包含戏剧、电影、音乐、美术、曲艺、舞蹈、民间文艺、摄影、书法、杂技、电视等艺术门类的11篇评述文章，编辑修改后以《文艺动态》增刊形式刊发，并与中国艺术报联合推出特刊。

本年度还编辑出版了《坚守与繁荣——第四届中国文联中青年文艺评论家高级研修班文集》、《若干重大课题调研报告集》、《加强理论研究　推进文艺评论——首届全国文联研究室主任暨文艺评论家协会秘书长研讨班资料汇编》、《文艺推动社会主义文化大发展大繁荣若干问题研究》、《围绕中心　服务大局——2010年全国文联文艺舆情信息工作会议资料汇编》、《深化文艺理论研究——第二届全国文联文艺理论工作研讨会文集》、《标准与责任——第五届中国文联中青年文艺评论家高级研修班文集》、《履行职能 发挥作用——第二届全国文联研究室主任暨文艺评论家协会秘书长研讨班资料汇编》8部书稿。

新闻宣传

【主要工作】

2010年，中宣部新闻局先后多次就中国文联相关活动、会议给中央新闻媒体下发通知，要求各新闻媒体切实做好宣传报道工作，其中包括2010年元旦春节“送欢乐、下基层”、第八届中国国际民间艺术节、中国戏剧家协会第七次全国代表大会、中国杂技家协会第六次全国代表大会、中国舞蹈家协会第九次全国代表大会、中国书法家协会第六次全国代表大会等活动的重点报道工作。联系、协调国务院台湾事务办公室新闻司，做好第二届海峡两岸暨港澳地区艺术论坛的宣传报道工作。围绕中国文联的中心工作，配合各文艺家协会的重要会议、重大活动、重点工作，做好新闻宣传报道。如年度“送欢乐、下基层”活动，2010年百花迎春——中国文学艺术界春节大联欢，中国文联八届五次、六次全委会，第八届中国国际民间艺术节，首届中国农民艺术节，戏曲电影《响九霄》首映式等活动的新闻宣传报道工作。

【中国文联与新闻媒体新春联谊会】

1月27日，中国文联与新闻媒体新春联谊会在北京举行。中国文联党组领导胡振民、李牧、杨志今、廖奔，中宣部政策法规研究室、新闻局、文艺局、宣教局、舆情局、理论局有关领导，中国文联机关各部门主要负责人和新华社、《人民日报》、《光明日报》、《经济日报》、中央人民广播电台、中央电视台等30多家新闻媒体有关领导和记者近100人出席。胡振民、杨志今分别致辞。

【制作《站在新起点　创造新辉煌——中央领导同志视察中国文艺家之家纪实》专题片】

2月7日，中央领导同志李长春、刘云山、刘延东视察中国文艺家之家。按照文联领导的指示，协助中央电视台制作完成《站在新起点　创造新辉煌——中央领导同志视察中国文艺家之家纪实》专题片。

【中国文联季度新闻通气会】

每季度召开一次中国文联季度新闻通气会，向媒体通报上一季度新闻宣传工作情况，提出下一季度新闻宣传工作要点。各文艺家协会新闻宣传负责人通报下一季度工作。

文艺舆情信息

【主要工作】

广泛收集文艺界意见和观点、反映与建议，使中央领导和上级机关对于文艺界苗头性、倾向性问题有全面客观的了解，为上级领导作出准确的决策部署提供重要的参考。其中，2010年第18期《文艺动态》中《警惕国外反华势力用资本主导艺术创作丑化中国》被中宣部采用后，受到长春同志和云山同志的重视，并先后作出批示。适时收集报送了“五月的风”为上海世博会加油、广东省书法名家百米长卷迎亚运、饱含深情伸援手，大爱无疆献爱心——曲艺界为舟曲灾区赈灾义演在京成功举办等党和国家重要事件、重大节庆方面的舆情信息。

【全国文联文艺舆情信息工作会议】

3月24～26日，由中国文联主办，中国文联理论研究室、上海市文联承办的全国文联文艺舆情信息工作会议在上海召开。中国文联党组书记、副主席胡振民发去贺信。中国文联党组成员、副主席冯远出席会议并讲话，上海市委常委、宣传部部长杨振武，中宣部舆情信息局副巡视员贾学琴等出席开幕式。中国文联各团体会员单位、各直属单位、机关各部室有关人员100余人参加会议。会议传达了中宣部舆情信息工作会议精神，对2009年全国文联文艺舆情信息工作进行了总结，对2010年的舆情信息工作作出安排。会上还授予中国摄影家协会等8家单位“中国文联2009年度舆情信息工作先进集体”称号，授予陈志强等8名同志“中国文联2009年度舆情信息工作先进个人”称号，评选《纪念中国文联成立60周年系列活动成功举办》等10篇舆情信息为“中国文联2009年度舆情信息工作好信息”。中宣部舆情信息局社会舆情处和中国社会科学院的领导、专家分别以舆情信息基础、文艺突发事件分析与应对等内容为与会者授课。与会者还结合自身工作体会，就如何围绕大局进一步做好舆情信息工作进行了交流。

【编印文艺舆情内刊】

2010年，《中国文联简报》编印25期，重点反映中国文联及所属各文艺家协会开展的重大活动、重要会议、重要工作等；《文艺动态》编印48期、增刊11期，重点反映文艺界思想动态、问题倾向、对策建议类舆情信息；《文艺专题报告》编印13期，重点反映文艺工作和文联工作全局性、战略性、前瞻性重大调研和思想理论成果；《文艺舆情摘报》编印32期、增刊3期，重点反映全国文艺工作和文联工作动态类信息。

出版管理

综　述

2010年，在中国文联党组的坚强领导下，中国文联出版业改革领导小组以邓小平理论和“三个代表”重要思想为指导，深入贯彻落实科学发展观，坚持正确的新闻出版方向，深化改革，加强监管，积极推动各项工作，努力促进文联出版业的繁荣与发展。全年各图书出版社出书1145种，自主策划图书216种，实现主营收入4916万元；各报刊全年发行报纸8591.20千份，发行杂志4531.60千册，发行收入3076.15万元，广告收入3692.10万元，业务总收入8571.99万元。

主要工作

【按照中央要求做好出版单位的转企改制、资产重组工作】

根据中央关于深化文化体制改革的“时间表”、“路线图”，组织相关出版单位的领导班子成员、人事和财务部门负责人按照《中共中央 国务院关于深化文化体制改革的若干意见》(中发〔2005〕14号)，以及《国务院办公厅关于印发文化体制改革中经营性文化事业单位转制为企业和支持文化企业发展两个规定的通知》(国办发〔2008〕114号)、《中共中央办公厅、国务院办公厅关于深化中央各部门各单位出版社体制改革的意见》(中办发〔2009〕16号)、新出法规〔2008〕716号、人社部发〔2009〕50号等文件精神对转企改制单位进行成本测算工作，进一步细化改制成本。

在与安徽出版集团资产重组出现情况后，又与北大方正、中国唱片总公司、中国航空工业集团公司（以下简称中航集团）等单位接触洽谈，经过比较，最终确定中国文联出版社、大众文艺出版社、中联影视中心等三家单位与中航集团进行资产重组；中国戏剧出版社与中国唱片总公司进行资产重组。目前，已分别与中航集团和中国唱片总公司就转企改制、资产重组达成战略共识，并签署了战略合作协议。

对于未进行资产重组的出版单位，按中央要求如期完成了转企改制的程序性工作。

【图书出版单位管理工作】

1. 加强对班子和领导干部的管理。文联出版业改革领导小组会同文联人事部、机关党委，按照《中国文联出版单位领导班子成员年度考核试行办法》、《中国文联出版单位领导班子成员薪酬管理试行办法》的要求，对各出版社、音像社领导班子2009年度经营业绩进行了考核，并依据经党组研究决定的考核结果下发了关于兑现2009年度领导班子成员绩效薪金的通知，为获优秀的领导班子成员兑现了年度绩效薪金。

2. 加强对经济运行的监督管理。以科学发展观为指导，结合量化的经济指标考核和清产核资工作，对所属各出版社尤其是直属单位的工作定期进行分析，发现苗头及时谈话打招呼，防止问题由小变大。注意处理好改革、发展、稳定的关系。先后就转企改制、资产重组的准备以及加强管理的问题多次找有关单位的多位领导同志谈话听取意见，做思想工作，贯彻文联党组的决议精神，在转企改制、资产重组、加强管理等重大问题上统一思想、统一步调。

3. 加强对图书书号申领使用的管理。2010年，共计核发书号1170个，调阅书稿136部。对5家图书出版社所报图书选题审核，严格按照丛套书备案及纪实文学作品由上级主管部门确定其真实性的制度进行管理。对于调阅的书稿，如属难以把握的选题，交由特聘的审读员进行审读，根据审读意见决定是否予以核发书号；如需履行重大选题申报手续而出版社未申报备案的，退回该选题由出版社撤销选题并履行相关申报手续。按规定申报了《百年司徒慧敏》、《圣人风范徐特立》、《英雄史诗玛纳斯调查采录集》、《改写历史的100天》、《羌学文库》等重大选题备案45部。

4. 加强出版物审读工作。按照《中国文联出版系统图书审读实施办法》的规定，发挥中国文联图书审读委员会的作用，及时组织审读员开展出版后审读工作，对五家图书出版社2010年已出版图书（按比例共计抽查100本）是否有违反《出版管理条例》所规定的内容、书号是否与网上实名申领系统记录相符、内容是否涉及重大选题备案、印刷差错率、装帧质量等进行检查。

5. 做好图书出版单位年度核验工作。遵照新闻出版总署《关于做好2010年图书出版单位年度核验工作的通知》精神，组织五家图书出版单位做好年度核验工作。

6. 落实图书出版选题计划，申报一批重点出版项目。根据新闻出版总署文件要求，组织各图书出版单位积极报送2010年图书出版选题计划。为贯彻新闻出版总署《关于制定和报送2010年图书出版计划的通知》（新出字〔2009〕366号）文件精神，组织各图书出版社向新闻出版总署报送出版选题计划，完成中国文联2010年图书计划的分析报告、5家图书出版社2010年图书选题的审读及分类统计。

组织文联所属出版单位积极申报第二届中国出版政府奖、2010年度“经典中国国际出版工程”资助项目。

【报刊出版单位管理工作】

1. 加强报刊审读工作，进一步提高报刊质量。根据新闻出版总署关于加强审读工作文件的精神，经文联党组分管领导同意，文联出版办公室组织专家成立了审读工作小组，于2010年11月至12月对文联所属31家报刊单位2010年10月出版的报刊，进行了编校、内文、广告、装帧质量的检查。

此次审读工作采用“统一标准、分工检查、小组交流、汇总复查”的办法进行。经审读，此次被抽查的文联30家报刊的编校质量、装帧质量均合格。对审读出的其它问题，出版办公室及时与存在问题的出版单位及其主办单位沟通情况，指出存在的问题，明确要求各主办单位切实履行职责，严格按照新闻出版的法律法规做好报刊出版工作。

2. 组织报刊单位年检，进一步规范报刊出版行为。根据新闻出版总署“关于开展2009年度报刊核验工作的通知”精神和《报纸出版管理规定》、《期刊出版管理规定》、《报纸期刊年度核验办法》的要求，就文联所属32家报刊2009年度出版的内容和出版、经营活动作全面检查，并通过年度核验数据的采集全面了解各类报刊情况。

对于年检中存在违规问题的期刊进行了通报批评，责令限期整改，及时解决存在的问题。通过此次年检，使文联报、刊出版进一步规范化、制度化。

3. 加强监管，消除违规出版行为的隐患。根据新闻出版总署《关于严格规范内部发行报刊及连续性内部资料性出版物市场秩序的通知》、《关于加强报刊管理严肃查处违规出版活动的通知》、《关于加强养生保健类出版物管理的通知》等文件精神，组织文联各报刊出版单位开展自查自纠，消除违规出版行为的隐患，严格执行报刊出版的相关法规。

【晚霞文库出版工作】

2010年，又有孟犁野、孙加保、史大里、戴宏森、袁毅平、刘锡诚等一批老文艺家的书稿列入晚霞文库计划。同时，“晚霞文库·大家谈艺”丛书也已经启动，段成桂、佟韦、张荣庆、邹德忠、何应辉、崔子范、闻立鹏等一批老艺术家的著作正在编辑出版中。

【组织图书版权贸易培训班】

举办了由文联5家图书出版社负责版权工作及发行工作专业人员参加的版权贸易培训班。对文联出版单位从事版权贸易的工作人员进行培训，聘请邦弗教育培训机构外籍专家全程英文授课，使学员了解掌握版权方面财务基础知识的使用，国际图书市场的动态和版权贸易的国际惯例，全课程的英文授课，不仅使学员的国际贸易财务知识有所增长，而且学员们的英语能力也得到了提升。

【日常工作】

在人少、事多、改革任务繁重的情况下，中国文联出版业改革领导小组办公室完成了文联图书出版单位有关申领、增拨书号等报批手续，完成了上级主管部门关于报刊、图书工作文件的转发及报刊、图书出版工作文件的呈报。

权益保障

综　述

2010年，中国文联维权办和各全国文艺家协会维权部门认真学习党的十七届五中全会和胡锦涛同志在中央政治局第二十二次集体学习时的讲话精神，充分认识深化文化体制改革的重要意义，进一步明确了文联维权工作的目标和任务，增强了责任感和服务意识。在中国文联维护知识产权工作领导小组的领导下，认真履行维护艺术家和文艺工作者合法权益的职责；结合文联工作实际和艺术家的维权诉求，积极探索文联维权服务的新途径；主动配合国家有关部门推动保护文艺作品著作权的立法工作，建立和完善维权工作机制；加强法律宣传，扩大艺术作品维权影响力；开展多种形式的维权服务，依法维护艺术家和文艺工作者的合法权益。

各项工作

【与北京市高级人民法院建立全面合作机制，为艺术家维权开辟绿色通道】

随着科技的飞速发展和文化的日益繁荣，文艺作品的使用方式和传播手段呈现多样化，由此引发的侵权纠纷逐年增多。艺术家和文艺工作者的维权诉求日益迫切。为加强对文艺作品的著作权保护，中国文联维权办与北京市高级人民法院经过多次协商和研究，双方达成共识，中国文联将与北京市高级人民法院建立全面合作机制，即专家咨询机制、委托调解机制、民主监督机制、法律服务机制。合作机制的建立，有利于审判机关公正、高效地审理与文艺作品相关的纠纷案件，及时化解矛盾和纠纷，为艺术家开辟了一条维权绿色通道，为艺术家降低了维权成本，使他们能够把更多的时间和精力用于创作之中。

【推动相关立法，为艺术家和文艺工作者争取合法利益】

教科书法定许可使用付酬主要针对九年制义务教育课本和国家统编教材使用的作品，涉及文学、摄影、美术、书法、音乐、民间艺术等多种艺术门类，其中很多作者是文联会员。为配合国家有关部门加快制定《教科书法定许可使用付酬办法》，并使该办法能够充分体现艺术家的意愿和要求，中国文联维权办和国家版权局版权司共同主办了“教科书法定许可使用付酬研讨会”，中国文联部分文艺家协会维权负责人、中国摄影著作权协会和中国音乐著作权协会等集体管理组织负责人、法律专家以及20余家教课书出版单位代表等共70余人出席研讨会。

针对《教科书法定许可使用付酬办法》（讨论稿），与会者从兼顾维护作品创作者的合法利益、保证教材出版单位的基本经济利益以及推动国家教育事业的发展3个方面进行了热烈讨论，为立法部门制定公平合理的付酬标准和切实可行的付酬办法提出了很好的意见和建议，对加快该办法的出台起到了积极的推动作用，同时，也为中国摄影著作权协会与教材出版单位搭建了沟通与合作的平台，为其开展教科书法定许可使用报酬的收转工作创造了良好的条件。

【积极参加评奖活动，扩大艺术作品维权的影响力】

为提高全社会对艺术家和文艺工作者权益保护的关注，中国文联维权办积极参与了世界知识产权组织与国家版权局共同主办的“世界知识产权组织版权金奖”的评选组织活动。2008年设立的“世界知识产权组织版权金奖”，是世界知识产权组织为推动世界各国知识产权保护事业的发展，以鼓励和表彰为知识产权创造、运用和保护方面作出杰出贡献的个人和组织。

维权办从艺术家协会选送的作品中精选出《俏花旦·集体空竹》等十几个优秀作品参加评选。杂技节目《俏花旦·集体空竹》以其非凡的艺术创新和专业的版权保护在数千个参选作品中脱颖而出，荣膺2010年“世界知识产权组织版权金奖（中国）作品奖/创作奖”，成为唯一获此殊荣的艺术表演类作品。2010年11月18日，在国家会议中心举行的隆重颁奖典礼上，《俏花旦·集体空竹》受到了国内外知识产权保护组织和专家以及与会者的高度赞誉，为艺术作品在创新、运用和保护方面树立了典范，产生了良好的社会反响。

【通过“维权行动”专版，搭建维权宣传服务平台】

为充分发挥中国文联在维护文艺家和广大文艺工作者合法权益方面的重要作用，提高艺术家和文艺工作者的维权意识和能力，自2009年起中国文联维权办与中国艺术报社联合开办了“维权行动”专版，搭建了法律宣传和信息交流的平台。“维权行动”专版从中国文联维权工作实际情况出发，针对不同艺术门类，通过普法在线、专家答疑、法庭传真、案例分析、经验之谈等栏目，普及法律知识，答疑解惑。

本年度共出版了12期“维权行动”专版，维权办与中国艺术报认真做好栏目设置、约稿组稿、安排采访、编辑审校等各个环节的工作，使专版内容丰富，深入浅出，通俗易懂，针对性强，受到了艺术家的欢迎。

【加强对外交流与合作，学习先进经验】

为促进中国文联与国际权益保护组织的交流与合作，3月，中国文联维权办组织文艺家协会的维权负责人与澳大利亚规模最大、最有影响力的著作权集体管理组织和版权代理机构进行了交流活动。双方深入探讨了视觉艺术作品（包括摄影和美术作品、影视作品等）和民间文艺作品的著作权和邻接权问题；澳大利亚集体管理组织介绍了代理会员作品的方法和程序；双方就在新技术环境下对艺术作品的著作权保护等问题进行了讨论。通过交流学习，增进了相互了解，学习了国外权益保护组织的先进经验。

【中国美术家协会维权工作开创新局面】

2010年上半年，中国美术家协会成立了“著作权维权办公室”。中国美协维权办成立后，3月3日就接到举报，发现钓鱼台16号楼正在发布启动中国美术家协会主办“上海世博会美术创作展览分展馆”的新闻发布会，这是一起严重的冒用中国美协名义的侵权行为。对此，中国美协开始了维权行动。

5日，中国美协向社会发布严正声明称，这个活动的启动仪式及其征稿启事等均与中国美术家协会无关，所称“此活动由中国美术家协会主办”纯属捏造，对因盗用中国美术家协会名义所造成的损失和伤害，协会将保留通过法律程序追究其法律责任的权利。与此同时将中国美术家协会在上海世博局立项并独家主办的“上海世博会中国美术作品展览”即将启动的信息予以发布。并将中国美术家协会的官方网站及美协维权办公室的联系电话一同公布。中国美协维权办还将《严正声明》还以书面形式转发给全国各省区市美协、大美术院校及相关媒体、网站。在强大的维权声势下，设在钓鱼台16号楼的“中国战略与管理研究会生态文化艺术中心”的相关人员向中国美协表示立即停止此项目，停止侵权行为。

8月3日，中国美协维权办发现承办“上海世博会中国美协作品展览”的单位以中国美协的名义在网上招商和组织合作以外的活动，损害了中国美协和世博美展的名誉。9日，中国美协在协会网站上发布了维权声明，澄清了事实，提醒艺术家注意，同时中国美协向展览的合作方提出严重警告，要求其立即停止侵权行为。经过协商，该单位向中国美协书面道歉，立即撤销了网上的招商广告，并发《紧急通知》向艺术家说明情况，取消了活动，同时主动表示接受中国美协的监督。

中国美协维权办成立以来，经常接到美术家的法律咨询，有很多艺术家来找维权办帮助维权。女雕塑家何鄂创作的雕塑作品《黄河母亲》在不同的地方被侵权复制。这位年逾七旬的雕塑家近10年来一直被“侵权”所困，执著地走在维权路上……何鄂女士听说中国美协成立了维权办，在去山东出庭诉讼之前，她专门找到美协维权办，希望能得到支持和帮助。维权办与他的代理律师共同帮她出主意分析案情，并积极配合媒体做好维权舆论宣传，使这位老艺术家得到了极大的心理安慰。

中国美协维权办还处理了一些美术作品署名权纠纷和画家与出版社之间的版权纠纷，受到美术家的好评。

【中国摄影著作权协会依法为会员维权】

2010年，中国摄影著作权协会通过协商为主、诉讼为辅的方式为会员挽回了经济损失22万元，代理的主要项目如下。

2010年期间，摄著协先后与多家出版社签署协议，就其出版的《毛泽东诗词书法鉴赏》、《毛泽东的读书生活》、《溥仪画传》、《梅兰芳画传》、《宋庆龄画传》等图书中未经许可使用吕厚民摄影作品达成和解，并向吕厚民支付作品使用费数万元。

2月，摄著协为团体会员北京美好景象图片有限公司就国内某网站未经授权使用了其依法享有著作权的摄影作品，向北京市朝阳区人民法院提起了诉讼。经协商，双方签署了和解协议，该网站一次性赔偿美好景象公司人民币3万元。

2月，北京京味楼餐饮有限公司在其经营的餐馆菜谱上擅自使用了袁均摄影作品《卢沟神韵》，摄著协接到会员投诉后，经过多次协商，最终该公司向袁均支付了作品使用费5000元。

3月，海南金盾影视文化有限公司在其拍摄的电视连续剧《狼烟北平》片头擅自使用袁均摄影作品《卢沟神韵》，摄著协及时与电视台取得联系，制片方向袁均支付了15000元作品使用费。

4月，搜狐网非法转载郭广林个人博客文章《不明不白，不三不四》并将其更名为《区区校庆竟然如此大摆排场》，其中包含由郭本人拍摄的十张摄影作品。经协商，搜狐网向郭广林支付了4500元作品使用费。

4月，某出版社出版的图书《这里是北京》，书中擅自使用张肇基一张摄影作品《鸟瞰紫禁城》，该书已经出版了四辑。经协商，该社向作者支付作品使用费1万元。

6月，某出版社未经许可在其出版的画册《他们擎起奥运大厦》中擅自使用了胖美云一张摄影作品，经协商，该社与摄著协签署和解协议，向作者支付2000元作品使用费。

6月，北京环球游报文化传播有限公司在其出版发行的《环球游报》中擅自使用了李小元拍摄的23张摄影作品，并拒绝支付应付的稿酬700元。该刊物在北京的办公场所已经关闭，摄著协多方查找，最终找到该刊物的主管单位昆明铁路局，并和其位于天津的办事机构取得联系，为会员争取到1500元稿酬。

某出版社在出版发行《狂石鲁》一书的封面以及内页擅自使用了摄著协会员李江树的3张摄影作品《画家石鲁》。摄著协和该社多次协商未果，遂于5月向法院提起诉讼。7月，双方最终达成和解协议，该社一次性赔付李江树作品使用费3万元。

某出版社在其出版的图书《毛泽东诗词书法鉴赏》中擅自使用侯波、徐肖冰的50余张摄影作品。10月，经过长达半年的谈判与协商，摄著协最终与该出版社达成和解，该社一次性向作者支付作品使用费8万元。

11月，摄著协与某出版社签署协议，就其出版的《朝佛之旅》一书擅自使用卞志武51张照片达成和解，由该社向作者支付人民币1.2万元。

社团管理

中国文联主管社团、基金会名录

【中国艺术文化普及促进会】

地 址：北京市宣武区永安路 106－4 号
电 话：（010）83153757
邮 编：100050

【中国通俗文艺研究会】

地 址：北京市丰台区右安门外大街 99 号
电 话：（010）66175340
邮 编：100069

【中国书画家研究会】

地 址：北京市东城区民旺园 28 楼 A 座 10F 号
电 话：（010）84219107
邮 编：100013

【中国书画家联谊会】

地 址：北京市西城区新街口北大街 53 号徐悲鸿纪念馆
电 话：（010）62268780
邮 编：100035

【中国贫困地区文化促进会】

地 址：北京市海淀区彰化路 9 号
电 话：（010）62130911－806
邮 编：100097

【中国楹联学会】

地 址：北京市海淀区北太平路甲 18 号
电 话：（010）88279910
邮 编：100039

【中国国际文化艺术中心】

地 址：北京市西城区裕民路 18 号北环中心 1510
电 话：（010）68035349
邮 编：100029

【中国国际标准舞总会】

地 址：北京市安贞里二区 1 号楼金瓯大厦 315 室
电 话：（010）64459265
邮 编：100029

【中国国际文化传播中心】

地 址：北京市建国路 99 号 2417 室
电 话：（010）65816688－2423
邮 编：100020

【中国田汉研究会】

地 址：北京市东城区北新桥细管胡同 9 号
电 话：（010）644041874
邮 编：100006

【中国中外名人文化研究会】

地 址：北京市东城区鼓楼外大街 45 号
电 话：（010）82081072
邮 编：100011

【中国根艺美术学会】

地 址：北京市海淀区北三环中路 67 号
电 话：（010）82077452
邮 编：100088

【中国传记文学学会】

地 址：北京市金融街 19 号富凯大厦 B 座 12 号
电 话：（010）686573189
邮 编：100708

【中国女摄影家协会】

地 址：北京市海淀区马甸南路 2 号办公楼 813
电 话：（010）82002035

邮 编：100088

【中国扇子艺术学会】

地 址：北京市海淀区西三旗建材城西路 85 号甲 3 号 2 单元 301

电 话：（010）82929396

邮 编：100096

【中国保险书画艺术研究会】

地 址：北京市西城区金融大街 11 号中国再保险大厦 1816

电 话：（010）66576168

邮 编：100034

【中国旅游文化资源开发促进会】

地 址：广东省深圳市福田区景田南 25 栋 702 室

电 话：（0755）83902212

邮 编：518034

【中国少林书画研究会】

地 址：河南省郑州市桐柏路 178 号杜康大酒店

电 话：（0371）7186652

邮 编：450007

【中国朝鲜族音乐研究会】

地 址：吉林省延边市爱丹路 89 号

电 话：（0433）2912493

邮 编：133000

【华夏文化促进会】

地 址：北京市西城区复兴门内大街 45 号院 2 号楼一层

电 话：（010）66095379

邮 编：100801

【中国说唱文艺学会】

地 址：北京市朝阳区惠新北里甲 1 号中国艺术研究院

电 话：（010）64952414

邮 编：100029

【中华五千年动画文化工程促进会】

地 址：北京市东城区东直门南大街 9 号 D 座 1506

电 话：（010）84094467

邮 编：100007

【中国企业文化促进会】

地 址：北京市东城区北河沿大街甲 83 号

电 话：（010）68587022、86373132

邮 编：100009

【中国伏羲文化研究会】

地 址：北京市西城区三里河一区 5 号院 6 号楼 2 门 102 室

电 话：（010）68538704

邮 编：100045

【中国文学艺术基金会】

地 址：北京市农展馆南里 10 号文联大楼 201 室

电 话：（010）65005950

邮 编：100026

【全国公安文学艺术联合会】

地 址：北京市东长安街 14 号公安部内

电 话：（010）65208781

邮 编：100741

【太湖文化论坛】

地 址：北京市朝阳区东三环中路 7 号北京财富中心写字楼 A 座 602 室

电 话：（010）65330756

邮 编：100020

【中国工笔画学会】

地 址：北京市海淀区花园东路 8 号综合楼 A 座 302

电 话：（010）62351754

邮编：100191

机关建设

行政管理工作

【制度建设与业务培训】

为强化管理、规范程序，以创建学习型部室为契机，结合工作实际，办公厅对公文处理、档案工作、财务管理、内部审计、政府采购、行政管理等方面的规章制度进一步进行梳理，制定出台了《中国文联预算执行管理暂行办法》，起草了《中国文联行政单位国有资产管理暂行办法》和《中国文联事业单位国有资产管理暂行办法》。同时，认真梳理工作环节与职能，编写印制《秘书处工作手册》、《文联机关值班手册》和《出版办操作流程》，加大了原有规定的执行力度，进一步规范机关办公秩序和工作程序。

面向文联系统各单位，在保密、档案、计划财务、国有资产管理、出版管理和权益保障等方面，办公厅组织开展了多项干部教育培训。先后举办了“文联系统保密工作培训班”、“文联系统档案业务基础提高班”、“2011 年中国文联预算编制培训班”、“2010 年中国文联会计人员继续教育培训班”、“中国文联 2010 年国有资产管理信息系统实施培训班”、“中国文联 2010 年政府采购与资产管理培训班”、“中国文联 2009 年资产决算编报和决算软件使用，2011、2012 年资产配置及资产处置培训班”、“中国文联 2010 年部门决算编制培训班”、“中国文联企业决算培训班”等。请有关上级主管部门的专家授课，组织文联系统各单位各门类业务人员参加学习。同时，还组织有关工作人员参加财政部、国管局、审计署、住房公积金管理中心等上级主管部门组织的 10 多个业务工作培训班。组织了向全国国有资产管理先进典型单位海关总署的学习交流活动。

【联络、服务工作】

中国文艺家之家落成和投入使用后，更多地受到党和国家领导同志、各有关部委对中国文联的关心与支持，办公厅担负的联络安排与接待服务任务也日益增加。通过邀请中央及各部委领导同志参加文联和各文艺家协会组织的活动、参加观摩演出展览、寄送文联有关资料、汇报文联工作情况等，办公厅协助文联领导进一步保持了与中央领导、各部委领导及有关方面负责同志的友好密切联系，为各方面工作的顺利推进提供了良好的沟通基础。2010 年，共完成了党和国家领导同志视察中国文艺家之家，有关部委领导来访的联络协调和接待服务工作 20 余场，合计 180 余人次；接待团体会员负责人来访 10 余次、合计 60 余人次。利用年节走访慰问艺术家 40 余人次，为 65 位老艺术家送去生日祝福。这些工作，进一步加深了党和国家领导同志、各有关部委对文联工作的了解，加深了艺术家对文联的感情，为中国文联各项工作顺利开展起到了积极的促进作用。

《中国文学艺术界联合会年鉴》（2010）的编撰工作顺利完成，充分反映了中国文联及各团体会员单位 2009 年工作的开展情况，发挥了资治、宣传、交流、存史作用。

【定点扶贫】

甘肃省陇南市武都区是国务院确定的中国文联定点扶贫地区，也是 5·12 汶川特大地震受灾严重的地区之一。按照《中国文联 2010 年定点扶贫工作计划》的安排部署，结合文联系统工作实际，中国文联开展了多种富有特色的定点扶贫活动。4 月 13 ～ 16 日，会同中国戏剧家协会、中国曲艺家协会与陇南市委、市政府共同举办了“送欢乐、下基层”——中国文联赴甘肃省陇南市武都区慰问演出活动。慰问演出团由中国文联党组成员、副主席冯远带队，戏剧、曲艺的艺术家组成。为弘扬武都区灾后重建精神，宣传武都区发展建设成绩，还特邀新华社、人民日报社、中央电视台等各大媒体记者随团采访报道。艺术家们不辞劳苦、旅途颠簸，深入到武都各乡（村），用精湛的文艺节目为灾区人民和援建人员送上丰厚的精神食粮，受到当地群众的热烈欢迎。为不给定点扶贫地区增加额外负担，中国文联、中国剧协、中国曲协承担了活动的相关费用，同时将募集的捐款共计20余万元捐赠给当地的文化建设。

5月和8月，中国文联、中国摄影家协会两次组织知名摄影家赴武都区进行摄影采风活动，宣传武都人民的抗震救灾精神和武都的人文风貌，并在武都区帮建“中国摄影家协会创作基地”。中国文联、中国舞蹈家协会在武都区教育系统开办了新农村少儿舞蹈美育工程培训班。中国文联、中国民间文艺家协会共同协助武都区编撰出版《中国民间故事全书·武都卷》和《中国民俗志·武都卷》。这些工作，受到当地政府和群众的欢迎，取得了良好的社会反响。

【保密、档案工作】

1. 保密工作。6月，完成了计算机网络保密检查工作和涉密载体清理检查的自查工作，摸清了文联系统计算机网络和涉密载体家底，堵塞了漏洞、消除了隐患。8月，举行《中华人民共和国保守国家秘密法》学习宣传活动，组织举办保密承诺书签订人员知识竞赛活动，文联系统243人参加了答题，大大增强了人员的保密意识。

2. 档案工作。5月28日，各全国文艺家协会、文联各直属单位办公室主任、文书人员、机关各部室综合处处长及各处兼任文书岗的同志共59人参加了“文联系统档案业务基础提高班”的学习培训。请国家档案局相关专家讲授了关于机关文件材料归档范围和文书档案保管期限规定的课程。

编制完成文联机关文书档案保管期限表。完成2009年档案的整理归档，共收到机关各部室移交的档案1721件、图片光盘3张。

【计划财务工作】

1. 预算执行工作。制定《中国文联预算执行管理暂行办法》并于2010年7月1日开始执行。印发4期文联预算执行情况简报，对各单位的预算执行计划进行分析，提出工作要求。经多次检查督促，文联系统当年预算执行情况总体比往年又有新的提高。积极做好重要项目的资金安排和报账工作。按有关规定要求合理调配资金，使文联系统重大活动项目资金按时按量到位，保障了全年各项活动顺利开展。

2. 预决算管理工作。召开预决算工作布置会及培训班，细化各项预算和决算的编报情况，并按时向财政部报送预算“一上”、“二上”报告。认真完成文联所属企业化管理单位的汇总决算、文联系统住房改革支出预算及决算、外汇限额执行情况预算及决算、基本建设支出决算、政府采购预算及执行情况报告等多项预决算工作。

3. 财务保障工作。完成机关党委、工会等账务、经费收支工作，完成机关住房公积金核实调整、相关单位规范津贴补贴经费申报等工作，完成机关本级及12家所属预算单位国库集中支付代理银行的考察及转户工作，完成文联系统单位年度账户年检、审查所属社团账户开立及年检工作，确保文联行政工作和各项任务的顺利开展。

4. 财务制度建设。制定中国文联预算公开有关计划和实施方案并开始执行。启动了中国文联预算项目经费执行体系的建立工作，研究整体规划框架，制定并实施分年度工作计划，扩展了新的财务工作领域，

【审计工作】

1. 配合审计署完成2009年预算执行审计工作。参加审计署审计情况通报会，根据审计决定和审计报告提出的问题，对相关文艺家协会发出执行审计决定与审计报告要求的通知，回复审计署关于执行审计决定的整改情况报告。

2. 离任审计工作。根据人事变动情况和有关要求，对相关文艺家协会、直属单位8名负责同志进行了离任审计。

3. “小金库”治理工作。根据中央治理“小金库”有关文件要求，制定并下发《中国文联2010年治理“小金库”的工作方案》，上报文联治理“小金库”总结及相关报表。对文联业务所属30家社团1家基金会进行“小金库”专项治理

工作，参加了中央小金办举办的社团报表培训班，对有关社团和基金会进行内部检查。配合完成中央治理“小金库”工作领导小组对中国文联治理工作的重点检查任务。

【基本建设】

完成文艺家之家后续建设工作，制作了胡锦涛同志贺信石牌，继续完善多媒体工作室和录音棚建设。基本完成中国摄影家协会东四十二条48号办公楼改造工程。完成安苑北里22号楼对上下水系统、热力系统和外窗等局部改造工程。完成基建工作规划计划的编报工作。完善2011—2015年度办公用房大中修规划，编制并申报了2011年基建计划。

【国有资产管理】

随着中央行政事业单位国有资产管理暂行办法等一系列规章制度印发实施和中央行政事业单位资产配置计划、决算报告等专项工作的开展，中国文联进一步加强了国有资产管理工作。为理顺机制、规范程序，成立专门的资产管理机构，负责文联系统资产管理工作，要求所属各单位配备专职管理人员，并组织培训与学习交流，加强国有资产队伍建设。根据上级主管部门要求，按照统一制度、分级管理原则，起草制定了《中国文联行政国有资产管理暂行办法》和《中国文联事业单位国有资产管理暂行办法》。先后组织人员参加国资委企业国有资产统计报表编报培训、国管局组织的赴加拿大政府资产管理培训团，举办了关于企业资产统计报表编报的培训，召开了关于起草国有资产管理两个暂行办法的研讨会，组织了向全国国有资产管理先进典型单位——海关总署的学习交流活动。

在国管局资产司4月份召开的各部委厅局级国有资产管理工作总结报告会上，中国文联受到表彰。中国文联办公厅经验材料《加强队伍建设 科学规范管理 努力做好资产管理工作》先后在国管局《资产管理动态》2010年第12期和《中国机关后勤杂志》2011年第2期刊登。

【后勤服务】

开展节能减排宣传工作，组织实施了“节能宣传周”活动和抵制商品过度包装活动，并以张贴宣传画、节约标语等多种形式进行节约能源、资源的宣传。每月按时上报文联系统公务用车油耗情况和用电、用水情况。严格按有关规定和程序做好政府采购、固定资产管理工作。做好文联系统的人民防空工作，按时与中央国家机关签订人防责任书。按时交纳山区义务植树费。配合地区政府做好第六次人口普查工作。

人事工作

【中国剧协、中国杂协、中国舞协和中国书协换届】

6月24～26日，中国戏剧家协会第七次全国代表大会在京召开。会议选举产生了中国剧协新一届领导机构。

中国戏剧家协会第七届领导机构人员名单：

主 席：尚长荣

驻会副主席：季国平

副主席（按姓氏笔画排序）：王晓鹰、白淑贤、李树建、李维康、沈铁梅、茅威涛、罗怀臻、孟 冰、韩再芬、裴艳玲、濮存昕

秘书长：刘卫红

11月3～5日，中国杂技家协会第六次全国代表大会在京召开。会议选举产生了中国杂协新一届领导机构。

中国杂技家协会第六届领导机构人员名单：

主 席：边发吉

驻会副主席：邵学敏

副主席（按姓氏笔画排序）：邓宝金、宁根福、刘全利、齐春生、孙力力、李西宁、阿迪力·吾休尔、程海宝、戴武琦

秘书长：邵学敏（兼）

12月27～29日，中国书法家协会第六次全国代表大会在京召开。会议选举产生了中国书协新一届领导机构。

中国书法家协会第六届领导机构人员名单：

主 席：张 海

驻会副主席：赵长青

副主席（按姓氏笔画排序）：王家新、申万胜、苏士澍、吴东民、吴善璋、何应辉、何奇耶徒、言恭达、张业法、张改琴、陈振濂、胡抗美、聂成文

秘书长：陈洪武

【班子调整配备和干部选拔任用工作】

按照文联党组年度工作部署，结合班子和干部队伍实际，对剧、音、曲、舞、民、杂、视等7个协会，文联机关2个部门班子成员，以及服务中心、文艺学校、艺术报社、文联出版社、大众文艺出版社、电影出版社和音像出版社7个直属事业单位的领导班子进行了调整，有力地改善了班子整体结构，增强了干部队伍活力。

各协会、直属单位班子成员和文联机关局级领导干部调整名单：

张小果任中国剧协副秘书长

周光任中国剧协分党组成员、副秘书长

中国音协副秘书长韩新安任分党组成员并晋升副局级

王建国任中国音协分党组成员、副秘书长

董耀鹏任中国曲协分党组书记

罗斌任中国舞协分党组副书记、秘书长

周燕屏任中国民协分党组成员

邵学敏任中国杂协分党组书记、驻会副主席、秘书长

中国杂协分党组成员、副秘书长邹玉华晋升副局级

中国杂协分党组成员、副秘书长曹建明晋升副局级

杨虹任中国杂协副秘书长

张显任中国视协分党组书记

韩新民任中国文联机关服务中心副主任

王力任中国文联机关服务中心副主任

向云驹任中国艺术报社社长

康伟任中国艺术报社副总编辑

赵文民任中国文联文艺学校副校长

姜昆任中国文学艺术基金会秘书长

奚耀华任中国文联出版社总编辑

王利明任大众文艺出版社社长

汪菊平任大众文艺出版社总编辑

尹宁安任中国电影出版社副总编辑

中国文联音像出版社副社长江淮晋升副局级

罗成琰任中国文联国内联络部主任

李培隽任中国文联国内联络部副主任

徐里任中国文联国内联络部副主任

郁钧剑任中国文联国内联络部巡视员

王守明任中国文联离退休干部局局长

刘文棣任中国文联离退休干部局副局长

潘和平任中国文联离退休干部局副局长

中国剧协副秘书长张小果退休

中国杂协副秘书长杨虹退休

中国视协分党组书记黎鸣退休

中国视协副秘书长翟辉退休

中国艺术报社总编辑李树生退休

中国文联国内联络部副主任周雪静退休

中国文联离退休干部局局长郑会林退休

中国文联离退休干部局副局长刘文棣退休

免去姜昆中国曲协分党组书记职务（达到任职年龄界限）

免去宋建民中国文联出版社副社长职务

免去艾东大众文艺出版社社长职务

【干部教育培训工作】

制定了《中国文联2010年干部培训计划》，加强对文艺学校开展培训工作的指导，积极推进干部教育培训工作深入开展。邀请北京大学艺术学院院长叶朗、中国剧协主席尚长荣、中国影协主席李前宽，举办了3场专题讲座，产生了热烈反响。举办了中国文联处级干部任职培训班，选派12名局级以上领导干部参加中央党校和中国浦东、井冈山、延安干部学院培训班学习。参与和指导各单位、各部门举办各类培训班25期，培训干部近2000人次，有效地促进了各级干部综合素质的提高。

【推进干部人事制度改革】

为深入贯彻落实中央《2010～2020年深化干部人事制度改革规划纲要》，结合文联实际，对近年来干部人事制度方面的文件进行了梳理，对《中国文联关于在选拔任用局处级领导干部中积极推进竞争上岗工作的暂行办法》作了修改，研究起草了《中国文联关于各全国文艺家协会分党组报告干部选拔任用工作并接受民主评议的暂行规定（试行）》（征求意见稿），并结合各协会领导班子年度考核开展了干部选拔任用工作“一报告两评议”工作。按照中央下发的“四项监督制度”的精神，制定下发了《关于认真贯彻实施干部选拔任用工作四项监督制度的通知》，建立了干部选拔任用工作全程记录制度。对6名局级干部、3名

协会处级干部进行了交流任职。制定了《中国文联系统财务人员交流工作实施方案》，对 14 名文联机关和各协会、各直属单位财务人员进行了轮岗交流。规范了文联处级女干部退休年龄。

【事业单位人事工作】

积极参与出版单位转企改制、资产重组相关工作。组织了中国文联首次专业技术二级岗位评审工作，审核批复了部分单位岗位设置管理方案，开展了事业单位岗位设置管理有关情况调查工作。指导有关单位开展竞聘上岗、公开招聘和建立社会保险工作。按中宣部要求完成了“健全党对事业单位领导的体制机制”课题调研工作。

【人才工作】

认真抓好全国人才工作会议精神和《国家中长期人才发展规划纲要（2010～2020 年）》的学习传达和贯彻落实，指导各单位建立健全人才工作机制，深入开展人才工作调查研究，组织了三支人才队伍现状研讨交流。完成了中国文联人才信息数据库基础性建设，高级文艺人才信息采集、录入完毕，数据库正式投入使用。组织召开了中国文联出版专业高级职务评审委员会第 23 次会议，32 人通过了编审、副编审的任职资格评审。完成了中国文联 2010 年享受国务院政府特殊津贴人选推荐工作。

中国文联出版专业高级职务评审委员会第 23 次会议评审通过的高级职称人员名单：

通过编审任职资格评审的 16 人：罗松、朱旭辉、李小青、樊国宾、刘建芳、尚辉、叶进、赵迎新、徐艳娟、张德祥、薛燕平、许松林、李珊利、鄢晓霞、范钧、古力

通过副编审任职资格评审的 16 人：魏志国、吴淑苓、姜蔚、张英财、许志强、郑壬杰、郑培亮、郭峰、姚莲瑞、苏晶、吴俊茂、戴东、王东升、杨淑萍、潘爱平、赵子航

【机构和编制管理工作】

办理了 6 家出版单位的转企改制核销编制和注销法人工作，中编办批复核销 6 家出版社的 394 名经费自理事业编制。办理了美协、民协、摄协、中国文联国内联络部、离退休干部局内设机构增设、调整及更名审批。

党委工作

2010 年，中国文联机关党委在中直工委和文联党组的正确领导和具体指导下，深入学习贯彻党的十七大和十七届四中、五中全会精神，紧紧围绕党和国家工作大局，围绕文联中心工作，认真履行工作职能，扎实推进机关党的全面建设，为圆满完成各项工作任务提供了有力的思想政治保证和组织保证。

【创先争优活动】

4 月以来，中国文联各级党组织按照中央关于创先争优活动的统一部署和中直工委的要求，准确把握总体要求，深入进行动员部署，围绕中心确定主题，科学制定实施方案，以“推动文艺繁荣、服务科学发展、促进社会和谐”为实践载体，认真组织开展创先争优活动，不断提高机关党建工作科学化水平，创先争优活动发展态势良好。中央组织部、中央宣传部《关于在党的基层组织和党员中深入开展创先争优活动的意见》下发后，各级党组织高度重视，中国文联及 11 个全国文艺家协会、8 个直属单位、7 个机关部室迅速成立了创先争优活动领导机构，并制定了《深入开展创先争优活动实施方案》。4 月，召开表彰大会，对 48 名优秀共产党员、18 名优秀党务工作者、7 个先进基层党组织进行了表彰。利用迁入“中国文艺家之家”办公的有利契机，大力开展以“树立新形象、展示新面貌、发挥新作用”为主题的学习教育活动。5 月 31 日，召开了中国文联深入开展创先争优活动动员会，对深入推进创先争优活动进行动员部署。中国文联创先争优活动办公室还加强对各单位创先争优活动的指导，不定期检查、督促，利用多种机会和方式了解情况，研究解决活动中的问题，保证了活动的健康发展。同时，在活动开展期间，注重运用中国文联网站、中国艺术报以及各单位网站、报刊、杂志等媒体做好宣传工作。先后宣扬了“身患癌症带病坚持工作的出版改革办公室主任赵克忠”、“六年如一日献身雪域高原的离退休干部局局长王守明”、“心系灾区，多次踊跃为灾区人民捐款的中国剧协离休干部刘厚生”的先进事迹。

【理论武装工作】

按照中宣部的部署，2 月份，中国文联机关党委启动了学习型党组织建设工作，坚持以部局两级中心组学习为龙头，以处级以上干部为重点，把学习贯彻十七大和十七届四中、五中全会精神，用中国特色社会主义理论体系武装党员干部作为重要内容，运用多种形式，扎实推进理论武装工作。重点做了 4 项工作：一是成立了推进学习型党组织建设专门领导机构和工作机构，研究制定了实施方案。各局级单位也相应成立了领导机构和工作机构，加强了对此项工作的组织领导。充分运用内部报刊、网络等媒体，广泛宣传，总结推广好的做法，营造了浓厚的学习氛围。二是着眼建设学习型领导班子，突出抓好各级中心组的学习。针对 7 月份胡锦涛总书记发表的关于深入文化体制改革的重要讲话和 10 月份召开的党的十七届五中全会，先后召开中心组扩大会，迅速组织传达学习，及时把思想统一到中央部署要求上来。充分发挥各类培训机构的作用，突出抓好处以上干部的集中培训。三是广泛开展各类学习活动。围绕《划清“四个重大界限”学习读本》和《七个“怎么看”——理论热点面对面 · 2010》两本书的相关内容，举办学习讨论会、报告会；通过组织向灾区捐款、到汶川考察灾后重建成果、赴延安进行现场教学等，进行社会主义核心价值体系教育；举办中国文联文艺知识系列讲座，邀请文艺界名家大师授课，组织文艺知识竞赛，提高党员干部的业务素质；以文联理论研究室“学习型机关党支部建设亮点示范工程”试点为抓手，以点带面，促进学习，把学习型党组织建设和创先争优活动有机结合起来，做到“两促进、两不误”。四是坚持学以致用，注重成果转化。各级党组织特别是各级领导班子，紧紧围绕推进文艺和文联工作，努力把学习成果转化为谋划工作的思路、解决问题的本领和改进工作的措施。在学习中央关于文化体制改革的精神时，各级班子成员就影响和制约文艺和文联工作发展的一些重大问题，深入进行调查研究，提交了 20 多篇论文，对推进工作起到了积极作用。

【基层党组织建设工作】

新的《中国共产党党和国家机关基层组织工作条例》下发后，为促进领导干部熟悉《条例》、党务干部精通《条例》、广大党员了解《条例》，11 月，中国文联机关党委专门举办了一期学习新《条例》培训班，并邀请中直工委组织部副部长王国义做了关于学习新《条例》的辅导报告。按照中直工委的要求，机关党委把贯彻落实《条例》作为一项重要任务来抓，结合文联实际，制定了学习贯彻方案，并落实到基层组织建设的各项工作中。同时，机关党委还重点做了以下 3 项工作：一是做好基层党组织换届改选工作。5 月份下发文件，要求任期已满的基层党组织进行换届改选，指导 4 个单位党总支、支部完成了换届改选工作。二是继续抓好党员干部培训工作。先后两批选派 13 名同志参加了中直党校培训，1 名党务干部参加了浦东干部学院的培训。举办了 1 期入党积极分子培训班，共培训积极分子 52 名。三是做好党员发展工作。注意在业务骨干和优秀青年中发展党员，共发展党员 18 名，预备党员转正 13 名。

【精神文明建设工作】

中国文联机关党委运用多种形式、利用各种时机，进行中国特色社会主义理论体系教育，社会主义核心价值体系教育，形势政策教育，法纪教育，职业道德、社会公德以及个人品德教育，做好精神文明建设工作。4 月 14 日，青海省玉树县发生强烈地震后，积极组织开展了“向青海玉树地震灾区人民献爱心”捐助活动，各全国文艺家协会和文联直属机关处以上干部以及文联机关全体干部职工 300 余人参加了捐款。据统计，文联集体和个人共向玉树灾区捐款近 500 万元。8 月 8 日，甘肃省舟曲县发生特大泥石流灾害后，及时制定工作方案，组织向灾区人民献爱心捐助活动。继续开展公民道德实施纲要的教育实践活动，组织参与中直统一开展的“创建文明机关、当好人民公仆”和构建和谐机关的群众性精神文明创建活动。组织参加了第五届中直机关文明家庭和第七届全国五好文明家庭评选和中直机关“首都文明单位”的评选活动，先后有 2 个家庭分别被评为中直机关文明家庭和全国五好文明家庭、1 个单位被评为首都精神文明标兵、2 个单位被评为首都精神文明单位。继续开展“送温暖、献爱心”活动。在重大节日期间，走访看望有贡献的老党员，对有困难的党员职工进行慰问，对在边疆地区挂职的干部发放补助。此外，还协同有关部门组织了公务员法、著作权法的学习，完成了“五五”普法验收总结工作和以防范“法轮功”为重点的维护稳定工作。

【群团工作】

中国文联机关党委积极引导和支持工青妇组织做好自身建设，开展适合自身特点的活动。年初，机关工会联合会牵头主办了文联系统职工春节大联欢活动；元旦春节期间，继续开展了“以人为本，真情关爱”活动，走访看望困难职工18名，发放补助金2.5万余元；3月份，召开第三届工会委员和第三届经费审查委员会委员会议，进行换届选举，文联基层工会也相继进行了换届；4月初，举办了工会主席、妇女干部、经审委主任培训班；5月份，和机关团委、妇工委和文明办联合举办了中国文联职工文艺知识竞赛；9月份，和机关团委联合举办了第四届职工乒乓球比赛，党组领导出席开幕式并为比赛开球；为1077名会员办理了大病互助保险。11月，文联机关团委举办中国文联团干部培训班，深入学习贯彻李源潮和陆昊9月26日在全国基层党建带团建暨共青团系统深入开展创先争优活动座谈会上的讲话精神。3月，妇工委组织了“庆三八”女职工电影招待会，为文联系统500余名女职工办理了妇女四病保险。这些活动，增强了群众组织的凝聚力，发挥了桥梁和纽带作用，密切了党群关系。

【机关党委自身建设】

中国文联机关党委把提高党务干部素质，加强自身建设放在突出位置来抓。带头创先争优，注重把“内强素质、外树形象”贯穿于自身建设全过程，努力打造“想干事、能干事、干成事、好共事、不出事”的团队。在思想政治建设上创先争优，重点开展了“讲党性、重品行、作表率”和“知足、知明、知责”为主题的教育活动。在业务能力上创先争优，要求党务干部努力做到“站起来能讲、坐下来能写、下基层能帮、复杂的问题能妥善处理”。平时刻苦钻研业务，遇到艰巨任务，勇于担当，有挂职锻炼的机会，不计个人得失，踊跃报名，努力在实践中提高工作能力。在加强团结协作上创先争优，针对机关党委人员少、工作头绪多的特点，重点工作强调分工不分家，统一调配力量，形成工作合力。强化和谐理念，提倡多看别人长处、多记别人好处、多想别人难处，正确处理人际关系，积极营造和谐氛围。

纪委工作

2010年，中国文联机关纪委在中直纪工委的领导和文联党组的具体指导下，坚持以邓小平理论和“三个代表”重要思想为指导，深入贯彻落实科学发展观，贯彻落实党的十七届四中全会、十七届五中全会、第十七届中央纪委第五次全会和中直纪工委工作会议精神，认真履行党章赋予的职责，坚持标本兼治、综合治理、惩防并举，注重预防的方针，扎实推进党风廉政建设和反腐败工作，反腐倡廉建设取得了新的进展，为开创文联工作新局面提供了有力的纪律保证。

【党风廉政教育】

中国文联机关纪委深入学习贯彻第十七届中央纪委第五次全会和中直纪工委工作会议精神，及时组织召开纪委会和纪检工作会议，集中学习有关会议精神。根据中央纪委和中直工委要求，下发了《学习贯彻第十七届中央纪委第五次全会精神的通知》，组织广大党员干部深入学习贯彻胡锦涛总书记的重要讲话、贺国强的工作报告。以学习贯彻党的十七届四中全会、十七届五中全会和第十七届中央纪委第五次全会精神为契机，积极开展中国特色社会主义理论体系、社会主义核心价值体系教育，开展以树立正确的“权力观”为重点的“六观”教育，组织纪检干部观看王瑛同志先进事迹电视剧《远山的红叶》。按照中央纪委通知要求，及时下发学习贯彻《中国共产党党员领导干部廉洁从政若干准则》的通知，为文联党组成员，各全国文艺家协会、各直属单位领导班子成员，文联机关处以上干部、各基层党组织购发《廉政准则》学习读本。

【作风建设】

中国文联机关纪委认真学习贯彻胡锦涛总书记提出的关于领导干部作风建设的基本要求和工作重点，切实加强领导干部思想作风、学风、工作作风、领导作风和生活作风建设，重点做了以下3项工作：一是认真召开“加强领导干部党性修养、树立和弘扬良好作风”专题民主生活会。根据中央纪委、中央组织部统一部署，重点对照检查贯彻落实胡锦涛总书记在第十七届中央纪委第三次全会重要讲话上提出的“六个着力”、“六个切实”要求方面存在的突出问题，深入开展批评与自我批评，提出在深入开展党风廉政教育、坚持和健全民主集中制、深化干部人事制度改革、强化干部监督管理、加强廉洁自律工作等5个方面加大工作力度的具体举措。二是认真落实“四个大兴”的要求。结合深入开展创先争优活动，大兴密切联系群众之风、求真务实之风、艰苦奋斗之风、批评与自我批评之风，重点抓好厉行节约、改进会风和文风、巩固和扩大清理规范评比达标表彰工作成果、开展领导干部接待群众来访、加大治庸治懒力度作风建设等工作。三是认真开展“讲党性、重品行、作表率”主题实践活动。抓住中国文艺家之家投入使用的有利契机，积极开展“树立新形象、展示新面貌、发挥新作为”教育活动。

【反腐倡廉制度建设】

中国文联机关纪委把建立完善制度措施作为从源头上防治腐败的重要内容来落实，进一步建立健全党员领导干部报告个人有关事项、离任审计、述职述廉、领导干部问责制、领导班子民主生活会、出版单位领导班子考核办法等制度措施，加强对各级领导班子和领导干部的监督管理。继续建立和完善重大文化活动的监管机制。按照中央文艺新闻出版评奖管理有关规定，下发《关于认真贯彻落实〈全国性文艺评奖管理办法〉进一步改进和规范文艺评奖的通知》，建立和落实评奖办节、艺术展演、文化交流、出版发行等项目决策、核准、资金安排的监管制度。继续建立健全党风廉政建设责任制。根据中共中央、国务院《关于实行党风廉政建设责任制的规定》，修订完善《中国文联党风廉政建设责任制实施办法》。

【党内监督工作】

中国文联机关纪委严格执行《中国共产党党内监督条例（试行）》、《中国共产党党员权利保障条例》等规定，切实加强党内监督工作。按照《党政领导干部选拔任用工作条例》有关规定，会同人事部门加强对新录用人员、拟提拔的处以上干部、新调入人员廉政情况进行监督，提高干部选拔任用的公信度。按照打造“优质工程”、“阳光工程”的要求，加强对文艺家之家网络建设工程、离退休干部活动中心改造工程、出版单位转企改制资产评估等招投标工作的监督。按照中央纪委的要求，会同文联有关部门开展严禁公费出国（境）旅游、清理“小金库”、清理“假发票”、领导干部私自驾驶公务用车等专项检查，对存在的问题提出整改意见。按照中央纪委的要求，在元旦、春节等重大节庆日，下发廉洁自律有关规定的通知，杜绝领导干部利用节日期间收送礼金、有价证券等问题。同时，结合召开各级领导班子民主生活会、年终述职述廉，加强对各级领导班子和领导干部廉政勤政情况的监督检查。

【群众来信来访及违纪案件查处】

中国文联机关纪委高度重视信访举报和案件查处工作，不断加大信访举报和案件查处工作力度。一年来，共受理群众来信29件，接待群众来访8人次，按照分级负责，归口办理的原则，及时解决群众反映的突出问题。按照《党的纪律检查机关案件审理工作条例》有关规定，严肃查处党员干部违纪问题，共查办案件5起。

【纪检干部队伍建设】

中国文联机关纪委认真落实中直机关学习贯彻全国纪检监察系统主题实践活动总结暨加强自身建设电视电话会议精神，把加强纪检干部队伍建设作为年度工作重点，及时制定下发了《关于开展“增强素质、争创一流、促进纪检工作科学发展”主题系列活动实施方案》，组织纪检干部深入学习党的十七大和十七届四中全会关于反腐倡廉的重大决策部署，学习党的三代领导集体关于反腐倡廉建设的重要思想和以胡锦涛同志为总书记的党中央关于反腐倡廉建设的重要论述，开展提高反腐倡廉建设科学化制度化水平理论征文活动。11月，举办纪检干部综合业务培训班，提高纪检干部反腐倡廉理论素养和业务水平。

离退休干部工作

【老同志学习活动】

1月6日，召开文联系统老干部工作人员会

议，传达、学习中组部老干部局长会议精神及培训小结。传达中央关于做好春节期间走访慰问老同志的要求精神，并通报2009年工作总结情况。

3月23～25日，中国文联《老干部工作通讯》通讯员培训班在昌平区虎峪园林山庄举办。来自文联系统16个单位的近50名老干部通讯员参加了培训。并组织参加工作会的老同志到香堂文化新村进行了参观，了解了当地旅游文化发展和社会主义新农村建设成果。

4月15日，组织13名离退休老同志到全国政协礼堂听取中央有关领导作报告。

6月29日下午3：00在12楼会议室召开文联系统老干部工作人员会议，传达学习老干部工作政策业务知识问答、1～4级残疾军人费用提高等文件，并布置北戴河老干部疗养工作。

7月6日，组织文联系统老干部前往京西宾馆大礼堂听取中央政法委员会副秘书长王其江作的《关于当前社会稳定面临的形势和任务》的报告。

9月27日，组织文联系统老干部到京西宾馆听取中组部常务副部长沈跃跃作的《关于组织工作》的报告。

【老同志文化娱乐活动】

2月8日，在中国文艺家之家4层多功能厅举办中国文联离退休老同志新春团拜会。团拜会上，中国文联党组副书记、副主席覃志刚传达了胡锦涛总书记、温家宝总理为中国文艺家之家落成发来的贺信。中国文联老干部合唱团在团拜会上进行了汇报演出。

4月22～27日，组织8位中国文联老艺术家赴珠海、澳门进行采风活动。走访当地艺术馆、高等院校、企业等不同单位，给当地人民带去新鲜艺术思想，留下艺术作品，也获得了当地人民精神文化境界的滋养，为进一步提高艺术水平，创作出更加贴近实际、贴近生活、贴近群众的优秀作品积累了精神财富。

5月16～22日，组织40余名离退休老同志及家属参加“世博游”活动，先后参观了上海世博会、西塘古镇、奉化溪口、绍兴鲁迅会馆、沈园、西湖等地，满足了老同志们出行的良好愿望。

6月7～14日，组织26名文联系统离退休老艺术家赴宁夏陕西采风。在宁夏参观了西夏王陵、沙坡头能名胜，在延安参观了枣园、杨家岭革命旧址等老一辈革命家战斗和生活过的地方，并在西安同陕西省文艺界代表就文艺研究、非物质文化遗产保护、陕西民间文化艺术发掘的问题进行了深入交流。

8月，根据中直机关有关副局级以上离休干部和副部级以上退休干部到北戴河疗养的规定，组织中国文联系统副局级以上离休和副部级以上退休干部参加中直系统北戴河疗养。

10月15日，组织500余名文联系统离退休老同志到北京顺义七彩蝶园欢度重阳节。老同志们在蝴蝶园内回忆过去，共话今朝，畅叙友情，度过了愉快的一天。

11月8～12日，组织文联系统77名离退休老艺术家赴湖南开展“红色之旅”活动。参观了滴水洞、毛泽东故居、湖南省博物馆等多处名胜，老同志们感到心情愉快，十分满意。

【搭建老同志交流平台改善活动条件】

5月，《桑榆天地》创刊号刊印第一期；8月，《桑榆天地》刊印第二期；12月，《桑榆天地》刊印第三期，这为文联系统老干部交流学习搭建了平台。老同志纷纷来函来电，对《桑榆天地》的创办表示感到欣慰并致祝贺，许多老同志表示愿意为《桑榆天地》的编印工作献策出力。

9月26日，中国文联双旗杆老干部活动中心举行改扩建工程竣工剪彩仪式。双旗杆老干部活动中心经过扩建改造，活动面积由原来的300平方米扩大到1000多平方米，设有多功能厅、阅览室、棋牌室、乒乓球室、台球室、健身房、书画创作室等活动空间，老同志活动条件得到显著改善。

【提高服务水平为老同志送温暖】

为22位逢65、70、75、80岁和80岁以上的离退休老同志过集体生日，并根据惯例给老同志邮寄生日贺卡，并赠送了祝寿金。

为机关离退休干部代为报销医药费52人次，累计费用17万余元。

按照相关规定为机关离休干部发放2010年度活动费。

按照相关规定和规格，做好离世离退休老同志的治丧工作。

做好机关离退休干部办理供暖费、物业费报

销的工作。

中秋节前夕，向机关离休干部赠送节日慰问金。

11 月 23 ～26 日，离退休干部局在北京密云举办中国文联系统老干部工作人员政策业务培训班。来自中国文联机关、各文艺家协会和直属单位的近 30 名老干部工作人员参加了培训。中国文联党组成员、副主席、书记处书记廖奔代表文联党组出席了会议。

【走访慰问和信访接待工作】

元旦、春节前夕，局领导班子陪同党组领导看望文联系统离退休老艺术家、老干部，并专门看望文联机关和文联系统患重病或生活有特殊困难的离退休干部。

在“七一”前夕，由各单位老干部工作部门牵头，单位领导带队，各相关职能部门参加，共同对文联系统内近 160 名离休干部进行了走访慰问。

2010 年，离退休干部局会同有关部门及时处理老同志的来信，热情接待老同志来访，经过政策解释、心理疏导，化解了大部分老同志的心结，最大限度按照有关政策解决了老同志的实际问题。

中国文联机关服务中心

综　述

2010 年，中国文联机关服务中心（以下简称“中心”）在中国文联党组的领导下，深入学习实践科学发展观，扎实开展创先争优活动和学习型党组织建设，围绕文联工作大局，努力为文联机关、各文艺家协会做好各项后勤服务保障工作，切实做好国有资产管理及经营工作，加强中心自身建设，顺利完成了各项工作任务。

中国文艺家之家后勤服务保障

【协会搬迁工作】

为顺利完成各文艺家协会搬迁入驻中国文艺家之家办公楼，中心提前介入、广泛调研，根据各文艺家协会职工人数、部门设置情况及岁末年初的活动安排情况，统筹安排各单位搬迁时间，制定了周密的搬迁计划，并安排工作人员 24 小时值班，协调处理搬迁事宜。4 月初，9 个文艺家协会顺利搬入新办公楼。

【运行保障服务】

1. 实行专业化管理，加强办公楼设施设备维护保养

制定和完善各项管理制度，实行专业化管理，确保大楼水、电、气、暖设备以及消防、监控等设施正常、良好运行。坚持每天对所管辖办公楼区域进行巡视检查，加强对消防水泵及消防储水箱、管线等重要部位的检查，发现问题及时整改，确保消防设备的良好状态；严格遵守供电设备设施及消防设备设施定期巡检和登记制度，定期维护保养；节假日前，例行对文联系统各单位进行安全检查；认真做好汛前准备工作，疏通下水道，检查楼顶避雷针、避雷网，备齐各种防汛物资，加强排查，重点防护，确保安全。此外，引进招聘一批专业服务人员，加强技能培训，提高服务水平。

2. 改造和完善办公楼部分设施设备，做好节能减排工作

积极配合基建部门协调大楼施工维保方处理办公楼部分设施设备改造完善工作，提高办公楼运行利用价值。加装热水泵、中央空调冷却塔截门，改善供暖、制冷效果；为办公楼内各办公室、楼层、设备用房、功能区、楼层增装指示牌，便于识别和管理，共计制作安装各种标牌 1000 余块；全面改造地下停车场地面，维修处理存在的质量问题；装修改造南楼、东楼十七层平台；改造报告厅舞台灯光设备，适应大型会议、文化活动需要；将南楼、东楼一层大厅门改为自动门并加装防风密封条，解决冬季北风直吹入楼的问题；配合民协、影协、摄协等单位布置、改造展厅，安装射灯，改善灯光效果，等等。响应国管局节能减排号召，通过设定电梯运行时间、采用楼宇自控系统、使用节能照明产品等措施，节约资金 350.7 万元，大力推进建设节约型机关工作。

3. 完善后勤服务保障项目，满足文联机关和文艺家协会工作需要

（1）会议接待服务

为满足各种会议、活动需要，中心成立了会议服务处，招聘、引进专业服务人员，利用裙楼四层报告厅、南楼八层会议室提供会议、接待服务。顺利完成两会代表委员联谊会、“送欢乐、下基层”活动文艺家联谊会、中国文联八届六次主席团会、全委会、杂协第五届八次主席团会和理事扩大会议、大型戏曲电影《唱九霄》首映式、新农村少儿舞蹈美育工程民族舞蹈交流展演等活

动的会场服务工作；顺利完成中央领导、有关部委领导和各省、市文联领导来文艺家之家视察访问以及国际魔术联盟官员、奥地利教育艺术文化部代表团来访等外事活动的接待服务工作。全年共完成副部级以上领导接待任务40多次，接待机关及各协会会议、文化活动约400场次。

（2）餐饮服务

中心采取外包方式，与专业餐饮服务公司签订服务协议，更好地保证了职工用餐。对食品质量、食品采购价格、伙食成本、人员服务和原材料管理加强监管、监察；明确食堂内部管理人员和工作人员岗位职责，加强员工食品安全管理责任意识，定期聘请专业鉴定机构，对食堂的卫生安全进行全面检测，并将检测结果及时公布；积极与文联广大职工沟通，及时反馈职工需要，增加饭菜花色和品种，精心调剂菜品，改进烹调方式，保障菜谱的科学性、营养性；增加外卖窗口，提供外卖食物预订服务。除了提供职工早、中、晚三餐服务外，还承接了招待宴会餐100多次。

（3）网络信息服务

中心新设立网络信息处，为办公楼各单位提供宽带、网络管理与维护，及时处理故障，做好网络设备、机房的日常维护和管理。安排专人提供电脑故障处理和服务，共提供相关服务近600次。建成中国文联机关服务中心网站，加强了信息交流与共享。配合文联基建处，完成多媒体制作中心、录音棚建基础设施工程并着手各种设备的招标采购工作。就文联阁建设展开前期调研，制定出文联阁建设初步方案。

（4）文印服务

为机关各部室、驻楼各协会提供印制文件、资料、设计制作宣传画的服务，共计印制简报4334份、制作胸卡340张、刻录光盘1874张、录入文字119338字。

（5）收发服务

负责楼内各单位报纸、邮件、文件的收发服务，全年共计收发报刊杂志21万余份。针对快递件日益增多情况，安排专人负责快递件的接收、分发，累计快递收发8800多件。

（6）其他服务

开展绿植租摆服务，美化环境、净化空气；利用放映厅每周定时放映电影，方便楼内职工休息娱乐；联系银行在楼内安装取款机、自动缴费机，便于职工日常取款、结算费用；在地下室建立洗车房，方便职工洗车，提供洗车服务2400辆次；在楼内建立理发室，为楼内职工提供理发、烫发服务，等等。

中国文联系统后勤服务保障

【房地产管理工作】

1. 房地产管理日常性工作

为文联机关及所属协会、事业单位办理土地预登记证8处，涉及建筑面积达9492.9平方米；办理13份腾退旧有住房产权证；为秦老胡同46号办理土地指界；做好1979年前住宅房屋情况统计；调整大学生公寓30余人次；追回预付房款50万元；积极处理南沙滩小区及双旗杆住宅小区遗留问题；清查清理违规出租保障性住房；按照政策搞好职工住房补贴管理、职工供暖费审核工作；完成文联系统申请住房补贴职工的电子信息录入工作；审核2009年度文联及下属单位购房补贴支出240.7469万元；审核文联机关职工供暖费12余万元；审核2011年文联及下属单位申请购房补贴391万元；帮助18位同志央产房上市，面积共1149.91平方米。

2. 妥善解决原有办公楼保留与腾退问题

经与国管局及其他有关部门沟通、协商，据理力争，保留了安苑北里22号办公楼以及农展馆南里10号院办公楼部分办公楼层，妥善解决了办公楼搬迁后原有办公用房保留及腾退问题，最大限度地维护文联利益。在文联党组领导下，根据各单位的实际需要，中心与办公厅共同制定了安苑北里22号楼的办公用房调配方案。与各用房单位签订办公用房管理服务协议，实行契约化管理和服务，促进办公用房使用、管理与服务的规范化。

【安全保卫工作】

健全制度，完善预案，切实抓好安全保卫工作。中心制定文艺家之家消防工作应急预案、火灾逃生应急预案等一系列适用于办公区、宿舍区的消防安全措施及汛期应急方案；加强各办公区、宿舍区的安保工作，安排保安人员全天值守；对宿舍区及办公楼监控系统进行较为全面的维修和升级，加强中控室值班制度，监控到可疑情况立即报告、及时处理；严格执行来访来客登记制度，全年办理一卡通证件1300多张、车辆通行证540多张、来客来访登记5300余人次；实行干部值班制度，加强紧急、突发事件的应对、处理，确保安全稳定；协助公安部门对文联系统有关涉案人员进行立案查处；切实做好百花迎春、八届五次全委会、中国民间艺术节、中国农民艺术节等大型活动和会议的安保工作；全年审核刻制公章15枚。

【物业管理服务工作】

1. 宿舍区物业管理服务

适时召开居民座谈会，听取建议，积极采纳合理化建议；委托首华物业管理有限公司对和平家园的文联职工住房实施统一管理；与作协协商，为安定门外8号楼修建坡道，方便老弱病残人员出行；开辟空地，为北三环中路10号院增加停车位；妥善处理东城区分司厅宿舍楼委托管理相关事宜；切实做好冬季供暖工作，中心被西城区市政管委评为2009～2010年度供热先进单位。

2. 办公楼物业管理服务

文联机关和协会迁入文艺家之家后，农展馆南里10号办公楼临时调配给协会下属单位和文联直属单位使用，顺利完成搬迁、调整工作后，认真做好保安、保洁、日常维修、水、电、暖保障、收发等物业管理服务工作。全年收发平信近7万件；挂号、快件、包裹、汇款近2.5万件、报纸5.475万份。及时做好安苑北里22号楼的接管，并配合基建处完成装修改造，为各单位入驻创造条件。

【交通服务保障工作】

做好文联机关日常交通保障服务；同时，为百花迎春、八届五次全委会等大型活动提供了交通服务保障，全年累计行驶650000余公里，安全无任何责任事故。以节能减排为契机，通过强化节油意识，建立燃油管理考核机制，完善和改进各项管理规定，合理配置车辆资源，开展节油标兵评比等措施，全年共计用油6.3万余升，平均油耗约为9.7升/百公里。

【医疗卫生服务工作】

为机关和协会干部职工做好诊疗、咨询服务，共计接诊、出诊2600余次；为文联各种大型会议及活动提供切实可行的医疗保障；组织安排干部职工健康体检，对检出的问题给以解释、重点干预；配合做好中国文联享受医疗照顾人员健康体检；认真做好机关干部、离退休人员的医疗费报销审核工作。

国有资产经营管理

【文联宾馆租赁工作】

年初，按照党组领导批示，经多轮谈判，与克拉斯公司签订了租期10年的宾馆租赁合同，结束了宾馆的空置状况，使宾馆发挥作用，创造经济效益，实现了国有资产的保值增值。

【经营性用房租赁工作】

适时制定下发了《中国文联关于加强经营性事业单位和企业监管的意见》。做好经济合同的谈判、签订、执行工作。继续与一些讲信用、交费及时的承租人续订房屋租赁合同，保证持续获得经济效益；与即将到期的租户进行了沟通，对是否继续租用及租金涨幅情况进行了调研。分别与有关企业签订了安苑北里办公楼数据无线传输机站占地合同、农展南里办公楼楼顶广告牌占地合同。北三环中路10号院内部分房屋出租合同到期后，及时做好合同的续订工作。

【历史遗留问题处理工作】

根据党组有关决定，办理中国文联与中艺国旅、中联光碟有限公司的脱钩法律手续，使中国文联与这两家企业彻底脱钩，规避了继续合作后可能发生的风险，维护了文联的经济利益。另外，积极参与、配合律师和有关部门处理与北京二建因文联宾馆装修工程尾款结算纠纷仲裁案，推进问题的解决。协助有关部门完成了中联百花公司审计、资产评估等工作。

中心自身建设

【队伍建设】

1. 加强领导班子建设

10月，通过公开竞聘、考察、公示、备案等严格程序，从中心内部选拔聘任了2名主任助理，进一步完善和加强中心领导班子建设。全年共召开48次处以上干部会议，对主要工作进行研究、部署，及时总结工作经验，切实增强做好后勤服务保障工作的使命感和责任感。

2. 加强科以上管理干部队伍建设

选拔任用了4名副处级干部，提拔任用正科级干部6名、副科级干部6名，解决部分岗位相对薄弱，需要及时补充、加强的问题。此外，中心还加强了物业管理、会议服务、房屋管理、财务结算等各方面的管理力量。

3. 抓好职工队伍建设

从社会上公开招聘财务管理、文印设计与制作、电脑维修与信息服务、会议接待服务、维修、水电暖工、邮件收发等人员30多名，充实服务队伍。加强岗位练兵和技术培训工作，通过开展职业道德培训，强化职业道德理念，树立爱岗敬业、诚实守信、能吃苦、能奉献的中心职业道德观。举办岗位技能培训暨竞赛活动，切实提高职工业务能力和工作技能。

【制度建设】

加强制度建设，不断提高管理服务能力和水平。通过完善、落实各项规章制度，不断提高管理服务能力和水平。中心制定了会议服务、文印服务、设施设备管理与维护、网站管理、结算管理、办公用品领用、劳动工具管理、证件管理、地库和洗车房管理、物业、供暖费报销办法等一系列共计26项规章制度、服务规范。

【思想文化建设】

1. 深入开展创先争优活动和学习型党组织建设

根据党组有关要求和统一部署，结合中心工作实际，深入开展创先争优活动和建设学习型党组织、学习型集体、学习型处室活动。推行长效学习机制，按照不同主题，每月至少开展一次知识答题活动，激励全体职工自觉坚持学习。通过团支部建立学习书屋，购入各类图书300余册，满足了职工日常学习需要。

2. 加强党组织建设

7月，中心党支部召开全体党员大会，顺利完成机关服务中心党支部换届选举，成立了新一届支部委员会，从组织上保证了中心党支部各项工作的正常有序运转。在组织发展方面，有3位同志转正为正式党员，3位同志发展为中共预备党员，并选派5位同志参加机关党委举办的入党积极分子培训。

3. 开展主题活动，加强思想文化建设

组织开展扑克牌、篮球、乒乓球、登山、羽毛球等体育比赛以及迎新春联欢会、集体度假等活动，为东北受灾职工献爱心捐款、为舟曲灾区捐款活动，促进职工思想文化建设和精神文明建设。

中国艺术报社

综　述

2010年，中国艺术报社在中国文联党组的正确领导下，紧紧围绕党和国家工作大局，始终坚持正确舆论导向，密切关注文艺界热点话题，大力报道中国文联和全国各地文联各项工作，充分反映全国“两会”、青海玉树抗震救灾、上海世博会、西部大开发10周年、“送欢乐、下基层”慰问活动等重大事件，同时进一步办好中国文联网以及与中国文联国际部联合编辑出版的《艺术交流》杂志，为文艺事业和文联工作大发展大繁荣营造了良好舆论氛围，搭建了立体化的媒介平台。

重要工作

【中国文联和文艺界学习贯彻十七届五中全会精神的宣传报道工作】

党的十七届五中全会，是在全面建设小康社会的关键时期，在深化改革开放、加快转变经济发展方式的攻坚时期召开的一次重要会议，是一次总结过去、规划未来、明确发展方向和奋斗目标的重要会议。会议审议通过的《“十二五”规划建议》，系统总结了“十一五”时期经济社会发展的巨大成就和宝贵经验，科学分析了面临的战略机遇和风险挑战，明确提出了“十二五”时期经济社会发展的指导思想、总体思路、目标任务和重大举措，勾画了今后5年我国发展的宏伟蓝图，是“十二五”经济社会发展的基本遵循和行动纲领。报社在做好全面宣传报道文联及文艺界学习贯彻会议精神工作的同时，还在报社内部开展了学习贯彻精神活动。

【开设文化体制改革和反“三俗”专栏】

胡锦涛总书记在主持中共中央政治局第二十二次集体学习时发表关于文化体制改革和反“三俗”重要讲话后，报社及时报道中央精神和文艺界学习动态，组织刊登各文艺类别专家文章，特别是反“三俗”系列谈约请了曾庆瑞、黄式宪、徐沛东等8位专家撰稿，在社会上引起强烈反响。

重要报道

【“送欢乐、下基层”慰问活动宣传报道工作】

“送欢乐、下基层”慰问活动是中国文联开展的品牌性惠民文化活动，2010年元旦春节期间，报社先后派出10余名骨干记者，跟随中国文联及各协会所组成的文艺家小分队赴云南楚雄、辽宁大连海军舰艇学院，以及广东、天津、四川等10多个地区采访，用重点版面对2010年“送欢乐、下基层”慰问活动进行浓墨重彩的报道，共刊发各类文字稿件60余篇、图片80余幅，及时、充分、生动地反映了中国文联2010年“送欢乐、下基层”慰问活动的整体情况。报社还与中国文联国内联络部合作编印《中国文联2010年“送欢乐、下基层”慰问活动纪实》画册，全面记录全国文联系统2010年“送欢乐、下基层”慰问活动情况。

推出特刊

【“庆祝上海世博会特刊”】

2010年4月，在上海市文联大力支持和配合下，本报派出采访小分队赴上海世博会现场采访，4月30日，与上海市文联合作推出“庆祝上海世博会特刊”，深入解读世博与文化的紧密联系，全面呈现世博园的魅力以及上海文艺界为世博会做出的种种努力，生动反映了艺术家对世博会的美好祝福。时任中国文联党组书记、副主席胡振民同志对特刊作出了重要批示，他说：“在继去年推出新中国成立60年92版特刊之后，今年又按照中央和中宣部的总体要求，成功推出了上海世博会44版特刊，以鲜明的主题、丰富的内容、图文并茂的版面和特色，既系统反映了世博会辉煌的发展历程和举办盛况，又充分展示了举办国和参与国悠久的传统文化和最新文明成果；既充分报道了我国各族人民支持世博、参与世博的生动景象，又突出反映了广大文艺家和文艺工作者为上海世博作出的积极努力。希望报社全体同志再接再厉，奋发进取，不断深化内部改革，着力打造知名品牌，在服务党和国家中心工作，促进文艺工作和文联工作大发展大繁荣方面作出新的更大贡献。”

【“纪念西部大开发10周年特刊”】

在西部大开发10周年之际，报社与西部各省市文联联手，推出“纪念西部大开发10周年特刊”，感受中央领导关于西部大开发重要讲话精神的深刻内涵，梳理西部文化的特质以及西部大开发10年来文艺方面取得的最新进展，图文并茂地展示了西部12个省区市和新疆生产建设兵团10年来在文艺方面的辉煌成就。特刊推出后，反响良好，原全国政协副主席、中国西部研究与促进会会长李蒙在致中国文联党组的信中对报道西部大开发10年成就表示肯定和感谢。他说：“《中国艺术报》不仅对‘西部大开发10周年生态环境与人居环境成就展’做了专题报道，而且从文化、文艺的视角推出了纪念西部大开发10周年特刊，多达50个版的特刊报道，内容精彩纷呈，版式生动活泼，对西部大开发工作会议做了详细报道，全方位地展现了西部大开发10年来文化艺术方面所取得的巨大成就，从侧面生动展示了西部大开发10年来取得的丰硕成果。《中国艺术报》西部大开发特刊在‘西部大开发10周年生态环境与人居环境成就展’开幕式时，引起了很大反响，得到了各方面好评，许多参观者纷纷前来组委会索要特刊。我们对《中国艺术报》给予的西部大开发10周年系列活动，尤其是这次‘成就展’多版面、全方位、多视角报道表示感谢!”

【“众志成城　抗震救灾”特刊】

在2010年，我国先后遭受干旱、大涝、玉树7.1级地震、舟曲泥石流等重大自然灾害。灾害发生后，报社全体同志无不心系灾区，第一时间向灾区文联了解情况，表达对他们的问候，报道他们抗灾救灾的行动。自4月20日起，《中国艺术报》连续推出两期“众志成城 抗震救灾”特刊，宣传报道了中国文联、各文艺家协会及文艺界积极投入抗震救灾、支援灾区重建的各类活动，刊发文字稿件40余篇、图片60余幅。通过这些报道，有关部门和社会各界对中国文联情系玉树灾区、心系玉树人民的各项工作有了更加全面的了解，并给予高度评价。

其他工作

【报社领导班子调整】

经中国文联党组研究决定，自2010年9月28日起，向云驹同志任《中国艺术报》社长。中国文联党组分管报社的领导夏潮同志在全体会议上代表中国文联党组，对《中国艺术报》的发展和领导班子建设提出了意见。他希望《中国艺术报》坚持正确的办报方向，为文联事业和文艺事业的繁荣发展，为建设和谐文化、构建社会主义和谐社会，营造积极健康的舆论氛围。坚持改革创新，用时代要求审视新闻宣传工作，不断创新观念、创新内容、创新形式、创新管理，努力使新闻宣传工作体现时代性、把握规律性、富于创造性；要积极面向市场、增强活力，努力实现社会效益和经济效益的统一，为报社的发展壮大打下坚实的物质基础。

【由周二刊增为周三刊工作】

目前文联工作和文艺事业正处于大发展大繁荣时期，《中国艺术报》也因此进入前所未有的发展阶段，面临着极好的发展机遇。由于本报2010年为每周两期，无论是在新闻时效性、内容丰富性方面，还是在为专刊、专版提供所需版面空间方面，都远远满足不了当前发展需要。经中国文联党组研究同意，本报在2011年由周二刊增至周三刊，正报由4版增至8版，为本报发展获取更为广阔的平台。在文联党组的亲切关怀下，增扩刊的出版申报工作得到了有关单位的支持和帮助。在2010年年底，新领导班子带领报社全体同志完成了增扩刊申报工作，同时报社也相继完成了采编部门调整、采编人员补充等业务筹备工作，确保了2011年增扩刊工作的顺利开展。

【报社内部进行部室调整工作】

根据报社发展的需要，报社进行了部室调整工作。调整之后，中国艺术报社下设的部门包括总编室、新闻部、理论副刊部、综合部、通联专刊部、照排中心、广告经营部、办公室共计8个部门。

【《中国艺术报》2010年通联工作会议】

2010年9月26日至30日，《中国艺术报》2010年通联工作会议在江苏南京召开，中国文联党组成员、书记处书记夏潮同志和来自全国28个省、市、自治区文联的领导和驻站记者50余人欢聚在美丽的钟山脚下，共同交流通联工作经验，共商文艺传媒发展大计，共话文艺宣传事业发展新篇章。夏潮同志在会上讲话。他代表中国文联党组对中国艺术报社一年来的工作给予了充分肯定。会议同时表彰了2009年度中国艺术报社优秀记者站、先进个人，研讨了报社各项工作。与会代表还进行了采风活动，充分感受了六朝古都悠久的人文景观与秀美的山河。

【中国农民艺术节宣传报道工作】

首届中国农民艺术节是新中国成立以来首次举办的全国性农民艺术节，报社先后派出数名骨干记者，奔赴中国农民艺术节各举办场地，及时报道农民艺术节盛况，推出多个专题报道和特刊，撷取精彩的活动瞬间，图文并茂地呈现了首届中国农民艺术节的多彩活动，展示了新时代农民的精神风貌。

【中国文联对外民间文化交流品牌活动宣传】

“今日中国”艺术周、北京国际美术双年展等是中国文联开展对外民间文化交流“走出去”、“引进来”的品牌项目。2010年7月，“今日中国”艺术周在智利举行，报社派出记者赴智利进行跟踪采访，对艺术周活动进行深入报道。2010年9月20日开幕的北京国际美术双年展，有近百个国家的数百位艺术家参加，报社尽最大努力派出较大的采访阵容。《中国艺术报》和中国文联网对这些品牌活动推出相关专题，《艺术交流》杂志用数十个页面进行中英文双语报道，营造了较大宣传声势，有力配合了文联的对外文化交流活动。

【好协会换届工作报道】

2010年第四季度，中国杂协、中国舞协等相继召开全国代表大会，进行换届工作。围绕换届工作，报社精心组织安排采访报道，全方位记录大会的召开，充分反映各界5年来大发展大繁荣的局面及各协会5年来的工作成就，营造了良好的舆论氛围。

【《艺术交流》杂志编辑出版工作】

在2010年，中国文联网已有近30个频道，平均每天发布各艺术门类新闻稿件300余条。《艺术交流》杂志是中国艺术报社与中国文联国际部联合编辑出版的一本中英文双语季刊。2010年共计出版4期，重点报道了第七届中国国际民间艺术节、第二届海峡两岸暨港澳地区艺术论坛、中国美协中青年美术家海外研修工程等重大活动，为文联的对外宣传搭建了有效的平台。

获得荣誉

2010年，报社荣获“第三届中国戏剧奖理论评论奖组织奖”，并有新闻作品和版面分别荣获全国报纸副刊作品年赛一等奖和版面年赛三等奖。韩猛被授予“中央直属机关优秀共青团员”荣誉称号。报社专刊部被中国文联予以嘉奖。报社各项工作都有了新的发展，受到中宣部、中国文联领导的充分肯定。

中国文联艺术学校

综　述

2010 年，文艺学校在文联党组的坚强领导下，在廖奔书记的亲自指导下，在机关各部室及各全国文艺家协会和直属单位的关心支持下，学校全体职工共同努力，始终坚持科学发展观，坚持“两手抓两手都要硬”的方针，求真务实、积极探索，努力开创学校工作新局面，逐步建立健全学校科学管理新机制，圆满完成了全年各项工作任务。

主要活动

【文艺援疆项目——新疆维吾尔自治区文联系统管理干部培训班】

5 月，中央召开新疆工作座谈会，文艺学校适时把握中央精神，在廖奔书记的亲自指导下，及时提出发挥中国文联智力人才优势，落实中央要求，实施文艺援疆项目——对新疆自治区文联系统干部进行培训的建议。按照党组要求，将“新疆维吾尔自治区文联系统管理干部培训班”提升为中国文联与自治区党委宣传部主办，体现中国文联党组落实中央新疆工作座谈会的重要举措。在文联办公厅、理论研究室、人事部的大力支持下，这期培训班于 9 月顺利开班，共有自治区、地（市）、县三级文联领导干部 125 人（7 个民族）参加培训。人民网、中国日报网、新浪网、《中国艺术报》、《新疆日报》、新疆电视台等几十家媒体进行了报道和转载，引起了社会的广泛关注。

这期培训班师资阵容强大，课程设置科学合理，符合文联干部需要，贴近新疆区情，反映出“全国文联一家亲，文联系统一盘棋”，对推动和促进地方文联建设起到了非常好的效果。

【中国文联处级干部任职培训班】

10 月，文艺学校举办了“中国文联处级干部任职培训班”。此次培训班是在人事部的指导下，由文艺学校独立完成课程设计、教学安排及后勤服务等，是继新疆培训班之后对文艺学校培训工作的又一次锻炼和提升。

这期培训班的课程设置，立足中国文联实际，贴近文联干部思想，既有理论深度，又通俗易懂。通过中央党校等专家教授大量丰富的实例，深入浅出的理论阐述，对正确履职进行了系统的分析和讲解，具有很强的感染力和说服力。同时，培训班还邀请音协办公室主任和视协国内联络部主任做了典型交流发言，以切身体会传授当好处长的经验，达到取长补短、共同进步、有所收获的目的；还尝试性的增加了体验式教学内容，参观学习地方文化创意产业发展情况，起到了良好的效果。

通过培训，学员普遍反映，此次处级干部培训班主题明确，对重点、难点问题进行有针对性的培训，增强了全局观念和大局意识，开拓了视野，升华了认识，澄清了模糊观念，增进了交流，增强了干好本职工作的信心。

【中国文联党务干部培训班】

11 月初，文艺学校承办了“中国文联党务干部学习《中国共产党党和国家机关基层组织工作条例》暨纪检综合业务培训班”。培训对象主要是中国文联机关第三届党委委员、纪委委员，各文艺家协会、直属单位、文联机关各部（室）党务干部，共 35 人。

这期培训班以学习党的十七届五中全会精神和《中国共产党党和国家机关基层组织工作条例》为重点，围绕如何推进学习型党组织建设，如何推进“创先争优活动”深入开展，以及党内民主和反腐倡廉等问题，通过学习培训和研讨，加深了大家对党的十七届五中全会精神和《基层组织工作条例》的理解和把握，加深了对纪检监察综合业务知识的理解和把握，加深了对新形势下机关党建工作面临新情况新问题规律性的认识。

【中国文联老干部工作业务知识培训班】

11月底，文艺学校承办了“中国文联老干部工作政策业务知识培训班”。这期培训班是以进一步加强文联系统老干部管理工作为目的，根据中国文联离退休干部局工作安排举办的。此次培训以党的十七届五中全会精神为指导，深入贯彻落实科学发展观，紧紧围绕“提高政策水平，加强服务意识”这个主题，对中国文联系统从事老干部工作人员共31人进行培训，共同研究探讨老干部工作的新情况、新问题，通过学习、培训、研讨，使大家明确工作思路，提高政策水平，丰富业务知识，增强服务意识。

主要工作

【积极寻求学校发展】

5月，党组调整了文艺学校的主要领导。为发扬民主，加强集体领导，学校成立了新一届校务委员会。新一届校委会针对文艺学校近些年来的实际情况，认真研究廖奔书记对文艺学校一系列指示。站在政治的高度，审视近年来学校发展的轨迹，正视学校的现状；科学分析学校面临的没有资金、人才匮乏、业务严重萎缩等困难；在分析困难的同时，积极寻求发展的机遇。在全体职工大会上明确提出，困难与机遇并存，全体职工要一心一意谋发展，千方百计克服困难，只有在发展中求生存，不能在等待中要照顾。在全校统一了“一心一意谋发展”的思想，找准了因被拆迁因素，影响学校业务开展的结症。提出了“两手抓，两手都要硬”的思路，即一手抓培训工作，一手抓拆迁工作。成立了“培训工作组”和“被拆迁工作组”。两个工作组，按照职责分工，积极开展工作，均取得了显著成效，全面推动了学校的各项工作，出现了良好的发展势头。

【被拆迁工作取得实质性进展】

文艺学校被拆迁问题，自2002年底起，至今已8年时间。面对西半部被滨河森林公园拆迁，东半部被沙河高教园区拆迁，学校非走不可的局面，校委会多次就被拆迁工作进行分析研究，积极制定应对方案，专门成立了被拆迁工作小组。一方面，积极与昌平区委区政府联络协调，争取区委区政府的理解和支持，并郑重声明学校要求异地置换安置；另一方面拒绝单方面与开发商谈判，要求区政府召开专题协调会。

在学校的积极努力下，12月，昌平区原则同意文艺学校提出的异地置换方案，被拆迁工作随之进入实质阶段，学校将全力以赴投入到异地安置谈判工作中来，及时向党组上报最新的进展情况，为党组决策提供详实准确的资料，确保文联利益的最大化。

【自身学习培训】

在举办各期培训班的同时，学校清醒的认识到自身队伍教育培养的重要性和紧迫性，始终坚持“打铁先要自身硬”的理念，多次召开校委会会议，研究部署校内职工的学习培训工作。

在学校的安排部署下，全体干部职工认真学习全国人才工作会议、全国教育工作会议等中央会议精神；认真学习了党的十七届五中全会精神；还认真组织学习了近几次培训班专家学者的讲座；针对学校干部职工文字能力薄弱的情况，学校专门组织大家进行学习和训练，在工作中也有意安排大家多写多练。

学校职工经过几个月的学习和培训，干部职工的政策理论水平有所提高，业务能力有所增强，公文写作能力也有了长足的进步。

【规范管理、建章立制】

文艺学校高度注重内部管理工作。学校对多项规章制度进行了重新修订并建立了多项新的规章制度。先后修订建立了《文艺学校校务委员会会议制度》、《文艺学校职工考勤管理暂行办法》、《文艺学校职工休假管理暂行办法》、《文艺学校培训工作流程》、《文艺学校财务管理规定》、《文艺学校公文管理暂行办法》、《文艺学校半月工作计划制度》、《文艺学校物业费、供暖费报销管理暂行规定》等多项规章制度。

经过重新修订建立新的规章制度，使文艺学校的内部管理更加科学化、规范化、程序化；使学校各项事务更加公开、公正、透明；使学校面对重大问题决策时更加科学民主。

【安全保卫工作】

文艺学校地处郊区，建筑比较分散，且房屋

年久失修、内部线路老化，存在严重安全隐患。面对这些情况，校委会多次强调要加强消防安保工作。9月，学校在经费已经十分困难的情况下，投入资金购置了消防灭火设备，又在夜间加大了巡逻和检查力度。

冬季来临，各地不同程度的火灾时有发生，文艺学校坚决贯彻中央和中国文联关于防范火灾发生的通知精神，专门开会研究消防安全工作。由于学校锅炉系统严重损坏，不能正常供暖，为了安全起见，学校严禁职工再使用煤炉取暖，并对配发的电暖气的使用作出了明确的规定，对存在安全隐患的线路进行了加强改造。对每一间房屋用电情况进行了逐一检查，确保安全万无一失。

【关心职工生活】

文艺学校注重关心职工生活，特别是退休老同志的生活。考虑到职工社会医疗保险起付线高，报销比例低的问题，立刻安排联系了商业保险公司给每位职工上了补充医疗保险，降低了医保报销的起付线，提高了报销比例，受到职工的一致好评。

10月重阳节，学校安排将退休老同志都请回来与大家座谈，让在职的干部职工了解老同志的退休生活，同时也让退休职工了解学校的现状和发展，增进了团结，促进了友谊，受到退休职工的一致好评。

11月，文联离退休干部局组织离退休老干部赴湖南旅游参观，学校考虑到多年没有组织过老干部旅游，也为了减轻老干部的生活负担，鼓励他们多走走、多看看。学校宁可压缩日常经费，还是给每位参加旅游的老干部每人补助了一部分活动经费，给老干部送去了实惠。

学校现有6名临时工作人员，其中有5名是外地来京务工人员，由于人手少，工作量大，他们的工作都十分辛苦。今年，学校考虑到北京市平均工资和最低工资都在逐年增长，学校临时工作人员工资偏低的情况，按照北京市的规定给他们大幅调整了工资。不仅解决了职工实际生活困难，又避免了劳动关系纠纷，而且激发了他们继续留在学校努力工作的积极性。

文艺学校克服在职职工与离退休职工比例接近，经费严重不足等困难，坚决执行党组决定，接收了文联系统一名正局级退休干部，坚持一视同仁，按照文艺学校离退休人员标准，发放退休工资及津贴补贴。

中国文学艺术基金会

综　述

2010 年，中国文学艺术基金会在中国文联党组的领导下，紧紧依靠各文艺家协会和各直属单位，认真学习，努力开展创先争优活动，在开展专项基金的申报和管理工作以及主办社会公益活动方面做了大量工作，取得了一定的成绩，为基金会的全面发展迈出了崭新的步伐。

各项工作

【认真学习贯彻党的十七届五中全会精神】

2010 年，基金会注重政治理论学习和党支部建设。按照文联党组和机关党委的要求，多次组织党员、职工学习党的十七届五中全会精神和十二五规划纲要，向全体员工传达了李长春、刘云山在全国宣传部长会议上的讲话精神，胡振民书记在中国文联传达贯彻党的十七届五中全会精神大会上的讲话和中国文联机关党委《关于学习贯彻党的十七届五中全会精神的安排意见》的要求，制定了《中国文学艺术基金会深入开展创先争优活动实施方案》，并组织学习了中共中央办公厅印发的《关于推进学习型党组织建设的意见》等文件。通过学习提高了基金会党员和职工的思想认识，增强了基金会的凝聚力，并且形成了良好的学习制度，为基金会的发展奠定基础。

【第三届四次理事会】

元月 15 日，按《基金会管理条例》要求，中国文学艺术基金会第三届四次理事会议在北京召开。基金会共有理事 25 名，有 23 名理事出席了会议。会议的主要议题是：2009 年中国文学艺术发展专项基金资助项目工作总结和专项基金第二批资助项目申报情况；理事长胡振民同志部署 2010 年第二批专项基金资助项目的评审要求。

【第三届五次理事会】

5 月 5 日，中国文学艺术基金会第三届五次理事会议在北京举行。基金会共有理事 25 名，17 名理事出席了本次会议。会议由中国文联党组成员、副主席、基金会常务副理事长冯远主持，会议的主要议题是：通报中国文学艺术发展专项基金第二批资助项目的资助原则和有关进展情况；通报中国文学艺术发展专项基金评审领导小组调整的情况；就基金会理事、副理事长人员调整进行表决。

【专项基金的项目申报、评审和资助管理工作】

截至 1 月 8 日，共收到中国文联组联部、中国剧协、中国影协、中国美协、中国音协、中国舞协、中国民协、中国书协、中国摄协、中国视协申报的第二批中国文学艺术发展专项基金资助项目共计 22 个，申报额度合计 6202.9 万元。本着加强对重点创作项目的扶持力度，真正发挥好专项基金的导向作用和最大效益，择优立项、好中选优的原则，基金会对所有申报项目进行了资格审查并与各申报单位沟通，根据基金会理事长办公会议研究决定和《关于中国文学艺术发展专项基金评审工作条例（暂行）》和《中国文学艺术发展专项基金项目评审细则》，从所收到的 22 个申报项目中推荐 8 个参评项目。

经过与申报单位项目负责人咨询、交流沟通和反复修改，并经申报项目单位细化预算后，邀请 15 位专家评委于 6 月 21 ～28 日开展通讯初评，据此，提出 8 个参评项目的建议资助额度，并邀请 15 位专家评委于 7 月 7 日举行第二批资助项目复评会议。根据会上意见和建议，对拟资助项目进行了认真的研究，对资助方案进行了调整，并按程序将评审结果在中国文学艺术基金会网上公示7天。公示期间，对专项基金第二批资助项目评审结果没有异议。经基金会理事会审批后，确定中国文学艺术发展专项基金第二批创作类的8个资助项目的资助总额度为1935万元。

10月中旬，第二批8个资助项目分别签署了资助项目协议，首批资助项目款616万元也同时拨付。中国文学艺术发展专项基金第二批分别是资助项目正式实施。中国剧协与上海昆剧团合作的昆剧数字电影《长生殿》；中国剧协与安庆再芬黄梅戏剧院黄梅戏数字电影《徽州女人》；中国美协《红色之旅：建党90周年美术作品展览》；中国美协、中国文联组联部与中国艺术研究院油画创作院合作的《中国油画家艺术采风写生创作》；中国摄协《全国青年摄影大展》；中国书协《国家书法主题创作精品工程》；中国舞协与中央芭蕾舞团合作的舞剧《胡桃夹子》；中国舞协与西双版纳楠蝶蒂娜文化发展有限公司合作的傣族舞剧《金孔雀—楠蝶蒂娜》。

【“朝霞工程”后续工作】

2月6日，由中国文学艺术基金会与中国教育学会联合举办“魅力校园”第10届全国校园春节联欢晚会在北京举行。中央电视台组织现场演出录制并在中央电视台播出。活动的主题是：我爱我的祖国，旨在展现广大学生热爱祖国、朝气蓬勃的精神风貌。“校园春晚”活动充分展示了学校艺术教育成果和校园文化建设的丰硕成果，国家和教育部领导曾多次莅临现场给予指导和较高评价。晚会对“朝霞工程”公益活动的宗旨和意义进行了宣传。

联合央视少儿频道共同策划筹拍题为“好歌传唱西部行——少儿频道走进朝霞工程”的专题片。在朝霞工程实施10周年之首，宣传朝霞工程，展示朝霞工程10年来的资助成果。

【向社会各界募集捐款的活动项目】

12月17日，在北京主办了“2010舞善之行——刘岩文艺专项基金慈善义拍”，活动将以刘岩文艺专项基金的名义进行多件艺术品的义拍，以筹集善款。活动拍品由刘岩文艺专项基金提供，在企业家、演艺明星和社会公众人物的支持下，活动共募集到善款600余万元，将用于贫困地区孤儿的美育教育工程。

与（香港）南亚图书出版有限公司联系向甘肃武都捐赠“携梦飞翔”系列图书和文具。《携梦飞翔》少儿励志图书是（香港）南亚图书出版有限公司出版的专门用于赠送中国大陆贫困山区小学生的课外读物。赠12000本《携梦飞翔》少儿图书，这些图书将通过文联扶贫办向甘肃武都的小学生捐赠，项目总价值30万元。

根据2009年5月14日召开的中国文联第10次党组会议精神，文联理论研究室将其资料室所藏336件书画等作品捐赠与基金会，2010年2月3日，经过双方多次协商并核对，正式签署捐赠协议。

【为社会合作专项基金的活动项目】

1月9日，中国文学艺术基金会和中华文化促进会主办，中国管理科学研究院、中国五老公益工程组委会承办的主题为“天下、国运、使命”的第二届中国创新大会在北京举办。其宗旨是前瞻世界经济发展形势，洞察国内经济发展机遇，传播创新理论和发展理念，弘扬公益慈善社会责任意识。

举办中国五老公益工程慈善表彰大会。由中国文学艺术基金会与中华慈善总会、中国电视艺术家协会等单位主办，中国五老公益工程组委会承办的中国五老公益工程系列活动《盛世中华　脊梁风采》书画赠送仪式暨慈善单位表彰大会于8月18日在北京人民大会堂举行。为了发挥老干部、老战士、老专家、老教师、老模范在社会主义思想道德建设中的作用，特别是对未成年人思想道德教育中的作用，中国五老公益工程组委会组织了部分“五老”人员将他们的亲身经历和人生感悟编辑成册，出版了《盛世中华　脊梁风采》大型丛书，并将其全部无偿捐赠给社会，供广大读者和青少年阅览。

赴地震灾区举办“中国五老书画展”暨《盛世中华　脊梁风采》丛书赠送仪式。9月18日上午，由中国文学艺术基金会与中华慈善总会、中国电视艺术家协会等单位联合主办，中国五老公益工程组委会承办的“中国五老书画展”开幕仪式，在四川省北川新县城建立的文化馆隆重举行。此次活动是中国“五老”在援助汶川地震灾区所做的以“爱”为主题的系列活动之一，本次书画展的作品是近百名老干部、老将军、老外交官、老艺术家等五老群体为四川省北川新县城捐赠的。

中央电视台新闻频道于9月18日对该活动进行了报道。

建立艺术家专项基金，筹备开展文艺活动。外联部与项目部合作陆续为一些艺术家建立了专项基金，先后成立了贾作光、迪丽娜尔、刘岩和吴震启的艺术家专项基金，为文艺家开展相关文艺活动奠定基础。

【各类文化公益活动】

8月16日，由中国文学艺术基金会主办的“红动中国——英雄史光柱创作歌曲演唱会”新闻发布会在北京举办。活动旨在歌颂英雄史光柱的光荣事迹，传播和树立他的光辉形象。

中国文学艺术基金会与影响力人物杂志社、亚太经济时报社、世界华人当代企业家协会等单位联合主办“影响中国·第11届中国时代新闻人物颁奖盛典”，于11月14日在人民大会堂隆重举行，全国政协副主席阿不来提·阿不都热西提，十届全国人大副委员长蒋正华，十届全国政协副主席张怀西等有关领导出席会议并颁奖，大会由中国文联副主席、书记处书记廖奔致辞，来自全国各地的300多名先进人物代表和作家、艺术家代表出席了这一盛会。

【内部管理和职工队伍建设】

顺利通过了2009年年检并获得公益捐赠免税资格。经民政部审核同意后报经财政部、国家税务总局批准，获得2010年公益捐赠税前扣除资格。

成立中国文学艺术基金会工会组织。根据文联机关工会意见，按照《工会法》成立了工会组织，通过全体职工民主选举工会主席、工会委员并上报文联机关工会批准，成立了中国文学艺术基金会工会。

做好2007年以前职工社会保险补缴工作。经过一年多的咨询了解和论证，2010年11月份，我会2007年以前部分老职工的社保补缴工作进入操作阶段。

加强和完善基金会网站日常维护、更新和建设。在艺术报的支持与配合下，定期更新网站信息，丰富网站内容，通过网站宣传朝霞工程公益理念，展示中国文学艺术发展专项基金资助成果。

积极协助文联治理小金库领导办公室开展小金库自查和假发票检查等工作。

在文联和机关服务中心的支持下，改善办公条件，为基金会的发展奠定基础。

中国文联演艺中心暨
中联百花文化艺术有限公司

综　述

2010年是中国文联演艺中心和中联百花文化艺术有限公司组建的第七年。在这一年中，尽管两个单位都遇到了一些发展方面的难题，但各项工作仍得到正常开展并取得新的成绩。

重要活动

【百花迎春——中国文学艺术界2010春节大联欢】

“百花迎春——中国文学艺术界2010春节大联欢”于2010年1月17日在北京人民大会堂宴会厅录制完毕，2000多名各艺术门类的艺术家出席本届、也是举办以来的第八届大联欢。

本届大联欢首先展现的是由内蒙古籍和曾经演译过蒙古族经典作品的艺术家联袂演出的第一篇章《北方草原美——梅花引》。贾作光、莫德格玛、斯琴高娃、蒋大为、德德玛、廖昌永、阿拉泰、吴玉霞、王宏伟、斯琴格日乐、齐峰、梅林组合、额尔古纳乐队等共同表演了《敬酒歌》、《酒歌》、《嘎达梅林》和琵琶与双人芭蕾舞《草原儿女》、《走上这高高的兴安岭》、《美丽的草原我的家》、《骏马奔驰保边疆》、《鸿雁》等歌舞节目。篇章在张也一曲深情的《梅花引》中结束。

紧接而来的是第二篇章《南国和风煦——桃花谣》。在此篇章里，南国广东热烈的春潮扑面而来。来自广东番禺表演的《舞虎·虎啸神州》，是专门为这次大联欢而改编的。这支团队以表演“醒狮”闻名海内外，而“舞虎”还是头一次。韩美林专门为本届大联欢设计的百只布艺小老虎吉祥物，由秦鸣晓、姚金芬、李宁等直接“变”给了现场的嘉宾，顿添无穷欢乐。

八十高龄的郭兰英在广东从事艺术教育已经二十多年了，她与粤港澳粤剧名家一起表演的粤语歌曲《万里长城永不倒》让观众倍感新奇。濮存昕在滕矢初的钢琴伴奏下呈现的配乐朗诵《如果回忆也是一种幸福》，讲述了广东影视创作昨天和今天的故事。而周笔畅则与电影《灰太狼与喜羊羊》中喜羊羊、懒羊羊、灰太狼等人偶共舞，充满欢乐祥和的气氛。

新中国60年来很多具有全国影响的创作歌曲都来自广东。词曲作家瞿琮、郑秋枫、蒋开儒、刘长安、郑南、李海鹰、陈小奇等与郑咏、么红、丁毅、王丽达、于爽、冯瑞丽、师鹏、严当当、王庆爽、陈莉莉、张英席、马天宇等联袂演唱的歌曲《我爱你，中国》、《颂歌献给毛主席》、《春天的故事》、《走进新时代》、《涛声依旧》、《弯弯的月亮》、《我爱五指山，我爱万泉河》等，让大家耳目一新。当所有演员演唱由广东籍作曲家冼星海创作的不朽之作《保卫黄河》时，全场爆发出高亢的激情。

本届大联欢现场有不少属虎的知名艺术家，如72岁的“书画虎”范曾，60岁的“相声虎”姜昆和“杂技虎”宁根福，48岁的“导演虎”高希希和“芭蕾虎”冯英，等等。而来自上海的84岁“戏剧虎”王文娟，是电影家孙道临的夫人，她清唱了当年的代表作越剧《红楼梦》选段。随后谭晶演唱的《桃花谣》同样为观众们送达了新春的问候 。

在于魁智、李胜素、孟广禄、袁慧琴演唱的新编京歌《荷花赋》中，本届大联欢进入第三篇章：西南彩云飞——荷花赋。出生在云南的李谷一、张丰毅和曾在云南拍摄过影视作品的王晓棠、奚美娟等与关牧村、李丹阳、曾格格、冯晓泉、梦鸽、刘媛媛、吴娜、张海庆、曹芙嘉、李炜鹏、王志昕、阿鲁阿卓，以及来自云南的刀美兰、宗庸卓玛、扎西顿珠、王红星、土土、香格里拉组合等表演了配乐朗诵《我来自美丽的云之南》和歌舞集锦《阿细跳月》、《蝴蝶泉边》、《马铃儿响来玉鸟唱》、《醉了丽江》、《有一个美丽的地方》、《月光下的凤尾竹》、《绣荷包》、《远方的客人请你留下来》等。新版电视剧《红楼梦》主演蒋梦婕、杨洋、于小彤、马晓灿、李纨、高洋都是80后、90后的年轻人，他们演唱的《婚誓》真还颇有几分新意。当年电影《五朵金花》的原唱赵履珠和电影《阿诗玛》的原唱杜丽华，都已是70多岁高龄的老人了，但其清亮的嗓音仍使全场为之一震。新中国《国歌》的曲作者也是云南人民的优秀儿子——聂耳。伴随着雄壮的音乐，国旗班三名升旗手正步走上舞台，接受摄影家侯波赠送的经典摄影作品《开国大典》。侯波这位曾用照相机见证了新中国诞生的老艺术家，深情地对升旗手们说："希望你们把我们的国旗保护好!"此言一出，台上台下无不为之动容。而由郁钧剑、吕继宏、汤灿、吕薇演唱的新创作歌曲《我们紧握手》更是把现场气氛渲染得十分浓烈。

本届大联欢的第四篇章《东岳山河秀——芦花颂》是在阎维文、雷佳演唱的歌曲《芦花》中开始的，随后百名济南市商河农民表演的《鼓子秧歌》，一下子就把雄浑的山东气概带到了大联欢的现场。籍贯山东的黄宏、朱时茂、牛群、魏积安、赵宝乐、鞠萍、丛珊、孙镇业等演员，和山东人的"女婿"郭达、"邻居"冯巩，共同表演了新编山东快书《夸山东》。山东籍的倪萍、小提琴演奏者吕思清、钢琴演奏者崔世光联袂表演的配乐朗诵《红嫂》，和由中央芭蕾舞团的30多名青年演员表演的新编芭蕾舞《沂蒙情深》，催人泪下，感人至深。在杜聪的埙配乐中，陈建斌朗诵的《诗经·鹿鸣》，展示了山东历史文化的博大精深。

于洋、唐国强、李前宽、吴雁泽、王玉梅、吕远、羊鸣、徐沛东、唐杰忠、刘世龙、王馥荔、殷秀梅、朱时茂、牛群、魏积安、谭利华、于海、丛珊、雷恪生、刘敏、温玉娟、庞敏、鞠萍、陈思成、李梓萌等一批山东籍的艺术家共同演唱了《谁不说俺家乡好》，欣赏过他们的演唱，无不为他们对家乡的眷念深情而感动。

大联欢在宋祖英演唱的《让我们舞起来》中落下帷幕。

本届大联欢播出时长为2小时，却出现了250多组现场嘉宾的镜头，平均每十数秒钟就能看到光临现场的秦怡、田华、陶玉玲、祝希娟、才旦卓玛、晓光、冯骥才、刘大为、傅庚辰、欧阳中石、李铎、丁荫楠、胡可、罗扬、张海、常莎娜、钱绍武、梅葆玖、尚长荣、刘兰芳、李维康、赵季平、金铁霖、彭丽媛、葛存壮、马玉涛、郭颂、刘秉义、邓玉华、邓在军、张良、杨在葆、王铁成、王苏娅、闵蕙芬、赵青、陈爱莲、陈铎、胡玫、李少红、尤小刚、常贵田、田连元、凯丽、李扬、小香玉、刘劲、吴军、吴若甫、张光北、王奎荣、宋飞、山翀、翟俊杰、冯双白、左青、杨绍明、杨力舟、王成喜、郭怡孮、詹庚西、韩影、谷文月、耿莲凤、杜鸣心、王世光、王祖皆、张卓亚、印青、王朝柱、成方圆、张暴默、任泉、张晶晶等广大观众熟悉的身影。

本届大联欢由覃志刚总体设计，郁钧剑任总策划兼总导演，朱彤任艺术总监，曾庆淮任艺术总顾问。

本届大联欢于2010年2月16日（大年初三）下午13时25分和2月18日（大年初五）晚20时在中央电视台三套播出，收视率为2.22（源自CSM），在央视综艺频道大年初一到初六期间的收视率仅次于央视春节联欢晚会，位列第二名。并于2010年9月获得第25届中国电视"金鹰奖"优秀电视文艺节目第一名。

【2010年院士专家新春联谊会】

由中共中央人才工作领导小组主办的"2010年院士专家新春联谊会"于2010年1月18日下午在人民大会堂宴会厅举行，这个由中共中央组织部负责具体组织过多年的重要活动，首次交由中国文联演艺中心承办，体现了中组部对中国文联演艺中心的信任。中央政治局委员、中组部部长李源潮率中央人才工作领导小组20多个部委组成单位的主要负责人，与1600多名院士专家欢聚在人民大会堂，共同度过了一段欢乐和谐的时光。

【组队参加"第14届CCTV青年歌手电视大奖赛"取得优异成绩"】

在2010年3月开始举办的"第14届CCTV青

年歌手电视大奖赛”个人单项决赛中，中国文联演艺中心代表队选手王丽达、阿鲁阿卓和周晓琳取得优异成绩。其中王丽达以199.35分获得民族唱法金奖；阿鲁阿卓以198.61分获得流行唱法金奖；周晓琳以198.54分获得美声唱法银奖。“两金一银”的成绩位列47支参赛代表队之首，在评委和观众中引起强烈反响，中国文联因此赢得了很高的美誉度。

【新唐山抒怀——纪念唐山抗震34周年文艺晚会】

由中共唐山市委、唐山市人民政府主办，并由中共唐山市委宣传部和中国文联演艺中心等单位承办的“新唐山抒怀——纪念唐山抗震34周年文艺晚会”于2010年7月21日在唐山市体育中心隆重举办，中央电视台了播出本场文艺晚会的演出实况。为在本场晚会上生动体现唐山人民在大灾大难面前不惧艰险，通过自力更生建设现代化新唐山的伟大精神，我中心多次组织知名词曲作家前往唐山采风、体验生活，专门为本场晚会创作了8首新作品，受到唐山人民的喜爱和欢迎。

其他活动

2010年，中国文联演艺中心暨中联百花文化艺术有限公司还参与组织了曾庆红、李岚清同志视察“中国文艺家之家”文艺演出、“绿色环保——健康新时代”2010北京鸟巢松竹梅大型演唱会和“今日中国主题演出——柏林”等活动。

中国戏剧家协会

1. 6月23日，中国剧协第七次全国代表大会开幕式在北京京西宾馆举行。中共中央政治局委员、中央书记处书记、中宣部部长刘云山出席开幕式并作重要讲话。全国政协副主席、中国文联主席孙家正，中宣部副部长翟卫华，中国文联党组领导胡振民、李牧、廖奔、夏潮等出席开幕式。
2. 3月17日，由中国文联、中国剧协、珠江电影制片有限公司联合出品，中国剧协摄制，中国文学艺术基金会资助的大型戏曲影片《响九霄》在中国文艺家之家举行了首映式。胡振民、覃志刚、李牧、冯远、廖奔等中国文联领导出席。
3. 9月24日至26日，由文化部、中国文联、北京市人民政府共同主办，中国剧协、北京人艺、国家大剧院承办的纪念曹禺诞辰100周年国际学术研讨会（北京会场）在北京召开。
4. 10月19日至23日，中国剧协组织艺术家小分队赴四川汶川、绵阳、汉旺、北川等地震灾区开展采风活动。
5. 9月，梅花奖艺术团赴云南采风，与腾冲、丽江两地的文艺工作者和少数民族群众进行联欢。图为中国剧协主席尚长荣，分党组书记、驻会副主席、梅花奖艺术团团长季国平，中宣部文艺局艺术处处长李小虹等与当地群众联欢。

1	
2	3
4	
5	

	6	
		7
		8
	9	10

6. 6月25日，新当选的中国剧协第七届主席团部分成员。
7. 10月20日至21日，由中国文联、中国剧协主办的第三届中国戏剧奖·理论评论奖颁奖暨“戏剧的品格与使命”研讨会在北京举行。李牧出席颁奖仪式并为获奖者颁奖。
8. 10月28日，由中国文联、中国剧协主办的第三届中国戏剧奖·曹禺剧本奖在曹禺故乡潜江揭晓并颁奖。李牧出席颁奖仪式。图为获奖的部分编剧。
9. 11月9日至18日，由中国文联、教育部、上海市人民政府联合主办，中国剧协、上海市文联、上海市教卫党委、上海市教委、上海市剧协共同承办的第二届中国校园戏剧节在上海市举行。中国文联领导胡振民、李牧等出席开幕式。图为中央戏剧学院参赛剧目音乐剧《名扬四海》。
10. 11月27日，梅花奖艺术团应邀在德国东茨多夫演出精华版昆曲《白蛇传》。

中国电影家协会

1. 2010年百花放映启动仪式在北京政协礼堂举行。
2. 中国影协第八届主席团第三次会议在北京召开。
3. 第五届华语论坛闭幕式。
4. 中国影协电影高新科技委员会召开工作会议。

6	
	7
	8
9	10

6. 6月25日，新当选的中国剧协第七届主席团部分成员。
7. 10月20日至21日，由中国文联、中国剧协主办的第三届中国戏剧奖·理论评论奖颁奖暨“戏剧的品格与使命”研讨会在北京举行。李牧出席颁奖仪式并为获奖者颁奖。
8. 10月28日，由中国文联、中国剧协主办的第三届中国戏剧奖·曹禺剧本奖在曹禺故乡潜江揭晓并颁奖。李牧出席颁奖仪式。图为获奖的部分编剧。
9. 11月9日至18日，由中国文联、教育部、上海市人民政府联合主办，中国剧协、上海市文联、上海市教卫党委、上海市教委、上海市剧协共同承办的第二届中国校园戏剧节在上海市举行。中国文联领导胡振民、李牧等出席开幕式。图为中央戏剧学院参赛剧目音乐剧《名扬四海》。
10. 11月27日，梅花奖艺术团应邀在德国东茨多夫演出精华版昆曲《白蛇传》。

中国电影家协会

1. 2010年百花放映启动仪式在北京政协礼堂举行。
2. 中国影协第八届主席团第三次会议在北京召开。
3. 第五届华语论坛闭幕式。
4. 中国影协电影高新科技委员会召开工作会议。

5 6
7
8
9 10

5. 第30届大众电影百花奖提名奖颁奖暨获奖者与媒体见面会。
6. 于洋在第19届中国金鸡百花电影节上获终身成就奖。
7. 陈坤荣获第30届大众电影百花奖最佳男主角奖。
8. 田华在第19届中国金鸡百花电影节上获终身成就奖。
9. 中国影协“送欢乐、下基层”到浙江景宁畲族自治县。
10. 赵薇荣获第30届大众电影百花奖最佳女主角奖。

中国音乐家协会

1. 10月17日，中国音协在山东威海举行“全国音乐评奖座谈会”。来自全国音乐界的30余位专家、学者献计献策，为金钟奖的改进与完善进行深层次研讨。
2. 11月5日，为了向建党90周年隆重献礼，中国音协在京举行《唱响中国》知名词曲作家推动会。
3. 7月24日，中国音协在厦门承办国际音理会亚达地区工作会议。

4 5
6
7
8

4. 5月1日，上海世博会开幕之际，中国音协在上海万人体育场主办“魅力中国——宋祖英2010上海演唱会”。
5. 根据中宣部的指示精神，5月23日，中国音协组织以赵季平、徐沛东为团长的全国10余位著名词曲作家在革命圣地延安进行“红色之旅”音乐采风活动。
6. 6月21日，中国音协在福州市举办“海峡论坛·第三届海峡两岸合唱节”。来自海峡两岸的19支合唱团近千人参加演出。
7. 7月26日，中国音协及厦门市有关单位共同主板的“第五届鼓浪屿钢琴艺术节”在鼓浪屿拉开帷幕。艺术节秉承高品质艺术理念，昭示了音乐惠民工程的发展与创新。
8. 9月16日至18日，中国音协和平顶山市委市政府在平顶山市连续举办3场“走进中原——金钟之星”大型音乐会。这是中国音协音乐惠民服务的又一新举措。

中国美术家协会

1
2 3
4
5 6

1. 9月20日，与会领导在中国美术馆为第四届北京国际美术双年展开幕剪彩。
2. 5月18日，中国文联党组成员、副主席，中国美协副主席冯远在井冈山为烈士后代画像。
3. 9月20日，中国文联副主席、中国美协主席刘大为为中国北京国际美术双年展获奖艺术家颁奖。
4. 9月20日，中国美协分党组书记、驻会副主席吴长江主持第四届中国北京国际美术双年展开幕式。
5. 6月3日，中国美协分党组成员、秘书长刘健在新疆写生采风。
6. 11月20日，“阳光新疆——写生作品展”在北京军事博物馆举行开幕式。

7	8
9	10
11	12
13	

7. 1月28日，75210部队向中国文联、中国美协赠送锦旗。
8. 10月12日，中国美协组织召开纪念中国共产党成立90周年中国美术作品展览在京美术家座谈会。
9. 8月21日，中国文联、中国美协深入革命纪念地创作采风团在湖南韶山向毛主席铜像敬献花圈。
10. 9月21日，第四届中国北京国际美术双年展研讨会现场。
11. 12月21日，中国美协分党组成员、副秘书长张旭光在“和谐燕赵红色太行”——中国山水画作品展开幕式上致辞。
12. 9月8日，中国美协全国组联工作会议在宁夏银川召开。
13. 2月2日，2010年中国美协工作会议在湖南长沙召开。

中国曲艺家协会

1
2
3
4

1. “中华情”贺新春曲艺精品专场晚会。
2. “包公杯”全国反腐倡廉曲艺作品征集活动颁奖典礼暨文艺演出。
3. “锦锈中华——第四届全国少数民族曲艺展演闭幕式暨颁奖晚会。
4. 第六届中国曲艺牡丹奖颁奖系列活动。

5
6
7
8 9
10

5. 情系舟曲大爱无疆——曲艺界为甘肃舟曲灾区赈灾义演"。
6. "全国道德模范故事汇"启动仪式。
7. "东方朔杯"第四届全国少儿曲艺大赛颁奖晚会。
8. "送欢乐、下基层"走进利川慰问演出活动。曲艺家深入到南昌、井冈山地区进行采风创作活动。
9. "中华情"贺新春曲艺精品专场晚会。
10. 曲艺家深入到南昌、井冈山地区进行采风创作活动。

中国舞蹈家协会

1. 中国舞协第九次全国代表大会在京召开，中共中央政治局委员、中央书记处书记、中宣部部长刘云山，全国政协副主席、中国文联主席孙家正，中宣部副部长翟卫华等出席会议。
2. 中国舞协第九次全国代表大会。
3. 中国舞协在延安举行红色经典系列采风活动。
4. 中国舞协推广的“百姓健康舞”。

5
6
7
8

5. “新农村少儿舞蹈美育工程民族舞蹈交流展演”在京举行。
6. 第七届中国舞蹈“荷花奖”现当代舞比赛，《东方筑路人》鄂尔多斯市东方路桥民族艺术团演出。
7. “海峡两岸 共舞未来”海峡两岸青少年舞蹈交流展演活动。
8. 第七届中国舞蹈“荷花奖”校园舞蹈比赛，《龙飞凤舞》上海戏剧学院舞蹈学院演出。

中国民间文艺家协会

1. 6月12日，中国民协成立60周年纪念大会在人民大会堂隆重举行。368个中国民间文学集成先进集体及个人受到表彰。
2. 1月31日，全国政协副主席、中国文联主席孙家正等领导在福州出席中华情——海峡两岸民间艺术嘉年华系列活动。
3. 4月5日，由中国文联、河南省政府、中国民协共同主办的中国（开封）2010清明文化节开幕式暨《清明节》特种邮票首发式在开封清明上河园隆重举行。
4. 4月4日至5日，第三届中国清明（寒食）文化论坛在山西介休绵山举行。
5. 9月19日，由中国文联、山西省人民政府、中国民协主办的第八届中国民间艺术节在大同举行。

1
2 3
4
5

6. 7月17日至24日，中国民协组织来自中国民协和全国各省、自治区、直辖市民协的约60位专家学者和民间文艺工作者，沿丝绸之路中线对新疆龟兹文化艺术进行了考察。
7. 5月12日，由民进中央、中国民协、中华文化学院联合四川音乐学院绵阳艺术学院、中国社科院民族学与人类学研究所主办的“从北川到玉树”：紧急抢救地震灾区文化遗产成果发布会在北京人民大会堂举行。
8. 5月31日，为庆祝中韩民间文化友好交流20周年，由中国民协与韩国南怡岛株式会社共同主办的“中国文化月”活动在韩国南怡岛举行。
9. 8月1日至16日，由中国民协、江西省民协共同组织的中国民间艺术代表团，参加了在耶路撒冷举办的第35届国际艺术与手工艺博览会。
10. 8月9日至10日，由中国民协主办的中日非物质文化遗产保护论坛在京召开。
11. 10月29日，由中国文联、中国民协、广东省委宣传部、省文联主办的首届中国农民艺术节系列活动之一“中国古村落保护与发展研讨会”在广州市花都区举行。
12. 12月30日，由中国文学艺术界联合会、文化部、中国民间文艺家协会主办的“中国口头文学遗产数字化工程”启动仪式在北京人民大会堂举行。

6	
	7
	8
9	10
11	12

中国摄影家协会

1
2 3
4
5 6

1. 1月25日，2010中国摄影界迎春联谊会上，全国政协副主席白立忱（右三），全国人大常委会原副委员长许嘉璐（右二），全国政协原副主席李蒙（左二），全国人大常委、公安部原常务副部长白景富（右一），第二炮兵原政委程宝山中将（左一）等亲临联谊会，饶有兴致地观看了富有摄影特点的节目。
2. 4月19日，中国文联党组书记、副主席胡振民（右三），中宣部秘书长官景辉（右二），中国文联党组成员、书记处书记廖奔（右一）在中国摄协分党组书记、副主席兼秘书长李前光（右四）的陪同下参观“影像凝聚力量，爱心传递真情——2010青海玉树抗震救灾纪实摄影展”，共同感受影像背后的感人故事。
3. 4月19日，中国文联党组书记、副主席胡振民（左一）为中国摄协抗震救灾小分队授旗。
4. 5月14日，中国摄协革命纪念地创作小分队在京出发。
5. 12月25日，中国摄协分党组副书记、副秘书长王郑生（左一）在德峨乡龙洞大寨向群众赠送年画。
6. 9月20日，2010全国摄影艺术展览颁奖晚会现场，中国摄协分党组成员高琴（左二）与获奖者合影。

7. 4月19日，中国文联党组成员、书记处书记廖奔代表中国文联党组对中国摄协快速反应、积极投身抗震救灾的行动给予肯定支持。
8. 4月19日，中国摄协副主席张桐胜（左一）、罗更前（左三）向中央档案馆副馆长杨继波（左二）捐赠玉树抗震救灾的珍贵影像史料。
9. 4月19日，中国摄协分党组副书记、副秘书长王郑生（左二）和协会副秘书长解海龙（右一）代表中国摄协向玉树灾区捐款。
10. 10月25日，由中国摄协和浙江省桐乡市政府共同主办的“徐肖冰杯”全国摄影大展在已故“中国摄影大师”徐肖冰的故乡——浙江省桐乡市举行。图为此次大展颁奖晚会现场。
11. 12月25日，摄影家在汶川萝卜寨为基层群众拍摄全家福。
12. 6月20日，2010全国摄影艺术展览第二阶段的分类评选现场。
13. 10月19日，“让影像告诉世界——灿烂的中华文化”世界巡回展葡萄牙站，中国摄协分党组成员、副秘书长顾立群（左一）向来宾介绍展览。
14. 9月28日，2010全国摄影工作会议在宜春召开。

7	8
9	10
11	12
	13

14

中国书法家协会

1. 12月27日，中国书协第六次全国代表大会在北京人民大会堂隆重开幕。刘云山亲切接见与会代表，图为同欧阳中石亲切握手。
2. 7月15日，中国书协在重庆举行授予永川区为“中国书法之乡”仪式。授牌仪式后，中共中央政治局委员、重庆市委书记薄熙来会见赵长青、段成桂、吴东民、何应辉、聂成文等一行。
3. 5月9日，大型主题书法集——《国歌》首发式在全国政协礼堂隆重举行。图为首发式现场。
4. 8月15日上午，中国书协在石家庄河北世纪大饭店举行“心系舟曲情注翰墨”中国书协理事奉献爱心赈灾笔会。图为覃志刚、张海接受捐助单位善款。
5. 2月25日，中国书协2009年度中国书法进万家工作总结会在北京华风宾馆举行。张海、赵长青、申万胜、旭宇、吴东民、吴善璋共同为先进集体颁发奖牌，段成桂、邵秉仁、聂成文、何应辉、张业法、戴志祺、白煦为先进个人颁发奖杯、奖状，并与获奖代表合影。

6. 12月29日，中国书协在北京国际饭店会议中心紫金大厅隆重举行2011年中国书协庆新年迎新春联谊会。新当选的第六届中国书协主席团成员及分党组成员给全国书界朋友拜年。
7. 4月30日上午，由中国文联、中国书协共同主办的“岁月如歌——张海书法展”在北京中国美术馆举行开幕式。
8. 8月22日至27日，应日本成田山全国竞书大会邀请，以中国书协副主席、北京书协主席林岫为代表团团长，中国书协分党组副书记、副秘书长陈洪武为常务副团长等一行69人的中国书协首届青少年赴日本书法交流代表团访问日本取得圆满成功。中国书协副主席林岫、中国书协分党组副书记陈洪武在中日青少年书法交流会观看两国青少年现场书写。
9. 10月13日至18日，应日本每日书道会的邀请，以中国书协分党组书记、驻会副主席兼秘书长赵长青为团长一行6人中国书法家代表团访问了日本。图为出席第九届国际书法交流奈良大展的合影。
10. 10月25日，由文化部外联局和中国书协、中国艺术研究院中国书法院联合主办的“汉字之美——中国书法展”在法国巴黎联合国总部开幕。图为代表团一行9人在联合国总部合影留念。
11. 9月13日至15日，由中国书协组织的“中国书法家井冈山创作培训暨爱国主义教育基地”授牌仪式在江西井冈山革命博物馆举行。

中国杂技家协会

1
2
3
4

1~2. 11月2日至5日，中国杂协第六次全国代表大会在北京召开。中共中央政治局委员、中央书记处书记、中宣部部长刘云山，全国政协副主席、中国文联主席孙家正，中宣部副部长翟卫华，中国文联领导胡振民、覃志刚、李牧、冯远、廖奔、夏潮等出席开幕式。

3~4. 岁末年初，中国杂协举办的“送欢乐、下基层”慰问演出活动在大连舰艇学院、旅顺保障基地举行。

5 6
7 8
9
10

5. 1月18日，山东省杂技演艺有限公司的杂技《激昂青春—蹬人》，在有着“杂技奥林匹克”美誉的第34届摩纳哥蒙特卡洛国际杂技节上捧得“金小丑”奖，这是中国杂技界获得的第11樽“金小丑”奖。
6. 8月3日至10日，中国杂协分党组成员、副秘书长邹玉华一行应邀参加美国第73届艾伯特魔术大会。
7. 8月20日至22日，第四届东北三省杂技论坛在哈尔滨召开。
8. 9月10日，中国杂协组织杂技艺术家参加中国文联赴国家地震灾害紧急救援队慰问演出。
9. 11月2日，第九届中国武汉国际杂技艺术节理论研讨会在武汉召开。
10. 7月22日至27日，应中国杂协邀请，国际魔术联盟国际主席埃瑞克·埃斯文一行在2009北京世界魔术大会成功举办一周年之际来华访问。

中国电视艺术家协会

1. 4月17日，中国视协四届五次理事会议在江苏省南京市召开。
2. 5月7日，第四届女性风采优秀电视作品展播表彰暨中国女电视工作者论坛在北京举行。
3. 2月11日，中国视协在北京举办“2010年电视艺术界新春联谊会”。
4. 4月11日，电视剧《乡村爱情故事》研讨会在北京举行。
5. 6月5日至6日，第一届中国·东南亚·南亚电视艺术周在云南省昆明市召开。
6. 6月11日，海峡两岸电视交流合作恳谈会在南京举行。

7
8 9
10
11
12

7. 8月6日至8日，2010中国(青海)世界山地纪录片节在青海省格尔木市举行。
8. 8月27日至28日，首届国际儿童电视高峰论坛在北京举办。
9. 9月20日，第8届中国金鹰电视艺术节在湖南省长沙市举行。
10. 10月15日，第10届中日韩电视制作者论坛在中国苏州举办。
11. 10月18日，赵忠祥播音主持50年学术研讨会在北京举行。
12. 6月19日至23日，2010年第三届中国旅游电视艺术周在甘肃省天水市举行。

新疆建设兵团杂技团

新疆生产建设兵团杂技团（又称：新疆西域杂技团），成立于 1951 年，是在部队文艺工作队的基础上发展起来的。也是长期活跃在军垦第一线的一支文艺队伍。以其精湛的表演技艺和优良过硬的作风在新疆乃至西北地区堪称一流。建团以来，为新疆各族人民和广大军垦战士创作演出了丰富多彩的杂技、魔术、滑稽节目。在当时生活、工作环境异常艰苦，文化活动极度贫乏的情况下，给常年战斗在一线边境地区的广大军垦战士带去了兵团党委的亲切慰问，使广大军垦战士感受到了党和祖国人民的关怀，起到了鼓舞斗志、稳定队伍的作用。几十年来，杂技团排练了大量的节目，也培养了一批具有一定艺术造诣、吃苦耐劳、具有兵团精神的优秀文艺工作者，使兵团杂技团形成了良好的工作作风，受到了各界观众的高度赞扬。

1. 对话——击球
2. 女子造型
3. 天山红女子造型
4. 天山红女子造型
5. 杂技节目《天山来客——女子造型》
6. 构

中国文联各团体会员（一）

China Federation of Literature and arts groups Member(Ⅰ)

2011

中国戏剧家协会

综　述

2010年，中国剧协深入贯彻落实党的十七大和十七届三中、四中、五中全会精神，牢牢把握“高举旗帜、围绕大局、服务人民、改革创新”的总要求，坚持用科学发展观统领戏剧工作和剧协工作，更加自觉地服务党和国家工作大局，开展丰富多彩的戏剧活动，引领戏剧创作和评论，拓展对外民间戏剧交流，有效地推动剧协组织的自身建设，成功召开第七次剧代会，成功申办国际剧协第33届世界代表大会，办好第二届中国校园戏剧节，举办曹禺诞辰100周年、尚小云诞辰110周年纪念活动，实施梅花奖数字电影工程2010年拍摄计划，召开第二届编剧读书班；完成第三届中国戏剧奖·曹禺剧本奖、理论评论奖、校园戏剧奖的评奖颁奖工作；梅花奖艺术团一年来继续深入开展“送戏下基层”活动，并首次赴德国演出取得成功；中国戏剧出版社抓住发展机遇，顺利完成转企改制；等等，契合了时代的要求和文联、剧协工作的实际，体现了勇于开拓、求真务实的作风，取得了显著成绩。

重要会议

【中国戏剧家协会第七次全国代表大会】

6月23～26日，中国戏剧家协会第七次全国代表大会在北京京西宾馆隆重举行。来自全国31个省、自治区、直辖市，香港、澳门特别行政区以及解放军、中直国家机关和院团的387名戏剧家代表出席大会。中共中央政治局委员、中央书记处书记、中宣部部长刘云山出席大会开幕式并做重要讲话，强调广大戏剧工作者要坚持正确价值取向，坚守民族文化立场，推进戏剧艺术创新，创作更多富有时代气息、充满艺术魅力的戏剧精品，谱写中国戏剧艺术事业新篇章。全国政协副主席、中国文联主席孙家正出席会议。出席6月23日开幕式的领导同志还有中国文联党组书记、副主席胡振民，中宣部副部长翟卫华，文化部副部长王文章，中国文联党组副书记、副主席李牧，中国文联党组成员、副主席廖奔，中国文联党组成员、书记处书记夏潮，中宣部干部局局长蒲增繁，中宣部文艺局副局长孟祥林以及中国文联各文艺家协会负责人等。胡振民、王文章在开幕式上讲话。中国剧协第六届主席尚长荣致开幕词，中国剧协第六届副主席孟冰宣读中国人民解放军总政治部宣传部、中国作协、教育部艺术教育委员会、国际剧协的贺信、贺电。开幕式上，中国剧协分党组书记、第六届秘书长季国平作了题为《站在新起点　实现新跨越　努力开创戏剧工作和剧协工作新局面》的工作报告；中国剧协分党组成员、第六届副秘书长刘卫红作了《关于修改中国戏剧家协会章程的说明》。中国剧协第六届副主席董伟主持开幕式。

会议期间，代表们审议通过了季国平所作的工作报告；审议通过了修改后的《中国戏剧家协会章程》。6月25日，选举产生了中国剧协第七届理事会和主席团。尚长荣当选中国戏剧家协会第七届主席，季国平等12人当选副主席。新一届主席团第一次会议推举李默然为中国剧协第七届名誉主席，聘请于是之等22名同志为中国剧协第七届顾问。当晚，孙家正、雒树刚、胡振民、翟卫华、李牧、廖奔等中宣部和中国文联领导亲切会见了中国剧协第六、第七届主席团成员并合影留念。

会议期间在京西宾馆大礼堂举行了联欢活动，到会的100多名梅花奖演员在尚长荣的指挥下高歌一曲《歌唱祖国》，气势宏大、振奋人心。

【中国戏剧家协会第七届主席、副主席名单】

主席：尚长荣

驻会副主席：季国平

副主席（按姓氏笔画排序）：

王晓鹰、白淑贤（女）、李树建、李维康（女）、沈铁梅（女）、茅威涛（女）、罗怀臻、孟冰、韩再芬（女）、裴艳玲（女）、濮存昕

【关于推举中国戏剧家协会第七届名誉主席和聘请顾问的决定】

根据《中国戏剧家协会章程》第24条规定，中国戏剧家协会第七届主席团第一次会议研究决定：推举李默然（回族）为中国戏剧家协会第七届名誉主席；聘请于是之、方掬芬（女）、刘长瑜（女）、刘厚生、刘锦云、红线女（女）、李世济（女）、何孝充、余笑予、陈伯华（女）、赵寻、胡可（满族）、钟景辉、袁雪芬（女）、徐晓钟、郭汉城、阎肃、董伟、薛若琳、穆凡中、魏明伦、瞿弦和等22人为中国戏剧家协会第七届顾问。

【中国戏剧家协会第七届理事会理事名单】

（共188人，按姓氏笔画排序）

丁凡、于兰（女）、于魁智（回族）、万山红（女）、马惠民、王芳（女）、王建、王俭、王惠（女）、王玉珍（女）、王华莹（女）、王阳娟（女）、王红丽（女）、王评章、王晓英、王晓鹰、王景珊、王蓉蓉（女）、王筱頔（女）、王福义、扎西顿珠（藏族）、戈弋、邓宛霞（女）、古再丽努尔·库尔班（女，维吾尔族）、石佳昱、龙红（女）、申列荣、史佳花（女）、付晋青、白淑贤（女）、白燕升、冯玉萍（女）、冯咏梅（女）、吕育忠、朱彤、朱世慧、朱绍玉、任鸣、任跟心（女）、刘宁、刘星、刘祯、刘卫红（女）、刘玉玲（女）、刘秀荣（女）、刘彦君（女）、孙洁（女）、芦昂、李亭（女）、李洁（女）、李梅（女）、李鹏、李小虹（女）、李小祥、李龙云、李龙吟（回族）、李东桥、李仙花（女）、李纯博（回族）、李春喜、李政成、李树建、李家玉（女）、李鸿飚、李维康（女）、李静文（女）、杨长春（回族）、杨凤一（女）、杨帅学、杨丽娟（女）、杨绍林、杨乾武、杨跃红（女）、吴新斌、何冀平（女）、谷文月（女）、汪人元、汪荃珍（女）、汪信山、沈虹光（女）、沈铁梅（女）、沈海宁、宋存学、宋国锋、宋昌林、宋官林、迟小秋（女）、张民、张明、张辉、张小果、张火丁（女）、张幼麟、张建国、张爱国、张曼君（女）、张富光、张静娴（女）、张慧芳（女）、阿迪力·米吉提（维吾尔族）、陈军、陈俐（女）、陈彦、陈少云、陈巧茹（女）、陈立华、陈学希、陈艳冰（女）、陈素珍（女）、陈涌泉、陈智林、陈霖苍（蒙古族）、武利平、茅威涛（女）、茅善玉（女）、林瑛（女）、林戈尔、林为林、林超俊（壮族）、欧阳秀芝（女）、尚长荣、罗怀臻、季国平、周龙、周光、周长赋、周予援、周正平、周东亮、周仕华、周志强、周祥辉、郑丽芳（女）、郑怀兴、房雷、孟冰、孟广禄、赵志刚、赵建新、赵德平、胡和颜（女）、胡嫦娥（女）、查明哲、柳萍（女）、段明、段雨强、侯露（女）、侯丹梅（女）、费守江、袁慧琴（女）、贾吉庆、夏平、顾芗（女）、钱惠丽（女）、倪茂才、倪惠英（女）、徐翔、翁国生、高静（女）、郭跃进（女）、唐栋、黄先钢、黄定山、黄新德、梅小萍、常剑钧（仫佬族）、章兰（女）、梁伟平、韩生、韩宁（女）、韩再芬（女）、韩国庆（蒙古族）、赓续华（女，满族）、曾静萍（女）、谢涛（女）、谢玉兰（女）、谢丽泓（女）、谢群英（女）、强巴云丹（藏族）、甄亮、窦凤琴（女）、蔺永钧、裴艳玲（女）、廖奔、廖向红（女）、樊国宾、黎继德、濮存昕

【关于任命中国戏剧家协会第七届秘书长、副秘书长的决定】

根据《中国戏剧家协会章程》第22条规定，中国戏剧家协会第七届主席团第一次会议研究决定：任命刘卫红为中国戏剧家协会第七届秘书长，周光为中国戏剧家协会第七届副秘书长。

重要活动

【梅花奖艺术团活动】

1．广西白色行

1月19～22日，中国文联、中国剧协梅花奖艺术团“送欢乐、下基层”广西百色行慰问演出活动在百色举行。中国剧协分党组书记、秘书长季国平，百色市委书记刘正东、市长谢泽宇、政

协副主席黄碧功等领导出席活动。来自工、农、商、学、兵各界，涵盖壮、汉、苗、彝、瑶、仡佬、回等多个民族的百色观众观看了演出。尚长荣、林为林、吴军、刘晓翠、李鼎、王红丽、龙红、杨益琨、杨俊、李丹瑜、陈巧茹、陈澄、谷好好、齐爱云、刘薇、姚志强、梁素梅、于兰、孙健、韩延文等14个剧种的20位梅花奖得主为广西的观众献上了拿手好戏。

2. 陇南行

4月12～15日，在中国文联统一部署和领导下，梅花奖艺术团与中国曲协的艺术家一道奔赴中国文联扶贫点——甘肃陇南武都区进行慰问演出和捐赠活动，为陇南市的困难群众和援建者们送去了党和政府的关怀与温暖，送去了广大文艺工作者的牵挂与祝福。此次慰问演出由中国文联党组成员、副主席冯远任团长，中国曲协分党组书记、副主席姜昆任副团长，中国剧协主席尚长荣、中国曲协主席刘兰芳任艺术顾问，成员均为我国戏剧界、曲艺界荣获国家级奖项的德艺双馨的艺术家。

3. 常熟行

5月28日，梅花奖艺术团在第二届中国（常熟）江南文化节开幕式上演出。尚长荣、茅善玉、沈丰英、于魁智等22位梅花奖得主分别演出了京剧《沙家浜》、昆曲《牡丹亭》、越剧《梁祝》、锡剧《珍珠塔》、豫剧《花木兰》等10余个南北剧种的经典选段，晚会美不胜收，受到群众欢迎。

4. 云南腾冲、丽江行

9月9～14日，尚长荣、季国平带领翁国生、韩延文、武利平、武凌云、齐爱云、杨益琨、李丹瑜、谷好好、于兰等梅花奖艺术团成员赴云南腾冲和丽江进行下基层采风活动，并与腾冲县的文艺工作者及当地群众在古旧的小木楼里进行了联欢，与丽江古镇和当地纳西艺术团的文艺工作者以及少数民族群众进行了热闹的篝火联欢，从人民群众中汲取创作营养。

5. 曹禺故里行

10月25～29日，梅花奖艺术团一行20余人赴湖北潜江参加第二届中国（潜江）曹禺文化周活动。28日晚，在闭幕式暨第三届中国戏剧奖·曹禺剧本奖颁奖典礼上，尚长荣、裴艳玲、沈铁梅等来自京剧、川剧、昆曲、秦腔、沪剧、淮剧等8个剧种的18位梅花奖获得者同台献艺，濮存昕、张凯丽主持，为观众带来了一台高水平、高品质的艺术盛宴。活动期间，艺术团成员以植树、参观曹禺祖居、瞻仰曹禺陵园并敬献花篮等多种形式表达了对戏剧大师曹禺的缅怀之情。

6. 江苏张家港行

11月1～3日，梅花奖艺术团赴张家港参加第四届（张家港）长江流域戏剧节开幕式活动。于2日晚在开幕式上演出“梅花赋·长江情”文艺晚会。尚长荣、裴艳玲、吴京安、武凌云、龙红、翁国生、谷好好、单仰萍、李政成、齐爱云、杨俊、吴晶晶、于兰、武利平、刘薇、山翀、韩延文等16名梅花奖演员演出了拿手好戏。

7. 德国行

11月26日至12月3日，以季国平为团长的梅花奖艺术团赴德国进行交流演出。于当地时间11月27日，在德国东茨多夫城市剧院演出了昆曲精华版《白蛇传》，主要演员杨凤一、蔡正仁、翁国生、王振义、谷好好、张幼麟等是来自全国多个京昆院团的梅花奖演员。演出受到德国观众好评，德国巴登符腾堡州表演艺术家协会副理事长克拉纳说：“演出实在太精彩了，美丽的《白蛇传》就像一条蛇，钻进了德国观众的心里。”此次观剧的观众，有来自斯图加特、乌尔姆、卡尔斯鲁、慕尼黑等多地的专业人士，也有普通的德国市民，覆盖面很广。演出结束后，艺术团还于29日在海德堡与德国表演艺术家协会进行座谈，德方对演出成功表示衷心祝贺，双方就进一步交流与合作达成初步意向。（参见《对外及对港澳台地区文化交流》栏目）

8. 江西宜春行

12月27～29日，中国文联、中国剧协开展梅花奖艺术团“送欢乐、下基层”江西宜春行活动。于12月28日晚在新建的宜春市文化艺术中心进行演出，裴艳玲、顾芗、林为林、吴京安、武凌云、龙红、郑强、陈巧茹、惠敏莉、周源源、张克勤、陈澄、刘薇、于兰、谷好好、刘丹丽等16位梅花奖演员参加演出。

【纪念尚小云诞辰110周年系列活动】

1月15～18日，由文化部和中国文联主办，文化部艺术司、中国剧协承办的纪念京剧大师尚小云先生诞辰110周年系列活动在京举行。活动包括演出、研讨会和纪念大会3项内容。“荣春长喜——‘尚派’经典剧目折子戏专场”于15日、16日晚在北京梅兰芳大剧院上演，“尚派”亲传弟子及再传弟子荟萃一堂，演出了《金水桥》、《坐宫》、《双阳公主》等“尚派”经典折子戏。“荣春长喜——纪念京剧大师尚小云先生诞辰110周年名家演唱会”于17日晚在国家大剧院举行，演唱会上不仅有“尚派”弟子的精湛演出，还有京剧和秦腔等名家的精彩唱段。17日上午，纪念京剧大师尚小云先生诞辰110周年艺术研讨会在全国政协礼堂召开，60余位表演艺术家、学者、“尚派”传人聚集一堂，缅怀尚小云先生对京剧艺术的卓越贡献。18日上午，尚小云先生诞辰110周年纪念大会在北京人民大会堂隆重举行，全国政协副主席、中国文联主席孙家正，中国文联党组书记、副主席胡振民，文化部副部长王文章，中国文联党组副书记、副主席李牧等领导与戏剧界专家、学者及“尚派”弟子代表一同出席大会，学习继承老一辈艺术家的优良传统，缅怀和纪念老一辈艺术家为戏曲事业所作出的杰出贡献。

【纪念曹禺诞辰100周年国际学术研讨会】

9月22～23日和9月24～26日，作为纪念曹禺先生诞辰100周年系列活动之一，由文化部、中国文联、北京市人民政府共同主办，北京人艺、中国剧协、南开大学文学院、中国话剧理论与历史研究会、天津市文学学会共同承办的纪念曹禺诞辰100周年国际学术研讨会分别在天津会场和北京会场举行。董伟、季国平、张和平、傅华、陈洪等文化部艺术司、中国剧协、北京人艺、北京市委宣传部、南开大学领导出席了北京会场开幕仪式并讲话。参加此次研讨会的有田本相、童道明、郭启宏、何西来、王育生、宋宝珍、朱栋霖等内地戏剧界的著名专家学者和来自台湾与香港地区的戏剧界代表，以及美国、日本、新加坡等国际戏剧界学者60余人。北京人艺老艺术家郑榕、蓝天野，导演顾威等，和参与演出过曹禺作品的北京人艺演员杨立新、王斑、龚丽君、冯远征、梁丹妮、夏立言、仇晓光，曹禺的女儿万昭、万方、万欢等也参加了研讨会。研讨会期间，与会专家从不同主题、不同角度对曹禺的戏剧成就、作品内涵、创作经历，以及曹禺对国内和国际戏剧界产生的影响进行了分析与探讨。

【协办《曹禺作品经典片段欣赏》与评弹《雷雨》演出】

9月25～26日，在纪念曹禺诞辰100周年活动期间，中国文联、中国剧协邀请并大力协助中国老教授协会在解放军歌剧院排演了《曹禺作品经典片段欣赏》，演出汇集了曹禺作品《雷雨》、《日出》、《北京人》、《家》、《原野》的经典片段，以及改编作品《胆剑篇》，《罗密欧与朱丽叶》的翻译作品等，节目精彩纷呈、引人入胜。参加演出的苏民、朱琳、郑榕、瞿弦和、曹灿、方明、杜宁林、薛山、史可等23位老中青艺术家用诚挚的情怀、深厚的怀念以及崇高的敬仰之心，为观众呈现了曹禺作品中一个个鲜活的人物形象和难忘的经典片段。

9月28日，中国文联、中国剧协还盛情邀请苏州评弹团在梅兰芳大剧院演出了评弹《雷雨》。以曲艺的艺术形式，而且是以苏州评弹在舞台上再现全本《雷雨》，这在该剧的演出史上尚属首次。担任此次主演的盛小云、徐惠新、吴静等都是活跃在当今曲艺界的优秀中青年艺术家，他们用素有“中国最美的声音”赞誉的评弹表演，为中国戏曲舞台带来了温婉、别样的审美意蕴，得到观众赞誉。

【第二届中国（潜江）曹禺文化周】

10月25～28日，由中国文联、湖北省人民政府主办，中国剧协、湖北省文化厅、湖北省文联、潜江市人民政府等单位承办的第二届中国（潜江）曹禺文化周活动在湖北潜江举行。活动包括开幕式，纪念演出，国际学术研讨会，曹禺大剧院、中国剧协曹禺剧本奖创作基地和梅花奖艺术交流中心奠基仪式，曹禺祖居落成庆典暨曹禺祖居博物馆开馆仪式，闭幕式暨第三届中国戏剧奖·曹禺剧本奖颁奖典礼、梅花奖艺术团“曹禺故里行”大型演出等内容。（“第三届中国戏剧奖·曹禺剧本奖颁奖典礼”详见《艺术节与评奖》栏目、梅花奖艺术团“曹禺故里行”详见《重要活动》栏目之［梅花奖艺术团活动］）

【梅花奖数字电影工程2010年计划】

在中国文联的高度重视和大力支持下，中国剧协从2010年起，组织实施中国戏剧梅花奖获奖演员优秀剧目数字电影工程（简称：梅花奖数字电影工程），计划每年在全国选择若干梅花奖获得者中的优秀艺术家，将他们的代表作品拍摄成数字戏曲艺术影片，并与电影发行放映单位合作，向海内外观众传播推广优秀戏曲艺术。经过认真筹备，协调各方关系，制定严密的工作计划和经济预算，2010年按计划成功启动并拍摄了《木兰从军》、《野猪林》、《傅山进京》，与上海方面签订了合作拍摄《曹操与杨修》合同，完成了大量筹备工作。

【京剧数字电影《响九霄》首映式】

3月15日，由中国文联倾力打造、中国剧协独立拍摄、中国文学艺术基金会全额资助的京剧数字电影《响九霄》首映式在中国文联文艺家之家举行。中国文联党组书记、副主席胡振民，党组副书记、副主席覃志刚、李牧，党组成员、副主席冯远，党组成员、书记处书记廖奔，中国文联副主席丁荫楠、裴艳玲，国家广电总局电影管理局局长童刚，中国剧协分党组书记、秘书长季国平，中国影协分党组书记康健民，中国剧协副主席王晓鹰、白淑贤、李维康、刘长瑜、孟冰、韩再芬等出席了首映式。首映式由季国平主持。胡振民为影片首映题辞："扬梨园儿女正气、展国粹艺术精华"。李牧在首映式上讲话，代表中国文联向在影片拍摄、制作工作中付出辛勤劳动，奉献艺术智慧的各位艺术家，以及为保证影片顺利完成，给予巨大支持与合作的有关单位表示深深的敬意。总导演丁荫楠、领衔主演裴艳玲先后发言，介绍了影片在艺术上的追求和自己的感受。

【戏剧家赴革命老区和地震灾区深入生活、采风创作】

为响应中央号召，中国剧协按照中国文联统一部署，分别组织戏剧家深入革命老区、地震灾区采风，创作反映革命老区建设和反映抗震救灾伟大斗争及灾后重建风貌的优秀作品。通过前往革命老区的几次采风及座谈活动，总政话剧团的王宏创作了小品《红色珍宝》，中国剧协副主席、总政话剧团著名编剧孟冰创作的话剧《毛泽东在西柏坡的畅想》得到了进一步的修改完善，来自延安吴起县文联的朱强创作了小品《老憨照相》。10月19～23日，中国剧协又带领6位艺术家前往四川汶川、北川、绵阳、映秀等地震重灾区采风。此行时间紧、任务重，4天奔赴1200多公里，走访了三市六县，听到看到大量灾后重建的感人事迹。通过此次采风，陕西人民艺术剧院的刘远创作了小品《摸一下你的手》，成都文化局的王爱飞创作了小品《相依》等。

艺术节与评奖

【第二届中国校园戏剧节】

11月9～18日，由中国文联、教育部、上海市人民政府联合主办，中国剧协、上海市文联、上海市教卫党委、上海市教委、上海市剧协等单位共同承办的第二届中国校园戏剧节在上海隆重举行。共青团中央、文化部艺术司、教育部艺术教育委员会等发来贺信。11月9日晚，戏剧节开幕式在上海戏剧学院剧院举行。中国文联党组书记、副主席胡振民，中国文联党组副书记、副主席李牧，教育部副部长陈小娅，上海市委常委、副市长屠光绍，上海市委常委、宣传部部长杨振武，中国剧协主席尚长荣，分党组书记、副主席季国平，文化部艺术司司长董伟，教育部体育卫生与艺术教育司司长杨贵仁，国际剧协主席拉门度·马珠姆达、秘书长托比亚斯·拜恩科恩，以及郑惠强、沈晓明、徐晓钟、王晓鹰、陈东、杨益萍、薛明扬等中国剧协、上海市相关单位领导出席了开幕式。开幕式由季国平主持。胡振民宣布第二届中国校园戏剧节开幕。李牧、陈小娅、屠光绍、董伟及拉门度·马珠姆达分别致词。尚长荣宣读贺信。开幕式后，上海戏剧学院演出了参评剧目《瞬间不是永远》。

本届戏剧节的主题是"青春校园·理想人生"。自剧目征集以来，共收到包括台湾地区在内的26个省区市报送的126个戏剧作品。经精心挑选，来自全国32所高校的25台剧目在上海各大院校相继上演，反映当代大学生昂扬向上的精神面貌和校园生活的作品成为主体，演绎古今中外经典名著的作品也呈现出鲜明的时代特点，突出了"向真、向善、向美、向上"的校园文化特色。戏剧节参与演出和观摩的高校学生达3万人次，场场座无虚席。经评选，话剧《青春起跑线》、音乐剧《名扬四海》等9台剧目荣获中国戏剧奖·校园戏剧奖优秀剧目奖，孟凡超等人获得优秀编剧、导演、表演等7个单项奖。戏剧节期间开展了多姿多彩的校际交流和艺术互动，尚长荣、王晓鹰、毛时安等知名戏剧家走进校园开设讲坛，受到欢迎。

【第二届中国校园戏剧节“中国戏剧奖·校园戏剧奖”获奖名单】

（按得票多少排序）

优秀剧目奖

非艺术类院校

话剧《青春起跑线》闽江学院

话剧《重庆往事·红色恋人》重庆大学

京剧《罗密欧与朱丽叶》兰州职业技术学院、台湾南亚技术学院

相声剧《交大这些事》上海交通大学

艺术类院校

音乐剧《名扬四海》中央戏剧学院

音乐话剧《瞬间不是永远》上海戏剧学院

赣剧《临川四梦》南昌大学赣剧文化艺术中心

越剧《红楼人物秀》浙江艺术职业学院

歌剧《贾尼·斯基基》河南师范大学帕瓦罗蒂音乐艺术中心

单项奖

非艺术类院校

优秀导演奖：孟凡超、陈喆（话剧《孤》）

优秀编剧奖：周涛、朱忠壹、谌梦如（话剧《小巷总理》）

优秀编剧奖：刘贝贝、胡翰文（话剧《支教的老师来了》）

优秀表演奖：欧阳帆（在话剧《我和你，在一起》中饰演陈退耕）

艺术类院校

优秀编剧奖：郭晨子（音乐话剧《瞬间不是永远》）

优秀表演奖：虞佳（在川剧《死水微澜》中饰演邓幺姑）

优秀表演奖：金戈（在音乐剧《名扬四海》中饰演卡门）

【第三届中国戏剧奖·理论评论奖颁奖式暨“戏剧的品格与使命”研讨会】

10月20～21日，由中国文联、中国剧协联合主办的第三届中国戏剧奖·理论评论奖颁奖式暨“戏剧的品格与使命”研讨会在北京举行。中国文联党组副书记、副主席李牧，中国剧协分党组书记、驻会副主席季国平，中国文联理论研究室主任董耀鹏，中国剧协副主席、第三届中国戏剧奖·理论评论奖评委会主任王晓鹰，中国文联国内联络部副主任李培隽，中国剧协分党组成员、秘书长刘卫红以及本届评委会评委、获奖作者及戏剧界专家学者70余人参加了颁奖仪式和研讨会。李牧为获奖者颁奖。季国平宣读获奖名单。王晓鹰介绍评奖情况。刘卫红主持颁奖仪式。本届理论评论奖共收到来自全国44个单位报送的174篇文章，经评选，丁罗男的《大众文化与当代戏剧》等9篇论文荣获本届理论评论奖，另有17篇优秀文章受到表彰，北京剧协等13家单位获得组织奖。研讨会上，与会者对泛娱乐化背景下戏剧的自我定位和品格追求、戏剧对于民族文化发展所担负的使命等问题进行了探讨。理论评论奖对于培养和发现戏剧理论评论人才、引导戏剧创作的正确方向、提倡和鼓励理论创新等方面作出了积极贡献，产生了广泛的影响。

【第三届中国戏剧奖·理论评论奖获奖名单】

（按得票多少为序）

《大众文化与当代戏剧》丁罗男

《成大器者　常为第一——〈从曹操与杨修〉看尚长荣艺术价值 》汪人元

《关于〈陈仲子〉》王评章

《历史真相的深度隐喻 ——对锦云几部话剧作品的文本解读》王露霞

《新艺术语境下的历史剧创作》李春喜

《再谈历史真实与艺术真实》胡应明

《闽、粤农村盛演“菩萨戏”现象的调查与思考》苏涵

《城市街头的楚剧表演——对平湖门业余戏班的田园调查》叶萍

《传统理念与人格范式的颠覆、消解与重构——新编豫剧〈程婴救孤〉享誉海内外的文化启示》张大新

【第三届中国戏剧奖·曹禺剧本奖】

10月28日，第三届中国戏剧奖·曹禺剧本奖（第18届中国戏剧曹禺剧本奖）在第二届中国

(潜江)曹禺文化周闭幕晚会——梅花奖艺术团“曹禺故里行”上揭晓并颁奖。中国文联党组副书记、副主席李牧，中国剧协分党组书记、驻会副主席季国平，湖北省委宣传部部长尹汉宁，中国剧协顾问、剧作家魏明伦，湖北省文化厅厅长杜建国，潜江市市委书记朱汉桥为获奖作者颁奖。本届曹禺剧本奖剧本申报活动共收到全国各地及部队报送的作品74部，经过初评与复评，共有20部作品入围了获奖提名。最终，陈彦的秦腔《大树西迁》、郭启宏的话剧《知己》等8部剧本荣获本届曹禺剧本奖。

【第三届中国戏剧奖·曹禺剧本奖获奖名单】

(以得票多少为序)

戏曲剧本

秦腔《大树西迁》作者：陈彦

高甲戏《阿搭嫂》作者：曾学文

豫剧《大明贤后》作者：刘桂成

话剧、滑稽戏、儿童剧剧本

话剧《知己》作者：郭启宏

滑稽戏《顾家姆妈》作者：陆伦章

话剧《矸子山上的男人女人》作者：李宝群

话剧《毛泽东在西柏坡的畅想》作者：孟冰

儿童剧《古丢丢》作者：邱建秀

【第四届中国戏剧奖·小戏小品奖复赛】

11月19～24日，由中国剧协、杭州余杭区人民政府共同主办的第四届中国戏剧奖·小戏小品奖复赛在余杭举行。来自全国的57个作品参加了复赛，最终有41个作品获得决赛资格。比赛期间还组织了专家研讨会，针对每个作品提出了修改意见和建议，得到参赛单位好评，为2011年的总决赛打下了良好基础。

创作与研究

【郭汉城戏曲理论沙龙座谈会】

3月30日，由中国剧协主办，《中国戏剧》杂志社、中国五老公益工程组委会承办的郭汉城戏曲理论沙龙座谈会在北京召开。中国文联党组成员、书记处书记廖奔，中国剧协分党组书记、秘书长季国平，中国剧协顾问刘厚生、郭汉城、薛若琳，以及有“前海学派”之称的理论家、学者等到会，探讨郭汉城戏曲理论的成就与特点。

【小戏小品创作和表导演培训班】

6月5～30日和7月4～29日，由中国剧协艺术发展中心分别在北京举办了两期小戏小品创作和表导演培训班，共培训60多人次，对于培养戏剧人才、繁荣戏剧创作、促进群众戏剧的繁荣有着积极意义。

【新世纪杰出导演黄定山研讨会】

7月20日，新世纪杰出导演黄定山研讨会在北京召开。中国剧协分党组书记、驻会副主席季国平，中宣部文艺局艺术处处长李小虹，中国剧协顾问胡可、刘锦云，以及专家学者童道明、黄维钧、王育生、林荫宇、欧阳逸冰等30余位专家学者出席研讨会。2005年《中国戏剧》杂志创办了“新世纪杰出导演”系列研讨活动，先后推出了查明哲、卢昂、王晓鹰、郭晓男、张曼君等五位在全国有较大影响的导演，黄定山是首位军队文艺团体的导演。

【鲁煤文艺创作65周年学术研讨会】

8月28日，由中国剧协、中国解放区文学研究会主办的鲁煤文艺创作65周年学术研讨会在北京召开。贺敬之、王巨才、孟伟哉等发来贺信，中国文联党组成员、副主席廖奔，中国作协党组成员、书记处书记陈崎嵘、李敬泽，中国剧协顾问赵寻，分党组成员、副秘书长周光，分党组成员、中国戏剧出版社社长樊国宾，中国解放区文学研究会会长刘润为、副会长赵心宪以及屠岸等著名作家、戏剧家出席会议。与会者从作家的价值追求和社会责任、人生境界和生活态度等方面探讨鲁煤给现当代文学史留下的宝贵财富与重要意义。

【首届杭州国际青年剧作家论坛暨优秀青年剧作家余青峰作品展演活动】

10月18～20日，由中国剧协、杭州市委宣传部、杭州市文化广电新闻出版局主办，《剧本》杂志社、杭州市艺术创作研究中心承办的首届杭州国际青年剧作家论坛暨优秀青年剧作家余青峰作品展演活动在杭州举行。中国剧协《剧本》杂志社青年剧作家创作基地、余青峰戏剧工作室授牌仪式同时举行。首届论坛邀请了中国内地、港澳地区以及俄罗斯等9个国家的优秀青年剧作家，围绕“青年剧作家的现状和使命”展开交流与研讨，是近年来我国举办的最具规模的世界青年剧作家峰会之一。与会的青年剧作家对各自所处的戏剧环境进行了详尽介绍和深入分析，同时就各国、各地区青年剧作家群体所面临的困境、问题提供了建设性意见。

【魏明伦从艺60周年研讨会】

11月22日，由中共四川省委宣传部、四川省文化厅、四川省振兴川剧领导小组、中国剧协、四川省文联、四川省广播电视台共同主办的魏明伦从艺60周年座谈会及魏明伦创作研讨会在成都举行。中国剧协分党组书记、副主席季国平以及马识途、余秋雨、贾平凹、姜昆等文化界名人出席会议，与会者对魏明伦60年来的创作作出了高度评价。

【中国剧协第二期编剧读书班】

11月24日至12月2日，中国剧协第二期编剧读书班在北京开班。来自全国11个省区市的24名中青年剧作者带着作品进行了为期10天的学习和交流，戏剧专家进行了授课和一对一的辅导，效果显著。在“剧本荒”十分严重的形势下，办好编剧班、培养创作人才，成为保证戏剧事业持续繁荣与发展的重要举措。

其他重要活动

【中国剧协六届六次主席团会】

1月31日，中国剧协六届六次主席团会在北京召开。主席团审议通过了《中国剧协2009年工作总结和2010年工作要点》和《中国剧协关于向从事新中国戏剧工作60年的戏剧工作者颁发荣誉证书的决定》，并对剧协发展提出建议。

【2010年中国剧协迎新春联谊会】

2月1日，2010中国剧协迎新春联谊会在北京饭店隆重举办。老中青三代戏剧工作者代表800余人欢聚一堂，喜迎新春。联谊会上，中国剧协隆重表彰了全国1423名从事新中国戏剧60年的老一辈戏剧工作者。联谊会洋溢着喜庆、祥和、团结、奋进的气氛，成为倡导德艺双馨、联络会员情感的有效载体。

【中国剧协六届四次理事会】

3月22～25日，中国剧协六届四次理事会在重庆召开。与会理事对理事会工作报告给予了高度评价。代表们交流了工作经验，完成了剧协新一届领导班子人选的推荐工作，并积极探讨新形势下进一步做好剧协工作的新思路、新途径。在中宣部、中国文联干部部门的大力支持下，会议完成了各项议程，为开好第七次剧代会，切实做好2010年工作打下了坚实的基础。

【第二届江南文化节暨“春满江南”戏曲晚会】

5月28日至6月1日，由中国剧协、江苏省常熟市人民政府共同主办的第二届江南文化节暨“春满江南”戏曲晚会在常熟举行。中国剧协分党组书记、秘书长季国平，分党组成员、副秘书长刘卫红出席了28日举行的开幕式暨“春满江南”戏曲晚会。尚长荣等22位梅花奖艺术团成员在开幕式上演出了昆曲、京剧、越剧、沪剧、锡剧、黄梅戏、花鼓戏、采茶戏等经典剧目中的经典唱段。文化节期间，还举办了首届“沙家浜戏剧奖”小戏小品大赛，共有来自全国的24个节目分3场进行角逐，最终评剧《模特自白》，锡剧《荷塘恋》摘得金奖；音乐小戏《半夜鸡叫》，小品《体检风波》、《小刺猬卖刺》、《东北人都是活雷锋》获得银奖；小品《嫁姑娘娶媳妇》等6部作品获得铜奖；陕北民歌剧《乡土恋》等11部作品获得优秀奖。季国平出席了江南文化节闭幕式上“沙家浜戏剧奖”小戏小品大赛的颁奖活动。

【第14届中国少儿戏曲小梅花荟萃佩花晚会】

7月11～13日，由中国剧协艺术发展中心和各省区市剧协联合主办的第14届中国少儿戏曲小梅花荟萃佩花晚会活动在深圳举行。此次小梅花荟萃活动，共有来自21个省区市的315名4至14岁小选手参加评选，最终有120名选手获得“小梅花”称号。来自天津、西安、沈阳、洛阳、嘉兴等地学校的18名小梅花金奖曲目参加了13日晚上的佩花晚会演出，其中年龄最小的小梅花仅5岁，最大的13岁。中央电视台戏曲频道对佩花晚会进行了录播。

【第五届西北五省区秦腔艺术节】

8月28日至9月6日，由中国剧协、陕西省文化厅共同主办的第五届西北五省区秦腔艺术节在西安举行。陕西省委副书记、代省长赵正永，中国剧协主席尚长荣，分党组书记、驻会副主席季国平，分党组成员、秘书长刘卫红以及陕西方面的有关领导出席了开幕式。季国平和陕西省副省长郑小明分别致辞。尚长荣和陕西省委常委、省委宣传部部长胡悦共同启动本届秦腔艺术节开幕。开幕式演出精彩纷呈，20多位来自西北五省区的梅花奖获得者共同登台表演“梅花大联唱”。瓮城主会场与文昌门、和平门、建国门、东门、小东门、小南门、玉祥门、西南城角、西门9个分会场的秦腔名家、新秀、万名秦腔戏迷和广大市民同唱传统秦腔，呈现出“万人齐唱大秦腔”的壮观景象。《大秦将军》、《秦腔》、《杨门女将》、《锁麟囊》、《麦积悲歌》、《塔里木情怀》、《清风亭》、《日月湾》等来自西北五省区的17台剧目在艺术节期间相继上演，同时还举办了“西北地方戏曲发展论坛”，与会专家、学者就秦腔艺术的历史渊源、美学品格、生存现状、剧种流变以及新农村文化建设、地方戏曲进校园等问题展开深入研讨。

【2010全国剧协组联工作会议】

9月14～17日，2010全国剧协组联工作会议在云南丽江召开。中国剧协分党组书记、驻会副主席季国平到会并讲话，全国28个地方剧协的代表参加了会议。组联会议进一步加强了中国剧协和各地剧协的联系，有效地搭建了各地剧协组联工作的交流平台。

【第七届中国滨州·博兴小戏艺术节】

10月11～15日，由中国剧协、山东省滨州市人民政府共同主办的第七届中国滨州·博兴小戏艺术节在山东滨州举行。参加演出的《喜事成双》、《打板桥》、《夜深人不静》、《随礼》、《买红薯的故事》等26部小戏是从全国16个省区市报送的311部作品中选出。当地3万余名观众观看了剧场和广场演出，当地电视台进行了现场录播，极大满足了基层观众对于戏剧艺术的观赏需求。除演出外还召开了小戏艺术发展论坛，就目前小戏的现状与发展进行了交流。举办小戏节对传统文化的继承与发扬、对濒危剧种的保护和挖掘具有深远意义。

【第一届中国（抚州）汤显祖艺术节】

10月12～22日，为纪念明代戏剧大师汤显祖诞辰460周年，由中国剧协和抚州市委、市政府共同主办的第一届中国（抚州）汤显祖艺术节在江西抚州举行，中国剧协分党组书记、驻会副主席季国平出席开幕式并宣布开幕。艺术节共展演了6台以汤显祖《临川四梦》为主体的剧目：抚州采茶歌舞剧院演出的抚州采茶戏《牡丹亭》，上海昆剧团演出的《邯郸记》、《紫钗记》，南昌大学赣剧艺术中心演出的《临川四梦》，河北邯郸平调落子剧团演出的魔幻舞台剧《黄粱梦》，赣南采茶歌舞剧院演出的现代赣南采茶戏《快乐标兵》。艺术节期间还进行了系列采风及研讨活动。

【第四届长江流域戏剧艺术节】

11月2～15日，由中国剧协、张家港市人民政府共同主办，江苏省剧协、中共张家港市委宣传部、市文广局、市文联承办，沿长江12省区市戏剧家协会协办的第四届长江流域戏剧艺术节在张家港举行。中国剧协分党组书记、驻会副主席季国平，分党组成员、秘书长刘卫红出席了开幕式。裴艳玲等15位中国剧协梅花奖艺术团成员在开幕式上演出了专题晚会“梅花赋·长江情”。艺术节期间上演了昆剧《朱买臣休妻》、川剧《夕阳祁山》、黄梅戏《女驸马》、滑稽戏《顾家姆妈》、《藏戏》、京剧《藏羚羊》、锡剧《彼岸花开》、越剧《秋色渐浓》等8个优秀剧目，为弘扬长江文化，促进长江流域戏剧艺术的交流和发展作出了积极贡献。

【2010北京东城国际独角戏戏剧节】

12月4～21日，由北京市东城区文委、东城区文联、中国剧协《剧本》杂志社联合主办，北京市东城青年戏剧工作者协会、蓬蒿剧场联合承办的2010北京东城国际独角戏戏剧节在东方先锋剧场、中央戏剧学院北剧场、蓬蒿剧场同时举行。这是中国大陆首次举办的独角戏戏剧节，中国、美国、俄罗斯、法国、德国、以色列的16位戏剧表演艺术家演出了《我是我自己的妻子》、《一个人的莎士比亚》、《揪心》、《旅程在鸣响》、《地下铁中的俄耳普斯》等16部作品，并举办了“独角戏：一个人的生命独白”的国际学术研讨会。

对外及对港澳台地区文化交流

【云南花灯戏《典妻》赴伊朗参加第28届法加尔国际戏剧节】

1月22～31日，组派云南玉溪市花灯团《典妻》剧组一行25人，赴伊朗参加第28届法加尔国际戏剧节，一举夺得本次戏剧节最高表演奖——“金面具”奖。这是中国剧协首次派团参与该戏剧节的比赛并夺得大奖，不仅开创了玉溪花灯以纯戏剧的形式走向国际戏剧舞台的先例，亦为中国戏曲全面走向国际作出了新的尝试。

【赴孟加拉出席国际剧协第130次执委会会议】

4月13～18日，中国剧协分党组书记、秘书长季国平等2人赴孟加拉首都达卡出席国际剧协第130次执委会会议，进一步了解了国际剧协的现状和动态，为我国更深入地参与国际剧协的管理活动、行使话语权赢得了经验。

【话剧《原野》赴俄罗斯参加国际大学生戏剧节】

5月16～19日，组派上海戏剧学院话剧《原野》剧组一行18人，赴莫斯科参加第六届“你的机会”国际大学生戏剧节。18日晚，在莫斯科纳斯特拉斯依戏剧中心上演，受到观众好评。期间举行了以《声音·身体·即兴表演》为题的大师班讲座。此次是中国大学生戏剧团体首次受邀参加该艺术节。

【新版越剧《梁祝》赴德国参加五月国际节】

5月16～23日，应国际剧协名誉主席贝尔哈兹博士邀请，组派以中国剧协副主席茅威涛为团长的浙江小百花越剧团新版《梁祝》剧组一行53人，赴德国参加在威斯巴登市举行的国际五月艺术节。5月19、20日在该市国家大剧院进行了两场演出，获得圆满成功，2200余名德国观众观看了演出。

【与日本能乐大师出席世博会日本馆日活动】

6月12日，中国剧协主席尚长荣与日本国宝级能乐大师野村万联袂出席上海世博会日本馆日活动。中日两国传统艺术领域的代表人物朗诵并演唱了日本著名诗人辻井乔先生专为上海世博会创作的诗《祝福之歌》。

【邀请香港、澳门代表出席第七次剧代会】

6月24～26日，邀请著名剧作家何冀平等4名香港代表和1名澳门代表参加中国戏剧家协会第七次全国代表大会。其中邓宛霞、何冀平等2名香港代表被选为剧协理事，钟景辉、穆凡中2名港澳戏剧界前辈被聘为剧协顾问。

【赴日本参加第17届BeSeTo（中韩日）戏剧节】

7月5～10日，应日本第17届BeSeTo戏剧节组委会邀请，由BeSeTo戏剧节中国代表委员季国平、委员李华艺、学者吴卫民等一行5人组成的中国代表团赴日本东京出席了第17届BeSeTo戏剧节活动，观摩了部分剧目的演出、参加了BeSeTo戏剧节国际委员会议以及以“国际合作的可能性及东亚戏剧的未来”为主题的三国戏剧研讨会并做精彩发言。本届戏剧节于6月29日至7月25日在日本东京、静冈、鸟取举办，中国四川成都川剧院的《欲海狂潮》、国家话剧院的《霸王歌行》，韩国美丑剧团的《李尔王》、十字路口剧团的《请勿惊慌》，日本高田绿打击乐及高野山南山进流声明之会的《羯谛羯谛——行者、逝者》、SCOT剧团的《西哈诺》，以及中韩日三国演员合排的话剧《东京笔记》、《白雪公主》、《我心飞扬》等9台剧目参加演出。

【话剧《地姆节妇女》赴塞浦路斯参加国际古希腊戏剧节】

7月19～27日，应国际剧协塞浦路斯中心主席格尔吉奥先生邀请，中国剧协秘书长刘卫红率武汉人民艺术剧院《地姆节妇女》剧组一行27人，赴塞浦路斯参加第14届塞浦路斯国际古希腊戏剧节，分别在帕福斯市的古剧场、利马索尔市的库利姆古剧场和首都尼科西亚市的马卡里奥斯三世圆形剧场进行了3场演出，获得好评。

【川剧《马克白夫人》赴埃及参加第22届开罗国际实验戏剧节】

10月12～19日，应第22届开罗国际实验戏剧节组委会邀请，以中国剧协原副秘书长张小果为顾问的四川成都市川剧院《马克白夫人》剧组一行15人赴埃及参加第22届开罗实验戏剧节。在开罗共和国剧场进行了2场演出，受到当地观众欢迎。

【接待日本日中文化交流协会代表团访华】

10月21～27日，日本日中文化交流协会代表团一行5人应邀访华。在北京、厦门、泉州等3个城市进行友好交流，拜访了北京鲁迅故居、厦门鲁迅纪念馆、弘晏庄木偶剧团、泉州市木偶剧团等文化古迹及专业剧团。

【筹办国际剧协第33届世界代表大会】

从2010年初，中国剧协与国际剧协及厦门方面认真协商，开始申办国际剧协第33届代表大会。11月8～14日，邀请国际剧协主席、秘书长等6名代表赴厦门进行考察，就大会筹备工作的相关事宜进行了磋商。国际剧协代表团对厦门的硬件设施非常满意，更对厦门的组织工作及独特的人文环境称赞不已。国际剧协执委会表示，将全力支持中国在2011年9月办好第33届世界代表大会。

【邀请台湾艺术大学《疯狂小丑之夜》参加第二届中国校园戏剧节】

11月12～16日，台湾艺术大学戏剧学系《疯狂小丑之夜》剧组一行12人应邀赴上海参加第二届中国校园戏剧节。该剧主演刘思佑获第二届校园戏剧节“戏剧之星”称号。

【梅花奖艺术团德国行】

11月26日至12月3日，梅花奖艺术团应邀赴德国进行文化交流和采风活动。艺术团荟萃了五大院团的6位梅花奖得主，排演了精华版昆曲《白蛇传》，倾倒了前来东莰多夫观看演出的德国观众。中国戏曲成功地用自己的审美影响了外国观众，使他们突破了演出中间正襟危坐的常规，全场掌声、喝彩声、哨声不断。艺术团还在海德堡与德国表演艺术家协会进行座谈，德方对演出成功表示衷心祝贺，双方就进一步交流与合作达成初步意向。（参见《重要活动》栏目［梅花奖艺术团］）

【中国戏剧家代表团出访越南】

12月12～17日，应越南舞台艺术家协会邀请，以中国剧协分党组书记、驻会副主席季国平为团长的中国戏剧家代表团一行5人赴越南访问，观摩了越南艺术家演出的剧目并进行座谈。

机关建设

【开展创先争优活动】

5月开始，至2012年5月，在戏剧界及协会内部开展争先创优活动。

【为灾区募捐】

为青海玉树地震灾区及舟曲灾区捐款。在中国文联的统一部署下，中国剧协积极组织机关工作人员参加募捐活动，向灾区贡献爱心。中国剧协老干部、年过九旬的刘厚生、傅慧珍夫妇捐款2万元。

【红色采风（延安）活动】

8月4～8日，中国剧协机关党委书记、纪委书记齐子峰率中国剧协职工代表团赴延安开展红色采风（延安）活动。

【会员工作】

发展中国剧协新会员343人。

【舆情信息、简报和宣传工作】

2010年，共出剧协简报26期。报送文联舆情信息21篇，被《中国文联（绿头）简报》采用2篇，《文艺动态及增刊》采用1篇，《文艺专题报告》采用1篇，《文艺舆情摘报》采用15篇。中央电视台对本年度剧协的重大活动均有报道，新华社、《人民日报》、《光明日报》、《中国文化报》、《文艺报》、《中国艺术报》对剧协活动进行了大量宣传，进一步扩大了中国剧协在社会上的影响。

【网站建设】

中国剧协网站完成全新改版，较全面地快速发布剧协各种活动的信息、新会员名单及部分各地协会信息。一些重大活动如第七次剧代会和一些活动的评奖结果信息公布及时准确，体现了网站的权威性，与人合作的戏剧频道单个视频浏览量最多达到90万次，有效地扩大了中国剧协在社会上的影响。

【机关干部业务培训】

借曹禺诞辰百年之际，聘请专家进行专题讲座，组织观看曹禺经典名剧，并撰写观后感，使协会干部对曹禺先生的艺术成就有更深刻的理解和认识。

【工会工作】

关心职工生活，完成工会改选。全年共给患重病及生活困难的职工发放了近万元的困难补助。圆满完成第三届工会委员会的换届选举工作。

【老干部工作】

组织老干部进行政治学习，关心他们的生活和健康。特别关注年迈体弱及生活困难的老同志，帮助他们解决实际困难，全年共走访慰问老干部50余人次。4月20日，为老干部举办集体生日会，共有50余位老同志参加，协会领导出席并祝寿。5月25～26日，组织30多名老同志赴京郊野三坡石林峡春游；9月28日，组织老同志赴京郊密云秋游以及文联组织的重阳节及赴湖南红色旅游活动。12月，完成2010年中国剧协“长寿老人”和“健康之星”评选活动。

直属单位

【中国戏剧出版社】

按照中央精神，在中国文联具体指导下，2010年内顺利完成转制工作。中国剧协高度重视，先后与中央及地方十余家大型文化产业集团进行资产重组的意向接触与谈判。经过慎重考量，决定以国有资产整体划转的方式与国家骨干文化企业中国唱片总公司进行资产重组，打造未来核心竞争力强的大型出版集团公司。6月10日，中国剧协与中国唱片总公司正式签署《战略合作意向书》。12月21日，戏剧出版社与中国唱片总公司签署正式协议，为改制工作划上了圆满的句号。截止到2010年底，出版社主营业务收入8308222元，比2009年的6150517元增长了25%，一举实现扭亏为盈。10月，《中国古戏台研究与保护》一书在全国60万种新书中脱颖而出，荣获中国出版最高奖——第三届中华优秀出版物图书奖（即原“国家图书奖”），是中国文联出版系统唯一获此国家级大奖的出版社。

【《中国戏剧》】

《中国戏剧》自2010年第1期正式改版，全部采用铜版纸，由64页增至80页，并有2个印张（32页）改为全彩页，整体面貌焕然一新，得到了读者的好评。杂志新辟了打开封面、聊吧、热点追踪、特别关注、赏析等栏目，直面戏剧界重大问题，关注有影响的剧目，突显刊物对中国戏剧艺术发展的前瞻性、开拓性和评论的权威性。本年度还配合文化部举办的首届优秀保留剧目大奖评选活动，开辟了专栏，发表了题为《盘活戏剧资源　注重文化积累　构建新时期艺术传统》的长篇文章，受到好评；7月在安徽黄山召开了理事会。

【《剧本》】

《剧本》把握办刊方向，关注现实题材、原创作品，关注青年作者、女性作者、少数民族作者。为纪念曹禺先生百年诞辰，第9期出版了纪念专号，受到关注和好评。为支持校园戏剧创作，继续与中国戏曲学院合作，出版了1期增刊。除此之外，《剧本》还举办了一系列活动：承办了第三届中国戏剧奖·曹禺剧本奖的评奖颁奖工作；11月在广西桂林召开了第二届《剧本》杂志社理事会；12月与北京东城区文委、文联联合主办了“2010北京东城国际独角戏戏剧节”。

【《中国戏剧年鉴》】

《中国戏剧年鉴》完成了2010卷的编辑出版工作，总文字量约80万字。完成刊物改版工作，调整了栏目。承办了第三届中国戏剧奖·理论评论奖评奖颁奖工作，完成了《理论评论奖获奖论文集》的编辑工作。

中国电影家协会

综　述

2010年，中国电影家协会按照中国文联八届六次全会总体部署和中国影协八届主席团三次会议确定的工作任务，深入贯彻党的十七大和十七届三、四、五中全会精神，努力用科学发展观统领中国影协全面工作。坚持把握“高举旗帜、围绕大局、服务人民、改革创新”的总要求，围绕党和国家中心工作，认真履行联络协调服务的基本职能，发挥组织引导维权服务的积极作用。进一步加强领导班子建设、基层党组织建设和机关作风建设，积极开展理论评论和学术研讨活动，成功举办第30届大众电影百花奖评选和第19届中国金鸡百花电影节主体活动，加强对电影创作与生产的正确引导。积极稳妥推进出版单位转企改制工作，确保出版物安全。认真研究电影产业和电影事业发展的新形势，加强会员发展和会员服务工作、积极开展对外文化交流、组织艺术家基层“采风”和电影“百花放映”惠民活动，联络团结广大电影工作者为促进社会主义文艺大发展大繁荣不懈努力，全年工作取得新进展。

会议与活动

【第八届主席团第三次会议】

3月2日，中国电影家协会第八届主席团第三次会议在北京召开。会议由主席李前宽主持，分党组书记、常务副主席康健民，副主席冯小刚、童刚、尹力、张会军、奚美娟、潘虹等出席会议。影协分党组副书记、秘书长许柏林，分党组成员、中国电影出版社社长胡子光，分党组成员、副秘书长柳秀文列席了会议。

会议议程是：（1）听取中国影协2009年工作总结及2010年工作要点；（2）传达学习《中国文联关于认真贯彻〈中国文联全国性文艺评奖管理办法〉进一步改进和规范文艺评奖工作的通知》；（3）提出修改《中国电影金鸡奖章程》、《大众电影百花奖章程》及《中国电影金鸡奖评选细则》；（4）关于中国电影金鸡奖终身成就奖候选人名单。

【中国影协工作会暨理论中心组扩大会】

3月4～5日，中国影协工作会暨理论中心组扩大会在京召开。协会分党组书记康健民，副书记许柏林，分党组成员胡子光、柳秀文，中国电影出版社、大众电影杂志社领导及协会各部室负责人共33人参加了会议。会上学习传达了《中宣部2010年宣传思想工作要点》、中国文联八届五次全委会精神、国务院办公厅《关于促进电影产业繁荣发展的指导意见》、全国电影工作电视电话会议精神。康健民代表分党组作重要讲话。

【中国文联副主席冯远到中国影协调研】

3月29日上午，中国文联党组成员、副主席、书记处书记冯远到中国影协调研并召开座谈会，走访了机关部室和金鸡百花影城。影协分党组书记、常务副主席康健民，分党组副书记、秘书长许柏林，分党组成员、中国电影出版社社长胡子光，分党组成员、副秘书长柳秀文等出席调研座谈会。调研中，冯远听取了康健民的工作汇报，听取了胡子光关于出版改革情况的汇报。

【召开出版业人员会议传达学习中央有关文件】

4月30日，中国影协分党组书记康健民主持召开了协会所属中国电影出版社、大众电影杂志社、电影艺术编辑部、世界电影编辑部、中国电影年鉴编辑部全体职工大会。分党组成员、中国电影出版社社长胡子光全文传达了中办发〔2010〕13号《中共中央办公厅、国务院办公厅转发“中央宣传部关于党的十六大以来文化体制改革文化事业文化产业发展情况和下一步工作意见的通知》文件。并对中央关于出版体制改革的具体要求和时间安排作了进一步说明和强调。

【第19届中国金鸡百花电影节】

10月12日晚，第19届中国金鸡百花电影节在江苏江阴盛装开幕。3万多名观众齐聚开幕式现场与电影人一同感受电影带给人们的“幸福”。全国政协副主席陈宗兴和中央统战部副部长楼志豪，国家广电总局副局长张丕民，中国文联党组成员、书记处书记夏潮，中国文联荣誉委员、中国影协名誉主席谢铁骊，中国文联副主席、中国影协名誉主席吴贻弓，中国影协主席李前宽，中国影协分党组书记、驻会副主席康健民，中国影协副主席尹力、张会军，无锡市委常委、江阴市委书记朱民阳，中国影协分党组成员、中国电影出版社社长胡子光，分党组成员、副秘书长柳秀文等有关方面领导，以及于洋、王晓棠、祝希娟、陶玉玲等电影艺术家出席开幕式。

陈宗兴宣布电影节开幕。张丕民、夏潮、朱民阳分别在开幕式上致辞。江阴市市长王锡南主持开幕式。

10月16日晚，由中国文联、中国影协、江阴市委、市政府主办的第19届中国金鸡百花电影节历时5天完美谢幕，第30届大众电影百花奖最佳故事片、优秀故事片、最佳导演、最佳男女主角、最佳男女配角、最佳新人奖等各个奖项也逐一揭晓。全国政协原副主席张怀西，中国文联党组副书记、副主席覃志刚，中国文联荣誉委员、中国影协名誉主席谢铁骊，中国文联副主席、中国影协名誉主席吴贻弓，中国影协主席李前宽，中国影协分党组书记、驻会副主席康健民，江苏省委常委、无锡市委书记杨卫泽，中国影协副主席尹力、李雪健、奚美娟，中国影协分党组成员、中国电影出版社社长胡子光，分党组成员、副秘书长柳秀文等领导参加颁奖典礼。

【第30届大众电影百花奖】

第30届大众电影百花奖获奖名单

最佳故事片：《建国大业》

优秀故事片：《花木兰》

《惊天动地》

最佳导演奖：冯小刚（电影《非诚勿扰》导演）

最佳男主角奖：陈 坤（电影《画皮》中饰演王生）

最佳女主角奖：赵 薇（电影《花木兰》中饰演花木兰）

最佳男配角奖：苏有朋（电影《风声》中饰演白小年）

最佳女配角奖：许 晴（电影《建国大业》中饰演宋庆龄）

王 嘉（电影《惊天动地》中饰演齐红玉）

最佳新人奖：徐 箭（电影《惊天动地》中饰演张向川）

本届电影节还包括几个主体活动：国产新片推介展映、金鸡国际影片展映、港澳台影片专题展映、电影高峰论坛、艺术家下基层——走进乡镇、企业、农村、校园。电影节期间，各级领导、艺术家、海外嘉宾、新闻媒体记者和电影工作者1000余人出席会议和活动。放映国内外影片60余部，观影人数上万人次。

【于洋、田华获中国电影金鸡奖终身成就奖】

于洋、田华获得中国电影金鸡奖终身成就奖。覃志刚、吴贻弓为两位电影表演艺术家颁发奖杯和证书。朱民阳为于洋、田华颁发了“江阴市荣誉市民”证书。

【大众电影百花奖提名奖】

第30届大众电影百花奖提名奖颁奖仪式暨获奖者与观众见面会在江阴如期举行。获得最佳女主角奖提名奖的赵薇、白静，最佳男主角奖提名奖的陈坤、侯勇，以及获得其他各项提名的房祖名、冯远征、车晓、马苏、巩新亮、王嘉、徐箭、刘超峰等到场领奖。李前宽、康健民、尹力、李雪健、奚美娟、柳秀文等参加颁奖仪式。101位大众评委也来到现场，其中14位大众评委为获得提名奖的获奖者们颁奖，这是中国金鸡百花电影节首次由观众评委向获提名奖影人颁奖。

【中国电影论坛】

10月13～15日，举行第19届金鸡百花电影节“中国电影论坛”。北京电影学院学术委员会副秘书长、教授刘军代表中国影协产业研究中心《中国电影产业研究报告》专家组发布《“十二五”期间中国电影产业黄金五年发展战略报告》。

论坛对中国电影产业的发展进行研究、预测和提出战略建议。与会的30余位电影业内专家学者一致认为，未来5年将是中国电影的“黄金五年”，但在众人期盼并描绘美好蓝图的同时，也应当正视这个黄金发展期正在和将要面临着的诸多问题。可谓挑战与机遇并存，愿景与隐忧同在。

【“电影科技之光”论坛】

在第19届中国金鸡百花电影节上，首次举办“电影科技之光”论坛。国家广电总局科技委副主任鲍林岳，导演冯小宁、张建亚，编剧刘星，摄影师梁明，录音师陶经、姚国强，剪辑师周新霞，中国数字影视后期制作的先驱黄耀祖，北京电影学院数字媒体技术研究所所长刘戈三以及电影技术方面的专家学者和电影院线的负责人济济一堂，共同围绕我国电影科技的现状与创新，展开热烈而丰富的研讨。

【“金鸡百花杯”中小学生影评大赛颁奖仪式】

10月15日下午，第19届中国金鸡百花电影节中国电影论坛闭幕式暨“金鸡百花杯”江阴市中小学生影评大赛颁奖仪式举行。有6篇论文获第19届中国金鸡百花电影节优秀学术论文奖，江阴市150名中小学生撰写的影评获“金鸡百花杯”中小学生影评大赛大奖。中国影协主席李前宽，中国影协分党组书记、驻会副主席康健民，无锡市委常委、江阴市委书记朱民阳，中国影协分党组成员、副秘书长柳秀文，江阴市副市长龚振东出席闭幕式并为获奖人员颁奖。

围绕中心，开展各项主题活动

【送欢乐、下基层】

1月11～14日，由中国文联、中国影协、广东省文联联合主办的“送欢乐、下基层”系列慰问活动在广东省河源市举行。中国文联党组成员、副主席杨志今，中国影协分党组书记、驻会副主席康健民，广东省文联党组书记白洁参加了慰问活动。

“送欢乐、下基层”情系河源慰问演出于12日晚举行。杨志今代表中国文联、中国影协在晚会上向河源市捐赠了数字电影放映设备一套、中国电影家传记丛书315册；广东省文联向河源市捐赠美术作品一件和一批文化科技图书。陶玉玲、岳红、小香玉、郑莉、王霙、谷伟、任真、董磊磊、佟凡、赵越、英壮、郭虹、丁柳元、梁召今、谷峰等表演了精彩的文艺节目。

【第一届“中国影协杯”优秀电影剧作推选活动】

由中国影协主办，中国影协电影文学创作委员会和北京朗天中盛国际文化传媒公司联合承办的第一届“中国影协杯”优秀电影剧本推选活动在北京揭晓。剧本《铁人》（刘恒）、《清水的故事》（程晓玲）、《梅兰芳》（严歌苓、陈国富、张家鲁）、《沂蒙六姐妹》（思芜）、《走四方》（李灌宏）获“优秀电影剧本”荣誉称号，《惊天动地》（柳建伟、马维干、康丽雯、王戈洪）获“特别表彰电影剧本”荣誉称号。中国影协在北京举行“优秀电影剧本”表彰典礼，中国文联党组书记、副主席胡振民出席表彰典礼并为“优秀电影剧本”颁发荣誉证书，中国文联党组成员、副主席杨志今在表彰典礼上讲话。

出席表彰典礼的电影界有关领导和知名人士还有谢铁骊、于蓝、于洋、王晓棠、康健民、明振江、翟俊杰、尹力、康健民、许柏林、柳秀文、黄式宪、贾磊磊、黄建新、李幼斌等100余人。

【“百花放映”活动启动仪式】

4月8日，由中国影协主办的送电影下基层“百花放映 大宝有约”2010公益放映活动启动仪式在京举行。原全国妇联副主席、中国妇女发展基金会副理事长刘海荣，中国影协分党组书记、常务副主席康健民，中国文联国内联络部主任夏潮，协会分党组副书记、秘书长许柏林，中国影协副主席尹力，协会分党组成员、中国电影出版社社长胡子光，协会分党成员、副秘书长柳秀文，国家广电总局电影局市场管理处处长周宝林，中国电影报总编王迎庆，电影家代表侯勇、佟凡、吴刚、李琳、岳红、颜丙燕，基层院线负责人代表乔素兰以及30家新闻媒体出席启动仪式。启动仪式由许柏林主持。

【全国电影家协会秘书长工作会议】

4月1日，全国影协秘书长工作会议在江苏常熟召开。中国影协常务副主席、分党组书记康健民，分党组副书记、秘书长许柏林，分党组成员、中国电影出版社社长、《大众电影》杂志社社长胡子光，分党组成员、副秘书长柳秀文，江苏省文联书记处书记叶彪荣，常熟市委常委、宣传部长王建国及各地影协秘书长和有关人员出席会议。会议的主要议程是：学习国务院办公厅《关于促进电影产业繁荣发展的指导意见》，传达中国文联八届五次全会有关精神，传达全国电影工作电视电话会议的有关精神，通报中国影协2010年工作思路。会议由柳秀文主持。

【“情系玉树 抗震救灾”五一义映周】

4月14日，我国青海省玉树藏族自治州玉树县发生了7.1级地震，震区受灾严重，灾情牵动着全国人民的心。地震发生后，中国影协迅速向全国电影工作者发出倡议，号召大家想灾区安危，念群众疾苦，尽其所能为灾区奉献爱心，几十位电影艺术家们积极响应倡议，参加了4月20日在中央电视台举行的“情系玉树，大爱无疆——抗震救灾大型募捐活动特别节目”，慷慨解囊，为灾区人民奉献爱心。

与此同时，中国影协分党组经研究于“五一”劳动节期间举行了义映周，义映周期间所获票房捐给灾区，用于灾区的文化活动和文化设施重建。

【援助民族贫困儿童——明星在行动】

2010年“六一”儿童节是云南省迪庆藏族自治州德钦县普利藏文学校13周年校庆的日子，孩子们又一次收到了来自首都北京中国电影家协会的节日礼物和捐款，并相约9月参加他们的新学年开学典礼。社会各界名人争做明星“爸爸”、“妈妈”。

【全国农村电影放映（宁德）现场会】

6月11日，由中国影协、福建省文联、福建省广电局联合主办的全国农村电影放映（宁德）现场会在福建宁德举行。中国影协分党组书记、常务副主席康健民，福建省文联党组书记范碧云，中国电影集团副董事长、总经理韩晓黎，中国电影发行放映协会会长杨步亭，福建省文联副主席、福建省电影家协会主席章绍同等出席会议。会议由章绍同主持。

【“百花放映”暨“百县千村万场”公益活动】

8月31日，“百花放映”暨“百县千村万场”大型公益放映活动启动仪式在京举行。出席仪式的领导有中国文联党组成员、书记处书记、副主席冯远、国家广电总局电影局副局长毛羽，中国影协分党组书记康健民，副书记、秘书长许柏林，中国影协分党组成员、中国电影出版社社长胡子光，中国影协党组成员、副秘书长柳秀文，中华全国总工会宣教部文教处处长霍月庆，北京九州同映数字电影院线公司总经理李水合，电影艺术家代表田华、翟俊杰、陶玉玲、冯远征、苗圃、侯勇、王霙、张晶晶、苗苗、16地市（县）宣传部、广电局、基层院线80余位代表以及20家新闻媒体。启动仪式由康健民主持。

【成立民族电影工作委员会】

11月19日，中国影协民族电影工作委员会在北京举行了隆重的成立仪式。中国文联党组成员、书记处书记夏潮，中国影协主席李前宽，国家广电总局电影局副局长喇培康，中国影协分党组成员、中国电影出版社社长胡子光，国家民委办公厅副主任赵崇明，中国民族博物馆副馆长、中国少数民族文物保护协会会长杨华山等领导出席并致辞。编剧马维干（回族）、导演麦丽丝（蒙古族）、江平（满族）、广春兰（锡伯族），演员娜仁花（蒙古族）、英壮（满族）、高宝宝（回族）爱新觉罗·启星（满族）等少数民族电影工作者出席了成立仪式。

【成立动画电影工作委员会】

12月3日，中国影协动画电影工作委员会在北京电影学院举行了隆重的成立仪式。

中国影协分党组书记、常务副主席康健民，中国影协分党组副书记、秘书长许柏林，中国影协分党组成员、中国电影出版社社长胡子光，中国影协分党组成员、副秘书长柳秀文以及国家文化部动漫处处长宋奇慧和漫画、动画界的艺术家出席了成立仪式。

【“中国电影科技论坛（2010）”】

12月21～22日，中国电影科技论坛（2010）在北京举行。中国文联党组成员、书记处书记夏潮，中国影协分党组书记、常务副主席康健民，中国影协副主席奚美娟，中国影协分党组副书记、秘书长许柏林，中国影协分党组成员、中国电影出版社社长胡子光，中国影协分党组成员、副秘书长柳秀文，广电总局科技委副主任鲍林岳，安徽合肥市文广新局副局长陈强，中国发行放映协会会长杨步亭等出席了本届论坛的开闭幕式。本届论坛的主题是：电影艺术与技术的融合共赢。来自中国传媒大学、北京电影学院、北京师范大学、哈尔滨工业大学、中国艺术研究院、水晶石影视传媒科技有限公司、优酷网、北京影踪科贸有限公司、北京时代今典传媒科技有限公司等相关领域的专家、学者和电影从业者40余人参加了本届论坛。

理论评论

【电影《阿凡达》启示与思考座谈会】

1月19日，由中国影协等单位联合主办的“电影《阿凡达》启示与思考座谈会”在京举行。座谈会由中国影协分党组书记、常务副主席康健民主持，国家广电总局电影局局长、中国影协副主席童刚，中国影协分党组副书记、秘书长许柏林，国家广电总局电影局副局长张宏森及专家学者就该片进行了座谈。

【大型戏曲电影《响九霄》研讨会】

由丁荫楠导演、裴艳玲主演的戏曲电影《响九霄》日前在影协举办了专家研讨会。研讨会由中国文联、中国剧协、中国影协联合主办。出席研讨会的有中国剧协、中国影协领导季国平、康健民，电影界、戏剧界、戏曲界的专家和新闻界记者40余人。

【《2010中国电影产业研究报告》《2010中国电影艺术报告》发布会】

5月27日，由中国影协主办的《2009中国电影产业研究报告》、《2009中国电影艺术报告》发布会在京举行。中国文联党组成员、书记处书记夏潮，中国影协分党组书记、常务副主席康健民，国家广电总局电影局副局长喇培康，中国文联理论研究室副主任刘国强，中国影协分党组成员、中国电影出版社社长胡子光，中国影协分党组成员、副秘书长柳秀文以及报告作者、专家学者、业界代表、媒体记者70余人参加了当天的发布会。会议由中国影协分党组副书记、秘书长许柏林主持。

【《决战刹马镇》观摩研讨会】

6月23日，由中国影协主办、电影艺术杂志社承办的《决战刹马镇》观摩研讨会在电影家协会召开。在京部分电影专家、学者参与了研讨。《电影艺术》杂志主编吴冠平主持了会议。

【电影之美——侯孝贤 肖风对谈会】

7月31日，由中国影协主办、电影艺术杂志社承办的“电影之美——侯孝贤、肖风导演对谈会”在京举行。中国影协分党组书记、驻会副主席康健民，分党组副书记、秘书长许柏林，分党组成员、中国电影出版社社长胡子光，分党组成员、副秘书长柳秀文，台湾电影事业发展基金会秘书长段存馨出席了对谈会。康健民代表中国影协发表了热情洋溢的讲话。海峡两岸导演的重要对话由中国电影家协会副主席、北京电影学院院长张会军主持，著名电影评论家尹鸿、周星、张卫参与了对谈，《电影艺术》杂志主编吴冠平，编剧程晓玲，演员刘迈以及20多家媒体的记者出席了这次活动。

【召开影视创作座谈会】

10月29日上午，中国影协召开座谈会，学习贯彻党的十七届五中全会精神和影视创作座谈会精神。中国影协分党组书记、驻会副主席康健民，著名电影艺术家翟俊杰、杨在葆、麦丽丝、冯小宁、王霙，获得第30届大众电影百花奖最佳新人奖的青年演员徐箭，以及电影理论界的专家学者饶曙光、陆绍阳、赵卫防、李道新、梁明等出席座谈会并在会上发言。会议由中国影协分党组成员、副秘书长柳秀文主持。

【第五届华语青年影像论坛】

11月2～7日，由财政部、中国文联支持，中国影协主办，电影艺术杂志社承办的第五届华语青年影像论坛在北京举行。

华语青年影像论坛创始于2006年。作为中国文联、财政部支持的重要文化项目，中国影协着力打造的优质品牌，论坛一直都在积极致力于推动华语青年电影产业的发展，竭力推介华语电影新人，鼓励华语原创作品。论坛举办五年来，业界反响强烈，对于培养和挖掘华语地区年轻创作力量起到了切实的积极效应，得到了业界的积极评价和广泛反响。

【纪念夏衍诞辰110周年电影回顾展】

11月8日，为纪念夏衍诞辰110周年，由中国影协主办的“纪念夏衍诞辰110周年电影回顾展”在京举行开幕式。中国文联党组成员、书记处书记夏潮出席开幕式并讲话。此次“夏衍电影回顾展”于11月6～10日在金鸡百花影城“老电影沙龙”放映夏衍编剧的《林家铺子》、《革命家庭》、《烈火中永生》、《祝福》等4部影片。

文化交流

【第八届海峡两岸中华传统文化与现代化研讨会】

6月13～15日，由中国民主促进会中央委员会、中国影协共同主办，叶圣陶基金会、中国电影基金会、中国民主促进会上海委员会等联合承办的“第八届海峡两岸中华传统文化与现代化研讨会暨海峡两岸四地电影产业发展论坛”在上海和苏州举行。在13日的研讨会开幕式上，全国人大常委会副委员长、民进中央主席严隽琪出席并讲话。中共上海市委常委、统战部部长杨晓渡，两岸电影交流委员会主任委员李行，香港电影发展局主席苏泽光，澳门基金会行政委员会委员吴志良，国家广电总局电影局副局长喇培康等致辞。开幕式由全国政协副主席、民进中央常务副主席罗富和主持。民进中央原主席、中华文化发展促进会会长许嘉璐，中国影协主席李前宽，中国影协分党组书记、常务副主席康健民，中国影协副主席尹力、张会军，中国影协分党组副书记、秘书长许柏林，中国影协分党组成员、中国电影出版社社长胡子光，分党组成员、副秘书长柳秀文，中国电影发行放映协会会长杨步亭，中国电影基金会常务副会长薛桂枝，中国电影基金会秘书长图日根，香港电影导演会终身名誉会长吴思远，香港国际电影节协会主席王英伟，澳门影视传播协进会秘书长徐新等有关领导及两岸四地专家学者130余人出席了研讨会。在3天的时间里，两岸四地电影界专家学者围绕海峡两岸四地电影产业发展这一主题，就“推动两岸四地多元文化交融，探讨电影文化发展趋势”；“开创两岸四地电影发展新环境，扶持电影创作新生力量”；“繁荣电影产业，扩大中华文化影响力”等议题展开讨论。

【第25届中日电影文学剧作研讨会】

11月4～8日，由中国影协、日本剧作家协会主办，浙江省电影家协会承办的第25届中日电影文学剧作研讨会在杭州和绍兴举行。以中国影协分党组书记、常务副主席康健民为团长，中国影协分党组成员、副秘书长柳秀文为副团长，浙江省影协秘书长熊颖俐为秘书长，赵葆华、黄丹、程晓玲、鲁书潮、张东、汪晓志为团员的中国代表团，以日本电影剧作家协会会长柏原宽司担任团长，森川治为副团长，小松舆志子为秘书长，三井优、黑泽久子、长津晴子、梶原阿贵、仲伟江为团员的日本代表团，浙江省委宣传部副部长、浙江省文联党组书记、书记处常务书记吴天行，浙江省政协常委、浙江省文联副主席、浙江省电影家协会主席林晓峰，浙江省文联党组成员、书记处书记高克明，浙江省委宣传部文艺处处长曹鸿及浙江省专家学者代表出席了开幕式。研讨会上观摩座谈了《哥斯拉大战超翔龙》、《我是猫咪跟踪狂》、《鲜花》、《清水的故事》4部影片。

【影片《奥戈》出征卡罗维发利电影节新闻发布会暨研讨会】

为纪念澳门回归10周年拍摄的献礼影片《奥戈》出征第45届捷克卡罗维发利国际电影节，竞争最高奖项水晶地球仪奖，该片是由影视创作部张驰导演的。在出征之前，中国影协特组织了10余名专家召开了研讨会。出席研讨会的有电影学院候克明、黄式宪、中央戏剧学院路海波、八一厂翟俊杰、北京大学陆绍阳、中国影协王人殷、朱晓鸥、陈宝光以及剧作家赵葆华、评论学会章柏青等。会议由影协分党组成员、副秘书长柳秀文主持。专家们看过影片后都对该片呈现出的关注人的命运的姿态所感动，认为《奥戈》的叙事方式有别于以往同类主旋律电影，不追求宏大叙事而着眼于个人命运，是艺术探索的一次成功突破。

【纪念抗日战争胜利65周年　两岸举行抗战电影研讨会】

9月2日，为纪念抗日战争胜利65周年，由中国影协、福建省文联、台湾两岸电影交流委员会主办的“两岸电影人抗战电影影展暨研讨会”在台北举行。中国影协分党组书记、常务副主席康健民，台湾两岸电影交流委员会主任委员、著名导演李行，八一电影制片厂著名导演翟俊杰，台湾电影事业发展基金会董事长朱延平，台北艺术大学教授焦雄屏，八一电影制片厂导演沈东，中国影协组联部主任孙崇磊，福建影协秘书长邓晨曦等海峡两岸嘉宾出席了影展及研讨会。

此次展映的5部影片皆为两岸拍摄的抗战题材电影，其中大陆拍摄的2部：《血战台儿庄》、《喋血孤城》，台湾拍摄的3部：《八百壮士》、《英烈千秋》、《吾土吾民》。抗战题材影片是两岸电影界的一个非常重要的创作题材，大家希望两岸的电影人加强合作，增强理解，在抗战题材这个“富矿”当中采撷出更多丰富的果实。

党的建设和机关建设

【分党组听取各部门工作汇报】

3月9～24日，中国影协分党组分别听取协会各部室、出版社、大众电影等16个单位关于2010年工作计划汇报，就做好2010年工作提出要求和意见。

【全体党员职工赴革命圣地延安开展革命传统教育】

为了贯彻分党组创建学习型机关、加强党员队伍建设、加强机关作风建设的工作部署，5月24～30日中国影协机关党委、工会组织了全体党员和职工赴延安进行革命传统教育。

【创先争优活动动员会】

6月29日上午，中国影协召开了深入开展创建先进基层党组织，争当优秀共产党员活动动员大会。协会分党组领导康健民、许柏林、胡子光、柳秀文及全体党员和部分群众参加了动员会。会议由许柏林主持，康健民作动员讲话。柳秀文宣读了《中国影协深入开展创先争优活动的实施方案》。

【创先争优活动座谈会】

7月26日，中国影协机关党委召开了创先争优活动座谈会。创先争优领导小组成员，机关党、纪委委员，各支部书记、委员参加了座谈会。协会分党组成员、机关党委书记柳秀文出席了会议。

【理论学习中心组学习讨论胡锦涛同志讲话】

8月17日，中国影协分党组召开理论学习中心组扩大会议，认真学习讨论胡锦涛总书记在中央政治局第22次集体学习时的重要讲话。分党组成员，出版社领导，机关各部室、期刊杂志负责人参加了学习。

【离退休干部金秋摄影展】

京城的金秋时节，中国影协离退休老干部处组织了老干部摄影作品展，展览在办公楼4层中厅举办。本次展出影协老干部摄影作品近30幅。老干部们用自己的相机摄下了祖国的秀美山水，拍出了祖国建设事业的灿烂辉煌。

【理论中心组座谈会认真学习讨论十七届五中全会精神】

中国影协理论中心组召开扩大会，传达学习讨论党的十七届五中全会精神和全国影视创作座谈会精神。分党组书记康健民主持会议并做小结讲话。分党组成员、中国电影出版社社长胡子光，分党组成员副秘书长柳秀文，中国电影出版社副社长刘伟及机关各部室正副职、大众电影杂志社社领导、编辑部、研究、创作部门负责人等28人出席会议。会议首先传达学习党的十七届五中全会公报、刘云山在全国影视创作座谈会上的讲话和胡振民在中国文联传达学习党的十七届五中全会精神会议上的讲话。之后进行了讨论。

【组织党员干部职工赴唐山参观学习】

为使创先争优活动深入开展，让基层党组织生活方式多样化，并结合电影《唐山大地震》上映后的良好口碑，中国影协机关党委于12月2～3日，组织党员干部职工赴唐山市进行了参观学习。

【2010年贺岁影片座谈】

12月29日，中国影协离退休干部影评小组座谈了本年度3部贺岁大片——陈凯歌导演的《赵氏孤儿》、姜文导演的《让子弹飞》、冯小刚导演的《非诚勿扰2》。还特邀《人到中年》的导演孙羽夫妇和曾在电影《远山》中担任女配角的贺小书（获过金鸡奖最佳女配角奖）出席。

期刊出版

【中国电影出版社】

2010年是中国电影出版社54年发展史上具有里程碑意义的一年。按照中央的统一要求和中国文联的工作部署，中国电影出版社于12月底完成了转企改制的各项程序性工作，正式由国家事业法人单位转制为全民所有制企业，原出版社事业编制人员全部转为转企后的企业员工。转企后的中国电影出版社将按照中央的要求建立适应社会主义市场经济要求的现代企业法人治理结构和管理机制，发展成为有效服务于电影产业和广大读者的现代出版企业。

2010年，为适应出版体制改革给出版业带来的新变化和新要求，中国电影出版社积极调整出版结构，增加出版品种，出版了一系列独具特色的影视专业图书和教材。如：《上海电影研究系列专著》、《社会变迁与国家形象》、《影视专业高等教育自学考试系列丛书》、《动漫专业系列丛书》、《艺术硕士（MFA）应试考点精讲系列丛书》、《西部电影学论丛》等，引进外版图书《声音设计与科幻电影》。教材类图书《电影电视声音创作与录音制作教程》被列为“十一五”国家重点图书出版规划项目、普通高等教育“十一五”国家级规划教材；文艺类图书《烧叶望天笔记》荣获第四届全国冰心散文奖。中国电影出版社秉承为电影产业服务、为影协工作服务的理念，与中国电影家协会、中国电影资料馆等部门合作出版了《2010中国电影产业研究报告》、《2010中国电影艺术报告》、金鸡百花电影节系列丛书之《江阴与中国电影》、《心游万仞——翟俊杰研究文集》等20余种反映、研究中国电影产业的图书，受到电影专业人士和众多读者的肯定。

2010年，中国电影出版社在中国文联系统2010年度优秀单位、优秀个人评选表彰活动中荣获“优秀出版单位”称号，15名编辑荣获“优秀编辑”称号。

【大众电影杂志社】

2010年，在协会分党组直接领导下，全社职工克服重重困难，积极工作，稳妥经营，按时出刊，艰难前行，保证了杂志社各项工作的正常运转。

在编辑工作中，加强了刊物的市场化探索。2010年，安全顺利地完成了全年24期刊物的编发和出版。共编发各类文章约240万字，图片3000余幅。在新闻报道方面，全年以各类形式介绍反映国产新片200余部，影视一线人物200余人，基本涵盖了该年度各类型优秀影片和代表性影片，以及各门类主创人员。全年以封面故事形式策划报道的国产新片有《让子弹飞》、《赵氏孤儿》、《唐吉诃德》、《唐山大地震》、《寻找刘三姐》、《十月围城》等，结合热片热剧报道的影视热点人物有吴镇宇、海清、马伊俐、何润东、王珞丹、安以轩、黄晓明、于和伟、韩雪、张静初、袁立、蔡卓妍、张嘉译、殷桃、闫妮、甄子丹等。此外用12页的版面编辑出版金鸡百花电影节专辑一期，其中对百花奖30届进行了相应回顾和梳理。在电影史类、文化类、外国电影类的版面上，围绕着电影历史中的人、事、片的中心，拓展了外围珍贵资料的挖掘；对综述、时尚、读片笔记、掌故等文化类栏目进行了力度较大的开掘与改进，探索讲述电影中的“衣食住行”的话题，增强了文章叙事的细节描绘，加强可读性。而外国电影部分除了及时报道海外大片、海外热剧外，还注意强化趣味性、知识性相结合的专题类文章的组织。

在社务工作中，2010年，杂志社整个经营保持了平稳推行的态势，刊物发行量、收入情况与2009年基本持平。发行方面，新开辟了“农家书屋”这一新的渠道。商业保险的清退工作，根据国家有关政策，在分党组和清退工作领导小组的指导下逐步展开。杂志社实行一社两制，在职职工由签署聘任合同和劳动合同的两部分人员组成；所有职工都是大众电影杂志社的主人。2010年，人员流动主要是在签署劳动合同的职工中进行的，有进有出，进出相当。

2010年年初，协会分党组把成立中国电影家协会动画电影工作委员会的承办工作交予杂志社。

经过较长时间的酝酿筹划，“动委会”于12月初成立。

【中国电影年鉴】

2010年，中国电影年鉴的编辑思路进一步明确：在2010卷中全面反映中国电影发展的全貌。在既有常规栏目的基础上，年鉴增设了“纪念新中国成立60周年”栏目，刊载了童刚的《承前启后 继往开来 迎接中国电影黄金机遇期》、饶曙光的《新中国电影60年成就及其展望》，并组织记者撰写《电影界新中国成立60周年活动综述》等文。同时，在“电影机构”栏目中增发了《各省、直辖市电影行政管理部门名录》，为读者提供了一份较为详尽的、全国电影行政管理职能调整划转之后更新的各省、直辖市电影行政管理部门名录。

此外，年鉴编辑部积极拓展与外部合作的渠道，成功组建了理事会，邀得八一电影制片厂、小马奔腾集团、中影星美院线有限公司、重庆大学美视电影学院和蔡氏兄弟影业公司等多家电影文化单位，共同成立了年鉴的理事会。

中国电影年鉴编辑部接手中国影协电影高新科技委员会，并在第19届中国金鸡百花电影节首次举办了“电影科技之光”论坛。论坛邀请了在电影科技运用方面比较突出的知名导演、编剧、摄影师、录音师、剪辑师、以及后期制作公司等方面的电影人，围绕我国电影科技的现状与创新展开研讨，认真总结了中国电影在科技方面的的进步和缺失，为推动电影的科技进步提出了许多具有建设性和前瞻性的意见。针对当前电影高新科技正成为中国电影进步的重要支撑力量的现实，12月，年鉴编辑部又承办了中国电影科技论坛(2010)。本次论坛以“电影艺术与技术的融合共赢”为主题进行研讨，对于把握中国电影当下的发展契机和未来的发展趋势，具有十分重要的现实意义。会后编辑出版了《科技论坛文集》。

11月，由年鉴编辑部与圣泉基业投资公司合作成立了中国影协民族电影工作委员会．并召开委员会首次会议，对中国民族题材电影创作发展方向展开讨论。

由年鉴编辑部发起并承办的“老电影沙龙”活动在2010年得到进一步发展壮大。作为影协与影迷亲密接触的一项社会活动，2010年共放映国内经典影片50余部，吸引观众3000人次左右，并组织了包括“走进新影厂观摩《周来外交风云》并与主创座谈”、“为打工子弟小学放映动画片《天书奇谭》”等活动，相继被《新京报》、《漫步北京》等媒体作为专题报道，扩大了影协的社会知名度，弘扬了优秀电影文化，得到观众较高的评价。

11月，年鉴编辑部组织举办了“纪念夏衍诞辰110周年电影回顾展”，在开幕式上，缅怀了他对中国革命和文化建设的卓越贡献。之后“老电影沙龙”放映了夏衍编剧的《林家铺子》、《革命家庭》、《烈火中永生》、《祝福》等影片。

2010年，承担了《剪辑的力量》、《百年司徒慧敏》等书的编撰工作，均已出版发行。

【《电影艺术》】

2010年，《电影艺术》一如既往地钻研于杂志的专业性和学术权威性，热切关注中国电影创作及产业发展动向，紧密结合实际，做选题策划，取得了学术及创作界的好评。在最具权威的中文社会科学引文索引来源期刊CSSCI（2008～2009年）排名中，《电影艺术》在19种艺术类核心期刊中排名第六，电影类期刊中排名第一。而在刚刚揭晓的新一年度CSSCI排名中，《电影艺术》蝉联电影类期刊排名榜首，期刊转载率雄踞前三。

与此同时，杂志自主创办的华语青年影像论坛活动在如火如荼地进行。第五届论坛以“创意带动工业，文化提升价值”为宗旨，共展映了过去一年青年导演创作的最新作品46部，举办映后见面会16场，是5届以来，展映影片最多、观众见面会场次最多的一届。论坛期间，25个青年导演计划和项目进入网上公示，并最终产生了5个“北京电影计划融资会2010”优胜项目和1个儿童题材特别推荐；闭幕式向业界推介了13位在美术、录音、摄影、编剧、导演及演员等专业领域有着突出表现的创作新人，并举办了3场焦点集中、主题明确的峰会，分别是年度杰出青年导演峰会、国际制片人峰会、青年电影创意峰会，共有15位来自两岸四地以及韩国、日本、马来西亚的嘉宾驻会，200多人的会场场场爆满，嘉宾的精彩发言引来阵阵掌声。据不完全统计，本届论坛各单元环节共计有逾万人次参加，各大主流新闻媒体对论坛都有不同程度的深入报道，并首次运用3D视频直播技术，在开幕式和峰会环节设置了场外部分，得到了积极的业界反响和舆论支持。从整体看，本届论坛无论从活动内容、规模还是实际效果上，都比往届有较大提升，论坛的发展速度超出预期。

此外，杂志还举办了《清水的故事》、《星海》、《决战刹马镇》、《碧罗雪山》等多部影片的观摩研讨会，专业讨论得到进一步深入。

【《世界电影》】

2010年，《世界电影》从第一期开始改版，以全新的面貌出现在广大读者面前。新版《世界电影》秉承“洋为中用，百花齐放”的办刊宗旨，与时俱进，更加贴近读者，更具有时代感。2010年的《世界电影》重点加强了电影文学的独家优势，增加优秀原作电影文学剧本新作的刊载量，同时配合“评论与鉴赏”栏目刊登的影评文章，引导读者更加全面深入地欣赏世界影坛近年来有影响力的电影精品，受到专业人士和读者的热烈欢迎。

2010年，《世界电影》如期圆满完成了编辑出版工作，共6期总计120万字。专题文论栏目紧跟世界电影理论的新发展，重点介绍国外对互联网文化、多媒体、数码技术与电影之关系的研究。另外，纪录电影、动画电影等热点问题也在2010年的刊物中得到系统而有侧重点的介绍。

2010年《世界电影》秉承一贯的精品路线，选题选材精粹，译文质量优秀，印刷装帧更加精美，及时准确地反映出国外电影理论与创作的大势与动向。刊物运营稳定，实际收入较前有一定的增长。

根据中央的精神和文联的部署，《世界电影》在2010年积极进行出版业改革的准备工作，认真学习，转变观念，谋划通过非时政类报刊转企改制带来的改革机遇，拓展出创新与发展的新空间。

中国音乐家协会

综　述

2010年，中国音协在中国文联党组的正确领导下，在各地方团体会员的鼎力支持下，以邓小平理论和“三个代表”重要思想为指导，全面落实科学发展观，围绕中心，服务大局，认真履行联络、协调、服务基本职能，着力拓展新领域、努力打造新亮点，在丰富音乐创作，培养音乐人才，提高服务质量，不断满足社会音乐新需求，积极扩大国际及港澳台间的音乐交流等方面作出了新的努力，内部建设进一步加强，工作质量不断提高，圆满完成了各项工作任务，促进了音乐事业的健康发展，为国家经济建设和精神文明建设做出了新贡献。

重要会议

【全国音乐类评奖座谈会】

10月，在山东威海召开“全国音乐类评奖座谈会”，广邀著名音乐家为金钟奖等音乐类评奖把脉，献计献策。与会者就全国音乐类评奖的状况，特别是中国音乐金钟奖10年来所取得的成就以及金钟奖的改进与完善等问题进行充分研讨。会议立足于“音乐类评奖活动蓬勃发展，是我国音乐事业日益繁荣的重要特征之一”的形势判定，对如何强化导向性的评奖工作提出诸多有价值、有新意的建设性意见，如金钟奖“要改变创作比赛参赛作品少的局面，广泛动员除学生外的社会及海外作曲家参赛”，“建议扩大评委人数，增添地方院团、音协、理论工作者参加评委会”，“要用制度保证评审的公正性，评委要采取轮换制”等等。这次会议在音乐界引起较大反响，对音乐界齐心协力共同规划金钟奖的发展蓝图，进而推动全国音乐类评奖工作的健康发展，起到积极的促进作用。11、12月，中国音协再次集中邀请各奖项在京权威专家召开论证会，并征询京外专家意见，从总体上对金钟奖等音乐类评奖的赛项设置、评选办法、比赛曲目、报送方式等进行了集中论证。

【“唱响中国”创作推动会】

北京座谈会。11月5日，由中国音协、中央电视台联合主办的“唱响中国——群众最喜欢的新创作歌曲”征歌活动知名词曲作家创作推动会在京召开。中宣部文艺局、中央电视台、中国音协等主承办单位的领导和阎肃、羊鸣、赵季平、徐沛东、印青、甲丁、付林、王晓锋、戚建波、小柯等30余位老、中、青著名词曲作家参加了会议。

中山座谈会。在“唱响中国——群众最喜欢的新创作歌曲”征歌活动中，中国音协作为活动主办方具体负责华东、华南赛区前期作品的发动、征集、报送工作。11月22日，在广东中山召开“唱响中国”华东、华南创作推动会，各省市宣传部及音协的相关领导出席会议、汇报情况并报送作品。

主题音乐活动

【第三届海峡两岸合唱节】

中国音协和福州市人民政府、福建省对外文化交流协会在两岸交流日渐频繁，合作领域不断拓宽的背景下，为加强海峡两岸文化交流，6月份成功举办“海峡论坛·第三届海峡两岸合唱节”，海峡两岸的19支合唱队近千人参加了演出。本届合唱节系列活动的成功举办，昭示着这项由海峡两岸共同打造的合唱盛事正向纵深发展，已经成为引领海峡两岸音乐文化良性发展的文化品牌。在合唱节闭幕式上，台湾新竹市副市长曾国修从福州市副市长朱华手中接过了在台湾新竹市主办第四届海峡两岸合唱节的会旗。此次合唱节期间还安排了海峡两岸著名词曲作家在福州的采风、创作活动。

【中国民歌榜“全国听众喜爱的歌手”评选活动】

5月份，中国音协与中央人民广播电台主办，由内蒙古伊金霍洛旗承办了“献歌中国广播70年——伊金霍洛中国民歌榜听众喜爱的歌手评选”活动。这是国内民歌界的一次盛典，活动汇聚了全国音乐界、民歌界的精英，既向人民群众献上了精彩的音乐盛宴，又对推动民歌发展产生了重要影响。

【全国少儿新童谣原创歌曲大赛】

中国音协在2005年及2006年牵头主办两届“全国少儿歌曲创作、演唱大赛”的基础上，2010年又与全国少工委共同主办了“全国少儿新童谣原创歌曲大赛”。这次活动得到全国各地词曲作者的积极响应，上至80岁的老者，小到十几岁的少年都有参与，共收到数千首参赛作品。最终评出创作大奖10名、优秀创作奖20名，并向全国普及推广。

【情系玉树，大爱无疆——抗震救灾大型募捐活动特别节目】

参与组织了由中宣部、民政部、中国红十字会等单位共同主办的“情系玉树，大爱无疆——抗震救灾大型募捐活动特别节目”，这是继2008年“5·12”汶川大地震举办“爱的奉献——2008宣传文化系统抗震救灾大型募捐活动”后，我国宣传文化界又一次大型募捐活动，此活动集结了国内一流的艺术家，参与人数近千人，向全社会展示了文艺界情系灾区人民的高尚情怀。

【上海世博会期间的部分演出活动】

上海世博会期间，中国音协组织举办了“世博号角”——上海之春国际音乐节期间的管乐艺术节暨第四届非职业优秀（交响）管乐团队展演。来自国内外的50多支管乐队参加了演出；在上海体育场主办了“2010·魅力中国”——宋祖英大型广场音乐会，著名歌唱家宋祖英与世界著名男高音歌唱家安德列·波切利、青年钢琴家郎朗、华语流行歌手周杰伦以及著名指挥家余隆执棒的中国爱乐乐团组成强大演出阵容，唱响了庆贺上海世博会开幕的华彩乐章。

【“唱响中国——群众最喜欢的新创作歌曲”征歌活动】

“唱响中国”征歌活动是经中宣部批准，中央高度重视的全国性征歌活动。是宣传文化系统向中国共产党建党90周年献礼的重点工程。中国音协作为主办单位之一参与了总体策划、歌曲的征集、评审和组织联络协调工作，以及华东、华南赛区的组织指导工作。先后在北京、广东组织召开创作推动会，对本次活动进行了深入发动。目前，从全国范围征集的18700余首作品中选拔出的36首优秀歌曲正在向全国推广传唱。

【孟卫东、印青作品音乐会和廖昌永演唱会】

10月，在北京国家大剧院主办“致祖国”——孟卫东音乐作品晚会；在江苏盐城办了“铁军颂　盐阜情”印青作品音乐会；在上海主办“庆世博——中国声音”廖昌永2010大型演唱会。3场不同的内容、风格的音乐会，用音乐和歌声为祖国、军队和人民喝彩。

音乐惠民活动

【节庆慰问演出】

元旦、春节期间，与中国文联共同组织了赴云南楚雄“送欢乐、下基层”慰问演出活动，为基层群众送去了党中央的关怀和温暖。2月，在北京举行中国音协2010年新春联谊会，中国文联名誉主席周巍峙，中国文联党组书记、副主席胡振民、文化部原副部长陈晓光等领导同志和老中青艺术家们，同首都音乐界代表近千人欢聚一堂，喜迎新春。

【“第二届交响乐之春”演出活动】

2010年，中国音协与文化部艺术司、国家大剧院联合主办了“第二届交响乐之春”系列演出活动。国家交响乐团、北京交响乐团等实力派乐团和杭州爱乐乐团、贵阳交响乐团等新生代乐团及西藏爱乐乐团等颇具典型民族地域特色的个性化乐团、香港小交响乐团等，在国家大剧院进行了11场演出，受到观众的热烈欢迎。

【走进中原·金钟之星音乐会】

9月份，中国音协和平顶山市委市政府共同主办“走进中原金钟之星音乐会”，共演出3场。音乐会汇集了“中国音乐金钟奖”大赛各专业赛项的评委宋祖英、宋飞、廖昌永、郑咏、袁晨野、阎维文、张也、吕继宏、吴玉霞、王中山、韦丹文等和历届“金钟奖”的金奖获得者王红星、王丽达、吴娜、汤子星、宋欣馨、谭蔚、李乐等。音乐会由中央电视台节目主持人刘芳菲主持，西安音乐学院交响乐团协奏，留德青年指挥家侯颉担任指挥，曾获金钟奖合唱比赛金奖的武警文工团男声合唱团参与演出。这是金钟奖获奖选手及评委的首次集中演出，既是他们艺术魅力的展示，也是人民群众分享金钟奖优秀成果的盛宴，同时也是中国音协音乐惠民服务的又一创新举措。

【第五届鼓浪屿钢琴节暨全国青少年钢琴比赛和全国钢琴考级优秀选手展演比赛】

7月26日至8月4日，中国音协、厦门市文化局、鼓浪屿管委会共同主办了第五届鼓浪屿钢琴节暨全国青少年钢琴比赛。同时还举办了中外钢琴名家系列专场音乐会。此次活动适逢中国音协考级工作跨过20年、鼓浪屿钢琴节走过10年，因此有其特殊的意义。它昭示的不仅是对高品质艺术理念的秉承，更是音乐惠民工程的发展与创新。

【首届海峡客家歌曲创作演唱大赛】

9月7～10日，中国音协和龙岩市委、市政府共同主办的首届海峡客家歌曲创作演唱大赛在“客家祖地”福建龙岩举行。此次活动旨在推动繁荣客家文化，推出一批优秀客家歌曲和优秀演唱人才，提升“海峡客家”文化品牌，扩大闽西客家祖地的影响力，促进两岸文化交流合作，增进两岸客家乡亲情谊。

采风创作活动

【赴革命纪念地采风创作】

为深入贯彻中央有关部委的指示精神，根据中国文联的总体安排，中国音协组织全国部分著名词曲作家赴革命纪念地深入生活、采风创作。3月，由陈晓光为领队，赵季平、徐沛东为团长，汇聚叶小钢等全国10余位著名词曲作家，赴井冈山采风；5月，赴革命圣地延安采风，并在延安召开了纪念毛主席《在延安文艺座谈会上的讲话》发表68周年座谈会，赵季平、徐沛东、孟卫东、阎肃等20余位著名词曲作家参加；7月，徐沛东、努斯来提·瓦吉丁和贵州省文联、音协的领导以及词曲作家赴遵义进行了采风；9月，陈晓光、谭仲池领队，徐沛东任团长，印青任副团长，戚建波等15位中青年词曲作家赴韶山进行采风创作。同时，还组织了赴浙江舟山的采风创作活动。通过组织赴革命纪念地采风创作活动，一方面给革命老区人民留下了词曲新作，丰富了老区人民的精神文化生活，同时也使音乐家们在思想上接受了洗礼和锤炼。

【赴广西少数民族地区进行考察、创作】

1月份，以赵季平、徐沛东为团长，陆在易、孟卫东、付林等10余名著名词曲作家组成的采风团赴广西北部湾采风，进一步发掘地方音乐资源。先后参观考察了防城港市，探访了我国唯一一个海洋民族——京族，观看了京族传统的独弦琴演奏和唱哈表演等，对北部湾的风土人情、历史文化进行了考察了解。此次活动为音乐家们积累了宝贵的创作素材，也为广西少数民族地区馈赠了精品力作，对广西音乐文化发展将产生积极的推动作用。

对外及对港澳台地区文化交流

【专题音乐活动】

3月份，中国音协邀请挪威音乐家来访，先后到上海、云南、四川等地考察了我国少数民族的音乐舞蹈，并选定“七彩云南民族歌舞团”赴挪威参加“中国文化节”演出。4月25日至5月4日，中国音协分别与有关国家和地区在北京共同主办了“第二届北京尼柯莱国际长笛比赛”和“第三届北京国际音乐比赛——大提琴比赛”，来自近40个国家的百余名选手参加比赛，促进了中外选手的艺术交流。9月，为庆祝中菲建交35周年，中国音协与厦门及菲律宾总领馆主办了“2010鼓浪屿秋季菲律宾音乐周”，为中外观众献上了4场东南亚风格的音乐会。

【国际音理会亚大地区工作会议】

7月，中国音协与国际音理会秘书处、澳大利亚音理会共同组织召开“国际音理会亚大地区工作会议”。代表们就亚大地区音乐组织开展交流合作和筹备成立亚大地区音乐理事会等事宜进行研讨，并通过了《最终声明》。会议的成功举办和取得的重要成果得到与会各国特别是国际音理会的高度评价。

【肖邦生平图片展】

10月12日，为纪念波兰伟大音乐家肖邦诞辰200周年，由波兰驻华大使馆、中国文联和中国音协联合主办的“肖邦生平图片展”在中国文联展出。波兰驻华大使塔德乌什·霍米茨基，中国文联党组书记、副主席胡振民，中国文联党组副书记、副主席覃志刚，中国文联党组副书记、副主席李牧，中国音协名誉主席吴祖强、傅庚辰，中国音协分党组书记、驻会副主席徐沛东出席了开幕式。

【组织出访活动】

2010年，中国音协应邀组团或参加出访了挪威、丹麦、日本、韩国等国家，进行了双边音乐文化交流。

所属报刊

【《人民音乐》】

《人民音乐》作为全国唯一的音乐类理论评论刊物，也是新中国成立后创办的第一本音乐期刊，在宣传党的文艺方针政策，推动音乐创作、表演、教育等方面发挥了重要作用。2011年适逢创刊60周年，中国音协策划组织了“纪念《人民音乐》创刊60周年”系列庆祝活动，扩大了《人民音乐》的社会影响力。

【《歌曲》】

《歌曲》是有着广泛社会影响的音乐杂志，在围绕中心、服务大局，弘扬主旋律，推出新歌、新人，传播音乐信息等方面发挥着重要作用。2009年以来，本刊编辑人员不断更新观念，创新理念，在推出好作品，推出歌坛新秀，及时反映协会和各地音乐创作动态、音乐活动；传承优秀音乐文化等方面作出了新的努力和贡献，使《歌曲》的发行量突破了2万册，其社会受众面、影响力越来越大。

【《词刊》】

《词刊》坚持服务读者、繁荣创作、培养新人的办刊宗旨，注重宏扬主旋律和内容多样化相结合，注重题材、体裁的丰富性，注重社会效益，不断提升办刊水平。《词苑新花》、《青春冲浪板》等栏目在推出新人新作方面发挥了作用。2010年还在人员减少，工作量增加的情况下，进行了改版调整，确定了清新淡雅、简洁大气的风格，得到了专家和读者的好评。

【《音乐专刊》】

《中国艺术报·音乐专刊》在反映音乐动态的时效性、导向性和内容的丰富性等方面亦有所改进，推荐报送8篇文章参评中国文联文艺评论奖，其中有7篇文章分获特别奖和一、二、三等奖。

【其他刊物】

《儿童音乐》、《音乐创作》也有了新的进步和发展，社会影响力和受众面不断扩大。

《中国音协官方网站》建设得到加强，功能得到进一步拓展，点击率逐步上升。

内部建设

【领导班子建设】

2010年，中国音协把提升领导班子建设作为全年重点工作开展实施。

一是坚持和完善议事决策制度。建立完善与主席团的联系制度，注重发挥主席团的作用，做到沟通及时，服务到位；坚持重大事项请示报告制度，避免工作决策失误；逐步健全完善了行政、人事、财务管理等方面的制度，使协会各项工作有章可循、有法可依，进一步提升了内部管理水平。

二是协会班子成员认真组织学习了关于干部选拔任用工作的4项监督制度，按照文联要求进行了主要内容的自我测试，使班子成员在用人、管物、理财等方面的自律意识、政策法纪观念得到进一步增强，在全年工作中能够坚持秉公办事、公正用权，在廉政建设中没有发生问题。

三是按照建立学习型党组织、学习型机关的要求，认真抓了领导班子的学习培训，进一步提升了领导能力和决策水平。年终，音协分党组被中国文联评为“好班子”。

【创先争优活动】

2010年，按照中央和文联的部署要求，协会制定了《创先争优活动实施方案》，对活动的开展作出具体安排，明确了开展活动的指导思想、目的要求、方法步骤和措施；组织党员过组织生活；赴西柏坡重温“两个务必”，进行革命传统教育，激发了党员干部创先争优的热情，协会工作人员的精神面貌呈现新气象。协会领导班子的自身建设进一步加强，战斗力、凝聚力进一步提高，创新意识不断增强，班子团结更加巩固，工作更加务实；机关各部门工作配合更加主动、协调，职能作用得到更好地发挥。

【二级学会管理】

根据中国文联有关要求，中国音协不断加强对所属专业委员会和60多个二级学会的管理工作，修订完善了《中国音协二级学会管理办法》，保证了二级学会的作用发挥和有序发展。2011年，中国音协新成立了小提琴学会和室内乐学会，并指导流行音乐学会、管乐学会和音乐美学学会顺利换届。

【会员工作】

2010年，中国音协依照《中国音协发展新会员标准细则》、《中国音协会员发展工作条例》、《申请入会暂行规定》3个会员发展工作相关文件，进一步加大会员发展工作力度，全年共组织审批会员670人。为更好规范会员发展工作，中国音协还制作了电子数据库模板并发至各申报单位，进一步促进全国各地音协会员工作尽快过渡到数字化。同时，还顺利完成会费收缴和管理工作。

中国美术家协会

综　述

2010年，中国美协在中国文联的正确领导下，紧紧围绕党和国家中心工作，深入学习贯彻党的十七大和十七届五中全会精神，坚持正确文艺导向，努力做好协会中心工作：不断提高思想认识、坚持理论联系实际，积极推进学习型党组织和学习型协会建设；结合世情国情、配合大政方针，发挥美术在弘扬主旋律、巩固壮大主流意识形态方面的重要作用；紧紧围绕党和国家“大外交”、“大外宣”的总体部署，积极主动推进对外民间文化交流与合作；切实加强文艺队伍建设，发现和培养中青年美术家，建立专业后备梯队；深入扎实开展文化惠民活动，丰富人民群众精神文化生活；积极推动机制改革和艺术家维权工作，在实现“熔铸中国文化气派，塑造国家美术形象”，促进中国美术事业繁荣发展目标、扩大中国美术的国际影响力的进程中迈出新步伐，取得新进展。

会议与活动

【2010年中国美术家协会工作会议】

2月2日，2010年中国美术家协会工作会议在湖南长沙召开。中国文联领导、中国美协主席团全体成员、中国美协各部室负责人、各地美术家协会负责人，以及中国美协各艺委会代表共100余人参加了会议。湖南省委常委、宣传部长路建平，湖南省政协副主席、省文联主席谭仲池等出席会议。

中国文联党组成员、副主席冯远代表中国文联充分肯定了中国美协在2009年取得的工作成绩，提出了在新的大背景下美协工作所面临的新课题。他指出，在过去的一年中，中国美协举办各种学术研讨和调研活动，不断加强理论建设、指导创作实践、注重推出人才和推出优秀作品，站在新的历史起点上，牢牢地掌握了工作的主动权。

中国美协主席刘大为在讲话中对美协工作提出了7点要求。一是要始终坚持用社会主义核心价值观指导美术创作，弘扬主旋律、提倡多样化；二是要继续打造知名品牌，认真筹备和办好以“生态与家园”为主题的第四届中国北京国际美术双年展；三是要配合国家外宣工作，树立当代中国美术形象；四是要组织好美术家写生活动，从源头抓起；五是要继续加大“中青年美术家海外研修”的派出力度，下大力推介优秀中青年美术家；六是要继续加大调研力度，拓展调研范围，把关注重点放在各地方美术发展状况，体制外美术家状况，青年美术家状况和地方协会的工作状况等方面；七是要继续加快协会自身建设步伐，着力抓好“班子”建设和党组织建设。

会议总结了美协2009年的工作，对新一年的工作进行了部署。2010年，中国美协将以建设、发展为主线，在“二为”方向和“双百”方针的指引下，继续锐意进取。积极筹备举办第四届北京国际美术双年展；加大美术活动策划组织、学术研究、宣传推广等各方面力度，做精做深，加大品牌效应；积极整合美术资源，加强青年美术家的发现和培养，建立“出人才”、“出精品”的保障机制，为日后美术更大的发展积蓄力量；继续配合国家政策，深入展开国际美术交流；紧密团结广大美术家和人民大众，充分调动一切积极因素，加大群众美术普及工作力度；强化完善自身建设，进一步提高综合素质，增强责任心和使命感，认真履行服务、协调、联络、维权职能，日益扩大美协影响力。

【“送欢乐、下基层”赴广东部队慰问】

1月27～31日，中国文联、中国美协“送欢乐、下基层”慰问团，到达驻粤75210和75220部队，为部队广大指战员赠送了美术书籍、美术用品及美术作品。在赠送仪式上，中国文联党组成员、副主席冯远致辞并对“送欢乐、下基层”活动做以简要介绍，说明这是中国文学艺术界各行各业的文艺家响应中宣部、中国文联号召，为广大人民群众和指战员们提供服务，表演展示创作艺术作品的一项惠民工程，也是广大艺术家们关注社会、深入实践、深入生活的学习机会。活动中，艺术家们现场为部队创作作品、为战士画肖像，让部队指战员在艰苦的训练之余得见艺术名家们的风采和精彩的美术作品，充分体现了艺术家关心支持国防和军队建设的爱党爱国爱军情怀和服务基层、服务群众的优秀品质，进一步融洽了军民关系，促进了军地文化交流。

【华君武同志逝世】

6月13日9时，中国共产党的优秀党员、忠诚的共产主义战士、新中国美术事业的奠基人之一、著名漫画家、社会活动家华君武同志在北京因病逝世，享年95岁。中共中央总书记、国家主席、中央军委主席胡锦涛，中共中央政治局常委、国务院总理温家宝，中共中央政治局常委、中央书记处书记、国家副主席、中央军委副主席习近平，中共中央政治局常委，国务院副总理李克强，中共中央政治局委员、中央书记处书记、中央组织部部长李源潮，中共中央政治局委员、中央书记处书记、中央宣传部部长刘云山等党和国家领导人通过各种形式向华君武同志逝世表示悼念，对家属表示慰问。

华君武原名华潮，祖籍江苏无锡，1915年4月24日生于浙江杭州。1940年4月加入中国共产党。1946年1月任《东北日报》文字记者。1949年12月调北京工作，历任《人民日报》美术组组长、文艺部主任。1953年后兼管中国美协工作。1979年当选为中国美协副主席，主持日常工作。长期从事美术组织和活动工作。曾任第一、二、三届全国人民代表大会代表，中国共产党第八次代表大会代表，第五、六、七届全国政协委员。历任《人民日报》美术组长、文学艺术部主任，中国美协秘书长、书记处书记、常务书记、副主席、顾问，中国文联全委、书记处书记等职务，任中国文联荣誉委员。

华君武先生早年长于政治时事漫画，富有战斗性，他的作品紧扣时代脉搏、构思幽默机智、风格独特、通俗而富有哲理，致力于追求漫画的民族化和大众化，在国内外享有极高声誉，在革命战争中发挥了很大的宣传鼓动作用。后期以讽刺画为主，辛辣地讽刺了社会上种种丑陋、落后的现象；构思巧妙，入木三分，富有幽默感。在各类报刊共发表漫画700多幅，代表作品有《磨好刀再来》、《永不走路，永不摔跤》、《死猪不怕开水烫》、《假文盲》等。2001年华君武荣获中国美术最高奖“中国美术金彩奖·终身成就奖”。

【华君武同志追思会】

6月29日，华君武同志追思会在中国文联大厦举行。美术界知名人士、华君武的家属亲朋以及读者等近百人出席了追思会。文化部副部长王文章、中国文联副主席冯远、中国美协驻会副主席吴长江、中国美术馆馆长范迪安、国家画院院长杨晓阳、北京画院院长王明明、著名画家侯一民、著名美术理论家邵大箴等美术界代表前来参加了追思会。追思会上，著名画家侯一民、著名电影表演艺术家于蓝等华君武同志的老同事、老朋友分别追忆了与华老一起工作的往事，大家一致认为，华君武的时政漫画立场鲜明、一针见血；生活漫画隽永幽默、针砭时弊，深刻地揭示了真善美与假恶丑的社会万象。中国美协分党组书记、驻会副主席吴长江指出，华君武一生勤政廉洁、大公无私，特别是主持中国美协工作期间认真贯彻党的文艺路线，坚持党的“二为”方向、“双百”方针，紧跟形势，开展了许多重大美术活动，为中国美术事业的繁荣作出了突出贡献。

【中国文联、中国美协文化考察团赴河南考察】

2月24日，中宣部文艺局副巡视员路侃，中国文联副主席、中国美协主席刘大为受中宣部领导委托及中国文联领导安排，带领全国人大代表，中国美协理事冯大中，中央美术学院教授赵宁安，中国美协理事、首都师范大学艺术学院教授孙志钧，中国美协理事、河南文联主席、美协主席马国强，中国美协理事、中国美协组联部主任马新林等赶赴河南省商丘市民权县王公庄和洛阳市孟津县平乐村，进行农民文化考察，并现场指导农民中国画创作。期间召开了座谈会，刘大为向农民画家赠送了画册；冯大中、赵宁安、孙志钧等美术家分别就绘画结构、背景烘托、意境构思，画虎技法、牡丹花型的解剖结构、枝干浓淡干湿的变化以及如何题款、用印等方面内容对农民画家进行了辅导讲座。

【中国美协组联工作会议】

9月8日，中国美协全国组联工作会议在宁夏银川召开。中国文联党组成员、副主席、中国美协副主席冯远，中国美协分党组书记、驻会副主席吴长江，中国美协党组成员、秘书长刘健，宁夏文联党组书记、主席郑歌平等来自全国各省区市美协主席、驻会副主席、秘书长、组联工作人员、创作中心负责人等近百人参加了会议。郑歌平主席代表宁夏文联致欢迎辞，冯远书记、吴长江书记分别就组联工作发表重要讲话，与会代表还集中学习了中央领导的重要讲话精神，并就如何加强组联工作的自身建设、提高服务水平、拓宽服务渠道以及凸显特色等专题进行了广泛的探讨。在指导创作中心工作方面，刘健秘书长再次强调了省美协监管的重要性和必要性，他要求9个创作中心所在地区的美协领导要对中心工作给予重视，要切实对中心工作进行监督以及给予必要的关心和支持，合力作为、形成特色，做出成绩。

展览与评奖

【“阳光新疆”——写生作品展】

11月20日，“阳光新疆”——写生作品展在中国军事博物馆隆重开幕。共展出82位艺术家的260余件写生作品，同时特别征集了叶浅予、黄胄、全山石、詹建俊、哈孜·艾买提、克里木·纳斯尔丁等老一代艺术家历年来新疆写生的精品，将作为2011年“天山南北”大型展览和画册的基础。

新中国成立以来，美术家深入边疆、深入生活，以各民族地域独特的自然景观、人文历史、民俗风情、宗教信仰为创作源泉，在美术史上留下了一大批经典作品，形象地反映了新中国60年历程中各民族的现代化进程和民族团结的新风。

【“生态与家园”——第四届中国北京国际美术双年展】

9月20日上午，第四届中国北京国际美术双年展在中国美术馆开幕。展览以“生态与家园”为主题，参展艺术家用当代艺术的语言，表达对环境问题的关注，呼吁全世界人们保护生态环境，共同关爱地球家园。共展出85个国家的500余件绘画、雕塑、装置、影像以及综合类作品，多角度呈现了世界各国艺术家共同关爱地球家园的热忱，表达了人类与自然和谐相处的美好理想。

开幕式由中国美协分党组书记、驻会副主席吴长江主持。中国文联党组书记、副主席胡振民，奥地利共和国教育艺术和文化部部长克劳蒂亚·施密特，外交部副部长李金章，中央外宣办副主任钱小芊，北京市委常委、宣传部部长、副市长蔡赴朝，中国文联党组成员、副主席冯远，中国美协名誉主席靳尚谊，中国文联副主席、中国美协主席刘大为，文化部党组成员李洪峰，国务院参事室副主任、中国美协副主席王明明，文化部艺术司司长董伟，中国美术馆馆长、中国美协副主席范迪安等领导和埃及、希腊、阿根廷、巴西、保加利亚、法国、德国、俄罗斯等国驻华使馆外交官以及双年展的部分策划委员、国际造型艺术家协会各国执委、国内外的众多艺术家代表近千人出席了开幕式。

【“数风流人物还看今朝”——全国中国画作品提名展】

5月27日，由中国美协主办的“数风流人物还看今朝”——全国中国画作品提名展在中国人民革命军事博物馆开幕。展览以毛泽东同志《沁园春·雪》中的名句“数风流人物还看今朝”为名，共展出100余幅作品。诚邀数百位当代国画家，各自以毛泽东的一句诗词为主题，借用其中的思想内涵、哲理内涵和美学内涵，完成绘画创作并重新阐释。毛泽东诗词是毛泽东伟大思想和伟大人格的艺术结晶，是毛泽东思想的重要组成部分，其中贯穿着以爱国主义为核心的中华民族精神。毛泽东诗词以我国古典诗词的艺术形式，反映革命斗争和现实生活，将深刻的思想内容和完美的艺术形式结合起来，是中华民族艺术的瑰宝和珍贵遗产。此次画展展现了各位国画家们以毛泽东诗词为主题的绘画创作作品，用各自独特的艺术语言，对毛泽东诗词蕴含的美学主张和艺术特质进行了艺术再现，共同缅怀毛泽东和老一辈无产阶级革命家的丰功伟绩，弘扬和传承毛泽东美学理念和艺术思想，重新阐释文艺为人民大众服务的伟大精神。

【“同一个世界”——中国画家彩绘联合国大家庭艺术大展】

6月18日，中国文联、中国美协联合举办的“同一个世界”——中国画家彩绘联合国大家庭艺术大展在澳大利亚墨尔本市政厅开幕。画展分4批展出194幅中国名家力作，作品以联合国192个会员国的标志性文化象征物为主题，体现了当今中国的国际主义精神和中国画家的艺术造诣、艺术视角。中国文联副主席、中国杂协主席、中国文联代表团团长夏菊花，中国赴澳艺术家代表团团长、中国美协秘书长刘健，中国文联综合处长潘文海，维多利亚州州政府议员林美丰，墨尔本市政府代表雷士人，中国驻墨尔本市领事馆文化领事陈春梅，大洋洲文联主席冯团彬以及中国艺术家代表团成员、旅居澳洲艺术家等各界友人出席开幕式。开幕式由大洋洲文联副主席达奇先生主持。中国美协分党组书记、驻会副主席吴长江介绍了展览的宗旨和意义，表示希望画展有助于各国朋友认识和欣赏中国文化艺术，有助于增进了解和友谊，并为推动人类文明的发展与交流发挥积极影响。

【“绿色净土 天堂草原”第六届中国西部大地情——中国画、油画作品展】

8月4日，中国美协，内蒙古自治区党委宣传部、自治区文联联合主办的“绿色净土 天堂草原”第六届中国西部大地情——中国画、油画作品展在鄂尔多斯市会展中心开幕。中国文联党组成员、副主席冯远，中国文联副主席、中国美协主席刘大为，中国美协分党组书记、驻会副主席吴长江，内蒙古自治区党委常委、宣传部长乌兰，自治区党委宣传部副部长、社科院院长吴团英，自治区文联主席巴特尔，自治区文化厅副厅长安泳锝，鄂尔多斯市委常委、副市长王凤山，鄂尔多斯市委常委、宣传部长苏建荣，市人大常委会副主任苗秀花，副市长包崇明等出席开幕式并观看了展览。吴长江在开幕式上致辞，介绍了中国西部大地情美术作品展览活动的历程。本届展览共收到来自全国各地参评作品近5000余件，其中中国画3790件、油画1165件，从中评选出入展中国画作品157件、油画作品145件。乌兰代表自治区党委、政府对展览的成功举办表示祝贺。

【“人文北京·写意昌平”全国山水画写生作品展】

8月5日，“人文北京·写意昌平”全国山水画写生作品展在上海浦东展览馆开幕。展览集合了国内60余位当代中国山水画实力派画家的100余幅力作。以中国山水画的艺术形式，完美描绘了享有“京师之枕”美誉的北京市昌平区，展示了“商务花园城市”、现代化城市发展新区的独特魅力，完整呈现了世界文化遗产“明十三陵”和“天下第一雄关”居庸关长城等著名景区厚重的历史文化内涵，呈现了昌平区2000多年来人文发展与自然景观的唯美画卷，充分体现了北京“人文城市，万古帝王之都”的和谐风貌。

【“现实·超越”——2010中国百家金陵画展（油画）】

12月9日，由中国美协、江苏省委宣传部、江苏省文化厅、江苏省文联共同主办，江苏省美术家协会承办的“现实·超越”——2010中国百家金陵画展（油画）在江苏美术馆新馆隆重开幕。江苏省委常委、宣传部部长杨新力，省人大副主任朱龙生，副省长曹卫星，省政协副主席张九汉，省文联名誉主席顾浩等出席了开幕式。省文联党组书记、常务副主席王慧芬主持开幕式。中国文联党组成员、副主席廖奔，中国美协分党组书记、驻会副主席吴长江参加了开幕式。江苏省委常委、宣传部部长杨新力、中国美协分党组书记、驻会副主席吴长江分别致辞。

【“和谐燕赵·红色太行”——中国山水画作品展】

12月21日，中国美协、中共河北省委宣传部、河北省文联主办，河北省美协承办，河北省美术馆、河北馨德文化传播有限公司协办的“和谐燕赵、红色太行”——中国山水画作品展在河北美术馆开幕。展出作品以表现河北太行山为主，风格多样，体现了广大山水画家在继承传统的基础上的多样化探索，以独特的审美视角和强烈的情感表达了时代精神。中国美协分党组成员、副秘书长张旭光，中国美协展览部主任杜军，河北省人大原副主任张群生，河北省政协原副主席刘健生，河北省委宣传部副部长戴长江，河北省文联党组书记赵景之，河北省美协主席祁海峰，副主席白云乡、张国君，以及全国各地的美术家及展览获奖、入选作者，各美术院校师生500余人参加了开幕式。

【2010年全国中国画作品展】

12月28日，中国美协、苏州市人民政府主办，中共苏州市委宣传部、江苏省美协、苏州市文化广电新闻出版局、苏州市文联承办的“2010年全国中国画作品展”在苏州美术馆新馆开幕。中国美协分党组书记、驻会副主席吴长江，苏州市文化广电新闻出版局局长、党委书记汤钰林，苏州市市委常委、宣传部部长徐国强等参加了开幕式。全国中国画作品展是中国美协常规性大型中国画作品展，画展以学术性为主导，旨在展示每年度中国画创作的最新成果，检阅中国画创作队伍，推出精品佳作，推介新人，展现中国画在新世纪、新时代百花齐放、百家争鸣的艺术风貌。

【“第二届中国画线描艺术展”】

12月29日，中国美协、河南省文联主办，河南省美协承办的“第二届中国画线描艺术展”在河南省美术馆开幕。展览得到了全国2000余位画家的支持和积极参与，入选作品216幅，其中优秀作品64幅。作品中有传统功力的展现，也有新线法语言的探索，以及多种线形组合的形式。展览以开放和包容的姿态，展现了新时代中国画线描创作的多角度、多元化的创作风貌，彰显了当代中国画线描艺术所具有的独特审美品格，反映了当代中国画家立足时代，勇于创新、大胆实践的时代特征。展出的作品风格鲜明、题材广泛，整体水准较“首届中国画线描艺术展”有明显提升。

【“魅力海南岛——中国画百家百景”美术作品展览】

12月31日，“魅力海南岛——中国画百家百景”美术作品展览开幕式在海南博物馆举行。中国美协分党组书记、驻会副主席吴长江，中国美协副主席、广东美协主席许钦松，海南省政协主席钟文，海南省人民政府副省长林方略，海南文联、作协主席、海南文联党组书记韩少功以及来自全国各地的画家等200余人参加了开幕式。“魅力海南岛——中国画百家百景”美术作品展由中国美协和中共海南省委宣传部共同主办，邀请全国100位著名画家根据海南的风景、风情和历史人文精心创作了100幅美术作品，用绘画形式向世人展现“琼州百景”，充分彰显今日海南的内在美与外在美，为海南国际旅游岛建设注入新的文化内涵。

【全国农民绘画展览进京汇报展】

7月6日，中国文联、中国美协、浙江省委宣传部主办的“农民画时代 时代画农民——全国农民绘画展览”在浙江美术馆开幕。展览宗旨是认真贯彻落实中央领导同志关于“建设新农村、要有新文化”的重要指示精神和全国宣传部长会议精神，贯彻落实中国文联“聚焦新农村、文艺为农民”的重要举措，进一步推进全国农民画的发展和繁荣，提升农民画创作水平，确立全国农民画在当代美术发展史上的地位和作用。中宣部副部长翟卫华，中国文联党组书记、副主席胡振民，中国文联党组成员、副主席冯远，中宣部文艺局副局长孟祥林，中国美协分党组书记、驻会副主席吴长江，中国美协副主席、中国美院院长许江，中共浙江省委宣传部副部长吴天行，中国美协分党组成员、秘书长刘健等出席了开幕式。

创作与研究

【中国美协写生采风团赴新疆】

6月2日，中国美协新疆写生采风团飞抵乌鲁木齐，新疆维吾尔自治区党委书记张春贤会见了写生团艺术家一行。

采风团汇集了刘大为、冯远、吴长江、刘健、刘秉江、刘国辉、谢志高、史国良等来自全国各地、多民族的50多位美术家，涵盖中国画、油画、版画、水彩画等画种，画家们兵分两路深入天山南北写生，用画笔展示美丽的新疆，采风活动结束后将在北京举办“放飞心灵·阳光新疆主题写生展”。

张春贤对采风团一行表示欢迎。他表示，中央新疆工作座谈会刚刚结束，中国美协即组织艺术家来疆采风，是第一批来新疆采风写生的艺术团队，是贯彻落实会议精神、支持新疆发展的具体行动，是对新疆文化建设最有力的支持。

吴长江介绍了策划写生活动的目的和工作安排，表达了美术家以实际行动促进各民族友好和谐相处、各民族文化深层次交流的美好心愿。

【中国文联、中国美协创作采风团工作】

根据中宣部的工作部署，中国文联、中国美协分期分批组织著名美术家深入革命纪念地开展深入生活、创作采风活动。路线确定为井冈山、瑞金、延安、遵义、会宁，以及韶山、西柏坡等地。创作写生活动结束以后，美术家依据写生素材进行整理创作，中国美协将成立评审委员会对创作作品进行评选，入选作品将参加“庆祝中国共产党成立90周年美术作品展览”并出版文献画册。力争向全社会推出一批反映伟大时代巨变，记录革命纪念地历史和今日风貌的当代优秀美术作品。

5月15日，创作采风团赴井冈山、瑞金创作采风。中国文联党组成员、副主席、中国美协副主席冯远任团长，中国美协分党组书记、驻会副主席吴长江带队，并特别邀请了中国画、油画、版画、水彩粉等画种的优秀画家。

6月11日，创作采风团赴延安创作采风。中国文联副主席、中国美协主席刘大为任团长，特邀19名著名美术家。采风团途经延安、延川、靖边、绥德、米脂、佳县、榆林等7个县市。通过瞻仰、走访、座谈、写生等形式进行素材收集，感受“延安精神”和老区的巨大变化。特别是老一辈美术家奔赴延安，用画笔投身民族解放事业的革命精神，使美术家丰富了精神世界，为酝酿创作精品力作提供了动力。

6月30日，创作采风团赴遵义创作采风。中国美协副主席、天津画院院长何家英任团长，中国美协分党组成员、副秘书长张旭光任副团长。写生团走访了遵义市、仁怀市、黔东南州，参观了遵义会址及纪念馆、毛主席故居、娄山关、四渡赤水茅台渡口等革命圣地，并在西江千户苗寨、南花苗寨领略民族风情。激发了美术家对新中国历史的缅怀和对革命精神的赞颂诉求，写生活动达到了预期的效果。

7月20日，创作采风团赴腊子口、哈达铺、会宁等地创作采风。中国美协分党组书记、驻会副主席吴长江任团长，杨力舟、范迪安任副团长，采风创作团沿着红军长征的足迹，深入生活、采风写生。搜集了大量创作素材，丰富了历史知识、体验了革命征程，洗礼了画家心灵，收到良好效果。

8月21日，创作采风团赴韶山创作采风。美术家们向毛主席铜像敬献花篮，并依次参观了毛泽东同志遗物馆和毛泽东同志故居。画家们留心观看毛泽东同志生活、学习、劳作的珍贵文物，缅怀了伟人的丰功伟绩，重温了中国革命的珍贵历史，目睹和了解了湖南的新面貌、新成就，涤荡了心胸，开阔了视野，提升了思想境界，积累了生活素材，激发了创作灵感。

8月22日，创作采风团赴岳麓书院创作采风。和湖南省第一师范学校的学生，瞻仰毛泽东亲自题写的校训“要做人民的先生，先做人民的学生”。美术家们感受到毛主席为人谦逊、勤勉和朴素的作风，重温主席对一师全体师生、对全国党员、干部的教诲。

8月23日，创作采风团赴张家界创作采风。来到贺龙元帅的故乡，观瞻红二方面军成长战斗并开始万里长征的地方，体会“青山处处埋忠骨，革命火炬代代传”的豪情。在中国共产党领导的各个革命时期，张家界有数万名各族儿女参加红军，投身革命，为后人留下了宝贵的革命精神财富和丰富的纪念遗址、纪念物。美术家体会到革命者一生奋斗、出生入死的高尚情怀，为艺术创作培养了浓厚的革命情感。

8月25日，创作采风团赴西柏坡创作采风。美术家们先后参观了西柏坡陈列展览馆、西柏坡中共中央旧址、西柏坡革命圣地毛泽东、朱德、周恩来、刘少奇等革命先烈战斗和生活的旧址、及中国共产党第七届中央委员会第二次全体会议会址。通过参观历史性文献、图片资料，使美术家们更加系统地了解到中共中央和新中国第一代领导人在西柏坡的革命实践活动，真切感受到新中国的成长历程。

8 月 29 日，“中国文联、中国美协 2010 赴革命纪念地（西柏坡地区）深入生活、创作采风活动”座谈会在石家庄召开。座谈会由中国美协组联部主任马新林主持，中国美协副秘书长张旭光出席并在座谈会上讲话。座谈会上采风团的美术家们对写生在美术创作中起到的重要作用有了明确的共识，对艺术创作源于社会实践和生活有了更真切的感受。大家一致认为这次赴革命纪念地创作采风活动不仅使自己对“红色文化”有了更深的认识，也加强了自己对创作革命历史性题材作品的信心和责任感。美术家们表示，将整理思路，力创精品，为建党 90 周年献礼。

【编撰出版《全国农民绘画调研汇编》】

根据中宣部的工作安排，为落实中国文联党组关于“围绕扶持农民题材文化产品创作生产，开展农民乐于参与、便于参与的文化活动，建立健全文艺服务农村、服务农民的长效机制，支持农民兴办演出团体和其他文化团体，引导文艺工作为农村、农民服务”的指示精神，中国美协本着心系“三农”，让美术服务社会的主旨，结合全国农民画发展的历史和现状和协会工作特点，由协会领导牵头，组成专题调研组，深入农民画创作的第一线，开展全国农民绘画调研工作。一年来，实地考察调研了陕西户县、山东巨野、河南民权、湖南麻阳、广东龙门、上海金山、浙江舟山、嘉兴等地。此次调研工作得到了中国文联党组和中国美协分党组的高度重视。中国文联党组书记胡振民指示，将第一次的阶段性调研报告发文艺专题报告报送中宣部有关领导和职能部门，并批示“要在如何建立有效、可持续的扶持机制和农民文化产业的发展机制方面形成一套可操作的具体办法方面进行深入研究。”经专题组对全国形成规模的农民绘画县、乡、镇、村的资料进行汇编整理。形成了《全国农民绘画调研汇编》，并将在此基础上，召开全国农民绘画创作研讨会，举办首届全国农民绘画作品展。

对外及对港澳台地区文化交流

【2010 年度中国中青年美术家海外研修工程】

2010 年是中国中青年美术家海外研修工程实施的第二个年头。在 2009 年成果经验的基础上，项目继续探索完善各项内容，顺利地完成了 2010 年的工作目标。共有 10 名候选人获得研修资助资格，分别是白展望、李节平、崔晓冬、张敢、邵亦杨、王云、高扬、王冠军、吴啸雷、邓柯。

【第 11 届全国美展赴韩日巡展】

2 月至 3 月间，应韩国全罗北道立美术馆邀请，第 11 届全国美展获奖作品赴韩展出。作品涵盖了国、油、版画等画种，是由全国十大展区展出的 3700 余件作品中评选出的 113 件佳作。11 月 13 日，应日中友好会馆的邀请，由中国美协、日中友好会馆、福冈亚洲美术馆共同主办的第 11 届全国美展获奖作品赴日巡展“现代中国美术福冈展”在福冈亚洲美术馆隆重开幕。以中国美术馆副馆长梁江为团长的中国美协代表团一行 9 人参加了本次展览活动。

【国际造型艺术家协会执委会】

9 月 19 ～ 23 日，为筹备计划在 2011 年召开的第 17 次 IAA 全体大会，中国美协作为主席国邀请执行委员及执行秘书在北京召开 IAA 执行委员会会议，并邀请代表出席第四届北京双年展开幕式及相关活动。会议决定于 2011 年 4 月在墨西哥瓜达拉哈拉召开第 17 次全体大会。根据按章程，在全体大会召开前 6 个月，全体执行委员应召开筹备会，商讨章程修改等事宜，中国美协邀请执行委员及执行秘书于 12 月 6 ～ 10 日在海南三亚召开筹备会议。

【中日美术论坛】

11 月 14 日，由中国美协和日中文化交流协会共同主办的“美术与全球主义”——中日美术发展现状论坛在东京国立近代美术馆召开。由邵大箴为团长的代表团一行 5 人参加了论坛。在圆满完成 2010 年外事主项工作外，中国美协还积极配合外交部行政司为驻外使领馆就馆装修组织美术家创作，冯远、刘大为、吴长江、王明明、龙瑞、张道兴等著名画家大力支持，先后为我驻德、塞、土、伊等使领馆创作作品，受到外交部领导的高度评价。同时，外交部也在中国美术对外交流工作给予我会多方面的关照，出访团组均受到我使领馆领导的关注与接待，为中外美术交流创造和提供了良好条件与平台。

【第四届中国北京双年展国际研讨会】

9 月 21 日，中国美协双年展办公室在北京饭店多功能厅组织召开国际学术研讨会，共有 100 多位来自世界五大洲的艺术家、理论家、策展人参加。其中包括奥利地特展策展人，达喀尔双年展秘书长，挪威艺术协会策展人，世界艺术史大会的代表团，北京双年展的国际策展人和各国参展艺术家代表，还有来自中国中央美术学院、中国国家画院、清华大学美术学院等专业院校的专家学者等。与会代表对“生态与家园”这个主题从各个不同的角度发表了自己的意见，并就各自专业的角度发表了新的研究成果。代表们高度肯定北京双年展的成功举办，并一致赞成办展理念，认为北京双年展彰显出中国负责任的大国气派和良好的国家形象。

中国曲艺家协会

综　述

2010 年是文联工作和文艺事业取得重大成就、极不平凡的重要一年，也是曲协工作和曲艺事业再接再厉、奋发有为，取得显著成绩的重要一年。一年来，在中宣部和中国文联的正确领导下，中国曲协及各团体会员深入贯彻落实党的十七大和十七届三中、四中、五中全会精神，坚持以科学发展观为统领，创新理念和思路，加强和改进自身建设，认真履行联络、协调、服务基本职能，充分发挥组织、引导、服务、维权重要作用，团结和引导广大曲艺工作者一道锐意进取，推动曲协工作和曲艺事业取得了新发展。

重要活动

【“中华情”贺新春曲艺精品专场晚会】

1 月 23 ～25 日晚，由中国文联、中国曲协共同主办的“中华情”贺新春曲艺精品专场晚会在北京民族文化宫剧院举行。新人新作相声专场、曲艺小剧场节目专场、西北二人台专场的演出，既丰富了首都群众节庆期间的精神文化生活，为首都文化市场增添了具有浓郁曲艺特色的高水平演出，更为各地优秀曲艺团队和曲艺演员搭建了交流和演出平台，得到各级领导的高度评价，受到观众的热烈欢迎和演员的充分认可。全国政协副主席、中国文联主席孙家正，全国人大原副委员长许嘉璐、顾秀莲、布赫，文化部原部长王蒙，中国文联党组书记、副主席胡振民，国家行政学院党委书记魏礼群，中国文联党组副书记、副主席李牧，中国文联党组成员、副主席冯远，中宣部文艺局局长左中一、副局长汤恒，文化部外联局党委书记侯湘华，中国曲协名誉主席罗扬、主席刘兰芳、分党组书记姜昆、分党组副书记黄启钧、秘书长刁惠香，中国影协、中国杂协等文艺家协会与中直各艺术团体相关领导观看了演出。“中华情”贺新春曲艺精品专场演出以各具特色的精彩演出，成为“两节”期间中国文联各项活动中的亮点，新人新作相声专场展示相声创作累累硕果，曲艺小剧场节目专场撷取小剧场节目精华，西北二人台专场打造二人台新生代精品，“曲艺精品演出”对促进各地曲艺事业的发展起到了推动作用。

【2010 年河南宝丰马街书会曲艺邀请赛】

2 月 26 日农历正月十三，来自全国各地的民间曲艺艺人云集马街，说书会友、弹唱献艺。由中国曲协、河南省文联、河南省文化厅共同主办的 2010 年河南宝丰马街书会曲艺邀请赛在书会现场同步举行。此次邀请赛在全国范围内得到了广泛的响应，来自北京、天津、河北、山东、山西、河南、四川、湖北、湖南、吉林、安徽等 11 个省（区、市）的 24 个节目获邀参赛。与以往单纯的鼓曲唱曲比赛相比，本次比赛参赛曲种范围进一步拓展，新增的相声、小品、快板书、评书等以说为主的曲种使比赛形式更为多样，节目内容也更显丰富。宝丰县将进一步延长马街书会会期，丰富书会内容，力争把书会打造成国内乃至国际闻名的曲艺盛会。

【积极组织曲艺界赈灾义演活动】

去冬今春，中国西南五省遭遇了历史罕见的特大旱灾，严重的旱情牵动着亿万中华儿女的心，也牵动着中国曲协和全国曲艺工作者的心。按照中国文联的统一部署，中国曲艺家协会迅速开展抗旱救灾捐赠活动，号召全体曲艺界同仁向西南灾区伸出援助之手，为灾区人民捐款献爱心，以实际行动帮助灾区人民渡过难关。3 月 29 日，中国曲协向全国曲艺家、曲艺工作者发出“灾情连你我，滴水献爱心”抗旱捐赠倡议，号召广大会员积极行动，以捐款的形式为灾区捐助10万瓶饮用水。与此同时，在中国曲协主席刘兰芳，中国曲协分党组书记姜昆的带领下，协会全体干部职工纷纷慷慨解囊，踊跃为灾区捐款，4天时间募集协会干部职工捐款11510元。4月2日晚，姜昆在云南大理低碳音乐会现场以义卖的方式筹集救灾善款10万元。

4月14日，玉树地震，举国震动，全民行动。中国曲协迅速作出反应，全力组织曲艺家参与到抗震救灾的爱心洪流之中。4月18日，中国曲协邀请快板书演员李世儒来创作群口快板《我们是一家人》，在短短两天时间内，曲艺人完成了新作品的创作和排练。4月20日晚，由中宣部、民政部、国家广电总局、中国红十字会总会、中华慈善总会联合主办的“情系玉树　大爱无疆——抗震救灾大型募捐活动特别节目”在中央电视台举行。曲艺家刘兰芳、姜昆、冯巩、赵本山、陈佩斯、朱时茂、牛群、李金斗、戴志诚、张志宽、张保和、刘全和、刘全利和中国曲协分党组副书记黄敢钧、秘书长刁惠香代表曲艺界参加捐款，共计224.9万元。曲艺界以实际行动积极参与玉树抗震救灾特别活动，充分体现出曲艺作为文艺“轻骑兵”的特点，践行了曲艺人“大灾面前有大爱”的博大情怀。

8月16日晚的北京民族文化宫大剧院内，爱心涌动、真情荡漾。由中国文联、中国红十字会、中国曲协共同主办，中国广播艺术团、民族文化宫、中国红十字基金会协办的题为“情系舟曲　大爱无疆——曲艺界为甘肃舟曲灾区赈灾义演”活动在这里隆重举行。中国文联党组书记、副主席胡振民，中国文联党组副书记、副主席李牧，中国文联副主席、党组成员冯远、廖奔，中国文联党组成员、书记处书记夏潮，中国文联副主席、中国舞协主席白淑湘，中国文联办公厅主任夏朝华、外联部主任黄文娟、理论研究室主任董耀鹏、离退休干部局局长郑会林、人事部主任刘漪滟，中宣部文艺局副局长孟祥林，中国红十字会党组书记、党务副会长王伟，中国红十字会副会长郭长江、郝林娜，中国曲协名誉主席罗扬、主席刘兰芳、分党组书记姜昆、顾问朱光斗、副主席冯巩、籍薇、分党组副书记黄敢钧、秘书长刁惠香，中国广播艺术团副团长张希和、艾立群、别闽生以及部分文艺家协会领导与曲艺界老中青近百位艺术家共同参与了此次赈灾义演活动。胡振民、王伟在演出前致辞，刘兰芳代表中国曲协向全国曲艺界发出倡议，呼吁全体曲艺界同仁再次伸出援手，汇聚点滴爱心，成就和谐大爱，以实际行动支援灾区。整场义演由牛群和刘芳菲担纲主持，义演共募集款物折合人民币近3500万元。

【“包公杯”全国反腐倡廉曲艺作品征集活动圆满落幕】

5月23日，“包公杯”全国反腐倡廉曲艺作品征集活动论坛及颁奖典礼在安徽合肥举行。中央纪委副书记李玉赋，安徽省委常委、省纪委书记刘春良，安徽省委常委、合肥市委书记孙金龙，中国曲协分党组书记、副主席姜昆，中央纪委宣教室主任崔少鹏，省纪委常务副书记、省监察厅厅长张东安，省纪委副书记仲兆宁，合肥市委常委、市纪委书记雍成瀚，中国曲协副主席郭刚，中国曲协分党组副书记黄敢钧，中国曲协分党组成员、秘书长刁惠香等领导同志及李立山、常祥霖、张保和、崔琦、李伟建、康珣等著名曲艺家和获奖代表出席了颁奖典礼。参加颁奖活动的有关领导、曲艺名家和获奖作者就“包公杯”全国反腐倡廉曲艺作品征集活动的组织形式、活动模式及其影响进行了深入研讨。“包公杯”全国反腐倡廉曲艺作品征集活动由中国曲协、合肥市纪律检查委员会、中共合肥市委宣传部、合肥市国资委、合肥市监察局、合肥市文联、合肥市文广局等单位共同主办，自2009年6月30日启动以来，得到各地曲艺爱好者的积极响应和持续关注。征集活动收到全国28个省区市共计1123件应征作品，涵盖42个曲种，创造了曲艺征文的历史之最。最终评出一等作品2篇、二等作品4篇、三等作品8篇、优秀作品20篇。5月23日下午，颁奖典礼暨文艺演出在合肥市政务中心大会堂盛大开幕。整台演出以获奖作品为主，共有6个获奖作品经曲艺名家的二度创作被搬上舞台。

【第四届全国少数民族曲艺展演】

7月12日，由中国文联、国家民委、贵州省人民政府和中国曲协共同主办，中共贵州省委宣传部、贵州省文联、贵州省民委、贵州电视台、贵州省曲协承办的第四届全国少数民族曲艺展演作为中国曲协多年来精心打造的品牌活动在贵阳市人民广场隆重开幕。经过2天3场的激烈角逐，15日晚，“锦锈中华——第四届全国少数民族曲艺展演闭幕式暨颁奖晚会在贵州省国际会议中心剧场隆重举行。全国政协副主席白立忱，中国文联党组书记、副主席胡振民，贵州省委书记、省人大常委会主任石宗源，省委副书记、省长林树森，省政协主席、省委常委、省纪委书记王正福，国家民委党组成员、中纪委驻国家民委纪检组组长李小满，贵州省委副书记王富玉，省委常委、秘书长张群山，省委常委、宣传部部长谌贻琴，省人大常委会副主任顾久，副省长谢庆生，省政协副主席左定超，中国文联荣誉委员、中国曲协名誉主席罗扬，中国文联副主席、中国曲协主席刘兰芳，贵州省委宣传部常务副部长李建国，省文联主席杨长槐，省文联党组书记、副主席李碧川，省民委主任郝桂华以及李时成、吴文科、籍薇、朱光斗、兰智奇、黄启钧、刁惠香、白芳芹、张军等有关方面领导、艺术家出席晚会并为获奖者颁奖，姜昆、徐沛东、冯巩、巩汉林、牛群等为获奖者开奖，马东和刘芳菲共同担任主持。整台晚会彰显各民族大团结，浓墨重彩地渲染热烈和谐的节日气氛。曲比阿乌、彝人制造、蒋大为、刘斌、斯琴格日勒倾情加盟为晚会增色，姜昆、戴志诚、赵津生的群口相声《和谁说相声》因地制宜，妙语连珠笑动全场。晚会在歌舞《多彩贵州》中落下帷幕，令人久久回味。中国文联党组成员、中国文联副主席冯远在开幕式讲话中盛赞全国少数民族曲艺展演是展示少数民族艺术的平台，有如一条彩线，将不同民族间的文化与友谊联结在一起。

7月12～13日，来自15个省、自治区、直辖市的35个精品曲艺节目分3场在贵州省委大会堂精彩亮相。经过激烈角逐，彝族阿细说唱《爱心水》、苗族呢呐哩《偷秋》、群口好来宝《呼和浩特赞》、水族旭早《水寨除魔》等6个节目荣获一等奖；溜子坐唱《怪事》、瑶族乐春鼓《诺言》、侗族琵琶弹唱《侗寨歌节猜歌谜》等获得最佳作品奖；乌云桑、李京华、格桑次仁获得最佳演员奖；吉林森、叶尔泰、徐晨获得最佳新人奖。

7月15日上午，第四届全国少数民族曲艺展演座谈会在国际会议中心召开。会议由吴文科主持。罗扬、刘兰芳、姜昆、李碧川等领导和土登、朱光斗以及霍钦夫、迪力拜尔、李侃、徐明智、索次、钱勇先后在座谈会上发言。姜昆作了总结发言。他说，传承发展少数民族曲艺一方面要重视少数民族曲种的保护发掘，立足传统、科学保护，以保证民族曲艺基因库的完整性。另一方面要大力推动少数民族曲艺适应时代、合理创新，在保持民族特色、民族个性的基础上不断推陈出新。他强调，各级曲艺工作者一定要把人才培养放在首位，曲艺团要重点培养艺术家，各地区要重点培养曲种代表性人物，引领和扩大曲艺专业人才队伍，提升曲艺从业者的综合素质和专业水平，共同努力，把少数民族曲艺工作推向新高潮。

7月16日，中国曲协组织“送欢笑下基层”小分队赴省黔东南凯里市慰问。第四届少数民族曲艺展演对继承、弘扬、繁荣、发展少数民族曲艺艺术，促进各民族曲艺交流、促进各民族之间的了解和团结发挥出积极作用。每三年一届的全国少数民族曲艺展演已经成为各少数民族曲艺工作者的盛会。

【“东方朔杯”第四届全国少儿曲艺大赛】

8月7日晚，“东方朔杯”第四届全国少儿曲艺大赛颁奖晚会在中央电视台进行。顾秀莲、胡振民、冯远以及姜昆、林青、梁鸿鹰、李挺、黄敞钧、刁惠香、李小红、马俊昀等亲临颁奖晚会现场并为获奖的小选手们颁奖。

8月5～6日，由中国曲协、全国少工委办公室、中央电视台少儿频道共同主办、中共山东省陵县县委、陵县人民政府协办的“东方朔杯”第四届全国少儿曲艺大赛在中央电视台进行了6场比赛和1场颁奖晚会的录制。“十一”长假7天，中央电视台少儿频道将在每晚黄金时间播出大赛实况，向全国的电视观众展现少儿曲艺演员的精彩表演。此次大赛继续贯彻“培育曲艺新苗，发现曲艺新人，弘扬曲艺艺术，推动少儿曲艺发展，打造全国少儿曲艺大赛品牌”的宗旨，在中宣部和中国文联领导的热心关怀和大力支持下，来自全国20多个省区市的曲艺小演员以自己的精彩表现打动了观众，也折服了评委。通过评委打分和评委会最终认定，由辽宁曲协选送的数来宝《看妈》等7个节目获得一等奖，由四川曲协选送的谐剧《环保监督员》等15个节目获得二等奖，由湖北曲协选送的公安说鼓子《爷爷和孙吖》等27个节目获得三等奖，相声短剧《桶治地球》的表演者戴逸辰等7位小演员获得新苗奖，单口相声《未来球星》等10个节目的指导教师获得园丁奖，由广东曲协选送的小品《猫鼠情》等15个充满童趣和恣意想象力的作品获得大赛作品奖，北京曲艺家协会等15个省市曲协获得组织奖。全国少儿曲艺大赛已经成为少儿曲艺展示的舞台，曲艺知识普及的讲台和曲艺创新交流的平台。

【第六届中国曲艺牡丹奖评奖颁奖活动】

从6月5日至7月25日，第六届中国曲艺牡丹奖经过初评，157个节目分别进入4个分赛区进行比赛。经过浙江鄞州、山西长治、江苏无锡、安徽合肥4个分赛区17场比赛以及少数民族曲艺展演3场比赛的激烈竞争，最终有28个节目、42名演员、21篇作品、26名新人进入了牡丹奖终评，经终评委评选最终评出本届牡丹奖最终结果。

10月23～25日，由中国文联、中国曲协、中共江苏省委宣传部、江苏省文联共同主办的第六届中国曲艺牡丹奖颁奖系列活动在江苏南京隆重举行。中共江苏省委书记梁保华，中国文联党组书记、副主席胡振民，原全国人大常委会副委员长热地，江苏省省长罗志军、省政协主席张连珍，原文化部部长王蒙，中国文联党组成员、副主席冯远，中国文联副主席白淑湘、吴雁泽、陈晓光等出席了颁奖晚会。胡振民、梁保华、罗志军共同启动颁奖晚会。胡振民宣布颁奖晚会开幕。中国文联副主席、中国曲协主席刘兰芳，江苏省委常委、宣传部部长杨新力分别致辞。颁奖晚会高潮迭起，笑声不断，令人回味无穷的同时也让大家对下一届牡丹奖寄予更多期待。

24日下午，第六届中国曲艺牡丹奖获奖曲目——“欢笑在鼓楼”为民服务演出在山西路市民广场举行。第六届中国曲艺牡丹奖从5月份启动以来，历时半年时间，经过5个分赛区的比赛和评选工作以及在南京成功举办的颁奖盛典，画上了圆满的句号。牡丹奖在推新人、出新作、推动曲艺事业发展中的作用日益显现，牡丹奖的社会关注度和影响力日益扩大，牡丹奖作为国家级的艺术大奖也将在规范化、科学化、品牌化方面不断总结和更好地发展。

【“长江颂”全国曲艺作品征集活动】

10月31日，由中国曲协和江苏省张家港市人民政府等单位共同主办的“长江颂”全国曲艺作品征集活动圆满结束，在张家港市举行了隆重的获奖作品颁奖仪式。中国曲协分党组书记、副主席姜昆，中国曲协副主席、江苏曲协主席盛小云，中国曲协秘书长刁惠香，江苏文联党组书记、副主席王慧芬，著名曲艺家、征文活动评委会主任李立山，张家港市委市政府有关领导出席颁奖仪式并为获奖者颁奖。本次“长江颂”全国曲艺作品征文活动共收到全国18个省、自治区、直辖市报送的曲艺作品217篇。最终评选出最佳作品3篇、优秀作品10篇、入选作品30篇。从活动中，发现了一批优秀人才和优秀作品，收到了预期的效果，达到了相互促进、共同发展的目标。

【“全国道德模范故事汇”启动仪式暨在京巡演活动】

10月22日晚，由中央文明办和中国文联主办，中国曲协承办“全国道德模范故事汇”启动仪式暨首场演出在北京民族文化宫大剧院隆重举行。中央文明办副主任王世明，中国文联党组成员、副主席冯远，中央文明办协调组副组长涂更新，中国曲协主席刘兰芳、分党组书记姜昆、分党组副书记黄啟钧、秘书长刁惠香等领导出席启动仪式。王世明和姜昆共同启动仪式并讲话。首场演出邀请曲艺界名家新秀，运用讲故事的艺术形式，向全国观众讲述了从第二届全国道德模范中选取的7个道德模范的先进事迹。田连元、黄晓娟、杨鲁平、王池良、谭敏、赵阳、童瑶、张蕊、叶子、金阳、王海燕和刘兰芳、姜昆、常贵田、牛群、巩汉林、赵炎参加演出。

12月18～21日，“全国道德模范故事汇”巡演活动在北京成功举行。思想性与艺术性完美结合的10场演出给首都部队官兵、高校师生、社区居民、企业员工送去了一场场丰盛的精神盛宴，道德模范的高尚精神在曲艺家们倾情演绎下感动了京城万名观众。中国文联党组书记、副主席胡振民，中央文明办专职副主任王世明出席观看了北京大学专场演出。演出结束后，中央文明办、中国曲协立即召开座谈会，演员、观众代表和有关领导60余人参加。12月19日，中央电视台《新闻联播》对活动进行了报道，中央电视台12频道《道德观察》栏目进行了专题宣传；12月24日，《光明日报》以《道德春风沐京城——“全国道德模范故事汇”在京巡演记》为题进行了整版报道。《人民日报》、新华社、中央人民广播电台、《解放军报》、《中国艺术报》、人民网、中央文明网等十几家媒体从不同角度对巡演活动进行了宣传报道，各大网站对巡演活动的新闻和视频进行了约计22300余篇次转载，在社会上引起强烈反响。

【首届“南山杯”全国曲艺新人新作展演活动】

11月24～26日，由中国曲协、广东省曲协、深圳市南山区文化局主办，深圳市曲协承办的首届“南山杯”全国曲艺新人新作展演活动在深圳市蛇口影剧院举行。中国文联副主席、中国曲协主席刘兰芳，中国曲协分党组书记姜昆、副书记黄启钧、秘书长刁惠香以及评委中国曲协副主席、广东曲协主席李时成，李金斗、王晓、王宏、杨子春参加此次展演活动。最终12个节目获最佳表演，6个节目获最佳作品，11个节目获优秀表演。26日晚举行颁奖晚会。南山杯”全国曲艺新人新作展演活动提升了曲艺在当地的知名度，对推动曲艺事业的发展起到了重要作用。

【第三届中部六省曲艺大赛】

12月18日，由中国曲协、湖南省文联与湖南、湖北、江西、山西、河南、安徽六省曲协联合主办，湖南省曲协承办的“九华吉利杯”第三届中部六省（湘鄂赣晋豫皖）曲艺大赛在湖南湘潭举办。来自六省的13个曲种、25个节目、60多名曲艺演员参加了比赛。经过2场演出展示，常德丝弦《乡嫂骂夫》、小品《防弹背心》、潞安大鼓《新编〈珍珠倒卷帘〉》获得特等奖，漳河大鼓《一篮金水柑》等10个节目获得一等奖，小品《和谐一家亲》等12个节目获得二等奖。此次大赛的参赛节目大多是新创和原创节目，节目内容贴近生活，表现形式生动活泼，无论是思想性和创新性，还是艺术性和欣赏性都较前两届大赛有了很大的提高。

慰问演出

【中国文联、中国曲协“送欢乐、下基层”活动】

1月12日，中国文联、中国曲协、中共利川市委、市政府共同主办举行“送欢乐、下基层”走进利川慰问演出活动。中国文联副主席、中国曲协主席刘兰芳，中国曲协分党组书记、副主席姜昆，中国曲协分党组副书记黄啟钧率鞠萍、戴志诚、赵津生、刘全和、刘全利、奇志、张伟、陆鸣、许勇、刘佳妹、韩曦等中青年艺术家，为近千名观众奉献了一场精彩的演出。

1月29日，中国文联、中国曲协“送欢乐、下基层”小分队走进了河北沧县和大港油田南部油区。“送欢乐、下基层”小分队的艺术家们和河北省演员一起，用精彩的演出为沧县父老乡亲和大港油田的石油工人们送去了艺术的享受和新春的问候。中国文联党组成员、副主席冯远，中国文联副主席、中国曲协主席刘兰芳，中国曲协分党组书记、副主席姜昆和分党组副书记黄啟钧出席。

12月29日，由中国文联、中国曲协、福建文联主办的“送欢乐、下基层”慰问活动在福建省南安市举行。中国文联副主席、中国曲协主席刘兰芳，中国文联党组成员、书记处书记夏潮，中国曲协分党组书记董耀鹏、副主席姜昆、分党组副书记黄启钧、秘书长刁惠香带领相声名家牛群、戴志诚、常贵田、王佩元，以及韩延文、焦建东、石磊、王彤、随风、张露曦、朱韶宇、刘佳妹等在南安市举行了两场慰问演出。福建省委宣传部副部长马照南，福建省文联副主席、党组成员罗训涌，泉州市委常委、南安市委书记骆国清等南安市领导和当地近万名群众现场观看了演出。

【中国曲协“送欢笑到基层”活动】

2月12日，中国曲协在中组部老干部活动中心礼堂举行了“送欢笑”慰问演出。中共中央政治局委员、中央书记处书记、中组部部长李源潮，中国文联党组书记、副主席胡振民，中组部常务副部长沈跃跃，中组部副部长、机关党委书记李建华，中组部副部长、人力资源和社会保障部副部长李智勇，中组部副部长、中央党史研究室主任欧阳淞，中组部副部长张纪南、王尔乘，中国文联党组成员、副主席冯远，中国文联党组成员、书记处书记廖奔、中国文联人事部主任刘漪艳等领导共同观看了演出。中国曲协分党组书记、驻会副主席姜昆，副主席冯巩、盛小云，分党组副书记黄敌钧，分党组成员、秘书长刁惠香率牛群、鞠萍、戴志诚、赵津生、闫学晶、邵峰、种玉杰、温淑萍、孙忠宏、孙晓丽、朱少宇、张露曦等中青年艺术家，为中组部领导、离退休老同志和机关干部等近千人奉献了一场精彩的演出。

12月6日，中国曲协“送欢笑”小分队在中国曲协分党组书记、副主席姜昆，分党组副书记黄敌钧，分党组成员、秘书长刁惠香的带领下来到了浙江省杭州市，把欢笑送给萧山人民。本次活动由中国曲协、浙江省文联、杭州市萧山区人民政府主办，浙江省曲协、杭州市萧山区文化广电新闻出版局承办。

【参加中国文联组织的“送欢乐下基层”慰问团走进陇南武都活动】

4月13～15日，由中国文联、中国剧协、中国曲协共同组织的“送欢乐下基层”慰问团赴对口扶贫地区甘肃省陇南市武都区进行慰问演出。中国文联党组成员、副主席冯远，中国文联副主席、中国曲协主席刘兰芳，中国曲协分党组书记、副主席姜昆，中国剧协主席尚长荣带领吴京安、戴志诚、张保和、于兰、刘全和、刘全利、边霄、李娟、王新仓、刘建扬、谷好好、高侠等众多曾获得戏剧梅花奖和曲艺牡丹奖的艺术家为甘肃省陇南市的广大群众送上了精彩演出和真挚问候，冯远、刘兰芳、尚长荣代表中国文联和参加此次慰问演出的艺术家向武都区捐赠了22万元慰问金。这次慰问演出不仅给陇南市带来了一场“文化盛宴”，更让陇南人民感受到了艺术家们的深情厚谊。

采风创作

【曲艺家赴革命圣地井冈山、延安、遵义、韶山等地采风创作】

为贯彻落实中宣部重要指示精神，深入挖掘红色资源的思想内涵，继承和发扬光荣的革命传统，创作出一批弘扬民族精神和时代精神，体现社会主义核心价值的文艺精品力作。

4月6～11日，中国文联、中国曲协组织一批优秀曲艺家深入到南昌、井冈山地区进行采风创作活动。在江西省委宣传部、江西省文联以及吉安市和井冈山地区领导的高度重视和周密安排下，采风创作活动既内容丰富又生动充实。曲艺家们通过参观访问、交流座谈、互动学习等，共同追溯红色记忆，坚定革命信念，激发创作灵感，采风活动取得丰硕成果。采风创作活动由中国曲协分党组书记、副主席姜昆带队，中国曲协副主席郭刚任副团长，中国曲协分党组成员、秘书长刁惠香以及巩汉林、杨子春、牛群、焦随东、张保和、孙晨、董怀义、胡磊蕾等一行16人参加采风活动。期间，采风团分别与江西省文艺界人士、吉安地区曲艺工作者和井冈山斗争史研究专家举行了4次座谈会，参观了12处革命博物馆、战斗遗址等爱国主义和革命传统教育基地，极大地激发了曲艺家的创作热情，每一位成员都对下一步的创作方向提出了思路和具体想法，大家还就素材的提炼、人物的处理、情感的把握以及主题的表现等问题进行了深入的交流和探讨。

5月14～19日，中国曲协组织采风团赴延安进行为期6天的采风创作活动和一场中国曲协送欢笑走进吴起演出。中国曲协主席刘兰芳带队，郭刚、李时成、黄敌钧、孙立生、张保和、全维润、范大宇、杨妤婕、焦桂英等一行10余人参加了本次采风活动。采风团先后召开一次座谈会、两次创作交流会和一场报告会，深入了解了延安市发展概况、延安市曲艺馆发展情况、当地特色曲种陕北说书的传承发展情况、地区民间艺人的生存状况等多方面的信息。18日清晨，在采风活动接近尾声的时候，采风团全体成员在陕西省曲协主席叶锦玉、延安市曲协主席韩应莲的陪同下，徒步登上山顶，拜祭原中国曲协副主席、一代陕北说书大师韩起祥先生墓。

10月28日至11月2日，中国文联和中国曲协组织曲艺家到遵义开展采风创作活动。采风团由中国文联副主席、中国曲协主席刘兰芳任团长，籍薇、黄敌钧、孙立生、崔琦、柴京海、潘卫炎、王云根、洪霞、尹琪等一行14人参加了此次采风创作活动。贵州省文联党组书记、副主席李碧川和贵州省文联党组副书记、副主席刘世杰会见了采风团全体成员。采风团参观了著名纪念场馆，同遵义的党史专家和文艺工作者进行了座谈、建立了友谊、积累了素材、收获了丰硕成果。崔琦根据女红军王泉媛的故事连夜写出了梅花大鼓《一双布鞋》。

11 月 9 ～ 12 日，中国曲协组织采风赴韶山采风。采风团在中国曲协分党组书记姜昆、副主席郭刚、秘书长刁惠香带领下，凭吊了毛主席像，参观了毛泽东纪念馆、遗物馆、故居、滴水洞等纪念地，赵福玉、白云海、全维润、阴军和大兵、周卫星、刘俊生、李迪辉、曹曙光等参加了此次采风活动。通过采风，曲艺家们对“韶山精神”有了深刻认识和理解，在作品研讨会上，大家纷纷对自己准备下一步创作的节目提出了明确的创作方向，大家表示：通过采风，升华了对伟人的朴素情感，是一次难得的学习教育机会，到韶山采风是一次朝圣之旅、学习之旅，更是心灵之旅、思想之旅，在韶山精神的感召下涌出的创作冲动，一定会让大家创作出优秀的曲艺作品，为中国共产党成立 90 周年献礼。

重要会议

【召开纪念“三八”国际劳动妇女节座谈会】

3 月 8 日，中国曲协召开纪念“三八”国际劳动妇女节座谈会，以座谈的形式共同迎接第 100 个国际妇女节的到来。中国文联副主席、中国曲协主席刘兰芳，中国曲协分党组副书记黄敢钧，分党组成员、秘书长刁惠香出席了会议。黄敢钧代表分党组向全体女同志致以节日的问候，他充分肯定了妇女同志在曲协发展与建设中作出的贡献和成绩，并对大家的辛勤付出表示衷心的感谢。刘兰芳利用全国政协会议间隙专程赶来，并结合胡锦涛总书记在纪念“三八”国际劳动妇女节 100 周年大会上的讲话谈了体会。随着国家社会经济的快速发展，妇女的地位也不断提高，党和国家为女同志提供了广阔的发展空间，大家纷纷表示要立足岗位，以主人翁的姿态和奋发有为的进取精神，为协会的发展献计献策，努力工作。刁惠香在总结中希望女同志在工作中，充分发挥半边天的作用，为曲艺事业又好又快发展作出更大的贡献。

【曲艺界传达贯彻中央领导同志批示精神座谈会】

3 月 9 日下午，中国曲协在京组织召开曲艺界座谈会，传达和学习贯彻李长春、刘云山同志重要批示精神，探讨曲艺出人才、出精品，繁荣发展文化事业的任务和方向。座谈会由中国文联副主席、中国曲艺家协会主席刘兰芳主持。中国曲艺家协会分党组书记、副主席姜昆首先介绍了中央宣传部《文艺信息》第 14 期《2009 年曲艺创作演出情况综述》内容，并传达了李长春、刘云山等中央领导同志重要批示精神。在京参加“两会”的曲艺界全国人大代表和政协委员，曲协部分在京理事，北京周末相声俱乐部、嘻哈包袱铺等曲艺小剧场代表等近 50 位与会同志结合批示精神，从曲艺工作者所肩负的神圣使命和历史职责出发，立足于曲艺艺术发展的现状，深入思考曲艺传承与创新的途径，畅谈感想和体会。中国曲协分党组副书记黄启钧，分党组成员、秘书长刁惠香，东城区文委书记牟玉宪、副主任张志勇以及曲协各部门负责同志出席了座谈会。冯巩、盛小云、马小平等代表委员先后发言，姜昆对座谈会进行了小结。大家表示，在社会主义文化建设新高潮兴起的大背景下，新年伊始，李长春、刘云山对曲艺界作出重要批示，这是曲艺界的一件喜事，也是曲艺事业发展进程中的一件大事，充分体现了党中央对曲艺界和曲艺事业的高度重视、亲切关怀和殷切期望。领导同志的批示为广大曲艺工作者进一步指明了方向，同时也向我们提出了新的任务和更高的要求。我们在新的历史时期要怎样推动曲艺发展，如何在社会主义文化建设中发挥更大作用，有了更加明确的目标和更加清晰的思路。

【东北三省二人转文化论坛】

9 月 13 日，由中国曲协和吉林省文联共同主办，吉林省二人转艺术家协会协办，中共梨树县委、县政府承办的东北三省二人转文化论坛在吉林省梨树县举行。中国曲协分党组书记、副主席姜昆，吉林省文联党组书记、副主席杨廷玉，中国曲协副主席、辽宁文联副主席崔凯，中国曲协分党组副书记黄敔钧，分党组成员、秘书长刁惠香，吉林省四平市委常委、宣传部部长张智慧等领导以及来自北京、吉林、黑龙江和辽宁的曲艺家和专家学者百余人参加了论坛。论坛中既有来自各高等院校、研究机构关注东北二人转艺术生存发展的专家学者，也有许多从事二人转艺术实践的表演艺术家、作家和作曲家。与会人员围绕二人转艺术的当代特征、现代传媒下二人转的现状和嬗变、二人转的雅俗之辩、二人转的非物质文化遗产保护与传承等论题，就具有300年历史的二人转的现状和今后的发展，从不同角度展开了热烈的交流和深入的探讨。研讨活动进一步理清了东北二人转的本体和当代特征，探讨了多元文化格局下二人转文化精神和发展方向，姜昆表示，这次会议将是二人转艺术一次划时代的会议，可能会为未来二人转的发展提供契机，起到引领作用。论坛期间，与会代表还分别观看了梨树县地方戏曲剧团和梨树县各民间二人转艺术团表演的精彩二人转节目，领略到两种不同类型二人转的风采。

【召开中国评书评话博物馆筹建工作会议】

9月7～8日，中国评书评话博物馆筹建工作会在江苏省泰州市举行。中国曲协分党组成员、秘书长刁惠香，泰州市委常委、宣传部长缪志红，泰州市政府副秘书长、旅游局长刘宁出席了会议，来自全国各地20多位评书评话艺术家、学者云集泰州，为筹建中国评书评话博物馆建言献策。会上，来自北京、四川、江苏、福建等地的评书评话艺术家和学者纷纷发言，大家对建立中国评书、评话博物馆的意义给予了充分肯定。王丽堂、袁田、连丽如、刘立人、戴宏森、彭俐、徐勍、常祥霖等先后发言，就建馆、布馆中的具体问题提出建议。

【举行郭刚获奖作品研讨会】

12月15日，由中国曲协与宁夏回族自治区文联共同主办的郭刚获奖作品研讨会在美丽的塞上湖城银川举行。来自全国的著名曲艺家们汇聚一堂，探讨中国曲艺牡丹奖文学奖获奖作品——长篇评书《话说马鸿逵》的艺术特色、创作经验和社会价值，共商宁夏曲艺乃至西部曲艺发展大计。中国文联副主席、中国曲协主席刘兰芳，中国文联机关服务中心主任张显，宁夏回族自治区党委宣传部副部长尤艳茹，宁夏文联党组书记、主席郑歌平，中国曲协分党组副书记黄敔钧等出席了研讨会。中国曲协分党组成员、秘书长刁惠香主持会议。“古今中外故事会，悲欢离合是与非。茶余饭后遛遛嘴，说说宁夏马鸿逵。”中国曲协副主席、曲艺家郭刚创作的《话说马鸿逵》，是他历经30年潜心搜集资料、访问故老、精心创作、仔细打磨，从全新角度解读民国时期宁夏风云人物马鸿逵的一生，倾力打造的一部长篇评书作品。作品在宁夏广电总台交通台热播历时半年，受到听众广泛好评，一时间成为宁夏街头巷议的话题。2010年，《话说马鸿逵》荣获全国曲艺专业类最高奖——第六届中国曲艺牡丹奖文学奖。研讨会上，大家不仅就《话说马鸿逵》作品本身展开了热烈的交流和充分的探讨，并对评书创作、宁夏曲艺的发展提出了许多积极的建议和意见。

对外交流

【首届“巴黎中国曲艺节”】

5月28～30日，由中国曲协和巴黎中国文化中心共同主办的首届“巴黎中国曲艺节”在巴黎中国文化中心和联合国教科文组织一号大厅隆重举行。由中国文联副主席中国曲协主席刘兰芳，中国曲协分党组书记、副主席姜昆带领的中国曲艺界代表一行44人参加了本次活动。连续3天的演出盛况，不仅让无数旅法华侨华人为传统曲艺所倾倒，也使一大批法国观众被中华曲艺的独特魅力深深吸引。“巴黎中国曲艺节”是中国曲艺首次在境外举行的大规模艺术节，也是迄今为止中国曲艺艺术在欧洲地区规模最大一次的展示，活动旨在向西方观众全面、系统地展示中国传统曲艺，对于中华曲艺“走出去”具有重要的开创性意义。曲艺节汇聚了我国10余个省区市单位的老中青艺术家，展演内容涵盖了21个曲种，其中许多曲种被列为国家级非物质文化遗产项目，参加演出的艺术家刘兰芳、朱晓玲、姚忠贤、彭延坤、张徐等均是国家级非物质文化遗产曲艺项目传承人。两天3场精彩角逐之后，经过3位外籍专家严格讨论和认真评选，由老艺术家王振义、刘凤鸣表演的沧州木板大鼓《贾宝玉夜探潇湘馆》获得巴黎中国曲艺节的最高奖项卢浮金奖，盛小云表演的苏州评弹《啼笑姻缘——遇凤》，陆建荣表演的扬州评话《武松打虎》等5个节目获得银奖。首届巴黎中国曲艺节得到驻法各大新闻媒体的极大关注，中央电视台、新华社、凤凰卫视、中国国际广播电台等媒体均派出了摄制组给予高密度报道，《人民日报》、《文汇报》、《欧洲时报》等也纷纷派出记者前往采访报道。首届巴黎中国曲艺节的成功举办意义深远，它不仅标志着中国曲协又一重大外事活动品牌的确立，也为中国传统艺术在西方的传播提供了一个重要平台。巴黎中国曲艺节是中国曲协外事工作主动性和创造性不断增强的开创性成果。

中国舞蹈家协会

综　述

2010年是实施国家“十一五”时期文化发展计划纲要的最后一年，这意味着既要静待花开，验收5年计划纲要落实情况；又要手搭凉棚，展望下一个中长期发展目标。在这承上启下的一年里，中国舞协在中宣部和中国文联的有力指导下，深入贯彻落实党的十七大精神，坚持用科学发展观统领舞蹈工作和舞协工作，认真履行联络协调服务基本职能，团结和动员广大舞蹈家和舞蹈工作者，明确思路，突出重点，进一步解放思想、砥砺奋进，圆满完成了各项任务和年初既定的工作计划。

会议与活动

【中国舞蹈家协会第九次全国代表大会】

12月1～3日，中国舞蹈家协会第九次全国代表大会在京召开。来自全国各省、自治区、直辖市和新疆生产建设兵团、解放军及武警部队、中央国家机关、中直院团等单位以及港澳地区的220余名舞蹈工作者代表参加了会议。中共中央政治局委员、中央书记处书记、中宣部部长刘云山出席会议并做重要讲话。大会审议通过了中国舞协分党组书记、副主席冯双白代表中国舞协第八届理事会所做的工作报告《求真务实　开拓进取　推动中国舞蹈事业大发展大繁荣》，回顾了第八次舞代会以来的工作并对未来5年工作提出构想。大会还修改了《中国舞蹈家协会章程》，选举产生了由123人组成的新一届理事会和由13人组成的新一届主席团。赵汝蘅当选为中国舞协第九届主席。大会对5年来舞蹈界取得的成绩给予充分肯定：舞蹈创作精品意识不断加强，佳作层出不穷，舞蹈表演人才辈出；中央及地方舞蹈院团在文化体制改革大潮中勇于担当，群众舞蹈蓬勃兴盛；对外舞蹈文化交流非常活跃，中国舞者在世界大赛中屡获佳绩；各个舞种长足进步，民族舞蹈传统得到了发扬光大，舞蹈的非物质文化遗产项目受到前所未有的关注。

【红色经典系列采风活动】

2010年，舞蹈界积极配合党和国家的重大决策和部署，充分发挥舞蹈艺术自身特性和优势，精心组织一系列有影响、有特色的主题活动。为迎接辛亥革命100周年和中国共产党建党90周年，中国文联、中国舞协精心组织策划了“红色经典·舞动中国”系列舞蹈创作采风活动。

5月4日至6月13日，由著名舞蹈表演艺术家贾作光、白淑湘和著名编剧、舞蹈理论家冯双白牵头，率领全国著名的舞蹈编导家张继钢、陈维亚、左青、赵明、丁伟等组成的明星创作班底赴根据地采风，参与其间的舞蹈艺术家多达552名，先后赴西柏坡、遵义、井冈山、韶山、延安，行程过万公里。艺术家们在采风创作中受到了精神洗礼，收获了红色感动，个人情感与社会生活碰撞出全新的创作火花，为今后红色经典的创作奠定了坚实基础。

【中华舞蹈爱心行动】

4月20日晚，“情系玉树，大爱无疆——抗震救灾大型募捐活动特别节目”在中央电视台举行。中国舞协在中国文联的领导下对此做出迅速反应，组织许多舞蹈家赶赴现场踊跃捐款。同时，中国舞协启动了“中华舞蹈爱心行动”，第一时间发出“舞蹈人帮助舞蹈人”的号召，实施点对点援助，

6月15日，中国舞协在京举办了“中华舞蹈爱心行动向玉树受灾歌舞团捐赠仪式暨与藏族同胞共度端午”活动。捐赠款项15.53万元以及价

值16万元的物品，将全部用于玉树土风歌舞团和玉树民族歌舞团的重建工作。舞蹈艺术家们也创作出大型舞剧《大北川》和音画舞蹈诗《天域天堂》，向社会各界表达了深深谢意。

【文艺援疆行动正式启动】

“四个一批”人才工程是中宣部加强全国宣传文化系统高层次人才队伍建设的重要举措。2月2日，由中国舞协主办的新疆维吾尔族舞蹈基训标准论证会在京召开。本次论证会验证的是中国舞协副主席迪丽娜尔入选“四个一批”人才培养计划后正式确立的首项工作——以推广老一辈艺术家阿吉热合曼的舞蹈训练体系为出发点，挖掘整理维吾尔族传统舞蹈遗产，进而推进新疆少数民族舞蹈可持续性发展。中国舞协积极联系北京的艺术院校与一批新疆杰出的舞蹈家合作，计划设立实验班，进一步规范、探索维吾尔族舞蹈教学。

【新农村少儿舞蹈美育工程】

8月18日，中国舞协主办的以“走进北京，走进中国文艺家之家”为主题的“新农村少儿舞蹈美育工程民族舞蹈交流展演”在中国文联大楼4层报告厅举行。作为首届农民艺术节和第四届中国舞蹈节的重要内容，集中展示了“新农村少儿舞蹈美育工程”阶段性成果。“新农村少儿舞蹈美育工程”已活跃在全国3000多个基层农村学校，5808名农村基层教师接受了舞蹈培训，覆盖了全国基层村镇，成为舞蹈界最重要的文化惠民项目。

【百姓健康舞】

“百姓健康舞”借鉴国际先进的舞蹈治疗理念，实实在在地把“百姓”当作工作中心，切实关注老年人精神健康和身体健康，是文化惠民工程的重要内容之一。中国舞协以广大中老年朋友为对象，以社区为舞蹈普及活动为平台，把舞蹈活动与日常调养保健结合起来促进身心健康，大力推广“百姓健康舞”。10月21日，在大连星海广场展演了由中国舞协推广的“百姓健康舞”，展演队伍由来自大连市内四区的居民组成，全部参演人员超过2000人。活动同时在北京海淀区、山西太原等地进行试点。“百姓健康舞”活动在广大群众中迅速展开，显现出蓬勃生机，深受欢迎和喜爱，产生了良好的社会影响。

【“送欢乐、下基层”胶州行】

“送欢乐、下基层”是中国文联党组创立的重大品牌。其宗旨是积极贯彻落实党的“三贴近”文艺方针，激发艺术家们树立强烈的社会责任感和奉献精神，用文艺的方式把和谐社会的欢乐送到最基层。

1月21～22日，由中国文联、中共青岛市委宣传部主办，中国舞协等单位承办的“送欢乐、下基层”胶州行文艺演出活动在山东胶州市举行。短短的几天时间里，在胶州所属9处基层场地开展了13项“送欢乐、下基层”活动，为年节前的胶州城乡带来了欢快热烈的喜庆气氛，把平日里只能在电视中看到的文艺精品送到了胶州百姓的眼前。此次慰问活动得到了央视等媒体的重视，《焦点访谈》栏目记者前往拍摄报道，并于2月16日农历大年初三播出专题片。

品牌赛事与展演

【第七届中国舞蹈“荷花奖”当代舞、现代舞比赛】

7月12日，第七届中国舞蹈“荷花奖”当代舞，现代舞比赛初评在北京举行。本次比赛得到了全国各地院团、院校积极热烈的响应。共有来自26个省、自治区、直辖市的185个作品报名参赛，最终有20个现代舞作品、40个当代舞作品入围半决赛。本次参赛作品在一定程度上代表了我国近3年来现当代舞的最高水平，作品整体水平较以往有了较大提高。9月10～15日，由中国文联、中国舞协主办，内蒙古鄂尔多斯市人民政府承办的第七届中国舞蹈“荷花奖”当代舞、现代舞大赛在内蒙古鄂尔多斯市举行。这是中国舞蹈“荷花奖”第一次把当代舞和现代舞两个舞种拿出来独立组织比赛。

【第七届中国舞蹈“荷花奖”校园舞蹈大赛】

7月21～27日，由中国文联、青岛市人民政府和中国舞协主办的第七届中国舞蹈“荷花奖”校园舞蹈大赛在青岛举办。大赛鼓励学生自主参与舞蹈作品的创作，重视编导的第一创作和演员的二度创作。本次大赛许多作品思想内容和主题立意具有鲜明的主旋律特征，革命历史题材和以历史为表现内容的作品成为一道明亮的主线。在26日举办的“全国校园舞蹈理论研讨会”上，冯双白旗帜鲜明地指出，校园舞蹈大赛宗旨就是要打破宝塔式的舞蹈教育培养模式，摆脱锦标主义、功利思想，大力推广舞蹈素质教育，注重校园舞蹈基础文化建设，让在校青年最大程度地接受到舞蹈美育。

【第二届中国秧歌节】

5月21～23日，由中国文联、中共山东省委宣传部、青岛市人民政府主办，中国舞协、中共青岛市委宣传部、胶州市人民政府承办的“第二届中国秧歌节”在山东省胶州市“中国秧歌城”举行。本届秧歌节以“秧歌舞九州”为主题，活动内容包括大型开幕式文艺演出、全国优秀秧歌展演、大型秧歌踩街活动、中国秧歌艺术继承发展高峰论坛、评选“魅力家园·中国秧歌之乡”等，为国家级非物质文化遗产名录中的优秀民间歌舞提供了高端演示舞台。

【第二届中国民族民间舞盛典】

5月28日，中国舞协等多家单位主办的第10届“相约北京”联欢活动闭幕式暨联合国教科文组织文化多样性节闭幕式——“第二届中国民族民间歌舞盛典”展演在北京展览馆剧场演出。“盛典”旨在宣传优秀中华民族文化，引导全世界、全中国人民对中国民族民间本土文化的正确理解和认识。展演按照地理区域划分出几大版块，汇集了来自全国各地各民族的民间及专业表演团队共29个经典作品，集中、全面、多元地展示了中华民族优秀灿烂的民族民间舞蹈、音乐、民俗等文化。

【中国·宁夏第二届回族舞蹈展演】

10月13～15日，由中国舞协、宁夏回族自治区党委宣传部、宁夏回族自治区文联共同主办的2010“中国·宁夏第二届回族舞蹈展演”在银川举行。来自宁夏、青海、甘肃、新疆等9个省区的30个回族舞蹈作品进入决赛。展演打造了一个促进回族舞蹈发展、增进回族文化交流的平台，有利于改善多年来回族舞蹈薄弱的情况，推动回族文化事业的发展。在同期举行的回族舞蹈理论研讨会上，专家们对回族舞蹈的艺术创作等问题做了进一步的讨论。

【第三届中国花鼓灯歌舞节】

10月17日，由中国非物质文化遗产保护中心、中国舞协、安徽省文化厅、中共蚌埠市委、蚌埠市政府共同主办的第三届“中国花鼓灯歌舞节”在安徽省蚌埠市举行。大型歌舞诗报告《大河之约》，向与会领导和嘉宾全方位展示了花鼓灯在民间的传承，“中国花鼓第一村”——禹会区冯嘴子村的民俗活动“抵灯”深深感染了在场的专家。在随后举办的中国花鼓灯高端学术研讨会上，大家充分肯定了花鼓灯保护所取得的成绩，围绕如何做好花鼓灯的传承和申遗工作进行了研讨。

【拓展规范中国舞蹈考级】

由中国舞协社会舞蹈教育委员会牵头，中国舞协考级中心全力推进舞蹈考级工作，积极向社会推荐质量高、理念新、效果好的舞蹈教材，并将教材完全交给地方协会操作，在地方舞协实现社会效益和经济效益双赢的同时，中国舞协也提高了社会舞蹈教育机构的教学质量和管理水平。中国舞蹈考级已成为全国各地舞协共享的优质联动项目。截至12月上旬，考级人数达到190711人，全年开设361个教师培训班，8000多名舞蹈教师参加受训。

创作与研究

【中国民族民间舞蹈发展论坛】

5月10～13日，中国舞协主办的中国民族民间舞蹈发展论坛在广东江门市举行。舞蹈艺术家们齐聚一堂，共商民族民间舞发展大计，寻觅令中国民族舞蹈冲出世界的良方，探讨岭南舞蹈传承与发展之路。与会专家认为：中国民族民间舞才是当代中国舞蹈的真正土壤，民族民间舞作为展示中国民族形象的艺术符号，应上升到一个民族典范的高度，中国民族民间舞蹈走向世界是一个紧迫的事情。中国舞蹈走向世界，需要以民族民间舞为根，在它的滋养中积淀，变得更加有厚度、深度和广度，才能屹立世界舞蹈之林。

【陈翘从艺60周年座谈活动】

7月6日，由中国舞协和广东省委宣传部等单位共同主办的“著名舞蹈家陈翘从艺60周年”座谈活动在广州市星海音乐厅举行，来自海内外的上百名舞蹈艺术家出席了座谈会和陈翘作品专场演出。与会嘉宾充分肯定了陈翘一生所作的贡献，尤其是创立黎族舞蹈体系的功绩。

【中国舞协社会舞蹈教育委员会年会】

为适应我国社会文化发展需要，结合当前非职业舞蹈教育缺少行业管理的现状，在中国舞协分党组提议下，中国舞协于2007年成立了社会舞蹈教育委员会，以研究非职业舞蹈教育发展战略和履行行业管理宗旨，全国和省区市从事非职业舞蹈教育的机构负责人及部分教师为成员。11月12～16日、11月29日至12月2日，中国舞协社会舞蹈教育委员会会员单位年会分别于河南郑州和湖南长沙召开，共100多家会同单位的常务理事、理事、委员代表参加了会议。

【资华筠舞蹈艺术生涯60年庆祝活动】

12月16日，由中国舞协、中国艺术研究院、北京舞蹈学院联合主办的“资华筠舞蹈艺术生涯60年·荣膺中国艺术研究院首届终身研究员学术交流会暨《甲子归哺——资华筠舞蹈艺术生涯60年纪念文集》首发式”在京举行。与会嘉宾高度赞扬和评价资华筠在舞蹈艺术和研究事业中取得的多方面成就。

【傣族舞剧《金孔雀》获捐赠】

12月22日，中球冠集团捐赠200万元，用于资助傣族舞剧《金孔雀——楠蝶蒂娜》的创排。该剧以新中国培养的第一代傣族舞蹈家刀美兰的人生故事为模本创作的傣族舞剧，是中国文学艺术基金会中国文学艺术发展专项基金第二批资助项目之一。

【芭蕾舞剧《胡桃夹子》隆重首演】

12月23～26日，由中国文学艺术基金会资助、中国舞协提供支持的中央芭蕾舞团年度大戏——芭蕾舞剧《胡桃夹子》（2010中国版）在天桥剧场隆重首演。中国版《胡桃夹子》在原剧故事框架基础上，改编为2幕3场，包含了很多中国特有的文化元素。

【舞剧《舞台姐妹》通过审排】

11月12日，中国文联、中国舞协、上海市委宣传部等单位的专家及领导在沪审看了《舞台姐妹》调整和修改以后的舞蹈连排。该剧力争打造为大上海的编年史、习俗史，入围2011年上海市重点扶持文艺剧目库，为中国共产党成立90周年献礼。

对外及对港澳台地区文化交流

【海峡两岸少儿舞蹈艺术发展研讨会】

1月28日至2月1日，由中国舞协、福建省文联、厦门市思明区人民政府联合主办的“海峡两岸少儿舞蹈艺术发展研讨会”在厦门举行。大会举办了题为“海峡两岸少儿舞蹈发展趋势”专题讲座，来自海峡两岸的舞蹈家们对大陆和台湾两地少儿舞蹈艺术发展现状做了介绍、阐述和分析，对少儿舞蹈的内涵和范畴、少儿舞蹈教育的传统和经验进行了交流，对少儿舞蹈的美育功能进行了饶有趣味的深入探讨，寻求适于少儿身心健康成长的舞蹈方式。研讨会体现了海峡两岸对下一代身心健康成长的深切关爱，加强了海峡两岸舞蹈文化艺术交流。

【海峡两岸青少年舞蹈交流展演】

7月25～27日，由中国文联、青岛市人民政府、中国舞协主办的“2010海峡两岸青少年舞蹈交流展演”活动在青岛举行。本次交流展演活动的主题是“海峡两岸共舞未来”，旨在以舞蹈艺术为媒介，促进两岸青少年之间的文化交融和情感互动。台湾唐艺舞蹈团、台湾桃园引舞舞团与青岛市儿所院校、部分校园舞蹈大赛的参赛队伍开展了一系列交流活动，同台献艺，以舞会友，交流了感情，增进了友谊。展演活动被列为当年的海峡两岸重点交流项目之一。

【海峡两岸舞蹈教育现状与展望交流活动】

9月27日，中国舞协代表团应台湾体育大学舞蹈系邀请，参加在台为期6天的“舞蹈教育新视野——舞蹈治疗、海峡两岸舞蹈教育现状与展望”的交流活动。来自香港大学的专家和台湾的舞蹈治疗专家，交流了舞蹈治疗的实证经验。冯双白认为，反思社会现状，舞蹈能否为社会、为全人类提供一些帮助，也许“舞蹈治疗”不失为有效的方法，“把舞蹈还给百姓，让大家共同快乐”是“舞蹈治疗”的一个重要目标。此次交流，不仅仅是学术研讨，更是对人类精神层面的人文关怀。

【锦绣中华舞蹈晚会专场演出】

9月29日至10月6日，应美国休斯顿市政府的邀请，由中国驻美国休斯顿领事馆组织中国舞协“荷花奖”艺术团首次参加第五届美国德克萨斯州休斯顿“锦绣中华”大型舞蹈晚会专场演出。

舞协建设

【建设“四位一体”的舞蹈媒体新闻平台】

为继续整合中国舞蹈界力量，探索行业管理方式，中国舞协提出关注新兴媒体“三网合一”的发展趋势，以《舞蹈》杂志、《中国舞蹈报》、《舞蹈手机报》、中国舞协官方网为基础，探索形成“四位一体”的舞蹈新闻媒体模式，旨在凝聚人心，壮大力量，强化舞蹈资源优势，从而进一步繁荣舞蹈市场。

【健全规章制度，加强作风建设】

中国舞协在健全干部选拔制度、财务审计制度、民主决策制度、考核奖惩制度的同时，注重在内部约束与激励机制上狠下工夫，逐步完善协会内部机构与制度规章。在舞协日常工作中倡导“快乐工作、智慧工作、有效工作”等团队核心理念，初步形成了想干事、能干事、干成事的好风气。把一线出干部、从一线选干部作为一个重要导向，激发了基层干部积极进取之心。有计划、有步骤地实施了干部轮岗，鼓励和组织业务骨干参加理论及业务培训。强调工作责任心，设立“全年工作责任板”，将每一项工作落实到人，责任落实到位。

【获“中国文联文艺评论奖”奖项】

11月1日，中国舞协积极参与组织第七届全国文艺评论奖推选工作，推荐的6篇文章荣获中国文联主办的第七届“中国文联文艺评论奖”，其中一等奖1篇，三等奖5篇。

2010年，在中国文联的领导下，中国舞协上下一心，同心协力，工作生机勃勃，得到各级政府和各大艺术院团、各地舞协的大力支持，公众关注程度越来越高，中国舞协的业内领军地位日趋稳固，标志着中国舞协事业已经进入全新的发展阶段。下一步，中国舞协将充分利用现有优势，结合艺术发展规律，推进行业协调发展，“工作不止、创新不断”，不负舞蹈界的重托！

中国民间艺术家协会

综　述

2010年是中国走出国际金融危机阴影，经济企稳向好，文化事业和文化产业备受关注、加速发展的一年。《文化产业振兴规划》、《中共中央关于制定国民经济和社会发展第十二个五年规划的建议》相继颁发。《非物质文化遗产法（草案）》已提请全国人大常委会多次审议，2011年将颁布执行。随着中国综合实力的提升，文化在国家发展格局和国际竞争中居于越来越强的战略性地位，成为民族复兴和社会发展的根本结构性力量。作为中华文明的母亲文化、根文化，民间文艺也因之获得难得的历史机遇和良好的发展空间。中国民协在中国文联党组的领导下，深入学习贯彻党的十七届五中全会精神，坚持以科学发展观为指导，紧密围绕党和国家工作的中心和中国文联工作全局，从中国民间文艺事业发展的实际出发，发挥优势，顺势而为，在中国民间文化遗产抢救工程、我们的节日、中国民间文艺之乡评定、第十届山花奖评奖与对外民间文化交流等重大活动和文化建设中作出了积极贡献，取得了可喜成绩。

重大活动

【党和国家领导人视察民间艺术展厅】

2月7日春节前夕，党和国家领导人李长春、刘云山、刘延东、孙家正等亲临中国文艺家之家调研时，兴致勃勃地视察了民间艺术展厅并观看了展品。胡振民等中国文联党组领导对展品给予充分赞扬，令民间文艺工作者深受鼓舞。

【冯骥才陪同中共中央政治局常委全国政协主席贾庆林出席第二届海峡论坛大会】

6月20日，冯骥才应邀随贾庆林在厦门出席以“聚焦民生、惠泽两岸”为主题的第二届海峡论坛大会，并陪同贾庆林参加了第三届海峡两岸文化产业博览会交易会和在厦门的调研活动。

【抗震救灾大型募捐活动】

4月20日晚，按照中宣部、中国文联统一部署，冯骥才和部分民间文艺家代表全国民间文艺界参加了在中央电视台举行的“情系玉树，大爱无疆”抗震救灾大型募捐活动。中国民协分党组罗杨、向云驹、赵铁信以及副主席张锠、曹保明（委托代表参加捐款），顾问卢正佳和部分知名民间艺术家代表吕尧臣、程铖、孔炳彰、杨利平、王磊、王晓琦、张宝珍、张宏岳等出席捐赠活动。北京民协、宜兴市紫砂艺术研究院的代表也参加了捐赠晚会并踊跃捐款，表达了广大民间文艺工作者对灾区各族同胞的深情厚谊。

【抢救地震灾区文化遗产成果发布会】

5月12日，由民进中央、中国民协、中华文化学院联合四川音乐学院绵阳艺术学院、中国社会科学院民族学与人类学研究所主办的“从北川到玉树”：紧急抢救地震灾区文化遗产成果发布会在北京人民大会堂举行。会议由向云驹主持。冯骥才主席和中华文化学院副院长黄易宇，全国政协副主席、民进中央副主席罗富和出席会议并讲话。文化部副部长王文章，中国文联党组书记、副主席胡振民到会。出席会议的领导还有：中央统战部副部长楼志豪，全国政协常委、著名作家王蒙，中国文联党组副书记、副主席李牧，中国法律援助基金会副会长岳宣义，全国政协常委、中国音协名誉主席吴祖强，国家民委文宣司副司长兰智奇，中国文联理论研究室副主任刘国强，中国剧协副主席魏明伦，中国民协分党组书记罗杨，四川音乐学院党委书记柴永柏，四川音乐学院绵阳艺术学院董事长兼执行院长龚珍旭，中国民协副秘书长赵铁信、吕军，青海省文联副主席马有义，北川羌族自治县副县长徐长法，中国社科院民族学与人类学研究所书记揣振宇，中国文联出版社总编辑奚耀华等，以及来自各协办单位、出版单位、北川和玉树灾区的代表、在京专家学者及新闻单位共计200余人参加会议。会上举行了向来自灾区的北川县代表、玉树州代表捐赠《羌学文库》、《汉羌词典》、《中国唐卡艺术集成·玉树藏娘卷》仪式。

【中国民间文艺家协会成立60周年纪念大会】

6月12日，中国民协成立60周年纪念大会在京举行。全国政协副主席、中国文联主席孙家正题写贺词。中国文联名誉主席周巍峙，中国文联党组书记、副主席胡振民，党组副书记、副主席李牧，党组成员、副主席廖奔，国家民委副主任丹珠昂奔，中国文联党组成员、书记处书记白庚胜，中国民协主席冯骥才，分党组书记罗杨，中国文联国际联络部主任黄文娟，中国杂协分党组副书记邵学敏，中国民协副秘书长赵铁信、吕军以及部分主席团成员和来自全国各地的民间文艺工作者出席了纪念大会。大会由中国民协秘书长向云驹主持。李牧、冯骥才、罗杨分别在纪念大会上讲话。联合国教科文组织驻京代表处代表辛格发来贺信。中国民协副秘书长赵铁信宣读了《中国民协关于表彰中国民间文学集成先进集体及个人的决定》。33家单位获“中国民间文学集成先进集体”荣誉称号，17名个人获“中国民间文学集成特别贡献奖”，318名个人获“中国民间文学集成贡献奖”。

会议与活动

【迎新春联谊会】

1月28日，中国民协迎新春联谊会在北京老舍茶馆举行。对中国民协工作给予极大支持的在京会员和专家学者、中国文联直属单位嘉宾共300余人出席联谊活动。

【年中工作会议】

6月1日～3日，中国民协在烟台召开年中工作会议暨第五届中国民间工艺品博览会预备会议。会议围绕学习贯彻中国文联落实全国宣传部长会议精神，总结上半年工作，通报下半年任务，对中国民协工作进行安排部署。

【《中国民间文学集成·新疆卷》总结表彰大会】

7月18日，由新疆维吾尔自治区宣传部和文联主办的《中国民间文学集成·新疆卷》总结表彰大会在乌鲁木齐举行。多年来为抢救民间文学遗产做出突出贡献的编辑家、翻译家和组织工作者在会上受到表彰。来自全国各地和全疆的民间文学工作者代表参加了表彰活动。中国文联名誉主席周巍峙获新疆民间文学集成特殊贡献奖，中国民协秘书长向云驹等获贡献奖。

【“送欢乐、下基层”活动】

11月19日，由中国文联、中国民协主办的“送欢乐、下基层”慰问演出在北京市房山区良乡镇南尚岗村文体中心举行。中国文联副主席、中国曲协主席刘兰芳，中国民协分党组书记罗杨，副秘书长赵铁信，房山区委常委、宣传部长赵佳琛，房山区副区长卢国懿等和近千名群众观看了演出。

节日文化建设

【开封2010清明文化节】

4月5日，由中国文联、河南省人民政府、中国民协共同主办的中国（开封）2010清明文化节开幕式暨《清明节》特种邮票首发式在开封清明上河园举行。中国文联党组书记、副主席胡振民，中国文联党组副书记、副主席李牧，河南省委常委、宣传部部长、副省长孔玉芳，中国民协分党组书记罗杨，中国集邮总公司总经理刘燕明，开封市市长周以忠出席开幕式并讲话。胡振民宣布2010清明文化节开幕。

【“我们的节日·端午”民俗文化节】

6月14日，由中国民协、山西省文明办、长治市人民政府等主办，沁县人民政府等承办的“我们的节日·端午”民俗文化节暨第二届龙舟邀请赛在山西沁县举行。分党组书记罗杨，副主席常嗣新、副秘书长吕军以及长治市和沁县有关领导出席了文化节活动。

【第二届中国（东莞·中堂）龙舟文化节】

6月24日，由中国民协、广东省委宣传部、广东省精神文明办公室、广东省文联和民协等单位共同主办的第二届中国（东莞·中堂）龙舟文化节在中堂镇举行。中国文联副主席、中国曲协主席刘兰芳，中国民协分党组罗杨、向云驹、赵铁信，中国文联评奖办主任罗江华，广东省人大原副主任李近维，广东省文联党组书记白洁等有关方面领导及来自全国各地的龙舟代表队和专家学者出席了开幕式。来自湖北、山西、贵州、广东等地的14支龙舟队举行了风格独具的巡游展演。

【七夕风情文化节】

8月16日晚，首届中国（东莞·望牛墩）七夕风情文化节开幕式晚会在望牛墩镇文化广场举行。全国政协委员、第七届中国文联副主席仲呈祥，中国民协分党组罗杨、向云驹、赵铁信，副主席韦苏文，中国文联组联部副主任周雪静，广东省人大常委会原副主任李近维，广东省委宣传部副部长、省文明办主任顾作义，省文联党组书记白洁及东莞市、望牛墩镇有关领导出席开幕式。来自全国27个省、自治区、直辖市的37支代表队包括女红、“七夕贡案”等在内的60多件精巧民间工艺品角逐5个金奖、10个银奖和15个铜奖及若干优秀奖。

抢救工程工作

【中国（潍坊）第三届文化艺术展示交易会暨全国木版年画联展】

4月18日，由中国民协、中国出版工作者协会年画艺术委员会、中共山东省委宣传部、山东省文化厅、山东省文联、潍坊市人民政府主办的中国（潍坊）第三届文化艺术展示交易会暨全国木版年画联展在山东潍坊富华国际展览中心开幕。文化部副部长王文章，中国文联副主席、中国美协主席刘大为，国务院参事、全国政协委员、原国家质检总局副局长葛志荣，中国民协分党组书记罗杨，商务部产业损害调查局局长宋和平，中国民协秘书长向云驹，山东省委宣传部副部长徐向红，潍坊市委书记、市人大常委会主任张新起，中国出版工作者协会年画艺术委员会主任徐震时，山东省文联党组书记于钦彦等领导出席了相关活动。

【中国“女书习俗”抢救保护研讨会暨“女书文化记录工程”项目结题】

8月28日，由中国民协、湖南省文化厅、永州市人民政府等单位联合主办的中国“女书习俗”抢救保护研讨会暨“女书文化记录工程”项目结题在北京昆仑饭店举行。全国妇联副主席洪天慧，湖南省政协副主席刘晓，中国民协分党组书记罗杨、副主席刘铁梁、秘书长向云驹，文化部非物质文化遗产司司长马文辉，湖南省文化厅厅长周用金，永州市委书记黄天赐等领导与国内知名的语言学家、非遗专家董琨、戴庆厦、祁庆富、乌丙安、田青、周小璞、刘锡诚、贺学君、陶立璠、赵书以及国内外女书研究专家学者200余人参加了会议。

【大型图文集《中国古村落代表作》编纂工作座谈会】

11月13日，中国民间文化遗产抢救工程重点实施项目——大型图文集《中国古村落代表作》编纂工作座谈会在清华大学建筑学院召开。中国民协主席冯骥才，分党组书记罗杨，《中国艺术报》社长向云驹，来自建筑学、民俗学、遗产学、艺术学界的专家学者罗哲文、陈志华、宋兆麟、李耀宗、潘鲁生、李玉祥、郑一民等出席座谈会。

【中国口头文学遗产数字化工程启动】

12月30日，中国文联、文化部、中国民协在北京人民大会堂正式启动中国口头文学遗产数字化工程。中国文联名誉主席周巍峙，中国文联党组书记、副主席胡振民，中国文联党组副书记、副主席李牧，中国民协主席冯骥才，分党组书记罗杨，中国曲协副主席姜昆，中国剧协分党组书记季国平，中宣部文艺局副局长孟祥林，文化部非遗司司长马文辉，《中国艺术报》社长向云驹等领导以及刘铁梁、张锠、刘锡诚、刘魁立、杨亮才、陶立璠、段宝林等百余名专家学者出席启动仪式。

【签订“非遗”保护合作协议】

12 月 30 日，中国民协、北京大学国家软实力研究院与北京文化生态城战略合作签约仪式在中国人民对外友好协会举行。全国政协副主席郑万通和中国人民对外友好协会会长陈昊苏，中宣部秘书长官景辉，中国民协主席冯骥才，分党组书记罗杨等出席签约仪式。

艺术节、博览会与评奖

【中华情——海峡两岸民间艺术嘉年华】

1 月 31 日，由中国文联、中国民协、福建省文联主办的中华情——海峡两岸民间艺术嘉年华在福州开幕。全国政协副主席、中国文联主席孙家正出席活动并宣布中华情——海峡两岸民间艺术嘉年华开幕。来自福建、台湾、贵州、江西、河南等地的 11 支民间艺术表演队伍以踩街表演的形式献上了精彩的节目。开幕式结束后，孙家正等来到衣锦华庭尚林书院和福建省民间艺术馆，参观了海峡两岸民间收藏印石精品大赛和海峡两岸民间工艺绝技展示。

【阆中春节文化民俗活动】

2 月 1 日～4 日，中国民协、四川省文联在春节文化传承地阆中市举行红红火火的民俗活动，以此拉开春节帷幕。中国民协分党组罗杨、向云驹出席活动。

【舞钢冶铁文化节】

4 月 29 日～5 月 1 日，由中国民协、河南省文联、平顶山市人民政府共同主办的中国·舞钢冶铁文化节在河南省舞钢市举行。全国政协副主席陈宗兴，全国政协提案委员会常务副主任王国卿，分党组书记罗杨，副主席夏挽群，副秘书长赵铁信以及河南省、平顶山市和舞钢市相关部门的领导出席开幕式。

【中国鬼谷子文化节】

5 月 9 日，由中国民协、中国先秦史学会鬼谷子研究分会、河南省鹤壁市委市政府主办的首届中国鬼谷子文化节在淇县云梦山景区开幕。中国民协分党组书记罗杨，副秘书长赵铁信，副主席夏挽群等领导和来自全国各地的专家学者参加了开幕式。

【折扇艺术展】

7 月 26 日，由中国民协、国家大剧院、江苏省文联主办的“清风徐来”中国（苏州）折扇艺术展暨《怀袖雅物》大型艺术画册全球同步首发式在国家大剧院开幕。

【蔚县剪纸艺术节】

8 月 1 日～3 日，由中国文联、中国民协、中共河北省委宣传部、河北省文联、河北省文化厅、张家口市人民政府主办，蔚县县委、县政府承办的首届中国剪纸艺术节暨第 10 届山花奖·民间工艺美术奖（剪纸类）评奖活动在“中国剪纸艺术之乡”河北省蔚县开幕。

【全国农民画展】

8 月 5 日～9 日，由中国民协、宁夏回族自治区党委宣传部和宁夏文联共同主办的全国农民画展在银川市举办。来自全国 20 多个省、市、自治区农民画产地的优秀农民画家的 180 多幅代表性作品参展。

【第五届中国民间工艺品博览会】

8 月 26 日～30 日，由中国文联、中国民协主办的第五届中国民间工艺品博览会在山东省烟台市举行。中国文联党组副书记、副主席李牧，中国民协分党组书记罗杨，山东省文联主席潘鲁生，中共烟台市委副书记、市长张江汀等出席开幕式并讲话。中国民协党组向云驹、赵铁信、吕军，山东省文联副主席杨枫等参加开幕式。本届博览会参展范围涵盖全国 31 个省、市、区，并设有俄罗斯、韩国、越南、缅甸、阿富汗等部分国家的展台。这也是中国民间工艺品博览会首次在地方举办。博览会参展代表达 9000 余人，参观人数超过 26 万人次，成交额达 1.9 亿元，并签订了多项合作协议和销售合同。

【第八届中国民间艺术节】

9 月 19 日，由中国文联、山西省人民政府、中国民协主办的第八届中国民间艺术节暨第九届中国（大同）云冈文化艺术节在山西大同开幕。山西省委副书记、省长王君，中国文联党组副书记、副主席李牧，中国民协主席冯骥才，山西省委常委、常务副省长李小鹏，副省长张平，省政协副主席令政策，中国民协分党组书记罗杨，山西省文联主席李才旺、党组书记宋新柱，中国民协副主席曹保明、常嗣新、郑一民，秘书长向云驹，副秘书长赵铁信、吕军，大同市委书记丰立祥、市长耿彦波等出席开幕式。

【上海莲湘艺术节】

9月27日至10月28日，由中国民协、上海市文联和金山区人民政府等单位联合主办的首届中国莲湘文化节在上海市金山区廊下镇举行。上海市委宣传部副部长、市精神文明办主任马春雷，中国民协分党组书记罗杨，上海市文联党组书记杨益萍，金山区区长赵福禧，中国民协副主席郑一民、曹保明、林德冠，副秘书长赵铁信，金山区政协主席沈文弟，上海市文联党组副书记何麟，上海市文联副主席、上海市民协主席江明惇，金山区委常委、宣传部部长叶汝强，金山区副区长许复新，廊下镇领导等以及来自全国18个省区市民协的领导、国内专门从事民间文化研究的专家学者出席开幕式。

【第二届中国长勺鼓乐大赛暨中华鼓乐大汇演】

10月29日～31日，由中国民协、山东省文联、中共莱芜市委宣传部、中国民族打击乐学会主办的2010第二届中国长勺鼓乐大赛暨中华鼓乐大汇演在山东省莱芜市举行。中国民协副主席曹保明出席开幕式和颁奖晚会。山东省文联党组成员、纪检书记丁殿广，莱芜市委常委、宣传部长毕玉惠在开幕式上致辞，曹保明宣布大赛开幕并在长勺论鼓·民间文化论坛上做学术演讲。

【首届中国农民艺术节暨2010婺源·中国乡村文化旅游节】

11月8日～10日，由中国文联主办，中国民协、江西省旅游局、江西省文联、上饶市人民政府和婺源县人民政府承办的首届中国农民艺术节非物质文化遗产展演暨2010婺源·中国乡村文化旅游节在江西婺源举办。中国民协分党组书记罗杨，江西省文联主席刘华，中国文联国内联络部副主任周雪静，江西省旅游局局长王晓峰等有关领导出席开幕式。

【第二届中国仓颉文化节】

11月12日～14日，由中国民协、河南省文联主办的第二届中国仓颉文化节在河南省南乐县举办。文化节期间，南乐县被授予“中国仓颉文化之乡”和“中国仓颉文化研究中心”。罗杨在授牌仪式上讲话。

【第二届东方工艺美术之都博览会】

11月23日，由中国民协、江苏省委宣传部、江苏省文联主办的第二届东方工艺美术之都博览会在南京紫峰大厦开幕。江苏省委原书记陈焕友，江苏省政协副主席陈宝田，中国民协分党组书记罗杨，中国民协副主席陶思炎，江苏省委宣传部副部长司锦泉，省文联党组书记王慧芬以及专家、学者和艺术家代表等出席了开幕式。

学术研究

【清明（寒食）文化论坛】

4月4日～5日，第三届中国清明（寒食）文化论坛在山西介休绵山举行。中国民协主席冯骥才，山西省人民政府副省长张平，中国民协副主席余未人、郑一民、曹保明、常嗣新，中国民协秘书长向云驹，中华书局总经理李岩，晋中市、介休市的领导，介休三佳集团领导，以及来自全国各地和马来西亚、新加坡、印度尼西亚、泰国、越南、日本、韩国的青年民间文化研究者出席会议。

【中国艺术报·中国民间文艺专刊创刊】

5月21日，《中国艺术报·中国民间文艺（中国非物质文化遗产）》专刊创刊。专刊以展示中国民协重大活动，体现中国民协整体风貌，报道民间文艺界和非物质文化遗产领域最新动态，研讨民间文艺创作、表演、教育、理论评论等热点话题为宗旨，以关注民间文艺家的工作与生活，为中国民协会员搭建交流平台和展示园地，共同促进民间文艺事业发展为己任。

【中国奚族文化研讨】

7月9日，“中国奚族文化之乡”命名暨“中国奚族文化研究中心”授牌仪式在河北省青龙满族自治县举行。中国民协副主席郑一民，副秘书长赵铁信参加了授牌和研讨活动。

【龟兹文化艺术报告会】

7月20日，由中国民协与新疆库车县人民政府联合主办的龟兹文化艺术报告会在西域龟兹古国故地库车举行。中国民协分党组书记罗杨、副主席韦苏文，文化部中国民族民间文艺发展中心副主任刘嘉等领导，当地知名的龟兹学研究者及中国民协龟兹文化考察团共50余位专家学者、民间文艺工作者出席了报告会。

【七夕文化论坛】

8月10日～11日，由中国民协、河南省开封市人民政府联合主办的我们的节日——中国七夕文化论坛在开封举行。中国民协分党组书记罗杨，副主席夏挽群，开封市委常委、宣传部部长张勇及有关专家学者和民间文艺工作者出席论坛。会后发表了《中国七夕文化论坛（开封）宣言》。

【中国新农村新牧区文化暨民间文艺之乡建设经验交流现场会】

9月3日，由中国民协、鄂尔多斯市乌审旗人民政府等主办的中国新农村新牧区文化暨民间文艺之乡建设经验交流现场会在内蒙古乌审旗召开。中国民协分党组书记罗杨，副主席郑一民、夏挽群、曹保明，中共乌审旗委书记张平，副书记、旗长牧人等领导和来自全国21个省区市民协及民间文艺之乡的代表共147人出席了会议。

【亚鲁王文化论坛】

10月12日～13日，苗族英雄史诗《亚鲁王》文化论坛在贵州省紫云苗族布依族自治县举办。来自全国的30余位专家学者参加了文化论坛。中国民协副主席余未人、杨继国参加了研讨。中国民协副秘书长吕军在文化论坛上致辞。

【古村落保护与发展研讨会】

10月29日，由中国文联、中国民协、广东省委宣传部、广东省文联主办的首届中国农民艺术节系列活动之一中国古村落保护与发展研讨会在广州市花都区举行。中国民协分党组书记罗杨，副主席曹保明，广东省委宣传部副部长、省文明办主任顾作义，广东省文联党组书记、副主席白洁，广东省文联党组成员、副主席曹利祥及20余位知名专家学者与来自全国近10个省市区的民间文艺工作者出席了开幕式。

【首届中华麒麟文化研讨会】

11月3日，由中国民协、山东省民协、中共巨野县委、县政府主办的首届中华麒麟文化研讨会暨中华麒麟园奠基仪式在山东巨野举行。

对外文化交流

【韩国南怡岛株式会社代表团考察中国工艺美术】

3月9日～15日，应中国民协邀请，韩国南怡岛株式会社代表团一行8人到上海、杭州、黄山、景德镇对民间工艺美术进行了考察。

【“中国文化月”活动韩国南怡岛之行】

5月31日，为庆祝中韩民间文化友好交流20周年，由中国民协与韩国南怡岛株式会社共同主办的“中国文化月”活动在韩国南怡岛举行。

【中日非物质文化遗产保护论坛】

8月9日～10日，由中国民协主办的中日非物质文化遗产保护论坛在北京召开。中日两国参加中日浙江民俗调查项目的考察团成员和相关人员共20余人出席了会议。

【中国民间艺术走红耶路撒冷】

8月1日～16日，由中国民协、江西省民协共同组织的中国民间艺术代表团走红第35届耶路撒冷国际艺术与手工艺博览会。本届博览会共有包括中国、俄罗斯、巴西、南非、墨西哥、韩国等五大洲30多个国家的代表团参展。

【以色列友人访问中国】

10月19日～28日，以色列国际艺术和手工艺博览会的组织者阿里尔公司图戈曼总裁一行访问中国，先后在上海、安徽和北京考察了世博园中国馆、上海工艺美术博物馆、朱家角古镇、安徽歙县棠樾古牌坊群、休宁状元博物馆、洪建华竹木雕刻艺术馆和北京的故宫长城。图戈曼总裁希望拓宽双方的合作领域，开展更广泛、更大规模和更持久的合作。

调研采风

【赴河北考察民间文化】

2月2日～3日，冯骥才赴河北保定考察民间文化遗产抢救和保护工作，并看望中国文联、中国民协联合命名的曲阳籍中国民间文化杰出传承人。河北省政协副主席王刚、中国民协副主席郑一民、副秘书长赵铁信、保定市文化局局长王福友、保定市文联主席李桂琼等全程陪同调研考察。

【赴河南考察民俗】

春节至元宵佳节期间，中国民协节日文化考察小分队深入到民俗活动兴盛的河南民间进行考察。小分队实地考察了第二届中国（鹤壁）民俗文化节，对鹤壁市的非物质文化遗产保护情况和文化设施建设进行了调研，并出席了由鹤壁市委宣传部等单位主办的首届中国春节文化高层论坛。

【赴江西考察民间文化】

2月26日～3月4日，中国民协考察组深入到江西赣州、抚州、南昌、萍乡等地，对客家文化、红色文化、傩文化和优秀民间艺术进行田野调查和实地考察。考察活动由中国民协副秘书长赵铁信带队。协会机关刘德伟、王锦强、刘慧等，江西省文联主席刘华，省民协主席汪秀珍、秘书长李黎虹等参加了考察。

【赴浙江考察宁海古戏台】

5月19日，在浙江宁海徐霞客开游节期间，中国民协分党组罗杨、赵铁信等前往宁海对古戏台现状进行调研，并考察了当地的非遗代表作。

【赴新疆考察龟兹文化艺术】

7月17日～24日，为贯彻落实中央新疆工作会议精神，中国民协组织了新疆龟兹文化艺术考察活动。来自中国民协和全国各省、自治区、直辖市民协约60位专家学者、民间文艺工作者参加了考察活动。此次考察主要沿丝绸之路中线进行，重点考察了龟兹文化艺术宝库克孜尔千佛洞、库车老城墙博物馆、阿瓦提农民画、刀郎民俗文化村和喀什职人街、老城维吾尔古民居古街巷等。

【赴襄樊考察三国文化】

9月25日～27日，由湖北省人民政府主办、襄樊市委市政府承办的2010中国·襄樊诸葛亮文化旅游节在湖北省襄樊市举办。全国政协副主席李金华以及湖北省委常委、统战部部长苏晓云，湖北省人大常委会副主任罗辉、副省长张通、省政协常务副主席李佑才，中国民协分党组书记罗杨，襄樊市委书记唐良智、市长李新华，航天英雄聂海胜等出席开幕式。活动期间，罗杨考察了诸葛草庐遗址等。

会员队伍建设

中国民协坚持按照联络、协调、服务的基本职能开展会员工作，不断增强服务意识，创新服务方式。通过建立短信服务，加强与会员的联络和信息沟通；通过组织采风考察，为会员提供开阔视野，学习交流的机会；通过举办工艺博览会、艺术节和民俗活动，为民间艺术家搭建交流平台，使中国民协成为广大民间文艺家的“温馨和谐之家”。2010年，中国民协发展会员288人，使全国会员数达8053人。

机关建设

【创先争优活动】

6月30日，为纪念建党89周年，建设学习型党组织，推动创先争优活动开展，中国民协召开全体党员大会。会议要求全体党员认清“创先争优”活动的意义和重要性。要创建“五个好”先进基层党组织（领导班子好、党员队伍好、工作机制好、工作业绩好、群众反映好）；争当“五个模范”共产党员（自觉学习的模范、执行政策的模范、服务群众的模范、爱岗敬业的模范、遵纪守法的模范），充分发挥基层党组织战斗堡垒作用和广大党员先锋模范作用，在推动科学发展、促进社会和谐、服务人民群众、加强基层组织的实践中建功立业。

【学习贯彻党的十七届五中全会精神】

10月25日，中国民协召开全体党员干部、工作人员会议，学习贯彻党的十七届五中全会精神。

分党组书记罗杨主持会议，副秘书长吕军传达了胡锦涛总书记在党的十七届五中全会上的重要讲话和党的十七届五中全会公报。

【中国民协完成中层干部轮岗】

10月8日，中国民协召开全体会议，对轮岗工作做出具体安排。会上，赵铁信宣读了《中国文联关于中国民协增设、调整机关内设机构、编制的批复》；罗杨宣布了中国文联党组《关于周燕屏等三名同志职务任免的通知》及民协分党组任免通知。

直属单位

【《民间文学》杂志社】

2010年，《民间文学》杂志保留了原有的版块结构和栏目设置，并对个别栏目进行了合理的微调。为了总结新故事发展的成果，探索传统民间文学作品传播的新形式，促进民间文学作品在抢救、保护、开发等过程中的形式创新，《民间文学》杂志社在江西铜钹山召开笔会，开辟了一条新的采风之路。杂志社还积极配合由中宣部、中央文明办、文化部、中国文联等单位发起的“我们的节日”主题活动，在杂志上开辟专版刊登相关民间文学作品。

【《缤纷》杂志社】

《缤纷》作为一本以家居生活方式为内容的杂志，一直对中国本土原创设计保持很高的关注，积极调整了国内外设计师对中国原创设计的审视角度和评价态度。《缤纷》杂志选择从家居生活介入，突出设计理念和审美情趣，其艺术、艺术家、庭院、大宅、雅舍、建筑、博物院、陈设、收藏、第三空间等栏目，已成为时尚家居领域内的领导品牌之一。该刊以北京、上海、广州为发行重点，印数稳中有升。

【《民间文化论坛》杂志社】

作为民间文艺学、民俗学、非物质文化遗产保护研究等学科的学术阵地，《民间文化论坛》在立足于支柱学科的同时，着力研究社会学、人类学、民族学、宗教学等学科与中国民间文化研究的关系，致力于推出学术新人，为学术界带来清新之风。《新华文摘》、《人大书报资料》等知名媒体多次转载本刊文章。

中国摄影家协会

综　述

2010年对于中国摄影界来说极不平凡，一年来，中国摄协在中宣部、中国文联的坚强领导下，深入贯彻落实科学发展观，牢牢把握“高举旗帜、围绕大局、服务人民、改革创新”的总要求，以服务党和国家工作大局为重点，以满足人民群众日益增长的精神文化需求为根本，以推动摄影事业大发展大繁荣为目标，认真履行联络、协调、服务的基本职能，充分发挥组织、引导、服务、维权的重要作用，振奋精神，锐意进取，各方面工作都取得了新进展、新成效。

一年中，一系列围绕党和国家中心工作的重大活动不断推进。在成功举办第四届“建设社会主义新农村纪实摄影工程”基础上，首创《“农民眼中的新农村”纪实摄影大展》；举办2010青海玉树抗震救灾纪实摄影展并出版同题画册；举办“世博·城市印象”影像艺术大展；成功举行“让影像告诉世界——灿烂的中华文化”世界巡回展……引导广大摄影工作者把握现阶段我国摄影工作的主题和肩负的庄严使命。隆重表彰为抗灾救灾作出积极贡献的中国摄协会员，同时213位抗灾救灾一线摄影人被批准加入中国摄协……加强行业道德和行业规范的建设和宣传，针对金像奖和全国影展中产生的新情况完善评选和评奖机制，取消了桑玉柱第八届中国摄影金像奖获奖者资格、取消了全国摄影艺术展览侯谢《明天的现实》金质奖收藏作品资格，出台一系列有效措施，维护摄影评奖和展览的权威性、专业性和严肃性。继续坚持面向基层、服务群众的方针。广泛开展摄影家“送欢乐，下基层”活动，举办各类影展促进各地旅游经济的发展，努力满足群众精神文化生活……摄影，正在以其特有艺术形式，为繁荣先进文化建设和推进经济社会的发展，发挥着积极的作用。

会议与活动

2009年12月20日至21日，由中国摄影家协会副主席邓维，分党组成员、副秘书长顾立群带队，中国摄影金像奖得主李晓英、《中国摄影》杂志主编闻丹青等组成的慰问团到湖南省株洲市荷塘区仙庾镇仙庾村开展“送欢乐、下基层”活动。摄影家们兵分几路，分别为群众拍摄。仙庾村村民还和摄影家们一起，拍下了全村历史上第一张大合影，同时还组织了摄影讲座等活动。

2009年12月28日至30日，由中国摄影家协会分党组副书记、副秘书长王郑生带队，中国摄影金像奖得主于志新、王争平、姜平，摄影家额博、乌拉汗等组成的慰问团，冒着漫天风雪来到内蒙古锡林郭勒西乌珠穆沁旗，慰问当地农牧民并拍摄“全家福”。

1月17至18日，由中国摄影家协会副秘书长解海龙、中国摄影金像奖获得者陆中秋、东哈达、惠怀杰等组成的中国摄协2010年“送欢乐、下基层”慰问团深入陕西省延安革命老区慰问当地群众，拜访年过80的老红军马增福，将精彩摄影作品制成的年画和挂历赠送给乡亲们，并送上新春祝福。慰问团一行还为村民们拍摄了个人肖像、全家福并现场打印赠送。

1月19日至22日，由中国摄影家协会副主席张桐胜、中国摄影金像奖获得者刘英毅、朱恩光与四川省摄影家协会10余名摄影家组成的“送欢乐、下基层”小分队，赴四川灾区深入“5·12”地震灾区北川、绵竹、什邡、都江堰等地开展慰问活动。给当地群众送去了慰问品和印着新中国成立60周年大阅兵恢弘场景的年画。摄影家们一边给老乡们拍照，一边用打印机打印照片送给他们。慰问团还看望了灾区重建工地上夜以继日奋战的援建工作者们。还向蓥华八一学校摄影班赠送了新年慰问品和摄影画册。

1月25日，2010年中国摄影界迎春联谊会在北京人民大会堂举行。全国政协副主席白立忱，全国人大常委会原副委员长许嘉璐，全国政协原副主席李蒙和中宣部文艺局局长左中一，以及中国文联党组成员、书记处书记廖奔和文联有关部门、单位负责人，中国摄影家协会顾问、主席团成员、分党组成员等与广大摄影人欢聚一堂、共贺新春。中国摄协分党组书记、副主席兼秘书长李前光在联谊会上致辞。联谊会除了精彩的文艺节目和摄影人、摄协工作人员风采展示外，中国摄协还联合有关单位向当天到场的获得第八届中国摄影金像奖终身成就奖的著名摄影家吕厚民、陈昌谦、简庆福、侯波、陈勃、袁毅平赠送了相机；向北京海淀区桃源育英学校捐赠5万元，捐赠给该校学生10台数码相机，当天到场的一些摄影人还向学校一位身患白血病的学生进行捐款，奉献摄影人的爱心。

1月26日，由中国摄影著作权协会、北京国际版权交易中心共同主办的“尊重版权　成就伟业——2009—2010摄影版权年会”在北京国际版权交易中心举行。年会向全社会发起“尊重版权　成就伟业　从我做起　拒绝侵权”的摄影维权保护倡议书。同时，主办方还发布中国摄影著作权协会理事会“关于评选中国摄影著作权年度风云人物的决议”。中国摄影家协会顾问陈勃，副主席邓维，分党组副书记、副秘书长王郑生，分党组成员、副秘书长顾立群等领导和在京的摄影人一同出席年会。

1月11日，第八届中国摄影金像奖组委会发布公告：桑玉柱用来参评的作品不符合中国摄影金像奖评选有关规定，决定取消其获奖资格、收回获奖证书和奖杯并通报其工作单位。然而，部分摄影人及读者对中国摄影家协会无法就桑玉柱的“剽窃”及“共同创作”作出明确定性表示不满，继而引发媒体对中国摄协工作的质疑和批评。

桑玉柱用所谓的“共同创作”作品参评金像奖，属于著作权范畴的问题。按照我国法律规定，只有著作权行政管理部门和人民法院才有权对著作权问题作出认定。无论是中国摄影金像奖组委会、还是中国摄协，都无权对桑玉柱的参评作品是否属于共同创作的合作作品、是否剽窃或冒用他人作品作出认定。而且，著作权纠纷属于民事案件，但在此次事件中，涉嫌被桑玉柱冒用作品的两位作者均不承认其作品被“盗用”或“剽窃”，在“原告”缺位、没有指证的前提下，即使有认定权的单位和部门也不能认定，中国摄影金像奖组委会和中国摄协更是没有资格和权力对此作出判断和结论。

面对这场前所未有的突发事件，中国摄协分党组始终保持清醒的政治头脑，依法办事、慎重处理，向公众阐明了事实，最终顺利化解危机，不仅切实维护了中国摄影金像奖的严肃性，而且由此扩大了金像奖的社会影响力，提升了中国摄协的社会公信力，同时也向社会各界表明了协会对于加强摄影队伍建设、严肃摄影评奖纪律的坚定决心和进一步完善行业规范、加强行业自律的坚强信心。

2月13日，展示摄影风采的歌舞节目《拍拍拍》亮相央视“2010年春节联欢晚会”。春晚首次融入了摄影元素。同时数十幅优秀摄影作品不断映现在春晚现场的巨幅屏幕上。这些作品由中国摄影家协会从各项品牌活动获奖作品及《中国摄影报》近年刊发作品里优选出来，其中既有航天英雄杨利伟在太空拍摄的珍贵瞬间，也有抗震救灾第一线的感人画面，更多影像则展示了中国人现在的幸福生活和对未来的美好祝愿。

3月3日，由中国摄影家协会主办，《中国摄影报》承办的“全国人大代表政协委员摄影联谊会”在北京北辰洲际酒店举行。百余位全国人大代表、全国政协委员及与会嘉宾在共叙友谊、畅谈影艺的同时，积极地为中国摄影事业发展和中国摄协工作建言献策。全国政协副主席白立忱、全国人大常委会原副委员长许嘉璐等国家领导人心系摄影事业，亲临现场出席。十一届全国人大常委白景富、杨邦杰，全国人大代表王宁、王耘农、孔令晨、艾智泉、安福清、孙维本、李健、杨光洪、肖作福、林景顺、金生官、姚菊泉、秦玉海、阎寿根、谢子龙，十一届全国政协常委刘晓峰、杨崇汇、何小平、武四海，全国政协委员万捷、孙继业、李仁、李玉光、邹新生、陈兴生、周然、周幼马、周海婴、胡珍、钟声琴、桂全智、钱海皓、黄新、盛昌黎、常荣军、程宝山、翟若愚应邀出席。中宣部秘书长官景辉、干部局专家处处长张鑫到场祝贺。来自各行各业的嘉宾以及中国文联荣誉委员、中国摄协顾问吕厚民，中国摄协顾问陈勃、袁毅平，副主席朱宪民、张桐胜，分党组副书记、副秘书长王郑生，分党组成员、副秘书长顾立群，副秘书长解海龙，分党组成员高琴等出席了此次联谊会。中国摄协分党组书记、副主席兼秘书长李前光致欢迎辞。

3月30日，中国人像摄影学会第六次会员代表大会在北京举行。闫太昌当选中国人像摄影学会第六届主席。中国人像摄影学会原会长王明弘当选新成立的监事会主席，李丽娜当选常务副主席兼秘书长，中国摄影家协会分党组书记、副主席兼秘书长李前光，中国摄协顾问袁毅平出席大会开幕式。

4月3日，中国摄影家协会网10周年庆典系列活动在河南省商丘市启动。中国摄协网还同期举办网上影展、有奖问答、从该网优秀作品中评选“十杰”等，并于9月在平遥国际摄影大展期间举办了“十周年嘉年华”，整个庆祝活动持续到12月。中国摄协副主席朱宪民及商丘市有关领导出席了活动启动仪式。

4月19日，中国摄影家协会会员杨元惺的风光摄影集《驭光中国》《逐影世界》在北京首发。摄影集辑录了杨元惺的百余幅风光摄影作品。中国文联党组成员、副主席冯远，中国文联荣誉委员、中国摄协顾问吕厚民，中国摄协分党组书记、副主席兼秘书长李前光，中国摄协副主席王文澜、朱宪民、张桐胜，中国摄协分党组成员高琴等出席首发仪式。

4月20日，中宣部、民政部、国家广电总局、中国红十字会总会、中华慈善总会联合主办的“情系玉树 大爱无疆”抗震救灾大型募捐活动通过中央电视台现场直播。中国摄影家协会分党组书记、副主席兼秘书长李前光和副主席王瑶、朱宪民、张桐胜、罗更前，分党组成员、副秘书长顾立群，摄影家周梅生等前往了中央电视台参加募捐活动。在全国电视观众面前，中国摄协向玉树地震灾区捐款60万元，献出摄影人的一份爱心。

4月24日，中国摄影家协会第七届主席团第四次会议在北京召开。在听取《中国摄协2009年工作报告》后，主席团成员一致对中国摄协2009年重点工作和2010年工作要点给予了充分肯定和支持，并提出应充分发挥主席团成员作用的建议。主席团成员一致表示愿意群策群力，团结一致，推动中国摄影事业和中国摄协工作不断前进。

5月14日，中国摄影家协会、中国摄影著作权协会和北京摄影器材城，在北京摄影器材城联合举办了“心向玉树、奉献爱心——摄影作品义捐义购”活动，所得善款473900元。5月18日，北京摄影器材城将善款送抵位于北京的中国青少年发展基金会，全部用于玉树地震灾区的助学活动。中国青少年发展基金会秘书长涂猛亲自接收了这笔善款，并向此次活动的主办方中国摄影家协会、中国摄影著作权协会和北京摄影器材城颁发了捐赠证书。

5月21～25日，由中国摄影金像奖获得者、新华社高级编辑陈小波带队，金像奖获得者李泛、朱恩光、黑明、惠怀杰和部分陕西摄影家参加的小分队在陕西省延安市深入生活，采风创作。

5月25～30日，由中国摄影家协会分党组成员高琴带队，中国摄影金像奖获得者卢广、刘英毅、梁达明和部分河北摄影家组成的小分队，来到河北省平山县西柏坡采风创作。

5月29日至6月3日，由中国摄影家协会副主席张桐胜带队，于云天、于志新、李晓英等中国摄影金像奖获得者及朱圣珍、王远荣、熊汉泉、杨力田、龙先强等摄影家参加的小分队在毛泽东同志的家乡——湖南省韶山市深入生活、采风创作。

6月1～6日，由中国摄影家协会顾问于健带队，中国摄影金像奖获得者王达军、王争平、周国强等与贵州省摄影家协会主席韩贵群带领的50余位贵州摄影家组成小分队，沿着当年红军走过的路线，在贵州省遵义市采风创作。

6月7日，由中国摄影家协会分党组书记、

副主席兼秘书长李前光为团长，翟东风、石永亭、宋刚明为团员的中国摄影家采风团一行4人抵达井冈山，开始为期5天的采风创作活动。采风团一行除在井冈山创作外，还赴井冈山烈士陵园瞻仰并向烈士敬献花圈，参观井冈山革命博物馆、毛主席故居等革命纪念地。采风期间还举行了创作采风座谈会等活动。

6月10～13日，由中国摄影家协会、中国机械工业联合会、中国文化办公设备制造行业协会、中国国际展览中心集团公司主办的中国国际照相机械影像器材与技术博览会（CHINA P&E）在中国国际展览中心举行。本届博览会是迄今为止观众人数、展出面积最多的一届，已成为国内外公认的亚洲规模最大、最具权威的摄影器材博览会，跻身世界三大国际影像器材展之一。

6月26日，由中国摄影著作权协会和北京国际版权交易中心联合主办的摄影作品交易会在京举行。中国摄协副秘书长、中国摄影著作权协会总干事解海龙向与会者介绍了摄影作品走向市场要注意的细节，为影友提出意见和建议。该交易会于每月最后一个星期六在中国摄影著作权协会定期举办。

7月5日，青海省委宣传部、省文联、省摄影家协会召开表彰大会，将“抗震救灾摄影组织贡献奖”授予青海玉树青藏兵站部摄影学会等10个组织，并授予昂公扎西等48位摄影师“抗震救灾优秀摄影师”称号。

7月23～26日，“楚国故都 三国名城——荆州全国摄影艺术大展”启动仪式及知名摄影家走进荆州摄影活动在湖北省荆州市举行。本次活动由《大众摄影》杂志与荆州市委、市政府联合举办，中国摄影家协会副主席朱宪民、副秘书长解海龙应邀出席。

7月31日，由中国摄影著作权协会和北京国际版权交易中心联合主办的摄影作品交易会在京广中心商务楼举行。本次交易会仅以起始价格拍出一幅摄影作品，有专家认为，此类交易行为亟待规范，市场仍需培育。交易会结束后，摄影师乔小兵以《中国摄影家进入图片市场的准备工作》为题，就摄影作品进入市场的前期准备问题举办讲座。

8月6～12日，由中国摄影家协会、西藏自治区党委宣传部、自治区文联和拉萨市人民政府共同主办的“2010年中国西藏珠穆朗玛摄影大展”在拉萨市布达拉宫广场隆重开幕。本次影展24小时对观众开放，每天参观者达2万多人。西藏自治区党委常委、宣传部长崔玉英，人大常委会副主任新杂·丹增曲扎，政府副主席多托，中国摄协副主席王悦，以及西藏军区、武警西藏总队、西藏自治区文联和拉萨市政府等相关领导出席影展开幕式。

8月22日，2010“我的城市我的家”摄影大展颁奖发布会在上海世博园民企联合馆举行，入选摄影作品展同期亮相世博园区。中国房地产业协会、中国摄影家协会、《中国国家地理》杂志、新浪网、中国城市广播联盟、国家旅游局、中国邮政集团公司等单位继为庆祝新中国成立60周年而携手主办首届“我的城市我的家”摄影大展之后，再次共襄盛举。由新浪乐居承办，《中国摄影报》等单位协办，全国百家媒体共同倡议支持的2010“我的城市我的家”摄影大展，把互联网、地产、数码影像这三个最火爆的产业联结起来，吸引了全社会的参与热情。

9月19日，2010全国摄影工作会议在江西宜春召开。来自全国各省、自治区、直辖市、新疆生产建设兵团及解放军、各行业摄协的共34家团体会员单位的主席、驻会副主席、秘书长或特派代表出席会议。会议向各团体会员单位通报了《中国摄协2010年前三季度工作报告》；通报了《关于修改<中国摄协个人会员入会细则>的说明》和《关于调整中国摄协专业委员会相关事项的说明》。中国摄影家协会副主席李伟坤，分党组副书记、副秘书长王郑生，分党组成员高琴，副秘书长解海龙出席会议并作了报告。中国摄协为与会的中国摄协第七届理事会成员颁发了中国摄协理事证书。

11月21日，由中国摄影家协会、广东省佛山市南海区人民政府、广东省摄影家协会、《中国摄影报》主办，中国摄影展览中心、佛山市摄影家协会、南海区摄影家协会协办，南海区文体旅游局、大沥镇人民政府、中国信盈艺术馆、南海·新都会购物中心承办的2010全国摄影艺术展览（南海）巡回展、《中国摄影报》影友联谊会、广东省摄影家协会“摄影大篷车下基层”系列活动，在“中国照相机之父”邹伯奇的故里——大沥镇的新都会购物中心举行。中国摄协分党组书记、副主席兼秘书长李前光，广东省文联党组书记、专职副主席白洁，广东省文联党组副书记、专职副主席廖曙辉，广东省文化厅副厅长杜佐祥，中国摄协副主席、广东省摄影家协会主席李伟坤，中国新闻摄影学会副主席、广东省新闻摄影学会常务副会长钟荣健等出席开幕式。

12 月 22 日，由中国摄影家协会创办的中国摄影行业第一份手机报《中国摄影手机报》在人民大会堂正式宣布创刊。这是中国摄协继 50 多年前创办《中国摄影》杂志、《大众摄影》杂志，30 多年前创办中国摄影出版社，20 多年前创办《中国摄影报》、10 年前创办中国摄影家协会网之后创办的又一新型媒体。

12 月 22 日，在中国摄影家协会成立 54 周年之际，中国摄协有关负责人与来自《人民日报》、新华社、中央电视台、《光明日报》、《中国日报》、中新社、《中国艺术报》、北京电视台、《北京晚报》、《北京青年报》、《京华时报》、《法制晚报》、人民网、新华网、新浪网、搜狐网、腾讯网、凤凰网、《中国国家地理》杂志、《华夏地理》杂志等媒体的朋友们相聚在人民大会堂，共同回顾了中国摄协 2010 年的工作，就摄影事业发展的相关话题进行了交流。中国摄协分党组书记、副主席兼秘书长李前光致辞。中国摄协分党组副书记、副秘书长王郑生，分党组成员、副秘书长顾立群，分党组成员高琴及中国摄协有关部门及直属单位负责人出席联谊会。

12 月 25 日，山西省企业摄影家协会宣告成立。山西省企业摄影家协会是山西省民政厅批准成立，山西省文联和山西省国有资产监督管理委员会直接领导的专业性群众团体。为了展示三晋企业界摄影家的艺术水准，协会还印制了摄影作品集、开通了网站并举办了大型展览，同时举办了企业摄影家高峰论坛。

艺术节与评奖（展览与评奖）

1 月初，桑玉柱以所谓“共同创作”的作品参评第八届中国摄影金像奖一事引起社会媒体广泛关注，金像奖组委会就此召开了专门会议并组织法律专家进行专项研讨，与会专家一致认为：“共同创作”的摄影作品系由合作各方共同完成，但此类作品无法真实体现摄影家个体的创作水平及风格，不符合《中国摄影金像奖章程》的有关规定。1 月 11 日，第八届中国摄影金像奖组委会作出决定：取消桑玉柱本届金像奖获奖资格，收回获奖证书和奖杯并通报其工作单位。

1 月 12 日，湖南省第 15 届摄影艺术展在长沙开幕，同期展出的还有“2000—2009 年‘湖南突出贡献摄影家’摄影精品展”“湖南省老摄影家摄影作品展”。同日，湖南省文联召开的 2000—2009 年“湖南突出贡献摄影家”表彰大会，对近 10 年来涌现出的为摄影事业作出突出贡献的摄影家给予表彰奖励，欧阳星凯等 12 位摄影家获得创作奖。

1 月 20 日，由中国摄影家协会、唐山市委、唐山市人民政府主办的“渤海明珠，魅力唐山摄影作品进京展”在北京民族文化宫开展。中国摄协分党组书记、副主席兼秘书长李前光与河北省、唐山市有关领导出席开幕式并参观展览。展览展现了新中国成立 60 年来唐山各项事业取得的成就。

2 月 25 日，中国文联荣誉委员、中国摄影家协会顾问吕厚民的“伟人身影——吕厚民摄影”展览在北京华彬艺术中心开幕。影展展出了吕厚民 1950 至 1964 年间，拍摄的毛泽东、周恩来、朱德、刘少奇等老一辈国家领导人的工作、生活照片。

3 月 2 日，由中国妇女活动中心、中国女摄影家协会、北京女美术家联谊会联合举办的“纪念‘三八国际妇女节’100 周年妇女儿童健康生活艺术作品展”在北京王府井大街开幕。全国人大常委会原副委员长、全国妇联原主席顾秀莲，全国妇联书记处书记赵东花，中国摄影家协会分党组书记、副主席兼秘书长李前光，分党组成员高琴，中国妇女活动中心主任、党委书记郭象，中国女摄影家协会副主席、秘书长吕静波等出席开幕式。

3 月 5 日，浙江摄影家张弘的“我的大海”三部曲与湖北摄影家欧阳卫红的“圆梦三峡”摄影展在中国美术馆接连开幕。全国政协副主席、中国文联主席孙家正，中国文联名誉主席周巍峙，浙江省政协副主席盛昌黎，中国文联荣誉委员、中国摄影家协会顾问吕厚民，中国摄协副主席王文澜、朱宪民，副秘书长解海龙出席影展开幕式。

3月6～12日，由山东省女摄影家协会主办、山东省工艺美术学院承办的“山东妇女百年生活变迁摄影展”在山东省工艺美术学院美术馆举行。展览由“女性觉醒，英勇奋斗”、“参加建设，英姿勃发”和“投身改革，时代弄潮”三部分组成。

3月30日，“中国·平顶山‘美在鹰城’全国摄影大展”在京正式启动。平顶山市委、市政府与中国摄影家协会携手主办中国·平顶山“美在鹰城”全国摄影大展，大展特级收藏作品稿酬高达10万元，还甄选出金质收藏作品2幅，银质收藏作品5幅，铜质收藏作品8幅，以及优秀作品200幅。中国摄协副主席朱宪民及平顶山市委领导等出席发布会。

4月17日，“努尔哈赤故乡·魅力新宾”旅游风光摄影大展揭晓仪式在沈阳举行。本次大展与“辽宁旅游·摄影节”相互呼应，活动期间先后颁出“游客喜爱的辽宁50佳景”、辽宁旅游摄影贡献奖等奖项。同期，包括“努尔哈赤故乡·魅力新宾”旅游风光全国摄影大展在内的七项摄影展览向公众开放，共计展出旅游风光图片800余幅。

4月20日，由中国摄影家协会、中共云南省委宣传部、云南省文联主办，中国摄影展览中心、云南省摄影家协会承办的“大爱化甘霖，齐心抗旱灾”——云南省抗旱救灾摄影图片展在昆明展出。展出的近百幅作品是从云南各地及全国摄影家拍摄的6000余幅抗旱题材摄影作品中，在兼顾灾情、自救、支援3个层面的基础上精选出来的。中国摄协副主席李学亮出席影展开幕式。

4月24日，由中国摄影家协会与重庆市移民局、重庆市涪陵区人民政府主办，中国摄影出版社、重庆市摄影家协会和重庆市涪陵区移民局承办的“永远的三峡”全国摄影邀请展在重庆市涪陵区开幕。此次摄影邀请展共征集到参展作品2000多幅，从中精选了23位摄影家的202幅优秀作品。中国文联荣誉委员、中国摄协顾问吕厚民，香港摄影家简庆福等出席开幕式。

4月25日，由广东省新闻摄影学会和广东省摄影家协会等单位共同主办的“西羌撼恸　南粤牵动”——广东“玉树抗震救灾”新闻摄影展在广州文化公园展览中心开幕，展出了数十位广东新闻摄影记者在地震前线拍摄记录的影像。

4月28日，辽宁省摄影家协会主办的“情系玉树”辽宁摄影界抗震救灾摄影展暨募捐仪式》在沈阳举行，展览共展出180余幅摄影作品。中国摄影家协会副主席王玉文，辽宁省政协、省文联、省慈善总会领导及省摄协主席团全体成员出席了当天活动。此次募捐活动共筹集善款119716元，并交由省慈善总会收取转送灾区。

5月5日，由贵州省委宣传部、省文联，新华社贵州分社、贵州省摄影家协会等单位共同举办的“抗旱中挺立的贵州精神大型图片展”在贵阳市人民广场揭幕。总计165幅摄影作品参加了展览。

5月7日，由中国摄影家协会，张家口市委、市政府联合主办，为期7天的“大好河山·中国张家口四季风光（国际）摄影大展”在北京王府井大街举行。此次展览分“活力之春”“张力之夏”“魅力之秋”“奋力之冬”“靓装新城”5部分，205幅精彩摄影作品展示出张家口的大好风光和日新月异的城市风貌。全国人大常委会副委员长周铁农，全国人大常委、民革中央副主席齐续春，中国文联党组成员、书记处书记廖奔，国家新闻出版总署党组成员宋明昌，河北省省人大常委会副主任王增力、原副主任白润璋，中国摄协分党组书记、副主席兼秘书长李前光，副主席张桐胜，副秘书长解海龙，张家口市委有关领导，澳大利亚等国驻华使节出席大展开幕式并参观展览。

6月18～23日，2010全国摄影艺术展评选活动在江西宜春举行。由中国摄影家协会和江西省宜春市人民政府共同主办的2010全国摄影艺术展览于2010年年初正式启动，在6个月征稿期内共收到15114人次投送的183661幅作品，参评人数和投稿数量创全国影展创立50余年来的新高，在世界众多重大影展、影赛中亦属创纪录之举。经过22位业界专家、评委在北京和江西宜春两地举办的两个阶段累计10天的评选以及10天的网络公示，在对公示期间公众提出异议的作品进行审核查验并做出处理后，最终共有706位摄影人的900幅（组）作品入选本次全国影展。

6月23日，“上海国际摄影周暨上海第10届国际摄影艺术展”在上海展览中心开幕。本次影展共汇聚了来自全球的优秀摄影作品3000余幅。中国文联荣誉委员、中国摄影家协会顾问吕厚民，中国摄协顾问陈勃、袁毅平，副主席王玉文、朱宪民、李伟坤、张宇、张桐胜，分党组成员高琴，中国摄影著作权协会副主席宋举浦，香港著名摄影家简庆福，中共上海市委常委、宣传部长杨振武，上海市文联党组书记杨益萍，上海市摄影家协会主席张元民及中外摄影界人士、各界嘉宾出席了影展开幕式。

8月1日，以“和谐的家园——人与自然”为主题的第二届大理国际影会与洱海开海节在云南省大理市开幕。国际影会中展出了4000多幅精彩图片、130多个国内外摄影展览。本届影会由中国摄影家协会、中共云南省委宣传部、云南省广播电视局、云南省文联、中共大理州委、大理州人民政府联合主办，中国文联党组成员、副主席、书记处书记廖奔，中国摄协副主席王文澜，中国摄协分党组成员、副秘书长顾立群出席影会开幕式。

8月18日，“风生水起北部湾——广西摄影作品晋京展”在中国人民革命军事博物馆举行。展览展出的166幅（组）摄影作品，是广大摄影家、摄影爱好者深入北部湾经济区生产建设第一线辛勤创作的结晶。展览由广西壮族自治区党委宣传部、广西壮族自治区文学艺术界联合会主办，中国摄影家协会为支持单位，广西摄影家协会承办。全国政协副主席白立忱，中国摄协副主席邓维出席展览开幕式。

8月23日，由兰州晚报社、甘肃省摄影艺术家协会和甘肃省图书馆主办的大型新闻摄影展览“情注甘肃　心系舟曲”在甘肃省图书馆开展。此次摄影展览未举行展览开幕仪式，将节省的款项捐给灾区。展出的58幅新闻摄影作品是由《兰州晚报》5名摄影记者拍摄的抗洪救灾中的感人场面。

9月20日，2010年度全国摄影艺术展览开幕式暨《23届全国摄影艺术展作品集》首发式，在江西宜春隆重举行。900幅（组）入选本届全国影展的优秀作品，通过展板和液晶屏幕多媒体演示相结合的方式对公众展出。中国摄影家协会顾问陈勃、袁毅平，副主席李伟坤，分党组副书记、副秘书长王郑生，分党组成员高琴，副秘书长解海龙和宜春市人大常委会主任杨晓宁，市政协副主席黄文知，市中级人民法院院长蔡文龙，上高县县委书记黄德刚等及部分全国影展入选作品作者出席开幕式。

9月25～30日，“中国·承德第三届国际摄影艺术大展”在河北承德举办。由中国摄影家协会、中共河北省委宣传部、河北省文化厅和中共承德市委、承德市人民政府主办的本次大展，共收到来自美国、俄罗斯、英国等27个国家和地区及国内近30个省市摄影作品近20000幅。从中精选出入选作品248幅，评出金奖5名、银奖8名、铜奖15名和优秀奖20名，作为本次大展的主展进行展出。主展之外，还有包括中国第13届国际摄影艺术精品展、阿根廷摄影家超现实作品二人展、英国摄影家教堂建筑专题展、爱尔兰摄影家人物专题展、埃及摄影家作品展、希腊摄影学会优秀作品展、土耳其摄影作品展、韩国摄影作品展、中国“四大名园”摄影作品展等近20个精彩的邀请展和专题展。中国摄协副主席罗更前，分党组成员、副秘书长顾立群出席影展开幕式。

10月22日，由中国摄影家协会和长沙市人民政府共同举办的“现代影像——首届中国国际网络摄影大赛颁奖典礼暨2010中国·橘子洲国际摄影文化节”在长沙橘子洲启幕。来自20多个国家和地区100多名高端摄影师的2500余幅精彩作品炫丽亮相，千余名世界各地的摄影人相聚在橘子洲共谱影像华章。中国文联党组书记、副主席胡振民亲临出席，为活动揭幕，并参观了展览。

10月25日，由中国摄影家协会和浙江省桐乡市人民政府共同主办，《中国摄影报》和桐乡市委宣传部、市文化广电新闻出版局承办的“徐肖冰杯”全国摄影大展，在徐肖冰的故乡——桐乡市开展。当晚，“徐肖冰杯”全国摄影大展在桐乡举行颁奖典礼。中国文联党组副书记、副主席李牧，中宣部文艺局艺术处副处长汪泽，中国摄协分党组书记、副主席兼秘书长李前光，浙江省文联副主席林晓峰，中共桐乡市委书记费建文，市委副书记、市长朱海平，中共嘉兴市委宣传部常务副部长许晴和徐肖冰家属代表朱清宇等为大展典藏作品和收藏作品获得者颁发奖杯和证书。“徐肖冰杯”全国摄影大展评委会部分成员，部分入展作者，桐乡市委、市人大、市政府、市政协领导以及浙江省、嘉兴市有关部门负责人、当地摄影爱好者、社会各界人士等出席了颁奖典礼。

10月27日，由中国摄影家协会、河南省云台山风景名胜区管理局共同主办，河南省摄影家协会、焦作市摄影家协会及《中国摄影报》承办的“山水音画 四季交响”中国云台山国际摄影大展开幕，中国摄协副主席张桐胜、中国摄影著作权协会副主席宋举浦、中共焦作市委副书记王明德、河南省旅游局副局长倪豫州等领导出席启动仪式。

11月5日，由齐鲁摄影学会、美国职业摄影师协会、中国人像摄影学会、中国艺术摄影学会、山东工艺美术学院、山东省文联主办的“影像亚洲·齐鲁国际摄影周暨第三届济南国际摄影双年展”在济南舜耕国际会展中心开幕。本届大展主题为“天下一家”，来自国际摄影艺术联合会、美国职业摄影师协会、国际摄影联盟，以及法国、德国、意大利、比利时、美国、荷兰等40多个国家和全国各地的摄影组织和摄影家齐聚泉城，交流心得、相互学习。中国摄影家协会分党组成员高琴、中国艺术摄影协会主席杨元惺及众多国内外摄影界人士出席本次活动开幕式。

11月5日，由包商银行主办，《大众摄影》杂志社承办的首届“包商银行杯‘小企业贷款’摄影大展”在北京大众影廊展出。主办方从征集到的1.8万幅参评作品中遴选而出的50余幅佳作，以丰富的内容、多元的角度、生动的故事、完整的形式展示了有梦想的普通人在“小企业贷款”的帮助下幸福圆梦的经历，也让人看到现代商业银行信贷的触角已深入社会生活最为细小的环节。

11月13日，由中国摄影家协会和黄山市人民政府共同主办，黟县人民政府和《中国摄影报》共同承办的“2010‘西递·宏村杯’中国黟县摄影大展”在安徽省黟县秀里影视村黟县摄影节期间拉开帷幕。在延续重点展现黟县山水风光、田园美景、文化内涵、民居建筑、风土人情作品的同时，本届大展还兼纳反映黄山市内有关古徽州题材的作品，进一步展示黄山市境内山水风光和丰富的徽州文化。

11月17日，由中国摄影家协会主办，中国摄影展览中心和中华世纪坛当代艺术中心承办的“世纪光影——2010全国摄影艺术展览”在中华世纪坛当代艺术中心开幕。这是“国展”10余年来再次在北京展出。中国文联党组成员、主席团委员、书记处书记夏潮，中国摄协分党组书记、副主席兼秘书长李前光，中国文联国际联络部主任黄文娟、理论研究室主任董耀鹏、离退休干部局局长王守明、国内联络部副主任李培隽和中国摄协副主席王瑶、朱宪民、张桐胜、罗更前，分党组副书记、副秘书长王郑生，分党组成员、副秘书长顾立群，中华世纪坛管理中心负责人裴成虎等出席开幕式。开幕式由中国摄协分党组成员高琴主持。被摄影人称作“太空摄影师”的费俊龙和聂海胜亲临展览开幕式。

12月14日，中国摄影家协会与中国风景名胜区协会、黄山风景区管委会联合主办黄山世界遗产20周年纪念活动开幕式暨2010中国黄山(国际)风光摄影大展颁奖仪式。大展于2009年12月1日启动至11月15日截稿，共收到来自大陆全部省、市、自治区及加拿大等国近两千名影友的12000余幅作品。

创作与研究（学术研究、理论评论、创作情况、调研工作）

1月11日，桑玉柱以所谓“共同创作”的作品参评中国摄影金像奖一事成为公共传媒焦点，引发了业界对摄影职业道德建设以及摄影创作手段法律界定的思考和重视，为了提高摄影评奖、办展的权威性、专业性和严肃性，中国摄协组织各方专家进行了专项研讨，强调在摄影行业内需要进一步加强职业道德、行业规范的建设、普及和宣传，同时也要针对新情况不断完善评选细则，加大处罚力度，接受社会的广泛监督，并着手制定一系列针对违规者的处罚办法。

1月22日，美国第119届“影像美国”国际摄影大会落下帷幕。中国摄影家协会会员曾毅获得了美国罗斯国际奖（ROSS），这是中国摄影师首次荣获此项殊荣。

4月16日，“摄影与旅游价值提升”论坛在辽宁沈阳举行。中国摄影家协会副主席王玉文、朱宪民、张桐胜，辽宁省摄影家协会主席刘志超及辽宁省内旅游管理部门、旅游景区代表，就摄影手段对于旅游宣传促销的推动力及重要作用展开了剖析和探讨。

5月19日，由中国摄影著作权协会和北京市高级人民法院共同主办的摄影作品侵权案件损害赔偿标准研讨会在京举行。中国文联荣誉委员、中国摄影家协会顾问吕厚民，中国摄协副秘书长、中国摄影著作权协会总干事解海龙，北京市高级人民法院知识产权审判庭庭长陈锦川等北京市各级法院知识产权庭负责人或法官，以及摄影家代表，美好景象图片库、全景图片库负责人，长期办理摄影著作权案件的律师代表等近40人参加了研讨。

7月13日，四川省文联、四川省摄影家协会在绵阳市召开四川省抗震救灾恢复重建摄影研讨会。落实中共中央政治局常委李长春讲话精神，拍出精品力作，反映地震灾区翻天地覆的变化，以回报国际社会对灾区的援助和关爱。

8月6日，《大地作证 1931—1945 摄影师孙国田调查手记》发行及研讨会在京举行。本书共分为5章，作者孙国田以图文并茂的方式记述了1931—1945年日本侵华期间强掳的中国劳工、大屠杀及其制造的万人坑、集中营，以及中华儿女的英勇反抗与今日中日民间交流等内容。

8月12日，受全国摄影艺术展览组委会委托，中国摄影著作权协会在北京召开专家论证会。与会单位和部门包括最高人民法院研究室、中国版权协会、中国版权保护中心、北京大学国际知识产权中心、北京理工大学法学院、北京市部分城区人民法院知识产权庭。与会专家认为，侯谢在制作《明天的现实》作品中所使用的素材未得到合法授权，建议取消入选资格。国家版权局版权管理司根据事实认定，《明天的现实》作者存在侵权行为。组委会认为，侯谢的行为违反了征稿启事第一条第8、11款和第四条第1款的规定。为维护全国摄影艺术展览的权威性、专业性和严肃性，坚持公正原则，组委会决定取消其《明天的现实》金质收藏作品资格。侯谢的另两幅入选作品《梦魇》和《哀怨》存在同类问题，一并被取消入选资格。

11月18日，在北京举办的第三届中国国际版权博览会上，中国摄影著作权协会选送的《汶川地震》系列图片，获得世界知识产权组织版权金奖。《汶川地震》作品选自中国摄影著作权协会在筹创初期举办的“2008感动中国——全国摄影大展”，由国家新闻出版总署推荐。

第四季度，中国摄影家协会网推出“百家论坛”板块，该板块依托中国摄协传统媒体学术方面的丰富资源，旨在为摄影界提供发表言论的新的园地，打造国内摄影学术理论评论的主流交流平台，利用互联网迅捷、互动等技术特点，及时获得反馈信息，围绕摄影界热点话题展开探讨、争鸣，促进摄影理论评论的发展，正确引导摄影舆论方向，在摄影界营造积极健康的学术氛围。

12月11日，“光影春秋——简庆福从影70年理论研讨会”、简庆福从事摄影70年作品赏析会、中国摄影出版社编辑出版的《简庆福摄影艺术典藏》揭幕仪式等一系列活动在北京举办。中国摄影家协会举办此次活动，旨在鼓励继承和发扬简庆福先生在长达70年摄影实践中表现出的执著的艺术追求，通过对简老个人艺术生涯的回顾，总结他的艺术成就，在呈现当下丰富多样的中国摄影形态的同时，不断进取、不断超越，影响、引导、推动中国摄影多元化的持续健康发展。

12月15日，第九届造型表演艺术成就奖颁奖典礼在中国文联文艺家之家举行，11位老艺术家分别获颁“造型艺术成就奖”和“表演艺术成就奖”。香港摄影家简庆福获得“造型艺术成就奖”，成为本届唯一获此殊荣的摄影家。该奖项由中国文联、造型表演艺术创作研究基金理事会主办。中国文联党组书记、副主席胡振民，党组副书记、副主席覃志刚，党组成员、副主席冯远，副主席吴雁泽，日本友人深见东州，中国摄协顾问于健、陈勃，分党组副书记、副秘书长王郑生和第九届造型表演艺术成就奖评委会委员以及在京的文艺界人士出席颁奖典礼。

2010年年底，为充分发挥主席团作用，更大限度地发挥摄影家、理论评论家、教育家等专业人才在行业内的影响力，建立权威、专业的学术氛围，中国摄影家协会根据第七届主席团第四次会议上通过的《关于调整中国摄影家协会专业委员会的决定》，对各专业委员会人选、组织架构和工作模式进行了调整。涉及的专业委员会包括中国摄影家协会新闻纪实摄影委员会、中国摄影家协会艺术摄影委员会、中国摄影家协会商业摄影委员会、中国摄影家协会理论委员会、中国摄影家协会摄影教育委员会。中国摄协主席团成员将分别担任各专业委员会的主任。

对外及对港澳台地区文化交流

3月10日，“两岸四地摄影家魅力三门峡行”摄影展在北京举行。展出来自港澳台及大陆四地的80余位摄影家于2009年不同季节在河南省三门峡市拍摄的近百幅优秀摄影作品。中国摄影家协会副主席朱宪民出席展览开幕式。

3月22日，由中国日报社和加拿大加皇国际教育集团共同策划的“百名摄影记者聚焦中国”大型图片展，先后在加拿大的多伦多、滑铁卢、弗雷德里克顿、维多利亚和美国的纽约、华盛顿巡回展出。中国摄影家协会副主席王文澜出席巡展活动。

5月16～25日，中国摄影家协会分党组成员、副秘书长顾立群应越南文化、体育与旅游部美术、摄影与展览局（简称DOFPE）的邀请，赴越南河内担任第30届黑白摄影双年展及第32届FIAP青年摄影双年展评委。

6月22日，美国艺术大学（The Art Institutes）的师生们参加了由中国摄影家协会举办的“科学的摄影教育体系以及当代大学生的摄影艺术追求”主题座谈会。摄影教育中数码与胶片的比例平衡、摄影专业学生的职业方向、视频与静态影像课程设置、摄影史课程比重、摄影作品的定价和版权保护、中西方摄影风格的差异等等，都成为大家关注的热点。中国摄协分党组成员、副秘书长顾立群对远道而来的客人表示欢迎。清华大学美术学院摄影教研室主任苏民安，北京电影学院教授唐东平、教师郑涛，美中友好协会主席李娟以及国内各高校摄影专业的学生代表参加了座谈会。

7月3～10日，中国摄影家协会在法国阿尔勒国际摄影节期间举办《影像中国——中国当代优秀摄影师作品展》，展出第八届中国摄影金像奖获得者费茂华、李泛、王敬民、王争平等4位优秀摄影师的共28幅作品。作为“让影像告诉世界——今天的中国”世界巡回展之法国站，《影像中国》展通过中国当代优秀摄影师的作品，展示当今中国社会发展的一个侧面，让世界了解中国摄影的发展，用摄影搭建起文化沟通的桥梁。由中国摄协分党组书记、副主席兼秘书长李前光带队的中国摄协代表团全体成员出席了阿尔勒国际摄影节暨展览开幕活动，并与阿尔勒摄影节总监弗朗索瓦·何贝尔、法国文化部摄影部主任阿聂兹·圣克林等进行了会谈和交流。

7月13～19日，新加坡华人摄影家张美寅的“水墨黄山”摄影作品展在北京画院美术馆开幕，展出张美寅拍摄的黄山风光作品90件。本次影展由北京画院、福建省摄影家协会、新加坡影艺研究会共同举办。中国摄影家协会副主席张宇、张桐胜，分党组成员、副秘书长顾立群出席影展开幕式。开幕式后还举办了张美寅摄影作品研讨会。

7月16～21日，以中国摄影家协会副主席李伟坤为团长、中国摄协分党组成员高琴为副团长的中国摄协代表团一行4人，应蒙古国职业摄影家协会的邀请，对蒙古国进行了友好访问。

8月2～8日，正值第30届国际摄联代表大会（FIAP）期间，中国摄影家协会在越南首都河内举办“让影像告诉世界——今天的中国”世界巡回展。影展得到出席FIAP大会的各国摄影界同仁的关注与赞誉。越南中央宣教部、文化体育旅游部、中国驻越南使馆官员以及中越两国摄影界、新闻界人士出席影展开幕式。

8月28日至9月6日，应美国德克萨斯州立圣安东尼奥大学艺术中心邀请，以中国摄影家协会分党组副书记、副秘书长王郑生为团长的中国摄协代表团一行5人赴美进行为期10天的文化交流。代表团出席了在德州圣安东尼奥大学艺术馆举行的“让影像告诉世界——灿烂的中华文化”摄影作品世界巡回展美国站开幕仪式。开幕式由圣安东尼奥大学艺术馆馆长斯科特·席勒主持，王郑生代表中国摄协致辞。中国驻休斯顿总领馆文化参赞蔡炼、副参赞李乾清，以及圣安东尼奥大学常务副教务长朱利尤斯·格里鲍，该校孔子学院院长连大祥等参观了影展。

9月16日，为庆祝中国和芬兰两国建交60周年，由中国文联、中国驻芬兰大使馆和芬兰教育部联合主办，中国摄影家协会承办的“中国——芬兰世界遗产图片展”在芬兰议会图书馆开幕。该展览在芬兰的3个城市巡展于10月19日结束。中国驻芬兰大使馆临时代办马强、芬兰议会议长萨乌里·尼尼斯托、芬兰教育部国际司司长娅娜·帕洛耶尔维出席开幕式并分别致辞，以中国摄协副主席王文澜为团长的中国摄协代表团一行5人出席了展览开幕式。

9月17日至10月1日，以中国摄影家协会分党组书记、副主席兼秘书长李前光为团长的代表团一行5人，应南非摄影学会、肯尼亚中国文化组织的邀请，赴南非、肯尼亚访问，并举办“让影像告诉世界——灿烂的中华文化”世界巡回展。

10月7～19日，以中国摄影家协会分党组成员、副秘书长顾立群为团长的5人代表团赴意大利、马耳他、葡萄牙访问，并举办“让影像告诉世界——灿烂的中华文化”世界巡回展。

12月18日，由中国文联主办、中国摄影家协会承办“世界遗产——灿烂的中华文化”摄影展在中国台北市张荣发基金会举办。全国政协副主席、中国文联主席孙家正，中国文联党组成员、副主席冯远，中国文艺协会理事长愚溪，中国摄协副秘书长解海龙，台湾知名摄影家周志刚、周鑫泉等出席开幕式。“世界遗产——灿烂的中华文化”摄影展是第二届海峡两岸暨港澳地区艺术论坛活动项目之一。

机关建设

2月4日，中国文联党组成员、书记处书记廖奔在中国摄影家协会分党组书记、副主席兼秘书长李前光陪同下，亲切看望了中国文联荣誉委员、中国摄协顾问吕厚民。此前，中国摄协分党组李前光、王郑生、顾立群、高琴等同志分别登门看望或致电慰问了中国摄协已故的4位主席石少华、徐肖冰、高帆、邵华的家属，中国文联荣誉委员、中国摄协顾问陈复礼，中国摄协顾问于健、扎西次登、杨绍明、陈勃、陈昌谦、袁毅平、贾明祖，及中国摄协在京主席团成员，希望他们身体健康并继续关心支持摄影事业的发展繁荣。

4月2日，中国文联2009年度表彰大会在中国文艺家之家举行。中国摄影家协会领导班子连续第二年被中国文联党组评为“好班子”。中国摄协有关部门及部分干部职工喜获嘉奖。根据《中国文联、各文艺家协会机关参照公务员法管理的工作人员奖励规定（试行）》的奖励权限，中国文联决定，给予中国摄协展览中心等19个单位集体嘉奖，中国摄协分党组书记、副主席兼秘书长李前光等37位同志获得嘉奖。中国摄协党总支被中国文联机关党委评为先进基层党组织，李前光及中国摄协员工周玉林、付党生、连莹被评为优秀共产党员，中国摄协分党组成员、副秘书长顾立群被评为优秀党务工作者。

4月8日，首都精神文明建设委员会发布《关于表彰首都精神文明创建工作先进单位的决定》，中国摄影家协会成为受到表彰的2009年度中直系统首都精神文明单位之一，这也是中国文联各文艺家协会、各直属单位中唯一获此称号的单位。这也是中国摄协过去几年连续获得首都精神文明单位等荣誉之后，再次获得“首都文明标兵单位”的殊荣。

4月28日，中直团工委授予中国摄影家协会团支部等40个基层团组织中直机关“五四红旗团组织”荣誉称号。

7月中旬，中国摄影家协会2009年度先进工作者17人赴青海进行了为期5天的采风创作活动。这已是中国摄协连续四年举办先进工作者采风创作活动。是积极开展创先争优活动的具体体现。

2010年中国摄协通过调任、调配、聘任等方式共选拔任用协会中层干部11人。其中，机关部室6人，事业部室和直属单位5人。通过加强学习，努力提升组织干部工作水平，建章立制，认真规范组织干部工作程序，加强监督，加大干部任用过程中的民主监督等措施建立健全干部选拔任用和监督机制。

按照中央确定的时间表和路线图，认真落实《中国文联出版业总体改革方案》，中国摄影家协会努力推进所属经营性出版单位的转企改制和资产重组，已按照有关规定完成中国摄影出版社的转企改制，正在继续深化资产重组及完善法人治理结构、建立现代企业制度方面的改革。

中国书法家协会

会议与活动

【组织书法家慰问中办警卫局】

1月29日，中国书协为积极响应中宣部、中国文联的工作部署，组织书法家走进中南海，开展慰问中共中央办公厅警卫局活动。到场的书法家们挥毫舞墨，即兴创作书法作品百余件，赠送给中办警卫局。书法家一行先后参观了毛泽东主席故居、周恩来总理故居等。

【纪念刘炳森座谈会】

2月20日，为纪念刘炳森逝世五周年，由中国书协中直分会主办的纪念刘炳森畅谈书法艺术发展座谈会在北京东交民巷宾馆举行。中国书协分党组书记、驻会副主席兼秘书长赵长青，分党组副书记、副秘书长陈洪武，副秘书长白煦，中国民协分党组书记、副主席罗杨，中国书协中直分会副会长于曙光、张虎、邹德忠，刘炳森之子刘学思、刘学为等，以及在京著名书法家、刘炳森生前好友学生40余人参加座谈会。

【中国书法名城（之乡）联谊会一届二次理事会】

2月25日，中国书法名城（之乡）联谊会一届二次理事会在北京华风宾馆举行。中国书协分党组书记、驻会副主席兼秘书长赵长青，副主席申万胜、吴善璋、林岫、聂成文，河南省书协主席宋华平及中国书协命名的中国书法名城（之乡）代表、书画频道领导、在京媒体记者参加了会议。会上，赵长青代表中国书协讲话，宋华平作中国书法名城（之乡）联谊会2009年度工作总结和2010年度工作计划报告。

会上，书法名城（之乡）苏州市、临沂市、湘潭市、安阳市、乌海市的代表发言，他们简要介绍了2009年在书法名城（之乡）建设发展方面的情况，并就书法名城（之乡）今后的发展提出建设性意见。到会书法名城（之乡）代表表示，要进一步提升打造书法名城（之乡）的硬件、软件条件，营造有利于书法发展的文化环境，积极配合中国书协各项工作，推动书法事业全面发展。

【五届十次主席团会议】

2月26日，中国书协在北京华风宾馆召开五届十次主席团会议。出席会议的有中国书协主席张海，中国书协分党组书记、驻会副主席兼秘书长赵长青，副主席申万胜、旭宇、吴东民、吴善璋、言恭达、何应辉、张业法、陈永正、邵秉仁、林岫、聂成文，分党组副书记、副秘书长陈洪武，分党组成员、副秘书长戴志祺，副秘书长白煦。中国书协各部门负责同志列席会议。

会上，赵长青作了《中国书协2009年工作总结和2010年工作安排的汇报》。该报告共分两部分：关于2009年工作简要回顾和关于2010年主要工作思路和安排。与会主席团成员就赵长青同志的报告展开热烈讨论，大家认为这个报告全面总结和反映了2009年中国书协各项工作和成果，对2010年工作安排规划科学全面，可操作性强。

【2010年新春联谊会】

2月26日，由中国书协、书画频道主办，广东省中山市小榄镇人民政府承办的2010年中国书协新春联谊会在人民大会堂举行。在京中国书协理事，广东省中山市小榄镇有关方面负责同志，中国文联机关各部室负责人、各文艺家协会负责人，在京新闻媒体以及首都各界900余人，欢聚一堂，共庆2010年新春佳节。

【在央视抗震救灾大型募捐活动特别节目现场捐款508.5万】

4月20日，由中宣部、民政部、国家广电总局、中国红十字会4家单位联合主办，中央电视台承办的“情系玉树，大爱无疆——抗震救灾大型募捐活动特别节目”在中央电视台向全国直播。

一方有难，八方支援。在灾难面前，社会各界纷纷伸出援手，踊跃捐款。中国书协积极响应中国文联通知要求，立即组织部分在京顾问、主席团成员、分党组成员、理事赶赴晚会现场，踊跃捐款，共捐款508.5万元。

【为各地书法之乡授牌】

3月30日，“中国书法之乡——东明”授牌仪式在山东省东明县举行，并同时为东明县实验中学授予“兰亭中学”的称号。

3月31日，“中国书法之乡——兴城”授牌仪式在辽宁省兴城市宁远书院广场举行。

4月18日，“中国书法之乡——小榄”命名授牌仪式在广东省中山市小榄镇隆重举行。

5月24日，“中国书法之乡——柳河”命名授牌仪式在吉林省通化市柳河县隆重举行。

【温家宝总理在日本东京主持召开中日文化界知名人士座谈会】

5月31日，国务院总理温家宝在对日本正式访问期间，在东京新大谷饭店主持召开中日文化界知名人士座谈会。中国书协主席张海参加座谈。张海是作为以中国作家协会主席铁凝为团长的中国文化界知名人士代表团成员访日的。由中国总理主持中日文化界知名人士座谈会还是第一次。这反映了中国领导人和政府对加强中日文化交流的日益重视。

在5月31日下午召开的中日文化界知名人士座谈会上，日中文化交流协会会长辻井乔、日本茶道里千家大宗匠千玄室、动漫专家辻信太郎、书法家柳田泰山、著名演员中野良子、作家浅田次郎、四季剧团艺术总监浅利庆太、歌手陈美龄、服装设计师小筱顺子、内山书店社长内山篱等曾为中日文化交流做出过突出贡献的日本文化界著名人士先后发言，就中日汉字书法、宗教、戏剧、文学、动漫等与中国文化界知名人士代表团成员进行了交流。

温文尔雅的柳田泰山精于书法。他在发言中说，语言是有灵魂的，每个汉字都有各自的灵魂，书法把灵魂表现了出来。柳田家族和中国的书法交流已有80多年的历史。他还说：“我父亲临终时让我学习中国的书法，为日中文化交流作贡献。我永远不会忘记。”

温家宝总理说，文化是灵魂的交流，而文字是传统文化的重要工具。文字的交流、书法的交流，也是思想的交流，它传达和平的理念，共同促进着中日友好交往。

张海在发言中建议创造条件举办中日青少年书法竞赛和高层书法交流展。这个建议得到了日本书法家柳田泰山的响应。

活动结束时，张海和柳田泰山挥毫泼墨，分别书写了温家宝总理此次访问时所作的汉俳和辻井乔先生三年前“和对”温家宝总理的汉俳。两幅作品异曲同工，交相辉映，传递着东方文化的神韵和中日两国人民之间的友谊。

【爱我中华——资助关爱空巢老人志愿服务活动书画名家笔会】

为大力弘扬中华民族尊老爱幼、助人为乐的传统美德，从2009年年底开始，中央文明办、民政部、全国妇联在全国部署开展了“百万空巢老人关爱志愿服务行动”。6月29日下午，在北京金台饭店，由中国志愿服务基金会、中国书协、中国美协、中国美术馆共同举行了“爱我中华——资助关爱空巢老人志愿服务活动书画名家笔会”。义卖收入全部捐赠给中国志愿服务基金会，用于资助开展“百万空巢老人关爱志愿服务行动”。

【薄熙来会见中国书法家协会赵长青一行】

7月15日上午，中国书协在重庆举行授予永川区为“中国书法之乡”仪式后，中共中央政治局委员、重庆市委书记薄熙来在重庆会见了前来授牌的中国书协领导。重庆市委常委、宣传部长何事忠，重庆市委秘书长徐鸣等陪同会见。

会见在民主和谐的氛围中进行。薄熙来首先结合学书经历畅谈了自己的书法观。他说，书法是一门艺术、一种修养，也是我们的国粹，是中国传统文化的基本元素和重要载体。他明确提出要进一步加大书法普及教育的力度，希望能把重庆作为书法教育的示范基地，使书法可以成为重庆人骄傲的特色教育、特色文化。

赵长青在汇报中国书协近年来在全国范围内开展的“中国书法进万家”、捐建命名“兰亭小学”，创建“中国书法名城、书法之乡”等工作，特别是与中国教育学会联合开展的“从小写好中国字、长大做好中国人”主题活动，在全国产生了良好的影响时，得到了薄熙来的充分肯定。

【中国书法进万家——走进国防大学活动】

7月26日，由中国书协、中国人民解放军国防大学共同主办的“中国书法进万家——走进国防大学”活动在国防大学隆重举行。中国书协分党组书记、驻会副主席兼秘书长赵长青，中国书协顾问张飙，分党组副书记、副秘书长陈洪武，中国书协副秘书长白煦，国防大学校长王喜斌，总政宣传部艺术局副局长李翔，国防大学副校长王永生、副政委郭俊波、政治部主任张文忠等出席当日活动。

笔会上，全体书家共同创作了《抗日军政大学校歌》长卷，同时，挥毫泼墨，创作书法作品80余件，赠送给国防大学。

【五届六次理事（扩大）会议】

8月14～15日，中国书协五届六次理事（扩大）会议在河北石家庄召开。这次会议的主要任务是，以践行科学发展观为统领，以深入贯彻落实刘云山同志重要指示精神为重点，认真总结全国五次书代会以来的工作，分析当前书坛面临的新形势，研究部署年底前主要任务，为推进书法事业全面协调和可持续发展，兴起社会主义文化建设新高潮作出积极贡献。

付志方代表河北省委、省政府致欢迎词。覃志刚代表中国文联讲话。李牧作了《关于民主推荐中国书协新一届领导机构人选的说明》。

张海在会上讲话。他指出，本届理事会做了大量卓有成效的工作，取得了有目共睹的成绩，收到了实实在在的效果。本届主席团坚持原则，和谐一致，很好地发挥了集体领导的作用，为书法事业的繁荣发展尽了心力，这是大家的共识。相信中宣部、中国文联以及全体理事也会给予公正的评价。

赵长青代表中国书协作《第五届理事会第六次（扩大）会议工作报告》。

会上，白煦代表主席团作了《关于召开中国书协第六次全国代表大会的决议》，与会代表一致通过这一决议。

陈洪武做会议小结。

【奉献爱心赈灾笔会】

甘肃舟曲发生的特大山洪泥石流灾害，给当地同胞造成重大灾难。灾情牵动着全国人民的心，也牵动着广大书法家的心。8月15日，中国书协在石家庄河北世纪大饭店举行“心系舟曲情注翰墨”中国书协理事奉献爱心赈灾笔会。

此次捐赠活动共有131名书家，创作了242件作品，将全部用于舟曲赈灾。仪式上，覃志刚、张海代表主办单位向捐助单位代表马彦龙移交作品，马彦龙将捐助款项100万元移交给中国书协。

【文化部举行中国入选联合国教科文组织非物质文化遗产名录项目颁奖仪式】

8月19日，文化部在北京人民大会堂举行中国入选联合国教科文组织非物质文化遗产名录项目颁奖仪式，并向参与申报工作的95个单位颁发证书。中共中央政治局委员、国务委员刘延东出席颁奖仪式并讲话。出席颁奖仪式的还有文化部、中国社会科学院、国家宗教事务局、国家文物局领导，以及联合国教科文组织驻北京办事处代表，全国各省、自治区、直辖市文化厅（局）和新疆生产建设兵团文化局负责人，香港特别行政区民政事务局、澳门特别行政区文化局代表，入选联合国教科文组织非物质文化遗产名录项目的有关市、县人民政府负责人，证书颁发单位负责人，项目国家级代表性传承人和国家非物质文化遗产保护工作专家委员会委员。

刘延东等向参加申报工作的单位颁发证书。张海代表书法界上台领取证书。

【“军旅边疆行——走进沈阳军区”启动仪式】

8月29日下午，由中国书协和中央数字电视书画频道共同主办的“军旅边疆行——走进沈阳军区”启动仪式在哈尔滨黑龙江省军区举行。启动仪式结束后，举行现场笔会，赵长青、王金祥及参加活动的书法家泼墨挥毫，创作40余件书法作品，当场赠送给黑龙江省军区官兵。

8月31日，军旅边疆行一行来到黑河军分区，先后参观考察了黑河“好八连”连史馆，看望八连官兵并题字。边疆行全体成员来到边防七团文化活动中心，为他们现场进行书法创作示范，受到战士们的热烈欢迎。军旅边疆行一行在黑河期间还参观了华侨纪念馆和瑷辉纪念馆。9月1日，军旅边疆行全体成员一行继续前往辽宁沈阳、大连、锦州、抚顺，吉林吉安、长白山等地边防哨所走访慰问。

【井冈山爱国主义教育基地授牌仪式】

9月13～15日，由中国书协组织的“中国书法家井冈山创作培训暨爱国主义教育基地”授牌仪式在江西井冈山革命博物馆举行。中国书协一行30余人参观了北山烈士陵园，向革命英烈敬献了花圈；参观了井冈山革命博物馆。书法家们还为当地博物馆和群众创作了书法作品近百件，寄托了大家对革命圣地的崇敬之情。此次在井冈山授牌创作培训暨爱国主义教育基地，是中国书协加强自身建设的一项重要举措，意在增强广大书法家的爱国热情，提高自身思想政治素质，促进书法事业繁荣发展和全国书法创作水平的提高。

【中国书法家协会第六次全国代表大会】

12月27日，中国书法家协会第六次全国代表大会在北京人民大会堂隆重开幕。来自全国各省、自治区、直辖市和新疆生产建设兵团、解放军、中央国家机关等单位以及港澳地区的400余名书法工作者代表参加会议，共商书法事业发展大计。中共中央政治局委员、中央书记处书记、中宣部部长刘云山出席开幕式并讲话，强调广大书法工作者要坚持为人民服务、为社会主义服务方向，贯彻百花齐放、百家争鸣方针，弘扬优秀文化传统，积极推进艺术创新，推出更多深受群众喜爱、充满艺术魅力的书法精品，努力书写时代发展和社会进步的新篇章。

全国政协副主席、中国文联主席孙家正，中国文联党组书记、副主席胡振民，中宣部副部长翟卫华，中国文联党组副书记、副主席覃志刚、李牧，中国文联党组成员、副主席冯远、廖奔，文化部副部长王文章，中国文联党组成员、书记处书记夏潮，解放军总政治部宣传部副部长黎国如，中国书协第五届名誉主席沈鹏，中国书协第五届主席张海，以及中宣部文艺局局长左中一、干部局局长蒲增繁等有关方面负责人出席开幕式。

胡振民在开幕式上讲话。王文章、黎国如在开幕式上致辞。林岫宣读了中国作协、中国美协等单位的贺词、贺信。张海致开幕词。赵长青作题为《坚持科学发展，促进繁荣和谐，为全面开创书法事业新局面而努力奋斗》的中国书协第五届理事会会务工作报告。开幕式由申万胜主持。

大会审议并通过了《关于中国书协第五届理事会会务工作报告的决议》，审议并通过了《关于修改中国书法家协会章程的决议》。

大会选举产生了由15人组成的第六届主席团和206人组成的新一届理事会。张海当选为中国书协主席，王家新、申万胜、苏士澍（满族）、吴东民、吴善璋、何应辉、何奇耶徒（蒙古族）、言恭达、张业法、张改琴（女）、陈振濂、赵长青、胡抗美、聂成文（按姓氏笔画为序）当选为中国书协副主席。推举沈鹏为中国书协第六届名誉主席。

15名同志被聘为中国书协第六届顾问，他们是（按姓氏笔画为序）：王学仲、朱关田、旭宇、刘艺、李铎、佟韦（满族）、张飙、陈永正、邵秉仁、林岫（女）、周慧珺（女）、钟明善、段成桂、尉天池、谢云。陈洪武被任命为中国书协秘书长，戴志祺被任命为中国书协副秘书长。

12月29日，中国书协第六次全国代表大会闭幕式在北京国际饭店举行。中国文联党组书记、副主席胡振民，中国文联党组副书记、副主席覃志刚、李牧，中宣部干部局副局长齐鹤茹，中国书协第六届主席团全体成员、分党组成员等出席了闭幕式。

【2011年庆新年迎新春联谊会】

12月29日，中国书协第六次全国代表大会圆满闭幕。下午6时30分，中国书协在北京国际饭店会议中心紫金大厅隆重举行2011年中国书协庆新年迎新春联谊会。联谊会由中国书协、中央数字书画频道联合主办。

联谊会上，新当选的第六届中国书协主席团成员正式集体亮相，并向所有与会代表、各位来宾集体拜年，为联谊会增添了团结和谐的气氛。

张海代表中国书协在联谊会上致欢迎词。赵长青主持联谊会。

展览与评奖

【苏士澍金石书法文房展】

3月15日，由全国政协科教文卫体委员会、全国政协书画室、国家文物局主办，文物出版社、中央国家机关书画协会、中国书画收藏家协会承办的“笔墨纸砚 承载文明——苏士澍金石书法文房展”在全国政协礼堂举行。第十届全国政协副主席张思卿，全国政协副主席白立忱、孙家正、李金华、郑万通及国家有关部委、中直机关有关部门负责人和首都书法界知名人士200余位出席开幕式并观看了展览。

【当代书坛名家系统工程·五百家书法精品展】

4月10日，由中国书协、安阳市人民政府主办，中国文字博物馆、河南省书法家协会承办的当代书坛名家系统工程·五百家书法精品展在河南安阳中国文字博物馆隆重开幕。本次展览展出500件当代书家的书法篆刻精品，分别在中国文字博物馆和安阳博物馆展出。

【书法有法——孙晓云书法作品展】

4月15日，由中国书协、中共江苏省委宣传部、江苏省文化厅、江苏省文学艺术界联合会主办的“书法有法——孙晓云书法作品展”在中国美术馆隆重开幕。全国政协副主席、中国文联主席孙家正，中国文联党组书记、副主席胡振民，文化部副部长王文章，中国书协主席张海，原顾问欧阳中石，顾问李铎、刘艺、张飙、尉天池，副主席林岫、邵秉仁、段成桂，中国书协分党组副书记、副秘书长陈洪武，副秘书长白煦等领导出席开幕式。

【李铎携众弟子在京举办书画联展】

4月19～25日，由中国书协、中国人民革命军事博物馆共同主办的“仕龙书屋、翰墨飘香——李铎师生书画展”在中国人民革命军事博物馆举办。此展共展出了李铎、苗培红、卢中南、王勇平、杨明臣、高军法、王学岭等42人的书画近作108幅。

在师生展开幕式后，李铎携全体参展学生向青海玉树地震灾区捐赠人民币33万元、书画作品125幅，帮助灾区学校援建1+1心联小屋，重建灾区青少年和人民群众的精神家园。

【第八届全国刻字艺术展终评工作】

4月23～27日，第八届全国刻字艺术展终评工作在上海浦东新区举行。此次展览在初评入选的569件刻字作品中，评选出入展作品500件。入展数量居前3位的省份是江苏（68件）、河南（53件）、黑龙江（46件）。本届展览作品于7月3～10日在上海浦东图书馆隆重展出。届时，中、日、韩20人书法刻字艺术展亦将同台亮相，借世博之盛会展示中、日、韩刻字艺术多元、融合的魅力与风采。

【岁月如歌——张海书法展】

4月30日上午，由中国文联、中国书协共同主办的“岁月如歌——张海书法展”在北京中国美术馆举行开幕式。盛况空前，反响热烈。

全国人大常委会副委员长周铁农，全国政协副主席陈奎元、李金华、郑万通，全国政协原副主席张思卿，全国人大常委、全国人大财经委副主任委员、国防大学原政委赵可铭上将，总政治部原副主任刘永治，全国人大农村与农业委员会副主任王明义，中央纪委副书记黄树贤、李玉赋，中宣部副部长孙志军，中央政策研究室副主任何毅亭，中国文联名誉主席周巍峙，中国文联党组书记、副主席胡振民，中国文联党组副书记、副主席李牧，中国文联党组成员、书记处书记廖奔、夏潮，人力资源和社会保障部副部长杨士秋及中国书协原顾问欧阳中石，顾问刘艺、李铎、佟韦，副主席申万胜、朱关田、旭宇、吴善璋、言恭达、张业法、段成桂、聂成文，中国书协分党组副书记、副秘书长陈洪武，及港澳台地区书法家代表新加坡书协主席陈声桂，日本三重县书道联盟秘书长谷伸司，日本岩手县书道协会理事藤田典子，韩国全北大学教授金森基，英国欧洲中国书协主席赵翼州，马来西亚国际书画联盟主席符永刚，台湾“中国书法学会”理事长谢季芸，香港书法家学会会长容浩然，澳门书协主席连家生及各界嘉宾、新闻媒体，来自全国各地的书法家、书法爱好者近千人出席开幕式。

胡振民在开幕式上讲话。张海致答谢词。海外及港澳台地区书法家代表分别致辞。

【全国第三届扇面书法艺术展评审】

6月2～4日，全国第三届扇面书法艺术展终评工作在江苏省张家港市进行。最终，456件作品入展。冷恒宇、余继忠、王友杰、刘京闻、梁碧龙5人获一等奖，同时评出二等奖10名，三等奖15名。此次评奖在兼顾不同风格、不同取法的基础上，强调创新与学术意义；关注有实力、有成就、有潜力的作者；注重书写内容，防止文字、文学错误；获奖作者中，年轻作者占了大部分。

【第二届中国西部书法篆刻展】

6月11日，由中国书协、新疆维吾尔自治区党委宣传部、自治区文联联合主办，新疆书协、中国移动通讯集团新疆有限公司承办的“中国移动杯”第二届中国西部书法篆刻展，在新疆维吾尔自治区国际博览中心开幕。新疆维吾尔自治区副主席铁里瓦尔迪·阿不都热西提致欢迎词。

此展共收到来稿7000余件，共评出入展作品352件。入展作品风格多样、异彩纷呈，既能从中看到全国书法发展的脉络，又能深刻地感受到独特的地域特色，全面地展示了目前西部书法的创作概貌。

【第八届全国刻字展】

7月3日，由中国书协、中国书协刻字研究会、上海市书协联合主办，上海市浦东新区青少年活动中心、上海浦东文化传媒有限公司承办的“第八届全国刻字展”在上海浦东图书馆开幕。覃志刚、张海、姜樑、周慧珺、尉天池等领导分别为获得全国奖、获奖提名作者和获得组织奖单位颁奖。

【全国首届篆书作品展】

7月23日上午，由中国书协主办，贵州省书协协办，贵阳市文联、贵阳美术馆共同承办的“全国首届篆书作品展”在贵州省贵阳美术馆隆重开幕。本次展览共收到海内外篆书来稿近万件，共评出一、二、三等奖获奖作品35件，获奖提名作品53件，入展作品462件。这些作品涵盖了篆书各体，兼顾到各种风格和流派，也关注到传统和创新，以及形式感和展厅效应。

【第四届中国（秦皇岛）中小学生书法节】

8月21日上午，由中国书协、中国教育协会、河北省教育厅、河北省文联、秦皇岛市政府主办的第四届中国（秦皇岛）中小学生书法节在河北秦皇岛开幕。书法节期间，同时还举行祖山兰亭中学书法笔会、祖山兰亭书院揭牌仪式等活动。

此次书法节共收到来自全国30个省区市中小学生和教师的书法作品12000多件、书法教育论文100多篇，最终评选出209件中小学生书法作品和180件教师书法作品入展，这些作品反映了新时期我国中小学书法教育的最新成果。

【当代中国行书名家作品展】

9月3日上午，由中国书协主办、中国书协行书专业委员会承办的“若行若舞——当代中国行书名家作品展”在北京中国美术馆开幕。

自2007年“我与经典”行书专业委员会作品展之后，2010年行书委员会又邀集了全体委员每人创作3件作品举办这次展览。进入21世纪的书法艺术创作，以行草书创作最具活力。这次展览定名为“若行若舞”，是取行草书艺术若行若止、若行若舞的形象特征而命名的。

【翰墨石鼓全国书法名家邀请展】

9月28日上午，中国·宝鸡首届翰墨石鼓“中元杯”全国书法名家邀请展在宝鸡市中华石鼓园隆重开幕。中国书协理事、陕西书协主席雷珍民在开幕式致辞中说，石鼓文自唐初在陈仓石鼓山发现至今1300多年间，研究者、歌咏者、摹写者层出不穷。这次书展邀请参展的近300幅作品均为中国书坛大家、领军人物或名家新秀所作，总体上代表了当代中国书坛的整体水平和实力。

开幕式上，赵长青代表中国书协向宝鸡市政府授以“中国书协创作基地”牌。

【迎国庆书画名家展示精品】

9月30日，由中国美协、中国书协和中国诗书画研究院共同举办的“迎国庆中国书画名家精品展”在中国人民革命军事博物馆开幕。这次展览特邀请了96位画家和书法家的100幅作品参展。其中有担任过党和国家领导人的作品，有多位中国书协、中国美协主席、副主席和中国诗书画研究院院长的作品，是广大艺术家为共和国国庆献上的一份厚礼。

【第二届当代中国楷书名家作品邀请展】

10月10日，由中国书协楷书专业委员会主办，重庆市书协、重庆市秀山县人民政府承办的“第二届当代中国楷书名家作品邀请展”在重庆中国三峡博物馆隆重开幕。中国书协副主席、楷书专业委员会主任旭宇，楷书专业委员会副主任赵彦良，中国书协展览部主任、楷书专业委员会秘书长吴震启、副秘书长胡立民，中共重庆市委宣传部副部长樊伟，重庆市文联副主席陈若愚，重庆市文化局副局长李廷勇，重庆市书协主席刘庆渝，中共秀山县委常委、宣传部长吕英等出席了开幕式。开幕式由吴震启主持，吕英代表秀山县委、县人大、县政府、县政协致欢迎词，陈若愚、刘庆渝、旭宇分别讲话。

【全国第三届扇面书法艺术展】

10月11日上午，由中国书协主办、书法报社和中共张家港市委宣传部承办的全国第三届扇面书法艺术展在武汉中南民族大学光谷美术馆隆重开幕。

大展共收到稿件3万多件。通过评审，评出一等奖5名，二等奖10名，三等奖15名。包括获奖作品在内，共有456人的600余件作品入展。本次扇面展启用光谷美术馆全部展厅，生动客观地反映了当前扇面书法的创作理念、表现形式和审美取向，代表了当代书坛扇面书法创作的最高水平。

【全国新农村楹联书法大赛获奖作品展】

11月25日下午，由中国文联主办，中国楹联学会、北京市房山区委宣传部、区文委、房山区阎村镇党委和镇政府等单位承办的首届中国农民艺术节全国新农村楹联书法大赛获奖作品展览开幕式在房山区阎村镇文化馆举行。

大赛征集到29个省区市的870余位作者的1200余幅联墨作品，其中年龄最大的93岁，最小的13岁。经专家认真评选，评出一等奖5名，二等奖10名，三等奖15名，优秀奖200名。

【中国国家画院沈鹏工作室书法作品展】

11月27日，由中国国家画院主办，中国国家画院书法篆刻院承办的“藏风聚气汇京华——中国国家画院沈鹏工作室书法作品展（精英班、课题班）”在中国美术馆开幕。沈鹏先生携其书法精英班和课题班两届学员90位书法家精心创作的270余件作品分别在中国美术馆展示。

【第九届造型表演艺术成就奖颁奖典礼】

12月16日，由中国文联、造型表演艺术创作研究基金理事会主办的第九届造型表演艺术成就奖颁奖典礼在北京中国文艺家之家举行。典礼仪式上，覃志刚致辞。冯远代表中国文联向出资人深见东州颁发证书、赠送礼品。书画界孙奇峰、刘江荣获此奖项。

【2010年中国书法进万家活动表彰会】

12月29日，中国书协在京举行中国书法进万家表彰会。中国书协领导向10位先进团体会员颁奖。黑龙江牡丹江市书协主席李文宝代表先进个人发言。会上还授予北京书协等10个团体会员为先进团体会员集体，授予北京通州区书协等70个基层单位为先进基层集体，授予张建会等134人为中国书法进万家活动先进个人。

创作与学术

【“翰墨春秋”刘艺书法研讨会】

3月13日，由中国书协主办的“翰墨春秋”刘艺书法研讨会暨刘艺先生80寿辰庆贺活动在北京举办。中国书协顾问刘艺，中国书协顾问张飙，中国书协分党组书记、驻会副主席兼秘书长赵长青，中国书协分党组副书记、副秘书长陈洪武，副秘书长白煦等参加研讨会和庆贺活动。

【2010中国书协篆刻专业委员会工作会议暨当代篆刻创作论坛】

4月24～26日，由中国书协篆刻专业委员会主办、无锡市文联承办的“2010中国书协篆刻专业委员会工作会议暨当代篆刻创作论坛”在无锡举行。篆刻委员会委员和特邀专家在会上分别就当代篆刻的时代特征及审美追求，对如何更好地继承中国篆刻艺术传统，如何把握篆刻申遗成功和奥运“中国印”的契机等作了深入的研讨。

【《国歌》（书法集）首发式】

5月9日，由中国书协主办，人民画报社、中国书协艺术发展中心承办的大型主题书法集——《国歌》首发式在全国政协礼堂隆重举行。首发式在中国人民解放军军乐团雄壮的《国歌》声中开始。覃志刚代表中国文联向大型主题书法集——《国歌》首发表示祝贺。张海代表中国书协讲话。

【第二届海峡书法论坛】

6月21日，第二届海峡书法论坛“传统文化与书法艺术”论坛在厦门“中国书法家海峡两岸创作交流基地”举行。本次活动是国务院台湾事务办公室2010年重点交流项目。来自两岸的书法家、理论家近百人参加论坛。中国书协组联部主任张陆一，台湾艺术大学美术研究所教授李奇茂，台湾中国孔学会出版社社长洛华笙，中国书协理事、《中国书法》杂志社主编李刚田，《书法》杂志社主编胡传海等10位专家学者出席论坛。

【首届中国书法名城论坛】

6月30日至7月1日，由苏州策划并承办的“首届中国书法名城论坛”在古城苏州举行。开幕式后，中国书协副主席邵秉仁作了题为《保护是最好的传承》的专题讲座，针对世界文化遗产书法艺术当下文化生态的价值与意义，如何保护、传承、创新书法艺术进行了充分的阐述，对书法的美好前景作了高瞻远瞩的展望，提出了一系列值得思考的观点，对当代书法的发展具有指导意义。

【2010 中国苏州（沧浪）书法史讲坛】

7 月 17 ～ 20 日，由中国书协、江苏省文联、苏州市文联和沧浪区双塔街道办事处共同主办，苏州市书协、沧浪区文联承办的 2010 中国苏州（沧浪）书法史讲坛在苏州市沧浪区举办。来自中国书协、江苏省文联和苏州市政府方面的领导，海内外的书法史研究专家、学者，国内众多知名大学的在读硕士、博士研究生等 200 余人出席了开幕式。本次讲坛由 5 位专家主讲，演讲题目涉及“故宫藏法书研究近况”、“黄庭坚《砥柱铭》墨迹卷的确认”、“图像史料的搜集和利用——以明清书法史研究为例”等。

【中国人民大学书法研究生课程班举行 2010 秋季面授】

9 月 27 日，由中国人民大学、中国书协书法培训中心、《中国书法》杂志联合举办的“中国人民大学书法研究生课程班”秋季开学典礼在中国人民大学逸夫会议中心隆重举行。第三期书法研究生课程班 55 名老学员及第四期书法研究生课程班 77 名新学员也参加了开学典礼。

典礼结束后，两期书法研究生课程班分别在中国人民大学和中国书协书法培训中心进行为期 10 天的专业学习。期间，欧阳中石应邀来到人民大学，为两期学员作了题为《文化与书法》的学术演讲。

【西部基地第九期书法高研班】

10 月 1 日，由中国书协西部教育基地与宁夏固原市文联、固原市书协共同举办的第九期书法高级研修班在固原开班。来自宁夏、甘肃、内蒙古及陕西等地的 120 名学员参加了本次培训。培训于 10 月 7 日下午圆满结束。迄今为止，中国书协西部教育基地已成功举办了 9 期书法高研班，共培训学员 800 余人次，部分学员作品已参加全国展览并获奖，大多数学员正在逐渐成为当地的书法骨干，为推动西部书法事业的稳步发展奠定了良好的基础。

【《当代中国书法论文选》5 卷本出版】

由中国书协主编的《当代中国书法论文选（1949 ～ 2008）》（以下简称《论文选》）由荣宝斋出版社出版。《论文选》主要汇集中国书法近 60 年来，特别是改革开放 30 年、中国书协成立 28 年来书学研究的重要成果。全书论文选编以 1949 至 2008 年为总范围，选自公开发行的报刊或出版社出版的专著等（发表于内部刊物的论文不选入）。全书 400 余万字，包含了近 60 年基本的作者队伍；体现了近 60 年本学界的研究成果，反映了本学界的发展轨迹、热点和思考心路。以学术第一、质量第一为标准，突出原创性，以严谨的学术态度严格选录。

【《沙孟海全集》首发仪式“沙孟海论坛”暨中国书学国际学术研讨会】

11 月 11 ～ 14 日，被国家新闻出版总署列为“十一五”国家重点图书出版计划项目的《沙孟海全集》首发仪式，及由中共浙江省委宣传部、宁波市人民政府、浙江省文联、浙江省文化厅、浙江省文物局等单位主办，由浙江省书协、浙江省博物馆组织实施的“沙孟海论坛”暨中国书学国际学术研讨会在杭州金溪山庄隆重举行。来自大陆及台湾地区和日本的专家学者 60 余人，相聚西子湖畔，参加“沙孟海年”系列活动——“沙孟海论坛”暨中国书学国际学术研讨会。

对外及对港澳台地区书法交流

【第 13 届国际刻字艺术交流大展】

3 月 7 日，由国际刻字联盟、日本刻字协会共同主办的“第 13 届国际刻字艺术交流大展”在日本东京上野美术馆隆重举行。中国书协刻字研究会应邀出席了开幕式。本届展览共展出现代刻字作品 360 余件，充分展现了国际刻字艺术的最高创作成果，反映了各国在刻字艺术上的全面推进和深入发展。

【中国书协代表团赴台湾访问】

7 月 2 ～ 7 日，为进一步加强海峡两岸文化交流，推动两岸书法事业的繁荣发展，中国书协代表团一行 10 人，分赴台北市、台中市、新竹市开展书法展览和交流活动，并与各界知名人士进行广泛接触，对增进两岸人民的民族认同感和互信，推进和平统一大业起到了积极作用。

代表团拜会了中国国民党前主席吴伯雄先生。吴伯雄对代表团一行表示了热烈的欢迎，并真诚地感谢书法家在推进两岸文化交流中所做出的努力。7月6日，代表团专程拜见了中国国民党副主席蒋孝严先生。蒋孝严先生饶有兴致地与赵长青等畅谈中国书法和文化，他希望中国书协今后能多组织代表团赴台访问交流，为两岸和平发展、人民生活幸福作出更大贡献。

【第26届中日友好少年少女书法交流活动】

8月5日，由中国书协与日本全国少年少女竞书大会共同举办的第26届中日友好少年书法交流大会在北京举行。日本国驻华大使馆为此次交流会的后援单位。

会上，赵长青、山崎照义分别代表中日两国主办单位致辞，并介绍了各自的有关情况。赵长青在致欢迎词中高度评价山崎照义为中日少年书法交流所作出的贡献。他说，成田山全国竞书大会已经成功举办的26届，共有600名优秀青少年书法爱好者访问过中国。

【第26届中日青少年友好交流高野山书法比赛颁奖仪式】

8月8日晚，由中国书协、全日本书道联盟、日本每日新闻社、高野山书道协会联合举办的第26届中日青少年友好交流高野山书法比赛在人民大会堂举行颁奖仪式。到会的中日嘉宾为本次高野山书法交流比赛获奖的中方学生代表颁奖，获奖的中日双方学生代表还互赠了书法作品。

【首届青少年赴日书法交流代表团】

8月22～27日，应日本成田山全国竞书大会邀请，中国书协首届青少年赴日本书法交流代表团访问日本。代表团成员有来自全国23个省区市的42名青少年。教育部语用司对此行给予了大力协助。

吴震启、田伯平、日本书法家杭迫柏树分别对双方学生的作品进行了点评，希望双方学生相互学习与借鉴。

【首届国际书法产业博览会暨第四届黄河明珠中国乌海书法艺术节】

8月28～30日，由中国书协与中央数字电视书画频道、乌海市委、市政府联合主办，乌海市委、市政府承办的首届国际书法产业博览会暨第四届黄河明珠·中国乌海书法艺术节在"中国书法城"内蒙古乌海市举行。文化部、国家新闻出版总署、中国书协、内蒙古自治区政协等有关部门领导，以及近30个国家的驻华大使、文化参赞、国内外书法艺术家、学者出席开幕式。为期3天的本次博览会举办了"中国书法城——乌海杯"国际书法艺术作品大展、"水墨中华"国际高端精品展等10个系列展，举办"中国书法城·乌海"国际书法艺术高端论坛以及群众性书法大赛、书画作品公益拍卖会等10多项活动。

【中国书法家代表团访问日本】

10月13～18日，应日本每日书道会的邀请，中国书协一行6人访问了日本。访问期间，代表团出席了在奈良举办的第九届国际书法交流大展。此次展览展出了477幅书法作品，其中中国书法家作品51幅。赵长青团长代表海外代表团致辞。10月15日，国际书法家联合总会召开了工作会议。会议决定马来西亚书艺协会将于2013年在吉隆坡举办第十届国际书法交流大展；大会原则通过《国际书法家联合总会章程》。

在这两项议事之前，会员们一致推选赵长青为国际书法家联合总会筹备工作委员会主席、陈声桂为国际书法家联合总会筹备工作委员会名誉主席。

【中国书法展】

10月25～29日，为庆祝中国书法、篆刻艺术被联合国列入世界非物质文化遗产名录，由文化部外联局和中国书协、中国艺术研究院中国书法院联合主办的"汉字之美——中国书法展"在法国巴黎联合国教科文组织举行。中国书协一行9人出席此次活动。10月28日，书法展在联合国教科文组织总部隆重开幕。何应辉、白煦、曾翔、于恩东、李啸5位书法家现场挥毫。

此次展览还特别展示了66幅当代优秀书法、篆刻、刻字作品，五体兼备，内容多为中国古代名诗佳句。

展览于11月1～5日在德国柏林中国文化中心巡回展出。

【联合国首届中文日暨中国当代著名书法家言恭达作品特展】

11月12日，庆祝联合国首届中文日暨中国当代著名书法家言恭达作品特展在联合国总部举行开幕仪式。联合国副秘书长赤坂清隆、中国常驻联合国代表李保东和夫人侣海林、中国驻纽约总领事彭克玉，以及联合国各部门的国际职员200多人出席了活动。

联合国中文日由联合国新闻部等主办。旨在联合国系统内推动语言和文化的多样性，以及6种官方语言（英、法、俄、中文、西班牙、阿拉伯）的平等使用。

机关建设

【“学创树”活动总结暨换届筹备工作动员会议】

8月20日，中国书协召开“学创树”活动总结暨换届筹备工作动员会议。中国书协分党组书记、驻会副主席兼秘书长赵长青，分党组副书记、副秘书长陈洪武，分党组成员、副秘书长戴志祺，副秘书长白煦，中国书协各部门负责人，各直属单位负责人及全体机关干部参加大会。会议由陈洪武主持。会上，白煦代表分党组和秘书长办公会作《中国书协关于开展加强自身建设为主要内容的“学创树”教育活动总结》。

中国杂技家协会

综　述

2010年是深入贯彻落实党的十七届四中、五中全会精神、全面推进党的建设新的伟大工程的一年，也是全国上下众志成城、经受考验的一年。一年来，在中宣部、中国文联的正确领导和具体指导下，中国杂协牢牢把握“高举旗帜、围绕大局、服务人民、改革创新”的总要求，自觉坚持“二为”方向、“双百”方针，积极履行联络协调服务的基本职能，充分发挥组织引导服务维权的重要作用，按照中国杂协五届八次主席团会议确定的工作计划和六次杂代会精神，求实创新，锐意进取，圆满完成了各项工作。

重大活动

【学习型党组织建设】

建设学习型党组织是党的十七届四中全会、五中全会根据党的十七大的战略部署向全党提出的重大任务和明确要求，是我们党在深刻总结历史经验、科学分析新的形势任务的基础上作出的重要部署。按照中央和中国文联的部署，中国杂协高度重视，明确要求，把学习型党组织建设工作不断引向深入。

2010年，中国杂协先后组织学习了《中国共产党党员领导干部廉洁从政若干准则》、《党政领导干部选拔任用工作责任追究办法（试行）》、全国宣传部长座谈会精神、胡锦涛总书记在中央政治局第二十二次集体学习时的重要讲话精神等，并积极开展创先争优活动。尤其在党的十七届五中全会胜利召开后，中国杂协把贯彻落实全会精神摆在突出位置，列入协会政治学习的重要日程，并切实抓紧抓好、抓出成效。

协会领导班子带头加强政治理论学习，并以此带动广大党员和干部群众的学习。通过集中学习与个人自学、通读文件与专题研讨相结合，以分党组学习、组织生活会、讨论会等形式和方法，使大家了解学习内容和基本精神。大家还结合各部室工作实际和本职工作，认真思考，努力把学习成果转化为解决问题的本领和改进工作的措施，学习能力、知识素养、工作本领和政治素养得以明显提高。

【中国杂协第六次全国代表大会】

11月2～5日，中国杂协第六次全国代表大会在北京隆重召开。来自全国29个省、自治区、直辖市和新疆生产建设兵团，以及香港特别行政区、澳门特别行政区、解放军、中直系统的200多名代表出席了大会。值得一提的是，中国杂协全国代表大会首次有港澳代表（5名）参会。

11月3日下午，中共中央政治局委员、中央书记处书记、中宣部部长刘云山，全国政协副主席、中国文联主席孙家正，中国文联党组书记、副主席胡振民，中宣部副部长翟卫华，文化部副部长杨志今，中国文联党组副书记、副主席覃志刚、李牧，中国文联党组成员、副主席冯远、廖奔，中国文联党组成员、书记处书记夏潮，解放军总政治部宣传部副部长黎国如出席了开幕式。出席开幕式的还有中宣部文艺局局长左中一，干部局局长蒲增繁，文艺局副局长孟祥林，干部局副局长齐鹤茹，文化部艺术司司长董伟，中国文联办公厅主任夏朝华，国际联络部主任黄文娟，理论研究室主任董耀鹏，人事部主任刘漪艳等有关方面负责同志以及首都文艺界、新闻界和各全国文艺家协会的负责同志。杂技界、文艺界等40多家有关部门和单位发来了贺信、贺电。

刘云山在开幕式上作了重要讲话。他指出，中国杂协是党和政府联系杂技界的桥梁和纽带，是繁荣社会主义文艺、建设先进文化的重要力量。中国杂协在围绕繁荣杂技艺术，组织采风活动，开展业务交流，推动队伍建设等方面做了大量富有成效的工作，为繁荣我国杂技事业作出了重要贡献。相信中国杂协一定能够以这次代表大会为契机，总结经验，再接再厉，奋发进取，团结带领广大杂技工作者不断开创我国杂技事业的新局面。他提出4点希望：一要贴近实际、贴近生活、贴近群众，更好地服务基层、服务人民大众；二要弘扬民族艺术、紧跟时代步伐，大力推进艺术创新；三要秉持职业精神、勇攀艺术高峰，努力做德艺双馨的杂技工作者；四要面向未来、放眼世界，不断增强中国杂技的竞争力和影响力。

胡振民代表中国文联讲话。他说，5年来，中国杂协紧紧围绕党和国家工作大局，开展了一系列主题文艺活动，唱响了社会发展和时代进步的主旋律；举办第24届世界魔术大会等专业活动，推动了杂技事业的繁荣发展；组织“送欢乐、下基层”等文化惠民活动，增进了杂技工作者和人民群众之间的感情；参加重大外事活动演出，有力地配合了国家“大外交”、“大外宣”战略；举办系列对外文化交流活动，为推动中华文化走向世界发挥了积极作用；加强协会自身建设，不断增强协会的凝聚力和影响力。他希望新一届领导班子紧密团结、锐意创新，以更加良好的精神状态、更加务实的工作作风做好本职工作，不断开创杂协工作的新局面。

杨志今代表文化部祝贺大会胜利召开。他说，中国杂协团结带领全国杂技工作者，创作出了一大批既有民族性又有现代感，既有技艺之美又有意境之美，深受国内外观众喜爱和好评的精品节目和优秀主题晚会。他祝愿广大杂技家继续勇攀新高峰，不断取得新成就。

大会审议并通过了中国杂协分党组书记、第五届秘书长邵学敏代表中国杂协第五届理事会所作的题为《打造新亮点，拓展新领域，为促进中国杂技大发展大繁荣努力奋斗》的工作报告；中国杂协分党组成员、副秘书长邹玉华作了《关于修改〈中国杂技家协会章程〉的说明》，大会审议通过了修改后的《中国杂技家协会章程》。大会选举产生了由107人组成的第六届理事会和11人组成的第六届主席团。边发吉当选主席，邓宝金、宁根福、刘全利、齐春生、孙力力、李西宁、阿迪力·吾休尔、邵学敏、程海宝、戴武琦等10人当选为副主席。中国杂协第六届主席团第一次会议根据《中国杂技家协会章程》，推举夏菊花为中国杂协名誉主席，聘请尹钰宏、李甡、何天宠、林建、蓝天等5人为中国杂协顾问。任命邵学敏为秘书长，邹玉华、曹建明为副秘书长。

会议期间，刘云山、孙家正和胡振民、翟卫华、李牧、廖奔等领导同志到会议驻地亲切看望了新老主席团成员、顾问、协会分党组成员，并对他们表示慰问和祝贺。

11月5日上午，大会胜利闭幕。与会代表认为，本次大会是在全国各行各业深入贯彻落实党的十七届五中全会精神，满怀信心地立足新起点、走向新辉煌的大好形势下召开的一次盛会，是一次民主、团结、鼓劲、繁荣的大会。与会代表表示，大会取得圆满成功，归功于中央领导的高度重视和亲切关怀，归功于中宣部、中国文联的正确领导和具体指导。同时，与中国杂协严谨细致的筹备组织分不开，与全国杂技界顾全大局、鼎力相助分不开。本次大会对于开创我国杂技事业新局面、推动我国杂技事业大发展大繁荣必将产生重要而深远的影响。

【赴海军大连舰艇学院、旅顺保障基地“送欢乐、下基层”慰问演出】

岁末年初，由中国文联、全国双拥办主办，中国杂协、中国文联国内联络部承办的“送欢乐、下基层”慰问活动在大连舰艇学院拉开帷幕。慰问活动由中国文联党组书记、副主席胡振民担任领队，带领杂技、曲艺、音乐、戏剧、影视、舞蹈、美术、书法、摄影等艺术门类的艺术家奔赴军营，为广大的海军官兵奉献精彩的文艺演出，使他们深切感受到了党和国家的亲切关怀和广大文艺工作者的深情厚意。

出席首场演出的领导还有海军政治部主任王兆海，中国文联党组副书记、副主席李牧，中国文联副主席、中国曲协主席刘兰芳，中国文联副主席、中国杂协主席夏菊花，全国双拥办副主任董华中，中国音协分党组书记、副主席徐沛东，中国美协分党组书记、副主席吴长江，中国曲协分党组书记、副主席姜昆，中国舞协分党组书记、副主席冯双白，中国摄协分党组书记、副主席李前光，中国书协分党组副书记、副秘书长陈洪武，中国杂协分党组副书记、秘书长邵学敏，海军政治部宣传部部长王林海以及辽宁省民政厅厅长霍文忠等。

大连舰艇学院是在国内外享有盛誉的全军重点建设院校，被誉为“海军军官的摇篮”。慰问团参观了广大党员和全体官兵的榜样、忠诚党的创新理论模范共产党员方永刚纪念馆，观看了曾14次参加国庆阅兵、受到党和国家领导人高度赞扬和中央军委通令嘉奖的千人方队表演。大连舰艇学院康非政委主持了大型慰问演出的开幕式，王兆海主任致欢迎词，胡振民书记发表讲话。他说：我们来到海军大连舰艇学院开展“送欢乐、下基层”活动，目的就是为了把党和政府的亲切关怀和广大文艺工作者的深情厚意送给全院广大官兵，与大家共同度过一个欢乐祥和的盛世佳节。同时，希望广大文艺工作者虚心学习人民子弟兵的优秀品质，不断增进对人民军队的深厚感情，从火热的军旅生活中捕捉灵感、汲取营养、锤炼艺术，不断创作出思想性、艺术性、观赏性相统一的优秀作品，努力满足人民群众日益增长的精神文化需求。

演出过程中，艺术家们高超绝伦的技艺和美轮美奂的表演让官兵学员掌声不断。郁钧剑的《说句心里话》唱出了战士们的心声，引发了全体观众的大合唱，掀起了演出的第一个高潮。专为大连舰艇学院成立60周年而作由李幼斌和郑卫莉表演的诗朗诵《摇篮颂》，刘斌的名曲《当兵的人》，小香玉的豫剧《花木兰》选段，辽宁芭蕾舞团焦洋、王韵的芭蕾舞以及谭晶的独唱《我的祖国》不断将演出推向高潮。济南杂技团的绸吊《空中彩绸》和沈阳军区前进杂技团的《浪桥钻圈》也收获了无数掌声，战士们对杂技演员高难技艺的精美展示啧啧称奇，惊呼声、唏嘘声不绝于耳。各文艺家协会的领导也各展其能，纷纷登台献艺，刘兰芳的评书，徐沛东的独唱，姜昆、戴志诚的相声，邵学敏的板胡独奏以及李前光、吴长江、陈洪武的摄影美术书法作品，让战士们领略了领导们的多才多艺。其间，来自书法家、美术家和摄影家协会的艺术家们向大连舰艇学院赠送了精湛的作品。大连舰艇学院也向参加演出的各文艺家协会赠送了舰模，表达了对艺术家的诚挚谢意。

第二天，艺术家们又马不停蹄转场到旅顺保障基地慰问演出。上午10点，艺术家们兵分两路，一路由胡振民书记带队，登上军舰演出；另一路由李牧副书记带队，奔赴海军某部观通站献艺。此时正值寒冬，东北室外的气温有零下十几度，但是艺术家们的热情如同冬日的骄阳，驱走了寒意。舰艇甲板和观通站的战士们早早列队等待，争相一睹艺术家们的风采。姜昆、戴志诚的相声引来阵阵欢笑；刘全和、刘全利双胞胎兄弟的滑稽演出让战士们忍俊不禁；谭晶登上甲板和战友们一起歌唱，引得掌声不断；而李彦培、徐秋让战士们近距离领略了魔术的神奇；大连杂技团的《男女现代软功》、《力量》更是让战士们惊叹声四起，为杂技演员的精彩表演连连叫好。下午2点半，第二场大型演出在旅顺港礼堂举行。开幕式由旅顺保障基地司令员沈金龙主持，李牧副书记发表讲话。之后，艺术家们为官兵们奉献上精彩的演出。汪正正的《超越梦想》、董蕾蕾的《红旗飘飘》让战士们不禁随声附和，而高保利的原生态演唱、郑芳的美声演唱、宋洁的民族舞蹈《赞哈》、张倩渊的唢呐独奏、宋心馨的古筝独奏以及于兰的京剧表演让战士们充分体验到了艺术的魅力。整个保障基地洋溢着节日的欢乐氛围。战士们都为能亲眼目睹著名艺术家的风采而兴奋不已，欢欣之情溢于言表。演出期间，来自书法家、美术家和摄影家协会的艺术家们向保障基地赠送了自己的作品，旅顺保障基地司令员代表部队向中国文联和全国双拥办赠送了锦旗和纪念品，感谢他们为部队组织了一台如此优质的演出。

中央电视台、新华社、《人民日报》海外版、《光明日报》、《经济日报》、《工人日报》、《农民日报》、《中国青年报》、《中国文化报》、《中国艺术报》、《文艺报》、搜狐网等新闻媒体也对此次活动进行了采访报道。

【随中国文联演出团赴云南楚雄、北京郊区“送欢乐，下基层”慰问演出】

1月8日，中国杂协选派的成都军区战旗杂技团、江西省杂技团的《滚灯》、《对手技巧》、《柔术》3个节目参加中国文联、中国红十字会的“送欢乐，下基层”赴云南楚雄慰问演出。

岁末年初，中国杂协选派中国广播说唱团的

《指挥家与钢琴家》、青年魔术师傅琰东的《互动魔术》参加中国文联“送欢乐，下基层”赴京郊解放军某坦克团为参加国庆60年大阅兵的官兵慰问演出。

【承办中国文联新春招待会】

1月26日，由中国文联主办，中国杂协、中国文联国际部承办的“中国文联新春招待会”在全国政协礼堂隆重举行。全国政协副主席、中国文联主席孙家正，中国文联党组书记、副主席胡振民，中国文联党组副书记、副主席李牧，中国文联副主席、书记处书记冯远，中国文联副主席、中国杂协主席夏菊花，文化部副部长赵少华，海峡两岸关系协会副会长王在希及中国文联所属各文艺家协会领导，来自35个国家和地区的80多名驻华使节、外交官等近百人出席了招待会，并同近千名观众一起观看了晚间的专场杂技演出。

招待酒会由冯远主持，胡振民发表了热情洋溢的讲话，他在回顾了中国文联多年来秉承友谊、交流、合作、发展的理念，与各国文艺组织、文艺家开展全方位、多层面交流与合作的历程后说：“文化交流是人的心灵的交流，是任何其他交流不可替代的，中国文联将一如既往推动中外文艺家交流与合作，相互学习，共谋发展。”他举起酒杯与大家一起为世界文化艺术的发展、进步，为文艺家之间的友谊和合作干杯。

酒会后，汇集全国9个艺术表演团体的100多位优秀演职员的杂技专场演出拉开帷幕，北京电视台著名主持人姜华主持晚会，12个近年来在国内外杂技、魔术、滑稽赛场获得过大奖的精品节目次第上演，中国杂技团的《地圈》勇猛无畏、《空竹》美艳精致、《十三人顶碗》大气磅礴；新疆维吾尔自治区杂技团的《手技》诙谐灵巧；济南杂技团的高空《绸吊》飘逸惊险，魔术师李彦培表演的《变脸》变化多端；大连杂技团的《现代男女软功》海一般神秘而深邃；空军政治部文工团沈娟的魔术《花舞蝶飞》婀娜而多姿；中国广播说唱团双胞胎滑稽表演艺术家刘全和、刘全利表演的《指挥家与钢琴家》把规范的交响乐“演奏”得笑料十足；内蒙古杂技团《高车踢碗》的群体配合、准确无误引起中外观众的兴趣；遂宁杂技团的《高椅》给演出带来惊险凝重的气氛；河北省杂技团《女子集体车技》表现了一群“机器女孩”的超人技艺。整台晚会在目不暇接的高难度技巧表演和惊呼不断、掌声不歇的现场反应中完美落幕。演出结束后，出席观看演出的领导和大使们走上舞台，同演职员们亲切握手，祝贺演出成功并合影留念。

在大家的共同努力下，这台来自12个不同单位、风格迥异的节目融合成一台节奏鲜明、表演靓丽的晚会，取得很好的演出效果，受到观看演出的领导和来宾们的充分肯定与高度赞扬。李牧、冯远同志代表胡振民书记亲切看望了演职员，还特别关心青少年演员的表演和成长，夏菊花主席说：“中国文联党组将此次重大的外事任务交给中国杂协承办是对我们的极大信任，今晚的演出圆满成功，我代表中国杂协向大家表示诚挚的谢意。”领导们的鼓励和厚爱赢得了演职员们的阵阵欢呼和掌声，大家表示要继续努力，为中外文化交流和杂技艺术的发展作出新的贡献。

《中国艺术报》、《文艺报》、《光明日报》等新闻媒体均对此次活动进行了采访报道。

对外文化交流

【国际魔术联盟国际主席埃瑞克·埃斯文一行访华】

7月22～27日，应中国杂协邀请，国际魔术联盟国际主席埃瑞克·埃斯文先生、国际副主席海瑞特·本杰明先生一行来华访问。

2006年，中国杂协在激烈的申办竞争中，成功获得国际魔术联盟第24届世界魔术大会的举办权。在大会申办及其后3年的筹备期间，埃斯文主席和本杰明副主席多次来华访问，对大会的筹备工作提出许多宝贵的意见和建议，对2009北京世界魔术大会的成功举办作出了突出贡献。此次二人在2009北京世界魔术大会成功举办一周年之际来访，更有着特殊的意义。

中国文联党组领导对此次来访高度重视。7月23日，中国文联党组书记、副主席胡振民，中国文联党组成员、副主席冯远在中国文艺家之家会见了埃斯文主席和本杰明副主席。中国文联有关部门和中国杂协负责人陪同会见。在会谈中，胡振民指出，在国际魔术联盟的直接指导下，在中国政府的鼎力支持和有力保障下，我们成功举办了2009北京世界魔术大会，并在国际魔术界产生了广泛的好评，与会者纷纷称赞北京世界魔术大会是国际魔术联盟历史上举办得最好的一届世界魔术大会之一。大会的成功举办，对于加强世界各国魔术师的友好交往，推动中国魔术艺术的繁荣发展，发挥了极其重要的作用。同时，也扩大了中国文联、中国杂协在国际上的影响力，产生了深远的影响。胡振民强调，中国政府历来十分重视文艺事业，其中也包括魔术艺术。希望中国杂协继续加强与国际魔术联盟的友好交往。通过这次会谈，我们对今后进一步深入的合作充满了信心。

随后，埃斯文主席致辞。他代表国际魔术联盟感谢2009北京世界魔术大会组委会为大会的成功举办所作出的卓越贡献，并表达了再次应邀来访的喜悦心情。他对胡振民先生给予世界魔术大会的支持与付出给予高度赞赏，对胡振民先生的智慧和领导才能给予崇高敬意。为了表彰他对2009北京世界魔术大会作出的贡献，埃斯文主席代表国际魔术联盟主席团向胡振民颁发了荣誉证书，并赠送了代表国际魔术联盟最高荣誉的大奖杯。他还盛邀胡振民作为嘉宾出席2012年在英国黑泽举办的国际魔术联盟第25届世界魔术大会。

访问期间，埃斯文主席、本杰明副主席与中国杂协分党组副书记、秘书长邵学敏进行了工作会谈。邵学敏阐述了中国杂协的工作性质以及在中国杂技界的地位和作用，并介绍了中国杂协2010年重点工作。埃斯文主席介绍了当前国际魔术联盟的主要工作，并希望中国杂协能够成为国际魔术联盟的合作伙伴，更多地参与到世界魔术大会以及亚洲魔术大会的组织工作中来。此外，双方还就魔术揭秘、魔术知识产权保护等问题进行了深入探讨，商谈今后继续加强交流与合作等事宜，并就2009北京世界魔术大会的一些未尽事宜进行了商讨并达成共识。

7月27日，中国文联党组副书记、副主席李牧代表中国文联设宴欢送埃斯文主席。晚宴上，李牧表示，中国文联非常重视中国杂协与国际魔术联盟几年来通过共同工作建立起来的友好关系。我们非常珍惜这份友谊，欢迎埃斯文主席今后能够再来中国访问。埃斯文主席对此次来访受到中国文联、中国杂协高规格的接待表示诚挚的谢意。他说："虽然2009北京世界魔术大会已经结束，但国际魔术联盟与中国杂协的合作才刚刚开始，我们对未来进一步的合作充满信心！我爱中国，爱中国人民，这里有我的好朋友，我们将为促进中外魔术艺术的交流和发展而共同努力！"

访问期间，埃斯文主席和本杰明副主席参观了新落成的中国文艺家之家，还来到中国杂协机关，问候曾经一同工作过的协会全体工作人员。二人还远赴上海拜访了上海魔术师协会，并参观了上海世博会。

【派员赴美参加第73届艾伯特魔术大会】

8月3～10日，应美国艾伯特魔术大会组委会邀请，经中国文联批准，中国杂协分党组成员、副秘书长、中国魔术艺术委员会秘书长邹玉华一行赴美参加第73届美国艾伯特魔术大会。

艾伯特魔术大会1937年创立于美国密歇根州南部小镇科隆，大会每年举办一届，迄今已有73年的历史。大会设有魔术比赛、嘉宾演出、道具展销、魔术讲座等丰富多彩的活动，随着大会规模的不断扩大，其在国际魔术界的影响力也与日俱增。如今的艾伯特魔术大会，已经逐渐成为各国魔术新秀和明星亮相的舞台。每年8月，世界许多魔术师和魔术爱好者都会慕名而来参加大会。

曾任2009年北京世界魔术大会国际顾问的美国魔术前辈亨利·姆豪斯先生作为艾伯特魔术大会演出总监，曾多次诚邀中国杂协派员参加大会。此次，邹玉华应邀担任魔术大会比赛评委，中国杂协还选派了金菊奖全国魔术比赛银奖获得者、青年魔术师刘子豪参加大会的嘉宾演出。

此次大会共有600多位魔术师和魔术爱好者参加，5场魔术比赛和嘉宾演出让能够容纳1200人的剧场几乎场场爆满。20多家魔术道具展销商携带各种魔术道具、魔术书籍、魔术DVD等参展，吸引了众多魔术爱好者，尤其是青少年，他们表现出了对魔术的极大热情和兴趣。经过紧张的比赛，中国香港魔术师甄泽权凭借巧妙的构思、精妙的手法以及稳健的表演，获得了比赛一等奖及"最受观众喜爱奖"。

此次，来自5个国家的20位有着国际水准的魔术师进行了精彩的嘉宾表演。大卫·威廉姆森、麦克·卡维尼、提娜·勒纳特、约翰·卡尼、乔治·赛特利尔等世界著名魔术师都亮出了他们的精彩绝活。来自中国的青年魔术师刘子豪表演了《手彩牌技》，他以五指分牌开场，原创雪花出牌，快速换装收场，整个节目如行云流水，自然流畅，出色的表演震惊了全场观众，观众起立鼓掌欢呼。最后，刘子豪赢得了组委会颁发的手彩类最佳表演嘉宾奖。

此次访问，中国杂协代表一行受到了大会主席鲍德尔和大会艺术总监姆豪斯先生的热情欢迎和接待。大会期间，邹玉华会见了曾经对北京申办和举办第24届世界魔术大会给予大力支持的几位德高望重的美国魔术前辈，并与姆豪斯先生进行了工作会谈。她代表中国杂协向姆豪斯先生致以亲切的问候，感谢他多年来为促进中国魔术发展作出的积极贡献，并希望今后继续加强合作，促进中外魔术艺术的交流。姆豪斯先生十分珍惜和中国杂协的友谊，并期待着未来的合作，他愿意为中国魔术师登上世界舞台创造更加有利的条件。姆豪斯先生对中国杂协此次派代表参加艾伯特魔术大会表示感谢，并且对青年魔术师刘子豪的出色演出给予了高度评价。他希望中国杂协每年都能够派魔术师参加艾伯特魔术大会。

通过参加第73届美国艾伯特魔术大会，中国杂协加强了与大会主办方的联系，为今后进一步的合作奠定了基础。尤其是大会宽松的参赛制度，吸引了更多魔术爱好者关注大会、参与大会；一个小镇能够73年不间断地举办有影响的魔术赛事并且培养了浓厚的魔术氛围，给一行人留下了深刻的印象，也给中国杂协今后的工作以很好的思路和借鉴。同时，此次魔术大会为加强中国与国际魔术界，尤其是与美国魔术界的友谊提供了一个良好的交流平台。

青年魔术师刘子豪在总结此次出访的收获时也表示，中国杂协为魔术师们提供了一个非常好的学习和了解国际魔术领域最新发展成果的机会。参加魔术大会不仅结交了朋友，开阔了视野，而且学了新知识，有了新感悟，对自己今后表演和创作的提高都有很大帮助。

理论研讨、新闻出版

【第四届东北三省杂技论坛】

8月20～22日，由中国杂协、黑龙江省文联、吉林省文联、辽宁省文联主办，黑龙江省杂协承办的第四届东北三省杂技论坛在哈尔滨召开。来自东北三省各杂技团、校、艺术研究所以及全国12个省市杂协、杂技团的60多位代表参加了论坛。论坛以“杂技主题晚会的得与失”、“杂技节目中技与艺的统一”、“如何加强地域合作”为议题进行了深入的研讨。论坛上，东北三省杂技团、校、艺术研究所共提交论文26篇，由中国杂协理论研究委员会成员组成的评委对论文进行评比。

【第九届中国武汉国际杂技艺术节理论研讨会】

11月2日，由中国武汉国际杂技艺术节组委会、中国杂协共同主办的第九届中国武汉国际杂技艺术节理论研讨会在武汉召开。本届杂技节的评委、嘉宾、参赛团队领队和编导、以及主要演员等60余人应邀参加了会议，与会代表就“从杂技节参赛节目看世界杂技（马戏）的发展趋势”为议题进行了研讨。

【调查研究和文艺舆情】

中国杂协认真完成了中国文联理论研究室交办的调研课题，形成《当代中国杂技艺术发展的回顾与前瞻》、《中国杂技对外商演现状及发展对策研究》、《2009中国杂技艺术述评》等多篇有参考价值和借鉴意义的研究报告。为中国文联提供文艺舆情，全年共报送杂技信息27篇，其中2篇被《中国文联绿头简报》全文刊用，3篇被《文艺动态》全文刊用，14篇被《文艺舆情摘报》采用，报送率和采用率居全国文联系统前列。其中，舆情信息《中国文化企业首次进驻美国市场》得到上级领导的高度重视，中宣部副部长、国务院新闻办主任王晨作出重要批示，并组织调研小组赴天创公司进行实地调研。舆情信息《马戏界呼吁叫停动物表演切莫一刀切》，及时反映马戏界的社情民意，引起有关部门的关注和重视；在中宣部文艺阅评工作中，及时反映杂技界动态，为上级领导机关提供了有价值的决策参考和信息服务，多篇报送材料被列为有重要参考价值的好信息，填补了以往杂技信息从未入围的空白，受到中宣部文艺局领导的充分肯定。

【文艺评奖】

中国杂协经过初评，推荐8篇论文参加中国文联第七届文艺评论奖的评选工作。经过文艺界专家的复评和终评，最终有1篇论文获得二等奖、2篇论文获得三等奖。在颁奖仪式暨当代文艺论坛上，1位杂技专家应邀作大会发言。

【新闻出版】

《杂技与魔术》杂志全年共出刊6期，发稿约40万字，照片600余张。杂志向社会各界宣传杂技事业发展的新趋势、杂技创作的新成就、国际赛场的新成绩，在提升杂技的社会影响力等方面发挥着积极的作用。

中国杂协与中国吴桥杂技艺术节组委会共同出版了《国际马戏论坛十年文萃》一书、与河南省杂协共同出版了《探索前沿——杂技论文集萃》一书。

队伍建设

一年来，中国杂协不断加强干部队伍建设科学机制，大力推进人事制度改革和干部队伍建设，协会形成了和谐发展的喜人局面。

2010年，经中国文联党组研究，中宣部批准，邵学敏任中国杂协分党组书记。经中国文联党组研究，明确了邹玉华和曹建明的职级为副局级。这是中国杂协分党组班子一次重要的调整，体现了中宣部和中国文联党组对中国杂协领导班子建设工作的关心与支持。

中国杂协认真贯彻落实全国人才工作会议精神，根据中国文联关于加快培养选拔年轻干部的实施意见，把培养人才、吸引人才、开发人才、用好人才，作为落实科学发展观、实现协会科学发展的基础。协会分党组立足长远，多次在分党组会议上强调要加大年轻干部的培养力度，并结合协会实际情况，制定了协会的人才发展规划。2010年，协会共提拔2名同志担任副处级领导职务，晋升2名同志为副调研员、1名同志为主任科员。此外，经组织推荐，人事部门考察了解，协会调入2名政治、业务素质较高的干部。随着干部队伍建设的不断深入，协会干部结构进一步科学化、合理化。

中国杂协把加强自身建设、树立协会新形象放到突出位置，把加强内部管理作为整顿机关作风的突破口和着眼点。通过完善各项规章制度，做到按章办事。从严管理干部，形成职责明确、措施到位、监督有力的长效机制。通过全面加强机关建设和管理，推进了机关作风建设的制度化、规范化、科学化。2010年，中国杂协分党组被中国文联评为年度“好班子”，中国杂协组联部获得集体嘉奖。协会上下合力，展现出中国杂协的崭新形象。

中国杂协是党和国家联系广大杂技工作者的桥梁和纽带，在加强协会机关建设的同时，中国杂协更把重点放眼于整个杂技界。

中国杂协在认真履行“联络、协调、服务”职能的同时，不断拓宽服务渠道，创新服务方式，提升服务水平。在做好促进团结、凝聚力量方面加大工作力度，积极加强与相关部门、杂技界的协作，促进联动，形成全国杂技“一盘棋”的局面。在充分挖掘利用中国杂技艺术节、中国杂技金菊奖等品牌优势的同时，努力搭建业务交流的平台，真心实意为杂技界服务，以业提人、以诚待人、以情暖人，想他们所想，为他们排忧解难，进一步增强了广大杂技艺术家和杂技工作者对中国杂协的向心力、认同感和归属感，使中国杂协真正成为广大杂技工作者的“和谐温馨之家”。

中国电视艺术家协会

综　述

2010年，在中宣部的有力指导和中国文联坚强领导下，中国视协深入贯彻落实党的十七大和十七届三中、四中、五中全会精神，牢牢把握“高举旗帜、围绕大局、服务人民、改革创新”的总要求，坚持用科学发展观统领电视文艺工作和视协工作，认真履行联络协调服务基本职能，充分发挥组织引导服务维权重要作用，自觉服务党和国家工作大局，积极进取，开拓创新，圆满完成了2010年确定的各项任务，在坚持正确导向、引领电视文艺创作和生产、倡导健康科学的理论评论、开展对外电视文化交流、推动视协机关建设等方面都取得了较大进展，为促进电视艺术大发展大繁荣作出了积极贡献。

会议与活动

【“送欢乐、下基层”】

1月22日，中国文联、中国视协主办的“送欢乐、下基层”慰问演出活动，在河北省三河市燕郊开发区隆重举行。在中国视协分党组书记、驻会副主席黎鸣、秘书长王锋、副秘书长张彦民等带领下，演员王奎荣、杜旭东、张连文、赵尔康、张金玲、王奎荣、赵燕国彰、高发，歌唱家李光曦，歌手常宽、李殊、沈利，黑骏马组合，水晶组合，小品演员鲍比肯、相声演员杨志刚和赵龙军等，来到汇福粮油集团的车间，为工人们奉献了精彩的演出，营造了一片浓厚的年节氛围。

【2010年电视艺术界新春联谊会】

2月11日，在农历新年即将到来之际，以“新春、联谊、欢快、交流”为主题的“2010年电视艺术界新春联谊会”在北京举行。联谊会由中国视协与中国时尚协会共同举办。中国文联党组成员、副主席杨志今，中国视协名誉主席杨伟光，中国视协主席赵化勇，中国视协分党组书记黎鸣，中国文联所属各文艺家协会、机关各部门，以及中国视协顾问、主席团成员、分党组成员、中央电视台的领导，与来自电视界、时尚界和媒体的代表共600余人出席了联谊活动。

杨志今、赵化勇分别在联谊会上致辞。联谊会上，中国视协主席团在京成员集体向全国电视艺术工作者拜年。联谊会上，电视艺术家们畅叙友情、沟通信息、交流心得，洋溢着欢快、祥和的气氛。

【四届五次理事会议】

4月17日，中国视协四届五次理事会议在江苏南京召开。中国文联党组成员、书记处书记夏潮，中国文联副主席、中国视协主席赵化勇，中国视协驻会副主席、分党组书记黎鸣，中国视协副主席李兴国、张晓爱、周莉、周振天、胡玫，秘书长王锋，副秘书长张彦民，江苏省文联党组成员、书记处书记叶飚荣，江苏省委宣传部文艺处处长李朝润等出席了会议。中共江苏省委常委、宣传部长杨新力到会看望了与会理事。赵化勇主持了会议。

夏潮在会上致辞。他对中国视协2009年的工作给予了充分肯定，对中国视协的工作提出了要求。黎鸣作了题为《团结奋斗、开拓创新，为促进电视艺术大发展大繁荣而努力奋斗》的工作报告。与会理事认真审议了工作报告，大家对2009年中国视协的工作给予了充分肯定，并对中国视协的工作提出了建议，希望中国视协和地方视协要进一步相互支持，上下呼应。

赵化勇做了总结发言。他从全国电视行业改革发展的宏观视野上，提出了当前电视事业发展中需要思考和研究的四点关注：一是要关注和研究其他媒体对电视媒体的强烈冲击；二是要关注和研究广大受众；三是要关注和研究电视自身的变化；四是要关注和研究电视人的变化。

根据工作需要，按照有关章程，本届会议还替换、增补了个别理事。

【“情系玉树　大爱无疆”抗震救灾大型募捐活动】

4月20日，由中宣部、民政部、国家广电总局、中国红十字会、中华慈善总会等主办，中央电视台承办的“情系玉树　大爱无疆”抗震救灾大型募捐活动，在央视一号演播厅举行。

大灾汇聚民心，民心凝聚力量。中国视协第一时间积极响应，在中国视协的倡议下，周振天、胡玫、王奎荣、赵燕国彰、张辉力、徐滔、文燕、春妮、栗坤、罗旭、王晔、李艳秋、马继红、李殊、英子等数百位电视界知名人士参与其中，奉献他们的爱心。

【2010专业委员会座谈会】

4月21日，中国视协召开了2010专业委员会座谈会，就进一步加强中国视协专业委员会管理工作，适应新形势下电视发展形势，广泛听取各专业委员会意见和建议，并对各专业委员会今后工作提出新的要求。

中国视协分党组书记黎鸣、秘书长王锋、副秘书长翟辉出席座谈会。会议由翟辉主持。王锋在座谈会上讲话。他充分肯定了各专业委员会的工作，介绍了中国视协2010年工作安排，并对各专委会工作提出了具体要求。黎鸣做总结讲话。他希望各个专业委员会在今后工作中，发挥本委员会的会员资源优势，突出专业特点，为推动电视事业大发展积极出点子，想办法。

【企业电视分会工作会议】

3月26～28日，中国视协企业电视分会在徐州召开会长（扩大）工作会议。中国视协副秘书长张彦民、徐矿集团党委副书记、副总经理李正军、徐矿集团董事、党委委员、工会主席李剑出席了开幕式。张彦民在会上致辞。企业电视分会第五届理事会会长沙凡在会议上宣读了本届理事会四年任期工作总结。与会同志就会议议题开展了讨论，并对工作总结提出了修改意见。

【全国省级视协主席工作会议】

4月24日，中国视协2010年全国省级视协主席工作会议在河南郑州召开。全国政协常委、中国文联副主席、中国视协主席赵化勇，河南省省委常委、省委宣传部长、副省长孔玉芳等领导和全国21位省市视协主席、副主席出席会议。会议由中国视协分党组书记黎鸣主持。

赵化勇在发言中阐述了视协与电视台的关系，强调了两者之间工作的密不可分。在发言中，赵化勇主席特别强调了视协的服务功能。

围绕着“视协如何为电视台服务”的主题，与会人员踊跃发言。河南电视台台长周绍成在会议上介绍了自己作为省视协主席的工作体会。湖南广电总台台长欧阳常林认为，视协如何做好工作，主要看如何准确定位。山东电视台总编辑祝丽华在发言中建议，要有前瞻性地开展一些策划和活动，推进电视和网络的发展。宁夏广播电视总台台长张扬强、宁夏视协副主席杨洪涛、新疆建设兵团党委书记戴立民在发言中希望视协的工作向西部倾斜。湖北卫视频道总监景高地表示湖北愿意与中国视协在一些项目加强合作，做强做大。

黎鸣对会议进行了总结。他说，与会代表提出了很多有建设性的意见和可操作性的办法，会后中国视协一定会好好总结，认真落实。

【DV委员会举行成立大会】

6月1日，中国视协DV委员会在北京举行了成立大会。全国政协常委、中国文联副主席、中国视协主席赵化勇，中央电视台原副台长陈汉元，中国视协秘书长王锋，全国20多个开办DV栏目的省区市电视台制片人和社会自由DV摄影师嘉宾100多人共聚一堂，出席成立大会。

王锋宣读了《关于成立中国电视艺术家协会DV委员会的批复决定》，并宣读了DV委员会领导机构组成人员名单。中国视协DV委员会主任冯存礼做了工作报告。赵化勇、陈汉元为DV委员会揭牌。来自江苏盐城电视台《情感树》栏目的制片人，在会上讲述了用DV拍摄记录普通人、动情事的十多年历程，展示了DV记录的力量。来自浙江和福建的2名DV拍客代表，与在座嘉宾分享了使用DV的影像责任和人生快乐。

【电视人进高校系列活动】

4月29日，首届中国大学生电视节“电视人进高校系列活动”之“与《沂蒙》主创面对面”专场交流会在大学生电视节的主会场中国传媒大学举行。电视剧《沂蒙》的主创人员导演管虎、编剧赵冬苓、演员马少骅、演员迟蓬来到现场，与中国传媒大学的同学进行互动交流。本次交流会是首届中国大学生电视节“电视人进高校系列活动”在中国传媒大学举行的首场见面会。

【电视管理策划委员会召开2010年会】

6月15日，中国视协电视管理策划委员会在上海召开2010年年会。全国人大常委、上海市广电局原局长龚学平，全国政协常委、中国文联副主席、中国视协主席赵化勇，中共上海市委宣传部副部长张止静，中国视协秘书长王锋，上海视协主席穆端正，上海上广电集团总裁黎瑞刚，中国视协管理策划委员会主任刘瑞等了出席会议。

与会者认为，制播分离制度是对广电机制的一个深入改革措施，必将带动广电行业创新创优工作的全面发展。三网融合是全国整合系统资源，进行有效传播的一个重大举措。

【2010军地电视艺术家联谊会】

7月30日，在2010年“八一”建军节到来前夕，中国视协在京举办了2010军地电视艺术家联谊会。中国文联副主席、中国视协主席赵化勇，中国文联书记处书记、主席团委员夏潮，中国视协驻会副主席黎鸣、海政文工团艺术指导周振天、总政宣传部艺术局副局长李翔、总政宣传部艺术局影视主管李洋、中国视协副秘书长张彦民等领导与来自空政电视艺术中心、海政电视艺术中心、总后电视艺术中心、二炮电视艺术中心、北京军区电视艺术中心、八一电影制片厂、济南军区电视艺术中心、广州军区电视艺术中心的电视艺术工作者近150人出席了联谊会。联谊会由中国视协秘书长王锋主持。中国文联书记处书记、中国文联副主席、中国视协主席赵化勇，总政宣传部艺术局副局长李翔在联谊会上致辞。联谊会上，军地电视艺术工作者欢聚一堂，畅叙友谊，共话家常，热烈地交流工作经验和艺术心得。

【农村电视委员会换届会议】

8月14日，中国视协农村电视委员会换届会议在京召开。全国政协常委、中国文联副主席、中国视协主席赵化勇，中国视协分党组书记黎鸣、秘书长王锋、副秘书长张彦民，中国农业电影电视中心书记傅玉祥，以及来自全国省区市电视台的领导和嘉宾50余人参加了会议，会议由江西省视协主席俞向党主持。赵化勇在会议上讲话。王锋宣布了新一届中国视协农村电视委员会领导班子的任命。张彦民宣读了农村电视委员会章程。中国农业电影电视中心书记、新一届中国视协农村电视委员会主任傅玉祥作了工作报告。

在换届会上，黎鸣总结说，农村电视委员会需要有大局观念、创新思维和服务意识，需要面向一线、团结奋进、前瞻务实。与会者还讨论了会费缴纳等具体事宜。

艺术节与评奖

【第25届中国电视金鹰奖评选活动】

3月中旬，第25届中国电视金鹰奖评选活动启动。本届中国电视金鹰奖评选范围包括：电视剧（含长篇、中短篇、少儿电视剧）、电视剧导演、电视剧演员、电视剧创作单项、电视文艺节目（含文艺节目、文艺栏目）、电视纪录片、电视文艺和纪录片创作单项、青少节目（含动画片、少儿电视文艺）、电视节目主持人。奖项设置包括作品奖和单项奖，其中作品奖表彰制作单位，单项奖表彰主创人员。本届金鹰奖设奖数量为79个。

【第二届全国行业电视文化艺术周】

6月11～17日，第二届行业电视文化艺术周在云南省宜良县举行。中国视协副秘书长张彦民、中共宜良县委书记郭子贞出席文艺晚会并讲了话。本次活动由中国视协行业电视委员会、云南省文联、宜良县委、县政府和昆明人才协会联合主办，中共宜良县委组织部、宜良县九乡风景区管理局、宜良县文学艺术界联合会共同承办的。

本届艺术周涵盖了中国行业电视节目展评、全国行业电视歌手风采展示、书画展、DV、摄影艺术交流、电视艺术培训等内容，吸引了来自电力、航空、煤炭、农林、铁路、卫生、冶金、中央国家机关、全国工会系统、党委组织部系统等诸多行业和系统职工群众的热情参与。

【第三届中国旅游电视艺术周】

6月19～23日，由中国视协、甘肃省旅游局、甘肃省广播电视总台、天水市政府主办，天水广播电视台、天水市旅游局承办的“2010年第三届中国旅游电视艺术周——中华文明之源·甘肃天水行”在甘肃省天水市举行。中国文联党组成员、书记处书记夏潮，中共甘肃省委常委、省委秘书长姜信治，甘肃省副省长咸辉，中国视协秘书长王锋、副秘书长张彦民，中共天水市委书记、市人大常委会主任张景辉，以及全国部分省市电视艺术家协会、电视台代表近300人参加了本届旅游电视艺术周。中共天水市委副书记、市长李文卿主持了开幕式。夏潮、咸辉分别在开幕式上致辞。

本届旅游电视艺术周活动内容包括第三届中国旅游电视艺术周开幕式晚会、优秀电视旅游风光观摩、研讨和展播、全国百家电视台记者和新丝路模特走进天水联合采风、第三届中国旅游电视艺术周颁奖文艺晚会等活动。

【第四届中国农村小康电视节目工程】

7月28～30日，中国视协在北京举办了第四届“中国农村小康电视节目工程”电视专题片推选活动。全国政协常委、中国文联副主席、中国视协主席赵化勇，中国视协分党组书记、驻会副主席黎鸣分别在推选会议上讲话。中国视协秘书长王锋宣读了本次活动对电视节目推选的标准和办法。中国视协副秘书长张彦民主持了本次推选会议。推选会上，与会评委认真审看了190部电视专题片，在充分酝酿讨论的基础上，评委会投票评选出最佳作品、优秀作品和好作品的获奖电视专题片。

【第八届中国金鹰电视艺术节】

9月20日，由中国文联、湖南省人民政府、中国视协、长沙市人民政府、湖南省广电局主办，湖南广播电视台、湖南电广传媒股份有限公司承办的第八届中国金鹰电视艺术节，在湖南长沙举行。全国政协副主席、民盟中央第一副主席张梅颖宣布开幕。中共湖南省委副书记、湖南省人民政府代省长徐守盛，湖南省政协主席胡彪，中国文联党组副书记、副主席、书记处书记李牧，全国政协常委、中国文联副主席、中国视协主席赵化勇，中国视协名誉主席杨伟光，中共湖南省委常委、省纪委书记许云昭，中共湖南省常委、省委秘书长杨泰波，湖南省人民政府副省长郭开朗，湖南省政协副主席魏文斌，武警湖南总队政委赵富栋，中共青海省委常委、宣传部部长吉狄马加，八一电影制片厂厂长明振江少将，中国对外文化交流中心执行主席龙宇翔，中国视协分党组书记黎鸣，国家广电总局办公厅主任朱虹，国家广电总局电视剧管理司司长李京盛，中国传媒大学影视学院院长李兴国，中国视协秘书长王锋、副秘书长张彦民，中国电视艺术委员会副主任兼秘书长王丹彦，国家广电总局办公厅副主任臧具林等出席开幕式。湖南省人民政府副省长郭开朗主持开幕式，杨泰波致欢迎词。李牧致开幕词。

本届艺术节主体活动包括：开幕式、颁奖典礼、金鹰论坛、颁奖晚会。本届金鹰艺术节颁发了第25届中国电视金鹰奖共79个奖项。其中，《解放》获得电视剧最佳作品奖，《媳妇的美好时代》等22部作品获得电视剧优秀作品奖，《走西口》、《今生欠你一个拥抱》的导演李三林获得电视剧导演最佳奖。《爱的奉献——2008宣传文化系统抗震救灾大型募捐活动》等3部作品获得电视文艺节目特等奖，《2010年春节联欢晚会》获得最佳文艺节目奖，《百花迎春——中国文学艺术界大联欢》等11部作品获得优秀文艺节目奖。《伟大的历程》等4部作品获得电视纪录片特等奖，《长安街》获得最佳电视纪录片奖，《大三峡》等9部作品获得优秀电视纪录片奖。《三国演义》获得最佳动画片奖，《美猴王》等5部作品获得优秀动画片奖，《〈童心如歌〉2009年六一晚会》获得最佳少儿电视文艺节目奖，《英雄少年——2008抗震救灾英雄少年颁奖晚会》等2部作品获得优秀少儿电视文艺节目奖。姜伟凭《潜伏》获得电视剧最佳编剧奖，崔卫东凭《中国往事》获得电视剧最佳摄像奖，王翠云等凭《大秦帝国》获得电视剧最佳美术奖，邓健如和李安磊分别凭《解放》和《为了新中国前进》获得电视剧最佳录音奖，郑自力凭《中国往事》获得电视剧最佳照明奖。李小萌、何炅、芮成钢、王冠、毕铭鑫获优秀电视节目主持人奖，董卿获最佳电视节目主持人奖。黄海波、孙红雷、王雯、范伟获得观众喜爱的电视剧男演员奖，海清、闫妮、王茜华、姚晨获得观众喜爱的电视剧女演员奖。孙红雷、闫妮获金鹰节最佳表演艺术奖，孙红雷、海清获金鹰节最具人气演员奖。

2010 年，金鹰奖评选收到报名作品总数达 716 部，其中电视剧 149 部，文艺节目 206 部，电视纪录片 224 部，青少节目 70 部，电视节目主持人参评作品 67 部。

【2010 中国大学生电视节】

10 月 20 日，2010 中国大学生电视节闭幕式暨颁奖晚会在北京举行。本届大学生电视节由中国视协和中国传媒大学联合主办。全国政协常委、中国文联副主席、中国视协主席赵化勇，中国视协驻会副主席黎鸣、秘书长王锋，中国传媒大学党委书记李培元，中国传媒大学校长苏志武，中国教育电视台台长康宁，北京市文联党组书记、常务副主席朱明德等领导和嘉宾出席闭幕式。晚会由崔永元和撒贝宁主持。“最受大学生瞩目”的电视节目和电视剧推举结果在晚会现场相继产生。中央电视台《百家讲坛》、中央电视台《天下足球》、湖南电视台《快乐大本营》、电视纪录片《大阅兵 2009》以及电视剧《我的青春谁做主》成功胜出。“最受大学生喜爱”的电视节目男女主持人由撒贝宁和董卿摘得。赵宝刚赢得“最受大学生喜爱”的电视剧导演奖。孙红雷和王珞丹最终捧得“最受大学生喜爱”的电视剧男女演员奖。在网络提名票选阶段，胡歌获得本次中国大学生电视节特设的“网络人气”奖。

大学生电视艺术节主体活动之一的 2010 全国大学生电视作品大赛的评选是本次电视节的一大亮点。共有 100 多所高校大学生的 1260 部电视作品，分为短片竞赛、世博竞赛和创意 3 个单元参评。最终，中国传媒大学《取景框里的似水流年》获得短片单元一等奖、湖南大学《世博寻宝·生命阳光》获得世博竞赛单元一等奖。本届大学生艺术节还发布了《2010 中国大学生电视影响力调查报告》。

【第四届“中国农村小康电视节目工程”颁奖】

11 月 5 ～ 6 日，第四届“中国农村小康电视节目工程”颁奖活动在上海市举行。本次活动由中国视协、中共上海市金山区委员会、金山区人民政府主办，金山区委宣传部、上海视协、中国视协农业电视委员会协办，金山区广播电视台承办。活动包括颁奖典礼、新农村建设电视发展论坛和金山采风。

中国文联党组成员、书记处书记夏潮，全国政协常委、中国文联副主席、中国视协主席赵化勇，中共上海市委宣传部副部长宗明，中共上海市金山区区委书记杨建荣出席颁奖典礼并致辞。中国视协分党组书记黎鸣，国家广播电影电视总局办公厅副主任臧具林，上海文广新闻传媒集团总裁黎瑞刚，中国视协副主席张晓爱，以及来自各省视协的秘书长和获奖代表出席了颁奖典礼。中国视协秘书长王锋宣读表彰决定及第四届“中国农村小康电视节目工程”电视专题片获奖名单。中国视协副秘书长张彦民主持颁奖典礼。夏潮、赵化勇分别在颁奖典礼上致辞。

【第二届新农村电视艺术节】

12 月 15 日，中国视协第二届新农村电视艺术节颁奖典礼暨农村电视发展论坛在中国农业电影电视艺术中心举办。中国文联党组成员、书记处书记夏潮，中国视协名誉主席杨伟光，中国视协分党组书记黎鸣，中国农业电影电视中心党委书记、主任傅玉祥，中国文联理论研究室主任董耀鹏，中国视协秘书长王锋，中国视协农村电视委员会常务副会长俞向党，中国农业电影电视艺术中心总编辑赵泽，中国视协副秘书长张彦民，中国农业电影电视艺术中心副主任苑荣、副主任林亚东、副总编辑傅雪柳、艺术总监范宗钗，中国传媒大学教授曾庆瑞，中央电视台总编室规划部副主任才婉茹及来自全国各电视台的第二届新农村电视艺术节获奖作品的创作者，各省区市视协的秘书长参加了艺术节的颁奖典礼及论坛。

王锋、傅玉祥分别致辞。俞向党在论坛上对本届电视艺术节及其作品的参选以及整个推选情况作了简明介绍。曾庆瑞在论坛上就农村题材电视剧创作发展问题作了精彩演讲。张彦民介绍了第二届新农村电视艺术节表彰情况及获奖名单。他说，本届新农村电视艺术节推选活动共收到 250 多部参评作品，经评选，推选出优秀电视作品 58 部，另外还推选出最佳农村题材电视剧，男女演员各 3 位，农村题材电视剧最佳导演、最佳编剧各1名，以及十佳农村电视风采展示魅力乡镇和十佳农村电视节目主持人。获奖代表制片人潘长甬、主持人顾国宁也在论坛上与与会者分享了创作体会。

在论坛结束之后，第二届新农村电视艺术节颁奖晚会在农影中心举办。整台晚会诙谐隆重，在彰显电视艺术工作者风采的同时，也对各类获奖节目进行了介绍，让人们在晚会上再次欣赏了优秀农村题材电视剧以及优秀节目片段，感受了中国农业题材电视节目的发展历程。

【2010抗灾救灾优秀电视作品总结推选表彰会议】

为总结电视宣传在应对突发事件特别是重大灾害方面的创作经验，鼓励表彰电视艺术工作者的艺术劳动，经中国文联批准，中国视协举办了“2010年抗灾救灾优秀电视作品总结推选”活动。

12月26日，中国视协在北京举办2010抗灾救灾优秀电视作品总结推选表彰会议。中国文联党组成员、书记处书记夏潮，全国政协常委、中国文联副主席、中国视协主席赵化勇，中国视协分党组书记黎鸣，中国视协秘书长王锋，国家广播电影电视总局办公厅副主任臧具林，中国文联办公厅副主任刘尚军，中国文联国内联络部副主任李培隽，中国文联协会工作处处长林立，中宣部文艺局影视处副处长马佳等领导参加会议。中国视协副秘书长张彦民主持了表彰会议。

赵化勇、夏潮分别在表彰会上讲话。王锋对本次推选表彰活动作了总结介绍。他说，“2010年抗灾救灾优秀电视作品总结推选”活动得到了各省视协和全国各级电视机构的积极响应，通过各地视协，共有中央电视台、解放军电视宣传中心及各地电视台等50多家电视机构报送了228部电视作品。中国视协组织专家评委会对报送的作品按“电视专题报道”、“电视文艺节目”、“电视纪录片”、“电视特别节目”四类题材进行了分类推选。共推选出92部获奖作品。其中特别作品奖1部，最佳作品16部，优秀作品33部、好作品42部。

本次推选委员会成员中央电视台音像资料馆副馆长王甫对参评的获奖作品进行了精彩的点评。甘肃广播电视总台获奖代表作了主题发言。

学术研究

【电视剧《红色摇篮》研讨会】

4月2日，中国视协在北京召开电视剧《红色摇篮》研讨会。与会专家充分肯定了该剧的优点，也对其中存在的不足进行了认真批评。研讨会上，编剧邵钧林介绍了这部电视剧的创作体会。曾庆瑞教授从艺术创新角度对这部电视剧进行了分析。王伟国教授认为雨的意象营造构成了这部作品叙事的鲜明特色。中国视协分党组书记黎鸣分析了剧情结构，认为此剧总体上恢宏凝重，但是在一些史实上有出入。黄式宪教授则从史诗品格及其风采角度对这部剧进行了剖析。刘晔原教授认为这部剧再现了历史的悲怆情怀。戴清认为该剧的情境营造直接推动着戏剧冲突的发展，意境追求则使作品富于象征及抒情意味。闫晶明认为在《红色摇篮》中，人物的性格逻辑被挖掘出来，非常有文化内涵。金韬导演谈了重大革命历史题材剧的创作原则与追求。

中国视协主席赵化勇作总结发言。他说，对于重大革命历史题材创作的大事不虚，小事不拘，实际上是很难把握的，而客观冷静地分析一部电视剧创作的得失至关重要。

【电视剧《乡村爱情故事》研讨会】

4月11日，中国视协在北京举办了电视剧《乡村爱情故事》研讨会。来自中国视协、中国传媒大学、中央电视台影视部、中国电视剧制作中心以及中央有关媒体的20多位专家、学者出席了会议。研讨会由中国视协秘书长王锋主持。研讨会上，黑龙江省委宣传部副部长、黑龙江广播电影电视局局长李寅奎介绍了黑龙江电视台与本山传媒集团的合作历程，分析了《乡村爱情故事》获得成功的原因。中央电视台影视部副主任黄海涛介绍了《乡村爱情故事》的收视情况。中国视协副主席张晓爱认为该剧成功源于五好：好班底、好题材、好故事、好风格、好演员。中国视协分党组书记黎鸣分析了该剧的剧情设计与框架构成。中央电视台戏曲音乐部主任郎昆、北京电视台主持人徐滔，都对该剧表示肯定。中国传媒大学曾庆瑞教授就农村题材、面对现实与喜剧本质发表了独到见解，对赵本山的电视剧创作提出了中肯的批评。参加此次研讨会的专家也对该剧提出了中肯建议。与会者认为，该剧过多以中年层次的人物表现和戏剧冲突为中心，对年轻一代表现较弱，人物是扁平的，不饱满。

国家广电总局电视剧司司长李京盛作了总结发言。他指出，电视剧不仅需要收视率，还要有文化标准。通过文艺评论、影视评论这样一种方式，可以提升电视剧文化标准。

【第四届女性风采优秀电视作品展播表彰暨中国女电视工作者论坛】

5月7日，由国务院妇女儿童工作委员会办公室、全国妇联宣传部、中国视协联合主办，中国妇女杂志社、全国妇联华坤影视中心协办的“第四届女性风采优秀电视作品展播表彰暨中国女电视工作者论坛”在北京举行。全国妇联副主席、书记处书记洪天慧，中国文联副主席、中国视协主席赵化勇，以及来自全国各影视制作机构获奖作品的主创人员代表、女电视工作者代表参加了活动。中国视协副秘书长张彦民主持了表彰活动。中国视协秘书长王锋介绍了本届活动的情况。国务院妇女儿童工作委员办公室常务副主任苏凤杰宣布了获奖作品名单。会上，获奖作品代表中央电视台社教中心《半边天》主持人张越、贵州凤冈县广播电视台副台长韩洪雷、青海电视台编导马成兄做了专题发言。在以“女性发展与电视媒体的社会责任”为主题的中国女电视工作者论坛上，中国教育电视台台长康宁、北京电视台科教节目中心《法制进行时》栏目主持人徐滔、天津电视台副台长云燕、著名演员王馥荔作了主题发言。围绕“电视媒体如何树立女性正面形象”、“是否应该建立电视与网络媒体的监测系统”和“女电视工作者自身发展面临的问题”等议题，与会电视工作者展开了热烈探讨。

【首届国际儿童电视高峰论坛】

8月27～28日，中国视协儿童电视委员会在北京举行了儿童电视委员会换届会议暨首届国际儿童电视高峰论坛。全国政协副主席、中国文联主席孙家正，中国文联党组副书记、副主席覃志刚，中国文联副主席、中国视协主席赵化勇，共青团中央宣传部部长阳向东，中国视协分党组书记、驻会副主席黎鸣，中国宋庆龄基金会党组成员、秘书长李宁，中央电视台少儿频道总监盛亦来，宋庆龄基金会文化艺术中心主任、本届儿童电视委员会常务副主任兼秘书长王智慧等出席了首届国际儿童电视高峰论坛。

孙家正在论坛上致辞。他向广大儿童电视节目制作者表示了由衷的敬意，对论坛顺利召开表示热烈的祝贺。全国政协常委、中国文联副主席、中国视协主席赵化勇也在论坛上致辞。

在为期1天的论坛上，来自上海电视台，北京大学，中国传媒大学，中国青少年研究中心，台湾东森国际公司，北京卡酷动画卫视，天津电视台，美国芝麻街工作室，迪士尼的专家学者及代表，分别就儿童电视节目应对的全球社会文化发展冲击，面对儿童节目成人化的难题和困境，以及儿童电视节目未来的走向进行了详实的交流和认真的探讨。

【电视剧《经纬天地》研讨会】

8月11日，由中国视协、中国国际电视总公司举办的电视剧《经纬天地》研讨会在京召开。中国文联荣誉委员仲呈祥，中国视协分党组书记黎鸣，中国电视艺术委员会秘书长王丹彦，中国视协理论部主任张德祥，中国传媒大学教授曾庆瑞、李胜利，《文艺报》主编闫晶明、《解放军报》主任编辑陈先义、《光明日报》主任编辑李春利、中共河南省委宣传部文艺处调研员李玉中、河南电视台电视剧部主任郝东升，《经纬天地》出品人、总制片人马润生及该剧导演黄健中、原著作者周大新出席了研讨会。在研讨会上，各位专家从该剧的思想、人物、故事情节等方面进行了深入讨论，对该剧颂扬真善美，揭露假恶丑的精神境界和个性鲜明的人物塑造等诸多方面给予了肯定，称赞《经纬天地》是现在少有的能在文学性和视觉性上成功结合的例子。

【电视艺术论文评选】

8月11～12日，第八届中国金鹰电视艺术节电视艺术论文评选工作在京进行完毕。第八届金鹰节电视艺术论文评奖自5月份启动以来，共收到论文264篇，其中，理论类178篇，评论类86篇。共有89篇论文获奖，理论类58篇，评论类31篇。

【2010 中国（镜泊湖）卡通产业论坛】

8 月 27 日，2010 中国视协卡通艺委会年会暨 2010 中国（镜泊湖）卡通产业论坛在黑龙江省牡丹江市召开。中国视协卡通艺术委员会秘书长王占海主持会议，中国视协秘书长王锋，中国视协卡通艺术委员会常务副主任兼常务副秘书长傅铁铮，以及中国动漫业界企业、院校及传媒代表 200 余人参加了会议。王锋在年会上致辞，傅铁铮在年会上宣读中国视协卡通艺委会工作报告。与会委员们对艺委会的工作报告及工作计划展开了热烈讨论，对中国动漫的发展及前景提出设想和意见。

本届卡通产业论坛由中国视协、牡丹江市人民政府主办，牡丹江市委宣传部、中国视协卡通艺委会、牡丹江新闻传媒集团、中国动漫资源网联合承办。央视动画有限公司、中视新科动漫股份有限公司、中国动漫集团、上影集团、上海美术电影制片厂、上海炫动卡通卫视、北京卡酷动画卫视、中国国际电视总公司辉煌动画、宏梦卡通、江通动画台湾动漫创作协会、台北电脑公会和台湾动漫文化创意产业发展交流协会的代表等 120 多家大陆动漫机构的负责人，以及俄罗斯、法国、日本、韩国、印度、美国等国家的动漫界精英，共同分析动漫市场发展与成就，促进动漫产业的合作与进步。在天下动漫风云榜颁奖典礼上，揭晓了年度动漫风云事件、年度动漫风云人物、年度动漫作品、年度动漫形象、年度动漫新锐、年度营销推广等六大类奖项的上榜名单。

【“中国红歌现象”研讨会】

9 月 12 日，中国视协、江西电视台联合举办了“中国红歌现象”论坛。中国文联原党组副书记、全国政协委员甘英烈，中国视协秘书长王锋，江西省广播电影电视局局长黄晔明，江西电视台台长杨玲玲、副台长李建国等领导出席了论坛。

出席这次“中国红歌现象”中信论坛的专家学者从不同的角度对于红歌现象的观察可谓精彩纷呈。北京大学艺术学院彭吉象教授从收视率角度梳理中国电视综艺节目的发展历程。《文艺报》副总编张陵认为，这种节目的产生是一种历史的必然要求，遵循了艺术规律，从创意文化的角度来看待“中国红歌会”尤其具有新意。媒介顾问靳智伟从红歌会的社会价值、市场价值、传播价值、受众价值谈起，继而对品牌建设和节目的可持续发展发表了自己的独到见解。中国社会科学院研究员罗燕明，江西电视台副台长李建国，南京艺术学院音乐学研究所所长居其宏，中国传媒大学教授刘晔原先后作了精彩的主题演讲。

【电视文艺节目创作研讨会】

9 月 1 日，中国视协电视文艺委员会 2010 年年会暨电视文艺节目创作研讨会在贵阳召开。全国政协常委、中国文联副主席、中国视协主席赵化勇，贵州省委常委、省委宣传部部长谌贻琴出席会议并致辞。国家广电总局办公厅副主任臧具林、中国视协副秘书长张彦民，贵州电视台台长白芳芹，以及来自全国的电视文艺节目的创作者及专家顾问 70 余人参加了会议。会议由中国视协副主席、电视文艺委员会主任张晓爱主持。

赵化勇在会上讲话。他希望全国电视文艺工作者在电视文艺创作中，自觉抵制庸俗、低俗、媚俗的“三俗”之风。谌贻琴代表贵州省委、省政府向与会代表表示热烈欢迎。白芳芹介绍了贵州电视台电视文艺节目创新探索情况。中国视协副主席、电视文艺委员会主任张晓爱作了 2008 年到 2010 年的工作报告。中国视协副秘书长张彦民宣读了对文艺委员会调整班子的批复。国家广电总局办公厅副主任臧具林就总局采取的一些宏观政策以及业界关心的问题，从理论层面给予了业界同行更多的指导。

围绕市场经济快速发展条件下，电视文艺创作如何不断满足人民群众多元化文化消费需求的新课题，与会代表认为，电视文艺工作者应该自觉弘扬社会主义核心价值观，坚持“三贴近”原则，努力创作出振奋民族精神、符合构建社会主义和谐社会内在要求、为群众喜闻乐见的电视文艺作品，更好地承担电视作为大众传媒应该承担的社会责任。

【赵忠祥播音主持 50 年学术研讨会】

10 月 18 日，中国视协主办的“赵忠祥播音主持 50 年学术研讨会”在北京举行。全国政协常委、中国文联副主席、中国视协主席赵化勇，中国视协秘书长王锋、副秘书长张彦民，中央国际广播电台副总编辑尹力，中央台原副台长陈汉元，中央电视台原军事部主任刘效礼，以及数十位来自全国的播音主持界专家学者和节目主持人共同回顾与总结了赵忠祥播音主持50年。开幕式由中国视协副秘书长张彦民主持。赵化勇在开幕式上致辞。与会者认为，50年来，赵忠祥参与了中央电视台新闻节目、专题节目、综艺节目等几乎所有节目类型的播音、主持、录制和创作工作，在他50年的播音主持实践中，形成了“沉稳厚重、亲切细腻、儒雅大气、自然洒脱”的风格。赵忠祥在播音主持领域所取得的卓越成就，与他的勤奋好学是分不开的。赵忠祥为播音主持行业赢得的尊重、尊严和荣耀，向人们证明，播音主持工作不仅仅是传声筒。

【电视剧《毛岸英》研讨会】

11月30日，中国视协、中央电视台、中国电视艺术委员会联合在京举办了电视剧《毛岸英》研讨会。中国文联荣誉委员仲呈祥，中国文联书记处书记夏潮，中宣部文艺局副局长汤恒，中国视协驻会副主席黎鸣，中国视协秘书长王锋，广电总局电视剧管理司司长李京盛，中央电视台副台长胡恩，中国文联理论研究室主任董耀鹏，广电总局宣传管理司副司长王丹彦，中国传媒大学教授曾庆瑞，著名评论家杜高，中国视协理论研究部主任张德祥等专家领导参加会议。与会专家从不同的角度对《毛岸英》的成功之处以及现实意义进行了精辟的分析和研讨，赞扬这是一部真情实感的流露，真善美的回归，直达人心的优秀作品。与会专家指出，毛岸英的爱国情操，认真求实的作风，勇于奉献的品格，重情讲义的品质，将会受到青年一代的喜爱和崇敬。

【首届全国优秀电视评论节目研讨会】

12月11日，由中国视协主办，湖南广播电视台、中国视协电视管理策划委员会承办的首届全国优秀电视评论节目表彰活动暨研讨会在湖南长沙举行。中国文联党组成员、书记处书记夏潮，中国视协分党组书记黎鸣，中国视协秘书长王锋，湖南省委宣传部副部长魏委，湖南广播电视台台长欧阳常林，湖南省文联党组书记罗成琰，中国视协电视管理策划委员会主任刘瑞等出席了本次论坛。表彰大会由湖南电视台节目主持人王燕主持。

夏潮代表中国文联对中国视协举办此次表彰活动暨研讨会给予充分肯定。魏委在致辞中对来自全国各地的电视工作者表示欢迎。欧阳常林介绍了湖南台办新闻评论节目的几点经验。王锋介绍了作品征集情况和表彰情况。刘瑞宣读了首届全国优秀电视评论节目推选获奖名单。

表彰暨论坛会上，与会者认为，社会评论节目是电视媒体责任最集中的体现，要敢于对社会上的种种现象发出自己的声音。评论节目具有各种各样的引导作用和非常重要的社会功能，做电视评论节目需要有宽广的胸怀和敏锐的眼光。

研讨会上，获奖作品的主创代表分别介绍了各自的创作体会。

对外及对港澳台地区文化交流

【日本放送作家协会代表团访问中国视协】

1月14日，中国视协驻会副主席黎鸣、副主席周振天与到访的日本放送作家协会常务理事香取俊介、理事南川泰三和奥山恍伸进行了会面。黎鸣介绍了中国视协情况和中国电视业的概况。周振天介绍了中国电视剧本、脚本保存、编剧的培养及待遇情况。日本放送作家协会常务理事香取俊介介绍了日本电视剧本、脚本的保存现状。南川泰三理事略述了日本娱乐节目业的相关情况。最后，黎鸣表示，日方在整理保存电视剧剧本、脚本方面的作法和经验值得我们学习和借鉴，中日两国电视界应在各方面深化交流与合作，共同促进两国电视业的繁荣发展。

【赵化勇会见哈萨克斯坦电视界人士】

3月17日，中国视协主席赵化勇在中国视协王锋秘书长等的陪同下，会见了到访的哈萨克斯坦电视界人士山宁·布拉特先生。双方就中哈两国的电视节目交换、中国中央电视台俄语频道在哈落地以及在哈举办上海合作组织国家电视合作论坛等事宜进行了深入探讨。赵化勇介绍了中国视协和中央电视台的基本情况。山宁先生介绍了在哈萨克斯坦电视台播放的中国电视节目情况。

【周振天、王锋会见来访古巴作家】

3月23日，中国视协副主席周振天与秘书长王锋会见了到访的古巴作家马尔塔·罗哈斯·罗德里格斯女士等人。马尔塔女士介绍了自己的创作。周振天向来访嘉宾介绍了自己在写作方面的体会。双方一致认为两国文化艺术界的交流与合作，将为两国人民搭起文化艺术之桥。

【中国视协代表团参加班芙国际电视节】

6月16～21日，以中国视协副主席张晓爱为团长的中国视协代表团赴加拿大班芙参加第31届班芙国际电视节。中国视协代表团在电视节国际旅游项目协调员卡伦·斯德本沃尔和制片人伍迪·马克菲尔陪同下参观了集电影、电视、戏剧、文学、音乐、舞蹈等艺术产业为一体的班芙中心，并与加方代表进行了的会谈。加方希望中国视协今后能携有关山地人文、山地风光、山地运动、山地探险的作品参加山地电影节，向世界介绍中国的山地文化，并希望中国视协作为中介机构，将他们的《环游世界》节目与中方电视台相关节目进行交流互换。张晓爱团长向加方介绍了最具北京山地文化特色的燕山山脉上的长城，介绍了中国电视制作体系下官方影视制作公司和民营公司共存共荣的现状。

【第一届中国·东南亚·南亚电视艺术周】

6月5～6日，由中国视协、云南省对外文化交流协会、云南省文联、云南省广播电视局共同主办的第一届中国·东南亚·南亚电视艺术周在春城昆明召开。此届艺术周的主体活动有：开幕式、合作论坛、纪录片观摩研讨会、闭幕式文艺晚会。应邀参加电视艺术周活动的有来自越南、老挝、菲律宾、柬埔寨、斯里兰卡、泰国、缅甸、印度、孟加拉国等9个国家的几十位电视工作者代表，以及来自国内的有关领导和10多家电视台及其他媒体人员共300余人。全国政协常委、中国文联副主席、中国电视艺术家协会主席、中国中央电视台原台长赵化勇，云南省对外文化交流协会会长张田欣，印度驻中国广州总领事馆总领事潘迪，缅甸信息部新闻期刊司常务司长梭温分别在开幕式上致辞。

在以促进中国与东南亚·南亚电视界的友好交流与合作为目标的电视合作论坛上，云南电视台台长赵树清、越南电视台纪录片电影部主任陈红琴、老挝国家电视台台长布中·翁培、菲律宾GMA7广播电视网项目经理安吉丽·阿蒂恩撒、柬埔寨TVK电视台副总导演西·查得拉、斯里兰卡驻华使馆公使衔参赞迪斯瓦、缅甸信息部新闻期刊司常务司长梭温、印度ZEE电视台总监张苹分别作了发言，介绍了各国电视发展情况，表达了加强交流和合作的良好愿望。

艺术周还举办了纪录片观摩研讨会，参会的各国电视节目制作者代表观看了交流研讨的纪录片，并有12位代表作了发言，交流介绍了创作的经验体会。

艺术周期间，来自东南亚、南亚10个国家的19部纪录片作品的创作者获得本届电视艺术周“山茶花”纪录片奖。

【海峡两岸电视交流合作恳谈会】

6月11日，由中国视协、江苏省文联、江苏省广播电视总台与台湾中华广播电视节目制作商业同业公会联合主办，江苏省电视艺术家协会和江苏广播电视总台承办的海峡两岸电视交流合作恳谈会在南京举行。两岸电视媒体代表70余人出席恳谈会，以“两岸电视交流合作现状及愿景”为主题，就重大事件报道、电视节目交流、电视剧拍摄及电视产业发展等方面的交流合作进行了深入探讨。

出席恳谈会的大陆代表有中国文联副主席、中国视协主席赵化勇，江苏广播电视总台台长周莉，南方广播影视传媒集团总裁张惠建等20余家国内电视媒体和电视节目制作公司的主要负责人；台湾代表有台湾中华广播电视节目制作商业同业公会理事长汪威江，旺旺中时集团总经理蔡绍中，东森电视事业股份有限公司总经理陈继业，未来电视网执行长王克捷等20余家台湾影视公司的负责人。江苏省人民政府副省长曹卫星在开幕式上致辞。中国视协秘书长王锋了主持了恳谈会。恳谈会上，两岸与会者分别介绍了两岸电视交流合作情况。赵化勇在恳谈会上讲话。他希望海峡两岸的电视界需携手努力，互处共勉，共同走向世界，共创美好明天。最后，王锋用4个关键词——“友谊、共识、回顾、期待”对恳谈会进行了总结。

【中俄电视合作论坛收获实质性成果】

6月15日，由北京中北电视艺术中心与俄罗斯 REN－TV 电视台合拍的电视连续剧《勇士的最后秘密》在莫斯科举行了首映式。

《勇士的最后秘密》在中国中央电视台和俄罗斯 REN－TV 电视台的播出，是中俄电视合作论坛辛勤耕耘，努力工作的实质性成果。《勇士的最后秘密》的合作，最初就是源于该剧导演尤小刚出席在中国举办的首届中俄电视合作论坛时与俄罗斯合作方的结识。经历了 2 年的创作和长达 1 年的拍摄，《勇士的最后秘密》最终为中俄电视合作论坛奉献了一个中俄两国电视剧合作拍摄电视剧的成功范例。

中俄电视合作论坛创立于 2006 年，是中国视协和俄罗斯欧亚广播电视学会在 2006、2007 年中俄两国互办“国家年”期间，为促进中俄两国电视界的交流与合作的重要项目。目前，中俄电视合作论坛已经连续成功举办了 4 届。

【2010 中国（青海）世界山地纪录片节】

8 月 6 ～ 8 日，由国务院新闻办公室、国家广电总局、中国视协和青海省人民政府共同主办，主题为“山地民族，原生影像，人类记忆的延续与传播”的 2010 中国（青海）世界山地纪录片节在昆仑山脚下的瀚海明珠——青海省格尔木市举行。来自 35 个国家和地区的中外嘉宾、全国知名的纪录片专家学者、本届山地纪录片节获奖代表、媒体记者等近 600 余人出席了本届山地纪录片节。本届山地纪录片节由开幕式、高峰论坛、纪录片交易及合作拍片洽谈会、优秀山地纪录片展播、“玉昆仑”奖国际纪录片评选、纪录片异地采访创作、优秀纪录片赏析观摩、颁奖晚会等内容组成。

全国政协常委、中国文联副主席、中国视协主席赵化勇，青海省委常委、宣传部部长吉狄马加，青海省人大常委会副主任刘春耀，青海省政协副主席鲍义志，青海省政府副秘书长王胜德，国家新闻办五洲传播中心副主任袁力丽，国家民委文宣司司长武翠英，加拿大国家电影局主席汤姆·珀尔穆特，德国艺术 011 国际艺术展总裁沃纳林森，津巴布韦驻华使馆文化参赞费雷德里，科普特制作公司副总裁与首席制作人杰里米·爱德华，加拿大班夫电视节评选活动执行总裁乔治·克莱尔，中国视协秘书长王锋，海西州委常委、格尔木市委书记王西秦，市委副书记、市长朱建平等有关领导出席了节庆活动。

开幕式由青海省副省长王令浚主持。赵化勇、吉狄马加、刘春耀、鲍义志共同为 2010 中国（青海）世界山地纪录片节揭幕，王令浚宣布纪录片节开幕。吉狄马加、赵化勇在开幕式上致辞。

2010 中国（青海）世界山地纪录片节“玉昆仑”奖国际纪录片评选，共收到来自 35 个国家和地区的 511 部节目参评。最后，共有 21 个作品获得奖项。

【第 10 届中日韩电视制作者论坛】

10 月 15 日，第 10 届中日韩电视制作者论坛在中国苏州举办。中日韩三国近百名电视人汇集美丽的苏州，观摩三国选送的电视节目，并进行了面对面交流。

中日韩电视制作者论坛是 2001 年由日韩两国电视人发起的专业交流观摩活动。从 2003 年起成为由中国视协、日本放送人会、日本放送批评恳谈会、韩国导演制作人联合会共同主办，每年在三国轮流举办的常设交流活动。中国先后在扬州、天津、苏州举办了 3 次论坛活动。

本届论坛的主题是“我们的生活：昨天、今天、明天”。中日韩三国各提供 4 部电视作品参加观摩交流。中方提供的观摩作品是电视剧《媳妇的美好时代》、《春草》和纪录片《小人国》、《红跑道》。经过观摩交流，电视剧《媳妇的美好时代》被评为观摩最优秀奖，日本的电视剧《飞天车轮》、纪录片《无缘社会》被评为观摩优秀奖。本届论坛组委会还对 10 年来三国为主办、承办论坛活动作出过突出贡献的 7 名人士给予表彰。

经过 10 年的努力，中日韩电视制作者论坛在三国电视界都产生了较大影响。日本 NHK 电视台在卫星频道录播了本次论坛的研讨内容。韩国《朝鲜日报》进行了报道。

北京文联

1. 4 月 28 日，北京影协与北京大学生电影节组委会联合主办的北京大学生电影节第一届大学生影评大赛颁奖典礼在首都电影院举行。图为颁奖现场。
2. 5 月 28 日，北京市文联迎来了自己的 60 周岁，首都文艺界老、中、青三代人欢聚人民大会堂。
3. 6 月 10 日、11 日，由北京杂协主办、高校魔术联盟等单位协办的“2010 年度 CMUC 魔术年度交流大会暨冠军杯魔术比赛”在文联剧场举行。图为参会的魔术师、魔术爱好者合影。
4. 7 月 17 日，为庆祝北京市文联成立 60 周年，由北京市文联、北京音协主办的 2010 年北京管乐节音乐会在国家大剧院隆重上演。图为 2010 年北京国际管乐节开幕音乐会现场。
5. 7 月 31 日，由北京美协主办的“美术教育问题研讨会”在京郊红栌山庄举行。图为美术教育问题研讨会现场。
6. 8 月 8 日，由北京、天津、河北、山西、内蒙古舞协联合主办的第五届华北五省区市的舞蹈大赛在内蒙古呼和浩特市落下帷幕。图为获得专业组表演一等奖的群舞《壮水叮咚》。
7. 8 月 11 日至 9 月 11 日，由北京曲协、北京文艺广播、北京红星股份有限公司主办的“红星”第一届北京青年相声节在北京举办。
8. 9 月 6 日，由北京市委宣传部、北京市文联主办，北京民协承办的“2010 中秋文化论坛”在北京市文联举行。
9. 9 月 6 日至 26 日，北京剧协主办的“北京国际青年戏剧节”在蜂巢剧场隆重开幕。图为 2010 北京国际青年戏剧节开幕式。
10. 9 月 26 日，由《北京文学》月刊社举办的《北京文学》创刊 60 周年庆典暨第五届老舍散文奖颁奖活动，在北京亚洲大酒店隆重举行。图为颁奖现场。
11. 10 月 19 日，第 23 届中国华北摄影艺术展览在北京首都图书馆举行开幕仪式。图为开幕式现场。
12. 10 月 20 日，由北京市文联、北京视协、中国传媒大学、中国教育电视台主办，北京视协、中国传媒大学影视艺术学院承办的 2010 中国大学生电视节闭幕式暨大学生电视作品大赛获奖作品颁奖晚会在北京星光电视节目制作基地落下帷幕。图为颁奖现场。
13. 11 月 18 日，由北京市文联主办的“北京市文联成立 60 周年——书法 · 美术 · 摄影 · 民间艺术作品展”在中国美术馆开幕。

1	2	3
4	5	6
7	8	9
10	11	12
	13	

天津文联

1	2
3	4
5	6
7	

1. 6 月 22 日至 30 日，由中国文联主办，中国文联理研室、天津市文联、天津师范大学承办的“第五届中国文联中青年文艺评论家高级研修班”在津开班。中共天津市委常委、市委宣传部部长肖怀远出席开班仪式，会见了中国文联党组成员、书记处书记夏潮，并看望了全体学员。中国文联党组书记、副主席胡振民发来贺信。天津市副市长张俊芳出席开班仪式并讲话。图为开班仪式。
2. 由天津市文联与今晚传媒集团主办，天津市民协和天津博物馆承办的“第二届天津民间艺术展”是继首届天津民间艺术展之后的又一次民间艺术盛会，为金秋十月的津门增添了一道靓丽的文化风景。
3. 9 月 15 日至 10 月 15 日，由中共天津市委宣传部、天津市文联、天津音乐学院、中共天津市河北区委区政府、今晚传媒集团共同主办，天津市音协、天津音乐学院演艺中心等承办的“2010 天津音乐节”隆重举行。图为演出现场。
4. 9 月 22 日，“纪念曹禺百年诞辰系列活动暨曹禺故居纪念馆正式开馆、曹禺剧院揭牌仪式”在天津举行。图为活动现场。
5. 11 月 3 日至 9 日，由中共天津市滨海新区委员会、天津市滨海新区人民政府、天津市文联共同主办的“翰墨滨海——中国书协第五届理事书法精品展”在天津港博览馆开幕。
6. 5 月 17 日，庆贺秦征同志从事革命文艺工作 70 周年系列活动隆重举行。
7. 由天津市文联、天津市舞协主办的“天津市舞蹈艺术节”已连续举办了 5 届，社会影响广泛。“第五届天津舞蹈艺术节”通过高规格的舞蹈展示、高水平的舞蹈大赛、高档次的舞蹈理论研讨和丰富多彩的群众舞蹈活动，在示范性、导向性和群众性方面，取得很好效果。图为“天津市第五届舞蹈艺术节开幕式”上演出《翻身农奴把歌唱》。

河北文联

1	2
	3
	4
	5
6	7

1. 中共中央政治局委员、上海市委书记俞正声，河北省委书记张云川在2010上海世博会上观看河北文联组织的民间艺术展品。
2. 河北省文联三下乡服务团到顺平县为百姓服务，团长赵景之向当地赠送书画作品。
3. 中共河北省委宣传部、河北省文联举办的“百花乐万家”河北省大型文化惠民活动在定兴县慰问演出。
4. 河北省文联、省舞协主办的“金狐杯”中国·河北国际标准舞全国公开赛在石家庄举行。
5. 河北省文联、省摄协主办的“燕赵风——石家庄行”摄影文化周举行开幕式，中共河北省委原常委、副省长陈立友，中共河北省委原常委、石家庄市委书记陈来立，河北省人大原副主任白润璋、郝廷华出席开幕式。
6. 首届中国剪纸艺术节在蔚县开幕。河北省人大原副主任李建新、中国文联原副主席胡珍等出席开幕式。
7. 河北省文联召开从事新中国文艺工作60年暨河北文艺60年贡献荣誉奖颁奖大会。

山西文联

1	2
3	
4	
5	6

1. 1月8日，"送欢乐，下基层"活动中，扶贫点青峪村送山西文联锦旗。（右2）省文联李才旺主席、（右3）宋新柱书记、（右5）石跃峰副书记。
2. 5月23日，在山西繁荣文艺创作会议上表彰了山西省第二批 "德艺双馨" 文艺工作者。
3. 2月10日，省城书法家 "送艺术 送文化" 进警营联谊活动现场 。
4. 6月，第六届中国曲艺 "牡丹奖" 全国曲艺大赛北方赛区在长治举办。
5. 4月， "老电影的邀请"——榆次常家庄园中国老电影文化周暨第二届中国老电影收藏品交易博览会。
6. 2月，吕梁首届年俗文化节——剪纸交流表演。
7. 4月，太原市校园舞蹈比赛。

内蒙古文联

1. 7 月 28 日，内蒙古自治区文联第七次代表大会在呼和浩特隆重召开。图为大会会场。
2. 7 月 28 日，内蒙古自治区文联第七次代表大会在呼和浩特隆重召开。图为中国文联党组书记、副主席胡振民、自治区党委副书记、自治区副主席任亚平和自治区党委常委、宣传部部长乌兰亲切接见参会代表。
3. 8 月 23 日，第七届中国 · 内蒙古草原文化节闭幕式暨文学艺术“突出贡献奖”、“特殊贡献奖”颁奖晚会举行。图为自治区领导与获奖文艺家合影。
4. 9 月 15 日，由内蒙古党委宣传部、乌兰夫基金会主办，内蒙古文联、内蒙古摄协承办的“魅力内蒙古”西部大开发 10 周年摄影艺术展在北京民族文化宫开幕。图为内蒙古文联主席巴特尔与全国人大常委会原副委员长布赫亲切握手。
5. 8 月 4 日，由中国美协、内蒙古党委宣传部、内蒙古文联联合主办的“绿色净土 天堂草原”第六届中国西部大地情——中国画、油画作品展在内蒙古鄂尔多斯会展中心开展。图为参加开幕式的领导和嘉宾为展览剪彩。
6. 12 月 10 日，全国八省区第三届“八骏杯”大中专蒙古文文学作品大赛颁奖晚会在乌兰恰特大剧院举行。图为内蒙古文联党组书记王金喜（前排左四）、名誉主席阿云嘎（前排左五）、主席巴特尔（前排左六）与获奖者合影。
7. 7 月 29 日，内蒙古文联第七次文代会圆满落幕。图为自治区党委常委、宣传部长乌兰同志与第七届主席团全体成员合影。
8. 8 月 23 日，第七届中国 · 内蒙古草原文化节闭幕式暨文学艺术“突出贡献奖”、“特殊贡献奖”颁奖晚会举行。图为晚会结束时，获奖文艺家齐声高唱《草原上升起不落的太阳》。

1	2
3	4
5	6
	7
8	

辽宁文联

1	2	3
4		5
	6	
7		8
	9	

1. 10月19日至22日，省文联举办全省文联系统领导干部学习培训班。
2. 12月22日，省文联召开六届六次全委会，对即将召开的省七次文代会进行充分的准备，会上选举郭兴文为省文联第六届主席团主席，李春晓、南晓敏为省文联第六届主席团副主席。
3. 6月至7月，省文联等单位联合举办辽宁摄影家赴沈阳经济区采风活动。图为摄影家在本溪北钢集团拍摄现场。
4. 10月9日，省文联召开由省内部分知名艺术家参加的省艺术家学习郭明义先进事迹座谈会。
5. 省文联自4月起开展“红诗辽宁”群众性诗歌咏诵辅导活动。图为艺术家为社区群众现场辅导红诗咏诵。
6. 5月27日至28日，省文联组织文艺工作者赴辽阳市辽阳县小北河镇、吉洞峪乡为当地群众进行“送欢乐、下基层”慰问演出及艺术辅导。图为辅导现场。
7. 5月27日至28日，省文联组织文艺工作者赴辽阳市辽阳县小北河镇、吉洞峪乡为当地群众进行“送欢乐、下基层”慰问演出及艺术辅导。图为演出现场。
8. 11月14日至15日，省文联在丹东大梨树村举办第二届辽宁省新农村建设优秀文艺节目展演，来自全省13个市80余名农民选手的30个节目参演。
9. 玉树地震发生后，省文联开展一系列抗震救灾文艺活动。图为辽宁摄影界举办抗震救灾摄影展暨募捐仪式。

吉林文联

1. 4 月 1 日，“文化国门 · 白山松水 精彩吉林”大型图片展在首都国际机场展出，吸引了众多中外旅客驻足观看。
2. 5 月 24 日，“中国书法之乡——柳河”命名授牌仪式。图为中国文联副主席、中国书协副主席段成桂为书法之乡授牌。
3. 6 月，历时半个月的“吉林省第五届大学生戏剧节”圆满落幕。图为话剧《琉璃》剧照。
4. 7 月，省摄协组织采风小组赴玉树灾区，将吉林影友捐助的善款亲手送到玉树县结古镇中心小学。图为摄协在接受锦旗。
5. 8 月 29 日，吉林省文联宣传《长吉图规划纲要》暨 2010 中国 · 珲春东北虎国际文化节书画笔会现场。
6. 9 月 12 日，东北三省二人转文化论坛在“中国二人转之乡”吉林省梨树县召开。图为论坛现场。
7. 10 月 14 日，“东北三省魔术大赛”在长春举行。图为《七仙女下凡》在表演中。

1	
2	3
4	5
	6
7	

黑龙江文联

1	2
3	4
5	6
7	
8	

1. 12 月 23 日，中共黑龙江省委常委、宣传部长张效廉亲切接见省文联新一届主席团成员。
2. 12 月 23 日，黑龙江省领导与省文联新一届主席团成员合影。
3. 8 月 4 日至 9 日，“‘走上高高的兴安岭’全国文艺家采风”活动在黑龙江省大兴安岭地区成功举办。
4. 2010 中国黑龙江元丰国际木雕艺术节开幕式。
5. 2 月 4 日，黑龙江省文联组织文艺家，赴绥化开展“送欢乐、下基层”慰问活动，省文联领导向绥化市领导赠送版画作品。
6. 7 月 17 日，“第 11 届哈尔滨民间民俗艺术博览会”在斯大林公园隆重开幕。
7. 8 月，中国音乐学院分别在黑龙江省的哈尔滨、齐齐哈尔、佳木斯、大兴安岭，设立四个黑龙江省民族音乐研究教学实践基地。
8. 12 月 23 日，黑龙江省文联、省作协第六次代表大会在哈尔滨国际会议中心环球剧场隆重召开。

上海文联

1. 上海市文联成立 60 周年纪念大会。
2. 3 月 24 日至 26 日，由中国文联主办，中国文联理论研究室、上海市文联承办的全国文联文艺舆情信息工作会议在延安饭店举行。
3. 全国文联世博采风活动。
4. “上海之春”创办 50 周年纪念会。
5. 上海 2010 世界华人收藏家大会。
6. 上海市创意设计工作者协会成立大会。
7. 原生态情境剧《家园　印象上钢》于世博宝钢大舞台演出剧照。
8. 2010 上海国际摄影周暨上海第 10 届国际摄影艺术展览。

1	2
3	4
5	6
	7
8	

江苏文联

1. 2 月 1 日上午，江苏省第八次文代会、第七次作代会在南京人民大会堂隆重开幕。
2. 10 月 23 日晚，“金陵牡丹曲”——第六届中国曲艺牡丹奖颁奖晚会在南京唱响。图为颁奖晚会结束后，热地、梁保华、胡振民、罗志军、张连珍等领导上台祝贺演出成功，并与演员合影。
3. 12 月 9 日，“现实 · 超越——2010 中国百家金陵画展（油画）”在江苏省美术馆新馆开幕。图为江苏省文联党组书记、常务副主席王慧芬主持开幕式。
4. 11 月 23 日，第二届东方工艺美术之都博览会在南京开幕。
5. 江苏省百名文艺家百场惠民演出走进江宁社区。
6. 5 月 20 日上午，江苏省百名文艺家百场惠民演出走进南京市栖霞区五福家园社区。
7. 江苏省中青年优秀演艺人才专访演出结束后，赴各地巡回演出。

浙江文联

1	2
3	
4	5
6	

1. 中共浙江省委书记赵洪祝观看在澳大利亚展出的浙江摄影展览。
2. 中共浙江省委常委、宣传部长茅临生参观“时代画农民、农民画时代”全国农民画展。
3. 浙江省文联、省书协举办“沙孟海奖”全浙书法大展。
4. 浙江省曲协举办一年一度的曲艺作品加工会。
5. 浙江省文联、省杂协举办2010中国西湖国际魔术交流大会。
6. 浙江省文联召开第七次文代会。

安徽文联

1	2
3	4
5	
6	

1. 中共安徽省委常委、宣传部长臧世凯，副省长谢广祥在省文联党组书记、书记处第一书记庄保斌陪同下参观第三届中国农民歌会“幸福美景”全国新农村题材农民书画大赛作品展。
2. 第二届“黄梅之星”全国青年演员电视演唱大赛在安庆市举办。
3. 第五届安徽省曲艺节在芜湖市举办。
4. 放飞歌声 · 安徽省获奖歌手音乐会演出现场。
5. 安徽省美协秘书长张松为上海世博会安徽馆创作的巨幅山水画《新安山水图》。
6. 安徽省首届文艺名家名品博览会开幕式现场。

福建文联

1	2	3
4	5	6
		7
		8
		9
10		

1. 1 月 31 日，“中华情——海峡两岸民间艺术嘉年华”活动开幕式在福州三坊七巷举行。图为全国政协副主席、中国文联主席孙家正宣布活动开幕。
2. 全国政协副主席、中国文联主席孙家正等仔细观看台湾捏面彩绘等民间工艺绝技展示。
3. 福建省委书记、省人大主任孙春兰在纪念省文联成立 60 周年大会上为获奖集体和个人代表颁奖。
4. 5 月 31 日晚，纪念福建省文联成立 60 周年联欢晚会在福州香格里拉大酒店举办。图为出席晚会的省领导游德馨、唐国忠、张帆，省文联党组书记范碧云等与演职人员合影。
5. 8 月 8 日，“锦绣海西——福建省当代美术（晋京）大展”在中国美术馆隆重开幕。
6. 1 月 31 日，“中华情——海峡两岸民间艺术嘉年华”活动开幕式前的海峡两岸民间表演艺术踩街活动。
7. 8 月 6 日，福建省委常委、宣传部长唐国忠在省文联党组书记范碧云等陪同下到中国文艺家之家参观考察，并赠送一对福建传统工艺漆器“龙凤大花瓶”。图为胡振民、冯远、夏潮等中国文联领导向唐国忠、范碧云等颁发收藏证书并合影。
8. 8 月 22 日，纪念冰心诞辰 110 周年座谈会在福建会堂省直厅举行。
9. 7 月 27 日，省文联艺术团到空军福州场站开展“送欢乐、到军营”八一慰问演出活动。
10. 5 月 31 日上午，纪念福建省文联成立 60 周年大会在福建会堂隆重举行。

江西文联

1	2
3	4
5	6
7	8
9	

1. 在中国美术馆举办“百年百虎”国画精品展虎展。
2. 在印度举办“虎趣 · 中国水墨精品展”。
3. 全力做好中国文联、中国作协 8 个采风团来井冈山采风创作的接待服务工作。图为江西省委常委、宣传部长刘上洋和江西省文联领导与中国美协采风团成员合影。
4. “大美鄱湖”　　鄱阳湖国际生态摄影展。
5. “放歌鄱阳湖”全国诗歌大赛。
6. 江西文艺 · 名家讲坛邀请了一系列全国著名文艺家来赣讲学。图为作曲家孟卫东讲学。
7. 2010 华东、中南地区协作工作会。
8. 组织南丰傩舞队赴韩国进行访问演出。图为演职人员在韩国晋州演出现场合影。
9. “一首好歌”全国征歌比赛暨江西映山红奖优秀创作歌曲演唱大赛。图为演唱大赛颁奖晚会。

山东文联

1	2	3
4	5	6
7		
8		
9		
10		

1. 第三届泰山文艺奖颁奖现场。山东省人大副主任时立军、山东省政协副主席齐乃贵为获奖者颁奖。
2. 1月12日，省文联组织的“送书画到基层——走进章丘”大型慰问活动现场。
3. 1月27日，省文联组织50多位艺术家走进长清区文昌街道东铺社区，举行公益慰问演出活动。图为文艺演出现场。
4. 2月1日，省委宣传部、省文化厅、省广电局、省文联在京举办“鲁籍艺术家新春联谊会”。
5. 8月16日，杂技《粉墨》片段《草帽》演出照片。
6. 8月17日，“魅力山东——山东省‘十一五’建设成果大型图片展”在济南泉城广场隆重举行。
7. 8月25日，由省委宣传部、省文联主办，省书法家协会等单位承办的“第三届国际书法名家作品邀请展”在山东省图书馆开幕。
8. 10月11日，第三届山东国际大众艺术节广场文艺活动之一“多彩生活 · 济南市中大型广场文艺演出”在济南市妇女儿童活动中心举行。图为活动现场照片。
9. 11月26日，由省文联、山东艺术学院主办的“齐鲁颂 · ‘三个一百’艺术创作工程——百位山东历史文化名人雕塑展”在山东艺术学院隆重举行。
10. 8月16日，在第三届山东省“泰山文艺奖”评选中获奖的大型民族交响音画《泰山》在第三届“山东国际大众艺术节”开幕式上演出。

河南文联

1. 7 月 22 日，河南省委书记、省人大常委会主任卢展工到省文联调研，与大家探讨文艺问题。
2. 12 月 29 日，“全国第二届中国画线描艺术展”在河南省美术馆隆重开幕。中国文联副主席、中国美协主席刘大为，河南省政协主席王全书，省政协副主席靳绥东，省委宣传部副部长李庚香，省文联主席、省美协主席马国强等参观展览。
3. 2 月 2 日，河南省文联六届四次全委会在郑州召开。会上表彰了河南省从艺 60 周年老艺术家和文艺工作者。中共河南省委宣传部常务副部长马正跃为他们颁发奖杯和证书。
4. 4 月 20 日上午，河南省文联举行“心系玉树 大爱无疆 河南省书画家义捐笔会”。省文联党组书记吴长忠、主席马国强、副主席宋华平等在笔会现场。
5. 9 月 12 日，著名作家柏杨的骨灰安葬仪式在河南省新郑市福寿园陵园举行，河南省委常委、统战部长刘怀廉，河南省文联主席马国强等为柏杨先生墓旁的柏杨铜像揭幕。
6. 8 月，“世界摄影家看河南”摄影展分别在肯尼亚、坦桑尼亚举办，河南省文联副主席何白鸥向坦桑尼亚信息文化和体育部发展司司长穆瓦索科赠送礼物。
7. 1 月 29 日，河南省文联组织多位戏剧名家、书法家组成艺术团，来到位于洛阳市汝阳县山区的贫困村黄路村慰问。图为戏曲演出现场。
8. 11 月 23 日上午，由中国作协、河南省委宣传部主办，中国作协创研部、河南省文联、省作协、省文学院承办的“坚守与突破——2010 中原作家群论坛”在郑州开幕。
9. 2 月 26 日，中国曲协主席刘兰芳等领导在河南宝丰马街书会会场听书。
10. 6 月 8 日上午，由河南省文联、安阳市政府主办，河南省美协、安阳市委宣传部、安阳市文联承办的“油画中原——河南省百名油画家走进安阳”活动启动仪式在安阳殷墟博物苑前隆重举行。

1	2	3
4	5	6
7	8	9
	10	

中国文联各团体会员（二）

湖北文联

1. 1月20日，省文联举办“湖北文艺界2010年新春大联欢活动”，并向从事新中国文艺工作60年的文艺工作者颁发荣誉证章。
2. 2月4日，省文联赴鄂州开展“送欢乐、下基层”活动，受到群众的热烈欢迎。
3. 9月26日，湖北省召开“一县一品”文化品牌理论研讨会。
4. 10月12日，省委常委、宣传部部长尹汉宁同志到省文联调研文艺人才队伍建设工作并看望文艺家。
5. 12月3日，全国首次社区文联工作研讨会在武汉召开。
6. 12月11日，在汉口江滩举行“天下湖北美——湖北旅游景点歌舞展演”活动。
7. 2010年，湖北省举办首届书法艺术节。这是一次全省书法界的盛会，共举办了60多个活动。图为活动之一的“湖北乡镇书法篆刻展览”。
8. 11月16日，湖北举办第二届湖北舞蹈金凤奖（非职业）评奖，共有少儿、成人、中老年三个组别，图为获少儿一等奖的《官柳依依》。

1	2
3	4
5	6
	7
8	

湖南文联

1. 1月8日，湖南省文艺创作扶助基金会成立大会在蓉园宾馆隆重举行。
2. 1月17日，湖南省2010年“五下乡”活动启动式在韶山毛泽东铜像广场隆重举行。
3. 5月17日，湖南省基层文联工作现场会在湘潭湘乡市隆重召开，中国文联党组书记、副主席、书记处书记胡振民，湖南省委常委、省委宣传部部长路建平，省政协副主席、省文联主席谭仲池等领导在会上做了重要讲话。
4. 6月4日，湖南省文联机关深入开展创先争优活动动员大会在机关多功能厅召开。
5. 8月4日，湖南省文联召开纪念建党90周年暨辛亥革命100周年文艺创作座谈会，听取省各文艺家协会对这两个重大纪念日的创作、活动计划。
6. 3月5日，湖南省文联八届四次全委会暨表彰大会在蓉园宾馆隆重召开。

广东文联

1. 10月28日，“墨舞祝福，激情盛会——广东书法名家百米长卷迎亚运”大型广场书法文化活动举行。图为展示现场创作的书法长卷。
2. 5月28日至29日，由中国民协、广东省委宣传部、省文联、省民协等联合主办的中国首届龙舟文化节在番禺举行。图为中国曲协主席刘兰芳、省文联党组书记、专职副主席白洁等领导嘉宾祭江。
3. 5月28日，广东文艺家采风创作基地合作签约仪式和当代中国书法名家作品展开展仪式在广东省梅州市大埔县举行。图为领导和嘉宾剪彩。
4. 12月22日晚，岁月流金——纪念广东省文联成立60周年纪念晚会在广州市中山纪念堂隆重举行。图为广东省首届文艺终身成就奖获得者和从艺60周年艺术家登台致意。
5. 1月至5月，省文联、共青团广东省委、广东南方电视台、羊城晚报报业集团、南方报业传媒集团、省舞协联合主办了首届HIP HOP达人街舞挑战赛。图为白洁书记与决赛获奖团队合影。
6. 12月22日晚，岁月流金——纪念广东省文联成立60周年纪念晚会在广州市中山纪念堂隆重举行。图为广州军区战士杂技团表演杂技《东方天鹅——芭蕾对手顶》。

1	
2	3
4	5
6	

广西文联

1	2
3	4
5	6
7	8
9	

1. 2月10日上午，广西壮族自治区党委书记、自治区人大常委会主任郭声琨在自治区党委常委、宣传部部长沈北海和自治区党委常委、组织部部长陈向群的陪同下，来到自治区文联，与广西文艺工作者亲切座谈，向全区的文艺工作者送上新春的问候。
2. 6月25日，纪念广西文联成立60周年大会在南宁荔园山庄会议中心隆重举行。
3. 7月5日上午，"北部湾画风——北海水彩画作品展"在中国美术馆隆重开幕。图为参加开幕式的领导和嘉宾为画展开幕式剪彩。
4. 7月16日，巴马瑶族自治县成为广西第一个"中国书法之乡"，并在该县寿乡文化广场举行命名授匾仪式。
5. 10月23日，由南方文坛杂志社、上海市作协、中国现代文学馆联合主办的首届"今日批评家"论坛在上海举行。图为会议现场。
6. 11月21日，《青春，送你一首诗》诗歌走进校园活动首场演出走进广西民族大学。
7. 12月2日，由广西文联和广西民协共同主办的广西民间工艺大师命名颁证仪式在南宁举行。授予梁紫童等24人为广西民间工艺大师称号，吴鹤云等24人为广西民间高级工艺师称号。
8. 12月14日，"2010中国壮剧艺术论坛"在南宁举行。
9. 8月18日，"风生水起北部湾——广西摄影作品晋京展"在中国人民革命军事博物馆隆重开幕。

海南文联

1	2
3	4
5	6
	7
8	

1. 5月5日，主办纪念海南解放60周年大型合唱音乐会剧照。
2. 5月11日，省领导罗保铭、钟文观看《下南洋》演出后上台接见创编演职员。
3. 5月18日，丹青敬英雄美术作品赠送革命先辈合留影念。
4. 6月20日，椰娃少儿演员下基层慰问演出。
5. 12月4日，建设海南国际旅游岛首届（海南）国际书画双年展剪彩仪式。
6. 12月6日，画家参加中国美协“魅力海南——中国画百家百景”活动在保亭槟榔谷采风合影。
7. 12月23日，摄影工作者在澄迈苗村为苗族同胞免费拍照服务。
8. 4月30日，中国文联书画名人在琼作品展剪彩仪式。

重庆文联

1	2
3	4
5	
6	
7	
8	

1. 重庆市文联组织职工前往巫山县建坪乡瓜瓢村，和 27 户困难群众开展“结穷亲、促发展、助增收”活动。
2. 元旦春节期间，重庆市文联和各市级文艺家协会广泛开展了形式多样的送欢乐、下基层活动。
3. 2 月 26 日，“百花争春——重庆文艺界 2010 年新春联欢会”在重庆天宇大酒店宴会厅隆重举行。
4. 3 月 22 日至 25 日，应重庆市人民政府的邀请，中国剧协第六届理事会第四次会议暨 2010 年工作会议在重庆召开。
5. 4 月 23 日晚，第三届重庆大学生戏剧节在重庆师范大学校友会堂圆满闭幕。
6. 7 月及 8 月，全市机关干部密切联系群众三项活动故事决赛和故事展示汇报分别在市委礼堂举行。
7. 8 月 8 日，重庆市第六届书法篆刻于在重庆三峡博物馆开幕。
8. 12 月 11 日，第二届重庆市舞蹈比赛（专业）决赛暨颁奖晚会于在人民大厦落幕。

中国文联各团体会员（二）

四川文联

1 | 2 | 3
4
5 | 6
7
8
9

1. 3 月 19 日，四川省文联召开重点作品创作研讨会。
2. 5 月 13 日，大型交响音乐会“生命”在北京中山音乐堂举办。
3. 6 月 3 日，四川省文联感恩、慰问活动走进灾区。在北川新城郭永祥（左）向山东援建指挥部总指挥长徐振溪（右）赠送了摄影家杨卫华（中）的摄影作品《敬礼娃娃》。
4. 6月18日，四川省文联文艺惠民走进中石油四川油气田。黄启国（左一）、杨茂成（右二）向中石油西南油气田公司、四川油气田江油基地等单位赠送书画作品。
5. 7 月 29 日，四川省文联文艺惠民工程送摄影走进攀枝花彝族村寨。
6. 8 月 18 日，电影《大太阳》在成都开机。
7. 9 月 6 日，四川省文联文艺惠民工程走进军营，图为演出川剧《皮金滚灯》。
8. 12 月 16 日，四川省文联文艺惠民工程走进汶川慰问演出（魔术杂技专场）。
9. 11 月，四川省文联、四川省摄协“温暖家园——最美的全家福”拍摄工程在桃坪羌寨启动。

贵州文联

1	2
3	4
5	6
7	
8	

1. 省委副书记王富裕和省委常委、宣传部部长谌贻琴参观抗旱展览。
2. 贵州省文联党组书记、副主席李碧川带队，赴捷克开展对外交流活动，与各国演员欢聚一堂。
3. 全国政协副主席白立忱等领导与第四届全国少数民族曲艺展演闭幕式颁奖晚会演员合影留念。
4. “黔冠杯”首届书法篆刻小精品展在安顺文庙开幕剪彩仪式。
5. 贵州省文联“送欢乐、下基层”走进移民新村。
6. 贵州省文联党组成员、副主席汪信山陪同中国文联主席、中国曲协副主席刘兰芳在黔东南采风。
7. 贵州省文联艺术家抗旱送水仪式。
8. 心系建设者——贵州文艺界赴黔中水利枢纽工程慰问演出现场。

云南文联

1 2 3
4 5
6
7
8
9

1. 11 月 17 日至 19 日，首届中国农民艺术节全国乡村歌手大赛在昆明举行。国务院副总理回良玉视察比赛现场，与云南省文联主席、党组书记郑明亲切交谈。
2. 11 月 19 日，云南文苑奠基仪式在昆明隆重举行。中共云南省委副书记、省长秦光荣，中共云南省委副书记李纪恒，云南省政协主席王学仁，文化部党组副书记、副部长欧阳坚，中国文联党组副书记、副主席李牧，文化部副部长杨志今，中共云南省委常委、昆明市委书记仇和，云南省人大常委会常务副主任晏友琼，云南省人民政府副省长高峰等领导为云南文苑奠基培土。
3. 11 月 19 日，首届中国农民艺术节全国乡村歌手大赛暨第二届中国（福保）乡村文化艺术节在昆明开幕，省委副书记、省长秦光荣，省委副书记李纪恒，省政协主席王学仁，文化部党组副书记、副部长欧阳坚，文化部副部长杨志今，中国文联党组副书记、副主席李牧，省委常委、昆明市委书记仇和，省人大常务副主任晏友琼以及省人大秘书长白保兴等领导出席并启动开幕式。
4. 1 月 8 日，省文联主席郑明、专职副主席张维明陪同中国文联党组书记、副主席胡振民、中国文联党组副书记、副主席覃志刚、国内联络部主任夏潮在云南文苑建设工地视察。
5. 6 月 6 日，“第一届中国 · 东南亚 · 南亚电视艺术周”闭幕式暨颁奖文艺晚会在云南电视台演播厅举行。中国电视艺术家协会主席赵化勇、中国文联副主席、中国作协副主席丹增、省人大副主任杨保建、省政协副主席顾伯平等领导为获奖单位颁奖。
6. 8 月 1 日至 5 日，2010 第二届大理国际影会在大理成功举办。中国文联党组成员、副主席廖奔、省政协副主席顾伯平出席开幕式。
7. 1 月 9 日，中国文联、中国红十字会总会“送欢乐，下基层赴云南楚雄慰问活动”在楚雄活力广场举行。著名文艺家宋祖英、姜昆、徐沛东等给现场近一万余名当地各族群众献上了一台丰富多彩的艺术盛宴。
8. 4 月 11 日，省文联抗旱救灾著名美术家书法家作品义拍会在云南省图书馆举行。当天义拍所得善款 512200 元，全部上缴慈善机构专项用于支援灾区。
9. 11 月 9 日，“首届中国昆明原生态文化国际学术研讨会”在昆明举行。著名文艺评论家仲呈祥，中国文联副主席、中国作协副主席丹增，省政协副主席倪慧芳等领导及省内外知名专家、学者、作家、艺术家共 300 余人出席研讨会。

西藏文联

1	2
3	4
5	6
7	

1. 2 月 1 日，西藏自治区“第五届珠穆朗玛文学艺术奖”暨“第三届才旦卓玛艺术基金奖”颁奖晚会在拉萨举行。
2. 3 月 26 日，西藏文艺界召开“百万农奴解放纪念日”座谈会。
3. 4 月 27 日，西藏文联四届三次全委会在拉萨召开。
4. 5 月 5 日，西藏摄影家赴双湖特别区献爱心。

5~6. 8 月 6 日，由西藏自治区党委宣传部、中国摄协、西藏文联和拉萨市人民政府共同主办的展出的“2010 · 中国西藏珠穆朗玛摄影大展”（第三届）在布达拉宫广场举行。

7. 9 月 15 日，由西藏自治区文联和西藏高山文化发展基金会联合举办的“百名将军情系西藏——与爱同行颂和谐”美术、书法、摄影展在西藏博物馆开幕。

中国文联
各团体会员（二）

陕西文联

1	2	3
4	5	6
		7
		8
	9	

1. 省文联领导陪同中国音协音乐家赴延安圣地采风与陕北艺人交流。
2. 中共陕西省委常委、宣传部部长胡悦（前排右）为“踏着春天的脚步——陕甘文艺界‘走进关中——天水经济区’大型采风慰问活动”授旗，采风团团长、省委宣传部副部长、省文联党组书记、常务副主席刘斌（前排左）接旗。
3. 陕西美术发展基金会成立仪式。
4. 陕西省文联第五次代表大会会场。
5. 第五届中国秦腔艺术节开幕盛况。
6. 第二届陕西省农民文化节演出剧照。
7. 陕西快书 50 年晚会现场。
8. 踏着春天的脚步——陕甘文艺界走进‘关中—天水经济区’大型采风慰问团在华阴西岳庙广场演出。
9. 陕西书画家在“情系玉树 · 爱心奉献——陕西书画界大型义捐义卖活动”现场挥毫泼墨。

甘肃文联

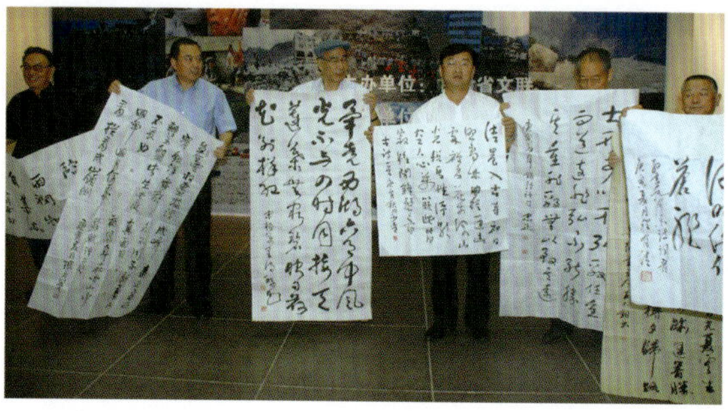

1	2
3	4
5	6
7	

1. 甘肃省委书记、省人大常委会主任陆浩会见中国美术家协会分党组书记、常务副主席吴长江。
2. 第二届全国文联研究室主任暨文艺评论家协会秘书长研讨班。
3. 情系舟曲 · 大爱永恒——甘肃省文艺界献爱心活动。
4.《飞天》创刊60周年座谈会暨《〈飞天〉60年典藏》首发式。
5. 甘肃省作家协会第五次会员代表大会。
6. 甘肃省书法家协会第三次会员代表大会。
7. 第二届全国中青年名家百人艺术书法大展。

青海文联

1	2
3	4
	5
	6
7	

1. 4 月 21 日"影像凝聚力量、爱心传递真情""4·14"玉树地震摄影展在西宁中心广场展出，省委常委、宣传部长吉狄马加参观展览。
2. 青海省文联党组书记、主席班果在检查新农村剧团辅导帮扶工作中为基层民间剧团赠送演出道具。
3. 青海省文联全面开展文联工作大调研，党组书记、主席班果亲自带队赴灾区慰问、调研。
4. 青海省美协主办第二届写生美术展在青海省博物馆举行。
5. 青海作协和中国作协组成的抗震救灾采访团被评为"全国抗震救灾英雄集体"，并受到表彰。
6. 青海省文联主办"送欢乐下基层"慰问团分别在青海省海南州兴海县、唐乃亥乡 为武警官兵、干部群众演出。
7. 青海音协大美青海征歌活动表彰会。

宁夏文联

1	2
3	4
5	
6	7

1. “赛上清风”廉政书法摄影工艺美术作品展在宁夏各市巡回展出。宁夏党委书记张毅参加开幕式并为展览提字。
2. 宁夏区党委常委、宣传部长杨春光，中国民协副秘书长赵铁信，宁夏文联党组书记、主席郑歌平等参观全国农民画展。
3. 宁夏文联 2010 年“送欢乐、下基层”活动在宁东工业区开展。图为书法家为一线工人书写春联。
4. 宁夏“朝霞工程”少儿培训基地挂牌。
5. 宁夏文联所属协会召开代表大会。
6. 宁夏文联为曾杏绯先生举办百岁荣寿庆祝活动。
7. 2010 中国宁夏第二届全国回族舞蹈大赛在银川举行。

新疆文联

1. 自治区党委书记张春贤会见中国美协赴新疆采风写生团。
2. 自治区文联党组书记黄永军陪同自治区党委、宣传部长胡伟看望著名柯尔克孜族“玛纳斯奇”居素甫·玛玛依。
3. 纪念维吾尔族著名诗人铁依甫江·艾力尤夫诞辰80周年座谈会。
4. 金炳华在新疆作协、《西部》杂志社调研。
5. 新疆作家翻译家座谈会暨“全国多民族作家看新疆”启动仪式。
6. 新疆文联系统管理干部培训班。
7. 自治区文联开展“热爱伟大祖国，建设美好家园”主题教育活动。
8. 自治区第三届阿肯阿依斯特大会。

1	2
3	4
5	6
	7
8	

新疆生产建设兵团文联

1. 兵团文联"热爱伟大祖国 建设美好家园 兵团美术书法摄影艺术展"。兵团党委常委、副政委卢晓峰出席开幕式并参观展览。
2. 新疆兵团文联"送欢乐、下基层"活动，兵团文联主席李光武慰问团场贫困职工。
3. 新疆兵团文联"送欢乐、下基层"活动，兵团文联主席李光武团场职工写春联。
4. 新疆兵团文联"送欢乐、下基层"活动，兵团文联党组书记丰收慰问边防战士。
5. 新疆兵团文联"送欢乐、下基层"活动，兵团文联主席李光武慰问军垦老战士。

China Federation of Literature and arts groups Member(Ⅱ)

2011

中国文联各团体会员（二）

北京市文联

综　述

2010年，北京市文联隆重举办庆祝新中国成立61周年系列活动，举办纪念北京市文联成立60周年系列活动，精心组织主题文艺活动，充分发挥文艺工作和文联工作在推动经济社会发展中的重要作用。深入开展送欢乐下基层等公益文化惠民活动，积极开展创作、组织群众性文艺活动、慰问演出等，和谐之声艺术团深入开展文化惠民活动，全年演出达40场，全年开展各艺术门类文艺活动229场次。

会议与活动

【纪念北京市文联成立60周年系列活动】

录制完成了《人民艺术家——老舍》电视纪录片，举办了"北京管乐交响乐团主题音乐会"、"北京风筝面塑艺术专题展"、首届北京童声合唱节、第三届"金色北京"少年小提琴艺术节、2010相声小品曲艺创作比赛等文化活动。举办了"北京市文联成立60周年——书法·美术·摄影·民间艺术作品展"，组织画家为庆祝文联60周年捐献作品50多幅。组织编写《新中国北京文艺60年（1949～2009）》丛书，出版了《文艺理论卷》、《电影卷》、《民间文艺卷》、《杂技卷》4卷。组织召开了9场纪念文联成立60周年专题座谈会，畅谈文联60年来的辉煌历史。

【和谐之声艺术团"送欢乐、下基层"】

2010和谐之声艺术团本着"送欢乐、下基层、讲文明、树新风"的宗旨，足迹遍及全市的农村、厂矿、部队、学校、社区，促进了首都人民群众的精神文明建设。2010年以来，艺术团演出达40余场，观众近2万余人次，得到了广大人民群众的欢迎、喜爱和认可。艺术团还与首都机场合作，开展了"文化国门——我的北京，我的家"系列文化活动，在春节、端午、元旦、中秋等中华民族的传统节日里，来自北京文联的书法家、画家、民间文艺家在首都机场进行书画及民间工艺展示。

【2009年度北京文学最新作品排行榜出炉】

2月，由北京文学月刊社主办的"2009年中国当代文学最新作品排行榜"评出。入选的中篇小说包括叶广芩的《大登殿》、迟子建的《鬼魅丹青》、徐则臣的《逆时针》、林那北的《沙漠的秘密》和方方的《琴断口》，入选的短篇小说包括叶弥的《桃花渡》、陈世旭的《立冬·立春》、铁凝的《咳嗽天鹅》、范小青的《我在哪里丢失了你》和次仁罗布的《放生羊》，入选的报告文学包括朱玉的《巨灾对阵中国——汶川大地震一周年祭》、赵瑜的《寻找黛莉》、李青松的《一种精神》和党益民的《守望天山》，入选的散文随笔包括余秋雨的《门孔》、马召平的《金子》、贾平凹的《从棣花到西安》、耿立的《悲哉，上将军》和陈丹燕的《春日探询聚源中学》。

【"翰墨传真情　爱心献玉树"百名书画家赈灾义捐活动】

4月22日上午10点，"北京市文联百名书画家爱心献玉树"赈灾义捐活动在市文联大厦举行。田伯平、孟繁禧、杨广馨、刘俊京、贺成才、李耀林等知名书画家100余人现场挥毫泼墨，北京市文联党组书记朱明德、党组副书记黎晶出席活动并现场创作山水画作品《玉树玉树……》、书法作品《山石奇态大书画　树木盘根小人生》，此次赈灾义捐活动现场义捐作品总计176幅，作品市场价值为155.35万元。这些书画作品通过社会慈善机构向玉树灾区捐赠，表达首都文艺家对灾区人民的一片深情厚谊。

【北京市文联成立60周年纪念大会】

5月28日上午，北京市文联迎来了自己的60周岁，首都文艺界老、中、青三代人欢聚人民大会堂。市委书记刘淇发来贺信，中国文联名誉主席、北京市文联发起人之一周巍峙出席会议。中国文联党组书记胡振民，中国作协党组书记李冰，文化部副部长王文章，北京市委常委、宣传部长、副市长蔡赴朝出席会议并讲话。

纪念大会对北京市文联成立60年走过的风雨历程和取得的辉煌成就进行了回顾，对新形势下的市文联和文艺工作进行了展望。

刘淇在贺信中说，60年来，北京的文艺工作取得了辉煌的成绩，为人民群众奉献出一批又一批集思想性、艺术性、观赏性于一体的优秀作品。文学、戏剧、美术、音乐、舞蹈、电影、电视、书法、摄影、曲艺、杂技和民间艺术等各艺术门类异彩纷呈，百花齐放。许多卓有成就的作家、艺术家，在全国性文艺评奖和国际性文艺比赛中获得奖项，在国家重大的文化活动和庆典中奉献聪明才智，为北京和祖国赢得了荣誉，向世界展示了中国文化的独特魅力。

胡振民、李冰、王文章分别对60年来北京市文艺工作和北京文联工作取得的成就给予了充分肯定。

蔡赴朝代表市委、市人大、市政府、市政协，祝贺北京市文联成立60周年。充分肯定了北京文联在广泛团结动员广大文艺工作者，推动首都文艺事业繁荣发展中作出的重大贡献。他希望市文联和文艺工作，把握方向，凝聚人心，把社会主义核心价值体系的要求融入到文艺创作中来努力开创首都文艺事业的新局面，为建设“人文北京、科技北京、绿色北京”作出新的更大的贡献。

60年来，市文联已由最初的几个部门发展到包含文学、戏剧、美术、音乐、舞蹈、电影、电视、书法、摄影、曲艺、杂技和民间艺术各个艺术门类12个文学艺术家协会，拥有2.6万多名会员，其中国家级协会会员5448人。全市18个区县都建立了文联组织。在60年的发展历程中，首都文艺名家辈出，形成了一支积极向上、奋发有为、勇于创新、无私奉献、硕果频收、德艺双馨，与首都文化中心地位相称的文艺大军。

市文联党组书记朱明德表示要倍加珍惜今天的大好形势，更加清醒地认识到北京市文联在推动首都文艺事业中肩负的重大责任，与时俱进、不断提高联络、服务、协调水平，使文联工作迈向一个新台阶。

全国有30个省区市文联，北京市有12家人民团体向北京市文联发来贺信。河北省文联党组书记赵景之代表兄弟省区市文联致贺词。北京市总工会党组书记韩子荣代表北京市人民团体致贺词。赵大年、濮存昕分别代表北京市作家和艺术家发言。

北京市委副秘书长肖培出席大会，北京市人民政府副秘书长侯玉兰主持大会。

中共北京市委机关有关部门，北京市各人民团体，兄弟省区市文联代表，北京市文联已故主席的亲属和北京市文联理事会主席团成员、理事会理事，首都优秀文艺家代表，北京市文联离退休老同志和机关在职干部职工等500余人出席纪念大会。

【“北京市文联第六届文艺评论奖”评奖活动】

6月，市文联开展“北京市文联第六届文艺评论奖”的评选活动。评选出一等奖8名，二等奖10名，三等奖6名。推荐其中的优秀评论文章8篇参加中国文联“第七届中国文联文艺评论奖”的评比，共4篇获奖：2篇（文学和电影类）获得二等奖，2篇（杂技和书法类）获得三等奖。

【《北京文学》创刊60周年系列庆典活动】

9月是《北京文学》创刊60周年，举办了《北京文学》60年征文、《北京文学》60年旧物征集、《北京文学》60年知识有奖竞猜、《北京文学》创刊60周年纪念特刊、《北京文学》60年系列图书、《〈北京文学〉：风雨60年》专题片摄制，等等。9月26日，在亚洲大酒店举办了《北京文学》创刊60周年庆典活动。

【《北京文学》创刊60周年庆典暨第五届老舍散文奖颁奖活动】

9月26日下午，由《北京文学》月刊社举办的《北京文学》创刊60周年庆典暨第五届老舍散文奖颁奖活动在北京亚洲大酒店隆重举行。中宣部文艺局理论文学处处长白轶民、中国作协副主席何建明，北京市文联党组书记朱明德、副书记黎晶、索谦，国内知名作家、学者、评论家200余人参加了庆典活动。大会揭晓了第五届老舍散文奖评奖结果，耿翔《土地的黄昏》、江子《血脉中的回声》、赵大年《莱羹香》、秦锦屏《女子女子你转过来》、阎连科《在富锦的想象》、周振华《我和父亲的那段岁月》、安然《哲学课》、韩小蕙《德国的人》、张成起《一把转椅的诉说》、林渊液《黑白间》等10位作家的10部作品获奖。

【庆祝北京市文联成立60周年摄影·美术·书法·民间艺术展览】

11月18日，由北京市文联主办的“北京市文联成立60周年——书法·美术·摄影·民间艺术作品展”在中国美术馆开幕。北京市政协副主席赵文芝，北京市文联主席金铁霖，北京市文联党组书记朱明德，副书记黎晶、索谦、张占琴、王德新、程惠民等出席开幕式。

此次展出的四大艺术门类共计240件作品，作品精益求精，凝聚着首都艺术家的殷殷心血和浓浓之情，突出展示了“十一五”文化成就，同时也是向北京文联成立60周年献礼。

【北京市文艺人才“百人工程”——戏曲人才汇报演出】

11月18日，由中共北京市委宣传部、北京市文联主办，北京戏剧家协会承办的北京市文艺人才“百人工程”——戏曲人才汇报演出在北京文联剧场举行。《牡丹亭》等昆曲彩唱，《红灯记》《沙家浜》等红色经典，《贵妃醉酒》、《锁麟囊》等经典联唱精彩上演。来自首都五大戏曲院团的20余位“百人工程”演员倾情演出。该活动为期一个月，近百位优秀青年戏曲人才轮番登场，演出20余场，观众达7000多人次。

【第五届北京“德艺双馨奖”颁奖】

11月25日，第五届北京中青年文艺工作者德艺双馨奖颁奖大会在首都大酒店举行，马秋华、王洋、史长义（凸凹）、龙开胜、刘强、刘文燕（文燕）、色尕、陈国星、陈履生（平生）、周振华（原野）、岳永逸、赵小林（笑林）、郭威（星河）、龚丽君、戴玉强15人受到表彰。北京市委常委、宣传部部长、副市长蔡赴朝，市委宣传部副部长张淼，市文联主席金铁霖，市人力资源和社会保障局副局长程静，中国文联等相关单位的领导出席颁奖会。

【北京文艺评论家协会成立大会】

12月12日，北京文艺评论家协会召开成立大会。中国文联理论研究室主任董耀鹏，北京市委宣传部副部长张淼，中宣部文艺局理论文学处处长白铁民，北京市文联党组书记朱明德等出席大会。首都各艺术门类专家、学者近200人参会。大会通过了北京文艺评论家协会章程。选举北京大学中文系教授谢冕为北京文艺评论家协会主席。于平、叶培贵、刘铁梁、张恬、李英杰、陈履生、孟繁华、索谦、贾德臣、黄会林、傅谨、傅起凤、曾庆瑞、谢嘉幸（以姓氏笔画为序）14人为协会副主席，张恬为协会秘书长，解玺璋、赖洪波为副秘书长。

创作与研究

【“2010年北京文艺论坛”】

12月15～16日，北京市文联举办“新中国北京文艺60年：2010·北京文艺论坛”。论坛主旨是：探索艺术人才的成长之道，探索文艺精品的创作之道，探索文艺发展的繁荣之道。孙郁、傅谨、陈履生、叶培贵、李英杰、岳永逸、谢嘉幸、吕艺生、傅起凤、曾庆瑞、黄会林、孟繁华等在论坛上回顾了北京文艺60年的发展历程。中国社会科学院文学所研究员白烨、中国现代文学馆研究员傅光明等十数名文艺评论家，以“文联历史与当下职责”、“老舍与文联”、“文联期刊的发展”等内容为主题作了专题发言。

【《新中国北京文艺60年（1949～2009）》大型丛书出版】

12月，《新中国北京文艺60年（1949～2009）》（总13卷）大型丛书分批正式出版。丛书电影卷、文艺理论卷、民间文艺卷、杂技卷已由中国文联出版社出版，另有文学卷、戏剧卷、摄影卷、美术卷杀青付梓。

获奖情况

【《北京文学》获评先进集体】

2月2日，《北京文学》月刊社获得由北京市新闻出版局、北京市人力资源和社会保障局共同颁发的“2009年度北京市新闻出版和版权工作先进集体”称号，社长杨晓升获“2009年度北京市新闻出版和版权工作先进个人”称号。

【《东方少年》入选新闻出版总署向全国少年儿童推荐的优秀报刊】

“六一”前夕，《东方少年》杂志光荣入选新闻出版总署新闻报刊司公布的2010年向全国少年儿童推荐的优秀少儿报刊名单。

【《东方少年》杂志社荣膺北京市“三八”红旗集体荣誉称号】

3月，在首都各界隆重纪念“三八”国际劳动妇女节100周年之际，东方少年杂志社荣膺北京市妇联、北京市总工会、北京市人力资源和社会保障局联合授予的北京市“三八”红旗集体荣誉称号。

【《东方少年》入选优秀儿童读物】

“六一”前夕，《东方少年》杂志入选北京市教育委员会、北京市新闻出版局“多读书、读好书、好读书”倡议推荐的54种优秀儿童读物之一。《东方少年》是入选报纸期刊类的5种推荐报刊之一。

各文艺家协会

【作家协会】

3月25日，北京作协召开了第11届合同制作家签约会。以专职、兼职、返聘、选题等多种形式聘任了21位合同制作家，其中有马小陶、祁又一、霍艳、鲍尔金娜等五位20世纪80年代出生的青年作家，加拿大籍华裔作家张翎也签约北京作协。

4～5月，北京作协组织推荐21位会员的作品参评中国作协主办的鲁迅文学奖、全国优秀儿童文学奖。李洁非的报告文学《胡风案中人与事》和王干的散文集《王干随笔选》获得鲁迅文学奖奖项，曹文轩的《黄琉璃》、翌平的《少年摔跤王》、金波的《蓝雪花》、张之路的《小猪大侠莫跑跑·绝境逢生》获儿童文学奖项。此外，由协会组织申报的温亚军的长篇小说《伪爱情》和周晓枫的长篇散文《候鸟》两部创作选题被列入中国作协重点作品扶持项目。

【北京戏剧家协会】

3月20日至4月4日，北京剧协联合北京“9剧场”在北京“9剧场”举办了2010年第三季“非非”（非职业非专业）戏剧演出季活动。在短短2周的时间内，全市16个非职业戏剧团体在9剧场的TNT剧场、凹剧场、非非小剧场，为观众奉献了50场演出。

4月15日至6月20日，北京剧协联合北京“9剧场”、法国文化中心及宁春剧社等单位在北京“9剧场”共同举办了2010法国戏剧荟萃活动。该活动已成功举办3届，在2010年的活动中，法国NoNo剧团在798玫瑰之名艺术中心以邀请观众与剧中人零距离接触的形式演出了行为装置戏剧《迷巷》，法国哑剧大师比佐带来了新作《沙滩上的马戏团——30年无声岁月之二》，法国灯笼剧团演出了法语新作《永远是你的玛丽露》。演出期间，还举办了法国面具大师克洛德·罗石原创面具展览及工作坊和法国当代剧作家维纳威尔创作的剧本《2001年9月11日》的剧本朗读以及中法戏剧交流研讨会。

5月8～17日上海世博会开幕期间，北京剧协与上海现代戏剧谷、香港艺术发展局在上海现代戏剧谷联合举办了“京港沪三城青年戏剧导演作品世博展演季”。北京剧协组织了2009年北京青年戏剧节中的《太阳·弑》、《一出梦的戏剧》、《泄密的心》等3个优秀剧目赴上海演出。

6月11～20日，由北京剧协主办的首届剧本创意工作坊在蜂巢剧场、先锋剧场、北京“9剧场”、蓬蒿剧场成功举办。此次活动，共有22部戏剧作品与观众见面。

8月6～15日，由北京剧协主办，北京“9剧场”承办的2010大学生戏剧节在北京“9剧场”开幕。此次活动共有21个省区市62所高校89个剧社106部剧目报名参加。

9月6～26日，北京剧协主办的“北京国际青年戏剧节”在蜂巢剧场隆重开幕。此次活动剧目展演35部，12个剧场演出场次总计103场。直接参加戏剧创作的青年戏剧人（编剧、导演、表演、设计、管理等）达200余人。

【美术家协会】

7月31日，由北京美协主办的“美术教育问题研讨会”在京郊红栌山庄举行。研讨会上，专家们就艺术教育决定艺术创作的学术水平，美术教育和美术创作的道德化，美术教育的魂魄，当代美术教育和评论商业化、功利化倾向，美术教育脱离社会需要，美术院校盲目扩招的后果，美术教育应分层次、分类别强调优势特色，美术教育的传承与发展，美术教育的学术方向、外国美术教育等等，进行了深入研讨。

11月10日，由北京市文联、中共北京市门头沟区委员会、北京市门头沟区人民政府联合主办，北京美协和北京画院联合、门头沟区委宣传部、门头沟区文联承办的“北京意象·如诗如画门头沟”绘画作品展在中国人民革命军事博物馆开幕。此次展览共展出由王明明、沈尧伊等百余位著名画家和艺术院校师生，在门头沟区采风创作的118幅画作。“北京意象”是一项包括主题策划、史料研究、艺术创作、作品评选、大型展览、翻译出版、新闻宣传、作品收藏等环节的大型艺术创作工程。该工程在未来10年，每年邀请卓有艺术成就的画家和艺术院校师生，深入北京一个郊区县，集中对一个地区内的自然、历史、名胜、人文风貌进行全面和深入挖掘、梳理和创作。

【书法家协会】

3月4日，由中国书协、北京书协、北京市女警察协会联合主办的“北京女书法家慰问首都公安女民警”活动中，近20位女书家们将创作的书法长卷和100余幅作品赠送给奋战在首都公安战线上的女警。7月18日，北京书协慰问解放军某部创作了2幅书法长卷和50余幅作品。7月28日，北京书协慰问武警某部，创作将近百幅书法作品。9月8日，北京书协赴北京交通运输职业学院梨园分校，现场创作了20多幅书法作品赠予学院。

4月17日，北京书协在金台饭店举办“玉树关情、大爱无疆”的爱心赈灾笔会”。书协主席团成员和各位理事为玉树灾区书写长卷，捐赠112幅作品和近万元善款。

8月5日，由中国书协与日本成田山书道交流团共同主办，北京书协、日本驻华大使馆协办的第26届中日友好少年儿童书法交流大会在北京京都信苑饭店举行。中方的16名少年儿童书法代表现场创作了32幅书法作品。8月22日，42名中国中小学生代表，在日本成田山新胜寺参加第26届青少年书道交流会，北京书协选送的8名学生在活动中表现出色。此活动持续了26年。

11月6日，首届“北京·美丽乡村”书法艺术展在昌平体育馆开幕。共展出165幅佳作。该展利用10年时间，由10个远郊区县轮流主办，是一项面向郊区广大书法艺术家、歌颂美丽乡村的盛大活动，作品以颂扬社会主义新农村建设、反映“三农”新气象、展现京郊新面貌的优秀诗词联赋为主，内容积极、健康、向上，旨在打造一个笔歌“美丽乡村”的鲜亮品牌。

11月28日，由北京市文联、北京书协、中国国际台电视中心、央视数字书画频道、闽龙陶瓷艺术馆联合主办的“闽龙杯”第五届北京电视书法大赛决赛在中央电视塔中央数字书画频道演播厅举行。比赛评选出青少组、成人组金奖各1名、银奖各2名、铜奖各3名、优秀奖各6名，同时还评出6个优秀组织奖和6个优秀园丁奖。

【摄影家协会】

9月20日至10月2日北京市文联、北京摄协与北京市对外友好协会在丹麦哥本哈根市政厅共同举办了“北京——我们可爱的家”摄影展。摄影展为期2周，展览真实地再现了北京这座古老而又充满活力的都城的时代风采，让丹麦人民看到了美丽的北京，让外国友人感受到中国的变化和人民美好的幸福生活。

10月19日，第23届中国华北摄影艺术展览在北京首都图书馆举行开幕仪式。中国华北摄影艺术展是由北京、天津、河北、山西、内蒙古五省区市摄协共同主办，至今已达23届。此次展览共展出作品200余幅，作品风格多样，内容各异，具有较高艺术水准和艺术欣赏性。展览还在房山区进行了为期一个月的巡展。

11月8～14日，北京摄协在首都图书馆举办了“北京摄影家看世界”摄影展览。此次共展出了北京摄协组织摄影家在荷兰、法国、美国、德国、澳大利亚、英国等十几个国家拍摄的风情及人物图片200幅，让参观者不出国门，就领略到了各国的异国风情。

【民间文艺家协会】

9月17～25日，由北京市台办、北京民协联合主办的“京味文化之旅”代表团赴台湾进行了民间艺术的展示、表演和交流活动。“京味文化之旅”以“展示京味非物质文化绝活、服务台湾基层民众”为主题，参加展示的艺术家有面塑艺术家郎志春、内画鼻烟壶艺术家高东升、风筝艺术家孔炳彰、剪影艺术家张纪春、空竹艺术家张国良、绢花艺术家金铁铃、中国结艺术家米灵珠、烙画艺术家徐建利、毛猴艺术家邱贻生、篆刻艺术家李建生、剪纸艺术家张风琴、民间画家孙大宏、民间书法家马明等。艺术家分别于台北新光百货、彰化北斗镇、高雄义守大学举办了京味非物质文化遗产展演。

【音乐家协会】

2 月 25 日晚，由北京市文联发起主办，中国音乐学院、北京音协、北京交响乐团、北京音乐广播、音乐周报传媒有限公司联合主办的“2010 北京新春民族音乐会暨‘春华秋实’——马秋华教授从教 30 周年学生音乐会”在中山公园音乐堂举行。著名声乐教授马秋华携美声、民族、通俗 3 种唱法的 20 多位弟子同台献艺，放歌春天，全面展示马秋华教授 30 年来的教学成果。北京市委宣传部常务副部长陈启刚、中国音协党组书记徐沛东、北京市文联主席金铁霖、北京市文联党组书记朱明德等观看了演出。在音乐会上，戴玉强、韩延文、白雪、王莹、王莉、王丽达、薛皓垠等一批活跃在我国歌坛的民族、美声和通俗 3 种唱法的歌唱家和年轻歌手 30 多人集聚一堂，展示他们的歌唱技艺。中央电视台音乐频道 3 月 13 日晚 19:40 播出该场音乐会的实况，《北京日报》、《北京青年报》、《北京晨报》、千龙网等 10 多家新闻媒体进行了报道。

7 月 17 日晚，为庆祝北京市文联成立 60 周年，由北京市文联、北京音协主办的 2010 年北京管乐节音乐会在国家大剧院隆重上演。北京市文联党组书记、常务副主席朱明德，市文联副书记张占琴、王德新等领导观看了演出。音乐会上，低音号世界级优秀演奏家斯蒂文·米德、著名单簧管演奏家奥瑟瑞斯·莫利纳等音乐家，为观众表演美国爵士乐《波姬与贝斯组曲》、进行曲之王苏萨作曲的《自由之钟》等世界名曲。指挥家李方方的出色表演赢得了观众们的热烈掌声。音乐会特邀的美国指挥家厄尔·杰克逊，以独到的指挥艺术和对音乐的诠释令观众折服。本届管乐节也是向北京市文联成立 60 周年献上的一份厚礼。

7 月 25 ～ 30 日，由中国音协、文化部文化科技司和厦门市鼓浪屿——万石山国家风景名胜区管理委员会联合举办的“第二届全国少儿钢琴展演比赛”，于第五届鼓浪屿钢琴节期间在厦门鼓浪屿举行。北京 15 名选手参加全国的决赛，获得金奖 1 名，银奖 2 名，铜奖 5 名、优秀奖 2 名。

8 月 16 日晚，由北京市文联、北京音协主办的首届北京童声合唱节在中国音乐学院国音堂音乐厅拉开了帷幕。本届合唱节主要由展演、大赛以及童声合唱论坛等交流形式组成。

【舞蹈家协会】

4 月 18 ～ 19 日，由北京舞协、东城区文联承办，香港国际舞蹈运动促进会协办的第 12 届 CBDF 国标舞“院校杯”公开赛在北京地坛体育馆举行。来自全国各地 30 多所专业院校和普通高校的近千名选手参加了比赛。全国政协委员、第七届中国文联副主席胡珍，北京市文联党组书记朱明德、党组副书记索谦，中国舞协主席白淑湘，中国舞协副主席李毓珊，中国舞协顾问、广东省国际标准舞总会会长陈翘，国家民政部管理局副局长李勇，香港国际标准舞蹈促进会会长刘少凡等相关单位领导和嘉宾出席了开、闭幕式。

7 月 27 日，第七届中国舞蹈“荷花奖”校园舞蹈大赛青岛市落下帷幕，北京 5 支参赛队的 9 个作品，获 4 银、2 铜、2 个“十佳”和 1 个编导奖，北京舞协获优秀组织奖。其中，中央民族大学的群舞《源》获作品银奖，北京舞蹈学院附中的独舞《罗敷行》、中央民族大学的独舞《嘎达赞》、北京音乐舞蹈学校的独舞《月满春江》获表演银奖，北京舞蹈学院附中的独舞《梨园一生》、北京戏曲艺术职业学院的群舞《猎》获表演铜奖，中央民族大学的群舞《走寨》、北京舞蹈学院的独舞《武生》获十佳作品奖，北京工商大学以《校园变奏曲》获得普通院校组别编导奖。“荷花奖”是中国舞蹈的最高奖项。全国共有 28 个省区市百余个院团、400 多个作品、7000 多名演员参加本次大赛。

8 月 8 日晚，由北京、天津、河北、山西、内蒙古舞蹈家协会联合主办，内蒙古舞蹈家协会承办的第五届华北五省区市的舞蹈大赛在呼和浩特市正式落下帷幕，北京 10 余支舞蹈荣获一等奖。由中央民族大学舞蹈学院选送的群舞《壮水叮咚》、《风沙中的龟兹》、独舞《嘎哒赞》、三人舞

《苗家姐弟情》，北京舞蹈学院选送的双人舞《帕米尔之夜》，北京舞蹈学院继续教育学院选送的双人舞《别了，南京》，中国歌剧舞剧院选送的独舞《越人歌》、《玄游》，首都师范大学音乐学院舞蹈系选送的《京伶梦》等分别获得专业组表演一等奖和编导一等奖，获奖数量位于五省区市之首，北京薇峰艺术团选送的《牙拍舞》、《快乐藏人》获得业余中老年组表演一等奖和编导一等奖。中央民族大学舞蹈学院、北京舞蹈学院继续教育学院获得单位优秀组织奖。

9月10～15日，在内蒙古鄂尔多斯市举行第七届中国舞蹈“荷花奖”当代舞、现代舞大赛。北京有5支代表队组成，有2个现代舞作品、8个当代舞作品参加了比赛。经过激烈的角逐，获得1金3银3铜3十佳。由空军政治部文工团选送的《喜雨》获当代舞组表演金奖，《扇·年》获当代舞组表演银奖，海军政治部文工团选送的《同窗》获当代舞组作品银奖，《圆》获当代舞组表演银奖，《相互思念的岛屿》获当代舞组十佳作品奖，二炮文工团选送的《银杏树下》获当代舞组表演铜奖，北京舞蹈学院继续教育学院选送的《红色岁月》获当代舞组表演铜奖，中央民族大学舞蹈学院选送的《寻》获现代舞组表演铜奖，《如去如来》获现代舞组十佳作品奖，《望乡》获当代舞组十佳作品奖。

10月6日，第六届“舞动北京——群众舞蹈大赛”决赛暨颁奖晚会在北京市石景山体育馆举行。400名业余舞者展开了最后角逐。朝阳区舞协选送的《二胡声声》获得城区组金奖。本届比赛是“我的北京，我的家”2010年北京市群众文化年系列活动之一，全市共有665支队伍参与预赛，人数超过25000人。由市委宣传部、市文化局、共青团北京市委、市文联联合主办，北京群众文化艺术馆承办的群众性舞蹈大赛已举办5届。

【曲艺家协会】

6月10～12日，第六届“天桥杯”（北方）国家级非物质文化遗产鼓曲邀请赛在前门建国饭店的梨园剧场举行。来自北京、天津、河北、山西、内蒙古、河南等六省区市的鼓曲演员带来了34个节目。本次邀请赛评选出北京赛区业余组金奖4名，银奖7名，六省区市专业组评选出金奖9名，银奖14名，伴奏奖、节目奖若干。

6月27～30日，在山西长治举办的北方片曲艺节目比赛中，北京曲协推荐的3部作品均获得了提名奖。8月底，终评结果揭晓：河南坠子《哭玉》的表演者杨娇喜获牡丹新人奖，快板《香莲闯宫》的表演者李世儒喜获牡丹表演奖。

8月初，由北京曲协报送的单口相声《未来球星》（郑宇翔，8岁））在“第四届全国少儿曲艺比赛”大赛中喜获一等奖；快板《夸爸爸》喜获二等奖（2个小演员俞润、钮高乐各获新苗奖），单弦《我是壁报通讯员》、相声《和爸爸说句心里话》获三等奖；其中，相声《未来球星》、《和爸爸说句心里话》另获作品奖，协会获得优秀组织奖。

8月11日至9月11日，“红星”第一届北京青年相声节集结京城知名的10家相声团队，百余名青年相声演员分别在东、西、南、北各个城区给京城百姓献上了30余场精彩演出。纵观整个相声节，呈现出持续时间长、展示节目多、参演人数多、演员年轻、互动性强、团队运作、形式创新等特点，为北京青年相声演员提供了新的舞台、新的契机。

8月18～19日，第二届北京快板邀请赛在崇文区文化馆二层多功能厅隆重举行。经过2天4场的激烈角逐，于8月20日在“刘老根大舞台”举办了精彩的颁奖仪式和汇报演出。本届赛事，共收到报名参赛节目100余个，经过组委会精心筛选共有43组，近百位选手参赛展示。

【杂技家协会】

3月7日，由北京杂协主办，CMUC中国高校魔术联盟和魔幻要塞共同举办的“新春中日魔术交流会”在北京文联剧场举行。本次交流会分为魔术专场晚会和日本魔术大师Fujii的专场讲座，300余名魔术师、魔术爱好者参与活动。

9月17日，北京杂协召开“杂技·媒体·社会”研讨会。参加此次会议的有北京各杂技团体的负责人、杂技艺术家、杂技经纪人、民间杂技团体负责人、传媒行业人员等，针对杂技的表演创作、市场体制、媒体宣传等诸多问题进行分析，探讨新时期、新形势下中国杂技的发展之路。

10月，由北京杂协理事何晓彬导演，中国杂技团有限公司的节目《邀月弄影·对手顶》在第12届意大利国际马戏节比赛夺得大赛唯一总统奖。

11 月 18 日，由北京杂协会员、中国杂技团有限公司演员杨迪、杨海静、杨田子等表演的节目《俏花旦·集体空竹》被联合国世界知识产权组织评为“世界知识产权组织版权金奖”（中国）作品奖。

12 月 9 日，在广州举行的第八届全国杂技（魔术）比赛中，由北京杂协会员表演，理事何晓彬导演，中国杂技团有限公司表演的《纳海弄潮·绳技》荣获金奖。

【电视艺术家协会】

6 月 28 日，北京视协举办著名导演翟俊杰影视作品创作研讨会。翟俊杰导演是新中国培养出来的优秀艺术家，他执导的《血战台儿庄》、《共和国不会忘记》、《大决战》、《长征》、《七战七捷》、《西藏风云》等影视作品均获得国家级大奖，在中国军事影视创作方面作出了卓越的贡献。

9 月 8 ~ 13 日，北京视协参与举办的 2010 年亚洲电视剧编剧论坛在韩国首尔皇家宫殿酒店隆重开幕。中国、韩国、日本、新加坡、泰国等亚洲国家及地区的 100 多名著名电视剧编剧、40 多家电视剧制作机构出席了为期一周的研讨会。此次论坛以“亚洲电视剧的发展和壮大”为主题，对亚洲文化同源性和创作共通性，增进亚洲影视产业在世界市场竞争力，对电视剧艺术的属性和市场规律、如何加强亚洲国家的影视文化的交流与合作进行了热烈研讨。

9 月 25 日，北京影视春燕奖颁奖典礼在北京电视台 1000 米演播厅举办。“春燕奖”由中共北京市委宣传部、北京市人力资源和社会保障局、北京市文联和北京视协主办，北京视协和北京电视台承办。本次晚会共颁发影视“春燕奖”、影视双十佳四大类奖项，55 个小奖项。

10 月 20 日，由北京市文联、北京视协、中国传媒大学、中国教育电视台主办，北京视协、中国传媒大学影视艺术学院承办的 2010 中国大学生电视节闭幕式暨大学生电视作品大赛获奖作品颁奖晚会在北京星光电视节目制作基地落下帷幕。本届共有 100 多所高校大学生的 1260 部电视作品参评，500 部作品入围，其中 43 部作品分获最受大学生瞩目的电视节目和电视剧奖和短片单元、世博单元和创意单元等优秀奖项。

【电影家协会】

1 月 8 日上午，首届“北京影协杯”电影剧本征集评选活动在北京市文联小剧场举行了新闻发布会暨启动仪式。活动共收到来自全国各地的 296 位作者的 366 部电影剧本。最终评出“优秀电影剧本”1 部：《老马新车》，“创意电影剧本”2 部：《四指》、《大总管》，以及《我的房东生涯》、《辛亥舰队》等“入围作品”10 部。

4 月 28 日，北京影协与北京大学生电影节组委会联合主办的北京大学生电影节第一届大学生影评大赛颁奖典礼在首都电影院举行。大赛共收到来自全国 101 所高校的 561 篇影评作品，最终评选出 50 篇获奖作品。北京大学生电影节第一届大学生影评大赛获奖作品集于 8 月份正式出版。

天津市文联

综　述

2010年，在中国文联指导帮助下，在天津市委、市政府的亲切关怀下，天津市文联以邓小平理论和“三个代表”重要思想为指导，深入贯彻落实科学发展观，认真贯彻落实中央精神和市委部署，自觉坚持“二为”方向、“双百”方针和“三贴近”原则，以开拓进取、求真务实的精神，创造性地开展工作，在建设先进文化和发展繁荣社会主义文艺事业等方面取得突出成绩。

重要活动

【天津市第五届舞蹈艺术节】

6月～28日，被列入中共天津市委2010年宣传工作要点之一的“第五届天津舞蹈艺术节”隆重举行。本届舞蹈节以全面落实天津市委打好文化大发展大繁荣攻坚战为宗旨，以打造天津文化品牌，推动舞蹈创作和活跃群众文化生活为目标，在示范性、导向性和群众性方面，取得很好效果。在开幕式“金牌舞蹈晚会”上，来自中央芭蕾舞团、总政歌舞团、北京舞蹈学院、辽宁芭蕾舞团、中央民族大学舞蹈学院、第二炮兵文工团、天津歌舞剧院等国内著名舞蹈院团多位荣获中国舞蹈最高奖“荷花奖”、“桃李杯”和CCTV舞蹈大赛等金奖的优秀舞蹈演员，为天津观众展示了他们的获奖节目。舞蹈节期间还举办了“第五届华北五省区市舞蹈比赛天津赛区选拔赛”、“天津市第四届少儿舞蹈大赛”、“天津市第三届群众舞蹈大赛”、“天津市第四届广场舞蹈服饰表演大赛”等多项舞蹈比赛，推出了4场富有时代感和青春活力的“大学生舞蹈晚会”。此外，本届舞蹈节为活跃群众文化生活，推出了多项群众参与的舞蹈活动，对提高群众审美情趣，提升文化品位和修养，发挥了很好的作用。天津市200多个单位的专业和业余舞蹈队伍，近万人参加活动。天津芭蕾舞团原创大型芭蕾舞剧《一千零一夜》在闭幕式上作了精彩演出。

【2010天津音乐节】

9月15～10月15日，由中共天津市委宣传部、天津市文联、天津音乐学院、中共天津市河北区委、区政府、今晚传媒集团共同主办，天津市音协、天津音乐学院演艺中心等承办的“2010天津音乐节”隆重开幕。中国音协等为开幕式发来贺信贺电。除“爱乐之声”开幕式音乐会外，本次音乐节还推出了天津四重奏团专场音乐会、青年音乐家专场音乐会、天津交响乐团铜管五重奏专场音乐会、李瑛中外经典歌剧选段独唱音乐会、“唱魅力河北 颂美好家园”文艺作品汇报演出、大型合唱音乐会、小提琴比赛颁奖音乐会、纪念著名音乐理论家、教育家缪天瑞学术研讨会、纪念人民音乐家施光南艺术成就座谈会、“甘泉之夜”世界著名小提琴演奏家李传韵与天津民族乐团交响音乐会、2010天津音乐节闭幕式暨意大利风情街现代音乐晚会等12项系列主题活动，内容丰富、精彩纷呈。

【第二届天津民间艺术展】

10月9～16日，由天津市文联与今晚传媒集团主办，天津市民协和天津博物馆承办的“第二届天津民间艺术展”举行。本展是继首届天津民间艺术展之后的又一次民间艺术盛会，为金秋十月的津门增添了一道靓丽的文化风景。本展共展出民间艺术精品200余件（组），既有泥人张、风筝魏和杨柳青年画等津门“老绝活”，也有近年来新涌现出的民间艺术“新品”“新绝”“新技”，涵盖了布雕、彩塑、糖塑、面塑、微雕、微刻等百余个艺术门类。参展作者中，既包括荣获联合国教科文民间艺术组织授予的“国际民间工艺美术大师”和“国际民间工艺美术家”称号获得者及历届中国民协“山花奖”的获奖者，还有被中国文联命名为“中国民间文化杰出传承人”的代表和近年涌现出的民间艺术新人。此次展览是对天津民间艺术成就的全方位、多角度的大检阅，彰显了天津民间艺术丰厚的文化底蕴和扎实深厚的创作基础。展览期间还组织了丰富多彩的现场表演活动和多场民间文艺理论研讨和现场讲座，众多优秀民间文艺家与观众面对面的讲解和交流，受到群众欢迎。

【“大地行”采风活动】

年内，天津市文联和所属各文艺家协会先后组织10余个深入生活采风小分队数百名文艺家深入工厂、农村、部队、学校、社区，在体验生活的同时，广泛开展献爱心活动，先后组织开展了“天津市百名公仆艺术家创作百幅书画精品募集百万善款捐助玉树灾区”、“新疆采风、捐助活动”和“关爱我的兄弟姐妹”大型书画助残活动。通过这些活动，使艺术家更深地融入到社会生活之中，进一步增强了社会责任感和使命感，极大地激发了艺术家的创作激情。

获奖情况

（1）老艺术家苏文茂、花五宝在第六届中国曲艺牡丹奖评奖中荣获中国曲艺牡丹奖终身成就奖。

（2）在全国第23届中国摄影艺术展览中，天津市共有20多人入展，其中2幅作品获铜奖，24幅获优秀奖。

（3）在第七届中国文联文艺评论奖评选活动中，石惟正、李国文、杨建军荣获三等奖，天津市文联荣获组织奖。

（4）在首届中国农民艺术节全国乡村歌手大赛上，天津市报送的4名选手全部获奖，成为唯一获得“大满贯”的代表队。其中，刘树发获得通俗唱法金奖，王雪获得银奖，韩宝清获得美声唱法银奖，吴星辰获得民族唱法铜奖，天津音协获得优秀组织奖。

（5）在第二届全国少儿（业余）钢琴展演决赛中，天津音协报送的5名小选手荣获金、银、铜及优秀奖，天津音协获优秀组织奖。

（6）在“第六届天桥杯（北方）国家级非物质文化遗产鼓曲邀请赛”上，杨云演唱的梅花大鼓《游台湾》获金奖，蒋志萍、于文英、范如萍演唱的京韵大鼓、乐亭大鼓、单弦分获银奖。

（7）在中国曲协“牡丹奖”长治赛区比赛中，姚士泉表演的京韵大鼓获牡丹奖提名奖，李响表演的京韵大鼓、刘伯扬表演的天津时调获新人奖提名奖。

（8）在第四届全国曲艺少儿大赛中，王皓文、崔景奕表演的天津快板《两个小伙伴》荣获一等奖，胡先煦、胡沛宇表演的相声《做好事》荣获三等奖。

（9）在CCTV第五届相声大赛上，张攀、刘铨淼表演的《串调》荣获业余组三等奖。

（10）在中国曲协、河南省曲协联合举办的“马街书会”上，李玉萍演唱的河南坠子《游湖借伞》获金奖，杨云演唱的梅花大鼓《游台湾》获银奖。

（11）在全国“荷花奖”现代舞当代舞比赛中，天津师范大学的《颤栗的呼吸》在创作金奖空缺的情况下荣获铜奖，天津音乐学院的《融异》获得当代舞现代舞比赛作品十佳，天津体院的《津彩儿》获得“荷花杯”校园舞蹈大赛作品十佳，天津舞蹈家协会获得优秀组织奖。

（12）在第五届华北五省区市舞蹈大赛上，天津舞协共组织了83个节目、共计1600人的参赛队伍，获得27个表演一等奖、14个创作一等奖，获奖总数位居五省市之首。

（13）在全国篆书展中，天津市5人入展，其中郝军、王普群荣获二等奖，彭绍阳获提名奖。在全国扇面展中，天津市3人入展，其中王炳建荣获银奖。在全国第八届刻字艺术展中，天津市15人入展，4人特邀入展。

（14）在“首届中国剪纸艺术节暨民间工艺美术奖（剪纸类）评奖活动”中，天津民协报送的作品《日新月异绘宏图》获银奖，《瓜棚小调》获铜奖，《华夏腾飞》、《伟大领袖毛主席》荣获优秀作品奖，天津市民协荣获优秀组织奖。

（15）在2010年度CMUC魔术年度交流大会

暨冠军杯魔术比赛中，张帅和蒋瑞阳分获近景组金奖和舞台组金奖。

（16）天津杂协会员杨小磊在美国圣地亚哥举办的第82届世界魔术大会上夺得少年组金奖。他是此次国际魔术盛会中唯一参赛的中国选手，也是中国参加该项活动以来获得少年金奖的第一人。

（17）在第九届中国武汉光谷杂技艺术节上，王磊、何然、王松等表演的《三个和尚——顶花坛》节目荣获“黄鹤金奖”。

（18）在同心结华夏——第三届两岸四地大学生魔术交流大会上，蒋瑞阳获舞台魔术比赛银奖，张帅获近景魔术比赛铜奖。

（19）在第14届“中国少儿戏曲小梅花荟萃”活动中，天津取得7金的好成绩。

（20）天津影协报送的电影《浮出水面的影子》赴英国伦敦参加“第二届英国万象电影节”，从《建国大业》、《人在囧途》、《李米的猜想》、《红河》、《决战刹马镇》、《非常完美》等近20部参赛影片中脱颖而出，一举摘获最佳影片奖，最佳导演奖，最佳女主角奖3项大奖。在中美电影节“金天使”奖的评选中，《康定情歌》一举摘得“金天使”奖、最佳女演员、最佳新人3项大奖。

（21）在第25届中国电视金鹰奖评选中，由天津视协报送，中共天津市委宣传部、天津电视台和中央电视台中国电视剧制作中心、八一电影制片厂联合摄制的50集电视连续剧《解放》独揽“最佳电视剧奖”殊荣奖。《家电下了乡，服务要跟上》获得中国新闻奖新闻评论二等奖。“2008中国播音主持金话筒奖颁奖晚会”获金鹰奖优秀文艺节目奖。纪录片《留不住的一个月》，荣获中国电视艺术家协会电视纪录片学术委员会颁发的“2008～2009年度中国电视纪录片长篇十佳作品奖”。纪录片《伟人身边的摄影师》获长篇“十优作品奖”。纪录片《守护》、《沙漠人家》分获全国妇联和中国电视艺术家协会联合主办的“第四届女性风采优秀电视作品展播表彰暨中国女电视工作者论坛”一等奖、二等奖。纪录片《方芳妈妈》获“第四届女性风采优秀电视作品”二等奖。“和谐盛世·福满天津——2010春节联欢晚会”、《笑在津湾》等多个栏目荣获春节晚会最佳作品奖和春节文艺晚会好作品奖。专题片《带着懒汉去致富》和《村里来了大忽悠》在中国电视艺术家协会举办的第四届“农村小康电视节目工程”活动中分别获得最佳作品奖和优秀作品奖。

其他重要活动

【先忧后乐　大爱无疆——天津市百名公仆艺术家创作百幅书画精品募集百万善款捐助玉树灾区活动】

4月22日，由天津市文联与中共南开区委、区人民政府共同主办的“先忧后乐　大爱无疆——天津市百名公仆艺术家创作百幅书画精品募集百万善款捐助玉树灾区活动”举行。中共天津市委常委、宣传部部长肖怀远为活动专门致信。天津市政协副主席何荣林，市级老同志罗远鹏、任之通出席活动并带来了他们精心创作的书画作品。天津市书画界知名人士百余人现场捐赠书画精品130余幅。

中国文联副主席、天津市文联主席冯骥才，天津市美协荣誉主席、年逾90高龄的著名书画大师孙其峰，天津市美协名誉主席秦征，天津市书协名誉主席王学仲，中国美协副主席、天津画院院长、天津市美协副主席何家英等都专门为活动创作了书画精品。现场认购捐款达百余万元。这笔善款由天津市红十字会负责，转交青海玉树灾区。

【天津市纪念曹禺诞辰100周年系列活动】

9月22日，天津市纪念曹禺诞辰100周年系列活动启动仪式暨曹禺剧院运营揭幕仪式在天津曹禺剧院举行。中国文联党组成员、副主席廖奔，中国文联党组成员、书记处书记夏潮，中共天津市委常委、宣传部部长肖怀远，天津市副市长张俊芳，中国文联办公厅主任夏朝华，中国艺术报社总编辑李树声，中国文联理论研究室主任董耀鹏，中国文联国内联络部副主任李培隽，中共天津市委宣传部常务副部长陈浙闽，天津市文联党组书记、秘书长孙福海，以及曹禺女儿万昭、万方、万欢出席了启动仪式。廖奔和肖怀远共同为曹禺剧院揭牌。夏潮在启动仪式上讲话。天津市剧协承办的纪念曹禺诞辰百年优秀话剧剧目展演同时开始。

【天津市首届版画精品展】

10月20日，由天津市文联、天津美术学院、天津市美协、天津画院联合主办的天津市首届版画精品展在天津市美术馆开幕。中国文联党组成员、副主席冯远出席开幕式并讲话。天津市人大常委会副主任左明，中国文联副主席、天津市文联主席冯骥才，各有关方面负责同志和部分著名美术家、理论家出席了开幕式。本次展览展出的130幅作品，是在报名参展的300余幅作品的基础上，经专家评委严格评选出的。展出的作品体现了饱满的时代精神，鲜活的地域风格，丰富的表现内容，多样的创作技法等特点。既有表现滨海新区建设的工业题材，又有改革开放新渔村的新风貌；既有对都市时尚生活的咏叹，又有魅力津城的精心描绘，显示出天津美术家热爱生活、讴歌时代的积极向上的创作激情，体现出本市深厚的文化底蕴和创作实力。其中，2件作品获金奖，5件作品获银奖，10件作品获铜奖。

【2010年华北、东北省区市文联工作交流会】

11月1～4日，由天津市文联主办了“华北、东北八省区市文联工作交流会”。北京、天津、河北、山西、内蒙古、辽宁、吉林、黑龙江等省区市文联领导、组联部主任等近20人出席会议。交流会上，与会文联领导都介绍了各自的经验作法。大家一致认为，文联重在联，对内要联，对外也要联，要打开大门办文联，加强相互间的联系，多交流、多合作，共同为文艺事业的大发展大繁荣作出贡献。

【中国书协理事书法精品展】

11月3日，由中共天津市滨海新区委员会、天津市滨海新区人民政府、天津市文联共同主办的“翰墨滨海”中国书协第五届理事书法精品展在天津港博览馆隆重开幕。中国书协第五届理事会汇聚了一大批全国书法名家和书法精英，他们的艺术作品代表着全国书法艺术的最高水平。本展展出的119位中国书协理事的书法精品，真草隶篆，一应俱全。作品中既有中国书协主席张海，分党组书记、驻会副主席兼秘书长赵长青等主席团全体成员的精品；也有中国书协各部门负责人、全国各地书坛大腕孙晓云、李刚田、吕如雄、丛文俊、陈振濂、徐利明、周俊杰、周志高、张旭光、张改琴、刘一闻、刘洪彪、宋华平、胡抗美、鲍贤伦等人的力作。此次展览，全方位反映了当代中国书坛的精神风貌和创作水平，为天津市广大书法爱好者提供了一次绝佳的学习机会和交流平台，对带动天津书法艺术水平的整体跃升发挥积极的作用。

【天津市第三届油画双年展】

11月15日，由天津市文联、天津市美协、天津美术学院、天津画院主办的“天津市第三届油画作品双年展”在天津市美术展览馆举行。本届油画双年展参展者来自天津市美协、天津美院、天津画院和天津市各大院校的艺术专业，各区文化局以及油画群体，包括老中青各年龄段的画家。此展共展出包括金银铜奖在内的120余幅作品。这些作品内容丰富，题材广泛，风格多样，技法新颖。既有人物、风景、静物等传统表现题材，也有表现少数民族风情和现代城市风光、新农村建设变化、市井风情等内容。评委们认为，本届油画双年展入选作品较之以往更显成熟，既有写实的，也有意向探索的，多是在个性审美的前提下进行探索式的尝试，充分体现了天津油画家讴歌时代、反映生活，创作上锐意进取的不俗追求。

对外文化交流

【第18届中韩国际摄影交流展】

5月19日，由天津市文联、天津市摄协、韩国写真作家协会仁川广域市支会共同主办的“第十八届中韩国际摄影交流展”在天津市美术展览馆开幕。本届影展荟萃了中韩两国摄影艺术精品100幅，中韩双方各占一半。百幅摄影作品内容丰富、形式多样，既有突出的民族风格、鲜明的地域特点，又体现了艺术家个性化的艺术视角与独特的创作思维。不论是具像还是抽象，还是写实、写意，均情景交融，真实生动地反映了中韩两国的自然风光、人文景观、社会风貌和民俗风情。开幕式后中韩两国摄影家进行了艺术交流等活动。

【中越美术书法作品交流展】

1月15～21日，为庆祝中国和越南两国建交

60周年，受中国书协的委托，应越南越中文化交流中心邀请，由中国书协理事、天津市书协主席唐云来为团长，中国书协理事、天津市书协常务副主席张建会为副团长兼秘书长，中国书协理事孙宝发为顾问的中国书画代表团天津书画家一行10人携天津市著名书画家作品40件，分别在越南胡志明市和首都河内与越南书画家的作品一起展出，受到越南观众的热烈欢迎。展览现场两国书法家挥毫泼墨，共同赞颂“中越友谊万古长青”。

服务文艺家和基层文联活动

【为多位卓有成就的老文艺家举办艺术生涯庆贺纪念活动】

举办了纪念曹禺百年诞辰系列活动、庆贺王学仲从艺80周年暨《王学仲画集》、《黾学大观——解读王学仲艺术》首发式、秦征从事革命文艺工作70周年研讨会、纪念耿仲勷诞辰100周年书法展暨书法艺术研讨会、孙伯翔书法研讨会、白庚延作品研讨会、著名雕塑家庄征从艺50周年展览和作品研讨会、铿锵竹韵50载——张志宽从艺50周年系列活动、刘春爱从艺50周年纪念演出暨收徒仪式、评剧表演艺术家崔连润从艺50周年纪念活动暨收徒仪式和评剧表演艺术家李福安从艺80周年，京剧表演艺术家李经文从艺50周年庆祝活动及鲜灵霞铜像落成等多项活动。

【为美术家书法家举行展览】

举行了贾宝珉、史如源、阮克敏、郭书仁4教授赴广东花鸟画展、河汉天极国画精品展、济南——蒋峰作品展、霸州——韩文来作品展、滨海风8人书法展、康国林书法作品展等。

【开展多项培训工作】

继续举办了书法培训班、合唱音乐培训班、书法本专科学历班及业余培训班、少儿书法培训班和北京摄影学院天津函授学院等，社会影响日益扩大，学员人数不断增加。少儿书法培训班学员在全国青少年书法大赛中、双年展中获奖和入展率居全国之首。天津视协所属天津电视台少儿艺术中心还开设了舞蹈、影视表演与主持人、小记者、少儿模特等7个专业培训班，舞蹈专业培训班学员多次在国内外演出，并在各级少儿舞蹈比赛中获奖。

理论研讨

天津市文联重点做了4项工作。一是为扩大天津影响，天津市文联承办了“第五届中国文联中青年文艺评论家高级研修班”。来自全国各省区市文艺理论界近百名理论家出席了会议，多位全国著名文艺家和理论家来津授课。高研班在全国文艺理论界产生广泛影响。与会代表对天津市文联的精心安排和周到服务给予高度评价，中国文联为此专发致谢信。二是不断增强文联和各协会活力，努力扩大影响。2010年，天津市文联和各协会举办的10多项重要活动，在中国文联和全国各文艺家协会简报、舆情信息刊发。三是抓好办刊质量，扩大刊物影响。天津市文联所属《文学自由谈》和《艺术家》杂志艺术品位和知名度不断提高，得到更多读者的喜爱。《文学自由谈》影响进一步扩大，成为全国文学批评的重要阵地之一。文联和各协会及各区县文联2010年先后出版《文联快讯》、《天津文艺界》和文艺报刊达50多期，对文联系统的工作及文艺信息做了及时宣传报道。这些刊物成为各级领导、有关部门和广大文艺家、文艺工作者了解文联动态和信息的重要载体。四是理论研讨活跃，课题研究深入。各艺术门类先后举办了舞蹈创作理论研讨会、戏剧创作研讨会等10余个不同类别的学术研讨会，出版了《时代谱写的乐章》、《民间文艺家》等多部理论文集，促进了文艺理论工作的深入研究。

机关建设

一是不断加强机关和干部队伍建设。以“一首歌曲为龙头，四大品牌上水平，八件实事高标准，两个建设作保证”为主题，深入开展创先争优活动。在各项活动中，充分发挥党组织的战斗堡垒作用和党员的先锋模范带头作用，既提升了各项活动的水平，推动了天津市文艺大发展大繁荣，又在活动中造就了一支积极进取、能打硬仗、拼搏奉献、坚强有力的战斗集体。天津市文联“结合工作实际全力推进创先争优活动的做法”被市委创先争优活动简报转发。按照“科学理论武装、具有世界眼光、善于把握规律、富有创新精神”的要求，积极开展创建设学习型党组织和学习型机关的活动，组织党员干部深入学习马克思主义理论、党的路线方针政策和国家法律法规，提高了全体党员干部思想政治水平，在武装头脑、指导实践、推动工作上取得新成效。以贯彻落实《中国共产党党员领导干部廉洁从政若干准则》为主线，认真落实党风廉政建设责任制，紧紧围绕繁荣发展社会主义文艺这个主题，充分发挥自身优势，大力加强廉政文化建设，营造了爱岗敬业、恪尽职守、敬廉尚洁的浓厚氛围。

二是把关心干部职工生活和不断改善干部职工工作生活条件落在实处。围绕重点，天津市文联专门安排资金为包括离退休干部在内的全体干部职工进行健康检查。安排专门人员积极为离退休老干部办实事、做好事、解难事，并健全了帮扶机制。为完善基础设施，改善办公环境，对办公楼旧门窗、卫生间、消防设施等进行了提升改造。在改善干部职工生活方面，不断加大资金投入，在增加食堂花色品种和确保卫生质量等多方面有了很大提高。上述工作的开展，进一步加强了文联基础工作，为繁荣发展文艺事业提供了可靠的保障，受到广大干部职工的好评。

各文艺家协会

【音乐家协会】

1月7日，天津市音协召开第11届中宣部全国精神文明建设“五个一工程”总结表彰会暨《时代谱写的乐章》歌曲集首发式。

5月15日，主办全国电子琴数码钢琴大赛天津选拔赛。

7月9日，在南开大学音乐厅与市教委共同主办“纪念肖邦诞辰200周年‘一曲难忘’钢琴音乐会”。

7月17日，全国星海杯钢琴比赛天津赛区选拔赛举行。

10月，完成全国农民歌手大赛天津选拔赛活动，共选出4名农民选手，代表天津市参加在云南举行的全国决赛。11月20日，在云南的全国总决赛中，天津选手表现出色，赢得“大满贯”，全部获奖。其中，塘沽的残疾人歌手刘树发获得通俗唱法金奖，宝坻的王雪获得银奖，大港的韩宝清获得美声唱法银奖，宁河县20岁的吴星辰获得民族唱法铜奖。天津市文联、音协同时获得优秀组织奖。

【美术家协会】

1月15日，“中越文化交流展”在越南举办。

3月15日，由天津市美协主办、天津国际艺术展览中心承办的“津门女书画家优秀作品展”在天津国际艺术展览中心举行。

3月27日，天津市美协和鼎天艺术馆共同主办的“光·韵”张小凡油画作品展隆重开幕。

5月17日，由中共天津市委宣传部和中国美协共同主办，天津市文联、天津美术学院、天津市美协、天津画院联合承办的“庆贺秦征同志从事革命文艺工作70周年系列活动”在天津市美术展览馆隆重开幕。中共天津市委常委、宣传部长肖怀远，中国文联副主席、天津市文联主席冯骥才出席开幕式并讲话。中国文联副主席、中国美协主席刘大为和中国美协分党组书记、常务副主席吴长江为活动发来贺信。

6月12日，天津市美协油画艺委会、天津美术中学主办“罗学青中国——也门两国风情绘画作品巡回展”。

6月24日，为缅怀国画大师萧朗卓越的艺术成就与非凡的一生，由天津市文联、天津美术学院、天津市美协主办的“萧朗先生追思会”举行。来自津京两地的社会各界人士以及萧朗的学生和亲友代表百余人出席了追思会。追思会由天津市美协副主席、秘书长王书平主持。天津市文联、天津美院的负责人及著名书画家、评论家颜宝臻、霍春阳、王振德、贾宝珉、陈骧龙、曹德兆、何家英等先后发言，大家从不同角度对萧朗在中国小写意花鸟画传承方面所取得的骄人成就和对中国美术教育事业所作出的卓越贡献给予了高度评价。追思会上，由天津人民美术出版社出版的《萧朗谈艺录》也与读者见面。

7月6日，天津市文联、天津市美协、天津画院在天津市美术展览馆举办了“中国当代著名画家张德育追思会”。

7月12日，由天津市美协、天津画院和北京时代美术馆共同主办的“新时代 新滨海——天津美术精品展”在北京时代美术馆隆重开幕。中国文联党组副书记、副主席覃志刚，中国美协分党组书记、常务副主席吴长江，徐悲鸿美术馆馆长廖静文及中国艺术研究院、国家画院、天津市文联、北京画院等单位的负责同志出席开幕式。中共天津市委常委、市委宣传部部长肖怀远为展览发来贺信。本次展览汇集了何家英、曹德兆、赵国经、王书平等26位来自天津画院、天津市美协的津门名家的精品画作70余幅，囊括了山水、花鸟、人物等多个画种，呈现了艺术家不同的绘画风格和学术理念。

8月14日，天津市美协书画艺术家一行18人赴新疆开展文化援疆活动。

9月30日，天津市第三届青年双“十佳”优秀作品展开幕，评选出10位画家荣获“青年美术家”称号。

10月10日，由天津市美协国画艺委会主办的“墨缘2010”主题画展在天津图书大厦展出。

10月15日，天津市美协组织50余位画家参加“关爱我的兄弟姐妹”——大型书画助残活动，向天津市残疾人福利基金会慷慨捐赠作品。

10月20日，天津首届版画精品展在天津市美术展览馆开幕，同时举办了创作研讨会。

10月20日，天津市教委、天津市美协美术教育专业委员会主办的“天津市教师美术作品展”开幕。

10月22日，由天津市政协、天津市文联、天津市美协等主办的著名雕塑家、画家庄征从艺50周年大型展览开幕。

10月28日，由民进天津市委会、天津市美协、天津人民美术出版社主办的赵兵凯山水画作品展在市美术展览馆举行。

11月15日，天津市第三届油画作品双年展在天津美术展览馆开幕。

11月28日，由天津市美协、天津美院共同主办的“河汉无极——著名画家白庚延国画精品展”暨艺术研讨会在北京饭店隆重举行。

12月25日，由天津市美协和西洋美术馆举办的瀚博·渤海之子——孙其峰及弟子书画展在西洋美术馆举办。

【戏剧家协会】

1月8日，由天津市文联主办、天津市剧协承办的“崔连润从艺50周年系列活动暨崔连润收徒仪式”举行，优秀青年评剧演员梁荣拜崔连润为师。

1月14～18日，由文化部和中国文联主办，文化部艺术司、中国剧协承办，天津市戏剧家协会等单位协办的“纪念京剧大师尚小云先生诞辰110周年”系列活动于18日在京圆满结束。

3月5日，天津市剧协五届四次主席团（扩大）会议在天津京剧院召开。

5月30日，由天津市剧协、天津市表演艺术咨询委员会、天津评剧院、天津评剧白派剧团主办的“评剧大师鲜灵霞九十诞辰暨铜像落成仪式”在天津憩园举行。

6月2日，天津市剧协、天津曹禺故居纪念馆等单位主办的“缅怀戏剧大师繁荣天津戏剧创作研讨会”，在天津曹禺故居纪念馆召开，来自天津市的知名剧作家、中青年编剧以及有关专家学者出席会议。

7月17日，天津市剧协承办的评剧表演艺术家李福安从艺80年研讨会暨《评剧生角翘楚李福安》一书首发式在天津体育宾馆举行。来自天津、北京、东北和河北的70余位评剧艺术家欢聚一堂，出席祝贺评剧老艺术家李福安从艺80年研讨会暨《评剧生角翘楚李福安》一书的首发式。中共天津市委常委、市委宣传部部长肖怀远发来贺信。市委宣传部、市文联、市文广局有关领导出席会议。

7月25日至9月30日，天津市剧协、天津剧本创作室、天津群艺馆等单位联合举办话剧剧本征集评选活动。

8月10日，由天津市剧协和天津市发展海河经济领导小组办公室、天津群众艺术馆、天津人民艺术剧院、天津曹禺剧院等共同主办的曹禺话剧团演员海选招募新闻发布会及海选活动在天津曹禺剧院举行。

10月25～27日，“中国·天津南开文化发展论坛暨谭鑫培京剧艺术研讨和展演活动”举行。来自北京的著名京剧表演艺术家、中国京剧谭派第五代嫡传人、中国非物质文化遗产传承人谭元寿，中国戏剧家协会主席、著名京剧表演艺术家尚长荣，著名京剧表演艺术家、谭派第六代嫡传人谭孝曾等出席活动并参加展演。京津两地的马连生、王平、王立军、王则昭、卢松、刘志广、张克等谭氏五、六、七代嫡传人同时登台献唱。

10 月 29 日，天津市剧协主办的“庆祝京剧表演艺术家李经文从艺 50 周年专场演出”在滨湖剧院举行。

12 月 24 ～ 26 日，荟萃众多评剧名家的评剧《雷雨》，经过艺术家们再次精心打造后，于 24 日、25 日、26 日连演 3 场，以精粹版面貌呈现于曹禺剧院。

【书法家协会】

1 月 12 日，由天津市文联、天津大学共同主办的“庆贺王学仲从艺 80 周年暨《王学仲画集》、《黾学大观——解读王学仲艺术》首发式”在天津大学王学仲艺术研究所举行。中共天津市委常委、市委宣传部部长肖怀远，中国美协、中国书协分别发来贺信。中国文联副主席、天津市文联主席冯骥才和各主办单位负责同志，王学仲的学生、弟子与再传弟子 200 余人参加了活动。

1 月 15 日，天津市书画家代表团一行 10 人启程，代表中国书协赴越南举办中国书画艺术展。

2 月 2 日，天津市硬笔书法研究会在天津青少年活动中心召开年会。

3 月 8 日，第二届天津市妇女书法研讨会召开。

6 月 6 日，“耿仲敭书法展暨《耿仲敭书法作品集》首发式”在天津美术展览馆举行。中共天津市委常委、宣传部部长肖怀远致信祝贺，老同志王鸿江出席开幕式。开幕式结束后召开了“耿仲敭书法艺术研讨会”。展览于 6 月 13 日闭幕。

9 月 5 ～ 7 日，中国书协副主席、辽宁省书协主席聂成文，中国书协分党组成员、副秘书长戴志祺，中国书协理事、组联部主任张陆一等，来天津静海考察“中国书法之乡”工作。

10 月 13 日，天津市首届老年书法作品展作品评审在天津市美术展览馆举行。

10 月 16 日，由天津市文联主办的“孙伯翔书法研讨会”在天津财经大学多功能厅举行。

【舞蹈家协会】

6 月 5 ～ 28 日，举办天津市第五届舞蹈艺术节。

6 月 24 日，天津舞协组织主席团、理事观摩座谈河北工业大学舞蹈团 20 年舞蹈团演出参赛获奖图片展“舞向明天”。

7 月 20 日，天津市舞协报送的天津体育学院体育艺术系吴鋆创作的舞蹈《津彩儿》。天津音乐学院创作的舞蹈《融异》入围第七届荷花奖校园舞蹈半决赛，获得十佳作品奖。

10 月 22 ～ 24 日，天津市舞协组织会员赴蓟县“大地行”采风。即舞蹈创作理论研讨会活动。

【曲艺家协会】

1 月 28 ～ 29 日，由天津市曲协、群众艺术馆、《今晚报》、非物质文化遗产协会、名流茶馆共同举办的非物质文化遗产专场演出在中国大戏院举行。出席活动的艺术家有常宝霆、苏文茂、李伯祥、杜国芝、刘俊杰、侯长喜、王培元、王世勇等。

2 月 9 日，由天津市文联、天津市曲协主办的“刘春爱从艺 50 周年纪念演出暨收徒仪式”在中国大戏院隆重举行。

2 月 24 ～27 日，天津市曲协秘书长王宏率队参加由中国曲艺家协会、河南省曲艺家协会联合举办的“马街书会”。市曲艺团演员李玉萍获金奖，杨云等获银奖。

5 月 23 日，全国少儿曲艺大赛天津赛区选拔赛在天津市华夏未来举行，天津市曲协主席丁元，天津市曲协秘书长王宏、著名表演艺术家李伯祥、籍薇、李冲、郑屹、梁文逸等受邀担任评委。

5 月 25 日，由天津市文联主办，天津市曲协承办，著名相声表演艺术家刘俊杰收徒仪式在津举行。

5 月 30 日，天津市曲协、北京市曲协共同举办的刘春爱从艺 50 周年演唱会在北京举行。

6 月 11 ～ 13 日，天津市曲协秘书长率队参加在北京举办的“天桥杯”鼓曲邀请赛，并担任评委。天津市曲艺团梅花大鼓演员杨云获金奖。振北曲艺团蒋志萍等获银奖。

6 月 23 日，由天津市南开区政协、天津市曲协、天津人民艺术剧院、天津职业艺术学院等共同举办的“6 · 26 国际禁毒日专场慰问演出”在天津戒毒所举行。

6 月 27 ～30 日，天津市曲协组织参加由中国曲协举办的“牡丹奖”长治赛区在长治拉开帷幕。演员姚士泉获牡丹奖提名奖。李响、刘伯扬获新人奖提名奖。

7月27日，举行全国相声大赛天津赛区选拔赛。

7月31日，由天津市曲协，天津众友相声团和乐世全共同创立“天津相声界义助会”，并举办首场演出，募捐得3万多元。

9月17～22日，由中共天津市南开区委、天津市曲协、乐世全有限公司以及谦祥益茶社联合举办的首届天津相声节隆重开幕。来自北京、天津、河北、江苏、陕西等地的名家联合演出，盛况空前。

9月23日，由天津人民广播电台，天津市曲协，天津演出网主办，上海烟草（集团）公司独家冠名赞助的“红双喜”杯天津市第二届原创相声大赛开幕。

9月26日，由天津市文联和天津市曲协主办的“铿锵竹韵五十载——张志宽从艺50周年”系列活动之收徒仪式在北京举行。市文联党组书记、秘书长孙福海，市文联党组成员、副秘书长郝秀香，市曲协秘书长王宏赴北京出席活动。

10月16～17日，列入天津市文联2010年8件实事之一的“庆祝张志宽从艺五十年系列活动”举行。中国文联副主席、天津市文联主席冯骥才为活动题词：铿锵竹韵五十载。中国文联副主席、中国曲协主席刘兰芳和中国曲协分党组书记、副主席姜昆也分别为本次活动题词。活动还推出了一本纪念书画集以及光盘《张志宽快板书艺术选集》，其中精选了《劫刑车》等八段作品重新录制，具有珍贵的收藏价值。

10月21～24日，中国曲艺牡丹奖评奖在南京举行。老艺术家苏文茂，花五宝荣获终身成就奖。

10月30日至11月5日，由中国曲协、天津市文联主办的“老艺术家王毓宝从艺77周年系列活动”隆重举行。本次活动对王毓宝的艺术生涯和取得的艺术成就进行了研讨，并在中华剧院举办专场演出，演员有苏文茂，魏文亮，王佩元，刘俊杰等，主持人李金斗，刘桂娟。

11月16日，由天津人民广播电台，天津市曲协，天津演出网主办，上海烟草（集团）公司独家冠名赞助的“红双喜”杯天津市第二届原创相声大赛决赛在津大礼堂举行。

【民间文艺家协会】

4月19～23日，举办5场公益讲座。主讲人分别是布雕艺术家常诚、泥塑艺术家陈文军、花卉艺术家赵国防、石雕艺术家徐维、刻瓷艺术家吴龙元。

6月12日，“天津市首届剪纸艺术擂台赛”开幕。

7月16日，天津市民协风筝艺术专业委员会为已故风筝老艺术家周树棠召开风筝技艺研讨会。

8月1～3日，河北省蔚县举办“首届中国剪纸艺术节暨第十届山花奖·民间工艺美术奖（剪纸类）评奖”活动。

10月9～16日，“第二届天津民间艺术展”在天津博物馆隆重开幕。

【摄影家协会】

1月29日，召开天津市摄影家协会第四届主席团第五次会议。

3月6日，召开了天津市摄影家协会第四届理事会第三次会议暨天津市摄影家协会各个工作委员会工作会议。

3月21日，举办天津市摄协2010年“虎之春”联谊会。

5月19～24日，天津市摄协和韩国仁川广域市写真作家支会在天津市美术展览馆共同主办了第18届中韩国际摄影交流展。

5月20～23日，中韩（天津市摄协和仁川广域市写真作家支会）两国摄影家赴广西桂林摄影采风。

7月份，天津市摄协与北方网、永安集团共同主办了“大爱至亲　和谐永安”为主题的摄影大赛。此活动将延续到2011年4月底。

10月19～26日，天津市摄协、北京市摄协、河北省摄协、山西省摄协、内蒙古自治区摄协在北京联合主办了第23届中国华北摄影艺术展览，共展出精美的摄影作品200多幅，展现出华北五省区市的摄影艺术的高水平，天津摄协参展摄影作品达40幅。

12月10日，召开天津市摄协第四届主席团第六次会议。

12 月 18 日，召开天津市摄协第四届理事会第四次会议暨天津市摄影家协会各个工作委员会工作会。

12 月 25 日，举办天津市摄协迎新春联谊会。

【杂技家协会】

4 月 2 ～ 4 日，同心结华夏——第三届两岸四地大学生魔术交流大会在北京欢乐谷举行。天津市杂协天津魔术师学会作为协办单位，由杂协理事郭玉文带队参加了大会。由本会报送的蒋瑞阳获舞台魔术比赛银奖，张帅获近景魔术比赛铜奖。

5 月 7 ～ 13 日，2010 上海世博会天津周开幕，天津市杂协会员肖桂森等的民间戏法、抖空竹、滚杯作为传统保留节目分别代表东丽区、天津非物质文化遗产到上海世博会进行演出。

6 月 19 日，天津市杂协魔术师学会成立一周年庆祝活动在天津市美术馆举行，老艺术家马国良、曹企、郭瑛、肖桂森、郭玉文、路素卿等出席了庆祝活动。老艺术家们充分肯定了学会魔术新人所取得的成绩，对津门魔术的艺术传倍加赞赏。

6 月 10 日，由北京文联、北京杂协主办，高校魔术联盟、阿拉索工作室共同协办的 2010 年度 CMUC 魔术年度交流大会暨冠军杯魔术比赛在北京文联剧场举行。天津市杂协选派的张帅和蒋瑞阳分获近景组金奖和舞台组金奖。

7 月 6 ～ 10 日，天津市杂协会员杨小磊在美国圣地亚哥举办的第 82 届世界魔术大会上夺得少年组金奖。他是此次国际魔术盛会中唯一参赛的中国选手，也是中国参加该项活动以来获得少年金奖的第一人。

【电影家协会】

2 月初，组织部分会员，深入江苏常熟体验生活，走访了虞山镇、梅李镇、古里镇、沙家浜镇等多个乡镇，了解当地的历史事件和人文传说，为日后的影视剧作品创作搜集了很多宝贵的素材。

成功打造了 2010 年两部电影力作——悬疑片《浮出水面的影子》和故事片《童话》。另外还成功策划了惊悚电影《暗洞》。

【电视家协会】

参与制作年度大戏新版《三国》。

大型航拍电视系列片《华彩天津》于 10 月 13 日上午开机。

天津电视台国际频道联合凤凰卫视共同举办“中国因你更美丽——2010《泊客中国》盛典”。

为纪念辛亥革命 100 周年，由天津电视台、天津电视艺术发展有限公司、天津市津南区政府、中国视协、中网影视文化产业投资（天津）有限公司联合摄制历史大戏《小站风云》。

推出的首部情感大戏《幸福来敲门》。

天津影视传媒发展有限公司的两部定制式喜剧《杨光走在风雨后》、《幸福的旅程》陆续开机，2011 年年初就可与广大观众见面。

天津电视艺术发展有限公司、中央电视台、上海智尊影视文化传播有限公司联合摄制 30 集近代历史电视连续剧《大河套》。

河北省文联

综　述

2010年，河北省文联高举旗帜、围绕大局、服务人民、改革创新，以科学发展观和新的文化发展观指导工作，不断增强文联的凝聚力、创造力、影响力和实力。在中国文联指导下，继续以建设学习型机关、和谐型机关、创新型机关为宗旨，围绕“一条主线”、“四个贯穿”开展工作，在服务全省转变经济发展方式、调整文化发展结构、打造文联精品方面出台新路子、新举措，为培育精品名牌，加强队伍建设，不断寻求谋划发展的新思路、改进工作的新办法、促进发展的新举措，制造吸引传媒关注的重点、兴奋点、亮点。在开创文联工作新局面中发挥着积极而重要的作用，并在配合党和政府中心工作、“三年大变样”、“送欢乐、下基层、送服务”、各种文艺赛事、迎接党的十七届五中全会召开、圆满完成“十一五”工作目标、“十二五”开好局起好步中做出优异成绩，受到各级领导和广大文艺家的称赞，在社会各界引起巨大反响。

会议及品牌活动

【中国文联“送欢乐、下基层”走进沧县、大港油田南部油区慰问演出暨“中国曲艺之乡”沧县授牌仪式】

1月29日，中国文联、中国曲协、中共河北省委宣传部、河北省文联主办的“送欢乐、下基层”走进沧县·大港油田南部油区慰问演出暨“中国曲艺之乡”沧县授牌仪式在沧州举行。中国文联党组成员、副主席冯远，中国文联副主席、中国曲协主席刘兰芳，中国曲协分党组书记、副主席姜昆，副书记黄启钧，中共河北省委宣传部副部长王景武，河北省文联党组书记赵景之，副主席郑世芳，中国石油大港油田公司总经理李建青、党委书记李文强，中共沧州市委书记郭华，市长刘学库，市人大主任石锡贵，市政协主席匡洪治，中共沧县县委书记薛择邻、县长毛长军等，及中央、省、市、县新闻媒体记者，1500多名沧县各界群众参加授牌仪式、观看慰问演出。

期间，冯远、刘兰芳、姜昆、黄启钧、赵景之、郑世芳等看望国家非物质文化遗产沧州木板大鼓书代表和沧州狮子舞表演队队员，向他们颁发证书、礼金及书籍，并观看他们的表演。在慰问演出和授牌仪式上，薛择邻致欢迎词，冯远讲话，刘兰芳、姜昆向薛择邻、毛长军授牌；刘兰芳、姜昆及慰问演出团演员戴志诚、赵津生、李伟健、武宾、陈寒柏、王敏、贾玲、白凯南、宋德全等为观众表演文艺节目。

【中共河北省委常委、宣传部部长聂辰席走访文联老干部】

2月8日上午，中共河北省委常委、宣传部部长聂辰席来到省文联离休老干部刘艺亭家中走访。中共河北省委宣传部常务副部长杨永山、秘书长魏平，河北省文联党组书记赵景之，副主席郑世芳、柴志华，秘书长孙志英等随同慰问。

聂辰席代表中共河北省委、河北省政府慰问刘艺亭及其家人，并请河北省文联领导向全省文艺界老干部和全省文艺家、文艺工作者转达新春的节日问候！

【河北省文联“送欢乐 下基层”慰问团走进冀中能源邢台矿】

3月2日，河北省文联、省曲协邀请全省著名曲艺、戏剧、声乐表演艺术家和书法家、摄影家一行30多人组成“送欢乐、下基层”慰问团，由河北省文联副主席潘学聪、柴志华率领，走进冀中能源邢台矿慰问，与1000多名矿工联欢。

【河北省文联举办党组中心组（扩大）读书班】

4月15～21日，为认真学习胡锦涛总书记在全党深入学习实践科学发展观总结大会上的讲话，贯彻李长春在河北调研时的讲话精神，中共河北省文联党组在石家庄和山东举办党组中心组（扩大）读书班。河北省文联党组书记赵景之，党组成员、副主席郑世芳、潘学聪、柴志华及副处级以上干部参加学习。读书班采取自学、讨论、考察、交流、党组成员发言、党组书记总结的方式进行。参加读书班的全体人员带着思考任务到山东滨州、东营学习考察。

【河北省文艺评论工作会暨第五届河北省文艺评论奖颁奖会】

4月22日上午，河北省文联、省文艺评论创作中心主办的2010年河北省文艺评论工作会暨第五届河北省文艺评论奖颁奖会在石家庄召开。河北省文联副主席郑世芳、潘学聪，中共河北省委宣传部文艺处处长张俊山，省文联秘书长孙志英、机关党委专职副书记梁秀辰、文艺理论研究室副主任陈建忠等出席，全省各市文联主管文艺评论工作的负责人及获奖代表60余人参加会议。潘学聪主持会议，陈建忠汇报文艺评奖情况，各市文联与会人员通报本市文艺评论工作，并就文艺评论发展问题座谈，文艺理论研究室汪素芳宣布获奖名单，与会领导为获奖者颁奖，获奖代表杨红莉发表感言，郑世芳发表总结讲话。本届评奖收到参评作品100多件，最后评出36件优秀作品。

【河北省“百花乐万家”大型文化惠民工程·定兴行慰问活动】

4月26日，中共河北省委宣传部、省文联组成文艺家慰问团，由中共河北省委宣传部副部长王景武和省文联党组书记赵景之带队，到定兴开展“百花乐万家”河北省大型文化惠民工程·定兴行慰问活动。省文联副主席郑世芳、潘学聪、祁海峰等参加慰问。

慰问团与当地领导和文艺工作者进行座谈后，在四季经典酒店大会议室举行笔会，创作出80多幅书画作品，赠送给当地人民。文艺慰问演出在定兴县长城体育馆举行。赵景之主持活动，中共定兴县委书记牛景峰致欢迎词，书画家向当地政府赠送字画，王景武讲话，表演艺术家们演出文艺节目。

【河北省文联党组召开会议部署创先争优活动】

5月4日，河北省文联党组在四楼会议室召开全体党员会议，部署创先争优活动。党组书记赵景之、副主席潘学聪、柴志华出席。潘学聪主持会议，赵景之发表讲话。

【河北省民间艺术展演在2010上海世界博览会亮相】

5月14～18日，河北省文联组织“中华一绝——京畿神韵·神奇河北”为主题的民间艺术展演活动在中国2010年上海世界博览会河北活动周期间演出。中共中央政治局委员、上海市委书记俞正声，上海市长韩正，中共河北省委书记张云川，河北省副省长孙士彬等观看展演。展演期间游客超过10万人次。

河北省文联民间艺术展演团队96人，展演项目有《鹤与龟》、《魔女巧梳妆》、《武打》3个剧目及32名民间艺人展示的蔚县剪纸、武强木版年画、衡水内画、芦苇画、曲阳石雕、定瓷、曲阳泥塑、易水砚、磁州窑、藁城宫灯、铁板浮雕、大名草编、乐亭皮影雕刻、刻瓷、景泰蓝水晶画、沧州蛋雕、书法绣字等19项工艺。其中潘学聪书法作品《畿辅通志康熙二十二年原序》、曲阳马若特的泥塑《中国红》系列、曲阳石雕《天女散花》、郭氏兄弟的2件铁板浮雕、沧州李家震的3幅拼雕、安新杨丙军的芦苇画等被上海世界博览会永久收藏并长期展示。

【梁斌文学艺术展开幕式】

5月29日下午，中国文联、中国作协、中共河北省委宣传部、中共天津市委宣传部主办，河北省文联、河北省作协、天津市文联、天津市作协承办的“大地之子——故乡情”梁斌文学艺术展开幕式在河北省博物馆举行。河北省省长陈全国参观展览；中国作协党组书记李冰和中共天津市委常委、宣传部部长肖怀远发来贺信；中国文联党组成员、书记处书记夏潮，中共河北省委常委、纪律检查委员会书记臧胜业，中共天津市委常委、政法委员会书记散襄军，中共河北省委常委、秘书长景春华，天津市政协原副主席、梁斌文学研究会顾问曹秀荣，河北省高级人民法院院长高勇，中共天津市委宣传部副部长李毅，河北省文联党组书记赵景之，天津市文联党组书记、秘书长孙福海，河北省文联副主席郑世芳，河北省作家协会副主席王力平等出席，省会各界1000多人参加开幕式、参观展览。孙福海主持仪式，王力平宣读李冰贺信，李毅宣读肖怀远贺信，夏潮、臧胜业发表讲话。梁斌家属发表感言，并向河北省文联、省作协、省图书馆、石家庄学院、蠡县人民政府、梁庄小学赠送梁斌创作的图书，夏潮、臧胜业、散襄军、高勇、景春华、散帼英为开幕式剪彩。

【河北省书法之乡落户宁晋县大陆村镇】

7月2日，河北省文联、省书协主办的“河北省书法之乡”授牌仪式在宁晋县大陆村镇举行。河北省文联党组书记赵景之、副主席潘学聪，中共邢台市委常委、宣传部部长路洪昌及河北省书协、邢台市文联、邢台市书协、中共宁晋县委、县政府、县文联、县书协、大陆村镇有关领导和该镇农民书法家近1000人参加仪式。宁晋县书协主席马保群主持仪式，省书协秘书长褚大伟宣读命名决定。赵景之、潘学聪向大陆村镇颁授“河北省书法之乡”铭牌。铭牌文字由中国书协副主席、河北省书协主席旭宇题写。赵景之、路洪昌、绳建廷、蔡侗江分别致辞。授牌仪式后，省市书法家与该镇书协成员举行交流笔会。

【中国奚族文化之乡暨中国奚族文化研究中心颁牌仪式】

7月9日上午，中国民协、河北省文联主办的中国奚族文化之乡暨中国奚族文化研究中心颁牌仪式在青龙县民族文化宫举行。中共河北省委原副书记赵世居，中国协副主席郑一民、副秘书长赵铁信，河北省文联副主席潘学聪，中共秦皇岛市委常委、宣传部部长时晓峰，中共青龙县委书记李学民、县长张立群及四大班子领导，各地专家学者，友好县区同仁，青龙奚族文化研究人员，县直各部门代表，各乡镇代表等500余人出席仪式。

张立群主持仪式，李学民致欢迎词，郑一民宣读命名决定，赵世居、赵铁信向青龙县委、县政府颁牌，时晓峰、潘学聪、赵铁信先后致辞祝贺。与会专家学者及青龙奚族文化研究中心成员等30余人在青龙县行政中心会议大厅举行首届中国奚族文化研讨会。

【首届中国剪纸艺术节】

8月1日，中国文联、中国民协、中共河北省委宣传部、省文联、省文化厅、张家口市人民政府主办的首届中国剪纸艺术节暨第十届山花奖·民间工艺美术奖（剪纸类）评奖在蔚县开幕。河北省人大原副主任李建新、中国文联原副主席胡珍及主办单位领导出席开幕式，来自全国各省区市和国务院公布的41个剪纸非物质文化遗产传承地的剪纸艺术家代表、专家学者及60位新闻媒体记者、30名外国友人全程参与。

期间举行剪纸一条街开街、第十届山花奖·民间工艺美术奖（剪纸类）评奖、中国剪纸艺术发展高层论坛和开幕式民俗文艺表演。与会人员还到小五台、金河景区和飞狐峪、空中草原景区采风，并观看非物质文化遗产保护项目打树花、拜灯山。

【历史歌舞剧《孤竹浩歌》】

8月26日，河北省文联、省民协、省音协、省舞协与中共卢龙县委、县政府等联合创作，中国民协副主席、河北省文联副主席郑一民编剧，石家庄市歌舞团排演的大型历史歌舞剧《孤竹浩歌》在石家庄市艺术学校礼堂预演。河北省人大原副主任白润璋，省文联党组书记赵景之，副主席郑世芳、柴志华，省文化厅副厅长韩占武，秦皇岛市委常委、宣传部部长时晓峰及社会各界800余人观看演出。

【滇冀木里、潘学聪艺术展开幕式】

8月27日，河北省文联、中共丽江市委对外宣传局、丽江市博物院、河北省画院、河北省美术研究所主办的滇冀木里、潘学聪艺术展在河北省美术馆举行开幕式。河北省人大原副主任张群生，省政协原副主席韩立成，中共河北省委组织部副部长张增良，省文联党组书记赵景之，省作协党组书记相金科，新华社党组成员罗绮，省检察院专职检察员蒋瑞杰，省文联副主席郑世芳、柴志华，中国民协副主席郑一民，丽江市博物院党委书记李共久及河北省文联副主席潘学聪本人，丽江市博物院研究员木里本人出席。郑世芳主持仪式，李共久致开幕词，赵景之讲话，木里、潘学聪发表感言，张群生、韩立成、张增良、赵景之、相金科、罗绮、蒋瑞杰、柴志华、郑一民、李共久等为开幕式剪彩，社会各界和新闻媒体等

1000多人参加开幕式、观看展览。

展览展出100件书画摄影作品，其中潘学聪书写丽江的诗词、格言及民俗语言等书画作品30幅；木里书写河北历史文化名人的诗词书法和反映丽江风土人情和风景名胜的美术、摄影作品70幅。

【中国文联、中国美协举办赴革命纪念地深入生活、写生创作座谈会】

8月29日下午，中国文联、中国美协2010年赴革命纪念地西柏坡深入生活、创作采风活动结束，在石家庄世纪大饭店举行座谈会。采风团周荣生、崔俊恒、王野翔、李青稞、王宓、王国斌、苏百钧、黄泽森、杨斌、林绍灵、杨必位、宫建华、祁海峰、张国君、颜景龙、段朝林等20名美术家与会。中国美协副秘书长张旭光、会员部主任马新林等出席座谈会并讲话。河北省文联党组书记赵景之、中共河北省委宣传部文艺处处长张俊山举行晚宴，为采风团美术家们送行。

【河北省文联组团赴江浙沪世博会采风】

9月15～20日，河北省文联组成52人的采风团分2队赴江浙沪世博会采风。采风团先后奔赴杭州、乌镇、苏州、上海及龙井茶叶产地、海宁丝绸生产基地、上海世博会、上海城隍庙市场等采访当地风土人情、经济发展情况。

【2010中国·河北第六届“金狐杯”国际标准舞全国公开赛举行】

10月1～3日，河北省文联、省国标舞总会主办，河北金狐文化艺术发展有限公司承办的2010中国·河北第六届“金狐杯”国际标准舞全国公开赛在石家庄中山体育馆举行。全国政协委员、中国文联原副主席胡珍，河北省政协原副主席刘健生，中共河北省委宣传部秘书长魏平，省文化厅副厅长边发吉，省文联副主席郑世芳、潘学聪、柴志华、秘书长孙志英，省国际标准舞总会会长张新茹等出席活动。孙志英主持开幕式，郑世芳讲话，胡珍、刘健生、魏平为评委颁发聘书，与会领导和嘉宾向获奖者颁奖，胡珍宣布开幕。

本次大赛设职业、业余2项，分团体舞、摩登舞、拉丁舞、社交舞4个类别、270余个组别进行，全国10多个省市自治区的65支队伍、1800余人参赛。

【河北省文联“升国旗、唱国歌”活动】

10月8日上午9时，河北省文联组织56名党员在机关大院开展“升国旗、唱国歌”活动。省文联党组书记赵景之，副主席郑世芳、潘学聪、柴志华出席。潘学聪主持仪式，赵景之致辞，大家面对五星红旗，在乐曲的伴奏下歌唱《中华人民共和国国歌》。

【中国红枣文化之乡暨中国红枣文化研究中心颁牌仪式】

10月9～11日，中国民协、河北省文联在行唐县文化广场举办中国红枣文化之乡暨中国红枣文化研究中心颁牌仪式。河北省政协原副主席刘健生，省文联副主席潘学聪，中国民协副主席郑一民、刘铁梁、副秘书长赵铁信，中共石家庄市委宣传部常务副部长王惠周及行唐县委、县政府领导、各地专家学者、友好县区同仁、红枣文化研究人员出席，县直各部门代表、各乡镇代表、各界群众1000余人参加活动。应邀参加仪式的专家学者及行唐红枣文化研究中心成员等80余人举行首届中国红枣文化研讨会，并在行唐县颖南村女英祠前举办中国·行唐公祭枣神女英典礼。

【李嘉存、李纯博书画联展全国巡展】

10月10日上午，中国美协、北京市书协主办的李嘉存、李纯博书画联展全国巡展在石家庄河北美术馆开展。中共中央宣传部、文化部、国家广电总局、中央电视台、中国美协有关领导，河北省副省长宋恩华，省人大原副主任赵世居、龚焕文、白润璋，中共河北省委宣传部副部长兼省文明办主任白石，省政府法制办主任张国钧，中共河北省委宣传部副部长王景武，省文联副主席潘学聪、柴志华，省新闻出版局副局长刘金凯等，及京津冀三地各界1000多人前来祝贺、参观展览。这次展览展出李嘉存、李纯博新创作的书画作品100多幅，其中李嘉存50多幅，李纯博50多幅。

【河北省文联召开从事新中国文艺工作60年暨河北文艺60年贡献荣誉奖颁奖大会】

11月22日下午，河北省文联在文艺家活动中心召开颁奖大会，向从事新中国文艺工作60年暨河北文艺60年的177名贡献荣誉奖获得者颁奖。中共河北省委宣传部副部长王景武，省文联党组书记赵景之，副主席郑世芳、潘学聪、柴志华，及省文联机关各处室、各文艺家协会、各市文联负责人，新闻媒体记者60余人出席。潘学聪主持颁奖大会，柴志华宣读表彰名单，获奖代表肖杰发言，郑世芳发表讲话，与会领导向获奖者颁发纪念章和荣誉奖证书，礼仪小姐向老艺术家们献上鲜花！

【河北省文联组团赴山西、河南考察采风】

11月22～28日，河北省文联党组书记赵景之率省文联考察采风团赴山西、河南访问。中共河南省委书记卢展工接见团长赵景之和副团长郑世芳、柴志华等，山西省文联主席李才旺、河南省文联党组书记吴长忠等会见、宴请河北省文联考察采风团一行，并与大家一起座谈交流。

河北省文联考察采风团一行29人途径太原、临汾、运城、解州、永济、三门峡、洛阳、郑州、登封、安阳等地，到太原煤矿展览馆、洪洞老家大槐树寻根祭祖园、运城盐湖、临汾天下第一门、尧庙、帝舜陵、关帝庙、普救寺、古蒲津渡遗址、风陵渡高阁、黄河大桥金三角、龙门石窟、白马寺、少林寺、河南博物、殷墟博物苑等考察采风。

【“燕赵风——石家庄行”摄影文化周活动】

11月25～30日，河北省文联、中共石家庄市委宣传部主办，河北省摄协承办的“燕赵风—石家庄行”摄影文化周大型活动在石家庄卓达国际会展中心举行。中共河北省委原常委、副省长陈立友，中共河北省委原常委、石家庄市委书记陈来立，河北省人大原副主任、省老区建设促进会会长白润璋，省人大原副主任郝廷华，中国摄协副主席王文澜、张桐胜、副秘书长解海龙，中共河北省委组织部巡视员李新维，中共河北省委宣传部副部长王景武，省文联副主席潘学聪，中共石家庄市委常委、宣传部部长孙万勇，中共北京市门头沟区委副书记、北京市文联副主席陈志强，廊坊市人大副主任马英才，邯郸市副市长崔永斌等出席开幕式，中共石家庄市委常委、石家庄警备区原司令员、河北省摄影家协会副主席刘瑞新主持仪式。这次展览展出1700幅（组）作品，社会各界1000多人参观展览。期间召开研讨会，全国摄影媒体及省内各综合媒体对活动跟踪报道。

【河北省文联“三下乡”服务团到顺平服务】

12月13日，河北省文联党组书记赵景之带领16名艺术家组成的“三下乡”服务团到保定顺平县为老百姓服务。中共河北省委常委、宣传部部长聂辰席，中共保定市委书记宋太平等到现场看望河北省文联三下乡服务团一行。河北省文联副主席潘学聪与团员们一起，向顺平县捐赠大型书画作品3幅、图书200多册、春联300多副及《当代人》、《民间故事选刊》、《小小说月刊》杂志400多本，并进行摄影跟踪服务。

【2010中国文联“送欢乐、下基层”赴平山西柏坡慰问演出】

12月22日，中国文联、中国杂协、中国民协“送欢乐、下基层”慰问演出团一行200人赴平山西柏坡慰问演出。中国文联党组副书记、副主席李牧，中国文联副主席、中国杂协名誉主席夏菊花，河北省政协副主席田向利，中国杂协主席边发吉，分党组书记、驻会副主席邵学敏，中国民协副秘书长吕军，河北省文联党组书记赵景之，副主席郑世芳、柴志华等和演职人员一起，与老区1500多名观众联欢。李牧在演出前致辞。

演出团小分队还冒雪到西柏坡纪念馆广场为群众演出。中国民协将年画、剪纸、工艺品赠给平山人民；平山县委、县政府向中国文联、中国杂协、中国民协回赠锦旗。慰问演出团参观了在这里举办的“西柏坡——新中国从这里走来”大型革命历史展览。

机关工作

【人事变动】

河北省文联办理退休手续人员1名，其他无人事变动。

【人员培训】

河北省文联全年组织各类培训班33次，机关298人次受到中国文联及各艺术家协会、中共河北省委党校、中共河北省直属机关工作委员会、中共河北省委宣传部等的各类培训。

【老干部工作】

河北省文联现有离退休老干部48人。每月组织集体学习2次，每年组织外出参观学习2次。

【河北省文联机关党委组织全体党员开展党员党性教育活动】

6月10～11日，河北省文联机关党委组织全体党员到西柏坡开展党员党性教育活动。河北省文联党组书记赵景之，副主席潘学聪、祁海峰，秘书长孙志英出席。

河北省文联机关党委专职副书记、人事处处长梁秀辰在革命圣地西柏坡领誓，全体党员面对党旗重温入党誓词，并参观西柏坡纪念馆和中共中央旧址。潘学聪主持党员党性教育培训，赵景之以“转变经济发展方式，文化力是灵魂”为题作主旨演讲。

【《河北文艺界》编辑部】

河北文艺界全年完成6期《河北文艺界》内刊采访、编辑、出版、发行工作；完成2010年出版的《中国文联年鉴》、《河北年鉴》、《河北宣传文化年鉴》河北文联部分的全部文字稿件和《河北省地方志河北文联志》、《河北省地方志文化志》文字稿件部分撰写任务，全年编辑、撰写文字稿20多万字。

各文艺家协会

【戏剧家协会】

1月19日，河北省剧协2010年迎春茶话会在河北省文联文艺家活动中心召开。河北省政协原主席吕传赞、原副主席刘健生，省文联党组书记赵景之、副主席郑世芳、秘书长孙志英，省剧协副主席兼秘书长贾吉庆及副主席刘秀荣、彭蕙蘅、袁淑梅，“梅花奖”演员张慧敏、雷保春、蒋宝英，部分在石家庄的省剧协顾问、理事和艺术院团60余名负责人出席茶话会。

1月26～27日，河北省剧协、中共邯郸市委宣传部、邯郸市文化局和邯郸市商业银行联合举办的邯郸市“商行杯”梅花迎春戏曲晚会在邯郸举办。河北省文联党组书记赵景之及邯郸市领导出席观看，省剧协副主席兼秘书长贾吉庆和河北电视台主持人王颖主持晚会。蒋宝英、张惠云、刘秀荣、雷保春、牛淑贤、胡小凤、彭蕙蘅、袁淑梅、、许荷英、李萍、梁维玲、苗文华、刘莉莎、徐金仙、赵立华、王晓英、李玉梅、张慧敏、张俊玲、罗慧琴、刘凤岭、郭英丽22名中国戏剧“梅花奖”演员参加演出。

4月27日，河北省剧协在省文联二楼会议室召开主席团工作会议。中国文联副主席、中国剧协副主席、河北省文联主席、省剧协主席裴艳玲，省文联副主席郑世芳及省剧协副主席贾吉庆、王竹平、苗文华、刘兴会等出席，裴艳玲、郑世芳、贾吉庆先后讲话。

经主席团研究决定，一致通过聘任连分良、王建宗、李宪法为河北省戏剧家协会第四届主席团副秘书长，裴艳玲 、王晓英、许荷英、贾吉庆、刘秀荣、赵德平、庞彦强、袁淑梅、张俊山、刘兴会、张秋玲、苗文华、高树康、周喜俊、王竹平、彭蕙蘅、王建宗为中国戏剧家协会第七次全国代表大会代表，王晓英为中国剧协第七届理事会理事候选人的决议。

5月28日，河北省剧协举办的第十四届中国少儿戏曲小梅花荟萃河北省选拔赛在石家庄落幕。53名少儿戏曲演员报名参赛，评选出8位小演员参加全国大赛。

6月4日，河北省剧协在河北省文联召开“戏剧走进百姓”座谈会。20名多名剧作家和戏剧理论家出席。河北省文联副主席柴志华等出席会议讲话，省剧协副主席兼秘书长贾吉庆主持会议。

6月23～26日，中国剧协第七次代表大会在北京召开。河北省戏剧界王竹平、王建宗、王晓英、刘兴会、刘秀荣、许荷英、张俊山、张秋玲、苗文华、周喜俊、庞彦强、赵德平、贾吉庆、袁淑梅、高树康、彭蕙蘅、裴艳玲（按姓氏笔画排序）17名代表参加会议。河北裴艳玲再次当选新一届副主席，王晓英、刘秀荣、赵德平、贾吉庆、裴艳玲（按姓氏笔画排序）5人当选理事。

7月13日，在中国剧协主办的第十四届中国少儿戏曲小梅花大赛中，河北省剧协选送的石家庄市艺术学校丝弦班田上、宋云飞，保定艺术学校马宇琪，石家庄市艺术学校预习班郭雨昂，唐山市路北区龙华小学宋雨桐，河北艺术职业学院董建华、甘天霖、杨诺8位小朋友获“小梅花金花”称号。

8月30日，河北省剧协主办的邯郸平调落子剧团新戏《捉黄鬼》研讨会在邯郸武安市举行。河北省文联副主席、文化厅副厅长边发吉，省剧协副主席兼秘书长贾吉庆及业内20多人出席座谈会。

10月20～21日，第三届中国戏剧奖·理论评论奖颁奖仪式暨“戏剧的品格和使命”研讨会在北京举行。在全国9篇论文获中国戏剧奖·理论评论奖获奖作品，17篇论文被评为优秀作品，13家单位获得组织奖中，河北省剧协选送的王露霞《历史真相的深度隐喻——对锦云几部话剧作品的文本解读》获中国戏剧奖·理论评论奖，赵惠芬《河北梆子文化述论》被评为理论评论优秀作品；河北省剧协获组织奖。

10月22日晚，中国剧协等举办的第五届中国戏曲红梅荟萃活动在山东广饶闭幕。河北省剧协选送的邯郸市东风剧团张宁、省河北梆子剧院王景雪、保定老调剧团沈艳秀、邢台市豫剧团陈西娟、保定河北梆子剧团张梅芳获红梅金奖，石家庄市河北梆子剧团赵昕获红梅银奖；河北省剧协获优秀组织奖。

10月28日晚，第三届中国戏剧奖·曹禺剧本奖在湖北潜江市评选揭晓。河北省剧协推荐舒棠创作的《响九霄》获提名荣誉。

11月9～18日，中国文联、教育部、上海市人民政府共同主办的第二届中国校园戏剧节在上海举行。河北省剧协选送的邢台职业技术学院表演艺术中心原创话剧《学会生存》入围，获优秀剧目奖；剧中薛慧的扮演者杨婷婷获校园戏剧新星奖；河北省剧协获组织奖。

11月24日，中国首届京胡演奏展演在山东威海结束。河北省剧协选送的石家庄市京剧团吴茜获银奖。

12月9日上午，河北省剧协邀请本会艺术指导委员会裴艳玲、张俊山、王竹平等组成第25届中国戏剧“梅花奖”河北省评审推荐委员会，在河北省文联4楼会议室评审申报中国戏剧“梅花奖”演员申报人员资格。石家庄市京剧团的赵玉华（一度梅）、河北省河北梆子剧院的吴桂云（一度梅）、河北省河北梆子剧院的许荷英（二度梅）、河北省京剧院的梁维玲（二度梅）、石家庄市河北梆子剧团的刘莉沙（二度梅）5位演员获准申报。

【音乐家协会】

1月1日～3月31日，河北省音协与河北电视台主办的河北省第10届青年歌手电视大赛在石家庄举行。

1月9日，中共河北省委在河北会堂召开表彰会，表彰歌曲《我的祝福你听见了吗》获全国五个一工程奖的组织创作生产单位。河北省音协获河北省精神文明建设“五个一工程”组织工作奖。

2月1日，河北省音协在省会举办迎新春茶话会。河北省文联党组书记赵景之、秘书长孙志英等与会讲话。河北省音协第四届主席团部分成员、顾问和音乐家30余人与会，副秘书长倪新、音乐创作中心办公室主任王宝成分别汇报2009年工作和“五个一工程”歌曲创作情况，驻会副主席兼秘书长白朝晖介绍2010年的工作计划，与会人员提出建议，并提出建立河北音乐博物馆的设想，得到与会者的支持。河北省文联副主席、河北省音协主席曹贤邦发表讲话。

2月24日，河北省音协联合燕赵都市报在河北大戏院举办“小虎闹春”少儿展演活动，100多名小演员表演，1000多名观众观看演出。

2月25～26日，河北省音协在石家庄人民会堂举办2010年寒假钢琴、电子琴、二胡、古筝四个专业考级活动。

4月10日，河北省音协举办的河北省第二届“敦煌秦川杯”（二胡、古筝）展演比赛在石家庄举行。赛事分儿童组、少年组和成人组3个组别进行，400多名选手参加角逐。

4月30日～5月2日，河北省音协联合其他单位在河北省体育馆举办第二届嘉禾啤酒音乐节。来自各地的500多名选手参赛，上万名观众观看演出。

6月16日，河北省音协选送寒晖合唱团参加中国合唱协会主办的首届“承钢杯”中国旅游名城“城市之韵”合唱节，获得金奖第一名。

7月1～31日，河北省音协举办的全省音乐考级工作在石家庄举办。

7月15～18日，河北省音协举办的河北省青年词曲作者讲习班在承德市兴隆县花果山庄举办，40多人参加。邀请作曲家冯世全、王立平，词作家胡宏伟和音乐理论家周荫昌等讲课。

8月9日，河北省音协与中国鼓手联合会举办的河北省首届打击乐艺术节——“万象天成杯”2010鼓手大赛暨中国鼓手联合会“魔鲨杯”全国鼓手大赛河北赛区选拔活动在石家庄落幕。大赛分幼儿组、少儿组、少年组和成人组4个组别进行，50名选手获一、二、三等奖。

10月1日，河北省音协编辑的《歌中故人来》一书由花山文艺出版社出版发行。

10月17日，河北省音协选送寒晖合唱团到广州番禺参加第十届中国合唱节暨第二届冼星海国际合唱节，在国内外49支参赛队伍的角逐中获银奖。

11月20日，河北省音协联合省教育厅、省总工会主办的全省首届非职业优秀管乐团队展演活动在石家庄铁道大学举办。河北省文联副主席郑世芳、曹贤邦，省教育工委副书记韩俊兰、省总工会副主席郭东海、省音协副主席兼秘书长白朝晖等及学校1000多名师生出席开幕式、观看演出。全省27支乐队的500名选手参加展演。

11月19～22日，河北省音协在石家庄举办“唱响中国”歌曲征集评选活动河北省推动会暨作品研讨会。河北省文联党组书记赵景之、副主席郑世芳及省音协领导、词曲作者50多人出席会议。

【美术家协会】

4月21日，河北省美协等主办的2010年河北省水彩、粉画艺术展在河北美术馆展出作品160余件，500多人出席开幕式。开幕式结束后召开研讨会。

8月10日，河北省美协、秦皇岛市文联、秦皇岛市美术家协会主办的燕赵气象——河北省美术家协会主席团、各市美术家协会主席美术作品联展在北戴河龙腾书画院开幕。河北省人大原副主任张群生，省文联副主席潘学聪，省美协主席祁海峰、副主席钱宗飞、徐福厚、黄耿辛、王继平、张静伯、张国君，中共秦皇岛市委常委、宣传部部长时晓峰，秦皇岛市副市长于复苓，秦皇岛市文联主席牛兴国及各市美协主席、各地美术家100余人参加开幕式。展览展出作品150余件。

8月25～29日，河北省美协承办中国文联、中国美协2010年赴革命纪念地西柏坡深入生活、创作采风活动。美术家杨文成、周荣生、崔俊恒、黄泽森、王宓、王国斌、王野翔、杨斌、杨必位、李青稞、苏百钧、林绍灵、宫建华、祁海峰、张国君、段朝林、颜景龙16人走访西柏坡、天桂山、沕沕水，参观西柏坡纪念馆、西柏坡中共中央旧址、沕沕水发电厂等革命圣地，并在石家庄市世纪大饭店召开座谈会。

10月1日，河北省美协网站（http：//hbmx.hebnews．cn/）开通。网站设有协会公告、燕赵画坛、征稿展讯、美术理论、会员动态等栏目。

12月21日，河北省美协承办的“和谐燕赵 红色太行”中国山水画作品展在河北美术馆开幕。河北省人大原副主任张群生，省政协原副主席刘健生，中国美协分党组成员、副秘书长张旭光，中共河北省委组织部巡视员李新维，中共河北省委宣传部副部长戴长江，河北省文联党组书记赵景之、副主席郑世芳、潘学聪、祁海峰及社会各界800人参加开幕式。此次展览展出作品1000件，评出278件入选作品、57件获优秀奖，其中河北省60件入选、17件获优秀奖。

【曲艺家协会】

1月21日，河北省曲协在河北省文联文艺家活动中心召开2010年省会曲艺界迎新春茶话会。河北省文联党组书记赵景之、副主席郑世芳及省会曲艺界领导、导演、演员、评论家、作家和新闻媒体记者等80多人出席。会上，河北省曲协副主席兼秘书长陈小平简要汇报2009年大项工作和2010年工作计划。与会人员以晚会表演、抽奖形式，边演边讨论。

5月28～30日，首届巴黎中国曲艺节在法国巴黎中国文化中心和联合国科教文礼堂举行开幕式和颁奖典礼。中国驻法国大使孔泉夫妇，巴黎中国文化中心主任李少平，法国华商会会长卓旭光，法国《欧洲时报》执行社长张晓贝，中法企业合作协会会长陈世明，中国银行巴黎分行行长潘诺，中国国际航空公司戴高乐机场站站长顾维广，曲艺家刘兰芳、姜昆、戴志诚，国画家范曾，法国文化部专员乌尔茨及法国喜剧演员Anne Roumanoff等分别出席开幕式和颁奖典礼。这次活动颁发1枚金奖、5枚银奖。其中河北省曲协副主席兼秘书长陈小平带领的参赛队伍——沧州木板大鼓《贾宝玉夜探潇湘馆》独获金奖，乐亭大鼓《猪八戒拱地》获1枚银奖。孔泉为他们颁奖。

6月10～12日，北京市曲协、北京宣武区文委、北京人民广播电台等主办，天津、河北、山西、内蒙古等曲艺家协会协办的第六届“天桥杯”国家级非物质文化遗产鼓曲邀请赛在北京举行。河北省列入首批国家级非物质文化遗产3个曲种的各1个节目参加比赛。其中王银杰、刘凤鸣表演的沧州木板大鼓《劝善谚语》获特别荣誉奖，王兴杰、张旭武表演的乐亭大鼓《嫦娥望长空》获一等奖，张增荣、张增爽、孙万祥表演的西河大鼓《许仙游湖》获二等奖。

7月22～23日，河北省曲协、河北人民广播电台主办的第四届全国少儿曲艺大赛河北选拨赛在石家庄市群众艺术馆礼堂举行。河北省文联副主席郑世芳、河北电台新闻频道总监王成树、省曲协主席崔砚君等到场祝贺、讲话并颁奖；常志、刘小梅、陈小平、朱庚寅、闫耀和、王洪谊等省、市曲艺家担任评委，并示范表演节目。本次大赛有56个节目、100余名小演员进入复赛。最后评出10个一等奖和20个二等奖、26个三等奖、6个组织工作奖、8个园丁奖。

8月7日，中国曲协、中央电视台、国家少工委等主办的第四届全国少儿曲艺大赛在京落幕。全国人大原副委员长顾秀莲，中国文联党组书记胡振民、副主席冯远观看演出，与获奖演员合影留念。河北省4个节目进入决赛，其中孙红苗、程玉明表演的沧州木板大鼓《追苍蝇》获一等奖，彭禹铭、张宇卿表演的数来宝《新中国从这里走来》和冯熙芮、高云鹏表演的对口快板《报母恩》获二等奖，张涵娇表演的故事《我带圣诞老人游家乡》获三等奖；河北省曲艺家协会获组织工作奖，常志、王建国获园丁奖。

12月17日，河北省曲协策划、推出的洪顺曲艺社在石家庄市群众艺术馆一楼大厅举办开箱庆典。中国文联副主席、中国曲协主席刘兰芳，河北省政府法制办公室主任张国钧，中共河北省委宣传部副部长王景武，省文联副主席郑世芳、潘学聪、柴志华，中共石家庄市委常委、宣传部部长孙万勇，石家庄市人大副主任李屏东，石家庄市副市长张妹芝等及演员侯耀华，与200多名各界人士一起出席庆典。石家庄市文化局副局长、群艺馆馆长郭纯阳主持开箱、介绍嘉宾，柴志华、孙万勇、李屏东、张妹芝、侯耀华等剪彩，邯郸正大制管集团有限公司总裁、洪顺曲艺社董事长张洪顺介绍筹建情况，河北省文联副秘书长、省曲协副主席兼秘书长陈小平致辞，郑世芳、孙万勇讲话，洪顺曲艺社总经理王金东发表感言，刘兰芳揭牌。

【舞蹈家协会】

4月22日，河北省国际标准舞总会成立大会在国家电网石家庄培训中心举行。中国文联原党组书记高占祥为总会题名。全国政协委员、中国文联原副主席胡珍，河北省文联副主席郑世芳，中共河北省委宣传部文艺处副处长王立岗，省文联秘书长孙志英、机关党委专职副书记兼人事处处长梁秀辰、组联处处长张占方，省民政厅社团局局长王国欣，省影视协副主席兼秘书长汪帆，北京市舞协副主席兼秘书长王晨等300多人出席大会。梁秀辰主持大会，孙志英致欢迎词，王国欣宣布批准成立决定，汪帆、王晨代表省内外社会团体致贺词，胡珍讲话。大会一致通过选举办法、总会章程和候选人名单，产生第一届理事会及其领导机构。张新茹当选会长，胡立新、郑广义、孟立新、金暄、刘治宗、杨利英、王峻岭、张冬梅、宫雅健、李拥军、徐晓伟当选副会长。总会特聘河北省人大原副主任王加林为名誉会长，北京舞蹈学院社教系主任张平为艺术顾问。

6月6日，河北省舞协主办的第四届河北省舞蹈比赛在石家庄市艺术学校闭幕。河北省政协原副主席、省舞协名誉主席刘健生及省文联等省直单位领导出席闭幕式。本届比赛参赛节目247个，参赛人数2000多名，分专业少年组、青年组，业余少儿组、少年组、青年组、中老年组六大组别进行比赛，最后评出59个一等奖、70个二等奖、64个三等奖、54个优秀奖。

10月1～3日，河北省国际舞总会主办的2010中国·河北第六届“金狐杯”国际标准舞全国公开赛在石家庄中山体育馆举行。全国政协委员、中国文联原副主席胡珍，河北省政协原副主席刘健生，中共河北省委宣传部秘书长魏平，河北省文化厅副厅长边发吉，河北省文联副主席郑世芳、潘学聪、柴志华等出席活动、向获奖者颁奖。

本次大赛设职业、业余2项，分团体舞、摩登舞、拉丁舞、社交舞4个类别、270余个组别进行，全国10多个省市自治区的85支队伍、1800

余人参赛。

【民间文艺家协会】

5月18日，为支持子位民间吹歌会馆建设，河北省民协在向新落成的会馆捐赠图书3000册的基础上又捐赠2000余册。

6月11日上午，中国民协在北京人民大会堂举行中国民间文学三套集成总结表彰会。河北宋孟寅、郑一民、朱彦华、傅新友、周宝忠、梁挺爱、郝宝铭、杜学德、宴文光、杨荣国10人受表彰。河北省民协获“中国民间文学集成先进集体”称号。

7月31日～8月4日，河北省民协承办的首届中国剪纸艺术节暨第十届山花奖·民间工艺美术奖（剪纸类）评奖在蔚县举行。河北省人大原副主任李建新、中国文联原副主席胡珍及主办单位领导出席开幕式，来自全国各省、市、自治区和国务院公布的41个剪纸非物质文化遗产传承地的代表、专家学者及新闻媒体记者参加活动。

8月26日，中国民协副主席、河北省文联副主席、河北省民协主席郑一民编剧，石家庄市歌舞团排演的大型历史歌舞剧《孤竹浩歌》在石家庄市艺术学校礼堂预演。河北省人大原副主任白润璋，省文联党组书记赵景之，副主席郑世芳、柴志华，省文化厅副厅长韩占武，中共秦皇岛市委常委、宣传部部长时晓峰等及社会各界800余人观看演出。

9月3～4日，中国民协主办、鄂尔多斯市乌审旗人民政府承办的中国新农村新牧区文化暨民间文化之乡建设经验交流现场会在内蒙古乌审旗举行。中国民协副主席、河北省民协主席郑一民带领河北省16个民间文艺之乡代表24人出席会议。其中河北清河县政协副主席赵杰作为五省代表之一在会上发言。

【摄影家协会】

6月11日，河北省摄协主办，邯郸市文联、邯郸市摄协、中共魏县县委、魏县人民政府承办的首届“梨乡水城杯”河北省摄影大赛在魏县评选揭晓，评出金奖3名、银奖6名、铜奖10名、优秀奖50名和入围奖106名。

9月20日晚，上高之夜·群星映月——第23届全国摄影艺术展颁奖晚会在江西省宜春落幕。河北摄影界刘瑞新作品《牧马迎晖》获艺术类金奖，王珑作品《采掘光明的人》获艺术类银奖，温彦博作品《幸福雨》和杨越峦作品《聆听》获艺术类铜奖，孙建华记录类作品《险》获评委推荐奖；其余31幅（组）作品分获各类别优秀奖；河北省摄协获优秀组织工作奖。

11月20日，河北省摄协等主办的“徐水·巨力杯”河北省第二十届摄影艺术展在保定市开幕。中共保定市委常委、宣传部部长李国英出席开幕式讲话，保定市副市长周省时宣布开幕，中国摄影报副总编柴选，河北省摄影家协会主席李英杰、秘书长杨越峦，保定市文联党组书记郭树林等及各界600多人出席、参观展览。此次展览展出作品254幅（组），展期4天。

【书法家协会】

7月2日，河北省书协主办的“河北省书法之乡”授牌仪式在宁晋县大陆村镇举行。河北省文联党组书记赵景之、副主席潘学聪，中共邢台市市委常委、宣传部部长路洪昌，河北省书协、邢台市文联、邢台市书协、中共宁晋县委、县政府、县文联、县书协及大陆村镇的有关领导和农民书法家1000人参加仪式。赵景之、潘学聪向大陆村镇授牌后，省市书法家与该镇书法协会成员举行交流笔会。

10月27日，河北省书协等主办的“河北省书法之乡”命名仪式在雄县昝岗镇挂牌。河北省文联党组书记赵景之，中共保定市委常委、宣传部部长李国英，河北省文联副主席潘学聪，河北书协副主席郭永利、李尚才、孙学东，秘书长褚大伟，保定市文联副主席刘素娥及各界300多人参加仪式，向昝岗镇授牌后，赵景之、李国英发表讲话。

12月27～29日，中国书协第六次代表大会在北京召开。河北代表团旭宇、李尚才、郭永利、郎岗峰、刘月卯、范硕、褚大伟、王书利、李根茂、韩瑛、杨学德、刘晓霞、薛择邻、刘家科14人参加大会，李尚才、郭永利、郎岗峰、刘月卯、范硕、褚大伟6人当选理事。

【杂技家协会】

5月22日，河北省杂协在石家庄富华大酒店召开主席团会议。河北省文联党组成员、副主席郑世芳，中国杂协副主席、河北省文联副主席、省杂协主席边发吉，省文联机关党委专职副书记、人事处处长梁秀辰及主席团全体成员出席会议。省杂协副主席周良田主持会议：副主席兼秘书长李献义介绍与会领导；梁秀辰介绍河北省杂技家协会秘书长人选变更情况；经边发吉提议，主席团全体成员表决通过，因李献义到达退休年龄，张宽接任其秘书长职务主持工作。边发吉总结2007年工作成绩，部署2010年工作重点，主席团成员讨论交流年度情况，张宽发表感言，郑世芳发表总结讲话。会议还讨论批准21名河北省杂协会员，通过推荐8人报批中国杂协会员。

11月3～5日，中国杂协第六次全国代表大会在北京召开。河北出席代表14名，边发吉当选第六届理事会主席，张宽、周良田、陈书镇、雷武、于金生、齐玉强6人当选理事，中共河北省委宣传部副部长王景武、河北省文联副主席郑世芳专程到北京会议驻地京西宾馆看望河北代表团代表，表示祝贺，并召开座谈会。郑世芳主持座谈，王景武发表讲话。

12月22日，河北省杂协协办的中国文联“送欢乐、下基层”慰问演出团一行200人赴平山县慰问演出。中国文联党组副书记、副主席李牧，中国文联副主席、中国杂协名誉主席夏菊花，河北省政协副主席田向利，中国杂技家协会主席边发吉，中国杂协分党组书记、驻会副主席邵学敏，中国民协副秘书长吕军，河北省文联党组书记赵景之，副主席郑世芳、柴志华等和全体演职人员一起，与老区1500多名观众联欢。

【影视家协会】

河北省影协举办的第十五届河北省影视艺术“奔马奖”评选会议在安新县举行。经过评审，101件作品及21人获“奔马奖”。其中22集电视剧《为了新中国前进》，动画片《麋王宝图》，纪录片《跨越：河北1949～2009》、《重走开国路》、《特殊使命》、《为共和国新闻大厦奠基》，专题片《水乡古韵》、《拓路者的故事》，文艺专题《中国情景喜剧》、《情系长城》，晚会希望河北——河北电视台2010年春节联欢会、保定市春节晚会、唱响沧州——沧州市2010春节电视文艺晚会、“西柏坡——不朽的丰碑”大型诗歌朗诵音乐会、光影恋歌——2010影视作品新春音乐会、2009年度感动省城十大人物颁奖盛典、沧州市第三届“沧州好人”典型代表颁奖晚会，青少节目献给祖国的心声——首届十万青少年诵读祖国情颁奖晚会，文艺栏目《文化保定》、《戏迷俱乐部》，电视广告《换个角度 生活更美好》，专著《美丽无罪——金晓非影话》等23件作品获特等奖；河北电视台马欣娜获“最佳电视节目主持人”称号；秦皇岛电视台周坤获“最佳剪辑师”称号。

10月10～12日，河北省影视协主办的第七届河北省十佳影视艺术工作者颁奖庆典系列活动在秦皇岛举行。中国视协分党组副书记、秘书长王锋，中共河北省委组织部巡视员李新维，省文联副主席郑世芳，中共秦皇岛市委常委、宣传部部长时晓锋，河北省影视协主席吕振侠，中共河北省委组织部电教中心主任李冠熙，中共河北省委宣传部文艺处副处长王立岗、河北省文联机关党委专职副书记、人事处处长梁秀辰，省影市协副主席兼秘书长汪帆等为十佳获得者颁奖。系列活动“争先创优”座谈会和广顺之夜——第七届河北省十佳影视艺术工作者颁奖晚会依序进行。

9月20～21日，第二十五届中国电视金鹰奖在湖南长沙举行颁奖典礼。河北省选送的22集长篇电视剧《为了新中国前进》获优秀电视剧奖，12集纪录片《望长城内外》获优秀电视纪录片奖，52集动画片《中华小岳云》获优秀动画片奖，李安磊凭借《为了新中国前进》获得最佳录音奖。此外，长篇电视剧《大境门》、戏曲电视剧《成兆才》、文艺节目希望的河北——河北电视台2010年春节联欢晚会、三维动画片《麋王宝图》、少儿文艺牛牛争春——河北电视台2009少儿春晚5部作品及河北电视台主持人任冬梅1人获提名奖。

其他单位

【河北省企业（行业）文联】

3月25日，河北省企业（行业）文联理事工作会议暨经验交流会在石家庄市阳光大厦召开。全省30余家企业、行业的领导与文联干部50余人与会。会议审议通过2009年秘书处会务工作报告和2010年工作安排。石家庄炼化分公司文联、国大集团文联、开滦集团文联3家单位在会上介绍经验。河北建投集团文联、河北省交通运输厅文联、河北省国防科技工业局文联、冀东油田文联、河北兴泰发电公司文联、华北制药集团文联、华北油田文联、东方地球物理公司文联、邯郸钢铁公司文联等进行书面经验交流。河北省文联党组书记、省企业（行业）文联主席赵景之主持执行主席交旗仪式、发表总结讲话，河北省文联副主席柴志华与大家一起到河北省文学馆、河北钱币博物馆参观学习，省国资委党委副书记范玉书主持会议，省国税局副局长李兆昌致欢迎词并介绍本单位文化建设状况，2009 年执行主席河北省地矿局党组副书记、副局长靳海河总结 2009 年河北省企业（行业）文联工作，河北省企业（行业）文联副主席兼秘书长靳亚利作会务工作报告，河北省总工会宣教部部长金树生宣读 2009 年度先进企业（行业）文联名单、2009 年省企业（行业）文化艺术活动特殊贡献单位表彰名单，河北建投集团党委副书记、工会主席杨洪池代表新执行主席单位发表就职演说，省国资委群工处处长韩增波宣读新入会团体会员及增补的常务理事、理事、副秘书长名单，中共河北省委宣传部宣传处处长王振儒宣读 2010 年工作安排。

7 月 9 ～ 13 日，河北省企业（行业）文联主办、开滦集团文联协办的河北省企业（行业）文化干部（骨干）培训班在北戴河开滦休养中心举办。所属会员单位的文化工作人员 30 余人参加培训。河北省作家协会副秘书长、一级作家窦卫华，河北省音协副主席白朝晖，省书协副主席范硕，省摄协秘书长杨越峦，华北油田总经理助理杨利民，河北省企业（行业）文联副主席、一级作家靳亚利等为学员授课。

9 月 16 ～ 20 日，河北省企业（行业）文联、省美协、省书协、省摄协、河北建投集团文联主办的腾飞中的河北暨庆祝新中国成立 60 周年“建设杯”河北省企业、行业界第九届美术、书法、摄影大型展览在石家庄市博物馆举行。省文联党组书记、省企业（行业）文联主席赵景之，省文联副主席郑世芳、柴志华，河北建投集团党委副书记杨洪池，省企业（行业）文联副主席兼秘书长靳亚利，省国资委人事处处长韩增波，中国煤矿美术家协会副主席、省交通运输厅工会主席营新录，省国防科技工业局工会原主席石建和，河北银行监事会主席盛俊龙出席，全省企业、行业的相关领导梁晓东、李兢克、郭春祥、魏盛海、赵丽芳、景中杰、张克强、马明、王亚华、陈国顺、王琳、刘爱群、曹孟雄、孙鹏及各大企业、行业的员工，省内艺术家与艺术爱好者 200 余人参加开幕式。靳亚利主持仪式，赵景之致开幕词，杨洪池致贺词。此次展览展出 300 余幅作品，并颁发获奖证书、入选证书和团体组织奖、特殊贡献奖荣誉证书。《河北日报》、《河北工人报》、《河北青年报》、《燕赵都市报》、《燕赵晚报》、《当代人》、《企业文化博览》、《河北文艺界》及省、市电视台等新闻媒体跟踪报道。

【当代人杂志社】

《当代人》、《民间故事选刊》、《小小说月刊》3 个杂志全年完成各自的 24 期编辑、出版、发行工作。

山西省文联

综　述

2010年，山西省文联按照“高举旗帜、围绕大局、服务人民、改革创新”的总体要求，主要完成了省文联机关、协会和所属单位部分干部、职工的轮岗、调整工作；就省文联事业单位岗位设置管理工作的具体实施细则进行了部署和说明，开展干部调整相关考察工作；开展“创先争优”活动，学习落实《廉政准则》，加强领导干部作风建设；以学习“右玉精神”为契机，加强文艺队伍建设；为省委宣传部第二批山西省“德艺双馨”文艺工作者表彰活动做前期准备工作。继续“送欢乐、下基层、送温暖”活动；举办第七届山西省文联文艺评论奖及各艺术门类研讨会、培训班、展览、展演、评比等活动，紧密结合自身实际，开展了一系列主题鲜明、影响广泛的文艺活动。连续5年被评为“省直机关文明和谐单位”。

会议与活动

【学习中央领导同志在中国文联的重要讲话】

春节长假后，山西省文联即召开全体职工大会，传达《中国文联关于认真学习贯彻中央领导同志重要讲话精神的通知》及李长春、刘云山、刘延东在中国文联调研时的讲话，连续3天学习讨论。并将《通知》发送各团体会员，要求文联系统各单位组织更为广泛和深入的学习。

中国文联多功能新楼落成并投入使用，中共中央总书记胡锦涛、国务院总理温家宝分别发贺信，温家宝总理亲笔题名为“中国文艺家之家”，是大家热烈讨论的一个话题。一致认为这是党中央、国务院对中国文联社会功能和工作业绩的高度评价和充分肯定。

【送欢乐，下基层】

1月8日，由山西省人大常委、省文联党组书记、常务副主席宋新柱，省文联主席李才旺，党组副书记石跃峰带队，赴扶贫点榆社县北寨沟乡青峪村开展慰问活动，村老大娘腰鼓队与艺术家同台表演，书法家们现场书写春联，受到乡亲们的热烈欢迎。在榆社县县长卫民喜和晋中市委宣传部、市文联领导的陪同下，宋新柱、李才旺、石跃峰等文联领导看望了1946年参加革命的曹常留等老党员。

【送欢笑，到矿山】

大年二十九，在山西省委书记、省人大常委会主任张宝顺带领下，由省委宣传部、省文联、省文化厅主办，省曲协和省曲艺团、黄河电视台联合承办的“送欢笑、到矿山”活动，深入到西山煤电集团、官地矿慰问矿工生家属，省城书法艺术家同行并以写春联的方式表达对矿工们的敬意与祝福。

【表彰山西省第二届德艺双馨文艺工作者】

5月23日，纪念毛泽东《在延安文艺座谈会上的讲话》发表68周年，省委宣传部召开山西繁荣文艺创作会议，同时，表彰了山西省第二批德艺双馨文艺工作者。表彰由省委宣传部、省人力资源和社会保障厅、省文联联合组织实施。省委常委、宣传部部长胡苏平，副省长、省作协主席张平出席会议并讲话。省人大常委、省文联党组书记、常务副主席宋新柱宣读表彰决定。

经过各市文联和各协会的民主推荐，由专家组审定，决定授予史佳华等32人第二批山西省“德艺双馨”文艺工作者荣誉称号，授予张继钢等10人“为山西文艺事业做出突出贡献的艺术家”荣誉称号。

【第二批山西省“德艺双馨”文艺工作者名单】（以姓氏笔画为序）

卫建勇　太原市杂技团
王兆麟　山西省曲艺团
王珍如　晋中晋剧团
史佳华　山西省戏剧家协会
白林牛　吕梁市艺术学校
刘　波　山西省歌舞剧院有限责任公司
刘　娟　山西省曲艺团
刘廷明　山西省产业（企业）文联
吕欣荣　山西省歌舞剧院有限责任公司
孙　昌　山西省晋剧院
成凤英　忻州市北路梆子剧团
朱　文　孝义市皮影木偶艺术博物馆
朱　丽　山西省京剧院
闫琳瑛　长治市群众艺术馆
闫慧芳　临猗县眉户剧团
张　晶　山西省话剧院
张雯斌　吕梁市艺术学校
李庆富　山西画院
李新铭　山西画院
杨志刚　山西省电影家协会
武　勇　吕梁广电出版局
苗　洁　山西省晋剧院
赵志霄　朔州市职工技协
哲　夫　太原市文联
徐灵威　山西省歌舞剧院有限责任公司
柴京海　大同市曲艺家协会
贾　斌　黄河电视台
贾大一　晋城市文联
崔俊恒　山西省美术家协会
韩清波　山西省书法家协会
潘国梁　临汾市眉户剧团
潘荣本　盂县文化馆

【为山西文艺事业作出突出贡献的艺术家名单】（以姓氏笔画为序）

于魁智　国家京剧院
王朝柱　中国人民解放军总政治部话剧团
张继钢　解放军艺术学院
李胜素　国家京剧院
杨力舟　中国美术馆
查明哲　国家话剧院
赵季平　中国音乐家协会
阎维文　中国人民解放军总政治部歌舞团
谭　晶　中国人民解放军总政治部歌舞团
戴玉强　中国人民解放军总政治部歌剧团

【姚奠中先生获“兰亭奖”终身成就奖庆祝大会】

8月22日，由山西省委宣传部、省文联主办，省书协承办的姚奠中先生获全国第三届“兰亭奖”终身成就奖庆祝大会在山西文艺大厦举行。省委书记袁纯清发来贺信。省委常委、宣传部部长胡苏平、省人大常委会副主任王雅安及省委常委、省文联党组书记、常务副主席宋新柱，省文联主席、书协主席李才旺及省书协主席团和省城书法界100余人参加庆祝活动。

【学习右玉精神】

9月16～17日，为学习和弘扬右玉精神，深入开展创先争优活动，激励和动员广大文艺工作者转变工作作风，加强文艺队伍建设，石跃峰副书记带队，机关党委组织机关、各协会及直属单位干部职工赴右玉县参观学习。

【参加首届中国农民艺术节·全国乡村歌手大赛】

11月19～22日，省文联组联部与省音协组织音乐界专家，从全省选送的50多名乡村歌手中选拔出4名优秀选手参加在昆明举办的乡村歌手大赛。4名选手荣获“优秀歌手奖”，山西文联获“优秀组织奖”。

【《李才旺诗选》研讨会】

5月，《诗选》由山西人民出版社出版。11月30日，研讨会由山西文联、省作协、省诗词学会共同主办。胡苏平部长到会祝贺，张平副省长和中国诗坛泰斗屠岸先生发来贺信。山西著名诗人、评论家等60余人参加，从各个层面研讨了省文联主席李才旺的政治品格、哲学思维和诗人情操。

创作与研究

【第七届山西省文联文艺评论奖】

评奖活动历经2个月，于6月结束。共收到参评文章124篇，经全体评委严格按照程序认真评选，评出一等奖 10 篇、二等奖 21 篇、三等奖 29 篇；组织奖 8 个。推荐文章参评第七届中国文联文艺评论奖，崔莹玺的论文《近年来农村电影掠影》获二等奖。

【《行色如歌——宋新柱摄影诗文集》】

9 月，山西省人大常委、省文联党组书记、常务副主席宋新柱摄影诗文集《行色如歌》由中国摄影出版社出版。由中国政协副主席、中国文联主席孙家正题名，中国文联党组书记、副主席胡振民作序。

全集分为“赋百花”“赏世博”“走青海”“问山水”“读缠绵”“看世界”“望玉树”7 个篇章。图片画面配诗，使阅者与作者产生感情共鸣，拓宽了阅者的视野，分享作者的感受。

【《山西文艺评论获奖作品选》（2007 年～2009 年）】

文艺理论研究室主编。从第六、七届山西省文艺评论奖获奖作品中选出 49 篇文章近 40 万字，进行审编校对工作，已交付印刷厂即将出版。

获奖情况

戏剧：

《傅山进京》获第 13 届“文华奖”优秀剧目奖（戏曲类）、音乐创作奖、舞台美术奖（灯光设计）、谢涛获表演奖，郑怀兴获剧作奖；王波获第九届中国艺术节表演奖（戏曲类）。贾粉桃的论文《唱腔的创新与声腔的发展》获第三届中国戏剧奖・理论评论奖优秀奖；梁波、孟恭才、孙国强创作的历史剧《龙兴晋阳》获第三届中国戏剧奖・曹禺剧本奖提名奖。池银寿小品《路遇》获中国小戏小品节三等奖。第 14 届全国少儿戏曲小梅花大赛，贺莉莉等 12 名选手荣获“金花奖”。第五届中国戏曲红梅荟萃活动中，赵德红、宋晋梅、宋军亮、刘慧超（器乐组）4 名演员获得“红梅金花”称号；张蕾、申秀丽获“红梅花”称号。首届全国戏剧文化奖，吕梁黄河风情晋剧音乐剧《红肚兜》获 11 项奖，梁桂星获表演大奖；《杏花杏韵》（大型二人台艺术史诗剧）获剧本奖。《农家乐》（太原秧歌剧）、防不胜防（大同数来宝）等获第 15 届“群星奖”，郑淑玲等获群文之星。

美术：

侯琪《新的一天》获第四届中国北京国际美术双年展优秀奖。

书法：

王子筠的书法作品获全国首届篆书展三等奖。

舞蹈：

群舞《大山支教》获第七届中国舞蹈“荷花奖”校园舞蹈大赛作品铜奖；群舞《花开时节》获“荷花奖”现、当代舞大赛作品铜奖，双人舞《红雨伞》获十佳作品奖。

摄影：

上海第 10 届国际摄影展，刘伟《跑鼓车》获铜奖。第 23 届全国摄影艺术展览，有 23 名作者的 26 幅作品获得优秀奖。第 19 届奥地利超级摄影巡回展，有 5 个作品获奖。

电视：

第 25 届中国电视金鹰奖评选，电视剧《江阴要塞》、《西口长歌》获三等奖；第八届中国金鹰电视艺术节上，邵振奇的论文《论大众文化语境下戏曲与电视联姻的现实途径》、薛晋文的论文《农村电视剧应追求现实题材的深度和广度》获理论类二等奖，杜学文的论文《民族精神〈走西口〉》获评论类二等奖，秦安强的论文《“娱乐”也能出“英雄”吗?》获评论类三等奖。第四届中国农村小康电视节目工程表彰活动中，太原台的《黄河滩的启示》获一等奖（最佳作品奖），太原台的《网店收货郎》和临汾台的《深山里的打井人》获三等奖。

曲艺：

潞安大鼓《割肉还娘》获第六届中国曲艺“牡丹奖”曲艺大赛（鼓曲唱曲）牡丹奖，王海燕获表演奖。李晋平、秦正林《讲礼貌》获中国宝丰曲艺擂台赛银奖。第六届“天桥杯”国家非物质文化遗产鼓曲邀请赛，崔嫦娟的潞安大鼓《千秋万代怀邓公》、董海兰的襄垣鼓书《鸿雁传书》获金奖。第四届全国少儿曲艺大赛中，获 2 金、2 银、3 个辅导老师奖。

民间文艺：

全国龙舟文化节，沁县龙舟队“端午节闹龙舟”获银奖。首届中国剪纸艺术节，杨毅获金奖，李斌杰获银奖，辛润才、侯彩英获铜奖，任跃获优秀奖。中国“七夕风情”文化节，王玉梅十字绣作品《琴棋书画》获铜奖。阴春野的巴林石雕刻《石钟山记》获中国四大名石雕刻大赛银奖。第八届中国民间艺术节，山西榆社霸王鞭艺术团节目《娶亲》等获金奖，太原市民间文艺家协会唢呐艺术团、清徐背棍《三姐下凡》、太重鼓乐团《龙兴晋阳》获银奖。太重鼓乐团获第二届中国长勺鼓乐大赛暨中华鼓乐大汇演金奖、首届全国锣鼓大赛金奖；张俊剪纸《喜迎门》获中国婚俗剪纸大赛二等奖；3 幅农民画获；首届中国农民艺术节农民画精品展优秀作品奖。

机关建设

成立了紧急信息报送和节能减排工作机构。收集、整理、上报山西省从事文艺工作 50 年以上文艺家情况，省委宣传部文艺处，建立了较完整、系统的艺术家的信息资料库。5 月，完成“德艺双馨”表彰活动的前期准备工作。山西省文联 23 人入选“德艺双馨”文艺工作者表彰、3 人入选“为山西文艺事业做出突出贡献奖”表彰。

根据人事任命相关条例及山西文联工作需要，按照党组的要求，完成了机关、协会和所属单位部分干部、职工的轮岗、调整工作。召开山西文联 1 5 个事业单位负责人会议，就事业单位岗位设置管理工作的具体实施细则进行部署和说明。开展了事业单位竞岗相关工作。完成剧协、美协、视协、杂协、摄协、舞协、民协、大楼管理服务中心、《火花》杂志社、《中外故事》杂志社负责人离任审计工作。完成了部分公务员登记和新增人员的工资规范和调整工作，工资序列走上正轨。

党组织建设

【落实省直工委专项工作】

一是开展创先争优活动。文联党组高度重视，召开党组中心组学习会议和全体干部职工动员大会，采取支部集中学习和党员自习相结合的方法，学习领会开展“创先争优”活动的文件精神。成立了省文联创先争优领导组，制定深入开展创先争优活动的实施方案，对活动的指导思想、目标任务、方法步骤、基本要求等做出了具体安排。二是学习落实《廉政准则》，加强领导干部作风建设。认真开展以加强领导干部作风建设、落实《廉政准则》为主题的教育活动，对党员干部开展了树立政治意识、责任意识、规范党员干部从政行为的廉政教育。三是汇报山西文联中心组及干部职工的理论学习情况，并上报中心组成员撰写的理论文章及领导干部 2010 年度民主生活会情况。

【干部队伍建设】

中心组始终把加强党风廉政建设落实责任制，作为党建工作的重要内容。采取多种学习形式组织广大党员干部学习领会《廉政准则》的内容，教育党员干部严格遵守《廉政准则》，落实党风廉政建设责任制考核中各项制度。组织副处以上干部参加《廉政准则》考试，深刻认识要严于律己，洁身自好，自觉接受监督；选派处级干部参加省直机关处级干部学习党的十七届五中全会精神专题培训。中心组和处级干部的表率作用，带动了文联全体干部职工的理论学习；组织赴右玉参观学习，以学习“右玉精神”为契机，加强文艺队伍建设。

【创建工作】

按照晋直文明委《山西省直文明和谐单位管理办法》的要求，积极开展创建活动。山西文联连续 5 年被评为“省直机关文明和谐单位”。

【捐款、慰问】

多年来，机关党委积极开展扶贫献爱心系列活动。在春节和中秋、国庆两节期间，赴联企帮困对口单位（太化新元分公司）对特困户进行慰问；并积极开展了向贫困群众“送温暖，献爱心”社会捐款救助活动。

扶贫工作

【结束榆社县北寨沟乡青峪村扶贫工作】

山西省文联从 1998 年参加青峪村扶贫工作至 2010 年，12 年来，跑项目搞基建，修村路，翻修小学校舍，捐建图书室……如今的青峪村，道路通畅，环境卫生整洁，经济持续稳定快速发展，村民的生活有了很大的提高。

【开展新点扶贫工作】

3 月，根据省委、省政府对新的定点扶贫工作的部署，宋书记组织相关干部学习会议精神，成立以副书记石跃峰为组长，省文联艺术研究创作中心主任李明为副组长的扶贫工作组赴浑源县蔡村镇进行帮扶工作。经过调研、座谈讨论，在广泛征求意见的基础上，工作队与蔡村镇党委、政府确定了 2010 年扶贫工作目标和今后 5 年实现脱贫的突破口。

【向扶贫点捐赠 12 万元图书】

8 月下旬，文联系统开展为扶贫点蔡村镇捐赠图书活动，活动得到山西读书援助协会和干部职工的大力支持和积极响应，共捐赠图书、音像制品 4000 余册（套），价值 12 万余元。

【下乡慰问】

12 月，宋书记带领机关扶贫工作队赴帮扶点深入村户，对老党员、老干部、烈军属和困难户进行登门慰问，为他们带去了慰问品和慰问金。

直属单位

【山西艺术研究创作中心】

成立了研究员、创作员聘任机构，进行高层次的研讨会，各大院校 100 多名专家学者参加竞聘；12 月 29 日，举办省艺术研究创作基地挂牌暨山西艺术研究创作中心研究员聘任仪式。

【记者观察杂志社】

《记者观察》杂志是新闻杂志，2010 年是全方位突破发展的一年。经过大半年的调研论证、精心筹备，10 月初，推出了彩版试刊。

在栏目上，设立了观天下、官场、商道、人世间 4 个大的版块。由于杂志刊发文章大多是对当前新闻热点话题的讨论，贴合实际又切中要点，《记者观察》的稿件被新浪网、搜狐网、人民网、新华网、凤凰网、北青网等几十家大型网站及《资质文摘》、《报刊文摘》、《读报参考》、《扬州时报》、《金陵晚报》等 10 多家国内知名媒体转载。

【走遍世界杂志社】

2009 年，《走遍世界》正式出版发行，通过一年的不断探索和调整，日益成熟和规范，逐渐成为一个高品味的文化旅游类期刊。针对刊物创办过程中出现的问题，杂志社调整了办刊思路，变旬刊为半月刊。上半月刊的内容侧重于异国风情、旅游文化，下半月刊则以丰富多彩的华夏文明及厚重的历史文化为重，共同构成了《走遍世界》有别于其他旅游类期刊的整体个性，形成了自己独特、鲜明的风格和魅力。

【小学生习字指导中心】

5 月，承办国家教育部第 15 届全国中小学生书画比赛山西赛区的组织、颁奖工作，5200 多人报名参加，评出一、二、三等奖，58 位老师获优秀教师奖，小学生习字指导中心获组织工作先进单位奖。7 月，举办“我眼中的世博”——少儿摄影展，展出少年儿童在世博拍摄的摄影作品 163 张，山西电视台少儿频道进行了专题报道。9 月，举办山西省优秀书画教师笔会。

【山西美术馆】

2010 年正式挂牌，全年共举办各种展览 50 次，合 278 天。其中，最具代表性的展览有：中国历代 108 位画家收藏作品展、“杏花杯”书画摄影展、董良达个人书画展等，获得了经济效益和社会效益的双丰收。

社团管理

新春之际，组联部召开座谈会，对社团工作进行回顾总结，并根据文联党组的要求，对所属社团整顿工作进行安排部署，为进一步规范社团管理提出新的要求；传达和转发了“中国文联关于认真学习贯彻中央领导同志重要指示和重要讲话精神的通知”；先后组织省城乡文化交流协会赴定襄县、平定县举办“送欢乐、下基层”书画、彩灯、电脑捐赠活动。

各文艺家协会

【戏剧家协会】

5 月 27 ～ 29 日，在上海艺海剧场演出两场梅花版《打金枝》，真切细腻的表演，完整精美的呈现，扩大了晋剧的影响，提高了山西的知名度。7月6日，在晋城联合举办上党梆子名家演唱会张爱珍专场，省市各界领导及专家学者到场观看演出，并召开座谈会。8月，报送参选第十四届中国戏曲少儿梅花奖，12名小选手荣获“金花奖”。10月，选送作品参加第三届中国戏剧奖评奖；在第五届中国戏曲红梅荟萃活动中，推荐剧团取得好成绩，省剧协获优秀组织奖。年内先后组织省城专家学者，分别就《两地家书》、《鞭打芦花》等剧本多次进行研究讨论。

【音乐家协会】

5月，与省音乐舞蹈曲艺研究所、山西大学音乐学院联合举办世界著名德国钢琴家和教育家克劳斯贝斯勒先生钢琴大师班。8月，与太原市广播电视台、市音协举办山西省首届二胡大赛。承办中国音协音乐考级山西考区的活动。9月，承办了由中共山西省委宣传部、省直机关工委主办的山西省庆祝中华人民共和国成立61周年合唱音乐会。10月，主办山西省第三届“音特杯”小提琴演奏比赛。12月，主办第四届“星畅”打击乐艺术节。

联合举办的音乐会有：3月，留法小提琴博士范辰君小提琴独奏音乐会；中央音乐学院“热情”室内乐团“钢琴室内乐音乐会”。11月，中国民族音乐经典赏析音乐会。

联合举办：山西师大音乐学院原丽红独唱音乐会；中北大学翟超钢琴毕业音乐会；中北大学体育与艺术学院音乐系小号独奏、重奏音乐会；山西大学音乐学院张晓琳独唱音乐会，焦春梅研究生胡香、高美英及王燕丽，韩瑞芳毕业音乐会，乔欣、杨丽君独唱独奏音乐会；忻州师范学院王鑫独唱音乐会；山西戏剧职业学院汪俊芳、韩晓霞、焦春梅学生张乐怡独唱音乐会；长治学院音乐舞蹈系牛犇钢琴独奏、张军二胡独奏音乐会；山西艺术职业学院薛颖强钢琴独奏音乐会。

【美术家协会】

1月13日，召开新春联谊会，会议由常务副主席、秘书长李明主持，名誉主席崔俊恒总结全年的工作。3月，连艳任山西省美术家协会秘书长。9月15日，组织山水画家40人赴河曲进行为期一周的采风（写生）活动，同时举行了山水画写生基地的挂牌仪式。9月25日，举办第二届山西室内设计大奖赛暨高峰论坛。

联合举办的画展有：4月10日，“塞上绿洲”油画写生展，展出省油画学会成员在右玉县油画写生作品100余幅。4月25日，“古韵新风”——王秦生艺术作品展在中国美术馆开展，展出王秦生创作的美术作品30幅，同时举办研讨会。5月9日，著名画家赵球先生“欧美印象作品展”。5月19日，“生活百态”·油画人物艺术展，展出近期创作的油画作品100余幅。6月11日，展出崔俊恒、王玉玺、郭俊生、王爱忠、刘彩军、任晓军、吴膑、高雪涛、郝雪山9人水墨作品90幅。6月23日，主办山西省中国画作品邀请展，展出120位画家的作品240幅，并出版作品集。6月26日，与北京荣宝斋联合举办、展出老艺术家潭兴渠多年来创作的中国画彩墨优秀艺术作品150件。7月3日，主办高润虎画展，展出花鸟、山水作品155件。7月19日，在大同协办“聚焦火山群·中国画名家六人展”，展出徐晋平、孙海青、赵际滦、梁屹、高雪涛、郝雪山作品共60件。10月9日，山西省第二届工笔绘画大展展出山西省近200名工笔画作者的254件作品。11月10日，在襄垣县举办“青山碧水·襄垣”油画名家写生作品展，展出作品142幅。11月18日，山西省第七届油画写生作品展，展出作品300余件。11月19日，“津门二JI”纪振民、姬俊尧山水画邀请展，展出山水画作66幅，2位画家向山西美术馆捐赠作品。

4月26日，由中国美协藏书票研究会、省美协等主办吴膑水镜台系列MINI版画AND国际名家作品展，展出国内、国外画家藏书票作品300件，这次展览的举办是山西画家与国外画家藏书票作品一次交流与学习。8月12日，协办了晋、港、台海峡两岸暨香港名家书画联展，省政协主席薛延忠、省委宣传部部长胡苏平等领导出席开幕式，中国国民党名誉主席吴伯雄为本次画展题词“弘扬中华文化、促进两岸交流”。

【书法家协会】

10月14日，召开四届六次主席团会议，选举确定参加中国书协第六次全国代表大会代表7人，于12月26日赴京参加会议；李才旺、石跃峰、韩清波被选为中国书协理事。10月22日，召开省书协理事（扩大）会议投票选举产生了新一届书协主席团推荐人选。10月29日，召开第五次会员代表大会。大会完成换届工作的各项议程，选举产生了新一届的领导机构。山西省文联党组副书记石跃峰当选为主席；李才旺任名誉主席；韩清波任秘书长。

组织省城书法艺术家，1月8日，参加赴榆社县北寨乡青峪村“送欢乐、下基层”活动。2月10日，赴武警山西总队开展“送书法、进警营”慰问活动，为武警官兵书写了300余幅春联，并现场为官兵创作书法作品200余幅。大年二十九，参加“送欢笑，到矿山”活动，以写春联的方式表达了对矿工们的敬意与祝福。

4月16～18日，在太原举办第14届田英章书法面授特训班，来自多省市共51名学员参加。在省民俗博物馆先后举办9期山西书协全国获奖作者书法创作系列讲座，分别由获奖作者赵社英、王国柱、吕林健、李寅生、吕书庆、王建魁、张连生、武磊担任主讲。5月1～3日，由中国书协分党组书记、驻会副主席兼秘书长赵长青带队的中国书协考察团一行6人来到山西运城，考察芮城县创建“中国书法之乡”的实施情况并验收，中国书协理事、山西省书协秘书长韩清波参加考察。

8月10日，在长治县举办“经煤杯”山西省第八届书法临摹展，展出获奖及入选作品214件。10月14日，举办山西省第二届书法新人展，评审工作在山西省民俗博物馆举行，共评出入展作品200件，获奖作品20件，。

8月19日，由山西省书协与韩国特别自治道书艺学会在太原举办中国山西省·韩国济州岛书法交流展。省政协副主席周然，省文联领导宋新柱、李才旺、石跃峰及书法家、书法爱好者100余人参加了开幕式。展览共展出双方作品80余幅。

11月13日，由陕西师范大学与太原师范学院举办的两校师生书法交流展在山西民俗博物馆开展，展出包括两校前辈书家王捷三、史念海、郭子直、黄永年、卫俊秀、刘念先、斯维至、霍松林、曹伯庸、赵承楷、潘慎、李可风和专业教师刘星、张岩、江锦式、微末、刘锁祥、姚国瑾、马俊青、吕书青、梁鸿、李小坪、张香琪、窦元章在内的100多件作品。

先后举办多种形式书法展及活动：张世荣书法展，姚国瑾书法作品展，董耀章诗词书法双艺展。10月5日，庆新中国成立61周年李克仁61米大字狂草《山西赋》长卷现场创作活动暨捐赠仪式在省体育馆举办；11月，举办“中煤杯”大同市大中小学师生书法作品展暨大同大学艺术隧道书法精品展；《王守义书法作品集》首发式在大同举行。

【摄影家协会】

4月17日，由中国艺术研究院摄影艺术研究所研究员、《中国摄影家》杂志主编高健生先生主编的《中国摄影艺术年鉴·2009山西卷》首发式在太原举行，收录了山西省“五台山国际摄影大展”“家园”“60记忆”“魅力右玉摄影作品选”“中国移动手机摄影节”等480位摄影家及摄影工作者及发烧友的1303幅作品。这在山西省摄影艺术发展史上尚属首例。省文联宋新柱，省摄协主席王悦等出席活动。同时举办了参加第23届全国摄影艺术展作品观摩会。选送参展作品近万幅，有23名作者的26幅作品获得优秀奖，均为历年最多；省摄协荣获组织工作奖。

10月，组织各地市、各专业摄影协会主席的40幅作品参加第23届中国华北摄影艺术展。

举办：山西省摄影年会和“千人摄影看山西”摄影展览，北京摄影函授学院山西分院优秀摄影作品展，“聚焦西山”摄影比赛，省科普摄影比赛及评奖活动，与省珠宝协会联合举办百名摄影人走近“七彩云南翡翠”摄影创作活动。6月19日，“柬埔寨掠影”摄影展在太原举行，展览共展出68幅体现柬埔寨文化与生活的摄影作品。6月26日，联合举办五台山国际摄影展。12月17日，与省林业厅等单位联合主办“绿化山西、生态兴省”大型摄影展。省委常委、省人大常委会副主任申联彬，省委常委、宣传部长胡苏平，副省长刘维佳，省政协副主席周然等参观展览。

11月19～21日，在忻州举行2010年（第18届）山西省摄影艺术展评选会。省文联领导宋新柱书记、党组成员刘廷明，中国摄协分党组书记、副主席李前光，中国摄影报总编辑曾星明、《中国摄影艺术年鉴》主编高健生、原中国摄协展览部主任吴鹏、解放军报社（中央组）高级记者岱天荣、北京百姓摄影学会副会长武普敖等和省摄协主席团全体成员出席会议。本次评选共分为纪录类、艺术类和商业类三大项。收到参选作品近6000余件，经过专家们认真的评选和讨论，评出获奖作品240幅（组），其中金奖14幅（组），银奖26幅（组），铜奖50幅（组），优秀奖150幅（组）。

【舞蹈家协会】

2月，召开五届二次主席团会议，总结换届以来的工作并对本年的工作进行部署。10月，召开主席团会议，选举推荐确定参加中国舞协第九次全国代表大会山西队参会代表5名，于11月30日赴京参加会议。

3月，邀读中国舞协专家和舞蹈教师在并举办了一周的授课讲学。3、5、10月，分别举办3期中国舞协中国舞蹈教师培训班。4月和9月，举办两期中国舞协百姓健康舞教师培训班。4月，与太原市教育局联合举办以“颂祖国、展才艺、创和谐、共成长”为主题的舞蹈比赛。

选送舞蹈参加第七届中国舞蹈“荷花奖”校园舞蹈大赛和当代舞、现代舞比赛，3个节目获奖，协会获优秀组织工作奖。8月1～8日，在第五届华北五省市区舞蹈比赛中，推选50余件参赛作品、700余人参加比赛，节目全部获奖，省舞协获优秀组织奖。8月中旬，协会负责人赴部分地市为获奖单位和选手颁发证书，以资鼓励。

【电影家协会】

4月13日，联合举办“春之约”朗诵音乐会，主持人赵岚朗诵了诗人周同馨以王家岭矿透水事故的大救援为题材创作的作品——《永远的坚持》，在现场引起强烈共鸣，升华了朗诵音乐会的主题。

4月17～23日，联合举办的主题为“老电影的邀请”——常家庄园中国老电影文化周暨第二届中国老电影收藏品交易博览会在山西榆次老城举行。著名老电影表演艺术家谢芳、陶玉玲、张良、张连文、祝新运，著名歌唱艺术家于淑珍、张目、单秀荣参加文化周开幕式；中国电影家协会分党组书记、副主席康健民及山西省、晋中市有关领导出席。在常家庄园的中国古典式庭院中，28个机位同时放映老电影，来自全国21个省市自治区的100多名老电影爱好者齐聚一堂，进行交流研讨、拷贝交易等活动。

6月26日，组织拍摄的中国首部聚焦当代煤矿班组长形象、多角度反映新时代矿工班组建设情趣的主旋律影片《金牌班长》在山西开机。剧本以全国煤炭系统先进典型白国周及其班组管理法为原型创作，省影协理事封泉生编剧。

【电视艺术家协会】

2月18日晚，联合举办“正月里来闹新春”——山西“信合之声”农民元宵电视联欢会，并首次由11个地市电视台联办。5月，主办第18届电视文艺评奖活动，评出一、二、三等奖；7月27日，举办评奖活动颁奖会。

6月，选送电视剧参加第25届中国电视金鹰奖评选，2部作品获奖。9月，在第八届中国金鹰电视艺术节上，选送的电视艺术论文有3篇获奖。11月，选送作品参加中国农村小康电视节目工程表彰活动。

【曲艺家协会】

山西曲协主席马小平作为中国曲协代表参加全国“两会”，并在会上作重点发言；“两会”期间，还参加了中国曲协在京召开的曲艺界座谈会。

1月8日，组织曲艺家参加榆社县北寨乡青峪村“送欢乐，下基层”慰问活动。大年二十九，联合承办了“送欢笑，到矿山”活动。3月，中国曲协发起“灾情连你我，滴水献爱心”捐赠活动，倡议每个会员捐赠一瓶水。省曲协积极响应并捐赠。

选送作品参加第六届“天桥杯”国家非物质文化遗产鼓曲邀请赛、第四届全国少儿曲艺大赛及中部六省曲艺大赛，省曲协分别获优秀组织工作奖。推荐山西襄垣鼓书，沁县三弦书，潞安大鼓入册《中国曲艺曲种非物质文化遗产名录》。

6月，组织承办在长治市举办的第六届中国曲艺牡丹奖曲艺大赛（鼓曲唱曲）。中国曲协副主席、分党组书记姜昆、中国文联副主席、中国曲协主席刘兰芳参加，并为在沁县举办的“沁州书会”题词。

7月，组织承办了在临汾市举办的第四届全国少儿曲艺大赛山西总决赛暨第二届山西少儿曲艺工作研讨会。刘兰芳、石跃峰等领导参加并颁奖。3．5万人参加的临汾广场消夏颁奖晚会上，刘兰芳与曲艺家们同台表演。

12月，省曲艺团编演的大型笑剧《爱有多难》在太原工人文化宫首演，反响很好。

【杂技家协会】

开展了对山西民间杂技进行全面、客观、科学的调查研究，调研内容包括山西民间杂技的种类（包括子项、变异等）、发源地、流行地、流变、表现形态、文化内涵（包括本义与衍生义）、现在的生存状态、保护措施、发展方向等方面，调研的落脚点在于开发山西民间杂技的现实功能，拓展山西杂技事业。此项调研预计两到三年完成。已基本完成种类调查，调研报告陆续在《太原晚报》“天龙晋风”发表，同时对山西民间杂技进行宣传。

将理论研究作为协会工作的重点来抓。报送论文参评中国文联和山西省文联文艺评论奖及参加各种研讨会。

为参加中国杂协第六次全国代表大会，积极做好干部考察、章程修改、工作报告山西部分的起草、建议等各项工作；聂翠青、王剑当选为本届理事。

加强对老艺术家艺术成就的总结和传承工作。6月25日，主办著名杂技艺术家金恒杰先生的收徒仪式，省文联领导宋新柱书记、李才旺主席到场发表讲话。黄河电视台、《山西晚报》《三晋都市报》等多家媒体进行报道，《杂技与魔术》专版报道宣传。

参与编撰《山西文化概论》，将山西杂技辟为一节，意在让杂技这一艺术门类进入典籍，提升社会地位与文化品味，从理论及文化的高度对山西杂技进行总结与宣传。

4月28日，在山大文学院举办“杂技应该带给我们什么”的专题讲座，讲座以山西杂技为例，讲解了杂技发展的历史、现状、走向，特别讲解了现代杂技应该是什么。讲座让大学生们了解到现代杂技已脱离街头卖艺的状态进入了主体晚会或杂技剧的时代，这意味着杂技在技巧性的基础上增加了文化性和戏剧性，有主题、情节、人物，也可以有自己的大明星、大导演。同时启示了杂协工作准备将宣传和普及现代杂技理念作为一项长期工作去抓。

加大了会员入会工作的力度，积极吸收专业团体的会员120多名，还吸收了20多名团体外会员，填补了在专业团体外会员的空缺。推荐并被中国杂协吸收50多名全国会员。

协会努力成为会员的温馨和谐之家，服务会员，为会员排忧解难。为大型杂技主题秀《我们年轻，我们去追梦》联系协调中国杂协主办刊物《杂技与魔术》进行宣传；并撰写发表该主题杂技秀的评论文章《杂技应该带给我们的》。积极为专业团体之外的会员与山西电视台等单位联系，让他们有演出的机会，展示自己的杂技艺术天赋，受到会员的欢迎。

积极响应中宣部、中国文联“送欢乐，下基层”的号召，分别组织太原、长治的会员在元宵节期间到基层进行慰问演出。

【民间文艺家协会】

6月，协会秘书长带领山西民间艺术家及其作品赴北京与澳大利亚纳兰德拉市市长代表团进行民间艺术交流。在中国民协举办的中国三套《集成》表彰大会上，刘琦、张余、杨进升、常嗣新等14人获贡献奖，省民协获优秀组织奖。

开展民俗活动：从年初即开始编辑《晋南木版年画》，准备出版工作。3月，吕梁市举办全国首届年俗文化节。4月，介休市组办了“我们的节日——清明文化节”；组织省民俗专家赴灵石考察介子推庙。5月，带领民协专家赴碛口考察古渡口、古村落；多次赴寿阳考察“寿星文化”，组织人员编写完成晋剧《寿阳》剧本，《寿》剧目前已公演。9月16日，寿阳举办第二届“福寿”文化旅游节。9月，带领中国民协、省民协专家团赴朔州市平鲁区考察命名“中国门神文化之乡”，并参加首届中国门神文化节。

选派作品参加首届中国剪纸艺术节、第八届中国民间艺术节，省民协分别获优秀组织工作奖。

山西省产业（企业）文学艺术界联合会

6月16日，由中国文联、农业部、文化部联合主办，山西省产业（企业）文联承办的首届中国农民艺术节农民画展活动在中国农展馆隆重开幕。中共中央政治局委员、国务院副总理回良玉，全国人大常委会副委员长、民进中央主席严隽琪，全国政协副主席、中国文联主席孙家正，以及农业部、文化部、中国文联主要领导和来自全国各省、区、市的有关领导出席开幕式。开幕式由中国文联党组书记、副主席胡振民主持，农业部部长韩长赋、文化部部长蔡武分别致辞，回良玉副总理宣布中国农民艺术节开幕。12月，组织山西降州鼓乐在中国剧院参加首届中国农民艺术节闭幕式文艺晚会。

5月，承办山西当代9人水墨作品展。8月，在山西美术馆与俄罗斯华人艺术家协会共同主办俄罗斯当代著名油画大师精品展；主办辽宁省著名女画家黄文丽国画作品展，并出版画册；协办中国和顺·第四届牛郎织女文化旅游节书法美术摄影展览。9月，在山西晋商博物馆与中俄艺术交流中心共同主办俄罗斯杰出油画家作品展。11月，在晋中市举办“金潞苑”杯全国书画名家邀请展。10月，组织策划了太原市良源集团文化周活动。

4月，组织国内部分著名书画艺术家赴榆次、汾阳等地采风（笔会）。9月，组织本省部分著名书画艺术家赴清徐葡峰山庄参加葡萄文化节采风（笔会）活动。

基层文联

【晋城市文联】

年初，市文联新领导班子上任，立即组织开展了以“强化学习、鼓舞精神、提升素质”为主题的“素质提升年”活动，并与创先争优活动结合起来，积极开展学习型机关的创建工作。建立周五学习制度，制定相应的考评机制，鼓励大家撰文投稿。通过多种多样的学习活动，拓宽信息交流渠道，开阔工作视野，提升干部职工的政治和业务素质。

2月2日，举办全市文学艺术界迎新春联欢会。3月16日，召开市文联工作会议。举办“五一”节职工文体活动比赛。6月，组织干部职工到山里泉素质拓展训练营进行为期两天的训练活动。6月13日，举办强化学习、提升素质演讲比赛。两次举办上党戏曲名家·票友2010金秋大型公益演唱会。9月14日，在晋城市举办晋城市、乌兰察布市、巴彦淖尔市、阳泉市“蒙情·晋韵”书法篆刻联展，展出作品160幅。

11月17日，市委书记张茂才到市文联视察指导工作。在晋城市委宣传部的支持下设立了“树理文学奖”，每两年评选一次。为把赵树理文学馆建设成一个优秀传统文化展示基地和爱国主义教育基地，3月，向省发改委申报“赵树理主题文化园区”项目建设；努力完善文化园区建设；发布征集赵树理文物的启示，以丰富馆藏文物。9月20日，举办座谈会，纪念人民作家赵树理逝世40周年。省市各级领导、专家学者和文艺界人士70余人参加，共同研讨赵树理的文学思想和独特的文艺风格及新时期赵树理研究的方向、方法、形式以及研究课题；会后前往赵树理故居参观并拜谒了赵树理墓。12月10日，举办首期赵树理文化沙龙，40余人参加活动；特邀中国现代文学馆傅光明，浙江大学客座教授于斌参加。

《太行文学》编辑部设立审读员制度，确立“厚重、兼容、创新”办刊风格，从封面到内容进行创新，并提高稿酬标准。8月16～20日，举办《太行文学》青年作家笔会，邀请评论家、作家讲学，20多名45岁以下的基层青年作者参加笔会。

选送作品参评山西省2007～2009年度赵树理文学奖，3位作家（诗人）获奖。

内蒙古自治区文联

综　述

2010年，按照中央和自治区党委的统一部署和要求，在文联系统广泛开展"创先争优"活动，召开了第七次文代会，圆满完成换届任务。结合文联实际，解决了机关长期存在的一些具体问题，为完善机关管理、整顿机关工作秩序奠定了基础。承办了上海世博会内蒙古文化活动周的影视、摄影、美术书法展等文化推介内容。完成了全区文化资源普查工作。承办了第六届中国西部大地情中国画油画作品展，开展了重大历史文化题材美术作品创作工程。美术馆组织了内蒙古美术作品捐赠征集活动。开展了“送欢乐 下基层”活动。同时，积极开展了对兴安盟的扶贫和党员执政为民教育基地工作，继续落实了资助贫困学生的“山花工程”。

会议与活动

【学习贯彻中央领导同志重要指示和重要讲话精神】

2月24日，内蒙古文联召开会议，传达学习中央领导同志关于“中国文艺家之家”的建成发表的重要指示和讲话精神。文联党组成员、各文艺家协会、各部门、各单位负责人参加了会议。

文联主席阿云嘎传达了《中国文联关于认真学习贯彻中央领导同志重要指示和重要讲话精神的通知》，传达了胡锦涛、温家宝的贺信和李长春、刘云山、刘延东视察中国文艺家之家时的重要讲话。指出中央领导的重要指示和讲话，体现了党中央对文艺工作和文联工作的高度重视，为进一步做好文艺工作和文联工作指明了方向。会后，有关材料印发至各党支部，全体干部进行了深入学习。

【内蒙古杂技团建团50周年】

4月22日，“庆祝内蒙古杂技团建团50周年”纪念活动在呼和浩特市举行。内蒙古文联党组成员巴特尔、自治区文化厅、鄂伦春旗委及内蒙古杂技团领导分别做了讲话，对杂技团多年来的努力做了充分肯定和热情鼓励。

内蒙古杂技团始建于1960年，是内蒙古自治区唯一的国家专业杂技艺术表演团体。演员包括蒙古族、满族、汉族、回族、朝鲜族、鄂伦春、达斡尔、鄂温克等。其先后赴澳大利亚、美国、加拿大、阿根廷、法国、荷兰、韩国、德国、毛里求斯等近30个国家演出60余次。自1987年以来，内蒙古杂技团的节目10余次荣获金、银、铜等不同级别的国际大奖，国内获奖累计30多次。

【全国少数民族作家2010改稿班暨蒙古文作家翻译家座谈会】

5月12日，由中国作协《民族文学》杂志、内蒙古文联、作协主办，中国少数民族作家学会、鄂尔多斯市东方路桥集团协办的“全国少数民族作家2010改稿班暨蒙古文作家翻译家座谈会”开幕式在呼和浩特市举行。中国作协党组成员、书记处书记、副主席何建明，中国作协少数民族文学委员会主任、蒙古族著名作家玛拉沁夫，《民族文学》主编、中国少数民族作家学会常务副会长叶梅，内蒙古文联主席阿云嘎等领导出席了开幕式。此次改稿班为期一个月，旨在为少数民族作家深入挖掘、继承本民族文化优秀传统与特色，学习和融合其他民族文化精华提供一个平台。共有蒙古、藏、维吾尔、回、朝鲜、土家等20多个少数民族的近百位作家、翻译家参加。

改稿班期间举办了蒙古族作家翻译家座谈会，大家围绕蒙古族母语创作状况及发展态势，就进一步推动少数民族文学及翻译事业的繁荣、培养和扶持文学新人成长、提高《民族文学》汉文版、蒙文版的翻译质量、增进少数民族作家翻译家的交流协作，促进多民族的交流和团结进步进行了研讨。

【内蒙古重大历史文化题材美术创作工程】

5月22日，内蒙古重大历史文化题材美术创作工程启动。该工程以内蒙古草原文明历程为主线，以弘扬草原文化核心理念为主旨，以深入展现内蒙古历史文化风貌和改革开放时代精神为重点，组织全国知名画家和美术工作者，创作一批与内蒙古历史文化和时代发展要求相适应的美术精品和传世之作。经专家论证共确定了100个选题，作品主要以中国画、油画、版画和雕塑4种艺术形式进行创作，其中，中国画40幅左右、油画40幅左右、版画10幅左右、雕塑10件左右。作品最后完成期限为2012年10月。全部作品将由内蒙古美术馆收藏、陈列、展览，同时制作激光视盘，出版作品集、论文集等。

该工程实施以来，得到中央美术学院、中国艺术研究院、中国美协、清华大学、青岛大学、厦门大学等区外及区内各美术家及美术家团体的支持和响应。11月19日，工程作品创作签约仪式在呼和浩特举行。来自呼和浩特、包头等地40多位签约代表出席会议。

【世博会内蒙古文化活动周】

5月24日，以“城市发展中的草原文明”为主题的上海世博会内蒙古活动周开幕。25日，举行了草原文化推介会。内蒙古文联及部分文艺家协会承办了影视展、摄影展、书法绘画展等展览，并举行了多种类多层次的文化学术交流会。

摄影展以“大美内蒙古”为主题，涉及自然风光、城市风景、民族团结、人文生活及科技成果等题材，展示了辽阔壮美的草原生态和绚丽多彩的民族风情。书法绘画展以“草原广阔、哈达飘逸”为主题，通过展示磅礴大气的蒙古文书法和草原派画家的独特画风，表现蒙古族人民自由、包容的民族性格，同时举行了书法笔会，并将一幅具有浓郁蒙古族文化特色的蒙古文书法长卷《蒙古秘史》作为特殊礼物赠送给上海世博会执委会。而以“荧幕草原”为主题的影视展，则表现了草原电影的发展历程。

【内蒙古文联第七次文代会】

7月28日上午，内蒙古自治区文学艺术界联合会第七次代表大会在呼和浩特隆重召开，来自全区文学艺术界的近400名代表出席大会。全国31个省区市文联发来了贺电和贺词。

中国文联党组书记、副主席胡振民和自治区群团代表致辞。自治区党委副书记、自治区副主席任亚平讲话。自治区党委常委、宣传部部长乌兰，自治区党委常委、统战部部长王素毅，自治区人大常委会副主任柳秀，自治区副主席刘新乐，自治区政协副主席娜仁出席会议。

胡振民在致辞中说，内蒙古文艺界人才辈出、群星灿烂，为进一步推动内蒙古文艺大发展大繁荣提供了重要的智力支持和可靠的人才保证。他希望内蒙古的广大文艺工作者紧紧把握先进文化的前进方向，自觉坚持“三帖近”要求，进一步唱响时代发展和社会进步的主旋律，努力创作更多具有内蒙古特色、内蒙古气派、内蒙古风格的文艺精品和传世之作。

受胡春华书记的委托，任亚平首先代表自治区党委、政府向文联第七次代表大会的召开表示热烈的祝贺，并转达了胡春华书记和巴特尔主席对全体代表和全区文艺工作者的问候和致意，发表了重要讲话。

会议期间，审议通过了内蒙古文联第六届委员会工作报告的决议；讨论通过了内蒙古文学艺术界联合会章程（修改草案）；选举产生了新一届委员会和主席团。巴特尔当选主席，王金喜、吴迎春、尚贵荣、官布扎布等22人当选为副主席。

【第六届中国西部大地情——中国画油画作品展】

8月4日，由中国美协、自治区党委宣传部、自治区文联联合主办的“绿色净土 天堂草原”第六届中国西部大地情——中国画、油画作品展在鄂尔多斯市会展中心开展。

党组成员、副主席冯远，中国文联副主席、中国美协主席刘大为，中国美协分党组书记、常务副主席刘长江，自治区党委常委、宣传部长乌兰，自治区文联主席巴特尔及来自全国10多个省区市美术家协会的代表、特邀嘉宾出席了开展仪式并观看展览。

刘长江在开展仪式上致辞，乌兰代表自治区

党委、政府对展览的举办表示祝贺。本届展览共收到全国各地参评作品中国画3790件，油画1165件，是历届“西部大地情美展”参展作品数量最多、作品艺术水准最高的一届，共评选出中国画作品157件，油画作品145件参加本届展览的展出，并编辑出版了《“绿色净土 天堂草原”第六届中国西部大地情——中国画、油画作品展作品集》。

【传达学习胡锦涛总书记重要讲话精神】

8月6日，内蒙古文联召开中心组扩大会议，认真传达、深入学习胡锦涛总书记7月23日在中共中央政治局第二十二次集体学习时的重要讲话精神。内蒙古文联党组书记、副主席王金喜主持会议。内蒙古文联党组成员及文联全体干部职工参加了会议。

王金喜强调，要深刻领会、贯彻落实胡锦涛总书记的重要讲话精神，切实增强深化文化体制改革的责任感和使命感，充分发挥自身优势，引导广大文艺工作者自觉践行社会主义核心价值体系，坚持社会主义先进文化前进方向，始终把社会效益放在首位，创作生产更多无愧于时代、无愧于人民的文艺精品，在深化文化体制改革，推动社会主义文化大发展大繁荣中作出贡献。

大会结束后，文联各党支部分别召开座谈会，认真学习讨论了胡锦涛总书记的重要讲话精神。

【第七届中国·内蒙古草原文化主题论坛】

8月17日上午，第七届中国·内蒙古草原文化主题论坛在呼和浩特开幕。此次论坛共分为“弘扬草原文化核心理念 打造内蒙古文化品牌”主论坛和“草原文化核心理念与内蒙古文学艺术”、“边疆考古与聚落研究”2个分论坛，分别由内蒙古社科院、内蒙古社科联、内蒙古文联和内蒙古博物院主持，共有来自北京大学、武汉大学、兰州大学、中国社会科学院、中央民族大学、山西社会科学院、内蒙古社会科学院、西北民族大学、中南民族大学及自治区各大学近200名专家学者参加了会议。

本次“草原文化核心理念与内蒙古文学艺术”分论坛的议题为“当前内蒙古文学艺术创作现状及原创力和创新力”、“草原文化核心理念与打造文学艺术精品”和“如何在文艺创作中充分发掘和表现民族文化资源”，特邀《文艺报》总编辑、著名文学评论家阎晶明作了题为“文学的理想与审美表达”的学术报告，与会专家就此进行了深入研讨与对话。

【内蒙古百年老照片摄影展】

8月17日下午，由内蒙古党委宣传部主办，内蒙古文联、内蒙古摄协承办的“伊泰情”第七届中国·内蒙古草原文化节内蒙古百年老照片摄影展在内蒙古美术馆开展。自治区党委常委、宣传部部长乌兰，内蒙古文联党组书记王金喜，主席巴特尔、副主席吴迎春、尚贵荣及部分老摄影家代表为开幕式剪彩。

此次展出的183幅老照片是从内蒙古摄影家协会搜集的近3000多幅内蒙古百年老照片中精选出的，共分为三大类：一是内蒙古百年草原风情，包括民族婚礼、宗教信仰、生产生活、狩猎活动、服装头饰、民族体育活动等；二是内蒙古百年社会风貌，包括老城镇、寺庙教堂、交通运输、商贸店铺、戏剧艺人、市井生活、小手工业等；三是内蒙古革命建设掠影，包括内蒙古老一代革命家的活动、包钢等国家大项目建设、首府“国庆”、“五一”游行、民族体育运动、社会主义农村牧区建设、民间文艺活动、农村医疗等。拍摄者有外国的探险家、传教士，中国早期的记者、学者，真实地记录了内蒙古百年历史风貌。

【内蒙古文学艺术“突出贡献奖”、“特殊贡献奖”颁奖】

由内蒙古党委宣传部、内蒙古文联、文化厅、广电局联合主办，内蒙古文联承办了“内蒙古文学艺术突出贡献奖”、“内蒙古文学艺术特殊贡献奖”评选活动。此次“特殊贡献奖”授予为宣传推广、繁荣发展内蒙古文学艺术事业做出特殊贡献的内蒙古籍或曾在内蒙古工作，现在区外工作的文艺工作者；“突出贡献奖”授予为自治区文学艺术事业做出突出贡献的在区内工作的65岁（含65岁）以下文艺工作者。经评审委员会组织专家进行严肃、公正、科学的初评和终评，共评选出内蒙古自治区文学艺术“特殊贡献奖”获奖人员20名，内蒙古自治区文学艺术“突出贡献奖”获奖人员36名。

8月23日，第七届中国·内蒙古草原文化节闭幕式暨文学艺术“突出贡献奖”、“特殊贡献奖”颁奖晚会举行。全国人大常委会原副委员长布赫，自治区领导巴特尔、陈光林、任亚平、乌兰、李佳、符太增、吴合春、云秀梅、赵忠、刘新乐、娜仁及邢宝玉出席闭幕式，并为56位获得内蒙古自治区文学艺术“突出贡献奖”、“特殊贡献奖”的文艺家代表颁发了荣誉证书、奖杯并授予金质奖章。

【第七届主席团第二次会议】

9月29日，内蒙古文联召开第七届主席团第二次会议，巴特尔主席主持会议，主席团成员出席了会议。各协会秘书长、文联各部门负责人列席了会议。会议审议通过了《内蒙古文联主席团工作规则》和《内蒙古文联书记处工作规则》，新的规则自2010年10月1日起实行。各主席团成员（亦即各文艺家协会主席）汇报了2010年各协会的工作情况，并提出了2011年度工作构想。

文联党组书记王金喜指出，文联工作必须更新观念，树立“四种意识”，即服务意识、联络意识、协作意识和项目意识；加强管理，建立“四种机制”即业绩考评机制、责任追究机制、人才培养机制和规范管理机制；还要处理好“三个关系”：文联与协会的关系、协会主席与常务负责人的关系以及协会工作与文联交办的工作之间的关系。只有更新观念，转变作风，协调处理好各方面关系，才能做好新时期新形势下的文联工作，真正使文联成为“文艺家之家”，在围绕中心，服务大局，促进文艺大发展大繁荣中作出积极贡献。

【“难忘的歌”阿拉腾奥勒作品音乐会】

11月27日晚，由内蒙古自治区党委宣传部主办，内蒙古文联、内蒙古音协、内蒙古电视台承办的“难忘的歌”阿拉腾奥勒作品音乐会在内蒙古乌兰恰特大剧院隆重上演。音乐会共呈现了阿拉腾奥勒创作的民歌、民族交响乐、无伴奏合唱等13首音乐作品，不仅是他50年所创作的经典作品展示，更是内蒙古音乐界老艺术家的一次大聚会。马头琴大师齐·宝力高，词作家火华，内蒙古音协主席阿拉泰，著名歌唱家德德玛等参加了演出。

著名蒙古族作曲家阿拉腾奥勒创作歌曲近千首，器乐曲几十首。获全国、全区表彰和奖励作品60余部。其中《美丽的草原我的家》1980年被联合国科教文组织收入《亚太歌曲集》，是内蒙古至今唯一被联合国采用的音乐作品。创作的大型作品有：管弦乐组曲《草原音诗》、电影交响组曲《沙漠的春天》、大型蒙古语组歌《科尔沁婚礼》，马头琴、小提琴、钢琴三重奏《布尔特其诺瓦的故乡》、《第一交响曲》等几十部。创作的影视音乐主要有：《母亲湖》、《森吉德玛》、《嘎达梅林传奇》、《乌兰夫》、《阿拉善亲王》等。他的主要音乐作品及创作生涯已收入《音乐欣赏手册》及多种艺术家辞典中。

【开展“送欢乐、下基层”慰问活动】

由内蒙古文联党组副书记、主席、文联主席巴特尔，党组成员、副主席吴迎春带队，内蒙古文联舞协、剧协、曲协、民协、杂协、音协的30多位艺术家组成“送欢乐、下基层”慰问演出团赴乌兰察布市察右后旗开展慰问活动。在零下30度的严寒里，参加演出的艺术家们为当地群众献上了精彩表演：第23届中国戏剧梅花奖得主、国家一级演员、内蒙古剧协副主席何晓菊演唱的晋剧《王宝钏》，内蒙古舞协副主席、国家一级演员哈斯敖登表演的独舞《祝福》，中国原生态十大歌王之一奇附林与刚刚同获“全国首届乡村歌手大奖赛”金奖获得者史利英共同演唱的漫瀚调《天下黄河九十九道弯》，内蒙古杂技团表演的曾获国际、国内杂技大赛金奖节目《五人踢碗》、曾获全国少儿杂技比赛银狮奖的《四人柔术》等精彩节目受到当地群众的热烈欢迎。

获奖情况

2010年，内蒙古文联和各协会在全国、全区评奖比赛活动中，共有24人和47部作品获奖，其中正规奖项34个，全国奖项28个，自治区奖项6个。

舞协全国知名舞蹈家斯琴塔日哈荣获中国第九届表演艺术成就奖，这是自治区蒙古族艺术家首次获得此项殊荣；3部作品《东方筑路人》、《吉祥的节奏》、《借风扬场》获第七届中国舞蹈荷花奖——现当代舞蹈比赛编导金奖、作品和表演银奖。书协一位会员的篆刻作品获西泠印社第七届全国篆刻评展一等奖。摄协的摄影作品《黄土高坡》获第23届全国摄影艺术展铜奖，作品《蒙古人家》获中国摄协举办的第12届当代摄影大赛纪实类金奖。作协会员的作品《改革开放30年的少数民族儿童文学》获第八届全国优秀儿童文学奖。视协长篇电视连续剧《东归英雄》获得金鹰奖和飞天奖；2部电视节目获全国旅游电视节目金奖和优秀奖。美协有9件作品获第六届中国西部大地情作品展金银铜奖；3位会员的作品获“民族百花奖”中国各民族美术作品展金、银、铜奖。民协5位会员分获全国民间剪纸大赛金、银、铜奖；11人获中国民间文学集成贡献奖；3部作品获中国民间艺术节奖；群舞《欢乐草原》获2010婺源·中国乡村文化民间艺术展演金奖；1位会员的巴林石雕刻作品获中国四大名石雕刻展银奖。剧协2人获第五届中国戏曲红梅荟萃表演金奖，一部二人台歌剧《巴雅尔与大花眼》获第三届中国少数民族戏曲奖和自治区“五个一工程”奖及二人台艺术节银奖。曲协3个节目获国家级非物质文化遗产鼓曲大赛节目、表演金、银奖，3个节目获第四届全国少数民族曲艺展演奖。组织农牧民参加全国首届乡村歌手大赛，分别获得金、银、铜奖、特别奖和优秀组织奖。评论家协会推荐8部作品参加第七届全国文联文艺理论评论奖评选，巴特尔的《草原文化与北方民族文学艺术》获二等奖，宋生贵的《论民族艺术发展的生态化意识》和乌力吉的《地域性与民族性——北方草原画派与内蒙古美术》获三等奖。《花的原野》推荐的诗歌《我的草原》和小说《赫穆楚克的破烂儿》获《民族文学》2010年度少数民族文学原创奖，一部翻译作品获翻译奖。田晓获全国文联文艺舆情信息工作先进个人。

对外及对港澳台地区文化交流

内蒙古文联及各协会充分发挥自身优势开展一系列文化交流活动，全年共组织22项活动，参加人员334人。1月4日至3月2日，组织推荐了内蒙古大学艺术学院附属中等艺术学校艺术团一行41人，参加了中国文联青少年艺术团于2月10日至3月2日赴美国夏威夷和犹他州进行的交流活动。文联主席巴特尔随团访问。3月，接待了由中国作协组织的日本作家团一行8人进行文化交流访问。5月21～24日，组织巴彦淖尔市、锡盟、满洲里市、鄂尔多斯市达赉特旗文联主席，参加了由中国文联主办的全国基层文联领导干部学习班。7月25日至8月3日，组织联络了江西省赣州市文联主席钟小平一行5人赴呼伦贝尔、满洲里采风活动，与满洲里市文联作家、艺术家进行了座谈。8月28～30日，组织联络了安徽省文联一行3人对呼和浩特和乌海市进行考察活动。9月18～20日，组织联络了四川省文联一行28人对呼和浩特、包头、鄂尔多斯市进行考察。9月28～30日，接待贵州省文联一行3人在呼和浩特、乌海考察；《草原》杂志社与森工集团在阿尔山召开理事会和《小说选刊》文学创作笔会，参加了全国期刊主编交流会；民协参加了中国民协举办的中国新农村建设暨全国文化之乡现场交流会。10月，作协接待了“广东省作协考察团”，签定了两省区文学交流、作家培训、作品研讨、文化建设等5个方面的协议书；9月23日至10月3日，一名会员随中国作家团参加了在塞尔维亚首都贝尔格莱德举办的第47届国际作家会议。10月8～12日，舞协组织了阿拉善盟采风活动。音协、舞协与吉林、青海、广西三省区音乐家举行了草原采风活动。10月12～19日，音协组织了阿拉善盟采风活动。11月2～7日，书协组织65人的书法家代表团访问日本。接待了布里亚特加盟共和国作协主席一行来内蒙古文化交流。杂技团赴加拿大、英国、日本、台湾巡演，并与蒙古国少儿马戏院开展了学术交流活动。摄协会员一人应中国摄协邀请代表中国摄影家参加在法国阿尔勒举办的摄影艺术节。9月，职工文联组织企业文化工作者参加了挪威奥斯陆中国文化节纪念活动开幕式。美协组织了西部12省区市美协、全国著名美术家草原采风团采风。

各文艺家协会

【作家协会】

选拔推荐两位创作成就突出的青年作家到鲁迅文学院学习深造。派出了5位青年作家参加了广东省作协举办的青年作家培训班，并接待了广东省作协3位副主席领队的“广东省作协考察团”考察、采风，签定了两省区文学交流、作家培训、作品研讨、文化建设等5个方面的协议书。与中国作协《民族文学》杂志社联合举办了为期一个月的“全国多民族作家改稿会”和“内蒙古蒙古族翻译家座谈会”。与锡林郭勒盟正镶白旗宣传部及文联联合申报了“内蒙古蒙古族长篇小说基地”建设项目，提交了《建设立项报告》，并已得到有关领导批准。与内蒙古教育出版社和赤峰市昭乌达译书社等单位联合举办《成吉思汗箴言》（蒙译汉）出版座谈会。向中国作协推荐2010年度扶持重点作品7部，其中4部作品入选。向中国作协推荐“定点深入生活作家”6名，其中1名入选。向中华文学基金会推荐2010年度“21世纪文学之星丛书”书稿2部。向中国作协第五届鲁迅文学奖选送参评作品9部。向第八届（2007～2009）全国优秀儿童文学奖推荐参评作品7部，其中张锦贻的评论《改革开放30年的少数民族儿童文学》获奖。有10位作家加入了中国作协。

【戏剧家协会】

大型二人台歌剧《巴雅尔与大花眼》舞台制作完成并进行了成功的巡回演出，荣获第三届中国少数民族戏曲奖，五个一工程奖，二人台艺术节银奖，成为全国戏剧精品剧目；大型二人台歌剧《花落花开》参加自治区草原文化节文艺演出，并获五个一工程奖；话剧《拓拔鲜卑》参加了自治区草原文化节文艺演出；创作排演了一系列小戏，二人台明星班下基层义务演出50多场，受到热烈欢迎；发展自治区会员2名，全国会员2名。

【摄影家协会】

1月，由内蒙古文联主办、内蒙古摄协承办的石玉平“烈马追风”摄影展在内蒙古博物院举办。3～5月，为扩大内蒙古对外宣传，向区内外推介内蒙古自然风光、风土人情等旅游资源，由内蒙古文联、内蒙古旅游局主办、内蒙古摄协承办的“陪你一起看草原”摄影艺术展分别在呼市新华广场、内蒙古博物院、上海世博会展出，取得了良好的社会效益。5月，由自治区党委、政府世博会领导小组主办，内蒙古文联、内蒙古摄协承办的“大美内蒙古”摄影艺术展赴上海世博会上展出。7月，与土右旗人民政府联合举办的“印象敕勒川”摄影大赛启动，并组织100名摄影家深入农户、九峰山、黄河采风创作。同时，与达拉特旗政府主办的“风生水起达拉特”摄影展在树林召镇启动，来自呼、包、鄂100多位摄影家赴响沙湾、黄河、恩格贝采风创作。8月17日，由自治区党委、政府主办，自治区党委宣传部总筹办、内蒙古文联、内蒙古摄协承办的内蒙古第七届草原文化节暨“伊泰情”内蒙古百年老照片摄影展，在内蒙古美术馆开幕。9月，由自治区党委宣传部、乌兰夫基金会主办，内蒙古文联、内蒙古摄协承办的纪念西部开发10周年“魅力内蒙古”摄影艺术展，在北京民族文化宫开幕。全国人大原副委员长布赫、国家民委主任杨晶、交通部纪检书记杨利民、自治区政协副主席郭子明、乌兰夫基金会会长周德海、自治区党委宣传部副部长吴团英、内蒙古文联主席巴特尔、原中国文联副主席、中国摄协主席吕厚民等500多人出席了开幕式。7月6日，王争平应中国摄协邀请代表中国摄影家参加在法国阿尔勒举办的摄影艺术节。9月，精选出100幅具有浓郁内蒙古特色的摄影作品，参加第三届“多彩贵州”中国原生态国际摄影展暨内蒙古风情摄影艺术展览。9月24日，由阿拉善盟公署、《大众摄影》杂志社主办，内蒙古摄协、阿拉善盟摄协承办的《秘境阿拉善》全国摄影大赛获奖作品颁奖及摄影展开幕式在阿拉善盟巴彦浩特市举行。10月18～21日，5位会员赴北京参加华北五省区摄影工作会议暨第23届中国华北五省区摄影艺术展览开幕式及摄影采风活动。11月4日，由中国摄协、鄂尔多斯市人民政府主办，内蒙古摄协、《中国摄影报》、成吉思汗旅游管理局、鄂尔多斯市摄协承办的“成吉思汗陵”全国摄影大赛评选出入选获奖作品。组织会员赴锡林郭勒盟、乌兰察布市、阿拉善盟、通辽市、兴安盟、赤峰市、鄂尔多斯市、乌海市、包头市等地采风创作。出版摄影艺术画册《陪你一起看草原》、《魅力内蒙古》，举办摄影理论研讨会3次，发展内蒙古摄协会员280名，全国会员30名，建立了全国八省市中国摄影创作基地（鄂尔多斯市鄂托克前旗）。

【美术家协会】

举办了自治区小幅美术作品展览和“绿色净土 天堂草原”第六届中国西部大地情中国画油画作品展；启动了重点精品工程项目——“内蒙古重大历史文化题材美术创作工程”；举办了上海世

博会内蒙古活动周“草原广阔、哈达飘逸”内蒙古美术作品展；与自治区党委宣传部、内蒙古美术馆合办了欢迎蒙古国总统“内蒙古自治区美术作品展”；组织会员参加了中国美协组织的赴西柏坡、新疆写生团及赴土耳其、希腊写生活动和美术交流；组织了“西部12省区市美协、全国著名美术家草原采风团”赴锡林郭勒盟阿巴嘎旗、东乌珠穆沁旗创作采风活动；完成了文化资源普查美术作品和人才工作。

【书法家协会】

1月11日，与内蒙古军区联合举办“书法进军营迎春笔会”。1月15日，举办何奇耶徒2010年书画艺术展。1月27日，组织10多名书法家与呼和浩特工商银行财富中心举办“书法进企业——走进金融”笔会。5月13日助残日与文化厅、残联主办自治区残疾人书法绘画工艺品展暨扶残爱心笔会，捐赠书法作品19幅。6月29日，在赤峰克什克腾旗举办全区书法篆刻艺术学习观摩展。8月底，在呼和浩特举办“内蒙古首届书法创作理论研讨会”并出版《内蒙古书法家协会首届书法学术论文集》。8月27日，在乌海举办“和谐内蒙古”全区政协系统书法作品展并出版了作品集。8月28日，与内蒙古军区政治部、内蒙古国防教育办公室联合举办了“‘强国防、固北疆’内蒙古自治区国防教育书法篆刻展”，共展出120幅作品，并出版了作品集。11月2～7日，组织65人的书法家代表团访问日本。5月21～23日，接待中国书协分党组书记、驻会副主席兼秘书长赵长青一行来内蒙古考察指导工作；何奇耶徒当选为中国书法家协会副主席；推荐全国书协会员11名。

【民间文艺家协会】

分别对民间故事、民间歌谣和民间谚语进行了普查，完成了《内蒙古民间故事全书·（蒙古文旗县卷）》第二批10卷本。编纂完成《中国服饰文化集成·蒙古族卷》，主持的民间文化遗产抢救保护工程有了新的进展，启动了剪纸集成的普查工作。与鄂尔多斯乌审旗联合申报中国马头琴之乡和中国马头琴传承基地获中国民协批准。9月2～6日，协助中国民协在乌审旗召开了“中国新农村建设暨中国民间文艺之乡经验交流现场会”。9月底，与自治区四胡协会开展了评选命名首批内蒙古自治区民间四胡演奏艺术师活动。发展自治区级会员10人，向中国民协推荐8人。

【音乐家协会】

音协与自治区广电局、内蒙古电视台联合举办了草原星——首届内蒙古青年歌手电视大奖赛，全区共有300名歌手参赛，经过初赛、复赛和决赛，推荐获得美声、原生态、民歌、流行四种唱法奖项的歌手参加全国“青年歌手大赛”，并获得银奖、铜奖4个奖项。11月27日，举办《难忘的歌》阿拉腾奥勒作品音乐会。10月举办了“全区第五届键盘乐（钢琴、电子琴、手风琴）大赛”。接待青海、广西、吉林三省区音乐家草原采风团赴蓝旗、克什克腾旗、西乌珠穆沁旗采风。举办《草原歌声》创刊30周年纪念活动。

【舞蹈家协会】

8月1～8日，成功举办了第五届华北五省区市舞蹈比赛，参赛人数达5000人，参赛节目480多件。协助中国舞协在鄂尔多斯成功举办第七届中国舞蹈“荷花奖”现当代舞蹈比赛，选送的三部作品获奖。组织参加了全国第九次舞协代表大会，赵林平当选为全国舞协副主席；推荐12名会员加入中国舞协。

【电影家协会】

与内蒙古电视台共同制作了《蔚蓝的故乡》“内蒙古影视人”专题节目第五、六季。4月份，组织了民族题材电影《天边》的首映活动，举办了“民族电影进校园”活动。5月份，组织了民族电影《雕花的马鞍》、《圣地额济纳》首映式。组织了内蒙古草原文化节“民族电影展映”活动和上海世博会内蒙古文化周的民族电影展映活动。与《鄂尔多斯》文学月刊合作开办电影剧本专号。

【电视家协会】

举办第四届全区十佳电视艺术家表彰活动。参与组织上海世博会内蒙古文化周以“茨幕草原”为主题的内蒙古影视剧推介活动。推介了表现草原民族风俗人情的内蒙古民族题材的电视剧，有《成吉思汗》、《东归英雄》、《草原春来早》、《走进石锁沟》、《我从草原来》、《静静的艾敏河》《美丽的草原我的家》、《我的鄂尔多斯》等多部民族题材电视剧。召开全区纪录片题材规划会，来自全区各盟市电视台台长、副台长及纪录片编导50人参加会议，邀请中央电视台《走遍中国》栏目的资深编导讲课。推荐了23部电视作品参加金鹰奖的评奖，有5部作品入围，长篇电视连续剧《东归英雄》获得金鹰奖。推荐2部作品参加全国旅游电视节目推选活动，1部获金奖，1部获得优秀奖。

【曲艺家协会】

5月份，与内蒙古农业大学合作举办了“全区在校大学生蒙古语相声小品大赛”。6月份选送3个节目参加国家级非物质文化遗产（北方）鼓曲大赛，分别获节目、表演金银奖。7月份，选送3个节目参加第四届全国少数民族曲艺展演，获得了1金2铜和1个优秀表演奖。发展自治区级会员27人。

【杂技家协会】

4月22日，举办了内蒙古杂技团建团50周年纪念活动。与蒙古国少儿马戏院开展了学术交流活动。参加了中国西部文化产业博览会和草原文化艺术创作演出洽谈会。参与了上海世博会内蒙古文化周的演出活动。以鲜明的民族艺术特色和高超的艺术水准，成功步入英国演出市场，与世界上最大的马戏团——加拿大太阳马戏团进行了合作，时间为期2年。赴英国、加拿大、日本、马耳他等国家和中国台湾地区巡回演出近600场。与吉林省少林武术表演艺术团合作的演出剧目《花木兰》在英国成功演出。12月24～28日，受文化部指派，内蒙古杂技团演出小组一行4人，在欧洲马耳他国参加了”马耳他残疾儿童慈善捐款活动”。在国内先后参加了百团千场下基层演出活动，到敬老院、呼市近郊、学校、监狱、部队、集通铁路等地进行了慰问演出近50场。

【翻译家协会】

翻译家协会组织翻译了蒙古族中青年作家的作品并与《草原》合办了翻译专刊，其中一部作品被《民族文学》转载。组织青年翻译家在区内外报刊杂志翻译发表了11篇作品。完成了蒙古国乌兰巴托内蒙古文化周文艺晚会斯拉夫文歌曲的汉译任务。完成了《鲁迅文学奖获奖作品译丛》散文集斯拉夫蒙文版的翻译工作。

【理论研究室】

3月，协调并参与了全区重点盟市和区直有关部门开展关于文学创作情况的调研活动，分4个调研组先后赴鄂尔多斯市、包头市、巴彦淖尔市、呼伦贝尔市、通辽市、呼和浩特市及内大艺术学院、内大蒙学院分别召开八次调研会，并形成了初步的调研报告。10月20～29日，随文联领导赴陕、甘、宁三省区进行文学创作专题考察调研。10月31日～11月4日，赴湖南、广东、深圳等省市进行文学创作专题考察调研并完成了翔实的调研报告。组织、协调、举办第七届“草原文化主题论坛”之“草原文化与文学艺术分论坛”，征集专题论文70余篇，向“主题论坛”推荐8篇论文，其中有5篇论文获三等奖和优秀论文奖，同时被选入《论草原文化》丛书第七辑出版。组织作家、艺术家、专家近60人参加“分论坛”，提交论文34篇编辑印发“交流论文”集，进行学术交流。承办“三少民族创作研讨会”、“郭雨桥《细说蒙古包》研讨会”、“锡尼喇嘛在内蒙古民主革命中的地位”学术研讨会、“纳·锡林巴特作品研讨会”、“巴图那顺作品研讨会”、“春绿白泉沟研讨会”等6次研讨会。开展全区文化资源普查工作。9月，组织推荐第七届“中国文联文艺理论评论奖”的参评作品，推荐8篇理论评论文章，3篇获奖。参与自治区文学创作“索龙嘎”奖和艺术创作“萨日娜”奖的评选和自治区文学艺术“杰出贡献奖”和“突出贡献奖”的评奖及颁奖晚会的筹备、组织。为《中国艺术报》西部开发10年内蒙古专刊组稿。《金钥匙》2名编辑赴西藏参加中国蒙文期刊研究会第24届年会。5月18～22日，内蒙古文联主席巴特尔、理论研究室副主任阿尤尔扎那参加了中国文联主办的“第二届全国文联文艺理论工作研讨会”。6月21～30日，参加了中国文联主办的“第五届中国文联中青年文艺评论家高级研修班”。8月3～6日，理论室负责人赴甘肃省嘉峪关市，参加了中国文联第二届文艺理论室主任暨评论家协会秘书长工作研讨会。

【职工文联】

2月份，应邀参加了“东方民族艺术团”挂牌仪式。3月份，召开主席团，研究部署了本年度的工作。5月份，应邀参加了“东方民族艺术团2010年业务培训考核汇报”，该团自编自演的《东方筑路人》荣获第七届中国舞蹈“荷花奖”当代舞的最高奖项作品金奖。8月，参加了地矿企业采风活动并举办了笔会。8月下旬，参加大兴安岭林管局组织的《大兴安岭时间》报告文学研讨会。9月2日，组织企业文化工作者参加了挪威中国文化节纪念活动开幕式。9月20～21日，出席了包铝集团班组才艺大比评决赛暨颁奖大会和包钢职工诗歌朗诵会。9月25日，参加了白云鄂博软水化验工“草原儿女‘心在云上飞’葛·娜仁托娅歌词作品”演唱会。

直属单位

【《草原》杂志社】

有2部作品分别被《读者》、《小说选刊》选载。在全国政协和中国作协举办的“感动中华颁奖盛典”上，小说《绿叶上的秋天》获得“星光杯”一等奖。4月21～23日，主编尚贵荣、副主编任建应邀参加了《小说选刊》创刊30周年暨全国主编高峰论坛，会上，尚贵荣就《草原》近几年的创新和发展做了专题发言。9月13～16日，在阿尔山市召开了第二届理事会暨《草原》文学论坛。内蒙古文联党组书记王金喜，内蒙古作协主席阿尔泰，《小说选刊》、中国左岸网等25人参加了会议。会议由尚贵荣主持。与会者就如何办好《草原》和相关文学问题进行了研讨。王书记作了题为《理事会之外的声音》的讲话，从珍惜历史、正视现实、把握方向、投入感情、重视人才、创新机制6个方面阐述了做好文学艺术工作的方针。

【《花的原野》杂志社】

《花的原野》和《世界文学译丛》扩版，增设新栏目，重点推出青年作家。派出4位编辑参加改稿班，新增4个旗县发行站。与内蒙古电视台、广播电台联合举办《携手同行》征文大赛评奖及颁奖活动。5月22～30日，参加了全国蒙文期刊学会第24届年会。7月，与锡盟文联、作协举办了二连笔会。深入基层开展文化活动，在兴安盟、呼伦贝尔市、青海、甘肃等地共举办了20个“八骏杯”蒙古文作品大赛分场颁奖典礼，共有40000多名师生和社会各界人士参加了颁奖仪式。同时还举办笔会，并向贫困地区牧民和学校免费赠送杂志。11月，举办中篇小说大赛征稿；12月10日，第三届“八骏杯”大中专蒙古文文学作品大赛颁奖晚会在乌兰恰特大剧院举行，自治区党委常委、宣传部部长乌兰和自治区文联、教育厅等领导出席颁奖晚会，本届大赛有来自全国的27所大学、60所高中、121所初中参加，共收到6万余篇作品，评选出一等奖8名、二等奖62名、三等奖333名、优秀奖803名。

【内蒙古美术馆】

在自治区党委宣传部支持下，对美术馆进行了改造，改建了画库和学术报告厅，组织了内蒙古美术作品捐赠征集活动，收到捐赠作品150件。承办了“第七届中国内蒙古草原文化节百年老照片摄影展”、全区小幅美术作品展和五位画家的个人画展。

地方文联

【呼和浩特市文联】

承担了昭君文化节4项活动，分别是“2010年内蒙古第六届国际标准舞全国城市公开赛暨2010年CBDF职业、业余积分赛”，共有来自全国各地的1000多对选手参加了比赛。“呼和浩特、包头、鄂尔多斯三城市油画展”共展出150多幅油画作品。第13届当代书画家作品邀请展共展出了300余幅作品。“畅享草原、关爱黄河全国首届草原少儿艺术节暨内蒙古首届中国语言大赛”共有千余名儿童参加。摄协协助武川县委、县政府举办了“魅力大青山”摄影艺术展，组织了大青山采风摄影活动、春节民俗活动、丁香节摄影活动。作协举行了为市图书馆捐赠图书活动，举办了基层文学创作培训班。美协、书协也举办了书画作品展等活动。

【锡林郭勒盟文联】

举办了“锡林郭勒作家作品展”，展出了知名作家创作的荣获自治区文学创作“索龙嘎”奖、

“五个一工程”奖等优秀作品300余部。举办了全盟2010年度优秀文艺家评选及表彰活动，表彰奖励了文学、音乐等11个艺术门类的12位年度优秀文艺家。为庆祝《锡林郭勒》创刊30周年，编辑出版了纪实文学集、诗集和获奖丛书，并举办了研讨会。实施了“锡林郭勒长调”系列保护性工程。举办了全盟首届青少年书画展、职工书画展和美术书法作品大赛及书画展。举办了第三期“锡林郭勒之夏”笔会和全盟首届“苏蒙塔西尔”文学作品征文比赛。成立了锡林郭勒盟诗词协会。单独设立了锡林郭勒盟书法家协会并召开了成立大会暨第一次会员代表大会。各文艺家协会也举办了丰富多彩的活动。共有3幅作品获国际奖，31部作品获全国性奖项，50多部作品获自治区级奖项，百余部作品获盟（地）级奖。

辽宁省文联

综　述

2010年，在省委的正确领导下，在省委宣传部的直接指导下，辽宁省文联认真学习和深入贯彻落实科学发展观，围绕“高举旗帜、围绕大局、服务人民、改革创新”的指导思想，团结和带领全省文艺工作者积极开展各类文艺活动，出精品、出人才，推动文联工作不断向前发展，为辽宁文艺事业的发展做出了应有的贡献。

重要会议与活动

【六届五次全委会暨全省文联工作会议】

3月2～3日，辽宁省文联六届五次全委会暨全省文联工作会议在沈阳召开。会议传达了中国文联八届五次全委会精神和李长春在中国文艺家之家调研时的讲话。党组书记、主席王秀杰代表主席团做了题为《把握机遇 迎接挑战 团结一心 努力开创辽宁文艺工作和文联工作的新局面》的工作报告。会议通过了《关于更替和增补辽宁省文联第六届委员会委员的决议》，更替武斌、丛波、魏兵等15名同志接任省文联委员职务，选举武斌为省文联第六届主席团副主席。

【六届六次全委会】

12月22日，召开六届六次全委会，对即将召开的省七次文代会进行了充分的准备。会议选举郭兴文为省文联第六届主席团主席，李春晓、南晓敏为省文联第六届主席团副主席，同时，更替和增补了部分委员，通过了《关于召开辽宁省文学艺术界联合会第七次代表大会的决议》、《辽宁省文学艺术界联合会第七次代表大会议程》，决定于2011年1月上旬在沈阳召开辽宁省文学艺术界联合会第七次代表大会。

【六个协会召开会员代表大会】

11月24日至12月10日，省舞协、省影协、省剧协、省书协、省视协、省美协相继召开会员代表大会，认真总结上一届主席团和理事会的工作，修改了协会章程，选举产生了新一届理事会和主席团，王训益、林建宇、宋国锋、王丹、刘文艳、宋雨桂分别当选省舞协、省影协、省剧协、省书协、省视协、省美协主席。协会的顺利换届，为省七次文代会的召开提供了坚实的组织保障。

【辽宁摄影家赴沈阳经济区采风活动】

6～7月，为配合中央将沈阳新型工业化经济区上升为国家综合配套改革试验区的重大主题，省文联、省摄协与《辽沈晚报》共同举行大型采风创作活动。邀请省内众多知名摄影家赴沈阳、鞍山、抚顺、本溪、营口、阜新、辽阳、铁岭8个城市进行采风创作，之后《辽沈晚报》分别以4个整版的形式刊登了此次采风的成果，报道了8城市的建设风貌和发展前景，宣传了沈阳经济区的整体面貌和蓬勃状态。

【“红诗辽宁”群众性诗歌咏诵辅导活动】

年初，省文联贯彻省委宣传部关于“红诗辽宁”群众性诗歌咏诵活动的总体要求，向各团体会员单位安排部署了“红诗辽宁”系列活动。4月初，省文联与沈阳市民政局等单位协调，对沈阳市各社区开展“红诗辽宁”活动的情况进行了摸底调研，并与社区建立联系。邀请辽宁人民艺术剧院知名话剧演员深入和平区集贤街道南十社区、光复里社区、南湖街道文化路社区、皇姑区明廉街道福居社区等进行红诗咏诵辅导活动20余次，受众人数达百余人。活动得到了新闻媒体的大力关注，《辽宁日报》、辽宁广播电视台等媒体对辅导活动进行了多次报道，在社会上引起广泛影响。

【举办各类赈灾文艺活动，为青海玉树地震、丹东特大洪水献爱心】

面对青海玉树地震、丹东特大洪水等自然灾害，省文联组织全省文艺界行动起来，多次举办各类赈灾活动，传递文艺界爱心。4月22日，省文联、省书协举办“情系玉树 抗震救灾”义卖捐赠活动，省内众多知名书法家或在现场创作书法作品，或送来作品积极参与活动，当天作品拍卖筹得款项10万元。4月28日，省摄协举办辽宁摄影界抗震救灾摄影展暨募捐仪式，展出摄影作品180余幅，现场筹集善款近12万元。4月29日，省文联、省美协、辽宁美术馆举办“心系玉树、大爱无疆”大型名家书画义卖活动，拍卖百余幅书画作品，筹得10余万款项。在这些活动中，省文联一共筹集善款30余万元捐赠给辽宁省慈善总会，并经由他们转交给灾区人民。此次爱心行动广受赞誉，被省直机关工委评为“省直机关2010年第二季度最佳实事”。9月25日，省文联、省美协、丹东市文联、市美协在辽宁美术馆举行“情系灾区”赈灾义卖活动。辽宁美术界的艺术家们贡献出百余幅绘画作品参加义卖，活动筹集善款16.47余万元，全部经由丹东市政府捐赠给丹东灾区，以此表达辽宁美术界对灾区人民的深厚情意。

【向郭明义同志学习活动】

根据省委宣传部《辽宁省关于郭明义同志先进事迹宣传方案》要求，省文联在文联系统内部开展向郭明义同志学习的活动。10月9日，召开了由省内部分知名艺术家参加的省艺术家学习郭明义先进事迹座谈会，会上还向全省文艺家和文艺工作者发出《关于开展向郭明义同志学习活动的倡议书》，在全省文艺界掀起了学习郭明义同志先进事迹的热潮。部分艺术家协会也积极行动起来，开展宣传学习郭明义先进事迹的文艺活动。10月28日，省音协召开学习郭明义先进事迹歌曲创作工作座谈会，组织省内词曲作家创作歌曲歌唱郭明义，从全省100多首作品中筛选50首备出版《学习郭明义歌曲选》，并精选出16首备出版CD。12月1日，省委宣传部、省文联主办，省书协等承办“翰墨寄情 书写大爱”——郭明义诗、文、佳句主题书法展，展出了由省内百余位书法家书写创作的有关郭明义同志的108件诗、文、佳句作品。

【宣传生态环保主题文艺活动】

5月12日，为宣传环保知识，关注辽宁自然资源发展，省文联与省环保厅共同举办首届“生态文明与绿色辽宁”摄影展，记录了辽宁从排污大省到减排大省的历史性转变过程，用艺术的形式表现了“低碳建设”的主题。9月1～3日，省摄协与省林业厅、省政协人口资源环境委员会联合主办“关注森林——走进绿色辽宁”摄影展，反映我省林业建设多年来所取得的巨大成就和面临的生态问题。

【面向基层文化惠民活动】

举办慰问演出和文艺辅导活动。2月2日，省文联组织艺术家赴沈阳市康平县进行2场“送欢乐、下基层”慰问演出，并对当地文艺爱好者进行了相关门类的艺术辅导。5月27～28日，再次组织文艺工作者赴辽阳市辽阳县小北河镇、吉洞峪乡为当地群众进行“送欢乐、下基层”慰问演出及艺术辅导。

继续开展“文艺进社区，辅导面对面”活动。全年共组织各门类艺术家15人，辅导社区18个，辅导次数近百次，辅导的艺术门类包括诗歌、戏曲、音乐、美术、书法、舞蹈等，受益居民达千余人。

举办艺节目展演活动。11月14～15日，省文联在丹东大梨树村举办第二届辽宁省新农村建设优秀文艺节目展演，来自全省13个市80余名农民选手的30个节目参演。本届展演参赛选手均为农民，而且原创作品数量多，无论是作品质量还是演员表演水平，均比上届有较大的提高，是对省文联近年来开展面向基层服务群众活动的一次成果检验。

【全省文联系统领导干部学习培训班】

10月19～22日，省文联举办全省文联系统领导干部学习培训班，全体学员认真学习了胡锦涛在中共中央政治局第二十二次集体学习时的讲话、李长春《正确认识和处理文化建设发展中的若干重大关系，努力探索中国特色社会主义文化发展道路》的文章、党的十七届五中全会精神，并对刘云山在全国宣传口学习贯彻党的十七届五中全会电视会议上的讲话精神进行了传达。培训期间，邀请第七届中国文联副主席、国务院学位委员会艺术学科组召集人仲呈祥等4人做了专题讲座。同时全体学员围绕文艺工作和文联工作相关题目展开了热烈讨论。省文联党组书记李春晓就文联面临的形势、文联的地位和作用、文联出人才出精品的途径和方式、文联开展活动、文联在发展和繁荣群众文化中的作用、文联的组联工作、发挥各艺术家协会的作用、加强党对文联工作的领导以及加强文联机关自身建设等9个问题做了总结讲话。学习培训班的举办正值省第七次文代会的筹备阶段，使全省文联系统范围内提高了认识，统一了思想、明确了方向，坚定了信心，提振了士气、开阔了视野，活跃了思想、理清了思路，学会了方法，成功地达到了预期目的。

【地区间文化交流活动】

省文联组织采风团赴江西、湖南革命圣地进行红色采风，并举办“革命圣地”湘赣采风摄影展。赴天津参加华北、东北八省区市文联工作交流会，加强地区间文联的联系与合作。组织选手参加首届中国农民艺术节暨全国乡村歌手大赛，获佳绩。省舞协组织省内舞蹈工作者赴福建进行红色之旅艺术采风。

创作与研究

【重视图书编辑工作】

编辑出版《辽宁省文联历次代表大会资料汇编》、《在振兴的年代里——辽宁省文联工作图录(2005～2010)》等书籍。

【人民作家马加同志诞辰100周年纪念会】

3月2日，省作协、省文联召开人民作家马加同志诞辰100周年纪念会，与会人员回顾和分析了马加成长经历、创作道路。同时，号召全省文艺工作者牢固树立创作源自人民、为了人民、属于人民、服务人民的理念，用优秀的文艺作品回馈人民。

【2010·辽宁文艺论坛】

4月26～29日，省文联、大连市文联举办2010·辽宁文艺论坛，围绕主流艺术的建构和发展空间等问题展开讨论。

【工业题材与当下文艺创作研讨会】

6月19日，省文联、鞍山市政府共同举办工业题材与当下文艺创作研讨会，分析新世纪以来工业创作得与失，并为工业题材的未来发展提出了设想和展望。

【第二届中青年文艺评论骨干读书班】

10月24～26日，省文联、省文艺理论家协会共同主办第二届中青年文艺评论骨干读书班，围绕寻求当代艺术的精神力量的主题，密切关注文艺现实，审视当下文艺现实精神力量缺失的现状，引导思考艺术应承担的社会责任。

2010年，省文联与相关艺术家协会分别评出第十三届辽宁戏剧玫瑰奖、第二届辽宁美术金彩奖、第三届辽宁书法兰亭奖、第四届辽宁舞蹈荷花奖、第三届辽宁摄影金像奖，并分别举办第十三届辽宁戏剧玫瑰奖、第二届辽宁美术金彩奖、第四届辽宁舞蹈荷花奖颁奖典礼和第三届辽宁音乐金钟奖声乐比赛、第三届辽宁书法兰亭奖作品展。省文联、省文艺理论家协会完成第二届辽宁文艺评论奖的初评工作。各类奖项的评选为出人才、出作品提供了有效平台，使一批优秀的艺术家、艺术作品脱颖而出。

对外及对港澳台文化交流

7月13～17日，省文联组织代表团赴匈牙利参加第九届国际友好美术交流展，在艺术方面进行了创作和交流，宣传了辽宁的文化艺术。组织中日芭蕾舞学生互访，开展艺术交流，芭蕾舞学生在两国的精彩演出，取得了圆满成功。省美协组织美术家赴西欧、北欧进行采风，举办“走进经典——辽宁画家画世界”辽宁美术家赴欧洲采风作品展，并出版作品集。

机关建设

【深入开展创先争优活动】

掀起了向郭明义同志学习的热潮。活动做到领导重视、组织有序，有部署、有方案，利用专题组织生活会、系统内部心得体会交流会，号召省文联干部职工对照优秀典型，查找自身差距，努力在省文联营造创先争优、建功立业的良好氛围。

【建立健全各项工作制度】

加强党组织制度建设，规范机关工作制度，加大治慵治懒力度。建立党员党费收缴制度、党员议事制度、业务工作例会制度，完善财务管理制度、印章管理制度等；在全系统开展整治机关不良作风活动，查找和整改存在的突出问题；各党支部每月召开一次有主题的组织生活会，增强基层组织活力，严格组织生活。

【推进学习型党组织、学习型机关建设】

制定《2010年省文联开展创建学习型党组织活动实施方案》及学习计划，并具体落实。坚持以领导班子理论中心组学习带动机关党员干部学习，认真学习胡锦涛总书记重要讲话、党的十七届五中全会精神、《廉洁从政若干准则》等内容。为党员发放购书卡，为全体机关干部职工购买实用书籍。

【加强党风廉政宣传教育及制度落实工作】

以创先争优活动为契机，加强文联系统廉洁从政的典型示范教育。认真学习贯彻《廉洁从政若干准则》、《干部选拔任用四项监督制度》的主要内容，召开“贯彻落实《党员领导干部廉洁从政若干准则》切实加强领导干部作风建设”为主题的民主生活会。开展廉政文化征文活动，加强党风廉政文化建设。

【进一步加强机关目标责任制实施工作】

结合各艺术家协会实际工作特点，以业务例会制度为载体，组织自查评估，促进目标管理与工作实际相结合，推动全年职能任务的完成。

【加强和谐机关建设】

以培育文明风尚、弘扬社会主义核心价值为切入点，深入开展机关精神文明建设活动。发挥工会、青工委的作用，组织召开纪念“三八”国际劳动妇女节100周年座谈会、举行“红色足迹”——省文联诗歌咏诵会等形式多样的文体活动。

【完善干部队伍建设】

全年顺利完成干部晋升与选拔任用工作。共有11人职务或职级发生变动。机关领导班子调整2人，新调入人员2人，正常晋职5人；事业单位新调入人员2人。

重视机关干部的培训、培养，组织参加省委党校、省委宣传部、省直机关工委党校等部门举办的各类进修班、培训班、报告会。重视党员队伍建设，做好党员发展工作。

直属单位

【省文艺理论研究室】

省文艺理论研究室加大学术研究和交流力度，以《艺术广角》为载体，加强刊物选题策划及组稿力度，抓好“70后批评家：重建中国当代文艺的精神性”等重要选题，突显70后批评家，提高杂志整体水平。

【《音乐生活》杂志社】

《音乐生活》杂志社在做好刊物组稿编辑、出版发行等业务工作，重点抓好“歌唱郭明义”的歌曲创作，开办歌曲、歌词创作专栏，已发表10首歌曲、10首歌词；同时还参与举办了辽宁流行音乐理论研讨会、“星耀华夏”全国第二届青少年才艺展演辽宁赛区选拔赛、“花朵飞歌”快乐阳光全国电视大赛、大连音乐理论研讨会、东北风情音乐创作笔会等活动，提高刊物影响力。

【辽宁美术馆】

辽宁美术馆全年举办各项展览活动30余次，仅艺术类展览25个，为办展单位提供良好的服务。顺利完成机构合并，岗位聘任和竞聘上岗工作，为今后发展奠定良好基础。办公地点顺利搬迁，办公条件得到改善，扩建藏品库房，改善保管条件，安装监控报警设备，安全保卫能力进一步增强。

【辽宁画院】

辽宁画院参与举办第二届关东画派美术大展、杨德衡画展等活动；作品入选全国小幅油画展、全国首届篆书展、首届全国现代工笔画大展、金陵百家油画展等国家级大展。春节前夕组织10余名画家到沈阳军区65022部队为官兵创作书画作品。组织画家到基层采风创作，并积极改善画院的硬件设施，为画家创造良好的创作环境。

【辽宁图片资料馆】

辽宁图片资料馆完成事业单位人员聘用工作。着力做好从经营性事业单位到公益性事业单位的性质转换工作，做好硬件软件改造。配合全省重大活动，做好图片资料的拍摄和整理工作。积极向社会提供图片资料服务。

各文艺家协会

【戏剧家协会】

4～12月，举办第五届辽宁少儿“小戏剧家”才艺大赛，最终40余人分获金、银、铜奖。6月，选送的小品《嫁姑娘娶媳妇》获第二届中国（常熟）江南文化节·首届沙家浜戏剧奖全国小戏小品大赛铜奖。与葫芦岛市委宣传部、文广电局、文联共同举办辽西五市首届戏剧曲艺小品大赛。7月，推荐齐馨悦、乔朗洛和李沛泽等7名少儿戏曲小演员获第14届中国少儿戏曲小梅花金花称号。8月，在黑龙江省大庆市召开东北三省第九届戏剧理论研讨会，组织10余人参加研讨会。10月，与省教育厅学校艺术委员会共同主办首届辽宁戏剧教育论坛。推荐刘富、李素芝、张桂芬、李佳、齐麟五名演员在中国剧协艺术发展中心主办的第五届“中国戏曲红梅荟萃”活动中荣获“中国戏曲红梅花”称号。推荐的辽宁人民艺术剧院排演、李宝群编剧的《矸子山上的男人女人》剧本荣获中国戏剧文学最高奖——中国戏剧奖·曹禺剧本奖。11月，选送7家院团的40余名演职人员参加在吉林省长春市举办的第八届东北三省戏剧小品大赛，本溪市歌舞话剧院的《探亲》，辽宁人民艺术剧院的《盼郎归》、《爱的承诺》、《快乐之旅》，大连话剧团的《不平静的夜》和抚顺市满族艺术剧院的《拆墙》获剧目一等奖；本溪市歌舞话剧院的洪军，辽宁人民艺术剧院的白楠、邴政、安维，沈阳话剧团的黑晓欧和大连话剧团的赵瑾一荣获表演金奖。推荐的大连理工大学排演的《屈伯川》在第二届中国校园戏剧节上荣获第二届中国校园戏剧节优秀剧目奖，屈伯川的扮演者宋鹏获第二届中国校园戏剧节校园戏剧之星荣誉称号。选送的小品《探亲》在中国·余杭“良渚文化杯”小戏小品大赛暨第四届中国戏剧奖·小戏小品奖评选中荣获小品专业组三等奖，并晋级第四届中国戏剧奖·小戏小品奖决赛。12月，召开第八次会员代表大会。

【音乐家协会】

1月，举办青年作曲家研习班，邀请资深专家为各市音乐创作骨干授课。2月，组织词曲作家、歌唱家对青年作曲家研习班作品进行试唱、研讨，并从中选出部分作品出版CD光盘。在大连、沈阳承办中国音协冬季考级工作。3月，召开辽宁省第三届音乐金钟奖声乐比赛暨2010沈阳经济区“新人新作”音乐（声乐）大赛新闻发布会。4月，举行辽宁省主旋律歌曲创作理论研讨会。5月，在铁岭调兵山市举行第二届中青年作曲家研习班。举办2场俄罗斯古典吉他演奏家叶夫根尼·芬克尔斯坦独奏音乐会。举行2010中日韩国际吉他合奏艺术节演出。在大连金州石河子创作基地举行为期3天的首届歌词作品研习班。6月，举办视唱实践音乐会、丁琰彦电小提琴音乐会。进行第三届辽宁省音乐“金钟奖”声乐比赛初评。7月，组织胡宏伟、马登第、周皓等音乐家到旅顺口创作基地对当地合唱团和音乐创作进行为期3天的“面对面、手拉手”辅导。进行第三届辽宁音乐金钟奖声乐比赛美声、民声、流行组的决赛，本次大赛共有近200名选手报名参赛，共70名选手入围决赛，最终决出各组别一等奖1名，二等奖2名，三等奖3名。举办2010沈阳经济区“新人新作”音乐（声乐）大赛复赛。7～8月，承办中国音协暑期考级工作。8月，推荐选手参加第五届鼓浪屿钢琴节青少年钢琴比赛，于纹聽获青年专业组金奖第一名。举办2010沈阳经济区“新人新作”音乐（声乐）大赛决赛。在沈阳音乐学院举办辽宁省第六届“佰笛杯”手风琴大赛。省音协手风琴学会代表队在北京举办的“2010全国第二届手风琴艺术节”上获室内乐重奏组、展演组集体金奖和最佳组织金奖3项大奖。9月，与吉林、黑龙江、内蒙古音协在大连长山岛共同主办三省一区音协工作暨采风创作交流会。为全市中小学音乐教研员做Recorder讲学推广。与大连市旅顺口区人民政府、省群众艺术馆共同举办辽宁省合唱邀请赛暨第六届旅顺（国际）合唱节，期间共举办了“五洲之情”、“绿岛之恋”、“沃土之歌”、“希望之歌”、“校园之歌”、“军旅之魂”等6个专场比赛。组织全省音乐听力教师进行《全国音乐听力考级教程》教材培训。举行“双钢琴与芭蕾”音乐会。举办2010年“玛丁尼杯”第九届辽宁吉他大赛，并在大赛期间举办德国大师音乐会及大师班讲学。10月，组织词曲作家赴清原开展“绿色辽宁”行业歌曲创作采风活动。召开学习郭明义先进事迹歌曲创作工作座谈会，铁源、邬大为、胡宏伟等省直部分词曲作家及演员共31人出席。11月，在沈阳电视台举行第三届辽宁音乐金钟奖声乐比赛暨“新人新作”声乐比赛颁奖晚会。在省青年宫召开省音协2010年音乐考级表彰会。举行“钢琴与芭蕾”音乐会第二场演出。举行辽宁音乐界学习郭明义歌曲创作歌词作品研讨会，潘兆和、邬大为、胡宏伟、吴善翎、李延忠等省内著名词曲作家共16人进行了为期3天的歌曲创作、修改。举行“浪漫琴诗——纪念肖邦诞辰200周年钢琴独奏音乐会”。组织曲作家16人赴阜新进行学习郭明义歌曲创作与研讨。12月，组织词曲作家在省委宣传部召开学习郭明义歌曲作品试唱会。举办辽宁民族器乐振兴之路理论研讨会。组织专家对学习郭明义歌曲作品的词、曲再次把关，慎重修改，并筛选出50首作品出版歌曲集，16首备做CD出版。召开学习郭明义歌曲作品第三次修改研讨会。组织专家对“唱响中国——群众最喜爱的新创作歌曲”征集评选活动的143首作品进行集体评议，推选出18首作品报送省委宣传部。

【美术家协会】

1月，举办马光、高阳油画作品展。3月，举办周卫“本土性油画”作品研讨会。4月，与省文联举办“心系玉树、大爱无疆”大型名家书画义卖活动。省美协主席宋雨桂、副主席冯大中通过中央电视台向青海玉树地震灾区各捐款50万元。4～5月，举办梦里家山——旅美著名画家侯北人先生绘画艺术邀请展。5月，举办走进2010——辽宁风景画作品展。举办第二届“为了孩子快乐成长”主题活动，100余名小画家参加活动，部分艺术家现场绘画义卖，将筹集善款全部捐赠给城乡结合部的高明实验学校的农民工子女。6月，组织儿童创作作品参加日本第33届富山儿童画展。7月，参与举办第十一届大连艺博会。主办的“诺德杯”毛体书法中国民族文化书画展中国行活动在沈阳展出，随后在江苏、上海、南京、山东、北京陆续展出。举办彩墨·军魂——张建新美术作品展。7～10月，派出美术家5次到社区进行美术辅导活动。8月，推荐作品参加“第九届全国水彩、粉画作品展”评选，获中国美术提名奖2件（林则军、陈颖）、优秀奖7件、入选29件，居全国第二。9月，在辽宁美术馆举办黑土丹青·昌图县美术作品展，同时召开主题研讨会。举办喜迎国庆——第二届辽宁省艺术设计作品展，展出各类设计作品200余件。10月，组织美术家赴朝阳尚志乡举办主题为“寻英雄足迹、展抗联遗风”写生活动，并邀请专家进行辅导和讲评。在辽宁美术馆、盘锦辽河美术馆举办扬州当代画家八人邀请展并举办主题研讨会。11月，在盘锦举行省美协美术创作基地挂牌仪式。在辽宁美术馆举办“走进经典——辽宁画家画世界”辽宁美术家赴欧洲采风汇报展，共展出30余位画家的百余幅作品。12月，召开第八次会员代表大会。主办辽宁省青少年宫系统美术教师作品展、抚顺优秀美术作品展并举办高峰论坛。举办研究与超越——第二届中国小幅油画展、辽宁省首届动漫艺术展。编辑出版《第二届辽宁省艺术设计作品集》和《“走进经典——辽宁画家画世界”辽宁美术家赴欧洲采风作品集》。

【摄影家协会】

1月，举办第四届辽宁青年摄影十佳金镜头奖颁奖大会暨2010辽宁摄影界新春团拜会。3月，与东北风摄影网共同主办“豪脉地产杯”全国摄影大赛摄影展及颁奖仪式。4月，与新宾县政府、《中国摄影报》等单位举办“努尔哈赤故乡·魅力新宾”旅游风光摄影大展颁奖仪式。与省旅游协会、《游客》杂志联合举办“评选辽宁旅游摄影贡献奖”颁奖仪式。主办“情系玉树”——辽宁摄影界抗震救灾摄影展暨募捐仪式。5月，举办北京摄影函授学院辽宁分院第21期函授班。与省环保厅共同举办首届“生态文明与绿色辽宁”摄影展暨“环保宣传月”启动仪式。6月，配合省文联举办辽宁摄影家赴沈阳经济区采风活动。举办肖作福摄影作品集首发式暨研讨会。8月，与本溪市总工会、本溪市文联共同举办“农民工——我的兄弟”田勇专题摄影展。9月，为配合“关注森林——走进绿色辽宁”摄影大赛，组织省内摄影家到辽东山区进行摄影采风。推荐26位摄影家参加2010年平遥国际摄影大展，梁建勇凭借系列纪实摄影作品《东北老工业》荣获“中国移动杯”优秀摄影师评审委员会大奖。组织参加第23届全国摄影艺术展，荣获1金、2铜、35幅作品获优秀作品奖的好成绩，省摄协荣获优秀组织工作奖。主办“香格里拉”房地产摄影大赛。10月，主办“友联杯”第14届辽宁省摄影艺术展，共展出210幅作品，其中42幅作品获奖，金奖6幅、银奖12幅、铜奖24幅，同时出版作品集。主办“湖居——改变生活”恒大地产摄影大赛颁奖仪式。举办辽宁摄影创作观摩研讨会。11月，与省环资委、省林业厅共同举办辽宁省“关注森林——走进绿色辽宁”摄影展。与省文联评出第三届辽宁摄影金像奖，尚江、潘恩战、苗树林荣获金奖，姜福祥、史春、周荣生、李杰男、吕金江、杨东辉、李奇鲁荣获银奖。与鲁迅美术学院、省美协共同举办“诠析世博——马克辛2010上海世博建筑景观摄影展”。12月，与摄视度摄影网共同举办“网络摄影大赛”颁奖仪式。

【书法家协会】

3月，为兴城市“中国书法之乡”揭牌。4月，举办姚志忠收藏古代碑拓片书法展。在中国书协举办的全国第三届扇面书法展览中，省书协推荐的冷恒宇获一等奖。配合省文联举办“情系玉树，抗震救灾”书法名家作品义卖捐款活动。5月，为盖州市“中国书法之乡”揭牌。与省文艺理论家协会、书法导报社共同主办2010年临帖与传统理论研讨会。举行辽宁省第二十五届书法临帖班暨辽宁省书法创作培训基地授牌仪式。6月，与省文联共同主办第三届辽宁书法兰亭奖作品展，共收到作品1800余件，获奖作品10件，获提名奖作品38件，入展作品285件，入选作品137件，特邀作品59件，评委和监委作品34件。举办宋慧莹书法展。7月，举行辽宁省第二十五届书法临帖班（辽南班）暨辽宁省书法创作培训基地授牌仪式，来自大连、鞍山、盘锦、营口等地的130余位书法爱好者参加临帖班。7月，在凌源市举行辽宁省第二十五届书法临帖班（辽西班）暨辽宁省书法创作培训基地授牌仪式，来自锦州、葫芦岛、朝阳三市的200余位书法爱好者参加临帖班。8月，举办纪念沈阳军区空军成立60周年书法笔会。在苏家屯区举行辽宁省第二十五届书法临帖班（中心班）暨辽宁省书法创作培训基地授牌仪式，来自辽阳、本溪、抚顺、沈阳等地的230余位书法爱好者参加临帖班。9月，举办祁毓麟（抒青）书法展。11月，举办全国手卷展作品观摩会，近百位作者参加观摩会。12月，召开省书协第五次会员代表大会。

【舞蹈家协会】

3月，召开“百姓健康舞”调研会，来自沈阳、鞍山、抚顺、本溪、辽阳，盘锦六市的舞协领导、社区舞蹈队员及街道、社区文化干部20余人参加调研会。3～4月，在沈阳举办第11期辽宁省舞蹈家协会注册教师培训班，来自省内各市的90余名舞蹈教师参加培训。4～5月，组织各市舞协秘书长及舞蹈工作者赴福建采风。5月，与省文化厅联合主办舞蹈专业论文评选活动结束，共收到参评论文92篇，其中8篇获一等奖、29篇获二等奖、23篇获三等奖。选派舞蹈老师到省舞协舞蹈美育基地——铁岭市银州区地运所村小学，为该校的舞蹈基地活动确立教学目标、安排教学课程并实施授课，至年底辅导老师单独到该校服务已达6次。5～8月，选派舞蹈老师走进沈阳南湖社区、市府路社区、南市场鲁园社区、茂泉社区，为各社区的舞蹈队进行舞蹈辅导。10月，举办省舞协第五届“舞协杯”群众舞蹈表演赛，来自沈阳、大连、阜新等9个城市的36个节目、500余名表演者参赛。11月，与省文联联合主办第四届辽宁舞蹈荷花奖评奖活动，省直、各市院团、校申报的71个作品（课）参评，最终评出特别荣誉奖1个，金奖12个，银奖15个。召开省舞协第七次会员代表大会。

【曲艺家协会】

5月，举行辽宁省青少年曲艺教育基地挂牌仪式，中国曲协副主席、省文联党组成员、巡视员崔凯，省曲协主席田连元，副主席王平出席活动并讲话。6月，与省文联、大连市文联、西岗区政府举办辽宁省第二届“西岗杯”少儿曲艺大赛暨全国第四届少儿曲艺大赛辽宁选拔赛，共收到来自全省各市选送的少儿组、少年组作品200余部，最终少年组快板《砸缸之后》等5个节目、少儿组京东大鼓《围歼小广告》等4个节目获一等奖；快板《砸缸之后》等10个作品获优秀作品奖；于忠德、高明春等9人获优秀指导教师奖。8月，参加东北三省文联等六家单位主办的“宝泉岭杯”东北三省曲艺大赛，包揽了所有鼓曲唱曲类东北大鼓的一等奖，穆凯和郭金杰合作的相声《我要参赛》获得了这次大赛的相声快板类的一等奖，李俊杰和周壮凭借相声《撞车奇缘》获得了相声快板类的一等奖，张千以快板书《古事今谈》获得了个人表演类一等奖，郝赫凭借《古事今谈》和《沈水晚渡》获得了个人创作一等奖。选送节目参加全国第四届少儿曲艺大赛，5个节目进入决赛，入选量占全国第一，最终获一等奖一名，二等奖二名，三等奖二名，省曲协获优秀组织工作奖。10月，在第六届中国曲艺牡丹奖评选中，崔凯创作的《创新曲艺理论，实现曲艺现代化》获理论奖，耿瑛获终身成就奖。在由中央电视台举办的第五届CCTV相声大赛中，推荐的选手穆凯、郭金杰合说的相声《我要参赛》获非职业组一等奖。

【民间文艺家协会】

2月，与沈阳故宫博物院在沈阳故宫举办为期一个月的2010’迎新春满族民俗剪纸展。6月，参加中国民间文艺家协会成立60周年纪念大会，参与编撰“三套集成”（《中国民间故事集成》、《中国民间谚语集成》、《中国民间歌谣集成》）的杰出民间文艺工作者进行表彰，乌丙安等11人获“中国民间文学集成贡献奖”，省民协荣获“中国民间文学集成先进集体”称号。8月，选派艺术家参加中国文联、中国民协在河北蔚县主办的首届中国剪纸艺术节，大连庄河剪纸艺术家韩月琴剪纸作品《双龙汇》获金奖；锦州医巫闾山剪纸代表性传承人张波获银奖；辽阳剪纸基地李萨和朝阳建平基地杨智宏获铜奖；丹东剪纸学会孙希武获优秀奖。选送作品参加由中国民协、东莞市委宣传部联合举办的首届中国七夕风情文化节，省满族刺绣代表性传承人夏丽云凭借《虎神》，获“全国七夕女红手工艺大赛银奖”；布塑艺术家王格丽凭借《吉狮献瑞》，获“全国七夕女红手工艺大赛优秀奖”，省民协获大赛优秀组织奖。9月，带领国家级非物质文化遗产项目海城高跷秧歌参加由中国文联、中国民协主办，大同市人民政府承办的第八届中国民间艺术节暨第十届中国民间文艺山花奖·民间表演艺术奖评选大会，获金奖第一名。12月，与沈阳网、时代商报、可口可乐公司共同举办“迎新春春联征集大赛”评选。

【电影家协会】

2月，选送参加“2009夏衍杯电影剧本征集评选活动”，会员马小平的工业题材剧本《蓝领》、哈晓光的环保题材剧本《斑嘴鸭夏天》荣获2009全国夏衍杯电影剧本征集“创意电影剧本奖”（二等奖）。3月，与辽影厂在省电影公司举办由崔凯编剧、辽宁电影制片厂拍摄的二人转戏曲片《贵妃还乡》首映、宣传及研讨活动，省内知名电影人及影视评论家70余人参加。4月，在庆祝新中国成立60周年全国影评征文活动中，李保平、王玮、陈柯、李巍、杨如军、牛州成6人分获一、二、三等奖。在国家广电总局、中央电视台电影频道共同主办的第十届数字电影百合颁奖仪式上，大连恒光传媒拍摄的数字电影《疯狂的玫瑰》和《前妻》分获优秀影片一、二等奖，导演获优秀导演奖，青年演员王景春和吴越同时获最佳男、女演员奖。5月，参加黑龙江、吉林、辽宁三省影协共同举办的东北三省“首届电影论文评奖”活动，获得一等奖5名、二等奖10名、三等奖15名。8月，由中宣部、国家广电总局主办的首届“大地杯”农村题材电影剧本征集活动评奖结束揭晓，选送的5部作品中，张卫军的剧本《深山的号声》、姜一的剧本《玻璃球》荣获三等奖（一、二等奖空缺）。8月，在第二十三届东京国际电影节上，由省影协理事张猛执导，辽宁电影制片厂等联合出品的彩色故事影片《钢的琴》主演王千源获最佳男主角奖。10月，由辽宁电影制片厂出品的故事影片《潘作良》，在好莱坞美国导演家协会举行的2010年中美电影节“金天使”奖颁奖典礼上，荣获特别大奖“杰出社会贡献电影金天使奖”。12月，召开省影协第六次会员代表大会。

【电视艺术家协会】

3～4月，举办第二十五届中国电视金鹰奖辽宁地区评奖，24部作品获奖。4月，举办辽宁省第四届农村小康电视节目征集、评选活动，5部作品获奖。4～5月，选送作品参加第四届全国农村小康电视节目评选，大连广播电视台纪录片《庄河属相灯人家》获最佳作品奖。选送作品参加第八届中国金鹰电视艺术节电视艺术论文评选，大连广播电视台张申的论文《天上掉下来个馅饼——纪录片〈在自己的房间〉创作谈》获评论类三等奖。5月，选送优秀旅游电视节目参加第三届中国旅游电视艺术周活动，辽宁广播电视台纪录片《健康驿站——汤岗子之旅》、大连广播电视台纪录片《多彩九州》获好作品奖。选送作品参加首届“中国大学生电视节”活动。6月，选送作品参加2010抗震救灾优秀电视作品总结推选活动。选送作品参加第二届辽宁文艺评论奖评选。选送作品参加第七届中国文联文艺评论奖评选。7月，召开徐光荣电视艺术研讨会。8月，召开栾俊林、田志伟电视艺术评论专题研讨会，特授予栾俊林、田志伟“终身成就奖”荣誉称号。8～9月，选送作品参加“2010上海世博之旅”优秀电视节目评选活动。选送作品参加首届全国优秀电视评论节目评选，辽宁广播电视台评论节目《大学校长的身份困境》、《堵车为啥呢?》获二等奖，省视协获优秀组织奖。选送作品参加第二届“新农村电视艺术节”，辽宁广播电视台的电视剧《金色农家》获最佳农村题材电视剧一等奖。8～10月，选送作品参加第十四届中国人口文化奖（电视节目类）评选活动。9月，第八届中国金鹰电视艺术节暨第二十五届金鹰奖颁奖活动在湖南长沙举行，选送的作品中共有7部作品获奖，辽宁广播电视台的《情系北大荒》、沈阳军区政治部电视艺术中心的《女人的村庄》获优秀电视剧奖。11月，选送作品参加反法西斯战争题材优秀电视剧评选。11～12月，选送辽宁广播电视台、大连广播电视台6部作品参加优秀公益电视广告作品评选。12月，召开省视协第五次会员代表大会。

【杂技家协会】

7月，在黑龙江省哈尔滨市举行第四届东北三省杂技论坛，推荐了董争臻、尹力等7名同志撰写的论文参加论坛，获得2金、3银、2铜得好成绩。组团参加在宁夏举办的“全国部分省区市杂技团体体制改革经验交流会”，就“以优秀的作品占领市场，以科学的管理赢得先机，以和谐的环境集聚人才，用创新理念缔造品牌”题目做了重点发言。9月，与沈阳市图书馆、沈阳市儿童宫共同主办首届辽宁省魔术比赛，辽宁广播电视台、沈阳广播电视台等新闻媒体给予了报道。比赛期间，宣布成立辽宁省杂技家协会魔术艺术委员会，聘请沈阳军区前进杂技团著名魔术师张伟担任秘书长。10月，参加第九届光谷杯国际杂技艺术节，沈阳军区选送的“中国节”、大连杂技团选送的“流星飞旋”获得银质奖章。参加东北三省文联主办，三省杂协承办的首届东北三省魔术大赛，最终获得3金、7银、3铜的好成绩，奖牌总数名列第一。11月，组织辽宁杂技代表团参加中国杂技家协会第七次会员代表大会。率辽宁杂技参赛队赴广州参加文华奖第七届全国杂技比赛。受上海文联的邀请，省杂协副主席、秘书长冯志新赴上海参加2010年泛长三角地区“金手杖奖”国际魔术大会的评委工作。

【文艺理论家协会】

2～4月，组织撰写“廖文”评论文章。4月，参与组织第五届辽宁文艺论坛工作。4～10月，与辽宁省传记文学协会共同举办新中国成立以来60年传记文学名著评选活动。5月，与省书协、《书法导报》共同举办2010年临帖与传统理论研讨会。5～6月，组织中国文联文艺评论奖初评工作，辽宁省社会科学院文学所马琳《平民化表达：新世纪中国电影的叙事策略》、沈阳音乐学院胡天虹《歌剧〈苍原〉、〈归去来〉音乐创作研究》等2篇文章获三等奖。5～12月，组织评选第二届辽宁文艺评论奖。7月，与辽宁省传记文学协会共同举办辽宁传记文学60年学术研讨会。10月，与省老艺术家协会等5家单位在大连共同举办新世纪文艺价值取向与发展趋势研讨会，特邀第七届中国文联副主席仲呈祥为与会者进行主题发言。配合省文联共同举办第二届中青年文艺评论骨干读书班。

吉林省文联

综　述

根据党的十七大和十七届三中、四中、五中全会精神，全国宣传部长会议精神，按照吉林省委九届十次全会的部署，2010年吉林省文联以科学发展观为指导，牢牢高举旗帜、围绕大局、服务人民、改革创新的总要求，自觉坚持“二为”方向、“双百”方针和“三贴近”原则，紧紧围绕“推动文艺繁荣、服务科学发展、促进社会和谐”的总体思路，积极履行联络协调服务的基本职能，充分发挥文联组织的重要作用，锐意进取，不断开拓，以更加自觉地姿态，在服务全省工作大局、服务广大文艺工作者和广大市民上下功夫，在繁荣文艺创作和扩大文化交流上下功夫，不断丰富人民群众精神文化生活，为推动吉林省文艺大发展大繁荣、建设吉林省文化名城，实现吉林省科学发展新跨越做出积极努力。

会议与活动

【参加“2010新西兰·中国吉林文化周”】

2月7日，“2010新西兰·中国吉林文化周”，在新西兰的奥克兰市举办。由“长白神韵”图片展、吉林书画展和吉林电视周三部分组成。摄影作品全方位、立体、生动地向新西兰的朋友们展示了长白山变幻莫测、神秘壮观的美；电视专题片介绍吉林省生态资源、旅游风光、经济建设、社会风貌、民族民间文化艺术；书法、绘画作品，从不同角度展现吉林省厚重质朴的文化底蕴。吉林省书画院专业画家和省内部分著名书画家、摄影家创作的作品，在文化周期间展出，上万人（次）参观了展览。在开幕后，吉林省美协副主席、国家一级美术师孙志卓与新西兰当地华人画家同染笔墨，现场共同创作了中国国画作品，让新西兰的华人华侨和外国朋友大开眼界。

【中韩友好城摄影交流展】

5月18～22日，韩国写真作家协会江源道协议会会长金声镇一行6位韩国摄影家来吉林访问交流。访问期间，开展了一系列中韩摄影文化交流活动，举办了“吉林省摄影家协会和韩国江原道写真作家协会摄影交流展”、赴向海自然保护区进行摄影创作采风活动，召开中韩摄影家座谈会等。

【“中国二人转之乡”命名活动】

10月11日，中国曲协做出决定授予吉林省梨树县“中国二人转之乡”称号。梨树二人转有300年历史。2009年，梨树县二人转被省政府批准为吉林省非物质文化遗产保护工程项目之一，2010年9月12日，被中国曲协命名为“中国二人转之乡”。中国曲协曲艺之乡考察评定小组认为，梨树县委、县政府对曲艺工作高度重视，充分认识到东北二人转艺术的价值和地位，一直以来把继承传统、雅俗共赏作为二人转发展方向，在政策上给予倾斜，在经济上给予扶持，在舆论上给予引导。并制定了一系列切实可行的保护和扶持措施，鼓励创作，打造精品，培养人才，面向基层、服务百姓，促进了二人转艺术健康发展。

【“中国书法之乡”揭牌活动】

5月24日，“中国书法之乡”授牌仪式暨首届柳河书法艺术节在这里隆重举行。全国政协常委、中国文联副主席、中国书协副主席段成桂、中国书协副主席聂成文为柳河县颁授“中国书法之乡”牌匾，著名书法家聂成文、张陆一、李啸、李木教等出席，并观看了“墨铸龙魂”文艺演出，参观了“书写经典，相约柳河”全国书法名家邀请展。柳河县是吉林省第一个获得“中国书法之乡”称号的县，同时也是继荣膺“中国火山岩优质稻米之乡”、“中国优质山葡萄酒之乡”后，柳河获得的又一“国”字号名片。如今，柳河县书法作者队伍日益壮大，书法艺术扎根民间，勤学书法、收藏书法蔚然成风，各类书法展览、书法交流活动日趋频繁，精彩纷呈。柳河书法具有立意高远、基础牢固、网络健全，载体丰富的特点。

【好太王碑书法馆落成】

9月3日，好太王书法馆落成开馆暨好太王碑书法国际邀请展开幕。这是集安成功申请“世遗”6周年又一次重大活动，为推进集安特色文化建设，增强地方发展软实力，促进国内外书法交流，在世界文化遗产地，中国历史文化名城及中国书法史上东北第一大碑《好太王碑》坐落之地——吉林省集安市太王镇，举行的“好太王书法馆”的落成开馆庆典暨好太王碑书法国际邀请展。中国书协分党组书记、副主席赵长青为好太王碑书法馆揭牌并为“好太王书法馆”题写名匾。本次展览有中国、澳门、日本、韩国、越南、菲律宾、新加坡、荷兰等地50名书法家作品参展，这是好太王碑体书法一次国际书法观摩盛会。

【《曹保明先生文库》落户吉林省图书馆】

曹保明系中国民协副主席、吉林省文联副主席、吉林省民协主席。3月22日，由吉林省委宣传部、省文联主办的《曹保明先生文库》开幕仪式在吉林省图书馆举行。图书馆收藏了曹保明先生42部记录东北地域文化的手稿和64部记载东北濒危非物质文化遗产的著作。曹保明经过几十年在深山老林、荒原村落奔走，发现了大量东北地域濒危的珍贵文化事项与人物，并真实记录、著书立说，相继整理著述出版了“东北行帮”丛书、“老故事”丛书、濒危民间文化传承人丛书、民间文化形态丛书等。21世纪初，就非物质文化遗产成果出版了《东北火炕》、《长白山森林号子》、《闯关东年画的前世今生》、《长白山渔猎文化》、《长白山木帮文化》、《朝鲜族古村落》、《朝鲜族服饰》等，以独立的形态和门类，充实了东北地域文化的内涵。现已出版80余部作品计2000多万字。

【送欢乐下基层活动】

“八一”前夕，组织省内曲艺工作者到省武警总队后勤基地慰问演出，为官兵们送去了一台幽默诙谐、妙趣横生的文艺节目。8月，省文联书画家一行20余人赴延边朝鲜族自治州珲春市深入生活、采风创作。为进一步推动《长吉图规划纲要》的贯彻实施，以文化强力宣传“长吉图”发展规划，提升窗口城市的对外知名度，借文化推力促进珲春的开发开放、和谐稳定和繁荣发展。活动期间，书画家们参加了“2010’中国珲春东北虎国际文化节”，并现场挥毫泼墨呼吁全社会为保护自然环境和野生动物做贡献。同时，举办宣传“长吉图”发展规划大型书画笔会，与当地书画家进行交流；并深入到当地口岸、社区、农村等地体验生活。9月，中国书协、中央电视台数字频道主办、辽、吉、黑三省书协承办的著名书法家“军旅边疆行”活动来到吉林省相关部队慰问。中国书协分党组书记赵长青、军博书画院副院长李洪海等知名书家数10人参加了吉林站的慰问活动，使“书法进万家”这项品牌活动内容不断得到提升，品质不断提高。

机关建设

【人事干部工作】

10月19日，召开全体干部、职工大会，宣布省委关于省文联、作协机构分设两个领导班子、两个党组组成的决定：省文联主席毕政、副主席尹爱群、宋江波、张呈祥，按有关章程规定办理；尹爱群任省文联党组书记，毕政、宋江波、张呈祥任党组成员。省作协主席杨廷玉、副主席张未民、赵春江，按有关章程规定办理；马克任省作协党组书记、张未民、赵春江任党组成员。省委常委、宣传部长荀凤栖出席会议并讲话。他指出：省文联、作协机构分设并分别组建领导班子是全省文化战线的一个重要事情，是省委加强党对文艺工作的领导，更好地发挥文联、作协的作用，是根据文联、作协工作大局和领导班子建设的实际出发，根据工作需要，统盘考虑，慎重研究作出的决定。他对机构分设后提出4条要求：一要切实加强领导班子建设；二要充分发挥文联作协的职能作用；三要全力推动出精品出人才；四要做好机构分设和当前工作。

事业单位评审正高级专业技术职务1名、副高级专业技术职务1名。

职工参加各类培训近80多人次。

【党的工作】

吉林省文联深入开展理论学习，扎实有效地开展创先争优活动，通过改革创新激发人才活力，为文艺事业振兴发展提供有力的人才支撑和广泛的智力支持。进一步提升科学发展观统领文艺工作和文联工作的能力和水平，进一步巩固和扩大深入学习实践科学发展观的活动成果，不断增强用科学发展观统领文艺工作和文联工作的自觉性和坚定性。认真落实党的十七届四中全会精神、五中全会精神，全国宣传部长会议精神，大力营造重视学习、崇尚学习、坚持学习的浓厚氛围，把学习党的理论创新成果作为第一位的任务，找准切入点和结合点，扎实推进学习型党组织建设，总结历史经验，科学分析新的形势，部署新的任务，成立学习领导小组，布置学习方案，通过举办讨论会、学习小组、干部培训等方式，组织党员干部重点学习，掌握现代化建设所需要的各方面知识，提高党员干部队伍思想素质和业务素质，认真思考文艺工作和文联工作战略性、全局性的重大问题，努力把学习成果转化为谋划工作的思路、解决问题的本领和改进工作的措施。突出了重点，解决了问题，做到了目标明确，学习上有提高，理论联系实际，学以致用；建章建制，确保各项建设学习型党组织各项工作落到了实处，收到了良好的效果。无论是在青海玉树抗震救灾捐款还是在抗洪抢险过程中，党员干部都走在前面，各文艺家协会举办了募捐活动。4 月 14 日，玉树大地震发生后，吉林省摄协在协会网站《关东摄影网》上向省内广大影友发出题为《我们奉献爱心的时候到了》的捐款倡议，得到广大影友的积极响应，一周就收到捐款 20800 元。7 月，吉林省摄协组织摄影采风小组赴玉树灾区，将吉林影友捐助的善款亲手送到玉树县结古镇中心小学。7 月底 8 月初，吉林省遭受百年不遇的洪涝灾害。吉林省摄协第一时间发动身处灾区的影友深入抗灾一线采访拍摄。仅用 3 天时间，就征集到抗洪摄影作品 600 余幅。8 月 14 日，“众志成城战洪魔——吉林人民抗洪抢险纪实摄影展”开幕，有力配合了省委宣传部的抗灾宣传工作，并为省委宣传部出版的大型抗灾画册提供照片 60 多幅。吉林省电影家协会举办“大爱无疆”募捐晚会，所得善款，送往灾区。

直属单位

【吉林省书画院】

2 月 7 日，组织画家的新作，参加了由吉林省政府新闻办、吉林省外办、新西兰太平洋文化艺术交流中心共同举办的“2010 新西兰·中国吉林文化周”活动。具有代表性的书法、绘画作品从不同角度展现出吉林省厚重质朴的文化底韵。省美协副主席、一级美术师孙志卓与新西兰当地华人画家同染笔墨，现场共同创作了中国国画作品，让新西兰的华人华侨和外国朋友大开眼界。9 月，画院画家作品参加了由中国同泽书画研究院主办，吉林省美协、黑龙江省美术馆和辽宁画院协办的“关东画派第二届中国画油画创作大展”。孙志卓创作的巨幅作品《流动》，以超现实视角表达在传统与时尚间穿梭的生命律动，受到广泛关注和好评。陈涤的巨幅作品《关东大地》，卜昭禹的《冬捕记忆》，韩永利的《恒》，谭全昌的《关东春雪》、《厚土》，高国方的《授勋之夜》，曲胤达的《将军令》都以不同的角度表现关东风情的火热生活，以及讴歌沧桑岁月中，深深印在人们记忆中的华夏风流人物的英雄本色。9 月，参加了由甘肃画院、中国国家画院主办的“全国画院中国画名家学术邀请展”。孙志卓的《月夜归人》、陈涤的《向阳花》、卜昭禹的《惠风和畅》、韩永利的《森林故事》、于长胜的《涉秋》作品被收入“全国画院中国画名家学术邀请展”。9 月，画院画家卜昭禹创作的《守望》、曲胤达的《田自福》在吉林省美协主办的“松江风情·吉林省中国画、油画小幅画展览中获优秀作品奖。10 月，画院画家孙志卓的作品《秋天里的清风》应邀参加了由四平师范大学承办的“全国中国画名家邀请展。

【文艺期刊】

《文艺争鸣》坚持刊物办刊理念和宗旨，走在学术前沿，刊发了大量有学术影响的刊物，多篇文章被《新华文摘》、中国人大复印资料转载，并被南京大学中国社科研究评价中心 CSSCI 列为中国文学类 15 个来源期刊之一，在排名中位列第二。在中国人民大学《复印报刊资料》转载学术论文指数排名中位列第三。《中国语言文学》学术期刊全文转载排名共涉及期刊272种，其中《文艺争鸣》转载量位列第三名，综合指数位列第五名。被省新闻出版局评选为双十佳期刊，组织参与多项学术活动，取得了很好的社会影响。编辑朱竞组织参与了多项学术会议和活动，编辑孟春蕊当选为中国当代文学研究会理事和北京大学生电影节专家评委。《民间故事》参加“吉林省新时期装帧艺术论坛”评选，张欣春、王嫣嫣论文分别获一、二等奖。有多篇稿件被国内刊物转载，其中《神秘的檀木刮刀》、《天不知道娘知道》、《一诺千金》、《撞枪口》、《共同的秘密》被《民间故事选刊》转载；《除夕夜的婚礼》被《微型小说选刊》转载；《“吃豆腐饭”的来历》被《读者·乡村版》转载；《哑巴郎中》被《传奇传记文学选刊》转载；《高稿酬》被《小小说选刊》转载。调整刊物设计，力求图文并茂，并新开设了“关东山往事”“故事地理”等栏目，收到很好效果。《小说月刊》继续坚持以“创办中国畅销小说王牌杂志”为目标，坚持“才情加深度”选稿风格，以“趣、情、奇、讽、绝、妙、味”定位小说风格特色，取得了不俗成绩。全年发稿650篇，报刊转载获奖182篇，收入选本289篇次。转载率为44%，《小说选刊》选取6篇、《读者》选取2篇、《青年文摘》选取3篇、《特别关注》选取4篇、《意林》选取2篇等。加大网上宣传力度，增强与作家互动，给各地年青有为作家开展网上研讨会，先后为黑龙江作家田洪波、安徽作家韦如辉、河南作家红鸟开展作品研讨会，取得极大成功。继续利用QQ群团结作家，现已有500百多人加入，不仅保证了刊物稿源，同时提高了稿件质量。《轻音乐》改为旬刊后，为丰富内容，确定上旬为欧美版、中旬为日韩版、下旬为精华版，全书采用铜版印刷，国际大16开本，图文精彩细腻，信息及时准确，深受广大读者欢迎。

各文艺家协会

【戏剧家协会】

6月，历时半月的“吉林省第五届大学生戏剧节”落幕。本届大学生戏剧节共有25所大专院校的65个节目38台剧目参加演出，范围之广、参加人数之多是前所未有的。原创剧目占参演剧目1/2以上，体现了吉林省大学生戏剧社团的综合实力。经过组委会专家的认真评选，共有20所大专院校分别获得优秀组织奖，16台剧目获优秀演出奖，9台剧目获优秀编剧奖，16人获优秀导演奖，67人次获优秀表演奖。5届大学生戏剧节，有上100台剧目参加演出，而且一届比一届参与范围广，一届比一届剧目多，特别是原创剧目越来越丰富。11月，“东北三省小品大赛”在吉林长春举办。大赛吸引了来自东北三省22个表演团体的200多位演员参加，共有38个戏剧小品进入决赛，最后评出获剧目。获一等奖的作品19个，获表演金奖的演员18位，获编剧一等奖的21位，获导演一等奖的26位。大赛始终秉持深邃、哲理、高雅、高贵的戏剧品格，引领、培养了观众的审美情趣，体现、反映了社会主流价值观，使高雅的戏剧品格得到进一步弘扬。从总体上看，2010年参赛节目质量总体提高。艺术质量有思想深度、哲学思考。艺术形式上既有话剧小品、晚会类的喜剧小品，也有音乐小品与戏曲小品。表现形式清新愉悦，赏心悦目。吉林省委宣传部领导、三省文联领导出席开幕式和颁奖晚会。中国剧协名誉主席李默然发来贺电。

【电影家协会】

吉林省影协副主席，著名导演宋江波执导的影片《潘作良》荣获2010年中美电影节特别大奖——“杰出社会贡献电影金天使奖”。影协副主席韩志君携新作《咱村的白领丽人》、《酒鬼和她的犟媳妇》、《快乐的庄稼汉》参加第19届金鸡百花电影节优秀农村影片展，成为此次电影节中带影片参展最多的导演。影协名誉主席李前宽携新片《星海》参加第19届金鸡百花电影节澳门题材电影展。5月，在东北三省“首届电影论文评奖”活动中，吉林省影协会员获一等奖1名、二等奖5名、三等奖5名。6月19日，李黎明电影博物馆在长春开馆。7月3日，由吉林省影协会员、长春电影文化研究者、长春电影文化收藏者、长春电影文化爱好者共同组建“长春老电影文化艺术研究会”成立，并对郭维、林农导演和王晓棠主演的老影片进行研讨。8月10日，举办“大灾大爱风雨同行——长影集团赈灾义演电影音乐会”，长春老电影文化艺术研究会部分成员参加了此次募捐活动，用实际行动为灾区人民奉献了一份爱心。吉林省电影家协会网站正式开通。网址：www. jlfa. org

【音乐家协会】

2010年，为展现改革开放30年来吉林经济社会发展的新成就，歌唱以长白山为代表的吉林美好风光和吉林省各民族的多彩风情，进一步提高吉林的知名度和影响力，吉林省文联主办，吉林省音协承办的“长白山之歌”歌曲征集活动历时一年时间，共征集歌词226首，歌曲158首。本次征歌活动，分歌词组和歌曲组两组。歌曲以原创中小型声乐作品为主，有独唱、重唱、小合唱及各种歌唱组合，具有时代特点和东北民族民间音乐风格。邀请我国著名词作家宋小明、胡宏伟、车行，著名作曲家肖白、戚建波对歌词、歌曲进行评选，并到长白山采风，激发了他们的创作热情。采风结束后，词曲作家创作了歌颂长白山的歌词、歌曲。与吉林电视台联合承办中央电视台“第14届CCTV青年歌手大赛”吉林省赛区的组织选拔工作，全省12个赛区，参赛人数近千人。经过初赛、复赛、决赛，最终选出8组选手参加央视青歌赛，吉林代表队获团体第10名并获团体优秀奖，取得历史最好成绩。组织推荐5名选手参加“第五届全国青少年钢琴比赛”。另有6名选手参加“全国少儿钢琴展演”活动，孙千千获少儿钢琴展演银奖。吉林省音协获优秀组织奖。与省中外文化交流中心联合举办法国钢琴家大卫钢琴独奏音乐会和中韩歌唱家演唱会。举办陈明大教授合唱作品音乐会。组织专业词曲作家为吉林籍歌手李玉刚量身创作一首歌唱长白山的歌曲《长白天池》并完成录音工作，向全国推广。与省歌舞团、吉林电视台联合主办姜晓波师生演唱会。与吉林电视台、吉林人民广播电台共同承办“唱响中国——群众最喜爱的新创作歌曲”征集评奖活动，共收到全省800多部音乐稿件，最终选出一等奖1首，二等奖3首，三等奖6首。参加由辽宁、吉林、黑龙江及内蒙古四省区音协共同举办的音乐创作经验交流会，对当前音乐创作上的热点问题进行了深入探讨。承办了2010年中国音协吉林考区考级活动，全省有8000余名考生参加考试。组织编辑《吉林省音乐家名录》一书，拟于2011年正式出版。

【美术家协会】

9月1日，举办“松江风情·吉林省中国画、油画小幅画展览”，共展出作品500幅，评选出优秀作品148幅。中国文联副主席冯远、中国美协副主席何家英，中国美协秘书长刘健，北京画院副院长袁武、中国美术馆副馆长马书林，西安美院院长王胜利，中央美院教授詹建俊，著名国画家冯大忠、何水法先后参观了展览。省委书记孙政才、省委常委、长春市委书记高广滨、省委常委、宣传部长荀凤栖参观了展览，领导与专家对本次展览给予了高度评价。画院画家卜昭禹创作的《守望》、曲胤达的《田自福》获优秀作品奖。举办“交流·探索——吉林省首届雕塑作品展”，展览从全省征集到的118件雕塑作品中评选出入选作品84件，有24件作品获奖。在“全国画院中国画名家学术邀请展”中，吉林省画院画家孙志卓的《月夜归人》、陈涤的《向阳花》、卜昭禹的《惠风和畅》、于长胜的《涉秋》、韩永利的《森林故事》作品参展。在浙江“首届全国农民绘画作品展”中，吉林省入选作品22幅，获优秀作品奖3幅。在黑龙江“关东画派·第二届中国画油画创作大展”，吉林省入选作品102件，孙志卓创作的巨幅作品《流动》受到广泛关注和好评。陈涤的巨幅作品《关东大地》、卜昭禹的《冬捕记忆》、韩永利的《恒》、谭全昌的《关东春雪》、《厚土》、高国方的《授勋之夜》、曲胤达的《将军令》参展。5月13日，与吉林省残联、长春市残联、吉林艺术学院共同举办了“情系白山黑水”于兵美术作品展。共展出聋人画家于兵的国画作品80幅，展览结束后，于兵向长春市残疾人福利基金会捐赠10件国画作品。6月27日，主办“许占志中国画展”，共展出许占志中国画作品200余幅，同时举办“许占志中国画艺术研讨会”，著名理论家和画家50余人参加研讨。举办“彩墨人生——孙吉安中国画展”，展出孙吉安中国画作品100多幅。举办“王玉峰风景油画作品展”，共展出王玉峰近年来创作的风景油画作品70余幅，展览得到了美术界专家与观众的一致好评。

【曲艺家协会】

积极组织“送戏千里行”大型活动。从4月

份开始进行送戏下乡演出活动，共计演出100余场。演出所到之处得到了当地的一致好评。省内各媒体对活动做了充分报道。“八一”节，组织省内知名度较高的曲艺名家慰问驻军部队，把欢乐送到了军营，受到了当地驻军的赞誉。组织参加各类赛事活动捷报频传，在" 中国曲艺牡丹奖" 大赛中，报送由王大海演唱的京东大鼓《食疗小曲》获得提名奖。在东三省戏剧小品大赛中，报送的2个作品（曲艺小品和评书小品）共获得各类奖项15项，其中一等奖获得9个，二等奖6个。在东北三省“宝泉岭”杯曲艺大赛中，选送的10个节目参赛，共计获得44个奖工项，其中一等奖25项，二等 奖12项，三等奖5工项。王大海获突出贡献奖。7月，在的第四届少数民族曲艺大赛中，选送的由延吉市朝鲜族曲艺团表演的2个作品分别获得二、三等奖。

【舞蹈家协会】

7月，举办“中国舞蹈家协会教学展暨吉林省第13届少儿舞蹈大赛”，吸引了吉林省各地数十个少儿艺术学校、少年宫等单位的上千名少儿舞蹈学生参加。举办“第四届独·双·三少儿舞蹈大赛”，有300余人、近百部作品参加大赛，从中评出各种奖项。推荐东北师范大学音乐学院舞蹈系舞蹈作品《南京·亮》参加全国“荷花奖”校园舞蹈大赛，该作品获得大赛金奖，吉林省舞蹈家协会获得优秀组织奖。举办3期舞蹈教师培训班，150余人参加培训。

【民间文艺家协会】

1月，与长春市旅游局共同举办“文化发现·长春冰雪文化高端论坛”，就吉林省冰雪文化的发展进行研讨。6月1～4日，中国民协在烟台举办的“2010年工作会议暨第五届中国民间工艺品博览会”，组织选送蔡传海的刀画作品获银奖。6月7日，曹保明在上海世博会群众参与馆和上海图书馆做《让世界读懂吉林》专题论述。6月12日，曹保明、傅胜华参加中国民协成立60周年庆典暨中国民协表彰民间文学三套集成先进集体和个人大会，吉林省民协被评为“中国民间文学集成先进集体”，吴景春、李文瑞、夏映月、于济源、朴昌默、王迅、李果钧、曹保明、施立学、傅胜华荣获“中国民间文学集成贡献奖”。7月，组织推荐吉林省首批宣传文化优秀人才。8月14日，组织参加在河北蔚县举办的“首届中国剪纸艺术节暨第十届山花奖·民间工艺美术奖”；张春颖的《连年有余》获金奖，于英的《吉林八景》获铜奖，李义发的《兰亭青花瓶》、李才存的《欢歌笑语传八方国泰民安富贵来》获银奖，张杰的《奔向成功》获优秀奖。省民协获优秀组织工作奖。曹保明在会上做《世界的蔚县》专题论述。8月22日，组织参加在银川举办的“全国农民画展”，姚凤林《快乐农家》荣获一等奖；李丽《鸡蛋变牛》、姜海杰《大地飞歌》荣获二等奖；周雪梅《乡村四季》、王淑杰《生态养牛》荣获三等奖。省民协获优秀组织工作奖。8月30日，组织吉林省女民间艺术家参加“首届中国（东莞·望牛墩）七夕风情文化节”，参赛选手获优秀奖，省民协获优秀组织工作奖。9月，参加“第八届中国民间艺术节暨第九届中国（大同）云冈文化艺术节展演活动”，选送的非物质文化遗产项目《象帽舞》节目荣获金奖，省民协获优秀组织奖。参加在上海举办的“莲湘文化传承与发展论坛”，曹保明做《中国民间文艺之乡的当代价值与历史意义》专题发言。10月，继续对吉林省民间文化进行深入踏查工作。发展省民协及全国民协会员。11月，参加“2010年婺源·中国乡村文化旅游节民间艺术展演”活动，选送的朝鲜族舞蹈《美阿里》节目荣获金奖，省民协获优秀组织工作奖。11月9日，省文联、民协举办“民间文化杰出传承家族——九台石氏锡特克里氏为先祖吉巴库立碑和萨满文化展演活动”。曹保明在会上致词。11月，吉林省人民政府授予曹保明个人二等功，以表彰他在“朝鲜族农乐舞”申报世界非物质文化遗产工作中作出的突出贡献。这是这位东北民俗专家近年来继“中国文化遗产保护十大杰出人物”、“第九届中国民间文艺山花奖成就奖”后获得的又一殊荣。12月，组织推荐中国民协专家人才信息数据库基础信息吉林省人才推荐工作。《民间故事》选派推荐编辑参加“吉林省新时期装帧艺术论坛”评选，张欣春、王嫣嫣论文分别获一、二等奖。

【摄影家协会】

4月1日，在首都机场举行“文化国门——白山松水 精彩吉林”大型摄影展。展览历时2个月，北京各大媒体、省内媒体以及搜狐等网络媒体都给予了宣传。本次展览是吉林省迄今为止同类展览中规模最大、位置最佳、效果最好的一次。这次展览得到吉林省委领导的高度重视，省委书记孙政才2次做出批示，给予肯定和指示。5月初，与吉林省政府新闻办共同承办了在上海虹桥机场举办“迎世博——吉林风采摄影展”。11月，在上海浦东国际机场举办“缤纷四季 精彩吉林”摄影展，展览引起了国内外乘客的关注，许多人在照片前驻足观看，对吉林省产生了浓厚兴趣。4月14日，玉树大地震发生后，在协会“关东摄影网”上向省内广大影友发出题为《我们奉献爱心的时候到了》的捐款倡议，得到广大影友的积极响应，一周就收到捐款20800元。《吉林日报》、《长春晚报》、《人民摄影报》均给予报道。7月，组织摄影采风小组赴玉树灾区，将吉林影友捐助的善款亲手送到玉树县结古镇中心小学。8月14日，举办“众志成城战洪魔——吉林人民抗洪抢险纪实摄影展”。7月，吉林省遭受百年不遇的洪涝灾害，协会在第一时间发动身处灾区的影友深入抗灾一线采访拍摄。仅用3天时间，就征集到抗洪摄影作品600余幅。有力配合了省委的抗灾宣传工作，并为省委宣传部出版大型抗灾画册提供图片60多幅。5月，韩国江原道写真作家协会访问吉林，举办了2010年中韩摄影文化交流活动，包括“吉林省摄影家协会和韩国江原道写真作家协会摄影交流展”、向海摄影采风、中韩摄影家座谈会等。9月，吉林省摄影家首次参加在山西平遥举行的“第10届平遥国际摄影大展”，首次向国内、外影友展示了吉林省摄影界的风采。12月，吉林省摄影家首次参加广东连州国际摄影节。向国内、外影友展示了吉林省摄影界的风采。为了让全省影友在网上交流的平台更顺畅，6月对“关东摄影网”进行了改版，开设了“在线影展”、“关东资讯”、“关东大舞台”等频道，深受广大影友的喜欢，发挥了网上办公、摄影交流、快速征集作品等重要作用。改版之后，影友在网上发图量明显增大，交流更加活跃。“关东摄影网”运行一年，注册会员超过2200人。

【书法家协会】

4月，举办“丛文俊还岁书法展”，中国书协、国内相关知名专家学者、省、市相关领导及书法爱好者参加了开幕式和座谈会。中国书协副主席言恭达等出席。5月，举行“中国书法之乡——柳河”命名授牌仪式暨“全国著名书法名家作品展”开幕式，中国书协代表团10人省内一大批书法骨干参加了此次活动。中国书协副主席聂成文、省书协副主席吴玉珩分别讲话。中国文联副主席、中国书协副主席段成桂为书法之乡揭牌。7月，通榆县“翰墨园”书法碑刻公园奠基仪式在通榆镇举行。7月，与省公安厅共同举办“人民警察在多雪的冬天里”诗赋书法创作百人展。9月，由中国书协、中央电视台数字频道主办、辽、吉、黑三省书协承办的著名书法家慰问边防驻军的“军旅边疆行”活动来到吉林相关部队慰问，中国书协党组书记赵长青、军博书画院副院长李洪海等知名书家10余人和省内的书法家参加了吉林站慰问活动，使“书法进万家”这项品牌活动内容得到提升。9月3日，“好太王碑国际书法展暨好太王碑书法馆落成仪式”在集安市高句丽民俗村举行，来自中国、澳门、日本、韩国、越南、菲律宾、新加坡、荷兰等地50多位书法家参展，是好太王碑体书法的一次国际书法观摩盛会。省政协副主席支建华、省委宣传部副部长张福有、省书协副主席吴玉珩等书法家出席，中国书协党组书记赵长青为好太王碑书法馆揭牌。同时对集安市申创“中国书法之乡”的工作进行，一致认为集安申创“中国书法之乡”具有一定的政治意义。指导吉林市相关单位继续完善申报“中国书法名城”筹备工作。指导松原市书协申报“中国书法之乡”，中国书协创作培训基地工作。

【杂技家协会】

10月，由东北三省文联与杂技家协会联合主办的“东北三省魔术大赛”在长春举办。打造了一个雅俗共赏，老少皆宜，娱乐大众，快乐百姓的艺术盛宴。这是辽、吉、黑三省文联加强区域合作，整合文化资源、跨省搭建文艺平台的又一次成功尝试。首届东北三省魔术比赛进入决赛的近景魔术有16个，舞台魔术有18个。评出近景魔术金奖4名、舞台魔术金奖4名，舞台特别金奖1名。组织参加东北三省“第四届杂技论坛”，吉林省选报的10篇论文，2篇获一等奖，4篇获二等奖。

【电视艺术家协会】

3～5月，组织参评作品参加“第25届中国电视金鹰奖”及“第八届中国电视艺术节电视艺术论文评选”活动，共推选作品30余件及2名电视节目主持人参加评奖。杨欣、英子同时获优秀主持人提名，取得吉林省有史以来最好成绩。4月，举办顾太长篇电视剧本《关东转魂》研讨会。5～6月，组织“第三届中国旅游电视艺术周”吉林省作品征集推选活动，共推选作品20余部，8部作品获奖。6～7月，组织第四届“全国农村小康电视节目工程”吉林省作品征集推选活动，共推选作品10余部，3部作品获奖。并参加在上海举办的庆典活动。8～9月，组织“中国第二届新农村电视艺术节”吉林省作品征集及推选活动，共推选作品30余部，5部作品获奖。并参加在北京举办的庆典表彰活动。9～10月，组织“全国2010抗灾救灾优秀电视作品”吉林省作品征集推选活动。10月，组织“首届全国优秀电视评论节目”吉林省作品推举活动，吉林省共有2部作品获奖。11月～12月，举办“第22届吉林省电视文艺丹顶鹤奖评奖”活动，100余部作品参评。

【二人转艺术家协会】

9月13日，“东北三省二人转文化论坛”在梨树县隆重举行。此次论坛由中国曲协、吉林省文联主办，吉林省二人转艺术家协会协办、梨树县委、县政府承办。中国曲协分党组书记、副主席姜昆，省文联（作协）党组书记、副主席杨廷玉，中国曲协副主席、辽宁省曲协主席崔凯，中国曲协分党组副书记黄敢钧，中国曲协分党组成员、秘书长刁惠香，以及来自北京、吉林、黑龙江和辽宁的曲艺家和专家学者百余人参加了论坛。与会的东北三省从事二人转和文学艺术的专家、学者，对具有近300年历史的二人转的发展脉络和各个时期的现状进行了回顾和总结，并针对二人转目前发展中所存在的问题展开了广泛、热烈的交流和研讨。9月，“第六届中国曲艺牡丹奖”在南京揭晓，梨树县二人转演员赵丹丹以二人转《香妃梦》入选决赛，并最终以出色的表演摘得牡丹奖。东北师大教师王红萧获牡丹奖理论奖。吉林省曲协副主席王大海获入围奖。延边曲艺团参加在贵州省举办的“第四届全国少数民族曲艺展演”中，选送的3个节目分获一、二、三等奖。省曲艺团选送作品参加“东三省曲艺小品大赛”，荣获56项奖。10月11日，中国曲协做出决定授予吉林省梨树县“中国二人转之乡”称号。与吉林电视台乡村频道共同打造的“乡村频道二人转总动员”栏目，已举办3年，现已成为收视率最高的栏目，2010年以扩展包括少儿、老年、民间、专业四个组，海选人数超10万。在参加了河南省宝丰县马街书会擂台赛上，省民间艺术团的董连海等5位演员表演的二人转《猪八戒背媳妇》和《生财有道》均获得一等奖。

【民俗学会】

民俗学会与《吉林日报》、《城市晚报》等单位共同完成10余期年俗特别节目。与长春电视台共同制作并播出10集《春节大联欢》节目。以“每天一个东北词，教你做好东北人”为主旨，共在长春电视台制作并播出160余期“东北方言”节目。为省、市图书馆社会科学文化大讲堂、关东文化大讲堂和吉林大学进行“东北年俗”、“民间故事与东北地域文化”、“伪满遗址”等专题讲座。组织民俗学会会员10余次考查长春脊梁、文化根脉的长春大马路，并出版了《长春大马路》一书。为长春电视台制作并播出8集电视专题片保护长春的母亲河《伊通河》。民俗学会施立学参加黑龙江富裕县满族文化高端论坛，宣读论文《满语满俗与东北方言》。参加在太原举行的中国民俗学会第七次会员代表大会暨“民俗文化论坛”。参加2010年“中国伏羲文化·广州论坛”，依据“伏羲文化与和谐世界”议题，学会在论坛宣读论文《长白山：伏羲龙文化里的和谐世界》。

黑龙江省文联

综　述

2010年，省文联按照“高举旗帜、围绕大局、服务人民、改革创新、建设‘五型文联’”为目标，坚持用科学发展观统领文艺工作和文联工作，精心组织文艺活动，积极推动文艺事业和文化产业发展，各方面工作都取得了新进展、新成效。

开展以科学发展观为基础内容的经常性理论学习。以学习型、发展型、开放型、服务型、和谐型这“五型文联”建设为目标，按照以科学理论为指导、科学制度为保障、科学方法来推进的要求，切实加强自身建设，努力提高文联工作的科学化水平。举办了“思想·文化·艺术”为主题的“龙江读书月”、“《周易》与中国文化的诗性品格”、“书法赏评”等讲座。以传统文化精华和现代艺术理论推进文联干部职工文化修养和业务水平的不断提高。

从提升黑龙江文化软实力出发，策划主题鲜明、影响广泛的文艺活动。如在“世博会”期间，举办了“刻古铭今——黑龙江当代书刻造型艺术展”；在“世博会”黑龙江展示周活动中，专门设立了“传统文化习俗展示区”，向全世界游人展示了鱼皮、桦皮等14项具有黑龙江地域特色的民俗民间工艺及传统技艺习俗。

精心组织各项文化活动。一是办好艺术品牌活动。如“黑龙江省戏剧大赛·少儿戏剧·小梅花奖”的评选、“黑龙江省戏剧大赛·首届‘宏达杯’”名家名票评选活动、“第五届黑龙江省音乐大赛‘金钟奖’选拔赛”，“第二届黑龙江省小提琴、中提琴比赛”、“第三届黑龙江省吉他大赛、“舞动龙江——黑龙江省首届舞蹈精品展演”、“第十一届哈尔滨民间民俗博览会”、“第六届黑龙江美术家协会新人新作展”、“黑龙江省第五届水彩画双年展”、“黑龙江省第14届漫画展览”、“传承与创新——70、80后中国画名家邀请展”、“喜马拉雅彩练——西藏当代绘画艺术展”、“黑龙江省妇女刻字艺术展”、“黑龙江省楹联书法联展”、“龙江山水情”、“北国雾凇之都”摄影展、“黑龙江省关东王二人转大赛”、“宝泉岭杯”东北三省曲艺大赛、“黑龙江省第二届魔术大赛”、“首届黑龙江省大学生魔术比赛”、“首届东三省电影论文评奖”、“第四届东北三省杂技论坛”、舞蹈作品《日记》学术研讨会、“电视连续剧《松花江上》理论研讨会”等。二是办好全国性或区域性文化活动。如黑龙江省版画全国巡回展，颜仲木刻肖像作品展暨研讨会等活动，各项工作充分到位。

强化品牌建设，省文联开展了十大艺术品牌建设。即“龙歌”、黑龙江版画、冰雪画、龙江刻字、龙江剧、龙江二人转、龙江农民画、冰上杂技、哈尔滨话剧、以及鱼皮、桦皮、剪纸等黑龙江民族民间工艺品牌。同时加强了版画、刻字艺术、音乐、民间艺术传承示范、戏曲小梅花培训、宾县农民画创作等基地的建设。

推进对外文化交流活动。组织黑龙江舞蹈代表团赴维也纳参加“祖国在我心中——中国青少年2010年春节文艺晚会”、举办2010黑龙江·哈巴罗夫斯克画家采风写生展、组织黑龙江摄影家赴美国伊利诺州大学进行艺术交流培训等。

开展面向基层的惠民文化活动。省文联围绕送欢乐、下基层活动，组织了“走上高高的兴安岭——中国文艺家采风”、赴绥化开展“情系北林”慰问演出。赴哈南工业新城慰问演出、、赴齐齐哈尔阳光热力集团“百花回报沃土、艺术服务人民，建设和谐文化、构建和谐社会”为主题的慰问演出。

推进文化产业发展，省文联依托黑龙江造型艺术产业园区，设立民间民俗工艺品创意中心和造型艺术创意中心。与企业合作，创建黑龙江文联“艺术之家”暨黑龙江造型艺术馆。

召开了黑龙江省第六次文代会，创建省级文明单位，抓好各级组织和艺术队伍建设，推进期刊质量提高和出版改革。围绕广大会员的需要做好服务工作，增强文联和协会的凝聚力。

会议与活动

【黑龙江省文联五届八次全委（扩大）会议】

3月23日，黑龙江省文联五届八次全委（扩大）会议召开。会议传达贯彻中国文联八届五次全会和全省宣传部长会议精神，总结回顾2009年工作，研究部署2010年工作。增补王丹、王少伟、王长富、计世伟、卞永平、冯红、孙兆龙、任艳芳、匡伟光、张克军、郭申、姜广繁、黄锦秋等同志为省文联委员，选举计世伟、索久林为省文联副主席。

省委宣传部常务副部长、省文联党组书记潘春良，省文联主席傅道彬、省文联党组副书记、副主席燕鹏，省文联党组成员、副主席计世伟、索久林，省文联副主席王亚平、陈修文、梁梦阳、王忠义、曲冬梅、王举等领导出席会议。省文联五届全委会委员、各团体会员单位主要负责人60余人参会。会上，潘春良代表省委宣传部讲话。傅道彬代表第五届省文联主席团做了题为《立志高远、奋力开拓、努力开创文联工作科学发展新局面》的工作报告。

【“送欢乐、下基层”慰问活动】

2月4日，黑龙江省文联组织了戏剧、音乐、杂技、曲艺、书法、美术等艺术门类的40余位艺术家，赴绥化开展“送欢乐、下基层”慰问活动。

在绥化市北林剧场，艺术家们为当地群众奉献了精彩的文艺节目。演唱的歌曲《红红的日子》、《美丽心情》、《中国酒》、《坐上火车去拉萨》，京剧《我是中国人》，表演的快板书《壮丽中华》，抒发了艺术家们对祖国的热爱和对人民的深情。杂技《顶技》，技艺高超的表演让观众赞叹不已。

慰问团中书法家在现场挥毫泼墨，用精美的书画作品抒发心中的祝福。

【“关东王”二人转大赛】

1月21日，“第二届黑龙江省‘关东王’二人转大赛”在齐齐哈尔市落下帷幕，大赛由省文联主办。

大赛共有60多名选手报名参赛。经过初赛、复赛，有8支代表队、35名演员表演的17个节目进入决赛。最终，于忠、宋楠楠荣获二人转“关东王”称号。另有4名演员荣获二等奖，6名演员荣获三等奖。本次大赛内容丰富、形式新颖，参赛演员在表演传统剧目的同时，还增加了丑角说口、喜兴搞笑、绝活展示等内容，打破了传统二人转一唱到底的模式，充分体现了唱、说、伴、舞、绝的特点。

【2010年世博会“黑龙江活动周”】

6月8～12日，“黑龙江活动周”在上海世博园举行。

黑龙江传统文化习俗展示区（简称”传习区”）由黑龙江省文联，省民协承办，以“魅力黑龙江”为主题，荟萃省内非物质文化遗产项目，重点展示黑龙江省优秀的民族文化和民间工艺。“传习区”分成“春”、“夏”、“秋”、“冬”与“黑土”五大板块。内设14个展位展示具有黑龙江地域特色的非物质文化遗产项目和传统技艺习俗。参展项目包括：赫哲族鱼皮制作技艺、鄂伦春族桦树皮船制作技艺、兽皮制作技艺、绥棱黑陶制作技艺、桦树皮制作技艺、角雕制作技艺、赫哲族萨满舞、鱼皮镂刻粘贴画、伊玛堪、海伦剪纸、山核桃工艺、麦秸工艺、木制品、泥塑等。“传习区”多视角、全景式地展示了该省得天独厚的自然资源、历史文化、民族艺术。黑龙江省文联在第一时间成立了“传习区”展览筹备工作领导小组，并由省文联主要领导担任组长、副组长。与会同志克服了任务重、时间紧，经费少等困难，较好地完成了工作任务。

【2010年中国·黑龙江元丰国际木雕艺术节暨中国黑龙江造型艺术产业园区启动】

6月6日，“2010年中国·黑龙江元丰国际木雕艺术节暨中国黑龙江造型艺术产业园区启动仪式”在哈尔滨举行。活动由国家住房和城市建设部全国城市雕塑建设指导委员会、中国工艺美术协会雕塑艺委会、中共黑龙江省委宣传部、黑龙江省文学艺术界联合会、黑龙江省木材行业协会主办。

数万名市民近距离观赏了木雕作品的生产过程，并有幸欣赏到各国木雕艺术的独特魅力。

在“黑龙江国际木雕艺术节创作展示活动”中，来自美国、匈牙利、俄罗斯、日本、中国的15位著名雕塑家以“龙江木秀 、秀木可雕”为主题现场制作。系列活动还包括“2010 中国·黑龙江国际木雕艺术论坛”、“第21届中国哈尔滨国际经济贸易洽谈会木材分展区开幕式暨中国·黑龙江造型艺术产业园区启动仪式”及“黑龙江元丰中国版画名家邀请展”、“黑龙江元丰中国古木家具菁华展”、“黑龙江元丰木雕艺术精品展”、“黑龙江元丰刻字艺术精品展”等内容。

“中国·黑龙江国际木雕艺术节”将每两年举办一次，并有望成为与“法国布莱斯国际木雕节”和“芬兰西贝柳斯国际木雕节”齐名的国际第三大木雕艺术节。

【刀木魂灵——颜仲木刻肖像作品展】

5月14日，“刀木魂灵——颜仲木刻肖像作品展”在深圳观澜美术馆隆重开幕。展览由中国美协版画艺委会、中共黑龙江省委宣传部、黑龙江省文联主办。黑龙江省委宣传部常务副部长、省文联党组书记潘春良、省文联主席傅道彬等领导分别在开幕式上致辞，对颜仲先生的艺术成就给予了高度的评价。颜仲先生穷尽毕生精力创作的中外文化名人肖像版画，既不属于意境优美、色彩瑰丽的“北大荒风情版画”，也不属于气势恢宏、曲调高亢的“工业版画”，然而其高质、高产的作品却为“黑龙江版画”增添了亮色、丰富了内涵，同时也填补了中国版画史黑白木刻肖像版画的空白。

开幕式后，召开了以“从颜仲先生看当代版画艺术的发展”为学术主题的研讨会。

【张效廉到省文联考察指导工作】

8月31日，中共黑龙江省委常委、宣传部长张效廉到省文联考察调研。

张效廉首先听取了省文联主席傅道彬关于文联基本情况和近期工作的汇报，对省文联按照“五型文联”建设的指导思想，扎实推进一个建设年、一个坚持年所取得的一系列成果表示衷心地祝贺。他说，“五型文联”的提出，抓住了一个从历史中走来，立足于生动的现实，把握充满希望、焕发活力、面向未来的文联建设的灵魂，又赋予它科学发展的生机，必然也孕育着更多创新发展、内生驱动发展的强大活力，这是大家集体智慧的结晶，要倍加珍惜。

张效廉指出，文联是社团，总地来讲是大联合。文联这个舞台成就人、展示人，同时也影响人、塑造人，大家只有带着深厚感情，互相之间才能够理解，彼此之间才能建立信任、亲和、互动的工作氛围。他强调，艺术的灵魂在于社会价值，集艺术性、思想性、观赏性于一体才是最大价值，我们应该大力弘扬传承科学技术的艺术，润物细无声的蕴涵着强大文化软实力和意识形态引导力的艺术。

最后，张效廉还希望文联要爱护文学艺术界的台柱子、领导者，对那些有影响力的名家大家、名角大腕也都要给予厚爱，使其作为我们扩大知名度和美誉度，提高影响力和软实力可靠的人才保障。

张效廉还参观了省文联舞蹈家培训学校和书法馆，亲切慰问了舞蹈家协会和书法家协会的艺术家。

【刻古铭今——黑龙江当代书刻造型艺术展】

7月3日，“刻古铭今——黑龙江当代书刻造型艺术展”在上海开幕。展览由黑龙江省文联、牡丹江市文联、上海市书法家协会联合主办。此次展览是经上海世博局授权举办的世博会系列文化活动之一。展览共展出书刻造型艺术作品23组、325件，其中精选了铭刻有《礼》、《乐》、《诗经》、《论语》、《道德经》、《孙子兵法》等中国古典名篇中至理名句的书刻作品。这些作品以朽木为创作材料，以国学为书刻内容，独辟蹊径地把书刻与造型艺术相结合，把原有的二维平面的艺术表现形式，创新为多维的艺术表现形式，突破了书刻的原生态，化腐朽为神奇给木材以艺术的灵性，入木三分地体现了中国文化，代表了黑龙江当代书刻造型艺术的最高水平。

开幕当天，展览就吸引了近千人观看。

【第11届哈尔滨民间民俗艺术博览会】

7月17日，“第11届哈尔滨民间民俗艺术博览会”在斯大林公园开幕。本届“哈博会”由中共黑龙江省委宣传部、中共哈尔滨市委宣传部主办，黑龙江省文联、哈尔滨市文联、哈市道里区委区政府、黑龙江省冰洽园展览有限公司共同承办。

本届“哈博会”是一次非物质文化遗产的集中展示，共设置展位180个。来自省内外的150余位优秀民间艺术家、130余位民俗艺术品经营者参加了“哈博会”。有160余个类别，3万余件艺术品参加了展销。博览会风格鲜明、特色突出，在继续推出鱼皮、鱼骨、桦皮、萨满文化艺术品等龙江流域民俗文化艺术精品的同时，还展示了雕刻、布艺、剪纸、农民画等哈尔滨地区传统优势民间工艺品；以及符合现代生活要求的实用工艺美术品，如紫砂艺术、竹木牙雕、书画艺术品、陶瓷工艺等。

组委会专家组评选出“黑龙江省十大优秀民间艺术家”、“哈尔滨民间民俗艺术博览会最佳艺人”、“十佳艺人”、“十佳精品”等奖项。

【省文联、省企业文联赴齐齐哈尔阳光热力集团送欢乐、下基层】

9月16日，省文联、省企业文联与省文联艺术团艺术家们一起组成“送欢乐、下基层”文艺家慰问演出团，来到齐齐哈尔阳光热力集团有限责任公司，慰问工作在一线的工人兄弟和劳动模范。

慰问团参观了阳光热力集团厂区，并与热力集团工人代表一起座谈。

当晚19时，艺术家与热力集团职工一起，进行了以“阳光、快乐、和谐”为主题的专场演出。参加演出的有省文联副主席、哈尔滨师范大学音乐学院民族声乐系副主任、国家一级演员曲冬梅，省歌舞剧院国家一级演员刘淑珍，绥化市文联副主席、二人转传承人赵晓波等。演出在热烈欢腾的舞蹈《盛世欢歌》下拉开了帷幕，热力集团的小合唱《阳光之歌》，激昂嘹亮；诗朗诵《同沐阳光》，声情并茂；曲冬梅演唱的《美丽家园》，婉转优美；刘秀杰演唱的京剧《红梅赞》，语调铿锵；赵晓波、王晓东表演的二人转《西厢一折》，诙谐幽默；吕慧姝表演的杂技《梦幻伞》，异彩纷呈；阳光热力集团民乐队的合奏《喜洋洋》，节奏欢快……一个多小时的演出，精彩纷呈，高潮迭起，形式多样，博得了现场观众一浪高过一浪的掌声和欢呼声。

【“爱我龙江，唱我龙江”主题征歌颁奖晚会】

9月4日，“‘盛世龙江’颁奖晚会”在黑龙江电视台举行。本台晚会作为盛和置业杯“爱我龙江唱我龙江”主题征歌活动的颁奖晚会，为征歌活动划下了圆满的句号。省文联主席傅道彬，省文联党组成员、副主席计世伟等领导莅临晚会现场，并为获奖者颁奖。此次征歌活动由省委宣传部、省文化厅、省文联、省报业集团联合举办，面向全国征集歌唱黑龙江的“龙歌”音乐作品。自7月16日启动至8月13日，历时一个月，共收到应征作品2000多首，创造了我省文艺征集活动的新纪录。

经过评委会认真评选，各大奖项已产生。鉴于评委会对一等奖有更高的期待，因此空缺。二等奖、三等奖名额各增设一个，增设歌曲佳作奖9个、歌词佳作奖11个。其中，胡宏伟词、铁源曲的《北大荒我的家》荣获特别荣誉奖，《美丽神奇的黑土地》、《冬天是一个银色的梦》、《打酱耙》3首歌曲荣获二等奖，《我爱兴安岭》、《天堂雪乡》、《盛世赫哲》、《欢乐的冬天》4首歌曲荣获三等奖。

“‘盛世龙江’颁奖晚会”由“走进龙江”、“歌飞龙江”、“和谐龙江”三个篇章组成。在第一篇章中，《黑土赞歌》、《龙江一幅画》等歌曲让观众领略到黑龙江的美好，著名歌手文章演唱了《三百六十五里路》、《故乡的云》以及《望天》等经典曲目；在第二篇章中，众多影视剧中的经典歌曲被一一唱响，如《闯关东》的主题曲《家园》，《赵尚志》的主题曲《嫂子颂》和《雪城》的主题曲《心中的太阳》，让大家重温了那些难忘的画面。特邀嘉宾戴玉强献唱经典曲目《我像雪花天上来》。在第三篇章中，《我爱你，塞北的雪》等经典“龙歌”再次被唱响，整台演出激情四溢，气氛热烈。

“‘盛世龙江’颁奖晚会”以重唱经典“龙歌”，推出新创“龙歌”为主题，集中展示了北疆风情与黑土神韵，使观众尽享歌舞盛宴，热爱家乡之情油然而生。

【黑龙江省文联、省作协第六次代表大会】

12月23日，黑龙江省文联、省作协第六次代表大会隆重召开。来自黑龙江省各文艺家协会、市（地）文联、系统（产业）文联、文学艺术界各部门的600余名代表参加了大会。省委书记吉炳轩，省长王宪魁，省政协主席王巨禄，省委副书记杜宇新，省委常委秘书长刘国中，省委常委、组织部长徐泽州，省委常委、宣传部长张效廉等领导出席了开幕式。中国文联党组书记、副主席胡振民，中国作协党组书记、常务副主席李冰，吉林省文联党组书记、副主席尹爱群，辽宁省文联副主席伊忱和省直相关部门负责同志到会祝贺。会上，迟子建代表黑龙江省文联、省作协致开幕词，张恩亮代表群众团体致辞，尹爱群代表兄弟省市致贺词，胡振民、李冰分别代表中国文联、中国作协致贺词。傅道彬代表黑龙江省文联第五届委员会作了题为《团结进取开拓创新 为黑龙江文艺事业大发展大繁荣而努力奋斗》的工作报告。

会议审议通过了黑龙江省文联第五届委员会工作报告，讨论修改了《黑龙江省文学艺术界联合会章程》，选举产生了黑龙江省文联第六届委员会及领导机构。傅道彬当选为省文联主席，于文秀、计世伟、王举、王立民、王亚平、白淑贤、刘玉平、孙和群、曲冬梅、吴团良、吴国春、李文岐、杨利民、杨殿军、宗成滨、索久林、陶亚兵、綦军、燕鹏（按姓氏笔画排序）当选为省文联副主席。

12月24日闭幕式后，黑龙江省委、省政府领导亲切接见了省文联和省作协新一届主席团成员，对省文联、省作协第六次代表大会圆满成功表示祝贺。吉炳轩发表了讲话。

黑龙江省文学艺术界联合会、省作家协会第六次代表大会是一次承前启后、继往开来的大会，是一次统一思想、提高认识的大会，是一次振奋精神、团结鼓劲的大会。

【文艺家赴齐齐哈尔老工业基地采风】

10月14日，省委宣传部、省文联组织我省文艺家赴齐齐哈尔老工业基地采风，体验火热的生活，慰问工作在一线的广大工人和劳动模范。采风为期2天。采风团由该省著名作家庞壮国、宋成君，画家于存来、宿万盛、杨松杰，书法家王新民，表演艺术家蒋丽、夏靖博等人组成，省曲艺团团长、德艺双馨艺术家宗成滨任采风团团长。采风团一行先后到中国兵器工业集团齐齐哈尔北方机器有限责任公司和黑龙江天成运业集团，参观厂区生产建设情况，与企业职工亲切座谈，举办书画笔会，并为工人们奉献了两场精彩的文艺演出。充实的内容和精彩的演出受到职工的一致欢迎。

【知名文艺家赴农垦系统采风】

10月27日，我省部分知名文艺家赴素有“林海雪原”之称的海林市海林农场和宁安农场等农垦系统创作采风。此次活动由省委宣传部、省文化厅、省文联共同主办。采风团由省著名剧作家王明喜、王建仁、杨晓全，画家于存来、宿万盛、杨松杰，书法家王新民，表演艺术家刘淑珍、刘殿滨、曲奉军等人组成。省文化厅艺术处处长费守疆任采风团团长，省委宣传部文艺处副处长黄锦秋，省文联组联处处长王少伟，省农垦总局文化局局长匡野任采风团副团长。

采风团一行沿着“黑龙江省哈大齐工业走廊建设区”来到了“两大平原农业综合开发试验区”，体验农场生活，慰问工作生活在这里的广大农民兄弟和劳动模范。书画艺术家们举办书画笔会，对基层文艺爱好者悉心指导；表演艺术家们举办文艺演出，为当地群众献上精彩节目。

通过组织文艺家赴农垦系统采风，使文艺家们切身体会到我省新农村发展建设情况。

【舞动龙江——黑龙江省首届舞蹈精品展演】

11月20日，“舞动龙江——黑龙江省首届舞蹈精品展演”在哈尔滨举行。此次活动由省文联、省舞协共同主办。

本次展演共荟萃省内16个精品舞蹈节目，这些节目中，既有在全国“荷花杯”舞蹈大赛中荣获大奖的作品，如《走走看看》、《日记》等，也有在全省舞蹈展演中屡获殊荣的作品，如《茉莉花》、《簸谷》等。参加演出的演员，既有专业院团的舞蹈演员，也有业余舞蹈爱好者。演员们用独特的舞蹈语汇表达生活的旋律，用优美的舞姿传达内心的激情，从舞蹈的角度反映了现实火热生活和人们的快乐心情。

经过专业评委的认真评审，从这些节目中评选出表演金、银、铜奖和编导一、二、三等奖，以及园丁奖等奖项。本次展演、精选优秀作品，发掘舞蹈新人，集中展示了我省舞蹈作品的创编情况，全面展现了黑龙江省舞蹈艺术的勃勃生机。

【黑龙江省龙歌展示暨第四届迎新年合唱音乐会】

12月29日，“黑龙江‘龙歌’展示暨第四届迎新年合唱音乐会”在哈尔滨举行，来自省内的11个合唱团为观众献上了新年的祝福。音乐会由省文联、省音协主办。本届音乐会共有11个合唱团参加演出，其中不仅有知青合唱团、哈尔滨童声合唱团等群众合唱团，也有哈飞职工合唱团等企业合唱团，还有哈尔滨师范大学音乐学院女子合唱团等院校合唱团。合唱曲目的选择以“龙歌”为主，不仅有《我爱你，塞北的雪》、《乌苏里船歌》等大家耳熟能详的经典“龙歌”，也有《采一束山花献给党》、《哈尔滨之夏圆舞曲》等新创作的“龙歌”。音乐会上唱响了一首首歌颂龙江、赞美龙江的歌曲，对省文联正在宣传和打造的“龙歌”品牌起到了积极的推动作用。

【首届黑龙江·哈巴罗夫斯克画家采风写生展】

9月26日，“首届黑龙江·哈巴罗夫斯克画家采风写生展”在哈尔滨开幕。展览由省委宣传部、省文联、省美协、俄罗斯哈巴罗夫斯克边区美协联合主办。

“中俄画家共同采风写生”是2009年由黑龙江省美协和哈巴罗夫斯克边区美协共同商定举办的、两年一度的互访采风写生活动。本次活动是继2009年我省油画家赴哈巴罗夫斯克与俄罗斯画家共同采风写生之后，俄罗斯油画家来我省的交流回访。

展览展出了两省区的12位油画家赴大庆等地的采风写生作品。通过组织油画家进行写生，使艺术家与对象直接交流，面对同一地域的描绘对象，由于中俄两国艺术家所持艺术观念、艺术手法的不同，因而写生作品风格各异，每一幅作品都传达了艺术家独有的艺术感受。作品既有源于自然生活的生动性，又有源于艺术家个人感受的独特性，具有很强的审美性和一定的学术性，对当下的美术创作和油画事业的发展起到积极推动作用。

两年一度的中俄油画家互访采风写生活动，为中俄两国美术家搭建了一个相互交流、相互切磋、相互学习的平台。特别是为我省的油画家提供了向俄罗斯艺术家学习的机会。俄罗斯画家娴熟的写生技巧、吃苦耐劳的优秀品质，将为我省的广大艺术工作者提供有益的借鉴与启示。

【江那边的风景·俄罗斯油画推介会】

11月13日，“江那边的风景·俄罗斯油画推介会”在哈尔滨开幕。活动由省文联、省中山画院、省美术馆、俄罗斯滨海边区国立美术馆主办，省企业文联承办。

展览共展出俄罗斯5位艺术家的60余幅精品。参展艺术家都是俄罗斯实力派画家，其中有“俄罗斯功勋画家”。他们继承了俄罗斯传统绘画格调，强调现实主义艺术精神，在关注社会、关爱自然中构建崭新的艺术风格。作品体现了形象与精神的完美融合，展示了俄罗斯艺术家对艺术的不懈追求和独特见解。

【龙江剧《鲜儿》喜获 中国戏剧奖·曹禺剧本提名奖】

10月底，在“第二届中国（潜江）曹禺文化周”活动中，“第三届中国戏剧奖·曹禺剧本奖”揭晓，黑龙江省编剧费守疆、杨北星创作的龙江剧《鲜儿》榜上有名。

“中国戏剧奖·曹禺剧本奖”的前身是“全国优秀剧本奖”及“中国曹禺戏剧奖·剧本奖”，它代表着中国专业戏剧剧本的最高水准。

本届评奖，共收到来自全国各地的戏剧剧本75部，经过专家评委精心评选，共评出剧本奖8部、提名奖20部。

龙江剧《鲜儿》以闯关东为历史背景，生动地塑造了鲜儿这位善解人意、忍辱负重、不屈不挠的关东女侠形象。剧本《鲜儿》以其浓郁的地方特色、别致的民风民情，博得了评委们的一致好评，喜获“中国曹禺戏剧奖·剧本提名奖”，标志着黑龙江戏剧创作又步上了一个新台阶。

【七省市电视主持新人大赛，我省选手喜获双奖】

9月19日，“七省市电视主持新人大赛”经过三场决赛后，在山东齐鲁电视台落下帷幕。大赛由江苏、浙江、安徽、山东、河北、黑龙江省及上海市电视艺术家协会主办，山东齐鲁电视台承办。黑龙江省选手夏琳娜、陆美欧双双喜获铜奖。中国文联副主席、中国视协主席赵化勇出席大会决赛并为获奖选手颁奖。本次大赛共设金奖2项、银奖5项、铜奖8项。黑龙江代表队成员全部由东北农业大学在校学生组成，虽然第一次站在演播大厅的聚光灯前，但是他们克服参赛经验少、心理压力大等多重困难，乐于展示、勇于竞争，取得了较为满意的比赛成绩和宝贵的参赛经验。

【黑龙江电视台农业频道在“第二届新农村电视艺术节”上喜获殊荣】

12 月 14 ～ 16 日，第二届“新农村电视艺术节”在北京开幕。活动由中国视协、中国农业电影电视中心主办。

本届电视艺术节包括优秀农村题材电视剧评选、对农电视栏目评选、对农电视节目主持人评选，以及新农村魅力乡镇推选、新农村新农民才艺风采展示等多项活动。评委会在全国 200 多家电视台报送的对农节目主持人中评选出十位“十佳”主持人。省视协选送的黑龙江电视台农业频道主持人卞雪霜，荣获全国优秀对农电视节目“十佳”主持人金钟奖。

对外文化交流

【我省小舞蹈家参加维也纳金色大厅春节文艺晚会喜获金奖】

1 月 28 日，应文化部艺术服务中心、第四届“文化中国”维也纳金色大厅青少年文艺晚会组委会邀请，省文联、省舞协组织黑龙江省小舞蹈家一行 9 人，随中国青少年艺术代表团，赴奥地利参加“祖国在我心中——2010 年中国青少年维也纳金色大厅春节文艺晚会”。

代表团出访前，原全国人大常委会副委员长顾秀莲、中国舞协主席白淑湘接见了代表团成员。参加这次活动的黑龙江省小舞蹈家们，平均年龄只有 12 岁。2 月 5 日，他（她）们带去的舞蹈《敦煌彩塑映像》作为晚会的重头戏精彩亮相，浓郁的东方韵味，精彩的舞蹈造型，优美的古典音乐，给现场观众留下了深刻印象，收到了热烈欢迎。2 月 9 日，受中国驻匈牙利大使馆的邀请，代表团在布达佩斯亚洲中心进行了演出。交流结束后，《敦煌彩塑映像》荣获表演金奖。

文艺家协会活动

【喜马拉雅彩——西藏当代绘画艺术展】

1 月 6 日，“喜马拉雅彩——西藏当代绘画艺术展”在哈尔滨隆重开幕。展览由黑龙江省美协、西藏自治区美协、省援藏办公室等单位主办。

展览共展出西藏艺术家精心创作的 50 余幅佳作。参展的画家均为西藏当代画坛的代表画家，他们的作品具有鲜明的地域特色，或静谧高远、神秘莫测，或内涵深刻、超凡脱俗，或大气磅礴，耐人寻味。中国美协理事、西藏美协主席韩书力的作品大气厚重、气韵不凡，曾荣获全国美展金奖。西藏美协副主席余友心以其独具特色的作品曾多次入选全国美展。巴玛扎西、边巴、拉巴次仁 3 位中青年画家，都是日喀则地区的本土画家，也是国家培养的第二代和第三代藏族画家。他们的作品富有浓郁的特色，反映出日喀则地区悠久的历史内涵和深厚的文化底蕴。

【黑龙江省妇女刻字艺术展】

3 月 8 日，为纪念“三八”国际劳动妇女节 100 周年，“黑龙江省妇女刻字艺术展”在省书法馆开幕。展览由省书法家协会，省书法活动中心主办，展览展出的 82 件作品，主题鲜明、内容丰富、功底扎实、刀法娴熟、色彩厚重，展现了黑龙江省妇女奋发向上自强不息的精神风貌，表达了对美好生活的憧憬、对祖国的热爱。省妇女书法家协会成立以来，专门举办刻字艺术展这还是第一次。

【王凯霞书法刻字作品展】

2 月 5 日，“王凯霞书法刻字作品展”在省画院开幕。展览由省委宣传部、省文联、省妇联、省画院共同主办。

王凯霞是中国妇女第九届全国代表大会代表、黑龙江省第九届政协委员、省三八红旗手、中国书协德艺双馨会员、省书协副主席、国家一级美术师。她曾随中国妇女书法代表团、省书法代表团出访加拿大、日本、俄罗斯、新加坡、台湾等国家和地区，并于 2007 年在英国曼彻斯特举办个人书法展。

本次展览共展出 87 件作品。她的书法重在写意，书作多以自作诗词为内容，体现了作者扎实的文学修养。给人以日有所进，循序渐进的感觉，其刻字作品生动地展现了她的刻字艺术从传统到现代主题的发展演变过程。

【中国美协黑龙江创作中心落户太阳岛】

4 月 29 日，中国美协黑龙江创作中心揭牌仪式在哈尔滨太阳岛进行。

中国文联副主席、中国美协主席刘大为，省委宣传部常务副部长、省文联党组书记潘春良，省文联主席傅道彬，哈尔滨市副市长王世华等领导，以及兄弟省区市美协驻会负责人出席了揭牌仪式。

成立创作中心旨在整合社会资源，实现优势互补，推进文化创新，增强发展活力。主要任务是为广大美术家深入生活、写生创作提供便利条件，在繁荣美术创作的同时，树立良好的社会现象，促进当地文化产业发展的作用。

中国美协黑龙江创作中心位于国家五A级风景区太阳岛，是一个集创作、展览、研讨、会议、住宿、餐饮为一体的多功能美术创作基地。创作中心借助太阳岛上鲜明的北国风光和浓郁的欧陆风情，依托美术馆、博物馆、风情园环聚的人文地缘优势，将为国内外美术家交流和创作提供独具特色的环境与条件。

【首届东北三省电影论文评奖活动】

“首届东北三省电影论文评奖”活动在哈尔滨圆满结束。活动由黑龙江省电影家协会、吉林省电影家协会、辽宁省电影家协会共同举办。活动得到了黑龙江省文联、辽宁省文联领导、长影集团、部分高校及其有关部门的大力支持和热情响应，共收到论文130余篇。在理论奖和评论奖的分类评比中，黑龙江省分别荣获一等奖1项，二等奖3项，三等奖6项。

评奖活动每两年举办一次，由三省影协轮流主办。作为东北三省唯一的电影论文评奖活动，三省影协有信心在进一步完善评奖机制，在公平、公正、公开的基础上加强学术性，扩大普及面、从而建立权威性，形成凝聚力，力争把这活动打造成三省影协的工作品牌。

【黑龙江省音乐家协会第五次代表大会】

4月22日，“黑龙江省音乐家协会第五次代表大会”在哈尔滨召开。会上，省文联党组副书记、副主席、第四届音协主席燕鹏致开幕词。省音协副主席、副秘书长齐巧荔做了题为《开拓创新、锐意进取、奏响黑龙江音乐事业繁荣发展新篇章》的工作报告。会议审议通过了工作报告和修改后的协会章程。选举产生了新一届理事会和主席团，陶亚兵当选为主席，王明喜、刘成刚、刘学清、齐巧荔、宋立权、张虹、郁正民、崔杰夫、梁岚当选为副主席。会议期间，与会代表还为玉树灾区捐款6300余元，并于第一时间送往红十字捐助中心。

【黑龙江省企业文联第二次代表大会】

4月23日，“黑龙江省企业文学艺术工作者联合会第二次代表大会”在哈尔滨召开。会上，省文联主席傅道彬发表讲话。他充分肯定了近年来省企业文联的工作成绩，并对今后工作提出了建议和希望。与会代表审议通过了工作报告和修改后的企业文联章程。会议选举产生了第二届理事会和主席团。蔡锦政当选为主席，王东军、王进喜、王昆、白学岭、匡伟光、孙和群、秦玉宝、孙晓强、李长筑、郭长军、曲爱民当选为副主席。省企业文联第二次代表大会的召开，对于团结全省广大企业文艺工作者，繁荣企业文化，振兴东北老工业基地将产生积极的影响。

【首届黑龙江省大学生魔术比赛】

4月18日，“首届黑龙江省大学生魔术比赛”圆满结束。此项活动由省文联主办，省杂协、省电视台影视频道联合承办。

“首届黑龙江大学生魔术比赛”吸引了众多大学生以及魔术爱好者，共有30余个节目入围。经过初赛和复赛，共评出舞台魔术金奖2项、银奖3项、铜奖4项，近景魔术金奖1项、银奖2项、铜奖3项。黑龙江生物科技职业学院张洪喆的《绅士联盟》、哈尔滨市164中学赵梓涵的《手彩魔术》荣获舞台魔术金奖；哈尔滨医科大学王沛的《时间倒转》荣获近景魔术金奖。

【首届黑龙江省戏剧大赛暨宏达杯名家名票评选活动】

6月19～22日，“首届黑龙江省戏剧大赛暨‘宏达杯’名家名票评选活动”在黑龙江省京剧院举办。活动由省文联、省剧协、省京剧院、宏达药业集团公司共同主办。来自省内各市地的100余名选手参赛。他们上至76岁的老人，下至16岁的少年同台献艺，各显其能。参赛剧目既有《白蛇传》、《霸王别姬》等传统戏，也有《红灯记》、《家住安源》等现代戏；演出角色涵盖了青衣、老生、花脸、老旦、武生、花旦等行当。通过专家评委会的认真评审，黄宝泉、王守珍等5人荣获“特别金奖”，李武、赵玉香等15人荣获

"京韵名票"称号。此外，还评选出金奖、银奖、铜奖若干名。此次活动的成功举办，促进了龙江戏剧事业的繁荣发展，增强了专家、演员及票友之间的交流沟通，提高了全省戏剧界的凝聚力。在选拔培养优秀专业演员的同时，提高业余票友的欣赏水平和表演能力。

【"宝泉岭杯"东北三省曲艺大赛】

8月1日，"宝泉岭杯"东北三省曲艺大赛在"'快乐黑土地'颁奖晚会"的欢快乐曲声中，落下帷幕。

"'宝泉岭杯'东北三省曲艺大赛"由辽宁省曲协、吉林省曲协和黑龙江省曲协联合举办。此次活动是一场各展风采的群英会。150余位来自东北三省的曲坛名家新秀，带着不同的北方曲种参加了本次大赛。经过专家评审，我省大庆话剧院选送的《为爱而"生"》、《闹得不是笑话》、《有来有"网"》，哈尔滨话剧院选送的《公平秤》等荣获综合剧目一等奖；哈尔滨曲艺团选送的相声《谁的责任》、省曲艺团选送的相声《意料之外》、大庆大雁戏楼选送的二人转《绣八仙》、鼓曲唱曲《中国曲艺》、《一路顺风》荣获一等奖。此外，大庆话剧院的晁雪莲、王衍飞、哈尔滨师范大学的苑婧荣获表演单项一等奖；孙淑梅、张野、李忠仁、吕慧姝、梁岚荣获突出贡献奖。

【第九届东北三省戏剧理论研讨会】

8月12——14日，"第九届东北三省戏剧理论研讨会"在黑龙江省大庆市召开。会议由黑龙江省剧协、吉林省剧协、辽宁省剧协主办。研讨会得到了三省戏剧工作者的大力支持，近百篇戏剧理论、评论文章参与评奖。经评选，黑龙江省有10篇论文荣获一等奖、6篇论文荣获二等奖。研讨会期间，辽宁、吉林、黑龙江三省戏剧界人士进行了戏剧理论交流研讨。研讨会上提交的论文多关注戏剧界当下的热点问题，并能结合实际情况有针对性地提出具体解决方法。

【中国音乐学院·黑龙江民族音乐研究教学实践基地】

8月14日，"中国音乐学院·黑龙江民族音乐研究教学实践基地"挂牌仪式在佳木斯大学音乐学院拉开序幕。该实践基地由中国音乐学院、黑龙江省文联规划、省音协会具体运作。中国音乐学院分别在我省哈尔滨、齐齐哈尔、佳木斯、大兴安岭设立四个黑龙江民族音乐研究教学实践基地。

中国音乐学院专家组在哈尔滨举行了挂牌仪式并同黑龙江省文联的领导进行了座谈。双方就基地建立合作意向书进行了具体协商，合作内容包括：

1. 建立"中国音乐学院·黑龙江民族音乐研究教学实践基地"，分别设在哈尔滨师范大学音乐学院、佳木斯大学音乐学院、齐齐哈尔市梅里斯区区委、大兴安岭地区艺术职业学院。

2. 中国音乐学院依托教学优势，根据基地人才培养需要，可适时举办各类音乐培训班，为当地音乐人才、师资培养等提供条件。

3. 依据教育部授权中国音乐学院为少数民族地区培养高级优秀人才的政策，中国音乐学院为基地积极培养优秀音乐人才。

4. 基地为中国音乐学院师生采风、创作、研究及艺术实践等提供方便。

5. 双方为音乐科研人员共同开展文化科学研究提供方便。

座谈会结束后，中国音乐学院一行在省音协工作人员的陪同下，赴市地进行挂牌活动。

【第四届东北三省杂技论坛】

8月20～22日，"第四届东北三省杂技论坛"在黑龙江省召开。论坛由中国杂技家协会、黑龙江省文联、吉林省文联、辽宁省文联共同主办，黑龙江省杂技家协会承办。来自全国15个省、自治区、直辖市杂技家协会、杂技团、杂技学校、艺术研究所的60余位代表参加了会议。会议就"杂技主题晚会的得与失"、"杂技节目中技与艺的统一"、"如何加强地域合作"等主题进行了研讨。会议期间，省文联主席傅道彬接见了出席会议代表。会后，黑龙江省文联组织与会的杂技艺术家们以"走进伊春"为主题，赴伊春、嘉荫采风。采风期间。伊春市自然美丽的风光令艺术家们惊奇，嘉荫县纯朴淳厚的民风令艺术家们赞叹，采风团成员还与当地的艺术家们进行了艺术交流。

【迎国庆·黑龙江省第五届新人新作书法展】

9月30日，"迎国庆·黑龙江省第五届新人新作书法展"开幕。展览由黑龙江省书协、省书法活动中心主办。本次展览共展出作品100件。这些作品内容丰富，形式多样，既有传统书法元素，又有个人探索追求，显示出较高的艺术水平，标志着黑龙江省书法新人的创作能力又步上了一个新台阶。

【组团赴长春参加“首届东北三省魔术比赛”】

10月13～14日，“首届东北三省魔术比赛”在长春开赛。比赛由黑龙江省文联、吉林省文联、辽宁省文联主办，吉林省杂协具体承办。

来自东北三省的34个节目参加了比赛。经过激烈的角逐，本届比赛共评出特别金奖1项，金奖8项、银奖15项、铜奖10项。我省选送的10个节目喜获2金6银2铜，其中黑龙江省杂技团吕慧姝表演的《飞天蝶梦》荣获舞台魔术金奖，黑龙江省生物职业学院张洪喆表演的《杯与球》荣获近景魔术金奖，大庆电视台孟岩表演的《飞牌仙子》荣获舞台魔术银奖第一名和表演一等奖。

【黑龙江省美术家协会第六届新人新作展】

11月5日，“黑龙江省美术家协会第六届新人新作展”开幕。展览由省美协主办，省美术馆承办。展览共展出114件作品，其中有中国画、油画、版画、雕塑、水彩、岩彩等美术种类。在创作上涉及写实、象征表现等方法，在造型上涉及具象、变型、抽象、装饰等手法，充分显示了青年艺术家开阔的艺术视野、活跃的创作思维。

“黑龙江省美术家协会新人新作展”是省美协面向全省挖掘美术新人，推出美术新作的重要平台。此展已成为省美协的品牌展览，受到广大青年美术家的青睐。

【我省作品在第八届东北三省戏剧小品大奖赛上拔得头筹】

11月7日，“第八届东北三省戏剧小品大奖赛”在吉林省长春市落下帷幕。我省5个院团所携带的10个小品载誉而归，各类奖项拔得头筹，显示出我省小品创作和编、导、演的整体实力。

此次大赛，东北三省共有22个专业院团、院校及文化馆站带来的38个小品参赛。我省大庆文化集团话剧团的《我们的生活》、《因为爱》和《为爱而生》、鸡西人民艺术剧院的《城市交响曲》、伊春市戏曲剧院的《天上人间》、哈尔滨儿童艺术剧院的《向左走，向右走》和黑龙江艺术职业学院的《没事找事》7个小品获得剧目一等奖。

我省宋志辉、藏国清等8位编剧荣获此次大赛编剧一等奖。刘英姿、辛彩屏等8位导演获得大赛导演一等奖。此外，我省殷梁等6人获得大赛表演金奖。

事业单位

【新中国60年——黑龙江版画全国巡回展举办】

5月13日，“新中国六十年——黑龙江版画全国巡回展”在深圳关山月美术馆隆重开幕。展览由黑龙江省美术馆、关山月美术馆、黑龙江版画院主办。

本次展览是黑龙江版画继河南、广州巡回展之后的第三站，共展出百余件作品，涵盖了黑龙江版画各个历史时期的代表作品，彰显了龙江版画独特的地域艺术特质，凝结着龙江人对美好生活的向往。

7月20日，“新中国60年——黑龙江版画全国巡回展览”在江苏常熟美术馆开幕。展览由黑龙江省美术馆、黑龙江省版画院、常熟美术馆联合主办。此次展览是黑龙江省美术馆和常熟市美术馆的第三次馆际交流展。展览展出的近百幅作品，均是从黑龙江省美术馆数千件馆藏作品中遴选出来的经典之作，涵盖了黑龙江版画在各个历史时期的代表作品和当代新作。

“新中国60年——黑龙江版画全国巡回展览”是历史上首次将黑龙江版画全景式面向国内各地美术馆进行交流和展示。

黑龙江版画以“北大荒版画”的延续和拓变为主流，经过半个多世纪的发展，已经形成了独具北国地域特色艺术特色和浓郁生活气息的主体风格特征，成为展现黑土文化厚重、雄浑的重要载体。当代黑龙江版画在继承传统的同时，不断创新和求索，彰显时代特征，构建了多元化发展的新格局。

【黑龙江省首届青少年版画作品展】

6月1日，“放飞心灵·描绘龙江——黑龙江省首届青少年版画作品展”在省美术馆开幕。展览由省文联、省美术馆主办，省版画院承办，省美协幼儿美术专业委员会协办。

展览共展出298件作品，这些作品是从阿城、双城、佳木斯、大兴安岭、大庆、鸡西、双鸭山、农垦总局等8个版画群体及黑龙江省各市地选送的1043件作品中评选出来的，其中金奖作品10件、银奖作品20件、铜奖作品28件。参展作品内容丰富，形式多样，用孩子所特有的鲜活生动的艺术语言，表现了他们无拘无束的天性和多姿多彩的视角，张扬了一种至真至纯的美。

青少年版画不同与成人版画，首先在材料的选用方面，多采用市场上常见的胶合板、吹塑板、石膏板、麻胶版以及生活中各种废旧纸张等，作为版画创作的底版；制作过程也比较特别，如划、扎、刺、戳、压、撕、贴、剪切、刀刻等。这种就地取材、废旧利用和灵活而无束缚的制作手段，既培养了孩子们的创造能力和探究欲望，又使他们能够通过完成版画体验到一种成就感。

展览期间，主办方还设置了“版画体验区”，让观众亲自动手制作版画，了解版画，认识版画。

上海市文联

综　述

2010年是上海世博年，也是上海市文联成立60周年，市文联以“参与世博、奉献世博”为重心，以市文联成立60周年为契机，以实事项目和载体建设为抓手，扎实有效地开展全年工作。一是紧密配合全市工作大局，积极组织、参与各项围绕世博的文艺活动。二是全力办好市文联成立60周年系列纪念活动，有效提升文联的凝聚力和影响力。三是精心筹办各项专业艺术活动，为推动创作搭建更为广阔的平台。各协会围绕“一会一品”的要求，开展了丰富多彩的专业艺术活动，有力推动了文化品牌建设。四是切实开展文化惠民活动，在构建公共文化服务体系中发挥积极作用。持续深入开展“送欢乐、下基层”各种巡演活动160余场，文艺家参与2700余人次，受惠观众13万余人。五是扎实推进各个专项工作，在深化和拓展职能方面取得新的成效。

会议与活动

【2010上海文艺界新春团拜会】

2月28日（庚寅虎年正月十五）上午，2010年上海文艺界新春团拜会在上海文艺活动中心大厅举行。上海市委常委、副市长屠光绍，市委常委、宣传部部长杨振武，市人大副主任胡炜，市政协副主席钱景林，市政府副秘书长蒋卓庆，市委宣传部副部长陈东，市文联主席吴贻弓，市文联党组书记、专职副主席杨益萍，市文联党组副书记、专职副主席迟志刚、何麟，市文联秘书长沈文忠与秦怡、孟波、朱践耳、陈佩秋、王安忆、草婴、舒巧、夏仲翼、黄准、贺友直、仲星火、王汝刚、叶辛、江明惇、陆在易、周慧珺、凌桂明、程海宝、穆端正、戴炜栋、张元民等数百位文艺工作者欢聚一堂，共度元宵佳节。新春团拜会由杨益萍主持，杨振武、吴贻弓分别致辞。

【2010全国文联文艺舆情信息工作会议】

3月24～26日，由中国文联主办，中国文联理论研究室、上海市文联承办的2010年全国文联文艺舆情信息工作会议在上海延安饭店召开。会议宣读了中国文联党组书记、副主席胡振民的贺信，传达了中宣部舆情信息工作会议精神，部署了2010年度文艺舆情信息工作要点。会议提出，面对新的形势、新的任务和新的要求，要进一步深化、强化对文艺舆情信息工作现有地位、原则和作用的认识，努力提高思想水平、政治素养、业务素质和工作能力，将文艺舆情信息工作推上一个更符合时代变化和文化发展规律的平台。来自全国文联系统的文艺舆情信息工作人员120余人参加了会议。代表们通过专题讲座、体验式教学、经验交流、小组讨论等形式，加强了文艺舆情信息的理论学习和实践交流，为提升全国文联系统文艺舆情信息工作水平，加强文联系统建言献策工作打下扎实的基础。上海市文联获得2010年度全国文联文艺舆情信息工作先进集体称号。

【第20届上海白玉兰戏剧表演艺术奖】

4月7日，第20届上海白玉兰戏剧表演艺术奖颁奖晚会在上海戏剧院举行。市委常委、宣传部部长杨振武，市人大副主任郑惠强，市委宣传部副部长陈东等出席晚会并为获奖演员颁奖。红线女获第20届上海白玉兰戏剧表演艺术奖终身成就奖，阿图罗获“特别奖”，倪茂才、谷好好、何瑜、赵玉华、陈智林、张宝英、张礼慧、张克勤、李梅、华雯获“主角奖”，崔光丽、刘照亮、邵诣、沈磊获“配角奖”，石晓珺、陶思婕获“新人主角奖”，王海龙、孙建弘获“新人配角奖”，台北新剧团、中国人民武装警察部队政治部文工团获“集体奖”。此外，施燕萍、范红霞、黄丽珠、吴素英获“主角奖”提名，周妙利、张蕾蕾、王文获“配角奖”提名，马佳获“新人主角奖”提名。共有来自全国各地及海外的14个剧种、33个表演团体、55台剧目的84名演员参评本届“白玉兰”。

4月8日下午，上海白玉兰戏剧表演艺术奖创办20周年纪念大会在上海文艺活动中心举行。

【2010“上海之春”国际音乐节】

4月28日晚，“迎世博2010上海之春国际音乐节开幕式暨上海之春国际音乐节诞生50周年纪念音乐会”在上海大剧院举行，2010上海之春国际音乐节拉开帷幕。45年前在“上海之春”首次奏响的交响序曲《红旗颂》在开幕音乐会上再度奏响，并与《纳西一奇》、《在十八岁生日晚会上》、《为阿佤山的记忆》、《引子、吟腔与快板》等“上海之春”50年来的优秀作品共同演绎，经典的旋律带领人们领略“上海之春”50年来的各个精彩瞬间。

5月18日晚，2010上海之春国际音乐节落下帷幕。本届音乐节聚焦“城市”和“世博”主题，来自10多个国家和地区的音乐团体、音乐家奉献了40场各具特色的精彩演出。

【“上海之春”音乐节创办50周年纪念会】

5月11日下午，“上海之春”音乐节创办50周年纪念会在延安饭店举行。市委常委、宣传部部长杨振武，宣传部副部长陈东，市文联党组书记、专职副主席杨益萍，市文广局局长朱咏雷，上海文广集团总裁薛沛建，上海音乐学院院长许舒亚，市文联党组副书记、专职副主席迟志刚，市音协主席陆在易以及著名音乐家吕其明、何占豪、闵惠芬等百余名音乐界人士出席了纪念会。

杨振武在会上做了重要讲话。他鼓励“上海之春”继续坚持自身的鲜明特色，秉持推出新人新作、活跃群众文化的一贯宗旨；大胆弘扬创新的艺术精神，促进更多新的艺术理念、风格、形式的展现，力争办出新意、办出亮点；进一步建立健全艺术评价标准，培养和吸引文艺评论家踊跃参与，让健康、中肯、积极的文艺评论成为提升“上海之春”作品质量的优质动力。

【光华百年——世界华人庆世博美术大展】

5月12日，由国务院侨务办公室、中国美协为指导单位，市文联与市侨办、上海世博局、市美协联合主办的“光华百年——世界华人庆世博美术大展”在上海美术馆开幕。国务院侨办副主任许又声，市委常委、统战部部长杨晓渡，中国文联副主席、中国美协主席刘大为，中国美协分党组书记、副主席吴长江，市委统战部副部长丁志坚，市侨办主任崔明华，市文联党组书记、专职副主席杨益萍，市文联党组副书记、专职副主席迟志刚，著名画家刘国松、贺慕群以及社会各界人士1300余人参加了开幕式。展览得到了海内外广大华人的积极响应，共收到来自中国、美国、法国、奥地利、西班牙、加拿大、新加坡、日本等国家的华人艺术家投稿作品1080件。经过初评和原作复评，共展出包括中国画、油画、水彩、雕塑、版画、综合材料六大类作品217件。展览同时展出了齐白石、黄宾虹、林风眠、徐悲鸿、张大千、刘海粟、颜文樑、潘玉良、吴大羽、关良、傅抱石、陆俨少等的艺术精品。

【上海世博会万国印谱艺术展】

5月14日，由市文联和东方出版中心联合策划组织的“上海世博会万国印谱艺术展”开幕式暨《万国印谱——中国2010年上海世界博览会》新书发布会在上海中国画院举行。全国人大常委龚学平，市人大副主任胡炜，中国出版集团党组书记王涛，市委宣传部副部长陈东，市文联党组书记、专职副主席杨益萍，市文联党组副书记、专职副主席迟志刚，著名书法篆刻艺术家陈佩秋、高式熊、陈振濂、韩天衡、童衍方等和相关单位领导出席了开幕式。参加《万国印谱》的创作者是我国著名艺术机构“西泠印社”江浙沪地区的六十余位优秀篆刻家。这次展览和出版的《万国印谱》同时展示了创作所选用的190余方印石，包括中国四大名石福建寿山石、浙江昌化石、浙江青田石和内蒙古巴林石。

【全国文联世博采风活动】

6月30日至7月3日，由中国文联国内联络部和市文联共同主办的全国文联世博采风活动在上海举行。中国文联主要领导，各省、自治区、直辖市、新疆生产建设兵团及15个副省级城市文联主要领导及有关负责同志共180余人参与了此次活动。在为期4天的采风活动中，大家参观了世博园区，并举行“共享世博，畅想未来”主题大会。7月1日晚，采风团在世博综艺大厅内观摩了由市文联组织的专场演出——上海文艺界欢庆世博综艺晚会。此台演出邀请上海著名晚会导演陈体江担纲总导演，市文联所属13个协会名人名家纷纷“献宝”，为整个世博采风活动增添了一份精彩。此次采风活动是全国文联系统近年来规模最大、规格最高的一次采风活动。

【上海市创意设计工作者协会成立】

9月11日下午，上海市创意设计工作者协会在上戏剧院举行成立大会。中国文联党组成员、副主席冯远，市委常委、宣传部部长杨振武，市政府副秘书长蒋卓庆，市委宣传部副部长陈东，市文联党组书记、专职副主席杨益萍，党组副书记、专职副主席迟志刚，市美协主席施大畏等领导和会员代表400余人出席了成立大会。上海大学美术学院院长汪大伟当选上海市创意设计工作者协会主席。协会将覆盖各个设计领域，推进跨界交流合作和国际对口交流，积极开展学术研讨、设计大赛、专业咨询、人才培训、中介服务等工作，应企业和社会所需组织创意设计项目攻关和论证，建立创意设计成果向社会转让的通道与方式，促进创意产业知识产权保护、专利申请等工作，维护会员的合法权益。

【上海市文联成立60周年美术·书法精品展】

10月28日上午，由市文联主办，市美协、市书协承办的上海市文联成立60周年美术·书法精品展在上海图书馆开幕，市委常委、宣传部部长杨振武，宣传部副部长陈东，市文联主席吴贻弓，市文联党组书记、专职副主席杨益萍，北京市文联党组书记朱明德，上海市美协原主席、上海美术馆馆长方增先，市文联副主席、市书协原主席周慧珺，市美协主席施大畏，市曲协主席王汝刚，市作协副主席叶辛，市视协主席穆端正，市民协主席江明惇，市杂协主席程海宝，市摄协主席张元民，市书协主席周志高以及美术界、书法界人士300余人出席了开幕式。市文联党组副书记、专职副主席迟志刚主持开幕仪式，杨益萍、陈东先后致辞。

此次精品展以上海市文联成立60周年为契机，全面展示、回顾和总结60年来美术、书法的发展状况，从一个侧面体现了上海文艺事业繁荣发展、欣欣向荣的良好态势。展览展出76位艺术家的116件作品，其中有新中国成立初期就誉满画坛、书坛的老艺术家丰子恺、赖少其、黄宾虹、唐云、贺天健、王个簃、吴湖帆、林风眠、关良、刘海粟、陆俨少、颜文樑、朱屺瞻、沈柔坚、张乐平、沈尹默、郭绍虞、潘伯鹰、方去疾、谢稚柳等，也有新中国艺术院校培养成长的一代艺术家程十发、陈佩秋、方增先、张桂铭、施大畏、王劼音、卢辅圣、邱瑞敏、周长江、俞晓夫、郑辛遥、周慧珺、韩天衡、张森、王伟平、钱茂生、周志高、戴小京、刘小晴、刘一闻等。

【2010世界华人收藏家大会】

11月5～7日，由市文物管理委员会、市文联、市文广局、市政府新闻办公室联合主办的上海2010世界华人收藏家大会在上海展览中心举行。本次主题为“收藏：历史传承与时代创新”，旨在总结历史上收藏的经验和理论，并有助于研究新情况、新问题，提出新思路、新对策。同时开幕的还有今年新增的“京沪收藏家藏品邀请展”。展览分成三部分：北京“十墨山房书画藏品”、上海“曹王李白雅集”藏品和上海收藏家藏品。展品包括书画、瓷器、古玩、家具、杯角、文房、铜镜、印章等10余种品类、400多件，同时出版展览图录，极具研究价值。期间举办了1场主题论坛和4场专题论坛，并正式推出和发布了《大会论文集》、《大会采访录》等大会文献，计113万字。

【第二届中国校园戏剧节】

11月9～18日，以“青春校园，理想人生”为主题的第二届中国校园戏剧节在沪举行。来自全国各地高校的25台参演剧目先后上演。这些剧目从不同角度和侧面反映了当代大学校园生活和青年一代的精神风貌。本届戏剧节评选出《青春起跑线》、《罗密欧与朱丽叶》、《交大这些事》、《瞬间不是永远》等10台优秀剧目奖以及优秀编剧奖、优秀导演奖、优秀表演奖等6个单项奖，

"校园戏剧"之星26个，优秀组织奖10个和组织奖22个。戏剧节举办期间，共吸引了以在校学生为主的观摩人次达3万多人，并成功举办了《激活艺术，融入时代：浅析京剧表演艺术》（尚长荣主讲）、《当代戏剧创作的若干问题》（毛时安主讲）、《戏剧带给我们什么样的"娱乐"》（王晓鹰主讲）3次论坛。

【上海市文联成立60周年纪念大会】

11月25日下午，上海市文联成立60周年纪念大会在上海展览中心友谊会堂举行。吴邦国、刘云山、俞正声、朱镕基、曾庆红、陈至立、孙家正等发来题词贺词贺信。

市领导俞正声、韩正、刘云耕、屠光绍、杨振武、胡炜、蔡威等出席纪念大会。中国文联副主席李牧、上海市委副书记殷一璀讲话。胡振民、周巍峙、金炳华、王仲伟和冯国勤、龚学平等分别以不同形式表示祝贺。与会领导为参加过首次市文代会的部分老艺术家颁发纪念证书，为11位艺术家颁发了第四届上海市德艺双馨文艺工作者荣誉证书。会前，俞正声、韩正等会见了文艺工作者代表并合影。

殷一璀代表市委、市政府，向市文联成立60周年表示热烈祝贺，向全市广大文艺工作者、文联工作者表示诚挚问候。殷一璀指出，站在新的起点，广大文艺工作者要增强责任感、使命感，深入生活，潜心创作，不辜负时代和人民的重托。市文联要继承优良传统，发挥自身优势，根据形势任务和广大会员、人民群众的需求，创新工作方式、拓展工作领域，及时了解文艺工作者的所思所想、所需所求，真心实意地提供服务，努力建成各领域文艺工作者的温馨和谐之家，充分发挥党联系文艺工作者的桥梁纽带作用，为繁荣发展上海文化事业，推进上海社会主义现代化国际大都市建设做出新的贡献。

市文联主席吴贻弓主持会议，市委宣传部副部长陈东宣读题词贺词贺信，市文联党组书记、专职副主席杨益萍作主题发言。兄弟省区市文联和本市各人民团体代表，艺术家代表秦怡、尚长荣、李守白做了发言。

为庆祝市文联成立60周年，《前进中的上海文联》纪念画册和《我与文联》文集同期出版。

【第四届上海市德艺双馨文艺工作者评选揭晓】

为进一步倡导德艺双馨精神，推进上海文艺队伍建设，促进社会主义文艺事业的繁荣和发展，市文联于2010年上半年启动了第四届上海市德艺双馨文艺工作者评选表彰活动。在半年多的评选过程中，各团体会员、各文艺单位和广大文艺工作者积极参与，热情支持。最终，经过民主推荐、组织酝酿、专家评选、市委宣传部审核批准等程序，陈少云、刘英、卢治平、郑大圣、张善夫、陈家年、李守白、程海宝、田明、魏育青、梁伟平11位同志被评为第四届上海市德艺双馨文艺工作者荣誉称号。

对外文化交流

【上海市文联代表团访问日中文化交流协会】

3月25～30日，应日中文化交流协会邀请，以市文联党组成员、秘书长沈文忠为团长的上海市文联代表团一行5人对日本进行了为期5天的友好访问和文化交流活动。在日期间，代表团访问了东京中国文化中心，并就未来合作举办艺术展览等事宜进行了沟通交流。日中文化交流协会代表理事栗原小卷、常任理事坂上弘、专务理事横川健会见了上海市文联代表团。市文联代表团高度赞扬了日中文化交流协会在推进两国文化交往等方面的杰出贡献，并就书法、戏剧及出版等话题与日方进行了深入交流。

【"上海时空"文化周亮相2010汉堡"中国时代"】

9月，由市文联、市对外文协、汉堡文化部等共同合作举办的"上海时空"文化周亮相2010汉堡"中国时代"，并在汉堡豫园举行了"上海市文联艺术家展演基地"的挂牌仪式。本次文化周包括"厚重与平淡——上海影像摄影展"、"城市与艺术——上海当代艺术家画展"、"动感与旋律——上海舞蹈民乐演绎"3个板块，充分展示了上海独具风格的海派文化，也展示了上海中青年艺术家精湛的艺术水平和成果。

【上海市文联艺术交流代表团参加2010釜山艺术节】

9月23～26日，应韩国釜山广域市文化艺术总会邀请，由市文联党组副书记、专职副主席迟志刚为团长的上海市文联艺术交流代表团赴韩国釜山参加了2010釜山艺术节。本次釜山国际艺术节于9月23日至10月6日举办，分姐妹城市研讨会、诗画、民乐、国乐、舞蹈、摄影等多个板块依次进行。市文联艺术交流代表团一行共20人，包括赵丽宏、周进华、杨学进、周明等众多文学、音乐、舞蹈、摄影门类的知名艺术家，在釜山国际艺术节展示了海派文化的风采。

文艺家协会活动

【钱春绮文学翻译学术研讨会】

1月4日，由市文联主办、市译协承办的钱春绮文学翻译学术研讨会在上海文艺活动中心举行。会议由上海译协副会长柴明熲主持。市文联党组书记、专职副主席杨益萍出席会议并向钱春绮家属颁发了中国文联授予钱春绮从事新中国文艺工作60周年的荣誉证书和奖牌。市文联党组副书记、专职副主席迟志刚，市译协会长谭晶华等出席会议。会上，大家从各自不同的角度回顾总结了钱春绮一生为之奉献的翻译事业，对他在文学翻译，特别是在诗歌翻译领域取得的辉煌成果给予了高度评价。

【上海市杂技家协会第五次会员代表大会】

5月27日，上海市杂技家协会第五次会员代表大会在上海文艺活动中心举行。市委宣传部副部长陈东，市文联党组书记、专职副主席杨益萍，市文联党组副书记、专职副主席迟志刚、何麟等与百余位杂协会员代表出席了大会。大会宣读了中国杂协贺函和全国各兄弟杂协及上海各文艺家协会的贺电贺函，审议通过了第四届理事会工作报告和上海市杂技家协会章程修改说明，并根据上海市社团管理规定和协会章程，按民主程序选举产生了新一届理事会和常务理事会。程海宝连任上海市杂技家协会主席，王莹、陆星奇、陈琴芳、周良铁、赵力志、俞亦刚当选为副主席。

【2010华东六省一市专业舞蹈比赛】

6月3～5日，由上海市文联主办，华东各省（市）舞协承办2010华东六省一市专业舞蹈比赛于在上海举行。比赛吸引了来自华东六省一市的30多家专业团体、专业院（校）58个节目近700名演员的积极参与。经过历时3天的严格评审，上海歌舞团、上海东方青春舞蹈团的《夜深沉》获群舞组评委会大奖；上海戏剧学院舞蹈学院的《净途》、上海戏剧学院舞蹈学院的《一抹红》、福建省艺术职业学院的《嗦啰嗹》获群舞组创作一等奖；《净途》、《一抹红》与上海歌舞团、东方青春舞蹈团的《舞者别恋》获群舞组表演一等奖；单项组评委会大奖空缺，扬州市歌舞团的《两滴水》、中国人民解放军济南军区前卫文工团的《姐》、上海歌剧院舞剧团的《剑吟》获单项组创作一等奖；上海戏剧学院舞蹈学院的《梦随翎翅飞苍茫》与《两滴水》、《剑吟》获单项组表演一等奖。其他节目分获创作和表演二、三等奖。6月6日晚，在上海美琪大戏院举行了“张浦之夜”2010华东六省一市专业舞蹈比赛颁奖晚会。比赛期间，主办方还召开了2010华东舞蹈论坛。

【2010上海国际摄影周暨上海第10届国际摄影艺术展览】

6月23日，2010上海国际摄影周暨上海第10届国际摄影艺术展览在上海展览中心开幕。本届影展包括展览、论坛、专题讲座、世界摄影家拍世博一日创作活动、国际摄影器材和婚纱器材展和摄影大篷车等内容。本届影展规模创历届之最，汇聚了国际、国内的3000余幅优秀作品。主展馆上海展览中心除了展出上海第10届国际摄影艺术展览获奖作品、“中国移动通信”杯第三届国际手机彩信摄影大赛的优秀作品之外，同时还展出的还有25个国际邀请展和25个国内邀请展。上海三山会馆、上海800艺术区和泰康路田子坊3个分展厅也同步设展。

【上海演艺工作者联合会成立5周年座谈会】

8月18日、20日，上海演艺工作者联合会成立5周年专家座谈会和本市各文艺院团负责同志座谈会分别在上海文艺活动中心举行。市文联党组书记、专职副主席杨益萍，市委宣传部副局级巡视员、改革办主任王锦萍等来自本市文化和社团政府主管部门的领导、法律专家、资深媒体人、业界学者和各专业院团主要管理者近50人分别参加了座谈会。市文联党组副书记、专职副主席、艺联会长何麟主持会议，并向与会嘉宾介绍了艺联成立五年来的探索实践。与会领导专家从不同角度对艺联的建设提出了许多建议，希望艺联抓住机遇、迎难而上，继续加大探索力度、开拓服务功能，为本市文化事业发展进一步彰显积极作用。艺联副会长殷华立、黎洪伟，副会长兼秘书长沈伟民等参加会议。

【上海市书法家协会第六次会员代表大会】

9月10日，上海市书法家协会第六次会员代表大会在上海文艺活动中心举行。会议根据上海市社团管理规定和上海市书法家协会章程，按民主程序选举产生了新一届主席团。周志高当选为新一届上海市书协主席，童衍方、张淳、刘一闻、戴小京、徐正濂、孙慰祖、张伟生、李静、丁申阳、宣家鑫、徐庆华当选为副主席。

【首届中国莲湘文化节】

9月27日上午，由中国民协、市文联和金山区政府共同主办，上海民协、金山区文广局和廊下镇人民政府承办的首届中国莲湘文化节在上海金山区廊下镇开幕。市委宣传部副部长、市文明办主任马春雷，中国民协党组书记、专职副主席罗杨，市文联党组书记、专职副主席杨益萍，金山区区委副书记、区长赵福禧，市文联副主席、市民协主席江明惇等出席开幕式。在开幕式上，中国民协向廊下镇颁授了“中国莲湘文化之乡”和“中国莲湘文化传承基地”匾牌，由著名雕塑家何锷创作的雕塑“莲湘之恋”也同时揭幕。此次文化节主题为“喜庆世博盛会、弘扬民间文化”，时间持续一个月，期间举办中国莲湘文化论坛、莲湘达人秀、莲湘大奖赛、莲湘大奖赛、莲湘故事征集活动、莲湘下乡巡演、莲湘图片展等多项活动。中国民协、全国各省区市民协负责人60余人应邀齐聚上海，共商中国莲湘文化的传承与发展之道，推动民间文化的交流与合作。

【首届中外无声影片展】

10月22日，由上影集团、中国电影资料馆主办，上海影协、上海电影资料馆、上海影城、上影演员剧团等单位协办的2010首届上海中外无声影片展在上海影城举行。市委常委、统战部部长杨晓渡，市委宣传部副部长陈东，市文联党组书记、专职副主席杨益萍，市文联党组副书记、专职副主席何麟，著名表演艺术家秦怡等中外嘉宾出席了活动。开幕式上放映了由孙瑜编导，金焰和王人美主演的《野玫瑰》，并邀请世界著名音乐家、演奏家现场根据电影情节的变化配乐演奏，使传统的经典和现代的音乐表现形式相结合。

【上海文艺界纪念张骏祥先生诞辰100周年】

11月21日、22日，“影剧伟业·遗泽长存——隆重纪念著名导演、剧作家、教育家、理论家、电影事业家张骏祥先生诞辰100周年”系列活动在沪举行。本次系列纪念活动分三大板块，包括纪念碑瞻仰、纪念大会、《白求恩大夫》观摩、学术研讨会、《张骏祥传》首发仪式、纪念册赠送、图片展览、《追忆·张骏祥》专题片播映8个主要内容。全国人大常委龚学平，市委宣传部副部长陈东，市委宣传部老领导孟波，市文联主席吴贻弓，市文联党组书记、专职副主席杨益萍，中国影协分党组副书记、秘书长许柏林，著名电影表演艺术家于蓝、秦怡、仲星火、杨在葆、祝希娟、著名作曲家黄准、吕其明等，张骏祥先生夫人、著名歌唱家、教育家周小燕与社会各界人士近千人分别出席了各项纪念活动。为配合此次活动，主办方编辑出版了张骏祥先生诞辰100周年纪念册，以丰富的文字和图片展现了张骏祥的“影剧伟业”，充分表现了他在中国文艺史上“遗泽长存”的历史影像。

【《上海现代美术史大系·连环画卷》首发式暨新闻发布会】

12月21日，市美协召开《上海现代美术史大系·连环画卷》首发式暨新闻发布会。市文联党组副书记、专职副主席迟志刚，中国美协副主席、市美协主席施大畏，上海人民美术出版社社长李新，市美协副主席朱国荣、卢辅圣，市美协顾问贺友直，市美协原副主席徐昌酩、王劼音以及美术理论家、参与编撰的作者、责任编辑、连环画家、新闻界等50余人出席了会议。会议由上海市美协秘书长陈琪主持，本书执行主编朱国荣首先就本书出版的背景、编纂过程和内容做了介绍。

迟志刚对本书的出版给予充分肯定并对参与编辑的人员表示感谢，希望借由本书的出版为上海连环画事业的发展助力。著名画家贺友直、黎鲁、黄可、徐昌酩、叶雄以及本书出版人李新、撰稿人王军先后发表感言，畅谈上海连环画事业发展的思路和体会。

【抽象之道——2010海平线绘画雕塑联展】

12月28日，由市美协主办的抽象之道——2010海平线绘画雕塑联展在上海油雕院美术馆开幕。本届“海平线”展将主题落在抽象艺术领域，力求从学理上关注、研究上海乃至全国抽象艺术家群体的发展状况，通过展示绘画、雕塑、装置和影像等不同形式的艺术作品，梳理抽象艺术在中国、在上海发展的历史脉络，讨论抽象艺术与城市发展之间的关系，研究抽象艺术与当代观念艺术的异同以及抽象艺术在中国如何发展等问题。展览以周长江、李旭、龚云表、王南溟组成策展团队，推荐评选出参展作者以中青年为主体，29位参展作者以上海艺术家为主，同时涉及北京、浙江等地一些重要的抽象艺术家。他们在各自艺术发展过程中的阶段性成熟作品，为人们展现出抽象艺术发展的痕迹和脉络。

【“我们大家的世博”中国2010上海世博会摄影展】

12月29日，由市文明办、市文联、市摄协共同主办，市文艺培训指导中心、市东方宣传教育服务中心、杨浦区殷行街道、浦东新区高行镇联合承办的“我们大家的世博”中国2010年上海世博会摄影展在杨浦区文化馆开幕。展览分喜迎世博、参与世博、奉献世博、共享世博4个主题，展出作品150余件。这些作品是从近万件来稿中经过精心遴选产生的，既有反映世博会期间四海同欢、众艳齐放的欢庆场面，又有海宝欢腾、万国参与的喜悦情景，更多的是记录广大奉献者的感人瞬间。同时，《“我们大家的世博”中国2010年上海世博会摄影作品集》由上海锦绣文章出版社出版发行。

事业单位

【《海上谈艺录》丛书首批6部作品出版】

由上海文学艺术院组织编写的《海上谈艺录》丛书首批6部作品于2010年由上海锦绣文章出版社出版。丛书包括：《人生况味尽如剧——黄允》（简平、李葭著）、《译笔求道路漫漫——草婴》（金波、司徒伟智著）、《金石书画铸春秋——韩天衡》（王琪森著）、《泼墨真情画人生——方增先》（胡建君、汤哲明著）、《艺苑芳草独暄妍——张瑞芳》（周斌著）、《角色编织的花环——秦怡》（唐明生著）。《海上谈艺录》第一批6部作品均做到了行文严谨，内容翔实，文风活泼，思想敏锐。每本书篇幅约在20万字左右，由艺术家访谈、艺术家传记两大部分组成，并配有大量具有历史价值和艺术价值的照片。

【原生态情境剧《家园·印象上钢》世博首演】

5月1日、2日，由上海市文联艺术团及艺术团上钢文艺基地历时近两年的策划和创排的大型原生态情境剧《家园·印象上钢》在上海世博园区宝钢大舞台成功进行了为期2天4场的开幕首演，观众达到5000余人次。5月2日，中国文联党组书记胡振民副主席，市文联党组书记、专职副主席杨益萍，市文明办巡视员陈振民，市文联党组副书记、专职副主席何麟，浦东新区区委副书记、副区长戴海波，浦东新区区委常委、宣传部部长陈高宏，浦东新区副区长陆月星，浦东新区总工会主席、世博核心区常务副总指挥姜鸣，浦东新区区委办主任邓婕等观看了演出，并亲切慰问了近300位社区群众演员，对演出的成功举办表示了热烈祝贺。

江苏省文联

综　述

2010年，在江苏省委、省政府的坚强领导和省委宣传部的有力指导下，江苏省文联及各团体会员坚持以邓小平理论和“三个代表”重要思想为指导，全面落实科学发展观，牢牢把握“高举旗帜、围绕大局、服务人民、改革创新”的总要求，认真履行联络、协调、服务、指导的职能，大力实施文艺精品工程、文艺人才工程、文艺品牌工程、文艺惠民工程、文艺理论工程，服务经济社会发展大局更加自觉，引领文艺创作生产更加主动，促进人才队伍建设措施更加扎实，推动文艺品牌建设成效更加明显，开展文艺活动方式更加多样，加强文联自身建设成果更加丰硕，圆满完成了年初确定的各项任务，全省文艺事业和文联工作迈上了新的台阶。

会议与活动

【省八次文代会】

2月1～3日，江苏省文联第八次文代会在南京召开。省领导梁保华、罗志军、张连珍、王国生、赵克志、林祥国、弘强、李云峰、杨新力、李笃信、柏苏宁、曹卫星、张九汉出席大会。中国文联党组书记、副主席胡振民，中国作协党组书记、副主席李冰应邀出席开幕式并讲话。省委书记梁保华发表讲话，号召全省广大文艺工作者始终与祖国共命运，与人民心连心，与时代同步伐，更加自觉地投身全省人民创造幸福生活和美好未来的宏伟事业，投身建设文化强省、推动文化大发展大繁荣的生动实践，创作出更多符合时代要求、群众喜爱的优秀文艺作品，努力开创江苏文艺繁荣发展的新局面，共同谱写文化强省建设的新篇章。胡振民代表中国文联，向大会召开表示热烈祝贺。李冰代表中国作家协会，向大会召开表示热烈祝贺。省文联第七届主席顾浩致开幕辞。南京军区周明贵少将代表人民解放军和武警驻苏部队向大会致贺辞。省科协党组书记、副主席徐耀新代表省各人民团体向大会致贺辞。省文联党组书记、副主席王慧芬主持开幕式。王慧芬向大会做工作报告。大会审议省文联七次代表大会以来的工作报告，讨论提出今后5年的工作建议和工作要求；修改省文联章程，选举产生省文联新一届领导机构。经选举，王湛当选为新一届省文联主席，王慧芬、杨企鹏、言恭达、朱昌耀、宋玉麟、顾芗、陶思炎、周莉、邹建平、柳江南、孙晓云、陶泽如、柯军、盛小云、刘仲宝、沈遥、费广生当选为副主席。

【采风创作】

2010年，江苏省文联着力围绕省委、省政府重大决策部署，精心组织开展了一系列有声势、有特色、有影响的主题文艺活动。积极引导广大文艺工作者自觉把文艺创作与人民群众火热生活相结合，开展了“咱们工人有力量——大型摄影采风创作宣传活动”、“绿都畅想——江苏省书画名家泗阳采风行”、“走进溧阳新农庄”采风创作活动和“青春奥运，活力河西”艺术展演展示系列活动等，组织了第四届江苏省电视专题片（纪录片）《新农村新农民——江苏农村小康故事》作品征集评选活动，出版了《“锦绣江苏”大型摄影作品集》，热情讴歌江苏“两个率先”进程中的新成就、新辉煌、新风貌。

【援建灾区】

围绕抗击青海玉树地震、甘肃舟曲特大泥石流等自然灾害，积极组织开展赈灾义捐活动，向灾区人民送温暖、献爱心。继续大力支持四川灾后重建工作，开展“我看绵竹新面貌”摄影大赛等主题性文艺活动，在社会各界引起广泛好评。

【对外交流】

充分发挥自身优势，积极开展对外民间文化交流活动。先后组织江苏文艺工作者赴韩国、澳大利亚、新西兰、法国、德国等地开展对外文化交流活动；举办首届海峡两岸电视交流合作论坛等，开阔了文艺工作者的视野，扩大了江苏文艺的国际影响力。

创作与研究

【系列展赛活动】

江苏省文联与有关单位共同主办、联办了2010江苏音乐“茉莉花奖”全省民族器乐比赛、第六届“江苏戏剧奖·小戏小品奖”大赛、首届“吴晓邦杯”国际标准舞全国公开赛暨沙溪舞蹈节、首届江苏舞蹈“莲花奖”社会舞蹈大赛、第26届江苏省电视“金凤凰奖”评选、首届江苏省杂技作品大赛、首届江浙沪“金手杖奖”魔术大赛、2010中国（无锡）江苏民歌节暨江浙沪吴歌大赛、第20届江苏省摄影艺术展等多种艺术门类的评选比赛活动，发挥了展赛评奖活动的导向作用，催生了一批新创作的优秀作品。还举办了首届中国农民艺术节、第八届中国国际民间艺术节、刘天华阿炳作品音乐会、第19届中国金鸡百花电影节等，对江苏文艺事业的发展产生积极的推动作用。

【文艺理论建设】

召开江苏省文艺评论家协会第二次代表大会，顺利完成新老更替，激发协会活力。对近年来优秀文艺理论成果进行分类整理，编辑出版《走过十年——江苏省文艺评论家协会成立十周年优秀论文集》。先后举办第九届江苏民间文艺论坛、江苏历代花鸟画高层论坛暨江苏当代花鸟画名家作品邀请展、2010·首届江苏动漫艺术创作高层论坛、首届江苏老年文化建设论坛、第四届江苏省文学艺术界保护知识产权论坛暨编剧著作权保护研讨会等，促进江苏文艺理论建设工作。

【创作成果】

2010年，由江苏省各文艺家协会组织参赛、参展、参演的49件作品在全国性文艺奖项评选中获奖。在第六届中国曲艺“牡丹奖”评选中，江苏共获6项大奖，获奖总数名列全国第一；在第25届中国电视“金鹰奖”评选中，江苏有12部作品获奖，无论是数量还是质量都在全国各省区市中名列第一；在第八届全国刻字艺术展评选中，江苏有3位作者获“全国奖”，65位作者入展，获奖、入展作者数量名列全国第一；在中国戏剧奖评选中江苏有4部作品获奖，在第23届全国摄影艺术展评选中江苏获得1金1银6铜优异成绩，均名列全国前茅。越剧《柳毅传书》，滑稽剧《顾家姆妈》等精品舞台剧目，电视剧《人间正道是沧桑》、《老大的幸福》，中篇苏州弹词《雷雨》，摄影作品《上海白领的早班生活》等一批思想性、艺术性和观赏性俱佳的精品力作，在全国产生了较大影响。

人才培养

【新秀选拔】

切实遵循文艺人才的成长规律，注重文艺后备人才的选拔，确保文艺人才队伍建设梯队合理，后继有人。举行了首届优秀青年音乐人才评选，发现和选拔了20名优秀青年音乐新秀。举办了江苏省第3次新人美术作品展览，作品涵盖中国画、油画、版画、水彩、雕塑、漆画等10多个画种，共有524件作品入选，推出了一批美术新秀。举办了江苏省第7届新人书法篆刻作品展，465件新人新作，展现江苏书法事业丰厚的人才优势。举办了第三届江苏省少儿曲艺大赛，评出62个奖项并举办了颁奖汇报演出。

【第14期江苏省文艺家读书班】

举办了针对近两年江苏省文联及各文艺家协会先后换届的实际情况，本期读书班的学员以江苏省文联、省各文艺家协会的主席团成员为主。读书班邀请全国政协副主席、中国文联主席孙家正给大家做了《文化三题》的精彩演讲，还邀请著名专家学者讲授了《中国传统文化与现代化》、

《主流电影与核心价值》等专题讲座。通过学习培训，全体学员进一步明确了做好文艺工作的重要性，认识到文化人的价值，增强了文化人的责任感和推动文联、协会建设的自觉性、主动性。为了确保文艺培训工作制度化，着力打造“江苏文艺·名家讲坛”，先后邀请专家学者讲授了“中国文化发展战略”、“象征与民俗文化遗产”等12场专题讲座，3000多人参加听讲，深受文艺界和社会各界的好评。此外，第20期江苏省知名演员读书班暨读书班20周年庆典活动，把专题讲座、读书班学员成果展示、“戏曲名家进校园”活动有机结合，收到了良好的效果。

【跟踪培养】

随着各艺术门类优秀青年文艺人才评选活动的陆续展开，江苏省文联把对优秀青年文艺人才的跟踪培养作为实施文艺人才工程的重要抓手，有力地推进了文艺人才队伍建设。举办了江苏省曲艺优秀青年人才研修班，为省首批曲艺优秀青年人才、两届“芦花奖”评选出的青年人才和优秀苗子制定个性化培训方案，增强跟踪培养的针对性和实效性。策划举办了江苏省优秀青年书法篆刻家网络作品展，通过网络平台全方位宣传展示江苏省30名优秀青年书法篆刻家的创作成果和艺术风采，人均点击率达4万次以上，在全国书坛产生较大反响。

【宣传推介】

研究制定青年文艺人才宣传推介方案，与江苏省委宣传部在北京和南京共同举办“书法有法——孙晓云书法作品展”，在南京举办“梨园风华”李洁京剧个人专场演出、“茉莉馨香”张其萍民歌独唱音乐会、“绿杨清声”李政成扬剧专场、“弦梦飞扬”任洁、杨婷婷古筝琵琶独奏音乐会等，并在苏北地区进行巡演。加大媒体宣传推介力度，在《新华日报》文化专版、省广电总台推出的文化周刊《看文化》、中国江苏网的《江苏文化名人》、《扬子晚报》推出的《扬子有约》等专版专栏对重点文艺家、重要作品和重大活动进行专题报道和深度宣传推介，扩大了江苏拔尖文艺人才在全省乃至全国的知名度和影响力。

品牌活动

【2010·中国百家金陵画展（油画）】

画展高扬现实主义艺术精神，以“现实·超越”为主题，组织发动全国油画家踊跃参与，共收到参评作品4500余幅，较上届油画展增加了一倍多，参评人数是历届最多的一次，充分显示了画展的影响力和凝聚力不断提升。经层层评选，共评出入选作品100幅，其中金奖作品10幅。江苏有15件作品入选，2件获得金奖。这些作品形式多样且注重油画艺术的独特表现力，透析出当代艺术家对社会、对人民、对生命、对自然深刻的人文关怀。画展在学术理论研讨上也积极创新，邀请了全国著名理论家对本届画展进行综合评述，10名理论家对金奖作品进行一对一点评，并与获奖作者撰写的获奖感言一起入编作品集。这种创新的理论介入，对于提高作者创作水平、促进画展品牌建设都产生了积极的推动作用。

【第六届中国曲艺“牡丹奖”颁奖系列活动】

根据江苏省委、省政府提出的要把本届颁奖系列活动办得比往届更好的要求，第六届中国曲艺“牡丹奖”颁奖晚会按照“隆重、欢乐、有浓郁地域特色”的理念，经过精心组织筹备，在南京奥体中心体育馆隆重开幕。全国人大常委会原副委员长热地，中国文联以及江苏省委、省人大、省政府、省政协主要领导、分管领导等出席颁奖盛典并与近万名观众一起观看演出。本届“牡丹奖”颁奖晚会呈现出4个特点：一是规模更大。从过去的五台山体育馆移师南京奥体中心体育馆举办，晚会舞台更大，观众更多，是历届规模最大的一次。二是阵容更强。本届颁奖晚会，由主办单位和中央电视台大型活动部负责整台晚会的创意、排练及组织实施。国内众多一流曲艺界笑星、演艺界明星等出席颁奖系列活动，阵容强大。三是影响更广。中央电视台三套、四套和江苏卫视等频道播出了晚会整场演出，另有近50家新闻单位采访、报道了此次活动的盛况。四是惠民更实。更加突出文化惠民理念，连续组织了7场进社区、进校园的惠民演出和2场专场演出，使曲艺名家与基层群众、校园师生进行面对面地互动交流，充分体现出颁奖系列活动公益性、普及性、参与性的惠民特质。

【第二届东方工艺美术之都博览会】

本届博览会主题为“艺术，让生活更有情趣”。博览会期间，开展了第二届江苏省工艺美术最高奖“迎春花奖”评选、博览会精品展和“文化产业背景下的工艺美术”高层论坛等活动。精品展从全省1000多位作者的近3000件（套）应征作品中，评选出413件（套）作品参加展览，涉及雕刻、刺绣、漆器、剪纸等10多个民间工艺门类。展览集中展现传统工艺美术的文化价值和艺术魅力，是近年来江苏民间文艺家队伍和民间文艺事业发展成果的一次全面展示。

文艺惠民活动

2010年，江苏省文联及各文艺家协会以满足人民基本文化需要、保障人民基本文化权益、让人民共享文化发展成果为出发点，广泛开展面向基层、服务群众的江苏省百名文艺家百场惠民演出活动，在丰富和活跃人民群众精神文化生活方面发挥了积极作用，受到省委宣传部的充分肯定和人民群众的高度赞扬。“双百”惠民演出活动，坚持立足江苏优势文艺资源，以江苏获得中国戏剧“梅花奖”、中国曲艺“牡丹奖”、中国音乐“金钟奖”等全国性文艺奖项的表演艺术名家名曲名段等代表性节目为重点，与当地文艺工作者的特色文艺节目相结合，与纪念毛泽东《在延安文艺座谈会上的讲话》发表68周年、中国共产党成立89周年等重要的纪念活动相结合，使“双百”惠民演出的主题性、观赏性、互动性更加突显。“双百”惠民活动共演出107场，所到之处受到人民群众的欢迎和好评。

自身建设

【制定《江苏省文联“十二五”文艺发展规划纲要》】

围绕省委、省政府确立的战略发展目标，按照省八次文代会确定的发展思路和任务要求，广泛开展调查研究，在全面总结“十一五”成绩、分析江苏文艺事业发展现状和存在问题的基础上，积极征求有关部门、专家学者、艺术家代表的意见建议，精心制定了《江苏江苏省文联“十二五”文艺发展规划纲要》，明确了未来5年江苏文艺事业发展的指导思想，确定了未来5年江苏文艺创作更加繁荣、文艺人才更显优势、文艺品牌更具影响、文艺惠民更富实效、文艺理论更有建树的总体目标，确立了坚持以人为本、统筹兼顾、“三贴近”和社会效益优先的发展原则，提出了繁荣先进文化、建设和谐文化等9项主要任务，确定了11个重点项目和相关措施，将有力地保障江苏文艺事业的健康有序发展。

【基层文联建设蓬勃发展】

省文联牢固树立全省文联“一盘棋”的思想，积极推动基层文联建设。为了提高基层文联干部的工作能力和水平，加强省文联与基层文联的沟通交流，举办了第一期全省基层文联干部培训班。大家普遍反映，通过培训，提高了认识，增长了知识，拓宽了思路，学到了方法，从而增强了做好文联工作的信心。2010年，全省基层文联干部自觉增强责任感和使命感，确立有为才有位的进取精神，开拓创新，勇于超越，基层文联建设蓬勃发展，在围绕中心、服务大局，繁荣创作、培养人才、打造品牌、文艺惠民等方面取得了令人鼓舞的成绩。

【文艺家创作基地顺利落成】

江苏省文联与高淳陶瓷股份有限公司2009年初着手共建江苏省文艺家创作基地。创作基地环境优美、设施齐全，设有8个创作室、多媒体会议室、7栋别墅，集创作、研讨、作品展示、会议食宿功能于一体。经过近一年的筹备，江苏省文艺家创作基地挂牌仪式于12月上旬在高淳陶瓷股份有限公司举行，同时举办了“走进江苏高淳陶瓷股份有限公司——江苏省百名文艺家百场惠民演出”、江苏省书画名人陶艺作品展等。该基地的建立不仅将为文艺家提供良好的创作条件，同时也将进一步提升高淳陶瓷公司企业文化。另外，中国江南影视基地、中国青年电影创作基地在常熟虞山尚湖旅游度假区建立先后揭牌。

【自身建设稳步推进】

江苏省文联机关党委、工会如期进行换届，加强了机关党组织和工会组织建设。年鉴、宣传信息工作不断加强，《江苏省文学艺术界联合会年鉴（2009）》荣获全国地方志系统第二届年鉴评比三等奖和首届江苏省年鉴奖“优秀奖”，江苏省文联荣获中国文联舆情信息先进单位、《中国艺术报》特别贡献奖等。工作通讯《繁荣》办刊质量、办刊时效不断提高，发行范围有所扩大，江苏文艺网全面升级改版，宣传力度显著增强。《歌迷大世界》、《乡土》杂志不断改版创新，办刊质量稳中有升。经过考核，文化交流中心、艺术人才培训中心、书画研究中心、《歌迷大世界》杂志社、《乡土》杂志社均完成或超额完成《工作目标责任书》中经济效益和社会效益指标。

浙江省文联

综　述

2010年是“十一五”规划的收官之年，也是浙江省文联的“换届年”。一年来，浙江省文联在省委、省政府和省委宣传部的正确领导下，以科学发展观为统领，以省文联和各直属文艺家协会换届为契机，认真贯彻落实中央和省委有关文化建设的一系列重要指示和决策部署，精心谋划文联事业发展，倾力打造文艺活动品牌，不断促进文艺精品创作，为加快文化大省建设、推动浙江文艺大发展大繁荣发挥了积极作用。

会议与活动

【浙江省文联第七次代表大会】

12月24日，浙江省文联第七次会员代表大会隆重召开。大会审议通过了吴天行代表省文联第六届委员会所做的《凝聚智慧力量，激发创造活力，为推进浙江文艺大发展大繁荣而努力奋斗》工作报告，审议通过了修改后的省文联章程，选举产生了省文联第七届委员会和主席团，推举产生新一届书记处。浙江省委书记、省人大常委会主任赵洪祝出席开幕式并做了重要讲话，中国文联党组书记、副主席胡振民在开幕式上致贺词，省领导李强、茅临生、吴国华、郑继伟、姚克等出席了开幕式。会议期间，省委副书记、省长吕祖善向全体代表做了经济形势报告。省委常委、宣传部长茅临生在闭幕式上讲话。会后，省委书记赵洪祝在省文联报送省委的《关于省文联第七次代表大会的情况报告》上，做出重要批示：“省第七次文代会开得圆满成功。要以此为新起点，扎实谋划和抓好今后5年工作，为浙江省‘十二五’规划的全面实施，做出文联的贡献。”

【“2010沙孟海年”系列活动】

为纪念沙孟海先生诞辰110周年，浙江省文联、省书协与省委宣传部、宁波市政府、省文化厅、省文物局等部门单位联合主办了“2010沙孟海年”系列活动。历时一年的活动涵括“沙孟海奖”第七届全浙书法大展、“若榴花屋”全国书法名家作品邀请展、沙孟海特展、“沙孟海论坛”暨中国书学国际学术研讨会、《沙孟海全集》首发式等子项目。其中，“沙孟海奖”第七届全浙书法大展收到参展作品3017件，评出入展作品480件，全面展示了浙江书法艺术的最新风貌；“石榴花屋”全国书法名家作品邀请展征集了百余位全国各省书协主席、副主席及著名书法家的优秀作品，体现了对沙孟海学术品赋与人格精神的当代尊重和光大弘扬；“沙孟海特展”精选了沙孟海书法、篆刻、文稿、师友信札等110件墨宝，是沙孟海书法创作成果与学术理念研究的珍贵素材；耗时3年编撰而成的《沙孟海全集》共分7卷12册，被国家新闻出版总署列为“十一五”国家重点图书出版计划项目。

【农民画时代，时代画农民——全国农民绘画作品展】

7月6日，由浙江省文联、省美协与中国文联、中国美协、浙江省委宣传部联合主办的“农民画时代，时代画农民——全国农民绘画作品展”在浙江美术馆隆重开幕。中国文联党组副书记、副主席、书记处书记覃志刚，中共浙江省委常委、宣传部部长茅临生，省政协副主席冯明光，中国文联书记处书记夏潮，中国美协分党组书记、驻会副主席吴长江，省委宣传部副部长、省文联党组书记吴天行，省人大科教文卫委员会主任童芍素，省文化厅厅长杨建新等领导出席开幕式。展览征集了来自全国31个省区市农民画家创作的3100余件作品，推出参展作品400件、优秀作品46件，其中浙江90件作品入选，15件作品被评为优秀。展览由“农民画时代——全国农民画作品展”、“时代画农民——新中国农民题材美术作品展”、“来自画乡的报告——全国农民绘画文献展”3块内容组成，并配套出版了相应的大型文献资料。展览打造了目前国内同类题材在参展范围、学术性、权威性等方面的最高规格，《人民日报》、《中央电视台》、《光明日报》、《浙江日报》、浙江电视台、《钱江晚报》、《今日早报》、求是网、人民网、浙江在线等主流媒体，《中国文化报》、《中国艺术报》、《文艺报》、《中国书画报》、《美术报》、《人民美术》杂志、美术观察等专业媒体均对展览做了大幅报道，在全国美术界和学术界引起了广泛关注。展览继在浙江美术馆展出后，又晋京在中国军事博物馆举行了“农民画时代——全国农民绘画展览”汇报展。

【首届“杭州·中国画双年展】

首届杭州·中国画双年展由中国美协、浙江省文联、浙江省文化厅、中国美术学院联合主办，省美协、浙江美术馆、浙江画院、中国美院国画系承办。双年展以“中国画的写意精神”为主题方向，其宗旨是：回眸世纪发展之路，标新国画学术话语，重建当代文化联系，再造东方艺术高峰。为更好确定参展人选，双年展艺委会做出创新之举，采取了专家个人推荐和艺委会集体评审投票相结合的机制，在前期推出近百名候选人的基础上，最终敲定了30名入选画家。经过5个月时间创作，画展以“重觅传统之意”、“重访创生之途”、“重构转化之机”3个部分呈现。省长吕祖善，副省长郑继伟，中国文联党组成员、副主席冯远，中国文联副主席、中国美协主席刘大为等领导亲临画展观摩。

【2010中国西湖国际魔术交流大会】

11月13日，由浙江省文联和浙江日报报业集团联合主办，省杂协、省曲艺杂技总团承办的“2010中国西湖国际魔术交流大会”在杭州落下帷幕。中国文联副主席、中国杂协名誉主席夏菊花，中国杂协副主席、亚洲魔术联盟主席戴武琦，省政协副主席斯鑫良，省委宣传部副部长、省文联党组书记吴天行，省文联主席、中国美院院长许江，国际魔术联盟主席埃瑞克·埃斯文等领导和嘉宾出席大会有关活动。从11月9～13日，共举办了4场国际魔术嘉宾展演、4场魔术讲座、为期3天的魔术道具展、1场近景魔术比赛和2场舞台魔术比赛，来自19个国家和地区的10位国际级魔术大师、近100位职业魔术师、300位注册魔术爱好者会聚杭州。最终，哈萨克斯坦的阿尔图拉和兰扎特表演的“美女换衣”获舞台魔术比赛金奖，范龙祥、尹浩、杨美莲获银奖，李泽邦、李洁、刘大诠、孙晓楠、koh tae－han获铜奖。来自中国兰州的闫建荣表演的“仙人栽豆”获近景魔术比赛金奖，郭皓炜获银奖，叶望风获铜奖。大会期间举行了魔术俱乐部揭牌仪式。俱乐部每月至少进行一次魔术交流活动，普及推广魔术艺术。

【第六届中国曲艺“牡丹奖”鼓曲唱曲南方片大赛】

第六届中国曲艺“牡丹奖”鼓曲唱曲南方片大赛及颁奖晚会由中国曲协、浙江省委宣传部和省文联共同主办，在宁波鄞州隆重举行。省文联和省曲协对此非常重视，先后9次赴宁波协调落实相关事项，从大赛整体筹备、参赛节目创作到场地选择、交通住宿、舞美设计等都做了细致安排。省曲协并帮助鄞州创作队伍确定参赛节目的形式、主题和演职人员，组织力量一起加工打磨作品。最终，杭州摊簧《青风收徒》获得文学奖，新打造的宁波走书《买进卖出》获节目提名奖，省曲协被中国曲协授予了优秀组织工作奖。

【浙江省首届小提琴比赛】

5月23日，由省文联、省音协主办，杭州师范大学音乐学院承办的浙江首届小提琴比赛在杭州音乐厅落下帷幕。150位参赛选手分为儿童组、少年组与青年组别，展开2天的激烈角逐，最终决出了一、二、三等奖及张世祥演奏奖得主共计39名。比赛评委囊括了国际小提琴教育家张世祥教授、上海音乐学院管弦系何弦教授等省内外小提琴教育家及小提琴演奏家。为保证比赛进程顺利、结果公正，主办方和评委团事前做了大量细致工作。在评判打分中，对评委屏蔽选手的姓名和背景，评委不得为自己学生打分，浙江评委一律不参与决赛评分等措施，都开了类似比赛的风气之先，让人耳目一新。

【“浙派琴学的艺术成就及文化内涵”研讨会】

11月26～28日，由省文联、省音协主办的周期性音乐理论、音乐评论论坛“浙江音乐论坛”的开坛之作“浙派琴学的艺术成就及文化内涵”学术研讨会在杭州举行。国内知名古琴文化学者和古琴演奏家会聚一堂，共同探讨作为联合国教科文组织认定的“人类口头与非物质文化遗产代表作”——中国古琴音乐与文化。会议对“南宋浙派琴学”、“近现代浙派琴学”、“中国古代琴人、琴乐、琴派”、“作为‘非物质遗产’的古琴文化的整理与保护”等议题，以全新的视角进行了广泛而深入的研讨。作为“人类口头与非物质文化遗产代表作”的古琴艺术，在当下新语境中的意义和作用，特别是“浙派琴学”对于中国琴学发展的意义、对于浙江文化与精神的表达是这次研讨会的重点。

【暑期读书会】

8月10～12日，浙江省文联召开暑期读书会，深入学习贯彻胡锦涛总书记在中央政治局第二十二次集体学习时的重要讲话精神，学习李长春在全国宣传部长座谈会上、在参观“不负丹青—吴冠中纪念特展”时的讲话精神，听取各处室、协会、直属单位上半年工作总结和下半年工作规划，研究部署2010年文联和各协会的换届工作。省文联党组书记吴天行，副主席林晓峰，党组成员、书记处书记黄先钢、柳国平、高克明，及省文联各机关处室、协会、直属单位副处以上干部参加了学习。

【全省行业（企业）文联工作交流会】

1月25日下午，全省行业（企业）文联工作交流会在杭举行。各行业（企业）文联的负责人围绕2009年度工作总结和2010年度工作思路展开座谈，并对加强行业（企业）文联建设提出建议和设想。到会的省文联各文艺家协会秘书长与各单位负责人进行了广泛交流，并与各单位达成多项专业文艺活动的合作意向。

获奖情况

【自办省级权威文艺评奖】

2010“陆维钊奖”第五届浙江省中青年书法篆刻展共收到全省2400余件稿件，经严格评审，选出入展作品480件，一大批青年书法人才得以崭露头角。第20届浙江电视“牡丹奖”评选启动以来，共收到电视纪录片类、电视文艺片类、电视主持人类、青少节目类参评作品126部，创下了历年之最。浙江电影“凤凰奖”电影文学剧本评选收到了来自全国各地的50份稿件，参赛作品选题广泛、门类齐全。第二届浙江民间文艺“映山红奖”对2007～2009年的浙江省民间文艺成果开展征集评比。浙江摄影“金像奖”评出摄影创作奖6名、终身成就奖2名。

【国家级艺术奖项评比】

浙江摄影家在第23届全国摄影艺术展中，获金奖2名、银奖7名、铜奖6名，入选作品122幅，入选、获奖作品数名列全国前茅；省摄协被中国摄协授予优秀组织工作奖。省视协推选的《潜伏》、《北风那个吹》、《中国往事》荣获第25届中国电视金鹰奖优秀电视剧奖；推选的《嘉兴》、《神奇萧山》等在“第三届中国旅游电视艺术周”评比活动中获得旅游城市宣传片类优秀奖等4个全国奖项。杭州现代舞蹈团和城市舞蹈团两家民营舞蹈团体经过省舞协的精心指导，参加全国舞蹈“荷花奖”大赛，分别获得表演银奖和编导银奖，创下浙江历年参赛的最好成绩。省曲协选送的兰溪摊簧《古村戏韵》，在第四届全国少儿曲艺大赛中获得一等奖、园丁奖、组织奖。在省民协组织下，龙游县石窟龙舟队以节目《龙舟奋进竞风流》在“第二届中国龙舟文化节”获金奖；浙江剪纸艺术家赴河北蔚县参加首届剪纸艺术节，获金奖、银奖各一名；农民画作者参加中国民协举办的全国农民画展，获1金1银2铜；民间工艺美术家在第五届中国民间工艺品博览会上获得5金2银的好成绩。

文艺惠民与服务基层

【公益性文艺活动】

与浙江省纪委、省委宣传部联合主办“浙江省第三届反腐倡廉书画摄影展”，共征集到书画摄影作品4000多件，特邀作品11件。展览将书画摄影艺术和反腐倡廉教育有机结合，不仅具有较高艺术水平，而且起到了较好的宣传效果。组织音乐、舞蹈、戏剧、曲艺、杂技等各门类的艺术家，赴嘉兴慰问战斗在世博安保第一线的1000余名公安干警，鼓舞士气、激昂斗志，为世博奉献了浙江文艺的力量。发动浙江优秀词曲作家为全国残疾人运动会创作会歌，彰显人文关怀，传递艺术情操，受到了全国残疾人运动会组委会的赞誉。由省文明办、省文联主办，省音协承办的“同写童歌，同唱童歌”少儿歌曲创作大赛，被评为2010年浙江省未成年人思想道德建设10件实事之一。省文联和省书协多次开展“走进新农村——浙江书协服务社会公益创作活动”，组织知名书法家集体创作了300多幅作品分送到基层村居，广受群众欢迎。省美协组织美术家赴浙江省莫干山强制隔离戒毒所开展“美与关爱同行”为主题的帮教活动，温暖、打动失足人员的心灵。《少年儿童故事报》组织小记者进行“寻源活动”，倡导“水源保护”理念；开展“我们在成长”浙江省少儿故事游戏闯关大赛，吸引全省近百所学校5000多名同学踊跃参加，得到了省文明委和相关单位的高度评价。

【服务基层】

省书协发挥各专业委员会及团体委员的人才优势，以作品加工、研讨等形式，累计为全省重点作者培训2000余人次，有力地促进了全省书法艺术整体水平的提高。省剧协在全省选择有条件的中小学、幼儿园成立戏曲基地，培训师资力量，长期跟踪扶持；分别为浙江绍剧团和嵊州越剧团打造《大漠骊歌》、《八戒别传》，剧本双双入围浙江省文化精品工程第五批扶持项目，并获第11届浙江戏剧节剧目大奖，《大漠骊歌》还获得了第二届中国越剧艺术节金奖；为绍兴小百花越剧团、诸暨越剧团组织策划作品研讨会，有效提高了基层剧团的创作意识和水准。《山海经》杂志社聘请有丰富创作经验的故事家、资深编辑，对全省故事作者进行培训。省视协发起反映“农村小康故事”为题材的电视专题片拍摄活动，深入农村基层捕捉新变化、讴歌新发展、展现新风貌。省文联、省民协和省根艺美术协会在东阳中国木雕城举办了第六届浙江省根艺美术精品博览会，为浙江省广大民间工艺品作者搭建了面向社会、面向市场的良好平台。在省民协的推荐下，宁海县被中国民协命名为中国古戏台文化之乡，上虞市被命名为中国孝德文化之乡，绍兴县安昌镇被命名为中国师爷文化之乡；省书协推荐指导诸暨市、平湖市申报“中国书法之乡”，湖州市申报“中国书法城”，杭州市被中国书协正式命名为“中国书法名城”，为弘扬民间传统文化、营造基层文化氛围、打造浙江文化名片做出了积极贡献。

对外及对港澳台地区文化交流

【韩国民间艺术代表团来杭访问】

3月10日，由韩国南怡岛株式会社社长、韩国著名艺术家康禹铉带领的韩国民间艺术代表团一行9人，在中国民协党组成员、副秘书长赵铁信的陪同下来杭访问考察。代表团一行考察了南宋御街、清河坊历史文化街区、杭州市民间工艺大师楼等地，与浙江的民间工艺美术家进行了友好交流。

【浙江美术代表团赴肯尼亚、南非、埃及三国考察】

5月23日至6月2日，浙江省美协组团赴肯尼亚、南非、埃及三国考察民间美术现状，并分别在肯尼亚内罗毕、南非约翰内斯堡和埃及开罗举办浙江农（渔）民画的相关展览、讲座及交流活动。在肯尼亚首都内罗毕举办的“中国浙江农（渔）画展”，展出了浙江农（渔）民画代表画家创作的20余幅作品。这些作品构图新颖，色彩大胆，具有浓郁的生活气息和强烈的视觉冲击力，受到了肯尼亚画家的高度评价。在南非约翰内斯堡，代表团邀请当地画家及部分华人华侨参加浙江农（渔）民画作品观摩会。省美协秘书长骆献跃做了“浙江农民画现状”的专题讲座，对南非美术家了解当代中国农民画的艺术特色和现状起到了积极作用。在埃及首都开罗，代表团与埃及草纸画协会开展了艺术交流。埃及同行们详细介绍并演示了埃及具有4000年历史的草纸制作流程，详细介绍了草纸画的取材、绘制和艺术特色。访问团成员也当场在埃及草纸上创作作品。

【“魅力浙江”纪念中国与瑞士、列支登士敦建交60周年摄影图片展】

7月15日，由中国人民对外友好协会、浙江省人民对外友好协会、浙江省文联和中国驻苏黎世总领事馆共同主办，浙江省摄协承办的“魅力浙江”摄影图片展在列支敦士登公国首都杜瓦兹隆重举行。列支敦士登司法、外交和文化部长奥蕾利亚·弗里克，中国驻苏黎世兼驻列支敦士登公国总领事梁建全参加了展览开幕式。图片展主题鲜明、内容丰富，浓缩反映了浙江悠久的历史文化、奇山秀水、古镇风情和人文生态。

【其他】

此外，浙江省文联还组织了浙江民间文化代表团赴新西兰、澳大利亚，浙江电视艺术代表团赴巴西、智利、古巴，浙江戏剧艺术代表团赴法国、德国、瑞士开展相应的文化交流活动。组织省曲协派员参加首届“巴黎中国曲艺节”，省音协派员担任新加坡国际国际华人艺术节评委，浙江画院派员赴我国驻南非、纳米比亚使馆进行艺术品的创作和设置，在各个国际场合展示浙江文艺的风采。

机关建设

【创先争优活动】

6月12日，省文联召开“双争一树”活动动员部署会议。省文联按照中央与省委部署，结合自身实际，以“双争一树”为争先创优活动的主要内容，即争做“德艺双馨”党员文艺工作者、争创先进党支部、树立文联新形象。活动通过公开承诺、领导点评、群众评议、评选表彰等方式持续推进展开，于2012年党的十八大召开前告一段落。活动要求各直属党支部（总支）要努力创建“五好”基层党组织（领导班子好、党员队伍好、工作机制好、工作业绩好、群众反映好），倡导争当“四模范”党员（勤奋学习的模范、爱岗敬业的模范、团结协作的模范、遵纪守法的模范）。

【干部管理】

制定出台《浙江省文联干部任用及管理暂行办法》、《浙江省文联干部人事管理工作暂行办法》和《浙江省文联干部监督工作规定》，规范量化民主推荐环节，加大公开选拔、竞争上岗力度，增强干部选拔任用工作的透明度，提高选人用人公信度。制定《关于加强直属文艺家协会秘书处副秘书长选配工作的意见》，明确协会副秘书长配备数量和选配程序，逐步配齐、配强协会驻会干部队伍。结合文联实际，在浙江省级党群系统中率先研究制定了《省文联直属事业单位岗位设置管理实施意见》和具体《操作指南》，完成全部9家直属事业单位的岗位设置方案。加强直属单位领导班子和领导干部管理，定期召开民主生活会，积极开展批评与自我批评；落实谈心谈话制度，做到“五个必谈”，推动谈心谈话常态化；严格执行《廉政准则》和处级以上干部报告个人有关事项制度，实行干部诫勉制度和问责制。开展文联“小金库”专项治理检查工作，成立领导小组和日常工作机构，并抽调专门人员负责接受举报和查处。

文艺家协会活动

【浙江省曲艺家协会第七次会员代表大会】

10月11日，浙江省曲艺家协会第七次会员代表大会在杭州召开。大会选举产生了省曲协新一届理事会和主席团，翁仁康当选为省曲协主席，卢和乐、刘笑声、何微、施莉萌、蒋巍、魏真柏当选为省曲协副主席。

中国曲协分党组书记、副主席姜昆，省委宣传部副部长、省文联党组书记吴天行，省文联主席许江、副主席林晓峰到会祝贺。省文联党组成员、书记处书记黄先钢、柳国平、高克明等领导出席了大会。

【浙江省杂技家协会第二次会员代表大会】

10月12日，浙江省杂技家协会第二次会员代表大会在杭州召开。大会选举产生了省杂协新一届理事会和主席团，魏真柏当选为省杂协主席，吴杭平、李洁、陈平、陈兴娟、周信群、戴滨淳当选为省杂协副主席。

省委宣传部副部长、省文联党组书记吴天行，省文联副主席林晓峰，省文联党组成员、书记处书记黄先钢、柳国平、高克明等领导到会祝贺。

【浙江省电影家协会第七次会员代表大会】

10月21日，浙江省电影家协会第七次会员代表大会在杭州召开。大会选举产生了省影协新一届理事会和主席团，林晓峰当选为省影协主席，李小华、刘志江、张子帆、苏舟、倪政伟、钱大钧、谢谦、薛淑杰当选为省影协副主席。

省委宣传部副部长、省文联党组书记吴天行，省文联副主席林晓峰，省文联党组成员、书记处书记黄先钢、柳国平、高克明等领导到会祝贺。

【浙江省美术家协会第七次会员代表大会】

11月5日，浙江省美术家协会第七次会员代表大会在杭州召开。大会选举产生了省美协新一届理事会和主席团，许江当选为省美协主席，马锋辉、王赞、龙翔、孙永、何水法、何业琦、吴山明、宋建明、张远帆、骆献跃当选为省美协副主席。

中国文联副主席、中国美协主席刘大为，中国美协秘书长刘健，省委宣传部副部长、省文联党组书记吴天行，省文联副主席林晓峰，省文联党组成员、书记处书记黄先钢、柳国平、高克明等领导到会祝贺。

【浙江省舞蹈家协会第六次会员代表大会】

11月9日，浙江省舞蹈家协会第六次会员代表大会在杭州召开。大会选举产生了省舞协新一届理事会和主席团，崔巍当选为主席，朱萍、张德华、邵小眉、金艳、殷放、韩磊当选为副主席。

省委宣传部副部长、省文联党组书记吴天行，省文联副主席林晓峰，省文联党组成员、书记处书记黄先钢、柳国平、高克明，省文联书记处书记张均林等领导到会祝贺。

【浙江省民间文艺家协会第七次会员代表大会】

11月11日，浙江省民间文艺家协会第七次会员代表大会在杭州召开。大会选举产生了省民协新一届理事会和主席团，吴海燕当选为主席，任志强、刘小平、刘胜勇、严树学、陈双虎、陈华文、周静书、宓风光、施怀德、崔成志、章耀剑、蒋水荣、潘一钢当选为副主席。

中国民协分党组成员、副秘书长赵铁信，省委宣传部副部长、省文联党组书记吴天行，省文联党组成员、书记处书记黄先钢、柳国平、高克明，省文联书记处书记张均林等领导到会祝贺。

【浙江省摄影家协会第六次会员代表大会】

11月15日，浙江省摄影家协会第六次会员代表大会在杭州召开。大会选举产生了省摄协新一届理事会和主席团，吴宗其当选为主席，厉新华、刘志江、朱保钢、朱晓明、周闰三、钱明、戚颢、裘志伟当选为副主席。

省政协副主席盛昌黎，省委宣传部副部长、省文联党组书记吴天行，省文联党组成员、书记处书记黄先钢、柳国平、高克明，省文联书记处书记张均林等领导到会祝贺。

【浙江省音乐家协会第七次会员代表大会】

11月17日，浙江省音乐家协会第七次会员代表大会在杭州召开。大会选举产生了省音协新一届理事会和主席团，翁持更当选为主席，尤炳秋、卢桂芳、史染朱、田耀农、严圣民、宋家明、张卫东、陈民宪、周羽强当选为副主席。

省委宣传部副部长、省文联党组书记吴天行，省文联副主席林晓峰，省文化厅副厅长来颖杰，省文联党组成员、书记处书记黄先钢、柳国平、高克明，省文联书记处书记张均林等领导到会祝贺。

【浙江省电视艺术家协会第五次会员代表大会】

11月19日，浙江省电视艺术家协会第五次会员代表大会在杭州召开。大会选举产生了省视协新一届理事会和主席团，程蔚东当选为主席，方建生、王国富、王晓峰、张晓东、苏舟、赵锐勇、夏陈安、高克明、彭少健当选为副主席。

省委宣传部副部长、省文联党组书记吴天行，省文联副主席林晓峰，省广播电影电视局局长张宝贵，浙江传媒学院党委书记奚建华，省文联党组成员、书记处书记黄先钢、柳国平、高克明，省文联书记处书记张均林等领导到会祝贺。

【浙江省戏剧家协会第七次会员代表大会】

11 月 21 日，浙江省戏剧家协会第七次会员代表大会在杭州召开。大会选举产生了省剧协新一届理事会和主席团，黄先钢当选为省剧协主席，王水维、吴凤花、陈美兰、林为林、茅威涛、郑朝阳、赵志刚、翁国生当选为副主席。

省委宣传部副部长、省文联党组书记吴天行，省文联主席许江，省文联党组成员、书记处书记黄先钢、柳国平、高克明，省文联书记处书记张均林等领导到会祝贺。

【浙江省美术家协会第七次会员代表大会】

11 月 28 日，浙江省书法家协会第七次会员代表大会在杭州召开。大会选举产生了省书协新一届理事会和主席团，鲍贤伦当选为主席，陈振濂、王冬龄、祝遂之、赵雁君、朱元更、白砥、张索、吴莹当选为副主席。

省文联党组书记、书记处常务书记吴天行，省文联主席许江、副主席林晓峰，省文联党组成员、书记处书记柳国平、高克明，省文联书记处书记张均林等领导到会祝贺。

【中国动漫艺术与产业发展研讨会】

1 月 21 日，由浙江省视协和浙江大学传媒与国际文化学院共同主办、浙江省动漫专业委员会和浙江大学影视艺术与新媒体系联合承办的浙江电视艺术高峰论坛之“中国动漫艺术与产业发展研讨会”在杭州梅地亚宾馆举行。来自全国各地高校和业界从事动漫创作和研究的学者、专家、制作人共 40 余人参会。会议就中国动漫产业发展、艺术创作、中外动漫比较、动漫文化产业以及动漫人才培养、受众和媒介研究等问题展开了 5 个单元的主题发言和热烈讨论。发言和讨论涉及从动漫创意、制作、编剧到品牌打造、宣传推广、播映渠道、营销策略、衍生产品开发等各个环节，与会人员分析了国内动漫发展面临的机遇和挑战，也对动漫创作和研究提出了很多切实的思路和设想。

【全省摄影创作研讨会】

3 月 5 ～ 6 日，浙江省摄协在德清举办 2010 年全省摄影创作研讨会暨德清下渚湖湿地摄影采风活动，来自全省 11 个市摄协近 40 位代表出席会议。与会代表分别交流了各市摄协备战第 23 届全国摄影艺术展的情况，并展示了各地摄影家近期创作的作品。

【第三届顾锡东“长三角”越剧票友大赛】

4 月 18 日，由浙江省剧协、西塘镇人民政府主办的第三届古镇西塘顾锡东“长三角”越剧票友大赛决赛，在嘉兴市嘉善县西塘镇圆满落幕。大赛决出了“十大名票”、“十大名票提名”、“群星奖”和“组织奖”。大赛自筹备以来，得到了“长三角”地区众多越剧票友的热烈响应和踊跃参与，共有 1508 名选手参赛。经各地 34 场次层层预复赛选拔，从中挑选出 38 名优胜者进入决赛。

【浙江省县（市、区）级书协工作经验交流会暨先进组织表彰会】

5 月 13 ～ 14 日，由浙江省书协、磐安县人民政府联合主办的浙江省县（市、区）级书协工作经验交流会暨先进组织表彰会在磐安隆重举行。县（市、区）级书协大规模的工作经验交流及优秀基层书协组织评选，在全国书坛尚属首次。这是浙江省书协推动全省基层协会平衡发展的重要举措，也是书协努力打造的又一创新品牌。与会者就协会组织工作、创作队伍建设、书法文化活动等议题，展开了交流与讨论。目前，全省 87% 的县（市、区）已建立书协组织。76 位县（市、区）书协主席参加了此次会议。富阳、磐安等 20 个县（市、区）级协会被授予“先进组织”称号。

会议期间，浙江省县（市、区）书协主席作品展同时揭开帷幕。

【2010 浙江戏剧创作年会】

7 月 7 ～ 9 日，由浙江省剧协主办的 2010 年浙江戏剧创作年会在杭召开。此次年会共收到 30 部新创剧目，其中 26 部列入讨论范围，讨论分越剧组、话剧组、戏曲组 3 组进行。会议现场气氛热烈认真，专家代表们为作品出点子献智慧，提出许多修改意见和建议。来自全省各地的 70 余位老、中、青戏剧家参加了此次年会。年会特邀部分导演、评论家和剧团的团长参加，听取从一度创作到二度创作各个环节的专家看法，增强作品讨论的客观性和现实操作性，同时提供剧本和剧团供需见面的机会。

【首届青年魔术沙龙】

7月18日，浙江省杂协举办首届青年魔术沙龙。加拿大著名华人魔术师董亮为魔术爱好者们做了精彩讲座，国际魔术节亚洲金奖得主蒋亚平、“两岸四地”大学生魔术比赛舞台类金奖得主周宇与爱好者做互动交流。省杂协副秘书长、FISM2006世界魔术大赛手法组冠军戴滨淳临场点评，并传授近景魔术和舞台表演技巧。沙龙吸引了来自全国的大学生魔术爱好者参加，每个爱好者都在沙龙上表演了节目，现场气氛热烈。

安徽省文联

综　述

2010年，省文联及各团体会员立足推进科学发展、加速安徽崛起的伟大实践，以创新起跑年为抓手，始终保持昂扬向上的精神状态，勇于开拓创新，着力求真务实，努力创造一流业绩，较好地完成了各项任务，有效增强了文艺和文联工作活力和实力，为促进全省经济社会发展、加快建设文化强省做出了应有的贡献。2010年，工作的最显著特点是创新创优、争先进位，最突出成效是亮点频现、富有活力，最显著变化是思想观念更加开放、创新意识不断增强、内在动力竞相迸发。主要表现在：参与2010年上海世博会、中国农民歌会并受到省政府表彰，提高了省文联的社会认知度和美誉度；多部文艺作品受到广泛好评、获得全国性奖项，充分显示了文艺皖军的实力和风采；“安徽文艺创新发展论坛”拓展了文艺理论评论工作新境界；首届安徽文艺名家名品博览会的成功举办，为广大文艺工作者面向市场、实现文艺作品交流交易搭建了宽广平台；与广东现代传播合作仅一年，《艺术界》杂志的办刊理念、模式发生深刻变化，努力跻身全国一流期刊行列，正在走向海外市场，等等。一年来的工作实践充分证明，省文联五届二次全委会确定的工作思路是正确的；文艺家以繁荣创作、多出精品为己任，执着追求、潜心创作的成果是丰硕的；各团体会员和省文联各创研机构、杂志社、机关各处室的工作是富有成效的。

会议与活动

【参与上海世博会】

2008年以来，省文联按照省委、省政府的安排和要求，紧紧围绕世博会组委会的统一部署，组织知名艺术家参与上海世博会安徽馆设计和运营工作。《艺术界》杂志社主编周志友担任安徽馆展示设计方案评委、大型画册《足迹——安徽参与2010年上海世博会》副主编，参与安徽馆展示设计方案的评审论证、承担安徽馆解说词撰写等工作；省美协秘书长张松为安徽馆创作了巨幅山水画《新安山水图》；省书协副主席、副秘书长王亚洲为上海世博会安徽馆篆刻馆名；省音协副秘书长谢林义作曲的歌曲《难忘你的神奇》入选2010年上海世博会、第六届中国国际徽商大会安徽旅游推介会会歌。安徽文艺家在华美的世博画卷上浓墨重彩地书写了安徽精彩。12月30日，全省参与2010年上海世博会总结表彰大会在合肥举行，省委书记张宝顺，省长王三运，省委常委、宣传部长臧世凯，省委常委、秘书长詹夏来，省人大常委会副主任文海英，副省长花建慧，省政协副主席王鹤龄，省政府秘书长梁卫国等出席会议并为先进集体和先进个人代表颁奖，省文联党组书记、书记处第一书记庄保斌参加表彰大会，省文联荣获2010年上海世博会先进集体、周志友荣获先进个人，受到省政府表彰。

【第三届中国农民歌会“幸福美景”全国新农村题材农民书画大赛作品展】

作为中国农民歌会的重要内容，以反映当代农业新发展、农村新变化、农民新面貌为宗旨的农民书画展已成功举办2届，深受农民群众的欢迎和社会各界的好评，在全国产生广泛影响，正在成为安徽知名文化品牌。第三届中国农民歌会幸福主题活动之一“幸福美景”全国新农村题材农民书画大赛作品展吸引了全国14个省区市的农民书画家参赛，共征集农村题材作品400多件，最终确定100余件作品参展。这些作品形式多样、内容丰富，饱含着农民书画家对幸福生活的热爱和赞美，对美好未来的向往和追求。省长王三运为展览撰写前言。开幕式于 11 月 5 日在滁州学院举行。省委常委、宣传部长臧世凯，副省长谢广祥，省文联党组书记、书记处第一书记庄保斌，滁州市委书记、市人大常委会主任韩先聪，滁州市市长江山等领导及社会各界 500 多人出席开幕式并参观展览。韩先聪、庄保斌致辞。开幕式由省文联书记处书记、滁州市副市长吴雪主持。来自凤阳、含山、临泉等地的农民书画家现场挥毫、作画，吸引了众人驻足观赏。

【“放歌江淮”送欢乐、下基层文艺惠民活动】

1 月 5 日，首场演出暨活动启动仪式在合肥市滨湖新区建设工地举行。省人大常委会副主任朱先发宣布开幕。省政协副主席方兆本，省政府副秘书长张武扬，省文联和合肥市人大、市政府、市政协及滨湖新区建设指挥部负责同志出席开幕式。省文联党组书记、书记处第一书记庄保斌，合肥市委常委、宣传部长林存安先后致辞。演出开始前，一批知名书法家们现场挥毫泼墨，为建设者和居民们书写春联，省各文艺家协会负责人向建设者代表和群众赠送了书法、美术、文学、影视、音乐等文艺作品。之后，组织文艺家们赴南陵县、利辛县开展文艺演出和为民书写春联活动。省各文艺家协会以文艺小分队的形式深入村镇、院校、社区、厂矿、军营开展数十场为基层群众送艺术、送文化、送欢乐和书法进万家等活动。与此同时，举办第五届安徽省曲艺节、“放飞歌声，走进警营”安徽省获奖歌手音乐会、“山水印青”印青作品与芜湖民歌演唱会、“天柱山杯”全国书法名家作品邀请展、“今又重阳·相约黄山”第四届安徽省中老年社区舞蹈大赛、安徽省钢琴古筝电子琴小提琴大赛、安徽民间工艺品展、第 17 届安徽省摄影艺术展、“记忆 3 + 3”黑白摄影展、安徽省第 10 届书苑新人作品展、皖甘豫琼四省女书家作品联展、“徽风皖韵”安徽美术名家精品展、皖军书法华夏行（贵阳）首展，开展纪念黄梅戏表演艺术家严凤英、王少舫诞辰等活动，参加首届中国农民艺术节并取得好成绩，参与举办“新安百姓讲堂”，更好地丰富社会文化生活。

【营造加速崛起浓厚氛围】

紧紧围绕推进科学发展、加速安徽崛起大局开展主题文艺活动。省文联文艺家参与主创的大型纪录片《皖江崛起》在中央电视台国际频道播出，歌曲《难忘你的神奇》入选 2010 年上海世博会、第六届中国国际徽商大会安徽旅游推介会会歌，《大家一起来》被确定为全国第四届体育大会会歌，报告文学集《人民村官沈浩》、散文集《怀念沈浩》有力地弘扬了沈浩精神，大型图书《和谐安徽》充分展示安徽辉煌发展成就，长篇小说《农民工》反映了当代进城务工农民的精神风貌。支持合肥市成功申办 2011 年第 20 届“中国金鸡百花电影节”。参与主办省直机关效能建设 5 年回顾展。组织作家赴松潘开展以安徽援建为主题的采风创作活动。举办纪念毛泽东在延安文艺座谈会上的讲话发表 68 周年音乐会、文房四宝与汉字书法海外传播国际研讨会和“多彩的安徽”全国歌曲征集、“美哉安徽”历代名人咏安徽书画展等活动。文艺工作者以出色的艺术劳动进一步凝聚全省人民团结奋进的精神力量。

【向青海省玉树地震灾区捐款】

4 月 16 日，安徽省文联通过青海省文联向玉树地震灾区捐款 10 万元，并发出慰问信。慰问信说，惊悉青海省玉树县发生 7.1 级强烈地震，给人民生命财产和经济社会发展造成了重大损失，我们感同身受，心情沉痛。谨代表全省广大文艺工作者，向灾区人民致以亲切的慰问，向在震灾中遇难、受伤人员表示沉痛的哀悼和深情的关切。慰问信强调，受灾群众是我们的骨肉同胞，安徽广大文艺工作者将积极行动起来，努力为灾区人民渡过难关、重建家园尽绵薄之力。我们坚信，有党中央、国务院的亲切关怀，有省委、省政府的精心组织，有全国上下和海内外的大力支持和爱心帮扶，玉树地震灾区人民一定能够夺取抗震救灾的全面胜利。甘肃舟曲泥石流灾害发生后，省文联和全省文艺界也踊跃捐款、捐物。

【安徽省首届文艺名家名品博览会】

9 月 16 日上午，安徽省首届文艺名家名品博览会在安徽省博物馆开幕。省委常委、宣传部长臧世凯，省人大常委会副主任郭万清出席开幕式，臧世凯宣布博览会开幕。省文联书记处第一书记庄保斌、省贸促会会长高红姝先后致辞。武警安徽省总队副政委张少国，省委宣传部副部长郎涛，省政协常委、教科文卫体委副主任杨屹，蚌埠市市长张学群，省文化厅巡视员肖桂兰，省文联书记处书记唐跃，省贸促会副会长刘晓光，省民政厅副厅长王佛生，以及社会各界共2000多人出席开幕式。省文联书记处书记王章好主持开幕式。博览会由省文联、省贸促会共同主办，旨在展示安徽文艺发展成果、打造知名文艺品牌、推动安徽文化产业发展、推进文化强省建设。博览会以书法、美术、摄影和民间工艺品四大艺术门类为主，展示规模为3000平方米，80个标准展位。入展的近500件书法、美术、摄影、民间工艺等各类文艺作品立意精深、造诣精湛、制作精美，富有强烈的时代气息和浓郁的安徽风格，代表了当代安徽文艺创作的最高水准，体现了艺术家们对优秀传统文化的坚定守望和对新时代审美理想的不懈追求，具有较高艺术价值、观赏价值和收藏价值。博览会期间，一批大中型商业集团、文化企业、画廊、酒店、宾馆等及收藏家参加洽谈、交流、交易。同时，免费开展书、画、陶瓷、杂件艺术品鉴定活动。

创作与研究

【500万元重奖中国戏剧“梅花奖”演员】

中国戏剧“梅花奖”自1983年创办以来，安徽省黄梅戏表演艺术家黄新德等11位戏剧演员先后获此殊荣，为安徽文艺赢得了荣誉。为倡导德艺双馨崇高风范，建立有利于优秀人才健康成长和脱颖而出的激励引导机制，省政府拨出500万元专项经费，重奖省内历年来荣获中国戏剧梅花奖的演员和剧组。省文联希望受到奖励的演员再接再厉、再创佳绩，不辜负省委、省政府的关怀和希望。全省广大文艺工作者要以中国戏剧“梅花奖”获得者为榜样，始终牢记社会责任，坚守职业道德，提高精神境界，潜心钻研，孜孜以求，奋力攀登人生和艺术高峰，为推动安徽文艺大发展大繁荣、加快建设文化强省做出更大贡献。

【电视剧《新安家族》研讨会】

由安徽文艺家主创、安徽电视台制作的大型电视剧《新安家族》在中央电视台一套黄金时间播出后，在广大观众中引起强烈反响。为总结《新安家族》创作经验，更好地推动安徽影视创作繁荣，12月7日，省广电局、省文联在合肥共同举办的电视剧《新安家族》研讨会。省委宣传部副部长、省广电局长、《新安家族》出品人、总监制张苏洲，省文联党组书记、书记处第一书记庄保斌，省政协常委、科教文卫体委副主任杨屹，省暨合肥市知名作家、影视艺术家、文艺评论家等共60多人出席研讨会。张苏洲讲话，他强调，《新安家族》是一部反映徽商精神、具有鲜明安徽特色的电视剧，是一部凝聚着安徽文艺影视创作人员集体智慧和心血的电视剧，是一部寄托着安徽广电人希望与梦想的电视剧，是一部力推新人、培养后起之秀的电视剧，中央一套黄金时间、中央八套黄金时间同时播放《新安家族》，这是安徽电视台建台50年来的第一次。庄保斌主持会议并讲话，他说，电视剧《新安家族》的横空出世，是省委、省政府实施文艺精品战略的一大收获，是安徽影视创作的一次历史性突破，是安徽文艺家通力协作、勇争一流、走向全国的一次成功实践，对于提振安徽文艺界信心、扩大安徽电视剧影响力、促进安徽文艺创作繁荣具有重要意义。省文联主席、省作协主席、《新安家族》编剧季宇，总导演张培根分别介绍了电视剧《新安家族》的创作经历和创作体会。与会专家、学者围绕《新安家族》的思想内涵、艺术特色和创作得失开展研讨。

【加强理论评论工作，推出更多优秀作品和人才】

完成2007～2008年安徽省社科文艺出版奖（文学类）评审工作。举办安徽省文艺创作创优学术交流研讨会暨第二届安徽省中青年文艺评论家高级研讨班、安徽省首届中青年作家研讨班、写意精神·新安画展中国画创作高峰论坛、安徽省少儿舞蹈创作研讨会。开展合肥电影市场调查与研究，关注文艺思潮，研究创作现状，推介优秀作品。开展第二届安徽省优秀青年书法家美术家摄影家评选活动。选聘第三届安徽省签约作家。举办第17届全国推新人大赛（安徽赛区）、“黄鹤楼”杯华文诗歌大奖赛、“雾里青”杯散文大赛、“走进祁红”全国征文大赛、“桃园杯”世界华语诗歌大赛、“沃·3G”杯第二届安徽省高校影视艺术大赛、第二届“黄梅之星”全国青年演员电视演唱大赛等活动。推荐优秀文艺家及作品参与全国性文艺奖项角逐，与《书法报》联办皖军书法50家、100强宣传活动。组织开展中青年作家走进军营、安徽美术名家红色之旅等一系列采风、笔会活动，为文艺创作和人才成长创造良好条件。《清明》、《安徽文学》、《传奇·传记文学选刊》、《诗歌月刊》推进市场化运作，强化内部管理，创新办刊模式，继续稳步发展。与广东现代传播合作仅一年，《艺术界》杂志的办刊理念、模式发生深刻变化，努力跻身全国一流期刊行列，正在走向海外市场。内部资料性刊物《作家文荟》出版。《安徽戏剧通史》出版发行。黄梅戏《风雨丽人行》在第九届中国艺术节上获“文华奖”，小品《香烟的烦恼》获第六届中国曲艺“牡丹奖”，29幅作品入选第23届全国摄影艺术展。季宇当选心动2010·安徽年度新闻人物，王明韵获中国儿童慈善奖。

对外及对港澳台地区文化交流

【第14届中日书法（道）交流展】

与外国民间文艺团体建立广泛联系，举办庆祝芜湖——高知缔结友好城市25周年第14届中日书法（道）交流展，共展出书法作品近200件，其中日方作品82件。省文联书记处书记王章好、日本高知市市长冈崎诚也等有关方面负责人和中日双方书法家共60余人出席开幕式并观看展览。芜湖市政府副市长詹云超致辞。组织美术家、民间文艺家、杂技家赴韩国、法国等国开展文化交流，多角度展示安徽文化的独特魅力和无限活力。

机关建设

【加快干部队伍建设步伐】

着眼于建立公平公正、竞争择优、充满活力的选人用人机制，形成人才辈出、风清气正的选人用人环境，按照《党政领导干部选拔任用工作条例》规定，坚持德才兼备、注重实绩、群众公认和干部交流原则，经民主推荐、考察、公示和党组集体讨论，提任5名处级干部，干部队伍结构得到明显改善。积极深化干部人事制度改革，大力推动选人用人机制创新，省美协秘书长等6个所属事业单位主要负责人岗位实行聘任制。坚持从严管理干部，加强作风建设，加大培训力度，不断提高干部队伍思想政治素质和业务能力。着眼文艺和文联事业长远发展，面向全省，充实一批文艺理论评论、书法、美术等专业人才，努力推进干部队伍专业化、年轻化。成功召开省美协第五次代表大会、省文艺评论家协会第二次代表大会。韩再芬再次当选中国剧协副主席。完成所属事业单位岗位设置方案并得到省人社厅核准。

【切实加强自身建设】

大力开展精神文明创建活动，省文联首次获得省直机关文明单位称号。效能建设不断强化，省文联被评为省直机关效能建设良好单位。扎实推进创先争优、学习实践科学发展观活动。成立安徽百纳文化传播有限责任公司，举办“买得起的艺术”拍卖会、安徽省中国美协会员作品拍卖会，为广大文艺工作者面向市场、实现文艺作品交流交易搭建宽广平台。进一步完善财务管理规章制度，开展“小金库”清理，落实厉行节约各项措施。组织老同志参观上海世博园、赴滁州等地采风，颁发老美术家“贡献奖”，一批老文艺家创作成果显著。初步完成省文联承担的《安徽省志·文化艺术志》撰写任务。

各文艺家协会

【作家协会】

安徽省第二届签约作家活动完美收官。21位签约作家在全国各地重要报刊发表了中短篇小说数百部，散文千余篇，诗歌数百首，出版作品近40部，有的获得重要文学奖项，有的正在被改编成影视作品。在安徽省第二届签约作家活动总结大会上，18位签约作家畅谈了创作体会，与会作家、学者对第二届签约作家的创作成果给予充分的肯定。《作家文荟》杂志闪亮面世。创刊号内容丰富，主要栏目有：作协报告、本期专栏、作品评论、会员采风、创作谈、上榜作家、市县作协传真、江淮文讯等。全期编排得当、信息量大，起到了很好的交流、指导、沟通作用。之后又出版第二期，刊物寄赠后，受到广大读者的欢迎和好评，认为刊物版式朴素大气、内容贴近实际、形式新颖活泼、具有较强的创新性和可读性。以活动提升工作水平。举办长篇小说《农民工》首发式暨研讨会。小说以改革开放的大时代为背景，立意高远、题材厚重、情节感人、基调昂扬，真实、形象地描写了当代农民朴素、可贵的品质，再现了中国城市化进程中进城务工的农民对城市建设和发展做出的巨大贡献，展示了当代农民的命运和希望。举办“走进祁红”全国征文大赛系列活动。主要有“著名作家走进祁门茶乡”采风活动、“红茶的江南·著名作家祁眉品赏会”，征文活动结束后，在祁门县牯牛降景区举行颁奖典礼。开展“中青年作家走军营”活动。参加采风活动的中青年作家一行30余人首先来到肥东县驻军某部，参观了军史陈列室、军事设施、某新型战机等，既了解了某部光荣的革命历史，又了解到新时期军人的风貌。作家们还向部队官兵赠送了自己的作品。主办皖台作家华文区域文化交流。台湾中国诗歌艺术学会参访团一行与安徽作家、文艺评论家等共30余人进行深入研讨和交流，与会者提交了10多篇论文。开展“安徽作家看蒙城”活动、时红军抗震诗集捐赠仪式暨垓下古战场采风活动、“潮涌皖江——安徽作家看滁州”采风活动。以真诚态度团结作家、以多种方式联系作家、以多办实事服务作家。推荐作品申报“鲁迅文学奖”，推荐青年作家参加鲁迅文学院高级研修班，推荐5部作品申报中国作协重点作品扶持项目。讨论通过162名新会员，为作协补充了新鲜血液。

【美术家协会】

6月18日，省美协第五次代表大会召开，来自全省美术界的146名代表出席大会，大会选举方世荣等69位同志为省美协第五届理事会理事，张松当选为省美协第五届主席团主席，丁寺钟、方贤道、牛昕、王佛生、师晶、朱志武、张国琳、杨国新、巫俊、林存安、郑天君、赵规划、班苓、高鸣等14位同志当选为副主席。经第五届主席团第一次会议研究决定，林存安为省美协第五届主席团常务副主席；同时聘请鲍加、章飚为省美协第五届名誉主席，聘请王涛、刘继潮、朱秀坤、朱松发、陆鹤龄、耿明为省美协第五届顾问。承办“幸福美景”全国新农村题材农民书画大赛作品展。举办庆祝安徽省美协成立50周年会员作品大展，展览先后在合肥、淮北、亳州、蚌埠、六安、宣城、巢湖、芜湖、马鞍山、滁州、黄山、宿州、安庆等市举办。举办“安徽省中国美术家协会会员作品展”，委托安徽省银河拍卖有限责任公司进行专场义卖，所得款项用于筹建“博爱小学”美术班、资助农民工子女与留守儿童中有绘画兴趣的孩子们。筹办安徽老画家作品邀请展并将颁发安徽老美术家贡献奖，编辑《安徽美术家协会会员艺术大辞典》。应广东省东莞市南城区人民政府邀请，在广州市举办了“徽风皖韵”安徽省中国画名家精品展。参加第六届中国（深圳）国际文化产业博览会，举办“徽风皖韵”安徽女画家精品邀请展，获优秀展示奖。与黄山祥龙集团合作，完成首届韩中当代美术名家作品展赴韩艺术交流活动。

【书法家协会】

召开全省老书家迎春茶话会，这是省书协成立30年来的第一次。成立楷书、草书、隶书、篆书、行书、篆刻、刻字、学术、教育、发展10个专业委员会，推动安徽书法水平全面提高。开展省书协会员重新登记与核对普查工作，实现会员登记管理电子化。赴滁州、合肥等地开展书法发展现状调研工作。全面改版《安徽书坛》内刊。启动“邓石如奖”全国书法作品展，展览将由中国书协和安徽省文联联合主办，省书协承办。主办、协办安徽省第10届书苑新人作品展、安徽省首届老书家作品展、安徽省书坛首届理事作品展、“徽风皖韵”皖南八市书法篆刻精品联展、“笔墨江淮”皖北六市书法展、“美哉安徽”历代名人咏安徽书画展、皖甘豫琼四省女书家作品联展、“天柱山杯”全国书法名家作品邀请展、少儿书法现场书写大赛等多项活动，取得了良好的社会效应。与安徽国际徽商交流协会、美国丹佛孔子学院等单位联合主办文房四宝与汉字书法海外传播国际研讨会，搭建了安徽书坛与世界开展双向合作交流新平台，省有关领导出席开幕式，来自美国、新加坡、韩国和国内的70多位专家学者参加会议。与合肥三洋集团联合开展“华彩三洋 书写中国——皖军书法华夏行”贵州站展览活动，打造文艺活动品牌，推介安徽书法创作新成果。与《书法报》社联合开展了“皖军书法50家”、“皖军书法100强”推介活动，全年每期2个整版介绍。

【摄影家协会】

承办省直机关效能建设五年回顾展。展览由60块展板组成，分为“倡导、指导”、“热情、激情”、“速度、效率”和“和谐、和美”4个主题区域和16个小展区，展出的百余幅作品集中反映了5年来省直机关效能建设显著成效，省委常委、宣传部长臧世凯，省政协副主席刘光复，省直有关部门负责同志及省直机关党员干部近3000人出席开幕式并参观展览。举办安徽省第17届摄影艺术展览。展览共收到1171位作者8100余幅（组）来稿作品，创下全省各类摄影展参与人数、投稿量之最。提倡摄影艺术多样性和摄影创作多元化是本届影展的一大突出特点。展出的309幅组（组）作品充满艺术探索与创新精神。第23届全国摄影艺术展览获佳绩。安徽省有17位摄影家的27幅（作品）入选，其中“记实类”作品11幅（组），“艺术类”作品14幅（组），“青年组”作品2幅，总成绩排在全国第9位。组织安徽省第17届摄影艺术展览中的金银铜奖和部分优秀奖作品走进省军区大院举办展览，拉开省摄协送欢乐、下基层活动的序幕，省军区司令员许伟，省委常委、省军区政委文可芝，省军区副司令员向孝民、副政委袁斌和数百名干部战士观看影展。举办“记忆3+3”黑白影像展、“徽州呓语”张东俊摄影艺术展。与黄山市徽州区、安庆市太湖县、芜湖市芜湖县、天柱山风景区等合作举办摄影大赛。努力为省摄协会员创作提供便利条件。黄山风景区、天柱山风景区、黄山市徽州区、万佛湖风景区对持有省摄协会员证者免收门票、索道票。邀请《中国摄影家》杂志社来安徽举办“纪实摄影的力量”讲座活动，并开展摄影作品现场公开评选。办好北京摄影函授学院函授班、安徽摄影创作辅导班、Photoshop数码后期处理与创意班，搞好摄影艺术的普及与提高工作。做好省摄协会员发展和中国摄协会员申报推荐工作。召开“安徽摄影家网”暨“大家摄影”电子杂志工作会议。

【音乐家协会】

举办音乐演出活动。参与安徽省“放歌江淮”送欢乐、下基层文艺惠民活动主题歌《放歌江淮》创作，并发表于《歌曲》。举办纪念毛泽东在延安文艺座谈会上的讲话发表68周年音乐会、“放飞歌声，走进警营”安徽省获奖歌手音乐会。精心策划并联合马鞍山、当涂、宣城、宁国、合肥等市县音协邀请瑞典哥德堡交响管乐团举办“大江唱皖 潮起皖江”、“宣酒为皖江崛起干杯”专场音乐会。与安徽师范大学、芜湖市文化委员会联办印青音乐创作学术报告会、山水印青——印青作品与芜湖民歌演唱会。举办全省音乐创作交流座谈会，牵头与马鞍山市、阜阳市和宣城市音协举办三地音乐家、词曲作家创作座谈交流会。组织音乐创作活动。与安徽音乐台联合举办“多彩的安徽”歌词征集活动，推荐歌曲参加全国“唱响中国”群众最喜爱的歌曲评选，创作歌曲《大家一起来》入选全国第四届体育大会会歌、《板蓝花儿开》选入中央电视台2010年文化部春节电视晚会、《难忘你的神奇》入选2010年世博会和中国徽商大会安徽旅游推介会会歌，为大型电视纪录片《皖江崛起》创作配乐。选拔推荐歌手参加中央电视台青年歌手大赛和首届中国农民艺术节全国乡村歌手大赛并取得好成绩。为音乐家举办专场演出。与中国致公党安徽省委员会联办刘功祥笛子独奏音乐会，副省长谢广祥、省政协副主席张学平和来自北京、上海竹笛演奏界专家应邀出席。举办中国民乐八大家之一吴安明师生音乐会、贾婕独唱音乐会、肖燕琵琶独奏音乐会。与安徽文艺出版社联合，为安徽音乐家出版歌曲、歌词系列丛书，目前，作曲家韩永昌的《甜蜜果》歌曲集，词作家苏昉的《歌谣里的水乡》歌词集入选，请中国音协分党组书记徐沛东题写书名“新乐坛丛书”，并撰写序言。安徽省3位专家入选中国小提琴学会理事。出版《安徽音乐报》4期，审批安徽省音协会员107人，45人成为中国音协新会员。

【戏剧家协会】

积极推进庆祝中国共产党成立90周年重点文艺节目大型革命历史剧《红杜鹃》创作。与武警安徽省总队政治部文工团组建演出班底，邀请上海话剧艺术中心著名导演雷国华担纲导演，著名黄梅戏作曲家陈精根作曲，青年黄梅戏演员汪菱花领衔主演。著名黄梅戏演员韩再芬再次当选中国剧协副主席。推荐10名优秀选手参加中国剧协"小梅花"评选活动，取得5朵金花2朵银花的好成绩，省剧协获优秀组织奖。推荐作品参加"中国戏剧奖·小品小戏奖"，获剧目、表演等3个奖项，省剧协获优秀组织奖。与安庆电视台联合举办第二届"黄梅之星"青年演员电视演唱大赛，推出熊东旭、王霞等10颗"黄梅之星"，王泽熙、潘柠静等10颗"黄梅新星"，马丁获"黄梅二度星"称号。参与严凤英诞辰80周年、王少舫诞辰90周年系列纪念活动。安徽省黄梅戏迷联谊会挂靠省剧协。把握戏剧发展动态，积极指导和扶植创作活动，参与电视连续剧《留守妇女》、话剧《小岗忠魂》、梆剧《沈浩》、泗州戏《母亲的嘱托》、黄梅戏《严凤英》、黄梅戏《十月承诺》研讨会和张亚戏剧作品研讨会。

【舞蹈家协会】

与淮南市文联、舞协联合举办安徽省少儿舞蹈创作研讨会。组织少儿舞蹈编导人员就促进对外交流、保持创作优势等主题进行探讨。举办汉民族民间舞蹈安徽花鼓灯骨干教师培训班，邀请专家现场讲演，组织学员就花鼓灯的生存状态、风格流派、表演形式和传承发展进行研讨。参加海峡两岸少儿舞蹈创作研讨会、上海华东六省一市专业舞蹈研讨会。与黄山市文联、文化委、文明办、舞协联合举办安徽省第四届中老年社区舞蹈大赛。本届比赛共有32支队伍、500多人次参加，参赛节目丰富多彩，创作作品题材独特，充分展示了中老年舞蹈艺术的无穷魅力和安徽省中老年舞蹈的创作成就。选送舞蹈《千里长淮一条线》参加第七届中国舞蹈"荷花奖"全国校园舞蹈比赛并获得作品铜奖，这也是安徽省在此项赛事中获得的最高奖项；花鼓灯舞蹈《鼓乡情韵》参加第二届"中国秧歌节"优秀秧歌展演，获"最佳风采奖"；舞蹈《淮河水长长》、《潜伏出击》参加2010华东六省一市专业舞蹈比赛，分获演出和创作二、三等奖，省舞协均获优秀组织奖。组织和实施中国舞蹈考级安徽考区活动，1万多名考生通过相应级别考试。举办8期舞蹈教师培训班，近200名教师参加。编辑出版一期会刊《安徽舞蹈》。

【民间文艺家协会】

在山东省烟台市举办的全国民间工艺博览会上，阜阳市刻铜艺术家杜平的刻铜作品《琴棋书画》获金奖。在广东省举办的"七夕"文化节暨全国女红大赛上，阜阳市民间刺绣艺术家苑玉玲的作品虎头帽《富贵顶天》获铜奖，省民协获优秀组织奖。在宁夏回族自治区银川市举办的全国农民画大展上，来自池州市、宿州市、滁州市的农民画《绿浪翻腾》、《钟馗送福》、《云霄》分获银奖、铜奖和优秀奖，省民协获优秀组织奖。在河北省蔚县举办的全国剪纸大展上，六安市剪纸艺术家方军化的剪纸作品《百鹿图》获铜奖。在山西省大同市举办的第八届全国民间艺术节上，寿县的寿州锣鼓舞《淝水流韵》参加展演并获银奖，省民协获优秀组织奖。在上海市举办的全国廉政故事大赛上，芜湖市钱岩的作品《吃里扒外的村主任》、安庆市吴洪庆的作品《儿子的"寿礼"》获银奖。组织竹雕艺术家洪建华、朱伟等携作品赴韩国参加庆祝中国民协与韩国南怡岛株式会社开展文化交流20周年"中国文化月"活动。反映安徽省民间文化杰出传承人成就和风采的报告文学集《守望》出版发行。在全国民间文学三套集成表彰大会上，安徽有10人获先进个人，省民协获先进集体。

【曲艺家协会】

举办第五届安徽曲艺节，来自全省16个地市的32个参演单位、20余个不同曲种、60多个曲艺节目、近200名参赛演员在曲艺节的舞台上各展风姿，异彩纷呈。中国文联副主席、中国曲协主席、著名评书表演艺术家刘兰芳亲临颁奖晚会并登台献艺。省文联党组书记、书记处第一书记庄保斌，省文联书记处书记王章好，芜湖市委常委、副市长史晓东，芜湖市人大常委会副主任谢业庆，芜湖市政协副主席司旌霞等出席闭幕式并为获奖者颁奖。王章好讲话，史晓东致闭幕词。《2000～2009安徽优秀曲艺作品选》由安徽文艺出版社出版发行。在省曲协四届四次主席团会议上，对芜湖、蚌埠、马鞍山等三市曲协给予表彰。组织曲艺节目参加"包公杯"全国反腐倡廉曲艺作品征集、安徽省反腐倡廉文艺作品征集、第六届中国曲艺“牡丹奖”评选、“长江颂”曲艺作品征集、河南宝丰马街书会曲艺大赛、“东方朔”杯第四届全国少儿曲艺大赛、第三届中部六省曲艺大赛和“江淮情”大型文艺演出、“放歌江淮”送欢乐、下基层文艺演出等一系列比赛、演出活动。中国曲协分党组书记、副主席、著名相声表演艺术家姜昆一行莅临省文联、省曲协调研。

【影视艺术家协会】

协助合肥市成功申办2011年第20届“中国电影金鸡百花节”。举办第二届安徽省高校影视艺术大赛，共有50多所高校、近10万名大学生参与，收到初赛推选作品575件，经过评选，132件作品获奖。协办浙皖苏三省影视编剧研修班暨磐安原生态影视创作采风活动，组织省内影视编剧和导演参加研修班。召开省暨合肥市影视艺术家新春联谊会，加强与会员的联络和沟通，增进影视艺术家之间的了解和友谊。参与承办全国推选文艺新人大赛安徽赛区活动，全省近400余位选手在合肥参加声乐、器乐、舞蹈、戏曲曲艺、影视表演、书画、模特、主持人8个项目的决赛，组织推荐50多位优秀选手赴北京参加了全国决赛，20多位少儿和少年组选手获得“全国十佳选手”称号，10多位青年组选手晋级全国总决赛，3位选手在决赛中获得金奖。与有关单位联合承办大型电视剧《新安家族》研讨会，《中国艺术报》专版刊发研讨会成果。

【杂技家协会】

按照省编办文件，原挂靠省杂技团的安徽省杂协划转省文联。积极做好杂技艺术院团转企改制工作。按照“区别对待、分类指导、循序渐进、逐步推开”原则，省杂技团、安庆市杂技团、安徽明星大马戏团、中国埇桥马戏协会、宿州市埇桥杂技团完成转企改制。省杂技团积极开拓国际演出市场，先后赴美国、印度尼西亚和香港开展演出活动，一年来，共计演出600场次，其中国外583场次，观众总人数达40万人次。省杂技团创作的新编杂技节目《梦——高空秋千》获文化部主办的“金狮杯”全国杂技比赛铜奖。安庆杂技团演出122场，安徽明星大马戏团演出1.3万多场次。中国埇桥马戏协会坚持把服务马戏、创新艺术、发展品牌、树立形象作为中心任务，认真开展各项工作，使全区马戏产业得到了很好的发展，《人民日报》以《宿州埇桥马戏：“泥腿子”怎样闯大市场?》为题做充分报道。举办中国埇桥第二届国际马戏节，中国杂协分党组书记、副主席邵学敏，省委宣传部副部长郎涛，省文联党组书记、书记处第一书记庄保斌分别出席开幕式、闭幕式。

直属单位

【安徽文学艺术院】

选聘第三届安徽省签约作家。12月28日，安徽文学院第三届签约作家签约仪式在合肥举行，孙志保、何世华、许敏、项丽敏等13位富有创作实力的青年作家，成为安徽文学院第三届签约作家，省委宣传部副部长郎涛，省文联党组书记、书记处第一书记庄保斌出席签约仪式、向签约作家表示祝贺。参与省政府组织创作编辑的大型图书《和谐安徽》策划工作，并承担部分写作任务。受省援建办委托，组织安徽11位作家赴对口援建县松潘进行为期10天的实地采访，创作报告文学集《高天上的流云》。为省直机关效能建设五年回顾展撰写前言和说明。参与淮北市建市50周年庆典策划，并承担部分文字工作。与省地税局合作，策划出版展现安徽地税丰硕成果和光辉历程、彰显地方税务在安徽经济社会发展中重大作用的报告文学《地税之光》。举办由48人参加、为期10天的重点作家讲习班，收到良好效果。完成17个市作协及作者情况调查，在此基础上建立了电子档案。召开滁州诗歌作者李龙作品研讨会。在蚌埠香雪度假村挂牌安徽文学院文学皖北创作基地，同时举行“新世纪小说及代表人物”专题讲座。组织部分作家前往山东省枣庄市参观台儿庄战役纪念馆。

【安徽文艺理论研究会】

安徽省文艺评论家协会第二次代表大会召开，大会审议通过了修改后的《安徽省文艺评论家协会章程》，选举产生了新一届理事会和主席团，丁友星等46人当选新一届理事，钱念孙当选主席，方维保、王长安、王达敏、王宗法、刘继潮、余国松、张启生、段儒东、赵凯、唐先田、康诗纬、韩进当选副主席，大会聘请苏中为名誉主席、查长发为顾问。论文《立足新起点 迈向新征途 努力开拓文艺理论评论工作新局面》入选中国文联理论研究室编辑出版的《深化文艺理论研究》文集。举办安徽省文艺创作创优学术交流研讨会暨第二届安徽省中青年文艺评论家高级研修班。编辑出版两期《文艺百家》，约50万字；编辑出版6期《安徽文艺界》，约40万字。

【《清明》、《安徽文学》杂志社】

立足安徽，面向全国，《清明》推出3期“中篇小说专号”，受到读者好评，市场占有率稳步提高。全年共有30多篇作品被《中篇小说选刊》、《小说月报》、《北京文学》、《小说选刊》、《中华文学选刊》、《小说精选》、《新华文摘》等知名文学刊物选载，《像老子一样生活》、《大上海小爱情》获《中篇小说选刊》2008～2009年度优秀小说奖，赵红杏、陈晓农获优秀责任编辑奖，陈晓农在会上代表获奖责任编辑发言。季宇、周旗获年度华东地区优秀期刊优秀编辑奖。进一步加强组稿工作，与全国优秀中青年作家建立起良好关系。通过与各地文联、作协联合举办改稿会、研讨会和笔会等活动，着力发现和培养文学新人。举办苏皖作家联手至万佛湖采风，江苏著名作家黄蓓佳、叶兆言等应邀赴会，创作出版散文集一部。组织绩溪笔会、“雾里青”笔会、滁州笔会、太湖笔会。与宣城市文联联合举办长篇小说《相逢一笑》研讨会。加强检查与考核，细化工作程序和工作量，重点抓上稿率、转载率、改编率、差错率、出勤率、早退率等硬指标，将部分软任务量化为硬指标，作为成绩评定、奖励惩处、岗位任用的重要依据。落实岗位责任制，岗位与工作环节紧密挂钩，三审三校、内文版面、差错率、广告发行、对外联络、宣传推广等等，都由责任到岗而责任到人，确保工作流程规范化，严格执行责任追究制，使刊物质量稳定提升。通过在全省17个市建立工作点、在全国各大中心城市寻找代理商，继续扩大发行量。

【《艺术界》杂志社】

在思想建设方面，始终坚持以社会主义核心价值体系引领办刊方向。编务人员加强业务学习，不断吸收新知识，了解相关业务，为办好刊物奠定更加坚实的基础。在稿件的审阅上，坚持原则，以质量为重，以人文内涵为重，以内容格调为重。无论是著名艺术家、专栏作家还是普通作者，都做到一视同人，刊物质量稳步提高。发行也在稳步上升，除邮发外，国内主要城市、机场都有零售；国外发行取得了较大突破，杂志通过中国图书进出口（集团）公司出口，每期有较为可观的发行数额，欧美几十个国家都有零售。建立了发稿工作制度、档案工作制度和财务管理制度等，在管理上做到有章可循。

【《传奇·传记文学选刊》杂志社】

本着“为读者办、为读者服务、让读者喜欢”的办刊宗旨，以“篇篇都精彩，期期都好看”的高标准，进一步明确市场定位，改进刊载质量，原创作品的分量和皖籍作家的上稿量大幅度提升，金牌栏目“风云人物”传奇所刊作品网上点击量已达20多万人次，转载率也创历史新高。推出2010年刊物合订本和以描述艺术家演艺生涯为主要内容的增刊，深受读者喜爱。在龙源期刊网读者阅读调查中，刊物排名位列前90位，比2009年上升了10位。加强与知名企业和文化公司的合作，开办“传奇”博客，手机版“传奇·传记”上线，成功进入安徽省农家书屋。推进用人机制创新，采取在编人员、聘用人员和兼职人员并用的办法，解决编辑人员不足、后勤建制不全等问题。有计划地组织编辑人员开展岗位培训，参加由新闻出版总署举办的“数字时代大众期刊发展”高级研讨班和“传奇之旅”感受巴蜀文化采风活动，开阔眼界，提高水平。

【《诗歌月刊》杂志社】

推出著名诗人白桦专辑《有尊严的活着》，解放军少将贺捷生、中国作协副主席高洪波和著名作家学者王安忆、叶廷芳、赵长天、陈思和、李建军等纷纷撰文，对诗人的创作历程和作品进行回顾和评论，受到文学界和新闻界的广泛关注。推出诺贝尔文学奖获奖女诗人作品专辑《永恒的女性引领我们上升》，刊发了奈莉·萨克斯、米斯特拉尔和希姆博尔斯卡等著名诗人的作品和生平，《文艺报》、《文学报》、《中华读书报》等多家专业媒体予以报道。继续推出民间社团专号，集中发表66家全国各地文学社团作品，为部分高等院校诗歌研究机构、研究者独家提供丰富的研究资料和收藏文本，受到了谢冕、吴思敬、程光炜等评论家的高度赞扬。图文并茂地刊发抗战时期杰出的情报工作者、女诗人关露作品专辑。青海玉树发生强烈地震，《诗歌月刊》及时组织编辑《爱在玉树》中国诗人抗震救灾志愿团玉树行专辑，并倡议诗人将本期稿费3万元全部捐献给灾区希望小学。与南京大学和柔刚诗歌奖评审委员会联合举办首届“随园”诗歌节、《顾城诗全集》首发式和诗歌朗诵活动。与江苏省作协、南京大学等5所高校在南京联合举办江苏新世纪诗歌研讨会。多次举办笔会、改稿会、朗诵会和诗歌评奖活动，向138名优秀诗人颁发奖金和获奖证书。拓宽渠道，加强合作，刊物发行突破1万份，各项收入突破100万元。

基层文联

按照省文联五届二次全委会的安排和部署，各地和企业文联结合实际，发挥优势，锐意进取，各项工作都迈上新的台阶。围绕党和政府、企业的工作大局和各地、企业重要纪念日、重大活动，举办一系列有声势、有特色、有影响的文艺活动，大力弘扬时代精神。组织文艺工作者深入乡村、社区、企业、军营、校园生活前沿，开展形式多样、富有鲜明地方风格和浓郁地域特色的文艺活动。通过整合创作资源、加大扶持力度、加强理论评论、健全奖励机制，促进优秀文艺作品的创作生产，一批作品获得全国、全省性奖项。高度重视展示历史底蕴，挖掘地域文化，打造知名文化品牌。一些市、县（区）文联与省文联联合举办重大文艺活动。一些市、县（区）文联成功召开文代会，党委、政府高度重视，主要负责同志出席会议、发表讲话。有的地方党政领导深入文联开展调研，与文艺家座谈，共商推动文艺发展大计，帮助解决实际问题。

福建省文联

综　述

2010年，福建省文联认真贯彻落实党的十七大和十七届三中、四中、五中全会及省委八届九次、十次全会精神，深入学习贯彻胡锦涛总书记等中央领导来闽考察重要讲话精神，按照“高举旗帜、围绕大局、服务人民、改革创新”的总要求，坚持以科学发展观为统领，牢牢把握正确导向，认真履行联络协调服务基本职能，大力推进改革创新，成功组织一系列重大文艺活动，得到了中央有关部门和省委、省政府的充分肯定，受到了社会各界的广泛好评，为推动海西文艺的大发展大繁荣，为推进福建科学发展、跨越发展提供了强有力的精神力量和文化支撑。

重要会议

【学习贯彻胡锦涛总书记来闽考察重要讲话精神会议】

2月22日上午，省文联召开副处级以上领导干部会议，传达学习胡锦涛总书记春节期间在福建考察时重要讲话精神和省委常委（扩大）会议、全省领导干部大会精神，研究部署当前工作。党组书记、副主席范碧云强调指出，胡锦涛总书记在考察期间发表重要讲话，高瞻远瞩、思想深刻、内涵丰富，具有很强的战略性、理论性、针对性和指导性，要认真学习、提高认识，把贯彻胡锦涛总书记来闽考察重要讲话精神，作为文联当前和今后一个时期的重大政治任务；要全面把握、深刻领会，把思想认识统一到胡锦涛总书记重要讲话精神上来；要紧密联系思想和工作实际，找准结合点、找好切入点，真正把学习成果体现在推进海西文艺大发展大繁荣的实效中。

【全省文联系统学习型文联读书班暨基层文联工作现场会】

7月23～26日，全省文联系统学习型文联读书班暨基层文联工作现场会在福清市召开。各市、县（区）文联、行业文联（文协）和省文联各单位负责人共150多人参加会议。省文联领导范碧云、杨少衡、罗训涌、陈奋武、章绍同、曾珊，福清市领导王德玉、陈惠出席开班式和有关活动。中国文联党组成员、书记处书记夏潮，省委宣传部副部长、省文明办主任马照南出席会议，并分别做《关于文联组织与文联工作》、《朱子与中华文化元典》的辅导报告。党组书记、副主席范碧云做动员讲话，着重传达学习刚闭幕的省委八届九次全会精神，部署省文联系统贯彻落实工作。

【省委常委、宣传部部长唐国忠一行到中国文艺家之家参观考察】

8月6日下午，省委常委、宣传部部长唐国忠在省文联党组书记、副主席范碧云，党组成员、书记处书记、副主席杨少衡，副主席、省书协主席陈奋武等同志陪同下到中国文艺家之家参观考察。中国文联党组书记、副主席胡振民，党组成员、副主席冯远，党组成员、书记处书记夏潮和办公厅主任夏朝华等会见了唐国忠部长一行。在胡振民书记的引领下，唐国忠部长一行参观了中国文艺家之家展览厅、报告厅，观看了中国文艺家之家专题片。唐国忠部长对中国文艺家之家的落成并投入使用表示热烈的祝贺，并把福建传统工艺漆器——一对“龙凤大花瓶”赠送给中国文艺家之家。胡振民书记向唐国忠部长、范碧云书记颁发收藏证书，对福建省文联在省委省政府的正确领导和省委宣传部的关心支持下取得的成绩给予充分肯定，对福建省文联给予中国文联工作的积极支持表示感谢并和唐国忠部长一行合影留念。

重要文艺活动

【纪念省文联成立 60 周年系列活动】

纪念省文联成立 60 周年活动贯穿全年，在 5 月形成高潮。有三大特点：第一，规模大、规格高。全国政协副主席、中国文联主席孙家正专门为福建省文联 60 周年题词：文联大家庭。省委书记孙春兰、省长黄小晶等省领导、省级老领导以及中国文联领导出席在福建会堂召开的纪念大会，全省文联系统干部和优秀文艺家代表近千人参加，省委常委、宣传部部长唐国忠代表省委省政府做重要讲话，孙春兰书记充分肯定纪念大会“开得很好、非常成功”，此规模和规格成为文联历史上最大最高的一次庆典活动。第二，形式多、氛围浓。以“庆六十华诞、展大家风采，荟各方神韵、促文艺发展”为主题，纪念活动内容丰富、形式多样、特色鲜明，包括“两会”、“两展”、“六项成果展示”和“五月百花红”系列纪念活动。“两会”即纪念大会和联欢晚会，“两展”即“艺海人生”福建省文联老同志创作成果展、福建省第 22 届摄影艺术展览，“六项成果展示”即一套大型文艺丛书《福建文艺创作 60 年选》、一本纪念画册《文联大家庭》、一套电视文艺片《万紫千红》、一本基层文联经验交流集《百花芬芳》、一本老文艺家和文联老同志回忆录《文苑春秋》以及一本纪念邮册。“五月百花红”系列纪念活动还包括“收获与感动”文艺讲座、“我与文联”文艺沙龙等。第三，影响广、效果好。纪念活动不仅在文艺界产生了广泛影响，社会各界也是好评如潮。《福建日报》等省内重要媒体对纪念活动进行系列报道，福建电视台转播联欢晚会全过程，《中国艺术报》专版报道活动盛况。

【“中华情——海峡两岸民间艺术嘉年华”活动】

1 月 31 日至 2 月 6 日，省文联与中国文联、中国民文协联合主办的“中华情——海峡两岸民间艺术嘉年华”活动在福州三坊七巷举行。该活动时间持续一周，包括民间艺术广场表演、民间文化名家讲坛和民间文化研讨会、民间茶道及香道表演、民间收藏印石精品大赛暨民间工艺绝艺展示等四大项活动。全国政协副主席、中国文联主席孙家正出席开幕式，与数万名群众一起观看踩街巡游。唐国忠、陈桦等省领导，国务院台办、中国文联、福建省机关团体、福州市等有关领导，台湾亲民党和新党领导等海峡两岸政界、文化界代表和民间艺术家近 500 人参加开幕式，开幕式由省文联党组书记范碧云主持。省委常委、宣传部长唐国忠代表省委、省政府致辞，中国民间文艺家协会分党组书记罗杨讲话。该活动无论是规模、层次还是影响都属空前，在海峡两岸引起强烈反响。

【福建省当代美术（晋京）大展】

8 月 8 ～ 15 日，省文联与省委宣传部、中国美术馆联合举办“锦绣海西——福建当代美术（晋京）大展”，这是新中国成立以来福建省在京举办的最具规模、最高层次的美术展览，大展实现了“五个突破”：一是展览规模大，在中国美术最高艺术殿堂——中国美术馆一次性使用包括中央大圆厅在内的 5 个厅办展，在省级晋京展览中尚属首次。二是开幕式规格高，有 10 多位部级领导前来参加开幕式，中央政治局常委贾庆林、李长春专程前来观摩并给予充分肯定。三是新闻报道广，通过福建省政府新闻办公室向全国媒体发布消息，开幕式新闻在中央电视台新闻联播节目播出，在福建省美术界乃至艺术界属首次。四是参观人数多。大展期间，每天都有数以千计的观众前来参观，还吸引了解放军、武警部队 8 位闽籍将军，徐沛东、郁均剑等在京知名艺术家。据不完全统计，大展的相关信息网上点击率超万次。五是作品质量好。通过此次大展，闽派美术在京城引起关注并得到专家认可。中国美术馆一次性收藏了 18 件参展作品。晋京展后，精选出部分作品继续在厦门、香港展出。“锦绣海西——福建当代美术（晋京）大展”堪称福建美术发展史上具有里程碑意义的盛事，在福建文联史上写下了辉煌的一笔。

【纪念冰心诞辰 110 周年系列活动】

8 月 22 日，省文联与中国作协、冰心研究会等联合主办的纪念冰心诞辰 110 周年系列活动在冰心的故乡福州市举办。系列纪念活动由一场纪念座谈会、一台诗文朗诵音乐会和“冰心巴金世纪友情”、“有了爱就有一切——冰心走过的文学道路”、“繁星闪烁——冰心研究会、冰心文学馆的足迹”等3个大型展览组成。冰心的家人，原江西省委书记、中央统战部副部长万绍芬，中国作协党组成员、书记处书记李敬泽，省政协副主席、省文联主席张帆，省委宣传部副部长、省文明办主任马照南，冰心研究会顾问何少川，省文联领导范碧云、杨少衡，美国威尔斯利女子学院步起跃教授、日本关西大学文学院陶德民教授、马来西亚世界福州十邑同乡总会冰心文学奖小组组长丁家骅等海外学者代表与北京、上海、福建等国内文艺界代表150余人出席22日上午在福建会堂省直厅举行的“纪念冰心诞辰110周年座谈会”。

【送欢乐、下基层等文化惠民活动】

发挥文艺力量，在元旦、春节期间，组织文艺家参加“文化三下乡”活动，文联艺术团深入革命老区、平潭综合实验区、部队农村等基层及重点建设一线开展专场演出、写春联、送年画、办讲座、开笔会、拍全家福等活动；发挥人才优势，创作并开展“送春风”——廉政春联送机关、送农村、送社区活动；开展“冰心展览走进校园”、首届“亲亲红领巾”少儿歌手赛等文艺进校园活动，深受群众欢迎。

省文联艺术团到龙岩武平老区“送欢乐”。虎年除夕，胡锦涛总书记到龙岩老区考察，希望老区人民生活“年年好！节节高！”，嘱托要把老区建设得更加美好。为贯彻落实胡总书记来闽考察重要讲话精神，元宵节前夕，省文联艺术团的艺术家们顶着严寒赴龙岩武平县慰问演出，为老区人民送去一台精彩的文艺节目、赠送大幅水墨佳作《梁野春色》。期间艺术家们在梁野山开展采风活动，书画家们举办联谊笔会、专题讲座，艺术团组成小分队到县消防中队举办“文艺拥军”专场演出。

“送欢乐、到军营”八一慰问活动。“八一”建军节前夕，组织歌唱家、舞蹈家赴空军福州场站，为战士们献上一台饱含“浓浓鱼水情、深深军民谊”的慰问晚会。60多位文艺家演绎了包括在中宣部“五个一工程奖”、央视青歌赛等全国性文艺赛事中获奖的16个节目，飞行员们与文艺家互动表演，体现了浓厚的军民鱼水深情，丰富了官兵业余文化生活。

曲艺名家“送欢乐”到南安慰问演出活动。元旦前夕，省文联与中国文联、中国曲协联合在福建侨乡南安市举办“送欢乐下基层”慰问演出活动。姜昆、刘兰芳、牛群、戴志诚、常贵田、王佩元、王彤、随风等全国众多著名曲艺名家与省内文艺家为南安群众表演相声、评书、手演戏、歌曲等精彩的节目，把欢乐和温暖送到群众的心坎上。期间，慰问团还组织演出小分队赴梅山镇蓉中村，与村民联欢，共同演绎一首迎新年欢乐乐曲。

参加全国文化科技卫生“三下乡”活动。12月24日，由中宣部等八部委和福建省委、省政府联合举办的全国文化科技卫生“三下乡”活动在平潭综合实验区举行，省文联组织了书画家参加此次活动。

【承办全国性文艺活动】

承办全国农村电影放映现场会。6月11日，省文联与中国影协、省广电局联合主办，省影协、宁德市文化与出版、宁德市广电局、宁德市文联承办的全国农村电影放映现场会在宁德市召开。中国影协分党组书记康健民，中影集团部经理韩晓黎，中国电影发行协会会长杨步亭，省文联党组书记范碧云，省广电局副局长胡永新，宁德市领导林多香、谢仰俊、周秋琦等参加会议。大会对宁德市农村电影放映事业在市委、市政府的高度重视和社会各界关心支持下展现的新局面进行总结和研讨，对实施农村电影放映工程中取得良好成绩并受到文化部、广电总局和省文化厅表彰的12个集体、14名放映员进行颁奖。

承办第九届全国文学院院长联席会。11月2日至4日，省文联和鲁迅文学院联合主办、福建省文学院和中共南平市委宣传部承办的第九届全国文学院院长联席会议在武夷山市举行。来自鲁迅文学院和全国22个省区市文学院的主要负责人或代表参加了会议。中国作协主席团委员王巨才，中宣部文艺局副巡视员梁鸿鹰，鲁迅文学院常务副院长、全国文学院院长联席会议秘书长白描，省委宣传部副部长、省委文明办主任马照南，省文联党组书记、副主席范碧云，福建省文学院院长许怀中，中共南平市委常委、宣传部部长张建光等出席会议。本届全国文学院院长联席会议以

“青年作家培养与作家队伍建设”这一各地文学院正在普遍重点开展的工作为主题展开深入交流探讨，共同推进文学人才可持续发展。

承办中国四大名石雕刻大赛暨第10届“山花奖”民间工艺美术类评奖活动。12月8～10日，中国文联、中国民协主办，福建省文联、福建省民协承办的中国四大名石雕刻大赛暨第10届“山花奖”民间工艺美术类评奖活动在福州隆重举行。中国民协分党组书记罗杨，中国音协分党组书记徐沛东，福建省委宣传部副部长、文明办主任马照南，福建省文联党组书记范碧云等领导和中国民协副主席、清华大学美术学院雕塑系教授张锠等专家学者以及社会各界人士共300余人出席了开幕式。与中国四大名石雕刻大赛同时进行的还有中国民间文艺山花奖评奖、中国当代雕刻艺术研讨会等相关活动。福建选手林东的寿山石雕《孙悟空过火焰山》等10个作品获得中国四大名石雕刻大赛的金奖，江西选手陈文斌的青田石雕《世博之花》等17个作品获得银奖，另有35个作品获得铜奖。

创作与研究

【创作研究】

2010年，省文联进一步加强理论研究和理论建设，举办“2010年福建省文学艺术高级讲习班”等各艺术门类的培训班，充分发挥《福建文艺界》等文艺理论刊物的阵地作用，积极开展文艺理论和相关的评论工作，全年编辑出版《福建文艺界》4期，刊登文艺评论文章约50篇；编辑出版《文艺理论信息参考》12期，精选国内文艺理论界的重要理论文章约80篇。编辑刊发《福建文联简讯》12期，及时、全面地反映文联和各协会的工作。

开展学术交流和采风创作活动。开展“走进海西”系列采风、“闽台文艺采风调研和学术交流研讨系列活动”、“海峡两岸词曲作家客家文化采风行和客家祖地音乐文化创作研讨活动”、“全球化时代华文书写海西文化传播”国际研讨会等各类学术研讨、创作笔会、采风活动约20场次，新建南靖云水谣等5个创作基地。

冰心研究。出版《冰心论集》（四）、《聆听大家·永远的冰心》，在福建省教育电视台“海西文化大讲坛”中设立《冰心》文学系列讲座；为鼓励高校学生的冰心研究，启动冰心研究研究生学位论文专项经费资助工作，每年资助10名，每篇入选的优秀硕士学位论文资助5000元，博士学位论文资助8000元。

完成课题情况。完成省委宣传部2010年度文化调研任务，提交专题调研报告《关于福建儿童文学创作与未成年人精神文明建设》，报告题材新颖，内容丰富翔实，得到有关方面好评。参与编纂的《福建省志·文化艺术志》荣获省第八届社会科学优秀成果一等奖。

【获奖情况】

文学方面再创佳绩，评论集《五种形象》获得第五届鲁迅文学奖；在“第七届中国文联文艺评论奖”评选中，获1个二等奖、2个三等奖。曲艺方面实现两大赛事零的突破，首次摘取中国曲艺最高奖——牡丹奖（福建南音《相聚在宝岛》获得第六届牡丹奖牡丹大奖节目奖）；首次在全国少数民族曲艺大赛中夺得二等奖；在第四届全国少儿曲艺大赛中1件作品获二等奖。戏剧理论保持强势，在第三届中国戏剧奖·理论评论奖中，2篇文章获奖，另有2篇论文被评为“优秀作品”，省剧协荣获“最佳组织奖”；在曹禺剧本奖中，1部作品获奖；参加第三届中国校园戏剧节，荣获“中国戏剧奖·校园戏剧奖”非专业组最高奖。舞蹈方面在“第七届中国舞蹈‘荷花奖’校园舞蹈比赛”中创历史最好成绩，群舞《醉梅园》获比赛唯一编导奖，2件作品获铜奖，省舞协获“优秀组织奖”；在“华东六省一市专业舞蹈比赛”中，获创作一等奖1个、二等奖2个、三等奖2个，获奖名次排名第二。书法方面，在“全国第三届扇面书法大展”中，1人获一等奖、1人获三等奖、8人入展；在“全国第八届刻字展”中，1人获奖、31人入展。摄影方面，在第23届国展中，获1金2银39入选，排名全国第六的好成绩；在第10届国际摄影艺术展中，获1金1银2铜1推荐1优秀30入选的成绩，在全国名列前茅。音乐方面，选拔培训选手参加央视青歌赛，获得团体进12的历届最好成绩；在“全国首届中国农民艺术节全国乡村歌手大赛”中，获1铜2

优秀奖的好成绩。此外，其他门类也取得不斐成绩。

对外及对港澳台地区文艺交流

【对台文艺交流】

两岸文化交流亮点纷呈、精彩不断。成功举办“中华情——海峡两岸民间艺术嘉年华”、“2010海峡诗会——走近痖弦文学之路”。“海峡诗会”这一对台文艺重要品牌在持续推进的基础上改革创新，采取“走出福建”、相互协作的形式，在湖北武汉、河南南阳、郑州及本省多地，开展研讨会、学术报告会、文学讨论、诗文朗诵及台湾作家闽都文化采风行等系列活动，举办台湾诗人古月诗集首发式与研讨、朗诵等活动，扩大了交流、提升了影响。成功召开“首届海峡少儿舞蹈艺术发展研讨会”，这是中国舞蹈界60年来首次针对海峡两岸少儿舞蹈发展举办的研讨活动，取得热烈反响。正式成立“海峡文学艺术发展研究中心”，主要承担对台、港、澳及海外华文文学和海外华人世界文学艺术的交流研究工作，是促进两岸文艺交流合作向纵深推进的有利平台。“2010海峡两岸电视主持新人大赛”，继首届在海峡两岸引起强烈反响后，本届大赛在形式上更加活泼，内容上更加突出特色。“海峡文缘·厦门论坛”是福建文艺界与海峡两岸著名高校首次联办的大型学术研讨活动。在台北联办的“两岸抗战电影研讨会”，是抗战电影第一次走进台湾。创办了《海峡曲艺》期刊，成功建立了一个两岸曲艺交流的平台和窗口。此外，主办或联办“首届海峡两岸妈祖歌曲青年歌手大奖赛”、“首届海峡两岸女摄影家作品展”、“和平小天使·两岸手拉手”等活动，分别组织民间文艺家、电视艺术家代表团、省文联考察采风团赴台参加考察访问等交流活动。

【对外文艺交流】

对外文艺交流力度不断加大。组织文联文艺参访团出访巴西、秘鲁等南美国家，组织福建省作家访问团赴港访问，接待印尼华文写作者协会来访并举办座谈会，举办美国著名钢琴演奏家“美国佛蒙特州著名钢琴家PAUL ORGEL钢琴独奏会，联办旅菲闽籍作家王勇小诗选出版座谈会和旅菲闽籍文艺家林泥水研讨会、陈明玉诗词吟唱会等文艺交流活动。冰心文学馆前往日本为第三届“冰心青少年文学奖”颁奖，组织对美国威尔斯利女子学院进行回访等，积极宣传福建文艺、搭建交流渠道。

自身建设

【机关建设】

认真贯彻落实中央和省委的决策部署，认真学习贯彻胡锦涛、贾庆林、习近平、周永康等中央领导同志来闽考察重要讲话精神，统一思想，提高认识，振奋精神，锐意进取，充分发挥文联组织团结凝聚广大文艺家和文艺工作者的重要作用。

大力推进学习型党组织建设和创先争优活动。坚持以党组理论学习中心组为龙头，以处以上领导干部为重点，以个人自学、专家辅导、经验交流、考察采风、调研观摩等多种形式，如开设“文苑撷英”文艺讲座、举办“全省文联系统认真落实学习型文联建设读书班暨基层文联建设现场会”，扎实推进理论武装工作，努力把文联各级党组织建设成为学习型党组织。把创先争优活动同推动部门的工作相结合、同提高党员干部思想政治素质相结合，开展“四优文明”处室评比、协会“六个一”目标管理责任制考评工作，形成学习先进、争当先进、赶超先进的良好风气。第五届省直机关党建工作先进单位、第10届省直机关文明单位和机关思想作风建设的创建和迎评工作，得到调研考评组的好评，荣获省直机关第十届文明单位的称号。

大力推进领导班子、干部队伍建设。严格按照《党政领导干部选拔作用工作条例》，积极稳妥地进行省文联机关干部任用与交流，顺利完成事业单位聘用合同签订工作和工资改革。主动协助牵头单位落实廉政文化建设工作方案，深入开展“小金库”治理和礼品登记自查工作，采取制定实施办法、签订责任书、完善处级干部廉政档案、开展警示教育、发放廉政台历、推出“廉政教育张贴版”等措施，扎实推进党风廉政建设。主动协助牵头单位落实廉政文化建设工作方案，党风廉政建设等机关建设各项工作都得到上级部门的肯定。

大力推进机关内部建设和管理。建立健全《福建省文联机关协会事业单位工作人员请销假考勤暂行规定》、《老干部车辆使用暂行规定》等制度，举办各类知识讲座，保密、综治、档案等工作稳妥推进。在首届省直机关合唱节合唱比赛中，夺得金奖。扎实开展“送温暖、献爱心”活动，机关干部职工、老干部积极为青海玉树地震灾区和我省特大暴雨灾区捐款，文联及各事业单位从有限经费中挤出资金支援南平、三明灾区建设。广泛开展老艺术家及困难生病职工的慰问活动，“三八”、“八一”、“重阳”等各种节日活动丰富多彩。不断完善基础设施建设，争取到财政充足资金进行画院修缮，完成文联机关大门口的改造工程、三坊七巷文学讲习所的装修工程、省文学院在“海峡文化广场”的前期选址和项目编制工作。

【服务文艺家和基层文联】

加大优秀作品、优秀人才宣传推介和服务力度。启动“福建戏剧名家名作推广工程”、“海峡作家文库”工程。举办郑怀兴、曾静萍剧作（晋京）研讨会、施子清书法作品展等优秀作品、优秀人才的专场研讨、展览、演出活动数十场（次），举办“纪念冰心诞辰110周年系列活动”、“纪念宋省予先生百年诞辰书画作品展”等文艺名人诞辰纪念活动，摄制电视专题片《海西文化名人坊》12集。以纪念省文联成立60周年为契机，表彰全省从事文艺工作60年、从事文联工作30年、从事基层文联工作20年的文艺工作者和文联干部，编撰出版记载老同志回忆录《文苑春秋——我和福建省文联》，举办“艺海人生——省文联老同志创作成就展”等展示老文艺家成果的活动。

大力扶持基层文艺，指导协助基层文联开展工作。组织基层文联干部参加中国文联的学习培训班和上海世博采风活动，组织知名文艺家下基层举办讲座培训20多场，培训上千人。各文艺家协会深入基层组织采风创作、文艺展示、培训骨干、普及艺术知识，联办各类展演比赛，继续开展“新农村少儿舞蹈美育工程”、“福建书法进万家”活动。扎实推进全省特色文艺示范基地建设，在全面调查摸底的基础上，制定暂行办法，确定考核标准，授予首批9个特色示范基地，并争取到财政资金给予支持。全省县（市、区）全部成立文联组织，乡镇、社区文联建设稳步推进。

直属单位

【文艺理论研究室】

积极开展文艺创作和理论研究，全年编辑出版《福建文艺界》4期、《文艺理论信息参考》12期；积极开展文艺理论调研活动，完成省委宣传部2010年度“关于福建儿童文学创作与未成年人精神文明建设”的文化调研任务。继续开展“海峡两岸民间文化艺术采风和学术交流研讨”系列活动，组织摄制《海西文化名人坊——福建当代作家艺术家电视传记系列片》第六辑12集。6月，联合举办“’2010福建省文学艺术高级讲习班”。11月，与厦门大学中文系、人类学系、台湾成功大学人文学院等联合承办“海峡文缘·厦门论坛”大型学术研讨会，来自两岸专家学者80余人与会，以“闽南文化圈的形成、结构和影响”为中心议题，收到论文近50篇，举办8场学术报告会。

推荐理论文章参加“第七届中国文联文艺评论奖”的评奖，其中周宁的《话剧百年：从中国话剧到世界华语话剧》获二等奖，南帆的《后现代主义、消极自由和负责的反讽》、方李珍的《被规训的激情——从两人戏谈起》分别获三等奖。

【文学艺术对外交流中心】

为应邀出访欧洲、美国、日本、南美、香港、台湾等国家和地区的文艺家办理交流手续等服务工作。筹备赴日举办“福建书法工笔小品展”及相关学术研讨活动。

【省画院】

2月，主办“墨华纵横——11届国展入选国画家作品邀请展”，展出100余幅作品。7月，前往省军区政治部慰问参加抗洪救灾的官兵，召开庆祝“八一”拥军书画笔会。8月，画院画家21

件作品入选“锦绣海西——福建省当代美术（晋京）大展”，4件获奖，4件由中国美术馆收藏。9～10月，联合主办“纪念宋省予百年诞辰系列活动”，内容包括“纪念宋省予先生百年诞辰书画作品展”、“宋省予先生书画艺术座谈会”和《宋省予小品集》、《宋省予研究文集》、《宋省予诗选》出版首发式；与三明市委宣传部联合在泰宁举办“大爱颂真 重现美丽——全国名家（泰宁）书画作品赈灾义卖”活动。新创建泰宁、沙县两处写生创作基地。

【省文学院】

围绕开展文学创作、研究、活动、交流等职能，不断开拓创新，实施福建长篇小说创作精品工程，《唐山过台湾》、《闽商》题材长篇小说完成初稿。1月，与石狮市文联共同举办文学座谈会。4月，联办城市建设专题采风活动、“逢时杯”第四届海内外散文大赛、第四届《福建日报》新人新作奖暨第七届《福建文学》初出茅庐大奖赛。5月，举办散文笔会，承办纪念福建省文联成立60周年系列活动之“第25期福建文艺沙龙：我与文联”；福建省文学院讲习所和新挂牌的“海峡文学艺术发展研究中心”同时举行揭牌仪式。6月，联办旅菲闽籍作家王勇小诗选出版座谈会和林泥水研讨会、庚寅泉州端午诗会暨陈明玉诗词吟唱会、新农村建设采风活动。10月，与省作协共同设立南靖云水谣景区创作基地。11月，承办第九届全国文学院院长联席会议。完成省重点工程“海峡文化广场”中福建省文学院项目选址的审批工作。

【冰心文学馆】

3月，冰心文学馆一行3人应邀前往日本关西创价学园为第三届“冰心青少年文学奖”获得者颁奖。5月，与福州一中联合开展“冰心展览走进校园”活动；参与“和平小天使·两岸手拉手”活动，接待两岸和平小天使参观冰心展览，并做主题演讲。7月，举行“海峡作家文库”启动与捐赠新闻发布会，正式启动“海峡作家文库”工程。8月，举办“纪念冰心诞辰110周年系列活动”；召开冰心研究会第四届换届大会。11月，在北京中国现代文学馆举办“巴金冰心世纪友情展”。10月，应美国威尔斯利女子学院邀请，组织人员前往进行为期12天的回访。出版《冰心论集》（四）、《聆听大家·永远的冰心》，冰心文学馆展厅全年接待人数近3万人。

【《福建文学》杂志社】

为纪念2011年《福建文学》创刊60周年，编辑出版《福建文学》60年作品典藏4卷（短篇小说、中篇小说、散文、诗歌）。7月，与文艺理论研究室联合举办“’2010福建省文学艺术高级讲习班”。10月，联办“第一届汪曾祺杯世界华文小小说奖”评选活动。12月，联办“图书缘”征文颁奖活动。组织第八批全国散文名家看海西系列活动。顺利召开福建省作家企业家联谊会换届大会，继续与省作家企业家联谊会共同举办“助推海西书乡建设活动”，分别给永安、闽候贫困乡村和希望小学送图书上万册。全年有12篇作品被各类选刊转载。

【《台港文学选刊》杂志社】

3月，组织“福建省文艺家访问团”访港，酝酿“香港文学专号”选编计划。5～6月，承担省文联成立60周年纪念系列活动之“收获与感动”专题讲座的2个讲题。9月，参与组织印尼华文写作者协会一行20人来访座谈会，这是福建省与印华文艺团体首次大规模交流活动。10～11月，联合举办“’2010年海峡诗会——痖弦文学之旅”系列活动、“浮生探月——走近台湾诗人古月”系列活动。11月，联合承办“全球化时代华文写作与海西文化传播”国际研讨会，来自美国、马来西亚、日本、澳大利亚、中国台湾及国内专家学者50多人与会，论文46篇。参与“海峡文学艺术发展研究中心”的筹建工作。全年推出22个文学专辑，新增“新作家群像”系列专辑。

【《故事林》杂志社】

坚持正确舆论导向和出版方向，不断开拓刊物改革与发展的新思路，进一步提高刊物质量。继续加强有关构建社会主义和谐社会、建设社会主义新农村、推进海峡西岸经济区建设等主题新故事的组稿和编发。加强栏目建设，继续开展面向全国征稿的新时代风貌”和“海峡两岸采风”新故事大奖赛评选活动。推荐《故事林》刊登的新故事作品参加“金廉杯”华东六省一市廉政故事大赛评选活动。《故事林》入选2011年度全国邮发报刊重点推荐刊物。

各文艺家协会

【作家协会】

服务海峡西岸经济区跨越发展的大局，继续与省炎黄文化研究会联合组织“走进海西”系列采风活动，2～11月，先后组织7批次共200多位作家深入基层采风创作，撰写出版7部散文报告文学集。3～6月，深入全省九地市20个重点工程建设项目单位采风创作，撰写报告文学集《海西重点工程建设巡礼》受到好评。1月，召开福建省第23届优秀文学作品奖暨第五届陈明玉文学奖颁奖座谈会。2月，建立九锂湖文学创作基地。3月，召开“2009年度省优秀文学作品颁奖座谈会”，联办“中外诗人映象闽江大型诗歌朗诵晚会”。4月，在平潭举办池敬嘉长篇小说《盗海》研讨会，与海峡文艺出版社联合举办《援藏岁月》出版研讨会，召开省作协六届三次主席团会议。5月，参与组织在福建会堂召开的“纪念延安文艺座谈会讲话发表68周年暨‘走进海西’系列丛书座谈会”。6月，在建宁举办“闽江源端午诗会”。8月，联办冯顺志长篇报告文学《又一村》研讨会。9月，在湄州岛联办“映象妈祖”大型诗歌朗诵会。10月，举办章武散文集《一个人和九十九座山》研讨会。

推荐12篇作品参评“第九届鲁迅文学奖”，南帆评论集《五种形象》获得评论奖。推荐六部长篇作品参评中国作协重点作家作品扶持工程，阎欣宁的《天际线》、邓晨曦的《辛亥舰队》入选。

【戏剧家协会】

1月，首次举办全省舞台美术创作研讨会、第11届中国戏剧节观摩座谈会。2月，承办省文联艺术团赴革命老区武平专场慰问演出活动。10月，举办第10届福建省水仙花戏剧奖表演奖比赛暨25届中国戏剧“梅花奖”福建选拔赛。启动“福建戏剧名家名作推广工程”，10月，在北京大学演出精品剧目《董生与李氏》，推开推广工程的序幕。12月，在北京举办郑怀兴、曾静萍剧作研讨会。

6月，范碧云、陈立华、郑怀兴、曾静萍、齐建华、王评章、陈乃春、周长赋、林瑛、黄永石英、吴新斌11人组成代表团出席中国剧协第七次全国代表大会，其中陈立华、郑怀兴、曾静萍、林瑛、王评章、周长赋、吴新斌7人当选中国剧协第七届理事会理事。

组织选送的高甲戏《阿搭嫂》荣获第三届中国戏剧奖·曹禺剧本奖。组织选送的苏涵的《闽、粤农村盛演“菩萨戏”现象的调查与思考》和王评章的《关于陈仲子》荣获第三届中国戏剧奖·理论评论奖，至此，全省有5位戏剧专家9次夺得该奖。组织选送的校园剧《青春赶路线》参加第三届中国校园戏剧节，荣获“中国戏剧奖·校园戏剧奖”，导演王芳获导演奖，省剧协获优秀组织奖。

【美术家协会】

1月，召开“2010年全省美协工作会议暨福建省当代美术（晋京）大展动员大会”，承办由省港澳办、省文联主办的“子清墨韵 海西文彩”施子清书法展。3月，召开省美协2010年主席团会议。6月，与福建师大美术学院等联合主办“第三届福建省高等艺术院校大学生美术作品展”。8月，承办“锦绣海西——福建省当代美术（晋京）大展”，与永定县政府联合在厦门美术馆主办“福建土楼 客家永定——全国中国画大赛作品展”。9月，与香港福建书画研究会联办“福建美术新貌——福建省当代美术（晋京）大展中国画作品赴港展览”在香港中央图书馆展览厅举行。10月，与海峡茶业交流协会等联合举办“首届海峡茶道用品创意设计大赛”。11月，与省新闻出版局等联合主办的“第二届海峡印刷创意设计大赛”比赛结果揭晓。12月，在安溪县召开2010年九地市美协工作座谈会，举办“锦绣海西——福建省当代美术（晋京）大展”表彰总结大会。先后成立了福建省美协漆画艺术委员会、水彩画艺术委员会、山水画艺术委员会。

【书法家协会】

6月，与厦门书协等联合举办第二届海峡两岸书法论坛、海峡两岸女书家作品展、福建省刻字艺术展；与东山县联办海峡两岸书画名家作品邀请展及大型笔会；与武平县联办“纪念刘亚楼将军百年诞辰——全国百名将军暨书画名家作品展”。7月，与龙岩长汀县委宣传部联办“弄墨堂、南吴门之约20人书法展”。11月，主办“海西闽南风中青年书法展”，分别在泉州闽台缘博物馆和福州画院展出；组织“福建书法海峡西岸行——福建省书法家走进寿宁”大型采风活动。春节期间书法家参加宣传部组织的“三下乡”、省文联组织的福建文艺家“走进红色老区武平”为群众写春联，经常性组织书法家前往基层开设讲座、指导创作，推进厦门争创“中国书法名城”、漳浦县争创“全国书法之乡”、安溪蓬莱争创“中国书协创作教育基地”建设。

在“全国第八届刻字展”中，郑建松获奖，李金义等31人入展。在“全国第三届扇面书法大展“中，梁碧龙荣获一等奖，龚子猛获三等奖，陈超勇等8人入展。陈奋武、柯云瀚、陈秀卿、李木教、方松峰、谢钦铭、陈吉等7人为代表参加中国书法家协会第六次代表大会，其中陈奋武、柯云瀚、陈秀卿、李木教当选为理事。

【摄影家协会】

3月，举办福建摄影界新春联欢会，举行“福建省摄影家培训中心”和“海峡摄影创作交流中心”授牌仪式；与省妇联等联办“福建省第四届三八夕阳红摄影暨书画诗词作品展”；与省文化厅等联办“首届海峡两岸女摄影家作品展”。4月，组织第22届福建省摄影艺术展览参展作品评选；作为纪念省文联成立60周年活动项目之一，5月，在福州福百祥1958文化创意园展出。7月，联办“有爱就有一切——福建书画艺术家义捐义卖作品向闽北灾区献爱心活动”，共筹得善款58万余元。10月，与台湾摄影学会共同在永春县举办“海峡情”摄影作品展。一年来，组织经常性的专题创作采风活动，举办“2010海西摄影精品展”；与有关市、县及部门等联办了“福建省自然保护区风光摄影比赛”等活动约10场；配合省文联成立60周年纪念活动，编辑《文联大家庭》纪念册；加大与台湾影艺交流的力度，协会领导多次率团赴台创作交流访问；举办春秋摄影培训班3期、摄影函授班1期、摄影技术鉴定班2期、图像处理班2期。

在第23届全国摄影艺术展评选中，39幅摄影作品入选，全国排名第六位，其中获金奖1枚、银奖2枚。

【音乐家协会】

3月，召开省音协第六届主席团第五次会议。5月，举办“福建省第12届青少年手风琴比赛”；联办“上海之春国际音乐节——施特劳斯长三角地区青少年钢琴邀请赛”；与福州市文化局等联办“第四届福州合唱音乐周”；组织选手参与在江苏镇江举办的“第五届长三角青年歌手大赛”，获1金、4银、2铜的成绩。6月，组织“走进武平老区——唱响红色歌曲”采风活动；与莆田市政府、中华妈祖文化交流协会等联合主办“首届海峡两岸妈祖歌曲青年歌手大奖赛”；举办美国著名钢琴家Paul orgel钢琴独奏会。7月，承办省文联“送欢乐、到军营”赴空军福州场站八一慰问晚会；与福州市文化新闻出版局联办“我爱祖国的蓝天”八一慰问演出活动。9月，举办“石壁新韵——海峡两岸词曲作家客家祖地宁化采风行”系列活动；举办“寻找下一个朗朗——‘特仑苏’杯2010年海西少儿钢琴大赛”总决赛。10月，与省广电集团、省文化厅联办“唱响中国——群众最喜爱的新创作歌曲征集评选活动”福建选区评选。11月，举办“榕树之声、放歌海西——福建省原创合唱作品音乐会”。12月，召开省音协第六届常务理事会第三次会议。协助做好央视青歌赛福建省选手选拔培训工作，福建省代表队获得团体进12的历届最好成绩；组织歌手参加“全国首届中国农民艺术节全国乡村歌手大赛”，获1铜、2优秀的好成绩。协办“第三届海峡两岸（福州）合唱节”。正在创作的乐舞诗《妈祖颂》列入省文联重点创作工程，已创作的《千秋妈祖》章节用于省运会闭幕式。

【舞蹈家协会】

1月，在福州市体育馆举办“天成杯”福建省第12届国标舞锦标赛；在厦门联合承办“海峡两岸少儿舞蹈艺术发展研讨会”，研讨会期间，召开冯双白等两岸专家学者的专题讲座，举行“海峡两岸少儿舞蹈创作交流基地”授牌仪式和采风活动。2月，召开省舞协第五届六次主席团会议。4月，承办首届福建舞蹈“百合花奖”专业舞蹈大赛，决赛现场举行为“4·14”玉树地震灾区献爱心捐款活动。6月，组织10个作品参加华东六省一市专业舞蹈比赛，获一等奖1个、二等奖2个、三等奖2个，排名第二的好成绩。7月和9

月，组织19个新创作作品分别参加第七届中国舞蹈“荷花奖”校园舞蹈比赛和当代舞、现代舞大赛，群舞《醉梅园》获得比赛唯一编导奖、独舞《彩云之南》获表演铜奖，《冰心·繁星》获铜奖，省舞协获“优秀组织奖”。推荐杨伟豪、谢南、石振华、缪丽容为代表人选，杨伟豪、缪丽容为理事人选，参加中国舞协第九届全国代表大会。

【电视艺术家协会】

1月，召开省视协四届四次理事会。3月，与福州市广电局联办《天趣人意——福州脱胎漆器髹饰技艺》6集长篇纪录片研讨会。4月，举行“第14届福建省电视艺术奖评奖”活动，并推荐优秀作品参加中国电视“金鹰奖”评选活动。9月，与泉州电视台、台湾世新大学等联办“2010海峡两岸电视主持新人大赛”，来自上海、四川、台湾等8个赛区48名选手参赛，期间组织赴德化采风活动；组团参加台北电视节。11月，与中国视协、作家出版社、福建省广播影视集团联办“福建广播影视改革发展新思维及福建电视艺术精品丛书首发式暨学术研讨会”。12月，与福建省广播影视集团公共频道联办“全省县级电视台协作会暨第三届县域电视‘十佳’颁奖会”。配合纪念省文联成立60周年活动，制作《万紫千红——福建文艺60年巡礼》五集电视专题片及纪念晚会LED视频。

【电影家协会】

2月，召开全省电影家协会常务理事工作会议。6月，承办“全国农村电影放映（宁德）现场会”，对农村数字电影放映展现的新局面进行总结和研讨。9月，在台北举办“两岸电影人抗战电影影展”。

【民间文艺家协会】

1月，在福州市承办“中华情——海峡两岸民间艺术嘉年华活动”。6月，推荐10位集成办先进工作者受到中国民协表彰。8月，组织剪纸艺术家参加首届中国剪纸节；组团参加第五届中国民间工艺博览会。9月，召开省民文协主席团工作会议。12月，承办中国四大名石雕刻大赛暨“山花奖”评奖活动；承办“中国当代雕刻艺术研讨会”。

【杂技家协会】

组织会员参加省文联的“送欢乐、下基层”慰问演出活动。组织杂技节目参加纪念省文联成立60周年庆祝晚会的演出。推选林防、郑水冰、贾国闽为代表参加中国杂协第六次代表大会，其中林防、郑水冰当选为中国杂技家协会第六届理事会理事。11月，组织部分省内民间魔术演员参加“中国西湖人国际魔术交流大会”，观摩学习。

【曲艺家协会】

3月，在福州举办参评“牡丹奖”的作者的创作笔会。5月，建立曲艺创作人才库。6月，召开牡丹提名奖作品（南音）评析会。10月，与省艺术馆联办“庆祝建党90周年全省曲艺创作征文活动”。12月，承办中国曲协“送欢乐、下基层”到南安蓉中村慰问演出活动。一年来，通过抓创作全省共有近20件作品参加全国大赛，10件作品入围。在参加第六届曲艺“牡丹奖”评选中，共报送福州评话、尺唱、南音、锦歌、荷叶说唱地方曲种和评书、小品、相声等北方曲种优秀节目共13个作品，8个作品入围，获12个入围奖项；其中，南音《相聚在宝岛》最终夺得牡丹节目奖，是福建省首摘中国曲艺最高奖。在第四届全国少儿曲艺大赛中，福州少儿故事《考卷风波》获节目二等奖。在第四届少数民族曲艺大赛中，弹唱《归巢》获节目二等奖，实现福建在该赛事中零的突破。创办《海峡曲艺》刊物，中国曲协领导姜昆、刘兰芳任顾问，省文联党组书记、副主席范碧云任主任。完成中国曲协编辑出版的《中国曲艺曲种非遗项目名录》一书征稿任务，编撰福建省7个国家级非遗曲种文字稿近6万字。

江西省文联

综 述

2010年，江西省文联在省委省政府和省委宣传部的正确领导下，紧紧围绕江西鄱阳湖生态经济区建设国家战略，团结和带领文联系统全体干部职工及全省广大文艺工作者，始终坚持文艺“二为”方向、“双百”方针，坚持“三贴近”原则，做了大量卓有成效的工作，取得了显著的成绩。一是围绕鄱阳湖生态经济区建设，唱响了赣鄱发展主旋律。成功举办了“一首好歌”全国征歌和全省演唱比赛活动、“放歌鄱阳湖”全国诗歌大赛、“大美鄱湖”——鄱阳湖国际生态摄影展等工作，产生了广泛的社会影响，有力地配合了经济社会发展大局。二是围绕“虎年虎展”系列活动，启动了生肖艺术产业开发。第一次主办的全国性学术活动——“百年百虎”国画精品展在中国美术馆举办获得圆满成功；第一次跨出国门，远赴印度举办了“虎趣·中国水墨精品展”，“猛虎上山”、“虎啸入瓷”、“威虎进营”等系列后续活动，为探索生肖艺术开发积累了宝贵经验。三是围绕“走出去”战略，着力弘扬了赣鄱文化。先后组织南丰傩舞赴韩国表演，赴以色列参加“第35届国际艺术和手工艺博览会”，再次展现了江西民间文化的魅力。成功举办“第一届汤显祖艺术节”，打造了江西戏剧品牌。“江西文艺·名家讲坛”、谷雨诗会等品牌活动常办常新、独具特色。高质量完成了中国文联、中国作协8个采风团来赣采风的接待和全国文联文艺理论研讨会的承办，得到了中宣部、中国文联的充分肯定，展示了江西文联的新形象。四是围绕文化产业基础建设，积极推进华夏艺术谷文化产业园建设。通过锲而不舍的努力，华夏艺术谷项目已获省发改委正式批准立项，同时被列为省重点项目计划，省政府常务会议审批通过第一期用地指标，为文化产业的发展奠定坚实基础。五是围绕出作品出人才，积极引导和推动文艺创作上台阶。文学创作成果丰硕，涌现了一批有影响的中青年作家，文学头道工序的作用逐步显现。其他艺术门类也取得了长足进步。一年来，全省共获得全国性文艺奖项100多个，推出了一大批在全国有影响的文学艺术作品，进一步扩大了江西文艺的影响力。

会议与活动

【“一首好歌”全国征歌暨江西省音乐“映山红”奖优秀创作歌曲演唱大赛】

2月1日至4月10日，为“礼赞鄱阳湖、歌唱新江西”，打造一张江西音乐名片，江西省文联在“一首好歌”全国征歌活动的基础上，在全省举办了江西省音乐“映山红”奖优秀创作歌曲演唱大赛。此次大赛以上年评出的10首优秀歌曲为比赛规定曲目，通过网络大赛和电视大赛两种方式进行。大赛得到了全省各地各行业的积极响应，全省有21个代表队、114个节目、400多名选手参加了大赛角逐，网络点击率200多万人次，网络投票50多万人次，《可爱的家乡》被评为“群众最喜爱的歌曲”。4月16日晚，在江西电视台都市频道演播大厅举行了隆重的现场直播颁奖晚会，省领导刘上洋、孙刚、胡幼桃及有关部门领导出席并为获奖选手颁奖。4月30日晚，“建设鄱阳湖生态经济区”专场文艺晚会上，10首歌曲中有6首在晚会演唱，苏荣书记、刘上洋部长、凌成兴常务副省长、南昌市委余欣荣书记等领导出席观看。全国征歌及演唱比赛活动广受社会好评。

【百年百虎国画精品展】

为应对国际金融危机，在“信心比黄金更重要”的关键时刻，体现文联在重大事件的作为，江西省文联以2010年庚寅虎年为契机，以虎的勇猛刚劲、勇往直前的艺术形象，振奋全国人民精神，鼓舞士气，攻坚克难，江西省文联与中国美协国画艺委会开展了“百年百虎”评选和展览活动。活动从2009年7月策划征稿到评比，历时10个月，先后收到全国参评作品1200余幅，共遴选出130幅虎画精品参展。5月26日至6月2日，“百年百虎”国画精品展，在中国美术馆隆重展出。中国文联党组副书记、副主席覃志刚、省政协副主席汤建人、中国美协常务副主席吴长江、中国对外文化集团副总万纪元等领导和在京多家艺术机构、画虎名家、各大媒体记者及首都各界人士500多人出席了开幕式。展览期间，上万名观众参观了虎展，各大媒体广泛报道，据百度搜索相关信息达12800余条。在京展览后，又在南昌等地举行了汇报展。12月，省文联、省美协又邀请颜泉、宗万华等十多位全国画虎名家到井冈山开展了“猛虎上山”采风创作，到瓷都景德镇开展“虎啸入瓷”绘瓷创作，到省武警总队举办“威虎进营”和为部队将士作画、展画、赠画等活动。

【“放歌鄱阳湖”全国诗歌大赛】

为配合中国·江西鄱阳湖国际生态文化节，省文联、省作协举办了“放歌鄱阳湖”全国诗歌大赛。活动自6月份启动，共收到来自全国各地诗人和诗歌爱好者的作品5000多首。11月14日，在鄱阳县国家湿地公园举行了“放歌鄱阳湖诗歌大赛颁奖朗诵会”，省人大常委会副主任胡振鹏和江西省宣传文化单位领导及干部群众共500多人参加了颁奖朗诵会。同时出版了《放歌鄱阳湖——全国诗歌大赛优秀作品选》，并在鄱阳湖国际生态文化节上展出。

【“大美鄱湖”——鄱阳湖国际生态摄影展】

11月21～25日，为配合中国·江西鄱阳湖国际生态文化节，省文联、省摄协举办了“大美鄱湖”——鄱阳湖国际生态摄影展。此次展览先后共收到国内外2000多位摄影家近万幅（组）作品，经过初评、终评，共有300余位摄影家作品500幅（组）在鄱阳湖国际生态文化节上展出，其中包括国内、外摄影名家20余人100多幅反映江西风情的摄影精品，以生动直观的艺术形象展示了江西优美的生态环境和独特的人文风情。同时还展出了宜春市人大常委会主任杨晓宁的风光摄影作品100多幅。省领导吴新雄、刘上洋等先后到现场观看指导。

【“第一届汤显祖艺术节”】

10月12～22日，为深入挖掘江西省戏剧资源，打造“汤显祖”艺术节品牌，“第一届中国（抚州）汤显祖艺术节”在抚州市“汤显祖大剧院”隆重举行。为期10天的艺术节好戏连台、精彩纷呈。抚州市的临川版采茶戏《牡丹亭》；上海昆剧团的《邯郸记》、《紫钗记》；河北邯郸的魔幻舞台剧《黄粱梦》；赣南的现代赣南采茶戏《快乐标兵》；南昌大学的《临川四梦》折子戏等剧目让观众大饱眼福，享受了一道道精美的文化大餐。

【2010“江西文艺·名家讲坛”】

2011年3～4月，为办好品牌活动，省文联及相关协会在邀请名家上下了一番工夫，既突出了名家的分量，又兼顾了不同艺术门类，先后邀请了全国著名影视导演高希希，著名文学评论家、作家胡平，著名作曲家孟卫东，中央戏剧学院副院长、博导廖向红，北京舞蹈学院编导肖燕英等名家来赣讲学。讲学过程既有思想的碰撞，又有对问题的探讨；既有学术的交流，又有技巧的切磋，受到广大文艺家和文艺工作者的热烈欢迎，取得了良好的效果。

【2010谷雨诗会】

2010年的谷雨诗会在宁都举行，恰逢中国作协“走进红色岁月”采风团在宁都创作采风，采风团的作家们热情地参加了谷雨诗会，并朗诵诗作。同时，作为江西谷雨诗会的延伸，由省作协、省民协等发起主办的“我们的节日·缅怀文化先贤”——2010年江西诗人清明祭扫历史文化名人墓园活动，清明期间在全省各地同时举办。江西诗人祭扫了陶渊明、汤显祖、文天祥、黄庭坚等历史文化名人墓园。既丰富了谷雨诗会的形式和内容，更是对中央文明办在全国大力开展“我们的节日”主题活动的积极响应。

【做好中国文联、中国作协来赣采风接待服务工作】

5～6月，为纪念中国共产党成立90周年、辛亥革命100周年，推出一批反映伟大时代巨变，描绘人民群众精神图谱的思想性艺术性相统一的文艺精品，中国作协、中国音协、中国曲协、中国美协、中国舞协、中国摄协6个协会、8个采风团、200多名全国顶级艺术家和中央媒体记者先后来江西进行“走进红色岁月”系列采风活动。为做好接待服务工作，江西省文联一方面积极争取省委省政府领导的高度重视，刘上洋、赵智勇、王林森等省领导分别会见和宴请了相关代表团，出席了有关采风活动，并与艺术家进行了深入座谈；另一方面周密部署、精心安排，组织协调各相关协会、部门及吉安、赣州、南昌等地文联，成立了相对应的接待服务工作小组，并由省文联领导班子成员带队，为采风团提供高效优质服务，确保了采风活动的顺利进行，得到了中宣部、中国文联、中国作协领导的充分肯定和采风团成员的高度评价，同时诞生了《井冈山的月亮》（徐沛东、陈晓光）、《吃水不忘挖井人》（车行、李昕）等一大批以江西元素为主题的优秀作品，这是江西多少年来想做而没有实现的，也是江西省文联借用全国顶级艺术资源宣传推介江西最密集的一次。

【承办第二届全国文联文艺理论工作研讨会】

5月19～22日，由中国文联主办，中国文联理论研究室和江西省文联承办的第二届全国文联文艺理论工作研讨会在井冈山召开。此次会议经过周密筹划，精心安排，取得了良好效果，热情、细致、周到、高效的会务工作得到了中国文联及全国各兄弟省市文联与会人员的一致好评。会议之后，中国文联理论研究室专门给江西省文联发来感谢信。这是我们第一次承办中国文联的工作会议。

【送欢乐下基层文艺慰问活动】

11月22日，在部队老兵即将退伍之际，组织知名歌唱家、舞蹈家和书法家，赴中国人民解放军第二炮兵驻赣某部开展“送欢乐到军营”活动。举办了一台专门为欢送老兵的“赞老兵、颂老兵”军民联欢晚会，书法家们为部队书写了训示、格言、楹联、诗词等作品近100幅，受到部队官兵的热烈欢迎。12月28日，又参与组织了中国文联、中国剧协梅花奖艺术团赴宜春的慰问演出。

【承办2010华东、中南地区文联工作协作会议】

10月24～27日，由江西省文联承办的2010华东、中南地区文联工作协作会议在南昌召开。华东、中南各省文联负责人和组联干部近30人出席会议，共同探讨了新形势下如何开拓性开展文联工作，以及各地文联在发展文化产业方面的成功经验。会议为华东、中南各省文联工作搭建了一个很好的交流平台，增进了友谊，促进了工作，得到与会人员的积极评价。

对外及对台湾地区文化交流

【赴印度举办“虎趣——中国水墨精品展”】

11月3～8日，由中国驻印度大使馆、中国文化部对外展览中心、中国美协、江西省文联共同在印度新德里隆重举办“虎趣——中国水墨精品展”。中国驻印度大使张炎以及印度政界、艺术界代表和一些国家驻印度的外交官、中国在印度的华人华侨代表约300人出席了开幕式。展览期间，印度前来参观者超过3000人次。新华社、《人民日报》、中新社、国务院新闻办公室、外交部网站、文化部网站以及凤凰网、人民网、中新网、新华网等多家媒体进行了报道。这是江西省美术界在国外举办的第一个展览，也是以政府组织名义在印度举办的第一个画展，积累了不少出国办展览的经验。

【赴以色列参加“第35届国际艺术和手工艺博览会”】

8月1～16日，应中国民协的邀请，组织江西省民间陶瓷艺术家、木雕艺术家、书画家等赴以色列参加了“第35届国际艺术和手工艺博览会”。独具江西魅力的陶瓷艺术、木雕艺术、编织工艺、丝绸工艺、剪纸艺术令以色列观众长时间驻足观赏，惊叹不已。博览会期间，艺术家孙立新代表江西民协向以色列国家博物馆捐赠了陶瓷作品青花薄胎碗《岁寒三友》，已被该馆永久收藏，新华社记者现场见证了捐赠过程，并在新华网刊发照片和消息。

【南丰傩舞赴韩国表演】

4月29日至5月4日，应韩国晋州面具舞盛会组委会邀请，江西省文联组织南丰傩舞表演团一行20人，赴韩国参加“第13届晋州面具舞会暨东亚面具舞庆典”，展示了赣傩文化的悠久历史和深厚底蕴，增进了中、日、韩传统民间艺术的沟通和了解。此前，2月26日至3月2日，省舞协邀请韩国高丽大学民俗学研究所田耕旭所长等一行9人赴南丰、广昌观摩考察了“傩舞”和“盂戏”。

【企业家赴台湾学习考察】

12月20～27日，应台北市两岸经贸文教交流协会的邀请，组织江西部分企业负责人赴台湾开展了企业文化学习考察活动。在台期间，考察团参观了统一集团股份有限公司等多家台湾知名企业，并与台湾企业家就企业文化品牌创立、科技文化产业、企业文化凝聚力等专题进行座谈。既开阔了思路和眼界，增进了企业交流，也扩大了江西企业在台湾的影响，促进了两岸经贸合作。

创作与研究

【文学创作成果丰硕，创作水平稳步提升，文学头道工序作用发挥良好】

聂冷的报告文学《补天》和阿袁的中篇小说《鱼肠剑》入围全国第五届鲁迅文学奖。刘上洋的《双头鹰的国度》荣获第四届全国冰心散文奖单篇散文奖，彭学军的小说《腰门》获第八届全国优秀儿童文学奖。刘华的长篇小说《车头爹 车厢娘》、叶绍荣的长篇纪实文学《万家岭大捷》、孙海浪长篇历史小说《八大山人》出版发行。刘华的《叛徒》、温燕霞的《大药商》、张安华的《天下客家》3部长篇小说列入了中国作协2010年的重点扶持项目。陈世旭的《庐山瀑布云》被《小说月报》第5期选载，阿袁中篇小说《顾博士的婚姻经济学》于《十月》2010年第4期头条发表，《小说选刊》2010年第8期还选载了她的短篇小说《小颜的婚事》。80后作家欧阳娟长篇小说《路过花开路过你》被《长篇小说选刊》2010年第3期全篇转载，这是该刊第一次选载江西长篇小说。《小说评论》2010年第1期推出了“熊正良专辑”。杨帆的小说集《瞿紫的阳台》、林莉的诗歌集《在尘埃之上》入选“21世纪文学之星丛书”2010卷。

【艺术创作获得诸多国家奖项，实现历史性突破】

省剧协选送的剧目《临川四梦》获“中国戏剧奖·校园戏剧奖”，填补了江西参加中国校园戏剧节比赛的空白，并实现了获奖的零突破，省剧协获优秀组织奖。姜朝皋的《梦断婺江》获第三届中国戏剧奖·曹禺剧本奖提名奖。省影视协选送的电视连续剧《孔雀东南飞》等三部作品获参加第25届中国电视金鹰节电视剧类三等奖，王中云、徐正浩分获论文一、二等奖，这是近年来江西获奖作品最多的一次。《魅力赣州》、《明天去登滕王阁》分获第三届中国优秀旅游电视节目评选一、二等奖。省音协组织推荐的歌曲《森林里飞来的啄木鸟》获全国首届少儿歌曲的评选铜奖；江西省选手在第二届全国少儿钢琴展演比赛中获1银1铜1优秀的佳绩；熊七梅、刘芳参加“首届中国农民艺术节全国乡村歌手大赛”获得民族唱法铜奖，余海波、王艳分别获得通俗唱法铜奖和优秀奖。省舞协选送的《血沃红土》获第七届中国舞蹈“荷花奖”校园舞蹈大赛表演银奖，《三个人的幸福》获中国舞蹈“荷花奖”现代舞当代舞表演铜奖。省曲协选送的鄱阳大鼓《校园安全小卫士》获第四届全国少儿曲艺大赛优秀作品奖、表演三等奖。省书协选送的书法作品有16人入展全国第三届扇面展，有7人入展全国首届篆书展，曹端阳在（2010）中国书坛中青年“百强榜”评比中，荣获全国书法“十强”，马于强、张建华等5人荣登百强榜。省摄协推荐的肖远云《佛缘》获上海第10届国际影展艺术类金奖、周瑞生《技术能手》获纪实类金奖、管华鞍《去打工》获纪实类银奖。严美根《精彩昆虫世界》获第23届全国摄影艺术展艺术类铜奖，另有19幅作品获优秀奖。省民协推荐的顾玉纯的宣纸绣、刘文达的麦秆画参加“第五届中国民间工艺品博览会”获金奖，奉新县农民画参加“全国农民画展”获2银2铜，石城民间艺术表演队的节目《龙腾鼓欢》获“第八届中国民间艺术节暨第10届中国民间文艺山花奖·民间艺术表演奖（民间广场歌舞）”金奖。省评协推荐的赖大仁的《当今文学究竟缺什么》获第七届中国文联文艺评论奖三等奖。省杂协选送的《抖杠——腾龙》荣获第12届意大利拉蒂纳国际杂技比赛金奖和第九届中国武汉光谷国际杂技艺术节黄鹤金奖，《顶技》荣获第12届意大利拉蒂纳国际杂技比赛表演奖。

文化产业建设

【华夏艺术谷文化产业园取得良好开局】

经过省文联百折不饶的艰辛努力，华夏艺术谷文化产业园项目建设有了良好起步。3月，省发改委已正式批准立项；6月，列为省重点项目计划；11月，完成占补平衡指标审批；12月30日，省政府常务会议已研究通过第一期用地指标1018亩的审批，项目将在2011年正式动工。华夏艺术谷文化产业园是大型综合文化产业园区，园区分艺术展示区、欢乐世界区、创作研发区、艺术培训区、体育健身区、休闲服务区、行政办公区和艺术家村落等8个功能区，将新建一个主展馆和40个国家艺术馆展区。规划总面积4113.78亩，计划总投资65亿元人民币，开发周期预计为6年，建成后将成为国家级对外文化产业基地。

机关建设

【开展创业服务年和创先争优活动】

在开展创业服务年活动的过程中，省文联紧紧围绕“创业方面的11项重大文艺项目、服务方面4项基础性工作、机制方面5项制度建设”等20个项目任务，分步实施，有序推进。除个别项目由于条件所限需要延期完成外，其余项目全部顺利完成，达到了预期目标。狠抓机关作风建设，对个别违反纪律的同志进行了通报批评和组织处理，树立了良好会风。顺利完成了机关党委换届。开展了签订承诺书、举行形势政策和党性教育讲座、召开整改落实分析会、到方志敏烈士陵园进行党员宣誓、青年干部职工演讲比赛和开展结对共建、定点帮扶活动等“七个一”活动，党组织“五好”和优秀党员“五带头”作用不断显现，取得了实实在在的阶段性成效，省委创先争优活动领导小组办公室简报专门发了一期专版文章予以肯定。

【解决协会参公管理和事业单位编制整合】

为了切实解决干部职工的后顾之忧，省文联未雨绸缪，把省文联各协会参照公务员管理问题和事业单位编制整合作为工作重中之重来抓。经过积极争取和不懈努力，此项工作得到了省委组织部、省人事厅的大力支持，正式行文同意省文联各协会参照公务员管理。6月份，已经全面完成省各文艺家协会30个参照公务员管理的编制登记工作和参公人员工资套改工作。面对全国报刊改革深入进行的新形势，省文联早谋划、早着手，做好人员、编制、职能整合归并的调查摸底，并与编制、人事部门积极协商，争取支持。12月23日，省编办正式批复协会部分事业单位编制调整方案，调整后的机构整合了资源，扩充了职能，壮大了实力，为下一步事业单位改革抢占了先机，打下良好基础。

【推进干部人事制度改革】

一是第一次实行干部竞争上岗，拿出文艺理论研究室副主任副处级岗位在文联内部开展竞争上岗，通过笔试、面试、民主测评等程序和公开、公平、公正的选拔，使年轻干部得以更快成长，也得到了文联干部职工的普遍拥护和高度认同。二是严格执行《干部任用条例》，按照条例规定，对2010年提任的1名正处级、4名副处级和4名正科级干部坚持做到环节不缺、程序不减、步骤不少。三是制定和印发《省文联党组关于规范干部选拔任用提名工作的暂行办法》和《省文联党组决定干部任免实行票决制暂行办法》，并严格执行。通过扎实有效的干部人事制度改革举措和制度建设，进一步规范了干部选拔任用工作，树立了正确的用人导向，进一步提高了选人用人公信度，有力地推动了风清气正用人环境的形成。

【加强档案管理工作】

为了推进业务工作的规范化管理，在2009年组织专题培训的基础上，7月6日，对各协会会员档案、工作档案和成果档案进行了一次集中检查。大多数协会此项工作有了比较好的进展，对档案管理比较规范的协会，组织了现场观摩学习。对这次检查结果进行了通报，要求不达标的协会限期整改，推动了该项工作制度化、规范化、科学化。

【精神文明创建和综治工作】

狠抓精神文明创建，文联的学习氛围逐渐浓厚，思想教育深入开展，节能减排成效明显，办公环境不断美化，通过了测评组的考核，得到了省直机关文明委的好评。对照综治工作要求，我们认真查漏补缺，积极改进资料不全、制度不完善等不足，加大软硬件投入，维护了机关和谐稳定。

【老干部工作】

一是定期组织老同志学习，通报文联发展情况，听取意见和建议。二是领导班子成员和老干工作负责人定期上门慰问，了解情况，对反映的问题及时解决。三是重阳节期间，组织老同志赴国鸿生态基地参观考察，开展垂钓、游园、摘桔等娱乐活动。四是从2010年开始为退休老同志每年进行一次体检。

【包村扶贫工作圆满结束】

按照省委的统一安排，2007～2010年省文联定点包扶村是广昌县尖峰乡营前村，4年来，省文联结合自身优势，突出文化扶贫，找准项目抓手，多方筹措资金，较好地完成了定点包扶任务。一是选购一批文艺、种养殖书籍和电脑器材，为该村建起了简易文化站。二是为村小学校多次购买教学器材、文体用品、报刊书籍等，并赠送了400个新书包。三是每年春节前，组织书法家、摄影家为村民写春联、拍全家福，共赠送春联5000多幅、全家福照500多张。四是每年由省文联领导带队，走访慰问困难户，送上慰问金和慰问品。五是直接捐助现金10多万元，用于灾后重建和房屋改善。六是积极协调，争取各方扶贫资金300万元，用于产业发展和改水、改路、改厕。

【舆论宣传工作】

全年刊发简报92期，比2009年多20期。舆情信息工作得到中国文联表扬，有20多篇稿件被中国文联《文艺舆情摘报》、《中国文联简报》采用。注重与省内主要媒体的合作，每次重大活动都邀请主流媒体进行广泛深入报道，宣传全省文艺和文联工作动态。

各文艺家协会

【作家协会】

成功举办“放歌鄱阳湖”全国诗歌大赛。诗赛自6月底启动，收到参赛诗歌5000多首，11月14日，在鄱阳县国家湿地公园举行了“放歌鄱阳湖诗歌大赛颁奖朗诵会”，并精心编选出版诗集《放歌鄱阳湖——全国诗歌大赛优秀作品选》及诗歌大赛精品诗作光碟。

5月23日，邀请著名文学评论家、中国作协创研部主任胡平在江西饭店，举行了“2009年来的文学形势及应对”讲座，来自全省各地200多位会员、文学爱好者聆听了讲座。

5月份，和中国小说学会、南昌大学共同承办了首届中国小说节，吸引近百名国内知名作家、评论家、编辑家参与。

8月22日，在吉安举行了红色题材文学创作座谈会；11月27～28日，在分宜县省作协创作基地举办了赣西文学论坛。

4月16日，清明期间，在宁都举办了2010年江西谷雨诗会，并发起主办了“我们的节日·缅怀文化先贤”——2010年江西诗人清明祭扫历史文化名人墓园活动。

小说创作成果丰硕。刘华的《叛徒》、温燕霞的《大药商》、张安华的《天下客家》3部长篇小说列入了中国作协2010年的重点扶持项目。刘华的长篇小说《车头爹 车尾娘》、叶绍荣的长篇纪实文学《万家岭大捷》、陈世旭的《庐山瀑布云》、阿袁的中篇小说《顾博士的婚姻经济学》、80后作家欧阳娟的长篇小说《路过花开路过你》等作品问世并在多家文学刊物发表。

散文创作屡屡获奖。刘上洋的《双头鹰的国度》获第四届全国冰心散文奖单篇散文奖，并入选《中国散文排行榜》。朱法元散文集《沉静的山歌》获得优秀奖。江子散文《血脉中的回声》、安然的《哲学课》获得第五届老舍散文奖。

此外，女作家彭学军的小说《腰门》获第八届全国优秀儿童文学奖。杨帆的小说集《瞿紫的阳台》、林莉的诗歌集《在尘埃之上》双双入选“21世纪文学之星丛书”。

【美术家协会】

5月26日至6月3日，由中国美协、江西省文联共同主办，江西省美协承办的“百年百虎”国画精品展在中国美术馆展出。展出徐悲鸿、张善孖、冯大中等大师的130幅虎画精品，展览作品结集出版《百年百虎国画精品集》。

11月3～8日，由中国对外文化集团、中国美协、江西省文联共同主办，江西省美协承办的“虎趣——中国水墨精品展”在印度首都新德里人居艺术中心画廊展出，展出作品48幅。

5月30日，由省文联、省美协主办的江西省第六届青年美展在省文联艺术展览中心开幕，共展出全省青年美术家创作的绘画、雕塑、艺术设计等类作品200余件。

8月25日，江西省美协第六次会员代表大会在南昌隆重召开。来自全省各地的代表和嘉宾190余人会聚一堂，审议通过了第五届理事会工作报告，讨论通过了新的《章程》，选举产生了第六届理事会。

10月23日，为配合第13届省运会召开，由省体育局、省文联、省美协主办的第三届江西省体育美术作品展在鹰潭市博物馆举行，共展出以体育为主题的艺术作品90件。

12月25日至2011年1月1日，邀请宗万华等10位画虎名家进行“猛虎上山”、“虎啸入瓷”、“威虎进营”系列活动。即赴革命圣地井冈山参观写生，赴千年瓷都景德镇绘制瓷上虎作精品，到驻赣部队军营赠送字画，慰问人民子弟兵。

【书法家协会】

1月16日，江西省书协在春节期间，组织江西知名书法家30余人先后在南昌市、靖安县、德安县等地举办送春联下乡活动，在当地为农民现场书写2000余幅书法作品和春联。

4月16日，由江西省书协、河南省书协、河南省工艺美术学校共同主办的“江西省书法家协会理事、江西省国展获奖书家作品展”在河南省工艺美术学校开幕。展览共展出书法作品130件。

6月11日，江西省书协举办了“江西省第六届青年书法作品展览”，共展出全省各地青年作者的作品250余件。

8月4日，为进一步增进新疆、江西两地书法家之间的联系与切磋，由两省区书协共同举办的“江西书法新疆展”在新疆乌鲁木齐市开幕。此次展览共展出江西省书法作者作品80余件。

8月6日，江西省书协在省文联艺术展览中心举办了“江西省第三届楹联书法作品展览”。共收到作品400余件。展出全省各地作者的作品250余件。

12月17日，由江西省书协主办的“江西省第四届书法临帖展览”在省文联艺术展览中心展出。

主要成果：全国第三届扇面展江西省共有16人入展。全国首届篆书展江西省共有7人入展。2010·中国书坛中青年“百强榜”中，曹端阳荣获全国书法十强，入展18人。

【摄影家协会】

2月4日，江西省摄协举办新春联谊会。来自全省各地的500多名会员及在南昌的常务理事参加了联欢。

6月7～11日，接待中国文联、中国摄协采风团来赣创作采风，先后组织深入永新三湾，井冈山黄洋界等进行了采风创作，期间还召开了摄影创作座谈会。

9月30日至10月4日，由江西省文联、江西省摄协主办的“第六届江西省青年摄影艺术展览”在江西省文联展厅展出。本届影展，共收到全省200余位青年摄影家和爱好者投送的1200余幅作品，评选出一等奖3幅，二等奖10幅，三等奖16幅，优秀奖50幅。

9月17～21日，由江西省摄协承办的“情系国防”摄影展在省文联艺术展览中心展出。展览征稿历时半年，收到全省各地稿件500余幅，展出作品110幅。

11月20～22日，由省摄协承办的“大美鄱湖—鄱阳湖生态摄影展”，在南昌市国际展览中心隆重展出。此次摄影展从4月开始，共收到国内外近2000位摄影家供稿近万幅（组），展览分“一湖清水、森林之歌、鸟的天堂、民俗风情”四部分。经专家评审会评审，300余位摄影家作品500幅（组）入选展出，其中包括国内、外摄影名家20余人100多幅反映江西风情的摄影精品。展出期间共接待观众12万人次。省委、省政府领导吴新雄、刘上洋、孙刚等参观影展。

12月29日，由江西省交通运输厅主办、摄协等承办的“江西高速公路通车里程突破3000公里暨第四届‘赣粤高速杯’摄影艺术展览”在省文联隆重开幕。本次摄影展共收到参评作品2000余幅（组），评出高速公路风貌类、运营管理类、生态江西风光风情奖若干幅。

在23届全国影展中，江西作品20余幅入选1幅作品获铜奖；在上海国际影展中，江西作品20余幅入选、2幅获金奖、2幅获银奖、1幅获铜奖。

【民间文艺家协会】

2月26日至3月4日，农历正月十五前后，省民协接待中国民协采风团一行，在江西赣州、抚州、南昌、新余、萍乡等地对客家文化、红色文化、傩文化和优秀民间艺术进行了田野调查。同时对萍乡市建立“中国傩文化传承保护基地”进行了实地考察、论证。3月30日，萍乡市“中国傩文化传承保护基地”获得批准。

6月12日，在中国民协于北京人民大会堂举行的“中国民间文学三套集成”表彰大会上，江西有10位同志荣获贡献奖，省民协荣获先进集体称号。《中国故事集成·江西卷》《中国歌谣集成·江西卷》《中国谚语集成·江西卷》共300余万字，于2003年出版。

8月1～16日，由中国民协、江西省民协共同组织的江西省民间工艺美术代表队，赴以色列参加“第35届国际艺术和手工艺博览会”。

8月26～30日，在“第五届中国民间工艺品博览会”上，江西有20位民间艺术家参加，有2位艺术家获博览会金奖，3位艺术家获银奖。

8月16～17日，在“首届中国（东莞.望牛墩）七夕风情文化节”上，江西有3名“女红”民间艺术家参加，并获2枚铜奖，重现了“女红”这一中华民族民间传统艺术美丽多姿的风采。

9月19日，由中国文联、中国民协联合主办的“第八届中国民间艺术节暨第10届中国民间文艺山花奖·民间艺术表演奖（民间广场歌舞）”评奖活动，在山西大同举行。江西选送的石城民间艺术表演队的节目《龙腾鼓欢》获艺术节金奖。

10月15日、16日，经省民协的积极推荐，通过有关专家的考察与论证，中国民协先后命名江西省樟树市为“中国剪纸之乡”、宁都县为“中国客家民俗文化之乡”，并分别在樟树市和宁都县举行了挂牌仪式。

【音乐家协会】

4月，为打造一张江西的音乐名片，中共江西省委宣传部、江西省文联、江西省广播电影电视局、江西电视台在江西电视台都市频道联合举办了江西省音乐“映山红”奖优秀创作歌曲演唱大赛。大赛分电视大赛和网络大赛两种方式进行，通过群众的广泛参与和投票，评出群众最喜爱的歌曲《可爱的家乡》。

3月下旬，江西省音协承担了中国文联、中国音协“走进红色圣地”著名音乐家采风团深入南昌、井冈山等地采风的联络、协调、服务等大量工作。借助全国顶级艺术资源，推出了一批反映江西红色题材的音乐作品，提升了江西文化影响力。

4月1日，为推动江西音乐创作的发展，省音协在江西饭店举办“江西文艺·名家讲坛”，邀请中国音协副主席、国家一级作曲家孟卫东讲授《论当代歌曲创作》。

7月上旬，由江西省音协和江西电视台少儿频道联合举办“金色童年2010年首届少儿歌曲大赛”江西选拔赛。

5～8月，江西人民广播电台，省乐协，南昌市教育局共同举办“音乐我最棒——2010年江西省青少年器乐大赛”，近千名选手踊跃参赛。

7月30日，由中国音协会、文化部文化科技司等单位联合举办的“第二届全国少儿钢琴展演比赛”在厦门鼓浪屿举行。江西音协选送的选手在大赛中获得1银1铜1优秀的好成绩。

11月15日，在“首届中国农民艺术节全国乡村歌手大赛”中，江西报送的4名选手，九江棉农熊七梅、玉山刘芳获得民族唱法铜奖，鹰潭的余海波、南昌的王艳分别获得通俗唱法铜奖和优秀奖。同时还获得优秀组织奖。

【舞蹈家协会】

2月2日，在江西省文联二楼多功能厅召开了省舞协2009年度总结表彰大会暨新春茶话会。

2月26日至3月2日，为促进中韩民俗传统艺术研究与学术交流，省舞协组织邀请韩国高丽大学民俗学研究所一行9人赴南丰、广昌观摩考察“傩舞”和“孟戏”。丰富多彩、古朴神秘的中国民俗文化给韩国学者们留下了深刻的印象，韩国专家学者对此次考察采风活动给予了高度评价。

3月27～30日，为繁荣我省文艺创作，提高舞蹈创作水平，省舞蹈家协会在江西省文联多功能厅举办了2010江西文艺·名家讲坛暨舞蹈编创技法培训班。

4月29日至5月4日，应韩国晋州面具舞盛会组委会邀请，省文联、省舞协组织江西南丰傩舞表演团一行20人，赴韩国参加“第13届晋州面具舞会暨东亚面具舞庆典”。

6月7日，在“华东六省一市专业舞蹈比赛”中，省文联推荐的群舞《等你回来》获创作二等奖，双人舞《三个人的幸福》获创作三等奖，群舞《俏丫戏春》和群舞《梦……飞翔》同获优秀表演奖。

7月21～27日，在第七届中国舞蹈“荷花奖”校园舞蹈大赛中，省舞协推荐的作品《血沃红土》在比赛中捧得“荷花奖”表演银奖。

9月10～15日，在第七届中国舞蹈“荷花奖”当代舞、现代舞大赛中，省舞协推荐的双人舞《三个人的幸福》获得中国舞蹈“荷花奖”表演铜奖。

12月21日，由省教育厅、省文联主办，省教育厅艺术教育委员会、省舞协承办，江西财经大学团委协办的江西省第三届大学生舞蹈比赛在江西财经大学麦庐园大礼堂圆满落下帷幕。共有38所高校选送了142个作品参赛，78个作品分别决出了一、二、三等奖。

【戏剧家协会】

10月12～22日，由中国剧协、中共抚州市委、抚州市人民政府主办，江西省剧协协办，抚州市委宣传部、抚州市文化局承办的“第一届中国（抚州）汤显祖艺术节”在抚州市“汤显祖大剧院”隆重举行。为期10天的汤显祖戏剧艺术节好戏连台、精彩纷呈。

3月25日，省剧协在江西省文联二楼多功能厅举办“江西文艺·名家讲坛”讲座。邀请中央戏剧学院副院长、博士生导师、廖向红先生来赣讲授了《关于戏剧小品创作》。

5月30日，为期3天的“2010江西省京剧票友邀请赛”在“南昌剧场”落下帷幕。来自全省的115名选手经过激烈角逐，产生了8位一等奖获得者。

11月8～18日，在第二届中国校园戏剧节上，江西省剧协报送的剧目《临川四梦》、短剧《迷途》双双入选第二届中国校园戏剧节参赛剧目。其中《临川四梦》获“中国戏剧奖·校园戏剧奖”，江西省剧协获优秀组织奖，填补了江西省参加中国校园戏剧节比赛的空白。

10月27～28日，在“第三届中国戏剧奖·曹禺剧本奖颁奖典礼上，省剧协选送的剧作家姜朝皋创作的大型新编历史剧《梦断婺江》入围该奖项并获提名奖。

10月18～22日，在第五届“中国戏曲红梅荟萃”大赛上，江西选送的选手张玉坤凭参演的萍乡采茶戏《家》选段，荣获“中国戏曲红梅花”称号。

【影视家协会】

元月28日，在全省“两会”期间在江西艺术剧院举行了电影《这样一位将军》首映式。

邀请著名导演高希希来“江西文艺·名家讲坛”授课，来自全省各地的影视界人士座无虚席，反响热烈。

组织作品参加第25届中国电视金鹰节，其中长篇电视剧《孔雀东南飞》、戏曲电视剧《况钟明断十五贯》、儿童剧《黑猫行动》获三等奖，《红歌会》人民大会堂主题晚会电视文艺作品获三等奖，还有2件电视金鹰论文分获一、二等奖，是近年来获奖作品最多的一次。

组织创作作品参加了中国视协主办的其他各类专业评选活动。其中，《魅力赣州》获优秀旅游电视节目一等奖，《明天去登滕王阁》获优秀旅游电视节目二等奖，《快乐乡村》获第二届新农村电视艺术节电视剧三等奖，《乡里乡亲》获第二届新农村电视艺术节对农优秀栏目三等奖。

组织全省电视主持新人赛系列活动。7～9月，在南昌举办了2010年电视主持新人赛。评出了一、二、三等奖和优秀选手奖。组织获奖选手分别参加了在山东举办的第六届华东电视主持新人赛和在福建举办的第二届海峡两岸电视主持人大赛，江西分获铜奖2名，优秀选手奖8名。

【文艺评论家协会】

组织评论家开展江西文学群体研究。先后组

织省内外评论家对江西多个创作群体进行研究和推介，并推出3个专辑。即《创作评谭》第二期，邀请评论家对江西宜春职场小说创作群体进行研究的专辑；《创作评谭》第四期，邀请著名散文评论家对江西散文现象进行分析研究的专辑；《创作评谭》第五期，组织著名小小说评论家对江西小小说创作群体进行研究和推举的专辑。

引导江西评论界关注当前文艺话语。先后组织了《1990年代以来长篇小说创作的乡土美学价值》等论文发表，依托鲁迅文学院的评论力量，开展了对当代散文的批评。省文联组织江西省评论家开展关于低俗化、庸俗化、媚俗化的讨论，对这一文艺界沉疴问题进行深度剖析。

组织作品参评中国文联文艺评论奖。江西组织专家初评报送了9篇文章，赖大仁的《当代文学究竟缺什么》获三等奖，同时荣获组织工作奖。

开展文艺评论交流。推荐了2位青年评论家参加了在天津举办的中国文联评论家高级研修班，派出驻会干部去长沙参加了第七届中国文联文艺评论奖颁奖仪式及2010年当代文艺论坛。

【曲艺家协会】

4月6～11日，召开了中国曲协“赴革命圣地”学习采风团座谈会，很好地宣传推介了江西，推出了电视艺术片《神奇的井冈山好客气》、鄱阳渔鼓《井冈红·井冈绿》等优秀作品。

4月21～23日，省文联组织了11位创作人员赴都昌、鄱阳进行了3天的创作采风活动。

组织选送鄱阳大鼓《校园安全小卫士》，参加第四届全国少儿曲艺大赛，荣获优秀作品奖、表演三等奖，省曲协荣获优秀组织奖。

12月17～19日，选送了喜剧小品赴湖南省湘潭市参加“九华吉利杯”第三届中部六省曲艺大赛，其中喜剧小品《超级享受》、萍乡春锣《唱春忙》均获得一等奖，协会获得优秀组织工作奖。

【杂技家协会】

2月23日至3月23日，江西省杂技团应澳大利亚国际3CT邀请赴澳大利亚商演。

2月8～23日，赴新加坡参加第17届新加坡“春城洋溢华夏情”活动。

10月14日，由江西省杂技团与成都军区战旗杂技团联手打造、中国对外文化集团公司选派的创新节目《腾龙——抖杠》，赴意大利参加第12届拉蒂纳国际杂技比赛，获得比赛最高奖——金奖第一名。

11月4日，由江西省杂技团与成都军区战旗杂技团联手打造、创新节目《腾龙——抖杠》赴武汉参加第九届光谷国际杂技艺术节获金奖。

【省企业文联】

2月4日，省企业文联三届二次理事会暨迎新年联谊会在会员单位洪都集团隆重举行。36个理事单位的理事及省文联有关负责人参加了会议。

4月23～28日，省企业文联组织理事单位赴海南学习考察。来自9家企业16位文化骨干参加了活动。

“五一”期间，省企业文联组织文艺工作者于5月9、10、11日分别走进洪都航空集团、江西万年青水泥厂、华能井冈山电厂，开展“慰问劳动者 同唱和谐曲”的专场演出，受到工人朋友们的热烈欢迎和普遍好评。

10月14～17日，为推动企业文化建设，省企业文联在吉安华能井冈山电厂举办了美术书法摄影艺术讲座。来自全省近10家企业20多位企业文化工作骨干参加了这次学习。授课期间还组织了学员到渼陂古村等地采风。

12月20～27日，应台北市两岸经贸文教交流协会的邀请，江西省企业文联组织部分企业负责人赴台湾开展企业文化学习考察活动。

山东省文联

综　述

2010年是山东省深入贯彻落实党的十七届四中、五中全会精神、全面推进经济文化强省建设取得重大成就的一年，也是文艺事业繁荣发展的一年。在省委、省政府的坚强领导下，在中国文联、省委宣传部的具体领导和大力支持下，山东省文联团结带领全省广大文艺工作者坚持以邓小平理论和“三个代表”重要思想为指导，深入学习贯彻科学发展观，围绕中心，服务大局，团结拼博，开拓创新，圆满完成各项工作任务，积极推进文艺事业和文化产业的繁荣发展，为山东经济文化强省建设作出了积极贡献。

主要工作

【重大主题文艺活动】

2010年，山东省文联及各艺术家协会紧紧围绕省委、省政府的中心工作，开展了一系列主题重大、内容丰富、影响广泛的文艺活动。一是联合有关单位举办了“齐鲁美术世博行”大型书画展，世博会期间在上海进行了为期一周的展览，共展出省内及鲁籍书画名家作品300余幅，产生了较大社会反响。二是参加了省委、省政府举办的第三届山东文化产业博览交易会，牵头组织中国当代优秀书画作品展，举办大型现代雕塑艺术展，成为文博会的一大亮点。三是为玉树抗震救灾举办了大型书画赈灾笔会和拍卖会，将较大数额的款项全部捐献灾区。四是举办了一系列群众性的主题文艺活动。组织商河鼓子秧歌队、山东快书表演队百余人及20多位在京的鲁籍著名艺术家参加了中国文联举办的“百花迎春——春节联欢晚会”，以歌颂山东为主题的大板块演出，为宣传山东产生了较大影响。按照省委宣传部的部署要求，举办了“鲁籍驻京艺术家联谊会”，邀请于洋、欧阳中石、彭丽媛、谷建芬、李前宽、姜昆、徐沛东等40余位我国著名艺术家出席，山东省委、省政府领导同志出席座谈会并听取了驻京艺术家对山东文艺工作的意见和建议，产生了良好社会反响。五是省文联所属协会组织举办了“全国京胡电视大赛”、“山东省第五届青少年舞蹈比赛”、“山东侨商之旅音乐会”、“山东首届青年书法（篆刻）作品展”、“山东百名女画家作品展”及“谁不说俺家乡好——山东地方文艺大赛”等120余项各具特色的文艺展演活动。

【文艺精品创作及获奖情况】

2010年，省文联及各艺术家协会高度重视精品创作生产，积极组织向全国推荐艺术精品和优秀人才，角逐全国的各项大奖，喜获丰收。精心组织参与了全国音协组织的“唱响中国——群众最喜爱的新创作歌曲征集评选活动”，山东省有6首歌曲入选获奖。与省委组织部、省委宣传部共同组织了“齐鲁先锋之歌”征歌活动，目前已取得阶段性成果。华东六省一市专业舞蹈比赛中，山东省5个作品分获金、银、铜奖。在“东方朔杯·第四届全国少儿曲艺大赛”中，分获节目一等奖、作品奖和指导教师奖共3个奖项。在全国首届书法篆书、扇面展中，14件作品分别获奖。在第九届全国水彩水粉画展中，18人获奖、入展。在全国摄影艺术大展等展览中，200多幅作品获奖、入展。电视剧《沂蒙》、京剧动画片《三岔口》、少儿春晚《共同的家园》等23部电视剧，在第25届中国电视金鹰奖等评奖中获奖。在第十届中国民间文艺“山花奖”评选中，3件作品获奖。《我国农村文化产业发展对策研究》等5部作品分获中国文联文艺评论奖一等奖、三等奖。2010年，省文联12个艺术门类共荣获130余项全国各类艺术大奖，取得了较大艺术成绩，为山东争得了荣誉。

【第三届“山东国际大众艺术节”】

8～11月初，为期2个多月时间成功举办的第三届“山东国际大众艺术节”，分为舞台演出、艺术展览、群众文艺活动、文化产品博览交易、艺术高端论坛五大板块。11个省艺术家协会及省雕塑艺术家协会、省艺术评论家协会、东方国际摄影艺术促进会、省美术设计家协会等二级协会和济南市、区文联总计举办了38项、110场各具特色的艺术展演活动，涵盖戏剧、音乐、曲艺、舞蹈、杂技、电影、电视、美术、书法、摄影、民间文艺、雕塑12个艺术门类。艺术节期间参加演出和展览的艺术家、文艺工作者及文艺爱好者达1.1万余人，40多个国家和地区的艺术家300余人与会，国外参展艺术作品3000余件，直接到场观众达到26万人次，取得了良好的社会效益和经济效益，赢得了社会各界的广泛赞誉。大众艺术节逐步发展成为以齐鲁文化为主、东西方艺术结合、传统经典艺术与当代流行艺术荟萃的盛会，逐步形成一个广大艺术家和人民群众广泛参与、共享欢乐、构建和谐的盛大节日。7月，山东省委、省政府将山东国际大众艺术节列入山东省重点扶持的8项文化节会品牌活动之中。

【文化艺术惠民活动】

2010年，省文联及各艺术家协会坚持“二为”方向和“三贴近”原则，把“送欢乐下基层”作为一项重要的常规性的工作来做，积极组织广大艺术家和文艺工作者深入厂矿、社区、农村、学校、军营、工地等改革建设第一线，一方面汲取营养，激发灵感，创作优秀作品；另一方面为基层群众送文化、送欢乐，得到广大人民群众的欢迎。年初，组织了近百位艺术家分赴莱钢、石化、长清、章丘等地开展慰问活动，组织50余位民间舞蹈家参加了中国舞蹈家协会在胶州举办的大型“送欢乐下基层”演出活动。“5·23”前后，组织音乐、曲艺艺术家走进济南等地大学校园，为大学生讲艺术与鉴赏知识，并举办专场演出活动，赢得大学生的喜爱和欢迎。为庆祝“八一”建军节，组织书画艺术家到军营开展慰问活动，为子弟兵送去精美的书画作品。组织了多种形式的“书法进万家”、“送书画进课堂”、“到农村拍全家福”等系列活动。2010年，省文联及各艺术家协会总计开展了30余次、500余人次参加的“送文艺下基层”活动，活跃了基层群众的精神文化生活。

【服务艺术家和文艺工作者】

2010年，山东省文联及各艺术家协会认真组织了第三届“山东省泰山文艺奖”评选。经过认真严肃、公开公正、科学规范的评选，第三届泰山文艺奖评选授予长篇电视剧《沂蒙》等5件作品为荣誉奖，吕剧《大唐黜官记》等13件作品为一等奖，37件作品为二等奖，67件作品为三等奖，另有8件作品获单项奖，社会反响很好。

积极组织开展文艺评论、研讨及调研活动，编撰了《山东省文化艺术终身成就奖获得者艺术评传丛书》，举办了《南下》、《沂蒙》等影视剧研讨会。为艺术家举办纪念、展览和展演活动，先后举办了单应桂艺术生涯60年回顾展、李绍林将军作品演唱会等20余位著名艺术家的展演和研讨活动。为中青年艺术家采风创作创造条件，陆续在济南、青岛、淄博、莱钢等地建立和完善了音乐、舞蹈、曲艺、摄影等20多个艺术创作基地的设施，组织了大量文艺采风创作活动，促进了文艺工作的健康持续发展。

【机关及协会建设】

认真组织开展了“创先争优争做齐鲁先锋”活动，推进学习型党组织建设、“两带一创”主题学习活动，提高广大干部职工的政治素质。机关及各协会加强了艺术专业学习培训，22位40周岁以下的干部参加了在职艺术类专业硕士学位学习。积极开展了“同读一本书”活动，听取专家学者的艺术辅导报告。各单位深入开展精神文明创建活动，顺利通过了省直机关工委的“省直机关文明单位”的审核。及时印发《文联信息》和《齐鲁艺术》等信息动态，在管理的38个社团组织中开展了科学发展观教育活动和“小金库”清理整顿工作。省文联积极运作基础文化设施建设，取得阶段性进展。积极热情地做好老干部工作。顺利完成了4个协会的换届工作及公务员招聘等工作。

《新聊斋》、《金视点》拓宽发行渠道，发行量进一步扩大。《书画艺术导刊》创刊一年来，办刊内容、样式、质量及品位都得到美术界及社会各界的认可和赞誉。

【基层文联】

2010年，各市、大企业文联组织了丰富多彩的文艺活动。济南文联举办了“第七届中国公民道德论坛书法展”等艺术活动，青岛文联举办了“五月的风”系列文艺活动，淄博文联举办了“迎省运”艺术活动，枣庄文联举办了“香港（枣庄）杰克莱斯杯服装模特大赛”，东营文联举办了“魅力东营”书法美术作品名家邀请展暨黄河口风光摄影展，烟台文联承办了规模较大的“中国（烟台）民间艺术节”，潍坊文联承办了“全国木版年画联展”，泰安文联举办了“山东省模特精英赛”，威海文联组织了“世界帆船赛”、“国际铁人三项比赛”主题歌征集等活动，日照文联举办了“迎水运”文艺活动，莱芜文联举办了“中国（莱芜）长勺鼓乐大赛”，德州文联围绕庆祝“世界太阳城大会”举办了美术、书法、摄影展，临沂文联举办了“第八届书圣文化节”，聊城文联围绕“江北水城·运河古都”主题举办了系列文艺活动，滨州文联举办了《大众摄影》“走进滨州”名家摄影作品暨全市美术书法摄影作品展，菏泽文联举办了规模较大的“菏泽艺术节”，济南铁路局文联举办了“三不让”专题系列文艺活动，胜利油田文联举办了《从胜利走向新的胜利》暨胜利外部市场风采展，齐鲁石化文联举办了“齐鲁石化第十届艺术节”，莱钢文联举办了庆祝建厂40周年展演等文艺活。这些丰富多彩的文艺活动极大地丰富和活跃了广大人民群众的精神文化生活，为推动山东经济文化强省建设做出了重要贡献。

各文艺家协会

【戏剧家协会】

1月，策划推出了“首届山东省山东梆子专业大赛”。最终评出了“山东梆子十大名演”、“山东梆子十佳演员”、“山东梆子十佳新秀”，为山东梆子的振兴与繁荣起到了积极的推动作用。

10月，组织了“民乐戏曲晚会”、“山东师范大学60年校庆戏曲晚会”、京剧经典剧目《铡美案》专场演出等精彩的演出活动，受到广大观众的一致好评。推荐的山东省柳子剧团尹春丽获得“红梅之星”；吕淑娥、王鬲等13人获得“红梅金花”。在第三届中国戏剧奖·曹禺剧本奖评选中，我省刘桂城作品获得优秀剧本奖。在第七届中国滨州博兴国际小戏节上，《买牛腿》、《犟牛筋赔礼》等5个剧目获得最佳推荐剧目；3个剧目获得优秀剧目奖。

11月，在第二届中国校园戏剧节上，推荐的《春天的爱》、《共同的生日》获得优秀剧目奖；短剧《春天的爱》的编剧李啸闻获得校园戏剧之星。在中国京胡演奏展演中，山东省京剧院纪雷光、杨阳，青岛京剧院赵伟、梁秀秀及德州市京剧艺术学校田胜强等荣获一等奖。

在第三届中国戏剧奖·理论评论奖评奖中，推荐的2篇论文获中国戏剧理论奖。

【音乐家协会】

1月，在青岛举行了“山东省音乐家协会音乐传媒委员会成立大会”；组织《商河鼓子秧歌》参加中国文联春节大联欢演出，受到观众的好评。

4月，由省文联党组成员、副主席、省音协主席张桂林带队，省文联副主席戚建波及孟广征、李云涛、范作军5人赴北川山东援建工地采访创作，创作出《中流砥柱》、《善良的人啊，听我说》、《感恩大爱》、《山东援川者之歌》、《崭新北川》、《爱洒大地》、《情满山河》等一批优秀歌曲。

4～10月，举办或联合有关单位举办了“山东侨商之旅”音乐会、“首届全省群众歌唱大赛”、“山东首届钢琴文化展”、“山东省青少年器乐电视大赛”、“尼山论坛·著名作曲家刘文金作品座谈会”。

7月，选拔、组织15名优秀少儿钢琴选手参加了“第二届全国少儿钢琴展演比赛”。山东省获得2个铜奖、1个优秀奖。

10月，在山东省“齐鲁先锋之歌”全国歌词征集评选中，组织推荐的《我们是齐鲁先锋》获得一等奖；另有《齐鲁先锋》、《有关系没关系》、《幸福跟着太阳走》等5部作品荣获二等奖。

在第三届“山东国际大众艺术节”期间，举办或参与主办了“首届全省群众歌唱大赛”、“城市森林音乐会”、“济南市青少年才艺展示周”、“山东省少年爱乐交响乐团建团音乐会”等一系列活动，受到群众的热烈欢迎。

精心组织参与了"'唱响中国——群众最喜爱的新创作歌曲'作品征集评选"等活动，我省6首歌曲入选获奖，取得良好的社会反响。

【曲艺家协会】

4月，组织协会成员赴济南大学泉城学院参加"千百名人进校园"活动，并做精彩演出。

6月，省曲协主席孙立生应邀到山东省青年干部政治学院讲学，并组织协会成员做精彩的演出。

8月，组织承办了第三届全国幽默曲艺邀请赛颁奖晚会。省曲协主席孙立生创作、济南章丘泉韵艺术培训学校演出的情景山东快书《肉夹馍》，在"东方朔杯·第四届全国少儿曲艺大赛"中获节目一等奖、作品奖、指导教师奖。快板《报戏名》、《说泉城》均在"东方朔杯·全国少儿曲艺大奖赛"中获表演三等奖。

10月，省曲协主席孙立生撰写的论文《为恍惚的曲艺找"魂"》在"第七届中国文联文艺评论奖"中获得二等奖。孙程刚、罗晓静分别荣获第六届中国曲艺牡丹奖新人奖、表演奖。

【舞蹈家协会】

1月，组织商河鼓子秧歌参与了中国文联举办的"百花迎春"春节联欢晚会山东篇的演出活动；组织参加了中国文联、中国舞协、山东文联在山东胶州举办的"中国艺术家送欢乐下基层"活动。

2月，组织参加了由山东省委、宣传部、山东省文联主办的"鲁籍艺术家联谊会"活动，邀请赵青、秦伟、冯英、明文军等在京艺术家参加了活动。

5月，组织山东省鼓子秧歌、胶州秧歌、海阳秧歌参加了在山东胶州举办的"第二届中国秧歌节"。举办了"山东省第八届《小飞天》奖儿童舞蹈大赛"、"山东省第五届青少年舞蹈比赛"等赛事，取得了良好的效果。

6月，主办并组团参加了华东六省一市专业舞蹈比赛，山东代表团荣获金奖1个，二、三等奖2个。

7月，在中国舞蹈"荷花奖"大学生舞蹈比赛中，组织的《谁不说俺家乡好》获评委会特别奖；《梦里寻她千百度》获银奖。

8月，在山东剧院主办"红领巾之歌——金奖作品舞蹈晚会"。

9月，在中国舞蹈"荷花奖"当代舞、现代舞比赛中，组织的《永远在一起》获得铜奖。

10月，在章丘奥体公园举办了山东省第五届国际标准舞艺术大赛。共有来自全省的50多支代表队，2000余人参加了比赛。

另外，还举办了山东省第八届"小飞天"奖儿童舞蹈大赛创作研讨会、中国舞蹈家协会"中国舞蹈"教师资格培训班、并在全省范围进行了少儿舞蹈考级等工作。

【杂技家协会】

1月，推荐的山东省杂技团的《天地畅怀》荣获摩纳哥蒙特卡洛国际杂技马戏节"金小丑奖"。

2月，组织部分艺术家到重汽新金发有限公司慰问演出，受到了企业员工们的欢迎和好评。

5月、7月，先后承办了由省文联主办的山东省第三届魔术比赛、山东省第四届杂技魔术比赛，分别评出一、二、三等奖。推荐的济南市杂技团的《红色记忆》荣获文化部举办的第八届全国杂技比赛银奖，同时荣获荣毅仁基金会杂技艺术奖二等奖；魔术《手之密语》荣获第八届全国杂技比赛铜奖。

8月，在第三届山东国际大众艺术节期间，与有关单位推出了"幽默杂技剧《畅游》专场"、"梦幻之夜——第四届山东杂技魔术比赛颁奖晚会"等演出活动，为观众奉献了轻松幽默的奇趣之旅。

11月，联合天桥区经贸委、天桥区街道办事处、毛家饭店举办了"共建和谐堤口社区暨毛家饭店三周年店庆"文艺晚会，精彩的表演和精湛的技艺，受到社区群众的好评和赞扬。

【美术家协会】

3～4月，参与主办了"山东百名女画家作品展"、"情系玉树——省市文联抗震救灾书画捐助笔会"、"何乃磊 沂蒙风情——国画作品展"。并在"抗震救灾·山东在行动"支援青海玉树地震灾区公益募捐晚会上，现场捐赠给灾区一幅由山东画家刘宝纯、孙墨龙、张志民、孔维克共同创作的八尺作品《雄峙》。

7月，在"农民画时代——首届全国农民绘画展"中，山东有4幅作品获得优秀奖，21幅作品入选。《移花接木——新视觉》和《烟台的建筑》2幅作品入展“上海世博会全国少儿美术作品展”。与有关单位共同组织了“送书画进警营——山东省书画艺术家慰问武警济南市支队”慰问活动。“八一”前夕组团慰问西藏边防驻军，受到人民子弟兵的热烈欢迎。

8月，在“第九届全国水彩·粉画展”中，山东的苏海青、许青、窦凤至、李素、吴晓林荣获优秀奖，另有14名作者入展；在“第六届中国西部大地情——中国画、油画作品展”中，山东有4幅作品获得优秀奖，另有17幅作品入选。

第三届山东国际大众艺术节期间，举办或参与举办了“首届泰山文艺奖美术作品（中国画）展”、“山东省女画家水彩画展”、“山东省第十四届美术新人新作展”、“第五届山东省漫画作品大展”、“第二届齐鲁风情油画展”等活动，取得了广泛的社会影响。

9～10月，组织“山东美术家国际交流采风团”赴韩国仁川参加了“2010年 仁川——山东国际美术交流展”。参与了“单应桂艺术生涯60年回顾展暨《容园绘事》首发式。组织6位艺术家参加了由省文联举办的“山东省著名书画家走进章丘”活动。

11月，参与主办了“峰岚·激流·侗乡·古木——杨长槐山水画展”。与省雕塑家协共同承办了由省文联、山东艺术学院主办的“百位山东历史文化名人雕塑展”。

【书法家协会】

3月，与日本山口县女性书法联盟在日本联合主办了第一届中日妇女书法展，展览汇集了36名中日知名女书法家的精品力作。

4月，带领多名书法家共同参加了由省红十字会、省文联、省美协、省书协、济南市文联等共同发起主办的“情系玉树——省市文联抗震救灾书画捐助笔会”。

7月，在“第八届全国刻字艺术展”中，李霖、于永平、陈希龙获提名奖，另有35人入展。

8月，举办“首届山东·中国书法之乡书法联展”，展出特邀和各地推荐作品212件。与有关单位主办“舜憩·山东首届青年书法（篆刻）小品展”。在“全国首届篆书展”中，张海同荣获二等奖。

9月，举办“第三届国际书法名家作品邀请展”，荟萃了多个国家和地区的书法名家作品共189件。与中国书法家协会、中国个体私营企业协会联合举办“全国首届个体私营（民营）企业书法展”。

10月，举办第六届“山东少儿书法美术大赛获奖作品展”、“江上清风——刘元堂书法展”。在“全国第三届扇面书法艺术展”中，王友杰荣获一等奖；张志鸿、王宁波荣获二等奖。参与举办了“山东、浙江篆刻作品联展”，汇聚了两地135位老中青篆刻家的精品力作。

【摄影家协会】

7～10月，在“首届徐肖冰杯全国摄影大展”中，吴正中的《青岛变迁》获纪录类典藏作品；李林的《湿地》获艺术类典藏作品；另有宁舟浩和郭建政2位选手的作品分别获得纪录类收藏作品。

在第三届“国际大众艺术节”期间，举办了“魅力山东——山东省‘十一五’建设成果大型图片展”，共展出作品2000余幅，约有12万人参观了展览。随后相继在聊城、日照巡展。

9月，在“第23届全国摄影艺术展”中，杨健的作品《每天的早晨》获得银奖；袁鹏的作品《看着就灭火》获得铜奖。

在第三届多彩贵州原生态摄影大展中，苏少龙的作品《蒙古汉子》获民族人物类二等奖；王家龙的作品《千年等一回》获艺术创意类二等奖。

11月，组织山东省摄协代表团一行8人，对韩国的全罗北道市进行了为期7天的友好交流访问与采风创作活动，增强了中韩摄影艺术的交流与合作。

此外，还与有关单位联合主办了“‘好客山东’贺年会摄影大赛”、“明湖秀姿·摄影大赛”、“‘新家庭 新风尚’摄影大赛”、“山东省首届环境摄影大赛”、“四季烟台·国际摄影大赛”、“映像微山湖·摄影大赛”、“东尉杯——2010山东新农村建设纪实摄影大赛”、“魅力南海”摄影大奖赛、“发现潭溪山”全国摄影大赛、“税收见证·2010——纪实风情摄影大赛”、“好运荣成·大天鹅全国摄影大赛”、“孔子故乡 中国山东”国际网络摄影大赛等丰富多彩的摄影赛事，取得良好的社会效益。

【电影家协会】

9月8日，由山东省委宣传部、省文联主办，省影协、山东鲁信文化传媒投资有限公司承办的“金色之秋·电影展映周”鲁信影城体育中心店举行。电影周期间，免费为市民放映《魔法师的学徒》、《西域传奇》等6部精彩的中外电影。闭幕式上，我国著名导演冯小宁及笑星潘长江携新片《举起手来之追击阿多丸号》，在鲁信影城举办首映式，并与影迷进行了面对面交流。

9月21日，举行第三届山东大学生数字影像大赛颁奖典礼。著名导演贾樟柯亲临颁奖典礼，为获奖选手颁奖。大赛历时近半年，共收到了来自20余所大学31个院系报送的近千部作品，共评选出126个奖项，其中作品奖67个、单项奖57个、金桥奖2个。

省影协推荐的由山东电影制片厂、中共临沂市委宣传部、北京今典影业有限公司、华夏电影发行有限责任公司联合出品，华夏电影发行有限责任公司发行的红色经典影片《沂蒙六姐妹》荣获第27届中国电影“金鸡奖”最佳编剧、最佳女配角两项提名。

【电视艺术家协会】

3月，与山东省广播电影电视局主办了第22届山东电视艺术“牡丹奖”（电视剧类、电视文艺类）评奖活动。

4月，报送第25届中国电视金鹰奖作品，其中《沂蒙》获优秀电视剧奖；《三岔口》获得优秀动画片奖；《共同的家园——2009枣庄市少儿春晚》获特别奖。

5月，在“第四届农村小康电视节目工程”评选中，报送的《普夏树》、《不起眼的小蚂蚱 养出一门活生意》获得优秀作品奖;《农民艺术团》、《大宗之路》获得好作品奖。

7～9月，与有关单位联合主办了山东省第二届“祥和庄园”青少年电视表演才艺大赛、第二届山东省小主持人金话筒电视大赛、第六届华东及全国部分省区市电视主持新人赛”总决赛。

10月，主办了第三届山东省县级电视艺术评奖活动。来自39家县级单位的112部作品参评，20余个单位获得一等奖。

11月，在“首届全国优秀电视评论节目评选”中，推荐的作品《开讲天下——你支持他开胸验肺吗?》获得访谈评论类一等奖；《被拒绝的国家赔偿》获得专题评论类二等奖；3部作品获得专题评论类三等奖。

在“第三届中国旅游电视艺术周优秀旅游电视节目推选”活动中，报送的《稀世民居海草房》、《第三届青春创业旅游商品创新大赛总决赛》、《魅力枣庄——城市宣传片》、《难忘红旗渠》等16部作品获奖。在“第二届新农村电视艺术节”上，报送的山东电视台的《乡村季风》获得优秀对农电视栏目三等奖。

此外，还先后举办了“全省电视文艺研讨会暨联络协调会议”、“宣教节目改革与创新研讨会”、“电视媒体品牌运营与广告增收研讨会”、“频道策划与收视率提升研讨会”等会议。

【民间文艺家协会】

6月，组织山东剪纸艺术家赴河北蔚县参加了“首届中国剪纸艺术节暨第10届中国民间文艺山花奖（民间工艺美术类）”的评选。李翠敏的剪纸《一百零八将》在评选中荣获银奖。

8月，组织推荐的邱延年的作品《农民画》在全国农民画展上获银奖。组织推荐的胶州剪纸在第五届中国民间艺术博览会暨第10届中国民间文艺山花奖（民间工艺美术类）评选中荣获金奖。

9月，组织《胶州秧歌》参加了“第八届中国民间艺术节暨第十届中国民间文艺山花奖（民间舞蹈）”类评选，并荣获金奖。

11月，潘鲁生、赵屹的论文《我国农村文化产业发展对策研究》获中国文联文艺评论奖一等奖。

此外，举办或参与主办了全国“中国桃文化研讨会”、“山东国际大众艺术节——金手指·山东手工艺制作大赛优秀作品展”、“中国长勺鼓舞、鼓乐大赛”、“中国剪纸之乡”授牌仪式、“谁不说俺家乡好——山东地方文艺大赛”颁奖仪式等活动。还先后两次接待中国民协文化之乡考察组，分别对胶州“剪纸文化之乡”、蒙阴“算圣文化之乡”及日照“黑陶文化之乡”进行了考察。并顺利完成了“中国民间文化遗产抢救工程”的部分工作。

河南省文联

综　述

2010年，河南省文联在省委领导下，在中国文联指导下，深入贯彻党的十七届五中全会、省委八届十一次全会精神，认真贯彻河南省委书记卢展工关于“文联是桥、文联是力”的重要指示精神，坚持用科学发展观统领文艺工作和文联工作，认真履行联络协调服务指导基本职能，坚持围绕实现中原崛起、河南振兴的目标，配合省委、省政府中心工作，积极宣传推介河南，精心组织大型文艺活动；广泛开展惠民文化活动，参与的艺术家达2000余人次，受益群众达10万余人次；坚持出精品出人才，一大批文艺作者和作品全国获奖；加强改进评奖办节、文艺评论和期刊出版工作；着眼大局，主动融入，积极争取文联工作发展的环境；加强建设，改进创新，文联面貌呈现了新气象，各项工作跃上了新台阶。

会议与主要活动

【省文联六届四次全委会】

2月2日，河南省文联六届四次全委会在郑州召开。河南省委宣传部常务副部长马正跃，河南省文联党组书记吴长忠，主席马国强，巡视员王洪应，副主席李佩甫、何白鸥、郑彦英、苗树群、宋华平、董文建、王宝贵、范军、夏挽群、副巡视员张剑锋等和河南省文联六届委员出席会议。会议由马国强主持。马正跃在会上发表讲话。吴长忠传达了省委书记卢展工在参加省政协十届三次会议文学艺术组讨论时的讲话并代表省文联党组和六届主席团做了题为《强抓机遇 再创辉煌 推动河南文艺工作和文联工作再上新台阶》的工作报告，对2009年工作进行了回顾和总结，并对当前河南文艺工作和文联工作面临的新形势进行了分析。

会上，传达了中国文联八届五次全委会精神和全国、全省宣传部长会议精神。表彰了省文联系统从艺60周年老艺术家和文艺工作者、先进集体、先进工作者。宣读了对团体会员和个人的嘉奖令。宣布了省文联第六届委员会委员更替名单。

河南省美协、音协、平顶山市文联、中原油田文联的代表在会上做了经验发言。

【艺术家赴基层慰问】

1月29日，河南省文联党组书记吴长忠带领多位戏剧名家、书法家，到洛阳市汝阳县山区的贫困村黄路村慰问。在村边田地临时搭建的戏剧舞台上，中国戏剧梅花奖获得者和河南戏剧名家为乡亲们演唱了《朝阳沟》等名剧选段。同时，多位中国书法兰亭奖获得者在村里的文化大院，展纸研磨，为村民写送春联。听着精彩的大戏，拿着喜庆的春联，村民们显得格外高兴。

2月8日，农历腊月二十五，河南省文联主席、省美协主席马国强和省文联副主席、省书协主席宋华平带领书画名家、摄影师40余人，冒雨驱车200多公里，到周口沈丘尤庄慰问，开展“送欢乐 下基层”活动。书画家现场为老乡写春联画年画，摄影家为老乡们照全家福照。

【2010河南宝丰马街书会全国曲艺邀请赛】

2月25、26日（农历正月十二、十三）由中国曲协、河南省文联、省文化厅主办，省曲协、宝丰县委县政府承办的“2010年河南宝丰马街书会曲艺邀请赛”在平顶山宝丰马街举行。

参加本次邀请赛的24个节目，来自山东、山西、湖北、湖南、北京、天津、河南、河北、陕西、四川、吉林、安徽等全国各地。参赛曲种广泛，有小品、相声、评书、二人转、河南坠子、大调曲子、四川扬琴、群口快书、山东快书、梅花大鼓、西河大鼓、山东大鼓、安徽大鼓、京东大鼓、祁东渔鼓等，各具地方特色的精彩表演，令大赛异彩纷呈。经大赛评委会认真评选，共评出节目一等奖 12 个，节目二等奖 12 个。河南代表队参赛的河南坠子《耍娃娃》，相声《我是河南人》，小品《基金风波》等 3 个节目获一等奖。山东省曲协选送的河南坠子《惊变》荣获 2010 年马街书会书状元。

【“三苏杯”全国诗歌大赛】

3～8 月，由中国作协、河南省委宣传部、平顶山市委、平顶山市人民政府主办，中国作协创联部、省作协、平顶山市委宣传部承办的“三苏杯”全国诗歌大赛在河南平顶山举行。活动期间共收到参赛作品 4000 余首，经过省作协和中国作协专家组初评和终评，最终确定古诗词和新诗歌特等奖各 1 首，一等奖各 2 首，二等奖各 5 首，三等奖各 10 首。获奖作者中有青年新秀，也有七旬老翁，还有来自异国他乡的海外赤子。获奖作品分别收录于《平顶山“三苏杯”全国诗歌大赛获奖作品集》、《平顶山“三苏杯”全国诗歌大赛著名作家、诗人作品集》。活动期间，主办方组织了采风交流、诗歌论坛和诗歌讲座。

【民间节庆】

由中国民协、省政府、省文联、省民协等主办的我们的节日——民间节庆活动声势浩大，影响广泛，充分展现了传统文化的人文内涵和历史风貌。

“中国开封 2010 清明文化节”在开封举办。本次清明文化节先后举办了民间艺术大巡游、唢呐表演擂台赛、陀螺赛、中国式摔跤赛、风筝比赛、斗鸡比赛、蹴鞠邀请赛，开展了河南民间绝活表演、民间工艺精品展演、抖空竹、少儿武术、清明梵乐等民间艺术表演等，上演了大型水上实景剧《大宋·东京梦华》、大型歌舞剧《清明上河图》。举办了“清明文化名家论坛”，举行了《清明节》特种邮票首发式，举办了名家清明文化报告会，同时组织开展了一系列祭祖敬贤缅怀先烈活动。

“中国郑州 2010 年端午节庆典暨中原首届龙舟文化节”在郑州市举办。开幕仪式上宣读了河南文艺界、体育界知名人士联合签名的弘扬中国传统节庆文化的《倡议书》。60 多支民间龙舟队竞渡比赛，进行龙舟文化展演。河南民间工艺美术展成为活动期间的一大亮点，香囊、绣球、泥塑、面塑、指画、朱仙镇木版年画等 20 余家近 30 多个品种的民间手工技艺绝活展演增添了端午节浓浓的文化氛围。

【为玉树灾区捐款】

4 月 20 日上午，河南省文联举行了情系玉树灾区捐款仪式。省文联党组书记吴长忠，省文联主席马国强等领导和机关工作人员纷纷献出自己的一份心意。经统计，省文联共有 200 多人捐款，捐款共计 49910 元。

同日，河南省美协、省书协承办的“心系玉树大爱无疆河南书画家义捐笔会”在省文联举行。参加笔会的有河南省著名画家 50 余人、著名书法家 50 余名。现场百余名书画家挥毫泼墨，创作并义捐共计 100 幅作品，筹得 35 万元善款。善款将通过河南省红十字会全部无偿捐赠给青海玉树地震灾区，定向用于在玉树灾区建设一所希望爱心小学。

【2010 河南省文联系统领导干部学习培训班】

5 月 13、14 日，河南省各省辖市、县文联、行业企业文联、省级各文艺家协会、省文联各处室和直属各单位的领导、干部齐聚省文联，参加 2010 年全省文联系统领导干部学习培训班。省文联党组书记吴长忠就文化工作、文艺工作、文联工作做报告。河南省政府金融服务办公室副主任李涛围绕世界、中国、河南经济形势作报告。省文联主席马国强、副主席何白鸥先后主持会议。学习培训班期间，还组织赴上海世博会参观学习。许多同志表示此次学习培训班内容充实、收获很大。

【油画中原——河南省百名油画家走进安阳】

11 月 19 日，“油画中原——河南省百名油画家走进安阳”作品展在河南省文联举行，共展出 108 幅油画作品。历时半年的“油画中原——河南省百名油画家走进安阳”活动落下帷幕。

由河南省文联、河南省美协打造的“油画中原”大型主题系列活动，已先后在郑东新区、洛阳、嵩山等地举办，在全国美术界产生了较大的影响。

【兰亭群星荟中原书法精品展】

7月10～13日，由河南省文联、河南省书法家协会主办的“兰亭群星荟中原书法精品展”在河南博物院举行。“兰亭群星荟中原书法精品展”展出的是前三届中国书法兰亭奖中获得艺术奖三等奖以内作者的作品，多以兰亭奖获奖书体为主，代表了当代中青年书法家最高水准。

【卢展工到省文联调研指导工作】

7月22日下午，河南省委书记、省人大常委会主任卢展工到省文联调研。从艳阳高照到灯火璀璨，他在省文联看展览、论文艺、搞座谈、问情况、解难题，并对省文联工作做出许多具体指示。

座谈会上，卢展工称赞河南省文联的工作很有活力、很有成效。他说，今天的调研使我很受教育，有几点突出感受：一是河南文化工作者这支队伍精神状态很好，有很高的素质。二是大家努力克服很多困难，为河南文化文艺事业发展，为河南的改革发展做出了突出贡献。三是党委、政府对文化文艺事业发展的关心、支持还不够到位、不够有力。四是河南文化文艺事业的发展有很好的基础，对今后的发展很有信心。卢展工指出，文化是根、文化是魂、文化是力、文化是效，要提高认识、明确目标、遵循规律、以人为本、强化素质、有效保障。卢展工强调，要按照“重在持续、重在提升、重在统筹、重在为民”的要求，锲而不舍地做、持之以恒地做、扎扎实实地做，使文化发展的成效不断展现出来。衷心希望全省广大文化工作者凝聚共识、形成合力，开拓进取、奋发有为，在全社会的大力支持和共同努力下，进一步巩固文化大省的地位，为实现文化大省向文化强省跨越奠定良好基础。

河南省委常委、常务副省长李克，省委副秘书长、政研室主任白建国，省委宣传部常务副部长马正跃，省政府副秘书长李建庄，省委政研室副主任苏常青，省财政厅副厅长刘茎，省文联主席马国强等陪同调研。

【宇通集团天瑞集团向河南省文艺院团捐赠发展资金】

7月28日，宇通集团、天瑞集团向河南省文艺院团捐赠发展资金6000万元，其中，宇通集团向河南省直文艺院团和河南省文联共捐赠3000万元人民币和8辆宇通客车用于文化事业发展。

捐赠仪式结束后，河南省委书记卢展工会见了宇通集团董事长汤玉祥、天瑞集团董事长李留法和河南省文艺界代表。他说：我们文艺团体在工资低，条件苦，装备差的情况下，仍然出了很多精品，体现出了河南人不畏艰难的品质；我们的企业靠着党的政策发展起来，知恩图报、扶贫济困，体现了侠肝义胆的河南人形象。希望受捐的文艺团体，创作出更多更好的精品。进一步巩固文化大省的地位，为实现文化大省向文化强省跨越奠定良好基础。

【第12届CBDF全国青少年国标舞锦标赛】

8月20～22日，第十二届CBDF全国青少年国标舞锦标赛在河南郑州举行。锦标赛由中国国际标准舞总会和河南省文联主办，河南省舞协承办，来自全国23个省（区市）共计4000多名选手参加了比赛。

【纪念抗日战争胜利65周年书画摄影展】

9月2～5日，由河南省委宣传部和省文联主办的“纪念抗日战争胜利65周年书画摄影展”在河南省文联举行。展览共展出120余幅书画摄影作品，作品以歌颂抗日战争胜利为主题，从不同的角度，以高超的艺术表现，讴歌了中国人民的抗战精神，警示人们铭记历史，珍惜今天，建设未来。

【柏杨归葬故乡河南】

9月12日，经河南省文联等多方协调，台湾著名作家柏杨的骨灰安葬仪式在河南省新郑市福寿园陵园举行，阔别家乡多年的游子终于安眠在故乡河南的土地。柏杨遗孀张香华女士带领儿女等亲友共同为柏杨先生送行。河南省委常委、统战部长刘怀廉，河南省台办主任宋丽萍，河南省文联主席马国强、副主席郑彦英等出席同时举行的柏杨铜像揭幕仪式。

柏杨原名郭定生，祖籍河南省辉县。柏杨在海内外华人中享有较高声誉，被文化界称为“硬骨头文人”，其代表作有《中国人史纲》、《丑陋的中国人》等。

【“根在中原”书画名家作品展】

10月15日，由河南省委宣传部、河南日报报业集团、省文化厅、省广电局、省文联共同主办的“根在中原”书画名家作品展在河南省美术馆隆重开幕。共展出在全国和河南省内有影响的158位书画名家的239件作品。在参展的艺术家中，有不少是从河南走出去的，他们以实际行动支持家乡文化建设，也以深厚的艺术造诣和丰硕的创作成果，为河南赢得了荣誉。

【马国强向河南省美术馆捐赠代表作《春暖》】

10月15日上午，河南省文联主席、省美协主席马国强向省美术馆捐赠代表作品《春暖》的仪式在河南省美术馆隆重举行。省委常委、宣传部长、副省长孔玉芳为捐赠作品揭幕。

马国强先生是我国著名的中国水墨人物画家，是河南省文学艺术界的领军人物。其代表作《春暖》创作于1982年，作品先后入选第六届全国美展优秀年画作品展、中国新文艺大系美术卷、中国文联和文化部主办的“20世纪百年中国画展”，曾作为年画发行。

8月20日，省委书记卢展工对马国强先生的捐赠批示“此举甚有意义”，并希望通过这次捐赠活动，“以利对文化繁荣、人人作为起到推动作用”。马国强先生此举显示出作为一位具有重要影响的画家的社会责任感和情怀。捐赠仪式结束后，河南省的部分著名书画家表示，近期也将为河南省美术馆捐赠作品。

【河南省首届农民绘画艺术节】

10月26日，由河南省文联、省美协、商丘市委宣传部主办的“河南省首届农民绘画艺术节”在中国画虎第一村——民权县王公庄举行。艺术节上，调集了全国150余幅表现老虎的精品集中展出。来自全国的画家与王公庄的画虎作者500余人参观。主办方还召开了“王公庄文化现象理论研讨会”。

【坚守与突破——2010中原作家群论坛】

11月23日上午，由中国作协、河南省委宣传部主办，中国作协创研部、省文联、省作协、省文学院承办的“坚守与突破——2010中原作家群论坛”在郑州开幕。中国作协主席铁凝，省委常委、宣传部长、副省长孔玉芳，省文联副主席、省作协主席李佩甫分别在开幕式上致辞，胡平就中原作家群的创作成就、影响、地位、发展方向等问题做了以《在坚守中突破》为题的综合性发言。中国作协党组成员、书记处书记李敬泽，省委宣传部副部长李庚香等出席了开幕式。开幕式由省文联党组书记吴长忠主持。在23日下午和24日举行的论坛上，来自全国各地的著名评论家及河南籍作家、评论家共100多人，共同研讨了中原作家创作的成就、特点、影响、地位以及在全球化、网络化背景下文学创作的发展方向。论坛最后由李佩甫代表中原作家宣读了以《坚守与突破》为题的宣言。宣言阐释了在网络化背景、全球化背景和社会全面进步背景下，文学面临的挑战和中原作家群勇敢面对挑战的态度，并表示将“再出发”，努力使中原文学重放光彩！

【香港李飞力先生向河南省文联捐赠200万元】

11月30日下午，在郑州国际会展中心举行的“回报社会奉献爱心”捐赠仪式上，香港爱心人士李飞力先生向河南省文联捐赠200万元。省文联党组书记吴长忠代表省文联接受捐赠，这是河南省文联继接收宇通集团捐赠的600万元后，第二次接收的社会捐赠。

【河南省民间文化传承保护与产业开发高峰论坛】

12月7～8日，由河南省民间文化遗产抢救工程领导小组、省文联联合主办的“河南省民间文化传承保护与产业开发高峰论坛”在郑州举行。约200人参加了会议。会上通报了河南省民间文化传承保护与产业开发的情况。特邀河北省蔚县县委书记王志军介绍了蔚县发展民间剪纸艺术，做大做强文化产业的典型经验。北京交通大学旅游发展与规划设计院院长王衍用教授就文化旅游产业发展作了主题演讲。

【河南省390万元重奖全国文联系统大奖获得者】

12月14日，省文联各协会全国性文艺大奖获得者奖金颁发仪式在河南省文联举行。390万大奖花落省文联系统荣获中国文联12个艺术家协会颁发的全国性大奖的各位文艺家手中。每获一项大奖均获得省委、省政府颁发的表彰证书和5万元奖金。省文联向获奖者颁发一件得到全国专利认定的瓷器工艺品以为纪念。

此前，12月9日，河南省委、省政府在郑州召开河南省荣获全国性文艺新闻出版大奖表彰大会。在文学、戏曲、音乐、美术、书法、摄影、曲艺、影视、杂技、民间文艺、编导、新闻、出版等领域摘得131项国家级大奖的142位文艺新闻出版工作者受到表彰。

【全国第二届中国画线描艺术展】

12月29日，由中国美术家协会、河南省文联主办，省美协承办的“全国第二届中国画线描艺术展”在河南省美术馆隆重开幕。本次共展出216幅作品，其中优秀作品64幅。这些作品基本代表了我国当代线描艺术的最高水平。特别是本次展览涌现出一大批优秀的中国画线描人物作品，比2008年全国首届中国画线描艺术展有较明显的提升。本次展览河南作者表现抢眼，共入选48幅、获奖18幅，均蝉联全国首位。

评奖获奖情况

【文艺创作方面取得了良好成绩】

由河南省文联参与主办的各项赛事评奖中，第四届黄河戏剧奖参赛剧目涵盖了豫剧、曲剧、越调、柳琴戏等多个剧种，河南、河北、山西等省参与，21部作品获奖。第七届河南省少儿戏曲大赛暨第14届中国少儿戏曲小梅花奖河南赛区选拔赛有104位选手获奖。首届河南音乐金钟奖——高校音乐专业技能比赛中437名选手参赛，金奖60名、银奖125名。河南省第二届青少年小提琴比赛暨第二届全国小提琴考级展演比赛河南选拔赛370余名选手参赛，评选出各个组别的金奖30个，银奖46个。第17届河南省歌曲创作评奖共评出一、二等奖34首作品。河南省第五届少儿曲艺大赛决赛41个节目90名选手角逐，11个节目获一等奖，21个节目获二等奖。

另外，《河南书法五千年》一书获得2009年度河南省社会科学优秀成果荣誉奖。《河南书法年鉴》（2007）荣获全国地方志系统第二届年鉴评奖专业年鉴特等奖。

【在全国性文艺奖项评选中，由省各文艺家协会组织参赛（展、演）的作品取得了丰硕成果】

散文《羊来羊去》荣获第四届冰心散文奖单篇散文最高奖。第五届鲁迅文学奖获奖作品中，《最慢的是活着》获中篇小说奖第一名，《风行水上》获散文杂文奖。“第五届中国戏曲红梅荟萃”大赛河南报送的5名选手全部获奖。文章《传统理念与人格范式的颠覆、消解与重构——新编豫剧〈程婴救孤〉享誉海内外的文化启示》获第三届中国戏剧奖·理论评论奖。歌剧《贾尼·斯基基》在“第二届中国校园戏剧节”上摘得了“中国戏剧奖·校园戏剧奖”专业组的最高奖。第三届海峡两岸合唱节合唱比赛中河南省音协选送的节目获得金奖，这也是河南省合唱领域自2008年以来连续第三次摘取此项比赛的桂冠。由中国曲协及中部六省共同主办的“第三届中部六省曲艺大赛”河南省5个参赛节目3个获一等奖，2个获二等奖。第六届中国曲艺“牡丹奖”中河南1人荣获“表演奖”，1部作品荣获“文学奖”。第15届美国洛杉矶国际家庭电影节美国时间3月14日晚在好莱坞罗利影城降下帷幕，河南参赛影片《程婴救孤》夺得最佳外语戏曲影片奖。第25届中国电视金鹰奖获奖名单上，河南取得多项荣誉，3部电视连续剧获三等奖，1个电视文艺节目获三等奖，2人获电视节目主持人三等奖，3篇理论文章分别获论文评选二、三等奖。第七届中国舞蹈“荷花奖”比赛中，河南3个节目获奖。第七届中国文联文艺评论奖，河南2篇文章分获二、三等奖。

对外文化交流

【保加利亚艺术家访问河南省文联】

4月6日上午，应中国人民对外友好协会的邀请，保加利亚斯拉夫人基金会主席扎哈里·扎哈里埃夫先生率领保作家协会主席、电影人协会主席、记者协会主席、美术家协会主席一行5人访问河南省文联。省文联副主席何白鸥向客人介绍了省文联的历史、构成、运作情况。扎哈里·扎哈里埃夫先生简要介绍了斯拉夫人基金会的情况并逐一介绍了访问团成员。双方表达了加强交流、增进友谊的愿望。扎哈里·扎哈里埃夫一行还参观了河南省书画院。

【壮美河南 走进非洲】

8月19日，“世界摄影家看河南”摄影作品展在坦桑尼亚首都达累斯萨拉姆市俄罗斯文化中心隆重开幕。中国驻坦桑尼亚大使刘昕生，坦桑尼亚信息文化体育部文化发展司司长穆瓦索科和河南省文联副主席何白鸥分别在开幕式上致辞。坦桑尼亚文化界、外国和国际组织驻坦代表机构、坦桑尼亚留华学生代表、华人社团、中资机构以及坦桑尼亚媒体代表共200余人出席开幕式。

这次为期一周的“世界摄影家看河南”摄影作品展由中国驻坦桑尼亚大使馆和河南省文联主办，得到了坦桑尼亚信息文化体育部的大力支持。51幅参展作品是从近万幅作品中精选出的获奖作品，反映了河南的民俗、风光、历史、文化、社会发展成就以及中原文化的底蕴。这些作品曾在加拿大、美国、我国香港以及中国不同省区市展出，这次是首次在非洲国家展出。

坦桑尼亚国家电视台和非洲人报等多家坦桑媒体对开幕式进行了报道。

11月26日，河南摄影家代表团将采风成果带回家乡，在郑州举办了“吾眼非洲摄影展”，共展出150多幅展现非洲风情的摄影作品。

【河南省美术家代表团访问俄罗斯】

10月31至11月3日，由河南省文联主席、省美协主席马国强率领的河南省美术家代表团应邀访问俄罗斯。代表团先后参观了埃尔米塔什博物馆、特列卡科夫画廊、阿尔巴特艺术家步行街等，欣赏了高水平的俄罗斯油画艺术，代表团重点访问了著名的列宾美术学院和莫斯科大学。在列宾美术学院，副院长弗拉基米尔·西蒙诺维奇·别西科夫和外事办主任任阿列克·康斯坦丁·如拉廖夫分别向代表团介绍了列宾美术学院的历史、现状，陪同参观了学院的展览馆、课堂等。马国强向对方介绍了河南悠久的文化历史，重点介绍了河南的美术发展状况，并赠送了美术作品集等。双方就美术理论、美术创作和美术教育等共同感兴趣的话题进行了深入交流。

机关建设

【创建“省级文明单位”】

河南省文联以创建“省级文明单位”为载体，扎实开展各项精神文明创建活动，把文明创建融入日常工作之中，以文明创建推动工作进步，以工作进步促进文明创建；相关工作不断制度化、规范化，创建工作形成了长效机制；改善了环境面貌，提高了干部职工的文明素养，改变了作风，凝聚了人心，提升了形象。通过河南省文联全体干部职工的共同努力，省文联被省委、省政府命名为“省级文明单位”。

【制度建设及后勤服务】

河南省文联加强了机关和协会的管理，职能处室服务意识得到了强化。进一步强化后勤保障工作，不断提高行政后勤工作质量和服务能力，做好办公楼及家属院水、电、暖、气的维护和节能减排工作，更新了家属院的上下水管道。加强财务管理，认真执行财务制度，发挥省文联会计中心作用，统管各协会账目，做到账务清晰、运转有序。

【老干部工作】

重视、关心离退休老同志的生活和学习，做到每月与老干部联系一次，坚持节日慰问制度。开展有益于老年人身心健康的各项活动，组织老干部开展钓鱼、唱歌、参观世博会等活动，老干部工作得到进一步加强。关心文艺工作者特别是知名老艺术家的工作和生活，努力在成就展示、艺术传承等方面为他们办实事、解难题，增强全省文艺界的团结。

【报刊建设】

河南省文联主管主办的各个刊物在文学期刊市场萎缩的情况下，顺应潮流，改变思路，办出特色，为推介作家作品、扶植文学新人、引导读者趣味做出了各自的努力。《莽原》坚守纯文学品位，注重发现、扶植、培养文学新人，刊发了一大批贴近现实的好作品，被国家级、省级报刊转载10篇，被评为“河南省20佳优秀期刊”。《南腔北调》加强管理，编辑、发行、人员管理工作都有了新的提升。《散文选刊》坚持精品意识，刊发名家力作，奖掖新人，保证了刊物高品位。《故事家》、《时代报告》2家杂志社注册为企业后，积极推进改革，保持了单位稳定和刊物的正常出版发行。《武侠故事》继续探索期刊的市场运作方法和途径，坚持了艺术性、趣味性、可读性的统一。《书法导报》在指导书法创作、深化理论研讨、进行作品赏析等方面，保持了其独立性、学术性、权威性，是书家的益友。《河南戏剧》成功复刊，为推介、宣传戏曲作品和人才、交流信息提供了平台。充分发挥《河南文联简报》和《河南文艺界》及各协会内刊、网站的作用，为宣传文艺政策、交流文艺信息、推介作品提供了平台。密切与河南省新闻主管部门和河南省会新闻媒体的沟通与协作，有力地扩大了河南省文联工作的社会影响。

各文艺家协会

【作家协会】

举办焦述长篇新作《市长女婿》研讨会。《市长女婿》是焦述“市长系列”作品的第六部，是一幅官场风俗画卷和现代情感小说。举办李天岑长篇小说《人道》研讨会。《人道》是河南南阳作家李天岑的一部现实题材的长篇小说。举办田中禾长篇小说《父亲和她们》研讨会。《父亲和她们》是田中禾构思长达20年之后推出的又一力作。

河南省作协向中国作协推荐的重点扶持作品中，冯杰的《中原册页》、程韬光的《诗圣杜甫》、焦述的《大法官》、陈俊峰的《三炷香》、甘桂芬的《辛亥女杰刘青侠》、王剑冰的《走进那个岁月》等入围，是历年河南省入选最多的一次。

8月11日上午，中国作协周口市文学创作基地正式建立。中国作协党组成员、书记处书记、主席团委员杨承志代表中国作家协会为基地授牌，周口市长徐光接牌。这是中国作协在河南省创建的第三处创作基地，此前，分别创建了云台山创作基地和王屋山创作基地。

【戏剧家协会】

1月，河南省剧协与郑州市委宣传部等举办“叱咤中原——河南戏剧演员排行榜”2009年度十大演员颁奖活动。2009年“叱咤中原——河南戏剧演员排行榜”栏目共收到社会各界投票近20万张，最终，“梨园之星奖”、“最具实力奖”、“最具明星奖”、“最具魅力奖”、“最具风尚奖”、“最佳听众奖”均名花有主。

6月24～26日，中国剧协第七次全国代表大会在北京胜利召开。河南省文联副主席、省剧协主席、著名豫剧表演艺术家李树建当选为中国剧协副主席。这是继常香玉、杨兰春之后，河南省第三位艺术家当选此职。另外，河南省戏剧名家汪荃珍、王红丽、王惠、陈涌泉、杨帅学等当选为新一届中国剧协理事。

【音乐家协会】

11月12～20日，河南省委宣传部主办、省音协承办的“唱响中国”创作歌曲征集评选采风活动举行。由河南省10名著名词曲作家组成的采风团赴南阳、平顶山、洛阳、焦作、安阳、新乡、郑州进行采风，通过深入基层，创作出了一批富有生活气息的歌曲。

11月30日，河南省音协主席周虹的“周虹交响作品音乐会”在石家庄举行。音乐会由省音协、河北交响乐团共同举办。这是首次由省外交响乐团举办河南省作曲家个人作品音乐会，对于宣传河南、提高河南作曲家在全国的地位有着非常重要的意义。

【美术家协会】

一年来，河南省美协及所属专业委员会先后举办了全省性各类展览、学术活动。如河南省第二届中国人物画展，河南省工笔画作品展，河南省首届雕塑艺术作品展，河南省第五届油画作品展，“天香魂——牡丹画精品展”，河南省第一届艺术设计作品展，“河南省首届水彩·粉画提名展”，首届舞阳农民画大奖赛等等。“研究与超越——第二届中国小幅油画展河南巡展”先后在郑州、北京、西安等地举行，展出的204件作品是从全国各地的6000余件作品中精选出来的。

1月6日上午，由河南省美协、省国画家协会主办的河南省第八届中国画艺术展在郑州商都艺术馆开幕。这次展览是对2009年河南省中国画发展的一次重要的回顾和总结，共展出河南省国画家的精品力作368幅，展品风格多样，异彩纷呈，集中展示了河南省当代中国画创作繁荣发展的面貌和我省国画家对艺术的追求与探索。

9月14日，由河南省美协和郑州市文物局主办，郑州二七纪念馆承办的“河南著名画家重走二七革命路”活动启动仪式在郑州二七广场举行。在郑州二七塔建塔40周年之际，河南省美协组织50名著名画家“重走二七革命路”，沿着京汉铁路线二七革命先烈的足迹奔赴武汉进行采风写生。采风后所创作的作品将在纪念二七革命斗争87周年、郑州二七纪念馆建馆40周年之际，于2011年2月7日前后在郑州、武汉两地展出。其中部分优秀作品将由郑州二七纪念馆永久收藏。

【书法家协会】

3月23日，河南省书协主办了中国郑开国际马拉松赛“两岸九城——爱心马拉松”河南省著名书法家笔会。河南省知名书家32人现场挥毫。此次精心创作的百米书法长卷在3月28日举办的郑开国际马拉松赛起跑仪式上作了现场展示，并通过河南卫视现场直播，向全世界展示了中国传统书法艺术与现代体育精神的完美结合。

6月8～10日，河南省文联副主席、书协主席宋华平和李强、胡秋萍、许雄志、王鸣、米闹6位著名书法家组成代表团赴四川江油采风创作并捐献作品，为诗仙故里带去饱含中原文化精髓的书法作品，以文化援助丰富河南支援江油灾后重建工作的内容，受到当地热烈欢迎和各界一致好评。代表团还考察了由河南书画家援建的豫川翰墨博爱小学。采风捐赠活动结束后，江油市委市政府还专门向省书协发了感谢信，向河南省书协表示感谢。

8月1日，由中国书协、中国书法名城（之乡）联谊会主办，河南省书协承办的“中国书法名城、之乡、中国书法家创作培训基地、兰亭书法学校工作经验交流会暨书法创作讲习班”在郑州开办。来自全国各地的184名学员在河南集体学习、交流基层书法事业发展经验，赵长青、段成桂、何应辉等中国书协领导和专家亲临会场，为我省基层书法事业发展提供了难得的学习提高机会。

9月25日上午，由河南省文联主办，省书协、省书画院、省美术馆、河南大学艺术学院、河南省诗词学会联合承办的“乘物游心”——胡秋萍书法艺术展在河南省美术馆开幕。展览展出了胡秋萍近年来创作的书法作品100余件，既有蝇头小楷，又有榜书大字，更有她擅长的长条巨幅草书。胡秋萍现为中国书协草书专业委员会委员、河南省书协副主席，其作品多次参加全国书法大展，出版有诗词、随笔、书法作品集数十种。

10月16日上午，由河南省文联、安阳市政府、省书协、中国文字博物馆联合主办的“河南省代表书家——李强书法展”开幕式在河南省安阳市中国文字博物馆隆重举行。中国书协主席张海发来贺电。安阳市邮政局发行了“中国书法名家·李强”个性化邮票。本次展览共展出李强书法作品近70幅，涵盖了篆、隶、草、行、楷各种书体，其中又以篆、隶两种书体为主，集中展现了李强10余年来的研究和创作成果。开幕式后召开了“李强书法作品展研讨会”。

11月24～25日，河南省书协、河南日报报业集团举办“笔歌墨舞——河南百名书法家助推中原经济区建设作品展”。参展作者为省内100位知名书法家，他们以各级领导、专家学者关于中原经济区建设的重要讲话和论述为创作内容，以独特的艺术表现形式，为中原经济区建设提供应有的文化支持。展览获得了河南省委宣传部、河南省文联领导的肯定。

12月18～20日，河南省书法家协会成立30周年中原书法作品展在郑州举行。展览共展出作品458件，其中既有河南省已故书家的珍贵遗墨，也有河南省书协名誉主席、顾问、老书家、理事、获奖作者和各地选送的精彩作品。期间，还举行了河南省书法家协会成立30周年图片展。《河南省书法家协会成立30周年中原书法作品集》也正式发行。中国书协和中国书协主席张海分别发来贺信。河南省政协主席王全书等领导出席了18日举行的开幕式。

【摄影家协会】

河南省摄协发挥自身优势，依靠社会力量，举办大型活动，先后举办中国·平顶山“美在鹰城”全国摄影大展、全国牡丹摄影艺术大展、“我眼中的河南”全国摄影大赛、“信仰之恋”全国摄影大赛、“走进南阳”全国摄影大赛、“聚焦三农”摄影大赛、“生态河南，美丽家园”摄影大赛、“七彩新乡”全国摄影大赛、“税收·发展·民生”摄影大赛、“我运动我健康”摄影大赛、关注民生·共创和谐摄影大赛、河南省工业摄影大赛等。

1月10日上午，河南省第16届摄影艺术展在省文联5楼展厅开幕。这是河南省综合性摄影艺术展，是代表河南省摄影艺术最高水平和最高成就的摄影展。展览共征集到来自全省摄影作者的2万多幅作品，经过评委精心评选，展出了自然风光类、社会生活类、人像创意类的多个奖项，展出作品210幅。

【曲艺家协会】

5月，张守振创作的河南坠子《大老薛开店》及王新国创作的小品《这就是爱》获中国曲协“包公杯”全国反腐倡廉曲艺征文大赛优秀作品奖；11月，由张守振创作的河洛大鼓《长江美》及王新国创作的小品《情缘》获中国曲协“长江颂”全国曲艺征文大赛优秀作品奖。

【影视家协会】

4月24日，由中国视协主办、河南电视台和省影视协承办的全国省级视协主席工作会议在郑州召开。会上，省委常委、宣传部长、副省长孔玉芳，全国政协常委、中国文联副主席、中国视协主席赵化勇分别致辞。河南电视台台长、省影视协主席周绍成简要介绍了河南电视台和河南影视协情况。会后，与会代表参观了河南电视台。

【舞蹈家协会】

5月1～3日，由河南省舞协、省影视协、洛阳市文联主办的第四届“舞动中原”走进洛阳电视舞蹈大赛国标舞全国公开赛在洛阳举办。河南省参赛选手6000多人，并吸引了北京、安徽、山东、山西、江苏等省市的选手参加。

12月7～10日，河南省舞协举办的“舞蹈编导大师班”邀请罗斌、王玫、孙天卫、郑冰、王舸、曹尔瑞等舞蹈名家会聚郑州，为河南舞蹈编导讲学。4天时间里，几位专家就《当前舞蹈创作理念及中国舞蹈文化观》、《现代舞与当代舞》、《舞美与灯光》、《音乐与舞蹈》、《少儿舞蹈创作》等专题密集授课。全省百名舞蹈编创人员参加听课。

【杂技家协会】

4月26日，由濮阳市委市政府主办，河南省杂协、河南日报报业集团、省人民广播电台、省电视台协办的“2010中国濮阳国际精品杂技魔术节”在河南省濮阳市开幕。在为期10天的魔术节中，世界顶尖杂技魔术表演同场竞技，不仅为广大观众奉上了一道视觉盛宴，同时也为世界杂技魔术的交流提供了一个广阔的平台。

【民间文艺家协会】

自2007年普查认定首批河南“老字号”之后，河南省民间文化遗产抢救工作于2009年初实施了第二批河南“老字号”的调查、申报工作，截至2010年6月30日，全省共申报101家。依照河南“老字号”评审标准，经组织专家评审，进行社会公示，确定了《第二批河南“老字号”保护名录》，共43家，其中食品餐饮24家，医疗医药14家，工艺美术4家，商业服务1家。

2010年，鹤壁市淇县被命名为“中国鬼谷子文化圣地”，商丘市宁陵县被命名为“中国葛天文化之乡”并建立“中国葛天文化研究中心”，平顶山舞钢市被命名为“中国冶铁文化之都”并建立“中国冶铁文化研究中心”，商丘市民权县被命名为“中国庄子文化之乡”并建立“中国庄子文化研究中心”，南阳市西峡县被命名为“中国重阳文化之乡”并建立“中国重阳文化研究中心”。河南省由中国民协命名的文化之乡已达33个，数量仍居全国首位。

【文艺评论家协会】

1. 深入剖析春晚与赵本山现象。近年来，对央视春晚的批评越来越多，最近的虎年春晚更是广受诟病。3月9日，河南省文艺评论家协会以“当代审美思潮：春晚与赵本山现象”为主题深入研讨。专家们认为，由于种种体制机制问题，春晚已经成了高高在上、自欺欺人的节目，春晚式微是国人幸事。赵本山的节目有娱乐而少艺术，在春晚可以有一席之地，但不应当是扛大梁的戏。如果以之作为时代审美的标杆，去面向世界，起码是不体面的。春晚应该以维也纳新年音乐会等为榜样，摒弃低俗和功利，坚持成为多元、先进、文明的文化艺术展示平台。也有专家担心，今年春晚广受诟病还是由于娱乐效果不够。赵本山作为大力发展文化产业的成功者，得到了广泛的认可，乃至成为标杆，已经不能用纯艺术标准衡量。《大河报》以《拿赵本山当标杆 春晚有点不体面》为题，用整版篇幅进行了专题报道，产生了积极的社会反响。

2.“新世纪十年河南文艺发展态势”系列研讨会。河南是戏曲大省，剧团和从业人员数量位居全国第一。5 月 25 日，河南省文艺评论家协会召开了“新世纪十年河南戏曲发展态势”研讨会。与会专家认为，新世纪十年，河南戏曲在艰难中取得了巨大的成就，开创了新的繁荣局面，同时也面临着巨大的危机。各位专家纷纷为戏剧将来的发展出谋划策。《大河报》以《河南戏曲新世纪十年风雨路——困顿中的昂扬》为题用整版篇幅进行了专题报道，受到广泛关注。

6 月 25 日，河南省文艺评论家协会召开“新世纪十年河南书法发展态势”研讨会，围绕“中原书风和个人艺术追求”、“河南书法目前创作特征和未来走向”等问题展开讨论。与会专家批评了书法界存在的重视创作、轻视理论评论的现状，探讨了“中原书风”的崛起原因、发展变化及其与书家个人追求的关系，并对未来河南书法如何谋求新的发展，纷纷建言献策。

湖北省文联

综　述

2010年，湖北省文联深入学习实践科学发展观，致力于服务全省工作大局，以提升湖北文化软实力为目标，谋划和成功实施了一批有声势、有影响的重大文艺活动和项目；致力于“全国文联一盘棋”，以“一县一品”创建和文艺资源整合为重点，切实加强了对基层文联和产（行）业文联、文艺社团的服务指导；致力于出作品出人才，以庆祝湖北省文联60华诞为契机，推出了一批思想性、艺术性、欣赏性俱佳的精品力作；致力于实现好、发展好、维护好广大人民群众的基本文化权益，以面向基层、服务群众为宗旨，广泛开展了“文艺惠民”活动；致力于提高履职能力，以“争先创优”活动为抓手，大力加强文联自身建设，整个文联工作呈现出整体推进、繁荣发展的态势，实力和影响力得到了较大的提升。

会议与活动

【“一县一品”文艺品牌创建经验交流暨表彰大会】

1月20日，湖北省文联召开全省基层文联“一县一品”文艺品牌创建工作经验交流暨表彰大会。省委常委、宣传部部长尹汉宁，省政府副省长张通出席并为获奖单位颁发了奖牌。各市州和部分县（市、区）文联代表参加了会议。会上，总结交流了基层文联“一县一品”文艺品牌创建工作经验，表彰了武汉市黄陂区文联等35个创建先进单位和恩施州文联等4个组织工作先进单位，部分先进单位代表作了典型发言。省委宣传部副部长陈连生，省文联党组书记、常务副主席刘永泽在会上讲话。

【百花迎春——湖北文艺界2010新春大联欢】

1月20日，由湖北省文联主办，省音协承办的2010年湖北文艺界新春大联欢活动在武汉东湖宾馆举行。武汉市邮政艺术团、武汉音乐学院、武汉市歌舞剧院等单位表演了《贺新年》、《天下湖北美》等节目。会上还表彰了“一县一品”先进创建工作先进单位，颁发了2009年湖北文艺突出贡献奖，并向从事新中国文艺工作60周年的湖北省文艺工作者颁发荣誉证章。

【省文联扎实开展文艺惠民活动】

2月4日，省文联组织湖北省著名书法家参加在鄂州市鄂城区举行的全省文化科技卫生“三下乡”集中示范活动，省市书法家向当地赠送10幅书画作品，为当地群众书写春联近1000幅，从而拉开了2010年全省文联系统“送欢乐、下基层”活动的序幕。2010年，省文联组织和动员全省文艺家开展了“书法进万家”活动，组织音乐家创作歌曲《爱在延续——援建之歌》，深入到四川地震灾区援建工地演出；命名了一批“民间工艺大师”，推广了一批湖北影视基地。据不完全统计，全省各级文联和文艺社团组织开展各种形式的文艺惠民活动达1万余场次。

【省文联八届四次全委会】

3月16日，省文联八届四次全委会在武汉召开。会议总结回顾了2009年的工作，分析了2010年文联工作面临的新形势新任务，全面研究部署了2010年工作。会议期间，与会代表围绕省委宣传部副部长陈连生、湖北省文联主席沈虹光的讲话和省文联党组书记、常务副主席刘永泽的工作报告进行了讨论。审议通过了刘永泽所作的工作报告、省文联2009年工作总结、省文联2010年工作要点。省文联主席团、党组成员和省文联全委会委员、部分产（行）业文联负责人和省文联机关部室、协会报刊集团负责人出席会议。

【授予随州“中国编钟之乡”】

6月8日，中国音协分党组书记、驻会副主席徐沛东，湖北省副省长田承忠为随州揭牌“中国编钟之乡”。1978年随州擂鼓墩出土的曾侯乙编钟是世界上已知最早最庞大、具有12律半音音阶关系的大型定调青铜乐器，音乐跨5个8度，能旋宫转调演奏古今中外乐曲，是我国独有的“一钟双音”编钟，被誉为世界第八大奇迹。它的出土改写了中国音乐史。据悉，随州“中国编钟之乡”的授牌，是中国音协唯一的一次。

【推进“一县一品”文化品牌创建】

6月21日，省委宣传部、省文化厅、省文联联合下发了《湖北省“一县一品”文化品牌创建实施办法（试行）》（鄂宣发〔2010〕1号），从而使“一县一品”从文艺品牌创建上升为文化品牌创建，从全省文联的工作上升到省委、省政府和省委宣传部的工作层面。全省各地“一县一品”文化品牌创建工作扎实推进，成立了工作专班，制定了创建工作方案和指导文件，确定了创建品牌和项目，落实了创建经费，形成了党委政府高度重视、宣传部门大力指导、各级文联具体落实、有关部门积极配合的创建工作格局。年底，省“一县一品”创建办公室组织评审组对全省各地申报的118个文化品牌进行了认真的初评和复评，评选出湖北省“一县一品”文化品牌“创建特别奖”1个、“创建奖”16个。“一县一品”文化品牌创建活动已经在全国产生了较大影响。中国文联编发了调研报告，《人民日报》、新华社、《光明日报》、《经济日报》、《中国文化报》、《中国艺术报》等刊发了评论、消息或长篇报道。光明日报社总编胡占凡在陪同李长春视察湖北时盛赞我省“一县一品”文化品牌创建在全国具有示范作用。

【上海世博会“长江画派”作品展览举行】

7月20～25日，“情系长江：2010年上海世博会‘长江画派’湖北美术作品展览”在上海朱屺瞻艺术馆举行。这次展览由上海世博会湖北省筹备工作委员会办公室、湖北省委宣传部、省文化厅、省文联、省美协等联合主办。这是“长江画派”首次面向全国精彩亮相。展览聚集了湖北老中青三代百余位艺术家的作品。展览出版发行的画册，收录了一部分已故湖北画家作品资料，刊载了阐述“长江画派”源流与内涵的文章，梳理新中国湖北美术发展的专论。“长江画派”是20世纪80年代由著名画家叶浅予先生命名，2010年，中国美协主席刘大为专门为“长江画派”题词。

【开展与中国文联省部合作】

7月30日，湖北省副省长张通在省文联党组书记、常务副主席刘永泽等陪同下到中国文艺家之家调研。中国文联党组书记、副主席胡振民，党组副书记、副主席李牧，党组成员、副主席冯远，党组成员、书记处书记夏潮与张通一行进行了座谈，确定了湖北省与中国文联的省部合作机制和2010年5个省部合作项目。在双方的共同努力下，这5个项目得以顺利推进：“百花迎春·梅花湖北”演出成功、热播央视，省委副书记、省长王国生，省委常委、宣传部长尹汉宁，副省长张通等领导先后批示。“第二届曹禺文化周”活动盛况空前，中国剧协曹禺剧本奖创作基地、中国剧协梅花奖艺术交流中心、曹禺大剧院等项目奠基，全国政协副主席、中国文联主席孙家正来潜江参加了开幕式等系列活动。“一县一品”文化品牌研讨会成功举办，影响广泛。襄阳“中国书法名城”申报成功、获得命名。“辛亥百年”主题碑林建设稳步推进、卓有成效。

【湖北省首届书法艺术节】

9月16日，宜昌襄阳两地书法联展开展，同时由省文联、湖北日报传媒集团主办，省书协、书法报社承办的“首届湖北书法艺术节”拉开序幕，省文联党组书记、常务副主席刘永泽出席开幕式并讲话，省书协及宜昌市、襄阳市负责人出席了开幕式。本届艺术节共举办展览和研讨活动40多个，包括“东坡遗韵·全国书法名家邀请展”，“全国第三届扇面书法艺术展”，“湖北籍将军、省部级领导干部书法作品展”，“国际米芾书画会全国名家作品展”、“鄂西生态文化旅游圈八市书法展”、“武汉城市圈九市书法联展”、省市书法家走进鄂州梁子湖生态保护区活动、“庆祝东湖印社建社50周年社员作品展”、“湖北省高校书法作品展览"、"湖北青年代表书家（市州）接力展"、"武汉、长春书法篆刻交流大展"等。书法节期间，湖北诚信拍卖有限公司举行了2场大型书画艺术品拍卖会。

【襄阳市接受"中国书法名城"创建考评验收】

9月28～30日，中国书协考评验收组对襄阳市申报"中国书法名城"进行了考评验收。中国书协分党组书记、驻会副主席赵长青带队，中国书协副主席、宁夏书协主席吴善璋等10位专家组成考评组对襄阳市"中国书法名城"创建工作进行了认真的考评，一致认为襄阳符合"中国书法名城"的基本条件，同意推荐襄阳为"中国书法名城"，并按程序报中国书协主席团研究决定。省文联党组书记、常务副主席刘永泽等领导陪同中国书协考评组考察并做了讲话。

【湖北籍将军、省部级领导书法作品联展】

10月8日，"湖北籍将军、省部级领导书法作品联展"在湖北省美术院隆重开幕。省委书记罗清泉为展览发来了贺信，省委常委、宣传部部长尹汉宁致贺词。八一书画院院长袁伟将军在开幕式上讲话。军事科学院刘精松上将等12位湖北籍将军，省委、省人大、省政府、省政协及有关单位负责人，省军区、驻汉部队军以上单位负责人等约500人出席开幕活动。举办湖北籍将军和省部级领导书法作品展览，在湖北是第一次。

【尹汉宁到省文联调研文艺人才队伍建设】

10月12日，省委常委、宣传部部长尹汉宁率省委宣传部、党建办、组织部有关负责人，到省文联就全省文艺人才队伍建设情况进行调研。在听取了省文联党组的工作汇报和熊召政、朱世慧、徐勇民、董继宁、陆鸣、方石等文艺家代表的发言后，尹汉宁做了重要讲话。他指出，文艺人才有其特殊性，要高度重视文艺人才的培养和发展；省文联作为全省"文艺人才之家"，要发挥文联工作的优势，成为广大艺术家"服务的大本营"；要尊重文艺界领军人物，鼓励他们生产艺术精品，留下传世佳作。

【第二届中国（潜江）曹禺文化周】

10月25～29日，由中国文联和湖北省人民政府主办，中国剧协、省文化厅、省文联、潜江市人民政府和江汉石油管理局共同承办的纪念曹禺诞辰100周年暨第二届中国（潜江）曹禺文化周在潜江举行。文化周期间，除举办了开幕式、闭幕式2台大型文艺晚会外，北京人民艺术剧院演出了曹禺剧作《日出》，中央民族乐团演出了《民族器乐声乐综艺》，北京龙马社演出了话剧《家庭》，同时还举办了中国剧协曹禺剧本奖颁奖典礼和曹禺国际学术研讨会。全国政协副主席、中国文联主席孙家正，省委书记罗清泉、省委常委、宣传部部长尹汉宁出席文化周开幕式，并促成了在梅苑兴建中国剧协曹禺剧本奖创作基地、梅奖艺术交流中心和曹禺大剧院等项目。

【陈柏槐率省政协委员到省文联调研】

11月20日，省政协副主席陈柏槐率领湖北省20多位政协提案委员会委员到省文联调研，先后视察了湖北画报社、书法报社和今古传奇报刊集团，听取省文联党组书记、常务副主席刘永泽的汇报。陈柏槐对省文联的工作表示肯定，希望省文联继续加大对"一县一品"文化品牌的推介力度，大手笔、大气魄地宣传荆楚文化；重视文艺人才队伍建设，加强文化产业策划，促进湖北文艺事业的大发展大繁荣。

【"天下湖北美——湖北旅游景点歌舞展演"上演】

12月11日，由省文联主办，省音协、省舞协、省群艺馆、武汉市群艺馆共同承办的"天下湖北美——湖北旅游景点歌舞展演"在汉口江滩上演，数千市民观看了演出。最终12个单位获得优秀组织奖，16个展演节目获优秀表演奖。

【电影《荆州10·24》首映】

12月12日，由省文联、省影协组织立项，武汉金海岸文化有限公司、湖北卡斯奥影视文化有限公司投资，童江南导演拍摄的数字电影《荆州，10·24》，在荆州举行隆重的首映仪式。影片以发生在荆州的"10·24"长江大学英雄群体舍己救人的英雄事迹为原型，再现了"90后"大学生在关键时刻挺身而出、舍己救人的英雄壮举。

【拍摄100张展示湖北新景观的"湖北名片"】

9～12月，省文联、省摄协、视界网联合举办"天下湖北美，一百张湖北新景观名片"评选活动。本次评选采取网上投稿方式，全省各地市州县近3000名作者投稿摄影作品近万幅。从中精选的100幅作品制作成了《天下湖北美——百名摄影家百幅景观图》台历。

【荆楚文苑纳入“十二五”规划】

12月，省文联组织力量对建设荆楚文苑（湖北文艺家之家）进行了调研和论证，形成了荆楚文苑建设的总体方案。该项目的定位是东湖风景区文化旅游的重要景观、武汉城市圈旅游的重要支点、荆楚文化大观园、中国中部地区文艺家创作展示大基地、湖北省“十二五”文化建设标志性重点项目；建设内容包括荆楚文化名人雕塑园、荆楚文艺风采园、中外文艺名家创作交流园、荆楚文艺创意展示园等四大板块；建设规模总用地200亩，建筑面积4万平方米，总投资4亿元。在此基础上，省文联向省委、省政府上报了《省文联关于贯彻党的十七届五中全会精神规划建设荆楚文苑的请示》，省委、省政府主要领导作出了重要批示，要求将荆楚文苑等项目纳入《湖北省国民经济和社会发展第十二个五年规划纲要》。

文艺创作与研究

【纪念湖北省音协成立60周年座谈会】

1月15日，“纪念湖北省音协成立60周年座谈会”在武汉召开，来自全省的80多位音乐工作者会聚一堂，畅谈60年来湖北音乐事业的风雨历程。中国音协发来了贺信。省音协成立于1950年，现有音乐理论委员会等9个直属专业委员会，有钢琴等25个隶属专业委员会，拥有会员2163人，其中中国音协会员272人，理事4人。

【县级和城乡基层宣传文化队伍建设座谈会】

7月16日，省文联召开《关于加强地方县级和城乡基层宣传文化队伍建设的若干意见》（中宣发〔2010〕14号文件）座谈会。全省17个市、州、直管市、神农架林区文联负责人、部分文艺家代表参加了座谈会。省文联党组书记、常务副主席刘永泽传达了中宣部等六部委关于加强县级和城乡基层宣传文化队伍建设电视电话会议的有关精神，并就基层文联组织建设和推进全省“一县一品”文化品牌创建工作提出了要求。

【湖北“一县一品”文化品牌理论研讨会】

9月26日，中国文联理论研究室、湖北省委宣传部、省文化厅、省文联主办的湖北省“一县一品”文化品牌理论研讨会在武汉召开。文化部党组成员、副部长杨至今，中国文联荣誉委员、中国传媒大学艺术研究院院长仲呈祥，省文联主席沈虹光，省文联党组书记、常务副主席刘永泽，省文联党组书记、常务副主席罗成琰，重庆市文联党组书记、副主席王超，省文化厅厅长杜建国等领导及部分专家学者50多人出席了研讨会。中国文联理论研究室主任董耀鹏宣读了中国文联的书面致辞。省委常委、宣传部部长尹汉宁出席会议并讲话。与会专家学者一致表示，湖北省文化“一县一品”创建是推动县域文化科学发展的有效载体，值得在全国推广。

【姚雪垠百年诞辰纪念座谈会】

10月11日，省文联、省作协在武昌召开“姚雪垠百年诞辰纪念座谈会”。来自省内外的专家学者、文艺界知名人士、姚雪垠先生的家人及生前好友40余人与会。姚雪垠1910年10月10日出生于河南，1953年迁居武汉成为专业作家。他创作的长篇历史小说《李自成》共5卷，300余万字，是中国当代文学的一座丰碑。1978～1988年10年间，姚雪垠当选为湖北省文联主席。座谈会上，省作协主席方方等追忆姚雪垠不凡的人生经历和创作历程，缅怀他对湖北文艺事业和当代中国文学事业做出的贡献。座谈会由省文联党组书记、常务副主席刘永泽，省作协党组书记、常务副主席黄运全主持，省委常委、宣传部部长尹汉宁出席会议并讲话。

【陈晓光开讲“翠柳问艺”】

10月19日，中国文联副主席全国政协教科文卫体委员会副主任、文化部原副部长陈晓光先生应湖北省文联“翠柳问艺”大讲坛的邀请，为我省知名词曲作家、文艺理论家、艺术院校的教师及学生代表和省文联机关干部职工带来了题名为《中国歌曲100年》的精彩讲座。“翠柳问艺”大讲坛是湖北省文联为了进一步提高文联干部队伍业务能力和综合素质而举办的系列文艺讲座。

【“唱响中国”湖北地区创作推广会】

11月3日，由省委宣传部主办，省文联、省音协协办的“唱响中国——群众最喜爱的新创作歌曲”湖北地区创作推广会在武昌举行。此次创作推广会是中宣部倡导、由中央电视台主办，中央人民广播电台、中国音协和中国艺术研究所协办的“唱响中国——群众最喜爱的新创作歌曲”活动湖北地区的活动之一。湖北省此次评选的新创作歌曲要求为2009年1月1日至2010年12月31日期间创作，在专家和群众评委评选的基础上，遴选出10首优秀歌曲参加全国评选。省委宣传部副部长陈连生与会并做了讲话。

【第二届湖北舞蹈金凤奖（非职业舞蹈）评选活动】

11月16日，第二届湖北舞蹈金凤奖（非职业）评选颁奖晚会在武昌湖北省歌剧舞剧院隆重举行。省文联主席沈虹光，省文联党组书记、常务副主席刘永泽等领导出席了本次颁奖晚会。本次评奖分为少儿组、成人组和中老年组3个组别，共收到参赛作品80多个，通过专家组初评、复评，有31个作品进入了决赛。第二届湖北舞蹈金凤奖（非职业舞蹈）评选由省文联、省舞协主办。

【全国社区文联工作研讨会】

12月3日，由中国文联理论研究室、中国文联国内联络部、湖北省文联主办，武汉市文联承办的全国社区文联工作研讨会在武汉召开。这是文联历史上首次围绕社区文联工作专门召开的研讨会。中国文联党组成员、书记处书记夏潮，中国文联理论研究室主任董耀鹏，省文联党组书记、常务副主席刘永泽等领导在会上做了讲话。来自全国部分省市县的文联工作者共100余人出席了研讨会。与会代表参观考察了武汉市百步亭社区和南湖社区基层文联和文艺工作的情况。

【沈虹光剧作研讨会】

12月5日，“沈虹光剧作研讨会”在武汉大学召开。省文联党组书记、常务副主席刘永泽、省文化厅副厅长严荣利、武汉大学副校长谢红星等出席了开幕式。华中师范大学文学院教授王先霈、武汉大学艺术学系教授郑传寅、中南财经政法大学教授胡德才、著名剧作家赵瑞泰、著名戏剧导演朱广祺等专家学者与会发言。研讨会对沈虹光剧作的艺术成就、审美特质和风格进行了多角度的阐释。会议收到论文30余篇。本次会议征集的学术论文将收入《沈虹光剧作论集》。

【首届湖北省中青年文艺评论家高级研修班】

12月10～14日，来自湖北省各地的50余位中青年文艺评论家齐聚武汉，参加了由省文联、省文艺理论家协会举办的首届湖北省中青年文艺评论家高级研修班的学习。研修班邀请了中国文联理论研究室主任董耀鹏，武汉大学文学院教授、博导冯黎明，中国文联中国艺术报社社长向云驹，省文联党组书记、常务副主席刘永泽等领导和专家作了精彩讲学。省委宣传部副部长陈连生在开班仪式上做了重要讲话。

【启动“湖北名歌大家唱”活动】

12月27日，由省委宣传部、省直机关工委、省文化厅、湖北日报传媒集团、省广电总台和省文联共同主办，省广电总台电视综合频道、楚天金报、荆楚网和省音协承办的“湖北名歌大家唱”活动全面启动。此次活动将持续至2011年7月，通过歌曲征集与推广，唱响一批具有鲜明地方特色的湖北名歌，讴歌新中国成立后特别是改革开放以来我省取得的巨大成就。活动分作品征集、作品评选、宣传推广、各地歌咏晚会、大型颁奖晚会五个阶段进行。此次征集的湖北名歌包括两类：一是新中国成立以来湖北作者创作的优秀歌曲和外地作者创作的湖北题材的优秀歌曲；二是产生于湖北本土、为人们口传心记、耳熟能详的经典名歌及改编新歌。经过初评、复评、终评，将最终产生100首“湖北名歌”、30首“我最喜爱的湖北名歌”。

【第九届湖北戏剧牡丹花奖评选】

12月28日，由省文联、省剧协共同举办的第九届湖北戏剧牡丹花奖颁奖暨文艺演出在湖北汉川隆重举行。省委宣传部、省文联、省文化厅等有关领导观看了演出。湖北戏剧牡丹花奖是省级专业届次性艺术大奖，它立意与“中国戏剧梅花奖”对接，选拔湖北优秀中青年戏剧艺术人才。本次评选于年初启动，通过全省各戏剧院团的推荐，从100余名申报者中遴选出21个剧团10个剧种51人参加评选（其中8人申报“牡丹花奖”），最终评出26位中青年演员授予“牡丹花奖”，2

名演员授予“牡丹花大奖”。颁奖典礼上、朱世慧、胡新中、李祝华、陈幼玲、彭青莲、李春华等知名艺术家献演了京剧《法门众生相》等节目。

【文艺创作硕果累累】

2010年，围绕纪念省文联成立60周年，省文联举办了文艺庆典、研讨培训、评奖办节、采风交流等系列文艺创作活动，推出了一批思想性、艺术性、欣赏性俱佳的文艺精品力作和优秀文艺人才。电视剧《南下南下》、《洪湖赤卫队》在央视一套热播。围绕荆州长江大学“10·24”英雄群体，组织创作了歌曲《英雄颂》、水墨人物肖像组画《英雄谱》、电影《荆州，10·24》。扶持了电视连续剧《大汉口》等16件重点文艺创作项目。编辑出版了《周韶华全集》、《湖北文联60年》、《荆楚民间文化大系》等文艺著作。省文联名誉主席唐小禾创作了反映“中山舰”历史题材的巨幅油画《一代名舰》。一年来，湖北省文艺工作者、文艺团体共获得全国性奖项85个（次）。其中，在第九届中国艺术节上，湖北省入围参赛作品和获奖作品数量居全国第三。在第14届央视全国青年歌手电视大奖赛上，湖北省选手赢得全国省区市唯一金奖——撒叶儿嗬组合蝉联了原生态唱法金奖。

机关建设

【文艺家协会实行大部制改革】

为了进一步理顺省文联管理体制，省文联通过多年向上级部门争取，提出将12个文艺家协会驻会机构进行整合，得到了省委省政府的同意。4月，《湖北省机构编制委员会关于省文联文艺家协会机构编制调整的批复》（鄂编文〔2010〕12号）正式批准湖北文联12个文艺家协会驻会机构秘书处整合为4个正处级规格的工作部：表演艺术部、展览艺术部、文艺创作部、影视创作部。人员编制40名（全额拨款事业编制），参照公务员法管理。调整后的4个艺术工作部的负责人4正8副，主要职责是负责所属协会有关业务工作的协调和管理。各文艺家协会仍为省事业单位登记管理局登记注册的独立事业法人，其日常工作，仍在省党组和主席团的统一领导下，按照各协会章程、在各自主席团的领导下独立开展工作。

【着力创建学习型党组织】

2010年，省文联印发了《关于学习贯彻十七届四中全会精神的意见》，以创建学习型党组织活动为抓手，以提高党员干部思想理论素养为目标，以党支部为单位广泛开展创建学习型党组织活动。8月，举办了学习贯彻党的十七届四中全会和胡锦涛总书记在中共中央政治局第22次集体学习时的重要讲话精神培训班，分两期集中培训了机关党员干部。

【开展普法教育，创建和谐文联】

2010年，省文联多次组织干部职工学习《干部法律知识读本》，开展学法用法宣传教育，增强干部职工法治意识。结合“安全生产月”、“消防安全日”、“法制宣传日”活动，开展专题宣传教育活动，提高了干部职工守法意识。开展了建设平安机关的活动，加强了对安保和消防设施的检查和重要节日的安全防范工作。上半年，在上级组织对“五五普法”以来工作的考核验收中，获得了96分的高分。

【开展创先争优活动】

2010年年初，省文联进一步推进机关党组织工作创新，积极开展“创先争优”活动，制定下发了《湖北省文联关于在机关党组织和党员中深入开展创先争优活动的实施意见》。举办以争创先进基层党组织、争创优秀文艺作品、争做优秀党员文艺家、争创优秀文艺项目为内容的党员干部学习班。组织开展了评选表彰先进党支部、优秀共产党员和优秀党务工作者活动。共表彰了4个先进党支部，17名优秀共产党员和4名优秀党务工作者。把创先争优活动与“六型机关”建设结合起来，广泛开展“六型机关”创建活动，同时，认真组织机关党组织换届改选工作，重新调整各党支部组成单位，将文联机关划分为1个党总支、12个党支部。湖北文联被省委评为2008－2009年度党建合格单位。

【开展竞争上岗和协会换届工作】

2010年，省文联在省委宣传部的领导下，高度重视干部队伍建设和协会换届工作，顺利完成了省舞协的换届工作和省音协换届的各项筹备工作。在省文联机关和所属协会中开展处级领导干部竞争上岗、轮岗工作，按照“三定”方案和有关原则有计划、分步骤地进行了所属事业单位的岗位设置和岗位聘用。

直属事业单位

【文学艺术院】

2010年，湖北省文联文学艺术院进一步加强了全省重点文艺项目的签约工作。按照省财政厅〔2007〕42号文件要求，全年共收到团体会员单位推荐和申报的项目49个。文学艺术院对每个项目进行了考证，经过专家评审组认真讨论和文联党组审核，35集电视连续剧《大汉口》、青春版原创黄梅戏《香溪香》、电影故事片《桃花红，梨花白》、古典女子群舞《桑田》、戏剧《茶嫂嫁女》及湖北交响乐电声组合曲目等16件作品被确定为2010年的重点签约项目，已与项目责任人正式签约并支付了30%的首付经费。文学艺术院院长熊召政担任上海世博会湖北馆的首席设计专家，为彰显湖北形象做出了贡献。为了拓展文学艺术院的职能和发展空间，按照文联党组要求，积极筹备省文联书画院，目前已向有关部门申报。筹备建立了全省文艺精品集成文库。制定了精品集成的入库条件，要求对湖北省解放以来所有文艺家取得的重要成果进行申报和陈列。现已收到数十位艺术家的相关资料，文学艺术院将建立电子文档和实物档案，为湖北省文艺事业的发展集存珍贵的史料。此外，协助画家丁竹君在广东东莞举办个人画展，受到全国不少知名画家和评论家的好评，收到良好的社会效果。

【今古传奇报刊集团】

3月1日，《今古传奇·人物版》创刊，首发4万册。经过半年多的运行，月发行量稳定在4.5万册。3月17日，今古传奇报刊集团与《党史天地》正式签署合作协议，标志着今古传奇报刊集团“走出去战略”迈出了第一步。刊物经过半年多的市场运行，期发行量12万份，月发行量36万份，当年创刊，当年持平，为党史杂志市场化探索了成功的经验。4月24日，《今古传奇·奇幻版》将开本改为国际流行32开，9月9日改为正度16开，骑马钉。《今古传奇》单月号为满足广大老年读者的需求，创办《大字本》。

2010年，《今古传奇》荣获“第三届湖北十大名刊”。《新传奇》被列入国家邮政总局2011年20种重点推荐报刊。

2010年，《书法报》和《湖北画报》积极改革创新，事业发展迈出了新步伐。书法报社承办了“第三届全国扇面书法艺术展”和“中国重阳书画展”等大型书法活动，主办了第六届（2010）全国少年儿童现场书画大赛、第三届“谷城杯”全国中小学生书画大赛等青少年书法比赛活动，不断提升了报纸影响力，产值和利税较去年有了较大提高。《湖北画报》杂志市场影响力不断增强，在2010年全国画报年会上获奖数居省级画报第二位；《湖北画报·湖北旅游》杂志承接了《湖北十大主题旅游线路》、《巴东旅游》等大型画册和专刊，丰富了湖北旅游的文化内涵，向外界全方位、多角度地推介了湖北旅游，为湖北旅游业产值进入全国前十位、中部第二位做出了贡献。

采风与文化交流

【赴新疆文艺采风慰问】

9月4～10日，省文联组织众多艺术家走进祖国的西北边陲——新疆维吾尔自治区开展采风慰问活动。在为期一周的时间里，湖北艺术家们在省文联党组成员、副主席罗丹青的率领下，和新疆维吾尔自治区文联进行了工作交流，慰问了当地的湖北援疆干部，参观了西部开发建设的丰硕成果，了解了当地的风土人情，为今后的创作打下了坚实的基础。这次创作采风、慰问活动，是湖北省文联落实中央新疆工作座谈会精神的重要举措。9月5日，采风慰问团带着湖北文艺工作者的深情厚意，奔赴数百公里外的博尔塔拉蒙古族自治州博乐市，和当地艺术家一起，为湖北援疆干部举行了慰问演出。

【对外文艺交流】

9月，省剧协组织湖北省戏剧家赴加拿大考察采风。考察采风团由湖北省著名戏剧表演艺术家、剧作家、理论家及协会负责人朱世慧、李祝华、胡新忠、李家玉等组成，期间参加了加拿大小百纳戏剧节并观摩了多场音乐剧和话剧的演出，与外国同行进行了广泛诚挚的交流。作为湖北省剧协第二次举办的涉外活动，标志着我省戏剧界以团队形象又一次走出了国门，扩大了湖北戏剧在国外的影响。

各文艺家协会

【戏剧家协会】

1月，启动第九届湖北戏剧牡丹花奖评选，通过全省各戏剧院（团）推荐，经过认真的评审，从申报者中遴选出21个院（团）10个剧种的52人参加终评，共有26人荣获本届“牡丹花奖”，2人荣获“牡丹花大奖”。12月28日，在汉川影剧院礼堂举行颁奖暨演出晚会。2月2日，主办了“金虎贺岁——湖北戏剧界新春大联欢”活动。3月，组织演出小分队，为基层计生单位工作人员送去丰富多彩的文艺演出。4月，省剧协与连续15年荣获“下乡先进集体”的湖北省沔阳花鼓剧团联合联手，将优秀传统戏送进偏远村组。9月，组织湖北省戏剧家赴加拿大考察采风。

积极推荐湖北省优秀戏剧人才参评全国戏剧评奖。在第九届中国艺术节上，省歌剧舞剧院的舞剧《王昭君》、武汉人民艺术剧院的《古丢丢》和武汉京剧院的《生活秀》获第13届文华大奖特别奖，《古丢丢》还获第三届中国戏剧奖、曹禺剧本奖。省实验花鼓剧院的《生命童话》获第13届文华优秀剧目奖，《月照黄鹤楼》、《米脂婆姨绥德汉》、《土家摆手舞》、《村官轶事》、《薅黄瓜》等13个节目获文化部群星奖。向中国剧协推荐并申报了3位演员参评第三届中国戏剧奖·梅花表演奖（第25届梅花奖）和一位演员参评“二度梅”。目前，湖北省已有22位优秀演员荣获“梅花奖”。在第五届“中国戏曲红梅荟萃”活动中，由省剧协组织推荐的省地方剧院、省京剧院、武汉市汉剧院的程丞、唐愷、吕蒙、易燕、熊国强、耿丽亚等六位青年演员，分别获得京昆组和地方戏组的六项“金花”大奖，实现了湖北戏剧团队的大满贯，获奖比例居全国第一。江月明、范贝贝获第14届中国少儿戏曲小梅花比赛“金花奖”。中国地质大学的《雪莲花开》获第二届中国校园戏剧节优秀剧目奖。推荐来凤县南剧团的小戏《故乡也有彩云天》参加中国·余杭“良渚文化杯”小戏小品大赛暨第四届“中国戏剧奖·小戏小品奖”大赛并荣获演出奖。向中国文联申请立项，在曹禺故乡潜江建设中国剧协曹禺剧本奖创作基地、中国戏剧梅花奖艺术交流中心和“梅苑”项目。积极争取将湖北戏剧牡丹苑建设纳入《湖北省国民经济和社会发展第十二个五年规划纲要》。

【音乐家协会】

3～6月，组队参加第14届央视青歌赛，荣获1金3优的较好成绩。其中，撒叶儿嗬组合获原生态组金奖，长辫子组合获民族组优秀奖，东方神韵合唱团获合唱比赛优秀奖；在团体比赛中，湖北代表队以地方代表队第一、总排名第六的成绩进入决赛，最终获团体优秀奖。省音协在此次大赛中组织词曲作家为选手量身打造新作，精心创作录制了《伙计歌》、《数蛤蟆》、《叫一声我的哥》、《楚歌》等10余首参赛作品。7～12月，由省文联主办，省音协、省舞协承办了首次“湖北旅游景点歌舞展演”活动。12月11日，联合省群艺馆、武汉市群艺馆、武汉市公安局水上分局等单位在汉口江滩举行“湖北旅游景点歌舞展演”，一批新的旅游歌舞作品亮相在长江边。来自鄂西、鄂西北、三峡、江汉平原及鄂东景区景点的16个民间歌舞节目参加此次展演。组织江汉大学艺术学院学生合唱团参加第三届海峡两岸合唱节，获银茉莉奖，3C组合获“金号2010全国听众喜爱的歌手”比赛十大金牌提名歌手奖。省音协民族音乐委员组队赴昆明参加首届中国农民艺术节全国乡村歌手大赛，获2个铜奖、2个优秀奖和1个组织奖。

省音协编辑制作《第三届湖北音乐金编钟评奖管弦乐获奖作品》专辑、王丹萍《巴舞土风》演唱专辑、王原平《魅力湘西》音乐专辑、方石《好日子慢慢过》作品精选专辑Ⅲ、宋乔《小妹子俏》“中国乡村音乐系列之二——鄂南风情”作品专辑、刘翔《别对我说爱》流行音乐作品精选专辑Ⅱ等。组建省网络音乐委员会，首批会员30余人。2010年，省音协发展会员129人，推荐加入中国音协会员24人。继续组织开展年度音乐考级活动，其中省音协考级16704人，比2009年增加579人，中国音协考级1432人，比2009年增加466人。

【美术家协会】

3月，举办“柒来捌往——武汉2010当代艺术作品展”，展出了46位目前活跃在武汉的中青年艺术家以布面油画、布面丙烯、陶、瓷、装置影像为主的90余幅作品。

4月，举办“我的孩子，春天来了”——20世纪伟大的德国女性艺术家凯绥·珂勒惠支作品巡回展·武汉，展览分为3个主题（自画像，母与子，死亡）展出了珂勒惠支的40余幅现实主义版画原作。

5月，借中国（深圳）文博会举办之机，举办湖北美术家“梦萦楚风”深圳特展。

7月，在上海世博会“湖北活动周”期间举办“情系长江——2010上海世界博览会‘长江画派’湖北美术作品展览”。

8月，与有关部门联合举办“工会金秋助学·爱暖贫困学子”艺术品公益拍卖活动，组织号召了一批湖北书画名家进行创作，共募得书画作品400余件。其中8月27日一天现场认购和竞拍资金达到人民币1280万元。

9月，与武汉电视台联合策划拍摄《亲吻岁月——画·时代》大型系列专题片，拍摄纪录中国当代颇具影响力的湖北美术家。

11月，举办“共鸣·2010中法艺术家邀请展”，此次展出了35位中法两国中青年艺术家的以布面油画、玻璃彩绘、雕塑、装置为主的百余件作品。

12月，举办“回顾与展望”湖北美术作品展。同月，“学院·经典”工笔画名家作品展在湖北美术学院开幕。编辑、出版了《情系长江——2010上海世界博览会‘长江画派’湖北美术作品展览作品集》、《共鸣·2010中法艺术家邀请展作品集》等画册。

【曲艺家协会】

2010年，省曲协选送的节目有3个入围中国曲艺牡丹奖：湖北小曲《汉腔楚韵唱湖北》获节目提名奖；湖北大鼓《木兰情》获文学提名奖、节目入围奖；天门说唱获节目入围奖。5月24日，在广州举行的第九届中国艺术节上，省文联与省群艺馆推荐的“天门说唱”《村官轶事》获得第九届中国艺术节“群星奖”（金奖）。该节目还代表湖北参加了由第九届中国艺术节组委会组织的深圳市“惠民工程”进企业、进社区义演，并在开幕式上代表湖北出台展示了文艺形象。7月11～16日，在“第四届全国少数民族曲艺展演”中，湖北选送的恩施竹琴《女人不讲理》获得展演一等奖、恩施扬琴《闹新房》获展演三等奖，省曲协获优秀组织奖。9月29日，“张明智告别舞台师徒巡回演唱会”在湖北剧院拉开序幕，中国曲协主席、著名评书表演艺术家刘兰芳到场助阵。10月19～24日，曲艺小品《抢婆婆》参赛全国第二届“新农村、新文化、新风貌”小品展演获优秀剧目奖、最佳组织奖，殷良获优秀演员奖。在第四届全国少儿曲艺大赛中，省曲协推荐报送的少儿相声《艺术之家》获二等奖，武汉市的少儿相声《比爸爸》获三等奖，公安县的《公安说鼓子》、《爷爷和孙吖》获三等奖和新苗奖。11月7日，由省曲协主办、武汉说唱团等单位协办的著名相声名家薛永年先生收关门弟子仪式暨钱乐、刘智鹏、吴凯、李国兵、贾静美子、刘雄拜师仪式在湖北举行。此外，经过我省的积极申报，中国曲协授予了天门“中国曲艺之乡”称号。

【摄影家协会】

2月6日，由几位湖北省女摄影家合作拍摄的《共和国同龄人·图像档案》大型摄影画册在武昌举行隆重首发式。《共和国同龄人·图像档案》是湖北省第一部展现普通人命运的艺术图像汇编，以专题报道的形式，生动地展现了我省60位普通人60年的成长经历、事业成就、家庭生活等真实感人的场景。省人大副主任蒋大国，省妇联主席梁惠玲，省文联党组书记、常务副主席刘永泽，省财政厅副厅长周顺明等百余人出席了首发式。

3月，省摄协副秘书长欧阳卫红“圆梦三峡”摄影作品展在北京中国美术馆举行。同时，省摄影协与黄冈市联合举办“中国·黄冈大别山风情”全国摄影大赛，与武汉云雾山生态旅游发展有限公司联合举办“湖北省云雾山首届杜鹃花暨云雾山春夏秋冬四季风景摄影大赛”。

4月，湖北省摄协、湖南省摄协、广东省摄协联合举办了“2010年中国（湖南）红色旅游经典摄影大赛”，湖北作品获得了1个二等奖、25个优秀奖。8月，2010年（23届）全国摄影艺术展评选揭晓，周国强拍摄的作品《武广高铁首列武汉驶出》荣获银奖，金思柳、李健、彭向东、宋建春、张明贵、马宁、周国强等8人9幅作品荣获优秀奖。

10～12月，省摄协与《武汉晚报》、万达集团等单位联合举办了“万达公馆杯武汉奢华老宅摄影大赛”，通过摄影者镜头里的武汉老建筑、老街区来展现出武汉商圈变革。

【舞蹈家协会】

3月，开展第二届湖北舞蹈“金凤奖”（非职业）评奖工作，共收到中老年、成人、少儿参评作品共82件，经评委会评审，评出作品奖、表演奖、优秀奖和组织奖共37个。这次评奖推出了《团圆》、《酒爹爹》、《空谷幽兰》、《桨之恋》、《官柳依依》、《端午趣》等一批优秀作品。选送优秀舞蹈节目参加“第七届中国舞蹈荷花奖校园舞蹈比赛”和“第七届中国舞蹈荷花奖现代舞、当代舞蹈比赛”。武汉音乐学院报送的《问道武当》，省艺术职业学院报送的《冲霄汉》、《采桑》入围决赛。围绕全省“两圈一带”战略目标，12月11日，在汉口江滩与省音协联合举办了“湖北省旅游景点歌舞比赛”。

9月30日，湖北省舞协第七次代表大会在武汉召开。省委宣传部副部长陈连生，省文联党组书记、常务副主席刘永泽，省文联党组成员、副主席朱莎莉，党组成员、副主席李宁，党组成员、纪检组长易熙君，党组成员、秘书长聂为斌等领导出席了大会。大会审议并通过了湖北省舞协第六届会务工作报告和修改后的《湖北省舞蹈家协会章程》，选举产生了湖北省舞协第七届理事会和主席、副主席。会上，还向段树屏、刘凤、赵兴、何大斌4位为湖北舞蹈事业做出突出贡献的老艺术家颁发了“湖北舞蹈艺术终身成就奖”；为刘凤等8位舞蹈家颁发中国文联授予的“从事新中国文艺工作60年纪念奖章”。

【民间文艺家协会】

4月26～27日，主办湖北省首届“文化生态保护区建设——资丘论坛”。邀请来自省内外民俗学、历史学、社会学等方面的专家学者60余人，就文化生态保护区的内涵外延、建设现状、后续发展等相关问题进行了探讨。5月，考察、命名应城为“湖北省石膏艺术之乡”。在6月25日举办的第二届中国龙舟文化节中，省民协推进的鄂州龙舟队从全国15支龙舟队中脱颖而出，获巡游金奖。8月1～3日，省民协组织参加了由中国文联、中国民协等主办的首届中国剪纸艺术节暨第10届山花奖·民间工艺美术奖（剪纸类）评奖活动，《迎亲图》获银奖，《武昌鱼》获铜奖、《文武双全》、《婚庆喜花》获优秀奖。8月15～17日，省民协组织参加了由中国文联、中国民协等主办的首届中国七夕风情文化节暨第十届山花奖·全国七夕女红手工艺大赛评奖活动。绣品《青花瓷瓶》获铜奖，绣品《虾趣》获优秀奖。8月26～30日，应城膏雕《膏都盐海》、绣品《青花瓷瓶》作为湖北民间工艺品代表参加了第五届中国民间工艺品博览会。9月19日，在中国民协和山西大同市政府共同举办的第八届中国艺术节暨第九届中国（大同）云冈文化艺术节展演期间，通城的“拍打舞”获展演金奖。12月18日，考察、命名夷陵区鸦鹊岭镇为“湖北省丝竹乐之乡”。此外，还编辑出版了《荆楚民间文化大系》。

【书法家协会】

2010年，省书协承办了“首届湖北书法艺术节”，共举办不同类型的展览、研讨活动40多个。首次举办了专为农村和基层单位书法爱好者喜爱的“全省乡镇书法篆刻展览”，壮大湖北书法艺术家队伍。举办了丰富多彩的其他特色专项展览，如“省直单位书法展览”、“湖北青年代表书家（市州）接力展”（前后共办了5期）。以保护生态环境、发展旅游事业为切入点，开展“书法家进万家——走进梁子湖”活动。认真开展书法培训工作，在荆门举办了“全省老年书法爱好者培训班”，200多人参加培训。

【电影家协会】

4月30日，举行电影《上医王争艳》（暂名）启动仪式。完成了湖北影视拍摄基地专题宣传推介片和画册，从历史人文、自然风光、配套硬件设施进行重点推介，让更多国内外影视剧组了解湖北，了解湖北的影视基地。其中电视专题片《湖北影视基地掠影》已在湖北电视台综合频道播出，专家和观众纷纷称赞这是一部极具冲击力的电视片。宣传画册《湖北影视基地巡礼》也以新颖的编排精美的印刷获得广泛的赞誉。5月18日，由省影协倡议成立的湖北地区电影院线联盟在武汉成立。5月28日，“光影留痕——牛均富电影工作40年座谈会”在武汉召开。牛均富现任湖北省影协副主席，是中国电影界极为活跃的评论家。座谈会上，湖北影视界专家学者对牛均富在组织影评队伍、普及电影文化、培养电影人才等方面所做的努力给予高度评价，中国电影家协会发来贺信，省文联党组书记、常务副主席刘永泽，省电影总公司党委书记周根源及湖北广电集团、湖北电影制片厂等单位代表参会。12月12日，数字电影《荆州，10·24》在荆州市凯乐大剧院首映。开展由湖北省电影家协会、省电影评论学会、牛均富大学生影视艺术基金联合举办的“思娇杯”大学生眼中的中国电影影评征文活动，共收到省内外高校征文300多份，共35篇文章获奖。

【文艺理论家协会】

2010年，高质量地完成4期《文艺新观察》以及特刊“荆楚文化研究高峰论坛”专辑的出版；至此《文艺新观察》已完成总第30期的发行，发行工作已经从最开始的赠送会员，到了赠送全国百所高校的图书馆、文学院及文艺理论相关部门。12月10～14日，举办了湖北省首届中青年文艺家高级研修班。2010年，省文艺理论研究成果屡获大奖。金获的《哈恰图良〈钢琴协奏曲〉的演奏技术类型与处理》、陈晶的《走向大众的锋芒——90年代湖北波普艺术现象》、张天弓的《重新找回中国书法艺术文化的自信——改革开放30年书法艺术的反思》获第七届中国文联文艺评论奖三等奖，胡应明的论文《再谈历史真实与历史艺术的真实》、叶萍的论文《城市街头的楚剧表演——对平湖门戏班的田野调查》获第三届中国戏剧奖·理论评论奖。

【杂技家协会】

武汉杂技团的《大跳板》节目，参加2010年第九届中国武汉国际杂技艺术节的比赛，荣获“黄鹤金奖”，参加在广州举行的第八届全国杂技比赛，荣获“金奖”。《立绳》参加9月在法国举行的第11届瓦兹河谷国际杂技艺术节比赛，荣获“银奖”、“创新奖”、“青年才俊奖”。协助武汉市完成2010年第九届中国武汉国际杂技节的比赛协调和接待工作，与国内外杂技家探讨世界杂技发展的前沿问题，取得了很好的效果。

【电视艺术家协会】

5月6～7日，召开“春满楚天”创作经验交流现场会暨颁奖晚会。电视剧《南下南下》，红色经典电视剧《洪湖赤卫队》先后在央视一套黄金时段播出。与江夏区协作，创作反映梁子湖地区抗日题材的30集电视剧《烽火梁子湖》。推荐湖北卫视频道创作的《红色荆楚》、《情迷西藏》参加全国优秀旅游电视节目评选获优秀奖。推荐荆州电视台的《垄上行》参加新农村、新农民“新农村电视纪录片工程”，获农村电视栏目一等奖。推荐电视纪录片《麋鹿家园》在东南亚电视艺术节上获东南亚地区纪录片一等奖。湖北广电总台谢东升获上海国际电视50年电视节目主持人突出贡献奖。与华师中师大武汉传媒学院等大专院校联合举办湖北省高校首届大学生视频作品大赛，收到专题、新闻等作品71部，丰富和促进了院校影视教学活动。

湖南省文联

综　述

2010年，在湖南省委、省政府和省委宣传部的正确领导下，湖南省文联高举中国特色社会主义伟大旗帜，坚持以邓小平理论和“三个代表”重要思想为指导，深入贯彻落实科学发展观，带领全省文艺工作者团结奋进、扎实工作、改革创新、锐意进取，整合社会资源、创新活动形式、打造文艺精品、推进基础设施建设，各项工作稳步发展，湖南的文化强省建设、湖南文艺事业的发展繁荣作出了积极贡献，开创了湖南文联工作、文艺工作新局面。

重要会议

【湖南省文艺创作扶助基金会成立大会】

1月8日上午，湖南省文艺创作扶助基金会在蓉园宾馆召开成立大会，这标志着一个政府、企事业单位和个人多元投入、社会广泛参与的扶持湖南省文艺创作的新机制初步形成。基金会由省政协副主席、省文联主席谭仲池联合湖南省一些知名企业家、银行家、文艺家发起，经省民政厅注册登记，业务隶属省文联主管，办公地点设省文联内。

成立湖南省文艺创作扶助基金会的目的，一是为建设文化强省，为出作品、出人才创造必要的社会条件；二是为了激发全省广大文艺工作者的创作热情和积极性，在湖南省文艺界形成一个团结奋发、互帮互促、推动文艺发展的良好氛围；三是为了资助经济状况比较困难而有潜力的文艺青年出版著作，资助老文艺家总结艺术人生。四是为了创新文联的工作方式，增强文联的活力和凝聚力。

基金会正式成立后，将继续广泛动员，不断扩大基金规模，努力发挥对于湖南文艺创作资助激励的作用。从2010年起，湖南省文艺创作扶助基金会将接受文艺家和文艺工作者的资助项目申报，并组成评估专家组，每年资助一批文艺创作项目，这必将有力推动湖南省文艺创作的繁荣和发展。

【八届四次全委会暨表彰大会】

3月5日，湖南省文联在长沙召开了八届四次全委会暨表彰大会，湖南省政协副主席、省文联主席谭仲池，中国作家协会副主席、省文联名誉主席谭谈，省委宣传部副部长魏委，省文联领导罗成琰、江学恭、何满宗、管群华、彭见明、夏义生、郑解文与第八届省文联委员、全省文联系统先进单位负责人120余人出席会议。

谭仲池同志主持上午的会议，并作了激情洋溢的讲话。魏委同志代表省委宣传部作重要讲话。省文联党组副书记、副主席、秘书长江学恭传达了胡锦涛、温家宝、李长春同志讲话和全国宣传部长会议、中国文联八届五次全委会和全省宣传部长会议精神。省文联党组书记、副主席罗成琰作了题为《围绕中心 服务大局 积极推进文化强省建设 努力开创文艺工作和文联工作新局面》的工作报告。会议还表彰了2009年湖南省文联系统先进单位。出席会议的领导为28个文联系统先进单位颁发了奖牌。当天下午，与会人员进行了热烈的分组讨论。最后，江学恭同志作了会议小结。

【全省基层文联工作现场会】

基层文联工作是湖南省文联工作的重要组成部分。多年来，省文联高度重视基层文联的建设和发展。5月17日，湖南省文联在湘潭湘乡市召开了全省基层文联工作现场会。中国文联党组书记、副主席、书记处书记胡振民，中国文联党组成员、主席团委员、书记处书记夏潮，湖南省委常委、省委宣传部长路建平，省政协副主席、省文联主席谭仲池，省委宣传部副部长魏委以及省文联全体领导与来自全省各级文联的代表共约100人出席会议。胡振民、路建平和谭仲池等领导分别在会上讲话。胡振民肯定了湖南省文联的工作方向明确、思路清晰、措施有力、成效明显，希望今后进一步认识基层文联工作在全局中的重要地位和作用，切实加强基层文联建设，提高队伍素质和服务水平。这次会议对于贯彻落实湘办发［2010］4号文件精神，进一步夯实全省文联工作基础，促进全省文艺繁荣具有重要意义。

【深入开展创先争优活动动员大会】

6月4日上午，省文联深入开展创先争优活动动员大会在机关多功能厅召开。省文联全体在职干部职工、离退休党员同志共100余人出席会议。会议由省文联党组副书记、副主席、秘书长江学恭主持。

省文联党组书记、副主席、创先争优活动领导小组组长罗成琰在会上作了动员报告。动员报告主要包括三方面的内容：一是统一思想认识，充分认识开展创先争优活动的重要意义。二是明确活动要求，扎实推进创先争优活动广泛深入开展。要通过开展创先争优活动，创建先进基层党组织，争做优秀共产党员，做到“五个好”、“五带头”。三是加强组织领导，确保创先争优活动取得实际成效。要强化领导责任，强化舆论宣传，强化领导联系点示范作用，强化督查考评，强化统筹兼顾。会上，罗成琰还对省文联下半年工作作了具体部署。

【纪念建党90周年湖南重大历史题材美术创作研讨会】

为了隆重纪念中国共产党成立90周年，回顾党的光辉历程，描绘湖南经济社会发展的巨大进步，展示三湘人民积极进取的精神风貌，6月29日，湖南省美术界在长沙召开重大历史题材创作研讨会。省委宣传部副部长魏委，省文联党组书记、副主席罗成琰出席研讨会并讲话。省文联党组副书记、副主席、秘书长江学恭，省文联党组成员、副主席黎晓阳，省文联副主席、省美协主席朱训德，省文联副主席、省画院院长刘云，著名老艺术家陈白一、黄铁山等及其他老中青艺术家代表30余人参加了研讨。

与会美术家和美术理论家就搞好湖南重大历史题材创作工作的经费来源、保障问题，具体创作方法问题，以及湖南在重大历史题材美术创作方面的过去和现在、经验和教训、优势和不足等方面，各抒己见，畅所欲言，充分交流了意见。

【庆祝中国共产党成立89周年暨“我是一名共产党员”演讲大会】

作为省文联开展创先争优活动的一个重要内容，6月29日下午，省文联机关庆祝中国共产党成立89周年暨“我是一名共产党员”演讲大会在机关多功能厅隆重举行，省文联全体干部职工、离退休党员参加大会。来自机关一、二支部，协会一、二支部，画院支部、小天使报支部的11名党员干部登台演讲，他们联系党的历史，联系自己的成长经历和思想、工作实际，热情地讴歌了伟大的中国共产党，表达了红心向党、冲锋在前、不断进步、无私奉献的决心和追求。罗成琰同志在大会上讲话，充分肯定了这次演讲活动的效果，认为这是省文联献给党的生日的一份珍贵礼物，也体现了省文联干部职工良好的综合素质。江学恭同志主持大会，并对每一位同志的演讲作了精彩点评。

【纪念建党90周年暨辛亥革命100周年文艺创作座谈会】

2011年是建党90周年和辛亥革命100周年。为了提前谋划，精心策划好各项庆祝工作，8月4日，省文联召开纪念建党90周年暨辛亥革命100周年文艺创作座谈会，听取省各文艺家协会对这两个重大纪念日的创作和活动计划。省政协副主席、省文联主席谭仲池、省委宣传部副部长魏委出席会议并讲话，省文联党组书记、副主席罗成琰主持会议，省文联党组成员、部分主席团成员，省各文艺家协会主席、秘书长出席会议。

省政协副主席、省文联主席谭仲池在讲话中强调：建党90周年和辛亥革命100周年是两件重大的历史事件，我们的文艺家们有责任来讴歌，这也是显示文艺家才情的好机会。省委省政府对文联工作非常重视，文联要尽自己的努力组织好。一是把项目抓好，责任到人；二是发动市州文联配合当地党委、政府搞好节庆活动。三是各协会要配合省文联的统一安排，整合资源，共同组织好一个综合型的大型展览和一台综合性的文艺晚会，全面反映中华民族百年奋斗历史和中国共产党90年辉煌历程；各协会还要认真履行发现、扶持、推荐的职能，在全国性的专业领域要有所展示，在专业比赛中要有一席之地，争取获奖。

【湖南省文艺家援建四川理县书画笔会】

8月16日至18日，湖南省文艺家援建四川理县书画笔会在长沙大厦举办。这是湖南省文艺家赴四川理县采风后成果再现之一。湖南省政协副主席、省文联主席、省援建领导小组副组长谭仲池，省文联党组书记、副主席罗成琰，省发改委副主任、党组成员、省对口援建理县工作队队长张银桥出席笔会启动仪式。谭仲池、张银桥在笔会启动仪式上讲话。省文联党组成员、副厅级纪检员管群华主持笔会启动仪式。省文联党组副书记、副主席、秘书长江学恭看望了与会人员。

这次笔会阵容强大，由省文联副主席、省美协主席朱训德，省文联副主席、省美协副主席、省画院院长刘云和省美协副主席王金石、旷小津、邹建平、杨国平等16名画家组成。笔会作品将全部用于装饰布置湖南为理县援建的综合办公楼，成为“湘理情深”的又一见证。

【第七届中国文联文艺评论奖颁奖式暨第五届当代文艺论坛】

第七届中国文联文艺评论奖颁奖式暨第五届当代文艺论坛11月1日——11月2日在长沙蓉园宾馆举行。

中国文联党组书记、副主席胡振民发来贺信。中国文联党组成员、书记处书记夏潮，湖南省政协副主席、省文联主席谭仲池到会讲话。中国舞协分党组书记、驻会副主席冯双白，中国摄协分党组书记、驻会副主席李前光，中国文联理论研究室主任董耀鹏，《艺术报》社长向云驹，湖南省委宣传部副部长张志初，湖南省文联党组书记、副主席罗成琰和中国文联有关部门、湖南省文联相关领导以及中国文联各文艺家协会、各省区市文联分管理论评论工作的领导和理论评论工作部门代表，文艺理论评论家代表，获奖作者代表共约130人出席颁奖式。

在第五届当代文艺论坛上，来自各个文艺门类的文艺理论评论家以“文艺繁荣与价值引领”为主题作了交流和研讨。论坛分为两个单元展开，分别由湖南省文联党组副书记、副主席、秘书长江学恭和中国文联理论研究室副主任刘国强主持。与会代表一致认为文艺繁荣亟需价值引领，当代文艺评论工作者应自觉肩负起历史与时代赋予的责任，为社会主义文化大发展大繁荣作出更大的贡献。

【“唱响中国·群众最喜爱的创作歌曲”花瑶印象山庄创作笔会】

11月5日至8日，省文联、省音协在魏源故里隆回县举行了“唱响中国·群众最喜爱的创作歌曲”花瑶印象山庄创作笔会。这是省音协历史上规模最大的一次创作笔会，28位实力词曲作家参加了笔会。在笔会座谈会上，传达了中宣部文艺局和省委宣传部关于“唱响中国”活动的文件精神，提出了具体的创作任务，与会词曲作家就如何创作好“唱响中国”为主题的歌曲进行了热烈的讨论。

重要活动

【深入开展创先争优活动】

按照中央和省委的统一部署，省文联机关创先争优活动从5月份开始蓬勃开展，各项活动形式多样，生动活泼，在基层党组织和广大党员中形成了浓郁的创先争优氛围。

5月中旬，省文联党组制定和下发了《湖南省文联关于在党的基层组织和党员中深入开展创先争优活动的实施方案》，对活动的总体要求、实施步骤、组织领导进行了具体部署。省文联党组成立了由罗成琰同志任组长，江学恭、管群华同志任副组长，何满宗、彭见明、黎晓阳、夏义生、郑解文为成员的创先争优活动领导小组，领导小组下设办公室，由江学恭同志兼任办公室主任。

5月25日下午，省文联召开机关党委委员、各党支部书记和创先争优活动领导小组办公室成员会议，部署在省文联党的基层组织和党员中深入开展创先争优活动各项工作。省文联党组副书记、副主席、秘书长、创先争优活动领导小组副组长兼办公室主任江学恭在会上提出三点要求：一是各级党组织和广大党员干部要把思想认识统一到中央要求和省委部署上来，深刻认识开展创先争优活动的重大意义，以创先争优的精神状态扎扎实实抓好创先争优活动，推进省文联各项工作；二是各支部要认真研究，周密安排，做到规定动作不折不扣，自主动作力求创新；三是明确责任，抓好落实，务求实效，不走过场。

6月4日上午，省文联深入开展创先争优活动动员大会在机关多功能厅召开。省文联全体在职干部职工、离退休党员同志共100余人出席会议。为了推动省文联机关创先争优活动深入开展，6月25日，省文联党组学习中心组在韶山开展第二季度集中学习。中心组成员瞻仰毛泽东铜像，敬献花篮，并在铜像前重温了入党誓词，参观了毛泽东遗物馆和故居。下午，围绕“我是一名共产党员”的主题进行了热烈的讨论。

作为省文联开展创先争优活动的一个重要内容，6月29日下午，省文联机关庆祝中国共产党成立89周年暨“我是一名共产党员”演讲大会在机关多功能厅隆重举行，省文联全体干部职工、离退休党员参加大会。与此同时，省文联全体党员积极撰写党员公开承诺书、“我是一个共产党员”征文。各支部积极开展了各种形式的文艺活动。

【“芙蓉王杯”湖南省第十五届摄影艺术展开展】

1月12日上午，“芙蓉王杯”湖南省第十五届摄影艺术展、2000－2009“湖南突出贡献摄影家”摄影精品展、新中国成立60周年湖南省老摄影家摄影展同时在长沙市博物馆开幕，成为了湖南省摄影界的一次盛会。

湖南省政协原主席、全国政协人口资源环境委员会原副主任王克英，湖南省政协秘书长欧阳斌，中国作协副主席、省文联名誉主席谭谈，湖南省委宣传部副部长魏委，省文联领导罗成琰、彭见明、管群华、郑解文，省文联副主席、省摄影家协会主席张利萍及省摄协主席团成员与全省文化艺术界人士数百人参加了影展开幕式

本届展览共收到来自全省各地的摄影作品10000余幅，经过专家评委们的严格评审，从中精选出400余幅进行展览，并分艺术类、新闻纪实类、商业广告数码制作类三个组别，共评选出金奖6名、银奖12名、铜奖26名，另有7件作品获得评委提名奖。

【组织艺术家参加“五下乡”活动】

每年“两节”期间，省文联都组织文艺家深入基层、深入群众、深入农村开展送文艺、送欢乐活动。1月17日，省委、省政府2010年“五下乡”活动启动式在韶山毛泽东铜像广场隆重举行。省文联组织了10多位书法家、摄影家为当地群众写春联、拍全家福照片，受到老百姓热烈欢迎。2010年“五下乡”启动式之后，省文联和各文艺家协会将继续组织开展丰富多彩的文艺活动，使人民群众真正得到文化实惠。

【省文联领导到湘乡市、湘潭县调研文联工作】

3月23日至24日，省文联党组书记、副主席罗成琰，党组成员、副主席彭见明一行，来到湘潭市的湘乡市、湘潭县调研文联工作。

湘乡市文联连续3年被评为全省文联工作先进单位，并成为省政协副主席、省文联主席谭仲池的工作联系点。在认真听取了湘乡市工作情况汇报后，罗成琰做了重要讲话并希望湘乡市文联继续解放思想、改革创新，大力繁荣文艺创作，为湘乡市的科学跨越作出积极贡献。

罗成琰一行还先后考察调研了湘乡市龙洞镇文联和湘潭县云湖桥镇文联，听取了龙洞镇文联、云湖桥镇文联工作和湘潭县文联工作的汇报，对他们在文联工作上所作的探索和成绩给予了充分肯定。

【组织文艺家赴四川理县考察慰问、采风创作】

7月16日至18日，湖南省政协副主席、省文联主席、省援建领导小组副组长谭仲池，省文联领导罗成琰、管群华率湖南省文艺家一行17人，赴四川理县开展考察慰问和采风创作。考察采风团实地考察了湖南对口援建工作，看望慰问了援建工作队队员，开展了现场创作。考察采风团在理县古尔沟山庄举行了大型笔会，文艺家们纷纷拿起笔墨，为理县创作了多幅书法、国画佳作。由谭仲池主席题词，旷小津、王金石和石纲等知

名美术家共同创作的大型山水画——《阳光、生命与绿色的交响》赠送给了理县县委、政府。文艺家们回到湖南后又举行了专题笔会，创作了一批文学、美术、书法、摄影作品，其中美术、书法作品全部捐赠理县县委、政府。由谭仲池主席任主编，所有作品结集为《湘理情深的珍贵记忆》，交付湖南人民出版社出版，反响很好。省委、省政府授予省文联援建理县"先进单位"称号。

【参与承办2010中国（湖南）红色旅游文化节活动】

此次红色旅游文化节由国家旅游局、省人民政府举办，省文联参与承办。省政协副主席、省文联主席谭仲池出席开幕式。红色旅游文化节主要有七项主体活动。其中，省文联、省摄影家协会组织、开展了"红色湘鄂粤、高铁一线牵"百名摄影家采风创作活动，评选出了一批优秀作品，出版了作品集，举办了摄影展。

【参与举办湖南省首届农民文艺会演】

11月7日，由湖南省委农村工作部、省人民政府农村工作办公室、省农业厅、省文化厅、省文联和衡阳市委、市人民政府共同举办的"湖南省首届农民文艺会演"在衡阳市衡山县福田铺乡白云村正式启动，演出在衡阳市7个县市分会场同时进行，全省14个市州均组对参演，参演节目140多个，涵盖音乐、舞蹈、戏剧、小品、曲艺等多种艺术形式，是对近些年来湖南省农村文化事业发展成就的集成检阅和充分展示，对于提高农民的文化素质，推进社会主义和谐社会建设具有重要意义。

【主办系列美术、书法、摄影展览活动】

1月，"芙蓉王杯"湖南省第15届摄影展、2000－2009"湖南突出贡献摄影家"摄影精品展、"新中国成立60周年湖南省老摄影家摄影展"同时在长沙市博物馆展出；5月，省文联与毛泽东文学院、省美协、省画院等联合举办的"苍茫大地——湘人俊杰画传"康移风画展在毛泽东文学院展厅展出；6月，省文联与怀化市人民政府联合举办的欧阳星凯《洪江》专题摄影展在中国美术馆展出；9月至12月，省文联与省文化厅联合主办的"盛世丹青·湖湘风采"2010年湖南艺术年展、书法展、摄影展、美术展在长沙展出；11月，中国美术馆、关山月画院、省文联、娄底市人民政府、湖南省文史馆联合举办的"居深履后——邹传安从艺50年回顾展"在中国美术馆展出；11月，省文联与省文化厅等联合举办的"我索何求·崔一鹗画展"在省博物馆展出，这一系列展览活动，活跃了群众文化生活，加强了文化交流，提升了湖南省文化形象。

【承办一系列全国性、区域性重要会议和活动】

2010年，湖南省文联相继承办了第七届中国文联文艺评论奖颁奖式暨第五届当代文艺论坛、2010年中国美术家协会工作会议、第三届中部六省（湘鄂赣晋豫皖）曲艺大赛，接待了中国文联与中国摄协、中国舞协、中国美协、中国音协、中国曲协联合开展的全国知名文艺家赴红色纪念地采风创作活动。这些活动的开展，为湖南省文艺家与全国知名文艺家的交流提供了一个很好的平台，为创作生产一批反映湖南文化特色的优秀文艺作品提供了艺术素材，同时，也展示了湖南省丰厚的历史文化资源和改革开放的巨大成就，展示了湖南文艺家的风采，扩大和提升了湖南的影响力。

文艺交流

【组团参加第四届中国（深圳）国际文化产业博览交易会】

中国（深圳）国际文化产业博览交易会是我国唯一一个国家级、国际化、综合性的文化产业博览交易会，浓缩了中国文化精华，集中展示了中国最优秀的文化产品和文化成果，成为中国文化产业整体实力展示的舞台。4月，湖南代表团第一次参加第四届文博会，省文联负责工艺美术类作品的参展工作，组织了湘绣、银饰、陶瓷、根雕等作品的展览和表演活动，展示了湖湘隽秀古朴的民俗风情和独有的潇湘人文优势。

【接待泰中文化人联合会考察团】

5月19日上午，泰中文化人联合会执行主席林栩先生一行4人莅临省文联考察交流。省文联党组副书记、副主席、秘书长江学恭，党组成员、副主席彭见明与湖南部分文艺家协会负责人一起接待客人，并进行了亲切的交流。

泰中文化人联合会（简称泰中文联）是经泰国政府注册批准的合法民间组织。成立一年来，主办了各种讲座和文艺活动，并与我国广东、山西等省份开展了文化交流。泰中文联希望在美术、书法、杂技、戏剧等方面和湖南加强交流。

【省文联领导参加全国文联世博采风】

由中国文联国内联络部、上海市文联主办的“共享世博，畅想未来”全国文联世博采风活动7月1日至2日在上海举行。来自全国各省、自治区、直辖市、计划单列市文联的主要领导和有关负责同志、部分文艺家共170余人参加了此次采风活动。中国文联党组副书记、副主席、书记处书记覃志刚，中共上海市委常委、宣传部部长杨振武，中国文联党组成员、书记处书记、国内联络部主任夏潮等出席了7月1日举行的启动式。湖南省文联党组书记、副主席罗成琰，党组成员、副主席何满宗，党组成员、副厅级纪检员管群华等领导应邀参加了此次世博采风活动。

参加采风活动的领导、文艺家和文艺工作者先后参观了世博园区城市足迹馆和国家电网馆、中国国家馆等，并观摩了“欢庆世博综艺晚会”。大家纷纷表示，此次采风活动是一个非常好的创意，世博会充分展示城市文明成果，融汇了各个民族的文化理念，为艺术地表现美好城市提供了创作源泉。

【广西文联桂学研究会专家来湖南考察交流】

7月14日，广西文联桂学研究会李建平副会长一行5人来湖南省考察交流。当日上午，在省文联召开了交流座谈会。省文联党组成员、副巡视员夏义生主持座谈会。省社科联、《湖湘文库》编委会有关专家，省文联理论研究室、办公室、组联处有关同志参加座谈。双方就湖湘文化和桂学研究的源流、现状、前景，研究队伍、机构、出版状况等进行了深入交流，增进了相互了解和联系。

【在美国成功举办“和谐湖南”美术书法摄影展】

7月中旬，受美国马丁·路德·金基金会、圣保罗市市长办公室和美中友好协会明川分会之邀，湖南省文联和湖南省外事办组织了“和谐湖南”艺术代表团赴美进行文化交流。在美期间，代表团举办了“和谐湖南”美术书法摄影展，展出作品80余件。代表团还应邀拜访了马丁·路德·金基金会董事局主席哈里·约翰孙，参观了美国大都会艺术博物馆、美国国家艺术博物馆。

【组织部分市县文联负责人赴青海、甘肃考察采风】

8月11日至16日，省文联组织部分市（州）、县（市、区）文联负责人到青海、甘肃两省进行考察采风。采风团与青海、甘肃两省文联围绕文联基本情况和基层文联工作进行了交流，并赴青海湖、热贡艺术之乡和敦煌莫高窟考察采风。采风团成员创作了一批文学、摄影作品，刊发于《文坛艺苑》和相关报刊，产生了良好影响。

机关建设

【完善各项规章制度】

近些年，为加强文联机关管理，促进文联工作进一步科学化、规范化，省文联相继出台了20多个要求明确、操作性强的规章制度。2010年，省文联对这些制度进行了整理、修订和完善，编印成册，发放到人，要求全体工作人员严格遵照执行。

【认真开展中心组学习】

3月、6月、9月分别在省植物园、韶山、浏阳举行中心组学习。集中学习《中国共产党党员领导干部廉洁从政若干准则》和习近平同志在中央党校2010年秋季开学典礼上所作的《领导干部要树立正确的世界观权力观事业观》等文件。在认真学习文件原文的基础上，中心组成员围绕主题开展热烈的讨论。省文联党组成员、各处室、各部门、各协会负责人、副处以上干部参加了学习。

【重视老干工作】

2010年以来，省文联离退休办公室组织40多位离退休老艺术家、老同志赴四川成都、都江堰、乐山、娥眉山等地开展采风活动。老同志们在浏览祖国大好河山、感受改革开放巨大成就的同时，激发了文艺创作的灵感。整个活动组织周密，服务热情，得到了老同志的充分肯定。此外，省文联还多次组织离退休老同志在长沙农家乐开展休闲娱乐活动，举行了庆祝重阳节活动，老同志们切实地感受到了集体的关怀与温暖。

【机关党委工作受表彰】

在省直机关工委和省文联党组领导下，省文联机关党委高举旗帜，服务大局，开拓创新，积极进取，尽职尽责，务实工作，机关建设卓有成效。继2009年“七·一”前夕专职副书记王清林被省直机关工委评为“优秀党务工作者”并记二等功后，2010年年初，省文联机关党委被省直机关工委评为2009年年度先进机关党委，2010年“七·一”前夕，省文联机关党委书记管群华又被省直机关工委评为“优秀机关党委书记”。

直属单位

【湖南省画院】

6月至9月，“湖南省画院作品展“分别在湖北省美术院美术馆和广东省画院展出。这两次展览展出60余幅作品，是湖南省画院专职画家和部分特聘画家近年来创作的精品，是湖南省画院画家创作实力的一次整体展示，也是湖南省画院走出湖南对外的集体亮相。湖南、湖北、广东三省美术界、新闻界和社会各界共200多人出席了展览开幕式。新华社及湖南、湖北、广东的多家新闻媒体都进行了广泛的宣传与报道。取得了很好的社会效果。

【文艺理论研究室】

为全面反映全省文联系统工作情况，总结经验，加强交流，更好地为文化强省建设服务，省文联决定编辑《湖南省文联2009年年鉴》，由文艺理论研究室具体负责。在各市州文联、省各文艺家协会、机关各处室、画院的协作、配合下，克服重重困难，于10月顺利出版了30余万字的《湖南省文联2009年年鉴》。

由文艺理论研究室负责编辑的《理论与创作》杂志入选了CSSCI扩展版来源期刊，刊物质量不断提高，影响不断扩大，受到了社会各界的一致好评。

创作与获奖

【文艺评论】

在第七届中国文联文艺评论评奖中，湖南省欧阳友权获得一等奖，陶景杜、林凤获得二等奖，胡良桂、夏义生获得三等奖；龚政文的论文入选第五届当代文艺论坛；湖南省文联获组织工作奖。

【音乐】

在中国文联主办的首届农民艺术节歌手大赛中，省文联、省音协选送的歌手张映龙、李慈庸获民族唱法组一等奖，张映龙参加闭幕式文艺晚会，省文联、省音协获优秀组织奖。

【戏剧】

在中国剧协主办的第十四届“少儿戏曲小梅花称号”评选活动中，省剧协选送参评的湖南艺术职业学院小演员陶思慧、毛梦佳获“金奖”，汉寿县汉剧团小演员谢前锋、陈伟获“银奖”。

在中国文联、中国剧协主办的第三届“中国戏剧奖·理论评论奖”评选活动中，省剧协推荐参评的胡安娜的戏剧理论文章《戏之魂·戏之韵——浅谈戏曲文化的人文精神内涵》获“优秀作品奖”，省剧协获“组织奖”。

在中国剧协主办的第五届“中国戏曲红梅荟萃”评选活动中，湖南艺术职业学院教师徐耀芳、常德汉剧院演员袁金霞双双获得“金花”称号（地方戏组）。

在由中国文联、国家教育部、上海市人民政府主办的第二届演出的花鼓戏《五十二家别墅》获“优秀剧目奖”（艺术类院校组），王长红获“表演奖”，省剧协获“组织奖”。

【舞蹈】

在第七届中国舞蹈“荷花奖”校园舞蹈大赛中，省舞协选送、湖南理工学院演出的群舞《让座》在决赛中获得了铜奖，湖南省舞协获“优秀组织奖”。在第七届中国舞蹈“荷花奖”当代舞、现代舞比赛中，湖南省舞协选送的双人舞《枪

——1934》获优秀奖。

【摄影】

湖南摄影家在中国2010（第23届）全国摄影艺术展览中取得了优异的成绩，有50幅作品亮相“国展”。其中，获纪录类优秀奖13幅；青年组获金奖1幅、银奖2幅、铜奖1幅、优秀奖4幅；评委推荐作品奖2幅；获网络最高人气奖1幅；湖南省摄影家协会获优秀组织工作奖。

【曲艺】

省曲艺家协会组织3个节目参加首届“巴黎中国曲艺节”，彭延昆演唱的《悼潇湘》获银奖，另获优秀奖2个。

周卫星夺得第六届中国曲艺牡丹奖表演奖。

青年曲艺演员童鸣、朱少宇创作表演的相声《名星梦》获得央视第五届电视相声大赛非职业组三等奖，朱少宇还获得非职业组最佳捧哏奖。

邹昆山演唱的祁东渔鼓《大爱千秋》参加河南马街书会暨全国曲艺邀请赛获一等奖。

省曲协选送的常德丝弦《乡嫂骂夫》、小品《防弹背心》获第三届中部六省曲艺大赛特等奖。

【杂技】

省杂协理事赵双午创编的杂技节目《四人柔术》获越南河内第三届国际马戏节银奖。

各文艺家协会

【戏剧家协会】

举办了迎新年京剧票友专场演出；组织剧目和剧本分别参加第二届中国校园戏剧节、第三届戏剧奖·曹禺剧本奖、第十四届少儿戏曲小梅花称号的演出、评选活动。

【音乐家协会】

开展了全省音乐考级工作；组织了庆祝建党九十周年歌曲征集评选活动；组织了钢琴、二胡、声乐、管乐等比赛；举办了古筝、扬琴、竹笛等讲座；与省广电厅、省文化厅、省文联联合 组织了“唱响中国”歌曲征集活动和多次音乐创作活动。

【舞蹈家协会】

举办了全国儿童舞蹈素质与能力培训第一期师资培训班；成立了三个专业委员会；与省国标舞总会举行了湖南省国标舞总会成立20周年庆典活动。

【美术家协会】

组织画家向玉树灾区捐赠作品；组织作品参加了第二届全国农民画展和水韵潇湘水彩画展；举办了首届工笔画探索展。

【摄影家协会】

举办了“两型湖南”摄影作品展；在北京举办了张利萍澳门印象个人影展并组织了“潘多拉太远，张家界太近”摄影作品展；组织了阳春赏花系列采风活动。

【曲艺家协会】

为支援我国西南地区抗旱灾、青海玉树抗震灾，举办了赈灾义演晚会；承办了“九华吉利杯”第三届中部六省曲艺大赛；举办了第二届湖南省曲艺大赛。

【书法家协会】

举办了第七届湖湘书法月活动和第四届湖南省大学生书法大展；组织了第三届湖南公务员书法展；编辑出版了《湖湘文库·湖南书法史》、《湖南书法年鉴2010卷》。

【民间文艺家协会】

与日本神奈川大学瑶族文化研究所专家学者联合展开了湖南省瑶族传统文化调查活动，并举办了影响重大的学术研讨会；组队参加了中国第二届龙舟艺术节竞赛活动。

【设计艺术家协会】

与湖南经视台联合举办了“今生经视 一定有缘”——湖南经视14周年台庆主题设计展；举办了湖南省第二届环境设计高峰论坛。

【企（事）业文联】

编辑出版了《湖湘胜迹图志》、《湖南少数民族文化艺术图志》大型人文丛书、《新时期三十年湖南文学精品选》和《湖南少数民族文化艺术印象》大型丛书。

【评论家协会】

在吉首大学举办了湘西地域文化与文艺创作研讨会。

【电影家协会】

组织重点电影作品参加了香港国际影视展、

上海国际电影节和中国金鸡百花电影节；组织会员开展了潇影电影剧本研讨和题材认证活动。

【电视家协会】

积极参与第25届中国电视金鹰奖评选及第八届中国金鹰电视艺术节筹备活动；积极配合中国视协参与第三届中国旅游电视艺术周、第四届“农村小康电视节目工程”等活动。

【杂技家协会】

配合省杂技团组织节目赴哥伦比亚、厄瓜多尔演出获得巨大成功。

广东省文联

综　述

2010年是全面贯彻落实党的十七届五中全会精神和中国文联八届六次全委会精神，全面落实提高广东文化软实力、推动文化强省建设各项战略部署的开局之年，也是广东省文联成立60周年的大庆之年。一年来，在中共广东省委、省委宣传部的正确领导下，在中国文联的有力指导下，广东省文联及各团体会员围绕中心，服务大局，切实落实《关于加快提升文化软实力的实施意见》，深入实施《广东省建设文化强省规划纲要（2011～2020年）》，坚持“二为”方向和“双百”方针，用科学发展观统领文艺工作和文联工作，以服务党和国家工作大局为重点，以满足人民群众日益增长的精神文化需求为根本，以推动文艺大发展大繁荣为目标，以繁荣先进文化、建设和谐文化为主题，认真履行“联络、协调、服务、指导”基本职能，有力促进了文化强省建设和全省文艺事业发展。

重要会议与活动

【庆祝省文联成立60周年系列活动】

5月，面向全社会开展“我与文联”大型征文活动。经过数月征集和评选，12月，纪念文集《亲历与感动——我与广东文联》编辑出版。文集分“风雨历程”、“名人风采”、“文艺之家”、“艺苑春秋”四辑，收录文章59篇，充分展示广东文艺界大团结大繁荣大发展的生动局面，以及广大文艺工作者奋发有为、昂扬向上的精神风貌。

11～12月，与南方报业传媒集团联合举办“60年广东艺术60经典”公众评选活动。首度借助媒体的力量，用公众投票的形式评出新中国成立60年来广东文艺界最受群众喜欢的经典之作并专版回顾宣传，扩大了广东文艺精品的公众影响力。大大提高了系列纪念活动的社会效益。

12月，编辑出版《艺海华章》纪念画册。画册立足回顾过去、审视当下、展望未来的主题，收录1000余幅珍贵图片，纪录广东文艺界60年奋进的历史进程和取得的辉煌成就，集历史性、资料性、艺术性于一体，兼具存史资治、欣赏实用功能，是对60年发展成果的一次总体检阅和展示。

12月20日，“庆祝广东省文学艺术界联合会成立60周年——广东美术书法摄影精品展”隆重举行，展出188件精品，集中展示60年来广东美术、书法、摄影的辉煌成就，是近年广东综合性展览中学术水准较高的一次。孙家正、胡振民、周巍峙、覃志刚，中共广东省委宣传部部长林雄等领导为展览题词。

12月21日，由广东省委宣传部、省文联等联合主办的广东省首届“文艺终身成就奖”颁奖典礼举行。王为一、红线女、杨之光、陈翘、陈国凯、张永枚、张良、郑秋枫、金敬迈、罗家宝、姚璇秋、梁伦、梁信、梁素珍、潘鹤15位德高望重的艺术家获此殊荣。通过表彰成就卓越、德艺双馨的文艺家，树立广东文艺界界的榜样，大力推进具有中国气派、岭南风格、广东特色的社会主义先进文化建设。

12月22日，“岁月流金——广东省文学艺术界联合会成立60周年纪念晚会”在中山纪念堂隆重举行。汪洋、黄华华、覃志刚等广东省委、省人大、省政府、省政协、省纪委和中国文联领导出席晚会。晚会以不同发展时期为经，以广东原创的精品佳作为纬，以“礼赞祖国、讴歌时代、回顾辉煌、展望未来”为主题，精心织成“岁月·激情”、“春天·旋律”、“和谐·未来”3个篇章，回顾省文联60年发展历程，展现广东60年来的文艺精品，展示广东文艺界大团结、大繁荣、大发展的生动局面，激发文联人更好地服务大局、服务群众、服务广大文艺工作者的热情，增强文联的向心力、凝聚力和战斗力，营造文艺家之家和谐温馨的氛围。来自兄弟省市文联、省直有关单位和港澳的委员、文艺界人士和各界代表2000余人欢聚一堂，共同回顾并见证了广东文联60年的辉煌历程。

开展第八届广东省“新世纪之星”推选活动，并在纪念晚会上推介评选出19名“新世纪之星”。通过评选和推介广东省优秀中青年文艺家，培育崇德尚艺的良好风气，激励年轻一代艺术家薪火相传，多出精品力作。

省文联还充分利用各种媒体和展演活动的形式营造纪念氛围。12月，在《南方日报》、《中国艺术报》、《中国社会科学报》、《文化参考报》等推出纪念特刊，扩大纪念活动的社会影响力。在广东电台制作播出“岭南文化名人访谈录”系列节目，在南方电视台播出《广东文化名人》专题片，系统介绍解放以来广东文艺界涌现的著名人物和经典作品，精心打造宣传推介广东文艺家的良好平台，展示了广东提升文化软实力工作的成果，为贯彻落实《广东省建设文化强省规划纲要》献计献策。

【参与《广东省建设文化强省规划纲要(2011～2020年)》起草工作】

1月始，省文联紧紧围绕广东省委关于建设文化强省的战略部署，谋划文联工作的新发展，开展一系列调研活动，积极参与《广东省建设文化强省规划纲要（2011～2020年）》（以下简称《纲要》）的起草工作，提出的10多项建议和意见被采纳，并将主办、参与《纲要》中21个项目的实施，包括设立广东文艺终身成就奖、打造节庆活动新品牌、扩大对外民间文化交流、保护民间文化遗产、发展文化创意产业、开展行业教育培训等项目，为文联事业提供宝贵资源，进一步拓展发展空间。

【迎亚运·促和谐系列主题活动】

中国文联亚运贵宾团调研省文联。10月22日至11月初，按照亚运内宾指挥中心的统一统安排，承接由胡振民书记率队的亚运开幕式中国文联贵宾团，并邀请贵宾团赴省文联直属的广东文艺职业学院和郭兰英艺术分院以及韶关基层文联调研视察。胡振民书记在调研后指出，省文联要准定位，围绕中心，服务大局，树立正确的发展思路，开展丰富的文艺活动，探索新形势下文联工作的发展规律，增强影响力和凝聚力，为繁荣社会主义文艺事业、建设文化强省做出积极贡献。

“迎广州亚运，看今日广东”摄影大赛。4月，由省政府新闻办公室、省文联等联合举办的“迎广州亚运，看今日广东”摄影大赛暨网上摄影展活动正式启动。11月，“今日广东”大型图片展暨“迎广州亚运，看今日广东”摄影大赛颁奖仪式开幕，从16000多件参赛作品中，选出180幅（件）具有广东特色、突出改革发展、突出创新创造，主题鲜明、具有新闻价值与审美价值的优秀作品，予以表彰、颁奖和展出。

“庆九艺、迎亚运、展传统”第二届广东珠三角“咸水歌”歌会。5月21日，第九届中国艺术节群文活动部、省文联、南方广播电视传媒集团联合主办“庆九艺、迎亚运、展传统”——第二届珠三角“咸水歌”歌会。这是“九艺节”期间倾力打造的16场精品文化活动之一，共有来自广州市各区以及中山、阳江、东莞、珠海等地的17个演出团体，280余名演员，以原生态演唱与新创作演唱两种方式演出了20多个精品节目。

广东书法名家百米长卷迎亚运。10月28日，“墨舞祝福，激情盛会——广东书法名家百米长卷迎亚运”大型广场书法文化活动举行。100多位老、中、青书法家们以讴歌亚运精神的诗词、楹联为创作内容，现场挥毫，创作百米书法长卷，组成气势恢宏、文韵生动的书法长城，向广州亚运会献礼。现场声势浩大，规模空前。活动被广州亚运组委会列入“人文亚运”大型活动项目之一。书法长卷赠给广州亚运历史博物馆永久收藏。

第二届广东文化创意产业论坛2010体育文化高峰会。10月14日，由省文联、广州体育学院、广州市体育局、羊城晚报报业集团主办，第16届亚运会组委会文化与庆典活动部等协办的第二届广东文化创意产业论坛2010体育文化高峰会开幕。这是省文联精心打造的旨在倡导和发展创意产业，研究和探讨有关文化创意产业的理论和实践的文化平台。通过文化创意产业高峰论坛，进一步拓宽和加强与有关部门的合作，为广东文化创意产业的发展做出积极的努力和贡献。

【省文联六届三次全委会暨2010全省文联工作会议】

3月19日，省文联六届三次全委会暨2010年全省文联工作会议在广东江门市召开。省委宣传部，省文联全体委员，以及各团体会员负责人、港澳文艺界代表、直属事业单位负责人130余人参加会议。省委宣传部副部长顾作义在会上讲话。省文联党组书记、专职副主席白洁做题为《努力开创我省文艺工作和文联工作新局面，为广东科学发展和文化强省建设做出新贡献》的工作报告，回顾总结2009年工作，明确2010年工作的总体要求，确定7个方面重点工作。大会向广东从事文艺工作60周年的文艺工作者代表颁发了荣誉证书。为更好地发挥文联的桥梁和纽带作用，加强粤港澳在文化交流领域的更紧密联系，首次增补了李锦贤等港澳文艺界代表为省文联第六届委员会委员。增补刘照丁等17人为省文联六届委员。增补刘照丁、李永桥、尹继红等3人为省文联第六届主席团成员。广州市文联等6个团体会员负责人在会上作经验介绍。

【参演"百花迎春——中国文学艺术界2010春节大联欢"】

1月17日，"百花迎春——中国文学艺术界2010春节大联欢"举行。省文联作为承办单位之一，负责组织制作第二板块"南国和风煦"。省委宣传部对参演工作十分重视。经过一个多月精心准备和编排，最终广东板块以"大气、时尚、现代"为创作主题，通过富有广东特色的艺术形式展现出"人文、活力、祥和"的广东，选取彰显广东符号的岭南杂技、粤曲新唱、原创歌曲、舞虎民俗等艺术元素为创作素材，展现广东文艺界的丰硕成果和积极进取的精神风貌，反响良好。

【百年风云·广东近当代重大历史题材美术作品创作工程】

2月，由省委宣传部、省文化厅、省文联、省美协联合主办，广东画院、广州美术学院承办的"百年风云·广东近当代重大历史题材美术作品创作工程"启动。该工程旨在庆祝中国共产党建党90周年、纪念辛亥革命100周年，表现广东从鸦片战争以来至当代改革开放时期波澜壮阔的反帝、反封建、反殖民主义斗争，社会主义革命、建设和改革开放30年的重大历史事件。活动影响广泛，共收到创作草图近500件。经过4轮评选和复核，6月3日，创作工程委托书签发仪式举行。最终，117件作品入选，其中国画38件、油画43件、版画17件、雕塑19件，在数量和质量上都创广东省历史画创作的新高。

【2010首届HIP HOP达人街舞挑战赛】

1～5月，省文联、共青团广东省委、广东南方电视台、羊城晚报报业集团、南方报业传媒集团、省舞协联合主办了首届HIP HOP达人街舞挑战赛，发动广泛，规模空前。活动坚持全民参与宗旨，努力吸引广大青少年参与，加强针对青少年的艺术美育，探索和建立文联及团体会员主办与社会参与相统一、多层次多元化的活动开展模式，激发社会参与的热情。

【广东文艺实践与文化强省建设论坛】

1月25日，省文联、省批协、羊城晚报社联合举办了广东文艺实践与文化强省建设论坛。文艺实践论坛是省文联、省批协的一个品牌活动。本届论坛立足省委、省政府提出建设文化强省的时代背景，思索和探讨广东文艺界、广大文艺工作者跟理论界、文艺理论家如何展开对话交流，针对广东文艺实践进行深入剖析和中肯批评。弘扬积极健康的主流价值观，唱响代表时代发展方向、体现社会进步要求的主旋律，同时站在时代发展前沿，关注新的文艺现象和文艺思潮，从中梳理、归纳、总结出规律，以真知灼见影响文艺实践。论坛上来自京、沪、粤文艺界的高级专家提出具体建议，为建设文化强省建言献策。

【广东省音乐家协会创作基地暨东八区音乐创意园区】

3月25日，广东省音乐家协会东莞（塘厦）创作基地暨东八区音乐创意园区挂牌成立，签订《广东省音乐家协会东莞（塘厦）创作基地协议书》。"东八区"音乐创意园区是由省文联、省音协和塘厦镇政府携手创建，以原创音乐创作为龙头，产业化运作，兼融音乐培训、音乐制作生产、唱片发行、演出销售、艺术策划为一体的音乐文化产业基地。并在此基础上，制定投资优惠政策，吸引国内、国际一流音乐制作、唱片公司、音乐工作室、制作人、教育培训机构、演出机构、经纪公司进驻园区，联合中央电视台策划组织全国打工歌曲创作大赛、创立东莞（塘厦）“东八区”音乐伯乐网、开办“东八区”东莞（塘厦）原创音乐排行榜、运作塘厦演艺馆、筹建运作东莞市流行音乐培训中心、筹建中国设备一流的录音棚等，打造全国性的创作、发行、展示、交易和教育培训“一条龙”产业链的音乐创意产业园区。广东省宣传文化部门已将打造“东八区”音乐创意园区列入重点工程。

【开展第七届中国文联文艺评论奖广东省初评工作】

5月24日，根据中国文联《关于组织开展第七届中国文联文艺评论奖评选工作的通知》，省文联从全省40篇优秀文章中评选8篇上报中国文联，重点推出有独到见解、产生积极社会影响的理论评论文章和具备实事求是的科学精神和创新意识的先锋型文艺理论家和评论家。由于工作扎实、评选公正，省文联因此再次获得中国文联文艺评论奖组织工作奖。这是省文联连续5次获得该奖项。

【第二届中国（番禺）龙舟文化节】

5月28～29日，由中国民协、广东省委宣传部、省文联、省民协等联合主办的中国首届龙舟文化节在番禺举行。龙舟节包括龙舟艺术展演赛、龙舟竞渡、中国龙舟文化论坛、龙舟工艺模型及民俗文化图片展以及龙舟文化节文艺晚会5个项目。来自湖南、湖北、贵州、广西、福建、广东六省份的101艘龙舟参赛，参赛运动员8000余人。中国龙舟文化高端论坛是此次龙舟文化节的一大亮点，数十位全国民俗文化领域的专家、学者挖掘梳理和剖析中国龙舟文化，探讨龙舟文化、民俗文化、节日文化等重要课题。“首届中国龙舟文化节”已列入“我们的节日”——端午节系列活动之一。

【广东文艺家采风创作基地】

5月28日，广东文艺家采风创作基地合作签约仪式和当代中国书法名家作品展开展仪式在广东省梅州市大埔县举行。合作建设的广东文艺家采风创作基地选址大埔县龙潭寨风景区，总占地面积205亩，建筑面积78亩。基地规划建设文艺人才培训中心、作品展览区、自然生态景观休闲区，总投资约1.8亿元。活动当天，省文联、省书协还主办了“当代中国书法名家作品展”开展仪式，展出110幅从全国范围内征集到的国家和省（区市）书协主席团成员以上的当代中国书法名家作品。

【参加“共享世博·畅想未来”全国文联世博采风活动】

7月1～2日，白洁书记率队参加了“共享世博·畅想未来”全国文联世博采风活动。采风活动为获取推动文化创新、促进文艺创作的创意和灵感提供了宝贵机会。在采风活动期间，省文联还走访了江苏省文联、江苏省常熟市文联，就文艺活动开展、文艺评奖、事业单位文化体制改革等问题座谈交流。并赴《周末》画报、《优家》画报合作方现代资迅传播有限公司上海总部考察。

【陈翘从艺60年座谈系列活动】

7月6日，由省委宣传部、省文化厅、省文联、中国舞协共同主办，省舞协与南方歌舞团承办的著名舞蹈家陈翘从艺60年座谈系列活动在广州市星海音乐厅举行。来自全国各地以及加拿大、泰国、印尼、法国和我国港澳台地区的舞蹈同仁参加了舞蹈精品展演与座谈活动。通过重点推介体现广东人文精神的艺术家，树立新时期广东文艺德艺双馨的标杆，激励年轻一代艺术家薪火相传，创作更多精品力作。

【“寻古·岭南行”书画摄影民间艺术大型采风活动】

7月20日，由省文联、南方电视台、韶关市政府等单位联合主办，省侨务办协办的“寻古·岭南行——书画摄影民间艺术大型采风活动（韶关站）”在韶关乳源瑶族自治县启动。省美协、书协、摄协、民协的20多位艺术家和部分优秀华裔留学生代表参加仪式。“寻古·岭南行”是南方卫视与省文联携手将《岭南风情画》栏目加以创新，开辟的一个全面展现广东各地民俗风情，挖掘岭南文化资源的乡土版块，以真实、纪录、发现为出发点，用记者探寻的叙述方式，从不同侧面介绍岭南文化独具魅力的一面。

【第三届书法艺术“康有为奖”理论奖评审】

10月17日，由中国书协学术委员会、省文联及省书法院等联合主办的第三届广东省书法艺术“康有为奖”评展暨“岭南书法论坛”开幕。全国著名书法家、书法理论家和社会各界人士1000余人出席。同时首发《第三届康有为书法论坛论文集》与《第三届“康有为奖”书法评展作品集》。“康有为奖”书法评展暨“岭南书法论坛”每2年举办1次，是广东重要的文化品牌活动。本届首次面向全国和海外征稿，3000多幅书法作品和160篇书法论文角逐该奖项。参赛作品以册页、团扇、手卷、条幅、篆刻印屏等形式，展示篆、隶、行、草等书体。

对外及对港澳台文化交流

【粤港澳三地庆贺粤剧成功申遗研讨会】

1月2日，为庆祝由粤港澳三地政府联合申报的“粤剧”被确认正式由联合国教科文组织批准列入《人类非物质文化遗产代表作名录》，省文联、广东电台、香港《戏曲品味》杂志联合主办粤港澳三地庆贺粤剧成功申遗研讨会，探讨如何加强三地合作，开拓粤剧发展空间的途径。这也是粤港澳三地文化交流合作不断取得进展和成果的充分体现，标志着粤剧乃至岭南文化在国际上的影响力不断扩大和提升。

【香港及内地电影商谈会】

1月18～20日，省文联、省影协与香港电影发展局、香港贸易发展局等联合举办“香港及内地电影商谈会”。该活动重点推介香港新世代导演及香港电影后期制作业，与主要来自内地各省市的投资者和制作人商谈电影合作计划。香港电影发展局表示，将透过“香港电影NEW ACTION”计划，邀请内地省市的投资者和制作人参加项目的交流讲座和商谈会，并借此进一步推介各新世代导演的电影计划，积极力促合作，活化华语电影市场。香港电影发展局还为内地投资者、制作人带来20个由香港新世代导演创作的电影剧本。

【两岸四地纪念孙中山先生诞辰144周年中国画名家作品展】

2月27日，为纪念孙中山先生诞辰144周年，缅怀孙中山先生的博爱精神和革命情操，促进海峡两岸文化交流与合作，由省文联、中山市文联、孙中山研究会和台北孙中山纪念馆、澳门孙中山纪念馆、台湾画院、澳门书画研究院联合主办的“两岸四地纪念孙中山先生诞辰144周年中国画名家作品展”开幕典礼在台北孙中山纪念馆隆重举行。此次展览是继2009年11月12～13日分别在澳门和中山开幕的第3站。展览共收录两岸四地如黄永玉、韩美林、胡念祖、孙家勤、许钦松等40多位著名画家的100多件国画作品。60多名来自两岸四地的书画艺术界人士出席典礼，切磋交流，互述情谊。开幕式后，与国立台湾师范大学、开南大学、华梵大学、台北市立美术馆、长远画艺学会、中华文创学会等有关专家、学者、教授及美术家，就海峡两岸的文化交流和发展情况进行座谈。

【“同心结华夏”第三届两岸四地大学生魔术交流大会】

4月4日，省文联、省杂协、中国少数民族文化艺术基金会、东方电子集团公司、北京欢乐谷联合主办的“同心结华夏”第三届两岸四地大学生魔术交流大会举行。大赛与港澳台携手举办，吸引了来自台湾开南大学、澳门科技大学、香港大学、北京体育大学、深圳大学等20多家两岸四地高校的大学生选手踊跃参与。中央电视台、央视国际、《中国青年报》、中国新闻网、新浪、搜狐、腾讯、中国教育在线等国内多家主流媒体对赛况进程和精彩花絮跟踪报道，中央电视台“正大综艺”栏目现场主持并进行实况转播。大赛为港澳台及内地青年学子提供了展示、交流、沟通的高端平台，是促进我国的文化事业发展和两岸四地大学生文化交流的一项社会公益活动。

【“天下客家人·走马美丽大埔”摄影台北展】

6月13日，由广东大埔籍著名书画家刘胄人为团长的广东省文联参访团在台北图书馆三民分馆与台北市文化局、中国国民党青年工作委员会、两岸时报、苗栗县政府联合举办了“天下客家人·走马美丽大埔”摄影展开幕式。中国国民党荣誉主席连战、吴伯雄和台北市市长郝龙斌等台湾地区政界人士发来贺电表示祝贺。台北市政府有关部门、岛内客家社团及艺术界代表出席开幕式。中央人民广播电台驻台湾记者站和岛内《民众日报》、《青年日报》、《两岸时报》、《台湾新闻报》、客家电视台等媒体及多家网站对展事做了报道。此次摄影作品在台北市展出后，由台湾客家事务部门负责在岛内作为期3个月的巡回展出，共同探索开拓民间文化交流空间的有效载体，增进了两岸四地的情谊，提升了岭南优秀文化的民族认同感和凝聚力。

【粤韵情浓顺德戏曲新作粤港澳巡演】

7月20日、27日、31日，省文联、省曲协与佛山市顺德区人民政府主办，香港顺德联谊总会、澳门顺德联谊总会、澳门江门同乡会、广东省繁荣粤剧基金会、广州市振兴粤剧基金会协办的“粤韵情浓——顺德戏曲新作粤港澳巡演”相继在澳、港、穗演出。70多位曲艺家演绎多个曾在国家级比赛中获奖的曲艺作品，向粤港澳地区的粤曲爱好者们展示岭南曲艺发展的新成就，以粤剧曲艺为载体展示广东经济社会发展的新面貌，吸引1000余名观众入场观赏，反响热烈。巡演期间，还举办多场粤剧风采图片展，并制作粤剧曲艺风采系列专题节目。

【第四届粤港流行童声“星海音乐奖”歌唱大赛】

7月，2010粤港流行童声星海音乐奖歌唱大赛启动，并在香港、粤北、粤西、粤东、罗定和珠三角等7个赛区进行海选，吸引了众多少年儿童参加，多个赛区海选初赛场场爆满。从2006年至今，“粤港流行童声歌唱大赛”已成功举办4届，是我国第一个以流行童声为主题的歌唱比赛，大赛已经列入到“星海音乐奖”，该奖项是省文联、省音协在全省设立的专家权威大奖，被称为广东省的“金钟奖”。

【“台湾·广东周”文化交流活动】

8月18日，由省文化厅、省文联共同举办的广东省当代书画名家作品展在台湾师范大学美术馆开幕。展览依托广东省政府对台经贸文化交流的部署，组织广东书画界20名知名艺术家组成的代表团携41件国画作品、48件书法作品与台湾同仁进行交流。本次展览是有史以来粤台书画界规模最大的一次文化交流活动，反响大、影响好，不仅展示了独树一帜的岭南书画艺术，也从另一角度展示经济发展取得巨大成就的广东，增进了两岸艺术家的了解和友谊。展览从8月18～20日在台湾师范大学美术馆展出4天，展览开幕式同时首发《广东省当代书画名家作品集》。

【为“香江明月夜”大型中秋主题晚会选送节目并赴港文化交流】

9月18～19日，由中国文联、中央电视台、香港无线电视参与主办的“香江明月夜”大型中秋晚会在香港文化中心隆重上演。省文联选送参与了开场舞蹈《欢聚》、晚会主题歌《香江明月夜》舞蹈等节目，给观众留下了深刻印象。省文联赴港文化交流团借此机会，在香港展开了为期间4天的交流活动。9月17日，香港中联办宣传文体部副部长刘汉祺会见，并与省文联文化交流团商谈粤港两地开展文化交流合作发展事宜。9月18日，召开广东省文联与香港文艺界茶聚会，两地艺术家寻求互动合作途径，共商广东建设文化强省举措。9月19日，应香港话剧团邀请，交流团观摩由香港话剧团改编创作的法国喜剧《豆泥战争》，演出后与剧组主创人员进行交流。

【第七届“四洲杯”粤港澳粤曲演唱大赛】

9月，省文联、省政协办公厅联合主办，省曲协、省繁荣粤剧基金会、广东电视台、香港四洲集团等单位协办的第七届“四洲杯”粤港澳粤曲演唱大赛启动。广东赛区共设广州等6个分赛区和江门等4个赛场，吸引了全省上至79岁，下至8岁的1000余名粤曲爱好者报名参赛。经过激烈角逐，各赛区（场）共决出9名选手参加总决赛。12月23日，总决赛在广州文化公园中心台举行。“四洲杯”粤港澳粤曲演唱大赛是改革开放以来粤港澳三地粤曲演唱规模最大、影响最为广泛的群众性赛事，已成为粤港澳三地粤曲爱好者学习、交流、提高的艺术平台和粤曲界优秀人才成长的“摇篮”。

【全国第九届书法篆刻作品展（香港）】

9月10日，省文联与香港艺术发展局联合举办香港诗书联学会会员作品展暨全国第九届书法篆刻作品展（香港展）。这是继全国第九届书法篆刻作品巡回展之湛江展、佛山展、东莞展、珠海展、汕头展之后的第6站。展出200多幅国内一流精品，包括全国九届国展获奖者、获奖提名者、港澳台入展者，以及省文联、省书协和香港诗书联学会的作品。展览并出版《国展交融粤港情——香港诗书联学会会员作品展暨全国第九届书法篆刻作品展（香港展）》作品集。该巡回展在香港中央图书馆展览馆展出，展期至13日。

【参加法国“尼斯民间艺术狂欢节”活动】

2月，应法中友好协会文化交流中心邀请，省文联组织广东省民间艺术代表团赴法国，代表广东省参加世界三大嘉年华国际艺术节之一的第125届法国尼斯狂欢节巡游活动。交流表演舞龙、舞狮、舞虎、舞麒麟以及舞鳌鱼等民间艺术，受到热烈欢迎，向国际展示中国民间艺术的魅力，宣传推介岭南民间艺术文化品牌。交流团还参观考察了当地文化产业，并进行民间文化交流。这是省文联发挥体制优势，积极参与国际双边和多边交流合作的积极探索，进一步增进广东文艺界与世界各国人民的友谊和交往，促进广东文化“走出去”战略的实施。

【签订首部中澳合拍影片及合作意向书】

6月7日，省文联、省影协与澳大利亚电影工作者访问团举行座谈。6月8日，组织相关文化参观活动。6月9～10日，双方在珠江电影集团举行了合作项目洽谈会，对珠江电影集团提供的多个电影剧本进行研讨，并就双方资金筹集和分账等细节问题进行沟通。最终双方就筹备拍摄第一部中澳合作影片以及加强今后电影方面的合作签订意向合同，取得了初步成功，促进了广东电影和国际电影之间的信息接轨与合作交流。

【2010世界书法文化艺术大展】

9月4日，旨在促进世界书法文化艺术事业的发展，加强世界书法文化艺术交流的“2010世界书法文化艺术大展”在广东书法院开幕。中国、韩国世界文化艺术发展中心、韩国书法艺术院、新加坡狮城书法篆刻会、布莱德岭华族传统艺术中心、欧洲书法联合会、意大利斐墨学会、文莱中华书法协会、马来西亚砂罗越鹅江书学会、美国洛基山中国书法家协会、巴西中华书法学会等12个国家参展，中韩两国书法家及其他嘉宾300多人参观了展览。期间，中韩书法家雅集茂德公草堂，挥毫泼墨，畅叙友情，互赠作品。展览持续到9月19日。

文化惠民活动

【“送欢乐、下基层”情系河源慰问活动】

1月11～13日，由中国文联、中国影协、省文联联合举办的“送欢乐、下基层”情系河源慰问活动举行，首次将此项活动带到广东的革命老区，充分体现了中国文联、中国影协、省文联对老区人民的关怀和鼓励。11日，“送欢乐、下基层”著名影视演员见面会暨国产优秀影片放映活动在河源市会议中心举行；12日，“送欢乐·下基层”情系河源慰问演出在河源市会议中心举行。期间，省文联向河源市赠送了美术作品及一批文化科技图书。

【中国书法进万家】

2010年，省文联及省书协继续开展“中国书法进万家”活动。组织书法家举行挥春活动，为群众免费书写春联，在21个地级市乃至县、区基层举办迎春挥毫活动200多次，送出春联1万多幅，参加活动的书法家和书法爱好者超过1200人次；向社会捐赠书法书籍600多册；并在基础举行多场青少年书法大赛、军旅书家作品展等活动，深入基层、接近群众，以各种形式让书法走进人民生活，走进千家万户。

【“规划到户责任到人”扶贫开发】

为落实省委、省政府工作部署，文联充分发挥专业优势，丰富帮扶内容，创新帮扶形式。在全年“双到”扶贫工作中，先后启动了“扶贫济困日”、“爱心父母——牵手困境儿童助教活动”、“送欢乐、下基层”慰问暨2011年“双到”帮扶工作日等主题活动，实现了被帮扶村2010年人均收入较上年增长20%，脱贫率占45%，取得显著成效。

【“援困恤孤 影像同行”广东首届“恤孤助学”杯慈善摄影大赛】

1月14日，由省文联、广东公益恤孤助学促进会、省摄协联合举办的“援困恤孤·影像同行”

广东首届“恤孤助学”杯慈善摄影大赛评选活动举行。从800多幅来稿中评选出获奖入选作品107幅，其中刘定锐的《心手相连》获金奖。大赛旨在帮助贫困失学孤儿，用爱心托起孤贫青少年的未来，托起贫困失学儿童美好的明天。

【“春之旋律”——“深入基层送欢乐”文化活动周】

2月1～4日，广东公安文联、广东公安边防总队政治部、广东公安消防总队政治部、省文联等共同举办了“春之旋律”——广东省公安机关“深入基层送欢乐”文化活动周。2月1日，在省公安消防总队广州花都培训基地举行“艺术家与消防新兵联欢会”。2月2日，在深圳市沙头角中英街回归广场举行“艺术家与军警民联谊互动”活动，首次实现艺术家与边防部队、公安派出所和社区群众的联谊互动。2月3日，在深圳边防七支队运输中队举行“艺术家送文化到兵营”活动。2月4日，30多名美术家、摄影家和书法家，在肇庆市怀集县凤岗镇扶贫点金坪村和革命老区上南坑村开展“公安文化送乡村”活动。本次文化活动周，分别组织美术、书法、摄影家和文艺工作者100余人次，用歌舞、影像、书画、邮品等形式，向基层公安民警、边防、消防官兵传递温暖和关爱。艺术家为基层送上2台精心制作的文艺节目，为消防、边防官兵和群众送上书画作品43幅、摄影作品2500多幅，警察邮折120多册、纪念明信片3000枚。

自身建设

【思想、组织、作风、制度建设】

组织学习贯彻中央、省委和中国文联有关重要会议精神，先后开展以贯彻落实《廉政准则》等多个专题的中心组集中学习，引导广大党员干部统一思想谋发展，凝聚智慧抓落实；以开展“创先争优”、“提高执行力”和“抓落实促发展”等党建活动为载体，在工作实践中深化思想认识，做到两促进，两不误；以纪律教育月活动为抓手，进行形式多样的警示教育，建立健全管理制度，营造了风清气正的工作环境。

【学习型党组织建设】

把开展学习型党组织、学习型机关建设与大规模培训干部工作相结合，坚持学以致用，增强培训实效。全年举办文艺知识专题讲座、专题研究交流会、技能培训班、实地艺术观摩10多场次，培训党员干部1000多人次，使党员干部的学习风气、知识结构和理论素养得到了显著提升。

【电子政务建设】

覆盖省文联机关及各文艺家协会、直属单位的办公自动化系统建成并投入使用，实现了机关办公的现代化，极大地提高了办事效率。省文联档案室在整理旧档案50000多件基础上进行改造扩建，被省档案局评为省特级档案室，实现了档案工作的跨越式提升。行政管理、安全保卫等日常工作加强了协调，机关和各下属单位均实现全年安全生产和正常运转。

直属单位

【广东文艺职业学院】

10月28日，广东文艺职业学院郭兰英艺术分院和广东省中国民族歌剧协会挂牌成立，对继承与发展民族歌剧艺术、促进文化强省建设具有重要意义；广东文艺职业学院实验剧场项目建设完成75%，将满足教学、科研、实习训练、演出的硬件要求。

【岭南美术出版社】

岭南美术出版社于2010年正式完成转企改制工作，更名为广东岭南美术出版社有限责任公司；2010年全年总销售码洋11900万元，总销售实洋7200万元，销售图书2923.9万册，图书的选题种类和印刷册数，都较上年有大幅提高。

【广东书法院】

广东书法院举办了“全国名家书法艺术双年展”、“廉政文化”下乡、第二届“岭南书法大讲坛”等多个反映良好的文化活动；广东文联艺术馆发挥文联综合艺术展馆的作用，策划举办了一些了有影响的展览和学术交流活动，编辑出版《书画年鉴》、《艺术视野》等专业刊物。

【广东省当代文艺研究所】

广东省当代文艺研究所继续推进“艺术普及推广”活动，完成“岭南文派”的初步构建工作，举办了“首届广东文化创意产业国际贸易高峰论坛”等学术论坛并出版多部专著。

各文艺家协会

【戏剧家协会】

2月，广东省剧协在广州举办500多位会员参加的新春茶话会。4月，组织开展第三届中国戏剧奖·理论评论奖评选工作。4月，省剧协八届主席团第八次会议通过陈艳冰任省剧协秘书长。6月，李仙花、倪惠英、丁凡、陈学希、陈艳冰、王筱頔、梅晓等7人作为广东戏剧界代表当选中国剧协理事。5～10月，在京、穗两地共举办广东汉剧《金莲红泪》剧本创作研讨会6场。6～12月，对海陆丰、汕尾的稀有剧种和剧团以及深圳、湛江、广州、佛山等地的戏剧生存现状进行深入调研。11月，推荐欧凯明参评2011年度中国戏剧梅花奖“二度梅”，推荐黎骏声、蒋文瑞等参评2011年度中国戏剧梅花奖。12月，与广州文艺创作研究所、广州粤剧院有限公司等共同举办倪惠英从艺40周年艺术成就座谈会。1～12月，省剧协作为“粤剧文化广场”主办单位之一，组织两广部分地区48个粤剧团体共2500多位演员，以低票价演出粤剧传统戏、现代戏或折子戏共123场，惠及各地各界观众近8万人次。

【电影家协会】

1月，由中共广东省委宣传部、省文联等部门联合举办的第七届广州大学生电影节在广州大学城落下帷幕。2月，举办新春茶话会。4月，第八届广州大学生电影节首次筹备会在广州举行。6月，澳大利亚电影工作者访问团莅穗，与广东省电影家协会举行座谈，双方就筹备拍摄第一部中澳合作影片以及加强今后电影方面的合作签订了意向合同。7月10～11日，举行“珠江电影沙龙·大珠三角地区影视产业融合与发展前景研讨会”。7月，参与合作举办“2010未来偶像争霸赛”。9月，“2010·90后·多娇”90后系列原创电影征集活动启动。11月，举办亚洲明星庆亚运影展活动。11月23日，珠江电影集团、省文联、省影协联合举办“传奇人生——著名电影艺术家张云乔百年纪念”座谈会。

【电视家协会】

1月，省视协第五届主席团第11次扩大会议在广州召开。3月，组织第四届农村小康电视节目工程的报送工作。4月，邀请各界专家组成“第25届中国电视金鹰奖”广东省地区的推选委员会，以无记名投票的方式推选出优秀作品送中国视协参评。5月，省视协主席团五届12次扩大会议在广州召开。6月，配合中国视协，组织中国旅游电视节目的报送工作，派员参加第三届中国旅游电视艺术周活动。4～7月，组织举办广东省首届百佳电视艺术作品评选表彰活动，最终选出125部百佳作品。11月，组织有关单位报送符合条件的作品参加中国视协举办的“反法西斯战争题材优秀电视剧创作论坛活动”。

【音乐家协会】

3月26日，广东星海音乐奖——交响乐新作品征集评选活动举行颁奖大会。3月29日，接待越南音乐家协会考察团一行12人并进行文化交流。6月，召开考级工作会议，组织全省136个考级点的192位负责人和老师参加会议。8月6～9日，省音协葫芦丝·巴乌学会承办的“中国·广东首届葫芦丝·巴乌2010全国邀请赛”举行。12月29日，中国传统节庆歌曲创作大赛颁奖仪式在广州星海音乐学院举行。

【舞蹈家协会】

2月，省舞协召开主席团会议，并举行主席团新春团拜。2～4月，首届HIP HOP达人街舞挑战赛在广东各地海选。5月10～13日，由中国舞协等单位举办的“中国民族民间舞蹈发展论坛”在江门举行。5月30日，首届HIP HOP达人街舞挑战赛颁奖晚会在广州举行。7月，举办“陈翘从艺60年”活动。8月，举办第75届中国舞协教学成果展演暨“小荷风采”全国少儿舞蹈展演广东省选拔赛。

【美术家协会】

2月，启动“百年风云——广东近当代重大历史题材美术作品创作工程”。3月，相继启动第四届广东当代油画艺术展、广东省第五届水彩、粉画展和广东岭南美术大展。5月，启动首届广东大学生美术作品双年展。5月，“太行风——广东省中青年山水画家作品展”在汕头市展出。10月21日，“星河展第66回作品展”在省文联艺术馆开幕。11月，“砚风丹青——肇庆美术作品赴穗调展”在广州举行。

【书法家协会】

1月，省书协组织书法家到海军兵种指挥学院开展拥军慰问活动。6月25日，主办“第四届广东省新人新作书法展”。8月8日，举行广东书法园奠基仪式和“大沥杯”广东省第三届中青年书法篆刻作品展览。9月，主办“国展交融粤港情”九届国展香港展。10月，与南海丹灶镇政府、中国书协学术委员会等联合主办第三届“康有为奖”书法评展暨“岭南书法论坛”。11月，与黑龙江省书协主办广东——黑龙江书法联展。12月，主办广东省星河展·第四回书法展。

【摄影家协会】

1月14日，省摄协与广东公益恤孤助学促进会联合举办的“援困恤孤·影像同行”广东首届“恤孤助学”杯慈善摄影大赛表彰活动在广州举行。1月30日，举行广东摄影界新春大联欢活动，2000多名摄影人参加。2月，第53届世界新闻摄影比赛（WPP）——“荷赛奖”在荷兰阿姆斯特丹揭晓，中国有2组作品获奖，均来自广东：方谦华《被镉污染的桔子》获自然类/组图三等奖，区志航《那一刻》获当代热点/组图荣誉奖。4月25日，省新闻摄影学会、省摄协等联合主办的“西羌撼恸 南粤牵动”——广东“玉树抗震救灾”新闻摄影展览在广州文化公园展出。6月13日，“天下客家人·走马美丽大埔”摄影展在台北图书馆开幕。9月，广东省第23届摄影展览启动。9月26日，省旅游局、省摄协联合主办的中国广东国际旅游节广东旅游摄影大赛获奖作品展览在广州举行。10月，星河展——第五届广东青年摄影家作品展活动启动。11月26日，西樵镇首届樵山文化节系列活动之“樵山流彩”摄影大赛作品展暨广东摄影创作基地（西樵山）揭牌仪式在南海西樵举行。

【曲艺家协会】

2月5日，省曲协2010年新春团拜活动举行。10月9日，佛山市祖庙街道被中国曲协授予“中国曲艺之乡”称号。同月，广东音乐曲艺团黄少梅和广州军区曲艺演员逗笑分别获得第六届中国曲艺牡丹奖“终身成就奖”和“新人奖”。11月23～26日，由中国曲协、省曲协、深圳市南山区文化局主办的“南山杯”首届全国曲艺新人新作邀请赛在深圳市南山区举行。11月26日，“深圳市少儿曲艺教育基地暨央校少儿说唱艺术团揭牌仪式”在深圳市中央教科所南山附属学校举行。12月7日，2010年全国曲艺工作会议在广东省汕头市召开。12月23日，广东省政协第七届“四洲杯”粤港澳粤曲演唱大赛总决赛在广州文化公园举行。

【杂技家协会】

1月，省杂协与广百新一城共同主办了“大型魔幻群英汇演”魔术活动。2月，与香港亚洲电视有限公司共同录制了魔术娱乐综艺节目《大魔界》。3月，与恒宝广场共同主办了广东省首届魔术公开赛。4月，与中国少数民族基金会、欢乐谷合作，共同主办了“2010同心结华夏——两岸四地大学生魔术交流大会”，并在中央电视台《正大综艺》栏目播出两辑。5月，与广州电视少儿台共同主办了“广东省首届青年魔术大赛”。5月，与中国少数民族文化艺术基金会等联合主办的“同心结华夏——2010第三届两岸四地大学生魔术交流大会”在中央电视台多次播出。7月，与广东电视珠江台共同主办了“第一届美国魔术师协会288分会舞台魔术大奖赛”。11月，与浙江省杂协、浙江省曲艺杂技总团共同承办了“2010杭州西湖国际魔术交流大会”。2010年下半年，组织选报作品，邀请专家评审参与2010年新世纪之星的评奖活动。2010年全年，协会多次推荐并组织魔术师、道具商及魔术爱好者赴香港、马来西亚、日本及美国等国家地区参加魔术比赛，加强与国际魔术界的交流与联系。先后举办了多次魔术讲座，邀请来自美国、香港等国家地区的魔术师开班授课，吸引了大批年轻的魔术爱好者参与活动，在广东魔术爱好者中拥有广泛的人气和影响力。

【民间文艺家协会】

1月，《中国木版年画集成·佛山卷》经5年时间的普查、整理、编纂和拍摄，由中华书局正式出版发行。6 月 24 ～ 25 日，与中国民协、省文明办、省文联等联合举办的“第二届中国龙舟文化节”在东莞市中堂镇举行。8 月 15 ～ 17 日，首届中国（东莞·望牛墩）七夕风情文化节在广东省东莞市望牛墩镇举行。8 月 19 日，《广东古村落》在 2010 年南国书香节举办地琶洲会展中心举行首发仪式。9 月，中国民协、省文联、省民协等联合主办的“中国盘古王文化高峰论坛暨狮岭镇第二届盘古王民俗文化节”活动在广州市花都区狮岭镇举行，狮岭镇被授予“中国盘古王文化之乡”、“中国楹联文化之乡”称号，并被同意建立“中国盘古王文化研究基地”。10 月 26 ～ 30 日，与中国文联、中国民协、中共广东省委宣传部等联合主办的“中国古村落保护与发展研讨会”相继在广州市花都区、广东揭阳市举办。12 月 25 日，由省文联、省民协联合主办的第四届广东省民间工艺精品展在珠海市博物馆开幕。

【文艺批评家协会】

1 月 2 日，省文艺批评家协会与广东电台南方生活广播、香港《戏曲品味》杂志社在广州联合举办“粤港澳三地庆贺粤剧成功申遗研讨会”。2 月 7 日，茂名市文艺评论家协会成立大会暨吴月明《红楼人生解码》研讨会在茂名学院召开。6 月，联合省美协、省水彩画艺委会联合主办“广东省第五届水彩粉画展学术研讨会”。8 月 31 日，与文联理论研究部、省摄协联合主办“对准世界与本土文化的镜头——刘远摄影历程与成果探讨会”。9 月 27 日，在广州中国市长大厦召开主席团会议。12 月 28 日，与省文联、羊城晚报社联合举办“广东文艺实践与文化强省建设论坛”。

广西壮族自治区文联

综　述

2010 年，在广西壮族自治区党委、政府的正确领导下，在自治区党委宣传部和中国文联的指导下，广西文联及各团体会员深入贯彻落实党的十七大和十七届五中全会精神，坚持“高举旗帜、围绕大局、服务人民、改革创新”的总体要求，以科学发展观为统领，以中国—东盟自由贸易区批准建立为契机，以继续落实自治区党委《关于进一步加强新时期文联工作的意见》精神为动力，以全区文联“一盘棋”为工作思路，以出人才、出精品、出效益为目的，以建立各种机制为保证，以开展各种活动为载体，以高度的政治责任感、良好的精神面貌和扎实的工作作风，调动一切积极因素，团结一切可以团结的力量，创品牌，出亮点，同心同德，开拓创新，较好地完成了广西文联八届四次全委会确定的各项任务。

重要活动

【配合北部湾经济区建设的文艺活动】

7 月，广西文联在北京中国美术馆举办了“北部湾画风”——北海水彩画作品展。这是国家实施广西北部湾经济区开放开发战略以来，第一个反映北部湾文化建设成果和美术品牌的美术作品展。8 月 18 日，广西文联在中国人民革命军事博物馆举办“风生水起北部湾”——广西摄影作品晋京展。展出摄影作品 166 幅（组）。全国政协副主席白立忱等领导出席了开幕式。国庆期间，该摄影展作品在南宁青秀山风景区再次展出，近 10 万游客观看了展览。

【发展基层文艺】

经过努力，成功争取巴马县成为广西首个由中国书协挂牌命名的“中国书法之乡”。11 月，中国民协授予融水苗族自治县“中国芦笙斗马文化之乡”称号。广西作协授予都安瑶族自治县、罗城仫佬族自治县、北流市、西林县、合浦县等五县（市）“广西文学创作强县”称号；广西曲协授予荔浦县“广西文场之乡”称号。广西摄协分别在乐业县和武宣县建立摄影创作基地。同时，广西文联还评选出了 24 位民间艺人为广西民间工艺大师、24 人为广西高级民间工艺师。

【文艺进校园】

2010 年，广西文联主办了首届广西校园戏剧节活动；广西视协、广西影协与广西大学文学院共同举办了广西大学第四届“青铜奖”DV 影展；《广西文学》推出“第三届广西诗歌双年展：广西大学生诗歌选辑”；广西音协出版《壮家少年在红旗下成长》、《我跟阿咪去踩堂》，作为优秀少儿歌曲进校园推荐曲目；广西作协组织诗歌朗诵艺术团，开展“诗歌走进校园”活动，邀请中外诗人、学者、著名播音员等先后到广西民族大学、广西艺术学院等院校举办诗歌朗诵晚会，这一活动是广西文联重点扶持打造的又一文化品牌，社会反响良好；广西文联配合中国作协、中国烟草总公司和中华文学基金会共同开展金叶育才图书室工程，分别向贺州、来宾和北海等地 40 所中小学校的孩子们赠送了价值 280 万元的图书和电脑，建立了 40 所“金叶育才图书室”；努力做好新一批的“朝霞工程”少年文艺人才推荐评审评选工作，现扶助款全部发放到全区 412 名受助儿童，并编辑了朝霞工程画册，详细纪录自治区优秀少年文艺人才的成长之路。

【丰富多彩的展演活动】

2010 年，广西文联先后举办或参与举办了第三届“歌海元宵”广西文艺界元宵晚会，第二届彩调艺术节，中国壮剧艺术节，第二届广西文场展演，《新农村少儿舞蹈美育教材》、《中国舞蹈考级教材》成果展演，广西第一届杂技魔术比赛，CCTV青年歌手大奖赛广西选拔赛，广西第15届国标舞大赛，广西山歌大王争霸赛，“中行杯”摄影艺术大赛，“美丽广西新农村”摄影大赛，第四届“美丽神奇的广西”摄影大赛，观念行为摄影“八桂神韵·广西山水情”万米长卷摄影作品创作，以及“书写人生”——潘琦文艺作品展，广西首届册页书法展，“八桂书风”精品展暨理论研讨会，首届广西领导干部书法作品展，首届广西政法系统书画摄影作品展，百名中国画名家作品邀请展，广西油画名家作品展，“草原牧歌”内蒙古草原画派油画展，第八届广西老美术家画展，第23届全国摄影艺术展获奖作品展，第八届中国摄影金像奖作品巡展暨历届世界新闻摄影比赛中国获奖入选作品巡展，广西女性书画摄影作品和手工艺作品展，“庆祝中国—东盟自由贸易区启动暨第七届中国—东盟博览会召开”美术、书法、摄影展等活动。

【惠民活动】

1月20日，广西文联配合中国文联、中国剧协梅花奖艺术团到百色市慰问演出。广西书协组织广大书法家到广西军区、南宁铁路局、南宁五塘、民族广场等为广大战士、市民、工人、农民义务书写春联约计3000多幅。2月3～4日，广西文联“三贴近”艺术团分别在合浦县廉州镇和钦州市钦北区开展了两场“送欢乐、下基层”慰问演出。3月27日，广西书协、广西美协参与举办了“共和国将军书画作品义卖捐赈东兰抗旱救灾活动”，现场拍卖了11位将军捐赠的114幅书画作品，所筹善款全部用于捐助东兰灾区修建家庭水柜、自来水工程等水利基础设施。年末，广西文联配合中国文联、中国摄协、中国影协、中国曲协赴隆林、百色、那坡、东兰、贺州等地开展送文化下基层活动；广西剧协、广西视协率广西壮剧团赴田阳进行专场文艺慰问演出。

【艺术交流和采风活动】

4月28日，由河南省文联、广西文联主办，河南省美协、广西美协承办的“河南·广西美术作品展”在河南省美术馆开幕。4月28日至5月3日，以广西文联党组副书记、副主席黄德昌为团长的广西美术代表团一行到河南新乡、南阳进行采风。河南省常务副省长李克亲切会见了代表团一行。5月16～18日，河南省文联主席、河南省美协主席马国强一行6人，到广西采风。广西文联主席潘琦在南宁会见了马国强一行。5月下旬，潘琦率团前往上海，在沪进行了为期6天的考察交流活动。7月1～2日，广西文艺家参加了“共享世博畅想未来”全国文联世博采风活动。7月19日，黄德昌率队赴呼和浩特考察参观中国少数民族文学馆，并进行文学工作交流。8月18～26日，在广西文联副主席赵如锋的带领下，广西文联考察团一行12人赴西藏开展了为期8天的考察交流活动。9月，黑龙江省作协主席李曙光一行到广西作家协会调研，双方进行了座谈交流。12月18日，广西美协参与举办“东方欲晓”——2010中国·东盟美术作品展暨高峰论坛。12月，广西在邕签约作家与来访的山西签约作家访问团一行16人进行了座谈交流。12月22～29日，由中共中央文献研究室等机构联合举办的“庆祝中国共产党成立90周年全国美术作品展”之“党的民族政策好”专题——“全国油画名家走进广西”采风活动在广西举办。

创作与研究

【抓精品，培人才】

2010年，广西文联加强组织未成年人题材作品创作，推出了一批优秀作品；组织“唱响中国——群众最喜爱的新创作歌曲”征集评选活动，评选出《青青的山绿绿的水》等10首优秀作品，推荐至全国征集评选活动办公室；组织词曲作家创作以铁路为主题的专题歌曲；推荐作家黄继树的历史长篇小说《北伐大本营》和青年作家丁桦的长篇纪实文学《瑶族经书》入选2010年中国作家协会重点作品扶持项目；北海水彩画被评为文化部“全国画院优秀创作研究扶持计划项目”；广西影协、广西视协组织会员参与拍摄完成了电视剧《红七军》、《马迭儿旅馆的枪声》、《毒刺》、《X特工》、《利益》、《忘掉我是谁》、《校园少年先锋》，电影《大劫难》、《夜惊魂》，广播剧《给世界留一条最美的河流》和《唱给母亲的歌》。其中，电影《大劫难》作为纪念抗战胜利65周年重点国产影片已进入院线，《红七军》、《毒刺》等重点电视剧在央视和全国播映。广西文联积极配合自治区党委宣传部，开展2010～2012年度第四届广西签约文艺家招聘工作，共签约文艺家40位，其中，作家16人，词曲作家10人，画家10人，书法家4人。积极参与广西文化艺术创作人才小高地建设。6月17日，广西文化艺术创作人才小高地在南宁挂牌，其中文学建设载体设在广西作协。这是广西开展人才小高地建设以来第一个自治区级人文社科类人才小高地。9月底，广西作协、广西文化艺术创作人才小高地文学建设载体参与策划编辑的中泰当代文学作品选《同一条河流》（中文版）由广西师范大学出版社出版，《同一条河流》（泰文版）同时也在曼谷出版。

【获奖情况】

2010年，广西文联及各团体会员精心组织或参与组织、创作、选送的一批优秀作品在全国性文艺评奖中都取得了喜人的成绩。据不完全统计，2010年，广西文联和所属各协会组织参评作品获全国性奖项44件（人），在国外获奖2件。其中，苗族尼呐哩《偷秋》等4个节目分别获第四届全国少数民族曲艺展演一等奖、三等奖和最佳作品奖等5个奖项；伴咩组合获“首届中国农民艺术节·第一届全国乡村歌手大赛”二等奖；歌曲《梦的眼睛》获全国少儿歌曲比赛金奖并入选中国音协考级教材必唱曲目；音乐剧《桂花雨》获第九届中国艺术节“文华奖”特别奖；《壮锦》获“文华奖”优秀剧目奖，《壮锦》剧本获第三届“中国戏剧奖·曹禺剧本奖”提名奖；壮族群舞《田埂里的故事》获第七届中国舞蹈“荷花奖”校园舞蹈大赛“十佳作品奖”，群舞《攀》《彼得鲁什卡的爱游记》获第七届中国舞蹈“荷花奖”、现当代舞大赛“十佳作品奖”；《遐想田园》获第23届全国摄影艺术展铜奖；电影《碧罗雪山》获第13届上海国际电影节最佳导演奖、最佳音乐奖、评委会大奖和评委会特别嘉奖4项大奖。该片还入围第47届台湾金马奖最佳编剧奖、最佳音乐奖提名。《为祖国喝彩——2009广西电视台国庆60周年特别文艺节目》、电视纪录片《我的珠穆朗玛》、动画片《心灵之窗》、电视剧《清凌凌的水蓝莹莹的天》分别获得第25届中国电视金鹰奖不同类别的三等奖，电视剧《清凌凌的水蓝莹莹的天Ⅱ》获第二届“新农村电视艺术节”最佳电视剧一等奖、最佳编剧奖和最佳男女演员奖；刘德宏作品获全国首届篆书展三等奖；朱山坡的短篇小说《陪夜的女人》获得首届郁达夫小说奖短篇小说提名奖，短篇小说《小五的车站》获得第九届《上海文学》奖。蒋文洁作品获第六届西部大地情中国画、油画作品展金奖。《壮乡春早》获2010年意大利国际魔术大赛第二名（第一名空缺）；《戏伞》获第四届国际魔术大赛“最佳新人奖”。广西民协被中国民协授予“中国民间文学集成工作先进集体”。

【文艺理论研究和桂学研究】

2010年，广西文联持续加强对重大题材创作的研讨工作，自广西近现代重大历史题材美术创作工程开始实施以来，先后召开了草图评审研讨会及色彩草图审稿会以及3次创作研讨会。广西文联主办的《美术界》以特稿的形式，设置了“广西近现代重大历史题材美术创作工程画家追踪”新栏目，分别介绍部分画家的创作活动及创作随感。3月19日，《广西文学》创作论坛在南宁举行。10月23日，由南方文坛杂志社与上海市作协、中国现代文学馆联合主办的“首届‘今日批评家’论坛——70以后”在上海举行，30余位来自全国各地的“70以后”批评家参加了论坛。11月5日，广西散曲学会成立。11月6～8日，由广西文联参与主办的中国苗族文化发展论坛在广西融水县举行。11月20～22日，由全国报告文学理论研究会和广西作协联合主办的全国报告文学理论研究会第六届学术年会暨2010广西报告文学作家高级研修班在广西防城港市举行。12月2～4日，广西文化厅和广西文联主办的广西文艺展演暨保护发展论坛在荔浦举行。12月14日，由广西文联、广西文化厅共同主办的“2010中国壮剧艺术论坛”在南宁举行。12月18日，由广西美协参与组织的中国—东盟美术论坛在南宁举行。此外，年内还举行了独秀作家群研讨会、广西中青年文艺理论评论家研修班、北部湾作家讲习班、凡一平文学与影视作品研讨会、三江散文笔会等理论研讨活动。11月，由南方文坛杂志社编辑的近百万字的《能不忆南方——〈南方文坛〉年度优秀论文奖文集（2001～2009）》，由广西师大出版社出版，被业内誉为一部“大书”。12月，广西文联主办的《南方文坛》2010年第6期“批评论坛”栏目“当下中国的科幻文学”一组5篇，被中宣部《文艺信息》转载，此外还有数十篇论文被《新华文摘》、《人大书报资料中心》转载。

11月8日，由广西文联参与组织的广西桂学研究会成立大会在南宁召开。桂学立足于从整体上对广西文化进行战略性的研究和思考。桂学研究的第一本文集《桂学序论》已经出版。《广西教育学院学报》开辟“桂学研究瞭望”栏目，持续发表桂学研究文章。

对外及对港澳台地区文化交流

3月1～8日，广西文联文化参观访问团在广西文联主席潘琦率领下赴台湾进行文化考察与交流活动。5月18日，广西作协接待来访的泰国诗人协会代表团一行，并组织驻邕青年诗人在南宁举行了“中泰诗人创作交流座谈会”。7月，广西影协在台北、花莲举办广西电影台湾展映周。9月12日，广西摄协与台湾摄影界共同举办首届“广西·台湾风光风情摄影艺术交流展”。10月22～27日，广西文联党组副书记、副主席黄德昌率广西文联文化考察团赴匈牙利进行了文化交流活动。

机关建设

2010年，广西文联召开有关会议，组织文艺家和机关干部对文联工作进行深入的研究和探讨。2月27日，广西文联在南宁召开八届四次全委（扩大）会议。深入贯彻落实科学发展观，贯彻党的十七大和十七届四中全会以及全区宣传思想工作会议、中国文联八届五次全委会精神，研究分析新形势新要求，部署2010年工作。4月，广西文联举办全区文联系统“广西文艺人才信息库应用管理培训班”，参加培训班的110多名学员掌握了信息库的管理和应用方法。11月中旬，广西文联举办全区文联系统文艺家读书班，全区文联系统共200余人参加了学习。同时还举办了全区文联系统文艺期刊主编培训班，成立了全区文联系统文艺期刊联谊会。广西文联网站及机关刊物《广西文艺界》，在工作动态、创作活动、基层展示、文艺时讯等各个方面充分宣传、展现文艺工作和文联工作。各团体会员也相应建立网站，编印会刊通讯，在各个层面不断扩大广西文艺的社会影响力。

直属单位

【广西文学杂志社】

出版《广西文学》2010年第1～12期，不少作品被《小说选刊》、《小说月报》等转载；2010年10月号《广西文学》开辟“第三届广西诗歌双年展：广西大学生诗歌选辑”栏目。1月16～17日，与广西作协组织作家赴大化瑶族自治县举行“重返故乡”文学活动。3月5日，举办《广西文学》办刊座谈会。3月18～19日，举办《广西文学》“金嗓子”青年文学奖颁奖仪式暨《广西文学》创作论坛。4月22～26日，覃瑞强主编赴北京参加《小说选刊》等主办的文学期刊主编论坛。7月18～24日，覃瑞强主编随团赴内蒙古交流考察，参访了中国少数民族文学馆并与《草原》的同行进行了文学交流。11月10～11日，在南宁举办全区文联系统文艺期刊联谊会成立大会暨全区文联系统文艺期刊主编培训。6月25日，在广西文联举办的60年大庆活动中获得第四届先进集体荣誉称号。

【美术界杂志社】

1月，为了配合“广西近现代重大历史题材美术创作工程”，策划和设置了“广西近现代重大历史题材美术创作工程画家追踪”栏目。7月，编辑出版了增刊《墨花礼赞——美术界百名中国画名家作品》，共收录发表了百位中国画名家的近千幅作品。8月，编辑“北部湾漆画风——北海水彩画作品”专版，发表了广西文联主席潘琦撰写的《漓江画派的一个新的审美追求》和美术评论家邵大箴的《贵在写自己的真切感受》文章，同时选登了北海水彩画作品30余幅。国家级期刊《新华文摘》也于9月份转载了其中的6幅作品。

【南方文坛杂志社】

元月，参加在海南举行的“第二届文艺批评

期刊会”。3月，《光明日报》公布中国人民大学书报资料中心文章转载率排行榜，《南方文坛》2009年全文转载量在全国语言文学类期刊位居第五，《南方文坛》已经10余年一直名列前十名。4月底，在象州召开编辑部（含外聘人员）策划会。6月，参加华东师范大学主办的“全国中文学术期刊发展研讨会”。7月，参与协办由美国哈佛大学与复旦大学等在上海主办的“新世纪十年文学：现状与未来”国际研讨会。10月，与上海市作协、中国现代文学馆在上海联合主办“首届‘今日批评家’论坛——70以后”。11月，颁发2010年度《南方文坛》优秀论文奖和编辑近百万字的《能不忆南方——〈南方文坛〉年度优秀论文奖文集（2001～2009）》由广西师大出版社出版，被业内誉为一部“大书”。12月，发于2010年第6期“批评论坛”栏目《当下中国的科幻文学》一组5篇，被中宣部《文艺信息》转载，此外还有十数篇论文被《新华文摘》、《人大书报资料中心》转载。

各文艺家协会

【作家协会】

2月25日，评选第九届广西青年文学独秀奖，蒋锦璐以高票当选。5月，与来访的泰国诗人协会代表团举行了座谈，双方就中泰两国的诗歌现状及发展进行了深入的交流探讨。6月17日，广西文化艺术创作人才小高地正式挂牌。文化人才小高地文学人才建设载体也正式启动。至2010年底，广西文艺创作人才小高地文学建设载体共申请到扶持资金20多万元，用于补助作家采风、创作、出版、对外交流合作等项目。5月，陆地自选集《矗山暮影》由广西人民出版社正式出版发行。7月，广西作家代表团赴内蒙古考察中国少数民族文学馆。8月，筹集资金组织出版同代人丛书第一辑4册《火里的影子》、《为你而来》、《美丽嘉年华》《中国银行》。9月，黑龙江省作协主席李曙光一行到广西作协调研，双方进行了座谈交流。推荐黄继树的历史长篇小说《北伐大本营》和丁桦的长篇纪实文学《瑶族经书》入选2010年中国作协重点作品扶持项目。成立广西作协诗歌朗诵艺术团，通过广西区党委精神文明办的支持，《青春，送你一首诗》“诗歌走进校园”系列朗诵会先后在广西民族大学和广西艺术学院举办。9月底，广西作协、广西文化艺术创作人才小高地文学建设载体参与策划编辑的中泰当代文学作品选《同一条河流》（中文版）由广西师范大学出版社出版，《同一条河流》（泰文版）同时也在曼谷出版。泰国作协主席查梅潘·邦坤邦女士和广西文联主席潘琦为该书分别作序。书名“同一条河流”，寓意中泰两国文化相通，交流源远流长。这是近年来广西作协和泰国作协文学交流成果的最新展示。11月21－23日，由广西作协、全国报告文学理论研究会主办，防城港市团委承办的全国报告文学理论研讨会第六届学术年会在防城港举行。12月，广西在邕签约作家与来访的山西签约作家访问团一行16人进行了座谈交流。同月，完成了第六届广西文艺创作铜鼓奖的初评任务。年内，成立了广西作协文学评论委员会。分别召开了凡一平文学与影视作品研讨会、谢凤芹作品研讨会、陈肖人长篇小说研讨会、长篇报告文学《云水激荡：2008广西北部湾》研讨会等10多个作家作品研讨会，并与广西理协、师大文学院和师大宣传部共同承办独秀峰作家群研讨会。另外，为配合中国作协发起的文学走进校园活动，积极与区内各大院校合作，让作家进入校园开展多种形式的文学活动，如举办文学讲座、开展纪念艾青诞辰100周年纪念活动等。

【戏剧家协会】

1月，在柳州举办广西第二届彩调艺术节。1月20～23日，协助中国文联、中国剧协全国“梅花奖”艺术团赴百色慰问演出。3～6月，举办首届广西校园戏剧节活动。5月，在田林协助举办中国壮剧艺术节。10月，在南宁举办“首届广西校园戏剧节·大学生戏剧奖”颁奖晚会。10月底，开展第六届广西文艺创作铜鼓奖戏剧类、综艺类评选工作。12月中旬，举办“2010中国壮剧艺术论坛”。12月底，携广西壮剧团赴革命老区田阳慰问演出。分别推出《广西戏剧》“广西剧展专刊”和“首届广西校园戏剧节专刊”。吸收会员10人，推荐2人加入中国剧协（已获批准），选举2人当选中国剧协理事（已获批准）。作品《桂花雨》获第九届中国艺术节“文华大奖特别奖”，

《壮锦》获第九届中国艺术节“文华奖·优秀剧目奖”和第三届“中国戏剧奖·曹禺剧本奖”提名奖。

【音乐家协会】

1月19～24日，由中国音协主席、著名作曲家赵季平带领的中国音协采风团到广西防城港、百色进行采风。1月28日，配合广西壮族自治区党委宣传部组织召开铁路歌曲创作会，组织广西词曲作家10余人创作以铁路及相关内容为主题的专题歌曲。3月4日，召开笔会对创作的13首歌曲进行修改提高。9～11月，将这13首广西原创歌曲进行录音制作，并把这批歌曲制成CD专辑出版发行。3月初，组织部分词曲作家为由融水县人民政府主办的“优秀民族文化进校园”活动创作歌曲。这些歌曲收录进CD专辑《我跟阿咪去踩堂》。6月25日，在广西文联成立60周年庆祝大会上，协会荣获第四届全区文联系统先进集体，黄朝瑞副主席获先进个人荣誉称号；会员黎承纲等16位同志获得广西文联颁发的“从事文艺工作六十年文艺工作者”荣誉牌匾证章。活动期间，配合文联组织制作了庆祝文艺晚会“艺海飞歌”。历时一年编汇的《八桂歌典（续）》6月正式出版发行，与2003年出版的《八桂歌典》形成一套广西原创歌曲系列丛书。还编辑出版《锦绣壮乡》、《壮家少年在红旗下成长》CD专辑。7～8月，承办了2010年中国音协音乐考级（广西考区）活动。策划广西原生态歌手大赛。10～11月，选送歌手参加第一届全国乡村歌手大赛获奖，伴咩组合荣获二等奖，山水苗妹组合获三等奖，冯小兵获优秀奖。10月29日，组织召开第六届铜鼓奖音乐类作品初评会，从报送的59件作品（声乐53件、器乐6件）中评选出《风生水起北部湾》等10件作品参加全区复评。组织广西音乐家赴延安采风。配合区党委宣传部举行“唱响中国——群众最喜爱的新创作歌曲”广西征集评选活动。11月16日下午，“唱响中国——群众最喜爱的新创作歌曲”广西创作动员会在广西文联会议室召开。

【美术家协会】

1月14日至2月28日，广西油画名家新作展——河南采风成果在南宁市榜样·中国—东盟艺术馆展出。3月27日，参与协办“共和国将军书画作品义卖捐赈东兰抗旱救灾活动”，4月1日，和榜样·中国—东盟艺术馆联合举办的“广西油画名家作品展”在榜样艺术馆开展，展出11位广西名家72幅优秀作品。4月28日，由河南省文联、广西文联主办，河南省美协、广西美协承办的“河南·广西美术作品展”在河南省美术馆开幕。4月28日至5月3日，以广西文联党组副书记、副主席黄德昌为团长的广西美术代表团一行到河南新乡、南阳进行采风。5月7日，与榜样·中国—东盟艺术馆联合举办的广西油画名家之黄菁个人油画作品展在榜样艺术馆开幕。5月13日，广西近现代重大历史题材美术创作工程创作草图评审暨创作研讨会在南宁召开。6月21日至7月21日，与榜样·中国—东盟艺术馆联合主办的“一方水土·一方情”刘绍昆油画作品展在榜样·中国—东盟艺术馆展出。6月25～29日，由广西文联、广西美协、广西书协、广西摄协共同主办的“庆祝广西壮族自治区文学艺术界联合会成立60周年广西美术、书法、摄影优秀作品展”在广西博物馆举行，并编辑出版了《庆祝广西壮族自治区文学艺术界联合会成立60周年广西美术、书法、摄影优秀作品集》。6月28日，“广西近现代重大历史题材美术创作工程”色彩草图审稿会在南宁市明园饭店进行。7月5～16日，参与承办的“北部湾画风——北海水彩画作品展”在中国美术馆开展。7月24～27日，与全国公安美术家协会、广西公安文学艺术界联合会等联合举办的“刘智美术作品展”在首都师范大学美术馆展出，共展出刘智精心创作的作品70余幅。7月24至8月24日，与榜样·中国—东盟艺术馆联合举办的“清醒的风景——杨诚个人油画作品展”在东盟艺术馆开幕。8月13日上午，梁荣中作品（1963～1995）回顾展在自治区博物馆举行。8月28日，与广西书法协、榜样·中国—东盟艺术馆主办的“书写人生—潘琦艺术作品展”在南宁隆重开幕。10月20日，参与承办的“庆祝中国—东盟自由贸易区建成暨第七届中国——东盟博览会召开美术、书法、摄影展”在民族博物馆举办。10月24～26日，参与承办的“第八届广西老美术家画展”在广西艺术学院美术馆举行，并出版《一色集·广西老美术家协会会员作品选》画册。11月20日，与广西文化厅、内蒙古文化厅、内蒙古草原油画院联合主办的“草原牧歌——内蒙古草原画派油画展”在南宁市榜样·中国—东盟艺术馆开幕。11月29日，广西近现代重大历史题材美术创作工程创作研讨会在邕举行。12月18日，参与承办的“东方欲晓——2010中国·东盟美术作品展暨高峰论坛”在南宁国际会展中心盛大开幕。12月22～29日，由中共中央文献研究室等机构联合举办的“庆祝中国共产党成立90周年全国美术作品展”之“党的民族政策好”专题——“全国油画名家走进广西”采风活动在广西举办。

【曲艺家协会】

参加了第四届全国少数民族曲艺展演，《偷秋》获节目一等奖、《诺言》获最佳作品奖，《诺言》《旱中情》《还乡》获节目三等奖。3月，广西曲协按中国曲协有关评奖的要求，对广西在2007年1月至2009年12月间创作的曲艺作品进行了筛选，确定推荐2个节目和1篇理论文章参加第六届中国曲艺牡丹奖评奖。其中，桂林曲艺团创作演出的苗族呢呐喱《偷秋》进入决赛，但未能获奖。圆满完成第七届广西曲艺文学奖评奖、颁奖活动。12月15日，第七届广西曲艺文学奖颁奖活动由广西曲艺家协会与钦州市文联联合在钦州市举办。由广西文联、广西文化厅主办，广西曲协与桂林市文化局、荔浦县政府共同承办的全区第二届广西文场展演于12月2日至4日在荔浦县举行。12月4日，广西曲协授予荔浦县“广西文场之乡”称号。

【舞蹈家协会】

5月1～3日，由广西舞协、广西国标舞协会主办的“广西第15届国际标准舞大赛”在南宁举行。由中国文联、中国舞协主办的第七届中国舞蹈“荷花奖”校园舞蹈大赛和当代舞、现代舞大赛分别于7月21～27日在青岛市和9月10～15日在内蒙古鄂尔多斯市举行。广西舞协选送5所大专院校7个原创舞蹈作品参加校园舞蹈大赛评奖，最终由广西艺术学校创作演出的壮族群舞《田埂里的故事》入围半决赛，荣获“十佳作品奖”；选送5个原创舞蹈（其中当代舞3个、现代舞2个）参加当代舞、现代舞大赛评奖，由广西艺术学院舞蹈学院创作演出的当代舞群舞《攀》、现代舞群舞《彼得鲁什卡的爱游记》入围半决赛，荣获“十佳作品奖”，广西舞协分别荣获两大赛的“优秀组织奖”。11月6日，由广西文联、广西舞协主办的“广西开展学习《新农村少儿舞蹈美育教材》、《中国舞蹈考级教材》成果展演”在南宁举行。12月16日，召开“2010年广西少儿舞蹈教学与创作座谈会”。

【民间文艺家协会】

5月，组织开启民间工艺大师评审活动，评出梁紫童等24人为广西民间工艺大师，评出吴鹤云等24人为广西高级民间工艺师，并于12月2日在广西文联举行了广西民间工艺大师授予仪式。5月，启动了由广西文联和广西民协联合主办的“广西刘三姐民间文艺奖”评选活动。此活动历时8个月，于12月25日举行了“广西刘三姐民间文艺奖颁奖大会”。8月，中国民协举办首届中国农民画展活动。广西民协从桂林、柳州等市的农民画作品中共选送了10幅作品参展，其中有9幅获展出。积极组织民间艺人参加首届中国七夕风情节女红手工艺大赛，河池壮族民间女艺人罗雯蔚于8月14日前往广东省东莞市望牛墩镇参加了本届比赛，荣获本次大赛铜奖，广西民间文艺家协会荣获优秀组织奖。年内出版了《中国创世史诗·广西卷》。

【摄影家协会】

与北京摄影函授学院联合举办第21期摄影专修班，54名学员参加函授学习，全体学员经严格考试，取得毕业证书。协会会员共有17幅（组）作品入选第23届全国影展，其中获铜奖一名，这是至今为止，广西摄协会员入选全国影展作品数量最多的一次。春节期间，广西摄协主席兼秘书长施兴良组织十几位会员赴协会建立的第一个摄影创作基地——隆林县采风，采风团到猪场乡洞勾屯给长寨苗同胞拜年，与苗族同胞共同欢庆苗族传统节日——跳坡节。3月、10月，分别在乐业县和武宣县建立摄影创作基地。与台湾摄影界共同举办首届“广西·台湾风光风情摄影艺术交流展”，各自评选出100幅佳作，于9月12日在广西博物馆展出，并编辑成册出版发行。4月1～4日，施兴良主席率领蓝向东、黄启学等9位会员组成的广西摄影家慰问采风团，先后赴百色市田东、那坡等重灾区开展抗旱、慰问、捐款及摄影采风活动。6月30日至9月20日，与罗城县委宣传部职合举办2010广西罗城攀岩旅游节“世界聚焦罗城”摄影大赛。6月1日至10月20日，承办德保县第二届“红叶情”摄影大赛。8月15日至10月30日，与中共隆安县委员会、隆安县人民政府联合主办首届隆安县“那山情水韵”摄影作品大赛。被中国摄协授予第23届全国艺术展组织工作荣誉奖。承办“风生水起北部湾——广西摄影作品晋京展”，并于8月18日在北京中国人民革命军事博物馆开展。与广西区人民政府驻京办事处，国际视觉艺术联合会举办观念行为摄影《八桂神韵·广西山水情》万米长卷摄影作品创作系列活动，作品于10月24日在区科技馆展出。与广西分行联合举办“中行杯”摄影艺术大赛，作品于11月6日在广西分行办公大楼门前展出。承办“美丽广西新农村”摄影大赛，组稿工作于3月11日开始，11月30日截稿。承办第四届“美丽神奇的广西”摄影大赛和“大新美”摄影大赛活动。12月18日，参与承办的“第八届中国摄影金像奖作品巡展”暨“历届世界新闻摄影比赛（荷赛）中国获奖入选作品巡展”在广西博物馆开幕，展期至22日。编印了《风生水起北部湾——广西摄影作品晋京展》作品集、《广西·台湾风光风情摄影艺术交流展》作品集、《第五届广西摄影理论研讨会》文集、2010年摄影风光作品挂历和3期《广西摄影》。

【书法家协会】

1月1日，在柳州举办迎全国首届篆书展培训班，各市县有100余人参加培训班。1月15日，《第六届理事作品集》出版，并寄发给每位理事。春节前夕，组织广大书法家到广西军区、南宁铁路局、南宁五塘、民族广场等地为广大战士、市民、工人、农民义务书写春联约计3000多幅。2月3日，文化惠民送春联活动，在巴马县寿乡文化广场举行。5月19日，在南宁跨世纪大酒店召开了六届三次理事会，对2009年的成绩进行回顾并对2010年的工作进行安排。同时，还举行了颁奖仪式。6月20日，广东广西两地书法名家笔会在平果县举行。7月16日，广西河池市巴马瑶族自治县在该县寿乡文化广场举行命名授牌仪式，该县成为广西第一个“中国书法之乡”。8月28日，与广西美协、榜样中国—东盟艺术馆联合举办“书写人生——潘琦文艺作品展”活动，展出潘琦书法作品170多幅，以及历年来创作的文艺著作、手稿、音像资料等，比较全面的展示了潘琦30年来的文艺创作历程与成果。9月8日，举办首届“黄庭坚奖”全国书法大赛。10月1日，主办的广西首届册页书法作品展在南宁市榜样中国—东盟美术馆开展，本次展览共收到来稿200多件，共选出100件作品。10月23日，“八桂书风”精品展暨书法理论研讨会评审工作在河池举行。收到来稿共600余件，评出书法篆刻获奖入选作品159件。11月25日，广西书协主席团成员到柳州鹿寨县考察兰亭小学书法活动。12月10日，由广西文联、广西书协主办的首届广西领导干部书法作品展，在广西博物馆隆重开幕。共评出了入展作品100余件。

【杂技家协会】

春节期间，积极认真组织杂技魔术节目赴合浦、钦州进行“三贴近”慰问演出，获观众好评。上半年选送魔术节目《伞戏》（李艳）参加马来西亚第四届国际魔术比赛获“新人奖”。经过杂协的认真准备并重新编排，10月份由丁岚亲自带队并选送魔术节目《壮乡春早》（李艳表演）赴意大利参加国际魔术比赛获第二名（第一名空缺），国际魔术联盟主席埃瑞克先生及在场的许多国际魔术评委都给予了极高的评价，意大利新闻媒利做了报道，国内各新闻媒体也纷纷做了报道，这也是广西魔术界多年后取得的最好成绩。12月22日再组织杂技魔术节目赴来宾市进行“三贴近”慰问演出。

2010年，广西杂协多方吁、积极努力，终于促成由广西文化厅、广西文联、广西电视台联合举办的第一届广西杂技（魔术）比赛，并由广西杂协负责评奖工作。

【文艺理论家协会】

5月21日，由广西文联和广西师范大学联合主办，广西文艺理论家协会、广西作协、广西师范大学党委宣传部和文学院承办的独秀作家群研讨会在广西师范大学召开。5月29日，由广西文艺理论家协会、广西作协、广西写作学会、广西文学杂志社主办，钦州市文艺理论家协会、钦州学院中文系承办的“谢凤芹作品研讨会”在钦州市举行。7月，第八届广西文艺评论奖在南宁揭晓，共有12篇优秀作品获奖。在广西文联成立60年大庆之际，由潘琦主编，黄德昌、容本镇为执行主编，广西文艺理论家协会组织专家学者撰写的《广西文学艺术60年》出版。推荐青年评论家参加第五届中国文联中青年文论家高级研修班学习，并举办广西中青年文艺理论评论家研修班。

【电影家协会】

摄制出品电影故事片《碧罗雪山》、《海的故事》、《大劫难》、《夜惊魂》、《海鹰战警》及电影文献专题片《五星红旗》。其中，《碧罗雪山》在第13届上海国际电影节上荣获金爵奖9个奖项中的评委会大奖、最佳导演奖、最佳音乐奖及评委会特别嘉奖等4项大奖，并获得第13届上海国际电影节中国新片展映单元电影频道传媒大奖入围奖及最佳新人女演员奖，是广西电影近10年来获得的最高国际奖项，开创了中国电影单片在一届国际电影节上获得奖项最多的先河。6月29日至7月9日，广西电影制片厂、广西电影协在台北、花莲成功举办了2010广西电影台湾展映周活动，展映《清水的故事》、《寻找刘三姐》、《圆明园》3部影片，放映7天共14场，观众达到5000多人次，上座率达90%以上，较好地促进了广西电影与台湾电影交流，让台湾观众特别是青年观众了解广西电影、了解广西文化和风土人情，拉近两岸人民之间的感情。

【电视艺术家协会】

2010年，参与拍摄完成电视剧《马迭儿旅馆的枪声》和《毒刺》，电影《大劫难》和《夜惊魂》，广播剧《给世界留一条最美的河流》和《唱给母亲的歌》。3月31日至4月2日，广西广播电影电视局和广西视协共同组织的2009年度“广西广播电视奖”电视文艺优秀作品评选会在广西扶绥县召开。6月，广西视协参与主办广西大学第四届“青铜奖”DV影展。积极配合中国电视艺术家协会做好第25届中国电视金鹰奖作品征集活动。由广西视协报送的电视文艺节目《为祖国喝彩——2009广西电视台国庆60周年特别文艺节目》获第25届中国电视金鹰奖电视文艺节目三等奖；电视纪录片《我的珠穆朗玛》、动画片《心灵之窗》、电视剧《清凌凌的水蓝莹莹的天Ⅱ》均获得该类别的三等奖。同时积极配合中国视协做好第四届“农村小康电视节目工程”作品征集活动，所报送的作品中有多部作品获奖。10月18～20日，参加在贵州举办的西部及部分省区市视协工作会议暨《西部电视》研讨活动。广西视协借此机会学习了外省视协的先进经验，收获颇丰。12月10日～12日，参加了中国视协在长沙举办的首届电视评论节目表彰活动。借此机会学习了外省视协的先进经验，特别是湖南视协的成功经验，为广西视协日后提高工作效率和更好地发挥作用上起到很好的效果。积极配合广西区党委宣传部、广西文联做好第六届广西文艺创作铜鼓奖电视文艺类初评工作，并将评选结果如实向区文联汇报。出版《电视文学》四期，约102万字。刊登的电视剧、电影剧本，以及电视短剧、广播剧、彩调剧、粤剧和影视评论等深受读者喜爱。2010年新增会员8人，截止到2010年10月止，广西视协共有会员513人，少数民族会员61人；全国会员107人，少数民族5人。

基层文联

【南丹县文联】

2010年，南丹县文联将科学发展的理念贯穿于工作中，以深化服务为核心，扎实推进“六用”工作方式，取得了显著的成果。

用有力举措，扬起繁荣发展文艺事业的一片风帆。该文联以《南丹文学》和作家创作生活基地为平台，召开了笔会、改稿会6次，参加的文学爱好者多达400人次。文联下设的8个协会共举办各种活动100余场次，受众达10000人次以上，极大地繁荣了南丹的文艺事业。

用一片真情，为广大会员送去一缕春风。该文联坚持创作困难时必访、个人办展时必访、遇到灾难时必访、作品获奖时必访、著作出版（发表）时必访等“五个必访”制度，给文艺创作者添加了精神动力。

用创新意识，使《南丹文学》成为县办文学刊物的一面旗帜。该文联利用《南丹文学》这个平台，与县内知名企业合作，举办年度文学奖、读书活动征文奖，极大地提高了文学作者的创作热情。刊发在《南丹文学》的文学作品40余件、其他文艺作品30余件被省级以上刊物转载。

用文联优势，做经济建设的一只推手。该文联通过《南丹文学》对广西丹泉酒业和广西塘汉锌铟公司等知名企业进行宣传，利用与知名杂志共同举办笔会为契机，努力提高企业的知名度。同时，还向县领导馈赠大量书籍。以作家基地为点子，邀请近100名知名文艺家到南丹采风，使文学艺术成为推进南丹经济建设的一张名片。

用自我加压，做新农村建设的一根柱子。该文联积极投入新农村建设，并把这项行动作为文艺工作者深入生活，贴近时代，和人民群众建立鱼水深情，从而获取创作源泉、创作激情和创作灵感的一个特别举措。为作家创作生活基地采风点塘香屯争取到了2010年新农村建设试点的指标，先后为采风点所在地的群众争取到了近15万元建设资金和一大批建设物资，同时还协助该屯成立了中国第一个屯级妇联。

用和谐理念，做黔桂人民友好的一根纽带。该文联积极与贵州独山、平塘县文联进行互访交流。与独山县、平塘县共同举办了摄影作品展和书画展，参加人员多达数百人。从而加强了两地人民的文化交流，增加了两地群众的友谊。

海南省文联

综　述

2010 年，海南省文联高举中国特色社会主义的伟大旗帜，在省委的领导下，在中国文联的指导下，认真贯彻党的文艺方针政策，认真实践科学发展观，认真履行联络、协调、服务的职能，团结文艺家和广大文艺工作者，发挥优势，凝聚力量，整合资源，为国际旅游岛独特魅力文化建设服务，推动海南文化大发展大繁荣。年内以政治思想导向加强队伍建设；坚持社会主义核心价值观，反对抵制腐朽落后低俗文艺思潮；坚持精品创作增加核心竞争力；坚持改革创新调动社会资源，拓宽文艺发展空间；坚持文艺下乡，送欢乐下基层，服务群众；培育支持民间民营社团，凝心聚力发展文艺事业；坚持开展丰富多彩文艺活动，满足人民群众精神文化需求。

重要活动

【送欢乐下基层】

春节前后，组织艺术家开展主题鲜明、形式新颖、群众喜闻乐见的送欢乐下基层慰问演出，受到人民群众的热烈欢迎。1 月 14 日，送琼戏到定安县慰问演出，为群众送上新年的问候和祝福。1 月 22 日，组织文艺队伍到山东省武警总队训练基地慰问。演员优美的舞蹈、激昂的歌声让战士们热血沸腾，青春的脸上流露出喜悦和感动。欢快的笑声在营地里回荡。官兵们也表演了精心准备的节目，用自己的方式表达着对艺术家们的感谢。2 月 3 日下午，组织椰娃艺术团到海口市福利院，舞蹈、声乐、小品等节目，送去饼干等物品、儿童书籍、玩具，还有自己的手工制品，慰问残孤儿童和孤寡老人。3 月 9 日，组织艺术家到澄迈县开展庆祝澄迈县人大、政协两会召开专场综合文艺慰问演出。节目精彩纷呈，两会代表与市民、学生近 1000 人兴趣勃勃地观看，为艺术家们的精彩表演鼓掌喝彩。澄迈县人大、政协选送的诗歌朗诵和歌舞，联手演绎增强互动效果，成为晚会的一大亮点。澄迈县委书记杨思涛代表县委、县政府，向省文联赠送“百花回报沃土，艺术奉献人民”的锦旗，感谢艺术家和艺术工作者。

【纪念解放 60 周年大型图片展】

4 月 26 日，联合举办的纪念海南解放 60 周年大型图片展，在省博物馆开展。这是省内历次新中国历史图片展览中，图像史料最丰富、图片质量最高的展览。图片展以“解放·开放”为主题，分渡海战役全景回忆、海南建设历程、海南国际旅游到建设三部分，生动再现了当年大军渡海作战解放海南的壮举，反映了 60 年来海南开发建设曲折而辉煌的发展历程，展示了海南人民建设国际旅游岛的豪迈气概和宏伟蓝图。展览在展馆设计上突出特色，辅以实物、幻灯、视频、音频等手段，图文并茂，视听相融，冲击力强，效果好。“解放馆”全部以红色块为背景，突出解放的激情，“开放馆”以蓝色地毯覆地，让观众有海洋般的感受。展览还引入了声效和视频，有反映解放海南岛的影视资料，还有革命歌曲、海浪和鸟语声。展览采用了“以史展史”的方式。保证展览的准确性和权威性，从史料中选取“历史”，每一句话都源于权威部门和亲历者的史料及著述。络绎不绝的参观者从精美的展示中，感受到了历史的厚重感和艺术的震撼力。省政协主席钟文，省委副书记于迅，省委常委、秘书长许俊，省委常委、宣传部长、副省长谭力，省人大常委会副主任吴昌元，副省长符跃兰，省政协副主席邱德群，省老干部陈玉益、王学萍、曹文华、章锦涛、王家贤，及宣传文化单位部门的领导出席开展仪式。许俊说，省委希望通过开展纪念海南解放60周年活动，进一步激励全省干部群众继承革命前辈顽强拼搏、奋勇前进的精神，不断增强使命意识和责任意识，坚定为建设海南国际旅游岛而不懈奋斗的信念，努力在新的起点上推进海南省经济社会又好又快发展。老干部王学萍告诉记者，这次展览非常有意义。年轻人在享受幸福生活的同时，要亲近历史，不能忘记老一辈革命者为解放海南岛做出的牺牲和贡献。

【文艺界吹响爱心集结号为青海玉树灾区义捐义演】

青海玉树灾情牵动海南文艺界，海南文艺界以行动传递爱心，展现出海南人民与全国各族人民同在的爱愿与力量。省文联作协紧急组织动员，以实际行动支援灾区。4月18日，发动机关干部捐款36350万元。4月21日，通过青海省文联向灾区发慰问信，传递海南文艺界对灾区同胞的祈福，与灾区人民心连心战胜困难重建美丽家园的愿望。4月23日，省文联和省慈善总会在寰岛泰得大酒店联合主办“玉树：爱心集结号——海南文艺界支援玉树抗震救灾大型义捐活动”，共募善款802145元，宣传文化部门领导现场带头捐款。文艺界、社会各界爱心人士踊跃义捐。近100幅书画作品现场义卖。省属文艺家协会，省琼剧院、海口艺术团、椰娃艺术团等团体、社团，海南中移通信技术工程有限公司、美丽道文化艺术中心有限公司等文化企业慷慨解囊。民工和外籍人士的自发参与成为现场义捐的一个亮点。来自河北沧州市沧县的残疾农民工马春喜通过《海南日报》公告赶来现场捐出500元，他说一份爱心一份力量，海南师范大学印尼留学生也加入现场义捐队伍。4月23日下午，省文联和省慈善总会联合在海口宜欣购物广场露天舞台主办“凝聚每份爱”首场爱心募捐义演活动，市民、学生、民工积极参加，很多音乐人、作家诗人也联袂登场献演，共为灾区募善款18686.7元。4月30日，主办“中国文联名人书画六人展”，中国文联党组副书记、副主席覃志刚，相声艺术家姜昆、作曲家徐沛东、表演艺术家唐国强、歌唱家郁钧剑和戴玉强，及美术家韩美林心系灾区，捐出书画作品进行慈善拍卖，所得177.6万元及捐款100万元，全部现场转交省慈善总会捐赠给青海玉树地震灾区。

【主题歌曲专辑《唱响国际旅游岛》出版】

11月18日，省委宣传部、省文联、省音协联合编辑出版《唱响国际旅游岛》主题歌曲专辑在寰岛泰德大酒店联合举行专辑首发式。主题歌曲专辑分《世界的海南》、《热岛之约》两辑，共收录20首歌曲，《世界的海南》收录国内特邀音乐家作品，《热岛之约》收录征集创作活动入选作品，也收录了近期海南参与全国大赛或大型演出的优秀作品。作品以突出魅力阳光海南为主题，体现海南特色，题材广泛，旋律优美动听，给人印象深刻。省委宣传部长谭力任总顾问，省委宣传部常务副部长张松林总策划，省文联作协党组书记、省文联主席韩少功总监制，中国音协负责出版监制，中国音乐家音像出版社向全国出版发行。芦海东、苏丹、吴晓云等歌手的现场热情演唱，为嘉宾们带来了魅力无限的音乐感受和享受。营造了生动活泼、别开生面的氛围。部分创作者还以现场述说和录音转放的方式，讲述深入基层、感受生活、收集素材、捕抓灵感完成创作的历程、感言和体会，对与会者也是一次学习和创作的思想洗礼。张松林肯定了主题歌曲的艺术成就和对国际旅游岛建设的意义，并要求做好后期演唱推广工作，宣传推介海南，为国际旅游岛建设做贡献，推动文化大发展大繁荣。

【首届（海南）国际书画双年展】

12月4日，由省旅游发展委、省文联主办的首届（海南）国际书画双年展在省博物馆隆重展出。这是海南省举办的规模最大、层次最高、影响广泛的一次国际书画艺术盛会。共收到来自巴西、法国、韩国、加拿大、马来西亚、美国、日本、新加坡、意大利、西班牙、印度尼西亚、越南、文莱等国家及中国内地及港澳台与地区的书画作品150余件。中国书协主席张海，副主席赵长青、旭宇、吴东民、吴善璋、聂成文等均来作品参加展出。这些作品，形势多样，风格各异，蔚为大观，展现了当代国际书画艺术的风采。书画家们在开幕式后还现场挥毫泼墨。国际书画双年展为世界各国书画家和书画爱好者提供一个互相学习、交流和研究的平台和机会。省政协原主席陈玉益，省人大副主任吴昌元，副省长陈成等领导参加开幕式。

【参加农民艺术节·乡村歌手大赛摘金夺银】

11月16～22日，省文联组织选派刘清、梁伟琪、黄宝培、梁伟微为参赛队员的6人代表队赴昆明，参加由文化部、中国文联、云南省人民政府主办的首届“中国农民艺术节·全国乡村歌手大赛”比赛。全国乡村歌手大赛由来自全国20个省市区14个民族的86位农民歌手参加。美声组选手刘清演唱《我像雪花天上来》获得一等奖，原声态组选手梁伟琪演绎的黎乡情歌《欧欧调》、民族组选手黄宝培演唱的《美丽家园》分别获得二等奖；梁伟微、黄宝培、梁伟琪三人组合演唱《斗牛调》获原生态组三等奖。海南省文联因组织工作突出、选手成绩优秀获“优秀组织奖”。

【开展朝霞工程资助贫困文艺少儿】

7月19日，省文联第五期“朝霞工程”启动仪式在澄迈县举行，经过现场考核，来自瑞溪镇农村，具有琼剧表演天赋的曾慧等10名在音乐、舞蹈、美术、书法、戏曲等艺术门类方面有特长的贫困少年，在竞争者中脱颖而出，当选“朝霞少年”，脸上洋溢着幸福的笑容，在大家的羡慕目光和赞许声中，走上颁奖台，高兴地接过了省文联“朝霞工程”组委会资助的2000元钱和“朝霞少年”荣誉证书。“朝霞少年”表示要珍惜机会，好好学习，用艺术服务社会、服务人民、报效祖国。活动在23日结束，省文联“朝霞工程”组委会专家考核组继续深入临高县和儋州市，对入围少年进行现场考核资助。第五期“朝霞工程”共资助三市县30名“朝霞少年”。“朝霞工程”活动得到省内相关市、县委宣传部、教育局和文联等单位的大力支持和配合。省文联在实践中不断探索和总结，创新选拔少年文艺人才方式方法，不搞遍地开花，而是突出重点，优中择优。每在开展地区，把资助人才和发展地方传统文化结合起来，在少数民族地区，则与民族文化传承、抢救结合起来，在发现民族文艺后备人才储备方面，努力探索新路子。

【海南筹拍电影故事片《黎歌》】

为展示和传承黎族原生态民歌，在琼中黎族苗族自治县人民政府发起并作为主要投资方，在省委宣传部、省民宗厅、省文体厅的支持指导下，省文联、海南巨龙文化传播有限公司、贵州大爱文化发展有限公司等单位，联合摄制电影故事片《黎歌》，以黎族音乐文化题材，贯穿故事情节，以琼中黎族歌王——王女不大为原型，第一次以电影的形式展示黎族民歌独特的艺术魅力，展示黎族同胞对音乐、对生活的热爱。该片将选择黎族生活区最美的风景为外景地。2月2日，召开新闻发布会。副省长符跃兰及老干部王学萍、王家贤参加，中央及省内12家新闻媒体进行宣传报道。本片导演兼编剧张弛，对《黎歌》的拍摄充满信心。在此前，张弛已数次到琼中采风，并拜访了王女不大老人和当地黎族民俗文化专家，实地考察了拍摄景点等。该影片3月份完成剧本和主演选角，4月份开机拍摄。

【主办“向着太阳”纪念海南解放60周年大型合唱音乐会】

5月5日晚上，由省委宣传部、省文体厅、省文联、海口市委政府主办的纪念海南解放60周年大型合唱音乐会在海口市人民大会堂隆重举行。这台名为“向着太阳”的合唱音乐会，汇集了海南省直属机关公务员合唱团、爱乐女子合唱团、海口合唱团、驻琼部队业余演出队及屯昌县坡心镇枫木村农民合唱团、琼海市第一小学泉韵童声合唱团等6支优秀合唱团共500多名演。合唱音乐会在混声合唱《红旗颂·红旗飘飘》的序曲中开始，分序曲、第一篇章“难忘的岁月”、第二篇章“火热的年华”、第三篇章“美丽的海岛”和尾声5个部分。音乐会演唱传统经典曲目和海南艺术家的原创歌曲，主题鲜明，缅怀革命先烈，弘扬海南人民坚持游击战争，23年红旗不倒的革命精神；讴歌海南人民建设和改革开放的伟大成就；展望海南更加辉煌的明天。来自各条战线的1000多名热情观众现场观看演出。省人大常委会副主任符桂花及省市有关部门领导出席观看合唱音乐会。

【与浙江、广东的交流活动】

9月14日，省文艺家采风团在西子湖畔与浙江省文联文艺工作者们进行座谈交流。分别介绍了两省文联的历史沿革，内部机构，文艺活动开展和文艺创作成果。浙江文联发挥文联优势，强化弘扬先进文化的职能；发挥文联的人才优势，强化繁荣文艺创作的职能；发挥文联的组织优势，强化参与社会协同的职能的“三个优势”和“三项职能”的经验让海南文艺界同行深有感触。9月6日下午，广东省文联党组副书记、专职副主席廖曙辉率领广东省书法院书法家一行11人，来到海南省文联，受到热烈欢迎。广东省文联书法院负责人，海南省文联三职能处室负责人，省文联下属书法、美术、摄影等文艺家协会及书画院代表在座谈会上畅所欲言，交流了本艺术领域的工作体会。艺术家们希望粤琼省文艺界要在文艺交流的领域里开拓更大的前景。

【中国文联指导海南舆情信息工作】

10月8～9日，中国文联理论研究室舆情处长徐粤春，前来海南文联对舆情信息工作进行调研。9日，召开座谈会，对于如何围绕国际旅游岛建设，如何使舆情信息工作为文联自身工作服务，徐粤春要求：一是要服务大局、服务大势，围绕大局、关注大事、把握大势，要在思想认识上更进一步，要紧紧围绕服务党和国家中心工作，服务于经济建设的大局，让文化建设更多的为地方社会经济建设服务。二是要集中反映文艺家和文艺工作者的意见、建议和呼声。三要通过舆情及时向党委、政府反映文联组织的工作情况和意见建议，争取上级的关注、关心和支持，推动文艺工作和文联工作的发展。四要提高精度，把质量始终放在第一位，在反映动态类舆情信息的基础上，深度挖掘，要多方面多渠道地挖掘信息。

重要会议

【第五次全省文艺工作者代表大会筹备工作会议】

为保证代表大会的胜利召开，省文联、省委宣传部、省委组织部分别组织召开会议，就第五次文代会筹备工作进行动员部署。

10月11日，召开工作会议，省文联作协党组书记、省文联主席韩少功对换届筹备工作进行内部部署，要求以文艺家协会换届筹备工作组织、会务、秘书3个机构为基础和主体，负责相关筹备工作。重点做好现阶段代表登计审核、文联委员调整、工作报告起草、章程修改等主要工作。

10月22日上午，省委组织部、省委宣传部组织召开省文联换届动员大会，省委常委、宣传部长、副省长谭力出席大会并做重要讲话，要求进一步统一思想，凝聚共识，做好省文联、省作协换届工作，换出正气、换出团结、换出动力，选出一个体现省委要求，反映文艺界愿望，适应国际旅游岛文化发展要求的领导班子，为国际旅游岛建设做贡献，保证文艺事业承前启后、继往开来，推动海南省文艺事业大发展大繁荣。省委宣传部常务副部长张松林做换届工作部署。动员会议分两个阶段进行。上午，与会代表听取省文联、省作协工作汇报和领导班子成员述职，并分别进行民主测评。下午，与会代表民主推荐新一届省文联、省作协兼职副主席等预备人选。省直机关工委常务副书记、换届工作干部考察组长王高海莅会指导。

机关建设

【学习贯彻中央领导重要指示和重要讲话精神】

2月20日上午，文艺家们认为中国文艺家之家的顺利落成并投入使用是全国文艺界的大事，胡锦涛总书记、温家宝总理、李长春和刘云山、刘延东的重要讲话，充分体现了党中央对新时期文艺和文联工作的高度重视、对致力于社会主义文艺事业的广大文艺工作者的亲切关怀和殷切期待。代表们表示要认真学习领会，承担责任，完成使命，努力创作，绕着国际旅游岛建设，以世界的眼光和开阔的视野，开展文艺工作，为海南国际旅游岛建设贡献力量，成为推动海南文化大发展大繁荣、推动海南国际旅游岛建设的主力军。

【学习党的十七届五中全会精神，推动文艺工作】

10月20日，省文联召开了会议，传达学习中国共产党第十七届五中全会精神，推动文艺工作。省文联作协党组要求以学习党的十七届五中全会精神为动力，进一步增强责任感、使命感和紧迫感，统一思想，振奋精神，坚持以科学发展为主题，围绕国际旅游岛建设，做好文联工作和文艺工作，为推动我省文艺事业大发展大繁荣，为我国全面建设小康社会和和谐社会做新贡献，为“十二五”规划开好局、起好步提供文化和智力支持。

【学习李长春重要讲话缅怀吴冠中】

8月3日下午，省文联组织召开座谈会，学习中共中央政治局常委李长春在“不负丹青——吴冠中纪念特展”上的重要讲话。代表们以追思等方式表达对吴冠中这位享誉海内外的艺术大师的深情怀念。代表们认为，李长春的讲话是对一代艺术大师吴冠中先生的高度评价，体现了是党和国家尊重知识、尊重人才，对艺术家是一种极大的鼓舞。代表们表示，以吴冠中为榜样，在历史性变革的伟大时代中，以德艺双馨标准要求自己，牢记责任，淡泊名利、努力学习、潜心创作、无私奉献，做一位真正为了人民而创作的艺术家，推动社会主义文化大发展大繁荣。

【传达学习文化改革发展的决定】

11月15日，省文联组织机关干部职工传达学习《中共海南省委、海南省人民政府关于加快推进文化改革发展的决定》。文艺工作者们表示要以此为动力，增强紧迫感，以更加昂扬向上、奋发有为的精神状态，努力学习、辛勤创作，为推进文化改革发展，为推动文化大发展大繁荣、引领国际旅游岛建设做出自己的贡献！

各文艺家协会

【戏剧家协会】

7～8月，省剧协副主席、海口市琼剧团团长陈素珍任艺术总监，携市琼剧团演职员赴加拿大和美国演出。在加拿大满地可国际龙舟节开幕式及满地可市中华文化宫上表演精典琼剧。8月初，在纽约中华会馆演出古装琼剧《三看御妹》，在洛杉矶庆祝南加州海南会馆新会馆落成，举行古装琼剧《三看御妹》、《双珠凤》2场演出。9月，省剧协主席、省琼剧团团长陈军携省琼剧团演职员，应香港旅港海南同乡会邀请，第六度访港演出，21、22、23日在香港九龙红磡高山剧场演出《喜还乡》、《红丝错》、《玉兔情缘》等古装琼剧剧目，演员倾情献艺，不仅收获了观众的热烈掌声，而且赢得了旅港海南乡亲对家乡戏的赞赏。10月19日，召开省琼剧文化学术研讨会筹备会，与会专家学者对琼剧文化学术研讨会的论题琼剧历史及与本地文化关系、琼剧现状及其存在问题、琼剧发展战略及与国际旅游岛建设关系、琼剧与海外华侨文化等进行规划。12月16日下午，琼剧界在海口举办琼剧艺术研讨会，缅怀陈华、红梅、林道修3位艺术家对琼剧传承发展做出的重要贡献。专家们围绕3位琼剧前辈的表演艺术特点展开讨论，认为3位前辈代表了琼剧一个时代的辉煌，为后人留下了一笔丰富的艺术遗产。省政协副主席张海国参加今天研讨会，并向3位琼剧前辈的亲属赠送纪念品。

【书法家协会】

1月9日，举办首届海南省青年书法家提名展。1月9日，召开四届六次理事扩大会议。总结工作，规划未来，表彰年度国展入展（入选）和获奖的7名书法作者。2月4日下午，举办周俊杰先生学术讲座。2月5～10日，组织37名省书协会员书家前往琼海市、文昌市等地开展送文化下乡、义务为群众挥春活动。4月13日下午，举行台湾、海南书画家交流笔会，两地书法家会聚一堂，论书法、谈艺术、叙亲情。4月23日，参与文艺界支援玉树抗震救灾大型义捐活动，筹款灾区。4月26日，举办第二届“文笔峰杯”海南省大学生书法巡回展。4月28日上午，举办“笔歌海南”——60书家大型现场挥毫活动，纪念海南解放60周年。5月5日，举办“海南日报创刊60周年全国名家书画展”。6月5日，举办“金陵名家书画作品展”。6月19日，举办省第七届刻字艺术展，共展出刻字作品120余件，评出获奖作品30件。8月8日，召开第五届会员代表大会。产生了海南省书协新一届理事会和主席团。8月12日，应台湾省书画教育协会的邀请，在台中市举行台湾海南书法作品交流展。9月16日下午，与北京市崇文书画研究会书画家进行艺术交流。10月30日，举办谢景巽诗联遗墨展座谈会。11月20日，与安徽、河南、甘肃、海南四省文联、书协、女书协联合举办“《翰墨芳菲》皖豫甘琼四省女书法家作品联展”。12月11日，举办粤海华章——广东5人书法展。12月18日，主办第二届中日议员公务员书法展。年内举办陈鸿诚、苏文股、王家泽、李运全、吴东民、江寿男书法作品展。

【音乐家协会】

1月10日，省音协副秘书长、钢琴专业委员会主任张黎应邀参加首届全国钢琴专业委员会高峰论坛，做题为〈国际旅游岛建设是海南钢琴事业发展的契机〉的主题发言。2月1日，召开“唱响国际旅游岛”全国歌曲征集创作活动新闻发布会。3～5月，组织邀请北京、广州、西安等地的部分优秀词曲作家会同海南省部分作曲家，深入海南各市县及黎村苗寨采风创作活动。7～10月期间，《唱响国际旅游岛》主题歌曲专辑《世界的海南》、《热岛之约》由中国音乐家音像出版社出版。7月，选派少儿钢琴选手吕盈盈、郭俊良、符芳印等赴厦门参加第二届全国少儿（业余）钢琴展演比赛。8月18日，召开第五次会员代表大会，选举产生了第五届主席团成员和理事会理事。8月，选送海南华侨中学合唱团赴京参加全国各民族童声合唱电视汇演。8月，主办“黎友合声乐作品研讨会暨专辑首发式”。11月18日，举行“唱响国际旅游岛”歌曲专辑首发式。11～12月，发起“唱响中国”海南歌曲征集评选活动，收集唱响共产党好、社会主义好、改革开放好、伟大祖国好、各族人民好的主旋律，推动风格多样、时代感强、易于传唱的优秀新歌，参加中央电视台在全国范围内进行“唱响中国——群众最喜爱的新创作歌曲”征集评选活动。11月26日，举办省钢琴学会首届会员代表大会。12月21日，组织专家评审团对“唱响中国”全国歌曲征集评选活动报送作品进行评选，选出10首作品提交中国音协，参加全国角逐。12月，组织主席团赴云南考察学习，与云南省艺术家交流座谈会，观摩了富有地方特色的“纳西古乐”及“蝴蝶之梦”等乐舞演出。12月，承办“海南欢乐岛钢琴演奏会”。12月30日，省音协钢琴专委会和省钢琴学会举办著名青年钢琴家陈萨座谈会。年内组织并主办了刘峰、曹量、于晓曼、岑诗捷、刘彩云、周怡、鲁宁、邓捷、吴庆怡、任浩莹等个人演唱、演奏会

【舞蹈家协会】

1月，参加省文联迎新春联欢晚会及送欢乐·下基层慰问演出。5月，吴圣彪、罗小珠、梁文蕙编排的舞蹈《黎乡雨趣》参加全国第15届群星奖比赛。8月18日，召开第五次代表大会，选举产生了莫青桥为主席，彭煜翔、邢奎、吴勇、吴圣彪、苏和荣、颜业岸、袁海南为副主席的新一届主席团。8月9日，彭煜翔的原创歌舞诗《海南岛》亮相上海世博园区宝钢大舞台，展示海南自然风光和民族风情。9月19日晚，海南现代舞团排演的现代舞剧《望穿天涯》首演仪式在省歌舞剧院举行。12月2日，协会主席莫青桥、秘书长罗小珠作为代表赴京参加中国舞协第九次全国代表大会第四次全体代表会议，被推选为中国舞协第九届理事会理事。12月11日，央视春晚剧组导演组邀请省舞协副主席颜业岸，率嘉积中学男子舞蹈团30名男演员，参加2011年（兔年）春晚。12月14～15日，由省舞协牵头主办的外教免费国际标准舞教师培训班在海口乐普生举行，有75名海南省国际标准舞爱好者和教师参加了培训，现年29岁的罗曼先生热情执教。12月19日，在“海岛欢歌·惠民演出季”上，海口市艺术团连续举行了2场优秀获奖作品专场演出“阳光海南岛”晚会，为“海岛欢歌·惠民演出季”献上了浓浓的海南风情歌舞。

【美术家协会】

1月，参与主办“齐英石人物画精品展”。2月，组织美术家20人赴屯昌县革命老区开展慰问、采风活动，为屯昌县赠送多幅中国画作品及文化书籍，为美术爱好者进行艺术讲座等。3月，与北京美协在海南举办“2010北京·海南当代水彩画名家学术邀请展”。展览期间，两地画家就水彩画本体语言的深层次探索、中国水彩及至世界水彩的走势，以及在作品的表现技巧、学术与风格的多元进行了研讨。4月，积极响应省文联发起的支援玉树抗震救灾大型义捐活动，发动美术家为玉树抗震救灾捐款并捐画参加义卖捐助灾区。6～10日，协助国际造型艺术家协会在海南召开执委会，利用资源优势，在接待、会务、采风等竭力做好服务工作。会后，与中国美协组织世界名家与“百家百景”国内名家到三亚、保亭等地交流、采风、创作。5月，进行丹心敬英雄作品赠送仪式，23幅美术作品赠送给为海南解放事业做出贡献的前辈和后人。7月，为迎接“第19届版画

作品展"，以"传承·推动"为主旨举办版画创作班，邀请艺术院校教授、名家对来自全省26名版画创作骨干、学员进行创作指导。8月8日，召开第五次全省会员代表大会，选举产生了海南省美协新一届理事会和主席团。10月，参与主办"绿色家园·海语印象——丁孟芳画展"。11月，与屯昌县委、县政府联合举办"水晶之乡，美丽屯昌——油画大赛作品展"。12月，参与主办"周铁利油画展"。

【摄影家协会】

1月30日，召开了四届五次理事扩大会议。元月22日，省摄协组织海口市、三亚市和省直摄影家约50余人，分别来到澄迈县的加乐镇石坑村、海口市的石山镇、三亚市的高峰乡义务为群众拍照"全家福"并赠送各种摄影年画等。4月16日，举行海南三月三摄影协采风活动，组织100余人的采风组，分别深入三亚、琼中、白沙、乐东、东方等市县参加"三月三"活动采风。4月23日，组织摄影界为玉树灾区捐款。6月30日，举办摄影人讲坛活动。8月15日，召开第五次代表大会，选举新一届理事会和主席团。9月4日，举办摄影人讲坛走进儋州活动。9月11日，举办岛屿影像论坛。11月9～19日，赴台湾举办摄影交流展。11月21日，海南抗洪救灾摄影比赛颁奖。11月27日，举行广西涠洲岛三省大画幅摄影采风活动。12月4日，举办海口三亚两地摄影展。12月23日，开展"送欢乐·下基层"摄影服务活动。12月31日，举行"海南风情小吃街"影赛活动暨省摄影界年会。

【影视家协会】

12月，与海南华人国际有限公司联合策划并邀请中央电视台《走遍中国》，拍摄海南篇。11月，和天涯社区、海口市文联联合举办"海南省影视明星模仿秀才艺表演大赛"。12月，和海口市委宣传部联合策划举办"中国海口市影视剧创意大赛暨海南省影视家协会四届首次年会"。8月，制定《海南省影视家协会2010～2015年工作规划》。11月，成立海南省影视家协会影视艺术活动工作委员会桂林洋山海度假村。5月，主抓农垦题材的电视剧《家在海角、人在天涯》创作拍摄预期将在2012年完成该电视剧的所有制作工作。

【曲艺家协会】

4月，支持省曲协会副秘书长邢日清参加中央电视台"非常6＋1"庆五一特别节目。5月，张德美担任由省委宣传部、省文体厅、省文联、海口市委、市政府等联合举办的"向着太阳—纪念海南解放60周年"大型合唱音乐会总导演、艺术总监。8月，召开第二次全省会员代表大会，进行了换届工作，选举产生了由王晓文任主席，于培华、彤群旺、孙源斌、战中伟、华斌、李修林、罗大明任副主席的第二届省曲协领导班子。8月，根据海南省曲艺界的具体情况，成立了海南省曲协曲艺创作专业委员会、曲艺表演专业委员会、曲艺活动专业委员会、曲艺教育专业委员会和三亚曲艺中心等分支机构。10月，启动首届海南省曲艺小品大赛，开始第一阶段即原创作品征集。10月初，协办由海口市委宣传部、海口市文联、海口市音协等主办的"军民鱼水情"庆国庆大型文艺晚会。12月31日，受黑龙江电视台和本山快乐营邀请，邢日清参加了黑龙江电视台"新年联欢暨本山快乐营总结表彰晚会"现场直播的演出。10月初，张德美应邀担任由海口市委宣传部、海口市文联、海口市音协等举办的"军民鱼水情"庆国庆大型文艺晚会总导演。

文艺创作表演入展获奖情况

【影视】

电视文艺节目"2000年（第10届）中国海南岛欢乐节文艺晚会暨华谊群星欢乐节"荣获第25届中国电视金鹰奖电视文艺节目提名奖（三等奖）。专题片《海里养出赚钱的鸭子》在第四届新农村新农民——中国农村小康故事拍摄中荣获电视专题片优秀作品二等奖。电视文艺节目"风雨同舟义演晚会"在中国视协举办的2010年抗灾救灾优秀电视作品总结推选活动中荣获了好作品奖。纪录片《诗魂三道》、《七仙岭的传说》，获中国电视艺术家协会主办的第二届中国新农村电视艺术节中分别荣获"十佳魅力乡镇电视风采奖"及"新农村新农民才艺风采展示奖"。

【书法】

五指山市书协、屯昌县书协被评为中国书法进万家工作先进集体，黄荣生、梁辉、林尤葵、苏文殷被评为先进个人。省书协被评为全省社会组织工作先进社会组织。23件作品入展第八届全国刻字艺术展。江寿男、陈洪、王熊平、陆庆作品入展由中国书法家协会主办的“当代书坛名家系统工程——五百家书法精品展”。

【音乐】

吕盈盈、郭俊良获第五届鼓浪屿钢琴节及第二届全国少儿（业余）钢琴展演比赛入围奖，符芳印获得了所在组别比赛铜奖，指导教师张黎获优秀指导教师奖。海南华侨中学合唱团赴京参加全国各民族童声合唱电视汇演比赛获银牌。省音协理事、合唱团指挥，殷力甫老师获得本次比赛唯一一个优秀指挥奖。理事李群山代表中国参加2010年意大利罗马国际声乐比赛获得男中、低音组的二等奖。邢孔镭作曲、曾德仕作词的歌曲《椰风吹过的地方》获第11届“人民之春·中国民族民间歌曲演创大奖赛”——“中国民歌十大金曲金奖”，邢孔镭荣获“中国民歌创作人民专家”奖项。何华俊获上海国际青少年钢琴大赛少年B组、中国作品少年组两项金奖，李瑛超获得青年组金奖。

【舞蹈】

吴圣彪、罗小珠、梁文蕙编排舞蹈《黎乡雨趣》获全国第15届群星奖比赛舞蹈类“群星作品大奖”，颜业岸编导的群舞《远征》获第七届校园“荷花奖”普通院校组表演金奖，黄娜、孙军编导的群舞《椰香》获艺术院组表演奖。省舞协荣获优秀组织奖。辜杰红的《黎娃闹夜》、《大海我的家》等5部作品获“青春风采”——第二届中国广播影视艺术人才展示推广活动暨全国中小学生音乐舞蹈艺术欢乐营5金2银1铜。苏和荣创编的《郎典打柴舞》获第八届民间艺术节银奖。舞蹈《郎典打柴舞》获省少数民族文艺会演创作一等奖，表演一等奖。杨艺、罗小珠等编排的群舞《岁月的记忆》获第七届中国“荷花奖”当代舞、现代舞大赛优秀作品奖和组织奖。文平创作黎族舞蹈《织韵》获省第三届少数民族 文艺会演三等奖。

【美术】

王锐的《古榕依旧》、符嘉臻的《网》分别入选中国美协主办的“上海国际水彩画双年展”。李生琦获中国油画学会《研究与超越—第二届中国小幅油画展》学术奖。杨彬、符嘉臻、王守田、林超、蒙美立作品入选中国美协主办的以“生态、和谐、美好”为主题的上海世博中国美术作品展。郭红雨的版画《哥哥心中的梦想》、吴萍和陈里思合作的版画《我是太阳》参加第九届中国艺术节“中国风格·时代丹青——全国优秀美术作品展览”，被中国国家画院收藏。王家儒的《夏夜·海口老街》，丁孟芳的《渔歌·归》，王锐、吴丹的《黎家印象·归之三》，符嘉臻的《南海渔归》，王义辉的《红椰》五幅水彩画作品入选中国美协主办的第九届全国水彩、粉画展。协会被省民政厅评为“海南省先进社会组织”。

【摄影】

黄启清、王鹏飞获得中国摄协主办的第23届全国影展入围奖。代国夫《同一样的情、同一样的爱》作品获得中国摄协主办的中国网络国际摄影大赛铜奖。

【曲艺】

邢日清参加中央电视台“非常6+1”庆五一特别节目中荣获“非常明星”奖。张德美、战胜、唐世江为省地税局创作编排的音乐快板《海南地税颂》、李修林创作编排的小品《送礼》参加国家税务总局的汇报表演获总分第二名。彤群旺创作编排的音乐小品《护航之前》、周雯雯创作演出的相声《鹿城访谈》在“首届三亚市文明礼仪曲艺小品电视大赛”分获一等奖和二等奖。

【戏剧】

在省征集戏曲剧本活动中，陈贯明《琼林才女》（编剧:）、《春雨花盛》（编剧：李发启）、《海瑞过雷州》（编剧：陈修演）分获“剧本奖”。现代琼剧《下南洋》获第九届中国艺术节文华奖优秀剧目奖、剧作奖，张卫山获个人表演奖。在“省琼剧名家名段唱腔暨器乐比赛”中，林川媚、李伟、吉劲旅获唱腔比赛专业组个人一等奖，王琴、周云获业余组个人一等奖，林芳、王娴、魏坤获少年组优秀奖。黄云福、蒙美娇获器乐比赛个人一等奖。谢成驹《琼剧唱腔音乐变革、特点再认识》获首届全国戏剧文化奖论文奖二等奖，韩海萍《戏曲淡节表演艺术浅论》、黄志启《海南唢呐》、林川媚《感悟戏剧环境用心塑造人物》、杨少雄《虚拟是戏曲表演的特有手法》获三等奖。

基层文联

【昌江县文联】

2010年内，昌江县文联坚持立足县情，围绕出精品、多出人才目标，坚持发扬蚂蟥叮吸精神，主动出击，“寻米下锅”，在服务西部开发建设中，扩大文艺界的社会影响力。一是文艺活动丰富多彩。举办“昌化江畔木棉红”文艺采风活动，开展义务为群众写春联文化下乡服务活动，举办“昌化江畔木棉红”——“向祖国汇报”文艺作品征集活动，出版庆祝新中国60华诞文艺创作优秀作品集，举办“中国电信杯”首届舞蹈大赛，举办抗战60周年书画展，举办“喜迎国庆，歌颂昌江、歌颂海南”国庆书画摄影展，举办“和谐奋进杯”散文大赛和征联比赛，举办“走进昌化走进棋子湾”当日摄影赛，参加西部六市县书法展，举行学习“李长春观看吴冠中作品展时的重要讲话座谈会”。二是文艺创作出成果。出版第二届“昌化江畔木棉红”文艺创作优秀作品集，摄制“昌化江畔木棉红”纪实风光片，反映核电建设的长篇报告文学《中国核电的“海南速度”》，被南海网作为首页顶端推荐发表。《中国核电“海南速度”》、《热血警魂》获第二届光耀中华组委会征文一等奖，钟绍陵散文《追求高度》获华表奖二等奖，杨福果的《雨中的白玉兰》获“首先杯”全国散文大赛优秀奖，《再忆云月湖》被收入作品精选集，成为签约作家。钟海珍的《大榕树》获省内“我心中的树”征文优秀奖，黄安雄发表《昌江赋》引起积极的反响，孙如强主编出版《昌化江潮声》（上、下集）。摄协会员在省文化艺术网、省摄协网、南海网阳光岛昌江版块、海南一家昌江版块等互联网络上发表摄影作品上千幅，杨镇的《秋的收获》、戴建伟的《搏》入选多彩贵州第五届摄影博览会展，戴建伟的《海南火山口的喜事》获海口市摄影大赛优秀奖；冯推德、邱瑞天、梁敏波获“千里海疆行摄影大赛”优秀奖项，李云忠的国画作品《咏春图》入展“全国冶金职工美术大赛”，周烨等4位同志的工艺美术作品入展海南首届工艺美术作品展并获奖。诗联学会会员在国家级刊物《中华诗词》、《诗词月刊》发表作品11首，9位会员在省级刊物《长白山诗词》、《琼苑》等发表作品12首，钟德诗等四人创作的《昌江工伤保险之歌》，获21世纪华人音乐奖，黎族音乐人符英生撰写的音乐论文《浅谈和弦》和原创歌黄《昌化江畔》获全国音乐论文和词典三等奖。乡镇群众文艺团体珠碧江诗词楹联协会出版了《珠碧江诗韵》、《珠碧江歌浪》，具有浓厚的乡土特色。

重庆市文联

综　述

2010年是“十一五”规划的收官之年，也是重庆市文联围绕党的十七大提出的兴起社会主义文化建设新高潮、落实中共重庆市委提出的推进重庆文化大发展大繁荣战略任务的重要一年。一年来，在中国文联的关心支持下，在中共重庆市委、重庆市人民政府的领导下，在中共重庆市委宣传部的管理指导下，重庆市文联团结带领全市广大文艺工作者，以邓小平理论和“三个代表”重要思想为指导，全面落实科学发展观，高举旗帜、围绕大局、服务人民、改革创新，以中共重庆市委三届五次全委会精神为指针，以推动文艺创作繁荣为核心，以深化讲故事活动为重点，以开展品牌文化活动为载体，学习先进经验，争创全国一流，努力开创西部地区文联工作新局面，为推动重庆文艺大发展大繁荣、建设长江上游文化中心做出了积极贡献。

文艺活动

【“送欢乐下基层”活动】

重庆市文联积极响应中国文联号召，秉承“百花回报沃土、艺术服务人民，建设和谐文化、构建和谐重庆”的宗旨，积极开展“送欢乐下基层”活动，努力满足百姓求知、求美、求乐的精神文化需求。2010年元旦春节期间，重庆市文联和各市级文艺家协会广泛开展了形式多样的送欢乐、下基层活动。重庆市文联与重庆市杂协在渝北区洛碛镇政府广场为当地百姓送上丰富的文艺节目。1月6日，重庆市文联党组书记、副主席王超率70名文艺工作者到铜梁县，为龙乡人民献上了精彩的文艺演出，并到巴川街道为敬老院老人和附近村民进行演出慰问。元宵节当天，市文联、市曲协组织重庆市著名曲艺家为北碚区的父老乡亲送去了精彩文艺演出。春节期间，市文联、市音协把欢乐和温暖送到了綦江县东溪镇，不仅向当地永乐小学和綦江县宣传文化中心各捐赠1台钢琴，还带去了精美的文艺演出。各市级文艺家协会、各基层文联也积极响应号召，把欢歌笑语送到老百姓身边。据不完全统计，元旦春节期间，市文联和各市级文艺家协会共组织1000多人次艺术家参加“送欢乐、下基层”公益慰问活动，活动受益群众近5万人次。

【开展讲故事活动】

自2009年3月底开始的讲故事活动，已经和唱红歌、读经典、传箴言一起，成为重庆新的城市文化名片。2010年以来，重庆市文联积极探索讲故事活动的长效机制，努力使讲故事活动向常态化、制度化发展。除围绕重大节庆、重要会议和重要来访为全市大型文艺活动提供故事文本和优秀故事员，为全市及基层区县和行业开展“唱读讲传”赛事制定规则、提供评委，市文联、市讲故事活动办公室还先后或独立或联合开展了“聆听重庆——5个重庆建设风采故事会”，“故事大王电视大赛”，“城市英雄、感动重庆”主题故事巡讲，全市创业故事大赛，“故事伴我成长”校园广播故事擂台赛，“三项活动”故事大赛，第二届“沙坪坝文化杯”全国故事邀请赛，“缅怀先烈、传承遗志——重庆市中小学生纪念抗美援朝出国作战60周年讲故事比赛”，全市电视故事大赛等大型赛事，在巴渝大地掀起新一轮讲故事热潮。特别是“三项活动”故事大赛，决赛和最后的展示汇报均在市委礼堂举行，大气的舞台、真挚的故事、深情的讲述，使活动取得了极大成功，获得中央政治局委员、中共重庆市委书记薄熙来的高度赞扬。据不完全统计，开展讲故事活动以来，全市共组织一定规模的故事会近9万场，讲述故事8万余个，直接听众达3000余万人次。全年举办各类培训班近50次，培训故事员、创作员6000多人。此外，还编发重庆市讲故事活动情况简报，出版《讲故事》刊物和专题故事集，与区县联合推出了《讲故事》增刊。

【百花争春——重庆文艺界新春联欢会】

2月26日，由中共重庆市委宣传部、市文联、市作协主办，市文联承办的“百花争春——重庆文艺界2010年新春联欢会”在重庆天宇大酒店宴会厅隆重举行。联欢会以正在全市广泛开展的“唱红歌、读经典、讲故事、传箴言”活动为主线，节目精彩纷呈，展现了重庆文艺界的热情和魅力。来自各市级文艺家协会的老中青三代艺术家代表300余人欢聚一堂，庆贺新春，畅叙友情，共话未来。中共重庆市委常委、宣传部部长何事忠，重庆市级相关部门负责人参加了联欢会。

【第三届重庆大学生戏剧节】

经过一年多认真筹备，4月，由中共重庆市委宣传部、市教委、市文广局、市文联主办，市剧协、《重庆晚报》、重庆电视台杂技频道等承办的第三届重庆大学生戏剧节隆重上演。此届大学生戏剧节共有17所非艺术院校、2所艺术院校的25个大小剧目参演，近万名师生观看演出。经过认真评选，话剧《门》、《今夜有人敲门》，诗舞剧《时代忠魂》，音乐话剧《当你有时间》等11部多幕剧以及小品《一袋美元》、《毕业了我们不分手》，小京剧《回家过年》等5个小戏小品获得“优秀创作剧目奖”；话剧《贵妇还乡》、《青春禁忌游戏》、《重庆往事·红色恋人》、《青春之歌》等7部多幕剧以及英语音乐剧《舞出我的人生》等4个小戏小品获得“优秀演出奖”；张巧等37名演员获得“优秀表演奖”；14名指导教师获得“优秀指导教师奖”；重庆师范大学等9所高校获得“优秀组织奖”。本届戏剧节参加院校比上一届多，创作的大型剧目比上一届多，演出的质量比上一届高，剧目的形式比上一届丰富。重庆大学生戏剧节已成为引领重庆市校园文化的一大文艺品牌。

【百年歌声、百年记忆——首届中华红歌会经典歌曲及传唱回顾展】

10月24～29日，由中共重庆市委宣传部、市文广局、市文联联合主办的“百年歌声 百年记忆——首届中华红歌会经典歌曲及传唱回顾展”在人民大厦广场隆重举行。中国人民解放军总政治部、成都军区和重庆警备区首长，中共重庆市委常委、宣传部长何事忠等领导专门观看展览。重庆市副市长谭栖伟，文化部社会文化司朱渤，中共重庆市委副秘书长周传航，中共重庆市委宣传部副部长樊伟，市文广局局长汪俊，市文联党组书记、副主席王超等领导和社会各界群众400余人出席开幕式。本次展览是首届中华红歌会的重要组成部分，所精选出的100首红色经典歌曲，集中展示了中华民族从艰难曲折的民主革命走向伟大复兴的百年沧桑历程。展览以中国革命百年历史进程为主线，由辛亥风云、星火燎原、保卫黄河、胜利曙光、红旗飘飘、春潮涌动、走向复兴、红歌嘹亮八大部分组成。在展览现场，重庆市文联印制了数万份展出的百首百年经典歌曲歌单，免费向观展人群发放，受到观众尤其是青年学生的热烈欢迎。展览期间，市文联还编辑出版了图书《百年歌声、百年记忆——首届中华红歌会经典歌曲及传唱回顾展》，获得好评。

【启动“爱的阳光洒满渝州——重庆文艺家扶贫济困爱心大行动”】

为充分发挥文艺工作者在构建社会主义和谐社会中的作用，大力弘扬中华民族扶危济困的传统美德，帮助解决部分群众生活困难和贫困学生就学问题，重庆市文联在2010年广泛开展“爱的阳光洒满渝州——重庆文艺家扶贫济困爱心大行动”，以艺术家特有的形式和独有的方式，奉献爱心、回馈社会。1月23日，“爱的阳光洒满渝州——重庆文艺家扶贫济困爱心大行动”启动仪式在荣昌县揭幕。市文联、市美协、市书协带去重庆市著名画家、书法家捐献的艺术作品35幅，荣昌县组织当地书画家创作作品100余幅，县机关事业单位和企业家现场定向认购了书画作品97幅，金额达123万余元。这批资金由荣昌县民政局在春节前统一发放到了困难群众手中，用于改善他们的生活条件或资助少年儿童学习。

【重庆市第六届书法篆刻作品展】

8月8日，由市文联、市书协主办，秀山土家族苗族自治县委宣传部等单位承办的重庆市第六届书法篆刻在重庆三峡博物馆开幕，来自重庆各地的书法爱好者近千人观看展览。开幕式由市文联党组书记、副主席王超主持，市政协、中共重庆市委宣传部、重庆武警部队、市书协和秀山土家族苗族自治县相关领导出席开幕式。这次作品展，从作品征稿、创作培训、看稿会、评选，到装裱、编书、展览等工作，活动历时5个月，共评出获奖作品39件，入展作品167件，入选作品123件。与往届展览不同的是，此次展览还评出青少年优秀参展作品8件，彰显重庆书界对青少年优秀人才的提携和关注。

【书写经典·重庆市2010万人硬笔书法大赛】

为将“唱读讲传”活动进一步引向深入，推动重庆硬笔书法事业发展，由中共重庆市委宣传部主办，市文联、市书协承办，《重庆晚报》、重庆理工大学重庆知识产权学院、重庆嘉禾实业有限公司协办的2010年万人硬笔书法大赛自4月启动以来，得到全市广大硬笔书法爱好者的普遍关注，共收到作品33284件，参赛作者中年龄最长的86岁，年龄最小的只有6岁。经认真评审，共评出成人组一等奖10名，二等奖20名，三等奖30名，佳作奖100名；青少年组佳作奖20名，入展作品1000幅。展览于2010年11月14日在巴渝文化馆举行了颁奖仪式暨优秀作品展开幕式，来自社会各界人士共1000多人参观了首日展出。

【全国著名留俄画家重庆邀请展暨中西部留俄画家美术作品展】

4日8日，由欧美同学会留俄分会、重庆市文联主办的“红色巡回”2010年首届全国著名留俄画家重庆邀请展暨中西部留俄画家美术作品展在重庆市规划展览馆开展。市文联党组书记、副主席王超等领导和中央美术学院教授戴士和、清华大学美术学院教授王铁牛等30余位全国著名留俄画家出席了开展式。展览共展出我国各个时期的留俄画家的作品100余件，让重庆市民通过这些作品充分感受俄罗斯文化的魅力。俄罗斯绘画像屠格涅夫的小说一样，充满了沉重的使命感。本次画展中的作品或风格清新高雅，或刻画细腻精到，人物形象既有造型美，又具内在美，无论是意境深幽的自然景色、形态逼真的景物描绘还是朴素真切的人物肖像，都能带给观者一种特殊的亲近和感动。画展期间，留俄画家们还赴红岩村、磁器口、中山古镇进行为期5天的红色写生活动，画出作品已集结成册。

【“音乐创作与先进文化高端论坛”】

10月30日至11月1日为了进一步推动“唱红歌、创新歌”活动的深入开展，提高重庆音乐创作水平，由中国音协创作委员会、市文联、市音协联合主办的“音乐创作与先进文化高端论坛”在重庆市委礼堂隆重举行。以期更好地拓展全市音乐创作者的视野、更新创作观念、发现培育新人，激励本土词曲作家倾力创作，打造出一批精品佳作。中国音协主席赵季平首场讲座《和谐社会与音乐创作》，揭开了为期3天的音乐创作高端论坛的序幕。深入浅出的创作理念，引人入胜的创作实践，让自重庆各区县文联、音协、大专院校、专业院团的音乐工作者，以及重庆市各社区红歌合唱团的音乐爱好者听得津津有味，深受启发。付林、王世光、孟卫东、金兆钧、虞文琴、晨枫等著名音乐家根据自己的创作实践和成功经验进行音乐创作主题讲座，分别就《红歌欣赏漫淡》、《歌曲与歌剧创作体会》、《当代歌词创作的现状》、《当代歌坛的观察与思考》等主题先后开办讲座，对重庆目前创作的歌曲作品进行了精辟的剖析、点评。广阔的视野，丰富的内容，亲身的感受，明确的表达，给听众带来极大的创作启迪和视听享受。

【重庆市第二届青少年书法艺术节】

12月7日，由市语言文字工作委员会、市文联、市书协、重庆教育科学研究院联合主办的“重庆市第二届青少年书法艺术节”在大渡口区隆重开幕。市人大、市政协、中共重庆市委宣传部、市教委、市文联、市书协、市教科院和大渡口区相关领导及书法爱好者共500余人参加开幕式。书法艺术学校、少儿书法50佳、书法教育先进单位和先进个人、第26届中日青少年书法竞赛重庆获奖选手分别获得授牌和表彰。为期一周的书法艺术节期间，先后举办了书写经典·重庆市青少年书法大赛优秀作品展、第二届全国学生规范汉字书写大赛重庆选拔赛优秀作品展、育才杯·重庆市第三届青少年书法小品展、大渡口区育才小学师生书法展览暨现场表演，以及重庆市第二届书法教育论坛。

文艺创作

【夔州诗学术研讨会】

12月16日，第四届中国三峡·奉节脐橙文化节暨首届诗城奉节诗歌节期间，由中华诗词学会、中国古代文学理论学会、中共重庆市委宣传部和市文联主办，奉节县委、县人民政府承办，市文艺家活动中心协办的“夔州诗学术研讨会”在奉节县举行。原中共中央宣传部副部长、文化部代部长、著名诗人贺敬之发来贺电，中国文联原党组书记高占祥，中国作协副主席、书记处书记高洪波，中国文联原副主席李瑛、李准、胡珍等打来电话祝贺。研讨会由著名诗人、市文联秘书长杨矿主持，奉节县委书记谢礼国致辞，梁上泉、木斧、蓝锡麟、王久辛、傅天琳、鄢家发、商震、方文、李建华、李鲁平等数十位来自北京、四川、湖北以及重庆的诗人学者，就深入挖掘夔州诗文化内涵、进一步传承诗城文化发表了意见，中华诗词学会顾问、著名文艺理论家梁东做了总结讲话。《光明日报》、《中国艺术报》、《中国文化报》分别以整版和半版的篇幅刊登研究文章，对夔州诗的研究进行介绍推广。研讨会举行前，中共重庆市委常委、宣传部部长何事忠会见了与会的专家学者。

【“唱红歌、创新歌”歌曲征集活动】

4月初，由中共重庆市委宣传部、市文广局、市文联、市音协联合开展的“唱红歌、创新歌”音乐创作活动开始向全市征集作品。为保证创作质量，市文联还重点邀请重庆市部分音乐家，组织他们围绕“五个重庆”建设，深入基层一线采风创作。活动共收到新歌作品200余件，其中包括来自广东、上海、湖北、河南、四川、贵州等地的应征作品。4月29日，市文联在荣昌县组织了“唱红歌、创新歌”演唱会和尔康音乐作品研讨会。此次征集活动中的部分优秀作用已由媒体推荐给市民传唱，其中，由重庆市文联委员、巴南区文联主席戚万凯作词的《啊，红歌》获得由文化部和中共重庆市委、市政府联合主办的首届中华红歌会颁发的唯一特别奖。

【征集优秀电影剧本】

为迎接建党90周年、辛亥革命100周年和党的十八大胜利召开，讴歌“五个重庆”建设取得的辉煌成就及“三项活动”中涌现出来的感人事例，市文联与市影协联合举办了首届“沙坪坝杯”电影剧本征集活动。截至9月30日，共收到市内外稿件41部。11月23日，终评评委以投票方式评出获奖作品4部：刘帆、张弛创作的《七曜往事》获最佳剧本奖，王雨、鄢雨、贺剑（湖北作者）分别创作的《船神》、《门朝天开》、《钱袋儿》获优秀剧本奖。

【电影《派饭》杀青】

首部重庆教育题材电影《派饭》在中共重庆市委、市政府的高度重视下，已由市文联、巫山县政府、北京海晏和清影视文化有限公司于2010年初在巫山联合摄制完成。《派饭》是一部以农村教育为题材的影片。故事以教育局取消派饭为引子，讲述了一位教师在一个偏远的小村庄教书，由于学校没有食堂，老师每天只能轮流到学生家里吃饭。一个厨师进村后，扰乱了传统的派饭秩序，村民们因而与厨师有了矛盾，随后引起了一系列的“风波”。整个故事贯穿弘扬尊师重教的传统精神，影片在感人至深的故事情节中展示三峡和巫山优美的生态环境、淳朴的民俗风情和深厚的文化底蕴。该影片先后入围上海国际电影节新片展及传媒大奖单元和美国圣地亚哥儿童电影节开幕式影片，并被国家广电总局列为2010年第二批国家重点推荐影片在全国发行。

【永川区获“中国书法之乡”称号】

重庆市永川区因“附城三河汇碧、形如篆文‘永’字”而得名，产生了陈子庄、游子明、余轶凡、刘声道、傅晏风等较有影响的书法家和书法理论教育家。为传承历史、弘扬文化，助推永川区“精美城市、渝西高地、幸福永川”建设，永川区于2004年提出创建“中国书法之乡”目标，纳入政府工作总体规划，重投入，育人才，搞活动，建基地，抓普及，使书法人才队伍不断壮大，书法艺术水平大力提升，书法文化事业得到长足，尤其是书法教育进课堂和书法融入城市景观成为最大亮点，得到了广泛赞誉。经市文联、市书协积极争取，7月15日，中国书协授予永川区“中国书法之乡”称号。永川成为全国第36个、西南地区首个“中国书法之乡”。授牌当日，中共中央政治局委员、重庆市委书记薄熙来在重庆会见了前来授牌的中国文联副主席、中国书协副主席段成桂，中国书协分党组书记、驻会副主席兼秘书长赵长青一行。中共重庆市委常委、宣传部长何事忠，市委秘书长徐鸣以及市文联党组书记、副主席王超，市书协主席刘庆渝参加会见。

【中国曲协赴走马镇授牌“中国曲艺之乡”】

重庆市九龙坡区走马古镇民间曲艺活动，拥有悠久的历史、厚实的底蕴和广泛的群众基础，形成了“故事家家户户讲，男人讲，女人讲，娃娃也能讲；山歌年年月月唱，台上唱，坡上唱，处处都在唱”的民间文艺盛况。经市文联、市曲协积极协调争取，11月21日，中国曲协分党组书记、副主席、著名相声表演艺术家姜昆亲临重庆走马镇，为走马古镇授牌“中国曲艺之乡”。至此，走马镇正式成为重庆市首个西部第二个“中国曲艺之乡”。中国曲协分党组成员、秘书长刁惠香，市人大常委会副主任王洪华，中共重庆市委宣传部副部长樊伟，市文联党组成员、副主席陈若愚，九龙坡区委书记刘光全等出席授牌仪式。授牌仪式结束后，重庆市广大曲艺艺术家和曲艺爱好者为走马的父老乡亲献上了精彩的曲艺节目，姜昆为热情的观众即兴表演了一段相声，并为“中国曲之乡”和“走马民间曲艺团”题名，并观赏了古镇特色民间文艺展示。

【重庆各文艺门类成绩斐然】

在第二届中国校园戏剧节上，由市文联、市剧协、市教委推荐，重庆大学艺术团缙云话剧社创作排演的话剧《重庆往事. 红色恋人》从13个非专业院校参演剧组中脱颖而出，一举摘得“中国戏剧奖·校园戏剧奖·优秀剧目奖”，编导王宏亮获“中国校园之星”称号，显示了重庆戏剧的实力。

由万州区创作排演的大型方言话剧《三峡人家》，在第六届全国话剧优秀剧目展演活动中，从全国各省、自治区、直辖市申报的56台剧目中脱颖而出，荣获“第六届全国话剧优秀剧目展演”二等奖，并在第九届中国艺术节上获第13届“文华优秀剧目奖”，列该奖项话剧类第一名，并获得“文华剧作奖”、“文华导演奖”、“文华舞台美术奖”3个单项奖，男主演朱启瑞获得“优秀表演奖”、女主演刘莹获得“表演奖”，囊括了本届“文华单项奖”话剧类的所有奖项类别，实现了重庆市在文化部每三年主办一次的专业舞台艺术政府最高奖中获奖数量、获奖等次的重大突破。

在第九届中国艺术节上，市曲协会员凌淋表演的谐剧《台上台下》、重庆三峡曲艺团表演的竹琴《赞三峡》和四川评书《江姐闯关》均获作品类“群星奖”。

在第七届中国文联文艺评论奖颁奖式暨第五届当代文艺论坛上，市文艺评论家协会主席周晓风的论文《中国当代文艺政策的文化价值取向》获得三等奖。市影协推荐的丁钟的论文《重庆地域文化与文化创意产业的问题研究》获2010中国重庆青年人才论坛·宣传文化分论坛论文二等奖，李庆华的论文获三等奖；市美协推荐的冯红梅、侯大全的论文《巴渝地区农村美术资源开发与利用对策研究与创新》获优秀奖。

重庆市梁平年画《盗令出关》在由中国民协参与主办的中国（潍坊）第三届文化艺术展示交易会暨全国木版年画联展上，荣获金奖。在由中国文联、中国民协联合主办的“第八届中国民间艺术节”上，重庆市选送的北碚区非物质文化遗产节目《柳呀！柳连柳》夺得银奖。

在第二届中国乡村文化艺术节暨首届中国农民艺术节全国乡村歌手大赛中，经市文联推荐，由郑伶俐、赵灿演唱的歌曲《挨到起》获民族组二等奖，白现贵等演唱的歌曲《妹妹是南山一树槐》获原生态三等奖。李成芝的作品《我们的运动会》获中国农民画展“最受欢迎的作品”荣誉奖，市文联获优秀组织奖。

机关建设

【提升文艺工作和文联工作的能力和水平】

用马克思主义中国化最新成果武装头脑、指导工作，是确保文艺工作正确方向和文艺事业繁荣发展的根本。2010年，市文联坚持以科学发展观为指导，通过全委会、主席团会议、秘书长会议、中心组（扩大）学习会议以及每周一上午的职工学习会和支部生活会等形式，组织文联系统广大干部职工系统学习党的十七届四中、五中全会精神，学习胡锦涛总书记2010年7月23日在中央政治局第二十二次集中学习时的重要讲话，学习李长春来渝调研时的重要讲话和指示，传达学习中共重庆市委三届七次、八次全委会等重要会议精神，组织职工观看优秀电影《复兴之路》、《唐山大地震》、《第一书记》和北京人艺表演的优秀话剧《李白》。为把文联建设成为学习型机关，市文联在干部职工中广泛开展了学习竞赛活动，为职工人手一册购买《读点经典》，号召职工撰写学习心得并在《学习园地》发表、组织评比。市文联党组书记、副主席王超在重庆市区县宣传文化系统干部集中大规模轮训中，为学员就《基层文联组织优势及其作用发挥》连讲6场，深获好评。通过以上多种形式的学习教育和实践活动，重庆市文联干部职工理想信念进一步坚定，政治敏锐性进一步增强，走中国特色社会主义道路的自觉性和坚定性显著提高。

【在巫山县瓜瓢村开展“结穷亲”活动】

在重庆市党员干部广泛开展的“进基层、进村子、进农户，与农民群众同吃、同住、同劳动”的“三进三同”、“结穷亲”、“大下访”3项活动和创先争优活动中，市文联4次组织职工前往巫山县建坪乡瓜瓢村，和27户困难群众开展“结穷亲、促发展、助增收”活动。驻村期间，市文联职工与村民们座谈交流，并走访了部分老党员、村干部、老贫困户和普通社员群众，对该村群众生产生活情况进行深入调查了解，与他们同吃同住同劳动，积极宣传党的方针政策，并为贫困户送去慰问金、慰问品，与村民们共同研究万元增收的具体规划。

通过进基层、进农村、进农户，与农民群众同吃、同住、同劳动，让重庆市文联干部职工进一步亲身体会到人民群众的勤劳质朴，真实体验到基层干部的创新实干，深切感受到广大农民蕴藏着的改善落后面貌的迫切愿望，深刻领悟到“三进三同”、“结穷亲”活动的重要意义。同时，也让大家看到了农村不殷实、农业不厚实、农民不踏实的现状，感受到了一种沉甸甸的责任，对新形势下进一步加强党性教育和搞好文联工作有了一些新思考和认识，从而充分体验了基层群众生活，牢固树立了群众观点，受到深刻的党性作风锻炼。

市文联创新思路，将捐赠资金、文艺资源和农民增收项目相结合，旨在从根本上帮助农民脱贫致富，此举受到巫山县委县政府的充分肯定并在全县推广，市文联党组书记、副主席王超撰写的体会文章在《重庆日报》发表。2010年年底，被帮扶的瓜瓢村农户户均增收3070元，人均增收1040元，为实现农户万元增收起到了示范带头作用。

【中国剧协第六届理事会第四次会议暨2010工作会议在渝召开】

3月22～25日，应重庆市政府的邀请，中国剧协第六届理事会第四次会议暨2010年工作会议在重庆召开。著名京剧表演艺术家尚长荣，著名戏剧理论家季国平，著名剧作家魏明伦、孟冰，著名戏剧表演艺术家白淑贤、韩再芬等100多位全国戏剧名家、学者会聚重庆，共话戏剧艺术发展大计。重庆是中国著名的历史文化名城。抗日战争“陪都”时期，在中共中央南方局的推动下，重庆戏剧界在民族存亡的危急关头，以戏剧为武器，积极创作和演出救亡图存话剧，成为大后方抗战戏剧的中心，曹禺、郭沫若、夏衍、陈白尘、吴祖光、张瑞芳、秦怡、白杨、舒绣文等一大批戏剧名家会聚重庆，创作上演了《北京人》、《屈原》、《家》、《雾重庆》、《风雨夜归人》等众多经典剧目，成为中国现代戏剧的一段黄金时期。会议期间，来渝的中国剧协领导、各省区市戏剧艺术家在抗建堂剧场观看了重庆话剧团新近创作演出的方言话剧《河街茶馆》，并进行了座谈研讨。还观看了川剧《李亚仙》，考察了重庆市新建成的川剧艺术中心，并在川剧艺术中心种植了具有纪念意义的“戏剧林”。

【重视调查研究】

调查研究是谋事之基。2010年，市文联加强调查研究工作。市文联党组书记、副主席王超率相关部门负责人赴巴南区、巫山县、巫溪县文联，就“巴南文化现象”、打造巫文化圣地等课题开展调研，同时就推动文艺事业、文艺产业发展，设立重庆市艺术产业园区，重庆市文艺创作现状，基层区县文艺创作情况等完成调研报告。特别值得一提的是，由市文联课题组起草的《打基础、抓龙头、造环境、摸规律，努力推动重庆文艺大发展大繁荣》一文被中国文联理论研究室编印的《文艺专题报告》全文刊载，扩大了重庆文联的美誉度。

【加强基层文联建设】

市文联积极建立健全基层文联组织，先后指导南川区、丰都县、石柱土家族苗族自治县、梁平县、渝北区成立了文联机构并召开了成立大会暨第一次代表大会，指导奉节县、垫江县、合川区成立文联机构。至此，重庆市40个区县全都有了文联组织。重庆市文联还积极指导永川区、九龙坡区文联成功换届，指导部分区县文联建立健全文联制度，规范文联发展。为加强基层文联建设，交流基层文联工作经验，8月18～20日，重庆市基层文联工作会在彭水县召开。重庆市各区县（自治县）文联、行业企业文联主要负责人、未成立文联的各区县宣传部分管领导共80余人出席了会议。会上，彭水县政协副主席、文联主席汪家生等8位同志分别就各自工作的亮点进行了经验交流。2010年年底，经过认真评比，九龙坡区等15个基层文联获先进基层文联称号，城口县等14个基层文联获优秀基层文联称号，戚万凯等34人获基层文联优秀工作者称号。

文艺家协会活动

【“山水重庆·中国画创作系列活动”启动】

重庆8万多平方公里的山川形胜，变化多端，既有北方山川的雄浑，也有南方山水的妩媚，民俗风情也多姿多彩。2010年，市美协正式启动以“山水重庆”为主题的“山水重庆·中国画创作系列活动”。活动以个人展、提名联展的形式隆重推出，展现“五个重庆”建设的丰硕成就，同时推动重庆市的中国画创作。

【第二届重庆市舞蹈比赛（专业）】

12月11日，为进一步促进重庆市舞蹈艺术的发展繁荣，创作优秀作品，发现优秀人才，由市文联和市文广局主办，市舞协承办的第二届重庆市舞蹈比赛（专业）决赛暨颁奖晚会在人民大厦落幕。重庆市舞蹈大赛是全市规格最高的舞蹈比赛，每五年举行一次。此次比赛共收到来自重庆大学艺术学院舞蹈系、重庆歌舞团有限责任公司、重庆长安汽车文工团、重庆艺术学校等十几支专业院校团的90件作品。通过半年的筹备、初赛，共40件入围复赛。进入决赛的作品8成以上是原创作品，达到了通过大赛推出优秀作品和人才的目的。我国著名舞蹈家、中国舞协名誉主席白淑湘，中国舞协顾问、一级编导李毓珊，中国舞协秘书长、中国艺术研究院舞蹈研究所所长罗斌，四川省舞协主席、一级演员王玉兰，成都军区战旗文工团副团长、一级编导苏冬梅，四川省音乐学院舞蹈系主任、教授李炜等名家莅临重庆，担任比赛评委，增加了此次比赛的权威性和公正性。最终，重庆歌舞团有限公司表演的群舞《竹枝词》等10个节目获得一等奖，长安文工团表演的当代舞《朝天门随想曲》等节目获得创作奖。

【第四届《新农村新农民——重庆农村小康故事》纪录片评奖活动】

为建设社会主义新农村，推进农村文化建设，由市文联、重庆广播电视集团（总台）、市视协联合举办的第四届《新农村新农民——重庆农村小康故事》纪录片征稿评奖活动顺利结束，共评出5部优秀作品。在中国视协举办的第四届农村小康电视节目工程活动中，由万州电视台选送的《伴》获最佳作品奖，巫山电视台选送的《吴保林的心愿》获好作品奖。

【重庆市民协参与完成中国民间文学集成项目】

由文化部、国家民委和中国民协共同发起的中国民间文学集成项目，历时20余年，于2009年全部完成普查、编纂、出版工作，是我国有史以来规模最大、涉及面最广、成果收获最多、经历时间最长、参与人数最多的民间文学抢救项目。该项目以省为单位分别立卷，三套共90个省卷本，共计约1.5亿字。以中国历史上前所未有的深度和广度，对中华各民族民间文学资源进行了系统规范的调查收集、研究整理出版，将几千年来散落在民间的无形精神遗产变为有形的文化财富，有效避免了民间文化在社会发展变化中的自然消减和灭失，为推进社会主义文化大发展大繁荣奠定了坚实的资源基础。

市民协自2005年开始，各方筹措资金，组建编委会，对直辖后的酉阳县、秀山土家族苗族自治县、黔江区、彭水县等重庆市各区县民间文学进行广泛调研收集整理，对故事谚语歌谣进行查漏补缺，出版发行了《中国民间文字三套集成》，填补了直辖后民间文学集成的空白。在中国民协成立60周年之际，中国民间文学集成先进集体及个人表彰大会在北京人民大会堂隆重举行。市民协主席罗中福等10人获“中国民间文学集成贡献奖”，市民协被中国民协授予“中国民间文学集成先进集体”称号。

【《中国木版年画集成·梁平卷》出版】

历时2年多筹备、策划、采写、编辑的《中国木版年画集成·梁平卷》由中华书局出版发行。《中国木版年画集成》共21卷，是国家社科基金特别委托项目中国民间文化遗产抢救工程，也是文化部资助的非物质文化遗产保护成果之一。《中国木版年画集成·梁平卷》包含梁平年画总概、代表作、分类与张贴、制作工艺与流程、作坊与艺人、销售与现状、与年画有关的民俗、歌谣、故事与画诀等几个部分，300多张图片，是重庆市民间文化工作者对梁平木版年画所做的科学、全面、系统的普查成果，表明了人类学、民俗学、美术学的融合，并体现了文字、录音、摄影摄像的全纪录，将作为中国木版年画的重要部份一同申报世界非物质文化遗产。从2008年起，在市文联的大力支持下，市民协致力于梁平木版年画的挖掘整理工作，在深入调研的基础上，多次召开研讨会，克服人力和资金困难，抓住重点，全面突破，几易其稿，终于使《梁平卷》顺利出版。大量的素材发现和严格的学术整理，是其重要价值所在，并引起了全国年画界的高度重视，这将对梁平年画的保护传承创新和可持续发展起到积极的推动作用。

【重庆市摄影创作荣获佳绩】

有着53年历史的全国摄影艺术展览，素有“国展”之称。在2010全国摄影艺术展览中，重庆市共有27人次34幅作品获奖，较上届国展仅5幅作品入选，增加了6倍，是直辖以来重庆摄影界在国展中取得的最好成绩。市摄协理事、北碚区摄协主席明俊雄的《生命曲》获得纪录类铜质收藏奖，市摄协主席冯建新的《25000里. com》（老红军组照）、重庆市摄协副主席晋守贤的《日子越过越滋润》分别获得评委推荐作品奖，另有24人次31幅作品分获纪录类、艺术类、商业类、青年组的优秀作品奖，市摄协获得“优秀组织工作荣誉称号”，是4个直辖市中唯一的代表。

【重庆市青少年书法成绩突出】

在第26届中日青少年书法竞赛活动中，重庆市作品获得3个第一的好成绩：个人全国第一，12人获奖位居全国获奖人数第一，在全国前20名获奖人数中重庆市占据3个名额，与上海同居全国第一。8月8日，中国书协在人民大会堂举行了隆重而热烈的颁奖大会。在第四届中国中小学书法节上，重庆市也取得了骄人成绩，学生书法作品有18件获奖，占全国获奖总数的1/4，9篇教师书法教育论文入选论坛，占全国入选总数的1/3，两者均为全国第一。重庆市师生在活动中的突出表现，受到有关领导和专家的充分肯定，得到与会同行的高度关注。

四川省文联

综　述

2010年是实施“十一五”规划的最后一年，也是实现四川省文联5年发展目标的开局之年。在四川省委、省政府的领导下，在省委宣传部的指导下，省文联及各团体会员高举邓小平理论和“三个代表”重要思想伟大旗帜，全面贯彻落实科学发展观，紧紧围绕“两个加快”，着力在围绕中心、服务大局上做工作，着力在出作品、出人才上下工夫，着力在深入基层、服务群众上下工夫，着力在履行联络协调服务和业务指导的职能上下工夫，团结动员广大文艺工作者，圆满完成了各项任务，为推动四川省文艺事业大发展大繁荣作出了积极贡献。

展览与演出

【“百花天府”——四川文艺界2010年新春大联欢】

2月2日，由省文联主办的“百花天府”——四川文艺界2010年新春大联欢在成都银河王朝大酒店举行。省领导郭永祥、王宇坤、黄彦蓉、曾清华和省直宣传文化系统领导朱丹枫、黄启国、何大新、何志勇、吕汝伦、杨茂成、陈黔鲁、杨时川等及部分市、州党政分管领导黄忠、曹家贵、宁坚、胡家正、杨朝波与全省文艺界知名艺术家和文艺工作者代表共500余人欢聚一堂，共庆新春佳节。联欢会在热烈、欢快的音乐声中拉开序幕。省人大常委会副主任、省文联主席郭永祥带领省文联主席团全体成员走上舞台首先向全省人民及文艺工作者拜年，之后，近400名演员演出了精彩的文艺节目。联欢会分为“梅花闹春”、“绚丽荧屏”、“巴蜀奇葩”、“兰亭神曲”、“梦幻空间”、“时代留痕”、“舞韵荷花”、“曲苑精粹”、“翰墨春秋”等板块。川籍著名影视演员潘虹、卢奇、刘劲等回川参加大联欢。

【四川省第14届摄影艺术展】

4月10日，四川省第14届摄影艺术展在成都西郊西村艺术品空间开幕。省文联党组书记、常务副主席黄启国，省委宣传部宣传处副处长王俊飞，省摄协主席王达军等与各市州摄协的代表、摄影工作者百余人参加了开幕式。摄影展分设社会生活、自然景观、民俗风情、新闻摄影、数码创意观念和图片故事六大类。共评出金奖14名、银奖28名、铜奖42名，此次展览从278幅/组摄影作品中选出了180幅/组作品参展。参展作品充分展示出新中国成立以来特别是改革开放以来四川取得的巨大成就，充分展示出四川经济发展、政治稳定、文化繁荣、民族团结、社会进步的大好形势，也充分展现出四川摄影艺术的最新水平。

【大型交响音乐会“生命”晋京演出】

5月13日晚，由中国文联作为指导单位，省委宣传部和省文联主办，省音协、四川音乐学院联合承办的大型交响音乐会“生命”在北京中山音乐堂举办，全国音乐界名人及近千名首都观众到场倾听。国家新闻出版总署署长柳斌杰，中国文联党组书记、副主席胡振民，广电总局副局长赵实，中国文联党组成员、书记处书记夏潮，省人大常委会副主任、省文联主席郭永祥，中央国资委副主任黄丹华，中国音协名誉主席傅庚辰、主席赵季平、副主席王次炤，省文联党组书记、常务副主席黄启国，省音协主席、四川音乐学院院长敖昌群等观看了演出。《生命》主要以交响乐和合唱的形式表现伟大的抗震救灾精神和灾后重建的壮志豪情，作品由弦乐交响诗《安魂曲》及大合唱《殇》、《拯救》、《此去经年》、《当我们重新站起》和交响乐《生命》等部分组成，在京演出新增合唱《汶川依然美丽》。整台交响音乐会由四川音乐学院交响乐团演奏，特邀中国交响乐团合唱团担任演唱。

【第八届“春熙放歌”走进绵阳监狱】

9月28日，由省委宣传部、省文联主办，省音协、省绵阳监狱承办的第八届“春熙放歌”大型文艺演出“希望”在绵阳监狱举行。省文联党组副书记、副主席陈黔鲁出席并观看演出。此次演出以“扬起希望的风帆，奔向新生的彼岸”为主题，弘扬狱警无私奉献、爱岗敬业，教育改造服刑人员的感人事迹，集中展示了监狱建设成就和教育改造成果。

【第11届西部国际“三品”博览会】

11月11日，由省文联、省人民对外友好协会、中华民族文化促进会四川分会主办的第11届西部国际“三品”博览会（民族民间工艺品、礼品、旅游纪念品含收藏品）和省人民对外友好协会、省茶文化协会联合主办的第二届西部茶文化展销会在成都沙湾国际会展中心开幕。省人大常委会副主任、省文联主席郭永祥，省委老领导冯元蔚，省政协原副主席陈官权，省政府副秘书长陈保明，省委宣传部副部长朱丹枫，省文联党组书记、常务副主席黄启国，党组副书记、副主席陈黔鲁，机关党委书记、副主席兼秘书长杨时川，省人民对外友好协会会长秦琳等出席开幕式。开幕式的文艺演出吸引了数千成都市民前往观看。此次博览会有来自全国22个省区、市的民族民间工艺品、礼品、旅游纪念品（含收藏品），以及泰国、越南、缅甸、俄罗斯、老挝等国的精美工艺品150多个品种，共计上万件同时在此展销。

文化惠民活动

【赴新北川慰问演出】

3月18日，在省人大常委会副主任、省文联主席郭永祥的带领下，四川省著名美术家、书法家及歌唱家一行深入到北川新县城的建设工地，慰问山东援建人员。省人大常委会副秘书长曾平，省文联党组书记、常务副主席黄启国，省文联党组副书记、副主席陈黔鲁，机关党委书记、副主席兼秘书长杨时川，绵阳市人大常委会党组书记左代富等一同前往。在临沂市援建的北川影剧院、川剧团和艺校建设工地，艺术家们演唱了《我用歌声谢谢你》、《都有一颗红亮的心》等曲目。临沂指挥部的20多位援建人员也演唱了原创歌曲《我为援川献力量》。在指挥部会议室，书法家、画家为山东对口援建北川指挥部挥毫创作40余幅书法美术作品，表达了艺术家们对山东援建单位以及山东人民的感激之情。

【送主旋律电影进高校】

4月4日，省文联、省影协“送主旋律电影进高校——走进四川大学锦城学院”活动顺利举办。当天放映了影片《十月围城》，并邀请专家李玲就影片精彩之处进行了点评。此次活动旨在传播先进文化，丰富校园生活，培养青少年积极向上的审美情趣和爱国情操。

【赴什邡、绵竹慰问演出】

5月15日，省文联、省杂协调集省内6个杂技院团的演员，组织了一台杂技节目赴什邡、绵竹慰问演出。上午，慰问演出在什邡博物馆广场举行。省文联党组副书记、副主席杨茂成、陈黔鲁，省文联副主席、省杂协主席陈育新，德阳市文联主席范小平，什邡市委宣传部副部长李元韶，什邡市文联副主席赵万凤等与近千名群众一起观看了演出。下午，演出在绵竹公园广场举行。此次慰问演出由成都文化艺术学校创作的《五环球技》、《掌上芭蕾》，杨屹的新派魔术表演、遂宁市杂技团的《柔术》、四川虹宇艺术团的《蹬人》、南充市杂技团的《力量》、宜宾市杂技团的《坛技》、遂宁市杂技团的《晃板》、南充市杂技团的《转毯》等节目组成，受到当地群众的普遍欢迎。

【“慰问·感恩·采风·创作”活动】

5月31日至6月4日，以省人大常委会副主任、省文联主席郭永祥为团长，省文联党组副书记、副主席陈黔鲁，机关党委书记、副主席兼秘书长杨时川为副团长，带领省级各文艺家协会的30余名艺术家深入“5·12”汶川大地震重灾区广元市剑阁县、青川县，绵阳市北川县、江油市、平武县、安县，德阳市什邡市、绵竹市等26个恢复重建点进行“慰问·感恩·采风·创作”活动。对灾后恢复重建的情况特别是文化重建等进行了考察、调研。在北川新城，艺术家们走到潍坊援建的工地时，建设者们唱起了词、曲都由自己创作的《援建之歌》；临沂援建工地的建设者们则给大家唱起了用沂蒙小调填词的《援建之歌》。6月4日中午，在什邡市开展的慰问活动中，省委副书记李崇禧与郭永祥一起向北京、江苏援建什邡、绵竹的工程人员和什邡市委、市政府，绵竹市委、市政府分别赠送了书画家创作的美术、书法作品，表达了四川人民和灾区干部群众对援建省市的感恩之意。崇禧副书记和永祥主席还利用中午休息时间，召集德阳市、绵竹市的党政领导和省市美术家、年画家专门召开“绵竹年画座谈会”，对绵竹年画如何进一步汇集人才、开发创新、提高质量、扩大影响、拓展市场、走向世界等一系列问题分别发表了重要讲话，提出了建设性的意见，并要求德阳市和绵竹市的领导及省、市文联和美协组织美术家认真研究，抓紧落实。此次“慰问·感恩·采风·创作”活动为所到之地的干部群众共奉献文艺演出10场，赠送当地党委、政府，各援建单位书法作品共196幅，美术作品61幅，现场为农民朋友、中小学师生、援建人员拍照赠送照片600多幅，深受灾区干部群众、援建工程人员及中小学师生的喜爱和欢迎。同时拍摄了宝贵的影像资料3000余幅。现场创作歌曲一首。

【“文艺惠民工程”走进中石油四川油气田江油基地】

6月18日，省文联慰问团来到中石油四川油气田江油基地灾后重建项目现场，为灾后重建的建设者们书法、绘画，并献上了一台精彩的文艺节目。省文联党组书记、常务副主席黄启国，党组副书记、副主席杨茂成，机关党委书记、副主席兼秘书长杨时川，中石油西南油气田公司副总经理、省石油文联主席伍志明等与江油石油基地的石油人、灾后重建的建设者千余人观看了文艺演出。黄启国、杨茂成向中石油西南油气田公司、四川油气田江油基地等单位赠送了由四川省著名书画家梁时民、武海成、潘欣、代跃、王安国、文永生等创作的美术、书法作品。为表达对艺术家们的感谢，伍志明、王建成代表四川油气田等单位，向四川省文联赠送了“文化润泽灾区，艺术点亮生活”、“心系灾后重建，共筑美好家园”两面锦旗。

【赴成都军区陆航团慰问演出】

7月30日，省文联、省民协组织近40名艺术家赴成都军区某陆航团慰问演出。民间艺术家们为战士们做剪影、做面塑、编中国结等，并教战士们学习棕编和剪纸。四川省文联艺术团全体歌唱演员以小合唱《我和我的祖国》拉开演出帷幕。慰问演出了川剧片段《人间好》、谐剧《我的未来不是梦》、武术、歌曲《东西南北兵》、《为了谁》、独舞《小茶倌》、现代魔术《梦幻爵士》、川剧绝活、大型木偶表演《变脸吐火》、无伴奏民歌独唱《东方红》等不同风格的节目。

【“蜀中文化旅”拥军慰问演出】

9月6日，省文联党组书记、常务副主席黄启国带领省剧协、省曲协、省摄协的50余位艺术家，来到大凉山腹地的成都军区驻川某部外训点，开展了“蜀中文化旅”拥军慰问演出，为正在紧张训练的部队官兵，献了上了一台丰富多彩的文艺节目，演出受到了部队的热情欢迎。

【赴新北川慰问演出】

9月20～21日，省人大常委会副主任、省文联主席郭永祥，省文联党组副书记、副主席陈黔鲁带领省文联慰问团的知名艺术家们来到北川新县城援建工地，开展慰问活动。当日下午，慰问团观看了由山东援建指挥部编剧并演出情景剧《鲁川情》，讲述了汶川大地震发生后，3万齐鲁儿女援建北川，帮助灾民重建家园的感人事迹。慰问团的艺术家们也献上了一场精彩的演出。演唱了歌曲《望月》、《格桑花》、《美丽心情》、《山东兄弟》等，表演了魔术《梦幻爵士》、柔术《艺术软功》、川剧绝活《变脸吐火》等，表达了四川人民对山东人民和援建工作者的感激之情。在随后的笔会上，省美协主席阿鸽、副主席梁时民、武海成、全国牡丹画会副会长邵仲节、中年画家邵大光、成都山水画副会长姚叶红、省书协副主席代跃、郭强等8名画家、书法家联袂创作了巨幅国画《永昌春意》，表达了书画家们对山东援建工作者以及北川深深的祝福。随后慰问团分别到北川电视台和步行街援建工地慰问演出，艺术家们受到了山东援建队的热烈欢迎。

【“温暖·家园——最美的全家福”拍摄工程】

11月15～17日，省文联、省摄协“文化惠民工程走进桃坪羌寨活动”，省文联、省摄协“温暖·家园——最美的全家福”拍摄工程开机仪式，在阿坝州理县桃坪乡桃坪羌寨同时举行。省文联党组书记、常务副主席黄启国，党组副书记、副主席陈黔鲁等与四川省20余名摄影家参加了活动。在启动仪式上，省文联和省摄协向桃坪乡赠送了画册和2011年新年挂历，向村里的儿童赠送了玩具。活动当天，摄影家们将照相馆原样搬进寨子，并现场为当地百姓拍摄照片并打印赠送，受到当地群众的热烈欢迎。“温暖·家园——最美的全家福”拍摄工程还于12月1日在绵阳安县展开，当天，摄影家们为村民们拍摄并打印全家福近200余幅。

【四川省戏剧进校园】

12月28日晚，由省文联、省教育厅、省剧协共同举办的“四川省戏剧进校园”活动在四川师范大学龙湖剧场举行了启动仪式，经典川剧《巴山秀才》同时在该院上演。省人大常委会副主任、省文联主席郭永祥，副省长黄彦蓉，省政府副秘书长陈保明，省文联党组书记、常务副主席黄启国，省文联机关党委书记、副主席兼秘书长杨时川，省教育厅副厅长何绍勇，省委宣传部文艺处处长牟佳，省剧协主席廖全京，四川师范大学党组书记高林远，四川师范大学校长周介铭等出席了启动仪式并观看演出。启动仪式由黄启国主持，黄彦蓉做重要讲话，郭永祥宣布“戏剧进校园活动”启动演出开始。担纲此次首场演出的省川剧院派出了最强阵容，由国家一级演员、梅花奖获得者陈智林饰秀才，国家一级演员旦志生、李艳冬、刘燕分饰孙雨田、钦差和孟娘子，国家二级演员刘燕、李忠等分饰其他重要角色。

基层文联建设取得实效

《中共四川省委办公厅关于加强和改进新时期文联和作协工作的意见》（川委办〔2009〕15号）下发一年多来，四川省文联通过举办培训班、下发文件、征求意见、督促落实等多种方式，加强了贯彻落实文件精神的力度。郭永祥主席在听取了各市州文联关于15号文件的贯彻落实情况的汇报后，就各市州文联提出的问题专门给各市州党政主要领导写信提出了解决具体问题的要求。这些举措，对推动基层文联工作起到了巨大的作用。从15号文件下发后截至2010年底，四川省有9个市州全部建立了县区级文联，县区级文联总数达到122个。9个市州文联的办公环境得到改善，成都市、绵阳市等11个市级文联的办公经费得到了显著提高。在全省文联的共同努力下，15号文件的贯彻情况和成效良好，为县级文联的组织建设、活动开展提供了积极的政策措施支持，使全省文艺事业和文联工作呈现出新的景象。

创作与研究

【创作情况】

省文联先后多次组织召开全省重大题材重点作品创作研讨会，集中筛选创作题材，编制创作规划，对重点作品进行专题研讨。省级各文艺家协会经过充分讨论，确定了所属文艺门类的重大题材和重点作品，并组织开展创作。

由长影集团和省文联共同出资、联合出品，重点打造的电影《大太阳》已被中宣部和国家广电总局列入2011年建党90周年重点献礼影片和纪念“5·12”3周年重点影片。电影《大太阳》原剧本《生生不息》由省文联作家武志刚创作。该剧本荣获了广电总局“夏衍杯”优秀剧本奖。3月中旬，四川省文联组织省内20余位专家、学者对剧本进行了研讨，郭永祥主席以及省文联党组成员参加了研讨会。研讨会肯定了剧本的创作，也提出了中肯的意见。4月中旬，经广电总局剧本中心推荐，长影集团与剧本中心邀请了在京的部分专家，联合举办了电影《大太阳》剧本研讨会，与会专家对剧本给予了高度的评价与肯定。省文联对电影《大太阳》的创作继续给予了重点扶持。8月18日上午，电影《大太阳》在成都春熙路开机。该片以“5·12”汶川地震两周年为时间节点，反映了灾后人们心灵重建的真实经历。导演杨亚洲，主要演员为倪萍、刘佩琦、蒋勤勤、吴军、常戎以及抗震救灾小英雄林浩等。另外，表现四川保路运动的《路魂》和农村题材的《天府花开》两部电视连续剧正在全力创作中。

四川重大题材美术创作工程前期工作已有序开展。5月24日，省美协在成都锦江大礼堂会议厅召开第二次“四川省重大题材美术作品创作研讨会”。省文联党组副书记、副主席杨茂成，省文联机关党委书记、副主席兼秘书长杨时川，省委宣传部文艺处处长牟佳，省美协主席阿鸽，省美协名誉主席李焕民、钱来忠等以及来自部队、省、市画院、高等艺术院校和成都地区的美术家代表共60余人参加了研讨会。“四川重大题材美术作品创作工程”是由省委宣传部、省文联、省财政厅联合主办，省美协承办的一项美术创作工程，是继中宣部、文化部、财政部启动的“国家重大历史题材美术创作工程”之后，四川省有史以来启动的最大规模的重大题材美术创作活动。会议就省美协提供的70余项选题以及有关创作的形式、程序等问题进行了斟酌和分析，并提出意见和建议9条，新增选题12个。

【培养人才情况】

通过组织创作、培训、推荐参赛、组织考级、提供展演平台等多种形式，发现和培养优秀文艺人才。积极推荐各文艺家协会优秀会员加入国家级文艺家协会，据统计，全省2010年发展国家级文艺家协会会员157名。创建四川省少儿曲艺基地，开展全省动漫专业培训认证工作，开展戏剧新苗培养工作等。组织和推荐优秀文艺作品和人才参与全国性文艺评奖，吴瑕演唱四川扬琴《贵妃醉酒》获第六届中国曲艺牡丹奖·新人奖，曾晓利演唱四川扬琴《船会》获“中国·宝丰马街书会曲艺擂台赛”一等奖，龚晓膑创作的书法作品获第三届全国扇面书法展二等奖，李先海的雕塑《苦旅共甘泉》获第11届全国美展银奖，景长观的摄影作品《四川大地震》获第52届世界新闻摄影比赛（荷赛）突发新闻类二等奖，彝族歌舞《朵乐荷》获第八届中国民间艺术节·民间艺术表演奖银奖，王少农创作的中国夏布画《沱江山水图》获首届中国农民艺术节优秀作品奖，路耀武创作的《奔月》获第七届中国舞蹈“荷花奖”暨第二届全国校园舞蹈大赛铜奖，武志刚创作的电影剧本《生生不息》获“夏衍杯”优秀电影剧本奖，《以生命的名义——四川省抗震救灾大型特别节目》获第25届中国电视“金鹰奖”优秀文艺节目奖等。

【理论研究】

从文艺及文联工作面临的新形势、新情况出发，密切关注文艺领域创作和展览演出情况，积极把握文艺创作及理论评论动态，开展理论研讨和文艺评论活动。

10月28日，省文联系统网络文化建设和舆情信息工作会议在成都召开。省文联党组书记、常务副主席黄启国，机关党委书记、副主席兼秘书长杨时川，省文联机关各处室和省级各文艺家协会的负责人，各市、州文联的负责人和从事网络信息工作的干部，以及特别邀请的5个县（市）级文联的负责同志，共70余人参加会议。会议要求四川各级文联和文艺工作者，要加强网络道德建设，为网络建设铺设文明健康之路，加强网上文艺舆论引导，巩固和发展积极向上的主流文艺舆论，加强网络文化产品的创作生产，提供更多更好的网络文化产品和服务，抓好舆情信息工作，完善舆情工作制度和机制。会上，“四川摄影家协会网”、达州市文联、德阳“艺术人生网”、绵阳市文联、南部文艺网等负责人分别介绍了网站建设经验和在探索发展中遇到的困惑。各地文联负责人也介绍了网络文化建设和舆情信息等相关情况。会议期间，《中国艺术报》四川记者站与“四川文艺网”、《四川文艺报》共同建立“通讯员”组织，把各地文联具体负责文艺信息的采编人员纳入“通讯员”团队，颁发“通讯员”证，使全省文联系统的文艺信息直接与《中国艺术报》和“中国文联网”接轨，在全国文联网站扩大四川文联系统的影响力。

同时，还召开了四川省抗震救灾恢复重建摄影研讨会，四川省重大题材音乐创作研讨会，“后悲剧时代的灾难叙事与人文关怀”全国学术研讨会，书法理论研讨会，编纂《四川民间文艺60年论文集》等。充分发挥文艺界各类报刊网站的阵地功能，推出了一批以探索文艺发展规律，引导人们审美情趣，提高文艺赏析能力，推荐优秀作品为主题的高质量文艺评论。

【民族民间文化艺术保护】

积极推动民间文化遗产的原产地保护工作，2

月4日，经过一年多的申报、考察、专家论证等一系列程序，四川省阆中市被中国民协正式命名为“中国春节文化之乡”，当天下午，授牌仪式在阆中古城举行。中国民协分党组书记、常务副主席罗杨，省文联党组书记、常务副主席黄启国，中国民协秘书长向云驹等出席了授牌仪式。向云驹对命名阆中为“中国春节文化之乡”做了阐述和说明，并宣读了中国民协命名阆中为“中国春节文化之乡”的决定。黄启国在发言中对中华民族春节的由来发轫于阆中，做了民俗学、历法学、天文学等方面的探考。罗杨在发言中对中国人为什么必须要过春节，做了民族情感和民族文化等方面的探考。

同时，继续有序地开展四川省民族民间文化艺术抢救保护工作。组织编辑《四川彝族民间音乐全集》（上），策划实施“展谐剧风采，扬蜀粹风韵”——四川谐剧系列文化活动，拍摄四川清音纪录片等。

对外及对港澳台地区文化交流

积极拓展与国外及港澳台地区的对外文化交流和传播渠道，开展了一系列文化交流活动。参加在韩国举办的“2010釜山国际版画交流展”，组织四川清音、金钱板赴法国参加“首届中国曲艺节”，赴台湾参加“舞出七彩人生”——第三届海峡两岸金牌舞蹈展演，参加“第四届美国中国儿童文化年”等。同时，还组织了市州文联同志赴美国、加拿大、澳大利亚、新西兰开展文化交流活动。

机关建设

根据省委、省直工委的部署，制定了《2010年四川省文联加强行政效能建设实施方案》。根据“三项制度”要求，结合各单位的实际，把首问责任制、限时办结制和责任追究制细化到处室和个人，指定首问服务岗，落实首问责任人和岗位负责人。认真学习贯彻《廉政准则》，落实党组关于廉政建设和反腐败工作分工责任制，继续加强本单位内部的财务管理，进一步规范制度建设，加强岗位之间的制衡，切实做到用制度管人。认真落实四川省治理“小金库”工作领导小组《关于做好四川省2010年小金库治理工作的通知》要求，组织机关及下属协会、事业单位对“小金库”情况进行了认真自查，未发现违纪违规现象。进一步开展了文联系统干部的培训、考察等工作。进一步建全和完善了行政、财务、文秘管理制度，强化了后勤保障工作。加强了对文艺界离退休老同志、老文艺家的服务工作，开展了有益于老年人身心健康的各项活动。充分发挥文联和协会报刊、网站的作用，丰富“四川文艺网”、“四川文艺维权网”的栏目和内容，为宣传文艺政策，推介作家作品，交流文艺信息，培养文艺新人，活跃文艺评论，提供维权知识和服务建立了平台。成立了四川省文艺家权益保障委员会，对各个艺术门类的文艺著作权开展维护和保障工作。通过加强和改进自身建设，提高了文联和协会履职服务的能力和水平。

各文艺家协会

【戏剧家协会】

推荐作品参评第七届中国文联文艺评论奖，其中，廖全京的《潮涨潮落30年》获三等奖。推荐作品参评中国剧协第三届戏剧奖·理论评论奖，其中，杜建华的《突破：改革开放三十年之川剧理论研究》获优秀中国戏剧奖理论评论奖，省剧协获优秀组织奖。推荐原创歌舞剧本《相如长歌》和大型川剧剧本《尘埃落定》参加中国戏剧奖·曹禺剧本奖评选活动，其中，《尘埃落定》获提名奖。向中国剧协推荐了4个剧目参加少儿小梅花评选活动，四川省3名小演员荣获少儿小梅花金花奖。推荐青年演员虞佳参加第二届中国校园戏剧节，获优秀表演奖。组织推荐川剧《夕照祁山》参加了两年一届的长江流域12省、市戏剧联盟共同打造的戏剧展演活动。推荐剧目参加第二届中国校园戏剧节，其中，川剧《死水微澜》、话剧《狼雨》获剧目奖，川剧《死水微澜》获得优秀表演奖，省剧协获优秀组织奖。5月，在蓬安县建立四川省戏剧家协会创作基地，并在该基地召开了一次剧本创作研讨会，确定由王慧清创作历史剧剧本《李白进京》，雨林创作大型近现代剧目《客栈》，严福昌、邱礼农、流凝创作民族歌舞剧《摩梭女人》3部大型剧目，并组织上述作者到西昌等地深入生活，就剧本提纲组织专家进行了座谈。8月，组织到部队、矿山、乡镇进行了3场“文艺惠民工程”的慰问演出。9月，接待了中国剧协来四川地震灾区采风创作考察团。9月，在乐山市开展了戏剧进校园活动，组织了多个川剧优秀传统折子戏，在当地校园演出4场。12月28日，由省文联、省教育厅、省剧协共同举办的“四川省戏剧进校园”活动，在四川师范大学龙湖剧场举行了启动仪式并演出经典川剧《巴山秀才》。

【电影家协会】

1月29日，在川影宾馆举办了四川电影界迎新春座谈会，会后观摩了影片《阿凡达》。4月4日，省影协“送主旋律电影进高校——走进四川大学锦城学院”活动顺利举办，当天放映了影片《十月围城》。5月26日，由省影协主办，峨眉电影院线承办的第七届儿童电影周在东方世纪电影广场开幕。7～10月，省影协电影惠民工程走进成都市的18个社区，放映了《叶问2》、《神枪手》、《英雄》、《猎狼行动》等多部影片。7月24日，由中国电信四川分公司主办，省影协协办的中国电信“天翼影迷俱乐部”启动仪式在成都新城市电影城举行，并邀请四川大学文学与新闻学院广播电影电视系主任、副教授、硕士生导师曹峻冰为影迷朋友和嘉宾做了《唐山大地震》观影前的点评，随后放映《唐山大地震》。11月14日，由省影协、中国电信四川公司影迷俱乐部、四川残联、心目影院等共同举办的用心‘听’世界——关爱残障人士公益行动暨“心目影院”四川基地揭幕仪式在新城市电影城举行。特邀心目影院的创始人王伟力为观众和志愿者进行心目影院讲解培训。在“残健同行”的指导下，采用心目影院的观影模式赏析影视大片《康定情歌》。

【电视家协会】

推荐多部作品参评第25届中国电视“金鹰奖”，其中，四川广播电视台文艺中心制作的特别节目《以生命的名义——四川省抗震救灾大型特别节目》获优秀文艺节目奖，四川广播电视台制作的3集大型电视纪录片《蜀道》获得优秀电视纪录片奖。推荐作品参评中国视协“第四届农村小康电视节目工程电视专题片评奖”，其中，乐山市电视台的《乡村大厨》、宜宾市广播电视台的《做猪倌的养鸽人》、温江区新闻中心的《金马分房》获优秀作品奖，成都市龙泉驿区广播电视局（台）的《龙泉蜜桃出山记》、成都市金牛区广播电视中心的《再生》、成都市新都区广播电视台的《“农民”姜后珊》获好作品奖。9月20日，在成都市新都区举行四川省第四届“新农村新农民——中国农村小康故事”电视专题片评奖。举行第二届“新农村电视艺术节”四川地区推选评比活动。组织“第二届抗灾救灾优秀电视作品总结推选活动”。省视协参加了经中国文联批准、中国视协于8月举办的“2010抗灾救灾优秀电视作品总结推选活动”，四川共有19部作品获奖，其中最佳作品3部、优秀作品7部、好作品9部。应中国视协文化交流中心的邀请，于3月18～26日组织参加了“海峡两岸电视节目研发与策划交流合作研讨会”暨赴台湾东森电视台考察活动。12月底在成都市数字动画原创中心、成都大学动画培训基地举行首次四川动漫（CETTIC）专业培训认证工作。

【舞蹈家协会】

精心组织作品的创作，会员路耀武、郝延安、杨向东和高宾分别创作了《奔月》、《鼓舞心弦》、《羊背上的回回娃》3部舞蹈新作，其中《奔月》、《鼓舞心弦》参加了由中国文联和中国舞协主办的第七届中国舞蹈“荷花奖”暨第二届全国校园舞蹈大赛，分获铜奖和十佳作品奖，《羊背上的回回娃》参加了由中国舞协和宁夏回族自治区党委宣传部主办的第二届全国回族舞蹈大赛，获银奖，省舞协在以上两项赛事中均获组织工作奖。组织省舞协“少儿舞蹈直通车”艺术团和中老年舞蹈之家艺术团到绵阳市大剧院、北川县石椅羌寨、中江县集凤镇村小、西昌市银河培训学校校园、眉山市东坡区党校、达州市中区社区广场、大邑县晋源镇社区广场、都江堰市实验幼儿园、崇州市某驻崇部队、成都三圣乡社区等地开展了10余次文化惠民活动。8月中旬，省舞协“少儿舞蹈直通车”活动应台湾基隆市政府、基隆市文化局、基隆市表演艺术发展协会邀请，赴台参加了由台湾基隆市政府主办的第三届海峡两岸金牌舞蹈展演——“舞出七彩人生”舞蹈赛事及文化交流活动。11月，分别在绵阳和成都举办了省舞协“星光灿烂”、“金秋乐”两项全省性展演赛事活动。发展国家级会员21名，省级会员32名。

【音乐家协会】

4月，组织四川省部分词曲作家赴川南、黔东南采风，体验生活，积累素材。5月，组织四川省内部分词曲作家赴木里采风，创作了一批富有当地民族特色的音乐作品。5月13日，组织大型交响音乐会“生命”进京演出。5月，举办了四川省第三届“好百年杯”青少年钢琴大赛暨“第二届全国少儿钢琴展演比赛”选拔赛，其中获金奖和银奖的选手于7月下旬参加了由中国音协在福建鼓浪屿举办的“第二届全国少儿钢琴展演比赛”，并取得了优异成绩。6月，组织优秀歌唱家下基层，到南充为市民、武警8740部队慰问演出。6月，举办川渝中烟灾后重建暨娇子品牌发展汇报会《娇子之歌》专场演出活动。7月8日，组织召开了大型交响音乐会“生命”创作集体表彰会。组织完成了四川省委宣传部安排的“重建题材歌曲和创作感恩歌曲评选”活动。7～8月，组织完成了2010年四川省社会艺术水平音乐类考级工作。7月，在宜宾主办了“放飞艺术梦想——博克纳杯”青少年钢琴大奖赛颁奖晚会暨宜宾市首届青少年艺术音乐会。10月26～28日，组织了赴硗碛藏寨采风活动。10月，在南充主办了“中国·南充第二届嘉陵江合唱艺术节”，在成都龙泉主办了“感恩·奋进——国庆庆典文艺晚会”。10月，承办了“四川省第八届‘春熙放歌’——走进绵阳监狱”大型演唱活动。11月17日，组织召开全省音乐创作研讨会。11月，与四川广播电台共同举办了首届“贝尔冈齐”国际声乐大赛中国总决赛·成都分赛区活动。12月5日，为配合灾后重建3周年重点音乐作品创作、“唱响中国”——群众最喜爱的歌曲征集评选活动、纪念建党90周年音乐作品创作活动，组织四川省内10多位著名词曲作家赴上海华东五省市及湖南张家界湘西考察采风创作。组织编辑的《四川彝族民间音乐全集》（上）已全部完稿。发展省级会员281人。

【美术家协会】

2010年，四川重大题材美术创作工程前期工作有序开展，省美协共组织创作选题、研讨会3次，参会创作人员共170余人次，已有部分地、市、州美协遴选了各地重大课题，项目总数已近百项。1月25日，四川省重大文化工程——四川美术馆新馆工程开工奠基仪式隆重举行，省长蒋巨峰等省、市相关领导出席仪式。4月7日，由省委宣传部、省文联、省美协组织的“四川更加美丽书画展采风活动”，全国各地70多名川籍画家先后分三批参与深入灾区的采风活动。4月，在成都举办的“中韩美术作品交流展”。5月，在成都举办“第四届四川省中学美术教师作品展”。8月，在上海南京路举办“四川雕塑专题展”。9月，组织四川10名版画家参加在韩国釜山举办的“2010釜山国际版画交流展”。10月10～22日，省美协就重大题材美术创作组织了26人的采风团赴甘孜采风，深入到泸定、道浮、泸霍、甘孜、德格、新龙、雅江、天全等地收集素材。11月，在成都举办“东形西式·上海·四川油画交流展”。12月，在成都岁月画廊举办“岁月留痕——四川版画邀请展”，共展出四川老、中、青版画家的作品140余幅。组织在蓉美术家为青海玉树灾区捐款29000余元并举办笔会现场捐画36幅。组织或参加了多次“送文化下乡”、“送画下基层”、“省文化科技大场”等文化活动，深入灾区、部队慰问，为广大人民群众和部队官兵累计送春联300余幅，送书画作品近500幅，参与活动的美术工作者约200人次。

【摄影家协会】

1月20～22日，由中国摄协副主席、著名军旅摄影家张桐胜带队的中国摄影家协会“送温暖、到基层”小分队一行四人，与四川省摄协10余名摄影家组成慰问团，深入到“5·12”地震极重灾区的北川陈家坝乡、北川中学、绵竹棚花村、什邡蓥华镇、都江堰聚源中学等地开展慰问活动。1月30日，省摄协在成都雅居乐花园举行迎新春年会。4月10日，在成都西村艺术品空间举办四川省第14届摄影艺术展。4月22日，由洪雅县人民政府主办、省摄协协办的“2010中国四川·瓦屋山杜鹃节”暨“雅女·杜鹃”摄影大赛开幕式在瓦屋山国家森林公园广场举行。6月5～6日，组织百余名摄影家到蓬安摄影创作基地采风拍摄百牛渡江。6月25～26日，由省摄协网组织的来自全省的50余名摄影家和摄影爱好者到青神采风创作。7月13日，由省文联、省摄协主办的四川省抗震救灾恢复重建摄影研讨会在绵阳召开。7月17～25日，在成都西村艺术空间举办2010年四川省“新人新作”摄影展。7月29日，省文联、摄协组织摄影家到攀枝花迤沙拉彝族村寨开展“文化惠民”活动。8月1日，在第二届大理国际摄影节期间，由四川、云南、西藏、重庆、贵州、广西等六省市摄协共同发起的“中国西南六省（区）市摄影联展”在云南大理古城武庙举办。8月28～29日，组织百余名摄影家到仪陇采风创作。11月15～17日，省文联、省摄协共同策划、组织，四川省摄影家协会具体承办的“文化惠民工程”走进桃坪羌寨活动和“温暖·家园——最美的全家福”拍摄工程开机仪式，在阿坝州理县桃坪乡桃坪羌寨同时举行。12月1日，四川省“2010年农民读书节”活动在安县晓坝镇举行，省摄协首次参加“农民读书节”活动。省摄协网举办了“虎年迎春”、“寻找春天的足迹”、“灾区新貌”、“人像摄影”、“人与社会”、“幸福瞬间”六期摄影双月赛，从万余幅投稿中评选出获奖作品。发展省级会员200名，发展国家级会员50名。

【书法家协会】

年初，组织书法家送书法作品到雅安岷山县、德阳东方汽轮机厂开展惠民文化服务。在郭永祥主席的率领下，先后到青川、剑阁、北川、安县、江油、平武、绵竹、什邡等地震灾区以及江油石油西南片区工地慰问援建单位并送书法作品，多次到北川县山东援建指挥部慰问，为援建的干部职工现场创作书法作品。“八一”建军节期间，先后到成都军区、总参57所进行慰问。举办了四川省第六届书法篆刻新人新作展，四川省首届青年书法篆刻作品展等。针对四川·北京书法双年展先后组织了看稿、培训及创作指导会4次，50位作者参加了四川·北京书法双年展，四川省有54人入展第二届西部书法篆刻作品展，1人获全国首届扇面书法展二等奖，20位作者参加了由中国书协与西南四省市联合主办的西南四省市中青年书法展。8月，出版发行《二十世纪四川书法名家研究丛书·徐无闻卷》。在培训中心举办了第12期临贴班培训，在西昌凉山市举办了第五期篆刻创作及学术研讨会，在新都举办了第二期书法理论研讨会。8月起，在《书法导报》上开设“巴蜀翰墨——四川书坛中青年书法家55人”专栏。发展省级会员112名，国家级会员19名。

【文艺评论家协会】

5月14日，由省文艺评论家协会与省社科院、宜宾学院等联合主办的“后悲剧时代的灾难叙事与人文关怀”全国学术研讨会在宜宾举行。5月21日，由省委宣传部文艺处、省文艺评论家协会共同主办的“纪念毛泽东《在延安文艺座谈会上的讲话》发表68周年暨文艺评论工作研讨会”在省社科院召开。全年承担了文化部重大课题《政府公共文化服务主体地位研究》，省委宣传部交办的重大课题《四川省文化产业发展规划（2010～2015）》、《加快四川省文化产业发展的实施意见》、《四川省工业化现代化进程中的文化产业发展战略》、《文化与经济结合的商业模式》等，其中，《四川省文化产业发展规划（2010～2015）》是全省文化产业发展的指导性文件。全年先后参与论证《成都市文化软实力发展研究》、《广安市文化软实力发展研究》的课题论证、参与“第二届川渝文化合作论坛”、“成都市非物质文化遗产公园”的策划，主持成都市成华区、武侯区、都江堰市、郫县、汶川、德格等县域文化产业及旅游发展规划。

【曲艺家协会】

2月，组织推荐参加“中国·宝丰马街书会曲艺擂台赛”，曾晓利演唱的四川扬琴《船会》获一等奖。4月1日，成立四川高校曲艺联盟，11～12月在省曲协的大力支持下，开展“文化惠民高校行”巡回演出活动。5月，组织参加“首届巴黎中国曲艺节”，张徐演唱的四川金钱板《逛成都》、任平演唱的四川清音《赶花会》均获“罗浮”奖优秀节目奖。8月，组织参加第四届全国少数民族曲艺大赛，四川彝族月琴弹唱《阿嫫妞妞》获二等奖，南坪琵琶弹唱《南桥汲水》获三等奖，省曲协获优秀组织奖。8月，组织参加第四届全国少儿曲艺大赛，四川谐剧《环保监督员》、四川曲艺表演唱《曲乡娃娃爱曲艺》均获二等奖，四川盘子《山里妹妹进城来》获三等奖，四川谐剧《环保监督员》获作品奖，省曲协获优秀组织奖。8月，中国曲协分党组书记姜昆在接到《岳池县“中国曲艺之乡”拓展年活动实施方案》后，亲笔批文：把四川“曲艺之乡”经验在全国推广。岳池现有10多所学校积极争创“四川省少儿曲艺学校”，开展了各种形式的曲艺学习，在第四届全国少儿曲艺大赛中，四川省喜获丰收，首度捧回两个二等奖。9月，组织推荐参评第六届中国曲艺牡丹奖，四川省曲艺团青年演员吴瑕演唱四川扬琴《贵妃醉酒》获“中国曲艺牡丹奖·新人奖”。“四川民保工程”之一的四川清音纪录片已投入拍摄。发展国家级会员7人，省级会员19人。

【杂技家协会】

3月23日在宜宾召开理事会。4月12日，专家委员会在成都召开会议，进一步讨论落实了送文化下乡杂技专场的节目，结合《四川省文联党组关于五年（2010～2014年）工作目标分解落实责任的意见》，讨论制定了省杂协未来3～5年的工作计划和全省杂技比赛的必要性与可行性。5月15～16日，举办了“四川省文联文艺惠民工程——走进什邡、绵竹”杂技专场慰问演出。11月28～30日，召开省杂协第六次代表大会。

【民间文艺家协会】

四川省阆中市被中国民协正式命名为“中国春节文化之乡”，并于2月4日赴阆中授牌。省民协组织手影、木偶表演艺术家赴绵阳“八一”帐篷小学表演，向学校赠送书籍。7月，推选全国工艺美术大师郝淑萍绣制的蜀绣作品《天竺歌姬》参加由中国文联、中国民协、广东省文联等联合主办的首届中国（东莞·望牛墩）七夕风情文化节，获银奖，四川省民间文艺家协会获优秀组织奖。“八一”建军节来临之际，组织剪纸、棕编、糖画等民间艺术种类的艺术家赴成都军区某陆航团进行慰问。9月，组织凉山州布拖县的彝族歌舞《朵乐荷》参加由中国文联、中国民协等在山西省大同市主办的第八届中国民间艺术节暨第九届中国（大同）云冈文化艺术节比赛，获银奖，省民协获优秀组织奖。11月，由省文联、省对外友协等主办，省民协承办的“第11届西部国际‘三品’博览会”在沙湾会展中心开幕。由四川省民间文艺家协会主持、编纂的《四川民间文艺60年论文集》正式出版。

贵州省文联

综　述

2010年，在中国文联、省委、省政府及省委宣传部的正确领导下，省文联坚持以“三个代表”重要思想为指导，深入贯彻科学发展观，全面落实党的十七大、十七届五中全会、省委常委（扩大）会议、省委十届十次全会精神，紧紧围绕省委、省政府中心工作，坚持“二为”方向、“双百”方针和“三贴近”原则，认真履行“联络、协调、服务”职能，充分发挥组织、引导、服务和维权作用。一年来，按照“全省文联一盘棋”和“文艺创作抓精品，文艺活动创品牌”的工作思路，坚持以“出精品、出人才”为工作重心，以文艺精品工程为龙头，以主题文艺活动为抓手，以文艺人才培养为基础，以文化惠民为出发点，以机关制度建设为保障，高端展示多彩贵州文化艺术，促进文艺繁荣，文化强省建设，为实现我省文艺事业又好又快、更好更快发展开展了大量卓有成效的工作。全年共开展工作240余项，获奖130余项。

重要活动

【大型布依族民族“现生态”舞剧《利悠热谐谐》】

经过一年的精心组织策划、周密部署，打造出我国首部大型布依族民族“现生态”舞剧《利悠热谐谐》，1月4～11日分别在贵阳市、兴义市、册亨县进行公演5场，为广大群众奉献了精美的文化盛宴；演出期间召开专题研讨会，省内数十位知名专家、学者参加会议，并进行研究和发表评论。该舞剧的排演、运作模式创国内少数民族舞剧之先例，探索了一条组织作者创作、跨省排演的创新之路。

【第四届全国少数民族曲艺展演】

活动历时90天，于7月18日在贵阳结束。15个省（区市区）35个节目参加展演，先后举办了开幕式、贵州曲艺文化活动周、曲艺展演活动、全国少数民族曲艺研讨会、颁奖晚会、“送欢乐·下基层——走进苗乡侗寨凯里”专场文艺演出等。本次活动主题鲜明、规格高、规模大、时间长、内容广、亮点多、宣传热。出席本次活动的领导有：全国政协副主席白立忱，中国文联党组书记、副主席胡振民，国家民委党组成员、纪检组长李小满，省委书记石宗源，省长林树森，省政协主席王正福等，刘兰芳、姜昆、冯巩、巩汉林等一大批全国知名曲艺家登台献艺，省外来宾近600人，观众达10余万人次。中央及省内主流媒体进行了全方位、多角度的宣传报道，贵州电视台对颁奖晚会及文艺演出进行了录制播出。贵州省参展的节目获一等奖1个、二等奖1个、三等奖2个、最佳作品奖1个，省文联与省委宣传部、省民委、贵州电视台、省曲协同获特殊贡献奖。同时，通过本次活动还储备了一大批民族曲艺作品，发现了一大批曲艺人才。

【围绕“多彩贵州”开展系列活动】

一是承办多彩贵州小品大赛；二是举办了第四届“多彩贵州”音乐创作大赛；三是举办“交通运输杯”多彩贵州书画大赛。

【青歌赛上再创佳绩】

组织了由120人组成的贵州团队参加“‘蓝色经典·天之蓝’杯第14届CCTV青年歌手电视大奖赛”的合唱、民族唱法、原生态唱法、流行唱法等奖项角逐，3个原生态节目进入团体决赛，3个原生态、1个合唱、1个流行节目分别进入单项决赛，贵州代表队进入团体决赛，并晋级第二轮，其中“游方歌”组合获铜奖，小黄村男声侗歌队获优秀奖，贵州代表队获优秀团体奖和优秀组织奖。

【旱灾面前文艺家积极发挥优势】

一是举办“抗旱中挺立的贵州精神”大型图片展，于5月4～8日在贵阳市人民广场举办。展览由31块展板、165幅图片组成，真实再现了党中央、国务院和省委、省政府对我省灾区人民的关怀，反映了“一方有难，八方支援”的感人事迹，宣传和弘扬了新时期“不怕困难、艰苦奋斗、攻坚克难、永不退缩”的贵州精神，同时省文联全体干部职工积极响应，为灾区捐款人民币5万余元。二是组织作家深入抗旱一线开展采风活动，分别到黔南、黔东南、黔西南、遵义等旱情严重的地区采风创作，《贵州日报》“娄山关”整版刊发了讴歌抗旱精神的采风作品；组织艺术家赴安顺旱灾区慰问采风，捐献矿泉水等物资。三是举办贵州电视艺术界抗旱救灾电视片评选活动。四是组稿参加“大写贵州精神——贵州艺术家走近冷洞村创作作品展”，7月5日在省博物馆开展，42位著名书法家均倾情题字，打造了一批谱写战胜灾害、讴歌新时期贵州精神的文艺作品。

【“走进红色岁月”等采风（访）活动】

一是为纪念建党90周年，完成中国作协、中国美协、中国舞协、中国摄协、中国音协、中国曲协等赴贵州开展的“走进红色岁月”大型采风（访）活动。百余名全国知名艺术家走进贵州遵义、桐梓、习水、赤水、仁怀、息烽、修文、黎平、兴义等，参观了娄山关红军战斗遗址、遵义会议会址、黎平会议、猴场会议、红军革命纪念碑、毛泽东旧居、邓小平旧居等纪念地，深入挖掘贵州红色资源，记录历史与变迁，大力倡导长征精神。贵州省作家已完成长篇小说《银鱼》和21集电视连续剧《红旗漫卷》等作品。二是举办“祝福祖国·红色记忆六十年”大型创作征文评选活动。三是组织19名重点作家赴东北开展以“大山与黑土地对话”为主题的采风交流活动。四是组织9个市、州、地文联20位艺术家赴西藏进行文化交流学习。

【“送欢乐·下基层”系列文化惠民活动】

1月，组织文艺家“送欢乐·下基层”赴小河开发区金竹镇为群众义务书写春联活动。2月，为乌当区顺海村当地群众和驻地官兵送去“文化进乡村、喜声迎新年”的文艺演出。2月，到安顺市普定县马官镇开展“送欢乐·下基层”文艺慰问演出、拍摄全家福、写春联等活动。10月，开展了“心系建设者·贵州文艺界赴黔中水利枢纽工程慰问演出活动”，在六枝牛场乡三岔河水库大坝导流洞施工现场和黔中水利枢纽工程水源管理部举办两场慰问演出。12月27日，举办了“送欢乐·下基层”走进贵阳市朱昌镇移民新村大型慰问演出活动，200多位艺术家为移民新村广大群众献上了高水准、高质量、精彩纷繁的文艺节目。期间，摄影小分队为群众拍摄打印全家福照片300多张，书法小分队为群众书写春联2000余幅，贵州省著名文艺家、摄影家、书法家及退离休老同志积极参加了本次活动。同时，开展沿高速公路放映《农村道路交通安全常识》电影活动。在遵义、黔东南举办了3期“朝霞工程”受助学生艺术教育培训班。

【重点剧、节目、文艺精品】

创作、拍摄、推出了反映农村改革开放的电影《酥李花盛开的地方》。推出大型黔剧《苍琴》，在《中国戏剧》杂志发表，并搬上舞台。完成了反映贵广快速铁路建设者精神风貌的4集广播连续剧《月亮河、月亮山》文学脚本创作。完成《贵州省少数民族音乐文化集粹》丛书（七卷），长篇小说《银鱼》、短篇小说《树上的眼睛》、诗集《呵荷》及《图云关往事》、《红姑》、《红旗漫卷》等影视剧本创作，短篇小说《树上的眼睛》、诗集《呵嗬》入围鲁迅文学奖，6部文学作品获中国作协2010年重点扶持项目。参与文化遗产项目《苗族亚鲁王长诗》抢救工作；完成了丹寨苗族信仰文化调研，采集苗族古经50万字。

获奖情况

【全省文联系统年度先进集体】

1月，省文联在全省文联范围内开展评选先进集体。对一年来，认真贯彻落实科学发展观，围绕党委、政府工作大局，发展先进文化，出作品、出人才，繁荣文艺创作，取得可喜成绩的省作家协会、黔南州文联、贵阳市乌当区文联等45家先进集体进行表彰。

【省美协】

“绿色净土，天堂草原·第六届中国西部大地情——中国画、油画作品展”，王洲、郑自强的油画《大苗年》、《山路弯弯》和赖辉、马庆中的中国画《踩亲节》、《乐园》入选。

【省音协】

“全国声乐比赛”陈燕获铜奖。

第四届“多彩贵州”音乐作品创作大赛丁时光、周正军等获一等奖，柴永兴等6人获二等奖，张成康等11人获三等奖。

【省民协】

省民协获“中国民间文学集成先进集体”荣誉称号，韦兴儒、王琴、李寂荡等10人获“中国民间文学集成贡献奖”荣誉称号。

《中国民间美术遗产普查集成·贵州卷（上、下)》获第四届贵州省文艺奖二等奖。

【省书协】

组稿参加全国首届篆书展，秦良静获二等奖、黄仁旭等5人获三等奖、包青荷等4人获提名奖。

参加中国（芮城）永乐宫第三届国际书画艺术节，张洪荣等2人获百佳奖、岑岚等4人获优秀奖、冯泽松获入选奖。

参加第26届中日友好高野山青少年书法大赛，张宇阳获特别奖、李品坤等3人获协会奖。

参加2010年第二届中日议员公务员书法展，樊武获优秀奖。

参加全国第三届扇面书法展，秦良静获三等奖。

参加第三届“康有为”书法展，岑岚获优秀创作奖，李晶的《大国文化之大气象——从宗白华的书法理论看高校书法专业教育的方向》、吴鹏的《莫友芝：晚晴碑学的一个面向》获优秀论文，并入选该活动论文集。

吴鹏论文《论晚明书法的文化转向》获贵州省第八次哲学社会科学优秀成果三等奖。

【省视协】

电视剧《绝地逢生》、大型文艺节目《温暖与梦想》、纪录片《一棵树上一窝雀》分获第25届中国电视金鹰奖电视剧类、电视文艺节目类、电视纪录片类好作品奖。《温暖与梦想》获电视文艺摄像好作品奖。

省视协获全国红色旅游工作协调办公室“红色旅游电视巡礼活动先进单位”表彰，洪江平获先进个人。

对外交流活动

8月25日至9月5日，组织贵州民间艺术团一行28人赴捷克参加第七届布拉格国际民间艺术节和第15届卡罗维法利民间艺术节，进行了12天的访问演出，布拉格Jarmark国际民间艺术节是捷克规模最大的民族民间歌舞节，中国、意大利、美国、墨西哥、俄罗斯、希腊、比利时等31个国家的60个艺术团体参加了演出。中国贵州民间艺术团表演了原生态多声部无伴奏《侗族大歌》、《苗族情歌》、《反排木鼓舞》、《踩鼓舞》、《芦笙芒筒舞》、《锦鸡舞》等，演出共计16场。中国贵州民间艺术团以其精湛的表演，摘取了本届艺术节唯一的奖项——“国际民间艺术表演团体奖”。

机关建设

【机关行政工作】

召开省文联六届八次全委会。各部门负责人以及各市（州、地）、县（市、区、特区）文联负责人等180余人出席会议，提出了“全省文联一盘棋”的工作思路。省委常委、宣传部部长谌贻琴同志出席会议并讲话，对省文联领导班子和工作给予了充分肯定。

加强制度建设。制定好全年工作规划，完善制度管理，优化工作程序。下发了《2010年贵州省文联工作要点》、《省文联2010年党风廉政建设实施意见》、《机要文件传阅管理规定》、《省文联信访工作制度》、《省文联机关“整脏治乱、优化环境”的规定》等，形成以制度管人、按制度办事、靠制度督促的良好工作氛围。

为积极营造良好的工作环境，对办公大楼进

行美化，完成职工食堂装修改造，提高职工就餐、服务质量。

做好“三创一办”（创建“国家卫生城市”、“国家环境保护模范城市”、“全国文明城市”和协办2011年第九届全国少数民族传统体育运动会）工作，及时发出“三创一办”倡议书，签订了责任书。

【人事工作】

省文联通过规范干部人事任用制度和相关程序，引进一批专业人才，提任一批优秀干部，调整充实机关和部分直属事业单位领导岗位，为文联事业的可持续发展提供了组织保障。

对我会110份在职干部人事档案进行认真的审核和整理。对72名干部职工的“三龄一历”进行认真调查核实，确保归档材料的准确性、完整性。省文联人事档案管理工作通过了省委组织部的检查验收。

完成省摄协、省民协换届选举工作。

【党建扶贫工作】

紧紧围绕思想教育这条主线，在推进学习型党组织建设上有新进步。抓好“三级联动”学习，倡导党员干部多读书、读好书，推动学习型党组织建设工作深入扎实开展。“七一”前夕，组织全体党员干部开展学党章、重温入党誓词暨党课教育活动，进一步加强了“忠实践行宗旨、勤政廉政为民”教育。

紧紧“围绕制度抓党建，抓好党建促工作”，在全面提升党建科学化水平上有新进步。大力开展“三级联创进机关”活动，完成7个党支部的调整改选工作。省文联第二党支部荣获贵州省“五好”基层党组织称号，第四党支部荣获贵州省直机关“五好”基层党组织称号。

紧紧围绕“送温暖，献爱心”，在扶贫帮困上有新进步。2010年，贵州省遭遇百年一遇特大旱灾后，机关党委迅速发出“献爱心·滋民心”抗旱救灾捐赠倡议书，全体干部职工踊跃捐款捐物，累计捐款30.04万元（其中，省文联5万元，银川市文联13万元，中国曲协10万元，哈尔滨市音协1万元；省文联干部职工、民盟委员会文联支部102人捐款1.04万元）。“两节”期间，出资7.76万元慰问老党员、老干部、老艺术家、现役军人家属等177人（户），走访慰问黔南州独山县本寨乡月亮村特困户、病残户、五保户、老党员12人（户）。

【离退休干部工作】

落实老干部政治待遇。传达全国、全省老干工作会议精神；传达文联工作会议精神；由省文联领导通报文联工作2次；组织老同志参加省委老干部局专题报告会4次；召开离退休老兵座谈会；组织老艺术家到长顺县采风并参加全省第二届老年文化艺术节书画展；组织全体离退休党员到永乐乡小塘村参观新农村试范点建设。

落实老干部生活待遇。组织离休干部共16人赴港澳进行健康休养；组织全体离退休人员到花溪金竹镇生态农村参观；完成春节、国庆、中秋等重大节日对全体离退休人员及遗属的走访慰问；完成对我单位参加抗战老同志的走访慰问。

积极组织和鼓励老同志参加各种社会公益活动，及在文艺创作上继续发挥业务专长。何士光积极支持家乡建设，捐资10万余元在凤岗县琊川中学修建梨花图书院，还通过淑贤基金会，每年向琊川中学贫困学生资助8万元。张有碧获“2010世界华人庆祝上海世博开幕暨首届中国名家世博艺术杰出成就奖”和“世博艺术杰出成就人物”荣誉称号；马正荣应邀在香港举办背扇和蜡染展览，并编辑出版《贵州少数民族背扇集》。积极组织老同志参加省文联给甘肃舟曲灾区捐款共6550元。

各文艺家协会

【作家协会】

组织作家深入黔南、黔东南、黔西南、遵义等旱情严重地区进行实地调查采风创作，用散文、诗歌、报告文学等文学样式记录干部群众抗旱救灾的先进事迹。

【美术家协会】

新年伊始，举办“美苑贺春·2010贵州省美协理事新作展”。

6月22日，举办走进乌当·贵州省青年美术家中国画、油画作品展——“2010中国·贵阳避暑季”乌当系列活动。

8月20日，“贵州省美术家协会工笔画研究会”成立大会在贵阳召开。

10月，“交通运输杯”多彩贵州书画大赛举行，414件作品入围。《路标——NO. 1》获国画类金奖，《杀年猪之一》系列获油画类金奖，书法类作品金奖空缺；中国画、油画、书法类作品银奖9名、铜奖17名、优秀奖60名、入围奖131名，最佳人气奖各1名。

省城市雕塑工作室举办了“贵州雕塑精品展”。

【音乐家协会】

完成第13届“全国少年儿童电子琴、数码钢琴大赛”暨“贵州省第三届电子琴大赛”。

组织优秀考级学生参加在厦门举办的全国优秀考生钢琴展演比赛。

举办贵州首届青少年古筝演奏大赛和贵州省小号比赛。

举办香港钢琴公开赛贵州选拔赛。

组织2010年度音乐考级优秀考生音乐会，完成音乐考级工作。

召开“贵州少数民族音乐文化集粹”丛书（7卷）首发式和赠书活动。

完成第四届“多彩贵州”音乐作品创作大赛暨“唱响中国”歌曲推荐工作。

与相关单位联合举办“消防队员之歌”歌曲征集、“全国优秀儿童歌曲大赛”、“高原千岛湖”歌曲征集、毕节首届青年歌手大赛、第三届中国武陵山区（贵州铜仁）民族文化节唱响武陵双十佳评选等活动。

【戏剧家协会】

元月4～6日，组织大型布依族民族生态舞剧《利悠热谐谐》在贵阳大剧院举行公演3场，9日、11日分别在黔西南州兴义市、册亨县各演出1场。

4月～9月，承办2010多彩贵州戏剧小品大赛评审工作。参与制定《2010年多彩贵州小品大赛总体方案》、《2010年多彩贵州小品大赛评审细则》、《2010年多彩贵州小品大赛评审工作纪律守则》、《2010年多彩贵州小品大赛半决赛、决赛评委工作方案》，及半决赛、决赛职业组、非职业组、原生态组评分办法。组织专家组对重点作品进行剧本创作修改等指导。深入到全省11个赛区开展选拔工作，提出了半决赛、决赛评委组成原则，拟订了省内专家组和省外专家组名单。经过8场半决赛，5场总决赛，产生了金黔奖6个，银瀑奖11个，铜鼓奖17个，作品奖11个。

11月15～24日，在中国·余杭“良渚文化杯”小戏、小品大赛暨第四届中国戏剧奖·小戏小品奖复赛中，贵州代表团夺得1金、1银、3铜、3个表演奖。其中安顺市黄果树艺术团花灯小戏《村官断案》获金奖，省花灯团花灯小戏《喜事成双》获银奖，黄果树艺术团《考察》、省花灯团《上任》、贵阳市群众艺术馆《拜年》获铜奖，省武警总队文工团《婚礼》、《情暖兵心》，黄果树艺术团《板车老二》获表演奖。

11月13日，与册亨县委、县政府策划、组织、实施2010年中国册亨布依族文化活动年开幕式文艺演出“天下布依聚册亨”、册亨布依族情歌大赛、中国·册亨2010布依文化论坛三项活动。

【民间文艺家协会】

完成《婚恋长歌》、《九告珍福》等7部苗族长诗的整理工作。

推进民俗文化志贵州部分县卷本工作。完成雷山、台江等县编目及部分内容的编撰工作。

组织台江县长滩龙舟队参加第二届中国龙舟文化节。

与西秀区人民政府等共同组织2010龙宫油菜花节“屯堡尖叫歌王”擂台赛。

组织贵州省民族民间服饰及工艺品参加中国少数民族服饰遗产展、中韩民族特色艺术展等大型活动。

组织文艺家参加首届中国剪纸艺术节，获2金1银；参加全国农民画展，获2个一等奖。

举办“第四届贵州民族民间文化青年论坛——和谐视野下的黔中民族民间文化抢救与保护”研讨会。

选送的纳雍县苗族芦笙舞《给拖裹》获第八届中国民间艺术节暨第九届中国（大同）云冈文化艺术节民间广场舞展演金奖。省民协获优秀组织奖。

参加首届中国（东莞·望牛墩）七夕风情文化节，欧德仙刺绣作品获山花奖银奖，省民协获优秀组织奖。

参加第十届中国民间文艺山花奖·民间艺术表演奖（民间广场歌舞），省民协获优秀组织工作奖。

2010婺源·中国乡村文化旅游节民间艺术展演活动，《滚山珠》节目获金奖，省民协获优秀组织工作奖。

完成沿河县申报“中国土家族山歌之乡”工作。

【书法家协会】

1月，召开贵州书法界2010新春联谊会，同时举办贵州省首届篆书观摩展。

2月，毕节地区书协和印江县书协被授予“中国书法进万家先进集体”；包俊宜、陈加林、郭晓莉、杨建被授予“中国书法进万家先进个人”。

3月，组稿参加第26届中日友好青少年书法大赛。

7月，“大写贵州精神——贵州艺术家走近冷洞村创作作品展”开展，省政协副主席吴嘉甫为展览题词：“贵州精神光耀千秋。”戴明贤、包俊宜、陈加林等42位著名书法家均倾情题字。“全国首届篆书作品展”在贵阳市美术馆开幕。第十六回中韩书法交流展在贵阳开幕。

9月，贵州省纪念“9·25”《公开信》发表30周年座谈会及人口计生书、画、摄影展开展。

9月，“黔冠杯”贵州省首届书法篆刻小精品展在安顺开展。

10月，“首届交通运输杯多彩贵州书画大赛”颁奖晚会在贵阳大剧院开幕。

11月，设计制作新会员证并进行换证数据归档工作，完成省级会员审批和中国书协会员申报工作。

12月，贵州省首届“恒安杯”篆刻艺术大展开幕。安徽—贵州书法交流展在贵阳市美术馆开幕。编辑出版《贵州书艺》。

【摄影家协会】

增加桥梁集团及地矿局2家直属团体。

协会换发新一代会员证，与贵州电信成立了彩摄网——贵州省摄协网。

5月10日，举行以歌颂厦蓉高速公路贵州段的建设成果、贵州高速公路建设者的精神风貌，及展示黔南、黔东南州的绚丽风光和多彩的民俗风情为主题的采风活动。

5月10日，组织528幅优秀作品赴上海参加国际摄影展。

5月22日，主办“煤炭之光摄影大赛”。

6月2日，组织荣获优秀共产党员称号的摄影家20余人“赴遵义革命纪念地深入生活、采风创作活动”。

7月，举办“贵州将帅名家摄影作品展”。

9月，参加第三届“多彩贵州原生态国际摄影大展”的组织接待工作及评比活动。主办“林城花都摄影大赛”、“诚信农民”大型图片展创作等活动。

9月8日，省摄协创作基地在清镇市百花乡挂牌。

【舞蹈家协会】

在大方县举办“全省舞蹈创作研讨会暨《古彝魂》论坛”。全省50名舞蹈编导及创作人员参加会议；

参加由中国文联主办、中国舞协承办的“新农村少儿舞蹈美育工程夏令营——走进北京”演出活动，少儿苗族舞蹈《我是苗家吉祥鸟》获奖。

【杂技家协会】

6月19日，在贵阳举办“南国花锦杯”贵州首届高校魔术决赛，评出近景魔术、舞台魔术共19个奖项。27日晚，在贵阳南国花锦购物中心大厅，举行魔术颁奖晚会。录制了“魔术花絮”专题片，在贵阳市中心LED大屏上滚动播出近一个月。

遵义市杂技团《高椅》、《跳板蹬人》分别获西班牙国际马戏节“银奖”、“铜奖”。

解决了10余名杂技学员的中专学籍、训练场地、学生住宿等问题。

【曲艺家协会】

承办“第四届全国少数民族曲艺展演”。精选5个贵州特色少数民族曲艺节目参加展演。以独具特色的表演形式、说唱技巧、音乐设计、演员服饰等展示了贵州少数民族浓郁风情的独特魅力和艺术水平，分别荣获展演一、二、三等奖和文学作品奖，贵州省曲协荣获“特别贡献奖”和“优秀组织工作奖”。段春林、梁正帮撰写的《贵州少数民族曲艺发展概况》、杨远承撰写的《锦上添花——观察贵州少数民族曲种的发现》、马筱英撰写的《让贵州少数民族曲艺更具多样性和民族性——对贵州少数民族曲艺现状与发展的思考》3篇论文参加展演研讨会。在贵阳人民广场进行了“贵州曲艺文化周”3场演出。

【电影家协会】

组织会员参加社区文化建设活动，送爱国主义电影进社区、到农村；组织会员观赏研讨《天堂上见》、《杜拉拉升职记》等多部中外优秀影片；与贵州省高等级公路管理局联合开展将科教片《农村道路交通安全常识》送进高速公路周边村寨；与贵州省教育厅联合举办“贵州省大学生爱国主义电影评论征文活动”；积极探讨本地电影市场动态，与贵州师范大学传媒学院联合开展“电影产业文化研讨活动”。2次组织剧本作者深入农村体验生活，与布依村民交流，对目前国产优秀农村电影组织观摩研讨。

【电视艺术家协会】

与贵州电视台联合承办2010年中国电视文艺年会暨电视文艺节目创作研讨会。总结电视文艺创作经验，研讨电视文艺发展方向。来自全国77名电视艺术工作者参加活动。

承办“全国部分省区市视协工作会议暨《西部电视》研讨活动”。14个省区市的视协、电视台负责人及有关领导、专家等40余人参加活动。

组织开展“贵州电视艺术界抗旱救灾电视片拍摄、展播、评选活动”，拍摄抗旱电视专题片33个，评出奖项共20个。

与贵州省委组织部联合开展“实施农村小康电视节目工程”暨“远程教育百千万工程”电视专题片拍摄、展播、评选活动。拍摄电视专题46件，评出奖项27个。

举办“品味贵州醇”杯电视主持人大赛，400多名选手参赛。评出普通话、苗语、布依语主持人金奖、银奖、铜奖和最佳人气奖、最佳才艺奖、最佳气质奖各1名。

举办贵州省电视艺术界联谊暨贵州第四届“德艺双馨”和庆祝新中国成立60周年“我与祖国同行”电视摄影大展颁奖活动。

组织30多名省视协会员分别到北京、上海等地参加中国视协举办的表彰、研讨、交流等活动。

召开贵州电视艺术界第四届第五次主席团扩大会议，增补理事6名，发展新会员38名。

召开贵州影视创作座谈会。贵州电视艺术界及社会各界相关领导、专家等30多人参加。

组织参加第25届中国电视金鹰奖评选活动。

组织创作、推荐电视作品参加2010中国世界山地纪录片评选活动，分获人文类、社会类、自然类最佳短纪录片5个提名奖。省视协编导的纪录片《“密境”青海——神秘玉树之旅》获全国电视采风特别奖；参加“全国第四届女性风采电视优秀作品评选活动”，获一等奖2个、二等奖3个、三等奖2个、优秀奖4个，贵州视协获优秀组织奖；参加第三届中国旅游电视艺术周优秀旅游电视节目推选活动，获最佳奖2个、优秀奖4个、好作品奖7个；全国实施农村小康电视节目工程——中国农村小康故事电视专题片评选活动，获最佳奖1名、优秀奖2名、好作品奖2名；参加全国抗灾救灾电视作品推选活动，获最佳奖2名、优秀奖1名、好作品奖2名。参加第二届中国新农村电视艺术节评选活动，获最佳奖2个、好作品奖1个；参加全国优秀电视评论节目评选活动，获二等奖1名、三等奖3名，贵州视协荣获优秀组织奖；参加全国“世博之旅优秀电视节目展播活动”。

完成贵州省农村党员干部现代远程教育教学第三批电视专题片22部课件（14小时）的审查、修改任务。

建立了贵州视协网页。

【文艺理论家协会】

编辑出版4辑《今日文坛》，共计收录90篇论文，100万字。编辑出版《贵州文艺界》（月刊）共12期，总计发稿约24万字。以《今日文坛》丛书为平台，围绕“贵州民族民间文化艺术研究”、“新中国成立60周年贵州文艺回顾”等课题组织学术研究。认真组织各项评奖，获中国文联文艺评论奖二等奖1个，三等奖2个，贵州省社科优秀成果奖三等奖1个。完成《中国艺术报》贵州记者站工作，在2009年年检中，《中国艺术报》贵州记者站被新闻出版主管部门评为二级记者站。完善了贵州文艺舆情网络，中国文联《文艺舆情摘报》2010年第9期给予肯定。参加全省哲学社会科学2009年度重大课题招标项目成果评审工作。承担省文联重点创作项目、电视连续剧《水西悲歌》的剧本创作工作等。

【刊物杂志】

《山花》、《南风》、《音乐时空》、《今日文坛》、《贵州作家》等文艺书刊为我省重点作家作品、新人新作的推介和宣传起到了促进作用，优秀作品不断被《小说月报》、《小说选刊》等文学权威刊物转载，转载率达30余篇次。

【企业文联】

5月初，召开全省企业文化建设工作专题研讨会，落实2010年度“心系建设者·贵州文艺界赴黔中水利枢纽工程慰问演出活动”的时间、地点。5月下旬，组织作家、艺术家深入施工一线体验生活，收集素材，创作一批反映水利建设者精神风貌的文艺节目。10月30日，在六枝牛场乡三岔河水库大坝导流洞施工现场和黔中水利枢纽工程水源项目部先后举办2场演出，省、市、区有关领导和参建单位以及周边群众上万人观看了演出。来自省级文艺团体的100多名文艺工作者表演了音乐、舞蹈、杂技、曲艺等精彩的文艺节目。在慰问演出中，组织作家、艺术家深入施工一线体验生活、创作的配乐诗朗诵《妻子的心声》，小品《老屋基》、《一封家书》，再现了建设者舍小家为大家的生动事迹。

基层工作

【黔东南州文联】

以服务中心工作和宣传“原生态黔东南”为重点，围绕中心，开展工作。组织书画作品参加纪念《公开信》发表30周年书画摄影大赛获组织奖；与州环保局组织节目参加省环保、省文联系统2010年反腐倡廉文艺汇演获优秀组织奖。

积极组织参加“多彩贵州”小品征集活动；开展义务书写春联活动；举办“黔东南颂”书法大赛；在州博物馆举办迎春美术作品展；组织举办黔东南第二届少年儿童器乐大奖赛；在凯里举办“绿太阳之夜——文华、金钟奖得主中国著名古筝演奏家任洁女士古筝独奏专场音乐会和奥地利著名钢琴家希格里德·图鲁默钢琴演奏专场音乐会”；与州委宣传部和凯里学院在凯里学院举办“黔籍中国著名影视作曲家杨绍梠先生赠书仪式暨作品演唱会”；在万博广场举办“黔东南首届原创歌曲音乐晚会”。

出版发行《杉乡文学》12期，发表作品400多篇（首）共140多万字；州诗词楹联学会编辑出版《黔东南诗词》会刊两期；编发《黔东南文联工作简讯》12期；开通“黔东南州文联网络信息中心”网。

【毕节地区文联】

紧紧围绕“多彩贵州”文化系列活动，组织开展毕节地区文艺品牌活动。推荐的戏曲小品《撮泰吉》获金奖，《影子》获铜奖，《山乡趣事》获优秀奖，花灯小品《唐二回乡》获铜奖。组织开展“多彩贵州”毕节地区音乐作品创作赛。

围绕各种节日及党委政府中心工作。举办毕节地区“现代杯”青少年电视器乐大赛；参与组织全区二胡选拔赛；举办金沙回沙酒杯全区电视情歌大赛；组织开展全区“第二届临帖书法大赛”；举办“毕节城区消夏纳凉”歌舞晚会和民族器乐专场晚会。

文学期刊稳步推进，文艺作品硕果累累。全年编发《高原》6期，刊登小说、诗歌、散文等90多万字。编发《彝族文学报》12期。出版历史小说《国之宝桢》、《黔西北文学·散文卷》、《黔西北文学·诗歌卷》以及散文集《捧书入眠》、诗集《黑暗中的手语》等10余部文学作品。出版书法作品集《书艺》。出版《毕节试验区美术作品集》。

积极组织“送欢乐，下基层”惠民活动。组织开展书法家为群众义务写春联活动，书写春联10000余幅。组织音协深入社区为下岗职工进行文艺演出。组织文艺家深入县乡为群众进行文艺演出。

夯实基础，加强人才队伍建设，加强组织建设。全区乡镇文联共60多个，其中，新成立20多个，已建村级文联2个；成立了毕节地区烟草商业文联，发展地直协会会员120多名；成立了毕节地区根艺奇石协会，并发展60多名会员。全区10个地直文艺家协会共有会员1200余名，其中，国家级会员40名，省级会员350名。2010年新推荐国家级会员6名，省级会员30余名。

云南省文联

综　述

2010年是云南改革开放和社会主义现代化建设取得重大进展的一年。云南省文联在省委、省政府的领导下，在中国文联、中国作协的指导下，围绕省委、省政府中心工作、服务“两强一堡”战略大局，面向基层和群众、借助全国文艺平台对外传播云南民族文化，文艺创作取得重大成就，全省文艺工作和文联工作取得新的突破，亮点突出、影响深远，有的工作载入了中国文艺和云南文艺工作的史册，书写了我省文艺工作的新篇章，开创全省文艺界大团结、大繁荣、大发展的良好局面，为繁荣和发展全省文艺事业作出了积极贡献。

重要活动

【组织文艺家参加中国文联2010年“百花迎春”全国文艺界大联欢】

1月18日，省文联组织刀美兰、张丰毅等30多名知名艺术家参加中国文联2010年“百花迎春”全国文艺界大联欢，第一次在中国文联大型文艺晚会上整体展示云南多姿多彩的音乐舞蹈，成为晚会的一个亮点，扩大了云南文艺在海内外的影响力。

【“春满彩云南”2010云南省文艺界新春联谊会】

2月5日，省文联在昆明国际会展中心举办“春满彩云南”2010云南省文艺界新春联谊会。省政协副主席罗黎辉、陈勋儒、顾伯平，省军区副政委、省文联副主席李炳军，省文联名誉主席梁公卿，全省12个文艺门类的文艺家代表、省级宣传文化口各单位领导，省委办公厅、省政府办公厅、部分省级机关、省市级部分企业领导和省市新闻媒体共600多人参加了联谊活动。省文联主席、党组书记郑明在联谊会上致辞。他说，刚刚过去的2009年，是全省文艺工作者和文联工作者锐意进取的一年。在过去的一年里，云南文艺界呈现出一派团结、繁荣、发展的良好局面，全省文艺界为建设云南民族文化强省做出了积极的努力，一批文艺家和文艺作品获得全国大奖，在国内外产生了广泛影响，一些大型文艺活动提升了云南的知名度和影响力。郑明代表云南文艺界向作出贡献的广大文艺工作者表示热烈的祝贺和由衷的敬意，向长期以来关心和支持云南文艺工作的各级领导、各有关部门、各位朋友表示衷心的感谢。他希望在新的一年里，云南的广大文艺工作者肩负党和人民的重托，努力创作出更多精品佳作，为繁荣发展社会主义先进文化，建设民族文化强省作出新的更大的贡献。

【首届中国农民艺术节全国乡村歌手大赛】

11月17～22日，首届中国农民艺术节全国乡村歌手大赛在昆明举行。这是新中国成立以来第一次全国性的农民歌唱艺术盛会，本次大赛吸引全国14个民族，21个省区市的86名农民歌手参加，发现和推出了一批优秀的农民歌手。省农民歌手普艳喜获原生态组金奖，闭幕式颁奖晚会“七彩田野　盛世华章”为全国农民艺术节全国乡村歌手大赛画上一个圆满的句号。农民艺术节受到国务院副总理回良玉的高度评价，中国文联党组书记、副主席胡振民表示：省文联参与举办农民艺术节、乡村歌手大赛，为中国农民搭建展示艺术平台、满足人民群众的文化需求方面有着不可估量的作用。

【省文化重点工程“云南文苑”项目开工】

11月19日，云南文苑项目开工奠基仪式在秦光荣省长的亲自关怀下隆重举行。秦光荣、李纪恒、王学仁、李牧、欧阳坚、杨志今、仇和、晏友琼、高峰、白保兴等领导及全省文艺界、文化界代表600余人出席奠基开工仪式。省文联党组努力将云南文苑建设成为一座高质量、高水平的全国首座公益性文化艺术博物馆、4A级景观，建成一项阳光工程、廉政工程，使之成为对外宣传云南文化的窗口和教育培训基地。云南文苑项目在省委、省政府的关心重视下，已被列入全省五大文化标志性建设项目之一，顺利奠基，这是全国范围内文联工作的一大突破，将在全国各文联系统产生良好的示范作用。省文联“云南文苑”指挥部按照省委、省政府的要求，开拓创新，超常规工作，围绕建示范工程、创中国一流、树一面旗帜的目标任务，完成了云南文苑外观设计。项目组于3月、5月2次组织设计单位人员赴上海、浙江、北京、天津、内蒙古等地考察全国知名博物馆、文学馆、美术馆、艺术社区等20多个展馆项目，认真学习贯彻落实中央领导同志为中国文艺家之家落成的重要指示和重要讲话精神，学习借鉴“中国文艺家之家”的成功经验，高起点、高水平做好规划设计。4月30日，省政府主要领导审查并原则通过了经过三轮招投标竞选的外观设计方案。为做好内部功能设计，省文联党组3次召开“云南文苑外观设计方案暨内部功能设置研讨会”，广泛征求云南文苑外观暨内部功能深化设计意见。目前，云南文苑项目各项相关工作正有序推进，完成了土地用地征地、拆迁、规划报批、可行性研究报告、勘测定界报告、地勘项目（初详勘）工作、围墙施工及“三通一平”等工作，明确了文苑项目的投资规模。

【组织开展学习杨善洲事迹文艺创作活动】

2010年下半年起，省文联根据省委的号召，组织作协、美协、摄协、音协等单位，对杨善洲事迹进行了联合的采风和创作。重点突出用各种艺术门类创作并宣传原保山地委书记杨善洲一身正气、清正廉洁、坚定信念、坚守精神家园、矢志绿化荒山的感人事迹，组织文学、音乐、美术、电影、电视等多个艺术门类的专家广泛参与，配合省委创先争优领导小组办公室组织好杨善洲先进事迹报告团赴全国进行宣传，出版《边疆文学》学习杨善洲先进事迹文艺作品专刊，与云南音像出版社联合出版《一座丰碑》向杨善洲学习音乐CD专辑，把文艺工作者的责任感使命感与建设云南民族文化强省结合起来，与文艺创作结合起来，引导文艺家创作出更多更优秀的文艺作品。省文联主要抓了10件工作：一是积极组织各门类文学艺术家到保山市杨善洲同志工作过的地方采风，2009年以来已组织完成两批。二是组织省作协文学领域的创作，集中完成报告文学、诗歌、散文等文学作品创作，目前已有《沧江静静流》、《公仆本色》、《一个永不褪色的名字》、《一座丰碑》、《满目青山夕照浓》等近20部作品完成。三是组织歌曲创作，已有《一座丰碑》、《披着蓑衣的书记》、《人民公仆》、《你是一面鲜红的旗帜》等作品完成。四是组织美术家完成美术连环画及国画、油画作品的创作，已完成了《大亮山魂》的脚本创作。五是电视剧《杨善洲》拍摄工作正在筹备中，电影《杨善洲》（暂定名）的剧本创作已启动。六是将在“七一”建党节期间举办杨善洲摄影、美术、书法作品展览。七是出版《边疆文学》学习杨善洲事迹专刊，专刊配合中宣部、中组部、云南省委在人民大会堂组织的杨善洲事迹报告会，受到省委创先争优领导小组的表扬，并将与人民出版社共同出版一批杨善洲事迹图书。八是创作并完成广播剧《大地之爱》，于近期播出。九是组织召开杨善洲文艺创作座谈会，扩大杨善洲事迹在全省文艺工作者中和社会的广泛影响。十是在保山组织全省文艺界学习杨善洲事迹座谈会暨杨善洲文艺作品首发（映）式。再次掀起向杨善洲学习的热潮。

公益和文化惠民活动

【省文联组织文艺家积极投入抗旱斗争】

2010年，云南遭遇百年不遇的严重旱情，省文联党组积极响应省委、省政府的号召，迅速做出反应，号召全体党员、文艺家和干部职工在大灾面前奉献大爱，在抗旱救灾中充分发挥先锋模范作用。积极组织云南美术家创作美术作品170余件，参加“抗旱救灾著名美术家书法家作品义拍会”活动，并3次组织干部职工、离退休老干部捐赠及3次拍卖书画作品，共筹集善款2573872元，为抗旱斗争发挥了突出的作用，彰显云南文艺家大爱无疆的文艺良知和风范。省作协组织

“关注旱情、心系灾区”作家采访活动赴曲靖陆良灾区采访，编辑出版了抗旱专辑，省摄协编辑出版了“2010年云南抗旱文学、摄影作品集”，举办“大爱化甘霖，齐心抗旱灾”抗旱救灾摄影展，受到社会高度评价，100余幅作品被中央档案馆、省档案馆收藏。

【承办中国文联2010年全国文艺家“送欢乐、下基层”惠民文化活动】

1月8～10日，省文联积极配合中国文联、中国红十字会总会组织2010年“送欢乐、下基层”赴楚雄地震灾区慰问活动。中国文联党组书记、副主席胡振民，副书记、副主席覃志刚等领导同志率著名艺术家徐沛东、吴雁泽、姜昆、宋祖英等100多位艺术家和艺术工作者在4个演出点为40000多名现场群众进行慰问演出，中国红十字会总会、中国摄协、中国美协、中国书协向楚雄地震灾区和困难群众捐赠了150余万元的款物和精心准备的摄影、美术作品，受到灾区群众的热烈欢迎和社会各界的广泛赞誉，做到了中国文联和中国红十字会总会、云南省委、省政府、楚雄州委、州政府、广大灾区人民群众、全体艺术家及社会各界“五满意”。

【2010年全省“送欢乐、下基层”活动】

1月24日，省文联党组成员、专职副主席张维明率省音协、省书协、省摄协、昆明学院、昆明市花灯剧团、云南艺术学院部分艺术家及文联机关干部30人赴转龙镇开展2010年“送欢乐、下基层”慰问，受到现场2000多位各族村民的热烈欢迎。省文联在自身经费十分紧张的情况下，向200户困难群众捐赠发放了60000元扶助款。省音协组织歌唱家进行演出，省摄协的摄影家准备了相片打印机，在街头地边为村民拍摄“全家福”400余幅，省书协组织书法家为群众写了1200幅春联。

文艺创作

【彭荆风、雷平阳获得第八届鲁迅文学奖】

彭荆风的长篇报告文学《解放大西南》、雷平阳的诗集《云南记》获得第五届鲁迅文学奖，吴然的散文集《踩新路》获第八届全国优秀儿童文学奖。

【繁荣云南少数民族文学创作座谈会】

1月11日，省作协在昆明召开“繁荣云南少数民族文学创作座谈会”，欢迎云南省纳张元、李梦薇、蔡晓玲、乔丽、孙宝廷、闵建岚、陶玉明、玖合生、张时胜、艾吉、张云、罗荣芬、李金荣、伊蒙红木、艾傈木诺、鲁若迪基等16位少数民族作家从鲁迅文学院学成归来。省委常委、宣传部部长张田欣到会并做重要讲话，希望大家把这一荣誉，作为推动繁荣云南文学创作，特别是少数民族文学创作的新起点，在民族文学创作的道路上勤奋耕耘，创作出更多更好的作品。在中宣部、国家民委和中国作协的关心重视下，云南省16位少数民族作家参加了国庆庆典活动；列席第五次全国民族团结进步表彰大会，受到胡锦涛总书记、刘云山部长等中央领导的亲切接见。这是对云南省少数民族作家的巨大鼓舞。

【“翠湖之夜”第六届云南省文学创作奖颁奖】

9月15日，省作协2010年优秀作品表彰会在昆举行。近年来，省委、省政府高度重视文学创作，把繁荣文学创作当作建设民族文化强省的一项基础性工程来抓，通过多种途径大力培养和扶持全省广大文学工作者。省作家协会从2004年实行了重点作品创作扶持制度，对深入生活的作家给予补贴，鼓励作家积极创作，探索创新。重点作品扶持制度经过几年的不断改进和完善，在促进云南文学创作繁荣中发挥了巨大作用。这项制度的实行，极大地促进了云南省的文学创作。2009年度，云南省作家在《人民文学》、《中国作家》、《诗刊》、《收获》、《散文选刊》、《民族文学》、《小说月报》《中篇小说选刊》、《诗选刊》等重点文学期刊发表小说、诗歌、散文、评论等各类作品共79篇，省作协用10万元来奖励为云南文学事业的繁荣发展作出贡献的52名作家，鼓励全省作家多发优秀作品，多为云南文化建设争荣誉。

【报告文学《中国维和英雄》首发式】

7月30日，由省作协副主席刘广雄创作的长篇报告文学《中国维和英雄》首发式在昆明举行。这是省委、省政府树立新时代先进典型，用典型引领社会主义核心价值体系建设的一件大事和喜事。长篇纪实文学《中国维和英雄》的创作、出版、发行，是一次弘扬主旋律，唱响正气歌的重要成果，是一部颂扬爱国主义和国际主义的教材，一部促进社会主义核心价值体系建设和推进和谐社会建设的优秀作品。省委常委、宣传部部长张田欣强调，要把《中国维和英雄》的出版发行作为宣传维和英雄的新高潮，要把他们的英雄事迹和美好道德进行广泛地宣传，要以这本书的出版发行为契机，全面推进社会主义核心价值体系的建设。

【云南省第二届青年作家创作会议】

7月5～6日，云南省第二届青年作家创作会议在昆明举行。中国作协副主席、党组成员、书记处书记高洪波到会做了重要讲话，中共云南省委常委、宣传部长张田欣，中国作协创研部主任胡平，中国作协副主席、中国文联副主席丹增，省文联主席、党组书记郑明，省作协主席黄尧等出席会议。省委常委、宣传部长张田欣在会议上对青年作家提出了三点希望：第一，始终把握正确的文学创作方向，坚持用社会主义核心价值体系引领文艺创作。第二，担当时代责任，坚持“三贴近”，努力创作出人民群众喜闻乐见的文学作品。第三，高度重视和关心青年作家的成长，为青年作家营造良好的创作环境。要求各级党委、政府特别是文联一是要注意发现青年作家，大力扶持青年作家。二是要积极倡导和推动“三贴近”，让更多的青年作家投身火热的现实生活。三是要加强和改进青年文学人才的培养和扶持工作。四是加强或设置“重点作品创作扶持工程”。五是做好各类文学评奖工作。

【“赞中华、颂云南、吟玉溪”繁荣云南诗歌论坛】

8月18～20日，“赞中华、颂云南、吟玉溪”繁荣云南诗歌论坛在云南玉溪召开。省委常委、宣传部部长张田欣出席论坛开幕式并讲话，省文联主席、党组书记郑明主持开幕式，玉溪市委书记孔祥庚致辞。中国作协创联部副主任尹汉胤，省政府副秘书长白庚胜，玉溪市委副书记、市长高劲松以及《中国作家》、《中华诗词》、《诗刊》杂志社相关负责人等，省内知名诗人、作家、学者等130多人出席论坛开幕式。张田欣指出，文学及诗歌创作是文化建设的重要组成部分，中国是一个有着古老诗歌传统的泱泱诗国，一路走来的五千年文明史就是一部诗人辈出的诗歌发展史。云南也一直都是诗歌的沃土。此次诗歌论坛举办的宗旨是总结云南诗歌创作，研究今后诗歌创作的发展方向，是继承与创新，传统诗词与现代新诗的互相交流。他提出，一要把握正确的导向，把社会主义核心价值体系融入文学艺术的创作当中。诗人们要担当历史重任，发扬正气、正道，要有为天地立心，为往圣继绝学，为万世开太平的胸襟和胆识。诗歌创作要讲究诗眼，要有诗情，我们要承认差异，包容多样，营造宽松的艺术创作环境，鼓励诗人多出精品，努力创作出既有思想性，艺术性，又有观赏性的精品佳作。二要立足云南、放歌云南，让云南走向全国，让世界向往云南。三要鼓励创新，坚持文学、诗歌的原创性。四要重视人才培养。要让作家、诗人们更有创作激情，有更广阔的创作视野，在出版、发行、文学评论、奖励制度等方面形成扶持机制，让诗人、作家创作出更多更好的作品，为云南民族文化强省建设作出新的贡献。

参加论坛的诗人、学者分别以古诗词创作的中国形象、古诗词形式内容对新汉诗创作的影响交融和趋势、当前诗歌创作的趋势与走向、云南新诗成就的基本评估及“本土化”倾向、民族文化的多样性与云南少数民族诗歌创作等为主要内容，就诗歌的继承与创新、新诗和传统中华诗词反映时代和走向群众等展开学术交流。通过论坛这种形式，使参加讨论的诗人和学者都得到颇多启发，表现出了云南诗歌创作的良好形势。

【文学艺术家走进校园】

6月19日，云南教育与文化艺术发展研讨会暨战略合作签字仪式在昆明翠湖宾馆举行，省教育厅与省文联签署《合作框架协议》。通过这种新的教育模式和培养平台的有机结合，充分发挥教育、文化和文学艺术界人才资源优势，让文学艺术走进校园，为进一步提升广大青少年学生的文学艺术素养提供动力，从而不断增强教育、文化和文学艺术界的发展活力，为建设民族文化强省作出更大的贡献。

【建设云南民族文化强省文学座谈会】

12月9日，推进云南民族文化强省建设文学座谈会在昆召开。第五届鲁迅文学奖获得者彭荆风、雷平阳，第四届鲁迅文学奖获得者于坚、第三届鲁迅文学奖获得者夏天敏、全国优秀儿童文学奖获奖者吴然及我省老中青作家、文艺家出席了座谈会。

在省委、省政府的关心下，在省委宣传部的领导下，云南作家扎根于脚下的红土地，潜心创作，通过多年的努力，云南文学出现了繁荣的局面。特别是在诗歌、小说、报告文学、儿童文学等方面取得了不俗的成绩。云南作家在鲁迅文学奖、全国五个一工程奖、全国优秀儿童文学奖中都有所斩获，在近几届的全国少数民族文学骏马奖评比中，云南少数民族作家获奖人数在全国也都名列前茅。继夏天敏、于坚获得第三、第四届鲁迅文学奖后，10 月，云南部队作家彭荆风的报告文学《解放大西南》、雷平阳的诗集《云南记》双双获得第五届鲁迅文学奖。著名儿童文学作家吴然的散文集《踩新路》获中国作协第八届全国优秀儿童文学奖。2010 年，云南省共揽获 3 项大奖，创造了历史最好成绩。此次座谈会的召开旨在鼓励作家为繁荣云南文学创作、建设民族文化强省建设作出新的更大的贡献。

【云南音乐创作高级研修班】

12 月 4 ～ 6 日，云南省音乐创作高级研修班在云南艺术学院音乐学院举办。著名作曲家张千一、陈勇、万里、刘晓耕，著名词作家宋小明、蒋明初等音乐界专家为近百名学员做了专题讲座。举办此次研修班，旨在积极响应省委省政府提出的建设云南民族文化强省的号召，充分挖掘运用云南独特而丰富的音乐资源，加强云南音乐人之间尤其是云南省词曲作者与中央知名词曲作家之间的交流和学习，不断提高云南本土词曲作者的创作水平，缩小他们与全国知名词曲作家的差距，力争创作出艺术价值较高、深受人民群众喜爱的精品力作，繁荣云南音乐创作，进一步巩固和提高云南音乐文化在全国的知名度和影响力。

【《神系云南》巨屏国画展在上海世博会展出】

8 月 28 日～9 月 1 日，《神系云南》书画巨屏展在上海世博会・云南活动周期间隆重展出。省委书记、省人大常委会主任白恩培率领云南党政代表团一行前往上海国际展览中心，与上海各界人士一起参观了《神系云南》巨屏书画展。省委常委、省政协主席王学仁，省委常委、省委秘书长杨应楠，省委常务、迪庆州委书记齐扎拉，省人大常委会常务副主任晏友琼，省政府副省长孔垂柱、刘平，上海市委常委、市委秘书长丁薛祥等同志陪同观看。该展览作为“上海世博・云南活动周”的一项重要内容，为海内外嘉宾作了精彩的“云南解读”。《神系云南》书画巨屏专题创作活动，由省委宣传部、省文联、中国书画院主办。于 2009 年 3 月 30 日从北京钓鱼台国宾馆出发，以集体采风创作方式，赴云南德宏、怒江、西双版纳、丽江、红河、大理、楚雄、东川区等地进行写生采风，巨屏书画的艺术形式描绘云南。经过 13 个月的创作，《神系云南》书画巨屏专题创作活动，集体创作出高 3 米，宽 6 米、7 米甚至达 8 米的鸿篇巨制 30 幅，小幅作品 110 幅，书法 20 幅。以巨幅国画形式来表现云南自然和人文、民俗和重大历史事件的创作活动，在云南尚属首次。

【第二届大理国际影会】

8 月 1 ～ 5 日，由省委宣传部、中国摄协、省广电局、省文联和大理州委、州政府共同主办的 2010 年第二届大理国际影会在大理成功举办。中国文联党组成员、副主席廖奔，中国摄协副主席王文澜，省文联党组书记郑明，中国摄协分党组成员、副秘书长顾立群等领导和嘉宾出席了本次活动。

本届影会以“和谐的家园——人与自然”为主题。省文联与大理州委宣传部、州文联等承办单位精心策划、精心组织、加强联络协调，使本届影会主题鲜明、内容丰富、特色明显、形式多样，遵循国际化、专业化、大众化的标准，突出民族特色和地方特色，把民族民间元素引入国际摄影节庆活动，打造具有云南特点和国际水准的摄影节会品牌，使大理影会成为摄影艺术家和摄影爱好者、普通老百姓都能共享的节日盛会，为繁荣云南民族文化、推动民族文化强省建设作出了积极的贡献。省文联高度重视影会组织工作，省摄协承担了大量的组织、协调、服务工作。省摄协积极与中国文联、中国摄协联络，邀请中国文联廖奔副主席莅会指导。影会期间，省摄协举办的“第三届西南六省区市摄影联展”、“大爱化

甘霖 齐心抗旱灾摄影展”、“东南亚、南亚摄影展”受到参展各省区市摄影家广泛赞誉和观众的好评。省政协副主席顾伯平，中国文联党组成员、书记处书记、省政府副秘书长白庚胜，省委宣传部常务副部长、省摄协主席尹欣，中国摄协副主席王文澜，省文联主席郑明、大理州委书记刘明以及西藏、重庆、四川、贵州、广西等省区市文联（摄协）领导、西南六省摄影家200余人出席了联展开幕式。影会期间，省摄协还组织西南六省市区摄影家深入到大理鹤庆新华村、剑川县沙溪镇寺登古驿站、石宝山石窟、洱源县西湖湿地等采风创作，活动受到各省区市摄协的高度评价，取得圆满成功。

【首届中国昆明原生态文化国际学术研讨会】

11月9日，“首届中国昆明原生态文化国际学术研讨会”在美丽的昆明滇池湖畔海埂国际会议中心举行。中国文联副主席、中国作协副主席丹增，中国文联原副主席、中国著名评论家、中国传媒大学艺术研究院院长仲呈祥，中国文联书记处书记、云南省政府副秘书长白庚胜，美国加州文化基金会主席 Jeffrey jin 教授等国内外专家学者出席会议并做主题报告和专题演讲。美国柯盖特大学教授江克平、美国诗人梅丹理、美籍华人文化学者王伟等国际学者，以及于坚、田川流等国内著名学者从原生态文化的概念与全球化时代的文化身份、“非遗”与旅游文化开发战略、原生态文化的概念与全球化时代的文化身份，世界文化生态背景与中国原生态文化的走向，不可再生的“非遗”与旅游文化的开发战略等内容以现场对话的形式，从多个角度进行了深入的剖析、阐述和探讨。

【首届“《边疆文学》·昊龙文学大奖”成功颁奖】

6月7日，首届“边疆文学·昊龙年度文学大奖”颁奖晚会在昆明举行，最终雷平阳凭《祭父帖》一举夺得年度大奖。年度中篇小说奖由叶舟《狂野的河》获得，年度短篇小说奖由和晓梅《未完成的成丁礼》获得，年度散文大奖由于坚《诸神之河：从澜沧到湄公——横断山脉地区》获得，年度诗歌奖由冉冉《冉冉的诗》获得。

【省文联筹拍《长征·云南不朽记忆》】

为纪念中国工农红军长征胜利75周年，再现红军转战云南的光辉历程，省文联、云南博延影视文化传媒公司联合摄制10集电视纪录片《长征·云南不朽记忆》。6月29日，省文联召开新闻发布会暨开机仪式。由省文联原副主席那家佐等创作，省文联筹资，省文联、省民委、省老干局、省旅游局、云南博延影视文化联合摄制的10集历史纪录片《长征·云南不朽记忆》用艺术的手法记录长征期间“扎西会议”、“西进云南”、“攻占马龙”、“佯攻昆明”、“抢渡天险”、“挥师南下”、“威震昆明”、“横扫滇西”、“决战石鼓”、“发兵中甸”等重大历史事件，生动再现红军在经过云南途中，播撒革命火种，与云南各族人民建立深情厚谊的感人情景。该片由省委常委、省委宣传部部长张田欣担任总顾问，省文联主席、党组书记郑明，省政府金融办主任刘建华担任总策划，著名作家那家佐、那家伦担任总撰稿，省文联党组成员、专职副主席张维明担任制片人，10月已完成拍摄工作，定于2011年7月在中央电视台、云南电视台播出。

【云南抗旱文学作品专号、摄影作品集首发式】

7月28日，由省文联、省作协、省摄协、《云南日报》文化生活部主办的“云南抗旱文学作品专号、摄影作品集首发式”在连云宾馆举行。省委宣传部常务副部长尹欣，省文联主席、党组书记郑明，《云南日报》副总编辑何侃，曲靖市委常委、宣传部部长何华，省作协主席黄尧，省委宣传部文艺处处长李新出席首发式。2010年，云南遭遇了百年罕见的特大旱灾，省作协、省摄协、《云南日报》文化生活部举行了云南抗旱文学、摄影作品创作活动。省文联、省作协、省摄协组织了一批作家、摄影家到曲靖地区等旱灾严重地区采访，省文联主席、党组书记郑明还代表采访作家一行向陆良县芳华镇捐赠了4万元善款及千余册图书。采访活动得到了作家、摄影家的积极反映，尤其是曲靖旱灾地区的作家、摄影家创作出了许多关于抗旱主题的作品，讴歌干部群众抗旱救灾中可歌可泣的先进事迹，宣传人民自力更生的抗旱精神。此次抗旱文学、摄影作品征集活动历时一个半月，有1000多件作品应征，其中数十篇优秀作品被《云南日报》文艺版及《边疆文学》增刊采用，13篇作品获奖；优秀摄影作品被编辑为摄影集《大爱化甘霖·齐心抗旱灾》正式出版发行。

【云南省首届本土歌曲演唱大赛圆满落幕】

11月5～7日，由省文联、省音协共同主办，曲靖师范学院承办的云南省首届“东恒·欧乐亚”杯本土歌曲演唱大赛在曲靖师范学院圆满结束，11月7日晚在曲靖电视台举行隆重的颁奖晚会。省政协副主席陈勋儒，省人民政府副秘书长白庚胜，省文联党组书记、主席郑明，省文联专职副主席张维明，省音协主席、云南艺术学院副院长陈勇，曲靖市委常委宣传部部长何华，曲靖市副市长饶卫，曲靖市政协副主席陈吉书，曲靖师范学院党委书记施洪甲、校长周本贞、党委副书记王志刚、副校长高小禾、李莉以及曲靖市广电局局长孙进周，曲靖市文联主席杨卓成等相关部门的领导和嘉宾出席了颁奖晚会并为获奖选手颁奖。

【全国文联外事干部研修班在云南石林举办】

11月7～11日，由中国文联主办，云南省文联和石林县委政府承办的“全国文联外事干部研修班”在昆明市石林县举办。11月7日，举行了开班仪式，出席开班仪式的领导有：中国文联党组成员、书记处书记、省政府副秘书长白庚胜，中国文联国际联络部主任黄文娟，副主任范斌、董占顺，省文联党组书记、主席郑明，省文联专职副主席段斌，中共石林县委书记罗朝峰等领导同志。黄文娟、郑明、罗朝峰等同志在开班仪式上先后致辞。中国文联党组成员、副主席冯远专程到研修班做了重要讲话。全国各省、自治区、直辖市文联外联部或组联部的负责人，全国各文艺家协会外联部负责人共53人参加了会议，本次研修班以“非物质文化遗产保护”为主题。

【云南电影人喜获国际电影节金奖】

12月7日晚，第二届澳门国际电影节暨第一届澳门国际电视节颁奖典礼在澳门威尼斯人酒店举行。云南电影制片人、傈僳族仕芙柳女士喜获本届电影节优秀电影制片人奖，这是云南电影人在国际电影节上获得的首个金奖。由云南省电影家协会协助拍摄，云南立速影视文化有限公司独立制片完成的云南题材电影故事片《浪漫的心》入围本届国际电影节竞赛单元，荣获了最佳音乐提名奖。

对外文艺交流

【第一届中国·东南亚·南亚电视艺术周成功举办】

6月6～12日，省文联与中国视协等联合举办第一届中国·东南亚·南亚电视艺术周，以电视艺术为载体开展多边国际文化交流活动，促进中国与东南亚、南亚文化艺术交流合作，把云南建设成为中国面向东南亚、南亚的文化艺术窗口，文化交流合作的平台，国际文化合作的示范区。第一届中国·东南亚·南亚电视艺术周，以电视纪录片为主题，在艺术周期间举办了第一届电视纪录片“山茶花奖”评选，来自印度、菲律宾等10个国家，中央电视台等12个国内电视机构的28部作品参加评选；开幕式邀请到东南亚、南亚10国电视机构、文化官员300余人出席；电视合作论坛及纪录片观摩研讨会吸引了400多位业内外人士参加，“山茶吐蕊华彩绽放”颁奖文艺晚会由东南亚、南亚7国艺术家同台演出，马尔代夫等11位部级高官，南亚商会20位商界领袖，丹麦等国政、商界人士共600多人出席，是近年来云南省成功举办的多边国际文化交流活动。

【省作协组织云南作家代表团出访俄罗斯、丹麦、瑞典】

11月，省作协组织部分作家出访俄罗斯获得圆满成功，建立和加强了云南与俄罗斯作家协会的沟通渠道。省文联组织部分作家、艺术家赴瑞典、丹麦学习考察，与两国作协进行交流合作。

【美国作家代表团来访】

9月，由中国作协邀请，由美国爱荷华大学国际写作计划主任、诗人克里斯托弗·麦瑞尔率领的美国作家代表团、北美洛杉矶华文作家代表团一行11人来滇访问，与云南作家进行了交流座谈。

【台湾杂技界来滇学习访问】

为加强对台文化交流，接待了台湾文艺界名人采风团、台湾戏曲学院民族技艺学系杂技学习班来滇学习访问，召开“台湾—云南杂技（特技）界赴滇学习交流暨昆明杂技团成立11周年座谈会。

【孟加拉国著名画家卡娜卡·查帕、哈利德·穆罕默德夫妇到云南采风创作】

9月3～17日，为加强云南省与东南亚、南亚国家的文化交流，省文联与省外办共同策划组织了孟加拉国著名画家卡娜卡·查帕女士、其夫哈利德·穆罕默德·米图先生、其子阿尔乔和其女希洛帕一行4人，由省文联专职副主席黄映玲、老干办主任杨赤萍、省美协蒲崇智，省外办吕同陪同，在云南红河州元阳县、金平县、屏边县和文山州马关县圆满完成了为期15天的采风创作活动。并签订合作协议，云南美术、摄影与孟加拉国建立互惠的交流合作机制，受到我国驻孟使馆的高度评价。

文联机关建设

【省文艺评论家协会成立】

10月18日，省文艺评论家协会成立暨第一次会员代表大会在昆明召开。选举产生了第一届理事会、常务理事会、主席、副主席，并聘任了顾问和秘书长，明确了协会的工作职能和主席团成员的工作分工。省文艺评论家协会顺利成立，实现了云南文艺评论界多年的愿望，弥补了云南文艺理论评论空白和滞后的现状，有力地推动了云南文艺事业繁荣发展。

【省剧协、省舞协成功换届】

10月18日，召开省剧协第六次、省舞协第五次会员代表大会，吴卫民当选为省剧协主席，杨丽萍当选为省舞协主席，刀美兰当选为省舞协名誉主席。

【第六届云南文艺创作基金奖隆重表彰】

3月18日，在六届四次全委会上，第六届云南省文学艺术创作奖励基金奖暨2009年度云南省获国内国际文艺奖项作品奖经过《云南日报》、云南网公示，232件作品分别获得特别奖、一、二、三等奖和荣誉奖，省委常委、省委宣传部部长张田欣为获奖代表进行颁奖。

【文联机关党建取得新成就】

为巩固和拓展学习实践科学发展观活动的学习成果，以推动学习型组织建设和党员创优争先活动、机关作风建设为重点，圆满完成第三批学习实践科学发展观活动，省文联机关作风评议名列省直机关前列，受到省委表彰。推动学习型组织建设和党员创先争优活动，制定了实施意见和工作方案。两项活动将作为省文联2010年密切联系各项业务工作、贯穿主线的指导思想和原则。组织指导两新党建工作，文联机关建设得到进一步加强和完善。

【加大干部队伍和文艺家队伍建设力度】

文联党组把人才建设放在机关建设的重要位置，建设一支热爱祖国、热爱人民、德艺双馨、开拓进取的文艺工作者队伍，是繁荣发展民族文艺事业的根本。省文联采取一系列有效举措，加强思想道德建设和业务能力建设，取得了良好效果。按照省委人才工作要求，制定干部教育培训规划，对24名领导干部、艺术家、机关干部分级分类进行以政治理论、业务技能、知识更新等为主要内容的培训，使干部综合素质得到进一步提高。经竞职演讲、民主推荐、组织考察、公示等程序，党组决定任用正副处级（含非领导职务）10名干部，完成2名正高和2名副高职称评审，发展国家级会员140人，省级会员331人，积极培养优秀文艺人才，努力建设一支老中青相结合、数量庞大、素质较高的文艺滇军。省舞协、戏剧协顺利换届，成立了省文艺评论家协会和文学专业高级专业技术职务评审委员会。

【省文联老文艺家焕发出旺盛的创作活力】

“文艺家永不退休”是文联老干部工作一个显著特点。省文联老干办坚持按规定组织传阅文件，让老同志及时了解党和国家的方针政策，定期组织政治理论学习，老干部为抗旱救灾捐款39100元。鼓励老文艺家发挥特长永葆艺术青春，以彭荆风81岁高龄获鲁迅文学奖为标志，一批老文艺家创作出版作品10余部，张宝源策划组织的第22届亚洲影艺联盟云南（泸西）大会产生了良好的国际影响和社会影响。

【文联机关建设取得新成就】

在省文联组织承办的各项国际性、全国性、全省性大型文艺活动中，文联机关的同志作风过硬、业务熟练，形成有较强策划、组织、协调、执行能力的工作团队，出色地完成各项大型活动任务，多次受到中国文联、省委、省政府领导好评。2010年，省文联通过民主测评和群众评议，评选出先进机关处室2个、优秀文艺家协会4个，优秀机关干部5名，优秀事业单位工作人员8名，杨红昆、李春华获省委宣传部“抗旱救灾先进个人”，龚正嘉荣获得全省“新农村建设优秀总队长”奖励。

【基层文联工作】

昆明市文联紧扣“人才、作品、影响、品牌、平台、基地、阵地、活动”做好文联工作，出作品、出新品、出精品、出人才。雷平阳获得“鲁迅文学奖”、吴然获“全国儿童文学奖”、存文学获“骏马奖”。昭通市文联积极发挥昭通文学和作家群的影响力，创新活动载体，与广播电台、报纸、刊物开辟文学专栏，广泛传播文学作品，拓宽传播渠道，积极创建网络文学传播平台，文学创作又取得新突破，音乐、美术、摄影、戏剧、舞蹈等文艺门类也取得可喜成绩，进一步扩大昭通文艺的影响力。曲靖市文联围绕党委、政府中心工作，积极以文艺形式服务大局，在抗旱工作中创作了大量的文学、摄影、书画作品，有力地支援了全市抗旱斗争，加强思想建设和组织建设，文学、影视作品创作取得新的突破，积极配合省文联完成杨善洲同志先进事迹的文学创作，参与主办了云南本土歌曲创作大赛，得到广泛好评。玉溪市文联积极组织文艺工作者实施“文化和市”战略，充分发挥文联职能优势和人才优势，深入挖掘丰富的文化资源，注重培养和扶持文艺人才，努力创作文艺精品，花灯剧《梭椤寨》获得全国“五个一”工程奖后又获得省文艺创作奖励基金一等奖，“赞中华·颂云南·吟玉溪”——繁荣云南诗歌论坛受到广泛关注。保山市文联紧密结合杨善洲、郑垧靖先进事迹宣传工作，组织多个文艺门类的文艺工作参与创作出小说、报告文学、诗歌、散文、美术、歌曲等一批文艺作品，为先进典型人物的宣传作出了重要贡献。楚雄州文联加强协调，圆满完成中国文联、中国红十字会总会“送欢乐、下基层”惠民文化活动的协调工作，100余位知名艺术家在主会场和3个分场为基层和地震灾区群众奉献了艺术和爱心，活动做到策划精心、组织周密、协调有力、保障到位，中国文联、省委省政府、州委州政府和广大人民群众都给予高度评价。红河州文联加强文联自身建设，积极挖掘民族文艺资源，积极发挥沿边优势，文学、电影、舞蹈、摄影、音乐、曲艺、书法创作全面繁荣，团结带领文艺工作者抗击旱灾，发挥了积极的作用。文山州文联大力推动文艺创作，电影、文学、摄影、美术、书法等获得良好成绩，成功召开中国著名版画家马关采风及农民版画产业发展座谈会，推动农民版画的发展和产业化，召开州文联六次文代会，选举产生新一届文联领导班子。普洱市文联注重打基础、强队伍，全市文艺事业健康发展，把开展群众性的文艺创作活动和精品文艺创作结合起来，文学、版画、民间文艺继续保持良好的发展态势，县市区文联工作蓬勃发展。西双版纳州文联认真组织开展丰富多彩的文艺创作、采风、培训和研讨交流活动，创作出一批各族人民喜闻乐见的优秀文艺作品，文联各项工作均取得了新成效。大理州文联积极参与打造大理摄影文化国际品牌，围绕州委、州政府中心工作，在文学、摄影、民间文艺、音乐创作方面取得新的成绩。德宏州文联利用州庆60周年和目瑙纵歌等民族节日的契机，积极组织丰富多彩的文艺活动，以文艺的形式服务中心工作；丽江市文联注意夯实文艺发展基础，抓好文艺队伍和文艺阵地建设，充分发挥丽江历史文化积淀丰厚和著名旅游名胜地的优势，积极开展对外交流，积极承办好中国文联、省文联的各项文化交流活动。着力抓好丽江作家群的培养，积极开展文艺创作评奖，为丽江文艺长远发展奠定坚实基础。怒江州文联加强理论武装，深入开展科学发展观的实践活动，努力推动文艺交流，着力推出作品和人才，文艺创作繁荣。迪庆州文联通过出版《香格里拉文学系列丛书》、组织康巴艺术节暨迪庆民族团结节“文化长廊”展览、抓好协会换届等重点工作，努力培养少数民族文艺人才，不断扩大文联的影响力，为建设全国藏区跨越发展和长治久安示范区贡献文艺的力量。临沧市文联积极实施临沧影视文学工程，《茶香》、《红茶镇》等一批影视作品通过融资投入拍摄，成功举办“2010年滇西文学创作年会”和云南省少数民族文学翻译工作座谈会，积极推动临沧本土“作家群”人才队伍建设，摄影、美术等艺术门类的创作取得新突破。

西藏自治区文联

综　述

2010年是完成“十一五”规划、谋划“十二五”的关键之年，是中央召开第五次西藏工作座谈会、西藏自治区党委对文艺工作和文联工作给予高度重视、高度期待的一年。一年来，在西藏自治区党委的正确领导下，西藏文联高举中国特色社会主义伟大旗帜，以邓小平理论和“三个代表”重要思想为指导，深入贯彻落实科学发展观，全面贯彻落实党的十七届五中全会、中央第五次西藏工作座谈会精神和西藏自治区党委工作会议、七届七次全委会工作部署，紧紧抓住推动社会主义文化大发展大繁荣这一根本任务，围绕中心、服务大局，认真履行联络、协调、服务职能，积极发挥组织引导作用，带领全区广大文艺工作者团结奋斗、开拓进取，文艺工作和文联工作取得可喜成绩。

会议与活动

【西藏文联党组领导班子调整大会】

1月20日，西藏文联召开党组领导班子调整大会，西藏自治区党委组织部副部长李晓云宣布沈开运任西藏自治区文联党组书记、副主席，索朗石达到龄退休。李晓云代表自治区党委组织部希望调整后的领导班子通力合作，密切配合，在自治区党委的领导下，肩负起繁荣社会主义先进文化、和谐文化和西藏文艺事业的重任，积极推动西藏文艺事业繁荣发展，为社会主义新西藏做贡献。

【西藏自治区“第五届珠穆朗玛文学艺术奖”暨“第三届才旦卓玛艺术基金奖”颁奖晚会举办】

2月1日，西藏自治区在拉萨隆重举行第五届珠穆朗玛文学艺术奖”暨“第三届才旦卓玛艺术基金奖”颁奖晚会。自治区党委常委、宣传部部长崔玉英，自治区副主席多托，自治区政协副主席白玛朗杰，中国文联副主席才旦卓玛出席，沈开运书记致辞。为切实搞好这次“双奖”评选工作，西藏文联成立了以副主席王能生为主任的评奖活动办公室，经过一年多的审报、初评、公示、终评等环节的细致工作，确保评奖工作公开、公平、公正。此次“双奖”是进入新世纪以来，西藏文艺成果的一次全面展示，也是对西藏文艺工作的一次大检阅。“双奖”共颁发奖项79个。这些作品思想性、艺术性强，其中部分作品荣获过中央精神文明建设“五个一工程奖”等国家级艺术奖项，充分代表了西藏文艺创作的优秀成果。

【传达学习贯彻中央领导同志和自治区领导重要讲话精神】

2月23日，西藏文联召开全体党员和各部室、各协会负责人会议，传达学习《中国文联关于认真学习贯彻中央领导同志重要批示和重要讲话精神的通知》精神。会议由西藏文联党组成员、副主席王守明主持。党组副书记、副主席杨世君传达了胡锦涛总书记、温家宝总理的贺信和题字、中央政治局常委李长春的重要讲话，以及自治区党委常委室宣传部长崔玉英的批示，并强调指出，“中国文艺家之家”是在胡锦涛总书记、温家宝总理等中央领导同志的直接关心下建成的，这不仅是中国文联的一件大事，更是全国文艺工作者的一件喜事，对进一步提高中国文联的吸引力、亲和力和凝聚力都具有十分重要的意义。会议要求，广大文艺工作者一定要以高度的政治责任感、饱满的精神状态、务实的工作作风、时不我待的紧迫感，把中央领导同志和自治区领导的重要指示和讲话精神学习领会好、贯彻落实好，结合文联工作实际，努力开拓各项工作新局面，为文艺事业的大发展大繁荣作出新的贡献。

【学习中央第五次西藏工作座谈会精神】

3月4日，西藏文联召开党组理论组学习会，传达学习中央第五次西藏工作座谈会精神，结合文联工作和文艺大发展大繁荣规划思路展开学习讨论。会议由西藏文联党组副书记、副主席杨世君主持。会上，各部室、各协会负责人围绕中央第五次西藏工作座谈会精神，结合工作实际踊跃发言，提出具体工作思路。沈开运书记在总结讲话中指出，第五次西藏工作座谈会不仅为西藏文艺工作创造了新的历史机遇，也为每一位文学艺术家提供了宝贵机遇。中央领导对“中国文艺家之家”落成所做的批示和讲话精神，体现了党和国家对文艺工作和文联工作的重视和关心。广大文艺工作者要振奋精神，积极作为，在现有条件下更好地开展工作，开展各项文艺活动和创作选题项目要早计划、早安排，只有“有为”才“有位”。

【效能建设年活动动员会】

3月24日，西藏文联开展效能建设年活动动员会，对开展效能建设年活动进行动员部署。西藏文联党组主席团领导及全体党员、干部职工参加会议。沈开运书记代表西藏文联党组指出，效能建设年要紧密结合文艺工作和文联工作实际，始终把繁荣文艺事业作为文联工作的根本任务，文艺家和干部职工要积极贡献智慧和汗水，干一行、学一行、爱一行，以效能建设年活动为契机，扎扎实实推进文联工作。

【西藏文艺界召开“百万农奴解放纪念日”座谈会】

3月26日，为纪念第二个“西藏百万农奴解放纪念日”，不断增强西藏文艺界“牢记历史、珍惜现在”意识，把揭批达赖集团的斗争继续引向深入，西藏自治区党委宣传部和西藏文联共同召开“百万农奴解放纪念日”座谈会，32名文艺家出席座谈会。座谈会上文艺家们一致认为设立“百万农奴解放纪念日”意义重大，纷纷用西藏文艺事业的发展成就，有力驳斥达赖集团“西藏文化毁灭论”，表示要珍惜来之不易的幸福生活，努力推动西藏文艺事业大发展大繁荣。

【开展党员密切联系群众实践活动】

4月1日，西藏文联机关党委召开全体党员学习会，对自治区区直工委决定在区直机关党员中开展密切联系群众实践活动进行动员部署。学习会后，西藏文联充分发挥文艺人才资源优势，积极开展一对一、一对多、多对一的联系结对活动，通过宣讲党的富民惠民政策和中央第五次西藏工作座谈会精神，帮助群众增长致富本领，为群众解疑释惑，密切党群干群关系，增进文艺界与基层群众的联系，帮助群众解决思想、生活、生产等困难和问题，努力使群众受教育、获帮助、得实惠，党员受锻炼、转作风、长才干。

【学习胡锦涛总书记重要讲话和第五次西藏工作座谈会精神】

4月8日，西藏文联召开副处以上、副高级职称以上人员参加的理论中心组学习会。认真传达学习胡锦涛总书记《在全党深入学习实践科学发展观总结大会上的讲话》精神，按照自治区党委将学习贯彻好第五次西藏工作座谈会精神作为效能建设年活动的重要内容的要求，全文学习了《西藏自治区关于学习宣传中央第五次西藏工作座谈会精神的安排意见》和《中共中央国务院关于推进西藏跨越式发展和长治久安的意见》。通过学习，与会同志一致认为，胡锦涛总书记的重要讲话对进一步加强党的建设、继续深入贯彻落实科学发展观提供了坚强保证，提出了明确要求，要把贯彻讲话精神落实到扎实做好文联工作上来。通过对中央第五次西藏工作座谈会的又一次学习，与会同志一致表示要将学习贯彻落实好中央第五次西藏工作座谈会精神与做好各自实际工作结合起来，进一步解放思想，研究制定西藏文联党组关于贯彻落实中央第五次西藏工作座谈会精神的意见以及“十二五”文艺创作规划和文联发展思路，发挥文联优势，破解发展难题。

【西藏文联干部职工向青海玉树地震灾区捐款献爱心】

4月19日，闻讯青海玉树发生7.1级强烈地震后，西藏广大文艺工作者迅速行动起来，组织全体党员干部职工向青海玉树地震灾区捐款28000余元。广大文艺工作者还以其他不同形式向灾区人民捐款捐物，为灾区人民送去温暖。

【传达学习全国宣传部长会议和自治区党委工作会议精神】

4月23日，西藏文联召开全体干部职工大会，传达学习西藏自治区党委工作会议精神和全国宣传部长会议精神。会议由西藏文联党组副书记、副主席杨世君主持。会议重点传达了中宣部召开的全国宣传部长会议和西藏自治区党委工作会议的主要情况和主要精神，对中央政治局和李长春讲话中深刻揭示出的中国特色社会主义文化发展的10个重要关系，联系西藏文艺工作实际，做了重点说明。还对进一步学习贯彻落实中央第五次西藏工作座谈会、西藏自治区党委工作会议和全国宣传部长会议精神提出了明确要求，对文联理论学习中心组的工作做出安排部署。

【西藏文联四届三次全委会】

4月27日，西藏文联四届三次全委会在拉萨召开。50多名西藏文联委员听取了沈开运书记做的题为《深入学习贯彻第五次西藏工作座谈会精神 努力开创西藏文艺工作和文联工作新局面》的工作报告，总结交流2009年以来的工作，研究谋划2010年的工作。自治区党委宣传部常务副部长王明星出席会议并讲话。王明星对西藏文联2009年的工作给予充分肯定，指出文联工作要以文艺繁荣发展为主题，以协会活动为抓手；要坚持正确的文艺方向，努力唱响时代发展的主旋律；要坚持以人为本，将自己融入人民群众之中；要在继承中推动创新，努力推出更多精品力作；要积极履行社会责任，努力做到德艺双馨；要抓住发展主题，加强自身建设。

根据西藏文联章程，全委会一致通过增补沈开运书记为西藏文联副主席，还增补普布和乌斯玛为西藏文联第四届委员会委员。

【北京大美西藏画廊开幕展】

5月16日，北京大美西藏画廊开幕展在北京宋庄举行。民政部党组书记、部长李立国，北京市委副书记、市长郭金龙、中央统战部副部长斯塔等领导同志亲临祝贺。北京大美西藏画廊是全国唯一一家长期展示西藏当代绘画的窗口。参加开幕展的8位画家中有6位藏族同胞，特色鲜明的作品，独特的绘画语言，深深吸引着参加开幕展的领导和嘉宾。著名相声表演艺术家姜昆特别客串主持人，再叙西藏情缘。郭金龙市长在画展观后欣然命笔："神山圣湖岁月，自然清澈情感"。

【创先争优活动动员大会】

5月20日，西藏文联组织全体党员和干部职工，召开深入开展创先争优活动动员大会，对深入开展创先争优活动进行动员部署。会议由西藏文联党组成员、副主席吉米平阶主持。西藏文联党组副书记、副主席杨世君宣读了《西藏文联关于在党支部和党员中深入开展争先创优活动的实施方案》和《西藏文联创先争优活动领导小组人员名单》，对开展好此次创先争优活动强调指出，要从文学艺术事业的发展出发，充分认识开展活动的重要意义，通过开展创先争优活动，进一步推动基层党组织履行职责创先进，立足本职争优秀，切实把党的组织资源转化为文学艺术发展资源，确保活动各项任务落到实处。

【2010·中国西藏珠穆朗玛摄影大展（第三届）】

8月6日，由自治区党委宣传部、中国摄协、西藏文联和拉萨市人民政府共同主办的"2010·中国西藏珠穆朗玛摄影大展"（第三届）在布达拉宫广场举行。400余幅作品以独特的摄影艺术语言，不仅展示了西藏绚丽的自然风光和独特的民风民俗，更向世人展示了一个经济增长、生态良好、社会稳定、文明进步的新西藏，展示了西藏各族干部群众在自治区党委坚强领导下，积极投身跨越式发展和长治久安伟大实践的昂扬精神和坚定信心。展览期间前往参观的人数约10万人次，参观人数之多、参观之踊跃、反响之热烈，是历届摄影大展所没有的。自治区党委常委、宣传部长崔玉英，自治区副主席多托充分肯定展出的大展效果和艺术水平，指出要争取到内地办展。

【与山东省作协缔结友好合作关系】

8月17日，在中国作协的倡导和协调下，西藏作协与山东省作协在拉萨召开文学创作交流研讨会，并签署了两会缔结友好合作关系的协议草案。研讨会上，双方就加强合作交流展开热烈讨论，在作者培训、作家交流、定点深入生活等方面达成广泛共识。

【西藏·广西文联工作交流座谈会】

8月21日，西藏文联与以广西文联党组成员、副主席赵如锋为团长的广西文联赴藏采风参观团一行进行座谈交流。沈开运书记出席会议并讲话。

座谈会上，两区文联各协会负责人就各专业艺术领域的创作发展、打造各自的文化品牌、整合文化资源、加强地域文化研究等议题进行探讨与交流。

【西藏文联、西藏摄协联系清华大学国学同学会向西藏盲童培训学校捐助善款20万元】

8月26日，通过西藏文联、西藏摄协联系清华大学国学同学会一行向西藏盲童培训学校捐助善款20万元。捐款活动由西藏自治区残疾人联合会理事长旺青格列主持，沈开运书记出席。清华大学国学同学会代表、内蒙古自治区副主席边辑在捐款活动上发表热情洋溢的讲话，讲话强调通过清华大学国学同学会的善举，唤起更多的爱心人士加入到援助西藏残疾、教育事业的行列中来，共同托举起西藏盲童更加光明的未来。近年来，在西藏文联的努力下，先后为西藏盲童学校募集善款200多万元。

【中国作协主席铁凝率中国作协采访团在西藏采访调研】

9月11～18日，由中央候补委员、中国作协主席铁凝率领的中国作协赴藏调研采访团一行，先后深入林芝、拉萨、日喀则等地乡村和城镇，就西藏社会进步、文化发展、新农村建设等多个领域进行调研和采访。在藏调研期间，自治区党委书记张庆黎会见了铁凝率领的赴藏调研采访团一行，希望作家和文艺工作者们在西藏多走走、多看看，感受高山、雪域、阳光、藏文化的独特风情，感受西藏奋力推进跨越式发展和长治久安的火热实践，感受西藏各族群众对伟大祖国发自内心的热爱之情，创造出反映社会主义新西藏新发展、新变化、新生活的优秀文艺作品。铁凝一行对西藏经济社会发展和文化事业取得的成就，给予高度评价，尤其对西藏以安居乐业为突破口的社会主义新农村建设成就交口称赞。在藏期间，铁凝一行与西藏作家进行座谈，还代表中国作家协会、中华文学基金会“金叶”育才图书室向西藏40所中小学捐赠了价值200万元的图书。

【“百名将军情系西藏——与爱同行颂和谐”美术、书法、摄影展】

9月15日，由西藏文联和西藏高山文化发展基金会联合举办的“百名将军情系西藏——与爱同行颂和谐”美术、书法、摄影展在西藏博物馆开幕。展览汇集众多将军、艺术家的150幅精品力作，作品中有老红军王定国、中央军委原副主席迟浩田上将的书法作品，还有50余位将军和数十位当代著名艺术家的倾情制作。笔墨丹青之间的画卷表达了将军和艺术家们对西藏和西藏人民的深厚感情。展览以鲜明的主题、丰富的内容和艺术形式，为西藏艺术百花园增添了新的光彩。

【西藏高山文化基金会向昌都八宿县瓦乡捐建西藏高山文化将军保意爱心小学】

9月15日，西藏文联举办西藏高山文化发展基金会捐建西藏高山文化将军保意爱心小学捐赠仪式。自治区党委宣传部副部长李春华和西藏高山文化发展基金会、自治区教育厅、西藏昌都八宿县、瓦乡、西藏文联负责同志以及“百名将军情系西藏——与爱同行颂和谐”活动全体成员出席捐赠仪式。捐赠仪式上总参兵种部副政委宋举浦、西藏高山文化发展基金会理事长温丽向八宿县瓦乡颁授了50万元捐款支票板。

【向郑垧靖同志学习活动大会】

9月29日，西藏文联召开向郑垧靖同志学习大会。沈开运书记主持会议并强调指出，开展向郑垧靖同志学习活动，就是要学习他忠诚于党、追求真理的坚定信仰，扎根基层、情系百姓的人生追求，脚踏实地、求真务实的优秀品德，淡泊名利、无私奉献的崇高精神，进一步增强做好工作的责任感和使命感，不断提高面向基层、服务群众的能力和水平，努力推进文艺大发展大繁荣。

【传达学习中央十七届五中全会精神】

10月20日，西藏文联召开理论学习中心组学习会，专题学习党的十七届五中全会精神。沈开运书记主持学习会。会议学习了《党的十七届五中全会公报》，传达了中宣部学习贯彻党的十七届五中全会精神视频会议精神。会议强调，西藏文联要把学习贯彻好党的十七届五中全会精神作为当前首要政治任务，按照自治区党委的部署要求，高度重视，先学一步，深刻领会，准确把握。与会文艺家和文艺工作者纷纷表示党的十七届五中全会的胜利召开鼓舞人心，催人奋进，全会再次强调了文化建设的重要性，指明了社会主义先进文化的前进方向，提出了推动社会主义文化大发展大繁荣、提升国家文化软实力等文化建设任务，必须紧密结合文艺工作实际，认真思考谋划今后工作，为推动西藏文化大发展大繁荣努力奋斗。

【西藏自治区党委、西藏文联联合举行“鲁迅文学奖”获奖作家表彰会】

10月26日，自治区党委宣传部、西藏文联联合举行“鲁迅文学奖”获奖作家表彰会，对西藏青年作家次仁罗布创作的小说《放生羊》荣获“第五届鲁迅文学奖”进行表彰。会上，自治区党委宣传部副部长张晓峰宣读了《关于表彰次仁罗布同志的决定》，并与西藏文联副主席、西藏作协主席扎西达娃一同为次仁罗布颁发证书和奖金、奖品，向次仁罗布表示祝贺。沈开运书记希望广大文艺工作者珍惜机遇，创造出更多无愧于时代、无愧于人民的精品力作。

【“北京西藏唐卡艺术珍品展——当代唐卡画师群展”】

11月16日，由西藏文联与《中国西藏》杂志社联合主办，北京吉祥喜旋文化传播有限公司承办的“北京西藏唐卡艺术珍品展——当代唐卡画师群展”在北京民族文化宫举行。来自首都各界人士300多人出席开幕式。展览展出的80余幅唐卡艺术珍品，展现了唐卡这一古老传统的艺术形式在今日现代的西藏得到保护、传承和发展，在首都文艺界引起热烈反响，新华网、新浪网、艺术中国、凤凰网、《中国日报》、中国西藏网、西藏人权网等数十家媒体参与报道，开幕当天，在百度探索此次展览活动的条目达6万余条。

【西藏文艺理论评论座谈会召开】

12月20日，为贯彻落实第二国全国文联文艺理论工作研讨会和第七届中国文联文艺评论奖暨第五届当代文艺论坛精神，加强西藏文艺理论评论工作，西藏文联组织召开西藏文艺理论评论工作座谈会。会议由西藏文联党组副书记、副主席杨世君主持。会上传达第二届全国文联文艺理论工作研讨会和第七届中国文联文艺评论奖暨第五届当代文艺论坛精神，就近年来中宣部、中国文联、中国作协加强文艺理论评论工作的要求及成就向西藏文艺理论评论工作者做了通报，结合西藏文艺理论评论工作，提出了工作思路和要求。

【形成《西藏文联“十二五”期间发展思路和工作规划》】

12月，经过近10次反复修改完善，最终形成了《西藏文联“十二五”期间发展思路和工作规划》。《工作规划》确立了“十二五”期间文艺工作指导思想，明确了4个方面的总体思路：把文联建成具有中国特色、西藏特点的文学艺术作品的主要创作基地；弘扬中华民族大家庭共同文化，建设“重要的中华民族特色文化保护地”；建成推动西藏文学艺术事业跨越式发展的人才基地；建成以文化事业的大繁荣大发展为基础，引领西藏高端文化产业稳步发展的重要平台。拟定了重大文艺创作选题和精品创作选题，梳理“十二五”期间特别是近两年文联和各文艺家协会工作重点、目标，提出了今后如何开展特色文艺活动、扶持重点文化品牌、发展优势文化产业，解决文艺经费、文艺人才发现、引进、培养，干部队伍建设等工作的具体措施。

获奖情况

【《天上的祝愿》等三首歌曲在“全国优秀流行歌曲创作大赛西南赛区总决赛”中分获优秀奖、提名奖】

1月17日，杨年华词、多吉欧珠曲的《天上的祝愿》，旺堆词、美朗多吉曲的《神奇的西藏》，阿旺旦增词、欧珠曲的《藏家美酒》，在“全国优秀流行歌曲创作大赛西南赛区总决赛”中获优秀奖，在“全国优秀流行歌曲创作大赛总决赛”中获提名奖。

【舞蹈《吭杆起舞》在第七届中国舞蹈“荷花奖”上获“评委会特别奖”】

7月，西藏舞协组织选送的舞蹈《吭杆起舞》在第七届中国舞蹈“荷花奖”上获“评委会特别奖”。

【《雪域祝福》锅庄舞在“第八届中国民间艺术节暨第九届中国（大同）云冈文化艺术节”上荣获金奖】

9月10日，西藏民协组织那曲民间艺术团编排的民族舞蹈《雪域祝福》在“第八届中国民间艺术节暨第九届中国（大同）云冈文化艺术节”上荣获金奖。自治区党委副书记郝鹏做了专门批示：文联这次活动组织得很好，展示了西藏优秀文化，取得了好的效果。崔玉英常委提出要求：郝鹏副书记的重要批示是对文艺文化工作的高度重视和鞭策，请区文联认真传达学习，力争把工作做得更好。

【短篇小说《放生羊》荣获第五届鲁迅文学奖短篇小说奖】

10月19日，第五届鲁迅文学奖评奖结果公布，西藏青年作家次仁罗布创作的短篇小说《放生羊》获短篇小说奖，在5篇短篇小说获奖作品中按得票多少排名第三。次仁罗布以自身健全的精神维度和宽广的灵魂视野，在年扎老人身上实现了其超越现实世界、关注灵魂存在的意图。获奖评语“这是一个关于祈祷与救赎的故事小说中流淌着悲悯与温情，充盈着藏民族独特的精神气质”是对次仁罗布揭示的一个真实的西藏的生动写照。这是继扎西达娃、加央西热同志之后，西藏第三位获得我国最高文学奖的作家。

【《西藏文化瑰宝·藏戏》在第四届张家港长江流域戏剧艺术节上荣获观众最喜爱的精品奖】

11月2日，西藏文联和所属西藏剧协组织拉萨市城关区娘热民间艺术团，参加在张家港举行的长江流域12省市区戏剧汇演，演出的《西藏文化瑰宝·藏戏》受到中国剧协、张家港市委市政府及广大观众的热烈欢迎和高度评价。为表彰西藏演出水平，第四届张家港长江流域戏剧艺术节组委会破格设立奖项，《西藏文化瑰宝·藏戏》荣获观众最喜爱精品奖。

【藏戏《文成公主》获国家文化传承奖】

11月6日，在江苏南京举行的第二届联合国教科文民间艺术组织世界青年大会上，由西藏剧协组织选送的藏戏《文成公主》获国家文化传承奖。

【在“首届中国农民艺术节·第一届全国乡村歌手大赛”上西藏音乐作品分获5项大奖】

11月15～19日，在中国文联、云南省政府、中国音协共同主办的“首届中国农民艺术节·第一届全国乡村歌手大赛”上，由西藏文联杨年华作词、多吉欧珠作曲的《珠穆朗玛的故乡——定日》荣获二等奖，由美朗多吉作曲的《吉祥堆龙》获三等奖，那曲民歌《藏北的白云》获优秀奖，藏戏《文成公主》荣获国家文化传承奖，西藏参赛队获优秀组织奖。

理论研究

西藏文艺理论评论工作有了新的推进，发挥了推动文艺创作繁荣、推动优秀作品广泛传播的积极作用，完成了宣传部安排的《关于西藏当代文艺理论研究的实践与思考》、《关于推出更多思想性观赏性统一　深受群众欢迎的文化产品的思考》、《进一步推动农村精神文明建设措施办法的调研》等3篇专题调研报告任务，在《西藏文学》发表剧评话剧《扎西岗》等一批文艺理论、文学评论文章。在《中国政协》、《西藏政协》艺术长廊推出《张鹰的艺术人生》、《高原是我永恒老师》、《雪域山魂》、《逾越母爱之画》等艺术家专访。在《中国艺术报》、《文艺报》发表30多篇文章、专刊和西藏文艺界动态消息。

创作情况

【文学创作】

1月，西藏青年作家尼玛潘多创作的25万字长篇小说《紫青稞》由作家出版社出版。

7月，在首届“首先杯”全国诗歌散文大赛中杨年华创作的诗歌《第一场秋雪》获诗歌组三等奖。

8月，与中国作协民族文学杂志联合举办西藏作家、翻译家座谈会暨“全国多民族作家看西藏”活动，全国20多位知名作家翻译家赴藏参加。同月，联合《长篇小说选刊》编辑部、青海作家协会在拉萨共同举办《康巴方式》、《紫青稞》长篇小说研讨会。研讨会邀请全国著名评论家和西藏、青海的著名作家、评论家20余人参会，在全国文学界和西藏产生较大影响。

11月，由中央民族大学少数民族语言文字学院、中国少数民族文学学会、民族文学杂志社主办，内蒙古、西藏、新疆作协协办的“蒙古族、藏族、维吾尔族青年作家研讨会”在北京举行，会上介绍了西藏文学的创作情况，有关评论家对西藏青年作家次仁罗布、尼玛潘多等人的作品给予高度评价。

12月，由中国少数民族作家学会、北京市民委、中国影协联合举办的1978—2009年“少数民族题材优秀影视文学剧本遴选活动”揭晓，扎西达娃主席编剧的《冈拉梅朵》终评入选。

【美术创作】

1月，与黑龙江美协、黑龙江大学、哈尔滨大学在黑龙江省哈尔滨市联合主办“雪域彩练”专题展。展览期间与哈尔滨大学及地区美术家协会举行学术研讨会，西藏参展画家与内地画家以地域文化特征与创作表现手法展开深入探讨，取得学术上的共识与进步。

【书法创作】

6月，西藏书协在阿里地区举办“喜迎阿里昆莎机场通航书法笔会”。

【摄影创作】

1～3月，组织西藏摄影家协会会员到林芝地区米林县、日喀则地区萨迦县为当地农牧民拍“合家欢”，受到当地百姓好评。

8月，受中国摄影展览中心委托，前往拉萨市曲水县拍摄西藏农业的有关图片作为资料提供给农业部。

9～10月，先后陪同上海摄协赴藏采风团和美籍华人李元前往日喀则和阿里地区进行摄影采风。

【音乐创作】

9月，与深圳音乐家协会举行音乐交流座谈会。

【舞蹈创作】

8月，组织日喀则地区拉孜县查务乡小学《赞新生活》和林芝地区米林县珞巴族小学《加英·祖国赞》两支民族舞蹈，参加“全国新农村少儿舞蹈美育工程舞蹈交流展演”，受到了顾秀莲副委员长和中国文联、中国舞蹈家协会领导的高度赞扬。

【曲艺创作】

7月，为2011年藏历新年电视晚会创作小品《书吧趣闻》、相声《精彩足球》、《生态拉萨》等曲艺节目，这些节目占整台晚会约1/4的时间。节目上演后大放异彩，受到了领导和观众的一致好评。

8月，积极协助拉萨市歌舞团曲艺队，做好赴林芝地区巡回演出的曲艺节目的创作编排，从节目创作、排练全程跟踪指导，在各方面的共同努力下，编排出了高质量的曲艺节目，在巡回演出中，受到广大观众的欢迎，也受到了基层曲艺演员们的好评。

11月，应西藏电视台的邀请，为西藏电视台藏语频道开播25周年庆祝晚会创作小品《藏游记》、相声《赞藏语频道》等曲艺节目，这些曲艺节目成为整台晚会的重点节目，受到广泛好评。

【民间文艺创作】

12月，《西藏民间文学·歌谣卷》藏文版编纂完成，正在校对；《西藏民间文学·故事卷》藏文版进入复审阶段；《西藏民间文学·谚语卷》藏文版已录入、完成三校。

【影视创作】

1月，中央统战部审查通过电影《雪域丹青》，国家广电总局正式批准拍摄。

12月，由扎西达娃主席创作的电影剧本《西藏往事》已由中影公司拍摄完成。

对外及对港澳台地区文化交流

【西藏文艺界与尼泊尔民间友好代表团召开交流会】

6月17日，西藏文艺界代表与尼泊尔民间友好代表团一行57人在西藏宾馆进行友好交流。西藏文艺界向代表团成员介绍了自治区概况、设立“西藏百万农奴解放纪念日”的伟大意义和西藏民主改革50年政治、经济、社会、文化发展等方面的情况，希望通过代表团的交流，为两国艺术家之间架起友谊的桥梁。尼泊尔民间友好代表团对提供交流机会表示感谢，通过交流，切身感受到西藏所发生的巨大变化，并表示愿在文化方面开展进一步的交流合作。

机关建设

【进一步加强机关内部机制改革】

以全区效能建设年和全区宣传文化系统管理创新年活动为契机，解放思想，更新观念，建章立制，建立健全和修改完善《机关干部职工学习培训管理办法》、《西藏文联干部职工考勤暂行办法》、《西藏文联专业技术职务评聘工作实施意见》等9项制度，严格管理，敢于逗硬，奖勤罚懒，对2名获得高级资格但工作表现不佳的专业技术人员予以缓聘，体现干与不干不一样，干好干坏也不一样。努力形成想做事、能做事、做成事的良好氛围和鼓励干事的积极导向，初步形成以制度管人管事的良好局面。

【积极开展送温暖、献爱心活动，增强了广大干部职工关注民生、回报社会的意识】

在西藏文联对口扶贫昌都地区八宿县瓦乡的工作中，认真贯彻落实自治区党委政府扶贫工作会议精神，进一步按照“十一五”定点扶贫要求，为八宿县瓦乡募集20万元现金，价值30万元电脑、书包、服装、桌椅、教学器材、运动器材，并将在瓦乡修建西藏高山文化将军保意爱心小学。通过努力帮助瓦乡到位了“八宿县瓦乡四个村贫困户牲畜扶持项目”，为该乡解决了33户贫困户适龄母畜400头，折合人民币10万元。用实际行动落实密切联系群众实践活动。

【进一步加强基础设施建设和环境绿化工作，努力改善干部职工生活条件】

2010年，在院内安装监控设备，提出文联院内绿化方案，改建文联干部职工食堂，文联院内的安全保卫工作得到加强，环境得到改善，干部职工的生活工作环境也将得到较大改善。

各文艺家协会

【作家协会】

2月，提交6名符合加入中国作协的会员申请资料，其中有4名被中国作家协会吸收为新会员。

4月，派西藏作协会员刘一澜到鲁迅文学院13届中青年高级研讨班学习。

5月，征集并呈报西藏作协会员参评“第五届鲁迅文学奖”作品6部。

7月，沈开运书记、扎西达娃主席、王能生副主席一行赴浙江、湖南、四川等地进行调研和考察，对文学创作进行交流，并探讨今后合作事宜。同月，组织召开专家会议，认真做好第五届珠穆朗玛文学艺术基金奖文学作品推荐和初评工作。

8月，接待中国作协创联部副主任、民族处处长尹汉胤一行。组织召开中国少数民族文学翻译工程座谈会，确定将来藏族文学翻译工程在西藏实施。同月，与山东作协代表召开文学创作研讨会，签署两会缔结友好合作关系协议草案，明确合作思路和方向。接待四川作协代表团，座谈双方工作和创作经验，探讨合作途径和方式。

10月，与西藏大学文学院合作，派出4位作家在西藏大学文学院举办文学讲座，取得良好效果。

11月，扎西达娃主席随中国作家代表团访问捷克，访问期间参加了和捷克读者的见面会。

【美术家协会】

4月，西藏美协副主席计美赤列和西藏版画家罗伦张参加第九届中国艺术节全国优秀美术作品展，同时获得优秀奖。

5月，西藏画家计美赤列、马阿布、张鹰、次旦久美、格桑次仁参加由中国美协主办的“吾土吾民”传承西北油画邀请展，并在多省市区进行巡回展出。

6月，在北京宋庄成立西藏美协创作学术交流基地——大美西藏画廊；邀请首都文艺界人士靳尚谊、李小可等16人与西藏画家举行学术研讨会。与会人士普遍认为，西藏美协开辟了一条崭新的审美领域及美术创作道路。

7月，西藏美协、西藏书画院组织西藏民间具有代表性的唐卡艺术大师及知名画家，在拉萨八廓南街美隆艺术库举办“西藏首届唐卡艺术大展”。同月，在北京798举办“魅力西藏”油画邀请展。

8月，邀请全国艺术家及艺术评论家撰写关于西藏美术家及美术作品的评论文章，先后发表于国内各大美术杂志及刊物。

9月，西藏美协副主席计美赤列赴美国佛蒙特艺术中心举办计美赤列个人画展。

【书法家协会】

5月，西藏书法学术批评展在西藏大学学生活动中心举行，展出展出各类书法作品40余件，300多人参加了开幕式。

4月，西藏书协向青海玉树捐献书法作品6件，向甘肃舟曲特大泥石流捐献书法作品1件，表达西藏书法界对遇灾同胞的爱心。

6月，为喜迎阿里昆莎机场通航，西藏书协在阿里地区举办“喜迎阿里昆莎机场通航书法笔会”。笔会上书法家们现场挥毫泼墨，用艺术形式抒发对祖国大好河山的热爱，表达对阿里昆莎机场通航的无比喜悦。同月，巴珠、李运熙两名同志的书法作品应邀第二届中国西部书法篆刻展。

10月，西藏书法界60余位书法家在拉萨举行笔会，庆祝中华人民共和国成立61周年。西藏自治区党委宣传部常务副部长王明星、原西藏书协主席拉巴次仁到场挥毫泼墨，向祖国母亲献上祝福。

12月，在中国书协第六次全国代表大会上，西藏书协主席巴珠、副主席兼秘书长李运熙被推荐为中国书协理事。

【摄影家协会】

5月，应那曲地区双湖特别区区委、区政府的邀请，西藏摄协深入平均海拔5000米以上的双湖特别区开展“送欢乐、下基层”活动。摄影家一行以通俗易懂的语言，详细地向当地牧民群众讲解中央第五次西藏工作座谈会精神和一系列惠民富农政策，进一步激发广大牧民群众建设社会主义新农村、创造幸福美好生活的热情和干劲。向当地学校赠送了体育和学习用品、宣传画册和宣传图片，并用照相机记录下了牧民脸上幸福的微笑。还为双湖特别区考察规划摄影探险资源和旅游线路，并对环境及野生动物保护提出合理建议。同月，为上海世博会西藏馆和宣传画册提供40余幅精美图片。

7月，组织西藏摄影作品参加“西南六省区市摄影作品联展”，6幅作品获奖。

8月，为编辑出版《西藏自治区地图集》，西藏摄协积极选送图片。同月，组织清华大学为西藏盲童学校捐赠善款20万元。

12月，推荐吴世辅、郭泽君、文超、吕宇理、刘思寿、普布次仁6名同志为中国摄协会员。

【音乐家协会】

8月，在中国关心下一代工作委员会办公室、国家民族事务委员会文化宣传司、中国县域经济发展中心、中国文化扶贫促进会等单位共同主办的，以“民族大团结　童声唱和谐”为主题的“全国各民族童声合唱电视汇演”中，西藏音协动员有关学校和地区群艺馆推荐参赛作品。

10月，在国家安全生产监督管理总局、国家广播电影电视总局、中华全国总工会、共青团中央、中国音协共同组织开展的第二届“生命之歌”全国安全歌曲大赛活动中，西藏音协推荐的林芝地区参赛作品《你是创造奇迹的人》进入半决赛。

【舞蹈家协会】

7月，在第七届中国舞蹈“荷花奖”上，西藏舞协获“组织奖”。

【戏剧家协会】

8月，协助自治区卫生厅的12省市卫生援藏会议专题演出《西藏卫生人》，卫生部党组书记张矛等领导及区外各地给予高度评价。

9月，协助共青团拉萨市委员会举办首届少儿音乐舞蹈美术书法才艺大赛，获得好评。

【曲艺家协会】

7月，成功推出了山南地区的多吉扎巴和日喀则地区的索朗多叶、西藏电视台的次旦尼玛、格桑多吉两对相声演员。

12月，协助西藏电视台制作《笑迎2011》曲艺晚会。这一台晚会是曲协会员参与人数最多的一个晚会，基层所有文艺团体的曲艺工作者基本都参与了此项工作。

【民间文艺家协会】

6月，在北京人民大会堂举行的中国民协成立60周年庆典并民间文学集成表彰大会上，西藏民协主席才旦多吉等10名同志荣获“先进个人”称号，西藏民协被授予“先进集体”称号。

8月，在中国文联、中国民协、广东省民协举办的“首届中国七夕风情文化节”上，西藏民间文艺家转会推荐的民间手工艺产品荣获“手工艺展品铜奖”；西藏民协荣获“优秀组织奖”。

【影视家协会】

6月，参加自治区文化产业办公室在深圳举办的“第六届国际文化产业博览会”。在西藏推介的46个文化产业招商引资项目中，西藏影视协主推的11个项目中，电视连续剧《古格天梦》、动漫《黑猫王妃》、电影《雪域丹青》等五个项目签订意向性协议。

7月，在西藏卫视栏目“七色风”栏目“让艺术点亮生命”中播放西藏影视家协会副秘书长杨年华的30分钟的人物专访。

8月，接受中央电视台1频道关于孔繁森精神的采访，接受湖南电视台关于西藏古格城堡的采访。

文艺期刊

由西藏文联主办的西藏文艺期刊《西藏文艺》(藏文)、《西藏文学》(汉文)、《邦锦梅朵》(藏文)、《西藏人文地理》(汉文)4个文艺期刊始终坚持“把握方向、办出特色、提高质量、扩大发行”的办刊宗旨，牢牢把握社会主义先进文化的前进方向，传播和谐理念，培育和谐精神，营造和谐氛围，回应时代呼唤，根据读者群的变化在办刊内容和形式上积极进行探索，深受广大读者的欢迎。一年来办刊质量有了明显提高，在抓大事、推出精品力作和新人新作方面成效显著。《西藏人文地理》面向海内外发行，月发行量超过3万册，实现了发行量翻番的可喜成绩。

陕西省文联

综　述

2010年，在陕西省委、省政府的领导和省委宣传部的指导下，省文联深入学习贯彻落实科学发展观，紧紧围绕省委省政府工作大局，认真履行联络协调服务指导的职能，锐意进取、埋头苦干，文艺事业和文联工作呈现出绚丽多姿的繁荣景象，为构建和谐陕西、推动陕西文化强省建设做出了重要贡献。

重要会议

【省美协第四次会员代表大会】

2月26～28日，省美协第四次会员代表大会在陕西宾馆隆重召开。省委、省政府领导及来自全省各地的230余名美协会员代表参加了大会。郑小明副省长在会上发表了重要讲话，并对全体美术工作者提出了希望。会议选举产生了省美协第四届主席团，王西京当选为主席。这次会议倍受全省美术工作者的关注，备受省委、省政府的重视，它结束了省美协25年未换届的历史，为陕西美术事业发展掀开了新的一页。

【省文联第五次代表大会】

7月26～28日，省文联第五次代表大会在陕西宾馆隆重举行。省委常委，省人大、省政府、省政协有关领导以及全省各地、各行业的348名文艺家和文艺工作者代表出席了会议，共商陕西文艺发展繁荣之大计。省委书记赵乐际在开幕式上发表了热情洋溢的重要讲话，对文艺工作者提出了新要求。中国文联党组成员、副主席、书记处书记冯远专程到会致辞。省委常委、省委宣传部部长胡悦在闭幕式上做了重要讲话。会议审议并通过了省文联党组书记刘斌代表省文联第四届委员会所做的工作报告和《陕西省文联章程》，选举产生了省文联第五届主席团，赵季平连任主席。会议进一步明确了今后文联工作和文艺工作的方向、目标和任务，振奋了精神，增添了信心，真正开成了一次团结和谐、开拓创新、务实奋进的盛会。

【音乐、曲艺、电影、电视、戏剧、民间文艺、杂技、文艺评论家八协会会员代表大会】

12月6～11日，省文联8个直属协会会员代表大会在西安止园饭店隆重召开。本次会员代表大会分两个阶段：第一阶段是6～8日召开了省音协、曲协、影协、视协会员代表大会；第二阶段是9～11日召开了省剧协会、民协、杂协、文艺评论家协会会员代表大会。按照各协会《章程》和选举办法，7日和10日下午，8个协会分两批选举产生了新一届理事会和主席团。尚飞林当选省音协主席，叶锦玉连任省曲协主席，王占良当选省影协主席，王广群当选省视协主席，陈彦连任省剧协主席，王勇超当选省民协主席，贾云鹏当选省杂协主席，李震当选省文艺评论家协会主席。

品牌活动

【“送欢乐、下基层”慰问演出】

1月26～29日，省文联举行了以“感恩祖国·放歌三秦”为主题的“送欢乐、下基层”大型慰问活动。文联党组高度重视，各文艺家协会精心组织。活动开始前，征集了陕西省著名书画家吴三大、雷珍民、王改民、李成海等50余位的书画作品150多幅，精心组织了刘远、董祥林、齐爱云、鲜于越歌、李小锋、王新仓等30位知名表演艺术家组成慰问团进军营、下乡村、赴工厂、入社区。先后深入到中国人民武装警察部队陕西省总队、西安市雁塔区等驾坡街道办事处、延长石油集团材料公司、西安市莲湖区北院门街道办事处、钟鼓楼广场等地，为武警部队优秀干警、三八红旗集体、杰出青年卫士、农村奔小康致富带头人、好干部、文明家庭、文明市民、劳动模范、先进生产者和工作者赠送了60幅书画作品；为武警部队指战员、科技工作者、工人、农民、市民和进城务工人员，进行了3场慰问演出，近万名基层群众观看了演出；在钟鼓楼广场为群众义务书写对联450多幅；为下岗工人、贫困户送去了米、面、油等慰问品。

【“5·23”采风活动】

5月17～23日，为了隆重纪念毛泽东《在延安文艺座谈会上的讲话》发表68周年，省委宣传部和省文联联合举办了“踏着春天的脚步——陕甘文艺界走进‘关中—天水经济区’”大型采风慰问活动。这次活动共有陕甘文艺界100余名艺术家参加，在陕西华山脚下、西岳庙前，淳兴塔下、甘泉湖畔；在甘肃天水麦积区曹石村、68202部队、天水市龙城广场等地共举办大型文艺演出5场，观众近10万人次；举办大型笔会5场，创作书画作品近千幅；以“大文化时代走势”为题，作文艺评论专题讲座1场；先后深入渭南市、泾渭新区、天水市等地进行采风采访；在采风最后一站“羲皇故里”——甘肃天水，陕甘文联领导签署了《关中—天水经济区文联合作交流协议》，建立长期友好合作关系，加强文艺创作的指导交流工作，加大文艺交流力度，携手加大文艺资源开发和传统文化挖掘工作，建立文艺家和文艺工作者学习考察的互访制度等五项内容。采风期间，作家、摄影家、音乐家、书画家赴工厂、跑农村、进军营、入校园，融入自然、走进生活、了解民俗、汲取养分、搜集素材，充分感悟时代新风貌。本次活动规模大、阵容强、人员多、影响深，受到各地群众的热烈欢迎。

【第二届陕西省农民文化节】

2010年8月至11月，由省文联、省戏剧家协会联合举办的“第二届陕西省农民文化节”在陕西多县举行。8月13日，县级分会场启动仪式在高陵县举行，全省各市（区）县积极响应，纷纷举办以“新时代，农民致富歌颂党；新农村，科学发展奔小康”为主题的文艺演出活动，充分体现“写农村、演农民、在农村演；农民演、农民看、农民喜欢”的办节主张。据统计，全省各分会场共演出1000余场、剧（节）目6000余个，举办美术书画展览100余次，观众近百万人次。11月2日至7日，组委会在各市（区）县分会场演出、展览的基础上，选出了5台优秀剧（节）目在陕西省戏曲研究院剧场进行了主会场展演。

陕西省农民文化节2010年获第九届中国艺术节群星奖项目嘉奖。

【新年音乐会】

12月28日，2011年陕西新年音乐会举办。省委副书记、省长赵正永，省政协主席马中平，省委副书记王侠，省委常委、常务副省长娄勤俭，省委常委、省纪委书记郭永平，省委常委、省委政法委书记宋洪武，省委常委、西安市委书记孙清云，省委常委、省委秘书长魏民洲，省委常委、省委宣传部部长胡悦，省人大常委会常务副主任杨永茂，副省长郑小明等出席并和现场千余名观众一起观看了演出。新年音乐会已经连续成功举办五届，成为陕西省广大群众喜迎新年的一道文化大餐。

重要活动

【情系玉树、爱心奉献——陕西书画界大型赈灾义捐义卖活动】

4月18日，省文联在西安市钟鼓楼广场举办了“情系玉树、爱心奉献——陕西书画界大型赈灾义捐义卖活动”。这次活动得到陕西书画家王西京、刘文西、崔振宽、雷珍民、吴三大、茹桂、王改民等大力支持和广大书画家的积极响应，共收集书画作品300余幅；省美协主席王西京捐助现款60万元，省书协主席雷珍民捐助现款10万元，省美协名誉主席刘文西先生现场挥毫募得善款35万元，崔振宽先生作品募得14万元，雷珍民主席带领陕西书法家团队募集68.5万元，其中雷珍民主席捐出3幅4尺整张作品，募得10万元。这次活动合计募集善款206万元，所有款项送往灾区。

【“天灾无情人有情”——陕西书画界为陕南、舟曲灾区义捐义卖活动】

8月21日，“天灾无情人有情”——陕西书画界为陕南、舟曲灾区义捐义卖活动在陕西省美术博物馆隆重举办。在义捐义卖活动的短短3个小时里，共有700余位书画家捐献出千余幅作品进行义卖，共募得善款235万元。其中刘文西作品募得55万元，雷珍民在捐助8幅作品的同时又拿出10万元。王西京捐出现金60万元。艺术家们用手中的笔、用水墨丹青去鉴证文艺工作者对生命的尊重，为民族崛起和建设共有的精神家园而努力。募集款项全部捐献给了陕南、舟曲灾区。

【首届中国西北音乐节】

10月15～22日，在曲江西安音乐厅举行了“首届中国西北音乐节”。此次音乐节不仅是西部地区音乐文化展示的一个平台，也成为拉动西部文化产业发展、推动西部音乐文化走向全国，进而走向世界的一个桥梁，因此备受西北五省区市的高度重视。来自西北五省区的兰州交响乐团、青海民族歌舞剧院交响乐团、宁夏歌舞团、新疆民族乐团、西安铁一中交响乐团、西安音乐学院民族管弦乐团在7天的时间里用雄浑与透亮的音乐和歌声为大家搭起了一个音乐文化盛会的平台。

【西部文联工作会议】

10月11～17日，由省文联承办的第20届西部文联工作会议在西安召开。来自广西、云南、新疆、内蒙古、西藏、甘肃等12省区和新疆建设兵团、重庆市文联的领导及代表会聚一堂，共商开创西部文联工作的新局面。中国文联国内联络部地方文联工作处马康强副处长出席会议并发言，希望大家利用好文联平台，举办更多更好服务于文艺工作者、服务于和谐社会建设、服务于人民的文化活动。会上，省文联党组书记刘斌介绍了陕西文联的工作情况，各省区市文联的代表们纷纷就自己文联的工作情况进行了交流。会议期间，代表们到曲江文化产业园区、黄河壶口、黄帝陵、革命圣地延安等地进行了学习采风。

【陕西美术发展基金会成立】

12月10日，全国首家公益性美术基金会——陕西美术发展基金会成立仪式暨首届陕西美术奖颁典礼在西安人民大厦举行。该基金会通过政府资助、海内外募集和社会各界捐赠等多渠道筹集美术发展基金，主要用于资助陕西美术事业、美术基础设施建设以及弘扬长安画派精神、推动美术精品创作、扶持美术人才、促进对外美术交流等公益性美术项目。目前，基金会已集资2300万元。

【省文联春节联欢会】

1月19日，省文联2010年春节联欢会在文联装修一新的会议室大厅隆重举行。省委宣传部副部长、省文联党组书记、常务副主席刘斌，专职副主席黄道峻、高建群，纪检组长陈普与省文联机关及协会工作人员、退休老干部100余人共庆新春佳节。刘斌同志发表了热情洋溢的新春贺词并带领省文联党组成员向全体干部职工拜年。

不同与以往的是，此次联欢会的所有节目皆是文联人自编自筹，自导自演，有喜庆的三句半《夸文联》、搞笑的舞蹈《笑哈哈》、诙谐幽默的小品《夫妻双双把家还》、诗朗诵《我的文联我的家》、萨克斯独奏《绿岛小夜曲》、独唱《快乐老家》、相声《像个孩子》、小合唱《勇气》、古琴独奏《酒狂》、单簧管独奏《红旗飘飘》，还有老陕的最爱——秦腔《二堂舍子》选段等等，节目精彩纷呈，演出高潮迭起。刘斌副部长一曲饱含深情的《泪蛋蛋泡在沙蒿蒿里》和高建群副主席高亢激昂的《月亮之上》将联欢会带入了又一个高潮，而黄道峻副主席一曲悠扬的口琴独奏《神话》让我们看到了他所赋有的艺术特质。此次联欢会既展现了文联人多才多艺，积极向上的良好精神风貌，也增进了文联各部门及协会之间的了解与合作，更加增强了文联人的向心力和凝聚力。

【陕西“最具文化影响力及文化功勋人物”评选】

在人民日报社陕西分社、新华社陕西分社、《陕西日报》、《三秦都市报》、《文化艺术报》等媒体主办，新华网陕西频道、腾讯大秦网联合举办的2009陕西“最具文化影响力人物”评选活动中，中国音协主席、省文联主席赵季平，省委宣传部副部长、省文联党组书记、常务副主席刘斌分别当选陕西“最具文化影响力人物”和“陕西文化功勋人物”。省文联副主席、美协主席王西京和省文联副主席、剧协主席陈彦当选陕西“最具文化影响力人物”，省文联副主席、书协主席雷珍民当选“陕西文化功勋人物”。

会议与活动

【社团工作会议】

3月16日，省文联2010年社团工作大会在西安召开。会上，黄道峻副主席发表了讲话，对社团今后的工作提出了加快协会职能转变、拓展协会发展空间、建立扎扎实实的服务机制、建立完善的协会保障制度、建立协会考核与评估机制、完善财务制度等9项要求，并对2010年的社团工作进行了部署。会议还对过去一年积极为陕西省文艺事业大发展大繁荣做出突出贡献的优秀社团，给予表彰并颁发奖牌。

【开展“读好书、强素质、促发展”读书活动】

5月，省文联按照省委、省直工委的有关精神和要求，在文联系统内开展以“读好书、强素质、促发展”为主题的读书活动。机关党委在广泛开展深入阅读的基础上，组织广大干部职工撰写读书笔记、写心得体会，举办读书心得交流活动。同时，还为每位干部职工购买了图书。

【庆建党89周年表彰大会】

6月28日，省文联在办公楼3楼会议室召开纪念建党89周年“创先争优”表彰大会。文联党组成员出席了大会，全体党员干部职工、受表彰的先进集体代表和优秀个人等100余人参加了大会。党组书记刘斌做了重要讲话。

【为包扶点捐赠图书】

为进一步做好“两联一包”扶贫工作，更好的帮助农村贫困群众脱贫致富，提高农村贫困群众的文化素质，让贫困农村小学的学生拥有更丰富的书籍。11月11日，省文联开展了图书捐赠活动。将筹得的1000余册图书，1台电脑送给了扶贫点代家村党支部和村委会。

【党支部建设经验交流会】

11月12日，省文联系统党支部建设经验交流会在省音协党支部召开。省文联党组成员、纪检组长陈普出席了会议，文联机关党委以及所属各支部书记、委员等数十人参加了会议。省音协党支部2009年被评为省直机关“‘固本强’标兵党支部”，2010年又被评为省文联系统“先进党支部”。在会上，音协党组书记尚飞林同志介绍了音协支部的经验和做法。其他5个支部书记也对本支部的工作情况、存在的不足以及新形势下遇到的新问题作了交流。

【市县行业文联负责人培训班】

10月14～16日，在省委党校组织了省文联系统市县（区）、行业文联负责人培训班。在开班仪式上，刘斌书记就陕西省文化体制改革和文化产业的相关情况做了主题报告，分别从陕西省文化体制改革的紧迫性、文化体制改革的主要任务和文化体制改革的基本情况3个方面进行了阐述，并对“十二五”规划中文化体制改革和文化发展纲要等问题做了详尽说明。培训班认真学习党的十七届四中全会精神，贯彻落实科学发展观，交流基层文联工作经验，为推进陕西文艺的大繁荣大发展提供更多的精神动力。来自全省各市县（区）行业文联和省文联机关各处室共60余人参加了培训班。

【陕西省高级文艺人才培训班】

11月16～19日，省文联在铜川新区组织举办了陕西省高级文艺人才培训班。共200余人出席了开班仪式。参加培训的50余名同志，大都是来自各文艺门类的骨干，有的不仅是各文艺门类的领军人物，而且还担负着重要的领导职务，党员思想素质高、工作能力强、工作作风扎实。

获奖情况

在第七届中国文联文艺评论奖评奖中，陕西省文联荣获组织工作奖。

7月，参加第二届全国少儿（业余）钢琴展演，8人参加半决赛，获三等奖1个，优秀奖2个。

在全国曲艺“牡丹奖”评选大赛中，《三弦弹进杨家岭》获提名奖，《腰鼓情》获入围奖。

8月1～3日，在河北举办的“首届中国艺术节暨第十届山花奖·民间工艺美术奖（剪纸类）”

评选活动中，获银奖1个，铜奖1个。省民协荣获优秀组织奖。

8月14～17日，在广东举办的“首届中国（东莞）七夕风情文化节”活动中，获银奖1个，铜奖1个，省民协荣获优秀组织奖。

省民协获“中国民间文学集成先进集体”称号，陕西省10名民间文艺工作者获“中国民间文学集成贡献奖”。

在全国农民画展览活动中，陕西获一等奖1个，二等奖2个，三等奖2个，优秀奖13个。

在第五届“中国戏曲红梅荟萃”活动中，陕西省推荐的5名选手3名获地方戏组“金花”称号，1名获器乐组“金花”称号，1名获“红梅花”称号。

在第23届中国摄影展中，陕西获金奖1个，银奖2个，铜奖3个。

在第23届全国摄影艺术展颁奖仪式上，陕西13位摄影家的16幅（组）参赛作品分别获1金、2银、3铜质收藏奖以及优秀奖。

在第15届釜山电影节上，电影《盲人电影院》获最受观众欢迎奖。

在第25届中国电视金鹰奖的评选中，电视剧《大秦帝国》获优秀电视剧奖和最佳美术奖，纪录片《大秦岭》获优秀纪录片奖。

在全国电视旅游宣传片评比中，专题片《永远的长恨歌》等五部作品获奖。

在全国“新农村新小康电视节目评比”暨首届“农民电视艺术节”评比中，《东雷上锣鼓》、《巧手银剪绞彩虹》获银奖。

文化交流

省美协在宁陕县境内组建了陕西省美协大秦岭艺术创作中心。

组织陕西省摄影家参加了“走进西海固”纪实摄影学术交流活动和中日摄影文化交流活动。

组织接待了中国文联领导及北京、山西等兄弟省市文联来陕考察及文艺交流活动10余批。

【接待古巴文联访华代表团】

3月25日，黄道峻副主席在西安会见古巴文联杂志社副主编艾尔奈斯多·佩雷斯·常先生和古巴著名作家马尔塔·罗哈斯·罗德里格斯女士。黄主席向客人们介绍了陕西文联的组织机构和主要任务以及陕西文艺界的情况等，古巴客人对陕西悠久历史、灿烂的文化和美丽的城市建设给予了高度的评价。

【接待中国文联老艺术家】

6月10日，由中国文联老干局局长郑会林带队的中国文联离退休老艺术家西部采风团一行31人来西安采风。11日下午，采风团的老领导、老艺术家们与陕西省文联领导和陕西文艺界有关人士举行了文联工作座谈会。就老干工作进行了交流和探讨，对陕西省文联今后更好地开展老干工作提供了宝贵的经验。

重要展览和赛事

【美协】

2月26日至3月7日，省美协承办的“庚寅年元宵节迎春美术作品展览”在陕西美术馆举办。本次展出共收集新近创作的优秀国画作品200幅，既是对过去的总结，又是对未来的期许，更是对美术工作者盼望已入的第四次美代会的热烈祝贺。

4月7日，省美协在西安大唐西市艺术博物馆举行了“陕西省美术家协会大唐西市创作展览中心”揭牌仪式，并举办了展览。

4月8日，省美协在西安尚德大厦组织召开了陕西省美术理论研究座谈会，邀请了陕西省业界有影响的美术评论家、学者数十人就陕西美术理论研究的发展现状及未来展开座谈。并召开了省美术家协会老艺术家座谈会。

5月26日，省美协组织召开了陕西省美术家协会小画种创作座谈会，集思广益，努力从全方位发展陕西美术事业。

6月12～20日，省美协组织参加了中国美协采风团赴延安、榆林革命纪念地采风活动。

10月15～18日，省美协组织画展参加了第五届中国西部（西安）文化产业博览会。

7月10日至8月5日，在西安力邦艺术港画廊举办了“陕西省中青年画家油画展”。12月3日，在省美术博物馆举办了“陕西中青年国画名家邀请展”。两次画展共展出陕西省优秀中青年画家近期创作的油画和国画作品200余幅，观众达4000余人。

【音协】

2月26日，省音协主办的印象法兰西——法国著名小提琴家Olivier Charlier及旅法华人钢琴家、钢琴教育家周勤龄新年音乐会在西安音乐厅上演，近2000人聆听了音乐会。音乐会上演了《圣母颂》—巴赫、《梦醒时分》—副列及《梁山伯与祝英台》等经典曲目。

4月18日，由省音协和省总工会共同主办的“深情的旋律——职工作曲家阎前进声乐作品音乐会”在西安音乐学院学术厅举行。本场音乐会是省音协2010年会员作品研讨、演奏（唱）系列活动的重要内容，也是纪念陕西省总工会成立60周年和庆祝“五一国际劳动节”、迎接陕西省劳模大会召开的系列活动之一。

5月16日，由省音协主办的“狂恋大提琴——荆嫄独奏音乐会”在曲江西安音乐厅交响厅奏响，音协会员、陕西师范大学音乐学院青年教师荆嫄与该院青年教师于亮、西安音乐学院青年教师吴琛，为古城近千名音乐专业师生和音乐爱好者奉献了一台精彩绝伦的大提琴音乐会。

5月23日前后，由中共延安市委、市政府、省音协承办的“2010中国音协音乐家延安圣地采风行暨纪念“5·23”讲话发表68周年音乐创作座谈会”系列活动在延安举行。由中国音协主席、省文联主席、西安音乐学院院长赵季平，中国音协分党组书记、驻会副主席徐沛东率领阎肃、孟卫东、尚飞林、小柯、王晓锋、车行、化方、刘青、易茗、戚建波、方石、韩葆、雷蕾、韩兰魁等国内著名词曲作家，在延安市市委副书记、市长陈强陪同下参观了枣园、杨家岭、延安革命纪念馆、宝塔山等革命遗址。词曲作家们缅怀革命英烈，接受爱国主义教育，为音乐创作收集素材。

9月19日，省音协主办的“中国首届陕北民歌跨界音乐会”在陕北神木亮相，近千名观众与表演艺术家蒋大为以及著名演员张华敏、胡月、孙浩和民歌新秀赵大地、王二妮等一起共度了一个难忘的夜晚。

省音协成功举办了第二届陕西音乐奖器乐比赛。比赛分钢琴、电子琴、二胡、古筝、单簧管、萨克斯管、长笛、铜管、手风琴、小提琴、大提琴等专业，覆盖了从学龄前至青年各个年龄段。比赛在全省11个市（区）设置分赛区进行初赛，10月1～6日在西安举行了决赛。“陕西音乐奖”是由中共陕西省委宣传部批准设立的陕西省唯一综合性音乐大奖，每两年举办一次。

【剧协】

8月17日，“壶口杯”第三届陕西小戏小品大赛开幕式在延安市志丹县文化中心（剧场）隆重举行。本届小戏小品大赛以“讴歌新时代，反映现实生活，共建和谐社会”为主题，以丰富多彩的社会生活为主要内容。贴近群众、贴近生活、贴近实际，主题鲜明、形式多样、题材广泛，内容丰富，既有秦腔、眉户、道情，又有话剧小品、秧歌剧、说书剧、儿童剧等，形象生动、具有较强的观赏性。大赛分专业组、非专业组并分初赛和决赛两个阶段进行。10月28日至11月3日，在延安市宜川县文化活动中心（剧场）举行了决赛及颁奖晚会。共评出陕西戏剧奖·小戏小品奖5名，优秀剧目奖12名，剧目奖25名，优秀奖6名，导演奖12名，优秀表演奖32名，表演奖62名。

8月28日至9月6日，省剧协承办的“第五届中国秦腔艺术节”在西安盛大举行。中国陕西省委副书记、省长赵正永，省委常委、省委宣传部部长胡悦，省人大常委会副主任张道宏，陕西省副省长郑小明，省政协副主席周一波，中国剧协主席尚长荣，中国剧协分党组书记、驻会副主席季国平等领导，同千余观众在南门瓮城主会场欣赏了精彩的文艺演出。郑小明致欢迎词，季国平致开幕词，胡悦与尚长荣共同启动了秦腔艺术节。本届秦腔艺术节在西安南门、文昌门、和平门、建国门、东门、小东门、小南门、玉祥门、西南城角、西门10个会场演出，举办演出26台，同现“万人唱秦腔”的壮观景象。秦腔界的20位“梅花奖”得主、秦腔传承人，以及来自台湾地区的陕西乡党、来自哈萨克斯坦等国家的陕西乡党们欢聚一堂，共享同宗同祖的文化魅力。秦腔节期间，还举办了中国秦腔发展论坛。

8～11月，省剧协承办的“第二届陕西省第二届农民文化节”在陕西省范围内举行。11月2

～7 日，在陕西省戏曲研究院剧场举行了决赛及颁奖晚会。

5 月 10 ～ 12 日，省剧协承办的“第八届陕西少儿戏曲小梅花大赛”在省戏曲研究院举行了两场决赛和一场颁奖晚会。来自全省近 60 名小选手参加了比赛，共评出个人一等奖 8 名，二等奖 11 名，三等奖 12 名；优秀组织奖等奖项。推荐了 6 名小选手参加 14 届中国少儿戏曲小梅花荟萃活动。

【书协】

3 月 24 日，省书协在安康市汉阴市成立陕南书法工作委员会，同时举办了陕南书法展。雷珍民主席携书协主席团成员出席。会议对陕南书法发展进行了研讨并对陕南书法工作委员会提出了具体要求。

5 月 4 ～ 7 日，省书协在西安亮宝楼举办了省书协首届理事书法篆刻作品展。此次展览得到了省书协理事的积极响应，他们历时半年，认真创作，纷纷拿出最新佳作，共展出作品 87 幅，是陕西书协理事作品的集中集体亮相。

6 月 6 日，省书协在省美术博物馆举办了陕西省第二届书法篆刻临作展。此次展览共展出优秀书法篆刻临作 600 余幅，得到广大书法爱好者的好评。

6 月 18 日，省书协在延安成立陕北书法工作委员会，并举办了陕北书法展。

6 月 23 日，作为沪陕书法交流第一站的上海书法陕西展在陕西省美术博物馆展出，共展作品 150 余件。展览期间，陕西、上海书家进行了学术交流。9 月 7 ～ 10 日，陕西书法上海交流展在上海博物馆进行展览，共展出陕西老中青三代书家创作的书法精品 158 幅。

10 月 19 ～ 25 日，陕西书法代表一行 11 人赴新疆进行书法交流，陕西书法新疆交流展在新疆展览馆举行。在新疆期间，两地书家进行了 3 场书法笔会，并对两地书法进行了交流研讨。

12 月 9 日，第二届陕西书法大展在陕西省美术馆举行。此次展览作为展览年的重头戏，共展出包括赴上海、新疆交流作品和各团体会员单位选送的最新佳作 500 余幅。

【舞协】

6 月 9 ～ 13 日，省舞协组织参与了中国舞协“红色经典延安采风”活动。以中国舞协分党组书记、常务副主席冯双白为团长，中国舞协副主席张继刚为副团长的中国舞协创作人员一行 13 人，省文联专职副主席黄道峻，省舞协主席赵长水、副主席程琳、武世民参加了此项采风活动。采风期间，参观了鲁艺旧址、杨农岭旧址、革命纪念馆、南泥湾等，观看了舞剧“兰花花”的演出。并与当地的文艺界人士进行了座谈，与延安大学鲁艺学院的师生进行了座谈。

10 月 2 ～ 3 日和 17 ～ 18 日，省舞协在西安成功举办了“第二届陕西舞蹈荷花奖”大赛。比赛分为群文组和专业创作剧目组，70 个单位选送的 190 个作品及 4 个大型舞剧参赛，参加人数近 2000 人。

5 月 9 ～ 14 日在汉中市，5 月 15 ～ 20 日在安康旬阳县，分别举办了两期“新农村少儿舞蹈美育工程”农村教师培训班。参加培训的人员均是来自各乡镇的基层教师，共 90 人。

10 月 22 日，省舞协主办了“第三届全国社区健身舞蹈汇演”，来自全国的中老年参赛单位近 30 个，人数达 400 人。

12 月中旬，省舞协招收 40 名基层舞蹈教师，进行了基础部分的舞蹈培训，聘请兰天幼儿园编导金英华教师进行教授编导课。

【摄协】

1 月 30 日，2010 年陕西摄影界新春年会暨优秀会员表彰大会在西安市人民剧院举办。

5 月 1 日，省摄协组织了为期 5 天的百名摄影家拍寒窑活动，在曲江寒窑遗址公园拉开帷幕。

6 月 1 日，省摄协主办了“让爱的太阳升起”关爱老人摄影大赛启动仪式。

3 月 4 ～ 11 日，在曲江遗址公园中和广场举办了陕西籍摄影家刘远“同一天空下”大型摄影展，展出摄影作品 400 余幅，近 3000 人观看了展览。

3 月 1 日，省摄协和汉中摄协共同举办了“2010・中国最美丽的油菜花海”摄影大赛。6 月 12 日，在汉中市政府广场举行了作品展暨颁奖仪式。本次摄影大赛自征稿之日起，短短的 3 个月时间，大赛组委会共收到了来自全国17个省市自治区、直辖市等300多位摄影人的共计1700余幅（组）摄影作品，经过评选，150幅作品参展，其中26幅作品获得了一、二、三等奖以及优秀奖。该摄影展是为了更好的推介汉中“油菜花海”的旅游资源。

7月10，第二届“陕西摄影奖”评选工作正式启动。评奖大赛共收到全省39名摄影艺术家报送的作品，经过评审委员会认真评选，评选出了创作奖、编辑奖、教育奖、新闻奖和组织奖，19名摄影艺术家的作品获奖。

10月1～17日，由省摄协举办的“记录变迁·展现辉煌”大型摄影展在西安城墙公园南门瓮城举行，展览在南门城墙共展出半个多月，通过影像记录西安市变迁，展现如今的辉煌。近万名中外游客观看了此次展览。

10月9日，省摄协和西安曲江文化旅游（集团）在西安唐华宾馆多功能厅联合举办了《见证》中国纪实摄影20人作品展暨高峰论坛。

【民协】

4月17～19日，省民协主办的“第二届陕西民俗文化论坛”在韩城市召开。来自陕西各界的学者、专家和民俗文化研究者共200余位，在韩城市芝川镇司马迁祠脚下新建的“司马迁祭祀广场”，亲身感受了民祭司马迁大典的空前盛况，围绕民间祭祀与民间宗教信仰话题开坛论道。

5月13～20日，省民协组织非遗专家考察小组，赴陕北佳县进行地方民俗文化学习考察，期间还召开了座谈会，就考察情况与地方文化局以及白云山道观相关负责同志进行了探讨交流。

8月20日，省民协召开《陕西农民诗歌六十年》座谈会，省民间文艺家协会主席傅功振、原省作协副主席赵熙、著名文艺评论家毛琦、著名诗人党永庵等专家，以及来自全省各地诗社的农民诗人60余人参加了座谈会。

【曲协】

1月28日，省曲协在品艺园王木犊举办了曲艺新春联欢会。省文联机关全体同志，各文艺家协会负责人，省曲协理事和部分会员以及社会各界朋友300余人出席了联合会，观看了丰富多彩的曲艺节目，体现出陕西曲艺的团结奋进和曲艺事业的繁荣发展。

5月14～19日，省曲协组织了20多名国内知名曲艺家，在吴起县长征广场举办了大型曲艺送欢乐演出。约1.5万名观众观看了曲艺家的精彩表演，受到广大干部和群众的好评。随后，又到志丹县、宝塔区、宜川县进行了采风慰问活动。

11月23日，省曲协在西安人民剧院举办了“陕西快书五十年”纪念和展演活动，百名老中青三代陕西快书演员登台献艺，展示了陕西快书50年来的重大成果。

12月上旬，省曲协在延安市举办了陕北片曲艺艺人培训班，有80多名艺人参加。根据各个曲种的地域颁布情况，化为“关中、陕北、陕南”三大片，分别对艺人进行培训。艺人普遍感受良好，受益匪浅。

省曲协与电视台、动漫制作单位联合制作动漫节目，通过当代高科技手段和媒体传播，将民间喜闻乐见的说唱艺术赋予新的表现手法，给人耳目一新的享受。制作了陕西快书《学文化》、《糊涂县官》、《赖汉与鸡蛋》等节目，反映良好。通过这种方式，曲协将对陕西快书、关中曲子、陕北说书、陕北道情、陕南渔鼓等优秀地方曲艺节目，认真搜集整理，制作更多优秀动漫，促其更多的与观众见面。

【评协】

举办王根体新著《中国书法品评》一书研讨会。

编辑出版《首届陕西文艺奖获奖作品集》、出版修订《陕西文艺三十年》，继续出版《终南》杂志。

报送第七届中国文联文艺评论奖作品及相关资料。

【杂协】

7月，由省文联、省杂协主办的首届魔术大赛在西安举行。9月17日，陕西省首届魔术大赛宣传、慰问演出活动在延安市文化艺术中心广场举行。本活动打造了一台以魔术为主的综合性文艺演出，旨在以形式多样、生动活泼的文艺展演让广大人民群众了解魔术、热爱魔术，同时也促进了魔术艺术的再提高和再创新，全方位地展现魔术的艺术魅力。

9月，省杂协开展了“第三届大学生魔术进校园”活动及“大学生魔术研讨会”。参加此次活动的高校达30多所。同时，许多大学还自发的组织了校园魔术巡回展演，受到师生热烈欢迎。

随着魔术艺术在各大高校的展开，省杂协又将魔术带进了中学校园。“魔术进中学”是打造陕西魔术品牌的一项重要活动。2010年又在芙伦中学开设魔术特长班。此工作得到了西安晚报、华商报等各大媒体的广泛宣传和大力支持。对陕西省的魔术推广做了进一步努力。

甘肃省文联

综　述

2010年，甘肃省文联及各团体会员在省委的坚强领导和省委宣传部的有力指导下，深入贯彻落实党的十七大和十七届四中、五中全会精神，按照“高举旗帜、围绕大局、服务人民、改革创新”的总要求，坚持用科学发展观统领文艺工作和文联工作，认真履行联络协调服务职能，充分发挥组织引导服务维权的重要作用，不断解放思想，开拓进取，强化理论学习，加强指导文艺创作，有效组织文艺活动，积极推动文艺事业繁荣发展，圆满完成了各项工作任务，取得了良好效果，全省文艺工作和文联工作在过去的基础上取得了比较大的发展和提高。

会议与活动

【四届十三次全委会议】

1月30日上午，省文联召开第四届十三次主席团会议。审议通过了省文联四届十三次全委会工作报告、全委会各项议程，以及增补部分文联委员的决定。会议由省文联主席马西林主持，省文联顾问、主席团成员等参加了会议。主席团会议结束后，省文联召开第四届十三次全委会，省文联主席马西林主持会议。省委常委、省委宣传部部长励小捷，省委宣传部纪检组长俄振江，省文联党组书记、副主席马少青，省文联党组成员、副主席孙周秦、张永基、苏孝林，省文联副巡视员吉光安，省委宣传部文艺处处长杨建仁，省文联副主席马自祥、尕藏才旦、张文轩、赵逵夫，省文联顾问谢富饶出席了大会。会议选举孙周秦为省文联副主席，通报了新增补的省文联全委会委员名单。传达了中国文联八届五次全委会会议精神。省文联党组书记、副主席马少青作了题为《站在新起点，走向新辉煌，为推动甘肃文艺事业大发展大繁荣做贡献》的工作报告，回顾总结了省文联2009年的工作，安排部署了2010年的工作任务。省委常委、省委宣传部部长励小捷做重要讲话，对省文联2009年的工作给予了充分肯定，对今后的工作提出重要的指导意见。

【创先争优活动动员大会】

6月2日，省文联召开了深入开展创先争优活动动员大会，对在省文联机关各党支部和党员中深入开展创建先进党支部、争当优秀共产党员活动进行动员部署。动员会上，省文联党组成员、副主席苏孝林传达了省委党委、组织部长侯长安在全省基层组织和党员中深入开展创先争优活动动员大会上的讲话精神；省文联党组成员、副主席张永基宣读了《省文联深入开展创先争优活动实施方案》，对活动进行了安排部署；省文联党组书记、副主席马少青做动员讲话；省文联党组副书记、副主席孙周秦主持了会议。马少青指出，文联机关各党支部和全体党员干部一定要认真领会、贯彻落实中央和省委的部署要求，充分借鉴学习实践科学发展观活动的成功经验，突出创先争优活动的实践性，以更加丰富的活动内容、更加多样的活动形式、更加切实的工作方法，保证创先争优活动健康有序开展，切实取得实效。

【第二届全国中青年名家百人艺术书法大展】

3月28日，“第二届全国中青年名家百人艺术书法大展”在甘肃省庆阳市揭幕。高显莉，王镛、李胜洪，何应辉、吴善璋等书法界名人以及省政协、宣传部、省文化厅、省文联等有关单位领导出席开幕式。省委书记、省人大常委会主任陆浩，省委常委、宣传部部长励小捷为本次展览题词，中国书协名誉主席沈鹏、中国书协主席张海为展览发来贺信、贺电。展览展出了从全国各地书法家选送的众多作品中精选的百幅书法佳作。此次在甘肃省庆阳市举办的第二届艺术书法大展，是“中国书法”申遗成功后中国艺术研究院中国书法院举行的首次全国书法艺术盛会。此次大展本着“植根传统、面向当代、学术至上、探索创新”的原则，经艺术评审委员会的推荐和遴选，在全国范围内挑选出百名中青年著名书法家的书法佳作参展，生动展现了当代中国书法创作的较高水平和整体风貌。开幕式结束后，由中国书法院院长王镛主持了“书法属于中国、也属于世界”座谈会。与会专家踊跃发言，就书法这一传统文化如何保护、利用、推广提出了自己的见解。省内外多家新闻媒体对本次展览进行了报道。

【甘肃—深圳书法交流展】

9月26日、12月1日，甘肃—深圳书法交流展分别在兰州和深圳举行。这次展览是一项丰富甘肃、深圳两地广大人民群众文化生活，促进两地书法艺术事业发展的重要活动，展出的120余件作品内容丰富，充分展示了两地书法家们精湛的艺术水平，吸引了众多书法爱好者前来参观。甘肃赴深圳交流团由省文联党组书记、副主席马少青，党组成员、副主席张永基带队。两地文联、书协领导、省内外书法家、书法爱好者200多人分别在深、兰两地参加了开幕式。

【彩墨陇原——甘肃书画作品展览】

4月30日上午，“彩墨陇原——甘肃书画作品展览”在广东东莞艺展中心开幕。甘肃省文联党组成员、副主席张永基带领甘肃20余位中青年书画家与东莞市南城区的有关领导共同出席了展览开幕式。本次来到广东东莞参加“彩墨陇原——甘肃书画作品展”的书画家，是甘肃书画创作的中坚、骨干力量，他们的创作水平和创作成果在一定程度上标志着甘肃当今书画创作的基本风貌，从一个侧面代表了甘肃书画工作者的艺术追求和审美思考。本次活动，搭建了一个展示甘肃书画艺术成果，推介甘肃书画艺术家的平台，让更多的人了解甘肃的书画艺术风采，了解甘肃的书画艺术家，为加强两地的文化交流，开阔甘肃书画工作者的艺术视野，拓展创作思维，提升艺术水准起到了积极地推动作用。

【情系玉树——甘肃文艺界诗书画献爱心赈灾活动】

4月28日，由省文联、省作协、省文学院、省书协、省美协共同举行了“情系玉树——甘肃文艺界诗书画献爱心赈灾活动”。青海玉树地震发生后，省文联全体职工纷纷向灾区捐款，捐款金额计37200元。为进一步表达对灾区死难者的怀念之情，甘肃省文学艺术界广大文艺家共同发起了以诗歌朗诵为主、兼以书画捐献的献爱心活动。活动过程中，省内15位诗人创作的诗歌作品由作者或专业演员朗诵。参与活动的20多位知名书画家捐赠作品27幅，中国国瑞投资集团有限公司甘肃森宝商贸有限公司副总裁、董事长张贵宝，出资5万元代表公司将捐赠作品全部收藏，省文联党组书记、副主席马少青当场将这笔善款转交给了省慈善总会。这次活动，进一步体现了各民族之间的手足之情，体现出甘肃省文学艺术家们的大爱之心。

【情系舟曲·大爱永恒——甘肃省文艺界献爱心活动】

8月13日，省文联举办了“情系舟曲·大爱永恒——甘肃省文艺界献爱心活动”。祁宝泉、高平等艺术家朗诵了饱含深情的诗歌，缅怀舟曲遇难同胞。在这场特大泥石流灾害中，家被完全冲毁的兰州军区战斗歌舞团歌唱家仁钦卓玛专程从舟曲赶到活动现场，为逝去的亲人和同胞们祈祷。书画家马少青、张永基、翟万益、王创业、马国俊、李伟、汪玉良、马刚、马江、吴卫东等48人捐赠了精心创作的41幅书法作品、11幅美术作品，表达了文艺工作者对灾区人民的深情厚谊。这些书画作品被兰州桃海实业有限公司以10万元收购，省文联党组书记、副主席马少青当场将这笔善款转交给了省慈善总会。灾难发生后，省文联全体干部职工纷纷向灾区捐款，捐款共计19650元。

【送文化下乡活动】

1月26日，省文联党组成员、副主席张永基带领书法家赴定西市临洮县举行了“送文化下乡活动”，为临洮县红旗初中师生捐赠书法理论文集、作品集300余册，书法作品30余幅；为当地群众书写书法作品80余幅，春联300余幅。

1月31日，甘肃省文化科技卫生“三下乡”集中示范活动在天水市秦安县举行。甘肃省文联党组成员、副主席孙周秦带领书法家参加了此次活动，为当地老百姓书写书法作品50余幅，捐赠图书2000余册。

【“世界读书日”捐赠图书活动】

4月23日，省文联认真贯彻落实省委宣传部等部门《关于开展2010年“世界读书日”全省捐赠图书活动的通知》，在文联机关开展了捐赠图书活动，共捐赠图书950册，捐赠现金16000元用于购买少儿类图书。此次活动中，省文联共捐赠图书及现金总价值66000元。4月20日，省文联党组成员、副主席张永基，机关党委专职副书记刘满才等参加了在东方红广场举办的现场捐赠仪式。

创作与研究

【第二届全国文联研究室主任暨文艺评论家协会秘书长研讨班】

8月5日，由中国文联理论研究室、《光明日报》文艺部主办，甘肃省文联、中共嘉峪关市委承办的第二届全国文联研究室主任暨文艺评论家协会秘书长研讨班在甘肃省嘉峪关市正式开班。中国文联党组成员、书记处书记夏潮，中宣部文艺局副巡视员梁鸿鹰，中国文联理论研究室主任董耀鹏，《光明日报》文艺部主任彭程，省文联党组书记、副主席马少青，中共嘉峪关市委书记、市人大常委会主任马光明，中共嘉峪关市委常委、宣传部部长冯旭出席开班式。马少青、马光明在开班式上致辞。夏潮、梁鸿鹰、彭程在开班式上讲话。中国文联所属各文艺家协会、各省区市文联研究室（部）主任，16个省区市文艺评论家协会秘书长，10余家文联系统专业报刊杂志主编以及文联特约评论员等近百人参加了研讨班。开班式由董耀鹏主持。研讨班期间，部分与会代表作了主题发言，所有与会代表进行了分组讨论。大家一致认为，本届研讨班的举行，通过分析问题，交流经验，深入研讨，为推动全国文联系统研究和评论工作迈上新台阶打下了坚实的基础。

【中国文联、中国美协赴甘肃革命纪念地创作采风】

7月22～30日，中国文联、中国美协赴革命纪念地甘肃创作采风活动在甘肃举行。7月22日，在兰州举行了启动仪式。吴长江、杨力舟、范迪安、马新林、马峰辉等30位来自全国各地的美术家参加了这次活动。省委常委、宣传部部长励小捷，常务副部长张建昌，省文联党组书记、副主席马少青，省文联党组成员、副主席张永基出席启动仪式，为采风团壮行。励小捷、吴长江分别做了讲话。启动仪式后，艺术家们踏上了长征路，去风光秀美甘南草原、神圣的拉卜楞寺、青山碧水的迭部、被誉为长征“加油站”的宕昌哈达铺、红军激战过的腊子口和胜利会师的会宁等地体验革命历史，感怀当年的光辉岁月。

【《飞天》创刊60周年座谈会暨《〈飞天〉60年典藏》首发式】

2010年是省文联主办的文学半月刊《飞天》创刊60周年，为了回顾《飞天》走过的60年不平凡历程，总结经验，开拓创新，适应新形势，迎接新挑战，发挥办刊优势，突出地域特色，扩大甘肃文学的影响力，继续办好《飞天》这个全国中文核心期刊、中国北方优秀期刊、甘肃省一级期刊，12月下旬省文联举办了《飞天》创刊60周年座谈会暨《〈飞天〉60年典藏》首发式。省委书记、省人大常委会主任陆浩等领导同志题写了贺词，省委常委、省委宣传部部长励小捷发表了重要讲话，省上四大家相关领导、各相关单位领导、作家、评论家、文学编辑以及《人民日报》、《光明日报》等媒体的记者100多人参加座谈会暨首发式。《〈飞天〉60年典藏》共分9卷12册，包括中篇小说卷（上、下）、短篇小说卷（上、下）、散文随笔卷（上、下）、诗歌卷、大学生诗苑卷、诗词之页卷、我与文学卷、戏剧影视卷和记事卷。

【“甘肃现当代重大历史题材美术创作”项目】

“甘肃现当代重大历史题材美术创作”项目是围绕2011年建党90周年，由省委宣传部统一安排部署，由省文联、省美协组织实施的重要美术创作活动。省文联、省美协通过精心组织，采取有力措施，积极加强联络，动员全省广大美术工作者，深入生活，精心写生创作，启动了“甘肃现当代重大历史题材美术创作”活动，广大美术工作者积极投入创作，准备为建党90周年献上思想性、艺术性俱佳的艺术精品。

【组织作家赴舟曲采访创作】

舟曲发生大型泥石流自然灾害后，省文联、省作协积极组织和号召广大作家创作有关舟曲抢险救灾的文学作品，鼓励作家深入灾区一线宣传报道相关事迹。《中国艺术报》整版刊发了诗歌作品，《甘肃日报》也做了专刊刊发，在全国产生了一定的影响。10月中旬，与相关单位配合，再次组织作家采访团赴舟曲灾区采访写作。省文联党组副书记、副主席孙周秦，省作协常务副主席魏珂，著名小说家邵振国，散文作家习习，诗人汪渺等参加了采访活动。采访团在舟曲灾区一线关于灾后重建、英雄人物、感人事迹进行了认真的采访和报道，共收集了70余万字的文字资料和大量图片，创作计划12个。《文艺报》、《甘肃日报》等重要刊物进行了报道，在社会上产生了较大的影响，并得到了省委宣传部的高度肯定。

【临夏州文学创作培训班】

12月中旬，举办于由省文联主办，省作协、临夏州文联承办的“临夏州文学创作培训班”。省文联党组书记、副主席马少青，省文联党组副书记、副主席孙周秦出席活动并讲话，省作协主席邵振国，省作协副主席魏珂、闫强国、马步升、娜夜，省文联理论研究室主任张存学参加活动并讲课，为当地作家讲授创作心得，交流创作体会。活动由临夏州副州长王灵英主持，临夏州委常委、宣传部部长拜真忠在会上讲话。

【甘肃省第二届摄影“奔马奖”获奖作品暨第17届摄影艺术展览】

12月18日，甘肃省第二届摄影“奔马奖”获奖作品暨第17届摄影艺术展览在兰州开幕。展出的200幅艺术摄影作品，展现了近年来甘肃改革开放的新成就和陇原大地独特的自然景观、人文风情，描绘了一幅幅美丽和谐、富有魅力的城乡画卷。省委常委、宣传部部长励小捷，原省人大副主任、省摄协主席李鹰，原省人大副主任、省总工会主席李德奎等领导出席开幕式并为获奖者颁奖。

【第14届CCTV青年歌手大赛甘肃赛区决赛暨颁奖活动】

3月9～11日，由省广电总台、省文联、省文化厅等单位联合主办，省广电总台文艺中心、省视协、省音协等单位承办的“第14届CCTV青年歌手大赛甘肃赛区决赛暨颁奖活动”在兰州举行。此项活动已成为广大群众参与，弘扬民族艺术，普及音乐知识，发现和推出声乐人才，引领和推广国家声乐事业发展繁荣的重要平台。大赛于1月启动，近千名有实力的青年歌手报名参加，经过两个多月的选拔竞赛，共选出美声唱法、民族唱法、流行唱法各一等奖1名、二等奖3名，及优秀奖22名。

【“康桥国际杯”想唱就唱金城歌手大赛暨颁奖典礼】

1月20日，由省视协、兰州市广播电视总台共同主办的“康桥国际杯”想唱就唱金城歌手大赛暨颁奖典礼在兰州落幕。此项群众性的大型娱乐活动自2009年12月开展以来，有近千人报名参与，其中年龄最小的5岁，最大的85岁，从300名参赛选手中脱颖而出的14位选手进入决赛，经过演唱、综合知识的回答，6名选手分获一、二、三等奖。本次大赛组委会还特意为参赛选手年龄最大的郭运来老人授予“最佳风采奖”。省文联党组成员、副主席孙周秦、兰州市委宣传部副部长、兰州市广电总台台长谢鹏、省视协专职副主席甘建华等为选手颁发了证书和奖品。

【长篇小说《若有人兮》研讨会】

5月26日，省文联、省作协召开邵振国长篇小说《若有人兮》研讨会。省文联党组书记、副主席马少青，省文联党组副书记、副主席孙周秦，省作协主席团成员，省委宣传部相关同志及甘肃数十名评论家、作家参加了研讨活动。会议由孙周秦主持。长篇小说《若有人兮》一经出版就在文学界产生了良好的反映，被认为是当代文坛融思想深度和叙事技巧为一体的力作，是甘肃省文学领域的重要收获。省作协名誉主席高平、省作协主席王家达、西北师大教授张明廉、西北师大教授彭金山、省社科院文化所所长马步升、省文学院副院长张存学、省委党校教授杨光祖以及敦煌文艺出版社编辑、《若有人兮》一书的责编江少敏等在会上先后发言。针对《若有人兮》及邵振国的文学创作，畅所欲言、客观分析，在高度肯定《若有人兮》艺术价值的同时，还提出了许多中肯的意见和建议。

【长篇小说《红色土司》暨甘肃省重大革命历史题材文学创作研讨会】

3月23日，为迎接2011年建党90周年，催生一批讴歌甘肃革命先烈、反映重大革命事件的文学佳作，省文联、作协召开《红色土司》暨甘肃省重大革命历史题材文学创作研讨会。省文联党组书记、副主席马少青，省文联党组成员、副主席孙周秦及甘肃30余位著名作家和评论家参加了会议。与会的评论家以《红色土司》为例，全面回顾和总结了甘肃近年来重大革命历史题材文学创作取得的成就，并对今后相关题材创作提出了中肯的意见，对甘肃今后革命历史题材的创作起到了很好的指导作用。著名作家尕藏才旦教授创作的《红色土司》生动再现了甘南人民在当代土司的带领下，大力支持红军革命的感人故事。该书讴歌民族融合，气势宏大、立意鲜明，是革命题材方面的一部力作，受到了文学界和读者的好评，对甘肃相关题材的创作具有积极的引导作用。

【下基层考察、调研活动】

3月16日上午，省文联党组成员、副主席孙周秦，省视协专职副主席甘建华以及省视协部分理事一行到兰州电视台、兰州广播电视传播中心进行考察座谈。座谈会就甘肃省基层影视创作项目、人才的合理利用、基层电视艺术的发展前景和新的工作方式进行了广泛的交谈。最后还观摩了兰州电视台、兰州广播电视传播中心拍摄的数字电影《兰州1949》故事片《兰花花》。兰州电视台副台长汪小平、兰州广播电视传播中心主任丁如玮等一同参加座谈。3月28～30日，省文联党组书记、副主席马少青，省文联党组成员、副主席孙周秦，在省文联秘书长王登渤及组联处同志的陪同下，前往庆阳、平凉、定西三市文联进行考察调研。省文联领导听取了三市文联的工作汇报，对三市文联近年来的工作给予了充分肯定，并对他们今后的工作提出了殷切的希望。

【影视工作座谈会】

4月12日，由省视协、省影协共同主办的“2010年甘肃影视工作座谈会”召开。省文联党组书记、副主席马少青，省文联党组成员、副主席孙周秦，以及省内影视界知名专家、学者和部分民营影视机构负责人参加会议。孙中信、高戈、焦炳坤、陈仁川、魏成贵、丁如玮、金鑫、朱小勤、孟子为、卢志强、李悦、王登渤等专家及民营影视机构代表先后发言，主要就我省民营影视机构的现状、发展成果、当前面临的主要问题及视协、影协应发挥的作用等进行了充分的交流与探讨。民营影视机构代表也畅谈了各自的想法、经验，提出了有益的意见和建议。

【“想唱就唱”青少年才艺大赛】

4月25日，由省视协和兰州市广播电视总台举办的“想唱就唱”青少年才艺大赛落下帷幕。大赛以呵护梦想，感受童真为主题，自开赛以来，500多名3～18岁的青少年儿童参赛，经过一个多月的角逐，最终产生了器乐类、舞蹈类及声乐类的一等奖、二等奖、三等奖及优秀奖共计36名。同时，对6个积极参与本次大赛的团体特别颁发了组织奖。本次大赛本着为孩子们搭建“学习、交流、展示”平台的目的，并特别邀请了省市专业人士担任此次大赛的评委，对各类别的参赛选手进行了专业的点评及指导。

【第13届全国少年儿童电子琴大赛甘肃选拔赛】

5月29日，由省音协主办的“第13届全国少年儿童电子琴大赛甘肃选拔赛”在兰州举行。来自全省各地的数十名选手参加了本次大赛4个组别——独奏甲组、独奏乙组、独奏丙组、合奏组的比赛。经过激烈角逐后，燕蕊获得独奏甲组一等奖，贾程顺获得独奏乙组一等奖，张洪宁获得独奏丙组一等奖，成蓉、赵彤、周雷、王姣获得合奏组一等奖。此次比赛赢得了专家的一致肯定以及参赛选手与家长的好评。

【第三届中国旅游电视艺术周颁奖活动】

6月22日，由中国视协、甘肃省政府、省旅游局、省广播电视总台、天水市政府等单位主办，省文联、省广电局等多家单位协办的2010（庚寅）年甘肃天水公祭中华人文始祖伏羲大典暨第三届中国旅游电视艺术周颁奖活动在天水隆重举行。22日上午，举行公祭伏羲大典；22日下午，第三届中国旅游电视艺术周优秀旅游电视节目颁奖典礼举行。本届旅游电视艺术周共收到全国30个省区市和影视制作单位报来的八大类324部旅游电视节目推选作品，经过评委审看、投票之后，共推选出最佳作品奖9部、优秀作品奖43部、好作品奖90部。甘肃视协推选报送的作品有22部在本届评奖中获奖，也是全国获奖最多的省份。中视协分党组副书记、秘书长王锋、省广播电视台台长陈青分别讲话，对获奖的旅游电视节目和获奖单位表示祝贺，同时希望各家电视台记者多拍摄精品旅游节目。省文联党组副书记、副主席孙周秦，中视协副秘书长张彦民等参加了颁奖典礼。

机关建设

【2009年年终工作总结暨2010年春节团拜会】

2月8日，省文联举行了2009年年终工作总结暨2010年春节团拜会。省文联党组书记、副主席马少青，省文联党组成员、副主席孙周秦、张永基以及文联全体干部职工参加了大会。会上，对2009年度优秀公务员和先进工作者进行了表彰。马少青对2009年度文联工作做了回顾总结，对2010年工作提出了新的希望，并祝大家新春快乐，家庭幸福。

【推进学习型党组织建设动员大会】

4月8日下午，省文联召开推进学习型党组织建设动员大会。省文联党组书记、副主席马少青，省文联党组成员、副主席孙周秦、张永基以及全体干部职工参加了大会。张永基宣读了《省文联推进学习型党组织建设实施方案》，方案从指导思想、目标，学习内容、方式，总体要求三方面全面部署了省文联创建学习型党组织工作。马少青做了大会动员。孙周秦传达了胡锦涛总书记4月6日《在全党深入学习实践科学发展观活动总结大会上的讲话》。

【党的建设、干部队伍建设】

组织了戏剧理论与写作、新时期的甘肃诗歌、诗歌与文学创作、身体与心理健康、党的十七届五中全会精神与甘肃文艺以及法律知识等专题讲座，充实了干部职工的知识，提高了干部职工的素质；不断深化干部人事制度改革，开展了处级领导职位竞争上岗，严格按照《干部选拔任用条列》等有关规定，积极培养选拔优秀年轻干部，通过竞争上岗，16位优秀干部被提拔到处级领导工作岗位上，切实调动了广大干部的工作积极性；按照省委组织部的统一部署，开展了省文联80后年轻优秀干部选拔工作；做好党员发展和党员队伍的管理工作，组织召开民主生活会，积极开展各类精神文明及主题创建活动、双节送温暖活动、职工文体活动，组织参加省直机关组织的各类活动，为职工办理互助医疗保险等；积极关心文艺工作者特别是知名老艺术家的工作与生活，做好了离退休干部工作，举办了老艺术家联欢会。

各文艺家协会

【省作协第五次会员代表大会】

11月19日，省作协第五次会员代表大会在兰州召开。百余名甘肃作家代表聚集一堂，回顾总结甘肃四次作代会以来10年文学发展成果，共商甘肃文学事业发展大计。中国作协党组成员、书记处书记杨承志，省委宣传部副部长、省社科联党组书记张瑞民，省文联党组书记、副主席马少青出席大会并讲话，王家达代表甘肃作协第四届理事会做了工作报告。大会选举产生了省作协新一届理事会和主席团，小说作家邵振国当选为新一届甘肃省作协主席，魏珂、雪漠、叶舟、娜夜、牛庆国、铁穆尔、马青山、闫强国、张驰、毛树林、范文、宗满德、马步升、程金城等14位作家当选为副主席，高平、王家达被聘为名誉主席，柏原等10位老作家被聘为顾问。

【省剧协第四次会员代表大会】

9月18日，省剧协第四次会员代表大会在兰州举行。省委常委、省委宣传部部长励小捷，省委宣传部纪检组组长俄振江，省文联党组书记、副主席马少青出席大会并讲话。出席会议的代表80人，选举产生理事50人，由理事选举产生主席团成员18人，分别是主席张明，副主席杨长春、胡豫川、窦凤琴、周桦、康志通、雷通霞、杨成伟、王建平、杨波、朱衡、赵中东、魏宝民、马少敏、边肖、张兰秦、陈清、董亚萍。大会聘请王正强为省剧协第四届名誉主席，聘请王亨、吴熙源、肖美鹿、严森林、雷志华为省剧协第四届顾问。会议通过了第三届理事会工作报告，通过了第四届戏剧家协会新的《章程》。大会由省文联党组成员、副主席苏孝林主持，省剧协第三届主席王正强做工作报告。省文联党组副书记、副主席孙周秦和省文联党组成员、副主席张永基出席了会议。

【省书协第三次会员代表大会】

12 月 30 日，省书协第三次会员代表大会在兰召开。省委常委、宣传部部长励小捷，省委宣传部常务副部长张建昌，省文联党组书记、副主席马少青，省文联党组副书记、副主席孙周秦，省文联党组成员、副主席张永基，省文联党组成员、副主席苏孝林等领导同志出席会议。励小捷在大会上做了重要讲话，马少青代表省文联做了讲话。大会选举产生了由 75 人组成的省书协新一届理事会和 19 人组成的新一届主席团。马少青当选为省书协第三届主席团主席，张永基、翟万益、陈扶军、林涛、秦理斌、马国俊、李恒滨、尚墨、申晓君（秋子）、赵雁龙、陈永革、王亚军、丁兆庆、张惠中、朱明山、王林宝、安文丽（女）、何胜江等 18 人当选为副主席。第三届主席团任命林涛兼任秘书长，王智斌、司俊杰、杨俏童、周宇春、牛忠、黎明、雷鸣为副秘书长。聘任穆永吉、樊根深、杨旭华、程有清、张改琴 5 位同志为名誉主席，聘请蒙子军、何裕、王创业、黎凡、徐祖蕃、于忠正、骆石华、葛纪熙、景维新、马成璋、张瑞民、王大钧、林经文、刘开汉、万惠民、王训端、郝国良、安继越 18 位同志为顾问。大会由省文联党组成员、副主席张永基主持，省书协专职副主席兼秘书长林涛致开幕词，省文联党组书记、副主席，新当选的省书协第三届主席团主席马少青致闭幕词。会议期间，来自全省书法界的 120 多名代表欢聚一堂，听取并通过了省书协常务副主席翟万益做的题为《把握正确导向、履行庄严使命，为繁荣甘肃书法艺术事业而努力奋斗》的工作报告，通过了修改后的《甘肃省书法家协会章程》。

【省美协第四次会员代表大会】

11 月 18 日，省美协第四次会员代表大会在兰州隆重举行。省委常委、宣传部部长励小捷出席并做重要讲话。省委宣传部纪检组组长俄振江，省文联党组书记、副主席马少青，省文联党组副书记、副主席孙周秦，省文联党组成员、副主席张永基、苏孝林及全省美术工作者代表共 120 余人参加了会议。会议由省文联党组成员、副主席张永基主持。会议总结回顾了 10 年来甘肃美术事业的发展成就及省美术家协会的各项工作，分析了当前甘肃美术事业的发展趋势，制定了甘肃美术事业的发展规划，选举并产生了新一届协会理事会和主席团。李宝堂当选为新一届省美协主席，张万凌、张大刚、樊威、林斌、顾国建、段新明、张卫平、李伟、岳嵘琪、桑吉才让、马刚、潘义奎、马江、巫卫东、蒋文忠、王晓银当选为副主席。

【省摄协第四次会员代表大会】

11 月 20 日，省摄协第四次会员代表大会在兰州召开。百余名甘肃省摄影艺术工作者代表聚集一堂，回顾总结甘肃省三次摄协代表大会以来 10 年间，甘肃摄影事业的发展成果，共商甘肃今后摄影事业的发展大计。省委宣传部副部长、省社科联党组书记张瑞民，省文联党组书记、副主席马少青出席大会并讲话，王杰代表省摄协第三届理事会做了工作报告。大会选举产生了省摄协新一届理事会和主席团，甘肃著名摄影艺术家、原省人大副主任李膺当选为新一届省摄协主席，陈兴发、杜雨林、高禄、李玉瑶、梁荷生、路学军、吕亚龙、孙杰、王金、吴健、辛国英、张积福、张润国、张小民、赵广田、赵晋龙、郑屹、左竺灵等 18 位同志当选省摄协副主席。

【省音协第四次会员代表大会】

9 月 2 日，省音协第四次会员代表大会在兰州召开。省委宣传部常务副部长张建昌、省文联党组书记、副主席马少青等领导出席了会议。来自全省各地的音乐工作者代表 102 人参加了大会，代表们认真听取了省音协第三届理事会题为《与时代共奋进　同民众共欢乐　为谱写甘肃音乐事业和谐辉煌的新乐章而奋斗》的工作报告，审议通过了《甘肃省音乐家协会章程》的修改报告，选举产生了由51人组成的新一届理事会和11人组成的新一届主席团。毕忠义当选为第四届音协主席，孔庆浩、彭德明、张君仁、左霞、沙涛、杨亦兵、方建华、李德辉、于玮、李杰当选为副主席，刘晓丽被任命为秘书长。

【省民协第四次会员代表大会】

9月4日，省民协第四次会员代表大会在兰州召开。省委宣传部纪检组组长俄振江，省文联党组书记、副主席马少青，省文联党组成员、副主席张永基及来自全省各市（州）、兰州军区、省直系统以及有关单位的百余名代表参加了会议。省民协专职副主席杜芳主持会议。俄振江、张永基分别代表省委宣传部、省文联向大会致贺词。会议审议通过了省民协第三届理事会工作报告的决议，讨论通过了《甘肃省民间文艺家协会修改章程报告》，并选举产生新一届理事会和新一届主席团。马自祥（东乡族）当选为主席，杜芳（女）、王沛、王贵生、高新民、刘文江、邢海燕（女、土族）、李敬、华尔贡（藏族）、邸广平（回族）、李宏强、马玉芝（女）当选为副主席。

【省舞协第四次会员代表大会】

9月19日，省舞协第四次会员代表大会在兰州举行。中共甘肃省委常委、宣传部长励小捷参加了开幕式并做了重要讲话，省文联党组书记、副主席马少青、省委宣传部纪检组组长俄振江出席大会并讲话。省文联党组副书记、副主席孙周秦，省文联党组成员副主席张永基出席了会议。出席会议的代表57人，选举产生理事42人，选举产生主席团成员13人，分别是主席陆金龙，副主席郎永春、宋利平、陈义宗、尕藏达杰、位波、张稷、邓小娟、罗泽燕、金亮、万马扎西、达海岩、苟西岩。省舞协第四届主席团第一次会议聘请晏建中为省舞协第四届名誉主席，聘请牟瑜、李广锁、赵双成、曹佳坞、宋亚霞为省舞协第四届顾问。会议通过了第三届理事会工作报告和新的《甘肃省舞蹈家协会章程》。大会分别由省文联党组成员、副主席苏孝林、省舞协第三届副主席苟西岩、宋利平、牟瑜、郎永春和新当选主席陆金龙主持。省舞协第三届副主席牟瑜做了题为《打造新亮点，拓展新领域，为促进甘肃舞蹈的大发展大繁荣而奋斗》的省舞协第三届理事会工作报告。

【省视协第三次会员代表大会】

11月17日，省视协第三次会员代表大会在兰州召开 。省委宣传部副部长马成洋，省文联党组书记、副主席马少青，省广电局局长孙伟，省广电总台台长陈青，省精神文明建设办公室主任武来银，省文联党组副书记、副主席孙周秦，省文联党组成员、副主席张永基，省文联党组成员、副主席苏孝林等领导同志出席会议。马成洋、马少青在大会上做了讲话。大会选举产生了由39人组成的省视协新一届理事会和15人组成的新一届主席团。陈青（女）当选为省视协第三届主席团主席，武来银、甘建华（女）、金肇骢、雷献和、刘省平、谢鹏（藏）、焦锐、汪小平（东乡）、黄怀璞、江宁、秦川、武志元、胡文平、谭善强当选为副主席。大会推举孙伟为名誉主席，聘请魏成贵、高戈、李玉福、何涛、张锐等5位同志为顾问。会议期间，来自全省电视艺术界的87名代表欢聚一堂，听取并通过了孙伟做的题为《团结奋斗、开拓创新，为推动甘肃电视艺术事业大发展、大繁荣而努力奋斗》的工作报告，通过了修改后的《甘肃省电视艺术家协会章程》。大会由省文联党组副书记、副主席孙周秦主持，省广电局局长、省视协第二届主席团主席孙伟致开幕词，省广电总台台长、新当选的省视协第三届主席团主席陈青致闭幕词。

【省影协第四次会员代表大会】

11月16日，省影协第四次会员代表大会在兰州举行。省委宣传部副部长马成洋，省文联党组书记、副主席马少青，省文联党组副书记、副主席孙周秦及全省60余名电影工作者代表参加了会议。马成洋、马少青在大会上做了讲话。会议总结回顾了10年来甘肃电影事业发展成就及影协的各项工作，分析了当前电影发展的趋势，制定了甘肃电影事业的发展规划。会议通过了第三届理事会工作报告和新的《甘肃省电影家协会章程》。选举产生了新一届影协理事会和主席团。石斌当选为新一届省影协主席，丁如玮、李巍、李东珅、马志鸿、朱小勤当选为副主席。大会聘请孙中信为省影协第四届名誉主席，聘请焦炳琨、李大跃、李茂林、陈仁川、王宽玉为省影协第四届顾问。

【省曲协第三次会员代表大会】

9月1日，省曲协第三次会员代表大会在兰州召开。省委宣传部常务副部长张建昌，省文联党组书记、副主席马少青，省文联党组副书记、副主席孙周秦，省文联党组成员、副主席张永基、苏孝林以及来自甘肃省曲艺界的38名代表参加会议。苏孝林主持了大会。会议总结回顾了10年来甘肃曲艺事业发展成就及曲协的各项工作，分析了当前曲艺发展的趋势，制定了今后甘肃曲艺事业的发展规划。大会选举王登渤为省曲协第三届主席，王海、李天成、李金海、徐枫、程明亮等为副主席。

【省杂协第三次会员代表大会】

9月6日，省杂协第三次会员代表大会在甘肃敦煌召开。大会审议并通过了省杂协常务副主席周凡力代表甘肃省杂协第二届主席团所做的工作报告；审议通过了甘肃杂协第二届理事会成员闫建荣所做的关于修改《甘肃省杂技家协会章程》的报告说明；省文联党组副书记、副主席孙周秦出席会议并做了讲话。大会选举产生了第三届理事会和主席团。李林安当选为第三届甘肃杂协主席，周凡力、李宝东、闫建荣、许蕊等当选为副主席，任命尤鸿燕、朱春文担任甘肃杂协副秘书长，聘请江小玉为甘肃杂协第三届名誉主席。

青海省文联

综　述

2010年，青海省文联在省委、省政府的坚强领导下，在省委宣传部的有力指导下，以党的十七大精神为 指导，全面贯彻落实科学发展观，牢牢把握“高举旗帜、围绕大局、服务人民、改革创新”的总要求，自觉坚持“二为”方向、“双百”方针和“三贴近”原则，发挥文艺特殊优势、积极投入玉树抗震救灾工作，突出重点、打造亮点，努力在改革创新中激发原创力，在组织活动中扩大影响力，在热情服务中增强凝聚力，充分发挥联络、协调、服务的职能和作用，扎实有效地开展了各项文艺活动和文艺创作，为繁荣发展青海文艺做了大量卓有成效的工作，呈现出团结、和谐、繁荣、发展的良好局面。

会议与活动

【积极开展“送欢乐、下基层”文艺慰问活动】

1月11～12日，省文联组织省舞协、省剧协、省美协、省书协、省摄协，组建2010青海文联“送欢乐、下基层”文艺慰问演出团，在省文联党组书记、主席樊光明带领下，冒着严寒赴海南藏族自治州兴海县开展了主题为：“百花回报沃土，艺术奉献人民”的公益性文化惠民服务活动。

当晚，艺术家们不顾路途疲劳和高山反应，为县委、县政府干部群众泼墨挥毫、书赠艺术品。1月12日上午，慰问演出及书画摄影活动分别在县政府广场和兴海宾馆大厅同时展开。县委、县政府领导主持并致辞，省文联和县上领导互赠字画与锦旗，演出团为县直干部职工、武警、公安民警及两千多名各族群众，热情奉献出一台深受群众喜欢的民族歌舞节目。书画家、摄影家们现场为群众书绘字画、对联、分送挂历年画。下午，慰问演出团来到省文联扶贫点——唐乃亥乡，为乡农牧民群众演出了一台雅俗共赏的文艺节目，乡业余文艺队也同台表演了自编自排的藏舞、藏族拉伊等节目，为演出增添了欢乐与喜悦。省城画家、书法家、摄影家们为群众现场书绘字画、春联、拍摄全家福、送年历等，受到全乡干部群众的热情欢迎和称赞。

【传达学习中央领导同志重要指示和重要讲话精神】

2月20日上午，省文联全体干部职工召开大会，认真传达学习“中国文艺家之家”落成使用后，胡锦涛总书记、温家宝总理给中国文联的贺信，以及李长春、刘云山、刘延东亲临中国文联“中国文艺家之家”视察时的重要讲话，并传阅温家宝总理为“中国文艺家之家”的题名书迹。会议由省文联党组成员、副主席张民主持并传达中央领导同志的重要指示和重要讲话精神。传达学习之后，党组成员、各协会各部门负责同志纷纷结合重要指示和讲话精神，就省文联以及各协会、各部门贯彻贺信和讲话进行了热烈的座谈讨论。大家一致认为，胡总书记和温总理的贺信题词，充分体现了党中央、国务院对文艺工作和文联工作的高度重视，是对全国广大文艺工作者的亲切关怀和殷切希望，青海省广大文艺工作者倍感亲切和温暖，增强了信心，鼓舞了干劲；李长春、刘云山、刘延东的讲话高屋建瓴，科学务实，为进一步做好文艺工作和文联工作指明了前进的方向。大家表示，一定要认真学习领会，深入贯彻落实，按照省委部署和省委宣传部安排及省文联工作计划，扎实做好文联工作。

【中国（青海）第四届三江源国际摄影节在西宁举办】

7月17日由国务院新闻办公室、中国文联、中国摄影家协会、青海省人民政府主办的“大美青海——人与自然的凝视力”为主题的2010中国（青海）三江源国际摄影节在西宁市城南新区国际展览中心隆重开幕。省委书记、省人大常委会主任强卫，省委副书记、省长骆惠宁，国务院新闻办三局局长郭长建，中国摄协副主席张桐胜，国家部委有关领导和国内外著名摄影家等共1000余人出席了摄影节开幕式。开幕式由副省长王令浚主持，强卫宣布摄影节开幕。省委常委、省委宣传部部长吉狄马加和中国摄协分党组书记、副秘书长王郑生分别致辞。本次摄影节汇聚了近30个国家100余位摄影家的7000多幅摄影作品，其中有近50位国外摄影家的1280幅作品首次与中国观众见面，国际摄联组织FIAP命名的“世界摄影大师”也首次来中国，来到青海，提升了影展水平。本次摄影节的展览国内部分由“大美青海”展、热贡艺术展、神奇柴达木展、主题展等20多个专题组成。其中展出抗震救灾作品500余幅，引起极大的关注。本次摄影节共评出一等奖1名、二等奖3名、三等奖5名、优秀奖7名、优秀主题奖4名。同时，摄影节还设立了中外名家摄影讲座、论坛等丰富多彩的影像活动。

【中国（青海）“河湟乡趣杯”建设社会主义新农村摄影大赛】

为进一步落实中央关于建设社会主义新农村的战略决策，宣传我省建设社会主义新农村的成就，更多的关注农村、关心农村、支持农村建设，促进休闲观光农业和乡村旅游的发展。6月，由省文联、西宁市城北区委、西宁市城北区政府、西宁乡趣农业科技有限公司和省摄协共同举办的“河湟乡趣杯”建设社会主义新农村摄影大赛，在西宁市城北区陶北村乡趣园举行。活动前期，省摄协积极组织省内摄影家和摄影爱好者60多人前往陶北村和海东地区农、林业第一线进行创作采风。本次大赛主题紧紧围绕社会主义新农村现代化高效生态农业建设和全面发展的新型农民、整洁优美的农村社区，以及新农村文化建设、民主和谐的社会管理等，展现当代农民昂扬向上的精神风貌和社会主义新农村建设所取得的成果。大赛共收到近百名摄影人3000余幅作品，经评审委员会认真评选，共评选出一等奖1名、二等奖2名、三等奖4名、优秀奖60名、入选奖300名。大赛展览成果在2010年中国（青海）第四届三江源国际摄影节上展出，并编辑出版《河湟乡趣杯——建设社会主义新农村摄影大赛》获奖作品集。

【青海省首届“丹噶尔杯”原生态地方曲艺电视大赛】

6月10日，由省文联、省广播电视局、省文化新闻出版厅主办，省曲协、青海电视台、省文化馆、湟源县人民政府承办的“青海省首届‘丹噶尔杯’原生态地方曲艺电视大赛决赛”在湟源县丹噶尔古城拉开帷幕。省文联副主席马有义，省文联组联部主任陈永秀等4人专程赴湟源参加开幕式。此次大赛经过近3个月的筹备，分为初选、复选和决赛3个阶段。初选由各县、区群艺馆推荐节目，复选赛由承办单位组织评委，分别赴西宁、湟中、湟源、海东、大通、贵德6个赛点进行评比选拔。最终，300多名参赛选手经过7场选拔赛的激烈角逐，22名选手获得入选决赛资格。6月13日晚在湟源古城丹噶尔演艺厅举行决赛并举办颁奖电视晚会。本次大赛评出了一等奖1名，二等奖2名，三等奖3名，优秀奖16名。为了表彰为青海曲艺做出贡献的老一辈曲艺家，大赛组委会还特别设立“特殊贡献奖”，8位老艺人获此奖项。

【中国文联领导关心支持青海文联工作】

6月10日上午，在中国文联“文艺家之家”，中国文联党组书记、副主席胡振民亲切会见专程赴京汇报工作的青海省文联新任党组书记、主席班果（藏族）、省摄协主席蔡征一行。陪同会见的有中国文联办公厅副主任刘尚军、国内联络部副主任周雪静，中国摄协分党组副书记、副秘书长王郑生。

在向胡振民书记转达省委领导同志的问候之后，班果就青海文艺界抗震救灾具体情况和青海文联当前工作做了专题汇报，并诚邀胡振民等中国文联领导莅临中国（青海）三江源国际摄影节。胡振民听完汇报后，热情赞赏和高度评价了青海文联在抗震救灾工作中发挥的积极作用，肯定了青海文联工作，并结合当前文艺和文联工作面临的新形势、新任务，对青海文联提出希望和要求。

【省文联召开六届四次全委会议】

7月18日，省文联六届四次全委会议在西宁召开。省委常委、宣传部长吉狄马加，省委组织部副部长张黎，省委宣传部副部长周贤安，省委组织部四处处长多杰，省委宣传部文艺处处长陶林、干部处副调研员张凌云出席会议，省文联党组书记、主席班果，党组成员、副主席张民、马有义，党组成员、省作协主席梅卓，副巡视员、秘书长王庆元，省文联委员、各基层文联负责人以及省文联全体干部职工参加会议。会议由张民同志主持。

张黎宣读了省委关于班果任青海省文联主席的决定，并介绍了班果简要情况。与会委员以举手表决方式，通过班果任省文联主席团主席。

吉狄马加代表省委、省委宣传部做了重要讲话，他充分肯定了过去一年省文联所做的工作和取得的成绩，尤其在玉树抗震救灾中文联和各文艺家协会发挥的应有作用，并结合文联实际对今后进一步做好文联工作提出了要求和希望。一是坚持以建设社会主义核心价值体系引领文联工作；二是坚持以改革创新精神推动文联工作；三是坚持以“三贴近”来加强文联工作。

班果做了题为《改革创新、开拓进取，努力开创文联工作新局面，为青海文艺大发展大繁作贡献》工作报告。报告从3个方面总结了2009年工作并提出了2010年工作要点。

在分组座谈讨论中，委员们和列席代表认真座谈领导讲话，审议《工作报告》，商议2010年及今后省文联的主要工作，就文联工作及发展建言献策，提出建设性意见和具体建议。张民做会议总结并提出今后贯彻落实的要求。

【省文联党组积极开展调查研究工作】

7月21日至11月9日，省文联党组认真开展深入基层调查研究工作，分3个工作组，由文联党组书记、主席班果，副主席张民、马有义分别率省文联调研组，分赴海南藏族自治州、玉树藏族自治州、海西蒙古族藏族自治州、黄南藏族自治州、海北藏族自治州文联和西宁市文联开展调研工作。以“加强基层宣传文化队伍建设，摸清找准基层文联发展问题，进一步发挥基层文联作用”为主题，重点对各地文联的编制机构、人员配备、经费保障、文艺队伍建设、文艺工作发展、面临的困难和问题等方面，进行了深入了解和调查，比较全面地掌握了州地文联的基本情况。

在调研期间，各调研组分别听取了基层文联工作汇报，分层次召开了文联工作人员和文艺骨干座谈会，广泛听取了基层文艺工作者的意见和建议，多方面了解基层文联的工作状况和文艺事业发展形势。同时，分别与州、市级领导座谈，就如何加强基层文联建设、促进基层文艺事业发展交换了意见，交流了思想，达成了共识。

调研过程中，调研组充分肯定了各州地市文联工作，并就今后工作提出了要求：一是要抢抓机遇，创新工作；二是要从文联工作实际出发，发展特色文艺；三是大力开展文艺活动，体现文联的文艺作用；四是大力培养文艺人才；五是发挥好文联的联络协调服务作用。

【省文联党组民主生活会】

11月5日，省文联召开以贯彻落实《党员领导干部廉洁从政若干准则》，切实加强领导干部作风建设为主题的党组民主生活会。省文联党组成员参加会议，人事、纪检部门有关人员列席会议。省委宣传部副部长周贤安、干部处处长王育宏，省委组织部四处副处长谢宏敏出席民主生活会。会议由省文联党组书记、主席班果主持。省委常委、宣传部长吉狄马加亲临会议做重要讲话并对文联党组今后工作提出3点意见：一是省文联如何围绕中心、服务大局，在全省“四个发展”中发挥作用。二是如何结合青海实际，找准工作落脚点，充分发挥文联的工作。三是要加强学习，提高素质。

吉狄马加指出：文联党组要对下步工作及今后工作做很好的讨论和规划，要围绕省委、省政府重要工作进行谋划，抓住文联工作重点，突出工作亮点。要尊重文艺创作规律，深入基层挖掘有深度的文艺素材，创作精品。要加强与各地区、各部门的联系与对接，取得全社会的支持，创造性的开展工作。另外就是加强团结，团结出战斗力，团结出凝聚力。要在抓好班子建设的过程中，形成党组共识，提高凝聚力，引导干部群众朝着想干事、能干事、会干事的方向发展，不断推动青海文艺事业的大发展、大繁荣。

【积极投身玉树抗震救灾系列活动】

4月14～16日，青海省玉树藏族自治州玉树县发生7.1级强烈地震，青海文联党组、主席团按照省委的统一部署和要求，迅速行动，组织全省各文艺家协会和广大文艺工作者开展抗震救灾工作。迅速组建抗震救灾小分队和中国作协、青海作协组成的抗震救灾作家采访团，省文联副主席马有义和省文联党组成员、作协主席梅卓分别带队，并带着价值20000元的救援物资和全省文艺家的深情厚意驰援玉树，以最快的速度投入抗震救灾工作，先后采写了近10万字的文学素材，拍摄了万余张摄影图片。同时，还慰问和援助了遇难的《格萨尔》艺人亲属和“非遗”文化传承人，出色完成了灾区前期采访和拍摄等任务。截至4月20日，省文联捐赠并直送灾区方便面500箱、矿泉水312箱、物资折价17556元；省文联干部职工捐款1.67万元；离退休人员捐款6400元；书法作品义卖捐款2.65万元；美术作品义卖捐款33526.50元；省文联党员自愿多交党费9050元，离退休党员自愿多交党费2860元。安徽省文联通过我会捐款10万元；河南省开封市文联通过我会捐助书画家义卖作品款3万元；共计捐款(物)242592.50元。

4月20日下午3时，由中国文联、省委宣传部、中国摄协主办，省文联、省摄协协办的“2010青海玉树抗震救灾纪实摄影展”，在中国摄协阳光大厅举办。中国文联党组书记、副主席胡振民，中央宣传部秘书长官景辉及中央档案馆有关领导出席仪式，开展仪式由中国摄协分党组书记李前光主持，在京中国文联、中国摄协有关负责同志、摄影家及越南、尼泊尔、伊朗驻华使馆文化参赞、联合国教科文组织驻华代表、北京各大新闻媒体记者出席仪式并参观展览。省文联党组成员、副主席张民，省摄协主席蔡征专程赴京筹备展览。张民受省委宣传部委托，代表省委宣传部、省文联参加开展仪式，并接受了展览组委会的表彰奖状。展览展出前期玉树抗震救灾图片作品200余幅。

4月21日下午，该展览在西宁中心广场向青海人民展出。省委常委、宣传部部长吉狄马加，副部长周贤安，青藏兵站部政委贾新华，中国摄协副秘书长解海龙，省文联党组成员、副主席马有义，西宁市委常委、宣传部部长杜淑品等领导参观展览，吉狄马加部长对展览给予了高度评价。

4月22日，经省文联、省美协、省书协洽商引进，江苏白马商城有限公司向玉树灾区捐赠羽绒服、棉被、方便食品等价值303万元的救灾物资，于4月27日运抵西宁并转交省救灾物资转运站。

6月9日，由省委宣传部、省文联联合主办的“全国书法家玉树抗震救灾爱心捐赠书法作品精品展”，在青海省博物馆展出。

省委常委、宣传部部长吉狄马加，武警青海总队政委、中国书协理事、省书协主席孟世强，省委宣传部副部长高玉峰，省文联党组书记、主席班果，副主席张民等领导同志参加开幕仪式并参观展览，展览开幕式由省文联副主席马有义主持。班果主席在开幕式上讲话。

这次展览是青海书协在最短的时间，向全国书法界发出赈灾倡议，短短半个月就收到近800位书法界人士爱心捐赠的1400余幅作品，展出作品是从中精选的200余幅作品。其中有享誉全国的中国书协领导和理事的作品，也有颇具实力的中青年优秀书法家的作品；既有年逾八旬的老书法家的倾心之作，又有少年儿童书法爱好者的童真作品；不仅有国内书法家的作品，还有香港同胞和远在美国的华裔书法家的作品；不但有地方书协统一组织捐赠的作品，更有书法家个人捐赠的作品。展览结束后，省书协积极寻求机会，努力将全国书法家的爱心奉献转化为对玉树灾区重建的经济支持。

创作与研究

【获奖情况】

8月，青海作协抗震救灾采访团被评为“全国抗震救灾英雄集体”，受到党中央、国务院、中央军委的表彰。中国作协做出向采访团学习的决定并进行了表彰。

6月，省作协推荐龙仁青短篇小说参加鲁迅文学奖评选并入围。

1月，青海音协、青海电视台共同主办第14届全国青年歌手电视大奖赛青海赛区比赛，共有380余名歌手参赛，其中，6名歌手和一个合唱团组团参加了第14届CCTV全国青年歌手大奖赛决赛。马全获原生态唱法第10名，勒毛吉获第18名，才仁文斗获流行唱法第20名，索南孙斌获优秀奖。这是青海省代表团首次进入全国决赛并取得最好成绩。4月，青海音协、青海文化馆合唱团参加了在广东中山市由文化部举办的第五届群星奖合唱比赛决赛，获优秀奖。7月，参加了第六届世界合唱节合唱决赛，获优秀奖。8月，省音协组织选手参加全国卡西欧电子琴数码钢琴，获二等奖1名，三等奖2名。10月，参加了首届中华红歌会合唱比赛，获三等奖。10月，在“首届西北音乐节——长安音乐会”中，青海民族歌舞剧院交响乐团演出的交响乐《青海花儿红》获金奖。

9月，在第五届中国秦腔艺术节（西北五省区秦腔艺术节）上，由省剧协组织选送的青海戏剧艺术剧院平弦剧团创作演出的大型平弦现代戏《日月湾》荣获最高奖项——优秀剧目奖，张永德、沈玉梅获表演奖；西宁市戏剧团创作演出的大型秦腔历史剧《千古寒食节》荣获优秀演出奖，“梅花奖”得主屈巧哲获特别优秀表演奖，陈栓昌获优秀表演奖；西宁市群众艺术馆群星戏曲团创作演出的4幕农村题材现代小戏《在希望的田野上》荣获优秀演出奖，徐乃平获表演奖。10月，省剧协组织省戏剧艺术剧院京剧团12名演员参加第五届中国戏曲“红梅荟萃”活动，吴琼《拾玉镯》、耿永攀《乌盆记》、曹文婧《失子惊疯》、焦晓霞《白蛇传·游湖》等4名演员获“红梅金花”称号，青海剧协荣获戏剧节优秀组织奖。11月，组织推荐省戏剧艺术剧院京剧团京剧《藏羚羊》获第三届中国戏剧奖·戏剧文学奖提名奖，该剧在第四届长江流域戏剧节中荣获最高奖——优秀剧目奖。

9月，由省民协组织选送的玉树州土风歌舞团伊舞《雪域欢歌》，在中国文联、山西省政府和中国民协主办的第八届中国民间艺术节暨第九届中国云冈文化艺术节上荣获金奖。在首届中国（东莞·望牛墩）七夕风情文化节中，选送的刺绣作品《天路之神——牦牛》获七夕红手工艺作品大赛铜奖。青海省民协荣获优秀组织工作奖。

10月，在“2010中国宁夏第二届回族舞蹈展演活动”中，由省舞协组织选送的省民族歌舞剧院舞蹈《黄河汉子》荣获二等奖、编导二等奖和表演二等奖；省文化艺术职业学校舞蹈《潇洒的拉面匠》荣获三等奖、编导三等奖和表演三等奖。同时，组织选送的省民族歌舞剧院舞蹈《汤瓶情韵》、《寻找家园》、《阿里玛》、《水姑娘》、《舞动的梿枷》、《阿哥恋尕妹》和青海省海北藏族自治州民族歌舞团的舞蹈《尼卡好尔·赛俩目》均获优秀节目奖，青海省舞协荣获优秀组织奖。

10月，在“第三届全国社区健身舞蹈汇演活动”中，由省舞协组织推荐的省舞协德吉民间歌舞队藏族舞蹈《祝愿吉祥》、民族服饰《德吉》分别荣获特等奖、编导创作奖，省舞协获优秀组织奖；青海省老年大学舞蹈队的回族舞蹈《净》、蒙古族舞蹈《陪我一起看草原》分别荣获金奖和银奖、编导创作奖，省舞协荣获优秀组织奖。由省舞协组织推荐的省老干局中老年舞蹈艺术团赴香港参加中国香港国际“紫荆花奖”音乐舞蹈服饰艺术比赛，荣获“紫荆花奖”最高奖、大金奖和组织金奖。

省美协积极组织会员创作，在“第二届中国小幅油画作品展”、“第六届中国西部大地情——中国画、油画作品展”、“和谐燕赵全国中国画作品展”、“首届全国农民画绘画作品展”和“百年世博、千年圣火——全国著名国画家作品展”中，共入选作品28件。

6～9月，青海摄协组织的“青海玉树地震纪实图片展”在上海国际摄影展和山西平遥国际摄影节中分别获“特殊贡献奖”和“特殊展览奖”，省摄协获优秀组织奖。在23届全国摄影艺术展中，青海摄协选送的蔡征、陈有钧抗震救灾题材作品《高原精灵》、《鏖占间隙》荣获优秀奖，填补了青海在全国纪实类影展中的空白。

【创作情况】

文学创作成果。2010年，创作出版江洋才让的长篇小说《康巴方式》，武泰元的中短篇小说集《苏醒的山谷》，轩锡明的小说集《黄昏故事》，井石的《花儿研究文集》、散文随笔记《煮字坊笔记》，李向宁、葛文荣的长篇报告文学《点亮雪域高原的光明》，道帏多吉的散文集《寻梦诗意藏地密境》，彭康的小说集《荒原不长庄稼》、散文集《纷飞的碎片》，昂旺文章的诗集《一百零八颗念珠》。李向宁的报告文学

《谁言寸草心，报得三春晖——记全国道德模范洛桑扎西》被收录到中央文明办、中国作协编辑出版的《中华高歌》一书中。尹海杰的中篇小说《窝边草》、《亲亲黄河》、《缨红楼》，短篇小说《滚动的草根》分别在全国各省级文学刊物发表。风马的短篇小说《快乐朋友》、散文《秀山美地》、诗歌《大元的冈底斯》、《去玉树的路上》、《为玉树而作》分别在全国各大报刊发表。作家马钧、李向宁、唐涓赴青藏线采访，撰写长篇报告文学《天路之魂》。

民间文艺创作和《格萨尔》研究成绩喜人。省民协编辑《中国唐卡艺术集成·藏娘卷》并出版发行；编辑海北、黄南、果洛地区旅游文化丛书，并出版导游词；《青海非物质文化遗产保护丛书》中马光星、文仲祥、唐仲山负责撰写的《河湟民间叙事诗》、《三川土族纳顿》、《热贡艺术》正式出版；马光星等合著的《土族文化概览》，赵宗福、刘永红合著的《飞禽走兽趣谈》，索南多杰编撰的《中国格萨尔文化之乡——玛域果洛》也付梓出版；《格萨尔》研究所专业人员整理完成了《格萨尔》说唱艺人部本丛书《萨栗金宗》、《麦布山羊宗》、《格萨尔》精选本二期工程《郭拉察宗》上下册、《白岭之战》、《阿达夏宗》，完成教育部后期资助项目《卡切玉宗》等8部《格萨尔》汉译本系列丛书的翻译、整理和出版工作，娘吾才让专著《格萨尔初论》已出版发行。

【理论研究】

6月1日，青海作协和省委宣传部、中国作协、中国作协创研部联合在北京中国现代文学馆召开“心系玉树——抗震救灾报告文学集《玉树大营救》、诗集《废墟上的花朵》作品研讨会”。中国作协主席铁凝，省委常委、宣传部长吉狄马加，中国作协副主席、党组成员、书记处书记何建明，中国作协书记处书记李敬泽，中国作协创研部主任胡平，青海文联党组书记、主席班果，中宣部文艺局副巡视员梁鸿鹰，省委宣传部副部长周贤安等领导和中国报告文学界著名作家、评论家以及新华社、《人民日报》、《光明日报》、《中新社》、《文艺报》、《中国日报》、中国作家网、《中国青年报》、《北京晚报》等新闻单位的记者60余人出席研讨会并做具体评述。

7月6～10日，由青海作协和鲁迅文学院、浙江作协共同举办的青年作家研修班第二阶段交流创作活动在西宁开展，来自两省的30多位青年作家分别赴海南、海北和黄南等地采风创作。采风活动结束后，研修班在湟中县群加国家森林公园举行结业典礼，中国作协党组副书记、书记处书记张健，青海省委常委、宣传部部长吉狄马加，鲁迅文学院常务副院长白描，鲁迅文学院副院长成曾樾，青海文联主席班果，浙江作协党组副书记郑晓林、副秘书长王益军，浙江文学院长盛子潮等领导出席典礼并讲话。

9月，青海作协、西藏作协联合举办江洋才让长篇小说《康巴方式》研讨会。11月，编辑出版《崔春起摄影作品研讨文集》。

对外文化艺术交流

【青海交响乐团成功参演首届西北音乐节】

10月15～21日，由西北五省区党委宣传部、文联、音协主办的首届“中国·西北音乐节”在西安举办。青海省民族歌舞剧院交响乐团演出的“青海花儿红”音乐会于10月19日晚在西安曲江音乐厅隆重登台，由特邀著名指挥家姜金一执棒，演奏了交响组曲《青海素描》，交响乐《巴颜喀拉》以及《花海三章》、《热巴舞曲》等富有青海民族地方特色的交响乐作品，受到西安专业音乐工作者及嘉宾、观众的欢迎和好评。

5月，组织青海作家代表团赴韩国参加“第四届中韩作家会议”，两国近百位作家、诗人聚集韩国首尔以“过去与现在文学与传统”为主题，进行文学创作经验和心得体会交流，进一步通过文学视角解读中韩文化，为两国文化交流寻找桥梁，相互学习。同时，派作家赴伊朗参加中伊文化交流；派民间文艺工作者赴加拿大温哥华参加第六届国际藏学研讨会；精心组织在西宁举办中韩美术作品交流展，进一步推动中韩文化交流向纵深发展；派员参加海峡两岸文化艺术交流活动。

7月，省摄协分别组织举办“第四届海峡两岸大学生走进可可西里”、“两岸三地摄影家聚集黄河源”、“百名摄影家激情穿越柴达木”等摄影系列活动，扩大了青海吸引力和影响力。

扶贫工作

3月，省文联宣讲组赴新扶贫点德令哈市河东阳光村宣讲中央和省委“一号文件”，期间，深入开展“文化扶贫、文化下乡”活动，组织书画家为当地村民现场创作书法作品150余件、美术作品20余件，书画家们还为特困户捐款1000余元。8月，省文联主席班果率领文联部分干部赴阳光村慰问群众，省文联全体干部职工为阳光村捐款4860元，捐赠社火、戏剧服装13件，价值9860元，书法作品20余件以及文联图书书架14组，价值14000元，捐赠各类图书890套（册），价值18000余元，办公电脑3台，同时捐赠了从省扶贫局、省红十字会争取支持的大米160袋、皮鞋100双、衣物1000件。班果主席还走访慰问了5户残疾特困户，鼓励群众战胜困难，想法设法加快脱贫致富。省文联党组在认真抓好扶贫工作的同时，还动员全体党员干部深入开展情系阳光村，倾力开展“户帮户、一扶一”结对帮扶活动。各党支部积极组织，周密安排，全文联3个支部党员干部41人，踊跃参与“户帮户、一扶一”结对帮扶活动，共捐款8200元，与阳光村10户贫困党员的结对帮扶，使他们树立了脱贫致富的信心。省民协在调研非物质文化时，联合省红十字会医院一同前往班玛、达日县，开展为期6天的义诊活动，为两县妇女、儿童、老年人诊治疾病300余人，捐赠药品价值3万余元。

直属单位

【格萨尔史诗研究所】

9月，青海省《格萨尔》史诗研究所承办中宣部全国社科规划重大委托项目“《格萨尔》抢救、保护与研究”启动工作会；承办由全国《格萨尔》工作领导小组办公室、玉树藏族自治州治多县委、县政府联合主办的珠姆塑像竣工揭幕仪式暨首届全国嘎嘉洛文化学术研讨会。同时，联合海南州文联、海南州《格萨尔》研究中心和措温波乐群甘宝协会联合在共和县石乃亥乡举办了环湖地区《格萨尔》说唱等民间文艺竞赛活动。

【省文学创作研究室】

创研室发挥人才资源优势，积极参与到地方文化资源的开发和建设中，策划文化旅游开发项目，编纂地方文化丛书及有关大型文化活动，取得了很好的效果。为海北、黄南、果洛编辑旅游文化丛书，系统地梳理两州的文化资源，并编辑出版导游词。组织主编、编委先后3次到果洛州、班玛县、久治县、达日县、玛多县、玛沁县、甘德等地实地考察调研，现已完成书稿40余万字，图片数百张，拟编写《原子城》、《王洛宾》。《文坛瞭望》。全年刊发各类文章40多篇，20余万字。6月，马光星获中国民协颁发的中国民间文学集成贡献奖。

【《青海湖》编辑部】

1月，组织承办“中国移动杯”2009年度《青海湖》文学奖颁奖大会。副省长吉狄马加出席大会并讲话，充分肯定了《青海湖》为提升青海作家和刊物的社会影响力、推动青海文学事业的发展与繁荣进行的积极探索和努力。王文泸等6位作者的作品获奖。省委宣传部、省文化与新闻出版厅、中国移动青海公司、省文联等有关部门领导为获奖作家颁发证书与奖金。

3月，编发“昌耀逝世十周年纪念专栏”，首次整理发表昌耀轶稿《随笔五题》，并组织配发西川、燎原等名家的纪念文章，在文学界引起较大反响。

1～11月，《本期推荐》栏目以重量作品配以作家照片、创作谈、作家印象和推介评论形式，分期重点推出青海省实力作家海桀、龙仁青、刘会彬、才旦、肖黛、李明华及其作品；《名家之约》栏目先后编发陈东东、王充间、杨少衡、郭文斌、刘醒龙、张承志、红柯等省外名家力作，两个特色栏目，为推介青海作家、加强内外交流、提升刊物品位与影响力，产生了积极的效果。

各文艺家协会

【作家协会】

1月，省作协和省公安厅文联联合组织作家，开展向基层公安干警赠书活动。陈元魁、李向宁、尹海杰、辛茜、葛建中、王文中5位作家向互助县公安局捐赠图书200余本。省作协主席梅卓和公安厅有关领导参加了赠书仪式。同期，省作协和湟源县政府、县委宣传部联合举办作协会员陈有仓编写的《河湟婚俗》一书首发式暨座谈会，专家学者50余人参加会议。

4月，《文艺报》推出“作家记录玉树”专版，发表赴玉树采访的河北作家李春雷和青海作协主席梅卓赴灾区采访的专题文章。梅卓的文章《历史在这里哭泣》被《新华文摘》转载。

5月，省作协和省委宣传部在湟中县联合召开《玉树大救援》、《废墟上的花朵》2本书首发式及向玉树学生赠书仪式。同期，省作协在《西海都市》报组织报告文学《玉树大救援》、诗集《废墟上的花朵》评论专版，发表中国作协党组书记李冰，省委常委、宣传部长吉狄马加为2本书写的序言和李晓伟、高健斌等作家的评论文章。

【戏剧家协会】

4月，省剧协在北京召开了大型话剧《草原人》改稿会，中国剧协分党组书记季国平，中国剧协副主席、中国国家话剧院副院长、著名导演王晓鹰，中国剧协副主席、总政话剧团团长、著名编剧孟冰，《中国剧本》杂志社三任主编王育生、温大勇、黎继德出席了改稿会并作发言。省文联副主席、省剧协主席张民，省剧协常务副主席付晋青，省话剧团编剧杜笙、张璐参加会议。与会人员对《草原人》进行反复研讨和修改，现基本定稿。

6月，省剧协和西宁市文广局联合主办、西宁市群众艺术馆承办的“第二届戏曲票友挑战赛决赛”在西宁市中心广场隆重举行。来自西宁、互助、贵德、湟中、大通、兴海县的200余名戏曲爱好者踊跃报名参赛。经初赛，共有70余人参加了决赛。省文联副主席、省剧协主席张民出席颁奖仪式致辞并为获奖者颁奖。

7月，省剧协、西宁一中联合举办的“第八届戏剧大舞台综合实践活动·戏曲演唱大赛”，在西宁一中校园隆重举行。这次活动省剧协根据学生特点和以往开展大舞台活动的经验，将本次活动定为“戏曲演唱大赛”，采取大赛与演出相结合，戏剧知识问答与学生互动相结合的形式开展活动，有17个节目100余人参加这次活动。省文联副主席、省剧协主席张民，省市文化、教育等有关部门领导、省内媒体记者和西宁一中师生千余人观看演出。

【舞蹈家协会】

4月，省舞协联合省教育厅体卫艺处，省音协等单位举办西宁地区第25届中小学生声乐、音乐、舞蹈单项循环赛。来自西宁地区25所中小学的423名选手参加比赛。经角逐，92名选手分别荣获各组别一、二、三等奖、优秀奖，8所中小学及20名辅导教师荣获“优秀组织奖”和“优秀辅导奖”。

6月，省舞协和海北州刚察县人民政府共同承办青海省首届群众舞蹈比赛，省委宣传部文艺处处长陶林，刚察县委书记董金明，县委副书记、县长公保扎西，县委副书记常林，县人大主任鲍进财，县政协主席尕多杰，常务副县长董光曙，副县长周本加、朱燕以及县有关单位领导出席开幕式。这次比赛的总体要求以省内6个世居民族的民俗文化、民族民间舞蹈题材而创作的民间舞蹈和才艺展示为主。这次比赛全省各州、地(市)、县共推出8支参赛队，160名老中青队员参加复赛和决赛。经角逐，刚察县草原艺术团等7个代表队分别荣获本次比赛集体一、二、三等奖和优秀奖，编导一、二、三等奖和编导优秀奖。

【书法家协会】

2010年，省书协继续深入开展“中国书法家进万家活动”。先后12次组织主席团部分成员、部分理事及会员56人次分别赴兴海县、乐都县、互助县、平安县、大通县、德令哈市、敦煌石油基地、格尔木、花土沟驻军部队等地，义务为农牧民群众和部队官兵奉献书法作品2100余幅。广大书法家和书法工作者积极投身社会公益事业，救助捐献、奉献社会的自觉行动，有效的凝聚了协会的力量，提升了书协良好的社会形象。

9月，省书协和义海能源有限责任公司承办的第三届义海能源杯全国书画大赛评审工作在西宁举行。省书协副主席陈治元、秘书长郭强参加评审，共评出一等奖10名，二等奖20名，三等奖30名，优秀作品奖60名，展览于年底展出。

7月、10月，省书协分别主办的“黑鬼书法展”、“王云、李万西书法、美术作品展”在青海省博物馆开幕。省委宣传部副部长周贤安、省文联副主席马有义等领导参加开幕仪式并参观展览，省书协秘书长郭强主持开幕仪式。展览展出了3位书法家近期创作的书法、美术作品200余幅。

【美术家协会】

10月，由省美协承办的“青海省第二届写生作品展览”在省博物馆展出。省文联党组书记、主席班果，副主席张民、马有义，西宁市文联主席汪生鲸，西宁画院党委书记田昕及省、市有关单位领导参观展览并给予肯定和好评。展览共收到作品200余件，展出187件，均为近年新作，画种有中国画、油画、粉画、水彩画、钢笔炭笔速写、雕塑习作等，类型有人物、风景、静物等。展览期间，每天有近500人次参观展览，展览整体效果良好。省美协计划今后每两年举办一次，使写生作品展形成固定届展。

6月，省美协主席王利峰、理事苟学臻、会员李万西等一行5人，在省文联副主席马有义带领下，组团取道兰州，经敦煌、冷湖、花土沟、格尔木，行程3000余公里，深入到青海油田基层单位和一线采油作业区，为油田基层干部职工创作美术作品200余幅，丰富了油田职工的业余文化生活，得到了油田广大干部群众的好评。

10月，省美协参加都兰县大枣枸杞品牌宣传活动，组织采风和笔会，为都兰县创作作品20余幅。5～9月期间，组织画家为乐都、互助等地区各族群众创作作品近200幅，丰富了当地群众的精神文化需求，同时，就州县地区美术人才的培养和扶持工作、地方特色美术的保护与发扬等进行了良好交流。

【摄影家协会】

为了纪念中国人民抗日战争胜利65周年，省摄协会同省总工会、省国资委联合举办“承先烈遗志、做新时代工人”企业职工摄影展，共展出各类摄影作品150余幅。展出作品主题鲜明、题材广泛、风格多样，集中代表和反映了全省企业职工摄影创作的整体水平。省委常委、总工会主席穆东升等领导参加开幕式，并对展览给予高度评价。

8月，省摄协和门源县人民政府共同主办“金门源风光摄影大赛”，共收到省内外84名摄影人的1800余幅作品（含组照）。经初选后有1200幅作品进入摄影大赛评选。此次大赛于10月9日进行了评奖，评选出一等奖1名、二等奖2名、三等奖3名、优秀奖20名、入选奖100名。本次金门源风光摄影展于10月下旬在门源县浩门镇和西宁中心广场分别展出，同时进行了颁奖仪式。

7月，甘、青、宁三省摄影联展在甘肃兰州美术馆开幕，青海摄协选送100幅作品参加展出，受到各界人士好评。

7～12月，省摄协主办第三届“中国移动杯”感知青海手机彩信国际摄影大赛。共收到各类摄影作品1000余幅，评选出特等奖1名、一等奖2名、二等奖4名、三等奖6名、佳作奖20名、入选奖320名。获奖作品展在青海省博物馆举行隆重开幕仪式，各移动公司营业大厅巡回展出。

【民间文艺家协会】

6月，在中国民协成立60周年庆典大会上，青海民协被评为“中国民间文学集成工作先进集体”并给予表彰。

8月，由省民协策划，省委宣传部、省社科院等多家单位联合举办的“昆仑文化与西王母神话国际学术论坛暨湟源昆仑文化活动周”在西宁开幕。来自德国、美国等国家的30余名国际著名民间文化研究专家到会，并做了精彩的学术报告，产生了很大影响。

宁夏回族自治区文联

综　述

2010年，宁夏文联认真贯彻执行党的路线、方针、政策，贯彻执行中央和自治区党委政府重大决策、重要工作部署，运用文学艺术作品宣传宁夏经济社会发展和人民群众精神面貌发生的巨大变化，宣传宁夏科学发展、跨越发展、各项事业欣欣向荣的大好局面，通过展演、出版、大赛等工作，创作出了一批思想性、艺术性、观赏性俱佳，深受群众喜爱的优秀作品，推出了一批人才，促进了文艺事业的健康发展，提升了文联工作水平，树立了文联对外形象，增强了文联的凝聚力，扩大了文联的影响力。

2010年是宁夏文联硕果累累的一年，中国曲艺文学奖“牡丹奖”，“中国民间文学集成工作先进集体奖”；宁夏民协10位工作人员及会员获“个人贡献奖”；全国农民画展作品奖和优秀组织奖；中国少数民族曲艺展演作品奖和组织奖；中国舞蹈“荷花奖”、校园舞蹈比赛作品奖和优秀组织奖等各类艺术奖项的获得为宁夏争得了荣誉，对促进文学事业大发展、大繁荣起到了积极地推动作用。

主要活动和工作

【多名文艺家和部门受自治区表彰奖励】

2009年，在自治区文联党组的正确领导下，广大文艺工作者围绕中心、服务大局，开拓进取、无私奉献，大力推动宁夏文艺事业大发展大繁荣，取得了突出成绩，受到自治区有关部门的表彰和奖励。宁夏摄协被自治区党委宣传部评为“庆祝新中国成立60周年活动”先进集体，摄协主席陈长祥被自治区党委宣传部评为2009年度“全区宣传思想文化系统”先进工作者，摄协副主席张春荣、宁夏剧协副主席周仕华、宁夏文联办公室主任刘伟3位同志被自治区党委宣传部评为“庆祝新中国成立60周年活动”先进个人。宁夏剧协副主席王燕被区直机关工委授予区直机关“三八”红旗手荣誉称号。

【宁夏文化系统反腐倡廉书法美术摄影展览】

1月22日，由宁夏党委宣传部主办，自治区文联承办的全区文化系统反腐倡廉书法美术摄影展览在银川市艺术中心展出。自治区党委常委、宣传部长杨春光在开展仪式上做重要讲话。杨春光、张克洪、郑歌平为展览剪彩并参观了展览。

【“百花回报沃土、艺术服务人民——送欢乐到宁煤、送春联进万家”慰问活动】

2月9日，宁夏文联开展了“百花回报沃土、艺术服务人民——送欢乐到宁煤、送春联进万家”慰问活动。自治区文联党组书记、主席郑歌平和来自宁夏书法、美术、摄影、戏剧、音乐、舞蹈等九大艺术门类的作家、艺术家共40人参加了慰问。宁夏文联党组书记、主席郑歌平，副主席、作协副主席、《朔方》杂志总编冯剑华，中国美协理事、自治区美协主席、国家一级美术师宋鸣，中国摄协理事、自治区摄协副主席兼秘书长、国家一级摄影师张春荣等艺术家分别向宁煤集团赠送了书法、美术、摄影作品、宁夏优秀文学作品集、《朔方》杂志。宁夏文联副主席郭刚在活动上致辞。

【正月正——全区老文艺家元宵节联谊会】

2月28日，由宁夏党委宣传部，宁夏文联举办的正月正——全区老文艺家元宵节联谊会，在银川香渔王子酒店举行。自治区宣传文化系统主要负责人，文联主席团及曾杏绯、董小吾、刘正谦、王志洪、张少山等几十位知名老艺术家，10个文艺家协会的代表，共计150余人参加了联谊会。联谊会由文联主席、党组书记郑歌平主持。自治区党委常委、宣传部长杨春光首先代表自治区党委和政府向老艺术家们祝福贺寿！会上，自治区文联主席、党组书记郑歌平还向老艺术家宣读了中共中央总书记胡锦涛，国务院总理温家宝给中国文联“文艺家之家”建成时发来的贺信。联谊会上，洋溢着热烈、喜庆、祥和的节日气氛，老中青文艺工作者还为联谊会表演了精彩的文艺节目。

【学习贯彻胡锦涛总书记重要讲话精神】

3月21～23日，胡锦涛总书记来宁夏自治区视察工作，就深入推进西部大开发、加快经济发展方式转变、保障和改善民生、加强和改进党的建设等工作进行调查研究。按照自治区党委的部署和要求，文联党组及时召开会议学习胡锦涛总书记重要讲话，并就文艺界学习贯彻胡锦涛总书记重要讲话精神做了安排部署。

【宁夏“朝霞工程”——书法之星命名现场会暨培训基地挂牌仪式】

4月2日，宁夏“朝霞工程”——书法之星命名现场会暨培训基地挂牌仪式在吴忠举行。宁夏自治区文联党组书记、主席郑歌平，文联副主席、“朝霞工程”组委会主任郭刚，吴忠市有关领导出席了会议。自治区文联办公室主任刘伟主持了会议。会上，郑歌平给“朝霞工程”书法之星培训基地吴忠市文联授牌；吴忠市委常委、宣传部部长张锋致辞；自治区文联主席、“朝霞工程”组委会主任郭刚做了讲话；吴忠市文联党组书记、主席白少麟就吴忠实施“朝霞工程”9年来的工作做了题为《增强责任意识，培育优秀人才，努力开创“朝霞工程”工作新局面》的汇报；自治区文联组联部副主任、“朝霞工程”组委会办公室主任刘彦宣读了授予百名同学“朝霞工程”书法之星命名的决定。会议在充满书法艺术学习交流的氛围中圆满结束。

【情系玉树，大爱无疆——区文联向灾区人民捐款】

4月14日，青海玉树发生地震后，宁夏文联党组以及机关全体同志纷纷自发捐款，积极向灾区人民伸出援助之手。

【爱心如雨霞满天·花儿故乡朝霞红——宁夏“朝霞工程——花儿小歌手”命名现场会暨培训基地挂牌仪式】

4月21日下午，宁夏“朝霞工程——花儿小歌手”命名现场会暨培训基地挂牌仪式在海原隆重举行。文联副主席、宁夏“朝霞工程”组委会主任郭刚，文联组联部副主任、宁夏“朝霞工程”组委会办公室主任刘彦和中卫市文联、海原县委有关领导，以及被授予“朝霞工程——花儿小歌手”荣誉称号的同学，海原职业中学全体师生参加了会议。会上，文联副主席、宁夏“朝霞工程”组委会主任郭刚同志给“朝霞工程——花儿小歌手”培训基地海原县文联授牌；县委常委、宣传部部长王兴文致辞；自治区文联组联部副主任、“朝霞工程”组委会办公室主任刘彦宣读了授予10名同学“朝霞工程——花儿小歌手”命名的决定。

【宁夏文联召开创先争优活动动员大会】

5月14日，宁夏文联召开“在基层党组织和党员中深入开展创先争优活动”动员会，对创先争优活动进行安排部署。文联党组书记、主席郑歌平出席会议并做动员讲话，文联党组成员、副主席冯明、哈若蕙，党组成员、秘书长马学礼及文联全体党员、干部职工参加了会议。会议由冯明主持。

【宁夏文艺界举行纪念《在延安文艺座谈会上的讲话》发表68周年专题座谈会】

5月23日，由宁夏党委宣传部、宁夏文联举行纪念毛泽东同志《在延安文艺座谈会上的讲话》发表68周年座谈会在银川召开。来自全区的文艺家和各协会代表100多人参加了会议。自治区党委常委、宣传部部长杨春光号召全区文艺工作者重温延安讲话精神，为弘扬时代主旋律、讴歌宁夏跨越式发展的光辉业绩、服务人民群众，创作出更多无愧于时代要求的文艺精品。自治区文联党组书记、主席郑歌平主持了会议。

【“2010清凉宁夏”———宁夏文联专场文艺演出广场上演】

5月23日晚，为纪念毛泽东同志《在延安文艺座谈会上的讲话》发表68年，由宁夏文联精心打造的“2010清凉宁夏”宁夏文联专场广场文艺演出在银川市光明广场举行。来自社会各界的群众2000多人观看了演出。

【机关党委开展“红色教育”活动】

6月12～18日，在宁夏文联党组成员、副主席、机关党委书记冯明的带领下，宁夏文联机关党委组织党支部书记到革命纪念地井冈山、韶山等地开展了“踏访革命圣地，接受红色洗礼”教育活动。

【开展党员志愿者服务到社区活动】

6月29日，宁夏文联机关党委组织美术家、书法家深入银川市银古路街道丽水社区开展送文化进社区活动，以此庆祝建党89周年。艺术家们将创作的书画作品赠送给了丽水社区。

【召开深入实施西部大开发战略大学习活动动员大会】

8月13日，宁夏文联召开深入实施西部大开发战略大学习活动动员大会。会议传达学习了胡锦涛总书记在中共中央政治局第二十二次集体学习时的重要讲话精神、李长春在参观“不负丹青——吴冠中纪念特展”时的重要讲话精神、全区深入实施西部大开发战略动员大会精神和全区宣传文化系统学习贯彻胡锦涛总书记重要讲话精神深入推进文化体制改革工作会议精神，对文联开展深入实施西部大开发战略大学习活动和开展向吴冠中同志学习活动进行了安排部署。自治区文联党组书记、主席郑歌平主持会议并做动员讲话，机关全体干部职工参加了会议。

【曾杏绯“百岁荣寿”暨作品展览举办】

10月20日，由宁夏党委宣传部，宁夏文联主办的授予曾杏绯“杰出回族女画家”称号仪式暨“百岁荣寿”作品展在宁夏博物馆开展。来自社会各界人士近千余人齐聚宁夏博物馆，祝贺自治区国画大师曾杏绯先生的“百岁荣寿”作品展出。宁夏文联党组书记、主席郑歌平主持了开幕式。开幕式上，自治区党委常委宣传部部长杨春光致贺词，并代表党委、政府授予曾杏绯“杰出回族女画家”称号。社会各界近千余人参加了开幕仪式并参观了展览，展览展出了曾老创作的80余幅中国画作品。此次活动在宁夏引起极大地社会反响。

【组织全区文艺家认真学习李长春参观“不负丹青——吴冠中纪念特展”时的重要讲话】

宁夏文联组织各协会驻会人员，对李长春参观“不负丹青——吴冠中纪念特展”时的重要讲话进行了认真学习，并将学习讲话列入中心组学习内容。

【宁夏文联获首届“中国农民艺术节·第一届全国乡村歌手大赛”组织奖】

11月15～22日，由文化部、中国文联、云南省人民政府联合举办的第二届“中国·福保乡村文化艺术节”首届“中国农民艺术节·第一届全国乡村歌手大赛”在昆明福保文化城露天广场隆重开幕。宁夏固原的农民歌手张国辽、泾源县回族歌手温彩云、银川市回族歌手马依黑牙代表宁夏文联参加了本次大赛，最终均获得优秀歌手演员奖。宁夏文联荣获了优秀组织奖。

【8个文艺家协会圆满完成换届工作】

11月15～26日，在宁夏党委宣传部和宁夏文联党组的领导下，文联所属的摄影、民间文艺、曲艺杂技、书法、美术、戏剧、舞蹈和电影电视8个文艺家协会会员代表大会先后在银川胜利召开。这次各协会代表大会是在自治区党委领导全区深入开展西部大开发大讨论活动，制定经济社会发展“十二五”规划的背景下举行的。各协会认真贯彻落实党的十七届五中全会和自治区党委第十次全会精神，回顾总结6年来各协会取得的工作成绩，制定了新的文艺发展规划和奋斗目标，修改了协会章程，选举产生了协会新一届领导班子。为开好此次协会会员代表大会，自治区党委宣传部高度重视，杨春光多次听取文联班子对会议筹备工作进展情况的汇报，并召开部务会研究、协调文联各协会换届工作，为文联协会换届工作的顺利进行提供了有力的组织保障。

【召开党组中心组学习（扩大）会议，学习贯彻张毅书记调研中央驻宁主要新闻单位和区直宣传文化系统时的重要讲话精神】

12月2日，宁夏文联召开党组中心组学习（扩大）会议，传达贯彻自治区党委十届十一次全会精神、张毅书记在全会上的重要讲话精神以及张毅书记调研中央驻宁主要新闻单位和区直宣传文化系统时的重要讲话精神，对文联贯彻落实讲话精神进行了安排部署。自治区文联党组班子成员、驻会副主席出席会议，文联副处级以上干部参加会议，文联党组书记、主席郑歌平主持会议，并就贯彻落实全会精神和讲话精神提出要求。

【党组召开2010年度领导班子党员领导干部民主生活会】

12月16日，宁夏文联党组召开了以“贯彻落实《党员领导干部廉洁从政若干准则》切实加强领导干部作风建设”为主题的民主生活会。文联党组书记、主席郑歌平主持会议，文联部、室、协会负责人列席了会议。

【组织艺术家参加全区2011年度文化科技卫生“三下乡”活动】

12月26日，2011年度文化科技卫生“三下乡”活动启动仪式在永宁县李俊镇举行。宁夏党委常委、宣传部部长杨春光及文化、科技、卫生各厅局的负责人出席了启动仪式。由宁夏文联副主席哈若蕙带队的宁夏文联书法家与摄影家也参加了“三下乡”的系列活动。此次活动受到群众的热烈欢迎。

各文艺家协会

【美术家协会】

9月7～11日，中国美协组联工作会议在宁夏银川召开。中国文联党组成员、书记处书记、副主席、中国美协副主席冯远，中国美协分党组书记、常务副主席吴长江，中国美协分党组成员、秘书长刘健，宁夏党委宣传部副巡视员李苓，宁夏文联党组书记、主席郑歌平，副主席冯明出席了会议。宁夏文联党组书记、主席郑歌平在开幕式上致辞。全国33个省、区、市、新疆建设兵团及解放军代表参加了会议。中国美协组联部主任马新林主持了会议。中国文联副主席冯远在会议上做了重要讲话。

10月，“情系六盘”全国著名版画家六盘行采风、创作、展出、研讨活动在宁夏固原市举行。来自全国著名版画家广军、宋源文、代大权等七位版画家和宁夏十余名版画家参加了活动。

11月23日，宁夏美协第六次会员代表大会于银川召开。来自宁夏各地、市、县、画院、美术院校及社会各界的代表共80余人参加了会议。自治区文联主席、书记郑歌平，副主席冯明、郭刚，秘书长马学礼，文联副主席、美协名誉主席沈德志，美协名誉主席张少山等出席了会议。与会代表们讨论并通过了宋鸣所做的工作报告和修改后的《宁夏美术家协会章程》，并选举产生了宁夏美协第六届理事会。

【摄影家协会】

3月6日，由宁夏摄协和上海图书馆联合主办的西部畅想曲摄影展（宁夏篇）在山东济南图书馆隆重展出。山东摄协驻会副主席田凤仙及部分山东摄影家观看了展览。

4月24日，宁夏摄协举办的2010年摄影观摩交流活动在工会大厦会议室举行。著名摄影家刘书义和石永亭专程从北京赶来参加了活动。

7月19～22日，第二届宁夏国际文化艺术旅游博览会在银川开幕。由区文联、区摄协承办的“中国城市巡礼”摄影展是综合展览的重要组成部分。展出吸引了来自国内外嘉宾和全区摄影家、摄影爱好者及群众万余人观展，展览赢得了社会各界广泛的认可和好评，为进一步繁荣我区的文化艺术，加强城市之间的文化交流和推动区域性城市合作与发展起到了积极的作用。此外，文博会期间，由宁夏文史馆、宁夏摄协承办的宁夏——文莱摄影交流展同时展出，自治区领导和文莱代表团嘉宾等兴致勃勃地观看了展览。

11月15日，宁夏摄协第六次会员代表大会于银川召开。来自社会各界的代表共80余人参加了会议。与会代表们讨论并通过了工作报告和修改后的《宁夏摄影家协会章程》，并选举产生了陈长祥主席，马俊杰、吴建新、张治军、张春荣、杨宏峰、苏保伟、徐胜凯、詹安稳副主席，李树岩、强继周为主席团委员的新一届主席团。

【书法家协会】

2009年11月，经过中国书协紧张的评选，第三届中国书法兰亭奖各奖项产生，宁夏取得了历史最好成绩。宁夏书协因组织得力，会员参与比例高、作品入展率高而获得“书法稿件组织奖”，在艺术奖评选中，宁夏总投稿件数为92件，共8人入展，入展率为8.7%，其中4人获提名奖，获奖率为50%，入展人数超过了前两届之和，实现了3个突破：一是宁夏书协获得了兰亭奖书法稿件组织奖；二是在入展人数上有了突破；三是在艺术奖上实现了突破。这一成绩使宁夏书法界备受鼓舞，扩大了宁夏书法的影响力，提升了我区书法艺术的整体水平，为宁夏书法推出精品、推出人才，弘扬传统文化起到了重要作用。

1月21日，宁夏书协、银川河东机场联合举办了“中国书法家进万家”——走进河东机场送祝福大型活动。宁夏书协15位书法家来到银川河东机场为机场员工和旅客送祝福、送春联，现场书写了数百幅春联送到了旅客和机场员工手中，也送上了书法家们的新春祝福。

中国书协“中国书法进万家活动总结大会”上，由宁夏书协申报的固原市书协和李洪义、尹文博、刘银安3人分获“2009年中国书法进万家活动先进基层单位和先进个人”称号。活动取得了丰硕成果，赢得了社会各界的普遍赞誉，并连续多年受到中国书协的表彰。在中国书协的统一部署下，宁夏书协积极响应、精心组织，坚持贴近实际、贴近生活、贴近群众，结合宁夏实际，组织发动各市书协开展了形式多样、丰富多彩的书法进万家活动。

4月24日，自治区书协首次举办的书法临摹沙龙——草书沙龙在区文联举行。来自全区各地的书协会员及书法爱好者100多人参加了活动。宁夏书协副主席兼秘书长李洪义主持了草书沙龙，并通报了中国书协本年度书法活动安排。中国书协副主席、宁夏书协主席吴善璋到会并作重要讲话。

7月30日，在第83个建军节到来之际，为响应中国书协“中国书法家进万家”活动号召，表达书法家对武警官兵的敬仰和慰问之情，由自治区文联党组成员、副主席冯明，中国书协副主席、宁夏文联副主席、宁夏书协主席吴善璋带队，18位书法家组成的慰问团到武警宁夏总队直属支队进行慰问。宁夏书协向武警官兵赠送了自治区文联党组书记、主席郑歌平的书法作品。活动在书法家热情挥毫中达到高潮，书法家们既展示了自己的书法艺术，又表达了自己对部队官兵真挚的感情。

11月22日，宁夏书协第六次会员代表大会于银川召开。来自社会各界的代表共80余人参加了会议。与会代表们讨论并通过了工作报告和修改后的《宁夏书法家协会章程》，并选举产生了郑歌平主席，李洪义、丁波、乔华、朱建设、俞学军、唐宏雄、郭佳荣、黄朝克、傅宁、魏沁副主席，马洪春、关宁国、刘志骋、刘银安、陈国鸿、范彦奎、康国平为主席团委员，宋琰为秘书长的新一届主席团。

【作家协会】

5月8～14日，宁夏作家代表团访问江苏并与江苏的作家就两省（区）的文学创作状况进行了广泛的交流和探讨。座谈会上，宁夏作协常务副主席余光慧与江苏省作协党组书记、主席范小青同时表达了对中国作协东西部文学交流提议的感谢，希望加强两省区间的文学合作与支持，增进两地作家间的交流与友谊。

由宁夏作协、宁夏国家税务局、宁夏地方税务局联合举办的“我与个税”和“身边的税收”征文活动圆满结束。经由宁夏作协与宁夏国税、地税共同组成的专家评委会认真审评，共评选出34件获奖作品，其中一等奖2名，二等奖4名，三等奖8名，优秀奖20名。

11月23日上午，自治区作协向北方民族大学捐赠图书仪式在该校图书馆隆重举行。自治区作协副主席余光慧，北方民族大学副校长赵杰以及爱好文学的学生参加了赠书仪式并举行了座谈会。捐书仪式由赵杰主持。余光慧代表自治区作协向北方民族大学捐赠了由自治区党委宣传部、自治区文联、自治区作协联合策划出版的宁夏作家作品集以及宁夏青年作家文学作品精选集等文学图书共计60余册。

由宁夏作协、中卫市作协、宁夏楚雄建设集团联合举办的“关爱在楚雄、美在水稍子”文学作品征文大赛落下帷幕。经过评审委员会的评审，100余篇参赛作品中9篇作品获等次奖、20篇作品获优秀奖，段怀颖的报告文学《在中流击水》获一等奖，赵炳鑫、三叶草、吕正华的作品获二等奖，李慧英、闫宏伟、杨万夫、张九鹏的作品获三等奖。

【曲艺家协会】

为深入贯彻李长春在参观“不负丹青——吴冠中纪念特展”时的重要讲话精神，由自治区文联、自治区曲协组织曲艺家下基层——走进神华宁煤集团清水营煤矿慰问演出，丰富了煤矿工人的业余文化生活。8月13日下午，由中国曲协副主席、自治区文联副主席、宁夏曲协主席郭刚带队，银川艺术剧院、银川说唱团、银川杂技团、石嘴山市文化馆等单位30位艺术家组成的慰问团来到神华宁煤集团清水营煤矿慰问，受到了煤矿领导和矿工们的热烈欢迎。

由自治区文联副主席、宁夏曲协主席、著名曲艺家郭刚创作并播出的长篇评书《话说马鸿逵》在第六届中国曲艺牡丹奖评奖中，荣获“第六届中国曲艺牡丹奖文学奖”。

12月15日，由中国曲协与宁夏文联共同举办的“郭刚获奖作品研讨会”在银川举行。中国曲协党组成员、秘书长刁惠香主持了研讨会。宁夏文联党组书记、主席郑歌平在研讨会上致辞。中国文联副主席、中国曲协主席刘兰芳，中国文联机关服务中心主任张显，中国曲协分党组副书记黄启君，宁夏区党委宣传部副部长尤艳茹及国内知名曲艺家、曲艺理论家等70余人参加了研讨会。会上对郭刚获得中国曲艺牡丹奖文学奖的长篇历史评书《话说马鸿逵》进行了品评研讨。

11月21日，宁夏曲协第五次会员代表大会在银川召开。来自社会各界的代表参加了会议。与会代表们讨论并通过了工作报告和修改后的《宁夏曲艺杂技家协会章程》，并选举产生了徐明智主席，张国跃、张爽、李德栓、姚新宁、赵杰、郝卫东副主席，马涛、李国强、李建信为主席团委员，唐志刚为秘书长的新一届主席团。

【民间文艺家协会】

8月5日上午，由中国民协、自治区党委宣传部和自治区文联共同主办的“全国农民画展”举行了隆重的开幕式。自治区党委常委、宣传部部长杨春光，自治区政协副主席安纯人、中国民协副主席、自治区文史馆馆长杨继国、中国民协副秘书长赵铁信、吕军、自治区文联党组书记、主席郑歌平以及中国民协、部分省区市民协的嘉宾和农民画艺术家代表等出席了开幕式。自治区文联副主席冯明主持了开幕式。中国民协赵铁信代表中国民协向“全国农民画展”在银川举行表示祝贺。自治区党委常委、宣传部部长杨春光在开幕式上讲话。此次全国农民画展共展出来自全国20多个省（区、市）的160多幅作品。

11月16日，宁夏民间文艺家协会第五次会员代表大会在银川召开。来自社会各界的代表参加了会议。与会代表们讨论并通过了工作报告和修改后的《宁夏民间文艺家协会章程》，并选举产生了杨继国主席，王根明、伏兆娥、刘伟、何克俭、李世峰、杨永圣、屈文焜、武宇林副主席，丁淑萍、李方、赵凯升、韩星明为主席团委员，陆阁丽为秘书长的新一届主席团。

【舞蹈家协会】

中国舞协成立60周年纪念大会在北京人民大会堂召开。出席大会的有全国政协副主席、中国文联主席孙家正，中国文联党组书记、副主席胡振民，中国文联书记处书记、秘书长廖奔和中宣部文艺局局长、总政治部文化部副部长、文化部、新闻出版署等有关部委领导。宁夏舞协名誉主席秦绥武、主席马学礼分别被授予“卓越贡献舞蹈家”和“突出贡献舞蹈家”称号。

7月21～27日，由中国文联、青岛市人民政府、中国舞协主办的第七届中国舞蹈“荷花奖”校园舞蹈大赛在山东青岛举办。宁夏舞协选送的舞蹈《口弦声声》，编导石峰、王玉梅、严惠荣获艺术院校组十佳作品奖；舞蹈《青春哆来咪》编导陈丽文、张伟荣获普通院校组十佳作品奖。宁夏舞协荣获优秀组织奖。

8月8日，由自治区党委宣传部、区文联、区教育厅、区文化厅，宁夏广播电视总台，宁夏舞协联合举办的第九届全区少儿舞蹈“希望杯”决赛颁奖晚会在宁夏银川举行。自治区政协副主席安纯人，自治区党委宣传部副部长尤艳茹，宁夏文联党组书记、主席郑歌平，等领导出席了颁奖晚会并为获奖单位和个人颁发了奖牌和证书。

10月13～15日，由中国舞协、自治区党委宣传部、宁夏文联主办，宁夏舞协承办的“2010中国·宁夏第二届回族舞蹈展演”在宁夏银川举行，活动得到了中国舞协和兄弟省、区、市的大力支持和积极响应。自治区人大常委会副主任冯炯华，自治区政协副主席张乐琴，中国文联副主席、中国舞协主席白淑湘，中国舞协分党组书记、副主席冯双白，自治区党委宣传部副部长李克强，自治区文联党组书记、主席郑歌平等领导出席颁奖晚会，并为获奖单位和个人颁发了奖牌和证书。中国舞协分党组书记、副主席冯双白在闭幕式上致辞，中国文联副主席、中国舞协主席白淑湘宣布本届回族舞蹈展演闭幕，自治区文联副主席郭刚主持了闭幕式，来自全区1500多名观众观看了颁奖节目演出。

12月1日，中国舞协第九次代表大会在北京胜利召开。来自全国220余名舞蹈工作者代表参加会议。经自治区党委宣传部、宁夏文联党组审查通过，宁夏文联秘书长、舞协主席马学礼，副主席冯雅丽、张伟、张涛代表全区舞蹈工作者参加此次会议。大会开幕式由中国舞协第八届副主席李毓珊主持，主席白淑湘致开幕词，中共中央政治局委员、中央书记处书记、中宣部部长刘云山在开幕式上做了重要讲话。

11月25日，宁夏舞协第六次会员代表大会在银川召开。来自社会各界的代表参加了会议。与会代表们讨论并通过了工作报告和修改后的《宁夏舞蹈家协会章程》，并选举产生了马学礼主席，王玉梅、兰玲、冯雅丽、刘庄、吴建军、张伟、张涛、陈丽云、图娅、戴秀卿副主席，马永实、李琼、姚军、秦帅为主席团委员，石峰为秘书长的新一届主席团。

【戏剧家协会】

8月18日，宁夏剧协在银川举办“小戏剧创作研讨会”。特邀中国剧协分党组成员、副秘书长周光、中国《剧本》杂志编辑部副主任李小青出席，宁夏文联有关部室负责人、宁夏剧协主席团成员及全区戏剧创作者60多人参加了研讨会。本次研讨会，必将有力地推动宁夏小戏小品的创作。

11月24日，宁夏剧协第六次会员代表大会在银川召开。来自社会各界的代表参加了会议。与会代表们讨论并通过了工作报告和修改后的《宁夏戏剧家协会章程》，并选举产生了柳萍主席，丁跃、王燕、王景旗、王耀先、石小元、刘京、肖强、李丽娟、杨建国、殷小晶、庾君、褚忠强副主席的新一届主席团。

【音乐家协会】

12月17日，中国音协第七次全国代表大会在北京闭幕。宁夏音协主席何继英，副主席吉千、程牧、范晋国参加了此次大会。何继英、程牧当选为中国音协第七次全国代表大会理事。宁夏音协制作的成果展板，得到了全国各省区与会人员的一致好评和认可，受到了大家的关注。

【电影电视家协会】

11月26日，宁夏影协第四次会员代表大会在银川召开。来自社会各界的代表参加了会议。与会代表们讨论并通过了工作报告和修改后的《宁夏电影电视家协会章程》，并选举产生了杨洪涛主席，代晓宁、平吉文、刘宏、李海荣、杨东风、洪宇宙副主席，尤峰、王漫曦、张泉慧、杨洪巍、韩香安为主席团委员的新一届主席团。

新疆维吾尔自治区文联

综　述

2010年5月，中央召开了新疆工作座谈会。这是一次非常重要的会议。会议按照科学发展观的要求和现代化建设的总体要求，提出要实现新疆政治、经济、文化等各个方面的跨越式发展，实现新疆的长治久安。随即，自治区党委召开了七届九次全委（扩大）会议，就落实中央新疆座谈会精神做了具体部署，明确了新疆实现跨越式发展和长治久安的目标任务、指导思想、总体战略方向选择和必须着重把握的原则。自治区文联为贯彻落实中央新疆座谈会和自治区党委扩大会议精神，要求文联机关、各文艺家协会、各团体会员单位认真制定2010年的规划，切实贯彻、落实上述两个会议精神，为加快新疆文艺事业的大发展、大繁荣作出贡献。2010年，自治区文联的工作就是以“高举旗帜、围绕大局、服务人民、改革创新”为主线，紧紧围绕这个中心展开，各项工作均取得了可喜的成绩，为新疆的文化建设作出了应有的贡献。

重要会议及活动

【学习贯彻中央领导同志的重要指示和重要讲话精神】

1月，“中国文艺家之家”投入使用，胡锦涛总书记、温家宝总理分别发来贺信，对“中国文艺家之家”的建成表示热烈祝贺，李长春、刘云山、刘延东等中央领导同志也亲临“中国文艺家之家”视察、指导工作，传达胡锦涛总书记、温家宝总理的重要指示，并分别发表重要讲话。根据中国文联内部明电通知精神，2月21、22日，自治区文联分别召开党组（扩大）会和全体干部职工大会，传达了胡锦涛、温家宝的贺信和李长春、刘云山、刘延东的讲话。22日下午、23日，按不同部门分组进行了学习讨论。大家一致认为，胡锦涛总书记、温家宝总理的贺信及中央其他领导同志的讲话，充分体现了党中央对文艺工作和文联工作的高度重视，对文艺工作者的亲切关怀和殷切期待，为我们进一步做好当前文艺工作指明了前进方向。讨论中，大家还就新疆目前多民族文艺事业发展中存在的问题，自治区文联在发挥联络、协调、服务职能过程中一些不完善的方面，以及自身面临某些亟待解决的问题提出了建设性的意见。

【自治区文联六届十次全委（扩大）会议】

3月12～13日，自治区文联六届十次全委（扩大）会议在乌鲁木齐市昆仑宾馆召开。这次会议的任务是：深入学习贯彻党的十七大及其历次全会精神，深入学习贯彻今年的全国“两会”精神，深入学习贯彻中国文联八届五次全委会和自治区宣传部长会议精神，在科学发展观的指引下，回顾总结2009年的工作，分析认识当前的形势，安排部署2010年的任务，做好思想上的“务虚”和行动上的“预热”，振奋精神，迎接新疆的大建设、大开放、大发展。自治区文联副主席、党组书记刘宾在会上做了工作报告，自治区党委宣传部副部长施生田代表自治区党委宣传部到会表示热烈祝贺，并发表重要讲话。会议期间，与会代表还根据《中国文联关于认真学习贯彻中央领导同志重要指示和重要讲话精神的通知》，学习了胡锦涛总书记、温家宝总理对“中国文艺家之家”建成的贺信，以及李长春、刘云山、刘延东等领导同志视察“中国文艺家之家”时的重要讲话。

【张春贤会见中国美协赴新疆主题写生活动】

6月、8月，中国美协分两次组织70余位画家赴新疆进行“放飞心灵·阳光新疆”主题写生活动。自治区党委书记张春贤于6月2日晚会见了由中国文联党组成员、副主席冯远率领的写生团全体成员。张春贤说："中国美协来疆写生团是中央新疆工作座谈会后第一批来新疆采风的艺术团队，是贯彻落实中央部署实现新疆跨越式发展和长治久安的发展战略精神，支持新疆发展的具体体现，是对新疆文化建设最有力的支持。莽莽昆仑，天山南北，各民族纯朴豪迈的民风，古代丝绸之路璀璨丰厚的文明遗存，激发了美术家们的创作热情。他们在这片充满阳光的土地上，以饱蘸激情的画笔展示了今日新疆的崭新面貌，表达了更加珍惜民族团结和睦的心愿，为实现新疆跨越式发展和长治久安贡献了一份力量。"为使这次主题写生活动顺利开展，新疆美协在线路设计、安全和食宿等各方面均提供了周到、细致的服务，并邀请了中国美协顾问、著名维吾尔族画家哈孜·艾买提先生给画家们讲述进入民族聚居区时写生应注意的事项。新疆美协主席邓维东带领新疆的10位画家陪同来自全国各地的70多名画家赴南北疆各地及帕米尔高原实地写生。

【金炳华到新疆作协和《西部》杂志考察】

8月10日，全国人大常委会委员、全国人大教科文卫委员会副主任、中国作协副主席、中央第六地方巡视组组长金炳华来到新疆作协和《西部》杂志社进行考察。金炳华感谢新疆文联、新疆作协对他在中国作协工作期间的帮助和支持。他说，新疆作协与东部地区作协相比，条件艰苦，困难较多，但大家的工作劲头都很高，事业心都很强，作家们在非常艰苦的条件下努力创作，这使他很受教育和感染。他对改版后的《西部》杂志给予了较高的评价，勉励杂志社的编辑人员继续努力，力争把《西部》办得更好。自治区文联领导刘宾、艾坦木·玉赛因及新疆作协、《西部》杂志的负责人参加了会见。

【第三届阿肯阿依特斯大会】

6月16～18日，由自治区人民政府主办，自治区文联、新疆民协承办的"新疆维吾尔自治区第三届阿肯阿依特斯大会"在新疆艺术剧院举行。来自全疆的10支代表队52位哈萨克族阿肯选手和民间歌手齐聚一堂，参加这一规模空前的民族民间文化艺术活动。自治区党委副书记、自治区主席努尔·白克力，自治区政协主席艾斯海提·克里木拜，自治区党委常委、宣传部部长李屹，自治区人大常委会副主任阿勒布斯拜·拉合木，自治区人大常委会副主任乔吉甫等出席了开幕式。自治区副主席铁力瓦尔迪·阿不都热西提主持了开幕式。努尔·白克力主席代表自治区党委、政府向大会表示热烈祝贺，向来自全疆各地的阿肯和各位来宾致以亲切慰问，并给库尔曼别克、贾玛丽汗、布布玛丽、孜亚特等多年来在阿依特斯这一优秀民间文艺事业上作出卓越贡献的4位阿肯颁发了终身成就奖。

【新疆作家翻译家座谈会暨全国多民族作家看新疆启动仪式】

7月18日，由中国作协《民族文学》杂志社、新疆文联、新疆作协主办，中国少数民族作家学会协办的"新疆作家翻译家座谈会暨全国多民族作家看新疆启动仪式"在乌鲁木齐举行。全国人大常委会副委员长司马义·铁力瓦尔地，全国人大常委会原副委员长铁木尔·达瓦买提，自治区人民政府主席努尔·白克力，中国作协党组成员、副主席、书记处书记何建明，中国少数民族作家学会名誉会长、著名蒙古族作家玛拉沁夫等领导出席了会议。座谈会由新疆作协主席阿扎提·苏里坦、《民族文学》主编叶梅主持，司马义·铁力瓦尔地、何建明分别致辞，努尔·白克力向参加"全国多民族作家看新疆"活动的全国多民族作家授旗。由20余位著名作家翻译家组成的采风团将先后前往伊犁、阿勒泰等地采风考察，亲身感受新疆多民族文化绚烂多姿的独特魅力。

【纪念诗人铁依甫江·艾力尤夫诞辰80周年座谈会】

12月20日，由中国作协、自治区党委宣传部、自治区文联主办，新疆作协承办的"纪念著名诗人铁依甫江·艾力尤夫诞辰80周年座谈会"在新疆人民大会堂召开。司马义·铁力瓦尔地、阿不来提·阿不都热西提、司马义·艾买提、铁木尔·达瓦买提等领导同志给座谈会发来贺电，自治区党委书记张春贤出席座谈会并讲话。自治区党委副书记、自治区主席努尔·白克力，自治区党委常委、宣传部长李屹出席了座谈会。座谈会由新疆作协主席阿扎提·苏里坦主持，各民族作家、诗人、评论家、学者以及诗歌爱好者近百人参加了会议，多位专家在会上做了专题发言。

张春贤在讲话中代表自治区党委、政府和新疆各族人民，向已故著名维吾尔族诗人铁依甫江·艾力尤夫表示崇高的敬意，并对其家属致以亲切的问候。张春贤说，铁依甫江·艾力尤夫是当代维吾尔族杰出诗人，是一位毕生为祖国和人民歌唱的文学艺术家，他一生创作了大量思想深刻、感情充沛、艺术感染力强的优秀诗篇。铁依甫江·艾力尤夫是一位具有社会良知和人格魅力的当代诗人，他牢记一个艺术家的神圣使命，善于从火热的现实生活中汲取营养，激发灵感，讴歌真善美，鞭笞假恶丑，鼓舞人们奋发进取。他在诗歌创作上具有很高的艺术造诣，其作品不仅是当代维吾尔诗歌艺术的典范，同时也是中华文学宝库的奇葩。铁依甫江·艾力尤夫不只属于维吾尔族，更属于伟大祖国，他的品格永远值得我们怀念，他的传世佳作是弥足珍贵的精神财富。在座谈会上，新疆师范大学语言学院的教师与学生们分别用维吾尔语和汉语朗诵了铁依甫江·艾力尤夫的著名诗歌《祖国，我生命的土壤》，表达了对诗人崇高的敬意和无限的怀念。

【《中国民间文学集成·新疆卷》工作总结表彰活动】

7月18日，由自治区党委宣传部、自治区文联联合主办的《中国民间文学集成·新疆卷》首发式暨总结表彰活动在乌鲁木齐市举行。原中国文联主席周巍峙，自治区党委常委、宣传部部长李屹，自治区副主席铁力瓦尔迪·阿不都热西提，中国民协、自治区党委宣传部、自治区文联的负责同志罗杨、施生田、刘宾、艾坦木·玉赛因等，以及来自全国各省区市的民协代表和全疆各地民间文艺工作者出席了表彰大会。民间文学集成编纂是国家重点科研项目，是建设社会主义精神文明的一项浩大工程，是由几代民间文艺工作者历时20余载，呕心沥血，不为名利，深入全疆各地对自治区民间文艺资源进行了全面的普查、搜集、整理，从最初搜集整理原始资料到形成近400部县卷资料本，再从其中遴选出21卷民文卷本，最终形成了3卷5部的《中国谚语集成·新疆卷》、《中国民间故事集成·新疆卷》、《中国歌谣集成·新疆卷》。总结会上，自治区党委常委、宣传部长李屹高度赞扬和肯定了新疆民间文学集成工作的突出成绩和这项工作对人类文化建设的重大意义，以及推进新疆民族文化事业发展重要作用。自治区党委宣传部还做出《关于授予周巍峙同志新疆民间文学集成特殊贡献奖的决定》，李屹为周巍峙颁发了证书、奖牌；自治区副主席铁力瓦尔迪·阿不都热西提同志将一套维吾尔族袷袢、花帽和周巍峙的雕像献给了周巍峙，表达了新疆各族人民对周巍峙多年来对新疆民间文学倾注的关怀和支持。

【新疆文联系统管理干部培训班】

9月12～18日，为响应中央新疆工作座谈会精神，中国文联与自治区文联联合举办了“新疆文联系统管理干部培训班”。全疆各地州市县文联负责人或宣传部分管文艺工作的同志、自治区文联部分业务骨干100余人参加了培训。中国文联党组成员、副主席廖奔，文艺理论研究室主任董耀鹏，文艺学校校长赵文民等来疆具体指导办班事宜；自治区文联党组书记刘宾等领导对培训班全程各项事宜做了精心周到地安排。来自北京和自治区的10余位知名专家学者，凭借各自的学科专长，结合中央新疆座谈会的精神、国际国内经济文化发展形势和新疆在我国现代化进程中战略地位提升的时代背景，以丰富的实践认知和晓畅的理论阐释，深入浅出地讲解了当前的世情、国情和区情，使学员们大开眼界，提高了认知水平。

【第二届中国西部书法篆刻展】

6月11日，由中国书协、自治区党委宣传部、自治区文联联合主办，新疆书协、新疆移动通讯集团有限公司协办的“第二届中国西部书法篆刻展”在乌鲁木齐新疆国际博览中心举行。此次展览共收到西部各省（区）作者来稿7000余件，评出入展作品352件，其中新疆作者入展作品47件。

【首届新疆蒙古族托布秀尔邀请赛】

7月12日，由自治区文联主办，新疆民协、和布克赛尔蒙古自治县政府承办的“首届新疆蒙古族托布秀尔邀请赛”在和布克赛尔举行。来自全疆16个县市的35名蒙古族托布秀尔民间演奏艺人参加了比赛，将世代传承下来的民族文化展示给了人们。托布秀尔是新疆卫拉特蒙古族特有的乐器之一，除了为民歌、舞蹈伴奏以外，还是独奏共赏的乐器，可以用来伴奏史诗《江格尔》

和说唱长诗。

【浙江省文联代表团来自治区文联调研】

7月26日，由浙江省文联副主席林晓峰率领的浙江省文联代表团一行7人来自治区文联调研。自治区文联主要领导刘宾、艾坦木·玉赛因及相关处室负责人参加了调研座谈。

机关建设

【人事变动】

9月16日，自治区党委任命黄永军为自治区文联党组成员、书记；免去刘宾党组书记、成员职务。黄永军此前曾任自治区文化厅党组成员、副厅长（正厅级）。

【开展“热爱伟大祖国，建设美好家园”主题教育活动】

6月29日，自治区文联召开“热爱伟大祖国，建设美好家园”主题教育活动动员大会。动员大会由艾坦木·玉赛因主席主持，党组书记刘宾传达了自治区党委书记张春贤、自治区主席努尔·白克力在新疆“热爱伟大祖国，建设美好家园”主题教育活动电视电话会议上的讲话，并对自治区文联开展此项活动做了动员讲话。他指出，这次主题教育活动是面向全区各族干部群众开展的普遍性教育活动，文联机关各处室、各文艺家协会、各杂志社都要积极投入到这项活动中去，要按照自治区党委的整体部署，紧密结合文联的实际，开展好此次为期两年半的主题教育活动，不仅要开展好本部门的自我教育，还要负担起更多的宣传责任，利用文艺的宣传力量认真完成教育广大群众的任务。通过主题教育活动，进一步增进各族文艺工作者对伟大祖国、对中华民族、对中华文化和中国特色社会主义道路的认同，充分发挥文艺事业在推动实现新疆跨越式发展和长治久安中的重要作用。

【开展党风廉政月活动】

7月是自治区第12个党风廉政月，根据自治区党委的要求，自治区文联党组紧密结合单位实际，认真开展了党风廉政月活动。由于各级领导重视，各党支部学习认真，并对照《廉政准则》自查自纠，使活动既轰轰烈烈又扎扎实实，收到了较好的效果。

【基层文联调研】

4月下旬，为响应中央号召，加快自治区基层文联建设，迎接新疆实现跨越式发展，文联党组派出由党组成员罗迎福带领的调研组，赴昌吉、石河子、克拉玛依、塔城、博尔塔拉等地州市文联及所属县市文联，就当地文联的组织机构和工作状况进行了较为深入地调研。调研结束后，针对各基层文联创造性的工作、丰富的经验及存在的问题，起草了《北疆五地州市及基层文联组织建设和工作情况的调查报告》，并在此基础上撰写了《关于加强全区基层文联建设的指导意见》和《关于加强全区基层文联建设的指导意见》的文件。经文联党组认真讨论后报送上级领导机关，以期总体部署，切实有效地推动自治区基层文联的建设。

【下派干部深入社区做维稳共建】

5月24日，文联选派2名干部赴乌鲁木齐市扬子江路十月社区挂职，协助社区做好共建工作。6月22日，根据自治区党委组织部的要求，文联又选派3名干部深入到天山区碱泉街道社区，推进“四知四清四掌握”工作机制，做好维稳共建工作。

【老干部工作】

2010年，自治区文联老干部处根据上级有关部门和文联党组的要求，开展了多项活动。如春节前夕，分别对老干部困难户、孤寡户、空巢户、长病户进行了慰问。5月26日，在自治区第28个民族团结教育月中，召开“爱我伟大中华，建设美好新疆”离退休老干部座谈会，讲团结，讲稳定，讲“三个离不开”，讲“四个认同”，使“民族团结是生命线”的观念更加深入人心。6月9日，组织了老干部艺术家小分队前往克拉玛依，进行石油文化发展变化采风活动。这些活动，不但把党的关怀及时送到老干部身边，同时对于老干部了解国内外、区内外形势，充分发挥余热，起到了积极地促进作用。

【开展向玉树地震灾区和“幸福工程捐款”活动】

青海玉树发生强烈地震后，根据自治区文联的统一安排，各部门干部职工及离退休老干部迅速行动起来，开展向灾区捐款活动，共募集资金43000余元。5月9日“母亲节”期间，文联积极响应自治区人民政府开展“母亲节暨幸福工程救助贫困母亲活动日”资金募集活动，共捐款6800余元，以用于救助计划生育贫困母亲。

各文艺家协会

【作家协会】

3月17日，举办了为期10天的“新疆第二届翻译培训班”，维吾尔、汉、哈萨克、回、柯尔克孜、蒙古、锡伯等7个民族的学员参加，培训班主要是以民译汉为主，采取了由专家讲座与翻译实践相结合的方式，取得了良好的效果。

5月9日，根据中国作协关于加强东西部地区文学交流的有关精神，同时也是对党的十七届五中全会提出的“推动文化大发展”精神的响应，“携手并肩开创文学新局面——上海作协与新疆作协结对子”活动正式启动。新疆作家代表团一行12人赴上海参观了世博会，考察了上海经济社会发展的重大项目。座谈会上，新疆作家代表团介绍了新疆改革开放30年来文学创作的发展历程、少数民族文学翻译和双语创作现状、新疆青年作家创作状况等；上海作协也介绍了上海的文学刊物、作家创作、文学理论批评等有关情况。

6月26～27日，由《启明星》编辑部与新疆社科院民族文学研究所、新疆卫拉特蒙古研究学会联合，在和布克赛尔蒙古自治县举办了新疆蒙古族作家《德·那木吉勒文学作品研讨会》。

7月3日，新疆作家刘亮程长篇小说新作《凿空》研讨会“《凿空》：遥远的声音”，在北京宋庄原创艺术博览中心音乐大厅举行。何建明、李敬泽、雷达、阎晶明、金兆钧、刘宾、孟宪实、邱华栋等著名评论家、作家40余人参加了研讨。本次活动由宋庄艺术促进会主办，作家出版社、《人民文学》杂志社和新疆作家协会协办。

7月12日，与和布克赛尔蒙古自治县在和布克赛尔联合举办了自治区第二届蒙古族文学“金马镫奖”颁奖大会。德·那木吉勒的《五颜六色的人间》等13位作家的作品获奖。

7月18日，由《民族文学》杂志社、新疆文联、新疆作协主办，中国少数民族作家学会协办的“新疆作家翻译家座谈会暨全国多民族作家看新疆启动仪式”在乌鲁木齐举行。

8月19日，四川省作协主席、茅盾文学奖获得者阿来在自治区文联做了题为《边疆及少数民族作家的文学创作》文学报告会。他以自己的亲身经历，就目前边疆文学创作的现状、特点、发展情况以及存在的问题，进行了分析讲解，并回答了文学好者提出的问题。

10月21～22日，《曙光》、《新疆柯尔克孜文学》两杂志社在富蕴县举办了第10届新疆哈柯文学“飞马奖”颁奖活动。共有21件作品获优秀作品奖，8位同志获“优秀编辑”称号。

10月23～24日，与新疆师范大学文学院联合举办了“新疆少数民族当代文学理论与批评研讨会”，以维吾尔、蒙古两种语言分别进行了4场学术研讨和一场自由讨论，主要就维吾尔族当代文学批评研究、维吾尔当代文学流派研究、卫拉特蒙古当代著名作家作品研究、卫拉特蒙古当代文学批评研究等主题展开学术讨论。

12月20日，在新疆人民会堂会议厅举办了“纪念著名诗人铁依甫江·艾力尤夫诞辰80周年座谈会”。自治区党委书记张春贤、自治区政府主席努尔·白克力、中国作协副主席陈建功等领导以及各族作家、诗人、评论家、学者以及诗歌爱好者150余人参加了会议，张春贤在会上做了重要讲话，多位专家做了主题发言，新疆师范大学的师生还现场用双语朗诵了铁依甫江的诗歌，共同缅怀了这位伟大的诗人。

【美术家协会】

4月20～27日，主办了“新疆迎春美术展”。新疆中青年艺术家的154幅作品参展。

6月3日，新疆美协新落成的华夏艺术馆举行了开馆仪式。中国文联副主席、书记处书记、中国美协副主席冯远，自治区党委常委、宣传部长李屹等出席。“新疆中国画作品展”也同时揭幕，共展出作品136幅。

8月10～18日，在乌鲁木齐市华夏艺术馆举办了第九届“中日友好丝绸之路美术作品展”，展出中日两国美术家的作品近百幅。

6月、8月，中国美协分两次组织70余位画家赴新疆写生，新疆美协通力合作，周密计划，在线路设计、安全和食宿等各方面均提供了热情周到、细致周密地服务，使此项采风活动顺利开展。同时还邀请了中国美协顾问、著名维吾尔族画家哈孜·艾买提给画家们讲述了进入民族聚居区时写生应注意的事项，新疆美协主席邓维东带领主席团成员等10位画家全程陪同画家们赴南北疆各地及帕米尔高原实地写生。

10月10日，新疆美协油画艺委会与新疆艺术学院美术学院共同承办了“著名油画家杨鸣山油画艺术作品展”。

11月20日，“放飞心灵·阳光新疆——新疆美术写生汇报展”在中国军事博物馆举行开幕式。共展出82位美术家创作的写生作品260余件。

12月3日，在博尔塔拉蒙古自治州举办了“走进博尔塔拉——最美的还是我们新疆美术作品展”。

【民间文艺家协会】

2月28日，举办了乌鲁木齐地区蒙古族麦德节。麦德节是每年正月十五由各地蒙古族群众以地域为单位轮流坐庄挑头举行一项传统的民间习俗活动。活动当天，来自乌鲁木齐地区的近500名蒙古族同胞欢聚一堂，载歌载舞畅诉情怀。

6月16～18日，在乌鲁木齐市承办了自治区第三届阿肯阿依特斯大会。来自全疆各地州市的10支代表队52位阿肯选手和10名哈萨克族民间歌手参加了比赛。加米哈、古丽斯耐荣获一等奖，另有5位选手荣获一等奖，并多年来在阿依特斯这一优秀民间文化艺术事业上作出卓越贡献的4位阿肯颁发了终身成就奖。

6月24日，与和布克赛尔蒙古自治县人民政府在和布克赛尔联合举办了新疆首届蒙古族传统乐器托布秀尔比赛。来全疆的34名托布秀尔选手参加了比赛。在此期间协会还派出专业人员对所有参赛的托布秀尔艺人进行了专访，收集整理了参赛民间艺人的演艺资料。

7月18日，承办了由自治区党委宣传部、自治区文联主办的《中国民间文学集成·新疆卷》工作总结表彰活动。原中国文联主席周巍峙，自治区党委常委、宣传部部长李屹，自治区副主席铁力瓦尔迪·阿不都热西提等领导同志，全国各省市民协代表和来自全疆各地民间文艺工作者出席了表彰大会。自治区党委宣传部决定授予周巍峙同志新疆民间文学集成特殊贡献奖。

9月19日，组织由阿瓦提县刀郎歌舞团组成的新疆代表团前往山西省大同，参加了由中国民协举办的第八届中国民间艺术节。新疆代表队表演的舞蹈《刀郎之春》荣获本届民间歌舞大赛金奖。

9月，组织选送了30件剪纸作品参加中国民协在河北省举办的“中国民间山花奖·民间剪纸奖”评奖展览活动，新疆选送的《民族团结》剪纸作品在展览中获得金奖。

【书法家协会】

1月30日至2月12日，先后组织40余位会员在乌鲁木齐市文庙为市民免费书写春联共600余幅。

3月14～15日，与乌鲁木齐市书协、乌鲁木齐市教育局、乌鲁木齐市教育学会中小学德育研究会联合主办的首届乌鲁木齐市教育系统中小学教师书法展，在新疆教育学院艺术分院展厅举办。此次展览共展出作品120幅，其中获奖作品39幅。

6月11日，承办了由中国书协、自治区党委宣传部、自治区文联联合主办的“第二届中国西部书法篆刻展”。此次展览共收到西部省（区）、市作者来稿7000余件，评出入展作品352件，其中新疆作者入展作品47件。

7月22日，在乌鲁木齐市人民公园主办了“第二届新疆社会主义新农村书法篆刻展”。共展出书法篆刻作品134件，其中少数民族书法作品24件。

8月28日，在中国书协的支持和关心下，在与鄯善县委、县政府共同努力下，“中国书法之乡——新疆鄯善县命名挂牌仪式暨全国百名书法名家精品邀请展”在鄯善县举行。

【音乐家协会】

5月1～4日，主办了“卡西欧杯”全国数码钢琴、电子琴比赛新疆选拔赛暨自治区电子琴比赛在乌鲁木齐举行。

7月19～22日，与自治区文联、乌鲁木齐市文联在新疆教育学院音乐厅联合举办了“第二届乌鲁木齐独奏、重奏、独唱、重奏、重唱音乐大赛”，来自全疆的600多名职业与非职业音乐工作者以及各民族青少年参加了比赛。

8月6日，组队参加全国钢琴展演比赛，获得三等奖。

8月17～25日，组队参加在桂林举行的全国电子琴比赛，《乡民们的舞会》获得优秀创作奖、樊高获得三等奖。

8月20～23日，在乌鲁木齐市举办了新疆首届吉他艺术节。

10月15～21日，组织新疆民族乐团代表新疆维吾尔自治区参加了首届西北音乐节，共获得团体表演金奖、表演一等奖、创作一等奖、音乐节组织奖等12个项奖。

【摄影家协会】

1月5日，在乌鲁木齐市美术馆与中国电信新疆有限公司共同主办了“新疆电信杯”摄影艺术展。

3月，与吐鲁番地区旅游局共同主办的“沙漠之春”探险旅游摄影节分别在吐鲁番市和鄯善县举行。

10月14日，在国际博览中心主办了2010年“移动杯”新疆第16届摄影艺术作品展。

【戏剧家协会】

7月10日，带队组织新疆民族乐团、喀什歌舞团参加了由中国曲协在贵阳市举办的第四届全国少数民族曲艺展演，荣获展演二等奖和三等奖，新疆戏剧家协会获得了优秀组织奖。

8月28日，选拔推荐的秦腔《毛泽民在新疆》参加在西安举行的第五届秦腔艺术节，获得了优秀演出奖和优秀表演奖，协会获组织奖。

【舞蹈家协会】

7月24～30日，在新疆农业大学举办了第六届全疆少儿舞蹈大赛暨第五届全疆群众舞蹈大赛。

8月7日，新疆舞协街舞委员会在乌鲁木齐市工人文化宫主办了WIB街舞大赛新疆站的比赛。4个项目组的冠军将代表新疆参加全国总决赛。

9月10～15日，由新疆舞协选送的由新疆艺术学院舞蹈学院表演的当代舞《安详游吟》，在内蒙古鄂尔多斯市举行的第七届中国舞蹈“荷花奖”当代舞、现代舞大赛中荣获评委会特别奖，现代舞《本是同根生》荣获评委会十佳作品奖，新疆舞协获优秀组织奖。

10月15日，在宁夏第二届回族舞蹈展演中，新疆舞协选送的舞蹈作品《尕老汉》、《绣》分别获得金奖，新疆舞协获优秀组织奖。

【电影家协会】

5月，与天山电影制片厂联合，举行了对本土电影《鲜花》的“鲜花之旅”宣传发行活动。

6月20日，举办了西北西南电影工作会议。此次活动以交流考察为主，与会人员沿天山北麓，前往伊犁、阿勒泰、克拉玛依以及精河县采风，并与基层文联进行了交流。

8月，以汉族女青年王艳娜捐肾救助维吾尔族少年毛兰江的动人事迹为蓝本的电影《爱无疆》由天山电影制片厂摄制完成后，协会从多方面参与了电影的宣传策划活动，如组织观影、评论等。

协会全年还派出工作人员协助天山电影厂及其他影视机构进行了电影《古道狼情》、《爱无疆》、《乌鲁木齐》和数字电影《月亮》的拍摄工作。

【杂技家协会】

2月，为解决新疆杂技专业人才缺乏和青黄不接的状态，协助新疆杂技团面向全疆招收了第八批学员，年龄均在8～12岁，共45名。

5月，组织举办了全疆魔术大赛。

10月，与中央电视台10频道共同主办了赛买提钢丝走高跷、挑战吉尼斯纪录活动。

11月，在中国杂协第六次代表大会上，新疆杂协主席阿迪力连任中国杂协副主席。

新疆生产建设兵团文联

综　述

2010年是兵团成功应对国际金融危机带来的深重影响，全力保持经济又好又快发展的一年；是全面贯彻落实中央新疆工作座谈会精神，推进跨越式发展和长治久安两大目标的奠基之年；是坚持科学发展观、加快转变经济发展方式，开创“三化”道路新征程的一年；也是兵团文艺事业和文联工作取得显著成绩的一年。一年来，在兵团党委的坚强领导和中国文联的关心指导下，兵团文联及各团体会员深入贯彻落实党的十七届五中全会、中央新疆工作座谈会精神和兵团党委六届五次、六次全委（扩大）会议精神，牢牢把握“高举旗帜、围绕大局、服务人民、改革重新”的总要求，坚持用科学发展观统领文艺工作和文联工作，认真履行联络协调服务基本职能，团结带领广大文艺工作者，勤奋耕耘、努力工作，在开展活动、服务职工群众、抓人才推精品、加强自身建设等方面做出了显著成绩，为推动兵团文艺事业的大发展、大繁荣，推进兵团实现跨越式发展和长治久安，做出了积极的贡献。

重要工作、会议与活动

【文艺“送欢乐、下基层”慰问活动】

为认真贯彻落实中办、国办关于做好元旦春节期间慰问活动有关通知精神和中央领导同志的批示精神，根据中央宣传部的要求和中国文联的安排部署，兵团文联精心部署，组织并开展了以百花回报沃土、艺术服务人民为主题的“送欢乐、下基层”文化惠民活动。慰问活动从元月25日开始到元月31日结束，由文联党组书记丰收，主席李光武和党组成员、秘书长秦安江带队，组织2个艺术家慰问团分赴南北疆，深入抗击雪灾第一线和最边远团场，开展“送欢乐、下基层”慰问活动。慰问团分别到农十师181团、兵团武警北屯中队、农七师123团、127团、乌苏市石桥乡、农十四师47团、农二师且末支队等单位，进行文艺演出、现场创作书画作品、赠送春联、年画、走访慰问军垦老战士和贫困职工等活动，把党的关怀、温暖和优秀精神文化食粮送给基层广大职工群众。慰问团所到之处受到了干部职工的热烈欢迎。通过这种形式多样、异彩纷呈的“送欢乐、下基层”文化惠民活动，既使广大职工群众的精神文化需求得到了满足，同时又拉近了文艺工作者与他们的情感距离，更使广大文艺工作者从职工群众身上激发了灵感和创作热情，在提升自身素质的同时受到了良好的教育。

【兵团文联四届二次全委会议】

3月29日，为进一步发展繁荣兵团文艺事业，研究探讨新形势下文艺工作的新特点、新要求，更大地发挥广大文艺工作者的创造性，兵团文联四届二次全委会在乌鲁木齐徕远宾馆举行。会议认真总结了2009年工作，增补替补了兵团文联委员，传达了中国文联、中国作协全委会议精神，安排部署了2010年主要工作任务。兵团副政委卢晓峰在会上做了重要讲话。

【兵团第二届青年文学艺术创作会】

8月19～24日，为培养青年作者，发掘后备力量，兵团文联在边陲小城额敏农九师举办了第二届青年文学艺术创作研讨会。兵团文联主席李光武主持会议，兵团文联党组书记丰收、农九师党委常委、副政委张爱民在开班仪式上致辞，兵团文联党组成员、秘书长秦安江等领导和兵团各师、大学和文艺家协会的50多位中青年文艺创作骨干参加了研讨会。

兵团文联邀请了中国作协创研部研究员、《报告文学》杂志原主编、著名评论家李炳银，中国报告文学学会副会长、著名作家赵瑜及河南省作协副主席、《散文选刊》副主编、著名作家乔叶先后授课。

会议期间，文艺家们参观考察了塔城博物馆、巴克图口岸和农九师边境团场163团，并与农九师文联和塔城地区文联等单位开展了文化交流活动。

这次研讨会提高了兵团青年作家、艺术家的理论素养，开阔了视野；学到了创作方法、端正了创作态度；提高了信心，增强了勇气；围绕三位老师的授课和兵团的文学艺术发展现状，学员们进行了热烈地讨论，找到了和兵团文艺事业发展存在的问题和今后努力的方向；会议取得了圆满成功，特别是九师边境之行，深入了生活，受到了一次屯垦戍边教育，青创会达到了预期的目的。

【兵团题材文艺作品研讨会】

2月，兵团文联创作组专业作家王伶编剧的28集电视连续剧《化剑》在中央电视台一套先后2次播出，兵团文联及时组织召开了电视连续剧《化剑》作品研讨会，邀请了自治区和兵团的作家、评论家、艺术家参加会议，并在新疆日报、兵团日报、新疆经济报整版报道推介，影响很大。中国文联简报报道了此次活动。6月，组织召开了由兵团文联党组书记丰收、作家张小痣编剧的兵团题材电视连续剧《戈壁儿女》审片会，自治区和兵团的文艺评论家、作家对该片进行了评审，并提出了修改意见和建议。11月，组织召开了建工师文联主席曾其祥文学作品研讨会，邀请了自治区和兵团的文艺评论家、作家对作品进行了研讨、评审、修改，组织媒体进行了集中推介、宣传，在社会上产生了积极地影响。

【组织文联干部为玉树地震灾区捐款】

4月14日，青海省玉树发生7.1级地震，给灾害人民带来了严重的损失，为了帮助灾区人民尽快渡过难关、重建家园。4月21日，兵团文联干部职工心系灾区，牵挂灾区群众生活，积极开展为青海玉树地震灾区送温暖、献爱心捐款活动。文联领导带头捐款，机关干部职工积极响应，在外出差的同志闻讯后立即通过电话委托同事代为捐款，广大作家、艺术家和干部职工纷纷伸出援助之手，发扬“一方有难、八方支援”的精神，向灾区人民表达一份爱心。

【建立兵团文联网站】

经过多方协调和努力，建立了兵团文联网站，8月1日正式开通，实现了兵团文联网站与中国文联和各省区市文联网站的联网，为会员搭建了互联网交流的平台，兵团文联网站月点击率达5000多人次，截至2010年年底总点击率达20000多人次。

【启动兵团重大历史题材美术创作工程】

为传承历史，教育后人，从2010年开始，用4年时间，有计划、有步骤地创作一批兵团重大历史题材美术精品，为兵团成立60周年献礼。为高质量完成工程任务，组织全兵团美术骨干40余人进行了为期10天的美术创作培训，并组织大家到石河子军垦博物馆参观考察，了解兵团历史，传承兵团精神。

【舞蹈、音乐创作培训班】

8～11月，为加强文艺人才的培养力度，努力提高文艺工作者的创作水平，兵团文联先后举办了为期20天的舞蹈、音乐培训班。组织兵团各师舞蹈、音乐创作爱好者在乌鲁木齐进行了集中培训，并组织与会人员到达坂城、兰新铁路等地采风考察。

【落实中央新疆工作座谈会精神启动了文化对口支援工作】

中央新疆工作座谈会召开后，兵团文联积极主动与中国文联、中国作协汇报沟通，积极争取支持，2次邀请中国文联文艺家代表团来兵团团场慰问演出。主动与中国文联文艺学校联系，将为兵团举办文艺培训班，为兵团培训文艺人才。积极与中国作协联系，争取到了文学项目与资金。并与对口支援新疆的19省市文联协调，使其分别与兵团对口师文联开展文化交流活动。一师与浙江省文化系统协商，启动了少数民族文化建设“春雨工程”，在农一师阿拉尔市举办了“春雨工程——全国文化志愿者边疆行”摄影艺术展，展示了浙江省非物质文化遗产手工艺品。通过现场展示，让边疆各族人民直观的了解了浙江传统文化的独特魅力，感受了浙江的民俗风情和文化情怀，增进了两地的文化艺术交流。

【“热爱伟大祖国、建设美好家园”兵团美术、书法、摄影艺术作品展】

10月13日，兵团文联主办，兵团美协、书协和摄协承办的以“热爱伟大祖国　建设美好家园”为主题的2010年新疆兵团美术、书法、摄影艺术作品展，在乌鲁木齐市美术馆开幕。开幕仪式由兵团文联副主席、兵团摄协主席郭成云主持，兵团文联党组书记丰收致辞。

兵团副政委卢晓峰出席开幕式并观看了展览。兵团文联美术、书法、摄影家协会的主要领导、自治区知名艺术家和兵直单位的观众200余人参加了开幕式。

此次展览展出的200幅作品，是从各师局选送的500余幅作品中精选出来的优秀作品。兵团的艺术家们用笔墨、用镜头，以博大、生动、和谐的理念，挥毫泼墨，舞光弄影，记录生活中点点滴滴的激情和感动，并将之连成生动的书幅画卷，表达了兵团百万各族干部职工对祖国繁荣昌盛、社会文明和谐、人民幸福安康的美好祝福。此次展览不仅是一次艺术盛宴，同时还是弘扬先进文化的一次艺术交流。展示了兵团人对人生、对自然的尊崇和热爱，具有讴歌时代、启迪观众、昭示后人的重要意义。

【启动兵团文学作品丛书征集工作】

为落实兵团第六次党代会上提出的“实施兵团文艺创作精品战略”精神，集中力量推出精品、打造兵团文学品牌，展示改革开放30年和兵团实施文艺“双优计划”工程5年来兵团文学创作所取得的成就，经研究并报请兵团领导同意，决定编辑、出版兵团文学丛书。从2010年3月开始以来，历时半年多时间，截至年底已征集到各单位报送的作品近百部。

【深化“创先争优”活动，确保活动效果】

在党组织和党员中深入开展了以创建先进基层组织、争当优秀共产党员为主要内容的创先争优活动。成立兵团文联“争先创优”活动领导小组，党组书记丰收、主席李光武分别任组长。兵团文联领导分别深入到二师、四师、九师、十三师调研，制定了在兵团文联系统党组织和党员中开展创先争优活动实施意见。并将文联党组织的公开承诺事项在文联系统和文联网站进行了公示。兵团文联党支部的17名党员分别填写了党员公开承诺书，并在文联公示牌上公示，群众反映良好。

开展了一系列精神文明创建活动。一是积极参加了兵直党工委等部门组织的打靶等文体活动。二是积极完成了兵团机关安排的植树造林和安全巡逻任务。三是组织文联全体党员干部赴建工师兰新铁路复线工地与基层党员一起过组织生活，开展了参观调研，并组织兵团作家赠送图书100多册。四是积极为玉树灾区捐款。五是组织文联全体党员干部包括离退休老同志观看了表现优秀共产党员的影片《第一书记》等。

【开展“解放思想，抢抓机遇，加快发展，再创辉煌”的大学习大讨论活动】

文联党组对大学习大讨论活动高度重视，及时召开了党组会议和党支部会议，组织相关部门立即制定学习方案，对开展“解放思想，抢抓机遇，加快发展，再创辉煌”大学习大讨论活动进行了全面部署，成立了学习活动领导小组，制订了学习计划、学习制度和考勤制度，真正做到有组织、有计划、有安排、有部署、有检查、有总结，使“大学习大讨论”活动有序开展。全面系统地学习了有关“解放思想，抢抓机遇，加快发展，再创辉煌”大学习大讨论活动集中教育活动的重要讲话和文件精神，学习内容主要以兵团党委宣传部编印的《兵团大学习大讨论》、《解放思想　抢抓机遇　加快发展　再创辉煌》学习材料和宣传提纲的所有文章。在学习形式上，采取自学和集中学、普遍学和重点学相结合的方法，为保证学习效果，我们严格学习纪律，学习实行点名制度，对缺课的同志实行补课，并开辟了学习专栏、对部分学习笔记、心得体会进行在专栏上张贴、在刊物上刊发。在大学习大讨论活动中，文联党组把学习活动与培养优秀文艺人才和深入基层调查研究、为职工群众办实事等工作有机结合起来，先后到塔城举办了第二届青年文艺创作培训班，邀请内地著名作家讲课；组织文联同志深入到建工师兰新铁路工程项目部进行调研，了解工程施工人员的文化学习情况，并为他们赠送了一批图书，丰富了野外施工人员的业余文化生活。

【学习贯彻党的十七届五中全会精神和兵团党委六届五次全委（扩大）会议精神】

在兵团党委传达学习党的十七届五中全会精神和召开兵团党委六届五次全委（扩大）会议之后，兵团文联立即召开党员干部大会，先后分三次认真传达学习了党的十七届五中全会公报、中共中央国民经济和社会发展第十二个五年规划纲要以及兵团党委六届五次全委（扩大）会议精神。会议要求兵团各级文联要迅速组织传达学习好党的十七届五中全会精神和兵团党委六届五次全委（扩大）会议精神，各级文联要切实加强组织领导，周密安排，精心部署，通过中心组集中学习、专题研讨和培训等多种形式，深入学习全会精神，迅速把全会精神传达到全体党员干部。文联系统党员干部特别是党员领导干部全面理解和准确把握其精神实质，深刻领会“十二五”时期经济社会发展的指导思想。要结合学习全会精神，深化对中央和自治区党委关于新疆工作的一系列决策部署的认识。要把认真学习、深刻领会、全面贯彻五中全会精神与贯彻落实中央新疆工作座谈会精神、加快兵团文艺事业发展有机结合起来。

【文艺采风、交流、调研活动】

兵团文联组织基层文联和文艺家协会的同志一行22人参加了上海世博会，组织4人参加了中国文联举办的全国文联世博会采风活动后，先后学习、考察了江西、四川文联，并热情接待了广东、北京、四川、河南、山西、山东等兄弟省市文联代表团的来访，与兄弟文艺界朋友广泛接触，广交朋友，开阔眼界，激发创作灵感，组织基层文联开展互访、采风活动，加强联系，增进了解，增进友谊，实现文艺资源互通有无。一年中，文联领导先后多次深入二师、四师、九师、十师、建工师、十三师等单位调研，为基层文联和文艺家排忧解难，为工作在一线的职工群众赠送图书，并做好对基层文联同志和文艺家来乌鲁木齐办事的接送、食宿等方方面面的服务工作，努力把文联建设成温馨的文艺家之家。

组织建设

【人事工作】

12月29日，兵团文联召开干部大会，兵团党委常委、副政委卢晓峰到会做重要讲话。兵团党委、兵团副秘书长赵广勇出席会议。兵团党委组织部干部二处处长孙伟宣读了兵团党委关于批准兵团文联党组书记、副主席丰收退休的决定。

【基层文联组织建设】

9月1日，农十三师中级人民法院文联第一次代表大会召开，农十三师中级人民法院文联正式成立。农十三师党委常委、副政委、政法委书记杨璞斌出席大会，农十三师文联主席王善让到会祝贺。大会通过了《农十三师中级人民法院文联章程》，选举产生了文联第一届委员会。农十三师中级法院副院长董江当选为文联主席。十三师法院文联下设文艺、摄影、文体3个协会，有会员30多人。

8月5日，兵团法院召开了兵团法院文联成立大会。兵团分院原党组书记、院长戴本颞及自治区高级人民法院、兵团检察院、兵团司法局、兵团公安局、兵团教育局、兵团电视台相关领导出席了会议，兵团分院党组成员、政治部主任朱德民主持会议。兵团文联党组书记丰收出席会议并致辞。大会选举产生了兵团法院文联第一届理事会、名誉主席、副主席、秘书长、副秘书长、理事会常务理事，兵团分院党组书记、院长赵建东当选兵团法院文联第一届理事会主席。兵团法院文联下设4个协会：文学艺术协会、书画摄影协会、音乐协会、体育协会。

获奖情况

一年来，兵团文艺创作获得了可喜成果：兵团文艺家共有100多万字的文学作品在省级和国家级报刊发表，出版文学作品集36部。兵团文联专业创作组专业作家王伶编剧的28集电视连续剧《化剑》在中央电视台1套2次播出。兵团文联党组书记丰收、作家张小痣编剧的电视连续剧《戈壁儿女》、绿洲杂志社主编郭晓力编剧的电视连续剧《兵团往事》拍摄制作完成。兵团文联党组书记丰收的长篇报告文学《王震和我们》获全国第四届徐迟报告文学奖并入围第五届鲁迅文学奖。党组成员、副主席郭成云在中国摄协网10周年庆典大会上授予杰出贡献奖，出任2010年上海第10届国际摄影艺术展评委并获贡献奖，获贵州省人民政府、国务院新闻办、国家旅游局联合国教科文组织、中国摄协主办的“多彩贵州·中国原生态国际摄影大展”艺术交流奖。兵团文联党组成员、秘书长秦安江的散文《半山笔记》（四章）获中国当代散文奖。宋志国的摄影作品《蓝色向往》入选第22届全国摄影艺术大展并获优秀奖。兵团美协报送的17件美术作品入选第11届全国美展。兵团音协报送的音乐作品《山水家乡》在第三届“感动中国”全国新创词曲选拔赛中获得金奖，《泼水》在第五届欢乐校园青少年春节电视联欢晚会上获器乐类金奖。兵团舞协报送的少儿舞蹈《绿洲小雏鹰》在中央电视台“六一”晚会上获金奖，舞蹈《山鹰少年》在第三届中小学生艺术节目展演中获一等奖。

基层文联和文艺家协会工作

2010年，兵团各基层文联和文艺家协会，按照工作计划，充分发挥职能作用，扎扎实实地开展了一系列活动，取得了显著的成效。

一是各师文联先后召开了全委会，传达了兵团文联全委会精神，总结了2009年工作，表彰了先进，布置了工作任务，部分师文联还召开了迎春茶话会，配合兵团文联开展了“送欢乐、下基层”文化惠民活动。

二是加强了文艺阵地建设。2010年有一师、十师新办了文艺期刊，已有7个师文联办有文艺期刊。这些期刊充分发挥平台作用，积极宣传党对文艺工作的方针政策，为会员提供发表习作的园地，调动了广大会员的创作积极性。

三是召开作品研讨会。一师、二师、六师、八师、十三师等单位先后邀请专家学者对《青春流痕》、《绿海扬帆》、《寻梦准噶尔》、《在那火红的年代》、《苍蓝的太阳》等作品进行了研讨，在充分肯定作品的基础上提出意见和建议，并同过媒体进行宣传推介，极大地调动了会员的创作热情。

四是一师、二师、五师、六师、八师、十师、十二师等单位各师分别举办了“热爱伟大祖国、建设美好家园”、“巾帼风采”、“廉政文化建设进机关”、“劳动者风采”、“石河子十年巨变”、“第二十三个世界艾滋病日”等专题美术、书法、摄影作品展和9位同志的个人艺术作品展以及“交通杯”、“喜迎祖国61华诞”等专题征文、演讲、诗歌朗诵、音乐会等活动。

五是举办了各类文艺培训班和文艺采风活动。一师、四师、五师、十三师石河子大学等单位还邀请了全国、新疆和兵团知名文艺家举办讲座，与会员一起采风创作进行现场指导，部分师、团文联还组织开展互访采风考察活动，相互沟通、相互交流、相互学习。

六是加强了基层文联组织建设。一师、二师、四师、建工师、十三师等先后召开了文联工作会议，补充和改选了文联领导和协会领导，充实和加强了文联队伍。5个师新成立了8个团场文联，3个师成立了法院文联。到目前为止，全兵团共有19个师局文联和106个团（场、局、院）文联。

七是基层文联文艺创作喜获丰收，全年各团体会员单位会员共在省级以上报刊发表文艺作品1000多篇、幅，出版各类作品集30多部，许多作品在全国获奖。音乐作品《山水家乡》在第三届“感动中国”全国新创词曲选拔赛中获得金奖，《泼水》在第五届欢乐校园青少年春节电视联欢晚会上获器乐类金奖，《因为我是一个兵》在全国第五届新创歌曲大赛中荣获创作二等奖，少儿舞蹈《绿洲小雏鹰》在中央电视台“六一”晚会上荣获金奖，舞蹈节目《山鹰少年》在第三届全国中小学生艺术节目展演中荣获一等奖，散文诗《大路朝天歌》在全国建设行业庆祝建国六十周年征文活动中荣获金奖，诗歌《十月随想》荣获银奖。

八是兵团文联各文艺家协会积极组织和参加全国各类赛事活动，取得了较好的成绩。美术家协会全年有30多位作者的美术、书法、摄影作品入选全国和省区市展览并有多幅作品获个人单项奖和组织奖，兵团摄协还受到了中国摄协通报表扬，创建了兵团书协书法创作基地，举办了美术、舞蹈、音乐培训班，杂技节目参加第八届全国杂技比赛，分别获银奖和铜奖，并先后赴日本、俄罗斯演出，5部电视节目参加了全国第四届新农村小康电视节目展播，其中1部获优秀节目，推选16部作品参加第二届“新农村电视艺术节”和首届全国优秀电视评论节目展播，其中1部获新农村魅力乡镇十佳节目，《千古之策》参加第25届中国电视金鹰奖评选，荣获优秀纪录片奖，5位民间文艺家获中国民协民间集成工作贡献奖，剪纸作品《咱们新疆好地方》荣获首届中国剪纸艺术节银奖，李永梅当选中国剪纸艺术委员会副主席。

中国石油文联

1	2
3	4
5	6
7	8
9	

1. 中国石油戏剧家、曲艺家协会第二次会员代表大会。
2. 刘兰芳给石油曲艺比赛获奖演员颁奖。
3. 石油大厦装饰艺术品作者合影留念。
4. 参加全国职工小品比赛获奖演员。
5. 中国石油曲艺家在冀东油田举办的比赛。
6. 命名“石油舞蹈家”。
7. 石油系统作家深入到陕京管道建设一线采访创作。
8. 石油系统摄影家在西气东输二线东段工地上。
9. 石油摄影家培训采风在额尔古纳河畔。

中国铁路文联

1	2
3	4
5	6
7	

1. 8月，中国新闻摄影名家赴大秦铁路采风创作。
2. 9月，中国铁路摄影家作品展在山西平遥举行。
3. 10月，全国铁路书画精品展在上海举行。
4. 11月，铁路文联二届三次理事会暨秘书长会议在西安举行。
5. 中国铁路文联秘书长才凡主持王勇平、潘传贤书法展开幕式。
6. 铁道部政治部副主任兼宣传部长、铁路书法协会主席王勇平在送书画到基层活动中挥毫。
7. 8月，全国铁路青年作家在北戴河举行创作会议。

中国煤矿文联

1	
2	3
4	5
6	

1. 10月27日，中国作家看煤矿及第四届煤矿高研班在潞安召开。
2. 9月10日，中国煤矿文化网正式开通。
3. 6月2日，中国煤矿文联（基金会）工作会议第四届中国煤炭集邮协会会员代表大会在上海召开。庞崇娅当选为煤矿文化宣传基金会理事长。
4. 12月1日，中国煤矿文化网络通讯员学习班在北京举办。
5. 10月19日，由中国作协创研部、中国煤矿文联、中国煤炭报社、平庄煤业集团公司主办，中国煤矿作协、阳光杂志社和平庄煤业集团工会承办的"吴晓煜作品研讨会"在北京召开。
6. 9月10日，中国煤矿文联第三届理事会第七次会议在北京京西宾馆召开。梁嘉琨当选为煤矿文联主席。

中国电力文协

1 2 3 4

1. 电力摄协迎接建党90年，全国电力摄影创作采风活动合影。
2. 电力邮协秘书长扩大会议合影。
3. 电力作协中国作家感受西北电力采访团在陕西乾县750千伏变电站集体采访活动。
4. 电力作协“中国作家感受西北电力”采访团启动仪式合影。

中国水利文协

1
2 3
4 5
6

1. 8月，中国水利文协与水利部文明办年在呼和浩特市联合举办首届"水歌曲"演唱大赛。图为水利部领导与参赛歌手合影。
2. 8月，中国水利文协与水利部文明办在呼和浩特市联合举办首届"水歌曲"演唱大赛。图为歌手决赛。
3. 中国水利文协与水利部文明办于在呼和浩特市联合举办首届"水歌曲"演唱大赛。图为原创组歌手参赛。
4. 天津市水务局职工书画作品在水利部机关和水利部老年大学展出。图为水利部领导等参观展览。
5. 中国水利作协2010年年会暨《大江文艺》理事单位工作会议在敦煌召开。
6. 12月，大禹文化研讨会在山东滨州召开。图为水利文协领导向大禹塑像敬献花篮。

1
2

1. 中国化工摄协三届二次理事会会议现场。
2. 张掖市文联为会议赠送《群鱼图》。

中国石化文联

1	2
3	4
5	

1. 中国石化2010年新春团拜会专场文艺演出。
2. 中国石化文联召开文联各专业协会秘书长会议。
3. 集团公司党组领导参观“祖国颂”直属机关职工摄影展。
4. 摄影家协会与中国摄影杂志联合举办影友见面会。
5. 组织“川气东送”建设工程慰问活动。

全国公安文联

1	2
3	4
5	6
7	

1. 祝春林主席在浙江调研并参观书画摄影展览。
2. 祝春林主席出席公安海警学院庆祝建党90周年活动。
3. 全国公安文学创作座谈会。
4. 祝春林主席深入云南调研。
5. “剑胆琴心”庆祝全国公安文联成立5周年文艺晚会。
6. “恒光杯”公安文学征文活动。
7. “剑胆琴心”——庆祝全国公安文联成立五周年文艺晚会。

中国石油文联

综　述

2010 年，石油文联在中国石油集团公司党组的亲切关怀下，在中国文联的指导下，一年来遵循“围绕中心、服务企业、面向职工”的工作宗旨，坚持“三个为主”和“三个贴近”的工作方针，“突出少而精、注重抓实效”，强化配合意识和服务意识，结合企业实际，进一步深入开展了“送欢乐，下基层”活动，把文化艺术、欢乐氛围、节日慰问送到企业、送到一线，送到广大职工中间，受到广泛欢迎和好评。在“两节”期间，各基层石油企业文联、协会组织紧密围绕本单位中心工作，积极发挥建设和谐企业工作中不可替代的作用，都组织了文学、书法、美术、摄影、音乐、舞蹈、戏剧、曲艺、电视、集邮等各个艺术门类的活动，营造了吉祥、喜庆的节日氛围，为建设和谐企业、和谐社会做出了应有的贡献。石油文联强化对石油企业文联和专业协会的服务意识，积极探索具有石油企业特色的文化艺术工作新路子，不断开创石油文化艺术工作的新局面，保持了石油文联的传统优势，使石油文化艺术工作不断得到发展和进步，在全国文学艺术界的影响不断扩大，石油文化艺术工作的软实力不断得到发挥，作用不断得到体现。

会议、活动与主要工作

【表彰美术、书法、摄影作品作者】

1 月，中国石油大厦美术、书法、摄影装饰工作全面完成，作者受到中国石油集团公司、中国石油文联表彰。

【央视录制石油曲艺节目】

4 月，中央电视台《曲苑杂坛》栏目摄制组在导演兼主持人汪文华的带领下，来到长庆油田录制反映长庆油田一线员工生产、生活的小品——《快乐小站》，反映了长庆油田保护生态环境，实现绿色油田开发的主题。

【石油舞协二届四次理事会】

4 月 12 日，中国石油舞协二届四次理事会在河南洛阳召开。中国石油集团公司思想政治工作部副总经济师、中国石油文联副主席兼秘书长路遥峰到会并讲话。

【授予“中国石油舞蹈家”称号】

4 月 13 日，在中国石油舞协二届四次理事会上中国石油文联授予湖北销售公司宝石花艺术团张焱、魏薇、陈飞，长庆艺术团田珂，大庆石化公司苏娥 5 位同志为“中国石油舞蹈家”称号，现场并举行了授牌的仪式。

【石油美协五届三次理事会议在海口召开】

4 月 24 ～ 26 日，中国石油美协五届三次理事会议在海口召开。来自全国石油石化单位的 40 余名代表，相聚海口，共谋发展。

【著名作家何建明到长庆油田采访】

5 月 1 ～ 5 日，石油文联邀请全国劳动模范、5 天时间深入到榆林、苏里格、三边、延安等长庆油田生产一线，何建明在《人民日报》副刊头条发表了报告文学《好汉坡》，对长庆油田“艰苦创业、勇攀高峰”的好汉坡精神给予了高度评价。

【石油电视协会“电视新闻现场采访大赛”】

5 月 8 ～ 14 日，石油视协在青海油田举办了“青海石油杯电视新闻现场采访大赛”。经过评选，产生一等奖作品 15 件，二等奖作品 18 件，三等奖作品 24 件。

【学铁人文艺篝火晚会】

5 月，在关晓红常务副主席的策划和领导下，成功举办了一场“学铁人、写铁人、唱铁人、演铁人、做铁人”的文艺篝火晚会。这场晚会为集团公司政治工作会议专场演出，请来了三代演铁人的演员，再现了铁人的感人形象，受到了会议代表的热烈欢迎。

【路遥峰秘书长带领青年作家纪红建赴中亚管线采访】

6月13～28日，路遥峰秘书长带领青年作家纪红建，赴中亚管线采访。在10多天采访的时间里，记录了20多万字的笔记，初稿已经完成。

【“摄影家眼中的西气东输二线（东段）工程”服务活动】

6月17～23日，在“西气东输二线”工程最紧张的阶段，在江南暴雨成灾的时刻，石油文联、石油摄协组织了“摄影家眼中的西气东输二线（东段）工程”服务活动，石油文联副秘书长、石油摄协秘书长康胜利，中国摄协副秘书长、著名摄影家解海龙，中国摄影艺术委员会副主任于天云等7名摄影家到一线施工现场采访深入生活，拍摄了大量生动的劳动场面，受到了一线职工的欢迎。

【命名石油作曲家和石油歌唱家】

6月，命名了川庆钻探公司职工韩刚等9名石油作曲家和石油歌唱家。

【石油音乐家第五次会员代表大会】

6月24日，石油音乐家第五次会员代表大会，在北戴河召开。完成了石油音协的换届工作，健全了协会的组织建设。

【“中国石油管道杯”全国书法名家邀请展暨管道局职工书画展】

7月1日，为庆祝“八三”会战40周年，由中国石油书协主办，管道局承办的“中国石油管道杯”全国书法名家邀请展暨管道局职工书画展，在中国石油管道局开幕。此次举办的“中国石油管道杯”全国书法名家邀请展，邀请了中国书协近60位理事及中国石油书协赵飚、任东会、宋玉林、石力、李德仁、孙伟宏、陈焕生等名家的作品。

【增补两位副主席】

7月8日，路遥峰、于恩东任中国石油文联副主席。

【首届石油摄影艺术研习班】

7月18～23日，石油摄协在呼伦贝尔举办了“首届石油摄影艺术研习班”。康胜利任班主任，邀请清华大学教授、著名摄影家韩子善授课，来自石油一线的摄影爱好者40多位学员得到了培训。

【著名作家何建明、马娜在塔里木采访】

7月，著名作家何建明、马娜冒着沙尘暴在塔里木采访，分别于10月15日和11月14日在《文艺报》和《人民日报》以整版的篇幅，发表了报告文学《死亡之海的生命礼赞》。

【第三届中华铁人文学奖获奖作品集出版】

7月，铁人文学基金会编辑出版第三届中华铁人文学奖获奖作品集，这部著作分为上下卷，共计90余万字，在人民文学出版社出版发行。

【石油曲协《冀东掠影》获得一等奖】

7月，在唐山市总工会举办的“安全生产、幸福生活”相声小品大赛中，石油曲协选送的《冀东掠影》获得一等奖，此小品还参加了由省国资委和省广电局主办的“国资之歌颂祖国”大型文艺晚会。

【参加全国产业（行业）系统曲艺小品展演决赛】

8月，参加由中国文联、中华全国总工会、中央电视台、中国曲协在山西举行的全国产业（行业）系统曲艺小品展演决赛，石油曲协的方言说唱《重庆山水重庆人》获得铜奖。

【石油书协举办书法研讨班】

8月，石油书协在克拉玛依油田举办了书法研讨班，60多位书法爱好者进行了书法创作和艺术交流 。

【中国石油60句名言书法展】

8月28日至9月5日，中国石油60句名言书法展、中国石油书法家协会秘书长工作会议在新疆克拉玛依油田举行。

【参加全国（天津）相声新品大赛获奖】

9月，在天津市举办的“全国（天津）相声新品大赛”中，石油曲协有3个作品获得“优秀奖”。

【石油集邮协会第五次会员代表大会召开】

9月14～16日，石油集邮协会第五次会员代表大会在克拉玛依召开，成功换届。

【文学骨干作者座谈会】

9月16日，石油文联组织了文学骨干作者座谈会，研究重点工程的创作，计划在2011年全面完成一系列采访创作工作，为中国石油重点工程著书。

【参加全国第二届生命之歌安全歌曲大赛】

9月，参加全国第二届生命之歌安全歌曲大赛。石油文联接到国家5个部委文件和集团公司领导的批示后，李慬章副主席亲自部署安排，以集团公司思想政治工作部名义联合下发了文件。这次大赛共收到31家基层企业创作的230多首反映安全的歌曲，这些歌曲都是石油职工创作的。经过对230多首参赛作品进行了认真的评奖，评出了60多首歌曲分别获得一、二、三等奖，并从中选出了10首作品上报国家安全生产总局，参加全国第二届生命之歌安全歌曲大赛。国家安全环保总局经过组织专家评定，石油文联有3首歌曲人选，由组委会录制光盘在全国推广传唱。石油文联对获奖歌曲下发文件和颁发证书进行表彰奖励。

【综合性文艺杂志《铁人》创刊】

9月，铁人文学基金会和大庆油田公司联合创办了综合性《铁人》文艺杂志。这本杂志面向三大石油集团公司发行，也得到了三大石油集团公司的大力支持。关晓红担任编委会主任，三大石油集团公司政治部主管主任担任编委。这本杂志的创刊，为石油文化艺术工作者又提供了一份文艺园地，对三大石油公司的文化交流增添了一个有效的渠道。

【中国石油与俄罗斯天然气股份公司文化交流活动】

10月10～16日，中国石油与俄罗斯天然气股份公司文化交流活动在北京、上海圆满举办。11日，在北京石油管理干部学院礼堂，伴随着具有浓郁中华民族的歌舞《中国风》，中国石油天然气集团公司与俄罗斯天然气工业股份公司第三届联合文艺演出的开始，正式拉开了中国石油与俄罗斯天然气股份公司文化艺术节的帷幕。集团公司副总经济师、思想政治工作部主任关晓红致欢迎词，湖北销售公司宝石花艺术团和长庆油田艺术团的全体演职员用艺术的语言充分展现出了中国石油员工良好的精神面貌和青春风采，为推动和弘扬中国石油艺术事业的蓬勃发展做出了积极的贡献。来自俄气公司50余名演职员和中国石油艺术团25名演职员在文化交流活动周期间，充分展示两国的民族文化和艺术魅力，开创了中俄两大石油公司企业文化相互融人、共同进步的先河。原石油部长王涛、俄气公司副总裁谢列达等兴致勃勃的观看了历时2个半小时的30个联欢节目，并对演出活动的圆满成功表示祝贺，对演员们精湛的技艺给予高度评价。此次文化交流活动取得的圆满成功，象征着中俄两大国企员工之间的友谊更加深厚，也为中俄两公司进一步加强战略合作奠定了良好的基础。

【承办全国产业（行业）舞蹈编导培训班】

10月18日，中石油舞协承办的全国产业（行业）舞蹈编导培训班在福州举行。来自全国石油、石化、煤炭、金融、铁路、邮政等各产业（行业）单位的基层舞蹈编导共101人参加了舞蹈编导培训。

【参加陕西省首届喜剧幽默电视展演获奖】

10月23日，在陕西省文化厅、社会科学界联合会等部门联合主办的“陕西省首届喜剧幽默电视展演”中，由长庆艺术团表演的小品《配音与方言》荣获“二等奖”，并双双荣获“优秀演员奖”。

【中国石油艺术团到广西石化建设工地慰问演出】

11月，副秘书长徐青陪同有关领导，带领中国石油艺术团到广西石化建设工地进行慰问演出，这些活动都受到领导的肯定和一线职工的好评。

【石油文化工作研讨会和文联成立20周年座谈会】

12月23日，在北京召开了石油文化工作研讨会和文联成立20周年座谈会。石油文联历届常务副主席、秘书长、在任各协会主席、石油文联的创立者、开拓者、亲历者等60多人参加了会议，关晓红代表石油文联做了“围绕中心、服务大局、创作精品、打造亮点”石油文联20年工作回睦的工作报告，石油文联主席李克成做了重要讲话，石油文联副主席、思想政治工作部副主任李懂章宣读了集团公司副总经理、党组成员王福成代表党组的贺信，各位领导发了言，回顾了石油文联20年的发展里程。《中国石油报》用一个整版发表了石油文联20年工作回顾。会后，集团公司总经理、党组书记蒋洁敏在中国石油文联20年工作总结报告上批示："要利用好这个平台，丰富职工文化生活，推进企业文化建设。"对中国石油文联成立20年来取得的八大工作亮点和丰硕成果表示祝贺和高度肯定。

【中国作协会员作家赴陕京三线采访】

12月26～30日，康胜利副秘书长与石油内外胡建、高红十等共7名中国作协会员作家赴陕京三线采访，在《北京日报》等媒体发表了多篇报告文学。

中国铁路文联

综　述

2010年，中国铁路文联在铁道部政治部的领导下，在中国文联的指导和帮助支持下，始终坚持党的文艺工作方针，充分发挥联络、协调和服务功能，紧紧围绕铁路改革发展大局，与19个铁路单位文联一道，发挥作用，展示作为，组织开展了一系列健康向上的文艺活动。

会议、活动与主要工作

【第二届三次理事会暨秘书长会议】

11月，在西安铁路局召开中国铁路文联第二届三次理事会暨秘书长会议。铁路文联理事、各单位文联负责人等79人与会。铁道部政治部副主任兼宣传部长王勇平到会讲话。铁路文联主席佟立军主持会议并讲话，铁路文联秘书长才凡做工作报告。期间，通过了中国铁路文联《章程》修改的报告和部分理事变动的报告。

【“送文化，下基层”活动】

1～2月，按照中国文联要求，在元旦、春节期间号召各级文联组织积极开展“送欢乐、下基层”活动。组织广大铁路文艺工作者深入车站、基层和一线车间班组，送演出、送春联、送图书到基层，丰富节日期间广大旅客和铁路职工文化生活，宣传铁路建设发展的大好形势，为做好铁路春运工作营造和谐氛围。

【参与组织故事片《雪暴·1814》的创作拍摄】

1～3月，组织作家参与反映呼和浩特铁路局抗击特大冰雪灾害的故事片《雪暴·1814》的剧本创作和影片拍摄。会同八一电影制片厂编创和摄制组人员，在气温零下20多度的大兴安岭博克图地区，连续拍摄半个多月。哈尔滨铁路局大力支持影片拍摄，专门成立了以党委宣传部部长为组长的配合领导小组，各部门密切协作，克服重重困难，安全优质地完成了影片拍摄任务，艺术再现了铁路干部职工在灾难面前，毫不畏惧，忠于职守，确保旅客生命安全的感人事迹。

【“跨入高铁时代·喜庆世博盛会”书画展】

10月25日，中国铁路文联、中国铁路书协和上海铁路局文联共同举办的“跨入高铁时代·喜庆世博盛会”全国铁路书画精品展在上海铁路局开幕。各铁路局共遴选报送优秀作品500余幅，组委会又从中精选了120幅作品参展，并编印作品集，涌现出了《和谐之旅》、《喜迎世博》等一批优秀作品。

【主要工作成果】

1～5月，按铁道部政治部要求，参与起草铁道部党组《关于加强铁路文化建设的若干意见》，为铁路各级文联组织开展工作奠定了良好基础。

铁路各级文联（文协）组织，围绕铁路建设发展，积极打造行业文艺特色，不断打造文化品牌，推出精品力作。铁路文艺家在各级报刊媒体发表文学、书画、摄影等各门类文艺作品3000余篇，其中省级以上报刊媒体发表作品数百篇，在国家级报刊媒体发表作品百余篇，其中王勇平、刘惠强、原瑞伦、王福春、田永元、冯文超、张风奇、李金桃等铁路艺术家多篇（幅）反映铁路发展建设的作品在《人民日报》、《光明日报》、《经济日报》、《文化艺术报》、《中国书法》、《中国书画》、《中国摄影》、《中国作家》、《诗刊》、《小说月报》、《青年文学》等国家级报刊发表和选入全国年度文学选本，有的摄影作品被国家邮政局制作成《中国高铁》邮票向国内外发行。铁路文联创作员李志强创作的反映青藏铁路的诗集《铿锵青藏》在全国第五届鲁迅文学奖评选中进入前20名，被列为终评备选作品。

2～5月起，配合上海世博会中国铁路馆、中国铁道博物馆开馆，积极配合策划、组织10人摄影小组开展为期5个月的全路摄影工作，拍摄了大量的优质图片并在上海世博会中国铁路馆展出1000余幅，并参与有关展陈工作，高质量完成相关布展任务。3～11月，为配合世界第七届高铁大会在北京召开，参与铁道部政治部宣传部组织的《京沪高铁揽胜图》百米长卷的创作协调工作，配合凤凰岭书画院十几位著名画家深入建设沿线，经过几个月的精心创作，圆满完成创作和展陈任务，作品在12月北京召开的世界高速铁路大会上面世。这幅长卷，把中国的南方和北方连接起来，将燕山、泰山、黄山、长江、黄河，尽收画图之中，以一条世界上最先进的高速铁路作为主线，在浩大山水之上彰显出中国人豪迈的时代精神。

组织全国新闻摄影名家对大秦铁路进行系列采访，多幅新闻图片和摄影作品在《人民日报》、《工人日报》、《经济日报》等数十家中央主流媒体发表，在社会上引起反响。9月，在第10届平遥国际摄影大展中推出了130多名铁路摄影家的优秀作品。铁路文联还获得本次摄影大展优秀组织奖。铁路摄影家王福春走上中央电视台讲述摄影“幸福瞬间”。

【文艺人才培养】

全年通过各种形式培训文学创作、书法美术、摄影等各类骨干百余人。铁路各级文联（文协）和所属文学艺术协会，通过创作班、研讨班、改稿会和创作采风活动，整合优化创作资源，培养锻炼创作队伍，提高铁路艺术家和爱好者的创作水平和社会知名度。4人被中国书协吸收为会员，6人被中国摄协吸收为会员。8月，在北戴河召开全国铁路青年作家创作座谈会。邀请《十月》、《北京文学》、《鸭绿江》、《中国铁路文艺》杂志社专家授课，来自全路“70后”铁路青年作家40余人赴会。《诗刊》、《中国铁路文艺》、《人民铁道报》、《鸭绿江》等报刊和相关网站论坛陆续推出一系列铁路青年作家作品。

【各单位文联开展活动】

哈尔滨局文联在组织开展活动的同时，还承担了哈尔滨铁路博物馆的整体展陈设计工作。沈阳局文联围绕开展活动和沈阳铁路陈列馆开馆，组织30多名作者撰写了40多万字的《沈阳铁路陈列馆讲述的故事》一书，由辽宁人民出版社出版发行，面向全社会宣传铁路优良传统，展示铁路发展轨迹。北京局文联发挥资源优势，选派重点作者积极参与配合铁道部重大题材创作，在电影、报告文学、长诗创作等方面发挥骨干作用。他们配合局工会开展的路歌征集、演唱活动，受到职工欢迎。武汉局文联紧紧围绕安全生产，开展包括安全知识宣传、文艺演出、安全演讲、现身说法等内容的“安全情系千万家”活动，连续开行“文化列车”。西安局文联将5000余幅书画作品送到一线站段、车间和职工宿舍。为积极配合165次英雄列车事迹宣传报道，在文艺刊物上刊出主题书画专版。上海局文联配合全路“感受世博，奉献铁路”系列活动，主动奉献，发挥作用，配合部文联和铁路书协成功举办“跨入高铁时代。喜庆世博盛会”全国铁路书画精品展。太原局文联积极配合部文联和摄影分会，在第10届平遥国际摄影大展中推出中国铁路摄影家作品展。主动配合部政治部宣传部组织的铁路发展建设成就采访创作，推出反映大秦重载的精品力作。呼和浩特局文联推出包括送文艺演出、送书画、摄影作品到站段、组织全局青年诗歌朗诵大赛等内容的“送百场活动到一线”，广受职工欢迎。他们还组织“影像呼铁”采风创作，扶持4名职工作家出版专著。济南局文联创造性地把文艺演出和“三不让”、“金秋助学”结合起来，广受职工称赞。广铁集团专门出台了关于加强文联工作的文件。集团文联参与组织原创歌曲演唱会，推出群众创作的歌曲50多首。南宁局文联围绕铁路重点工程建设，开展征文、采风和全局书法、美术、摄影比赛。成都局工会年初组织召开文化工作座谈会，成立了成都、贵阳、重庆三个铁路地区文联。兰州局文联组织书画家创作370幅作品，美化太（原）中（卫）银（川）铁路沿线，组织“前进中的和谐兰铁”摄影采风。郑州、南昌、昆明、乌鲁木齐铁路局、青藏铁路公司、铁道第三勘察设计院等单位文联也立足本单位实际，积极开展工作，举办各种丰富多彩的文艺活动。

【文艺刊物】

认真抓好《中国铁路文艺》等铁路文艺刊物的选稿把关、编辑出版工作，努力提高刊物质量。丰富优化栏目，提高选稿质量，提升刊物整体水平。不断拓展铁路职工、旅客货主精神文化生活空间。同时，配合部主管部门抓好站车文化阵地建设，严把站车图书报刊质量，特别是努力把动车组旅行杂志创办成格调高雅、内容丰富、装帧精美、受到旅客欢迎的铁路大众化读物。各局文联主办的10余种文艺刊物，也从贴近高铁时代，反映铁路火热生活等方面细化栏目、优化版面，大力推出反映铁路发展建设的各类文艺作品，丰富广大干部职工精神文化生活。全路报刊共发表文艺作品3000余篇。

各专业协会

【作家协会】

3～4月，组织5位作家参加部政治部宣传部组织的铁路发展建设成就集体采访，推出文学作品数十篇，其中近4万字的反映重载铁路的长篇报告文学《桑干河的诉说》被《中国作家》重点推出，引起反响。7～12月，配合政治部宣传部做好2010年新疆和田、宁夏固原“和谐之旅”夏令营活动，完成了2本出版画册文字撰写和图片编选任务。经过推荐，铁路作家刘惠强等3人创作的反映大秦重载的长篇报告文学《重载大秦》，张风奇等4人创作的反映京沪铁路建设的长篇诗集《京沪放歌》被中国作家协会列为2011年重点扶持选题。2位铁路作家的文艺论文被收入正式出版的《中国文联青年评论家论文集》。一年中，铁路作家有数十部文艺专著出版，张风奇的诗文集《风展阳光》、王雄的散文集《走过的》等引起良好反响。

【书法家协会】

一年中，通过举办展览、采风、送书画下基层等多种形式广泛开展活动。铁路书画家多幅作品入选国家级展赛并收入选集。12月，王勇平、潘传贤、程智勇、迟宝璋出席中国书法家协会第六次代表大会，王勇平、潘传贤当选为中国书协理事。12月31日，由中国铁路书协组织的铁路书法家作品展在北京中国人民革命军事博物馆开幕。当代书法大家李铎先生亲自为书展题写展名。本次书法展联袂展出了中国书协理事、中国铁路书协主席王勇平和中国铁路书协常务副主席潘传贤的作品72幅。同时，《王勇平敬录毛主席诗词书法作品选》和《潘传贤翰墨精选》由上海人民美术出版社出版发行。

【摄影分会】

一年中，多次选派摄影家深入铁路建设和基层生产一线采风创作。8月，在大秦铁路即将实现年运量4亿吨运量目标之际，铁路文联摄影分会和太原铁路局联合中国新闻摄影学会，组织全国新闻摄影名家，集中对大秦铁路进行系列采访宣传活动，从不同角度和不同题材拍摄了5000多幅新闻图片。新华社、中新社、《人民日报》、《人民日报》海外版、《工人日报》、《科技日报》、《北京晚报》、《南方周末》、《人民画报》（中、英、俄、韩文版）《中国环境报》、《中国安全生产报》、《中国煤炭报》等10多家报刊相继图文并茂地整版刊出摄影作品，人民网、新华网、中新网也辟出大秦铁路专栏，立体彰显大秦铁路为社会经济发展做出的突出贡献。9月下旬，由铁路文联和太原铁路局联合主办的“太铁杯”中国铁路摄影家作品展在第10届平遥国际摄影大展中亮相，推出百余名铁路摄影家的优秀作品。中国摄影家协会副主席朱宪民、王玉文、王悦、张桐胜等领导和铁路系统50余位摄影家参加开幕式并参观展览，并为作者颁发入选证书，评奖。展览期间还举办了摄影讲座及艺术交流活动。铁路文联获得本次摄影大展优秀组织奖。

经过申报，中国摄协主席团会议通过，同意将铁路文联摄影分会吸收为团体会员。

中国煤矿文联

综 述

2010 年，煤矿文联在中国煤炭工业协会的领导下，在中国文联、中国作协的支持和帮助下，认真贯彻落实党的一系列文化宣传方针政策和中国煤炭工业协会有关工作部署，紧紧围绕“文化为矿区服务、为矿工服务”的基本宗旨，以科学发展观为指导，结合煤矿群众文化的实际开展工作。

主要工作

【认真学习贯彻党的十七届五中全会精神】

2010 年，按照中国煤炭工业协会党组的部署，煤矿文联组织全体党员认真学习了党的十七届五中全会精神。通过学习，大家进一步认识到中共中央十七届五中全会提出转变经济发展方式的要求对于文化建设与发展的重大意义。

2010 年，完成中国煤炭工业协会下达的《影视传播与煤矿文化建设》的课题研究。

【召开中国煤矿文化宣传基金会工作会议，选举产生了新一任基金会理事长】

6 月 2 日，煤矿文化宣传基金会工作会议在上海召开，中国煤炭工业协会副会长孙之鹏到会并作讲话，煤矿文联主席许传播就 2010 年上半年的煤矿文化工作做了总结，对下半年的主要工作提出了建议和意见。

按照《中国煤炭工业协会章程》及民政部的有关规定，中国煤矿文联、中国煤矿文化宣传基金会领导成员按要求进行了调整。中国煤炭工业协会人事培训部主任王虹桥主持选举工作。由于许传播同志已到达《中国煤炭工业协会章程》规定的最高任职年龄，不再担任中国煤矿文联主席、中国煤矿文化宣传基金会理事长职务，经中国煤炭工业协会推荐，与会代表表决一致通过，庞崇娅同志任中国煤矿文化宣传基金会理事长。大会还通过了李士杰同志任中国煤矿文化宣传基金会副理事长、中国煤矿文联副主席的决议。来自全国各省煤矿工会及煤炭企业的工会主席，文联、基金会理事、有关单位代表等 230 多人参加了会议。会议同时通报了中国煤矿文化宣传基金会 2010 年上半年工作及财务情况。

【召开中国煤矿文联第三届理事会第七次会议，选举产生了新一任煤矿文联主席】

9 月 10 日，中国煤矿文联第三届理事会第七次会议在京召开。全国政协常委、中国煤炭工业协会会长王显政，国家安全生产监督管理总局副局长、国家煤矿安全监察局局长赵铁锤，国家安全生产监督管理总局副局长梁嘉琨，中国文联党组成员、书记处书记夏潮等领导出席会议并讲话。中国煤炭工业协会名誉会长、煤炭学会理事长濮洪九，国家安全生产监督管理总局党组成员、总工程师黄毅，国资委行业协会办公室主任武爱河，中国煤炭工业协会副会长赵岸青，中国煤炭工业协会副会长兼秘书长姜智敏，中国煤炭工业协会党委副书记、副会长孙之鹏等领导出席会议。煤矿文联各位副主席及秘书长和来自全国各煤炭企业的煤矿文联的理事、理事单位的代表 200 余人参加了会议。会议通过了煤矿文化宣传基金会理事长、煤矿文联副主席庞崇娅代表煤矿文联第三届理事会作的《工作报告》，选举梁嘉琨为新一任中国煤矿文联主席。会上公布了调整增补的第三届理事会成员名单。

【开通中国煤矿文化网】

中国煤矿文化网是由煤矿文联和煤矿文化宣传基金会主办的反映全国煤矿群众文化工作、活动情况的门户网站。它的开通对于密切与基层文化组织的联系，沟通信息，扩大交流有着积极的作用。为了加强煤矿文化网建设，年初，煤矿文联下发了《关于加强煤矿文化网建设的通知》，对基层文化网站的情况进行了摸底。同时，征得国家煤炭工业网的支持，聘请专业人员，对煤矿文化网的网页进行了重新设计。新网页包括文联概况、文联工作，文化活动、精品展示、煤矿文化人物介绍、原创天地等七大板块。9月10日，煤矿文化网的启动仪式在京隆重举行，煤矿文化网开通后，运转情况良好，基层来稿踊跃，信息交流的速度明显加快，点击量与日俱增，每天达1000多人次。

12月1日，由煤矿文联、煤矿文化基金会联合主办的全国煤矿文化网络通讯员培训班在京举行，来自全国煤炭企业负责文化宣传的领导、宣传干事及通讯员80多人参加了培训。培训班学习了国家安全生产监督管理总局副局长、煤矿文联主席梁嘉琨的书面讲话。煤矿文联名誉主席许传播，中国煤炭工业协会统计与信息部主任杨显峰，煤矿文化宣传基金会理事长、煤矿文联副主席庞崇娅等对参加培训的学员提出了要求。煤矿文化网站长、主编刘俊介绍了煤矿文化网开办3个月来的有关情况。《阳光》杂志社长、主编徐迅参加了开班仪式。开班仪式由中国煤矿文联常务副秘书长、组联部部长张强主持。

为期3天的培训班，煤矿文化网聘请优质师资，结合当前网络发展的新形势和学员们关心的问题，有针对性地开设课程。煤炭工业协会统计与信息部主任杨显峰、国家安全生产监督管理总局网络运行处处长栗欣、中国科学院软件研究所技术总监余兴亮、红袖添香网总编辑毕建伟、新华网文化频道主编俞胜、中国网文化频道编辑钟明等分别就“网络文化建设”、“煤炭经济运行形势”、“网络技术在文化网站的应用”、“网络舆情监测与分析”、“网络新闻制作的规范操作”、“网络新闻标题及摄影图片制作”等方面的内容与学员进行了深入交流，学员们深受启发。

【通过民政部考察专家组对煤矿文化宣传基金会和煤矿文联的评估】

2010年，根据民政部《全国性民间组织评估实施办法》的相关规定，煤矿文联和基金会积极申报参加了民政部对社团组织的评估活动。煤矿文联将评估工作作为提高煤矿文联、基金会的社会公信力，增强自身的社会服务功能，促进煤矿群众文化工作健康持续发展的重要工作来抓。从6月开始，煤矿文联就对评估工作做了全面的部署，按照评估指标体系，分工明确，责任到人，分别对文联、基金会的基础条件、内部治理、工作绩效、社会评价等方面进行了自查，发现问题，及时整改。10月14日和11月17日，民政部实地考察专家组一行9人分成三个组，先后对煤矿文化宣传基金会和煤矿文联的各方面工作进行了为期两天的严格评审，并给予了很高的评价。认为“基础工作扎实，管理程序规范，活动安排周密，社会成效显著”。

各专业协会

【煤矿作家协会】

全国煤矿文学“乌金奖”是由中国作家协会和煤矿文联联合主办，为繁荣煤矿文学创作，培养煤矿作家队伍而设立的煤炭系统最高的文学奖项。自1984年创办以来，共举办了五届，对于展示煤矿文学创作成果，繁荣煤矿文学创作起到了积极的推动作用。年初，煤矿作协请示中国作家协会和本次大奖主办单位之一的神华集团，确定了评奖的相关细则和程序。3月，下发了《关于举办“神华杯·第六届全国煤矿文学乌金奖”评奖的通知》，5月，成立了第六届乌金奖组委会和评委会，下设了办公室和初评组。经过半年多时间的作品报送、分类整理、登记造册和长篇小说、中短篇小说、散文、诗歌、报告文学、文学评论6个初评组的认真筛选，共评出初选篇目90多篇（部）。

10月19日，由中国作家协会创研部、煤矿文联、中国煤炭报社、平庄煤业集团公司主办，煤矿作家协会、《阳光》杂志社和平庄煤业集团工会承办的“吴晓煜作品研讨会”在京召开。中国作协副主席、全国政协委员陈建功，国家安全生产监督管理总局副局长、煤矿文联主席梁嘉琨出席并致辞。中国煤炭工业协会会长、全国政协常委王显政为吴晓煜作品研讨会发来贺信。研讨会由煤矿作家协会主席刘庆邦主持。出席研讨会的还有煤矿文化宣传基金会理事长、煤矿文联副主席庞崇娅，中宣部文艺局副巡视员梁鸿鹰，中国作协创研部主任胡平，《中国安全生产报》、《中国煤炭报》社长白海金，平庄煤业公司总经理张志、党委书记赵连陟、工会主席张光伟，著名评论家、编辑家、作家雷达、崔道怡、胡殷红、徐坤、彭学明、王必胜、韩小蕙、何向阳、吕先富、徐迅、冯俐及《人民日报》、《光明日报》、《文艺报》、《中国艺术报》、《中国煤炭报》、中国作家网、新华网、中国煤矿文化网的记者共50多人。大家认为：吴晓煜将自己的人文情怀、矿工情结融入到创作中，以丰富的历史知识、独特的视角、质朴的语言，多角度反映了煤矿等领域的沧桑历史以及时代特征。作品厚重，语言生动，知识性强，富有感染力，字里行间透露出作者的思想和智慧。

10月27日，由煤矿文联、潞安集团主办，煤矿作家协会、《阳光》杂志社、潞安集团文联承办的“中国作家看潞安”暨第四届煤矿中青年作家高级研讨班在山西潞安集团隆重开幕。中国作协副主席、全国政协委员陈建功，中国作协创研部主任、著名评论家胡平，煤矿作协主席、著名作家刘庆邦，潞安集团公司党委书记王安民、总经理李晋平、文联主席阎接囤，著名评论家、作家雷达，《人民文学》原主编、著名诗人韩作荣，北京市作协党组成员、著名作家徐坤，山西省作协党组副书记、散文作家李歆，长治市文联党组书记、主席、著名作家葛水平，著名作家魏微，煤矿作协副主席兼秘书长、《阳光》杂志社长、主编徐迅，煤矿作协副主席、煤矿文化网站长、主编刘俊，《阳光》杂志执行主编凌翼，《山西文学》主编鲁顺民以及来自全国各地煤炭系统的100多位作家、作者出席。

开幕式由煤矿作协副主席吴晓煜主持。中国作协副主席陈建功发表了热情洋溢的讲话。潞安集团公司党委书记王安民致欢迎词，总经理李晋平介绍了集团概况及近年来取得的业绩。开幕式后，陈建功、胡平、韩作荣等采风团一行赴潞安集团屯留煤矿考察了煤基合成油示范项目，通过座谈会、专题采访、实地参观等多种形式，详细了解了煤变油的工艺流程、技术特点和取得的经验，对煤炭转型发展、跨越发展，发展新型煤化工产业有了一个全新的认识。

第四届煤矿中青年作家高级研讨班同期举行，邀请陈建功、胡平、雷达、韩作荣、刘庆邦、徐坤、葛水平、王春林等全国著名的作家、评论家、专家和学者授课。

【煤矿书法协会】

8月3日，为活跃矿区文化生活，展示煤矿职工近年来书法艺术所取得的成果，书法协会在潞安集团举办了第三届全国煤矿书法精品展览。展览共收到来自全国31个省、市、自治区煤炭系统的书法美术摄影作品2000余件。其中第三届全国煤炭系统的书法美术摄影作品123件，入选作品112件；山西省煤炭系统第二届书法美术摄影展览选出获奖、入展作品123件；同时展出名家祝贺作品和特邀作品71件。全国煤矿书法精品展是煤矿书法界规格较高的展览，迄今已举办了三届。

【煤矿曲艺家协会】

中央电视台的CCTV相声电视大赛是一项专业性较强的赛事，每两年举办一次。煤矿曲艺家协会从2009年开始备战，先后在淄博、新汶等地连续举办三期曲艺培训班，聘请专业老师授课，请来相声大师辅导，深入到基层煤矿演出，选拔出了一批较为成熟的参赛作品参加了2010年第五届CCTV相声电视大赛。其中有3部作品进入到了复赛。10月，央视三套进行了决赛的现场直播，煤矿曲艺家协会选送的兖州集团职工创作、表演的相声《大喇叭》荣获了非职业组的二等奖，成为煤炭行业参加CCTV相声电视大赛以来获得的最好成绩。

【煤矿音乐家协会】

6月中旬，根据煤炭各大企业经常开展群众歌咏活动，合唱水平日渐提高，合唱指挥水平却普遍偏低的情况，煤矿音乐家协会与中国产业文联联合举办了为期七天的合唱指挥培训班。培训班以煤矿学员为主，体现三个特点：一是基层报名踊跃，参与积极，来自全国煤炭、石油、石化、公安系统的30多个单位共有99名学员参加，规模空前。二是根据基层业余合唱指挥音乐理论基础较差，水平参差不齐的特点，培训班在课程安排和设置上既注意音乐基本理论的补习，更侧重合唱指挥具体实际的指导与训练，并聘请著名指挥家对学员进行了听音、模唱的测试和训练，指挥的基本技能及各种手势的运用的讲授，合唱队的基本训练和合唱作品的选择的讲解，理论与实践相结合的授课方式得到学员的一致好评。三是培训班期间先后组织学员观看了在京举办的《中国农民艺术节》，观看了丹麦哥本哈根皇家演出团的合唱演出，通过观摩交流，开阔了学员的眼界，对促进煤炭及产业系统歌咏合唱活动的蓬勃开展起到了积极的作用。

2010年，煤矿音乐家协会还积极组织煤矿职工参加了第二届“生命之歌”全国安全歌曲大赛活动，通过层层遴选，评出10首报送了第二届“生命之歌”全国安全歌曲大赛组委会。

【煤矿舞蹈家协会】

2010年，煤矿舞蹈家协会根据中国舞蹈家协会的要求，转发了《第七届中国舞蹈“荷花奖”当代舞、现代舞评奖通知》，对煤矿舞蹈家们参加第七届中国舞蹈“荷花奖”活动的相关事项进行了安排部署。

【煤矿集邮协会】

12月10日，中华全国集邮展览在杭州开幕，煤矿文联名誉主席、煤炭邮协主席许传播和煤矿文联组联部部长、邮协国家级评审员张强参加了活动。许传播在中华全国集邮联合会六届四次理事会上当选为常务理事，张强作为本次展览评审委员会成员，参加了邮集作品的评审工作。煤炭集邮协会报送的蔡敬贤作品《新中国人民币面值普通邮票（传统类）》荣获大镀金奖，刘志刚作品《养狗（专题类）》荣获镀金奖。

直属单位

【《阳光》杂志】

7月20日至23日，《阳光》杂志在郑州煤业集团举办了“郑煤杯·第四届全国煤矿文艺期刊评奖暨主编培训班”。会上各期刊的主编和有关领导分别介绍了各自办刊的经验及面临的问题。《银河》、《同煤文艺》等20家文艺期刊被评为“双十佳”煤矿文艺期刊。《香山风》、《跨越》等19家文艺期刊获得了优秀期刊奖。活动期间同时举办了主编培训班，来自全国煤炭系统的煤矿文艺期刊主编、副主编50多人参加了培训和文学讲座。通过此次期刊评奖及培训活动，总结了煤矿文艺期刊的整体工作，增强了相互之间的交流和学习，促进了基层文艺刊物的全面发展。

9月10日，《阳光》杂志特约编务会议在北京京西宾馆召开。国家安全监督生产管理总局副局长、煤矿文联主席梁嘉琨出席会议并讲话，煤矿文联名誉主席许传播，煤矿文联副主席、《阳光》杂志社名誉社长李士杰出席会议并致辞。会议由煤矿文化宣传基金会理事长、煤矿文联副主席庞崇娅主持。《阳光》杂志社社长兼主编徐迅作工作汇报，煤矿文联组联部部长张强宣读了2010年《阳光》杂志表彰名单。梁嘉琨在讲话中充分肯定了《阳光》杂志所取得的成绩，并和参会人员就《阳光》现阶段面临的问题与挑战，进行了细致的交流，对《阳光》未来的发展做出了规划。

2010年，《阳光》杂志上发表的小说、诗歌、散文、评论、剧本共有15篇作品被国内一些权威杂志如《小说选刊》、《散文选刊》、《新世纪文学选刊》、《都市文萃》选载。其中卢江良的小说《梦想制造者》被漓江文艺出版社编辑出版的《2010年中国年度短篇小说》选载。另外，还有6篇散文被辽宁人民出版社、长江文艺出版社、漓江文艺出版社、大众文艺出版社等出版社编辑出版的《中国年度最佳散文》选载。梁秉堃的剧本《春雪润之（五场话剧）》荣获2009年度文化部全国文华优秀剧目奖，冯俐的剧本《在那遥远的地方》荣获2010年度文化部国家艺术院团优秀剧目展演优秀编剧奖。

中国电力文协

综 述

2010 年，中国电力文协努力落实科学发展观，积极推进电力行业企业文化建设。在中国文联和新一届中电联理事会的关怀指导下，围绕电力发展改革的中心，服务转变电力发展方式和行业文化建设的大局，加强自身和所属专业协会的建设，团结带领电力文艺工作者深入生活，围绕培养文艺人才、繁荣文学艺术创作开展了一系列工作，在有效推动电力行业企业文化建设方面取得了新成绩。

重要会议与活动

【2010 年中国电力文艺体育协会理事长扩大会议】

8 月 1 日，在湖北宜昌召开了中国电力文协和中国电力体协理事长扩大会议。中国电力文协理事长谢振华，中国长江三峡集团公司副总经理毕亚雄，中电联副秘书长、行业与企业文化部主任孙永安等有关领导出席会议。本次会议的主要议程：一、总结中国电力文协、中国电力体协 2009 年的工作。二、就如何促进电力文学艺术工作在行业文化建设中发挥更大作用进行研讨。三、中国电力作家协会、中国电力书法家协会和几家大电力集团公司交流了文体工作经验。会议代表对电力行业文化建设的发展前景充满信心，大家表示，虽然电力改革后电力分为几大集团企业，但电力仍是一家人，要团结一致，为促进电力行业文体工作发展共同努力。

【电力集邮协会扩大的秘书长工作会议】

电力文协下属的电力集邮协会于 6 月 29 日、11 月 3 日两次在京召开扩大的秘书长工作会议，中电联副秘书长、行业与企业文化部主任、中国电力集邮协会会长孙永安，华电集团资本控股有限公司党组书记、电力集邮协会常务副会长王俊生等领导参加会议并作重要讲话，国家电网、中国华能、中国大唐、中国华电、中电投等集团工委负责邮协工作的领导和受邀的电力行业部分基层单位邮协负责人参会。

6 月 29 日，会议就调动各方面积极性，提高对开展电力集邮文化活动的认识，加强电力集邮组织建设力度，开展丰富多彩高层次的集邮活动达成了共识。会议提出，电力邮协要在创建行业文化品牌上有所作为，为营造电力行业文化氛围、培育电力行业文化价值体系做贡献，要突出电力集邮文化的宣传和教育功能，在电力企业文化建设上发挥示范作用。会议还重点对电力邮协组织构架，分工协作，经费筹措等问题进行可行性研讨，听取了代表的意见和建议。

11 月 3 日，会议重点部署了首届全国电力集邮展筹备工作。会议讨论了首届全国电力集邮展筹备情况及策划方案，通过了电力邮协增补常务理事和副秘书长及邮展经费预算等相关事项。会议认为，举办首届全国电力集邮展览是电力行业文化建设的一件大事，各单位要团结一致，共同努力，把这次邮展办成一次电力行业的文化盛会。以庆祝建党 90 周年、弘扬电力行业优秀文化为主题的首届全国电力集邮展览拟于 2011 年夏季在北京举办。

【参加第三届中国书法兰亭奖】

10 月份，电力文协下属的电力书法家协会代表电力行业组织部分优秀作者参加了由中国文联、中国书协主办的“第三届中国书法兰亭奖”评审，其中仇必鳌获教育奖提名，高冉、郭月亭、吴朝辉、孙兴泉等获艺术奖入展。“兰亭奖”活动是在全国具有很大影响和很高学术性、权威性的书法盛事，通过参加这次活动，锻炼了电力书法队伍，开阔了眼界，增添了信心。

各专业协会

【作家协会】

5 月中旬至 7 月底，电力文协所属的中国电力作家协会与西北电力工委、西北电业文学艺术协会会同陕西、甘肃、青海、宁夏、新疆作家协会联合组织了“中国作家感受西北电力”活动。活动采访团由电力作协副主席兼秘书长潘飞和陕西省作协党组书记、常务副主席雷涛任团长，团员包括青海省作协主席梅卓，新疆作协常务副主席董立勃，陕西省作协副主席冯积岐，甘肃省作协副主席魏珂、阎强国，以及电力内外作家共 30 余人。活动分集中“感受西北电力”采访和分头深入采访及创作两个阶段。采访团集中采访了西北电网公司、西安供电局客户服务中心、甘肃电力公司、刘家峡水电厂、兰州东变电站等十多家电力企业，目睹了我国西电东送的“电力高速公路”——西北电网 750 千伏输变电线路的宏伟工程，站在巍巍铁塔和粼粼银线下，眺望东去的电力网络和滔滔黄河，作家们无不感慨万端、赞叹不已。作家阎强国在他的采访日记里写道：“走近电力，你会发现与太阳同辉的电力文学贮藏。在那里，只要你昂扬向上迈步，光明处处闪烁。”银川文学院院长葛林的采访感言是：“750 输变电线路那雄伟壮观的场景，有一种震撼心魄的力量。中国西部，地域辽阔，能源丰富，电力工业的又好又快发展，对西部的崛起，将起到巨大的推动作用。对于我们这些生活在这里的作家，有一种由衷的自豪感。歌唱西部，歌唱电力，是我们义不容辞的职责。”此次活动将作家们采访创作的作品出版了《爱，融入灿烂银河》的作品集，共集结了 30 人的 43 篇作品、28 万字，该书于 12 月 28 日在西安举行了首发仪式。

【书法家协会】

3 月 24 ～ 28 日，中国电力书法家协会积极响应中国书协提出的“书法进万家”的倡议，组织了“电力书协为企业服务”全国电力书画交流创作活动。电力书协主席贺恭、副主席肖鹏、王永干一行 12 人，先后赴贵州乌江水电开发有限责任公司、凯里供电公司、乌江渡发电厂、遵义供电局等电力企业，开展“电力书协为企业服务”活动。在活动启动仪式上，电力书协主席贺恭将精心创作的《乌江赞》七言九首诗词书法作品，赠予贵州乌江水电开发有限责任公司。本次活动热情讴歌了我国水电事业在不断发展过程中所取得的成就，为广大电力员工创作了脍炙人口的警言、名句和诗词书画作品共 600 余幅，受到电力企业和广大电力职工的喜爱和欢迎。活动的举办不仅使书画艺术贴近基层为企业服务，活跃电力职工文化生活，也为普及提高电力行业书画艺术创作水平发挥了积极作用，为电力企业和职工送去很好的精神文化食粮。

10 月 28 日，中国电力书协在三峡工程现场举办了“走进三峡书画创作笔会”。全国政协人口资源环境委员会副主任、中国书协副主席、中国电力书协名誉主席邵秉仁，中国书协理事韩亨林、贺恭、肖鹏、张铜彦、王荣生，著名书法家郑培亮、电力书协副主席王永干等 16 位知名书画家参加笔会。书画家们挥毫赋彩，尽情抒发对高峡平湖新三峡壮美之情，所创作的精美书画作品为三峡集团公司企业文化建设增添了灿烂的一页。

【摄影协会】

9 月 12 日～18 日，中国电力文协与中国电力摄影协会在四川举办了“迎接中国共产党成立 90 周年——全国电力摄影创作采风活动”。来自各电力企业的工会负责人、摄影骨干及摄影爱好者 36 人参加了此次活动。采风活动用手中的镜头追寻红军当年的足迹，旨在缅怀先烈、激越情怀、发扬传统、提高摄影创作水平，更好地服务于电力发展与改革。采风活动为做好企业宣传工作、推进行业企业文化建设起到了积极作用，为进一步提升电力行业摄影创作水平起到了推动作用。

【集邮协会】

10 月 1 ～ 10 日，中国电力集邮协会组织电力集邮爱好者参加了葡萄牙 2010 世界邮展，唐中杰的集邮作品《华北军邮（1946—1951）》获得镀金奖的好成绩。

12 月 10 ～ 13 日，中国电力集邮协会组团参加了2010年全国邮展。电力邮协推荐的参展作品获得2金3银的好成绩，其中江苏太仓供电公司范利清的展品《中国信柜邮戳（1899—1949）》获大镀金奖。这是电力邮协成立两年来首次正式以行业邮协名义参加全国邮展，对弘扬电力行业文化起到了积极地促进作用。

组织建设工作

认真落实民政部对筹备成立电力文学艺术协会的要求并做好相关工作。积极筹备电力摄影协会和电力美术协会换届工作。6月，中国电力作家协会经考查发展作协会员19名，至此电力作协会员已达411人。

中国水利文协

综　述

2010年，在深入落实科学发展观，贯彻陈雷部长在2009年11月召开的首届中国水文化论坛上所做的《大力加强水文化建设，为水利事业发展提供先进文化支撑》的讲话精神，围绕水利中心工作，举办了水文化知识培训班；与水利政研会一起为水利部编制《水文化建设规划纲要》；组织开展了“水歌曲”的创作及传唱活动和以“民生水利与安全发展”为主题的征文活动，举办书画展等。

主要活动和工作

【水文化知识培训班】

10月20～24日，在华北水利水电学院举办了旨在全行业广泛普及水文化基础知识的首届水文化培训班。培训对象是精神文明建设工作者、水文化工作者和基层党政干部。学习的主要内容是：水文化建设的重要意义及主要任务；水文化的主要内容及近年研究发展的主要成果。共有40多个单位近150人参加培训班学习，受到主管部门领导的肯定和各单位的欢迎，取得良好效果。

【编制“水文化建设规划纲要”】

由水利文协主席亲自领导与中国水利政研会一起，组织水文化工作委员会的有关专家，经过广泛调查，深入研讨，为水利部编制了《水文化建设规划纲要》。纲要主要内容包括指导思想、基本原则、发展目标、重点任务和保障措施等。

【水文化论坛】

12月，在山东滨州与水利学会水利史研究会联合举办了“大禹文化研讨会”。应征77篇论文，评出一、二、三等奖34篇，有5个单位获得组织奖。邀请部分专家学者和获奖作者进行了交流。6～8月与水利部景区办联合开展了“首届全国水利风景区建设管理与水文化论坛”征文评选活动。评出获奖论文27篇。

【编辑出版水文化丛书】

由中国水利作协组织编辑了《水文化与水文明》、《江河水文化》、《水文化与甘肃水利发展》、《黄河历史与水文化》、《长江水文化文集》等五个专题内容的《中华水文化丛书》第一辑，并于2010年7月正式出版发行。

【“水歌曲”创作、演唱比赛】

从4月起，在全国水利行业开展了“水歌曲”创作、演唱比赛活动。共有30个省区市水利水务厅（局）和部属19个单位参加，创作、演唱“水歌曲”500多首，其中原创歌曲68首。8月29日至9月3日，在呼和浩特市举办了“水歌曲”演唱大赛。来自全国水利系统近50个单位的214名歌手参加了民族、流行、美声和原创4个组别的演唱比赛。弘扬了水利人“献身、负责、求实”的行业精神，展示了水利人的良好形象。水利部副部长周英观看演出并为获奖者颁奖。

【开展以“民生水利与安全发展”为主题的征文活动】

4～5月，在全国水利系统开展了“民生水利与安全发展”为主题的征文活动。有36个单位600多名作者应征作品517篇。作者中有生产一线工人、基层领导干部、安监部门负责人和技术人员。文章紧密结合实际，创新思维，包括理论探讨、经验交流、工作研究、精神传扬、警示感悟等五大部分，内容丰富，彰显了“生命至上，安全第一”的精神。充分体现了水利各级领导和一线职工对安全发展的高度重视。

【举办书画展】

“五一”节前夕，在水利部机关和水利部老年大学举办了天津市水务局职工书画作品展。展出作品 60 幅。天津市水务局领导一向重视职工文化生活，成立了天津水利书画院，培养了一批书画爱好者，活跃了职工文化生活。这次展览受到部机关职工和离退休老同志的广泛欢迎。

【莫测版画艺术成就展】

9 月 21 日至 10 月 10 日，水利文协与鲁迅博物馆共同举办了著名版画家、国家一级美术师、享受国务院特殊贡献专家津贴、原中国水利文协专职副主席莫测的版画艺术成就展，共 100 幅展品，展后全部捐赠鲁迅博物馆。

【水利歌手张黎玲独唱音乐会】

元月下旬，中国水利文协和四川省水利厅、四川绵阳市政府在四川绵阳联合举办了四川水利业余歌手张黎玲独唱音乐会。演唱了《都江堰》等歌曲，受到当地群众和水利职工的喜爱。

【制作《江河欢腾颂祖国》文艺光盘】

根据基层广大水利职工的要求，为共享水利部在京举办的庆祝新中国成立 60 周年“江河欢腾颂祖国”文艺汇演的精彩节目，制作了文艺光盘，并发送各基层单位。

【培养青年作家，推荐作协会员】

2 月和 8 月，根据中国作协要求，分别选送了湖北省水利职工伍梅和辽宁省水利职工郭金龙 2 位青年业余作家参加鲁迅文学院第 13 期、第 14 期高级研讨班学习深造。

向中国作协推荐并经批准，海河水利委员会的靳怀堵、长江水利委员会的傅秀堂 2 位文学作者为中国作协会员。

【召开水利作协年会】

9 月下旬，在甘肃召开了中国水利作协主席、秘书长参加的 2010 年年会暨《大江文艺》杂志社理事会议。总结了一年的工作，部署了迎接建党 90 周年和辛亥革命 100 周年为主题的文学创作活动。中国水利文协主席张印忠出席会议并讲话。

【水利邮协结硕果】

参加中华全国集邮联主办的“杭州 2010 中华全国集邮展览”，水利邮协选送的上海市水务局蔡志明的极限类邮集《博物馆》获镀金奖。

【抗灾救灾摄影报道】

在 2010 年抗灾救灾摄影报道中，贵州省水利职工章静和中国水利报社李先明因工作表现突出，被中国摄协授予 2010 年抗灾救灾优秀摄影家称号。

2010 年，本会有 4 名业余摄影爱好者加入中国摄协，成为该会会员。

中国化工文联

综　述

重要会议

【中国化工书画家协会二届理事会】

主要议题是总结换届4年来的工作，调整和增补部分理事单位和理事，研究2011年工作。会议认为4年来的工作是卓有成效的：积极参与了全国第二届职工艺术节；举办中国化工改革开放30周年暨第二届书画展，并在全国部分石油、化工企业进行巡展；积极参加迎奥运和为汶川、玉树大地震组织义卖捐赠活动；举办了庆祝新中国成立60周年书画作品大型网展；组织了向企业劳模、先进工作者赠送书画作品和送春联到基层活动。各项活动在业内得到广泛好评，一致认为贴近实际、贴近生活、振奋人心，反映了中国化工改革开放的新成就、新变化、新面貌。同时，为了加强对工作的组织协调和领导，调整了部分理事单位和理事，增补了部分理事单位和理事。研究了2011年工作。2011年的工作重点是紧紧围绕建党90周年策划组织活动。

【中国化工摄影家协会二届理事会】

主要议题是总结换届4年来的工作，调整和增补部分理事单位和理事，研究2011年工作。会议认为4年来的工作是卓有成效的：积极参加全国第二届职工艺术节展事活动并取得优异成绩；举办中国化工改革开放30周年暨第二届摄影展、巡展；积极组织了迎奥运活动，在派出摄影家深入汶川、玉树大地震灾区，纪实实况，宣传激发人们的抗震救灾热情；举办了庆祝新中国成立60周年摄影作品大型网展，并在业内组织了巡展。紧紧围绕建党90周年纪念活动，研究了2011年工作；在甘肃省张掖市委市政府的大力支持下和张掖摄协、报社、电视台的帮助下，联合举办了大型采风活动。

【中国化工作家协会二届理事会】

主要议题是总结换届4年来的工作，调整和增补部分理事单位和理事，研究2011年工作。会议认为，4年来纵深推进新人新作培养发现工程取得较好成绩，部分年青作家在地方上影响越来越大，先后有5人的中篇小说在地方媒体连载连播，3人纳入国家重点培养对象，1人参加中宣部、中国作协在京举办的长期理论培训。近年来，在文学与社会文化、文学与企业文化、文学与管理文化的结合上迈出新步伐，关注现代管理理论成果和技术成果，使大批文学爱好者的目光聚焦企业，聚焦管理，出版了大型纪实文学《岁月如歌》、管理专著《心力管理》、《读贤文品管理》等10余部纪实、管理著作。作家叶建华的《读贤文品管理》继荣获2008年度全国人力资源管理类图书金奖后，被列为系列出版物。

中国化工舞台表演艺术协会成立时间较短，且秘书处与银河艺术团皆挂靠四川泸天化，暂未召开届中会议，理事、理事部位也暂未调整。日常文化艺术服务以本企业为主及所属企业为主，送欢乐下基层活动已经形成经常化制度化，在行业没有大型活动前提下，主要在下属外地企业巡回演出和采风创作。同时，积极参加地方政府组织的文化下乡和文艺调演活动，继在全国第一届、第二届职工艺术节大型舞蹈连获一等获的鼓舞下，士气日益旺盛，创作思路不断向社会文化领域拓展，艺术水准和地方影响力不断提高。

中国化工文学艺术联合会本部在组织上述3个会议的基础上，进行了大量的调研活动，为中国化工文学艺术联合会换届工作，奠定组织基础和队伍基础，并向上级主管部门提出人事调整建议。

中国石化文联

综　述

2010年，中国石化文联认真学习贯彻党的十七届四中、五中全会精神，以服务集团公司工作大局为中心，以弘扬时代精神、构建和谐石化为主线，以“创先争优”活动为契机，团结带领各专业协会和广大文化艺术工作者投身“比学赶帮超”活动，开展形式多样、丰富多彩群众性文化艺术活动，为中国石化中心任务的完成提供精神动力和文化支撑。

会议、活动与主要工作

【中国石化文联各专业协会秘书长会议和文联常委会议】

1月7日，中国石化文联召开各专业协会秘书长会议，学习贯彻集团公司2010年工作会议精神，研究探讨全年工作思路。2月1日，召开中国石化文联常委会议，讨论并通过《中国石化文联2009年工作总结和2010年工作要点》。各专业协会也相继召开常务理事会议，统一思想、明确方向，把中国石化文联全年的工作任务落到了实处。

【部分专业协会完成调整和换届工作】

根据文联章程和协会运行规律，音乐、舞蹈、作家、书法、美术、摄影等6个专业协会已经届满，为确保换届工作顺利进行并圆满成功，文联下发《关于中国石化文联各专业协会换届工作的指导意见》，从指导思想、组织领导、班子构成、程序目标等方面给予明确要求。2010年，音乐、舞蹈、摄影、书法等4个专业协会完成换届工作。5月18日，音协、舞协召开第三次代表大会，王亚钧当选音协、舞协主席，杜继平、窦有奎、张跃华、纪芒、张秀来当选音协副主席，杜继平、李敬、卢倩雯、徐晓明、刘晓宁当选舞协副主席，杜继平兼任音协、舞协秘书长。6月23日，摄协召开第三次代表大会，戚建国当选摄协主席，丁允福、章铮、伍叁、郝岳才当选摄协副主席，丁允福兼任摄协秘书长。8月25日，书协完成工作交接，挂靠单位由燕山石化改为书法活动基础较好的河南油田，并召开中国石化书协第三届代表大会，李科当选书协主席，杨明和、观鹏程、张存民、陈春河、项继云当选书协副主席，杨明和兼任书协秘书长。美协和作协的换届工作在积极有序的筹备中。在推动各协会换届的过程中，中国石化文联注重总结成绩和经验，明确方向和重点，完善机构和工作机制，为推动文联工作团结、鼓劲、创新、繁荣的工作目标奠定基础。

【中国石化2010年新春团拜会】

2月2日，“中国石化2010年新春团拜会”专场文艺演出在解放军歌剧院举行。团拜会文艺演出坚持“自编、自导、自演、自乐”的原则，所有节目、演员、编导、创作均由石化职工独立完成，展示中国石化文化艺术队伍实力和表演水平。团拜会演出由“序——石化大拜年”、“石化情——春满石化万家乐”、“石化魂——铁人精神铸铁军”、“石化赞——科学发展绘蓝图”及“尾声——我为祖国献石油”5个部分18个节目组成，共有400多名来自基层单位的职工演员参加演出。晚会集大型歌舞、声乐组合、舞蹈组合、语言类节目为一体，会场上下洋溢着浓郁的节日喜庆氛围，表达干部职工追求美好明天的良好愿望。演出结束后，集团公司党组领导给予高度评价：通过团拜会反映了中国石化职工的精神风貌，这是一场“动员会”、“祝福会”、“群英会”、“展示会”，起到了凝聚人心，鼓舞士气，激励斗志的作用。

【“川气东送”建设工程慰问活动】

7月6日，为庆祝“川气东送”工程全面建成并投入商业运行，在中国文联的大力支持下，中国石化文联和中国石化音协、舞协组织一批文艺骨干到“川气东送”建设工程一线慰问参建队伍和职工。慰问团邀请刘兰芳等19名全国曲艺、音乐、舞蹈、书法、摄影、杂技、戏曲、文学界的著名作家、艺术家，到工程一线进行采风创作慰问活动。10天内，慰问团巡回于川东北崇山峻岭之中，分别到四川达州市、宣汉县、川气东送建设工程指挥部、普光气田和一线井站进行文艺演出12场次，走访净化厂、处理厂、计量站、钻井队28个施工点，发放慰问信3000余份、赠送书法作品、文艺光碟2000余件，表达了集团公司党组的关怀，带去了亲人的问候，激励了队伍士气，密切了中国石化与当地政府的关系。

【首届“朝阳”文学艺术奖评选结束】

“朝阳”文学艺术奖是中国石化设立的系统内文学艺术界最高荣誉奖项，是发现培育文艺人才、催生优秀文艺作品的有效载体。在2008年组织音乐、舞蹈2个门类、2009年组织文学、摄影2个门类评选的基础上，2010年组织美术、书法2个门类的评选。6月，中国石化文联下发《关于首届“中国石化‘朝阳’文学艺术奖”美术类评选的通知》，系统内的美术工作者踊跃参加、积极申报，通过筛选，共有26位作者入围，中国石化文联于8月9日在齐鲁石化召开评审会议，对入围作者在全国美展入选情况和获奖情况进行认真评审，最终确定18位作者获得首届中国石化“朝阳”文学艺术奖美术类奖项。10月，中国石化文联下发书法类评选《通知》，并于12月1日在郑州召开评审会议，最终评选出22位作者获得首届中国石化“朝阳”文学艺术奖书法类奖项。至此，中国石化首届“朝阳”文学艺术奖6个门类的评选工作已圆满结束，共有28个作品、58名作者获得本届殊荣。

【中国石化第四届职工文艺录相调演】

为检阅各企事业单位文艺工作的丰硕成果，推动中国石化职工文化艺术事业的大发展大繁荣，中国石化文联、中国石化音协、舞协组织第四届职工文艺录相调演活动。活动得到各企事业单位党政和工会、文联组织的高度重视，在系统内掀起了写石化人、演石化事、抒石化情的群众性编创高潮，产生一大批优秀的作品。至10月底，共收到音乐类、舞蹈类、综合类、晚会类等作品和节目318个。经过认真评选，茂名石化女子群舞《太阳鸟》等11个节目获一等奖，中原油田独唱《祖国之恋》等20个节目获二等奖，河南油田南阳大调《油颂》等28个节目获三等奖，催化剂分公司群舞《花儿为什么这样红》等62个节目获优秀奖。

【开展“中国石化之歌”创作征集活动】

为进一步宣传贯彻《中国石化集团公司企业文化建设纲要》，中国石化集团公司思想政治工作部与中国石化音协举办“中国石化之歌”创作征集活动。2月，发布征集《通知》，共征集歌词8700余首，初选630多首，终评50首歌词。在此基础上，通过在《中国石化报》、中国石化网和中国音协《歌曲》杂志登载征歌《通知》和《启事》，共征集到歌曲作品597个，评审出50首歌曲作为群众性推广传唱的入围作品。活动得到中国石化系统内部职工的广泛参与和社会音乐艺术界特别是中国音协的高度重视和大力支持，参与“中国石化之歌”词、曲创作的著名专业作家和社会音乐工作者爱好者达720多名，范围涉及全国30个省区市，18个产业（行业）系统。为确保入选歌曲的艺术水平和创作质量，中国石化文联邀请中国音协分党组成员、副秘书长、《歌曲》杂志主编田晓耕，原中国音协副主席、《歌曲》杂志主编冯世泉，海政歌舞团一级作曲家李昕，总政歌舞团享受国务院政府特殊津贴、国家一级作曲家刘青，空政歌舞团一级创作员、全国著名作曲家姚明等在全国具有较高知名度和影响力的音乐艺术家担任评委。经过评审，《祖国的石化，人民的石化》等50首歌曲入围“中国石化之歌”。这项活动的开展，宣传了中国石化集团公司《企业文化建设纲要》核心内涵，加深了外界对中国石化的正面理解，扩大了社会影响力和美誉度。

【“祖国颂”直属机关职工摄影展】

9月25日，为庆祝新中国成立61周年，由集团公司直属党委主办、中国石化文联承办的“祖国颂”中国石化直属机关职工摄影展览，在总部大楼正式开展，共有113位来自总部机关各部门及在京单位职工摄影爱好者参加展览。中国石化文联邀请中国摄协副主席、新华社副总编辑王瑶、中国摄协分党组成员高琴以及《中国摄影家》杂志艺术总监蔡焕松组成评审委员会对作品进行认真评选，最终评选出288幅（组）作品入选展览。展出作品通过不同视角、不同手法表达石化职工歌颂祖国锦绣河山，赞美石化辉煌事业的美好心愿。

各专业协会

【作家协会】

对第二届文学循环赛散文大赛进行终评，共收到28个参赛单位320名作者报送的参赛稿件340篇，约120万字作品。聘请中国作协书记处书记高洪波，中国作协创联部主任孙德全，原《人民文学》杂志社副主编、著名作家肖复兴，《都市美文》杂志社主编、著名散文评论家田耒，《人民日报》副刊主编徐怀谦等学者专家担任评委。1月，在北京召开评审会，进行初评、终评，最终评出65个奖项，其中一等奖4篇，二等奖10篇，三等奖21篇，优秀奖30篇。作为展示广大石化作者文学才华的重要载体——《太阳魂》文学期刊，2010年共出版发行6期，发表小说27篇，散文90篇，诗歌400首，报告文学6篇，散文诗6章，美术书法摄影作品12幅，总印数18000册，为满足广大职工的精神文化需求发挥了应有的作用。第三期为玉树抗震救灾专辑，出版后在社会上引起很大地反响。积极组织出版文学作品并推荐作品参加文学赛事活动。组织编写并出版第三套文学丛书：《鼎韵文丛》共5本，窦有奎散文集《远帆近影》，丁庆友散文集《黄河从我门前流》，徐国方长诗《重构》，第二届散文大赛获奖作品集《热爱一种有光泽的生活》，约100万字。遴选推荐了周蓬桦的散文集《风吹树响》、马行的诗集《从黄河入海口到塔克拉玛干》和宋剑挺的短篇小说《杏花奶》3部作品参评第五届鲁迅文学奖。

【音乐家协会、舞蹈家协会】

组织优秀歌曲参加“第二届‘生命之歌’全国安全歌曲大赛”。配合集团公司完成“中国石化2010年职业技能竞赛闭幕式”文艺演出的创作、策划和组织工作。

【美术家协会】

根据集团公司各单位近几年来的美术活动情况和会员分布概况，着重选取56家单位就职工美术活动开展情况进行调研，为美协第三次会员代表大会的换届工作奠定基础。5月中旬，组织部分骨干与来自北京、南京等地的著名专业画家齐聚南京幕府山艺术园区，进行研讨和观摩活动，就关注社会状态和自省内心观念等有关学术问题展开诸多的沟通与争鸣。9月，组织部分会员观摩在中国美术馆举办的“第四届北京国际美术双年展”。据不完全统计，2010年中国石化各企业美术组织举办的展览活动达80余次，展出各类形式的美术作品达2100余件；参与创作的石化美协会员及职工美术爱好者2000余人；有400多件作品在省、部级专业机构举办的美展中入选和获奖；在各级媒体报刊发表、播出作品和专题达到600多件；出版职工艺术作品集近8部。

【书法家协会】

2010年，协会积极组织会员参加全国性的大型书法展，据不完全统计，各企业作者入展重要展览赛事40人次，其中：在中国书协举办的“全国第三届扇面书法作品展”中，胜利油田郝守波、郭振坤、齐鲁石化赵锐3名作者作品入展；在中国书协举办的“全国首届篆书作品展”中，齐鲁石化赵锐作品入展；在中国书法家协会举办的“第八届全国刻字艺术展”中，齐鲁石化周育林作品入展。11月，启动“中国石化首届篆书书法作品展”评选工作。在“书法网—书坛”创建开通“中国石化书协”板块，对石化书协的重要活动进行宣传报导，对系统内的职工书法家进行个人专题报道。

【摄影家协会】

组织会员参加国内外各类摄影大赛，展示会员实力和知名度。在第23届中国摄影艺术展中，摄协组织会员作品200多幅参加评选，最终夺得铜奖1幅，优秀奖3幅，评委推荐奖1幅。组织会员参加各省区市摄协举办的资格证培训，共有36名会员取得由省劳动局颁发的高级摄影师证书。

与《中国摄影》、《大众摄影》等联合举办影友联谊会，举办多期摄影器材、新闻摄影创作讲座，并聘请《大众摄影》编辑部主任金俊、《中国摄影家》杂志艺术总监蔡焕松、全国摄影展获奖者张成军等老师先后到管道储运公司、金陵石化等单位举办讲座、交流。依托会刊《朝阳视界》，宣传和展示摄协的活动和会员作品，对首届“朝阳”文学艺术奖摄影类奖获奖者进行专题报道。在中国石化摄协网站开设影友论坛，增加摄影论坛、石化天地等六大板块11个子项，充分发挥网络平台作用，为广大摄影爱好者提供交流和学习的平台。

全国公安文联

综　述

2010 年，全国公安文联在公安部党委和公安部政治部的坚强领导下，在中国文联的指导下，认真学习十七大、十七届五中全会精神和孟建柱部长在全国公安文联第二次会员代表大会上的讲话精神，坚持公安文化工作紧紧围绕、融入、服务公安中心工作大局和队伍需要，充分发挥职能作用，积极开展文化活动，深化自身建设一体化进程，为培养公安文艺人才，丰富警营文化生活，树形铸魂，构建和谐警民关系做出了积极贡献，圆满完成了一年来的工作任务。

会议与活动

【全国公安文联第二次会员代表大会】

9 月 2 日，为进一步推动公安文化事业长足发展进步，扎实服务三项重点工作和三项建设，经过半年多的准备工作，全国公安文联第二次会员代表大会在北京隆重举行。大会全面总结了第一届理事会 5 年来的工作情况，选举产生了新一届理事会，确定了新一届领导班子。大会选举祝春林为新一届全国公安文联主席，侣海岩、李忠信、武和平为副主席，张策为秘书长。国务委员、公安部部长孟建柱出席大会并从全局和战略的高度，深刻阐述了加强公安文化建设的重大意义，明确要求充分发挥公安文化对于传承人民警察精神、提升公安队伍素质和构建和谐警民关系的重要作用，坚持把公安文化建设作为建警、治警、强警的重要环节抓紧抓好，推动公安文化建设不断迈上新台阶、开创新局面。会议取得圆满成功。

会后，全国公安文联着眼长远，及时将大会文件，特别是孟建柱部长和祝春林主席的重要讲话以《通知》的形式下发全国公安机关和全国公安文联系统，号召广大公安文化工作者和会员，认真贯彻落实孟建柱部长和祝春林主席的重要讲话精神。《通知》要求：要深刻领会孟建柱部长和祝春林主席的讲话精神，正确判断当前公安文化建设面临的形势，抓住机遇、迎接挑战，围绕公安中心工作，在公安文化建设中再立新功。

9 月下旬和 11 月初，为贯彻会议精神，全国公安文联先后 2 次分别在辽宁大连、河南开封召开工作座谈会，传达孟部长的讲话内容和会议精神，听取各地公安文联工作汇报，并将座谈会精神等一系列文件及时下发，要求组织学习，贯彻落实。全国公安文联第二次会员代表大会的召开，必将成为全国公安文联新的工作起点和里程碑。

【服务大局，配合宣传局做好各项大型文化活动】

一年来，为服务三项重点工作和三项建设，积极应对各种挑战，发挥社团的组织、服务、协调的职能作用，与宣传局紧密配合，根据公安中心工作安排和队伍建设需要，积极参加第三次“公安文化基层行”活动，传递了公安部党委对基层公安民警的问候和关爱；组织 2010 中国红歌会警营唱区比赛，推出了警营十大红歌手；参加了公安题材影视剧的审查工作，推出了一批公安题材影视作品；参与了部春节晚会的组织策划等活动。实践证明，作为国家一级社团组织，全国公安文联已逐步成为先进文化建设的主导力量，大有可为。

【积极开展各类文化活动】

一年来，全国公安文联为满足广大公安民警和人民群众日益增长的精神文化需求，勇于实践，大胆创新，活跃了警营生活，陶冶了民警情操。首次举办大型文艺晚会“剑胆琴心——庆祝全国公安文联成立 5 周年文艺晚会”。晚会弘扬了人民警察精神，活跃了公安民警和广大人民群众的文化生活，彰显了公安文化的特殊魅力，突出表现了全国公安文联成立五年来所取得的成绩，是推动公安文化活动的一次有益尝试。晚会的成功举办，受到了社会各界的赞誉。组织开展“恒光杯”全国公安文学大奖赛活动。该大奖赛自2009年6月启动以来，得到了全国各级公安机关的高度重视和广大公安民警、社会作家的广泛关注和积极参与。大奖赛共收到来自全国公安机关和社会的公安题材文学作品801部，3300多万字。经过大赛评审委员会3个多月的评审工作，评出长篇、中短篇小说和报告文学作品一、二、三等奖30部，优秀作品奖80部。这次大赛是近10年以来规模较大、参赛人数较多、作品质量较高、专业性较强的一次公安题材文学赛事。赛事受到了社会各界特别是文艺界的关注和肯定。组织开展了全国公安民警书画摄影成果展作品征集评选活动。活动经过初评和复评，评出了优秀作品和入选作品，已经展出。同时，组织召开首届全国公安集邮学术研讨会暨第二套人民警察邮票设计座谈会等活动，社会反响良好。

【为基层公安文化人才展示技艺、进行文化交流创造条件和搭建平台】

为进一步发挥全国公安文联的职能作用，充分发挥全国公安文联会刊《警察文化沙龙》和网站优势，团结、培养、发现人才，为他们施展才艺创造条件和平台。2010年以来，会刊《警察文化沙龙》，组织刊登了大量优秀公安题材文学作品，推出了一批公安书法、美术、摄影、集邮人才，激发了公安文化工作者和会员的创作热情和参与文化活动的主动性。网站的逐步丰富，进一步活跃了民警的文化生活。在网上，组织开展了全国公安民警临帖大赛、摄影大赛、首届原创散文征文、2010警察畅想网络文学大赛等活动。并开办网上文化论坛，民警们踊跃发言，为公安文化建设建言献策。这些活动的开展，进一步提升了文联组织的凝聚力和战斗力。同时，还积极参与组织了全国公安文联会员孙丽萌、刘智、董岐福、邹森等公安文学、书画摄影作者的个人作品展、研讨会，并多次组织部分公安书画作者赴安徽、河北、北京等地，进行书画创作交流等活动，培养了人才，锻炼了队伍。

创建与研究

【加强公安文化基层联系点和创作基地的管理工作】

2010年以来，全国公安文联加强了对24个基层联系点和4个创作基地的管理工作。在当地公安机关集中管理的基础上，制定了《全国公安文联基层联系点、创作基地管理办法》，着力整合资源，拓展空间，更好地为公安文化建设的需要服务。公安文化基层联系点是丰富和拓展公安文化工作的阵地和依托，是深化文化四个层面，做大、做强、做实公安文化的基础。近年来，各联系点和创作基地都多次组织和承办了全国公安机关摄影、书画和管乐活动，一些联系点还多次承办各艺术门类的培训活动。实践证明，公安文化基层联系点和创作基地已经成为公安文化建设不可或缺的力量，发挥了示范引领作用。

【积极推进地市级公安文联建设】

按照部领导在全国公安机关逐步建立文联组织的指示精神，2007年至今，全国公安机关已有28个省、自治区、直辖市公安厅、局建立了文联组织，占总数的90%。省级公安文联的逐步建立，对推动基层公安文化建设起到了决定性作用。2009年以来，全国公安文联加大了对地级市公安文联组织筹建工作的指导和协调。经过调查摸底统计，迄今为止，已有90余个地市级公安机关成立了文联组织，部分县级公安机关也成立了文联组织。经验告诉我们，公安文联组织和公安文学艺术工作只有扎根基层，加深与基层民警生活的结合，服务于基层公安工作，才能更具生命力。

【牢固树立文化育警理念，努力建设学习型文联队伍】

2010年以来，特别是全国公安文联第二次代表大会召开后，各地公安文联认真学习孟建柱部长和祝春林主席的讲话精神，以服务公安中心工作为中心，牢固树立文化育警理念，开展创学习型公安文联组织活动，组织开展了一系列丰富多彩的文化活动。吉林、河南、陕西、广东、云南等省分别开展了以“忠诚、为民、拼搏、奉献”为主题的警察歌手演唱大赛、公安文艺大赛，“迎亚运保平安、纪念抗美援朝战争60周年”集邮展，书法、美术骨干培训等活动；福建、贵州、四川、北京组织开展了警察书画作品展。边防、消防组织开展了慰问世博边防安保官兵和消防官兵书画作品展活动。山西、上海、广西、安徽、浙江、新疆生产建设兵团等公安文联分别组织开展了以“三项重点工作”和“三项建设”为载体的主题读书、书法、美术、摄影展等活动。活动的开展，树立了警魂，展示了形象，起到了公安文化陶冶情操、振奋精神的作用，影响、引导、推动基层公安文联组织的健康发展。

机关建设

【认真组织开展集中警示教育和治理“小金库”专项行动】

一年来，全国公安文联切实加强自身建设，按照民政部、中国文联的相关规定和全国公安文联章程，按照部机关相关规定，逐步建立健全了会议制度、财务管理制度和各专业委员会管理办法、会员发展条件及管理办法等一系列规章制度。同时，为贯彻落实部里关于集中警示教育活动和治理“小金库”专项行动精神，逐阶段进行了自查自纠、廉政风险排查和“小金库”排查等活动。通过活动，提高了认识，强化了廉政意识，增强了抵御腐败的能力，为公安文化建设提供了精神支持和有力保障。

【加强对各专业委员会（协会）的管理工作】

第二次会员代表大会后，为更好地适应公安工作发展的需要，全国公安文联加大了对各专业委员会（协会）的管理工作。新一届领导班子上任后的第一次主席办公会议，对下设全国公安文学、摄影、书法、美术、集邮5个专业委员会（协会）管理方式进行改革，进行了各专业委员会（协会）领导的增补和调整。对拟成立的全国公安音乐舞蹈、影视、曲艺、理论研究、文物收藏等专业委员会（协会）理事的组成和相关问题进行了研究，建立了组建工作筹备组。同时，为进一步贯彻落实孟建柱部长和祝春林主席在全国公安文联代表大会上的讲话精神，提高全国公安文联的工作效率和质量，推进公安文化工作上台阶，新一届领导班子就工作职责进行了明确分工。

【努力建设百万公安民警温馨和谐美好的精神家园】

全国公安文联是公安部党委和广大民警联系公安文化工作者的桥梁和纽带，建设先进文化的重要力量，在团结广大公安文化工作者、推动发展公安文化事业中担负着重大责任。换届以来，全国公安文联紧紧围绕部中心工作，树立正确的发展思路，组织开展丰富多彩的文化活动，积极探索新形势下公安文联工作的发展规律，增强了影响力和凝聚力，为建设全国公安文艺工作者和谐温馨之家，乃至200万名公安民警温馨和谐美好的精神家园做出了积极贡献。

2010年中国文学艺术界联合会大事记

2008 China Federation of Literature and Art Calendar

2011

2009年12月31日～2010年2月3日，中国文联及各团体会员继续深入开展“送欢乐、下基层”公益性惠民文化活动。中国文联党组成员与各全国性文艺家协会分党组成员分率各艺术门类的艺术家和文艺工作者计700余名，赴18个省（区、市）的21个地县乡（镇），深入灾区、乡村、厂矿、部队，以演出、放映、展示等形式举行了36场次的慰问活动。

1月15～18日，中国文联、文化部在北京举办“纪念尚小云先生诞辰110周年”系列活动。孙家正、胡振民、李牧出席18日召开的纪念大会。

1月15～17日，中国文联八届五次主席团会议在北京召开。孙家正主持会议。会议增聘李前宽、张西南为中国文联荣誉委员。

1月16～17日，中国文联八届五次全委会在北京召开。孙家正主持会议，中宣部副部长翟卫华到会讲话，胡振民代表主席团作工作报告。会议审议通过《工作报告》和《中国文联2010年工作要点》，增选黎国如为中国文联第八届副主席，增选季国平为中国文联第八届主席团委员。

1月17日，中国文联在北京举办“百花迎春——中国文学艺术界2010年春节大联欢”。周铁农、孙家正、郑万通、许嘉璐、顾秀莲、司马义·艾买提、曹志等党和国家领导人、有关部委领导及中国文联主席团成员、荣誉委员和出席八届五次全委会的委员出席观看演出。各艺术门类的千余名艺术工作者欢聚一堂，畅谈文艺事业发展的美好未来。

1月29日，中国文联荣誉委员、著名澳门书法家梁披云逝世，享年104岁。

1月31日～2月6日，中国文联与中国民协、福建省文联在福州举办“中华情——海峡两岸民间艺术嘉年华”。孙家正出席开幕式。

2月15日～3月2日，中国文联组派中国青少年艺术团赴美国夏威夷州和犹他州举行交流演出。廖奔率团并出席相关活动。

2月16日，由中国文联主办的“第八届造型表演艺术成就奖”在北京举行颁奖典礼。胡振民、覃志刚、冯远、夏潮出席颁奖典礼并为获奖艺术家颁奖。

3月2日，中国文联在北京举行全国人大代表全国政协委员联谊会。孙家正出席联谊会并致辞，中国文联党组成员、部分荣誉委员、主席团成员出席参加联谊活动。

3月17日，由中国文联、中国剧协、珠江电影制片有限公司联合出品，中国文学艺术基金会资助的大型戏曲影片《响九霄》在北京举行首映式。胡振民、覃志刚、李牧、冯远、廖奔和丁荫楠、李维康、裴艳玲出席首映式。

3月24～26日，中国文联在上海召开全国文联文艺舆情信息工作会议。冯远出席会议并讲话。

3月25日，中国文联在北京举行“送欢乐、下基层”活动文艺家联谊会。胡振民、覃志刚、冯远、廖奔出席联谊会。

3月28～31日，中国文联、中国音协组织音乐家赴井冈山开展“走进红色圣地”采风创作活动。

4月6～11日，中国文联、中国曲协组织曲艺家赴江西红色纪念地深入生活、采风创作。

4月8日，中国文联与北京市委宣传部在京举行“首届网络小说创作大赛”颁奖典礼。李牧出席颁奖典礼。

4月14日，中国文联与中国剧协、中国曲协组织艺术家赴中国文联定点扶贫地区暨5·12汶川地震重灾区——甘肃陇南武都区“送欢乐、下基层”并捐赠扶贫款。活动由冯远率队。

4月19日，235名知名艺术家通过中国文联发出《在这一困难时刻，同全国人民在一起——部分知名艺术家至全国文艺工作者的倡议书》。

4月19日下午，中国文联组织开展“向青海玉树地震灾区人民献爱心”捐助活动，中国文联党组成员与60多名在京艺术家参加捐款。同时中国文联向青海省文联发出慰问函并捐赠50万元用于支援抗震救灾。

4月20日，中国文联与中国摄协、青海省委宣传部在北京举行“2010青海玉树抗震救灾纪实摄影展开幕式暨向中央档案馆捐赠救灾影像史料仪式”。胡振民、廖奔与中宣部、中央档案馆有关领导及联合国教科文组织代表等出席该仪式。

5月4～8日，中国文联、中国舞协组织舞蹈家赴西柏坡采风创作。

5月5～6日，中国文联八届六次主席团会议和八届六次全委会会议在北京召开。会议增聘杨志今为中国文联荣誉委员，推举夏潮为中国文联书记处书记，增选廖奔为中国文联副主席、夏潮为中国文联主席团委员。

5月14～17日，中国文联、中国曲协组织曲艺名家赴延安采风创作。

5月14日，中国文联、中国摄协组织摄影家从北京天安门广场出发，分赴韶山、井冈山、遵义、延安、西柏坡5个革命纪念地深入生活、采风创作。

5月15～25日，中国文联、中国美协组织美术家赴江西南昌采风创作。活动由冯远带队。

5月19～20日，中国文联在井冈山举办第二届全国文联文艺理论工作研讨会。夏潮出席会议。

5月21～23日，中国文联与山东省委宣传部、青岛市人民政府在山东胶州举办“秧歌舞九州”第二届中国秧歌节。廖奔等出席相关活动。

5月21～24日，中国文联在威海举办全国基层文联领导干部学习培训班。覃志刚、夏潮出席开班仪式。

6月10日，中国文联与北京大学在北京举办“东方神韵——《诗经·风》咏诵会”。

6月13日，中国文联荣誉委员、著名美术家华君武逝世，享年95岁。28日，中国文联与中国美协在北京举行华君武同志追思会。覃志刚、李牧、冯远、夏潮与百余位美术家参加追思会。

6月16日～12月9日，农业部、文化部、中国文联联合举办首届中国农民艺术节。回良玉、严隽琪、孙家正、韩长赋、蔡武和胡振民等中国文联领导出席6月16日在北京举行的开幕式。华建敏和孙家正、胡振民、覃志刚、李牧、冯远、夏潮等出席12月9日在北京举行的闭幕晚会。

6月17～22日，中国文联在澳大利亚墨尔本市举办“同一个世界——中国画家彩绘联合国大家庭艺术大展”。

6月17～30日，中国文联在智利和阿根廷举办“今日中国”艺术周。冯远出席在智利举行的“穿越地平线——中国当代艺术展”开幕式。

6月23日，中国文联、中国作协在北京召开“倡导深入生活、推动文艺繁荣座谈会”。翟卫华宣读了刘云山发来的贺信。胡振民、李牧、夏潮和李冰、何建明、杨承志等出席会议。

6月23～26日，中国戏剧家协会第七次全国代表大会在北京召开。刘云山出席会议并发表重要讲话，孙家正等出席会议。来自全国各地的380余名戏剧工作者代表参加会议。会议选举产生了中国戏剧家协会新一届领导机构，尚长荣当选为主席。

6月25日，中国文联荣誉委员、著名美术家吴冠中逝世，享年91岁。

6月30日～7月3日，中国文联国内联络部与上海市文联举办“全国文联世博采风”活动。覃志刚、夏潮与各省（区、市）文联、副省级城市文联180余人参加采风活动。

7月8～13日，中国文联组织艺术家赴四川达州国家“十一五”规划重大项目——川气东送工程一线采风创作和慰问演出。活动由刘兰芳率队。

7月12～16日，中国文联与国家民委、贵州省人民政府、中国曲协在贵阳举办第四届全国少数民族曲艺展演。胡振民、冯远出席观看展演。16日，胡振民随中国曲协义务演出小分队赴黔东南苗族侗族自治州凯里市参加“送欢笑”活动。

7月16～20日，中国文联、中国音协组织音乐家赴贵州开展“走进红色圣地”采风创作活动。胡振民出席活动启动仪式。

7月19～25日，中国文联组织文艺家赴新疆生产建设兵团农十三师开展采风慰问活动。活动由夏潮率队。

7月21～27日，中国文联与中国舞协、青岛市人民政府在山东青岛举办第七届中国舞蹈“荷花奖”校园舞蹈大赛。廖奔出席活动闭幕式。

7月22～30日，中国文联、中国美协组织美术家赴革命纪念地甘肃采风创作。

8月5～9日，中国文联组织艺术家赴黑龙江开展“走上高高的兴安岭”全国文艺家采风活动。活动由李牧率队。

8月9日，中国文联、文化部在北京召开吴冠中纪念座谈会。胡振民和蔡武、王文章出席座谈会。

8月16日，中国文联与中国红十字会、中国曲协在北京民族宫大剧院举办“情系舟曲 大爱无疆——曲艺界为甘肃舟曲灾区赈灾义演”。胡振民、李牧、冯远、廖奔、夏潮等出席活动。

8月17日，中国文联在北京举行“向8·8甘肃舟曲泥石流灾区人民献爱心”现场捐助活动。胡振民、李牧、廖奔、夏潮与中国文联系统干部职工参加捐助活动。

8月26～30日，中国文联与中国民协在山东烟台举办“第五届中国民间工艺品博览会”。李牧出席开幕式。

8月26日～9月2日，中国文联组派艺术团赴德国举办“今日中国”主题演出活动。夏潮率团并出席观看首演。

8月27日，中国文联与军事科学院、世界华侨华人社团联合总会在北京举办“兵道——《孙子兵法》情境咏诵剧”。徐才厚、严隽琪、张万年、许其亮、胡振民等出席观看演出。

8月31日，中国文联与中国影协主办的“百花放映”暨“百县千村万场”大型公益放映活动在北京举行启动仪式。冯远出席启动仪式。

9月18～19日，中国文联与香港中华文化城有限公司、中央电视台、香港电视广播有限公司在香港联合举办第十一届“香江明月夜——大型中秋晚会”。曾荫权、覃志刚、欧阳坚、李刚等出席观看演出。

9月20～21日，中国文联与湖南省人民政府、中国视协、湖南省广播电视台在长沙举办“第八届中国金鹰电视艺术节”。张梅颖、李牧等领导出席颁奖典礼。

9月20日～10月10日，中国文联、北京市人民政府、中国美协在北京举办“第四届北京国际美术双年展”。刘云山、刘延东分别在展期内参观了展览。胡振民、冯远出席展览开幕式。

9月24日，纪念曹禺诞辰100周年座谈会在北京举行，刘云山出席会议并发表重要讲话，周巍峙、胡振民、覃志刚、李牧、冯远、廖奔、夏潮出席座谈会。

9月28日，中国文联与中国致公党中央委员会、中国书协、江苏省委宣传部在北京举办《徐利明书画篆刻》首发式。胡振民、覃志刚、李牧、冯远、廖奔、夏潮出席首发式。

10月7～18日，中国文联与江苏省人民政府共同举办“第八届中国国际民间艺术节”。刘延东致贺信，孙家正、胡振民、罗志军、冯远等出席7日在苏州举行的开幕式。刘延东、华建敏、陈至立、孟建柱、孙家正、曹志、顾秀莲、李蒙和中国文联及有关部委负责同志出席17日在北京举行的闭幕式。

10月12～16日，中国文联与中国影协、江阴市委、江阴市人民政府在江苏江阴举办“第19届中国金鸡百花电影节”。陈宗兴、楼志豪、张丕民、夏潮出席开幕式。张怀西、覃志刚出席闭幕式暨颁奖典礼。

10月23日，中国文联与中国曲协在南京举办“第六届中国曲艺牡丹奖”颁奖系列活动。热地、胡振民、冯远等出席颁奖晚会。

10月25～28日，中国文联与湖北省人民政府在湖北潜江举办“第二届中国（潜江）曹禺文化周”。孙家正、李牧、夏潮出席相关活动。

11月1～2日，第七届中国文联文艺评论奖颁奖式暨第五届当代文艺论坛在湖南长沙举行。夏潮出席活动。

11月2～5日，中国杂技家协会第六次全国代表大会在北京召开。刘云山出席会议并发表重要讲话，孙家正等出席会议。来自全国各地的杂技工作者代表近200人参加会议。会议选举产生了中国杂技家协会新一届领导机构，边发吉当选为主席。

11月9～18日，中国文联与教育部、上海市人民政府在上海举办“第二届中国校园戏剧节”。胡振民、李牧、陈小娅、尚长荣与国际剧协主席拉门度·马珠姆达、秘书长托比亚斯·拜恩科恩等出席开幕式。

11月30日～12月3日，中国舞蹈家协会第八次全国代表大会在北京召开。刘云山出席会议并发表重要讲话，孙家正等出席会议。来自全国各地的舞蹈工作者代表240余人参加会议。会议选举产生了中国舞蹈家协会新一届领导机构，赵汝蘅当选为主席。

12月3日，中国文联理论研究室、国内联络部和湖北省文联在武汉举办首届全国社区文联工作研讨会。夏潮出席研讨会。

12月16日，中国文联在北京举行“第九届造型表演艺术成就奖”颁奖典礼。

12月18～20日，中国文联与台湾文协、鹤山21世纪国际论坛联合在台湾台北、花莲两地举办“第二届海峡两岸暨港澳地区艺术论坛”。孙家正出席开幕式并发表主旨演讲，冯远出席开幕式并致辞。

12 月 26 ～ 29 日，中国书法家协会第六次全国代表大会在北京召开。刘云山出席会议并发表重要讲话，孙家正等出席会议。来自全国各地的书法工作者代表 400 余人参加会议。会议选举产生了中国书法家协会新一届领导机构，张海当选为主席。

12 月 30 日，中国文联、文化部、中国民协在北京举行“中国口头文学遗产数字化工程”启动仪式。周巍峙、胡振民、李牧等出席启动仪式。

2011

Appendix

附　录

地方各级文学艺术界联合会名录

北京市

东城区文联
主　席：赵　书
常务副主席：王富国
驻会副主席：周晓沪、王燕芬
秘书长：李　宏

西城区文联
主　席：张世俊
党组书记、驻会副主席：汪帮宏
常务副主席：杨海森
驻会副主席、秘书长：王永辉
驻会副主席：魏沁沁

朝阳区文联
主　席：李光羲
副主席兼秘书长：黄晓伟

丰台区文联
名誉主席：孙毓敏
主　席：王苏维
常务副主席：王艳秋
副主席：咸向东
秘书长：韩玉莲

石景山区文联
主　席：郭　明
秘书长：王成成

海淀区文联
主　席：卫汉青
驻会副主席：叶宏奇

门头沟区文联
党组书记、常务副主席：
王殿玉
主　席：王作楫
驻会副主席：赵国安、李龙梅

房山区文联
主　席：史长义
副主席：刘泽林
秘书长：赵思敬

通州区文联
主　席：杜德久
常务副主席：翁志宽
秘书长：刘　祥

顺义区文联
主　席：高　源
副主席兼秘书长：孟云会

昌平区文联
主　席：周振华
驻会副主席：韩瑞莲
副秘书长：高若虹、罗春杰

大兴区文联
主　席：王青海
秘书长：魏书亮

怀柔区文联
主　席：朱保坤
副主席兼秘书长：于书文
副主席：吴玉生、孟庆润、
刘振宝

平谷区文联
主　席：耿大鹏
秘书长：韩维权

密云县文联
主　席：范庆海
副秘书长：陈　如

延庆县文联
主　席：吕　健
副主席兼秘书长：王春光

天津市

和平区文联
主　席：秦　岭
副主席：张永琛、王　梦、
张书珍、高　平

河东区文联
主　席：石春波
常务副主席：澎淑兰
副主席：刘德印、成　群、
李向群、李金岭、
李荨群、林　聪、
杨炳炎、赵　伟、
薛　钊

河西区文联
主　席：宋安娜
副主席：孟　华、窦宝铁、刘海峰、刘建强、王　平、李　青

塘沽区文联
主　席：楚宝路
副主席：李英杰、马连华、王广荣、李延春、杨国良、魏永明

汉沽区文联
主　席：杨为民
副主席：刘云海、丁树元、王玉梅、刘硕海、崔茂元、李孝椿、赵　峰

大港区文联
主　席：吕春波
常务副主席：孙长顺、刘　鹏、关有利、王忍利、王庆秀、宋俊生、马立新、刘益功、王兴隆、卢德福

东丽区文联
主　席：张泽恩
副主席：赵宝山、许向诚、孙玉河、邢纪庆、傅清源、王晶一、宋茂斌、徐洪友

北辰区文联
主　席：赵文秀

武清区文联
主　席：李伯怀
副主席：贾玉山、陈　平、门玉华

宝坻区文联
主　席：高凤河
副主席：丁其明、王广忠、王春景、周　明

蓟县文联
主　席：赵海军
副主席：刘北星、尹学云

静海县文联
主　席：刘建国
副主席：王　强、王增龙、冯文彬、刘庆奎、刘铁刚、周士华、赵文奎、姚文红、郭子东、舒万成

天津开发区文联
主　席：李东辉
副主席：王　迅、徐胜利、赵　键、毛幼平、吴寅秋、王锁庄、齐义乐、董文胜

河　北　省

石家庄市文联
主　席：周喜俊
书　记：郝建农
副主席：肖建科、马荣川
地　址：石家庄市槐北路156号
邮　编：050021
所属各区县文联：
辛集市文联
主　席：李永路
副主席：刘立生
晋州市文联
主　席：韩丽娟
副主席：陈怀波、冯增勇
新乐市文联
主　席：国玉良
鹿泉市文联
主　席：康志良
副主席：牛建新
井陉县文联
主　席：蔡玉霞
正定县文联
主　席：韩梅玉
副主席：刘进忠
栾城县文联
主　席：王荣菊
行唐县文联
主　席：石超峰
副主席：杜海民
灵寿县文联
主　席：秘君凤
高邑县文联
主　席：李志芹
秘书长：陈　杓
深泽县文联
主　席：刘　炬
秘书长：孙晓青
赞皇县文联
主　席：毛爱国
副主席：张月梅、赵兰延
无极县文联
主　席：邢永强
副主席：赵　斌
平山县文联
主　席：付逢明
副主席：许贵增
元氏县文联
主　席：张占毅

赵县文联
主　席：郑旭华

张家口市文联

党组书记兼主席：黄建平
副主席：张润兰、钱宗飞、李敬东
秘书长：韩健梅
地　址：张家口市桥东区东河沿51号市人大院
邮　编：075000
所属各区县文联：
桥西区文联
主　席：王海峰
桥东区文联
负责人：王淑琴
宣化区文联
主　席：冯小利
察北管理区文联
主　席：赵　智
下花园区文联
主　席：夏　净
张北县文联
主　席：冯　谦
康保县文联
主　席：白　秀
沽源县文联
主　席：岳树旺
尚义县文联
主　席：樊殿武
蔚县文联
主　席：刘　锋
阳原县文联
秘书长：石秀文
怀安县文联
主　席：宗跃宏
怀来县文联
主　席：李景波
涿鹿县文联
主　席：高峰河
赤城县文联
主　席：李　江
宣化县文联
主　席：周贵亮

承德市文联

主　席：衣志坚
副主席：贺成利、李全江、杨　勇
秘书长：梁　义
地　址：承德市行政中心西楼
邮　编：067000
所属各区县文联：
双滦区文联
主　席：刘广军
承德市公安文联
主　席：张同贵
副主席：沈玉波、张亚军
秘书长：崔立然
承德县文联
负责人：马淑艳
兴隆县文联
主　席：王久侠
平泉县文联
秘书长：王翠琴
滦平县文联
主　席：黄宝铭
隆化县文联
主　席：哈占元
丰宁满族自治县文联
主　席：张艳玲
宽城满族自治县文联
副主席：柳忠义
围场满族蒙古族自治县文联
主　席：张秀超

秦皇岛市文联

党组书记兼主席：牛兴国
副主席：初中海、黄振军
地　址：秦皇岛市海港区港城大街176号八达大厦5楼
邮　编：066000
所属各区县文联：
海港区文联
主　席：刘海林
副主席：张秋石
山海关区文联
主　席：李　冬
副主席：赵开伦
北戴河区文联
主　席：李春光
昌黎县文联
主　席：肖佩昀
抚宁县文联
主　席：李景林
副主席：陈劲草
卢龙县文联
主　席：董程喜
青龙满族自治县文联
主　席：张保学
秘书长：经利国

唐山市文联

主　席：袁　宁
副主席：郑久成
秘书长：李秋利
地　址：唐山市路北区西山道9号
邮　编：063007
所属各区市县文联：
开平区文联
主　席：李伯生
副主席：王淑玲
丰南区文联
主　席：刘绍环
迁安市文联
主　席：毛广丰
滦县文联
主　席：李明诚
副主任科员：李真理
滦南县文联
主　席：邵永来
乐亭县文联
主　席：雷英仁

副主席：孟庆忠
迁西县文联
主　席：孟祥莲

廊坊市文联

党组书记：董春霖
主　席：宾广平
副主席：韩　冬、李秋生、孙卫东
地　址：廊坊市爱民西道36号
邮　编：0650004
所属各市县文联：
霸州市文联
党组书记兼副主席：樊京吉
主　席：胡树全
常务副主席：陈赤军
副主席：张广安
三河市文联
主　席：刘树滋
副主席：田运友
固安县文联
主　席：岳俊涛
香河县文联
主　席：陈建伶
副主席：马　军、张玉清
大城县文联
主　席：李会宁
副主席：白　静
大厂回族自治县文联
主　席：李旭林
副主席：李世宝

保定市文联

党组书记：郭树林
主　席：李桂琼
副主席：刘素娥
地　址：保定市园南街6号
邮　编：071000
所属各市县文联：
定州市文联
主　席：任淑辉
副主席：聂献营
涿州市文联
主　席：赵学军
秘书长：姚合元
安国市文联
主　席：李玉肖
高碑店市文联
主　席：贺志仁
副主席：陈学文
满城县文联
主　席：王占新
秘书长：浩　渺
清苑县文联
主　席：卢建华
副主席：李淑玲
易县文联
副主席：刘金珍
徐水县文联
主　席：王艳芳
涞源县文联
党组书记兼主席：邓玉明
副主席：赵东炫
定兴县文联
主　席：王振林
望都县文联
党组书记、主席：栗国兰
涞水县文联
负责人：王亚琴
雄县文联
主　席：杨章锁
容城县文联
主　席：王连成
曲阳县文联
负责人：唐少会
阜平县文联
主　席：郄佳学
博野县文联
负责人：苏素娟
蠡县文联
主　席：解新占
秘书长：张　哲

沧州市文联

主　席：张福林
副主席：唐文君
地　址：沧州市浮阳南大道14号文联
邮　编：061001
所属各市县文联：
泊头市文联
主　席：范风池
副主席：赵玉清
任丘市文联
主　席：郑万龙
黄骅市文联
主　席：陶延生
青县文联
主　席：韩　雪
吴桥县文联
主　席：梁立山
副主席：张彦门
孟村回族自治县文联
主　席：李　利

衡水市文联

党组书记兼主席：刘月卯
副主席：朱俊杰、宋峻良
地　址：衡水市新华东路2号
邮　编：053000
所属各协会：
书法家协会
主　席：尹海金
作家协会
主　席：姚振函
影视家协会
主　席：张建军
民间艺术协会
主　席：傅新友
硬笔书协会
主　席：冯书根
摄影家协会
主　席：康同跃

舞蹈家协会
主　席：郑广义
曲艺家协会
主　席：石秀玲
音乐家协会
主　席：常曲川
戏剧家协会
主　席：陈幼军
内画协会
主　席：王习三
老年摄影协会
主　席：马志键

邢台市文联
主　席：贾兴安
副主席：孟庆云、苗　莉、马建英、赵灵均
秘书长：付志芳
地　址：邢台市顺德路 255 号文联
邮　编：054001
所属各市县文联：
沙河市文联
主　席：王守富
副主席：孙学东
邢台县文联
主　席：冯树人
临城县文联
主　席：贾文博
内丘市文联
主　席：和连芬
副主席：高兴国、王京群、姚　勇
柏乡县文联
主　席：李志航
副主席：冉庆玉
秘书长：陈燕斌
南和县文联
主　席：代红杰
宁晋县文联
副主席：艾志明
巨鹿县文联
主　席：张东民
广宗县文联
主　席：李存章
秘书长：孙胜巧
平乡县文联
主　席：孙英力
任县文联
主　席：刘云洲
清河县文联
主　席：李少锋
副主席：房明辉
临西县文联
主　席：卢士奇
南宫市文联
主　席：贾　倩

邯郸市文联
党组书记兼主席：张海英
副主席：李春雷、李　琦
地　址：邯郸市城内中街 161 号
邮　编：056000
所属各区市县文联：
峰峰矿区文联
主　席：赵志刚
武安市文联
主　席：王进元
副主席：李彦旻
邯郸县文联
主　席：王　良
副主席：刘文杰、陈书江
成安县文联
主　席：常红民
秘书长：宋　岭
大名县文联
副部长主管：李志强
副主席：魏贵玲
秘书长：郭艳玲
涉县文联
主　席：李淑英
秘书长：李仁太
磁县文联
主　席：董学华
秘书长：杨为民
肥乡县文联
主　席：韩志刚
副主席：苗玉平
永年县文联
主　席：徐扶民
邱县文联
党组书记：邵富亮
副主席：韩修龙
鸡泽县文联
主　席：李建朝
副主席：李亮民
馆陶县文联
主　席：刘文珍
魏县文联
主　席：封新河
副主席：姜化君
邯钢集团公司文联
主　席：张延卿
副主席：楚成华、申王书、高　竞、李毅仁

山　西　省

太原市文联

主　席：蒋　韵
党组书记、常务副主席：李元红
副主席：项红春、哲　夫、
黄敏娜、张运刚
秘书长：张运刚（兼）
地　址：太原市南肖墙1号
邮　编：030001

所属各区市县文联：

迎泽区文联
主　席：祝亚琴
杏花岭区文联
主　席：胡玉英
万柏林区文联
主　席：高海琴
小店区文联
主　席：原　灯
晋源区文联
主　席：李永旺
尖草坪区文联
主　席：刘云成
清徐县文联
主　席：刘永成
阳曲县文联
主　席：金丽文
娄烦县文联
副主席：李年环
古交市文联
主　席：王灵仙

大同市文联

主　席：聂还贵
副主席：杨　旺、高志平、
王祥夫
地　址：大同市文联
邮　编：037044

所属各区市县文联：

城区文联
主　席：赵佃玺
副主席：魏　军
新荣区文联
主　席：郭　文
阳高县文联
主　席：李　习
天镇县文联
主　席：贾守权
广灵县文联
主　席：王义淑
副主席：杨树林
灵丘县文联
主　席：白东阳
副主席：房　光、贺秋生、
李　赣
浑源县文联
主　席：王明海
左云县文联
主　席：侯建忠
大同县文联
主　席：王保忠

朔州市文联

党组书记：高怀国
主　席：王　平
副主席兼主编：安文义
地　址：朔州市振华西街1号市委办公大楼B楼126室
邮　编：036002

所属各区县文联：

朔城区文联
主　席：熊国章
平鲁区文联
主　席：刘文斌
山阴县文联
主　席：黄　冀
应县文联
主　席：蔡升元
右玉县文联
主　席：郭　虎
怀仁县文联
主　席：张存平

阳泉市文联

党组书记：裴秀珍（兼）
主　席：侯讵望
副主席：李银苟、
王炳俊（兼）、
李保明（兼）
地　址：阳泉市南大东街534号晋东大厦五层
邮　编：045000

所属各区市县文联：

城区文联
主　席：张彦斌
副主席：刘淑英、
聂解放（兼）、
贾晨波（兼）、
王保国（兼）、
郑继平（兼）、
王秀怀（兼）
矿区文联
主　席：常树红
副主席：贾希平、
翟贵明（兼）、
姚仁承（兼）

郊区文联
主　席：米爱梅
副主席：张秋成、
宋国栋（兼）、
武爱栓（兼）、
宋　莉（兼）、
任四新（兼）、
刘满英（兼）

平定县文联
主　席：董巨才
副主席：贾廷庠、李成海

盂县文联
主　席：崔亮云
副主席：高良珍

长治市文联
主　席：葛水平
副主席：郭树平、王新国
地　址：长治市长兴路 70 号
邮　编：046000

所属各区县文联：

城区文联
主　席：王伏祥
副主席：贺丽娜

郊区文联
主　席：张福晨

潞城市文联
主　席：靳　伟
副主席：江宇辉、郭爱荣

长治县文联
主　席：李书玲
副主席：张春生

襄垣县文联
主　席：崔玉萍
副主席：田渊斌

屯留县文联
主　席：刘晓红
副主席：陈建宏

平顺县文联
主　席：申志强
副主席：张斌胜、王鸿斌、
王宏亮

黎城县文联
主　席：赵红梅

壶关县文联
主　席：盖保国
副主席：张金葵、马志芳

长子县文联
主　席：李建文

武乡县文联
主　席：刘叶青
副主席：魏　芳

沁县文联
主　席：武二赖

沁源县文联
主　席：邓焕彦

晋城市文联
党组书记：冯裕民
副主席：田澍中、贾大一、
谢红俭
地　址：晋城市文联
邮　编：048000

所属各区市县文联：

城区文联
主　席：成瑞芳

高平市文联
主　席：王百灵

泽州县文联
主　席：李小鹏

沁水县文联
主　席：苏张林

阳城县文联
主　席：李三平

陵川县文联
主　席：马素花

忻州市文联
党组书记兼主席：张　森
副主席：宋培卿
秘书长：武兆鹏
地　址：忻州市文联
邮　编：034000

所属各区市县文联：

忻府区文联
主　席：刘镜圆

原平市文联
主　席：王志英
副主席：韩玉光、武振军

定襄县文联
副主席：智建恩

五台县文联
主　席：张嫦娥

代县文联
主　席：贾俊文
副主席：张　俊

繁峙县文联
主　席：王爱中

宁武县文联
主　席：陈智泉

静乐县文联
主　席：宋德珍
副主席：吴亮梅、张月升

神池县文联
主　席：韩志强

五寨县文联
主　席：朱和森

岢岚县文联
主　席：贾润高

河曲县文联
主　席：岳占东

保德县文联
主　席：陈　真
副主席：高志明

偏关县文联
主　席：杨治国

五台山风景区文联
主　席：安建华

晋中市文联
主　席：吕　新
副主席：田五先、郝汝椿
地　址：晋中市文联
邮　编：030600

所属各区市县文联：

榆次区文联
主　席：鹿巨平
副主席：王荣芝、陈耀忠

介休市文联
主　席：许建斌
副主席：焦荷花

榆社县文联
主　席：田晋东

和顺县文联
主　席：杨凤岐
副主席：韩世斌

昔阳县文联
主　席：李余彬

寿阳县文联
主　席：杜文鑫
副主席：王丽萍

太谷县文联
主　席：杨小勇

祁县文联
主　席：范培杰

平遥县文联
主　席：赵永平

灵石县文联
主　席：孟繁信
副主席：薛瑞峰
秘书长：王铁喜

临汾市文联

主　席：王富山
副主席：杨红旭、许爱英
地　址：临汾市文联
邮　编：041000

所属各区市县文联：

尧都区文联
主　席：刘　琳

侯马市文联
主　席：李会彦

霍州市文联
主　席：刘林春
副主席：武文平、任建丽

曲沃县文联
主　席：崔晋国
副主席：孟昭才

翼城县文联
主　席：周明社
副主席：张发树、王　芳

襄汾县文联
主　席：杨志刚
副主席：杜玉柱、柴晓菡、王雄文

洪洞县文联
主　席：李清晨
副主席：李鸿雁、张苏峰

古县文联
主　席：秦雪亮
副主席：赵香敏

安泽县文联
主　席：赵俊峰
副主席：高建华

浮山县文联
主　席：程东晓

吉县文联
主　席：刘旭山

蒲县文联
主　席：杨明海

大宁县文联
支部书记：景红兵
副主席：冯杰伟

永和县文联
主　席：马毅杰
副主席：徐永统

隰县文联
主　席：郝微微
副主席：贠红红

乡宁县文联
主　席：王晋强

汾西县文联
主　席：张建忠
副主席：畅双珍

运城市文联

主　席：魏荣汉
副主席：王　英、武俊英
地　址：运城市红旗东街367号
邮　编：044000

所属各区市县文联：

盐湖区文联
主　席：董吉云
副主席：宋　兵

永济市文联
主　席：高菊蕊

河津市文联
主　席：薛　城
副主席：徐小兰、曹向荣、侯敏先

芮城县文联
副主席：郭昊英

临猗县文联
主　席：王巧贤

万荣县文联
主　席：张旭光
副主席：张克剑

新绛县文联
主　席：刁俊杰

稷山县文联
主　席：郑天虎

闻喜县文联
主　席：杨丑龙

夏县文联
主　席：王遂良

平陆县文联
主　席：谭康明

绛县文联
主　席：任浩民

垣曲县文联
主　席：王　涛

吕梁市文联

党组书记：闫广聪
副主席：马建明、秦云贵
地　址：吕梁市离石区兴隆街16号
邮　编：033000

所属各区市县文联：

离石区文联

主　席：李心丽

孝义市文联

主　席：侯　燕

汾阳市文联

主　席：李春燕

文水县文联

主　席：宋建英

交城县文联

主　席：韩笑丰

中阳县文联

主　席：陈海玉

兴县文联

主　席：张明提

临县文联

主　席：贺升亮

方山县文联

主　席：李锦斌

柳林县文联

主　席：弓福安

岚县文联

党组书记：牛　耘

石楼文联

主　席：白玉生

交口县文联

主　席：李春燕

内蒙古自治区

呼和浩特市文联

主　席：杨　茂

副主席：李元岁、牛志刚、缪　娜

地　址：呼和浩特市中山西路青城公园内呼市文联

邮　编：010020

所属各区县旗文联：

新城区文联

主　席：张志文

副主席：王玉静

赛罕区文联

秘书长：潘有仓

武川县文联

主　席：宋征和

和林格尔县文联

主　席：白瑞瑾

土默特左旗文联

主　席：田　丰

包头市文联

党组书记：石秀茹

主　席：安凤福

副主席：白　涛、赵玉林

地　址：包头市昆区钢铁大街64号金融大厦6楼

邮　编：014010

所属各区旗文联：

昆都仑区文联

常务副主席兼秘书长：张秀玲

东河区文联

常务副主席：李艳华

青山区文联

副主席兼秘书长：高　华

九原区文联

主　席：张春霞

固阳县文联

副主席：李　春

达尔罕茂明安联合旗文联

主　席：于曙光

乌海市文联

主　席：郭振莲

地　址：乌海市行政中心A座1649乌海市文联

邮　编：016000

赤峰市文联

党组书记：李文智

主　席：高晓力

副主席：张建华、赵向阳

秘书长：李兆惠

地　址：赤峰市红山区昭乌达路南段

邮　编：024000

所属旗县区文联：

红山区文联

主　席：焦万树

松山区文联

分管副部长：齐国华

元宝山区文联

主　席：陈志勇

敖汉旗文联

主　席：王玉森

阿鲁科尔沁旗文联

主　席：陈殿惠

巴林左旗文联

宣传部分管副部长：冯宏军

巴林右旗文联

副主席：敖德斯尔

克什克腾旗文联

分管副部长：孙国树

林西县文联

主　席：王爱英

翁牛特旗文联

主　席：高明林

喀喇沁旗文联

宣传部分管副部长：王英凯

宁城县文联

主　席：文　辉

通辽市文联

党组书记、主席：杨文环
副主席：格日勒图、齐根柱
地　址：通辽市工会大厦八层
邮　编：028000

所属各区市旗文联：

科尔沁区文联
主　席：李　丽
副主席：王景祥

霍林郭勒市文联
副主席：周学铭

开鲁县文联
主　席：陈瑞学
副主席：单永利
秘书长：吕彩霞

库伦旗文联
主　席：包丰华
副主席：朝格吉勒图

奈曼旗文联
主　席：包海明
副主席：白福辉
秘书长：包文华

扎鲁特旗文联
主　席：赵　庆
副主席：戴宝林

科尔沁左翼中旗文联
主　席：王格日勒图
秘书长：刘炳星

科尔沁左翼后旗文联
主　席：包国卿
副主席：王光耀

呼伦贝尔市文联

党组书记：乌热尔图
主　席：刘爱萍
副主席：包布仁（布仁陶克陶）
地　址：呼伦贝尔市海拉尔区河东胜利大街9号
邮　编：021008

所属各区市旗文联：

海拉尔区文联
主　席：白文军
副主席：赵　宏

满洲里市文联
主　席：代雅丽
副主席：孙敏杰、王平原

扎兰屯市文联
主　席：王静远
副主席：王泽蔚、张根祥、邱天义

牙克石市文联
主　席：孟凡海
副主席：李　强、韩先军
秘书长：董雪松

根河市文联
主　席：胡希珍

额尔古纳市文联
主　席：杨建民
副主席：秦宝亮、丁玉成

阿荣旗文联
主　席：郑治家
副主席：刘志强

新巴尔虎右旗文联
主　席：马　特
副主席：道力格尔

新巴尔虎左旗文联
主　席：照日格图

陈巴尔虎旗文联
主　席：司福军

鄂伦春自治旗文联
主　席：敖荣凤
副主席：金宝华

鄂温克族自治旗文联
主　席：白兴安
副主席：邱红梅

莫力达瓦达斡尔族自治旗文联
主　席：孟大伟
副主席：张蕴辉

鄂尔多斯市文联

副书记：赵丽珍
主　席：乌力吉布林
副主席：王茂荣
调研员：王中明
副调研员：哈斯牧仁
地　址：鄂尔多斯市东胜区宝日陶亥东街1号
邮　编：017000

所属各旗（区）文联：

东胜区文联
主　席：贾国荣
副主席：张彩云

达拉特旗文联
副主席：付有利、武建平、张　东

准格尔旗文联
主　席：孙俊良
副主席：康秀荣

鄂托克前旗文联
主　席：于国强
党支部书记：达布希拉图
副主席：敖腾高娃
办公室主任：任志堂

鄂托克旗文联
主　席：敖云达来
副主席：胡凤岐

杭锦旗文联
主　席：王　墨
副主席：康建军、乌云嘎

乌审旗文联
主　席：图雅热乐图
副主席：边国栋、冯海燕、乌云毕力格
秘书长：张　煜

伊金霍洛旗文联
主　席：韩　丽
副主席：刘　军、张　蕊

乌兰察布市文联

主　席：郭俊琴
副主席：邓国宝
调研员：张建国
地　址：乌兰察布市集宁新区党政大楼北楼
邮　编：012000

所属各协会：

市作家协会

主　席：王玉水

市美术家协会

主　席：王永鑫

市书法家协会

主　席：梁能伟

副主席：赵　龙

市音乐家协会

主　席：富　玺

市舞蹈家协会

主　席：蔡晓峰

篆刻家协会

主　席：王云山

市摄影家协会

主　席：朱·巴特尔

市戏剧家协会

主　席：孙志忠

市民间文艺家协会

主　席：欧　军

市文艺评论家协会

主　席：赵海忠

诗词学会

主　席：赵文亮

市电影电视家协会

主　席：马白泉

乌兰察布书画院

院　长：郝存祥

市刻字协会

主　席：赵亚铭

内蒙古族长调协会

主　席：孟克其其格

所属各区市县旗文联：

集宁区文联

主　席：韩永宾

副主席：张中山

秘书长：赵辉珞

丰镇市文联

主　席：赵国栋

副主席：宋振文

卓资县文联

主　席：杨国文

副主席：王　丽

化德县文联

主　席：王　生

副主席：师　云

商都县文联

主　席：王爱贤

副主席：赵有亮

兴和县文联

主　席：武　岳

副主席：何　荣

凉城县文联

主　席：胡旺旺

副主席：高建军、李焕娥

察哈尔右翼前旗文联

主　席：张　斌

副主席：张　鹏、云格日勒

察哈尔右翼中旗文联

主　席：李志军

察哈尔右翼后旗文联

主　席：任　芳

副主席：赵师军

四子王旗文联

主　席：奇纳尔图

副主席：那巴图

巴彦淖尔市文联

主　席：吴青霞

副主席：李　玲

秘书长：李金枝

副秘书长：张　浩

地　址：巴彦淖尔市西区写字楼七楼巴彦淖尔市文联

邮　编：015000

所属各区县旗文联：

临河区文联

主　席：张建忠

五原县文联

主　席：李惠泉

副主席：赵迎春、王凤兰、樊柯廷

磴口县文联

主　席：李春坪

乌拉特前旗文联

主　席：王晓琴

秘书长：张永东

乌拉特中旗文联

副主席：陶都满都拉

乌拉特后旗文联

主　席：布图格奇

秘书长：曹胜利

杭锦后旗文联

主　席：丁丽平

副主席：崔瑞军

兴安盟文联

党组书记兼主席：岳晓青

地　址：兴安盟党委综合大楼

邮　编：137400

锡林郭勒盟文联

主　席：季　华

副主席：阿拉腾格日勒、李　询、吉木斯、若　希、沙格德尔、韩凤麟、乌仁其木格

地　址：锡林浩特市经济开发区党政大楼

邮　编：026000

所属各市县旗文联：

锡林浩特市文联

主　席：巴图朝鲁

副主席：革　命

二连浩特市文联

主　席：吉木斯

多伦县文联

主　席：任月海

阿巴嘎旗文联

主　席：呼努（苏）图

苏尼特左旗文联

主　席：朝鲁门

苏尼特右旗文联

主　席：阿·斯琴巴特尔

东乌珠穆沁旗文联

主　席：苏宝玉

西乌珠穆沁旗文联
副主席：阿·乌仁其木格
太仆寺旗文联
主　席：李　君
镶黄旗文联
主　席：格日勒巴特尔
副主席：额尔登巴特尔
正镶白旗文联
主　席：巴雅尔
副主席：苏雅拉图
正蓝旗文联
主　席：乌云达来

阿拉善盟文联
党组书记：李成云
主　席：张继炼
副主席：马　英
地　址：阿拉善盟文联（巴彦浩特镇原盟委大楼）
邮　编：750306
所属旗文联：
阿拉善左旗文联
主　席：额宝勒德
副主席：李　荣、杜克勤

辽　宁　省

沈阳市文联
党组书记：关蓉晖
主　席：白长鸿
副主席：王荣彦、王哲年
地　址：沈阳市和平区北三经街66号
邮　编：110003
所属各协会：
作家协会
主　席：马秋芬
秘书长：杨卫东
常务副秘书长：白小易
戏剧家协会
主　席：吕晓禾
副主席兼秘书长：陈莉萍
美术家协会
主　席：刘　明
副主席兼秘书长：李琦彬
音乐家协会
主　席：陶承志
曲艺家协会
主　席：王　平
秘书长：赵　淳
书法家协会
主　席：董　文
副主席兼秘书长：卢　林
摄影家协会
主　席：黄小森
舞蹈家协会
主　席：姚泳全
副主席兼秘书长：黄　莹
民间文艺家协会
主　席：王廷瑞
秘书长：张宝海
杂技家协会
主　席：安　宁
副主席：董争臻
秘书长：任　莉
电影电视家协会
主　席：白明路
副主席兼秘书长：王　君
动漫艺术协会
主　席：孙　明
常务副主席兼秘书长：于　晨
所属各文联：
大东区文联
主　席：吴　砚
铁西区文联
主　席：商国华
副主席：徐连宝
苏家屯区文联
主　席：谭延强
东陵区文联
名誉主席：亓树奎
主　席：董　娇
副主席：杨家坤
沈北新区文联
主　席：朱宝财
秘书长：张志强
于洪区文联
主　席：穆瑞彪
秘书长：林建国
新民市文联
常务副主席：马百良
辽中县文联
主　席：赵宇风
康平县文联
主　席：杨玉峰
副主席：徐国锋
法库县文联
主　席：张振权
副主席：李景林
副主席兼秘书长：万冰峰
沈阳市鼓风集团文联
主　席：邓长辉
副主席：杜　平、刘胜民
沈阳造币有限公司职工文联
主　席：王祯杰
副主席：朱　明

北方重工文联
主　席：刘晓东
沈阳水务集团文联
主　席：奉　卓

朝阳市文联
主　席：隋志超
副主席：马连泉、刘乃侠
秘书长：宋晓珂
组联部主任：索春海
地　址：朝阳大街三段 7 号
市政府院内市文联
邮　编：122000
所属各区市县文联：
双塔区文联
主　席：郑继超
秘书长：任丽华
龙城区文联
主　席：石　凯
秘书长：张春波
北票市文联
主　席：李贵臣
秘书长：马亚峰
凌源市文联
主　席：张晓峰
朝阳县文联
主　席：付长胜
秘书长：张冬梅
建平县文联
主　席：贾兴岩
喀喇沁左翼蒙古族自治县文联
主　席：杨景坤

阜新市文联
主　席：王树清
副主席：张　利、金　勇
秘书长：赵　颖
地　址：阜新市细河区解放
大街北段 21—3 号
邮　编：123000
所属各区县文联：
阜新蒙古族自治县文联
主　席：海　峰
常务副主席：李青松
彰武县文联
主　席：王迎春
常务副主席：常星儿
海州区文联
主　席：张　霁
常务副主席：张　玲
新邱区文联
主　席：周永红
副主席：杨松岩
阜新矿业集团文联
主　席：孟庆坤
副主席兼秘书长：胡玉滨

铁岭市文联
主　席：王日昕
副主席：王　荐、孙金瑛
地　址：铁岭市凡河新区金
沙路 38 号
邮　编：112000
所属各区市县文联：
银州区文联
主　席：林明臣
清河区文联
秘书长：杜　刚
调兵山市文联
主　席：赵明舒
副主席：邱宝成
开原市文联
主　席：刘宏伟
副主席：刘付军
秘书长：陈　旭
铁岭县文联
主　席：常友仁
西丰县文联
主　席：王　刚
昌图县文联
主　席：朱秀颖

抚顺市文联
党组副书记兼主席：张弘韬
党组书记：商泽友
副主席：魏　兵、何长锁
地　址：抚顺市东六路 13 号
邮　编：113008
所属各区县文联：
新抚区文联
主　席：江　旭
常务副主席兼秘书长：马建国
顺城区文联
主　席：赵启华
副主席：吴东岗
东洲区文联
主　席：梁德奎
望花区文联
主　席：杜洪石
抚顺县文联
主　席：李　军
副主席：周　民
清原满族自治县文联
主　席：曹惠斌
新宾满族自治县文联
主　席：解　良

本溪市文联
主　席：于凌波
党组成员、副主席：王重旭
党组成员：刘晓波
名誉主席：田连元、冯大中
秘书长：韩福章
地　址：本溪市儿童乐园内
邮　编：117000
所属各区县文联：
平山区文联
主　席：邱静明
秘书长：胡立友
溪湖区文联
主　席：王柯琦
秘书长：赵忠大
明山区文联
主　席：韩良贵
秘书长：乔　惠

南芬区文联
主　席：王志华
秘书长：贾春林
本溪满族自治县文联
主　席：付清斌
秘书长：王林林
桓仁满族自治县文联
主　席：姜忠平
秘书长：丛连鹏
本钢文联
副主席兼秘书长：蒋振宇

辽阳市文联

主　席：方守义
党组书记、常务副主席：侯长利
副主席：宁泉溪、孙　浩、张春阳、苗青松
秘书长：韩文献
地　址：辽阳市文联
邮　编：111000
所属各区市县文联：
辽阳县文联
常务副主席：巴　进
灯塔市文联
主　席：苏德勇
宏伟区文联
主　席：吕阳镜
专职副主席：赵德刚
弓长岭区文联
主　席：姚　广
常务副主席：屈旭芳

鞍山市文联

主　席：郭庆雪
副主席：张雅晨、金　炜
地　址：鞍山市铁东区爱民街6号
邮　编：114001
所属各市县文联：
海城市文联
主　席：刘广才
台安县文联
主　席：王伟光
副主席：李迎春
秘书长：王洗尘
岫岩满族自治县文联
秘书长：范光耀
鞍钢文联
主　席：冯凌旭
副主席：刑凤茹
副主席兼秘书长：周以纯

丹东市文联

主　席：吴多良
副主席：邢培红
秘书长：白　鹰
地　址：丹东市九纬路83号
邮　编：118000
所属各区市县文联：
振安区文联
主　席：刘　军
凤城市文联
名誉主席：林和平、王金力
主　席：王雅杰
副主席：孙　毅
秘书长：岳海英
东港市文联
主　席：于丰敏
副主席：张兵兵
秘书长：孙秋杰
宽甸满族自治县文联
主　席：赵　波
秘书长：焦静冬

大连市文联

党组书记兼副主席：何明洲
主　席：滕贞甫
副主席：宋延平、邢德武
地　址：大连市西岗区长白街6号
邮　编：116012
所属各协会：
作家协会
主　席：素　素
副主席：徐　铎
秘书长：孙学丽
戏剧家协会
主　席：杨　赤
秘书长：张晓军
美术家协会
主　席：高志华
秘书长：杨连生
书法家协会
主　席：张本义
秘书长：张　旸
摄影家协会
主　席：王大斌
音乐家协会
主　席：曲致正
秘书长：朱汉民
舞蹈家协会
主　席：马志广
秘书长：孙　慧
民间文艺家协会
主　席：蔡永武
秘书长：陈　锦
曲艺家协会
主　席：刁成国
秘书长：李卓毅
杂技家协会
主　席：齐春生
秘书长：李卓毅
电视家协会
主　席：周大新
秘书长：朱利祁
影视家协会
主　席：杨友臣
秘书长：张廷起
所属各区市县文联：
中山区文联
主　席：曲寿巍
常务副主席兼秘书长：刘　辉
西岗区文联
主　席：傅小升
副主席：王世修

甘井子区文联
主　席：杨文存
专职副主席兼秘书长：崔　清
旅顺口区文联
主　席：宋士军
副主席：吴　昊、王湘平
金州区文联
主　席：刘　军
秘书长：迟贤伟
瓦房店市文联
主　席：侯德云
副主席：韩　敏
秘书长：高金科
普兰店市文联
主　席：周永斌
庄河市文联
主　席：白春海
副主席、秘书长：林玉玲
长海县文联
主　席：于精生
副主席：范百昌
职工文联
主　席：段建华
常务副主席：郝国明
公安文联
主　席：赵兴敏
副主席：李朝森、王仁波、王　澜、张宏斌
秘书长：张荣生
残疾人文联
名誉主席：李　扬
主　席：徐　铎
副主席：王　荔、尹　平、孙龙起、程　超、董　迪、王新德
秘书长：李发泉
副秘书长：骆　燕、陈　玫

营口市文联

副主席：白凤德、李　波、许桂芬
地　址：营口市辽河大街西3号
邮　编：115003
所属各区市文联：
老边区文联
主　席：于　雁
副主席：刘颖智
大石桥市文联
主　席：姜兴涛
秘书长：刘成华
盖州市文联
主　席：郭　华
副主席：骆　兵
鲅鱼圈区文联
主　席：张天放

盘锦市文联

党组书记：王兴伟
主　席：刘　民
副主席：赵俊芝、盖　娟
地　址：盘锦市兴隆台区双兴中路30号市文化大院1号楼
邮　编：124013
所属各县文联：
大洼县文联
主　席：许世友
副主席：夏丽华
秘书长：孙　菁
盘山县文联
主　席：何桂立
双台子区文联
主　席：孙东辉

锦州市文联

主　席：马占林
副主席：刘蓬莱、王桂荣
地　址：锦州市古塔区和平路三段82号
邮　编：121000
所属各市县文联：
凌海市文联
主　席：何　宽
北镇市文联
主　席：曹雁奎
黑山县文联
主　席：刘世洲
副主席：王　根、韩耀刚
副主席兼秘书长：史纪坤
义县文联
副主席：周铁钧

葫芦岛市文联

主　席：李荣军
副主席：周建新、齐　丽
地　址：葫芦岛市龙港区龙湾大街甲1号
邮　编：125000
所属各区市县文联：
龙港区文联
主　席：李兴华
秘书长：李海鹏
连山区文联
主　席：李凤华
秘书长：张中云
南票区文联
主　席：曹　闯
秘书长：王志刚
兴城市文联
主　席：王晓平
秘书长：李　丹
绥中县文联
主　席：杜　群
副主席：张　涵
建昌县文联
主　席：马宝义
副主席：李恩江
秘书长：贾广智

吉　林　省

长春市文联

党组书记兼常务副主席：张守智
主　席：吴德金
副主席：王长元、景喜猷
副秘书长：汪鹏辉
党组成员兼办公室主任：孙中亮
协会工作部部长：王丽君
办公室副主任：耿华钢
地　址：长春市朝阳区锦水路1097号
邮　编：130061

所属各区市县文联：

双阳区文联
主　席：朴连玉
副主席兼秘书长：王　彦

农安县文联
主　席：徐志成
副主席：汲从彬

九台市文联
主　席：王大宏
副主席：周　皞

德惠市文联
主　席：于树军
常务副主席：李岱林
副主席：王　淼

榆树市文联
主　席：卢彦东
常务副主席：宋东安

白城市文联

主　席：曹伯铭
副主席：陈　钢
地　址：白城市文化东路1号
邮　编：137000

所属各区市县文联：

诗词楹联家协会
主　席：孙　英

洮北区文联
党组书记：于立涛
主　席：陈　葳

大安市文联
副主席：赵紫洲

洮南市文联
副主席：王春贵
秘书长：刘凤才

通榆县文联
主　席：张丽政

镇赉县文联
主　席：宋力民
秘书长：宋　奥

松原市文联

主　席：程永刚
秘书长：刘鸿鸣
地　址：松原市沿江东路189号
邮　编：138000

所属各区县文联：

宁江区文联
主　席：卢景田
秘书长：刘　洋

前郭尔罗斯蒙古族自治县文联
主　席：思　和
副主席、党组书记：刘道福

乾安县文联
主　席：虞淑杰
副主席：刘宝锋

扶余县文联
主　席：刘利群
秘书长：贾世国

长岭县文联
主　席：李立忠
副主席：赵连波

吉林市文联

党组书记：戴明芳
主　席：邹铁军
副主席：王慧聪、韩文身
秘书长：刘　成
地　址：吉林市北京路82号市委综合楼4楼
邮　编：132011

所属各市县文联：

永吉县文联
主　席：陈本海
副主席：葛治含

舒兰市文联
主　席：王春野
常务副主席：颜　雪
秘书长：赵云娴

桦甸市文联
主　席：高政中
副主席：马桂云
秘书长：刘晓军

蛟河市文联
主　席：张　彦
副主席：张德胜
秘书长：田　宇

磐石市文联
主　席：刘延平
常务副主席：李　斌
秘书长：付新立

四平市文联

主　席：张智慧
副主席：孙守信、崔永刚、李　罡
地　址：四平市英雄大街1719号
邮　编：136000

所属各协会：
作家协会
主　席：于耀江
音乐家协会
主　席：陈殿华
舞蹈家协会
主　席：张　剑
美术家协会
主　席：魏舒菲
书法家协会
主　席：薛　军
摄影家协会
主　席：于云飞
戏剧家协会
主　席：徐立忠
曲艺家协会
主　席：于成龙
电视艺术工作者协会
主　席：管凤久
电影工作者协会
主　席：徐元林
民间文艺家协会
副主席：陈明宏
社区文艺工作者协会
副主席：史宇辉
互联网文化工作者协会
主　席：张振海
所属各区市县文联：
铁西区文联
主　席：吴世平
铁东区文联
主　席：郑长春
双辽市文联
主　席：任宏志
公主岭市文联
主　席：李洪安
梨树县文联
主　席：张　勇
伊通满族自治县文联
主　席：孙廷蔚

辽源市文联

主　席：常焕臣
副主席：王一知
秘书长：刘水波
地　址：辽源市人民大街626号
邮　编：136200
所属各县文联：
东丰县文联
主　席：王玉君
副主席：赵彬彬
秘书长：周传波
东辽县文联
主　席：杜　发
副主席：徐村燕
秘书长：兰伏虎

通化市文联

主　席：周敬东
地　址：通化市秀泉路702号
邮　编：134001
所属市文联：
集安市文联
主　席：程　远
梅河口市文联
主　席：林春梅
东昌区文联
主　席：刑露予
通化县文联
主　席：张艳玲
辉南县文联
主　席：赵光泽
柳河县文联
主　席：于近红

白山市文联

主　席：陈　国
副主席：王　娟
秘书长：仉培基
地　址：白山市浑江大街135号
邮　编：134300
所属各区县文联：
浑江区文联
主　席：沈荣生
副主席：杨清水
江源区文联
副主席：刘国华
临江市文联
主　席：姜国栋
副主席：王明强
抚松县文联
主　席：刘秀丽
秘书长：谭庆军
靖宇县文联
主　席：赵　茜
副主席：王　丽
长白朝鲜族自治县文联
主　席：袁长春
秘书长：尹　宁

延边朝鲜族自治州文联

主　席：朴瑞星
副主席：朴东根、崔　妍
地　址：延吉市河南街22号
邮　编：133001
所属各市县文联：
延吉市文联
主　席：李　尊
副主席：俞　红
图们市文联
副主席：赵东范
敦化市文联
副主席：贾少林
珲春市文联
主　席：金允珍
副主席：公培安
龙井市文联
副主席：李庆得
和龙市文联
副主席：李春南
汪清县文联
主　席：洪美兰

秘书长：李向阳
安图县文联
主　席：段洪斌
秘书长：孙明胜

黑龙江省

哈尔滨市文联
主　席：王亚平
副主席：李建华、杨成志、唐　飚
地　址：哈尔滨市道里区兆麟街125号
邮　编：150010
所属各区县文联：
道里区文联
主　席：孙悦春
秘书长：孙　姬
南岗区文联
主　席：陈爱华
秘书长：韩义华
道外区文联
秘书长：尚　丽
香坊区文联
主　席：张海涛
秘书长：康　猛
平房区文联
主　席：于纯芳
秘书长：于淑华
呼兰区文联
主　席：毛猛平
秘书长：白铭波
阿城区文联
主　席：黄海英
秘书长：王红霞
双城市文联
主　席：刘大为
副主席：郑丽春
秘书长：腾　飞
尚志市文联
主　席：徐文华
秘书长：刘延功
五常市文联
主　席：韩　爽
秘书长：朱洪玉
依兰县文联
主　席：赵　勋
方正县文联
主　席：纪冬梅
秘书长：董艳芬
宾县文联
主　席：刘守君
秘书长：杜兆晶
巴彦县文联
主　席：李佩友
木兰县文联
主　席：丁洪光
副主席：孟　焕
秘书长：焦庆文
通河县文联
副主席：汪锦娟
延寿县文联
副主席：王铁骑

齐齐哈尔市文联
主　席：庄树谦
副主席：姜云龙、朱虹宇
地　址：齐市党政办公中心一号楼
邮　编：161006
所属各协会：
作家协会
主　席：朱虹宇
音乐家协会
主　席：姜云龙
摄影家协会
主　席：陈寿安
书法家协会
主　席：吴学谦
舞蹈家协会
主　席：于力平
戏剧家协会
主　席：艾　平
杂技艺术家协会
主　席：王云良
民间艺术家协会
主　席：李树林
曲艺家协会
主　席：周洪儒
诗词楹联协会
主　席：赵世贵
所属各县区文联：
讷河市文联
主　席：徐启发
甘南县文联
主　席：康　胜
富裕县文联
主　席：吕　明
龙江县文联
副主席：李福山
依安县文联
秘书长：马　岩
泰来县文联
副主席：才立国
克山县文联
副主席：杜计蝡
拜泉县文联
副主席：张新宇
富拉尔区文联
主　席：张书君
昂昂溪区文联
副主席：张湘麟

梅里斯区文联
副主席：吴学武

黑河市文联
主　席：张清义
秘书长：李　琳
地　址：黑河市通江路2号市政府大楼1817室
邮　编：164300
所属各协会：
摄影家协会
主　席：赵恭民
秘书长：张大庆
美术家协会
主　席：常玉辉
秘书长：杨加国
书法家协会
主　席：刘庆海
秘书长：刘宝民
作家协会
主　席：杨晓光
秘书长：唐文波
音乐家协会
主　席：温庆民
秘书长：乔国伟
舞蹈家协会
主　席：徐　颖
秘书长：张　颖
所属各市县文联：
北安市文联
主　席：吴　宪
副主席：杨国华
五大连池市文联
主　席：李向民
五大连池风景区文联
主　席：任伟东
副主席：李洪光、孙令兵
嫩江县文联
主　席：李忠贵
逊克县文联
主　席：李若明
孙吴县文联
主　席：徐　钧

大庆市文联
党组书记：王　景
主　席：柳　庄
副主席：张云凤
地　址：大庆市东风新村纬二路18号市文联
邮　编：163311
所属各区县文联：
萨尔图区文联
主　席：文慧玲
副主席：包明杰
龙凤区文联
主　席：姜劲凤
副主席：刘江生、杨欣闽、高丽洁、齐　中
让胡路区文联
主　席：陈慧珠
副主席：李政敏、富玉松
大同区文联
主　席：巴小东
副主席：于凤军
红岗区文联
主　席：朱明华
副主席：谭再兴、张俊清
肇州县文联
主　席：窦立雪
副主席：张浩天
肇源县文联
主　席：何连珍
副主席：崔秀恩
林甸县文联
主　席：彭少华
副主席：张　鹏
杜尔伯特蒙古族自治县文联
主　席：赵国庆
副主席：江敬东、任青春

伊春市文联
主　席：孙兆龙
副主席：王　满、郇晓红
秘书长：王殿生
地　址：伊春市通河路新园小区
邮　编：153000
所属各协会：
作家协会
主　席：王　满
常务副主席：黄继胜
摄影家协会
主　席：王福贵
副主席兼秘书长：王殿生
美术家协会
主　席：高首峰
秘书长：尹福超
书法家协会
主　席：葛再红
副主席兼秘书长：李润东
戏剧家协会
主　席：张志麟
副主席兼秘书长：倪玉凤
音乐家协会
主　席：岳洪顺
秘书长：张明哲
舞蹈家协会
主　席：赵　丽
秘书长：吕　野
民间文艺家协会
主　席：路　登
秘书长：左丽杰
电影家协会
主　席：赵　伟
秘书长：薛曙光
曲艺家协会
主　席：李清云
秘书长：谭景致
电视艺术家协会
主　席：闵柏林
秘书长：于俊生
所属各区县文联：
伊春区文联
主　席：罗立平

秘书长：陈忠奎

南岔区文联

主　席：卢元梅

副主席：周芙蓉、郎若愚、张　楠

秘书长：张　静

西林区文联

主　席：贾世昌

副主席：黄继胜、陶明哲、王长德、姜　春

秘书长：田雨春

金山屯区文联

主　席：李　娟

乌马河区文联

主　席：李大勇

副主席：罗丽萍

乌伊岭区文联

秘书长：韩福生

铁力市文联

主　席：付　丽

铁力林业局文联

主　席：程　伟

副主席：吴　平、李学东、王树国

秘书长：李秀敏

朗乡林业局企业文联

主　席：李严霜

副主席：李士林、吴胜军、孙其哲、王炳学、刘秀明

秘书长：孙其哲

嘉荫县文联

主　席：李　岩

副主席：张世忠

秘书长：王学明

带岭区文联

主　席：黄有林

常务副主席：于宝利

副主席：魏广慧、张春峰、李福军、王秉术、王乃富、刘　奇、王　霜

秘书长：于宝利

友好区文联

主　席：汪　伟

名誉副主席：丁志慧、吕瑞艳

副主席：王志岐、刘东来、国相彬、那晓光、陈立孝、李景洲

秘书长：李　娜

新青区文联

主　席：刘　强

副主席：马晓东、李淑文、刘成君、吴海峰、郎建民、贾垂印

鹤岗市文联

主　席：温　刚

副主席：许　玲

地　址：鹤岗市委大楼

邮　编：154100

所属县市文联：

萝北县文联

主　席：焦玉富

秘书长：赵淑平

绥滨县文联

副主席：魏振涛

秘书长：白喜文

佳木斯市文联

主　席：张铁成

党组书记、常务副主席：于华佳

副主席：张晓慧

地　址：佳木斯市长安路2666号

邮　编：154007

所属各区县文联：

同江市文联

主　席：吴东辉

富锦市文联

主　席：姜凤君

秘书长：张利弓

桦南县文联

主　席：沈殿金

桦川县文联

主　席：刘　英

汤原县文联

秘书长：李洪河

抚远县文联

主　席：徐向滨

双鸭山市文联

主　席：贾　胄

副主席兼秘书长：刑玉奎

副调研员：李　季

地　址：黑龙江双鸭山市文联

邮　编：155100

所属各县文联：

集贤县文联

主　席：陈丽艳

友谊县文联

副主席：杨梅荣

宝清县文联

主　席：王义敏

饶河县文联

主　席：姚云芳

七台河市文联

党组书记：朱　平

主　席：王长富

副主席：高和平

秘书长：柴玉敏

地　址：七台河市党政中心

邮　编：154600

所属县文联：

勃利县文联

主　席：迟仁成

鸡西市文联

主　席：姜广繁

副主席：杨一平、门家夫、聂书春

地　址：鸡西市鸡冠区北山路9号

邮　编：158100

所属市县文联：

虎林市文联

主　席：翟峰林

鸡东县文联

主　席：许冬艳

牡丹江市文联

主　席：冯　红

副主席：刘　波、张志勇

地　址：牡丹江市江南党政办公中心 20108 室

邮　编：157000

所属各区县文联：

穆棱市文联

主　席：张春鹏

绥芬河市文联

主　席：葛均义

海林市文联

主　席：胡敬秋

宁安市文联

副主席：朱文光

东宁县文联

主　席：董岐山

林口县文联

主　席：刘铁忠

绥化市文联

主　席：白雪松

副主席：范宗凯

秘书长：佟　波

地　址：市北林区迎宾路 2 号市党政办公中心

邮　编：152002

所属各区市县文联：

北林区文联

副主席：张世德

肇东市文联

主　席：董国众

副主席：龙　斌

海伦市文联

主　席：赵春爽

副主席：林　辉

庆安县文联

主　席：逄井然

常务副主席：崔铭智

明水县文联

主　席：于　澜

副主席：客丽红

青冈县文联

主　席：马振亚

常务副主席：刘洪祥

望奎县文联

主　席：李凌宇

副主席：王可心

兰西县文联

主　席：杨中宇

安达市文联

主　席：王文玉

绥棱县文联

主　席：刘立冬

大兴安岭地区文联

主　席：满　天

秘书长：计　伟

地　址：大兴安岭地区文联

邮　编：165000

所属各区县文联：

呼玛县文联

主　席：司瑞新

塔河县文联

主　席：苗　玲

漠河县文联

主　席：孙喜军

加格达宣传部

主　席：王　月

松岭区宣传部

主　席：博　宇

新林区宣传部

主　席：邱　刚

呼中区文联

主　席：王善勤

国强局文联

主　席：汝广友

阿木尔局文联

主　席：许成光

十八站局文联

主　席：孙善辉

韩家园局文联

主　席：哈雪平

加林局文联

主　席：张书丛

上　海　市

虹口区文联

主　席：陆　健

杨浦区文联

主　席：陈红光

嘉定区文联

副主席：王　漪

松江区文联

主　席：刘晓辉

上海电影家协会

主　席：张建亚

上海音乐家协会

主　席：陆在易

上海市戏剧家协会
主　席：尚长荣

上海市美术家协会
主　席：施大畏

上海市舞蹈家协会
主　席：凌桂明

上海市书法家协会
主　席：周志高

上海市摄影家协会
主　席：张元民

上海市曲艺家协会
主　席：王汝刚

上海民间文艺家协会
主　席：何承伟

上海市杂技家协会
主　席：程海宝

上海电视艺术家协会
主　席：穆端正

上海翻译家协会
会　长：谭晶华

崇明县文联
主　席：陆松平

江　苏　省

南京市文联
党组书记、常务副主席：张玉宝
党组副书记、副主席：李海荣
党组成员、副主席：刘惠敏、冯宣寿
主　席：徐　宁
副主席：陶　琪、叶兆言、竺小招、陈　炜、邹建平、应志琪、朱道平、赵浏兰、孙晓云、徐艺乙、张　俊
地　址：南京市常府街四条巷12号
邮　编：210002
所属各协会：
作家协会
主　席：叶兆言
戏剧家协会
主　席：竺小招
电影电视家协会
主　席：陈　炜
音乐家协会
主　席：邹建平
舞蹈家协会
主　席：应志琪
美术家协会
主　席：朱道平
摄影家协会
主　席：赵浏兰
书法家协会
主　席：孙晓云
民间文艺家协会
主　席：徐艺乙
文艺评论家协会
主　席：汪　政
所属各区县文联：
玄武区文联
主　席：周　雯
常务副主席：杨雯懿
副主席：樊姝玉
白下区文联
主　席：汪祥明
常务副主席：张振荣
副主席：徐　文
秦淮区文联
主　席：张　望
常务副主席：还建军
副主席：张　岩
建邺区文联
主　席：仲兆林
常务副主席：陈　瑛
副主席兼秘书长：王海燕
鼓楼区文联
主　席：董　伟
常务副主席：刘传俊
副主席：朱冬梅
下关区文联
主　席：颜一平
常务副主席：姜东林
栖霞区文联
主　席：潘谷平
常务副主席：方　政
专职副主席：陈丽君
雨花台区文联
主　席：谢　山
常务副主席：于志珍
副主席兼秘书长：魏福春
江宁区文联
主　席：刘　玲
专职副主席：蔡　宁
浦口区文联
主　席：黄之金
专职副主席：朱四平
六合区文联
主　席：金世凯
常务副主席：满　震
溧水县文联
主　席：杨连宝
副主席：储国华、章熙秋

高淳县文联
主　席：黄亦武
常务副主席：叶琪华

徐州市文联
党组书记兼主席：王雪春
副主席：王　勇、吴继永
党组成员兼助理调研员：郭念堂
秘书长：朱宝增
地　址：徐州市新城区行政中心东区综合楼
邮　编：221018
所属各区市县文联：
贾汪区文联
主　席：祝培良
副主席：李淑梅
邳州市文联
主　席：焦　勇
秘书长：王永远
新沂市文联
党组书记兼副主席：岳浩亮
主　席：夏洪波
副主席：谭庆泉
秘书长：张　堂
沛县文联
主　席：朱茂东
副主席：夏中跃、张守俭、沈　勇
睢宁县文联
副主席：王鸿儒
秘书长：马林唤
丰县文联
主　席：白光华
铜山县文联
专职副主席：周兴华

连云港市文联
党组书记兼主席：杨　浩
副主席兼秘书长：武传玉
副主席：张文宝、蔡骥鸣
地　址：连云港市新浦海昌南路17号
邮　编：222004
所属各区县文联：
赣榆县文联
主　席：徐　侠
东海县文联
主　席：吕　宏
灌云县文联
主　席：邱洪彤
灌南县文联
主　席：沈崇凯
海州区文联
主　席：相裕亭
新浦区文联
主　席：李敬伟
连云区文联
主　席：周永刚

宿迁市文联
主　席：王清平
副主席：丁立江、李志宏
秘书长：潘新文
地　址：宿迁市世纪大道88号
邮　编：223800
所属各区县文联：
宿城区文联
副主席：刘须建
宿豫区文联
主　席：陈　刚
副主席：朱　珠
沭阳县文联
主　席：刘德兵
副主席：王　浩、徐增祥、刘家前
泗阳县文联
主　席：王耀秋
泗洪县文联
主　席：鄢化雨
副主席：陈　平

淮安市文联
主　席：马庆伦
副主席：刘跃进、张玲玲
地　址：淮安市健康西路140号
邮　编：223001
所属各区县文联：
清河区文联
主　席：乔　斌
清浦区文联
主　席：金丽萍
楚州区文联
副主席：范晓梅、郭士金
淮阴区文联
主　席：吴光辉
金湖县文联
主　席：董　蔚
副主席：刘义宝
盱眙县文联
主　席：孙亚兴
洪泽县文联
主　席：王明生
副主席：周凌晨

盐城市文联
主　席：王效平
副主席：蒋婉求、薛万昌、陈义海、陆应铸、陆庆龙
地　址：盐城市世纪大道21号市行政中心20楼
邮　编：224005
所属各县市区文联：
亭湖区文联
主　席：汤昌军
盐都区文联
副主席：吕友权
东台市文联
主　席：方　星
副主席：卢冬红、宋进生
大丰市文联
主　席：韦　伟

射阳县文联
主　席：戴元辅
副主席：李世龙
阜宁县文联
主　席：张　俊
副主席：顾冬成
滨海县文联
副主席：朱雪生
建湖县文联
主　席：徐守忠
响水县文联
主　席：朱卫东

扬州市文联

党组书记：叶冠军
主　席：曹永森
副主席兼秘书长：陈家庆
副主席：李政成、周永平、陈韵强、张美林、周启云
地　址：扬州市文昌中路460号市政府东大院
邮　编：225001
所属各市县文联：
仪征市文联
主　席：周永宁
副主席：涂　君、厉庭银、赵小娟
江都市文联
主　席：罗建华
副主席：李景文、李孝跃、韩美芳
秘书长：王晓梅
高邮市文联
主　席：黄　平
副主席：杨德标、朱崇平、王学朴
宝应县文联
主　席：何开文
副主席：殷德平、蔡科明

泰州市文联

主　席：刘仁前
副主席：俞秋言
秘书长：陈　扬
地　址：泰州市鼓楼南路368号
邮　编：225300
所属各区市文联：
靖江市文联
主　席：严　羽
副主席：史爱梅、陆　进
秘书长：张汉祥
泰兴市文联
主　席：陆进富
副主席：常红琴、林　林
兴化市文联
副主席兼秘书长：孙　祥
副主席：于亚瑞、欧小斌、金　调、李劲松
姜堰市文联
主　席：陶惠林
副主席：曹学林、唐天杰、王景峰
秘书长：朱红耀
海陵区文联
主　席：王光源
副主席：薛　梅、陈　明
秘书长：卞扬扬
高港区文联
主　席：卞小江
副主席：孙小平
秘书长：曹明德

南通市文联

党组书记兼常务副主席：羌怡芳
主　席：袁瑞良
副主席：王　法、周建忠、顾晓群、杨树德
地　址：南通市文峰路5号
邮　编：226001
所属各区市县文联：
通州区文联
副主席：许　君
崇川区文联
主　席：郭　华
副主席：管　俊、张　卫
港闸区文联
主　席：陈建华
副主席：李　峰
秘书长：王俊荣
海门市文联
主　席：何伟华
副主席：朱慧玮
启东市文联
主　席：郁锦标
副主席：李新勇
如皋市文联
主　席：缪永涛
副主席：金福林
秘书长：陈秀骥
如东县文联
党组书记兼副主席：王晓晴
主　席：谢　骏
副主席：张桂清、陆修谷、丁征峰、曹鹤松、吴建一、姚　宇、王必春
海安县文联
主　席：张　军
副主席：丁建民、史礼根、王子健
秘书长：王兆林

镇江市文联

主　席：王红卫
副主席：蒋　宁、王　川、余爱国、蒋光年、丁伟民
地　址：镇江市正东路141号
邮　编：212001

所属各区市文联：

丹徒区文联

主　席：王小军

副主席：吴呈昱

京口区文联

主　席：阚爱萍

秘书长：高义连

扬中市文联

主　席：郭廉俊

副主席：李小网、王中明、孔庆璞

丹阳市文联

主　席：姜国成

副主席：周书凤

句容市文联

主　席：马宏峰

副主席：王义华、王清涛

常州市文联

主　席：蒋节勤

副主席：黄瑞康、胡军生

地　址：常州市大观路10号

邮　编：213003

所属各区市文联：

武进区文联

主　席：陶　可

副主席：王小伟、陆　红

秘书长：戚散花

金坛市文联

主　席：葛安荣

副主席：李　平

溧阳市文联

主　席：赵善坚

副主席：陈芳梅

秘书长：丁月辉

无锡市文联

主　席：雷群虎

副主席：陆永基、张振华、刘仲宝、王建伟、王建源

地　址：无锡市妙光苑1号

邮　编：214026

所属各市文联：

江阴市文联

主　席：黄　磊

副主席：周林海

宜兴市文联

主　席：徐　风

苏州市文联

党组书记兼常务副主席：朱建华

主　席：范小青

副主席：胡韵荪、吕锦华、王伟林、朱栋霖、成从武、顾　芗、王　芳

地　址：苏州市人民路1088号

邮　编：215002

所属各区市文联：

金阊区文联

主　席：胡　群

副主席：李　璇

沧浪区文联

主　席：陈曙光

平江区文联

主　席：谢　芳

吴中区文联

主　席：柯德银

相城区文联

主　席：沈炳泉

副主席：王少辉

高新区文联

主　席：王　坚

吴江市文联

主　席：俞　前

昆山市文联

主　席：莫全明

太仓市文联

主　席：汪　放

常熟市文联

主　席：王建昌

张家港市文联

副主席：庞　曦

浙　江　省

杭州市文联

主　席：陈一辉

副主席：胡惠芬、陈　涛

地　址：杭州市延安路472号市政府综合楼3号楼14层

邮　编：310006

所属协会：

作家协会

主　席：嵇亦工

秘书长：陈博君

民间文艺家协会

主　席：刘小平

秘书长：邵毅霞

戏剧家协会

主　席：赵志刚

秘书长：王姝苹

曲艺家协会

主　席：翁仁康

秘书长：汪黎明

音乐家协会

主　席：宋家明

秘书长：邬建光

舞蹈家协会

主　席：崔　巍

秘书长：程育青

美术家协会
主　席：吴山明
秘书长：张志强
书法家协会
主　席：王冬龄
秘书长：王小勇
摄影家协会
主　席：吴宗其
秘书长：吴宗其（兼）
电影电视家协会
主　席：李小华
秘书长：阙云霞
所属各区市县文联：
萧山区文联
主　席：王东初
副主席：俞梁波、黄勇芳
余杭区文联
主　席：甘士明
临安市文联
主　席：黄贤权
富阳市文联
主　席：曹玮玲
桐庐县文联
主　席：董利荣
建德市文联
主　席：盛振宇
淳安县文联
主　席：何春耕

湖州市文联

主　席：闻晓明
地　址：湖州市行政中心
邮　编：313000
所属各区县文联：
南浔区文联
主　席：嵇银荣
长兴县文联
主　席：鲁有平
副主席：周秀明
安吉县文联
主　席：胡百顺
吴兴区文联
主　席：梅　丰
德清县文联
主　席：曹玲莉

嘉兴市文联

主　席：王鸣霞
副主席：胡　晶
秘书长：朱　樵
地　址：嘉兴市中山东路922号
邮　编：314000
所属各市县文联：
南湖区文联
主　席：柴志刚
秀洲区文联
主　席：陈以德
副主席：李湘泉、朱培坤、缪惠新
秘书长：缪惠新（兼）
平湖市文联
主　席：沈力行
副主席：俞跃进、张　宏
秘书长：俞跃进（兼）
海宁市文联
主　席：田　耘
副主席：任少云、陈谷时　王　珏
秘书长：任少云（兼）
桐乡市文联
主　席：杨惠良
副主席：褚万根、全见方、傅林林
秘书长：李　力
嘉善县文联
主　席：陆勤方
副主席：谈萍莉、范国庆、徐雪娟
秘书长：曹　琦
海盐县文联
主　席：宋乐明

舟山市文联

主　席：薛剑平
副主席：张　辉
秘书长：洪晓明
主　任：马列娅
地　址：舟山市定海区蟠洋山路16号
邮　编：316000
所属各区县文联：
定海区文联
主　席：张交和
副主席：乐玲娜、张　樱
秘书长：白　马
普陀区文联
秘书长：张　民
岱山县文联
主　席：孔德科
副主席：何仁岳、邱宏方、李国平
秘书长：邱宏方（兼）
嵊泗县文联
副主席：金　瑛、陈翔鹤、白　峰

宁波市文联

主　席：傅　丹
副主席：李浙杭、周静书、韩利诚、何　微、王水维
秘书长：景松健
地　址：宁波市海曙区解放北路91号4号12楼文联办公室
邮　编：315010
所属各区市县文联：
江北区文联
主　席：江　鲁
副主席：周少植、戴光中、励芒伟、施晓峰
秘书长：王　静
海曙区文联
主　席：陈建东

副主席：马安娜、王燕芬、
王锦文、朱 宁、
孙福昌
江东区文联
主 席：王 昱
副主席：徐益波、杨慧月、
陈云其、陆爱国
北仑区文联
主 席：袁 侠
副主席：顾旭东、黄海伟、
王明良、凌晓军
镇海区文联
主 席：余维勤
副主席：王 辉
秘书长：徐志明
鄞州区文联
主 席：施孝峰
副主席：江志勇
慈溪市文联
主 席：方向明
副主席：孙群豪
余姚市文联
主 席：张建华
副主席：干亚群、吕余龙、
寿建立
奉化市文联
主 席：王亦建
副主席：俞赞江
秘书长：孟优萍
宁海县文联
主 席：刘尚才
副主席：黄 珂
象山县文联
主 席：陈明吉
副主席：许吉安、张明珠

绍兴市文联
主 席：刘孟达
副主席：柳巨波、马 炜
秘书长：马 炜（兼）
地 址：绍兴市府山西路武
勋坊18号2楼
邮 编：312000
所属各市县文联：
绍兴县文联
主 席：黄锡云
副主席：杨春燚
诸暨市文联
主 席：石坚钢
副主席：吴旭东、章飞燕
上虞市文联
主 席：陈荣力
副主席：袁伟文
嵊州市文联
主 席：钱子浪
副主席：裘高太
新昌县文联
主 席：盛之恒
副主席：章月中
越城区文联
主 席：黄文琴

衢州市文联
主 席：欧阳建华
副主席：王青阳
秘书长：朱萍萍
地 址：衢州市县学街78号
邮 编：324000
所属各区市县文联：
柯城区文联
主 席：余成友
副主席：王丽君
秘书长：汪凤花
衢江区文联
主 席：陈剑明
江山市文联
党组书记：伍国勤
主 席：姜 英
副主席：毛洪章、李治本
秘书长：毛雪芳
常山县文联
副主席：黄良木
秘书长：王阳君
开化县文联
秘书长：吴建其
龙游县文联
主 席：叶金梅
秘书长：蓝忠胜

金华市文联
主 席：金云平
副主席：王亦平
组联部副部长：梅荣衍
办公室主任：张 慧
地 址：市双龙南街801号
邮 编：321017
所属各区市县文联：
婺城区文联
主 席：陈锦章
金东区文联
主 席：曹 波
兰溪市文联
主 席：陈 军
副主席：许文芳
秘书长：王文荣
永康市文联
主 席：华康明
副主席：麻建成
义乌市文联
主 席：楼小明
副主席：余新建
秘书长：何维梓
东阳市文联
主 席：贾志光
副主席：郭晓笛
武义县文联
主 席：邹伟平
副主席：梅子明、董群
浦江县文联
党组书记：何金海
副主席：方钢军
党组成员：于丽萍、吴建炜
磐安县文联
主 席：曹明春
党组成员：陈爱卿

秘书长：胡中福

台州市文联

党组副书记兼副主席：丁琦娅
秘书长：林月辉
地　址：台州市政府大楼14楼
邮　编：318000
所属各区市县文联：
椒江区文联
党组书记：解军辉
常务副主席：吴志远
副主席：王　及、汪江浩、
　　　　梅利华
黄岩区文联
主　席：林海蓓
常务副主席兼秘书长：鲍志野
路桥区文联
主　席：张　格
副主席：赵世文、王文清
临海市文联
主　席：曹凌云
副主席兼秘书长：吕黎明
温岭市文联
主　席：周志云
副主席：张新海、周　晗
玉环县文联
副主席：黄立轩
天台县文联
主　席：陈　虹
副主席兼秘书长：蒋冰之
仙居县文联
主　席：朱岳峦
副主席：徐小凤、殷琳峰
三门县文联
主　席：蔡彩娟
副主席：刘从进、梅长琥

温州市文联

主　席：郑朝阳
副主席：吴琪捷、胡珙捷、
　　　　崔卫胜、王晓峰
地　址：温州市府东路发展
　　　　大楼北楼6层
邮　编：325000
所属各协会：
作家协会
主　席：吴琪捷
副主席：程绍国、叶世祥、
　　　　李世斌、张文兵、
　　　　郑晓泉、黄哲贵、
　　　　瞿　炜
戏剧家协会
主　席：郑朝阳
副主席：施小琴、缪小源、
　　　　陈　锋、郑　云、
　　　　郑曼莉、方汝将、
　　　　李美凤
音乐家协会
主　席：卢桂芳
副主席：邹跃飞、安建华、
　　　　董夫滕、郑小冰、
　　　　谢益新、陈巧姑、
　　　　陈小珍、苏　琼、
　　　　徐俊雅
舞蹈家协会
主　席：张德华
副主席：应　真、林国生、
　　　　胡益平、陈秋香、
　　　　姚晓敏、陈莉萍
美术家协会
主　席：蔡瑞蓉
副主席：梁力宏、曾维华、
　　　　张真恺、李利民、
　　　　陈旭海、马胜凯、
　　　　叶旭华
秘书长：张成毕
书法家协会
主　席：张　索
副主席：吴聘真、李　震、
　　　　王国强、缪若霞、
　　　　陈　默、吴　彰、
　　　　林　峰、林晓林、
　　　　黄国光
摄影家协会
主　席：朱保钢
副主席：王胜利、周建树、
　　　　金培林、叶劲草、
　　　　张洪林、叶剑平、
　　　　王玉璜
曲艺家协会
主　席：卢和乐
副主席：胡　平、叶海琴、
　　　　陈小宝、张仕贤
民间文艺家协会
主　席：潘一钢
副主席：金文平、林长春、
　　　　林子周、吴尧辉、
　　　　朱友好、曹凌云、
　　　　孟永国、陈爱琴
影视家协会
主　席：王晓峰
副主席：蔡亚非、蔡贻象、
　　　　董静海、李　涛、
　　　　李中坚、孙　榕
所属各区县文联：
鹿城区文联
主　席：陈世尧
副主席：程苏胜、卢桂芳、
　　　　吴　广、马胜凯、
　　　　吕相国、应　真、
　　　　周建树
龙湾区文联
主　席：夏哲宇
副主席：陈　佐
瓯海区文联
主　席：彭福云
副主席：林长春
瑞安市文联
主　席：李　刃
副主席：陈　丹、林　峰
秘书长：鲍永远
乐清市文联
主　席：张文兵
副主席：张保利、高公博、
　　　　刘瑞坤、倪蓉棣、

叶君奋、蔡乐孟、
倪朔野

永嘉县文联

主　席：鲍福星

副主席：杨大力、胡佐光、
郑　阳

文成县文联

主　席：王国侧

副主席：叶世杰、王国健、
陈丕欢

平阳县文联

主　席：周立坦

副主席：周黎明、赵小飞、
任泽健

泰顺县文联

主　席：邱正华

副主席：杨立成、王尤琴、
周咸俊

洞头县文联

主　席：何增祥

副主席：张志强、陈爱琴、
庄明松

苍南县文联

专职副主席：杨道敏

龙港镇文联

主　席：王　杯

浙能温州发电有限公司文联

主　席：陈伟忠

副主席：郑葵忠、郑战跃、
陈　华

德力西集团文联

主　席：卢友中

副主席：陈首旦

浙能乐清发电有限责任公司文联

主　席：施援朝

常务副主席：姜志强

副主席：董联军

丽水市文联

党组书记兼副主席：刘程远

主　席：吴炳诠

副主席兼秘书长：赵志伟

地　址：丽水市花园路1号

邮　编：323000

所属各区市县文联：

莲都区文联

主　席：潘春旺（兼）

副主席：邱旭平

龙泉市文联

党组书记兼主席：王振春

副主席：杨桂兰、季金强

秘书长：季金强（兼）

青田县文联

主　席：曾娓阳

副主席：陈新影

云和县文联

党组书记兼主席：刘丽莉

副主席：陈萱蔚

庆元县文联

主　席：范敏姿

副主席：郑承春、胡睦熙

缙云县文联

主　席：夏伟革

副主席：朱必胜、杜卫建

遂昌县文联

主　席：胡志晋

副主席：张丽敏

松阳县文联

主　席：潘林英

副主席：杨建明

秘书长：吴关军

景宁畲族自治县文联

主　席：李人海

副主席：蓝良明

安　徽　省

合肥市文联

党组书记：王　浩

主　席：完颜海瑞

副主席：刘晓明、周爱洋

秘书长：朱国强

地　址：合肥市政务文化新
区三区A座4楼

邮　编：230022

所属各县文联：

长丰县文联

主　席：刘贤安

副主席：戴本根、林家俊

肥东县文联

主　席：许泽夫

副主席：王业芬

肥西县文联

主　席：王建宇

庐江县文联

主　席：卢昌留

副主席：夏云龙

宿州市文联

主　席：黄正祥

地　址：宿州市政务新区4层

邮　编：234000

所属各区县文联：

埇桥区文联

主　席：胡秋源

萧县文联

主　席：李　鹏

灵璧县文联

主　席：梁　超

砀山县文联
主　席：金启云

淮北市文联

主　席：车海平
副主席：赵规划、王　宁
地　址：淮北市花园路7号南1楼
邮　编：235000
所属县文联：
濉溪县文联
主　席：贾　申

阜阳市文联

书记兼主席：王亮远
副主席：任　智、时春晨
地　址：阜阳市清河东路539号阜阳市文联
邮　编：236033
所属各区市县文联：
颍州区文联
主　席：庄　颖
颍东区文联
主　席：范卫华
颍泉区文联
主　席：杨　林
副主席：张　玲
界首市文联
党组书记兼主席：孙彩玲
党组成员兼副主席：张洁新、韩　瑞
临泉县文联
主　席：韩　光
太和县文联
主　席：孙　高
副主席：王玉泉、王华东
阜南县文联
主　席：冷治武
副主席：张　平
颍上县文联
主　席：王　波
副主席：吴　齐

亳州市文联

党组书记兼主席：佘树民
副主席：王淳杰、卢　干、司金城、孙志保、任　斌
地　址：亳州市行政中心2075室
邮　编：236802
所属各区县文联：
谯城区文联
主　席：李　彬
副主席：刘颖超
涡阳县文联
党组书记兼主席：武　建
副主席：赵晓蕾
党组成员：吴长敬
蒙城县文联
主　席：马　杰
副主席：李家群、卢　晓、韦如辉、韩元朝
利辛县文联
主　席：王玉实
副主席：李海金

蚌埠市文联

书　记：和宝友
副主席：江　山
地　址：蚌埠市中荣街95号
邮　编：233000
所属各县文联：
怀远县文联
主　席：常俊记
五河县文联
主　席：傅　强
固镇县文联
主　席：李同海

淮南市文联

主　席：李慧桥
副书记：杨天超
副主席：陈迎耕
地　址：洞山中路22号中建大厦4楼
邮　编：232001
所属县文联：
凤台县文联
主　席：张纯海
副主席：王红燕

滁州市文联

党组书记兼主席：杨成志
地　址：滁州市会峰大厦7楼
邮　编：239001
所属各市县文联：
天长市文联
主　席：张国云
明光市文联
副主席：任亚弟
来安县文联
主　席：孔祥华
全椒县文联
主　席：周可夫
副主席：陆　峰
定远县文联
副主席：郑鹏程

马鞍山市文联

党组书记：周正国
主　席：崔训诫
副主席：袁　诚、严歌平
秘书长：邱胜贤
地　址：马鞍山市湖北路24号3楼
邮　编：243000
所属县文联：
当涂县文联
主　席：祝建华

芜湖市文联

党组副书记兼主席：夏光发
党组成员兼副主席：王建华
地　址：芜湖市北门建设银行旁医药大楼

邮　编：241000
所属协会：
美术家协会
副主席：方成荣
所属各县文联：
芜湖县文联
副主席兼秘书长：方成荣
繁昌县文联
主　席：尚章龙
副主席：吴黎明
南陵县文联
主　席：罗光成

铜陵市文联
主　席：张文林
地　址：铜陵市湖东路 666 号行政中心北 5 楼
邮　编：244000
所属县文联：
铜陵县文联
主　席：鲍安顺

安庆市文联
书记兼主席：盛志刚
副主席：王泽辉
地　址：市纺织南路 16 号
邮　编：246001
所属各市县文联：
桐城市文联
党组书记：陈高潮
副主席：陈　汐
太湖县文联
主　席：章顺国
副主席：熊尚志、安泽成
宿松县文联
主　席：彭长久
副主席：吴　忌、王孟鸣
望江县文联
主　席：任春松
岳西县文联
主　席：黄效虎

黄山市文联
书记、主席：倪国华
副主席：吴顺辉
地　址：黄山市屯溪区滨江路 7—7 号
邮　编：245000
所属各区县文联：
黄山风景区文联
主　席：程亚星
屯溪区文联
主　席：汪　琳
黄山区文联
主　席：胡意红
副主席：汪少飞、李　平
徽州区文联
主　席：吴之兴
歙县文联
主　席：程　兵
副主席：汪祖明
休宁县文联
主　席：胡发冬
黟县文联
主　席：舒　强
祁门县文联
主　席：章共生

六安市文联
主　席：马常地
党组书记：马德俊
地　址：六安市行政中心
邮　编：237001
所属区县文联：
裕安区文联
主　席：俞道祥
金安区文联
主　席：邬效丛
霍山县文联
主　席：黄先舜

巢湖市文联
党组书记兼主席：孙　泉
副主席：黄　浩
地　址：巢湖市老政府楼 3 楼市文联
所属各区县文联：
居巢区文联
主　席：黄　浩
秘书长：王春生
庐江县文联
主　席：卢昌留
无为县文联
主　席：倪劲松
含山县文联
主　席：张平虎
和县文联
主　席：刘必树

池州市文联
主　席：吴昭元
副主席：何成文
地　址：池州市委大楼 110 室
邮　编：247000
所属各区县文联：
贵池区文联
党组书记、主　席：陈春明
东至县文联
主　席：张广祥
副主席：何中华
石台县文联
主　席：詹成林
青阳县文联
主　席：马光水
九华山文联
主　席：焦得水
副主席：陈寿新

宣城市文联
主　席：肖新民
副主席：曹　虹、胡　进
地　址：宣城市梅溪路 189 号
邮　编：242000
所属各区市县文联：
宣州区文联
主　席：田　斌

宁国市文联
主　席：许东升
副主席：储建国

郎溪县文联
主　席：牛四清

泾县文联
主　席：王金虎

旌德县文联
书记兼主席：杨明智
副主席：蒋兴华

福　建　省

福州市文联

主　席：徐　杰
副主席：米　伟、武夏红
地　址：福州市仓山区麦园路52号
邮　编：350007

所属区市县文联：

鼓楼区文联
主　席：刘正辉
副主席：官玉玲

台江区文联
主　席：商宝玉

仓山区文联
主　席：林榕芳

马尾区文联
主　席：汤海燕
副主席：侯国宝

晋安区文联
主　席：孔海钦
副主席：周　静

福清市文联
主　席：念　琪
副主席：林　肖

长乐市文联
主　席：郑黎明

闽侯县文联
副主席：林　雄

连江县文联
主　席：贺　文
副主席：郑新顺

罗源县文联
主　席：邱清崇
副主席：黄丽荣

闽清县文联
主　席：黄勤暖

永泰县文联
副主席：侯梦日

平潭县文联
主　席：林振泉

南平市文联

主　席：张建新
秘书长：叶向阳
地　址：南平市滨江中路双溪楼
邮　编：353000

所属各区市县文联：

延平区文联
副主席：薛京山

邵武市文联
负责人：何小鸿
副秘书长：王　敏

武夷山市文联
主　席：赵　勇

建瓯市文联
负责人：贾新萍

建阳市文联
主　席：张宇辉

顺昌县文联
主　席：廖承泉
副主席：吴启荣
秘书长：曹贵生

浦城县文联
主　席：周勤孙
副主席：刘秀清、初学敏

光泽县文联
主　席：许国荣
副主席：徐家寿

松溪县文联
副主席：冯顺志

政和县文联
负责人：李雪慧

三明市文联

党组书记、主席：龚一风
副主席：伍林发、史建榕
地　址：三明市龙泉大厦4号楼
邮　编：365000

所属各区市县文联：

梅列区文联
主　席：常章生

三元区文联
主　席：曾新森

永安市文联
主　席：陈开福

明溪县文联
主　席：廖康标

清流县文联
主　席：巫锡仁

宁化县文联
主　席：连允东

大田县文联
驻会干部：乐加固

尤溪县文联
主　席：朱仁招

沙县文联
主　席：罗　辉

将乐县文联
主　席：杨浴涛
泰宁县文联
主　席：高起光
建宁县文联
主　席：林绍勇

莆田市文联

主　席：郑祖杰
副主席：郑国贤
地　址：莆田市政府大院3号楼221室
邮　编：351100
所属各区县文联：
城厢区文联
主　席：林宗哲
涵江区文联
主　席：黄黎晗
副主席：黄义福
荔城区文联
主　席：范志阳
副主席：林春荣
秀屿区文联
主　席：林俊彦
副主席：詹庆新
仙游县文联
主　席：连铁杞

泉州市文联

主　席：熊志强
副主席：邱章平
地　址：泉州市南俊路新府口48号5楼
邮　编：362000
所属各区市县文联：
丰泽区文联
主　席：黄荣波
鲤城区文联
主　席：李晓端
副主席：李锦川
洛江区文联
主　席：吴文安
副主席：吴继凡、黄九成
泉港区文联
主　席：郑健龙
副主席：陈荣玉
石狮市文联
主　席：李繁红
晋江市文联
主　席：陈多多
南安市文联
主　席：潘从愿
惠安县文联
主　席：林瑞峰
安溪县文联
主　席：林小玲
永春县文联
主　席：李端阳
副主席：潘长安、陈秀卿
德化县文联
主　席：周成灿
副主席：徐艺星、苏梅华
农行文联
主　席：祝燕妮

厦门市文联

党组书记：张　萍
主　席：舒　婷
副主席：张　萍、陈元麟、徐　里、叶之桦、周　旻、吴培文、陈秀卿
地　址：厦门市曾厝垵仓里路2号
邮　编：361005
所属各区文联：
思明区文联
主　席：颜智伟
副主席：叶加河、郁小亮、戴　岩、曾学文、白　磊、林世泽、林丹娅、杨　镇
湖里区文联
主　席：王雪敏
副主席：林进春、傅伯伟、王雁飞、黄炳辉、沈祥清
集美区文联
主　席：林朝晖
副主席：孙加庆、陈禾青、卢建端、夏　敏
同安区文联
主　席：陈国栋
副主席：陈美玲、叶红旗、邵君宽
海沧区文联
主　席：陈　弘
副主席：姚金洪、陆建英
翔安区文联
主　席：洪龙泉
副主席：许明丽、纪清渊、康　宁

漳州市文联

主　席：汪莉莉
秘书长：李亚根
地　址：漳州市胜利路118号市政府大院4号楼
邮　编：363000
所属区市县文联：
芗城区文联
主　席：黄忠良
副主席：陈艺泉、陈绍友、黄少娜
龙文区文联
主　席：肖　斌
副主席：连惠斌
龙海市文联
主　席：颜耀辉
副主席：许海泉、蔡明辉
云霄县文联
主　席：何明坤
副主席：戴园笙
漳浦县文联
主　席：陈玉宝
副主席：陈水城

诏安县文联
主　席：沈升平
副主席：叶罗平、沈洪生
长泰县文联
主　席：姚悦明
副主席：林河山
东山县文联
副主席：林学东
南靖县文联
主　席：林海川
副主席：张海涛
平和县文联
主　席：何温厚
副主席：林少鸿
华安县文联
主　席：李庆辉
副主席：李金城、陈进昌

龙岩市文联
主　席：王永昌
地　址：龙岩大道1号新行政办公中心
邮　编：364000
所属区市县文联：
新罗区文联
主　席：范秉琪
副主席：赖彬文
漳平市文联
主　席：黄永平
副主席：李熙通、卢　海
长汀县文联
主　席：胡河林
副主席：廖必任、吴启蒸

永定县文联
主　席：卢济鸿
副主席：廖文茂
上杭县文联
主　席：温文茂
武平县文联
主　席：何育东
副主席：郑启荣
连城县文联
主　席：杨永松

宁德市文联
副主席：叶玉琳
秘书长：王如贤
地　址：宁德市蕉城区署前路14号
邮　编：352100
所属区市县文联：
蕉城区文联
主　席：陈　远
福安市文联
主　席：郑　望
副主席：何　农
福鼎市文联
主　席：郑清清
寿宁县文联
秘书长：叶允炳
主　席：李　安
霞浦县文联
主　席：林建人
副主席：张　斌
柘荣县文联
主　席：杨国辉
副主席：周贻海
屏南县文联
主　席：王多兴
古田县文联
主　席：杨安细
周宁县文联
主　席：郑慧玫
副主席：李升良、郑家志、陈源清、许群峰
闽东画院
院　长：李　辉
地　址：宁德市建新路1号
邮　编：352100

江　西　省

南昌市文联
主　席：李　敏
副主席：杨菊姝、杨国骏、黄振民、邹时光
地　址：南昌市红谷滩新区会展路199号红谷大厦A座9楼
邮　编：330038
所属各县文联：
南昌县文联
主　席：赵金贵
副主席：徐剑英
新建县文联
主　席：万　虹

副主席：万由文
安义县文联
副主席：张　燕
进贤县文联
主　席：黄桂良
副主席：马小清

九江市文联
主　席：张国宏
副主席：陆建珠
副调研员：蔡　勋
地　址：九江市环城路180号市文联
邮　编：332000

所属各区市县文联：
庐山区文联
主　席：罗金荣

副主席：黄志刚
瑞昌市文联
主　席：谈际贵
副主席：张连娣
九江县文联
副主席：方乐新
武宁县文联
主　席：熊国礼
副主席：雷鸿尧
修水县文联
主　席：冷自生

副主席：樊健军
永修县文联
主　席：熊　辉
副主席：柳金花
德安县文联
主　席：李拥军
常务副主席：李诗彪、孙法平
星子县文联
主　席：饶金星
副主席：李代华
都昌县文联
主　席：陈向阳
副主席：吴德胜、曹端阳
湖口县文联
主　席：秦华南
副主席：周公略
彭泽县文联
主　席：刘文华
庐山管理局文联
副主席：慕德华

景德镇市文联
常组书记兼主席：余志华
副主席：王玉娟、江华明
地　址：景德镇市昌江大道29号
邮　编：333000
所属各市县文联：
乐平市文联
党组书记兼主席：胡志平
副主席：童　萍、程　慧
浮梁县文联
主　席：朱美香
副主席：王高华、吴文华
珠山区文联
机构联系人：胡银娇
昌江区文联
主　席：黄春水
党组书记：姜进雪

鹰潭市文联
主　席：朱黎明
地　址：鹰潭市委大楼5楼
邮　编：335001
所属各市县文联：
贵溪市文联
主　席：彭建中
副主席：徐样发
秘书长：罗先茂
余江县文联
主　席：李剑兵
副主席：詹汉民
月湖区文联
主　席：苏先辉

新余市文联
党组书记：刘献忠
副主席：杨　芳
调研员：宋晓明
地　址：新余市赣西东大道485号
邮　编：338000
所属县文联：
分宜县文联
主　席：杜艳萍
副主席：张爱华

萍乡市文联
党组书记：李朝阳
副主席：赵一青、吴惠萍
地　址：萍乡市跃进北路66号
邮　编：337005
所属县文联：
莲花县文联
主　席：刘新龙

赣州市文联
主　席：钟小平
副主席：赖国柱、王子琨、曹卫民
副调研员：钟世庆、黄家玲
所属各区市县文联：
章贡区文联
主　席：刘会菁
瑞金市文联
副主席：许德辉
南康市文联
主　席：廖　诚
副主席兼秘书长：扶诗生
赣县文联
副主席：叶　林
信丰县文联
主　席：刘璋琦
大余县文联
主　席：刘存鸣
上犹县文联
主　席：蓝流芳
副主席：吴才河
崇义县文联
主　席：吴品雯
安远县文联
主　席：钟一波
龙南县文联
副主席：赖建青
定南县文联
副主席：肖宣东
全南县文联
主　席：李恢明
宁都县文联
主　席：叶靖华
于都县文联
主　席：李小华

兴国县文联
副主席：钟贞培
会昌县文联
主　席：李　斌
秘书长：许　佳
寻乌县文联
主　席：刘传健
副主席：刘杨青、钟　清
秘书长：黄伟文
石城县文联
主　席：温美权
秘书长：刘　敏

上饶市文联

党组书记兼主席：叶红艳
副主席：王伟峰、齐江宁
地　址：上饶市中山路88号五楼
邮　编：334000
所属各区市县文联：
信州区文联
主　席：王晓岗
副主席：周　正
秘书长：李纪生
德兴市文联
主　席：马秀凤
上饶县文联
主　席：郑渭波
副主席：周文华
广丰县文联
主　席：杨　剑
秘书长：黄金虎
玉山县文联
主　席：周　力
副主席：王国军、饶小伟
铅山县文联
主　席：姚增华
副主席：甘浪生、周剑宇
横峰县文联
主　席：黄国胜
弋阳县文联
主　席：吴月华
秘书长：张赛莲
余干县文联
主　席：张华峰
副主席：李卫星
鄱阳县文联
主　席：郭淼彬
副主席：刘　杰、袁德华
秘书长：高京荣
万年县文联
主　席：方　庆
副主席：祝秋凤
婺源县文联
主　席：汪水发
副主席：李宏宇、任春才

抚州市文联

主　席：甘少华
副主席：郝展静
副调研员：邓根香
地　址：抚州市市直1号楼四楼市文联
邮　编：344000
所属各区县文联：
临川区文联
主　席：白　浩
副主席：冯华辉
黎川县文联
主　席：吴润发
南丰县文联
主　席：方　琴
崇仁县文联
主　席：方立萍
乐安县文联
主　席：董海花
宜黄县文联
副主席：程孝平
金溪县文联
主　席：徐飞贤
副主席：罗永平
资溪县文联
主　席：邓爱民
东乡县文联
主　席：殷伟柱
副主席：胡　泊、刘辉华
广昌县文联
主　席：谢街生

宜春市文联

副主席：吴志勇、徐艳云
地　址：宜春市卫公路3号
邮　编：336000
所属各区市县文联：
袁州区文联
主　席：黄勇萍
丰城市文联
主　席：陈冬珍
樟树市文联
主　席：朱　墨
副主席：欧阳娟
高安市文联
主　席：符成生
副主席：兰洪彰
奉新县文联
主　席：黄毓英
万载县文联
党组书记：高叙景
主　席：周小峰
副主席：余　刚
上高县文联
主　席：赵永强
副主席：姜建新、曹华牯
宜丰县文联
主　席：邓晓丽
副主席：杨泽华、韦恩谷
靖安县文联
主　席：邱京华
副主席：蔡长远
铜鼓县文联
主　席：吴济敏

吉安市文联

主　席：朱黎生
副主席：黎章根、欧阳亮

地　址：吉安市阳明东路2号
邮　编：343000
所属各区市县文联：
吉州区文联
主　席：徐少青
副主席：秦宗梁
青原区文联
主　席：胡刚毅
井冈山市文联
主　席：邹巧逢
副主席：刘石平、谢冬庭
吉安县文联
副主席：刘冬兰
吉水县文联
主　席：罗小明
副主席：聂　龙
峡江县文联
负责人：王白理
新干县文联
主　席：刘海根
副主席：谢金文
永丰县文联
主　席：陈金南
泰和县文联
主　席：刘世炳
遂川县文联
主　席：王先梓
副主席：肖　平
万安县文联
主　席：汤建国
副主席：邱裕华
安福县文联
主　席：刘胜生
副主席：杨桂林
永新县文联
主　席：曾绯龙

山　东　省

济南市文联

党组书记兼主席：邹卫平
党组副书记、副主席：丁济生
副主席：王振范、韦辛夷、
　　　　邓宝金
地　址：历下区龙鼎大道1号
　　　　龙奥大厦11层F区
邮　编：250102
所属各区市县文联：
市中区文联
主　席：高　峰
副主席：赵　迎、付修红
历下区文联
党组书记兼主席：张钧安
副主席：刘春亮
槐荫区文联
副主席：岳仁强
天桥区文联
主　席：杨　军
历城区文联
主　席：何　宁
副主席：周建华、孙瑞云
长清区文联
主　席：张玉清
书　记：张世君
章丘市文联
主　席：孟昭顺
副主席：程诗义
平阴县文联
书　记：黄明珠
主　席：梁新生
副主席：邢志强
济阳县文联
书　记：于家新
主　席：鞠　慧
副主席：朱翠平
商河县文联
主　席：信师深
济南政法文联
主　席：张成武
秘书长：周曙光

聊城市文联

主　席：赵安民
副主席：苏学雷、杜娟
地　址：聊城市利民东路
　　　　13号
邮　编：252000
所属各县区文联：
东昌府区文联
主　席：孙龙翔
副主席：张桂林、陈　华
临清市文联
主　席：杨　宁
副主席：刘　北
高唐县文联
主　席：鞠吉世
副主席：王振国、白忠海、
　　　　于　兰
阳谷县文联
主　席：商素伟
副主席：杨保平、郭素彦
莘县文联
书　记：杨国强
主　席：王贤成
副主席：樊子刚、张　涛、
　　　　邹海宏
茌平县文联
主　席：于军山
副主席：张　启
东阿县文联
主　席：张　军
冠县文联
副主席：杨思又、郭洪恩

德州市文联

党组书记兼主席：高世伦
党组副书记兼副主席兼调研员：曲孝儒
党组成员兼副主席：罗朝彦

所属各区县文联：

德城区文联
主　席：王太勇
副主席：吕洪卫、陆学新

宁津县文联
主　席：谢文成
秘书长：李妹姚

夏津县文联
主　席：吴风波
副主席：郭兆宪
副主席兼秘书长：孔祥坤

禹城市文联
主　席：李明华
副主席：卢英特

乐陵市文联
副主席：郭建云、杨志刚

齐河县文联
主　席：李友志

武城县文联
主　席：任秀芬
副主席：王立堂、李玉东、牟永来、陈雪梅、张宝义、顾金良

东营市文联

主　席：任勤林
副主席：西文丽（驻会）、孙乐春、李　艳、王家志、项继云、杨长喜、苏香兰、黄利平、邓丕利、刘晓东
地　址：东营市东营区东三路216号
邮　编：257091

所属协会：

作家协会
主　席：陈谨之

戏剧曲艺家协会
主　席：陈崇喜

音乐家舞蹈家协会
主　席：苏香兰

美术家协会
主　席：陈宏光

书法家协会
主　席：许好成

摄影家协会
主　席：黄利平

电视艺术家协会
主　席：韩祥明

民间文艺家协会
主　席：吴观渭

雕塑艺术家协会
主　席：任勤斌

所属县文联：

广饶县文联
主　席：李秀华

利津县文联
主　席：张泽国

垦利县文联
主　席：李　新

淄博市文联

主　席：宗俊海
副主席：姜　岩、何象斌、王建新、宓传庆、唐秀玲、吕其顺、郝永勃、赵长刚、范　杰
地　址：淄博市张店人民西路24号
邮　编：255000

所属各区县文联：

张店区文联
主　席：王　刚

淄川区文联
主　席：袁延民
副主席：刘　洪、刘先月

博山区文联
主　席：程　涛
副主席：郝象斌

临淄区文联
主　席：王同国

周村区文联
主　席：雷宏亭

桓台县文联
主　席：史元功

高青县文联
副主席：张士刚

沂源县文联
主　席：朱乐孝

潍坊市文联

党组书记兼主席：孙淑芳
副主席：冯文富、冯传增、王治喜
办公室主任：贾　艳
组联部主任：李宗良
地　址：潍坊市胜利东街99号
邮　编：260061

所属各区市县文联：

奎文区文联
主　席：谭晓昌

潍城区文联
主　席：赵炳平

寒亭区文联
主　席：闫维兵

坊子区文联
主　席：臧运国

安丘市文联
主　席：高　军

昌邑市文联
主　席：付晓丽

高密市文联
主　席：张家骥
副主席：罗宗欣、丁元忠
秘书长：王清民

青州市文联
主　席：魏颜蓓

副主席：尹　欣
诸城市文联
主　席：张崇明
副主席：王砚军
寿光市文联
主　席：潘广科
副主席：王志亭
临朐县文联
主　席：傅越鹏
昌乐县文联
主　席：刘兴国

烟台市文联

书　记：陈海涛
主　席：孙光辉
副主席：尹　涛、董翠娜、严　涛、王道兴、郭　磊
地　址：市毓西路 17 －3 号
邮　编：264000
所属区市文联：
福山区文联
主　席：王岳峰
牟平区文联
主　席：牟进军
烟台开发区文联
主　席：孙希香
龙口市文联
主　席：韩存波
蓬莱市文联
主　席：马德成
莱阳市文联
书　记：宋立修
主　席：郑绍忠
招远市文联
主　席：刘　霞
海阳市文联
副主席：刘水清
莱州市文联
主　席：杜旭昌
栖霞市文联
主　席：张凤文

威海市文联

党组书记：于加林
主　席：钱启民
副主席：于加林、杨海东、毕少军
地　址：威海市政府 6 号楼威海市文联
邮　编：264200
所属各市区文联：
荣成市文联
主　席：李先锋
副主席：张震亚
文登市文联
主　席：鞠传友
乳山市文联
主　席：李　杰
环翠区文联
主　席：宋吉波
党组书记、副主席：任道金
副主席：周　琳

青岛市文联

主　席：吕振宇
书　记、副主席：孙宪政
副主席：程　基、谢志强
纪检组长：刘华民
副巡视员：柳电飞
地　址：青岛市香港中路 19 号市政府4 号楼7 楼
邮　编：266071
所属各区市文联：
崂山区文联
主　席：韦志芳
副主席：孟　繁
城阳区文联
主　席：朱崇伟
副主席：苏熙昭
开发区文联
主　席：孙兆旭
即墨市文联
主　席：宋清涛
副主席：孙　诚
平度市文联
主　席：李振波
胶州市文联
主　席：李再孝
胶南市文联
副主席：薛立群
莱西市文联
主　席：万洪波

日照市文联

主　席：赵德发
书　记：孙正武
副主席：祝茜华、金立泉
地　址：日照市北京路 198 号市级办公大楼 0441 室
邮　编：276826
所属各区县文联：
东港区文联
主　席：赵东波
副主席：孙密爵
岚山区文联
主　席：尹　玲
五莲县文联
主　席：周兴龙
副主席：孙桂云
莒县文联
主　席：黄建成
日照港文联
主　席：李永华

临沂市文联

书　记：孔祥广
主　席：何相军
副主席：龙　岩、李秀青
地　址：市金雀山路 57 号
邮　编：276001
所属各区县文联：
兰山区文联
主　席：张金操
副主席：马咏梅、潘月胜

郯城县文联
副主席：鲁　冰
苍山县文联
主　席：刘　震
副主席：沙德平、吴仕强
莒南县文联
主　席：宋兴波
沂水县文联
主　席：陈爱军
蒙阴县文联
主　席：赵洪玲
平邑县文联
主　席：刘云燕
费县文联
副主席：咸庆英
沂南县文联
主　席：刘兆才
临沭县文联
主　席：湛学锋

枣庄市文联

主　席：胡少华
副主席：王延亮、刘运霞、郭士祥
地　址：枣庄市高新区和谐路568号
邮　编：277800
所属各市区文联：
滕州市文联
主　席：马建钧
副主席：黄　敏
市中区文联
主　席：刘广军
副主席：徐福淮、韩　峰、吴修杰、董顶清、刘永堂、张景法
台儿庄区文联
主　席：李　楠
薛城区文联
主　席：李旭东
副主席：祁召瑞、张予民、傅清润、张茂水
山亭区文联
主　席：李中国
副主席：李宗宪、姜玉树
峄城区文联
主　席：贺　炜
副主席：郑世虎、颜景涛、李华伟、刘啸泉

济宁市文联

党组书记：张　弢
主　席：王道雨
副主席：汪　林、李　君
副调研员：孙丽萍、孙宜才、侯　健
地　址：市红星中路1号
邮　编：272025
所属各区市县文联：
市中区文联
主　席：孟献红
嘉祥县文联
主　席：周长征
邹城市文联
主　席：李　樯
金乡县文联
主　席：郑宏图
曲阜市文联
主　席：孔磊华
鱼台县文联
主　席：张德升
梁山县文联
主　席：赵德民
兖州市文联
党组书记：刘玉礼
主　席：张志超
泗水县文联
主　席：汤　颖
微山县文联
主　席：刘修武
汶上县文联
副主席：徐雷申

泰安市文联

书　记：魏　武
主　席：江济源
地　址：市市政大楼A2061
邮　编：271000
所属县文联：
东平县文联
主　席：侯庆贵

莱芜市文联

主　席：李贞锋
副主席：孟云霞
地　址：莱芜市龙潭东大街001号
邮　编：271100

滨州市文联

主　席：高景林
党组书记：尚鸿鸣
副主席：刘相生
副主席兼秘书长：蔡向东
地　址：滨州市黄河五路385号
邮　编：256603

所属各区县文联：
滨城区文联
主　席：刘　岩
副主席：赵景峰
阳信县文联
主　席：刘海新
邹平县文联
主　席：王奎强
无棣县文联
主　席：徐沛琦
副主席：付　军
博兴县文联
主　席：卞　涛

菏泽市文联

主　席：尹慧萍

副主席：孙建东、姜　涛
地　址：市中华路1888号
邮　编：274000
所属各协会：
作家协会
主　席：贾庆军
美术家协会
主　席：梁兆存
书法家协会
主　席：曹　钰
戏剧家协会
主　席：朱桂芹
影视艺术家协会
主　席：刘付德
摄影家协会
主　席：焦延河
音乐家协会
主　席：闫永丽
舞蹈家协会
主　席：李蓓蓓
曲艺家协会
主　席：苏本栋
民间文艺家协会
主　席：王宝祥
所属区县文联：
牡丹区文联
主　席：张　黎
曹县文联
主　席：马继栋
定陶县文联
主　席：王　平
成武县文联
主　席：郭成振
副主席：史瑞林
单县文联
主　席：张　安
巨野县文联
主　席：鲍　淼
郓城县文联
主　席：左相民
鄄城县文联
主　席：李　勇
东明县文联
主　席：李明星

河　南　省

郑州市文联

文联党组书记：徐大庆
纪检书记：李国昌
主　席：孙宏志
副主席：姜　阳、马素芳
调研员：彭长胜、李兴武、杨晓敏
地　址：郑州市中原区伊河路12号
邮　编：450007
所属各市县文联：
新郑市文联
主　席：杨学忠
登封市文联
主　席：钟清敏
新密市文联
主　席：王镜宾
副主席：王志远、翁玉卿
巩义市文联
主　席：邵玉龙
荥阳市文联
主　席：宋新建
副主席：吴宝贵、韩　露、董江源
中牟县文联
主　席：王银玲

三门峡市文联

文联党组书记：徐龙欣
文联主席：张高山
副调研员：杨　凡、南振民
地　址：三门峡市崤山路中段49号市委楼
邮　编：472000
三门峡书画院院长：樊贵敏
三门峡文艺交流中心负责人：马烦通
文联办公室主任：焦新祥
创联部主任：戢彩玲
三门峡文艺编辑部主任：胡长洲
所属各协会：
作家协会
主　席：杨　凡
书法家协会
主　席：张高山
摄影家协会
主　席：马合福
美术家协会
主　席：李俊林
戏剧家协会
主　席：姚梦松
舞蹈家协会
主　席：陶　可（代）
音乐家协会
主　席：南振民
电影电视家协会
主　席：刘　英
民间文艺家协会
主　席：员更厚
曲艺家协会
主　席：黄森林
杂文家学会
会　长：孙振军
诗词家协会
副主席：方留聚
楹联学会

会　长：方留聚
市黄河文化艺术研究所
（李竹梅）
市傅圣文化艺术研究院
（付文山）
所属各市县文联：
义马市文联
主　席：何宝贵
副主席：王三岗
灵宝市文联
主　席：王太营
副主席：夏乐义、李　昌
纪检组长：常　丽
渑池县文联
主　席：李迎春
副主席：陈少华
卢氏县文联
主　席：祝晓荣
副主席：程专艺
陕县文联
副主席：靳雪松

洛阳市文联

党组书记兼副主席：刘红旗
主　席：方　斌
副主席：段新伟、王　绣
秘书长：孙建邦
地　址：洛阳市洛南新区市委大院2号楼1层
邮　编：471023
所属各市县文联：
偃师市文联
副主席：焦志锋
孟津县文联
主　席：黄　山
新安县文联
副主席：孙双玲
栾川县文联
主　席：宫拂晓
嵩县文联
主　席：朱建芳
汝阳县文联
书　记：马　杰
主　席：马志超
宜阳县文联
主　席：徐慧丽
伊川县文联
主　席：胡社桥
洛宁县文联
主　席：张光杰

焦作市文联

主　席：殷繁政
副主席：韩　达
地　址：焦作市学生路43号
邮　编：454000
所属各区市县文联：
中站区文联
副主席：张玉江
马村区文联
主　席：丁全国
副主席：张东方
孟州市文联
主　席：张复堂
副主席：吕宏霞
沁阳市文联
主　席：张同利
副主席：李建国
修武县文联
主　席：秦　杰
副主席：马福全
博爱县文联
主　席：侯奉浩
副主席：鲁玉哲
武陟县文联
主　席：党玉红
温县文联
主　席：严双军

新乡市文联

党组书记兼主席：焦国梅
副主席兼党组成员：卢光文
地　址：新乡市平原路中段43号新华书店6楼
邮　编：453000
所属各市县文联：
卫辉市文联
主　席：李振峰
辉县市文联
副主席：高天生
新乡县文联
主　席：王贞德
副主席：陈荣宇
获嘉县文联
主　席：赵青川
原阳县文联
主　席：杨　浩
延津县文联
主　席：李泉录
封丘县文联
主　席：栾小宝
长垣县文联
主　席：钞艳霞
副主席：李雪艳

鹤壁市文联

主　席：李建东
副主席：王殿民
地　址：鹤壁市淇滨大道政府第三综合楼
邮　编：458030
所属各区县文联：
淇滨区文联
主　席：胡成安
副主席：赵红玲
山城区文联
主　席：赵海涛
浚县文联
主　席：张东宇
副主席：周学超
淇县文联
主　席：刘熙根
副主席：高渐华

安阳市文联

主　席：张　坚
副主席：付东流
秘书长：马省洲
地　址：安阳市洹滨南路47号
邮　编：455000

所属各区市县文联：

文峰区文联
主　席：高建军
副主席：张晓晟

殷都区文联
党组书记：杨海芳
政协主席兼文联主席：李宗祥
常务副主席：吴景辰
副主席：秦保家、刘耀青
秘书长：程　兵

龙安区文联
书　记：李自力
主　席：陈红玉
副主席：曹艳彬

北关区文联
主　席：杨军凡

林州市文联
主　席：申伏生
副主席：马明生

安阳县文联
党组书记：陈金先
主　席：王兴学
副主席：张保周、薛梅菊

汤阴县文联
主　席：左　彬

滑县文联
主　席：徐慧根
副主席：张利民
秘书长：王兆卿

内黄县文联
主　席：焦国建
副主席：刘培生

濮阳市文联

主　席：王泽培
副主席：张民英
副县级调研员：许福林
党组成员、副主席：王濮方
党组成员、副县级纪检员：张荣君
地　址：黄河路政府七号院市文联
邮　编：457000

所属各区县文联：

华龙区文联
负责人：任尚民

南乐县文联
党支部书记：张迎来
主　席：张静远

清丰县文联
党支部书记兼主席：南献省

范县文联
主　席：崔太先

台前县文联
主　席：姜　峰

濮阳县文联
主　席：孟德让

高新区文联
负责人：宋瑞钦

开封市文联

党组书记兼常务副主席：高树田
党组书记：黄旭东、甘桂芬、樊　城
主　席：王宝贵
党组成员兼纪检组长：牛跃达
调研员：崔　洪
副调研员：刘兆英、李宗盛
秘书长：郭张开
地　址：开封市北土街9号
邮　编：475000

所属县文联

杞县文联
党组书记：吴纯祥
主　席：胡书清
副主席：胡延利

通许县文联
党组书记兼主席：于兆行

尉氏县文联
党组书记：李玉梅
主　席：温宜香
副主席：刘　念

开封县文联
主　席：尚海涛

兰考县文联
主　席：姚凤奇
副主席：焦　杰

商丘市文联

主　席：王士敏
副主席：王建国、谢国启
地　址：商丘市文联
邮　编：476000

所属各区市县文联：

梁园区文联
主　席：赵宗允
副主席：葛红霞

睢阳区文联
主　席：张学勇
副主席：唐文君

永城市文联
主　席：蔡　鑫

夏邑县文联
主　席：班新领

虞城县文联
主　席：朱保良
副主席：苏新诗、陈春月

民权县文联
主　席：郭慧卿
副主席：杨淑华、周脉红、金德进

柘城县文联
主　席：薛　梅
副主席：张海军
副主任科员：张玉华

宁陵县文联
主　席：赵　峰
办公室主任：杨慧丽

睢县文联
党组书记：赵文彦
主　席：薛党军

许昌市文联

主　席：刘　平
副主席：陈维娟
地　址：许昌市健安大道许昌市6号楼
邮　编：461000
所属各市县文联：
禹州市文联
主　席：杨永华
副主席：刘绍典、张德宏
长葛市文联
主　席：刘迎春
副主席：孟繁杰
许昌县文联
主　席：屈保军
副主席：谢英杰、计怀友
鄢陵县文联
主　席：和发科
副主席：赵建中、梁爱民
襄城县文联
主　席：杨怀殿

漯河市文联

主　席：尹同亮
副主席：张富君、林素英
地　址：漯河市黄河路647号
邮　编：462000
所属各文联：
郾城区文联
主　席：赵连生
源汇区文联
主　席：张　伟
副主席：陈　晨
召陵区文联
主　席：王冠数
副主席：陈建涛
舞阳县文联
秘书长：尹光磊

临颍县文联
主　席：郑文杰
副主席：张晓明
铁路文联
主　席：姜明朝

平顶山市文联

党组书记：冀聚良
副主席：岳书敏、范大岭、张耀中、张祥宇、孔　阳
副调研员：李建军、姚建宝
地　址：平顶山市新城区市政大厦
邮　编：467000
所属各市县文联：
舞钢市文联
主　席：温慧敏
汝州市文联
主　席：戴战柱
副主席：彭忠彦、相丽丽
宝丰县文联
主　席：赵民强
副主席：马运欣、卢晓灿
叶县文联
主　席：庞江华
副主席：王风雷
鲁山县文联
主　席：袁占才
郏县文联
主　席：李国军
副主席：孔艳红、李国勇

南阳市文联

党组书记：廖华歌
主　席：王遂河
副主席：陈明远、凌解放
调研员：马本德
纪检员：张现实
地　址：南阳市滨河东路
邮　编：473000
所属各区市县文联：

卧龙区文联
主　席：潘凤鸣
副主席：孙　杰
宛城区文联
主　席：张延海
副主席：谭洁波、李少波
邓州市文联
主　席：闫俊玲
副主席：余俊勇
南召县文联
主　席：仝太峰
方城县文联
主　席：景文建
副主席：孙红立
西峡县文联
主　席：郭正伟
副主席：李雪峰
镇平县文联
主　席：杨继红
副主席：王　元、邵　军
内乡县文联
主　席：王小杰
支部书记：尹先敦
淅川县文联
主　席：多红岗
副主席：张德民
社旗县文联
主　席：宋长宽
副主席：郭洁实、惠国钟
唐河县文联
主　席：郭广申
副主席：赵传文
新野县文联
主　席：罗现渠
副主席：赵　琳、苗杰峰
桐柏县文联
主　席：李书斌
副主席：王先洲

信阳市文联

党组书记：张善伟
主　席：陈俊峰

副主席：殷　丽
地　址：信阳市羊山新区新五大道综合行政办公区90532
邮　编：464000
所属各区县文联：
浉河区文联
主　席：陈宏庆
平桥区文联
主　席：程贵环
副主席：年鹤林
息县文联
主　席：冯　莉
淮滨县文联
主　席：赵　刚
副主席：郭文斌
潢川县文联
主　席：李　红
光山县文联
主　席：张志娥
固始县文联
主　席：赵家义
副主席：张国华
商城县文联
主　席：沈　靖
罗山县文联
主　席：段发广
副主席：方　伟
新县文联
主　席：李新民
副主席：熊　涛

周口市文联
主　席：马明超
副主席：葛　罡、杨凤臣、张文平
纪检员：马爱萍
调研员：谷迁乔
副调研员：苏运峰、耿丽明
地　址：周口市七一路中段市委院内
邮　编：466000
所属各区市县文联：
川汇区文联
主　席：李江涛
项城市文联
主　席：赵　辉
副主席：赵书前
扶沟县文联
主　席：路中跃
西华县文联
主　席：张新华
商水县文联
主　席：孙新华
副主席：刘新雨
太康县文联
主　席：高　雷
鹿邑县文联
主　席：荆武信
副主席：王慧琳
郸城县文联
主　席：朱耀东
淮阳县文联
主　席：郭树行
沈丘县文联
主　席：卢　煜
副主席：刘迅甫
黄泛区农场文联
主　席：钱国顺

驻马店市文联
主　席：程书援
副主席：梁　娟、刘康健
地　址：驻马店市开源大道
邮　编：463000
所属各县文联：
确山县文联
主　席：张　丽
副主席：白　洋
泌阳县文联
副主席：孙德兵
遂平县文联
主　席：王书印
副主席：李富友
西平县文联
党组书记兼主席：奚家坤
上蔡县文联
主　席：徐　荣
汝南县文联
主　席：陈宏伟
平舆县文联
主　席：张体龙
新蔡县文联
主　席：谢石华
正阳县文联
副主席：康其乐

济源市文联
主　席：苗　哲
地　址：河南省济源市文联文化城
邮　编：45465040

湖 北 省

武汉市文联
主　席：池　莉
党组书记兼常务副主席：陈汉桥
副主席：刘醒龙、董宏猷、冷　军、湛红好、刘寿祥、张少华、陆　鸣、周锦堂、胡志平、曹小强、傅江宁、樊　星

地　址：武汉市汉口解放公园路44号
邮　编：430010
所属各协会
作家协会
主　席：董宏猷
副主席兼秘书长：王新民
音乐家协会
主　席：傅江宁
副主席兼秘书长：李安勋
美术家协会
主　席：冷　军
副主席兼秘书长：张少华
戏剧家协会
主　席：周锦堂
副主席兼秘书长：张宝莲
书法家协会
主　席：李　岩
秘书长：张炳绍
摄影家协会
主　席：贾连成
秘书长：喻文斌
民间文艺家协会
主　席：何祚欢
副主席兼秘书长：郝华民
所属各区文联：
洪山区文联
主　席：周德胜
黄陂区文联
主　席：周大望
党组书记、常务副主席：张　旭
副主席：李书俊、刘际平、刘华国、刘建新、朱换玉、喻建华、明德运、张品正、胡宗裕、肖仁亮
新洲区文联
主　席：涂棣喜
江夏区文联
主　席：蔡明贵
副主席：陈本豪、熊明泽、王　皓、张高荣、祁金刚、石明仁、虞小风、王永更
秘书长：王夫之
武钢文联
主　席：马启龙
副主席：熊　莺、钟　钢、马　明、董宏量、姚晓明
秘书长：董宏量（兼）

十堰市文联
主　席：杨启国
地　址：十堰市北京路行政服务中心C栋信访大楼5006室
邮　编：442000
所属各区市县文联：
张湾区文联
主　席：王清玉
茅箭区文联
党组书记：林青海
主　席：黄家喜
副主席：徐凤海、陶德斌、何朝波
丹江口市文联
主　席：高　飞
郧县文联
主　席：景贵社
竹山县文联
主　席：华赋桂
房县文联
主　席：姜照辉
郧西县文联
主　席：钟建华
秘书长：赵天禄
竹溪县文联
主　席：付修军
副主席：阮家国

襄阳市文联
主　席：卓道成
副主席：刘国荣、刘多斌
地　址：襄阳市襄城区新街11号
邮　编：441021
所属各区市县文联：
襄州区文联
主　席：计保挺
老河口市文联
主　席：鄢宏年
副主席：陈红梅、涂宏伟
枣阳市文联
主　席：吴世忠
宜城市文联
主　席：程　晟
南漳县文联
主　席：雷声国
谷城县文联
主　席：王金文
副主席：季广成
保康县文联
主　席：周才彬

荆门市文联
主　席：郑晓华
党组书记兼副主席：李诗德
副主席：程兴国（驻会）、黄发清、韩少君、施以文、胡天国、成常坤、彭金淋、蔡建庭、李　芳
秘书长：全雪莲
地　址：荆门市北门路28号市委大院办公大楼15楼
邮　编：448000
所属各区市县文联：
京山县文联
主　席：严泽波
驻会副主席、秘书长：李元卿
沙洋县文联
主　席：金　亮
秘书长：刘泽友（兼）

钟祥市文联
主　席：胡　工
驻会副主席兼秘书长：程大公
东宝区文联
主　席：苏钊富
副主席：祝守明、李　剑
　　　　周平林
副主席兼秘书长：郑文榜
掇刀区文联
主　席：李　炜

孝感市文联

主　席：方明才
副主席：刘碧峰、鲁晓丽
地　址：孝感市委大院内
邮　编：432000
所属各区市县文联：
孝南区文联
主　席：钟楚华
秘书长：闻　莺
应城市文联
主　席：姚红兵
副主席：张　颢
安陆市文联
主　席：易千元
副主席：周敬轩
秘书长：余承鸿
汉川市文联
主　席：李绍斌
秘书长：何　澜
孝昌县文联
主　席：陈金文
副主席：邓曙光
大悟县文联
主　席：刘辉忠
云梦县文联
主　席：丁财庆
秘书长：李宏斌

黄冈市文联

主　席：彭仕雄
副主席：郑能新
地　址：黄冈市委大院内
邮　编：438000
所属各市县文联：
黄州区文联
主　席：付艳雯
麻城市文联
主　席：熊亚兰
副主席：李　明、雷正勇、
　　　　商义东、曾美玲、
　　　　郑　锋、阮　静
武穴市文联
党组书记、主　席：朱培喜
副主席：伍江平
红安县文联
主　席：王作家
罗田县文联
主　席：程革新
秘书长：胡锦刚
英山县文联
主　席：陈丽娟
秘书长：许子琴
浠水县文联
主　席：华小地
副主席：程小成
蕲春县文联
主　席：卢桂萍
副主席：张　蕾
黄梅县文联
主　席：张小平
副主席：聂萧袤、詹　玮、
　　　　张文乔
团风县文联
主　席：华　杉
副主席：陈玉萍

鄂州市文联

主　席：瞿红专
副主席：刘国安、方桂英
地　址：鄂州市政府大楼
　　　　904 室
邮　编：436000
所属各区文联：
鄂城区文联
主　席：黄高中
华容区文联
主　席：涂　剑
梁子湖区文联
主　席：李君亮
副主席：柯春明

黄石市文联

党组书记：李金洲（兼）
主　席：李社教（兼）
专职副主席兼秘书长：吕永超
副主席：李维平、曹树莹、
　　　　孙　辉、邱惠敏、
　　　　夏奇星、姜　敏、
　　　　邱　杰、朱丽蓉、
　　　　易　鹏
地　址：黄石市团城山新区
　　　　二路
邮　编：435003
所属各市县文联：
大冶市文联
主　席：朱丽蓉
阳新县文联
主　席：易　鹏
黄石港区文联
主　席：邹宏波
副主席：熊　杰

咸宁市文联

主　席：柯于明
副主席：吕振华、丁敬文
地　址：咸宁市人民政府综
　　　　合大楼内
邮　编：437100
所属各区市县文联：
咸安区文联
主　席：陈传舟
赤壁市文联
主　席：丁鹤葆
副主席：戴富球
秘书长：张东海

嘉鱼县文联
主　席：屈明仙
通城县文联
主　席：宋旺龙
常务副主席：刘亚敏
崇阳县文联
常务副主席：甘万明
通山县文联
主　席：方如良
专职副主席：杨道幼

荆州市文联

党组书记：张　伟
主　席：潘宜钧
副主席：钟　玲
地　址：荆州市沙市区北京中路253号
邮　编：434000
所属各区市县文联：
荆州区文联
主　席：王广森
沙市区文联
主　席：钟　静
石首市文联
主　席：陈　钧
洪湖市文联
主　席：张祖权
副主席：张久凤
松滋市文联
主　席：曹其华
专职副主席：蒋莫海、陈　熳
秘书长：张　莉
江陵县文联
主　席：黄年虎
公安县文联
主　席：李瑞平
专职副主席：田兴祖
秘书长：陈　霞
监利县文联
主　席：段佐川

宜昌市文联

主　席：周德聪
党组书记兼常务副主席：黄尚荣
副主席：邓先兵、周立荣、汪国新
地　址：宜昌市云集路21号
邮　编：443000
所属各区市县文联：
西陵区文联
主　席：阎　刚
副主席兼秘书长：董　梅
副主席：邹家友、金　强、陈　刚
伍家岗区文联
主　席：王　辉
夷陵区文联
主　席：李西学
副主席：周士华、徐　军、王丽华、何　强
枝江市文联
主　席：胡志强
宜都市文联
主　席：周友平
当阳市文联
主　席：赵宏伟
副主席：杨　宁、牛　军、王先进
远安县文联
主　席：洪延林
兴山县文联
主　席：宁　平
常务副主席：邹志斌
秭归县文联
主　席：周凌云
长阳土家族自治县文联
主　席：陈哈林
副主席：刘志敏、陈孝荣、田玉成、杨小强、肖　筱
秘书长：方秉望
五峰土家族自治县文联
主　席：陈池梅

随州市文联

主　席：赵建新
副主席：郑　强、蔡秀词
地　址：随州市委办公楼内
邮　编：441300
所属区市文联：
曾都区文联
主　席：何泽军
广水市文联
主　席：丁顺义
随县文联
主　席：杨　雯

仙桃市文联

驻会副主席：梁和平
地　址：仙桃大道60号
邮　编：433000

天门市文联

主　席：陶书治
地　址：天门市文学泉路79号
邮　编：431700

潜江市文联

主　席：廖盛荣
副主席：曹仁圣
秘书长：黄明山
地　址：潜江市章华大道18号市委宣传部内
邮　编：433100

神农架林区文联

党组书记兼副主席：张可云
主　席：戴　铭
秘书长：孙　娟
地　址：神农架林区松柏镇
邮　编：442400

恩施土家族苗族自治州文联
主　席：徐开芳
驻会副主席：王月圣
副主席：文　林、刘　剑、向极鼎、曾亚琼、雷　鸣
地　址：湖北省恩施市舞阳大街49号
邮　编：445000
所属各市县文联：
恩施市文联
主　席：徐贵尧
副主席：何智斌
利川市文联
主　席：赵　龙
副主席：任永才
建始县文联
主　席：林华翔
专职副主席：黄正嘉
巴东县文联
主　席：吴以才
宣恩县文联
主　席：田　词
咸丰县文联
主　席：白　斌
来凤县文联
主　席：岳　琼
副主席：田　华
鹤峰县文联
主　席：向端生
副主席：覃进之、洪键萍、梁寿臣、朱霍林、覃立华
秘书长：张万春

湖　南　省

长沙市文联
党组书记：曹　伟
主　席：何立伟
副主席：宋　元、佘明辉、刘忠宏
秘书长：王　勇
地　址：长沙市岳麓大道218号市政府13楼
邮　编：410013
所属各市县文联：
浏阳市文联
主　席：刘旭辉
副主席：熊水芳、唐柱子、朱五喜、胡宜忠、刘正初
秘书长：刘正初（兼）
副秘书长：伍艳辉、陈东红
长沙县文联
主　席：饶　晗
副主席：易术平
秘书长：沈建波
宁乡县文联
主　席：李　纯
副主席：张　奇、黎正明、欧阳才
望城县文联
主　席：朱红军

张家界市文联
党组书记：朱法栋
名誉主席：赵辉廷
主　席：罗长江（兼）
副主席：石继丽
秘书长：杨次洪
地　址：张家界市委机关大院
邮　编：427000
所属各协会：
作家协会
主　席：罗长江
秘书长：彭　毅
美术家协会
主　席：舒湘汉
秘书长：吕启琼
书法家协会
主　席：郭汉义
秘书长：陈功文
音乐家协会
主　席：刘庆尧
秘书长：符　玮
摄影家协会
主　席：宋国庆
秘书长：董　兵
戏剧家协会
主　席：尚铁流
秘书长：周海燕
舞蹈家协会
主　席：覃大军
秘书长：朱　明
中南艺术家协会
常务副主席兼秘书长：吕启琼

所属各区县文联：
永定区文联
主　席：胡家胜
副主席：罗　彬
桑植县文联
主　席：余晓华
副主席：王成均
慈利县文联
主　席：邢方荣
副主席：艾新华
武陵源区文联
主　席：胡少丛
秘书长：向兆文

常德市文联

主　席：王军杰
党组书记：胡振宇
副主席：杨亚杰、殷习清、鲁小平
纪检组长：叶建华
地　址：常德市洞庭大道东段175号
邮　编：415000

所属各区市县文联：

武陵区文联
主　席：戴　希
鼎城区文联
主　席：王　政
津市市文联
主　席：王观宏
安乡县文联
主　席：韩　霆
汉寿县文联
主　席：龚建平
澧县文联
主　席：杨　钢
临澧县文联
主　席：邵国超
桃源县文联
主　席：李方锋
石门县文联
主　席：刘朝阳

益阳市文联

党组书记：祁　峰
主　席：郭　辉
副主席：吴冬明、刘春来
秘书长：龚立华
地　址：益阳市长坡路38号
邮　编：413000

所属各区市县文联：

赫山区文联
主　席：夏政达
副主席：赵建超
资阳区文联
主　席：汤建设
副主席：庄银娥
秘书长：张之士
沅江市文联
党组书记：卜源光
主　席：曹建华
副主席：肖皓夫、朱建平
秘书长：向东流
南县文联
主　席：牟建强
秘书长：肖　跃
桃江县文联
主　席：胡红霞
副主席：张惠军
秘书长：吴少郴
安化县文联
主　席：熊栋才
副主席兼秘书长：陈可立

岳阳市文联

党组书记兼主席：蔡世平
副主席：周　迅、聂尚武
党组副书记：刘子华
地　址：岳阳市青年中路132号
邮　编：414000

所属各区市县文联：

岳阳楼区文联
主　席：徐喜德
汨罗市文联
主　席：刘　翔
临湘市文联
主　席：汤四维
岳阳县文联
主　席：冯　扬
华容县文联
主　席：阮　梅
湘阴县文联
主　席：熊国庭
平江县文联
主　席：杨　野
副主席：董妙林、李燕辉
秘书长：喻科峰
君山区文联
主　席：徐　正
云溪区文联
主　席：周志辉

株洲市文联

党组副书记兼主席：黄　勇
党组书记：张明慧
党组成员兼副主席：秦世平
副主席：娄　雷
工会主席：罗树慧
调研员：王桂湘
秘书长：唐　璐
地　址：株洲市天元区联谊路136号鼎城大厦9楼
邮　编：412007

所属各市县文联：

醴陵市文联
主　席：唐青柏
株洲县文联
主　席：姜满珍
攸县文联
主　席：廖书虎
茶陵县文联
主　席：廖　征
副主席：陈建元、段国平
秘书长：张冬娇
炎陵县文联
主　席：萧学菊
天元区文联
主　席：易湘锋

湘潭市文联

党组书记：陈志光
副主席：毛　娟、李运启
秘书长：熊赳赳
组联部主任：王　敏
地　址：湘潭市双拥中路1号市委大楼5楼
邮　编：411104

所属各区市县文联：

岳塘区文联
主　席：杨小明
副主席：罗正局
雨湖区文联
主　席：杨　猛
副主席：廖立军
湘乡市文联
主　席：何红玲
党组书记、副主席：彭伟平
副主席：朱　霆、陈连平、
　　　　罗志坚
秘书长：成　辉
韶山市文联
主　席：谭明彰
副主席：赵庆梅
湘潭县文联
主　席：罗剑波
副主席：张宁波、陈　艳

衡阳市文联
党组书记：陈　伟
主　席：颜志武
副主席：周厚君
地　址：衡阳市市府路14号
邮　编：421001
所属各区市县文联：
南岳区文联
主　席：康松柏
副主席：徐仲衡、丁少俊
常宁市文联
主　席：吴国威
衡南县文联
主　席：胡　素
衡山县文联
主　席：丁美健
衡阳县文联
主　席：王雁鸣
祁东县文联
主　席：肖素芳
衡东县文联
主　席：何彩维

郴州市文联
党组书记：袁在学
主　席：王硕男
副主席：曹　辉
秘书长：朱　丽
纪检组长：田艳辉
地　址：郴州市飞虹路1号
　　　　市文联大楼
邮　编：423000
所属各区市县文联：
北湖区文联
主　席：罗新云
资兴市文联
主　席：李性亮
副主席：袁俐勤、甘群模、
　　　　邱德仁
桂阳县文联
主　席：雷昌仁
副主席：雷　云
秘书长：张秋娥
永兴县文联
主　席：兰　锋
副主席：邓加文、吴春燕
秘书长：何宗国
宜章县文联
主　席：何丽芬
副主席：邓加亮
嘉禾县文联
主　席：尹振亮
临武县文联
主　席：雷航英
汝城县文联
主　席：朱晓萍
副主席：罗路平
秘书长：欧重福
桂东县文联
主　席：陈应时
安仁县文联
主　席：李琼林
党组书记：张杨践

永州市文联
党组书记：陈　文
主　席：吕晓勇
副主席：彭楚明、唐华栋
综合科长：欧阳红艳
地　址：永州市冷水滩区双
　　　　舟路31号
邮　编：425000
所属各区县文联：
冷水滩区文联
主　席：曹兰芳
副主席：黄志新、苏爱平
零陵区文联
主　席：胡明高
祁阳县文联
主　席：莫　逆
东安县文联
主　席：眭扬眉
双牌县文联
主　席：唐顺尧
道县文联
主　席：黄新姿
宁远县文联
主　席：郑　亮
副主席：黎成钢
蓝山县文联
主　席：李贵日
新田县文联
主　席：王亚平
江华瑶族自治县文联
主　席：王孟义
专职副主席：蒋建雄
江永县文联
主　席：李勇军

邵阳市文联
党组书记：罗利民（兼）
主　席：张千山
副主席：肖仁福、谭爱民、
　　　　曾伟子、林彰龙、
　　　　李茂华、李月秋、
　　　　刘幼民

地　址：邵阳市红旗路专署办公大楼三楼
邮　编：422000
所属各市县文联：
武冈市文联
主　席：易庆国
副主席：杨立功、曹巨文
邵东县文联
主　席：林　祎
邵阳县文联
主　席：黄建明
副主席：刘毅翔、蒋光友
新邵县文联
主　席：孙亮生
隆回县文联
主　席：龚小平
副主席：廖耀华
洞口县文联
主　席：杨健君
副主席：谢小红
绥宁县文联
主　席：陶永喜
新宁县文联
主　席：杨　坚
城步苗族自治县文联
主　席：张正扬
副主席：阳盛德

怀化市文联

党组书记：杨少波
主　席：李绵珂
副主席：邓宏顺、李跃明
秘书长：胡　漫
地　址：怀化市人民路新街6号
邮　编：418000
所属各区市县文联：
鹤城区文联
主　席：侯平剑
洪江区县文联
主　席：石向求
洪江市文联
主　席：蒋丽君
沅陵县文联
主　席：王照云
辰溪县文联
主　席：包昌平
溆浦县文联
主　席：邹世礼
中方县文联
主　席：蔡建喜
会同县文联
主　席：黄拥军
麻阳苗族自治县文联
主　席：舒　清
新晃侗族自治县文联
主　席：陈锡智
芷江侗族自治县文联
主　席：张远建
靖州苗族侗族自治县文联
主　席：谢克全
副主席：李东升、谢科表
通道侗族自治县文联
主　席：杨旭昉

娄底市文联

党组书记：刘初莲
主　席：梁飞跃
副主席：张立军
地　址：娄底市乐坪东街13号
邮　编：417000
所属各区市县文联：
娄星区文联
主　席：俞　凯
副主席：李秋萍
冷水江市文联
主　席：刘先和
副主席：段志东
涟源市文联
主　席：吴中心
双峰县文联
主　席：阳　剑
副主席：阳佑雄
新化县文联
党组书记：傅成杰
主　席：彭　共

湘西土家族苗族自治州文联

党组书记：石伏龙
主　席：黄　叶
副主席：罗应奉
秘书长：向启军
地　址：吉首市文艺路11号
邮　编：416000
所属各市县文联：
吉首市文联
主　席：陈　勇
泸溪县文联
主　席：戴贤照
副主席：姚传山
凤凰县文联
主　席：肖五洋
副主席：陈　利
花垣县文联
党组书记：田宇来
主　席：龙宁英
副主席：吴诗剑、麻明进
秘书长：刘尚成
保靖县文联
党组书记：宋世兵
主　席：胡文峰
副主席：饶　强
古丈县文联
主　席：向午平
副主席：姚复科
永顺县文联
主　席：张明仁
副主席：向洪斌、向先林
龙山县文联
主　席：田晓峰
副主席：彭　飙、彭晓冬、陈新祥

广 东 省

广州市文联

党组书记：李哲夫
党组副书记兼主席：李锦源
专职副主席：方治齐、
周国英、
唐 平
兼职副主席：乔 平、
孙建章、
张 欣、
张丹丹、
陆志强、
周国城、
费 勇、
倪惠英、
曹建平
秘书长：丁大龙
地 址：广州市东风中路503号东建大厦6、11、12楼
邮 编：510045

所属各协会：

作家协会
主 席：张 欣
戏剧家协会
主 席：倪惠英
美术家协会
主 席：周国城
音乐家协会
主 席：刘长安
摄影家协会
主 席：陈 安
舞蹈家协会
主 席：张丹丹
电视艺术家协会
主 席：费 勇
民间文艺家协会
主 席：曾应枫
曲艺家协会
主 席：孔庆炎
书法家协会
主 席：许鸿基
杂技艺术家协会
主 席：曹建平
文艺批评家协会
主 席：梁凤莲

所属各区市文联：

越秀区文联
主 席：李咏祥
专职副主席：丁红波
秘书长：彭 晖
海珠区文联
主 席：赖红漫
秘书长：李 雯
荔湾区文联
主 席：区升俭
专职副主席：张静平
秘书长：陈桂珍
天河区文联
主 席：王 壮
秘书长：梁瑞音
白云区文联
主 席：沈 平
黄埔区文联
主 席：庄汉山
秘书长：徐 斌
花都区文联
主 席：毕应胜
专职副主席：张志清
秘书长：张佐明
番禺区文联
主 席：边叶兵
专职副主席：潘志超
秘书长：邱 彬
南沙区文联
主 席：黄健生
萝岗区文联
主 席：马正勇
专职副主席：巫水标
从化市文联
主 席：刘迪生
专职副主席：冯社浪
增城市文联
主 席：巫国明
专职副主席：邱榕枢
秘书长：李智勇

清远市文联

主 席：刘国华
党组书记：张银航
地 址：广东省清远市人民二路3号市机关办公大楼3号楼4楼
邮 编：511518

所属各协会：

作家协会
主 席：唐德亮
美术家协会
主 席：李承忠
民间文艺家协会
主 席：李宗矿
摄影家协会
主 席：陈光颂
戏剧曲艺家协会
主 席：卢绍新
舞蹈家协会
主 席：黄 芬
书法家协会
主 席：鲍方义
音乐家协会
主 席：范兰古
文艺批评家协会
主 席：刘国华

所属各区市县文联：
清城区文联
主　席：罗延安
副主席：李承忠
英德市文联
副主席：黄东滉
连州市文联
主　席：曹春生
佛冈县文联
专　干：黄　芳
清新县文联
主　席：胡庆东
连南县文联
主　席：成　春
阳山县文联
主　席：李织明
连山县文联
副主席：黄轩远

韶关市文联

主　席：刘照丁
副主席：徐国英
地　址：市政府韶关市文联
邮　编：512002
所属各市县文联：
乐昌市文联
主　席：罗忠德
副主席：陈跃进
南雄市文联
主　席：刘甫梅
始兴县文联
主　席：谢义雄
副主席：张菊香
仁化县文联
主　席：罗有发
副主席兼秘书长：李子初
翁源县文联
主　席：邬国锋
新丰县文联
主　席：张京泉
乳源瑶族自治县文联
主　席：赵良洲
曲江区文联
主　席：骆　聪
副主席：晏保权

河源市文联

主　席：吴敏慧
副主席：陈晓敏、刘伟德
地　址：河源市文化广场叶绿野美术馆
邮　编：517000
所属各区县文联：
源城区文联
主　席：郑金兴
紫金县文联
主　席：叶竞祥
连平县文联
主　席：谢顶远
和平县文联
主　席：黄嘉乐
东源县文联
主　席：陈志玲

梅州市文联

主　席：李永桥
副主席：徐维洁
地　址：梅州市委宣传部市文联
邮　编：514021
所属各县文联：
梅县文联
主　席：曾令文
大埔县文联
主　席：杨永达
副主席：陈秀鸿
五华县文联
主　席：张运南
副主席：缪德良
秘书长：李海萍
平远县文联
主　席：朱其广
副主席：朱尾清

潮州市文联

主　席：黄国钦
副主席：许成锋
地　址：潮州市枫春路中段文学艺术中心
邮　编：521011
所属各区县文联：
湘桥区文联
主　席：周振元
潮安县文联
主　席：潘金标
饶平县文联
主　席：林得松
副主席：杨静波

汕头市文联

党组书记：翁小庆
主　席：谢　铿
副主席兼常组成员：许自敬
地　址：汕头市海滨路 14 号 2 楼西侧
所属各区县文联：
金平区文联
主　席：蔡希仁
龙湖区文联
主　席：蔡垂政
澄海区文联
主　席：陈跃子
潮阳区文联
主　席：陈佐中
潮南区文联
主　席：董建伟
濠江区文联
主　席：陈坤达
南澳县文联
主　席：杨学荣

揭阳市文联

党组书记兼主席：刘琴想
副主席：邱柏源
副调研员：郑素协
地　址：揭阳市东山区临江

北路市政府大楼6楼601房市文联
邮　编：522000
所属各区市县文联：
榕城区文联
主　席：黄少辉
副主席：彭伟斌
东山区文联
主　席：林泽辉
普宁市文联
主　席：陈楚豪
副主席：李明生
揭东县文联
主　席：林建南
副主席：王映秋、李纯旭
揭西县文联
主　席：邓演杰
惠来县文联
主　席：黄艾睿
副主席：方文瀚、张子仪

汕尾市文联

主　席：温国栋
专职副主席：李　鹏
副主席：吴佩锦
地　址：汕尾市委大楼908号
邮　编：516600
所属县文联：
海丰县文联
主　席：周健文

惠州市文联

党组书记、主席：安想珍
地　址：惠州市行政中心5号楼1楼
邮　编：516003
所属各区县文联：
惠城区文联
主　席：徐宏标
副主席：陈　雪
惠阳区文联
主　席：何　清
副主席：隋修德
惠东县文联
主　席：刘　车
秘书长：罗炽坤
龙门县文联
主　席：钟福源
副主席：李春权、江建良

东莞市文联

党组书记兼主席：林　岳
副主席：宋　媛
秘书长：刘　浩
地　址：东莞市可园北路东莞文学艺术院
邮　编：523000

深圳市文联

党组书记、主席：罗烈杰
党组成员、副主席：谢君心、冷炳冰、钱　强、梁　宇
地　址：深圳市红岭中路1038号
所属各协会：
音乐家协会
主　席：熊家源
戏剧家协会
主　席：从　容
作家协会
主　席：李兰妮
评论家协会
主　席：章必功
舞蹈家协会
主　席：李建平
电影电视家协会
主　席：郑凯南
民间文艺家协会
主　席：杨宏海
美术家协会
主　席：骆文冠
书法家协会
主　席：陈钦硕
所属各区文联：
福田区文联
主　席：卜茂华
罗湖区文联
主　席：郑钢坚
南山区文联
主　席：段　钢
宝安区文联
主　席：戴有斌
副主席：李汉源
龙岗区文联
主　席：张　奇
盐田区文联
主　席：蒋祖逸

珠海市文联

主　席：黄河清
副主席：罗方涛、郭世平
地　址：珠海市吉大九洲大道1115号S楼5楼
邮　编：519015
所属各协会：
作家协会
主　席：胡的清
副主席：王海玲、凤亦凡、卢卫平、夏克军、唐晓红、曾平标、曾维浩、蔡新华
戏剧曲艺家协会
主　席：姚　俊
副主席：赖琼霞、李超莉、张林枝、陈飞燕、吴海涛、吴　伶、吴智钊
美术家协会
主　席：古锦其
副主席：罗方涛、宋礼初、包泽伟、王国俊、

李开连、陈兆鹏、
陈勤群、吴黎明、
苏子东

书法家协会
主　席：杜国志
副主席：古锦其、罗上武、
李开连、宋礼初、
张法亭、李安达、
廖炳训

摄影家协会
主　席：马　刚
副主席：郑小跃、陈伟录、
李庆章、梁力生、
吴小鹏、蔡建华、
陈利浩、苏枝谋、
凌　梅、孟祥武

音乐家协会
主　席：侯学俊
副主席：张建勋、郝新豫、
李需民、朱仲林、
将永君、陈硕子

舞蹈家协会
主　席：宋拉成
副主席：周新尢、王天英、
沈俊校、傅小青、
吕红卫、余来斌、
赵　琪

民间文艺家协会
主　席：陶景陶
副主席：叶良生、陈　义、
吴志伟、吴金喜、
沈俊校、唐文彪、
梁少华

影视艺术家协会
主　席：傅　明
副主席：蒋秋霞、张有齐、
陈逸峰、裴　蓓

所属各区文联：

香洲区文联
主　席：李　磊
副主席：陈明坤

金湾区文联
主　席：陈开祥

斗门区文联
主　席：韦大奇
副主席：何志华、沈俊校

公安文联
主　席：周　卫

中山市文联

主　席：胡　波
常务副主席：陈小禾、陈巧章、
李正思
地　址：中山市东区中山三
路市政府第二办公
区 27 楼
邮　编：528403

所属各协会：

作家协会
主　席：吴从根
副主席：林凤群、黄学礼

音乐家协会
主　席：郑　胜
副主席：陈洪兴、王　莉、
王小龙

美术家协会
主　席：梁欣基
副主席：肖　伟、李柱成、
陈晓明

舞蹈家协会
主　席：于庆华
副主席：王维岗、娄亚平、
原　涛

戏剧家协会
主　席：李正思
副主席：肖桂梅、罗欣荣、
赵幼云

民间文艺家协会
主　席：吴竞龙
副主席：黄卓荣、李桂山、
谢岳平

书法家协会
主　席：黄衍增
副主席：林国欣、李君田、
叶健华

曲艺家协会
主　席：何咏梅
副主席：肖柏成、张鉴来、
张　展、林锦洪

收藏家协会
会　长：刘善弼
副会长：杨广泉、阎福耀

所属各文联：

小榄镇文联
主　席：梁满坤
常务副主席：项建东
副主席：古　昕、黎柱成、
曾国荣、黎东升

黄圃镇文联
秘书长：吴锐林
负责人：李铭霞

横栏镇文联
主　席：余永祺
常务副主席：梁自坤
副主席：梁锦明、梁锦珍、
赵龙明、吴国明、
杨宇文

火炬开发区文联
主　席：梁丽莎
副主席：张礼钊、欧锦强、
谨　越、刘启迪、
甘国平

沙溪镇文联
副主席：黄卓荣、刘保生
负责人：梁冬晓

民众镇文联
主　席：李四红
副主席：蒋振炎

东凤镇文联
主　席：陈汝坤
副主席：方小红、李华军、
张铨开

三乡镇文联
主　席：郑雪英
常务副主席：陆羡常

副主席：容浩良

南区文联

主　席：陈文鸿

副主席：王小龙

公安文联

主　席：程小刚

常务副主席：胡新华

副主席：杜俊强、狄　聆、伍米达、丁　勇、黄　衡

江门市文联

党组书记兼主席：尹继红

副主席：赵卉芬

秘书长：郭卫东

地　址：江门市港口路102号前西2楼

邮　编：529051

所属各市区文联：

蓬江区文联

主　席：李建成

副主席：柯李策、区志勤

江海区文联

主　席：邓群标

副主席：曾小洁、许和发

新会区文联

主　席：李悦忠

副主席：陈慧清

恩平市文联

主　席：钟润兰

副主席：冯儒发

台山市文联

主　席：黄伟华

副主席：关永宁

开平市文联

主　席：黄力奔

副主席：冯永胜

鹤山市文联

主　席：凌品权

副主席：范小英、梁彩虹、谭友成、罗树福

佛山市文联

主　席：商学兵

副主席：余伟铭

秘书长：欧锦生

地　址：佛山市禅城区卫国路5号8楼

邮　编：528000

所属各区文联：

禅城区文联

主　席：张远征

副主席：蒋云清

南海区文联

主　席：李向群

副主席：陈初华

顺德区文联

主　席：张新杰

副主席：符学成

三水区文联

主　席：严振飞

副主席：何晓燕、李辉成

高明区文联

主　席：吴兆华

副主席：钟伯钧、赵　洪、罗紫雄、黎文东

肇庆市文联

党组书记、主席：叶清森

副主席：叶可晃

秘书长：钟道宇

副秘书长：陈炳文、何诗毅、黄莉娜

地　址：肇庆市天宁北路80号市委大院综合楼4楼

邮　编：526040

所属各协会：

作家协会

主　席：何初树

副主席：覃志端、唐希明、钟道宇、李粤庆、陈锦润、八炎奎、徐金丽

秘书长：钟道宇

戏剧家协会

主　席：李　玮

副主席：李秋元、谢健江

美术家协会

主　席：莫肇生

副主席：郭穗华、梁宏健、鲁　力、梁树彬、谢曙光、蓝佐然、薛国庆

秘书长：余冠正

书法家协会

主　席：孔令深

副主席：晏任飞、陈　良、邓家宁、伍福元、李荣华、张巧容、梁礼明、唐红卫

秘书长：黄　强

摄影家协会

主　席：梁耀钧

副主席：周忠明、何异能、吴　生、梁冠光、郭可青、时鲁东、郭松柏、徐东宁

秘书长：周忠明

音乐家协会

主　席：王金宝

副主席：王启超、平黎明、罗建新、袁巧平、曾雪夫、魏启元

秘书长：王启超

舞蹈家协会

主　席：尹祯民

副主席：卓桂英、李元斌、梁俊宁、黄志勇、王　玲、梁永强

秘书长：梁振宁

民间文艺家协会

主　席：莫达昌

副主席：李志强、李书平、李秀明、程昌良、李燕伟、胡思源、

梁玉麟、郑国京、
郑敦仕、郭树生
秘书长：郭树生
曲艺家协会
主　席：蔡文菲
副主席：梁贵兴、杜卓辉
秘书长：谢桂生
所属各区市县文联：
端州区文联
主　席：招华标
副主席：谢健江
高要市文联
主　席：林新标
四会市文联
主　席：黎作业
副主席：何韶辉、焦亚邱、
潘　良
广宁县文联
主　席：朱名全
副主席：邓兴平、谭健东、
郑国宗、钟经汉、
江先梅
怀集县文联
主　席：钱念先
副主席：罗少山、徐维宁、
莫伟皓
封开县文联
副主席：谢京中、陈楚源、
孔祥钦、曹亚呀
德庆县文联
主　席：严木华
副主席：李燕伟、黎清文

云浮市文联
主　席：陈均河
副主席：黄英伟
地　址：云浮市区解放中路
38号5楼
邮　编：527300
所属各区市县文联：
云城区文联
主　席：李向荣
罗定市文联
主　席：黎炽标
云安县文联
主　席：关文忠
新兴县文联
主　席：洪盘东
郁南县文联
主　席：罗荣南

阳江市文联
主　席：李　彪
地　址：阳江市新江北路市
文化活动中心
邮　编：529500
所属各市县文联：
阳春市文联
主　席：陈建华
阳西县文联
主　席：张枝潘
阳东县文联
主　席：陈　雄

茂名市文联
主　席：向卫国
副主席：毛勇强
地　址：茂名市委大院5栋
4楼
所属各协会：
书法家协会
主　席：黎天伦
美术家协会
主　席：赖为朝
作家协会
主　席：晓　音
摄影家协会
主　席：彭永强
戏剧家协会
主　席：林秀荣
曲艺家协会
主　席：邝玉珠
民间文艺家协会
主　席：胡光焱
音乐家协会
主　席：黄永雄
青年书法家协会
主　席：吴学翔
漫画协会
主　席：周福华
电子琴学会
主　席：徐国经
诗词学会
会　长：冼寿南
教育作家协会
主　席：柯焕德
鲁迅文学研究会
会　长：郑庚胜
书画研究会
会　长：徐文实
写作协会
会　长：何　炎
散文诗学会
会　长：官演武
钢琴学会
会　长：陈加林
信宜市文化艺术中心
主　任：凌远科
信宜市青年文学界艺术协会
主　席：俞淮竞
所属各区市县文联：
茂南区文联
主　席：杨木宏
化州市文联
主　席：陈刘雄
副主席：李正辉
信宜市文联
主　席：陈忠明
副主席：张绍永
高州市文联
主　席：肖　娴
电白县文联
主　席：陈明校
副主席：梁梓材、赖小娟

湛江市文联
党组书记兼主席：邵 锋
副主席：刘名卫、任向东
地 址：湛江市霞山人民大道南43号市人大常委楼5楼市文联
邮 编：524001
所属各区市县文联：
赤坎区文联
主 席：黄小林
霞山区文联
主 席：叶文健
坡头区文联
主 席：林 景
麻章区文联
主 席：陈光海
吴川市文联
主 席：林明栋
廉江市文联
主 席：罗 列
雷州市文联
主 席：何安成
遂溪县文联
主 席：陆 岸
徐闻县文联
主 席：曾 权
副主席：李柳冰

广西壮族自治区

南宁市文联
党组书记：张耀民
副书记：刘润科
主 席：鲁 利
副主席：常海军、陆 坚、旋 娟
地 址：南宁市建政路3号4～5楼
邮 编：530023
所属各区县文联：
邕宁区文联
主 席：施美任
横县文联
主 席：方 平
宾阳县文联
主 席：阮明南
上林县文联
主 席：周隆英
隆安县文联
主 席：农宜陟
副主席：黄 智
马山县文联
主 席：韦文武

桂林市文联
党组书记、主席：刘纪春
副主席：张 震、陈滨江、秦凌斌
秘书长：秦凌斌（兼）
地 址：桂林市八桂路机关办公大院
邮 编：541001
所属各县文联：
阳朔县文联
主 席：陈 振
副主席：刘金有
临桂县文联
主 席：李明才
兴安县文联
主 席：彭书华
副主席：蒋忠民
灌阳县文联
主 席：王鸽群
平乐县文联
负责人：张艳玲
资源县文联
主 席：唐建华
秘书长：赵凌云
恭城瑶族自治县文联
主 席：何筱思
灵川县文联
主 席：栗利仁
荔浦县文联
主 席：卓礼雄
永福县文联
主 席：杨志德
龙胜县文联
主 席：曾德茂
全州县文联
负责人：盘晓美

柳州市文联
党组书记兼主席：柯天国
副主席：张细英、蓝建军
秘书长：韦俊海
纪检组长：吕柳华
地 址：柳州市公园路33号
邮 编：545001
所属各县文联：
柳江县文联
主 席：韦宝洋
常务副主席：覃柳珍
柳城县文联
主 席：刘啸军
常务副主席：李诚英
鹿寨县文联
主 席：李柳忠
融安县文联
主 席：李胜昌
三江侗族自治县文联
主 席：杨尚荣
融水苗族自治县文联
主 席：廖 维
副主席：吴 倩

梧州市文联

党组书记、主席：罗金陵
副主席：梁美云
调研员：李小舰
副调研员：李秀维
地　址：梧州市建设二路113号
邮　编：543000
所属各市县文联：
岑溪市文联
主　席：李　克
党组书记：李敏光
苍梧县文联
主　席：潘明华
藤县文联
主　席：欧伟文
蒙山县文联
主　席：吴广升

贵港市文联

主　席：谭　涛
副主席：卢志伟、潘大林、谭桂铭
秘书长：梁少旭
地　址：贵港市石羊塘报社大楼5楼
邮　编：537100
所属各市县文联：
桂平市文联
主　席：梁乃洋
副主席：梁炳荣
平南县文联
主　席：谢世团
副主席：赵庆军
秘书长：陈玄斌

玉林市文联

专职副主席：陈　琦
办公室主任：龙　琨
地　址：玉林市东门路市委
邮　编：537000
所属各区市县文联：
玉州区文联
主　席：谭艳艳
副主席：潘越华、誉德萍、陈　坚
北流市文联
主　席：梁晓阳
副主席：党武平
秘书长：潘雄杰
兴业县文联
主　席：覃家米
容县文联
主　席：何赛光
陆川县文联
主　席：江家一
副主席：谢小敏、黄晓红
博白县文联
主　席：陈　健
副主席：黄宇华

钦州市文联

主　席：苏宏发
副主席：谢凤芹、黄允旗、黄道鸿
地　址：钦州市永福东大街11号行政信息中心A座10楼
邮　编：535000
所属各县文联：
钦南区文联
主　席：陈俍羽
副主席：石昌营
钦北区文联
主　席：赖　幸
副主席：符　斌
专职干部：罗瑞凯
灵山县文联
主　席：朱仕权
浦北县文联
主　席：黄镜天
常务副主席：韦志远

北海市文联

主　席：董晓燕
副主席：伍道杨、谭为民
地　址：北海市北京路海尚巴黎520号
邮　编：536000
所属县文联：
合浦县文联
主　席：林海华
副主席：谢　雨

防城港市文联

主　席：江　天
副主席：王渤海
地　址：防城港市港口区云南路天马大厦9楼
邮　编：538001
所属各区市县文联：
港口区文联
主　席：张永志
防城区文联
主　席：张大进
东兴市文联
主　席：刘小明
上思县文联
主　席：黎有生
副主席：岑超学

崇左市文联

党组书记兼主席：卢皞贤
副主席：农恒云
地　址：崇左市新城路1号市行政中心人大区111－113室
邮　编：532200
所属各区市县联文联：
江州区文联
主　席：莫灵元
副主席：梁文宏
凭祥市文联
主　席：赵俊杰
副主席：江宗立

扶绥县文联
主　席：李淑珠
大新县文联
主　席：李阳群
副主席：赵彩英
天等县文联
主　席：汤受鑫
副主席：黄存壁
宁明县文联
主　席：吴能贞
副主席：李民波、左江月
龙州县文联
主　席：严造新
副主席：农　林

百色市文联
主　席：黄小卡
党组书记：韦从克
副主席：黄志峰、许雪萍
地　址：市城北二路12号
邮　编：533000
所属各县文联：
田阳县文联
主　席：黄焕刚
副主席：蓝　瑛、韦燕华
田东县文联
主　席：黄焕克
平果县文联
主　席：梁颖武
副主席：方海峰
德保县文联
主　席：赵国凡
副主席：黄国闯
靖西县文联
主　席：赵继荣
副主席：池　伟
那坡县文联
主　席：田承学
凌云县文联
主　席：向志文
乐业县文联
主　席：姚俞任
田林县文联
主　席：吴鸿村
隆林各族自治县文联
副主席：岑　军
西林县文联
主　席：李光琳
副主席：梁　德

河池市文联
党组副书记、主席：潘红日
党组书记：杨荣来
副主席：杨　合
副调研员、秘书长：黄有新
副秘书长：蔡富良、石肖永
地　址：河池市南新西路91号
邮　编：547000
所属各协会：
作家协会
主　席：吕成品
书法家协会
主　席：杨耀春
民间艺术家协会
主　席：姚　亮
美术家协会
主　席：覃高阳
戏剧家协会
主　席：杨　忠
舞蹈家协会
主　席：黄　康
音乐家协会
主　席：陈恒芳
摄影家协会
主　席：黄建武
常务副主席：林捍球
理论家协会
主　席：温存超
影视家协会
主　席：袁俊袖
直机关摄影家协会
主　席：黄大强
直机关书法家协会
主　席：龙介池
所属各区市县文联：
金城江区文联
主　席：陈再望
宜州市文联
主　席：左　丹
环江毛南族自治县文联
主　席：蒙壮科
罗城仫佬族自治县文联
主　席：杨衍瑶
南丹县文联
主　席：唐远志
天峨县文联
主　席：蒙政军
凤山县文联
副主席：谯可勤
东兰县文联
主　席：黄　坚
巴马瑶族自治县文联
主　席：蓝振林
副主席：韦成旺
都安瑶族自治县文联
主　席：谭云鹏
大化瑶族自治县文联
主　席：黄　格

来宾市文联
主　席：陆远怀
副主席：龙　志、罗　勋、覃　刚、赵　剑
秘书长：蓝海洋
地　址：来宾市人民路市行政中心大楼
邮　编：546100
所属各协会：
作家协会
主　席：龙　志
戏剧家协会
主　席：唐云端
美术家协会
主　席：徐作先

舞蹈家协会
主　席：张国明
音乐家协会
主　席：廖明明
民间文艺家协会
主　席：王天若
摄影家协会
主　席：覃　刚
书法家协会
主　席：陆远怀
曲艺家协会
主　席：周松岐
赏石协会
主　席：曹远林
文艺理论家协会
主　席：尹华俭
所属各区市县文联：
兴宾区文联
主　席：陆秋平
副主席：黄海民
秘书长：王向新

合山市文联
主　席：覃运银
副主席：吴克帅、黄　冲、
　　　　陆乃亮、莫文勇、
　　　　黄海燕
秘书长：凌莉莉
象州县文联
主　席：陈丽云
副主席：廖桂富、李志明、
　　　　覃建华
秘书长：韦秀琼
忻城县文联
主　席：蓝日福
副主席：郑伶娜、樊圣林、
　　　　韦业猷
秘书长：玉增佑
武宣县文联
主　席：韦勇强
金秀瑶族自治县文联
主　席：杜绍康
副主席：赵崧佐、罗伟才、
　　　　卢冰若

秘书长：陶海宋

贺州市文联

主　席：邱有源
党组书记兼副主席：何建强
副主席：盘春华
地　址：贺州市贺州大道1号市委办公楼4楼
邮　编：542899
所属各区县文联：
八步区文联
主　席：刘　静
昭平县文联
主　席：周派莲
副主席：何汝玲
钟山县文联
主　席：聂　晶
副主席：何建宏、董　健
富川瑶族自治县文联
主　席：蒋英聪
副主席：唐恩仕、李世军（兼）

海　南　省

海口市文联

党组书记：潘善武
主　席：陈素珍（兼）
驻会副主席：钟南平、邱运龙
秘书长：邱运龙（兼）
所属各协会：
作家协会
主　席：欧大雄
秘书长：申　辰
书法家协会
主　席：欧阳飞
秘书长：林　萍
戏剧家协会
主　席：陈素珍
秘书长：张建雄

美术家协会
主　席：丁孟芳
秘书长：赵日雷
舞蹈家协会
主　席：吴爱琴
常务副主席：吴圣彪
秘书长：罗小珠
音乐家协会
主　席：裴英杰
常务副主席兼秘书长：张德美
摄影家协会
主　席：徐　伟
秘书长：姚家康
影视家协会
主　席：彭铁林

秘书长：杜　军
琼山区文联
主　席：蔡於树

三亚市文联

党组书记兼主席：吴国华
地　址：三亚市委大院
邮　编：572000
所属各协会：
作家协会
主　席：罗灯光
秘书长：孙令辉
书法家协会
主　席：雷家才
秘书长：黎智辉

戏剧家协会
主　席：卢宏书
秘书长：吴昆明

美术家协会
主　席：许坤涛
秘书长：蒲以宏

舞蹈家协会
主　席：袁海南
秘书长：林青山

民间文艺家协会
主　席：王隆伟
秘书长：梁弼弘

文昌市文联
主　席：黄良丰
地　址：文昌市清澜开发区市机关办公西楼315室
邮　编：571300

琼海市文联
主　席：梁其山
专职副主席兼秘书长：卢传福
地　址：琼海市光海路市委大楼
邮　编：571400

万宁市文联
主　席：陈山柏
地　址：万宁市委大院
邮　编：571500

五指山市文联
主　席：谢寿科
地　址：五指山市国兴路市委宣传部内
邮　编：572200

东方市文联
主　席：赵承宁
专职副主席：冯　玉
地　址：东方市委宣传部内
邮　编：572600

儋州市文联
主　席：陈家祥
地　址：儋州市委办公大楼
邮　编：571700

临高县文联
主　席：王子武
地　址：临高县文联
邮　编：571800

澄迈县文联
主　席：李树木
地　址：县金江镇解放东路
邮　编：571900

定安县文联
主　席：程见梅
地　址：定安县委宣传部内
邮　编：571200

屯昌县文联
负责人：文志勇
地　址：屯昌县委宣传部内
邮　编：571600

昌江黎族自治县文联
主　席：黄安雄
秘书长：周　烨
地　址：昌江县石碌镇市民广场行政办公大楼339室
邮　编：572700

白沙黎族自治县文联
负责人：王　勇、董元培
地　址：白沙县委宣传部转县文联
邮　编：572800

琼中苗族黎族自治县文联
主　席：林　强
秘书长：凌大彪
地　址：琼中县委宣传部内
邮　编：572900

陵水黎族自治县文联
负责人：王兴学
地　址：陵水县委宣传部内

保亭黎族苗族自治县文联
主　席：黄培祯
地　址：保亭县文体局办公大楼内
邮　编：572300

乐东黎族自治县文联
主　席：谢星荣
地　址：乐东县委宣传部内
邮　编：572500

重　庆　市

万州区文联
主　席：陈　志
副主席：梅万林
地　址：万州区天城大道756号
邮　编：404000

江津区文联
党组书记：陈宗明
主　席：辛　华
地　址：江津区几江镇三通街1号区文化广电新闻出版局
邮　编：402260

涪陵区文联
党组书记：简晓玲
主　席：项显文
地　址：涪陵区委大院8楼
邮　编：408000

永川区文联
党组书记：陈　智
主　席：吴治华
地　址：永川区汇龙大道东一路19号
邮　编：402160

黔江区文联
党组书记、主席：钟绍珉
办公室主任：陈利华
地　址：黔江区委大楼
邮　编：408700

城口县文联
主　席：汪玉平
秘书长：江奉武
地　址：中共城口县委宣传部
邮　编：404900

渝中区文联
副主席：张珍容、边绍勇
地　址：渝中区和平路211号
邮　编：400010

巫山县文联
主　席：赵宁章
办公室主任：李良珍
地　址：巫山县行政综合办公大楼县委宣传部
邮　编：404700

大渡口区文联
主　席：唐　勇
地　址：大渡口区文广新局
邮　编：400084

巫溪县文联
主　席：李剑东
地　址：巫溪县文化局
邮　编：405800

江北区文联
副主席：张媛媛
地　址：江北区委宣传部
邮　编：400020

酉阳土家族苗族自治县文联
主　席：田景全
副主席：简　朴
地　址：酉阳土家族苗族自治县钟多镇和平路
邮　编：409800

沙坪坝区文联
党组书记：陈　川
主　席：黄吉林
地　址：沙坪坝区小新街83号沙坪坝区文化馆
邮　编：400030

九龙坡区文联
主　席：彭　斌
副主席：杨　杰
地　址：九龙坡区委宣传部
邮　编：400050

南岸区文联
主　席：刘　钢
副秘书长：高万红
地　址：南岸区南城大道199号
邮　编：400060

北碚区文联
负责人：周洪玲
工作人员：王思屹
地　址：北碚区委宣传部
邮　编：400700

大足县文联
党组书记：李　瑛
副主席兼秘书长：彭　剑
地　址：中共大足县委宣传部
邮　编：402360

渝北区文联
主　席：吴云斌
副主席：刘　烜
地　址：中共重庆市渝北区委宣传部
邮　编：401120

荣昌县文联
主　席：林　勇
副主席：满选东
地　址：中共荣昌县委宣传部
邮　编：402460

巴南区文联
主　席：戚万凯
地　址：巴南区委宣传部
邮　编：401320

璧山县文联
主　席：张宗伦
工作人员：黎　端
地　址：璧山县中山南路205号
邮　编：402760

长寿区文联
主　席：刘德奉
秘书长：余　炤
地　址：长寿区文广新局
邮　编：401220

梁平县文联
主　席：刘中培
秘书长：李　静
地　址：中共梁平县委宣传部
邮　编：405200

綦江县文联
主　席：刘益文
副主席：潘晓容
地　址：县文龙街道沙溪路
邮　编：401420

南川区文联
主　席：唐利春
秘书长：唐维渝
地　址：南川区和平支路6号
邮　编：408400

潼南县文联
主　席：陈春贵
副主席：秦　健
地　址：潼南县文广新局
邮　编：402660

丰都县文联
主　席：张　军
副主席：代　鸿
地　址：丰都县文体广电局办公楼 203 室
邮　编：408200

铜梁县文联
党组书记、主席：王小波
副秘书长：唐道伏
地　址：铜梁县巴川街道办事处明月街 48 号
邮　编：402560

武隆县文联
党组书记：刘　民
主　席：刘有法
地　址：武隆县政府 3 号楼 4 楼
邮　编：408500

忠县文联
主　席：邓大庆
工作人员：向金龙
地　址：中共忠县县委宣传部
邮　编：404300

开县文联
主　席：温　刚
副主席：王兴明
地　址：中共开县县委宣传部
邮　编：405400

云阳县文联
主　席：王万田
办公室主任：卢培林
地　址：云阳县油江大道宣传文化中心
邮　编：404500

奉节县文联
党组书记、副主席：兰立莉
主　席：黄定坤
地　址：中共奉节县委宣传部
邮　编：404600

石柱自治县文联
主　席：蔡玉葵
秘书长：谭长军
地　址：中共石柱自治县委宣传部
邮　编：409100

秀山土家族苗族自治县文联
主　席：吴加敏
秘书长：张寒松
地　址：秀山县文广新局（大礼堂内）
邮　编：409900

彭水苗族土家族自治县文联
党组书记：张　波
主　席：汪家生
地　址：彭水苗族土家族自治县委大楼 201 室
邮　编：409600

重钢集团文联
主　席：潘向宇
秘书长：焦志华
地　址：大渡口区新山村重钢银河文体楼
邮　编：400084

嘉陵集团文联
主　席：陈卫东
地　址：沙坪坝双碑中国嘉陵集团
邮　编：400050

重庆长航文联
秘书长：江　湃
地　址：渝中区陕西路 22 号重庆长江轮船公司工会
邮　编：400011

长安汽车集团公司文联
秘书长：钟　聆
地　址：江北区建新东路 260 号长安汽车集团公司宣传部
邮　编：400021

重庆燃气集团文联
主　席：罗建平
地　址：江北区小苑 1 村 30 号重庆燃气集团工会
邮　编：400020

重庆市公安文联
主　席：龚英敏
副主席：陈　红、张　晓、张　达、杨跃宁
副主席兼秘书长：崔　路
地　址：重庆市渝中区沧白路华英大厦 13 楼
邮　编：400011

四　川　省

成都市文联
主　席：阿　来
驻会副主席：罗　波、杨宗林、梁　红
地　址：成都市青羊区金家坝街 7 号
邮　编：610015
所属各区市县文联：

金牛区文联
主　席：方弟均
副主席：程明刚、田小渝、邓　熠、齐瑞庭、

贾迎霜、李有勋、
胥厚全
武侯区文联
主　席：郑万民
新都区文联
主　席：余　勇
副主席：王　莉、余新蓉、
周　平
秘书长：骆　恒
温江区文联
主　席：方正行
副主席：周善从
都江堰市文联
主　席：张武萌
邛崃市文联
主　席：祝华平
副主席：胡　慧
金堂县文联
主　席：蒲　勇
秘书长：唐德学
双流县文联
主　席：杨　燕
常务副主席：毛国聪
郫县文联
主　席：连　华
新津县文联
常务副主席：张晓霞
崇州市文联
主　席：何维楷
常务副主席：古鸣清
锦江区文联
主　席：赵毅伟
龙泉驿区文联
副主席：刘晓双、魏　平、
朗　金
彭州市文联
主　席：曹建春
专职副主席：万小红
蒲江县文联
主　席：龚　庆
青白江区文联
主　席：刘　莉
青羊区文联
主　席：冯照援

广元市文联

副主席兼秘书长：李　瑾
地　址：广元市利州区人民
路北段7号
邮　编：628017
所属各区县文联：
利州区文联
主　席：赵维超
副主席：李　明
元坝区文联
主　席：肖永乐
朝天区文联
副主席：苟文斌
旺苍县文联
主　席：李雪华
青川县文联
主　席：柳桂华
剑阁县文联
主　席：杨仕甫
苍溪县文联
主　席：何国发
副主席：周利新

绵阳市文联

主　席：左代富
副主席：马培松、杨荣宏
地　址：绵阳市东津路33号
邮　编：621000
所属各市县文联：
江油市文联
主　席：蒲永见
三台县文联
主　席：任　燚

德阳市文联

主　席：范小平
副主席：徐春城
地　址：德阳市市委5号楼
3楼
邮　编：618000
所属各市县文联：
什邡市文联
副主席：肖　科
广汉市文联
主　席：辜际德
副主席：王龙兴
罗江县文联
主　席：冯小平
中江县文联
主　席：林长龙

南充市文联

副主席：罗永强
地　址：南充市北湖路88号
市委大院内
邮　编：637000
所属各市县文联：
阆中市文联
主　席：彭　莉
南部县文联
主　席：邓于明
常务副主席：彭飞龙
蓬安县文联
主　席：王　超

广安市文联

主　席：童光辉
专职副主席：张　云
秘书长：周永生
地　址：中共广安市委大楼
107室、111室
邮　编：638000
所属各区市县文联：
广安区文联
主　席：唐宗林
副主席：刘伯清
华蓥市文联
主　席：夏成华
专职副主席：王茂林
岳池县文联
主　席：郭　勇

专职副主席：何　平
武胜县文联
主　席：尹才干

遂宁市文联
主　席：周光宁
副主席：龙　琴、胡永康、何开鑫、曾　擎
秘书长：胡永康
地　址：遂宁市河东新区市委5号楼
邮　编：629000
所属各区县文联：
船山区文联
主　席：唐　欣
副主席：陈　明
安居区文联
主　席：冯　唯
副主席：聂采勤
蓬溪县文联
主　席：佘　武
副主席：刘　兰
射洪县文联
主　席：宋　敏
副主席：李林昌
大英县文联
主　席：杨　锋
副主席：王朝华

内江市文联
主　席：刘　浩
副主席：冉　华
地　址：内江市委宣传部内
邮　编：641000

乐山市文联
主　席：罗佳明
副主席兼秘书长：张亨山
地　址：乐山市天星路36号市文联
邮　编：614000
所属各区县文联：
市中区文联
主　席：李大中
副主席：汪　建
沙湾区文联
主　席：先　斌
副主席：唐治江
五通桥区文联
主　席：陈红骏
副主席：朱　斌
峨眉山市文联
主　席：刘能远
副主席：周炳林
井研县文联
主　席：万学文
副主席：石念文
公安文联
主　席：姚　平
副主席：彭清华

自贡市文联
主　席：刘蕴瑜
副主席：明　梅
地　址：自贡市塘坎上路29号
邮　编：643000
所属各区县文联：
贡井区文联
主　席：邱利平
荣县文联
主　席：黄建波
富顺县文联
主　席：周春文

泸州市文联
主　席：曹建国
副主席：虞　潜
地　址：泸州市连江路二段12号
邮　编：646000
所属各区县文联：
江阳区文联
主　席：刘远国
纳溪区文联
主　席：赵元柱
龙马潭区文联
主　席：吴文涛
泸县文联
主　席：冯秋兰
合江县文联
主　席：宋晓红
副主席：宋家惠
叙永县文联
副主席：马兴岭
古蔺县文联
主　席：彭祖平
副主席：王显林
泸天化文联
主　席：杜　波
副秘书长：郑忠心

宜宾市文联
主　席：陈学明
副主席：罗世奎
秘书长：何锡高
地　址：宜宾市都长街76号
邮　编：644000
所属各区县文联：
翠屏区文联
主　席：陈　苏
宜宾县文联
主　席：王德明
南溪县文联
主　席：刘吉斌
副主席：王　宗
江安县文联
主　席：罗永华
长宁县文联
主　席：周小平
高县文联
主　席：王　涛
筠连县文联
主　席：冯　勇
珙县文联
主　席：刘晓中

副主席：王建新
兴文县文联
主　席：岳启东
副主席：朱远军
屏山县文联
主　席：张晓丽
副主席：侦宪章

攀枝花市文联

党组书记兼主席：李　平
党组成员、副主席：冯中云
党组成员、秘书长：李吉顺
副主席：刘　虹、何　洪（兼）、
　　　　吴汉怀（兼）、
　　　　刘新会（兼）、
　　　　李文池（兼）、
　　　　廖德军（兼）、
　　　　王　海（兼）
地　址：攀枝花市东区人民
　　　　街48号6楼
邮　编：617000
所属各区县（企业）文联：
东区文联
主　席：闵　滟（兼）
副主席：赵金盛
秘书长：张志雄（兼）
西区文联
主　席：熊锦成（兼）
常务副主席兼秘书长：王建国
副主席：罗兴斌（兼）、
　　　　张瑞莉（兼）、
　　　　陈　林（兼）、
　　　　张雯军（兼）、
　　　　毛文洪（兼）、
　　　　王　政（兼）、
　　　　向新舜（兼）
仁和区文联
主　席：刘亚玲（兼）
副主席：徐海涛、
　　　　蒋家赋（兼）、
　　　　李兆安（兼）、
　　　　杜鹏修（兼）、
　　　　陈　华（兼）
秘书长：兰孝辉（兼）
米易县文联
主　席：李　彬（兼）
盐边县文联
主　席：罗三五
副主席：吴绪文、张少先、
　　　　雷　驯、赖国轩、
　　　　李平阳、吴绪文
秘书长：王　伦
攀钢集团公司文联
主　席：刘新会（兼）
秘书长：王　幸
攀煤集团公司文联
主　席：李文池（兼）
常务副主席：张　杨（兼）
副主席：苗艳玲（兼）
秘书长：李星桦

巴中市文联

主　席：李树海
副主席：杨秀永、余义奎
地　址：巴中市市委宣传部
　　　　市文联
邮　编：636000
所属各县文联：
通江县文联
主　席：梁津华
秘书长：王亚敏
副秘书长：王沭元
南江县文联
主　席：杨秀华
副主席：刘清堂、李荣富、
　　　　陈家军、蒋红英
秘书长：李荣富
副秘书长：冉峥嵘、谬　源、
　　　　　何永方、熊　昕
平昌县文联
主　席：赵万国
秘书长：张　杰

达州市文联

主　席：马骏华
副主席：谢　军、肖朝萍
地　址：达州市政中心15楼
邮　编：635002
所属各区市县文联：
通川区文联
主　席：龙　飞
副主席：李　勤
万源市文联
主　席：李寿东
副主席：蒲崇贤
达县文联
驻会副主席、秘书长：罗六清
宣汉县文联
主　席：姚启劲
副主席、秘书长：谢　辉
开江县文联
主　席：蒋兴芬
驻会副主席、秘书长：梁棹历
大竹县文联
主　席：谢　江
副主席：薛友明

资阳市文联

主　席：徐远鸿
专职副主席：周昌海
地　址：资阳市雁江区广场
　　　　路9号
邮　编：641300
所属各市区文联：
雁江区文联
主　席：孟基林
简阳市文联
专职副主席：郑传福
安岳县文联
主　席：邹　平
专职副主席：袁　娇
乐至县文联
主　席：罗　斌

眉山市文联

党组书记、专职副主席：邓　敏
主　席：胡　舒
副主席：王晋川、刘川眉、蔡心华、雷金贵、杨常沙、杨梁相
秘书长：沈荣均
地　址：眉山市苏源路 9 号计生大厦 6 楼
邮　编：620020
所属各区县文联：
东坡区文联
主　席：苟庆文
洪雅县文联
主　席：胡良均
仁寿县文联
主　席：何致远
彭山县文联
主　席：张志斌
青神县文联
主　席：涂　勇
丹棱县文联
主　席：彭红勤

雅安市文联

主　席：赵良冶
专职副主席：陈　果
副主席兼秘书长：赵晋川
地　址：雅安市沙湾路 149 号市委宣传部内
邮　编：625000
所属各县文联：
名山县文联
主　席：陈吉学
常务副主席：陈开义
秘书长：倖金龙
汉源县文联
主　席：刘梦碧
副主席：林　凯、姜永才
天全县文联
主　席：李维余
秘书长：代学林
石棉县文联
主　席：陈　曦
副主席：赵　红
秘书长：陈林芬

阿坝藏族羌族自治州文联

主　席：陈远贵
副主席：何志芬
秘书长：李　赛
地　址：文化局办公楼 6 楼
邮　编：624000
所属县文联：
汶川县文联
主　席：杨新松

甘孜藏族自治州文联

常务副主席：格绒追美
地　址：甘孜藏族自治州康定县北三巷甘孜州文联
邮　编：626000
所属县文联：
泸定县文联
主　席：朱　劲
乡城县文联
主　席：江永钢
雅江县文联
主　席：唐世皎
理塘县文联
主　席：王建琼
康定县文联
主　席：毛　宇

凉山彝族自治州文联

主　席：倮伍拉且
副主席：贾瓦盘加、彭　波
秘书长：沈　英
地　址：凉山州西昌市三衙街 15 号
邮　编：615000
所属各市县文联：
西昌市文联
常务副主席：魏定邦
会理县文联
主　席：祁开虹
冕宁县文联
副主席：邓秋莹
甘洛县文联
主　席：杨　华

贵　州　省

贵阳市文联

党组书记兼主席：包俊宜
副主席：袁政谦、穆倍贤
地　址：贵阳市中山西路 65 号
邮　编：550000
所属区市县文联：
南明区文联
主　席：杨　骊
花溪区文联
主　席：唐世海
副主席：石文辉
乌当区文联
主　席：冯　容
副主席兼秘书长：晏　明
白云区文联
主　席：晏学维
清镇市文联
主　席：商善律
开阳县文联
主　席：刘　毅

修文县文联
主　席：贾长远
息烽县文联
主　席：李景华

六盘水市文联

党组书记兼主席：徐永俊
副主席：吴学良、方　坤、石忠华
地　址：六盘水市钟山路钟山大街12层大楼10楼
邮　编：553001
所属各县区文联：
盘县文联
书记兼主席：陈维象
六枝特区文联
主　席：黄维波
副主席：何爱蓉
水城县文联
主　席：王鹏翔
副主席：龙　江
钟山区文联
副主席：熊定才

遵义市文联

党组书记：杨进修
主　席：赵剑平
副主席：刘中国
秘书长：刘小峰
地　址：遵义市汇川区厦门路遵银大厦
邮　编：563000
所属各区市县文联：
汇川区文联
主　席：黄太刚
副主席：柯崇信、陈守刚、刘　华
秘书长：闻世燕

红花岗区文联
主　席：王晓红
副主席：祝平洪、汪红霞
秘书长：王　昆
赤水市文联
主　席：傅树湘
副主席：程世平
秘书长：吴丽辉
仁怀市文联
主　席：陈　旭
副主席：易　涌
遵义县文联
主　席：张云红
副主席：姚固钊、游天永
秘书长：蔡远兴
桐梓县文联
主　席：邹德斌
副主席：杨　超、陈　龙
绥阳县文联
主　席：姚思强
副主席：秦永刚
秘书长：吴延模
正安县文联
主　席：李易超
副主席：王　龙
凤冈县文联
主　席：安汝刚
秘书长：杨梓柏
湄潭县文联
主　席：岳　龙
副主席：敖成勇、何家权
余庆县文联
主　席：陈忠禄
副主席：钱再伦
习水县文联
党组书记、主席：罗吉宇
道真仡佬族苗族自治县文联
主　席：吴明泉
副主席：刘华芹、邹贵志
务川仡佬族苗族自治县文联
主　席：付　强
党组书记兼副主席：高　敏

安顺市文联

主　席：罗迎贤
地　址：安顺市金钟西路
邮　编：561000
所属各区县文联：
西秀区文联
主　席：姚晓英
平坝县文联
主　席：李再春
普定县文联
主　席：杨天福
关岭布依族苗族自治县文联
主　席：任光文
镇宁布依族苗族自治县文联
主　席：王德龙
紫云苗族布依族自治县文联
副主席：熊益红

毕节地区文联

党组书记兼主席：罗建明
党组副书记、副主席：李文均
副主席：禄　琴、姜咏梅
地　址：毕节地区文联
邮　编：551700
所属各市县文联：
毕节市文联
主　席：陈家贵
大方县文联
主　席：万兴智
黔西县文联
主　席：罗廷毅
金沙县文联
主　席：袁建军
织金县文联
主　席：王丽佳
纳雍县文联
主　席：张贤芬
赫章县文联
主　席：何明永
威宁彝族回族苗族自治县文联
主　席：孔繁毅

铜仁地区文联

书记兼主席：杨国勇

副主席：林亚军、龚晓虹
地　址：铜仁市民主路93号
邮　编：554300
所属市县区文联：
铜仁市文联
主　席：杨国胜
江口县文联
主　席：董振华
石阡县文联
主　席：谭晓红
思南县文联
主　席：李光达
德江县文联
主　席：黎静波
玉屏侗族自治县文联
主　席：江　兴
印江土家族苗族自治县文联
主　席：张旭阳
沿河土家族自治县文联
主　席：刘照进
松桃苗族自治县文联
主　席：贺宗广
副主席：田永东、龙志敏、龙凤碧
万山特区文联
主　席：刘泽坤
副主席：吴　华、吴克柱

黔东南苗族侗族自治州文联
党组书记兼主席：何忠善
副主席：李　勋、文志光、白　芬
地　址：凯里市北京东路11号（州政府综合大楼）
邮　编：556000
所属各市县文联：
凯里市文联
党组书记：吴寿华
主　席：陈德祥
副主席：何春泓、杨胜勇、杨秀银、王邵帅、陇光全、吴欣恒
秘书长：杨光辉
施秉县文联
主　席：奉　力
三穗县文联
主　席：吴道科
副主席：万主德
镇远县文联
主　席：王启明
岑巩县文联
主　席：景福令
副主席：梁　俊
天柱县文联
主　席：陶通坪
副主席：舒　云
锦屏县文联
主　席：杨秀廷
副主席：朱永贞
剑河县文联
主　席：廖朝元
副主席：杨秀平、文玉深
台江县文联
党组书记：肖奇龙
主　席：杨　利
副主席：李芳菲
黎平县文联
主　席：姚吉宏
副主席：吴帮宁
榕江县文联
主　席：黄秀福
从江县文联
主　席：李田清
副主席：杨光攀
雷山县文联
主　席：黄连忠
副主席：周海燕
麻江县文联
主　席：何林超
丹寨县文联
主　席：张　路
副主席：黄荣娟

黔南布依族苗族自治州文联
书记兼主席：黄光兴
副主席：潘国强、曹　燕、潘仁英、汪　洋
地　址：黔南布依族苗族自治州都匀市工人路2号州文联
邮　编：558000
所属各市县文联：
都匀市文联
党组书记兼副主席：覃玉豪
副主席：罗　义、杨启刚
福泉市文联
党组书记兼副主席：熊生祥
党组副书记兼主席：吴儒波
副主席：冯泽松、贺建飞
副秘书长：罗国林
荔波县文联
主　席：杨享禄
副主席：曹本健
贵定县文联
主　席：张　鸽
副主席：张申瑜、罗庆荣
秘书长：耿文福
瓮安县文联
主　席：杨俊松
副主席：周应祥、陈天银、周双林
独山县文联
主　席：王万铭
副主席：蒙泽敏
平塘县文联
主　席：孟祥华
副主席：雷远方、黄兴义
秘书长：徐先文
长顺县文联
主　席：杨俊能
副主席：程　及
罗甸县文联
主　席：杨　桦
副主席：莫显斌、罗春芳、苏友毅

秘书长：黄海霞

龙里县文联

副主席：张宗德

党组副书记：刘必楠

惠水县文联

主　席：罗德胜

副主席：陈德云

三都水族自治县文联

主　席：杨胜超

副主席：吴晓霞

秘书长：李和玉

黔西南布依族苗族自治州文联

主　席：田刚毅

副主席：郑　勇、杨　春

地　址：贵州兴义市沙井街州委大院内

邮　编：562400

所属各市县文联：

兴义市文联

主　席：刘咏虹

副主席：唐泽洋

秘书长：周学祥

兴仁县文联

主　席：马学书

副主席：甘明元

贞丰县文联

主　席：向　往

望谟县文联

主　席：王封秀

册亨县文联

主　席：黄权昌

安龙县文联

主　席：杨南明

普安县文联

主　席：安　科

副主席兼秘书长：张　淼

云　南　省

昆明市文联

主　席：汪叶菊

常务副主席：蔡　杰

副主席：李永坤

地　址：昆明市呈贡区市级行政中心7号楼

邮　编：650500

所属各协会：

作家协会

主　席：张庆国

副主席：何　群、存文学、雷平阳、蔡　毅、冉隆中、费　嘉、李开义、郑祖荣

秘书长：张菊芝

美术家协会

主　席：赵力中

常务副主席：胡晓幸

副主席：罗建华、王　刚、王鹏程、王首麟、黄泽谦、王广范、段智敏、包朝阳、王应天

秘书长：黄泽谦

副秘书长：张玉轩、陈　申

音乐家协会

主　席：李学智

副主席：姜雪梅、张　岚、何　纾、李春华、卢文武、马　涛

秘书长：杨　亮

书法家协会

主　席：赵翼荣

副主席：王家宁、孙　源、沈　健、潘绍学、刘保进、李　波

秘书长：李　波

副秘书长：葛　琪、赵海若、杨双国、乔　明

摄影家协会

主　席：马克斌

常务副主席：陆江涛

副主席：刘建明、石　明、姚振康、田克湧、康　平、鲍利辉、马耀民、洪光耀、彭晓侠

秘书长：陆江涛

副秘书长：洪光耀、彭晓侠、田　鑫、吴世平

舞蹈家协会

主　席：侯　跃

副主席：杨文苑、何文婷、杨　洲、疆　嘎、黄永坚、李　银、段媛媛、张艺莹

秘书长：赵书德

副秘书长：田春玲

戏剧家协会

主　席：孙跃进

常务副主席：周卫华

副主席：黄自廉、艾　瑛、付莲英、戚进才、缪熙刚

秘书长：周海霞

副秘书长：周　伟

儿童文学研究会

会　长：李永坤

副会长：吴　然、陈约红、康复昆、李晋德、吴　天、汤　萍、余　雷、曾艳萍

秘书长：陈约红

副秘书长：李丽钧

广播电视艺术家协会
主　席：龚志龙
副主席：张　萱、梁永实、
　　　　蔡　毅、吕永平、
　　　　罗　飚、李鸿平、
　　　　刘　辉
秘书长：张　瑾
副秘书长：杜　萍、李笑频
曲艺家协会
主　席：苗　飞
常务副主席：张俊杰
副主席：夏爱民、欧光慈、
　　　　赵忠庆、杨红仙、
　　　　阮新茗、秧维丽
秘书长：杨红仙
民间艺术家协会
主　席：罗新元
副主席：王仲德、昂自明、
　　　　罗家柱、刘　伟、
　　　　王　刚、杨正芬
秘书长：蔡薏萍
副秘书长：沈吟涛、杨　辰
模特艺术家协会
主　席：莫云彪
常务副主席：朱照琨
副主席：朱红玲、杨　红、
　　　　沈建鑫、杨　金、
　　　　赵　妍、黄友祥、
　　　　李媛丽
秘书长：朱照琨
副秘书长：杨　红、杨　金、
　　　　　白　洁
文艺评论家协会
主　席：蔡　杰
副主席：冉隆中、蔡　毅、
　　　　李　骞、胡　彦、
　　　　李　森、朱　曦、
　　　　郑千山、李开义
秘书长：冉隆中（兼）
副秘书长：陈　黎
收藏家协会
主席兼秘书长：林国云
副主席：曾　江
副秘书长：黎权伟
所属各县（市）区文联
东川区文联
主　席：彭玉泰
副主席：朱家寿
秘书长：王　俊
官渡区文联
主　席：顾云顺
常务副主席、秘书长：侯艳萍
副主席：田石菊、马春梅、
　　　　王　刚、王德智、
　　　　鲁　林
盘龙区文联
主　席：喻星源
常务副主席：马天尧
副主席：彭　磊、杨建昆、
　　　　王建中
秘书长：杨建昆（兼）
安宁市文联
主　席：荣国玲
常务副主席：顾建安
秘书长：余松涛
禄劝彝族苗族自治县文联
主　席：吴明泽
副主席：李忠富
秘书长：孙显芳
嵩明县文联
主　席：张　和
副主席：花开明、吴彦宁、
　　　　刘锦仙、陈丽蓉
秘书长：杨秀岚
石林彝族自治县文联
主　席：李福军
常务副主席兼秘书长：徐跃高
副主席：赵一民、张志斌、
　　　　徐燕晴
晋宁县文联
主　席：潘　劲
副主席：杨　鹏、罗家柱、
　　　　杨树勤、肖子建、
　　　　乐爱国
秘书长：罗家柱（兼）
呈贡区文联
主　席：李荣华
副主席：张成金、杨　利
秘书长：赵春俊
五华区文联
主　席：布艳芬
副主席：周晓娟
秘书长：马艳梅
西山区文联
主　席：吴韵梅
秘书长：陶光慧
富民县文联
主　席：陈　浩
常务副主席：段华礼
副主席：张晓明、杨琼仙
宜良县文联
主　席：黄家荣
秘书长：刘　伟
寻甸回族彝族自治县文联
副主席：马成云、余文飞

曲靖市文联

主　席：杨卓成
副主席：陶丽萍
秘书长：蔡　华
地　址：曲靖市文昌街17号
邮　编：655000
所属各区市县文联：
麒麟区文联
主　席：徐文模
副主席：尹　坚
秘书长：陶茂莉
宣威市文联
主　席：吴兴泽
副主席：徐国洲
秘书长：何汝龙
马龙县文联
主　席：杨献忠
副主席：董石玉、陈炳刚
秘书长：王丽君

沾益县文联
主　席：陈官明
富源县文联
主　席：丁荆芳
副主席：张　浩
秘书长：毛秀常
罗平县文联
主　席：何晓坤
秘书长：陶　玲
师宗县文联
主　席：刘　俊
陆良县文联
主　席：钱坤寿
专职副主席：王荣兴
副主席：陈江平
秘书长：韩琨瑶
会泽县文联
主　席：王怀顺
副主席：李永星

玉溪市文联
主　席：武清祖
副主席：王尚宁
秘书长：张保东
地　址：玉溪市红塔区聂耳路48号会堂6楼
邮　编：653100
所属各区县文联：
红塔区文联
主　席：汤亚敏
专职副主席兼秘书长：何建良
江川县文联
主　席：叶自林
副主席：张　曦
秘书长：罗连辉
澄江县文联
主　席：张丽萍
副主席：阮学才
通海县文联
主　席：林启龙
华宁县文联
主　席：吴才龙
秘书长：李俊华
易门县文联
副主席：黄湘辉
峨山彝族自治县文联
主　席：宋绍伟
秘书长：柏　叶
新平彝族傣族自治县文联
主　席：陶贵学
秘书长：任永坤
元江哈尼族彝族傣族自治县文联
主　席：杨　松
秘书长：浦惠珍

保山市文联
主　席：段一平
副主席：毛新安
副主席兼秘书长：赵玲虹
地　址：保山市隆阳区正阳北路256号
邮　编：678000
所属各区县文联：
隆阳区文联
主　席：张炜华
副主席：刘义马
施甸县文联
主　席：杨潞伟
副主席：赵启武、王文荣
腾冲县文联
主　席：卞善斌
副主席：马天菊
龙陵县文联
主　席：尹世贤
副主席兼秘书长：张建芬
昌宁县文联
主　席：杨荟能

昭通市文联
主　席：夏天敏
地　址：昭通市珠泉路175号
邮　编：657000
所属各区县文联：
昭阳区文联
主　席：吕　翼
副主席：彭　静、李文静
秘书长：朱　镛
鲁甸县文联
主　席：丁世新
副主席：云　鹏、曾明沅、戚　鸣
盐津县文联
主　席：蒋显荣
副主席：王嫣霏
秘书长：杨世权
绥江县文联
主　席：马志明
副主席：吴运强
秘书长：郑筱瑾
永善县文联
主　席：陈永明
副主席：杜福全
镇雄县文联
主　席：杨毅波
副主席兼秘书长：尹　马
彝良县文联
主　席：陈衍强
副主席：陈明洪
水富县文联
主　席：季　风
副主席：吴　军

丽江市文联
主　席：王川蓉
党组书记：曹文彬
副主席：李承翰
地　址：丽江市祥和丽城行政中心
邮　编：674100
所属各区县文联：
古城区文联
主　席：李润兰
副主席：李耀煌
秘书长：和文友
永胜县文联
主　席：乐文鹤

华坪县文联
主　席：马　湘
副主席：王化永
秘书长：杜　忠
玉龙纳西族自治县文联
主　席：和学骞
副主席兼秘书长：周文华
宁蒗彝族自治县文联
主　席：卢堡生
副主席兼秘书长：李永天

普洱市文联
主　席：李文秋
副主席：罗洪波、段中庆
地　址：普洱市北部行政中心
邮　编：665000
所属各区文联：
思茅区文联
主　席：熊为斌
秘书长：杨慧明
宁洱哈尼族彝族自治县文联
主　席：徐培春
办公室主任：罗香玲
墨江哈尼族自治县文联
主　席：郭志明
副主席：柴家明
秘书长：柴凤英
景东彝族自治县文联
主　席：周德翰
景谷傣族彝族自治县文联
专职副主席：张　雷
镇沅彝族哈尼族拉祜族自治县文联
主　席：李元东
秘书长：陈月华
江城哈尼族彝族自治县文联
主　席：杨存艳
秘书长：谢东华
孟连傣族拉祜族佤族自治县文联
主　席：曾国德
秘书长：周文生
澜沧拉祜族自治县文联
主　席：陈远琼
西盟佤族自治县文联
主　席：文清风
秘书长：苏　然

临沧市文联
主　席：李德栋
办公室主任：何增华
地　址：临沧市政府大楼内2013号
邮　编：677000
所属区县文联：
临翔区文联
主　席：王玉芹
凤庆县文联
主　席：杨京凤
云县文联
主　席：杨绍聪
永德县文联
主　席：李有旺
镇康县文联
主　席：施文明
耿马县文联
主　席：曾定光
沧源佤族自治县文联
主　席：肖　江
副主席：刘玉红
双江县文联
主　席：吴永达
副主席：陶玉明

德宏傣族景颇族自治州文联
主　席：龚家强
地　址：德宏州芒市勇罕街14－41号
邮　编：678400
所属各市文联：
芒市文联
主　席：杨顺昌
瑞丽市文联
主　席：刘和云
盈江县文联
主　席：管　斌

怒江傈僳族自治州文联
主　席：张建梅
副主席：密英文
秘书长：张新繁
地　址：泸水县六库镇州级行政中心
邮　编：673100
所属各县文联：
泸水县文联
主　席：李　涛
福贡县文联
主　席：普言东
副主席：江晓春
贡山独龙族怒族自治县文联
主　席：施　华
副主席：丰茂军
兰坪白族普米族自治县文联
主　席：和四水

迪庆藏族自治州文联
主　席：李志宏
副主席：张德华
地　址：香格里拉县康珠大道八号州委办公新区
邮　编：674400
所属各县文联：
德钦县文联
主　席：韦国栋
维西傈僳族自治县文联
主　席：赵　毅

大理白族自治州文联
副主席：廖惠群
地　址：大理市下关幸福路11号
邮　编：671000
所属各市县文联：
大理市文联
主　席：何显耀

祥云县文联
主　席：李树华
副主席兼秘书长：李　雪
宾川县文联
主　席：王宝康
弥渡县文联
主　席：白成瑾
永平县文联
主　席：李智红
副主席：杨东红
剑川县文联
主　席：欧阳子龙
副主席：杨映华、张小平
鹤庆县文联
主　席：吴鸿彦
副主席：母红生
漾濞彝族自治县文联
主　席：常建世
巍山彝族回族自治县文联
主　席：罗建新
副主席兼秘书长：徐庆芳

楚雄彝族自治州文联
党组书记：冯梅青
主　席：张林敏
专职副主席：朱明云
副主席：熊望平、李光秀、张　宏、善承卫、邱卫东、张永祥、李学智
地　址：楚雄市阳光大道283号
邮　编：675000
所属各市县文联：
楚雄市文联
主　席：孙庆明
双柏县文联
主　席：苏轼冰
牟定县文联
主　席：柳文跃
南华县文联
主　席：龙　杰
姚安县文联
主　席：饶云华
大姚县文联
主　席：王立新
永仁县文联
主　席：石永祥
元谋县文联
主　席：杨永超
副主席：杨永铭
武定县文联
主　席：左学美
禄丰县文联
主　席：周　润

红河哈尼族彝族自治州文联
主　席：邵瑞义
副主席：徐建徽
地　址：红河州行政中心州委楼A区2楼
邮　编：661100
所属各县市文联：
蒙自市文联
主　席：莫　独
个旧市文联
主　席：余春泽
开远市文联
主　席：杨　媛
副主席：王应生
绿春县文联
主　席：李就华
建水县文联
主　席：武德忠
副主席：刘　萍
石屏县文联
主　席：李一兵
弥勒县文联
主　席：黄光平
副主席：杨敬坤
泸西县文联
主　席：杨　俊
元阳县文联
主　席：白光红
金平苗族瑶族傣族自治县文联
主　席：杨远杰
副主席：徐　阳
河口瑶族自治县文联
主　席：杨向宏
屏边苗族自治县文联
主　席：杨咏翔
红河县文联
主　席：方　萍
副主席：郭志琼

文山壮族苗族自治州文联
主　席：周祖平
副主席：张邦兴、韦　波
地　址：文山州文联
邮　编：663000
所属各县文联：
文山县文联
主　席：何源梅
副主席：谢正勇
砚山县文联
副主席：刘海春
西畴县文联
主　席：苏文林
副主席：杨荣兰
麻栗坡县文联
主　席：龙永禄
副主席兼秘书长：袁　微
马关县文联
主　席：欧阳厚尧
副主席：周英发
秘书长：李美昌
丘北县文联
副主席：刘振冰
广南县文联
副主席：罗有光
富宁县文联
主　席：李若玮
副主席：黎盛根
秘书长：郭　梅

西双版纳傣族自治州文联
主　席：李志明
专职副主席：刀洪勇
副主席：罗云智、
刀正明、
丹　洛、
杨洪雯
秘书长：车智玫
地　址：影洪市宣慰大道67号景咏办公楼
邮　编：666100

西藏自治区

拉萨市文联
主　席：乌斯玛
副主席：李　铭
地　址：拉萨市江苏东路5号
邮　编：850000

那曲地区文联
副主席：塔　杰、索　加
地　址：那曲地区文化广播影视局院内那曲地区文联办
邮　编：852000

昌都地区文联
负责人：张　青
地　址：昌都地委宣传部文联
邮　编：854000
所属各协会：
书美影协会
主　席：春　梅
音舞协会
主　席：帕巴泽仁
文学协会
主　席：张　青
广播电视协会
主　席：李辛儒
民间艺术协会
主　席：泽　吉

林芝地区文联
主　席：朱　峰
副主席：普布多吉、崔晓东、扎西洛布、李小兵、聪　吉
地　址：林芝地委宣传部文联办公室
邮　编：860000

山南地区文联
主　席：普　布
副主席：伍金多吉
地　址：西藏乃东县泽当镇格桑路15号西藏山南地区文化局（新闻出版局、文物局）
邮　编：856100

日喀则地区文联
副主席：扎西顿珠
地　址：日喀则地委宣传部文联办公室
邮　编：857000

阿里地区文联
负责人：李兴国
地　址：阿里地区文化路8号文化局
邮　编：859000

陕　西　省

西安市文联
主　席：贾平凹
副主席：于孝军、吴克敬、陈兆朋、叶广芩
王西京、侯红琴
方　明、石瑞芳
杜爱民
地　址：西安市莲湖路大莲花池街莲湖巷2号
邮　编：710003

所属各区县文联：
长安区文联
主　席：田措施
户县文联
主　席：赵　丰
周至县文联
主　席：倪运鸿
副主席兼秘书长：张兴海
临潼区文联
主　席：康金鸿
碑林区文联
主　席：张德勇

延安市文联
党组书记兼常务副主席：赵　翔
主　席：张永革
地　址:延安市凤凰山麓105号
邮　编：716000
所属各区县文联：

宝塔区文联
主　席：李玉胜
延长县文联
主　席：段君辉
延川县文联
主　席：杨　禄
子长县文联
主　席：任晓辉

安塞县文联
主　席：张治金
副主席：徐晓红
志丹县文联
主　席：王　炜
吴起县文联
主　席：刘宏彦
甘泉县文联
主　席：刘虎林
富县文联
主　席：许春明
宜川县文联
主　席：李梅梅
黄龙县文联
主　席：刘　永
黄陵县文联
主　席：刘　勇
洛川县文联
主　席：吴安民
副主席：屈丽娜

铜川市文联

主　席：张恩忠
常务副主席：毕德科
地　址：铜川新区朝阳路9号
邮　编：727031
所属各区县文联：
王益区文联
主　席：赵军平
印台区文联
主　席：陈有仓
宜君县文联
主　席：仇志鹏

渭南市文联

书　记：王全民
主　席：郑俊海
副主席：雷　东
地　址：渭南市朝阳街东段21号市委大院
邮　编：714000
所属各市县文联：
韩城市文联
主　席：薛福荣
富平县文联
主　席：樊九令

咸阳市文联

主　席：蒙文星
地　址：咸阳市咸通南路16号
邮　编：712000
所属各区市县文联：
秦都区文联
主　席：冯西海
兴平市文联
副主席：郭东社
泾阳县文联
主　席：李　洋
副主席：宋志祥、李　虹
乾县文联
主　席：史向阳
副主席：畅平利
礼泉县文联
主　席：陈　岳
副主席：卢红雁
永寿县文联
副主席：高清水
秘书长：张鹏博
长武县文联
主　席：张永福
副主席：郭和民、郭　燕

宝鸡市文联

主　席：李栋成
副主席：王剑英
党组成员兼办公室主任:冯君礼
地　址:宝鸡市行政中心2号楼
邮　编：721004
所属各县文联：
凤翔县文联
主　席：芮晓枫
副主席：李少宁、曹会侠、李宝文、姚　锐
陇县文联
主　席：时　勇
麟游县文联
主　席：李旭之

汉中市文联

主　席：武妙华
副主席：鲁玉仁、丁小树、马俊惠、苗　政、李汉荣
地　址：汉中市民主街71号汉中市文联
邮　编：723000
所属各区县文联：
汉台区文联
主　席：马俊惠
副主席：熊兆军
秘书长：鹿建社
西乡县文联
主　席：王　旭
镇巴县文联
主　席：刘德寿
宁强县文联
主　席：李三旻
南郑县文联
主　席：路汉旭
城固县文联
主　席：夏义录

榆林市文联

党组书记：徐亚平
主　席：龙　云
副主席：崔建忠、刘区厚
秘书长：张胜伟
地　址：榆林市普惠泉15号

榆林市文联

邮　编：719000

所属县文联：

靖边县文联

主　席：霍竹山

神木县文联

主　席：訾宏亮

榆阳区文联

主　席：刘乐怡

府谷县文联

主　席：李林飞

定边县文联

主　席：牛　夫

横山县文联

主　席：张小兰

米脂县文联

主　席：乔雄波

佳县文联

主　席：任军权

子洲县文联

主　席：张建平

吴堡县文联

主　席：任建英

公安文联

副主席：李庆山

神东矿区文联

秘书长：刘培军

安康市文联

主　席：马昌琪

副主席：罗荣厚、张　虹、李剑平、束文寿、陈天柱

地　址：安康市汉滨区新安中路市商务局8楼

邮　编：725000

所属各区县文联：

汉滨区文联

主　席：罗先余

汉阴县文联

主　席：王　涛

石泉县文联

主　席：张诗文

旬阳县文联：

主　席：吴建华

平利县文联

主　席：姚志学

白河县文联

主　席：孙传泽

商洛市文联

主　席：董发亮

专职副主席兼秘书长：谷崇让

副主席：张中山、李志贤、鱼在洋、田井制、崔学民、胡晋生

副调研员：闵朋利

地　址：商洛市人民路7号市委5楼

邮　编：726000

所属各区县文联：

商州区文联

主　席：王　飞

洛南县文联

主　席：王少民

丹凤县文联

主　席：史宪锋

商南县文联

主　席：姚家明

山阳县文联

主　席：徐文有

镇安县文联

主　席：杨　逍

柞水县文联

主　席：金　江

甘　肃　省

兰州市文联

主　席：魏周弟

副主席：岳逢春、王作宝

地　址：兰州市五泉西路29号

邮　编：730030

所属区县文联：

红古区文联

主　席：史贤尧

永登县文联

负责人：路兴国

嘉峪关市文联

主　席：郭成录

副主席：徐树喜

地　址：嘉峪关市建设西路10号

邮　编：735100

金昌市文联

主　席：苏克俭

党组书记、副主席：郭志为

副主席：华西林、左竹林

秘书长：王全义

地　址：金昌市延安路108号市文联

邮　编：737100

所属文联：

永昌县文联

主　席：张宇锋

副主席：刘峰三、张得智

金化集团公司文联

主　席：朱元德

白银市文联

主　席：高子强

副主席：王统国
副调研员：曾恒泽
地　址：白银市白银区人民路122号
邮　编：730900
所属各区县文联：
白银区文联
主　席：孟令钢
平川区文联
主　席：李翔凌
靖远县文联
主　席：贾汝恒
会宁县文联
主　席：孙　平
副主席兼秘书长：张　昱
景泰县文联
主　席：寇明灿
副主席：王兆瑞

天水市文联

党组书记、主席：王进文
副主席：张映水、杨清汀
地　址：天水市秦州区民主西路18号
邮　编：741000
所属县文联：
秦州区文联
主　席：刘玉璞
甘谷县文联
主　席：张泽中
清水县文联
主　席：麻占成

武威市文联

主　席：曹永建
专职副主席：王玉福
副主席：冯天民、陈　石、李国安
副主席兼秘书长：李学辉
地　址:武威市北关西路34号
邮　编：733000

酒泉市文联

主　席：张使任
副主席：付有祥
秘书长：朱明山
副秘书长：董酒堂
地　址：酒泉市肃州区广场西路市政府综合楼3楼
邮　编：735000
所属各协会：
作家协会
主　席：漆进茂
戏剧家协会
主　席：陈万春
音乐家协会
主　席：徐　胜
美术家协会
主　席：杨雪松
书法家协会
主　席：秦　川
摄影家协会
主　席：朱有仁
舞蹈家协会
主　席：达海延
民间艺术家协会
主　席：吴光林
广播电视艺术家协会
主　席：张　凡
艺术收藏家协会
主　席：段应君
所属各区市县文联：
肃州区文联
常务副主席：李兴华
副主席：张正彬、潘　炬、周彩人
秘书长：潘炬（兼）
玉门市文联
主　席：柴新爱
专职副主席：王新军
敦煌市文联
副主席：朱　铤
金塔县文联
副主席：王发云
瓜州县文联
主　席：高生荣
常务副主席：李旭东
副主席：张掌印（兼）
肃北蒙古族自治县文联
专职副主席：马旭祖
阿克塞哈萨克族自治县文联
常务副主席：马晓伟

张掖市文联

主　席：张成善
副主席：陈　洧、岳西平
地　址：张掖市南环路679号市政府统办2号楼2楼
邮　编：734000
所属各协会：
书法家协会
主　席：王有君
音乐家协会
主　席：郑熙基
摄影家协会
主　席：陈　冈
美术家协会
主　席：巨　潮
作家协会
主　席：岳西平
所属各区县文联：
甘州区文联
副主席：谈振国
民乐县文联
主　席：王振武
副主席：薛石云
临泽县文联
主　席：刘爱国
高台县文联
主　席：葛立才
副主席：蔡　军

山丹县文联
主　席：梁积林
副主席：郭　勇
肃南裕固族自治县文联
主　席：钟联民
副主席：安雪琴

庆阳市文联

主　席：秦应平
副主席：范润龙、郭　云、安文丽、安　石
调研员：郑青斌
地　址：庆阳市西峰区庆州西路1号
邮　编：745000
所属各区县文联：
西峰区文联
主　席：安　石
副主席：卢造池、王天宇
庆城县文联
主　席：樊治林
副主席：王立军
环县文联
主　席：周爱军
副主席：董文瑞、贾继智、薛　亮、张志怀
华池县文联
主　席：折兴发
副主席：徐向钊
合水县文联
主　席：高维德
副主席：吴康军
正宁县文联
党组书记、常务副主席：薛　英
宁县文联
主　席：南仁民
副主席：高自珍
镇原县文联
主　席：杨佩彰
副主席：张占英

平凉市文联

主　席：李世恩
副主席：杨学松
地　址：平凉市文化出版局院内
邮　编：744000
所属各区县文联：
崆峒区文联
主　席：邸广平
泾川县文联
主　席：樊晓敏
灵台县文联
主　席：邵小平
崇信县文联
主　席：章国玺
华亭县文联
秘书长：魏文君
庄浪县文联
主　席：孙志勇
副主席：文春霞
静宁县文联
主　席：李满强

定西市文联

主　席：常　青
副主席：牛　忠、郭建民、刘向东、史彦明、张卫平、田向农、杜建君、周　勇
副秘书长：雷　鸣
地　址：定西市中华路31号
邮　编：743000
所属各县文联：
临洮县文联
主　席：李廷凤
秘书长：乔举平
岷县文联
主　席：贾红喜
渭源县文联
主　席：姬小平
副主席：祁小平、漆　慎

陇西县文联
主　席：张敬元
副主席：刘　军
漳县文联
主　席：张君昌

陇南市文联

主　席：毛树林
副主席：王小静
地　址：陇南市文联
邮　编：746000
所属各区县文联：
武都区文联
主　席：龚成洲
宕昌县文联
主　席：刘　辉
康县文联
主　席：李永康
副主席：田文德
成县文联
主　席：张剑君
文县文联
主　席：刘长江
西和县文联
主　席：张　惠
副主席：王　龙
礼县文联
主　席：陈睿达
两当县文联
主　席：李兴林
徽县文联
主　席：张守成
副主席：荆秀成

临夏回族自治州文联

主　席：韩小平
副主席：马向真、高志俊
秘书长：张晓东
地　址：临夏市新华街州政府统办楼3楼
邮　编：731100

所属各市县文联：

临夏市文联
主　席：周　平
副主席：马贵德、郑小明
秘书长：马凤英

永靖县文联
主　席：王国虎
副主席：黄　华、朱伟东
秘书长：孔云儿

和政县文联
秘书长：张定平

东乡族自治县文联
主　席：马忠华
秘书长：周占云

临夏县文联
主　席：杨如刚

康乐县文联
主　席：刘建宁
副主席：周建刚

广河县文联
主　席：马琴妙
副主席：马晓路、吴正湖

积石山县文联
主　席：马力宁

甘南藏族自治州文联
党组书记、常务副主席：
　　仁青才尕
副主席：李　城
地　址：甘南州合作市腾志街
　　111号甘南州文联
邮　编：747000

玛曲县文联
主　席：秦文忠

青　海　省

西宁市文联
主　席：汪生鯨
副主席：阿朝阳
地　址：西宁市黄河路90号
邮　编：810001

海东地区文联
会　长：张子林
副会长：蔡邦发
秘书长：张　帅（代）
地址：平安县平安大道237号

所属各区县文联：

平安县文联
主　席：沈延昭
专职副主席兼秘书长：王昌雄

乐都县文联
主　席：李明华

民和回族自治县文联
主　席：马晓晨

互助土族自治县文联
主　席：蔡进萍

化隆回族自治县文联
主　席：李成虎

循化撒拉族自治县文联
主　席：贺生杰
常务副主席：马秀芬

海北藏族自治州文联
主　席：车　宏
常务副主席：赵元文（原上草）
地　址：海北藏族自治州农
　　牧科技大楼3楼
邮　编：810200

所属各县文联：

海晏县文联
驻会副主席：杨淑贞

祁连县文联
主　席：张占荣（兼）
副主席：沈　军
驻会副主席兼秘书长：刘维平

刚察县文联
主　席：尕扎西
副主席：鲁海波
秘书长：三　宝

门源回族自治县文联
主　席：马安邦
副主席兼秘书长：石生莲

海南藏族自治州文联
主　席：李爱民
地　址：海南藏族自治州共
　　和县恰卜恰镇团结
　　北路23号
邮　编：813000

所属县文联：

贵德县文联
主　席：才科杰
常务副主席：胡跃岗
秘书长：解世强

黄南藏族自治州文联
主　席：卡则加
副主席：王小平
秘书长：银杰加
地　址：黄南州同仁县隆务
　　镇夏琼中路16号
邮　编：811300

玉树藏族自治州文联
主　席：彭措达哇

海西蒙古族藏族自治州文联
主　席：斯琴夫

副主席：彤子岐、郭占雄
地　址：海西州德令哈市长江路11号
邮　编：871000
所属各市文联：
德令哈市文联
主　席：李鹏龙
格尔木市文联
主　席：贺西京

宁夏回族自治区

银川市文联
主　席：郭文斌
副主席：兰大伟、赵　杰
秘书长：马志恒
地　址：银川市金凤区北京中路166号
邮　编：750011
所属各市县文联：
灵武市文联
主　席：王学江
副主席：俞学保
永宁县文联
主　席：王海涛
副主席：王洪英
贺兰县文联
主　席：郭春杰
副主席：吴惠霞

石嘴山市文联
党组书记：刘　平
主　席：雍进成
副主席：赵和平
地　址：石嘴山市行政中心
邮　编：753000
所属各县文联：
平罗县文联
主　席：岳昌鸿
惠农区文联
主　席：吴　亮

吴忠市文联
主　席：白少鳞
副主席：赵凯升、张月琴
地　址：吴忠市利通区朝阳东街110号
邮　编：751100
所属各市县文联：
青铜峡市文联
主　席：丁洪山
盐池县文联
主　席：白永刚

同心县文联
主　席：马剑龙

固原市文联
主　席：尹文博
副主席：杨风军
秘书长：单永珍
地　址：固原市行政中心
邮　编：756000
所属各区县文联：
原州区文联
主　席：马明君
西吉县文联
主　席：郭　宁
副主席：马学义
隆德县文联
主　席：李志勇
副主席：张来平
彭阳县文联
主　席：杜占山

泾源县文联
主　席：杨德才

中卫市文联
主　席：高国通
副主席：麦振江
地　址：中卫市沙坡头区市行政中心3楼338室
邮　编：755000
所属各县文联：
中宁县文联
主　席：王海荣
海原县文联
主　席：孙　珉

新疆维吾尔自治区

乌鲁木齐市文联
党组书记：刘振东
副主席：陈荣杰、普拉提·艾维祖拉、白　鹰
地　址：乌鲁木齐市新兴街5号楼5楼
邮　编：830092

克拉玛依市文联
党组书记兼副主席：多里坤·吐鲁洪
主　席：赵钧海
副主席：高连成

地　址：克拉玛依市友谊路151号
邮　编：834000

石河子市文联

副主席：付学乾、孙　峰

喀什地区文联

书　记：李华新
主　席：吾布力排孜·喀迪尔
副主席：多力坤·毛拉尤夫、汪永华
办公室主任：艾斯卡尔·木沙
地　址：喀什市解放南路264号
邮　编：844000

所属各市县文联：

莎车县文联

主　席：努尔墩·阿布都赛麦提

巴楚县文联

主　席：麦麦提敏·艾麦提

喀什市文联

主　席：茹军风

阿克苏地区文联

主　席：于洪亚
秘书长：王文林
地　址：阿克苏市南大街45号
邮　编：843000

所属各县文联：

阿瓦提县文联

主　席：方晓林
秘书长：王兆宏

拜城县文联

主　席：张建林
副主席：陈　钊
秘书长：任克良

库车县文联

主　席：艾合买提·克比尔
常务副主席：克尤木·卡德尔

吐鲁番地区文联

党组书记：马　权
主　席：刘新贵
秘书长：刘迎春
地　址：吐鲁番市木纳尔路1268号
邮　编：838000

所属各市县文联：

吐鲁番市文联

副主席：高　瑗

鄯善县文联

主　席：李保民
副主席：蒲玉莲

托克逊县文联

专职干部：徐　赟

哈密地区文联

主　席：谢源湘
副主席：艾海提·依不拉音、林　江、扎克·肉孜、黄适远、周俐娇、韩爱荣
秘书长：艾海提·依不拉音
地　址：哈密地区文联
邮　编：839000

所属市文联：

哈密市文联

主　席：毛长水
副主席：杨　俊、张仁幹、阿不拉·斯地克、唐小龙

克孜勒苏柯尔克孜自治州文联

主　席：吐尔逊·尼亚孜
副主席：莫明·阿不都哈德尔、池　光
秘书长：李　莉
地　址：阿图什市帕米尔路西3院
邮　编：845350

博尔塔拉蒙古自治州文联

主　席：胡　瑛
副主席：熊红久
地　址：博乐市青德里大街199号博州文联
邮　编：833400

昌吉回族自治州文联

主　席：李　明
副主席：陈　平、努而巴哈提
秘书长：徐连宝
地　址：市延安南路69号
邮　编：831100

巴音郭楞蒙古自治州文联

主　席：刘　畅
党组书记：艾仁查拉
副主席：魏陆平、艾执提·孜利西
秘书长：胡凤莲
地　址：库尔勒市巴音东路文化综合楼7楼
邮　编：841000

所属各市县文联：

库尔勒市文联

主　席：李金釜

焉耆回族自治县文联

主　席：克热木江·卡德尔
秘书长：郑世军

尉犁县文联

主　席：张明亮

和静县文联

主　席：杨　超

若羌县文联

主　席：艾山江·阿布都拉

轮台县文联

副主席：李　伟、吐尔逊·尼亚孜、吐尔逊·斯拉木、王奉琦、杨　磊

且末县文联

主　席：周　扬

副主席：齐 森、张沁伟

博湖县文联
主 席：张瑞冰

伊犁哈萨克自治州文联
主 席：巴合提
地 址：市解放南路72号
邮 编：835000

塔城地区文联
党组书记：张东明
主 席：叶鲁拜·阿布里哈森
副主席：张福钰、韩文和、景双梅、许明伟、吴国琛、吾其巴特
秘书长：杨 军
地 址：塔城市光明路商业综合楼
邮 编：834700

阿勒泰地区文联
主 席：阿海·卡德尔汗
副主席兼秘书长：高海滨
地 址：阿勒泰市地区文联
邮 编：836500

新疆生产建设兵团

农一师阿拉尔市文联
主 席：陈克勤
副主席：李沙平
秘书长：冯思思
地 址：阿克苏市
邮 编：843000

农二师文联
师党委常委副政委：梅桂萍
副主席：辜丽香
地 址：库尔勒市人民西路
邮 编：841000

农三师图木舒克市文联
师党委常委副政委：张新辉
主 席：牛志军
常务副主席：谢家贵
秘书长：傅宣辉
地 址：喀什市
邮 编：844000

农四师文联
师党委常委副政委：肖平模
主 席：凌 伟
地 址：伊宁市
邮 编：835000

农五师文联
师党委常委副政委：李全秀
主 席：姜亚群
地 址：博乐市
邮 编：833400

农六师五家渠市文联
师党委常委副政委：姜晓龙
主 席：刘 毅
副主席：李仁彬

农七师文联
师党委常委副政委：景建英
副主席：熊干辉
秘书长：张新荃
地 址：奎屯市
邮 编：833200

农八师石河子市文联
师党委常委副政委：王希科
党组书记：王兴才
副主席：孙 峰、付学乾
地 址：石河子市
邮 编：832000

农九师文联
师党委常委副政委：张爱民
副主席：李志俊
副秘书长兼豫剧团团长：魏 炜
地 址：额敏县
邮 编：834000

农十师文联
师党委常委兼副政委：赵敦阳
主 席：张军旗
地 址：北屯镇
邮 编：836000

建工师文联
师党委常委兼副政委：李再君
主 席：曾其祥
地 址：乌市河滩北路57号
邮 编：830011

农十二师文联
师党委常委兼副政委：徐秀玲
主 席：卢国荣
地 址：乌市北京南路160号
邮 编：830011

农十三师文联
师党委常委兼副政委：张明胜
主 席：王善让
秘书长：勾军海
地 址：哈密市
邮 编：839000

农十四师文联
师党委常委兼副政委：赵春香
副主席：于忠胜
地 址：和田市

邮　编：848000

石河子大学文联

党委副书记：吴新平
名誉主席：王振祥
主　席：刘玉社
副主席：赵士田、董忠厚、王立昌、王怡平
秘书长：李　军
地　址：石河子市
邮　编：830002

塔里木大学文联

主　席：程　军
地　址：阿拉尔市
邮　编：843000

兵团公安局文联

主　席：侯建良
副主席：邹全民、贺劲松、杨力平
秘书长：贺劲松
地　址：乌鲁木齐市光明路19号
邮　编：830002

兵团作家协会

名誉主席：石　河、虞翔鸣
主　席：丰　收
副主席：秦安江、钱明辉、郭晓力、曲　近、程相申
地　址：乌鲁木齐市光明路15号
邮　编：830002

兵团美术家协会

名誉主席：黄戈捷、董振堂、王惠仪
主　席：于云涛
常务副主席：秦建新
副主席：秦建新、刘玉社、段保国、武怀扬、万里明
地　址：石河子市
邮　编：832000

兵团摄影家协会

名誉主席：廖周炎
主　席：郭成云
副主席：闫波成、梁　斌、李春林、王建军、李沙平、赵红岩
地　址：乌鲁木齐市光明路15号
邮　编：830002

兵团书法家协会

名誉主席：赵彦良、王少墨
主　席：孙　峰
副主席：王怡平、周　静、李鲁豫、王涌伟
地　址：乌鲁木齐市光明路15号
邮　编：832000

兵团戏剧家协会

名誉主席：马秀佩
主　席：张爱国
副主席：王　瑛、徐爱华、苟玉莉、韩　晋、任佳花
地　址：乌鲁木齐市光明路15号
邮　编：830002

兵团舞蹈家协会

名誉主席：徐梅花
主　席：蒋　玫
副主席：毛胜瑞、钟兴梅、苏玉荣、张国庆、李向阳
地　址：乌鲁木齐市光明路15号
邮　编：830002

兵团杂技家协会

主　席：申　健
副主席：辛　薇、万　璞、李应龙、冯晓玲
地　址：乌鲁木齐市光明路15号
邮　编：830002

兵团音乐家协会

名誉主席：熊盛华、许鸿谦
主　席：吴　军
副主席：林忠杰、贾　江、李耿瑞、葛少华、陈　磊、徐吉祥、宫积冰
地　址：乌鲁木齐市光明路15号
邮　编：830002

兵团电视艺术家协会

名誉主席：韩天航
主　席：侯友权
副主席：黄土根、刘　岸、史志杰、韩国庆、白新民
地　址：乌鲁木齐市青年路39号
邮　编：830002

兵团诗词楹联家协会

名誉主席：毛乃舜、李书卷、王亚平、星　汉、谭平祥
主　席：王瀚林
副主席：凌朝祥、万栓成、王振祥、梁彤瑾、李英俊、龚青云、纪昌盛、陶大明
地　址：乌鲁木齐市光明路15号

邮　编：830002

兵团民间文艺家协会

主　席：陈　平

副主席：司科新、薛　洁、王永庆、谢家贵、辜丽香、廖肇羽

地　址：乌鲁木齐市光明路15号

邮　编：830002

天雅诗社

社　长：万卫平

副社长：李光武、秦安江、沈　苇、屈　直

地　址：乌鲁木齐市建设路16号

邮　编：830002

索　引

INDEX

汉语拼音索引

A

B

C

D

E

F

J

K

L

M

N

P

S

T

W

X

Y

Z

数字索引

标点符号索引

深圳市文联

2010年，在深圳经济特区建立30周年的历史节点上，围绕市委、市政府的重大决策部署，深圳市文联团结全市广大文艺家、文艺工作者满怀激情、真情，以更高的艺术自觉和审美价值，以多样化的题材和风格，创新艺术形式，广泛开展各项主题突出、特色鲜明、隆重热烈的创作与展示活动，在国际、国家、全市的舞台上呈献文艺精品，充分展现深圳30年来经济、政治、文化、社会建设喜人成就，并对深圳城市精神财富进行了梳理，大力发扬深圳精神，用艺术作品激励广大干部群众再造一个激情燃烧、干事创业的火红年代。这一年，不仅成为深圳进入“而立之年”的标志，也成为深圳文学艺术进入繁荣发展新时期的坐标。

1

2

3

4

5

6

7

8

9

10

1. 3月11日，深圳召开宣传思想工作暨精神文明建设成果表彰大会，市文联获综合类“设计之都”称号、创新类市民文化大讲堂受奖单位；13项文学艺术类作品获“深圳市精神文明建设重大成果”奖。
2. 5月中旬，第六届文博会盛大举行。在这个艺术与市场对接的大平台上，各文艺门类竞相展示，推动文艺精品走上市场，走向世界。
3. 10月9日，中国文联党组书记、副主席胡振民接见了市文联党组书记罗烈杰、主席董小明一行，对“深圳文化周”在京举行表示祝贺，并寄语深圳市文联：勇于探索，再闯新路，再创辉煌。
4. 10月10日，罗烈杰、董小明一行拜访中国作协，与中国作协党组书记、书记处书记李冰等领导进行了交流。

5~6. 在深圳经济特区建立30周年的节点上，深圳文艺界以30年孕育发展的文脉和艺术积淀，以音乐工程、影视工程、文学工程、美术工程、舞台艺术等为平台，各艺术门类精品创作种类繁多，样态丰富。左图为广东省委常委、深圳市委书记王荣，文化部艺术司司长董伟，市委常委、宣传部长王京生等领导出席在关山月美术馆举行的“庆祝深圳经济特区建立30周年美术作品展”开幕式。右图为深圳出品的电视连续剧《命运》海报。

7~9. 在持续有力的策划与坚持中，2010年度，深圳文化艺术品牌活动既有一年一度的“传统”项目，又有最新酝酿出炉的崭新面目。左图为市音协合唱团在11月美国圣路易斯国际合唱节上，一举夺得决赛总冠军、混声合唱A组金奖、宗教S组银奖第一名和观众喜爱奖等4个奖项，为深圳音乐再次赢得荣誉。中图为首届中国诗剧场。右图为深圳“创意12月”系列活动之“第六届深圳创意舞大赛”。

10. 市文联坚持围绕中心工作，主动服务大局、服务百姓、服务文艺家，积极投身各项文化惠民行动，为建设文化强市提供精神动力。

商洛市文联

陕西商洛市地处西部秦岭腹地，全市辖7县（区）248万人，是国务院批准的革命老区和全国18个集中连片的贫困地区之一。商洛文联于1996年成立，是陕西省市级文联成立最晚的一个。作为一个贫困地区的市级文联，坚持“团结、奉献、实干、创新”文联精神，创新工作思路，加强县级文联和协会建设，提升文联“联络、协调、服务”职能，找准文联工作的立足点，抢占文艺服务经济的制高点，打造文艺品牌活动，增强文联整体实力和凝聚力，以改革、创新的精神探索市场经济条件下文联工作的新路子，创出了自己的山泉文艺品牌，使文联工作从“无声”到“有声”，从被动到主动，从“无为”到“有位”，工作经验做法被《陕西日报》、《文化艺术报》等多家媒体刊载，市文联多次被省文联授予先进集体称号，全国基层文联工作座谈会推广交流了市文联工作的经验。

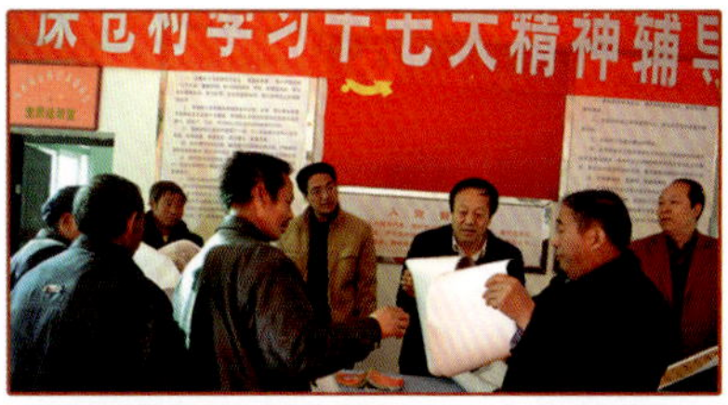

1	2	3
4	5	6
7	8	9
10	11	

1. 在陕西省美术博物馆成功举办“文化绿洲·和谐家园”商洛当代书画摄影展暨商洛作家群成果作展，省委、省人大、省政府、省政协等领导出席开幕式并观展。3万多人参观展出。
2. 坚持开展党建活动，机关党员干部深入丹凤县保仓村慰问党员群众。
3. “送欢乐·下基层”深入厂矿、农村、重大建设工地慰问演出。
4. 市文联坚持每年举办的品牌采风慰问活动，深受广大干部群众欢迎。图为在洛南举办的第15轮“生态文明新商洛”采风慰问演出活动。
5. 商洛市直文艺界情系灾区捐赠慰问灾区群众。
6. 在首都北京成功举办《可爱的商洛》摄影作品展，展出作品164幅。新华社、中央电视台、北京电视台、凤凰卫视、《北京晚报》、《新京报》等20多家媒体采访报道了此次活动。
7. 挖掘地域文化特色，坚持多年打造形成的“山泉”文艺现象已成为山泉文艺品牌。
8. 商洛文联工作经验被全国基层文联工作座谈会推广后，先后有7省14个市来商洛考察学习交流。图为甘肃省天水市委考察团在商洛文联艺术馆参观。
9. 组织摄影艺术家携180多幅“商洛印象”作品赴日本开展文化艺术交流并展出。
10. 市委市政府设立的“山泉文艺创作奖”2011年5月在商洛国际会议中心举行。
11. 商洛文联大型文艺期刊《山泉》。

仙湖春色

秦岭深处

丹江晨歌

印象丹麦

商洛市文联主席

董发亮，陕西省丹凤县人。大学毕业。高级政工师。中国摄影家协会、中国作家协会会员。陕西省文联委员，商洛市摄影家协会主席。全国七次、八次文代会代表，商洛市一届、二届人大代表。现任中共商洛市委宣传部副部长、商洛市文联主席、市作协主席、市人大常委、陕西省摄影家协会副主席。

爱好摄影，自学成才。虽公务繁忙，但不懈追求，文章图片频频见诸报端、影展，并屡屡获奖。曾给胡耀邦、江泽民、吴邦国、温家宝、田纪云、回良玉等党和国家领导人拍过照，多幅摄影作品刊发杂志封面，编入20多种画册，发表40多家报刊。曾出访欧洲，作品在法国欧洲摄影之家展出。2008年7月，作为陕西省摄协赴日本采风团团长，带着《商洛印象》摄影作品率团赴日进行文化艺术交流，并取得成功。其艺术风光照片被国家邮政总局印为邮资明信片。作品在全国影展获奖后在190多个国家和地区巡回展出。主编摄影画册《商洛》、《印象商洛》、《路》等多部。出版个人摄影散文集《丹江潮》、《诗画商洛》、《董发亮风光摄影集》、《董发亮纪实摄影集》等多部。《商山人家》获商洛首届山泉文艺奖特等奖。编导拍摄的电视专题片《税官正气歌》获全国第二届红星奖。散文评论集《山泉》获陕西首届文艺评论奖，序文集《山溪》获2010年影响中国第11届中国时代优秀文学作品特等奖。陕西省首届摄影金像奖获得者。

董发亮摄影作品多源于自然景观和人文景观美的发现，侧重于当代人精神内涵的挖掘和家乡的巨变，作品色彩绚丽，风格质朴，用光自然，构图或开阔宏大，或精灵致秀，有隽永明丽的油画韵味，形成了个人独特的山地摄影艺术风格。自1983年在《电影普及》发表处女作以来，已先后在国内外50多家报刊发表各类图片千幅，有70多幅分别获奖，个人连续多年被评为陕西省文联系统先进个人，被授予陕西省“德艺双馨”优秀会员，被评为和谐中国“德艺双馨”优秀作家艺术家。个人艺术成就入编《世界优秀专家人才名典》、《世界艺术家名录》。

文艺周—炕头石狮展

文艺周—送欢乐、下基层

榆林市文联

本土艺术的盛宴

——榆林文联举办“首届榆林文艺周”

2010年5月21日至26日，在中共榆林市委的高度重视和直接领导下，由市委宣传部、市文联主办，市作协、音协、剧协、舞协、美协、书协、民协、摄协8个文艺家协会具体承办，全市30多个相关部门、单位参与协办的“首届榆林文艺周”，在榆林成功举行。这是“书香榆林”建设的一项重大举措；是历年来市委宣传部、市文联联合举办的规模最大、规格最高、最具影响力的一次大型文化活动。据不完全统计，有近千名文艺工作者参与活动，到现场观看演出、展览等各项活动的干部群众达十数万之众。

“首届榆林文艺周”包括15项活动。这些活动门类齐全、接踵上演、异彩纷呈、洋洋大观。文艺周开幕式暨“百花争艳”大型主题晚会，有近万人观看，整台演出美轮美奂。文艺名家走进榆林学术报告活动，特邀中国书法家协会顾问、著名书法家钟明善教授为800名听众做了题为《中国传统文化与书法》的学术报告。以“展示县级文艺，促进共同繁荣”为目的的神木晋剧折子戏、府谷二人台、靖边大型现代戏《陕北婆姨》三个专场，展现了全市县级文艺团队坚守阵地、服务人民、与时并进、创新发展的崭新风貌。“陕西省第三届小戏小品大赛榆林赛区府州杯赛”是一项高规格的赛事，省剧协作为大赛的主办单位，全程指导了这项大赛，一大批优秀作品脱颖而出。“榆林记忆·王健经典摄影作品展”吸引数万人驻足观看，是一个具有轰动效应的展览。“榆林书法精英展”，以“汇报”的形式出现，集中展出了25位榆林本土书法作者的最新作品，宣示了榆林书法的学术指向，确立了榆林书法新标杆。“榆林美术写生创作展”立足本土，画家们以不同的方式、不同的视角，观察生活、关注这块土地的前途和命运。陕北“炕头石狮珍品展”和“榆林剪纸精品展”，展出石狮珍品120件、各个流派剪纸作品300多幅。这两个展览是文艺周15项活动中最为古老、具有丰富文化信息和最值得研究的项目。“全国摄影名家与本土摄影家聚焦榆林作品展”是一个高规格的展览，全国摄影大家刘雷、王文澜、贺延光、谢海龙、惠怀杰等与本土摄影家同台献艺，多层次、多角度、多视角地展示榆林的新姿与风貌。首届“金狮杯”器乐大赛，发现并推出了一批具有高水准音乐素质和优秀器乐演奏才能的音乐人才。“送欢乐、下基层”慰问活动在神木、府谷等地进行，60多位各艺术门类的文艺工作者，在企业和乡村举行了两场慰问演出，向基层群众赠送书画摄影作品100多件。“送欢乐、下基层”慰问活动，在文艺之“用”上体现价值，在文艺为“谁”上积极作为。“缤纷五月”文艺周闭幕音乐晚会，以高雅为追求，对本土音乐作品进行重新包装。整台晚会本土、高雅、现代元素巧妙融合，展示了榆林学院艺术教学的理念和成果。

1. 文艺周—美术展。
2. 文艺周—摄影展。
3. 文艺周—学术报告会。
4. 文艺周—开幕晚会。
5. 文艺周—胡志强市长授旗。
6. 文艺周—陕北婆姨剧照。
7. 文艺周—开幕晚会水鼓舞。

第五届中国民间工艺品博览会

双面绣

2010年8月26日至30日，由中国文联、中国民协主办，山东省文联、烟台市人民政府承办的博览艺术珍品，聚集文坛群英的第五届中国民间工艺品博览会在烟台国际博览中心举行。中国文联党组副书记、副主席李牧，中国民间文艺家协会党组书记、副主席罗杨，中国民协秘书长向云驹，山东省文联主席潘鲁生、副主席杨枫，烟台市人民政府市长张江汀、常务副市长郝德军等领导同志出席开幕式并讲话。

第五届中国民间工艺品博览会以“传承、交流、合作、发展” 为主题，在开展民间工艺品展览展销的同时，安排组织了“当代中国民间艺术发展研讨会”，“第十届‘山花奖’评选”，“当代中国民间工艺品精品和名家大师推介”，“烟台神韵艺术表演”，“第五届中国民间工艺品博览会‘金银铜奖、优秀奖、最佳优秀组织奖、展台奖’评选”活动等。

本届工艺品博览会共有国际标准展台1012个，参展范围涵盖了31个省区市，并有越南、俄罗斯、缅甸、阿富汗、巴基斯坦、韩国等国家参加；参会代表9000余人，有中国工艺美术大师26位，省级工艺美术大师146位，各类民间艺术传承人320余位；展会历时5天，参观人数32.5万人次，除烟台市民外，山东其他城市以及北京、上海、南京、杭州、大连等城市的市民也来参观展会；展会现场交易额1.9亿元。

中国民间工艺品博览会被中国会展联盟评为“新世纪十年中国会展品牌50强”。

领导参观。

第五届中国民间工艺品博览会开幕式。

中国民间工艺发展研讨会。

泥塑童趣。

胶东剪纸《花开花落》。

景德镇陶瓷艺术。

栖霞鸵鸟蛋雕刻。

九龙戏珠。

烟台绒秀

供稿单位：烟台市文联

宁夏石嘴山市文联

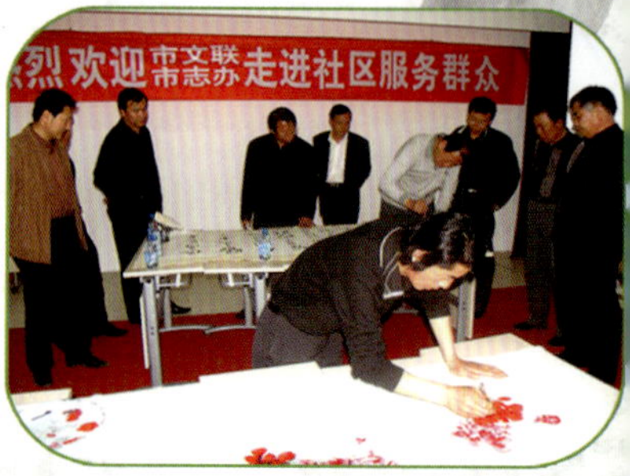

宁夏石嘴山市文学艺术界联合会(简称宁夏石嘴山市文联)是中共石嘴山市委和市人民政府领导下的群众文艺团体。于1982年2月，召开首次石嘴山市文学艺术界代表大会，历时四届。2002年6月，召开第四次代表大会，选举产生了第四届委员会，马林当选为主席，高玉虎、雍进成、朱建设(不驻会)、倪士华(不驻会)、邱新荣(不驻会)、陈勇(不驻会)、齐宝库(不驻会)当选为副主席，雍进成兼任秘书长。2006年4，月召开四届四次全委会，补选赵和平为副主席，兼任秘书长。2009年4月，任命刘平为党组书记；召开四届六次全委会，选举雍进成为文联主席。石嘴山市文学艺术界联合会共有9个团体会员组成，分别是：石嘴山市作协、石嘴山市美协、石嘴山市书协、石嘴山市摄协、石嘴山市音协、石嘴山市剧视协、石嘴山市舞协、石嘴山市民协、西部编剧协会。基层团体会员有平罗县文联、惠农区文联。文联机关下设办公室、组织联络部，主办机关文学期刊《贺兰山》，主管石嘴山书画院。

石嘴山市文联自成立以来，在市委和市人民政府领导下，充分发挥联络、协调、服务职能，以繁荣发展石嘴山市文学艺术事业、出精品、出人才为宗旨，团结、联络、协调各文艺家协会和全市广大文艺工作者为繁荣文化事业而发奋工作。认真学习贯彻邓小平理论、“三个代表”重要思想和科学发展观，坚持文艺“为人民服务”、“为社会主义服务”的方向，贯彻“百花齐放、百家争鸣”的方针，坚持“三贴近”原则，努力工作，开拓创新。不断探索文艺发展新方法、新途径，开展了大量卓有成效的文学艺术活动，创作出许多优秀作品，有的作品在国家级评奖中获金奖、银奖、铜奖；有的在省级评奖中获奖。随着作品的不断问世，文艺人才脱颖而出，文艺队伍不断壮大。现有会员800人，其中国家级会员11人，自治区级会员201人。

石嘴山市美术家协会副主席马宏伟作品。

宁夏石嘴山市文联主席雍进成作品。

石嘴山市美协副主席李卫宁作品。

石嘴山市美协副主席杨自平作品。

宁夏石嘴山市美协副主席何占福作品。

新疆克拉玛依市克拉玛依区文联

2008年7月23日，克拉玛依区文学艺术界联合会（以下简称区文联）批准成立，市编委核定编制5名（主席1名、副主席1名、综合干事1名、组织联络员2名），实有在编人员4人。2008年12月13日至2009年7月31日，相继成立了区书法美术、戏曲、民间艺术、文学、音乐舞蹈、摄影六大文艺协会，2009年11月12日至13日，召开克拉玛依区文学艺术界联合会第一次代表大会，出席会议代表128人，特邀代表15人，列席代表17人。会议通过了文学艺术界联合会《章程》，选举产生了区文学艺术界联合会第一届委员会委员33人。召开了区文学艺术界联合会一届一次全委会，选举产生常务委员会委员19人，张永兴当选主席，张红军、李伯霖、潘宏星当选副主席，潘宏星兼秘书长。六大文艺协会共有会员412人。其中国家级会员9人，自治区（省部）级会员42人，市级会员20人。文联机关设有综合办公室、组织联络部、创作编辑部。

1. 克拉玛依区书法、美术、摄影艺术协会第一届会员代表大会。
2. 克拉玛依区文联第一次代表大会。
3. 克拉玛依区民协第一届会员代表大会。
4. 本土英华——本土文学艺术家作品品评会。
5. 中国舞协克拉玛依区舞蹈培训基地授牌仪式。
6. 原创文化艺术品暨民间艺术收藏品交流展览活动。
7. 克拉玛依第二届本土书画大赛优秀作品集首发式 。
8. 克拉玛依区第二期文艺普及书法美术培训班 。

化隆县文联

李成虎，笔名：程宏、土豆等，1960年生，1980年青海省财经学校毕业，2000年代就读于鲁迅文学院第三届中青年作家高级研讨班，现为研究生学历。系中国作家协会会员，青海省文联委员，青海省作协副主席，青海省散文报告文学学会副会长，青海省花儿研究会常务理事，县政协常委，县文联主席兼作协主席，《荒原春》文学双月刊杂志主编。从1987年起，在《经济日报》、《经济管理》等报刊杂志发表财经类文章百余篇，曾荣获过《经济日报》和“中国财政杠杆理论研究会”联合颁发的“改革开放以来的经济学文章”等多项省级及国家级奖励。1990年起开始文学创作，文章散见于省内外重点刊物。先后出版中短篇小说集《精神栖居的家园》，散文集《遗忘在田间的犁铧》，长篇报告文学《嗨！化隆人》，长篇小说《花儿！为什么这样红》，长篇散文随笔《化隆行旅》、《敞开着的窗户》。合编爱家乡爱青海系列教材《可爱的乐都》等中小学教材5本。另外，诗歌、摄影、文学评论等作品散见于各类报刊杂志。曾获中国《税务报》文学征文奖，青海省河湟文学奖，青海省第二届青年文学奖，首届《青海湖》年度文学奖，青海省人民政府第五届、第六届文学艺术创作奖等等。

目前，正在修改并拟出版长篇小说《财政人辞典》、文学评论集《凝望上帝的天空》、文学随笔《荒原碎笔》、中短篇小说集《桃花雪》、长篇报告文学《传灯：一碗牛肉拉面撑起一个世界》等等。

创作的座右铭是：“但写真情与实境，管他湮没与流传。”

李成虎

化隆县文学艺术界联合会第五次委员会议。

“关公杯”“万篇作文颂祖国”青少年作文大赛表彰。

化隆县颁奖暨《荒原春》文学杂志论坛。

文艺评奖表彰暨美术书法摄影展开幕式。

纪念中国共产党90周年县老年书画作品首展。

2011年与省作协主席梅卓在俄罗斯。

李敬泽与我们在鲁院。

与胡学文、徐迅在庐山。

参加广场文艺演出活动。

在井岗山。

纪念汶川大地震诗歌朗诵会

吴江市文联

吴江市文联成立于1984年7月10日。吴江市文联作为党的桥梁纽带，恪守“服务、联络、协调、指导”职能，近年来，推出了“文化扶持”、“文化服务”、“文化展示”、“文化培植”四大工程，成果显著：会员们的作品分别获得全国级文艺奖项和省级奖项，还在各类省级文艺刊物上发表许多作品，并出版了大量文艺专著及画册，同时，吴江还建立了人民文学创作和培训基地、《文学报》全国作家创作基地、江苏省青少年书画考级培训基地、苏州作家协会、戏剧家协会创作基地等，吴江市文联曾被评为江苏省、苏州市先进文联。

吴江市文联注重弘扬地域文化，近两年抓住重点，发动各相关协会，推出了一系列文艺产品。

一、编撰地方人文图书。吴江文联把编撰地文人文图书作为工作的重点内容之一，组织编撰了《吴江妇女史话》、《吴江古村落寻访》、《顾野王》、《庞山湖史话》、《悠游吴江》，参与编撰了《吴江名人录》、《南社百杰》、《同里时光》、《水韵吴江》、《横扇风华》等。

二、整理历史戏剧资料。着力挖掘保护吴江戏曲资料，在前几年整理出版了鲈乡戏剧丛书的基础上，2010年，又策划拍摄吴江解放以后吴江戏剧的获奖作品，如以前的锡剧《三请樊梨花》、《大年夜》，越剧《打金枝》、《沙漠王子》及以近年的锡剧《老乡》和苏剧《相女婿》和木偶昆曲。

三、收集民间文化遗产。吴江文联组织力量与宣传部、文广局、同里镇编辑出版了《中国同里宣卷集》，文联组织人员深入演出现场，采录整理宣卷这非物质文化遗产，编成了文稿。

四、推出本土书画作品。先后组织了书法协会会员书写了吴江旅游和新农村建设的书法作品，并举办了新农村书法作品展览等；组织美术协会会员创作反映吴江历史和现状和有关吴江太阳湖的美术作品。

五、建设中华诗词之乡。2009年是南社成立100周年，吴江成功创建了全国“诗词之乡”。市文联组织编辑了《吴江吟》、《放歌新农村》、《南社诗人与吴江》、《汾湖诗钞》等宣传吴江的诗集及12位吴江当代诗人的作品集。

六、组织吴江文学研讨。每年举办吴江文学研讨会。2008年，举办了沈璟与昆曲吴江派学术研讨会，来自全国各地的昆曲研究者参加了会议，编辑出版了研讨会论议集。2009年，举办了纪念叶绍袁诞辰420周年暨首届吴江文学研讨会，来自全国各地的午梦堂研究者参加了会议；2010年，举办了纪念费孝通诞辰100周年研讨会。

举办吴江文学研讨会。

吴江书画家赴法国交流活动。

人民文学同里创作培训基地揭牌。

中华诗词学会副会长晨崧为中华诗词之乡吴江市授牌。

纪念费孝通诞辰100周年全国书法名家邀请赛开幕式。

吴江籍著名昆曲表演艺术家蔡正仁、王芳演出。

山西运城文联

1. 运城市第一届文代会。
2. 全省楹联座谈会在运城召开。
3. 举办廉政书画展览。
4. 召开先进基层文联表彰会。
5. 文代会。
6. 黄河金三角百名作家采风。
7. 文艺家采风。
8. 艺术家献艺。

新疆兵团农一师文联

新疆生产建设兵团农一师是一支有着光荣革命历史传统的老部队，她的前身是驰名中外的三五九旅。王震将军诗作“生在井冈山，长在南泥湾，转战数万里，屯垦在天山”就是农一师光荣历史的真实写照。

农一师文联作为这支老部队的一员已走过19年的历程。现有在编住会人员3人，下有作协、美协、书协、摄协 、音舞协会、广播电视艺术家协会、民间文艺家协会等7个协会,个人会员总数260余人，并有基层团体会员4个。

文联干部：(左起)冯思思，主席：陈克勤，副主席：李沙平。

农一师文联主席陈克勤给青干班学员做书法讲座 。

农一师文联召开陈红泼诗选《青春留痕》作品研讨会。

农一师文联利用“中国书法日”开展第四届迎新年送春联活动。

农一师文联举办“迎春茶话会”。

农一师文联举办的书画作品联展。

毕节地区文学艺术界联合会

毕节地区文联成立于1988年，内设办公室、联络部两个科室及下属事业单位《高原》编辑部，下辖作家、书法家、美术家、音乐家、摄影家、舞蹈家、曲艺家、电视艺术家、电影艺术家、根艺奇石艺术家等10个文艺家协会，共有会员1200多人，其中：省级会员350多人，国家级会员40多人。现任领导班子成员为：主席罗建明，副主席禄琴、姜咏梅。

2010年，毕节地区文联紧紧围绕毕节试验区“三大主题”，团结动员各协会会员和广大文艺工作者，围绕中心、服务大局，面向基层、服务群众，为繁荣发展毕节地区文艺事业、构建和谐毕节做出积极努力。一是会同有关单位开展毕节地区“青春建功新农村、携手共建新家园”暨远程教育助推“五园”新村建设巡回培训活动及春节系列活动、“三下乡”活动、“靓丽家园”毕节地区生态家园摄影作品展、“我与文明交通”摄影作品巡展等活动，积极服务党委政府中心工作。二是结合实际开展丰富多彩的文艺活动。承办《中国摄影报》、贵州摄协、佳能（中国）有限公司共同主办的中国摄影界“岁末西南大拜年”贵州影友联谊会（毕节站）、贵州省文学院签约作家赴毕节采风等活动，组织举办“我心中的百里杜鹃”文艺采风、2010年“毕节地区‘多彩贵州’音乐作品创作比赛”，“第二届临帖书法大赛”等活动。三是积极推动精品力作创作。出版反映红二、六军团在黔西北革命活动的长篇小说《乌蒙磅礴》（原名《磅礴乌蒙》）、历史小说《国之宝桢》、书法作品集《书艺》、散文集《捧书入眠》、诗集《黑暗中的手语》等10多部大型文艺作品。组织原生态苗族芦笙舞《给拖裹》参加第八届中国民间艺术节暨第九届山西（大同）云冈文化艺术节，获得表演金奖，并荣膺中国民间文艺最高奖“山花奖”。7人次作品入选国家级展会，12人次获得省部级以上赛事一等奖。

1 2 3
4 5 6
7 8

1．中共毕节地委书记秦如培（前排右五）接见赴毕节采风省内书画艺术家合影。

2．现任领导班子：罗建明主席（前排右），禄琴副主席（第二排左）、姜咏梅副主席（第二排右）。

3．历史题材小说《磅礴乌蒙》（现名《乌蒙磅礴》）出版讨论会。

4．全省舞蹈创作研讨大会合影。

5．2010年毕节地区书法大赛作品展。

6．中国摄协影友联谊会毕节活动合影。

7．2010年《彝族文学报》编务会。

8．2010年迎春文艺晚会。

三河市文联

三河市文联成立于 1990 年 6 月，是全国第一家成立的县级文联。三河市文联是在中共三河市委领导下，由全市各文学艺术家协会、学会、研究会和文艺社团联合组成的专业性人民团体；是党和政府联系文艺界、文艺家联系社会走向市场的桥梁和纽带；是市委、市政府发展繁荣文学艺术事业的参谋和助手；是繁荣社会主义文艺、发展先进文化、建设社会主义和谐社会的重要力量。

1. 三河市两届文联主席合影——刘树滋与浩然（1996 年 5 月）。
2. 2011 年 2 月 20 日，纪念著名作家浩然逝世 3 周年座谈会现场。
3. 2008 年 10 月 11 日，2008 美丽燕郊世界名模大赛总决赛暨颁奖晚会在燕郊开发区隆重举行。
4. 为做好三河文化与北京的对接，加强京冀两地文化交流与合作，普及写作知识，培养写作人才，推进京东地区写作学研究和教学的发展，于 2011 年 1 月 16 日成立了北京市写作学会京东分会。
5. 2010 年 9 月 30 日，聘请唐山京剧团在燕郊影剧院举行了革命现代京剧《红灯记》专场演出。

青海省海西蒙古族藏族自治州文学艺术界联合会

全国“柴达木杯”诗歌征文大赛颁奖大会在青海省海西州德令哈市召开。著名诗人、中国作协《诗刊》编审周所同先生在会上讲话。

出席全国“柴达木杯”诗歌征文大赛颁奖大会的少数民族诗人及文学爱好者。

“百名艺术家激情穿越柴达木”采风活动在青海省海西州德令哈市举行。著名作家、北京市作协副主席张承志先生与德令哈地区文学爱好者座谈。

全国第二届“岗尖梅朵”文学颁奖典礼在青海省西宁市举行。海西州领导与部分作家、诗人合影。

海西州文联成立于1980年，下辖州民族文学杂志社、州作协、州摄协、州音舞协、州书协、州美协等事业单位及社团组织。党组、党支部、工会、妇联等组织机构健全。海西州文联是全国30个民族自治州文联中办刊数量和文种最多的基层文联之一。主办的文学刊物是：蒙文季刊《花的柴达木》、藏文季刊《岗尖梅朵》、汉文双月刊《意林文汇》和汉文季刊《柴达木》，且除了汉文内刊《柴达木》是内部发行刊物外，其他三种刊物均是取得全国公开发行刊号的文学期刊。

2010年，海西州文联以党的十七大精神为指导，深入开展创先争优活动，带领海西州广大文艺工作者，坚持“二为”方向、“双百”方针和“三贴近”原则，在中共海西委、海西州人民政府的领导下，坚持高举旗帜、围绕大局、服务人民、改革创新，在文艺创作、文艺活动、队伍建设、机关建设和工作创新等方面，取得了可喜的成绩，圆满地完成了年初制定的工作目标。

海西州文联编辑出版的《瀚海丛书》（蒙文一卷，藏文一卷，汉文四卷）。

海西州文联主办的四种文学刊物：蒙文季刊《花的柴达木》、藏文季刊《岗尖梅朵》、汉文双月刊《意林文汇》及季刊《柴达木》。

海西州文联举办《意林文汇》改版座谈会暨海西州作家协会采风活动。

张家港市文学艺术界联合会

张家港市文学艺术界联合会（以下简称张家港市文联），成立于1984年8月。目前，张家港市文联下辖艺指委、书法家协会、作家协会、美术家协会、摄影家协会、音乐家协会、民间文艺家协会、影视家协会、戏曲工作者协会、舞蹈工作者协会、国标舞工作者协会、书画研究会12个团体会员，有个人会员近700名，其中.江苏省级会员100多名，国家级会员35名，成立了塘桥、金港、锦丰3家乡镇文联，张家港市书画院为下属事业单位，有事业编制6个。

自成立以来，张家港市文联大力履行职能，围绕中心工作，搞好宣传服务，开展各类文化活动不下千次。尤其是从2004年开始，连续7年参与中国（张家港）长江文化艺术节，主动与中国书协、中国美协、中国音协、中国摄协、中国作协、中国曲协对接，承办了“写”长江、“画”长江、“唱”长江、“拍”长江、“赞”长江、“说长江”等主题活动，为弘扬优秀长江文化、增强城市文化底蕴作出了积极贡献。同时，张家港市文联一直致力于挖掘和弘扬本土文化，流传在境内的河阳山歌，有千年历史，曾被中国文联原主席周巍峙赞誉为“不仅是张家港、江苏省的，也是中国的财富”，2006年，在市委宣传部的指导下，编纂出版了《中国·河阳山歌集》，张家港市因抢救非物质文化遗产所做的巨大努力，获得“吴歌之乡”荣誉。随后，《中国·河阳宝卷集》、《张家港历史文化丛书》、《沙上春秋》等一批富有鲜明地域特色的文化丛书陆续出版发行。

在2010中国（张家港）长江文化艺术节盛大举行期间，张家港市文联成功承办了“长江颂”全国曲艺作品征集大赛、第三届全国扇面书法艺术精品展、《张家港发展丛书》《暨阳历史文化丛书》《张家港历史风俗图说》首发仪式、“长江杯”江苏文学评论奖颁奖典礼4项文化活动，影响深远。尤其值得一提的是，由于深厚的书法传统、繁荣发展的当代书法事业，张家港市今年5月成功创建“中国书法之乡”，并于11月2日举行授牌仪式，在同类城市中名列前茅。

近年来，全市文艺创作成果突出，在国家级大赛、展事中入展（选）、获奖近50人次，全国“五个一工程”奖、兰亭奖、群星奖屡有斩获。

张家港市文联的工作业绩得到各级领导的认可，曾3次出席中国文联基层工作经验交流会议并交流发言，4次获江苏省“先进文联”称号，6次获苏州市“先进文联”称号，连续11年被评为张家港市“文明机关”。

1. 《张家港发展丛书》等3套丛书首发式
2. 金秋歌会
3. 锦丰镇文联成立揭牌
4. “长江杯”江苏文学评论奖颁奖典礼
5. 2010中国（张家港）长江文化艺术节新闻发布会暨曲艺作品征集活动颁奖典礼
6. 张家港市荣获“中国书法之乡”荣誉

湖南芷江侗族自治县文联

“十一五”期间，特别是2010年以来，在中国文联和省、市文联及芷江县委、县政府的正确领导关怀下，芷江文联团结广大文艺工作者，以科学发展观为统领，认真贯彻党的文艺方针政策，立足县情、务实创新，打造精品、强化建设，创先争优、锐意进取，积极服务党委、政府工作大局，文化活动有声有色，创作欣欣向荣，开创文艺丰富人民群众精神生活，助力旅游发展和富民强县新局面，文联工作跃上新台阶。连续5年获全市、全县先进，2010年荣获全省先进县文联殊荣。

2009年5月，举办中国作家看芷江活动。省作协主席唐浩明（左八）、怀化市文联主席李绵珂（左九）与作家们合影。

1.2011年5月30日，芷江县委书记曾佑光（右三）、县长吴飚（右二）、县人大主任唐成云（右一）、县政协主席李毅（右五）等领导，在芷江民族广场庆祝建党90周年大型歌咏晚会上唱红歌。

2.2010年9月30日至10月8日，第四届中国芷江·国际和平文化节书画艺术联展在芷江民族广场举行。市文联副主席李跃明，芷江县委常委、宣传部长唐海军，副县长杨秀和，县政协副主席曹东方，市文联委员、县文联主席张远建，县委宣传部副部长杨建平等领导与省市书画家合影。

3.2010年9月7日，第四届中国芷江·国际和平文化节开幕式。

4.2011年7月，芷江文联组织会员赴碧涌镇采风合影。

5.2010年12月30日，芷江文联四次全委扩大会议在芷江宾馆胜利召开。

6.2011年2月4日，湖南芷江“五下乡”活动剪影。

7.芷江文联连续5年获省、市先进单位等多项殊荣。

黑龙江省龙江剧院

龙江剧院是黑龙江省打造地方品牌艺术、传播先进文化的省直重要文艺团体。剧种以粗犷豪放、火爆热烈、载歌载舞、风趣幽默的浓郁黑土神韵为艺术风格。剧种领军人白淑贤领衔主演的精品艺术三部曲——《荒唐宝玉》、《双锁山》、《木兰传奇》及新人新作《梁红玉》，曾获两届“文华大奖”，三届全国“五个一工程奖”；白淑贤曾获两届“文华奖”、两度“梅花奖”和上海“白玉兰奖”，均荣登榜首；《鲜儿》获第11届中国戏剧节优秀剧目、导演、表演3个一等奖，入围了“2009~2010年度国家舞台艺术精品工程”30台剧目。目前，剧院的综艺演出和折子戏专场演出频繁走出国门、承办高规格的大型晚会，为传播中华民族文化作出了积极的贡献。

在第二届中国戏剧节上获“优秀剧目”奖的龙江剧《双锁山》剧照。图为白淑贤饰演的刘金定

2004年获全国舞台精品工程提名奖的精品版《木兰传奇》剧照，图为白淑贤饰演的花木兰

1991年，获全国“文华大奖”的龙江剧精品三部曲之一《荒唐宝玉》剧照。主演白淑贤获“文华奖”、“梅花奖”、上海“白玉兰奖”三项大奖榜首殊荣

1. 龙江剧《岳云借马》剧照。
2. 数字电影版《木兰传奇》剧照。图为白淑贤扮演的花木兰。
3. 白淑贤率接班梯队表演龙江剧《艺坛接力圣火传》。
4. 大型综艺晚会中的节目龙江剧《昭君出塞》剧照
5. 龙江剧《孙猴借宝》剧照。
6. 在第十一届中国戏剧节上获“优秀剧目奖、优秀导演奖、优秀表演奖”、入围全国30台精品剧目的大型龙江剧《鲜儿》剧照。图为李雪飞扮演的鲜儿和高运来扮演的朱传武。

武汉爱乐乐团
WUHAN PHILHARMONIC ORCHESTRA

武汉爱乐乐团（武汉乐团）创建于1993年（2009年11月正式更名，成为琴台音乐厅的驻厅乐团），是武汉市人民政府批准成立的专业乐团。

武汉爱乐乐团置身于一座山水环绕的历史文化名城。白云黄鹤的美丽传说，装点着这座城市的浪漫与飘逸；而高山流水的琴台佳话，更是将一份“知音善乐”的风雅注入了这座城市的血脉。从此，武汉与音乐便有了一种无法疏远的亲近，一种心有灵犀的天缘。

10多年来，武汉爱乐乐团与国内外指挥家、演奏家合作演奏了大量的交响乐作品、室内乐作品、歌剧序曲、芭蕾舞曲及合唱音乐，深受社会各界的广泛关注和赞誉，并独树一帜地推出了以大中小学生为主要观赏群体的月末、周末音乐会，为培养高雅艺术市场，推进城市文明进程做出了卓有成效的努力。

武汉爱乐乐团在注重开拓本地区音乐市场的同时，还积极开展与国外交响乐团之间的交流与合作，先后与德国杜伊斯堡爱乐乐团、美国南加州爱乐乐团开展了音乐家互访活动，特别是与德国杜伊斯堡爱乐乐团从2000年至今一直保持着每年音乐家之间的互访活动。2004年,赴日本大分市演出；2009年10月,作为唯一的中国乐团赴日本东京参加第八届“亚洲交响乐周”，取得圆满成功，并受到日本同行的高度评价及日本媒体的高度关注。

着眼于实力提升的武汉爱乐乐团于2003年聘请了新加坡籍指挥家刘鹏先生出任武汉爱乐乐团首任音乐总监。在他的策划下，首次推出了“音乐季”这种职业乐团的运作模式，音乐季有来自德国、波兰、美国、加拿大、日本等国的音乐家加盟，他们与武汉爱乐乐团的音乐家们共同演奏了各个不同时期、不同风格的经典作品，为城市异彩纷呈的文化生活又平添了一道靓丽的风景。

新加坡籍大提琴家、指挥家刘鹏先生于2003年12月受武汉市文化局之邀正式加盟武汉乐团，成为武汉乐团首任音乐总监。刘担任音乐总监第一年便创立了武汉乐团第一个音乐季，并于2004年首度率团出访日本，反映热烈，演出获得日本媒体的高度评价。由此将乐团带进了一个全新的高度。

刘曾是新加坡日本人协会乐团首席指挥，并受邀指挥塞浦路斯国家乐团、波兰Zabrze爱乐乐团、日本大分交响乐团、德国杜伊斯堡爱乐乐团、四川交响乐团等，合作的艺术家来自欧洲、美洲、亚洲各国，2005年开始和日本梶本音乐事务所合作。

2007年夏季，刘获全奖资助受邀参加了在捷克Zlin的国际指挥研究班，并有机会指挥了Bohuslav Martinu爱乐乐团，在研究班期间受教于指挥家Rice大学指挥教授Larry Rachleff。

刘在任职期间参与了和德国杜伊斯堡爱乐乐团、日本大分交响乐团的音乐家交流计划，并成功指挥了武汉乐团与德国杜伊斯堡爱乐乐团、日本大分交响乐团的联合音乐会，受到政府及舆论界的高度赞扬，促进了武汉乐团的对外交流活动。

刘曾获新加坡2001年全国青年艺术节金奖、新加坡日本人协会颁发的杰出音乐贡献奖，2005年被武汉市文化局授予文化特别贡献奖，2006年被湖北省授予编钟奖，是政府奖励十位为湖北省经济文化作出贡献的外国专家之一。

刘出生于音乐世家，自幼表现出极高的音乐天赋。先后就读于武汉音乐学院、上海音乐学院、荷兰Utrecht Conservatorium(Hongeschoolvoor de Kunsten Utrecht)，师从其父刘炎教授、林应荣教授、Elias Arizcuren教授、Michelle Rohe教授、Victor Liberman教授。

刘曾在全国举行多场个人大提琴独奏会，并分别于1985、88年获全国大提琴比赛的银奖和铜奖。曾任教于武汉音乐学院，同时，担任武汉交响乐团首席大提琴，并获得迄今为止唯一的由武汉音乐学院院长颁发的“青年大提琴家”荣誉称号。

受新加坡驻华大使馆及新加坡国家交响乐团总监之邀，1991年加入新加坡国家交响乐团，担任大提琴副首席、首席。作为独奏家多次与乐团合作，并受乐团委任作为新加坡独奏家参加了新——港艺术节。还多次随团出访英国、法国、德国、比利时、希腊、瑞士、土耳其、罗马尼亚、埃及、马来西亚、日本、中国等国家。刘也作为亚洲唯一的音乐家受聘于荷兰著名室内乐团Conjunto Iberico，参加了在欧洲的巡回演出。其间，曾执教于新加坡新航——拉萨艺术学院、新加坡日本人协会和新加坡青年交响乐团。

香港新声音乐协会

电邮： ntco_contact@newtune.org　网址：www.newtune.org

新声国乐团于八七年由邱少彬创办，九七年成立新声音乐协会，并领导至今。本会一向积极参与各类社区活动，得到社会普遍认同，零八年正式获确认为「**慈善团体**」。一零年十月获确认为「**义工团体**」，又获香港社会福利署颁发「**义务工作嘉许金状**」乐团及协会以「雅俗共赏」之目标作为发展方向，既把优秀的民间、传统音乐及新作品介绍给观众，又把艺术性高的作品普及化。并且提出「**业余团体，专业精神**」的口号作为指南，积极提高技术与艺术水准，被誉为音乐界的「**无印良品**」。近年更确定透过「**演艺**」、「**音乐教育**」及「**学术研讨**」三大领域，积极推动香港的民乐发展。

◀ 一一年初，新声国乐团（少年团）获邀参与中央电视台电视节目“和谐乐章”2011魅力校园新春音乐会，被评为 **“2010全国艺术教育先进单位”**，演奏的**合奏《迎春曲》荣获金奖**，已于四月七日在中央电视台音乐频道播放（网址：http://bugu.cntv.cn/ent/yue/fenghuaguole/classpage/video/20110407/101302.shtml）。

▲ 一零年，分别于二月及八月，本会学员赴京参加中国民族管弦乐学会主办的**《2010首届柳琴北京邀请赛》及《2010首届阮北京邀请赛》，获得六银七铜及数名优秀演奏奖的成绩**（其中青少年组及成人组的阮合奏俱获银奖）。

◀ 一一年初，邀请著名音乐家刘文金先生亲临香港指挥《孔子颂》、《泰山魂》等多首香港首演作品。

▲ 一零年八月底主办《京港穿梭汇新声》音乐会，邀请了著名作曲家杨春林先生亲临香港指挥《龙魂》、《热情奏响》等多首合奏曲。

▲ 为庆祝珠海特区成立三十周年，王惠然先生指挥本团演出由珠海音乐家协会主办之《民族魂中华情》——王惠然作品音乐会。

◀ 邱少彬总监创作的**《紫荆颂》**在二零一零年中国民族管弦乐学会、北京市教委艺术教育委员会、中国广播艺术团联合主办的《第二届民族管弦乐（青少年题材）新作品征集评选》中获 **“优秀作品奖”**，一一年初作品**《迎春曲》**于中央电视台电视节目“和谐乐章”2011魅力校园新春音乐会中荣获**金奖**，邱氏亦获**指挥金奖**。

▶ 本团获郭小青女士(右图)邀请参与《紫荆绽放》——郭小青感恩之旅独唱音乐会，与中国音乐学院青年爱乐乐团合作于香港大会堂音乐厅演出，总监邱少彬(左图左)与指挥曹文工(左图右)合照。

◀ 一零年三月主办以弦乐为题的《弦动新声》音乐会，邀请了中央民族乐团青年演奏员李晗协奏《追梦京华》(选段)及《梁山伯与祝英台》等。

▼ 一五五期《桃李芬芳》——全国民族乐器演奏艺术水平考级(香港地区)优秀考生音乐会，邀请北京顺义区少年宫民族乐团与新声国乐团(少年团)在香港屯门大会堂演奏厅联合演出。

▲ 一零年八月香港新声国乐团出访甘肃兰州演出《情暖陇原感恩千秋》慈善音乐会，为当地农村建造水窖工程筹款，图为西北师范大学音乐学院教授朱东生(前站者左)及魏立雅女士(前站者右)，乐团现场伴奏，指挥邱少彬。

澳门翁氏魔术

澳门翁氏魔术，由澳门国际魔术大师翁达智创办，成立于1986年，成为澳门当年唯一的魔术团体。精彩20多年，由澳门的小型社团演出，到政府邀请，到出国演出，到大型专场演出，到名满海外，国际成就分别获得世界魔术冠军及世界魔术最高荣誉成就奖《梅林奖》，国内也获得由中国杂技家协会首次颁发的中国魔术特殊贡献奖，获奖无数，汇聚国际级尖端魔术表演人才，成为亚洲最具规模的魔术演艺公司。每次演出，为主办单位赚取媒体及社会关注，赢得可观利润回报。艺术成就，至今获得国内外超过100个大奖，冠絶同业。

翁达智个人简介

翁达智现任职务：

S.A.M美国魔术师协会(288)分会主席

I.B.M国际魔术师协会311中国分会副主席

I.M.S国际魔术师协会澳门分会主席

澳门魔术艺术家协会会长

亚洲魔术联盟理事

曾获奖项

中国魔术特殊贡献奖 [the Special Contribution Award for China Magic]

世界魔术杰出成就奖（梅林奖）[the prestigious Merlin Award for 2010]

多个世界魔术团体顾问 [Consultant for Multiple World Magic Group]

飞跃2000国际魔术大赛 [Beyond 2000 International Magic Competition]《亚军》

美国魔术师协会世界魔术大赛 [Society of Americans International Competition 2006]

全场投票《总冠军 The People's Choice 》

美国原创魔术大会 [Fechter's Finger Flicking Frolic]《荣誉大师奖》

国家 AAA 旅游景区——

张伯英艺术馆

张伯英，徐州人，身出徐州而名扬于大江南北，清末民初名列四大书法家之首。以书法、碑帖、金石、方志学、文物鉴赏、收藏、诗著冠绝一时。尤以书法、为世之翘楚。先生一生忠耿，不屈于日寇淫威，拒绝出售国宝之王羲之《十七帖》拓本。1949 年，国学巨擘张伯英逝于北京，大师齐白石泣书挽诗：写作妙如神，前身有宿因。空悲先生去，来者复何人！

公元 2004 年，徐州市、铜山区两级政府批准建设并出让土地 120 余亩。王昌庆先生个人投资 1 亿余元，秉承“始于自然、亲近自然、遵循自然、保护自然”的原则自行设计、建造。昌庆先生崇尚中国传统文化精粹，醉心于伯英大师的书法绝学。在张伯英艺术馆的设计、建造中融儒、释、道及徐州地方民俗文化于一体。

公元 2008 年，艺术馆竣工。大师魂安，匀翁归乡。张伯英艺术馆垂临于徐州云龙山水景区，徐州文化之幸哉！

张伯英艺术馆据虎头山西麓，依山势而顺畅，临湖水而幽雅，顺风顺水，大家风范，一览无余。泉山森林公园，南湖风景区，拔剑泉，汉王生态园，中国矿业大学环布于周边。张伯英艺术馆馆名由国学大师启功先生题写。建筑面积达 25000 平方米，馆内建有张伯英陈列馆、汉石堂、余庆堂、墨缘阁、藏书楼、小来禽馆、群羊坡、文豪殿、碑廊、桥亭、砚亭、守拙亭、天水池等十几处景观。馆藏张伯英先生的书法精品、碑刻、信札、手札等资料及各类文物数万余件，包括：明清红木家具，元代石刻，石雕，汉画像石，瓷器，古字画作品，青铜器物等。馆内建筑一沟一堑都呈精致，一砖一瓦都饱含文化的气息。回廊曲巷，老树奇石，尽显岁月沧桑的明清古迹，更兼有古徐州民俗、民居和官式建筑的遗风。

艺术馆景区二期工程，即将兴建而成民俗大观园，将涵盖徐州及国内部分地区古往今来的民风，民俗的文化变迁，力图展现出国学文化中感情色彩最浓重的底色。弘扬中国传统文化，将进入到由虚而实；由宏观而微观的系列场景，包括：红木家具的精工制作，工艺美术雕刻，徐州地方小吃，民俗表演，养生园等，此项目总用地面积 50 亩，总建筑面积为 11000 平方米。

民俗大观园的兴建，给以艺术馆为主干的风景区增添了更为丰富的内涵，更为广阔的驰骋空间。游人放松身心，旅游娱乐的同时，不经意间收获了一份了解徐州地方民俗文化的大礼。

张伯英艺术馆及整个风景区产业的兴盛与昌隆，必将为徐州文化和旅游市场，点亮漫天璀璨的星光。

馆长王昌庆向铜山县委书记周宝纯、常务副县长高斌、中国书协副主席吴东民现场汇报馆内建设情况

馆长王昌庆与中国美协主席刘大为先生合影

中国书协副主席吴东民先生专程来我馆为“文豪殿”题写匾额

中国书协副主席申万胜将军专程为我馆题写匾额

济南市吕剧院

济南市吕剧院成立于 1951 年 10 月，是山东省建团最早的吕剧表演团体。目前，剧院共有演职员 90 人，其中，具备高级职称的 32 人，具备中级职称的 19 人。

剧院 20 世纪 60 年代初，剧院曾携吕剧《逼婚记》、《闹房》、《姊妹易嫁》等剧目晋京汇报演出，受到了朱德、邓小平、李先念、彭真等老一辈革命家的亲切接见和高度评价。1979 年，《逼婚记》一剧由长春电影制片厂拍摄成彩色戏曲片在全国公映。

在市委、市政府的关心、支持下，剧院几代吕剧艺术工作者创作、移植、改编、演出剧目共 230 余台，演出足迹遍及全国十余个省市的数千城镇乡村。剧院创作、编排、移植、演出了传统及现代优秀剧目《温凉盏》、《父母官》、《心桥》、《雪山魂》、《枣香赋》、《“大官儿”皮景生》、《我的兄弟姐妹》、《龙泉梦》、《阳光大姐》、《泉城传说》等，先后在国家及省级艺术赛事上获奖百余项，20 余台剧目由齐鲁音像出版社公开出版发行。中央电视台戏曲频道先后录制了本院创作演出的《逼婚记》、《温凉盏》、《父母官》等众多优秀剧目和优秀中青年演员个人专辑。

2011 年，应中国妇女报社邀请，现代吕剧《阳光大姐》于 8 月 19 日在北京长安大戏院举行了新闻记者发布会，20 日进行了专场演出，受到全国妇联、中国妇女报社领导、专家和观众的高度评价和赞扬，《中国妇女报》、《中国文化报》、《北京日报》、《北京时报》、新浪网等 18 家媒体对该剧进行了报导，这是剧院近 30 年来首次晋京演出。

济南市吕剧院曾走出国门与国际友人进行艺术交流。

近几年来，济南市吕剧院结合当前形势，排演了大量群众喜闻乐见的优秀节目，深入农村、部队、厂矿、企业挖掘他们鲜为人知的故事搬上舞台。受到了广大观众的欢迎。

现代吕剧《阳光大姐》剧照。

《我的兄弟姐妹》剧照。

《逼婚记》剧照。

《小姑贤》剧照。

《桃李梅》剧照。

《吕剧狸猫换太子》剧照。

高山剧《重建新歌》

为纪念抗震救灾三周年创作

《重建新歌》剧情简介

2008年5月12日，陇南山区某地，白马山村杨玉强在新盖的长7间小洋楼家中举行乔迁新居酒宴。中午，突如其来的大地震袭击了陇南，白马山村房屋倒塌、人畜伤亡、满目废墟。

地震过后，党和政府十分关心灾区人民，各种救援物资及时运至灾区，救援和援建队伍开进山村，开展抗震救灾和灾后重建。身为共产党员的村长杨玉强，带领全体村民积极投入到灾后重建工作中。重建中一个难题摆在面前：为了架桥修路，必须拆掉他家经受住“5·12”地震严峻考验的两层小洋楼。他与妻子班春娥发生了激烈的矛盾冲突。

主创人员

编　　剧：张成全
导　　演：安　炜
作　　曲：后明春
舞美设计：王发林
MIDI制作：后明春、刘艺斌
灯光设计：张成全
服装设计：张成全

出品单位：陇南市五一秦剧团

贵州省黔剧团

黔剧，国家级非物质文化遗产。曾名文琴戏，是在贵州文琴基础上发展起来的新兴地方剧种。从清•嘉庆年间（1796－1820）文琴在贵州流布至今，已有200多年的历史。

新中国成立后，在党的“百花齐放，百家争鸣”和“推陈出新”方针的指引下，中共贵州省委于1960年2月以贵州的简称“黔”将文琴戏定名为黔剧，从此，黔剧便成为贵州地方戏剧的代表性剧种。

1960年5月3日，周恩来总理在贵阳观看了黔剧的演出后为黔剧题词：“发扬黔剧的自己风格，吸收其他剧种的优点，融会贯通，推陈出新，为创造新黔剧而奋斗。”周总理的题词对黔剧发展具有深远的历史意义和现实意义。

在周恩来总理为黔剧题词之后不到一个月的时间里——1960年6月2日，黔剧演出团带着以《秦娘美》为代表的一批黔剧剧目到北京汇报演出，在北京演出期间，党和国家领导人朱德、董必武、陈毅、叶剑英、习仲勋、周扬、林默涵、郭沫若等及文化艺术界的大师梅兰芳、荀慧生、常香玉、红线女、欧阳予倩等观看了演出；叶剑英、郭沫若、赛福鼎、艾思奇、梅兰芳还为黔剧演出团题词。通过这次演出，黔剧在中国戏曲百花园中的地位得以确立。

1960年8月，以黔剧演出团为基础，贵州省黔剧团宣告成立。编制130人，国有事业单位。

同年底，由上海海燕电影制片厂摄制的电影戏曲艺术片《秦娘美》在国内外发行，在全国及东南亚产生了巨大影响。

1979年，黔剧《奢香夫人》晋京参加建国30周年献礼演出，获文化部颁发的演出一等奖，创作一等奖，之后，受中央委派，赴内蒙古、新疆等西北五省区进行访问演出。黔剧《奢香夫人》已纳入文化部《中国戏曲百种曲》。

1987年，时任贵州省委书记的胡锦涛同志，两次到黔剧团视察，观看省艺术学校黔剧班学员毕业汇报演出，并与全体演职员合影留念。

1999年，黔剧《姊妹崖》晋京参加建国50周年优秀剧目展演，获演出纪念奖。

2009年，黔剧《大学生村官》参加第三届全国地方戏优秀剧目（南方片）展演，获文化部颁发的第三届全国地方戏优秀剧目（南北片）参演剧目奖，同年，获第四届贵州省政府文艺奖一等奖，贵州省第11届精神文明建设“五个一工程”奖。

2010年，黔剧小戏《春播顶云》获多彩贵州小戏大赛“银瀑奖”。

长期以来，贵州省黔剧团一直以贴近群众、贴近实际、贴近生活为中心，常年累月的下乡、下厂、下工地为广大观众进行公益性演出，每年演出均超过百场，为贵州的文化发展做出了应有的贡献。

中国武汉杂技团

Wuhan Acrobatic Troupe of China

地址：湖北省武汉市建设大道739号
电话：027-85805362
邮编：430015
主页：www.wuhanzaji.com

武汉杂技团在九二年，为填补中国高空杂技空白，融合了世界各国马戏团《空中飞人》节目动作的精髓及特色，经过近20年不懈的创新与努力，打造出中国首屈一指独具特色的《空中飞人》。演员们在离地面十几米的高空，相互配合大胆娴熟的在空中飞来飞去，团身后空翻三周接后空翻三周，团身后空翻四周，这些世界高难度动作，惊险刺激的表演让人目不暇接、心惊胆颤，广受观众喜爱。

2001年《空中飞人》在第一届中国杂技艺术节上荣获“金菊奖”

2008年《空中飞人》在第七届全国杂技比赛中荣获文华杂技节目创作“金奖”

演员通过一条悬挂在空中的绳索表演各种对手技巧，在空中完成“顶摞顶”、“空中旋转倒立”、空中飞人、高空秋千、双人倒立顶、空中旋转倒立等各种高难度动作，惊艳绝伦的表演优美之极。演员在空中飘逸腾飞既险又雅，“险”在节目的技巧创作上，整个节目演员表演的动作都在无保险绳的情况下完成的。

2008年《立绳》在第七届全国杂技比赛中荣获文华杂技节目创作“铜奖”

2009年《立绳》在第十二届吴桥国际杂技艺术节上荣获“银狮奖”

2010年《立绳》在第十一届法国瓦兹古国际马戏节比赛中荣获“都蒙市奖”、“创新奖”、“最受儿童欢迎奖”

周口市杂技马戏团

2004年，中国杂协首次命名周口市为“中国杂技之乡”的称号。首次命名的“中国杂技之乡”全国只有2个，北有河北吴桥，南有河南周口，河北吴桥是县级的“中国杂技之乡”，唯有周口是全国唯一的市级“中国杂技之乡”。2005年，由中国杂技协会、河南省文联、周口市委宣传部联合在周口举办了“中国杂技马戏发展论坛”研讨会。研讨会期间，周口市杂技马戏团创作演出了一台大型杂技马戏专题晚会，充分展示了周口市杂技马戏团高水平的节目质量和雄厚的演出实力，惊险、精彩的节目得到了省、市领导、全国杂技界和周口市人发群众的高度赞扬和评价。此次高端研讨会和专场晚会，提升了周口杂技马戏的社会地位和全国的影响，有力地促进和推动了周口市杂技马戏事业的发展和繁荣。

周口市杂技马戏团建于1982年，至今已有30年的历程，步入而立之年，现已发展为有一定规模和实力，在国内外有广泛影响和地位的专业演出团体。现有演职员工近200人，以青少年的演员为主体，他们基本功扎实，形象俊美，表演自然流畅，是一支勇于创新，奋力拼搏，深受国内外观众喜爱的年轻专业团体。主要以马术、驯兽、高空和地面杂技为主，以创新、精品为追求目标。建团30年来，周口市杂技马戏团的演出足迹遍及国内长城内外，大江南北。并逐步走出国门，先后到日本、韩国、意大利、挪威、沙特阿拉伯等多个国家和地区演出，弘扬了中华民族文化和传统艺术，深受世界各国人民的喜爱和欢迎，增进了与各国人民的友好往来。

目前，马戏团分六个演出队，同时在国内外演出。在国外演出的两个队，分别在日本和沙特阿拉伯演出，都签订了较长期的演出合同。在国内演出的长期较稳定的地点有：海南、深圳、上海、杭州、成都等地。近5年来，每年演出的场次在1800场左右，观众人数粗略统计达百万人以上，预计明年演出场次将上升到2000场左右。

马戏团的“马术”、“大飞轮”节目在全国名列前茅，尤其是“马术”节目集国内外马术表演之精华为一体，该节目在第九届中国吴桥国际杂技艺术节上荣获“金狮奖”特别奖。高空惊险节目“大飞轮”由马戏团独创，是马戏团的代表性节目，荣获中国吴桥杂技艺术节第十届“金狮奖”和第六届武汉国际杂技节金奖，同时荣获2007年河南省人民政府颁发的“优秀文艺成果奖”及周口市人民政府的“优秀文艺成果奖”一等奖。

马戏团的精品节目“绸吊”和“大飞轮”分别于2004年和2010年晋京参加中央军委主办的“全国双拥晚会”演出，受到中央领导和首都观众的好评。中央政治局常委全体出席并观看演出，并与演员合影留念，最为荣幸的是我们的演员受到胡锦涛主席的接见并与之亲切握手。这对马戏团是最大的鼓舞和鞭策。

2011年9月，马戏团的高空节目《空中大飞人》在河南省第三届杂技“百戏奖”暨河南省第八届杂技大赛中荣获金奖。

中国楹联学会

中国楹联学会系由中国文联主管、经民政部注册的国家一级社团，成立于 1984 年 11 月。目前，全国已有 27 个省、自治区、直辖市和 1000 多个地、县成立了楹联组织，形成了一支拥有 30 万名各级会员的楹联队伍，其中国家级会员达 8000 余人、团体会员 210 多个。中国楹联学会拥有一大批楹联艺术家、楹联研究家、楹联书法家及楹联活动家，声名远播。2006 年，“楹联习俗”已列入国家申报世界非物质文化遗产名录。特别是在 2005 年中央电视台春节晚会上，由中国楹联学会策划、撰写的《新春使者送春联》和 2007 年、2011 年春节与中央电视台合作举办的新春征联活动等，向海内外观众展示了楹联文化独有的魅力，产生了强烈的反响。2010 年，中国楹联学会被民政部授予“全国先进社会组织”荣誉称号。中国楹联学会下设 9 个专业委员会，分别负责学术、教育、书法艺术、宣传出版、评审、对外交流、网络、事业发展、申遗等方面的工作。

1. 在江苏太仓召开全国楹联教育工作会议。
2. 中国楹联学会被民政部授予全国先进社会组织称号，孟繁锦会长（左二）代表中国楹联学会领奖牌。
3. 孟繁锦会长携鲁晓川、周黎霞老师参加央视书画频道春节话春联节目录制。
4. 孟繁锦携书法家赴驻衡阳空军某部慰问。
5. 中国农民艺术节·全国楹联书法大赛颁奖仪式在房山阎村镇举行。

中国传记文学学会

中国传记文学学会是1991年在刘白羽等一批著名作家、学者、出版工作者和热心人士发起倡议下，经中国文联支持批准，在国家民政部登记注册成立的。刘白羽任首任会长，此后由王维玲任会长，现任会长万伯翱。

中国传记文学学会是一个专门从事传记文学研究的全国性学术团体，繁荣传记文学创作，促进传记文学事业的发展是学会的宗旨，团结和壮大传记文学创作和理论队伍是学会的责任。

中国传记文学学会成立以来，先后多次举办了中国优秀传记文学作品和中国优秀传记文学作家的评选活动，举办了《心灵的历程》、《群山》、《许世友传奇》、《斯诺》、《五十春秋》、《乔冠华与龚澎》等多部传记文学作品专题研讨会，《被岁月擦亮的名字》、《木棉花开》等中短篇传记文学作品专题研讨会，以及多次传记文学学术理论研讨会。这些活动在海内外产生了广泛的影响。

地址：北京市西城区金融街19号富凯大厦B座12层

邮编：100033　　电话：（010）66573189

E-mail:zhuanji2003@yahoo.com.cn

网址：www.zgzjwx.com　zgzjwx.cn

1.2011年6月9日，中国传记图书馆揭牌仪式在北京石景山区图书馆举行（左起：付生柱副区长、倪晓健馆长、乔宗淮名誉会长、万伯翱会长）。

2.2009年11月27日，中国传记文学学会法律维权委员会成立大会在京举行。万伯翱会长，王丽副会长为中国传记文学学会法律维权委员会揭牌。

3.2007年12月29日，第三届中国传记文学优秀作品奖颁奖仪式在北京人民大会堂举行。获奖作者满妹、忽培元、徐光荣等上台领奖。

4.2010年12月18日至20日吗，首届中国传记文学国际学术研讨会在北京举行。

湖南省诗词协会

《湖南诗词》2010年第一期

1986年，湖南省诗词协会春由杨第甫、屈正中、康濯、万迁、赵焱森等8位同志倡议，经当时湖南省委毛致用、熊清泉、刘正、夏赞忠等领导同志同意，于1987年3月21日正式成立，挂靠省政协，归口省文联。24年来，在历届省委、省政府的关爱及宣传、文化部门的支持下，坚持弘扬中华优秀传统文化，坚持社会主义文艺“二为”方向和“双百”方针，坚持为党和政府的中心工作服务，坚持为时代前进和为人民的幸福安康而讴歌。特别是近几年来，湖南省诗词协会在加强诗词队伍建设，推进诗词创作的“精品战略”和诗词“五进”以及“诗词之乡”建设等方面，做了大量有成效的工作，取得了新的成绩，得到了社会的认可、领导的鼓励和诗词界的好评。目前，该会已有团体会员154个，个人会员2000多人，全省诗人和诗词爱好者已达10万人以上。正如省委、省政府领导所肯定的：“诗词湘军已遍布三湘四水，成为湖南文化建设的一支重要力量。”

湖南省“诗词之乡”诗书画展开幕式（2010年）

省诗词协会第六次会员代表大会合影（2010年）

赵焱森会长、彭崇谷第一副会长陪省政协副主席谭仲池和省人大原副主任朱东阳参观“诗词之乡”诗书画展

省诗协在汨罗市屈子祠采风

赵焱森会长等参加《快乐老人报》全国“端午吟”诗词大赛评奖时合影（2010年）

湘潭白石诗词协会

湘潭白石诗词协会（以下简称协会）前身为湘潭白石诗社，成立于1986年11月。现有团体会员13个，其中县（市）、区和湘潭大学、湖南科技大学等基层诗社11个、《中国韵文学刊》编辑部1个、毛泽东诗词文化研究会1个；全市有个人会员1200余人。协会及基层诗社印行的诗词刊物有《白石诗苑》、《韶山诗词楹联》、《雨湖吟苑》、《湘乡诗词》、《嘤鸣》、《洛口诗声》、《龙山诗》、《湘绮楼》、《逸兴集》等10余种。其中，协会的期刊《白石诗苑》长期受到国内外诗友、诗词爱好者和海外同胞、外国友人的厚爱，其诗词文化活动及诗作唱酬曾与台湾政要陈立夫、马英九和台湾吟友马鹤凌（马英九之父）、文凤鸣，新加坡诗人、全球汉诗学会总会会长张济州等都有交往。在此基础上协会征集爱国思乡作品，编辑印行《乡音集》，尔后又派代表团专程赴台访问、交流，积极推动两岸“三通”和祖国统一，颇具影响。其首倡传统诗词体裁采写现代工业题材作品，发起在湘潭召开全国“中华现代工业、科技、环保诗词研讨会”，并印行《中华工业诗词选》一书，获得国内外诗友高度赞誉。在国内历年的诗词文化活动和国、省诗词大赛中，湘潭诗界的业绩和影响突出，可谓群星璀灿，仅刘多寿先生就获奖百余次。

2010年湖南省第11届运动会和第八届残运会开幕之前，作为举办地湘潭，诗协组织全市诗界朋友为迎“省运”大造声势，与“省运湘潭工作指挥部”联合组织“湘潭市迎省运、创建中华诗词之市诗词大赛”，在较短的时间内征集作品600余首，评选出组织奖和一、二、三等奖及优秀作品，在颁奖大会上穿插举行获奖作品朗诵表演、领导和群众于百米长卷上现场签名、题诗，编印《迎省运·创建中华诗词之市诗词大赛专辑》一书分发给参赛团队与市民，深得省、市导和社会各界好评。

在湘潭创建“中华诗词之市”活动中，协会作为“创建工作”的主力军，在市委、市政府领导下具体承担组织、发动全市的“创建活动”，有条不紊地开展诗词五进（进学校、机关、企业、社区、农村）工作和典型培育、督促协调、“进京”汇报、“迎国检”等工作。在2010年10月的受检过程中，“国检组”的专家和领导一致认为：“湘潭申报‘中华诗词之市’，不打毛主席的牌子，工作也是一流的。湘潭创建‘中华诗词之市’是实至名归、水到渠成、胜券在握。”10月21日，湘潭市即获批“中华诗词之市”的称号和荣誉，为“文化强市”建设取得又一骄人的业绩。

湘潭白石诗词协会主席、湘潭市创建“中华诗词之市”领导小组办公室主任、湘潭市政协原副主席刘声耀。

刘声耀主席与市教育局、市文联领导在湘潭市雨湖区风车坪小学参加诗词进校园工作现场会。

刘声耀主席与市工商局领导陪同“国检组”专家、领导在湘潭市工商局检查诗词进机关工作。

刘声耀主席陪同省诗词协会领导调查诗词进农村工作

刘声耀主席陪同“国检组”专家、领导在湘潭市岳塘区建设路街道霞光社区检查诗词进社区情况。

中国通俗文艺研究会

中国通俗文艺研究会是民政部登记注册的社团法人，由中国文学艺术界联合会作业务主管。1987年6月20日在北京成立时，名叫“中国通俗小说研究会”，选举著名文学家薛汕为会长，著名学者陈钧为常务副会长兼秘书长。宗旨是研究古今小说，促其发展，挂靠在中国社会科学院。1989年3月，在第二次全国会员代表大会上，鉴于业务扩展到纪实文学、法制文学和散文诗歌，遂更名为“中国通俗文学研究会”。1991年5月，本会业务又扩大到美术书法、影视制作及民间艺术，业务主管中国文联批准定名为“中国通俗文艺研究会”。薛汕由于健康原因，不再任会长；选出老文学家贾芝为会长；推举全国政协副主席杨成武老将军和中央对台领导小组副组长汪锋为名誉会长。1998年7月，贾芝因年事已高，经中国文联批准，选举陈钧为会长，继续开展创作研究、学术活动和社会活动。

24年来，中国通俗文艺研究会没要国家一分钱，凭着自己的智慧和辛勤劳动，做了大量有益于国家和社会的工作。这就是：先后召开了六次全国会员代表大会，96次会长(理事长)办公会议，22次理事扩大会议，38次学术研讨会，举办了15次优秀作品评奖活动，2次评选“优秀活动家”活动，1次评选“中国通俗文学艺术终身成就奖”活动，联合举办了1次国际学术研讨会，1次“中国民族艺术风情节”，1次交响音乐会，2次古琴演奏音乐会，1次“中国高空走索艺术节”。在外事方面，接待了美国、法国、英国、日本、捷克斯洛伐克、匈牙利等20多个国家和台湾、香港地区的专家、学者来访，在海内外产生了巨大影响。

24年来，我们排除了一次又一次干扰，战胜了一个又一个困难，队伍从分散零星的小分队，发展到威武雄壮的方面军。中国通俗文艺研究会现有会员3039人，遍布全国31个省、直辖市、自治区、单列市及文艺单位；其中有副教授、副研究员、副编审以上高级职称者1487人，占会员总数的43%；团体会员26个，连其所属个人会员，全国通俗文学艺术界有文学家、艺术家和通俗文艺工作者16000人以上。

24年来，我们的会员用自己的生花妙笔，向社会奉献了史著1部，长篇小说、纪实文学、报告文学6820部；诗集、散文集4245部；文艺评论及各种专集209部；整理古典小说198部；戏剧曲艺799本；影视文学作品1348部。其中不少作品都是受到中央领导同志和主管部门重视或荣获全国各种奖励及好评的优秀之作。

1	2	3	4	5
6	7	8	9	10

1. 1962年6月5日，在人民大会堂举行的"《纪念杨闇公》座谈会"。左一为本会会长贾芝；中间为国务院妇女儿童工作协调委员会副主任、中国妇联副主席黄启璪；右为全国政协副主席、本协会名誉会长汪锋。
2. 本会在九华山召开的学术会议。左一为仁德大法师；左二为贾芝会长；左三为常务副会长兼秘书长陈钧；右一为副会长缪俊杰；右二为完颜艺舟。
3. 本会组织的"全国法制文艺创作研讨会"在天津举行。安全部老部长凌云（中）、副部长惠明（左六）；中国文联老秘书长陆石（右三）；中国作协副主席陈荒煤（右四）；本会常务副会长兼秘书长陈钧（左四）；中国文联组联部主任于健（左二）等出席会议。
4. 本会联合召开"首届侦探小说大赛预备会"。本会常务副会长兼秘书长陈钧（右五），公安部部长助理朱思涛（右六），中国作协书记处书记高洪波（右四），中国社科院文学研究所党委书记包明德（右三）本会副会长武和平（左一），内蒙公安厅副厅长赵黎平（左四），安徽省公安厅副厅长尹曙生（左三），湖南省公安厅副厅长方洁玉（左二）等出席会议。
5. 本会秘书长赵焕军同志去看望国务院原副总理邹家华同志。
6. 1993年2月19日，本会在人民大会堂举行首届通俗文艺优秀作品颁奖大会。右一为本会名誉会长、全国政协副主席杨成武老将军；右二为本会顾问王利器教授；左三为本会会长贾芝；右四为常务副会长兼秘书长陈钧。
7. 陈钧（中）应邀出席中国文联第六次全国代表大会。左为中国文联组联部主任于健；右为公安部政治部代表徐东林。
8. 本会会长陈钧（左）在向中国文联党组书记高占祥（右）汇报工作。
9. 本会与中共赣州市委宣传部、赣州市红土地文化研究会合办的"全国弘扬繁荣红土地文化研讨会"在江西瑞金召开。图为大会会场。
10. 本会副理事长楚水同志去看望中央军委原副主席张万年上将。

曲阜市鲁班文化研究促进会

2007年7月21日，中国两院院士、清华大学教授吴良镛大师在考察曲阜并确认鲁班故里后欣然为曲阜市鲁促会挥毫题词。

2006年9月，曲阜巧圣鲁班文化展预展时王军民、孙守刚等省市领导陪同中国工程院常务副院长潘云鹤观看展览。

2007年6月16日，曲阜市鲁班文化研究促进会第一次会员大会召开。

中国首批历史文化名城曲阜，不仅是黄帝生地、孔子故里，而且也是鲁班的家乡。鲁班，姓公输，名般，古班、般相通，因其为鲁国（今山东曲阜）人，故被世人称为鲁班。被誉为巧圣、工圣和百工之祖的鲁班因在至圣孔子的光环下，又因其没有著述立说，鲁班传说及技艺也面临失传的危险。因此曲阜市委、市政府批转了《市政协主席会议关于加强鲁班文化研究，开发巧圣人文资源的建议案》。于2006年成立的曲阜鲁班文化研究促进会（简称鲁促会）已经走过五年的光辉历程。

5年来，曲阜鲁促会在市委、市政府、市政协和国家、省、市有关部门的大力支持下，经过全体会员的共同努力，“四大工程”扎实推进，展示宣传工作取得明显成效，班门圣地年年纪巧圣，鲁班传说天天在传承。

下图为： 2006年9月27日，时任全国政协副主席周铁农等省市领导出席中国曲阜巧圣鲁班文化展开展仪式。

运城市楹联学会

山西省楹联文化镇（乡）命名授牌仪式在万荣县通化镇隆重举行，运城市十乡镇被命名为楹联文化镇（乡）。

山西省运城市楹联学会成立于1999年3月，10多年来，现已发展成为市、县、乡、村、校大小400多个楹联组织，5000多名会员的楹联组织网络。遵循市楹联学会提出的“服务政治，参与经济，荟萃精品，抓好普及”的工作方针，紧紧围绕党和政府的中心工作，开展了一系列卓有成效的联事活动。形成了一个以学会会员、广大楹联爱好者及人民群众为基础、专家学者为骨干、以行政领导干部为核心的“三结合”的楹联文化发展新模式，逐步使楹联文化工作实现了由学会行为提升为政府行为、由一般性的文化活动提升为全市一项社会文化工程、由联坛圈内热上升为社会热的“三个提升”。积极探索，不断创新，在弘扬传统文化的基础上，撰写了一大批具有时代气息的优秀作品，走出了一条具有河东特色的发展楹联文化事业的新路子。运城市楹联学会被中国楹联学会授予“全国弘扬楹联文化先进集体”，运城市被命名为“中国楹联文化城市”，到2010年已有闻喜等6个县市被命名为“中国楹联文化县（市）”，有8个中小学校被命名为“中国楹联教育基地”，有10个乡镇被省楹联艺术家协会命名为“山西省楹联文化乡（镇）”。

山西省委常委、宣传部长胡苏平（中）等省、市领导参观关公诞辰1850周年全球华人名家墨联展。

运城市委常委、组织部长陈振亮（右六）、市委宣传部副部长、文联党组书记张民庆（右七）、市文联主席魏荣汉（右四）等一行视察市楹联学会。

运城市联律普及年动员大会在市委会议室召开。

市电视台春节播出“大运之春话楹联”访谈节目。

运城市楹联学会普天红楹联文化传播中心揭牌仪式。

运城市学校楹联教育全覆盖动员培训大会会场。

运城市教育局与市楹联学会联合召开的全市楹联教育工作会议会场。

广东阳春市中华诗词楹联学会

阳春市诗联学会，成立于2003年7月22日，隶属于阳春市文化体育广电新闻出版局，现有会员1300多人（是全国诗联界市县级最大的学会之一），中共党员160多人（其中会长1人，副会长8人，常务理事100人）。学会内设七部一室一团二站（编辑部、组联部、培训部、评论部、财务部、发行部、办公室、牡丹艺术团、《春州诗联》网站、视频制作站、学会党支部）。学会现有国家级会员近40人，省级会员80多人，地市级会员100多人。两年前，80多名会员及我会省级音乐家集体创作了阳春市诗联学会会歌。2007年4月换届以来，学会出版了会刊《春州诗联》报59期，5周年会员精装作品集《春州雅韵》，大型诗词集《诗海》14卷、《词林》2卷、《盛世千家诗》等，出版企业文化、校园、采风、赈灾等各种专版100多个，会员出版各种文学著作200多部，举办大型中秋雅集邀月晚会、迎春茶话会、代表年会、大型采风、市内外联谊等各种大型活动30多次，还持之以恒大力开展诗词进校园活动。学会在世界汉诗协会副会长、阳春市文联副主席、阳春市诗联学会会长李文广的带领下，以弘扬诗词国粹为宗旨，开拓进取，锐意创新，学会共产党员起到了很好的先锋模范作用，他们将学会办的红红火火，业绩骄人，得到了广东省黄华华省长、宋海副省长、省政协蔡东士副主席等全国各地有关领导专家学者和国内外各界人士的充分肯定和一致好评。2011年9月，又成立了阳春市诗联学会牡丹艺术团和阳春市诗联学会党支部（广东省联界第一个党支部，中国诗联界第二个党支部），为传承传统诗词国粹做出了应有的贡献，正如阳江市政府陈芝岳副市长在阳春诗联学会会员大会上所肯定的："阳春诗联学会是建设阳春、阳江文化名城的一支强大生力军。"

阳春市中华诗词楹联学会机关工作人员暨学会党支部全体党员和学会领导班子以及牡丹艺术团成员赴大田山"大自然"采风。

阳春市中华诗词楹联学会迎中秋邀月文艺晚会暨中共阳春市诗联学会支部委员会成立志庆。

阳春市诗联学会部分会员与广东省文联专职副主席邹继海、阳江市政府副市长陈芝岳、中共阳春市委常委、宣传部长谭碧容等领导同志合照于春阳市政府。

惠州诗词楹联学会与阳春诗词楹联学会、岭南诗社阳春分社交流会。

广州市山外山艺术广告有限公司 立足影界高端·引领国际潮流

INTERNATIONAL
PHOTOGRAPHY ASSOCIATION

IPAbow Art

广州市山外山艺术广告有限公司是由世界各国摄影人、摄影团体自愿结成的学术性、专业性的非政治、非宗教的全球性的摄影团体。本协会在香港注册，中国广州注册代表处。

广州市山外山艺术广告有限公司愿与各地政府的文化、旅游、摄影机构合作，策划与组织承办、主办国际性的摄影比赛、展览、评奖活动，为推动当地经济文化建设，打造地方名片作贡献。

广州市山外山艺术广告有限公司积极发展摄影文化产业，架起摄影器材生产者、摄影作品生产者和广大用戶间的桥梁。开展摄影文化交流，扩大国际友好往来，增进相互了解及友谊。

广州市山外山艺术广告有限公司旗下的"国际摄影网"、"国际摄影师杂志"、及"国际摄影通讯"报纸等媒体资源，在世界的业界具有一定的影响力。

欢迎合作，共谋发展

汇聚世界摄影精英
www.ipa001.com

更多资讯请登录国际摄影网www.ipa001.com
大陆地址:广州市珠江新城金穗路22号丽晶明珠银莱阁1608
电话：020-38665070 传真：020-38665070
香港地址：香港中环德辅道中112-114号顺安商业大厦14楼A座2室
电话：00852-31750368 传真：00852-31750303
联系人：赵旭新，电话：18688871698

中国书画家研究会

中国书画家研究会（英文名称：CHINA RESEARCH INSTITUTE OF CALLIGRAPHERS AND PAINTERS简称CRICP）是由我国书画家、书画艺术院校及研究单位组成的学术性、全国性社会团体，成立于1989年4月8日。中国文联为业务主管、民政部登记注册。首任会长杨成武，现任会长史浔安。

本会宗旨：坚持“双百”方针，研究中国书画艺术的风格流派、代表人物，向社会推荐、宣传书画艺术人才，增进中国书画家与国际书画界的友谊与合作，为继承和发扬中华民族的传统书画艺术作出贡献。

主要业务：

一、学术交流：举办专题研讨会，对中国书画艺术的发展趋势进行课题研究。开展讲学、笔会、大展赛等项活动。

二、业务培训：开办艺术院校，培养人才，对书画家艺术水平进行评定。

三、专业展览：举办书画展览，宣传书画风格流派、代表人物。

四、刊物编辑：出版报刊、杂志、画册及专业书籍。

五、咨询服务：设置画廊、网站、基金会、开展鉴定、代理业务，发展经济实体。

六、国际合作：加强与世界各国书画界的联系与合作，举办国际展览、讲学等艺术交流活动。

中国书画家研究会自成立以来，坚持党的基本路线和“双百”方针，通过开展丰富多彩的文化交流，讴歌改革开放的胜利成果。积极配合党和国家重大事件所举办的主要活动有：百名著名书画家“喜迎亚运笔会”、“喜迎香港回归笔会”、“喜迎奥运笔会”、“海峡两岸书画展”等；为迎接第四届世界妇女大会在北京召开，组织筹拍爱国主义教育故事片20集电视连续剧《为了明天》；为选拔书画人才，举办“首届全国书画艺术大展赛暨优秀作品评选研讨会”；为响应国家号召，多次向灾区人民捐赠字画；为加强国际文化交流，组织书画家赴日本、马来西亚、新加坡、韩国等举办展览、笔会和鉴定，受到国际友人及华侨的一致好评；为促进我国企事业文化发展，提高书画家艺术水准，弘扬民族传统书画艺术做出了积极贡献。

党和国家领导人李铁映、马文瑞、杨成武、赵朴初、李沛瑶、程思远、廖汉生、王首道、吕正操、刘澜涛、阿沛.阿旺晋美、铁木尔.达瓦买提等曾参加了本会的历次重大活动并题词勉励。

著名书画大师吴作人、黄胄、何海霞、梁树年、白雪石、任率英、黄均、潘洁滋、周怀民、娄师白、启功、徐邦达、阿老、欧阳中石、刘炳森等都曾担任本会艺术顾问。

《书画家》杂志为本会会刊，由赵朴初先生题写刊名。

地　址：北京市东城区民旺园28楼0106号　　**邮　编：100013**

电　话：010—84219105、84219106　　**传　真：010—84219107**

赵朴初　题刊名

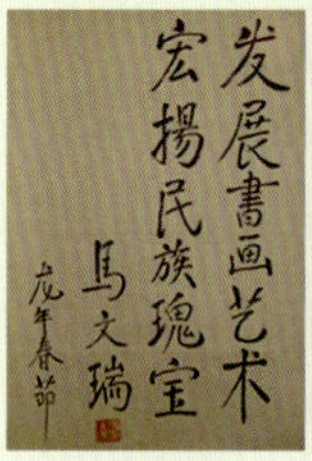
马文瑞　题辞

杨成武　题辞

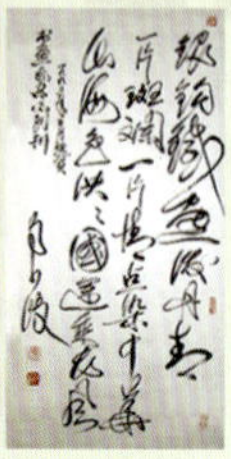
马少波　贺辞

高占祥　贺词

黄胄　贺词

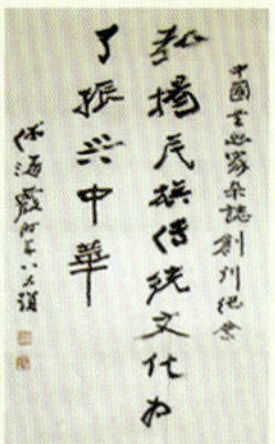
何海霞　贺词

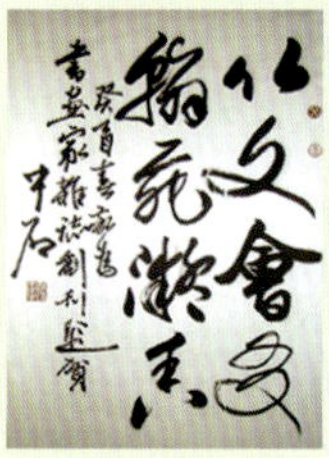
欧阳中石　贺词

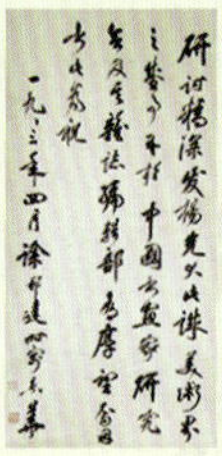
许邦达　贺词

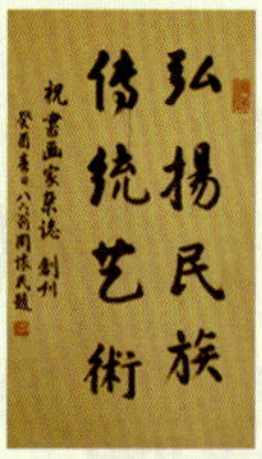
周怀民　贺词

澳门中华文化艺术协会

本会于 1997 年 4 月 18 日成立，宗旨是希望透过本澳与国内外文化艺术界的交流，推动及宏扬中华文化以及对本澳有特色的文化艺术加以探讨、研究、保留及发展，使澳门文化艺术多元化。澳门旅游业是带动澳门经济发展的动力，而历史文化艺术是发展旅游不可缺少的元素，通过文化艺术多姿多彩的发展，从而丰富澳门的旅游业。

协会成立的同时举办了一项“书画、篆刻、陶瓷、雕塑”联展。本会永久荣誉会长叶选平先生亦亲临澳门、联同永久名誉会长何鸿燊博士主持开幕礼及第一届理事会就职典礼。

多年来，通过创会会长苏树辉博士、理事长霍志钊、副会长们的领导下，理监事们的努力下，分别在国内外举办了一些大型展览及演出活动，为宏扬中华文化做出贡献。

1. 庆祝中华人民共和国建国 60 周年暨澳门特别行政区成立 10 周年，中国著名书画家作品展。
2. 澳门早期中西文化交流文物展。
3. 中华世纪坛开幕暨“世纪国宝展－中华的文明”“澳门早期中西文化交流文物展”开幕仪式。
4. 诗文书画刘斯奋艺术综合展。
5. 赠送书画作品。

地址：澳门新口岸北京街 36 号怡珍阁五楼 A 座
电话：(853) 2871-3301
传真：(853) 2831-4729
电邮：daniel8@macau.ctm.net

广东画院

广东画院创建于 1959 年，是广东省省属从事专业美术创作与理论研究的副厅级公益性文化事业单位，隶属于中共广东省委宣传部领导。至今历任四任院长：黄新波、关山月、王玉珏、刘斯奋，现任院长为许钦松。

一、基本结构

画院正式定编 42 人，设办公室、创作室、理论研究室三个中层机构，分专业技术和行政后勤二大块。内设中国山水画研究所，中国人物画研究所，中国花鸟画研究所，油画、水彩画研究所，版画研究所，美术理论研究所等六个研究所，广东画院美术馆和《广东画院》编辑室等分支机构。广东画院由省委组织部设立党组，内设画院机关党总支部、工会。

二、建院以来的发展业绩

广东画院经过 50 多年的发展，业已成为广东美术界的重要标杆，并已成为国内具有重要学术影响力的画院之一。50 多年来，画院涌现出一批在全国享有盛誉的著名画家，如黄新波、关山月、方人定、余本、涂夫、陈洞庭、徐东白、蔡迪支、王立、王玉珏、林墉、汤小铭、王恤珠、汤集祥、尚涛、陈衍宁、伍启中、邓子敬、刘仁毅、李国华、邓耀平、张幼兰等。现有一批在全国有较大影响和知名的现职优秀画家和理论家如许钦松、林永康、关伟、宣新明、李东伟、黄唯理、黄国武、周正良、孙洪敏、崔跃、刘穗艳、陈映欣、颜苏平、李节平、麦荔红、陈迹等，活跃在省内及全国画坛。

三、新形势下的画院发展战略

现任院长许钦松要求，广东画院在完成文化体制改革之后，在全省的专业美术创作和理论研究上要发挥表率作用，并努力建设成为全国的一流画院。其中的重要一环是必须拥有一支专业过硬、修养全面、勇攀高峰的专业技术人才队伍。所以，为了达到这个目标，我们实施提高画家综合素质的一系列举措，定期举办诸如文学、美学等专题美术欣赏会和讲座，举办创作现场观摩与研讨等，同时要求每位画家制订个人短期、中期、长期业务发展计划和目标，最终实现画院专业技术队伍整体素质的提高，达到出精品、出大师的目的。

镌美流花——广东画院 50 年作品特展开幕剪彩仪式

广东画院新址奠基仪式，广东省人大常委会主任欧广源（左二），广东省委常委、宣传部部长林雄（左三），广东省副省长雷于蓝（左一），中国文联副主席冯远（右一）为广东画院新址奠基仪式铲上第一锹土

广东画院新址奠基仪式

嘉宾为年度展开幕式剪彩

“广东画院作品巡回展”在江西举行

加强画院队伍建设的另一个措施，就是以画院本部为依托，建立签约画家制度，成立“广东青年画院”，利用广东画院高级技术人才聚集的资源优势，通过有计划、有目标、有选择的培养和深造，从中培养和发掘优秀青年专业人才，建立广东画院人才引进的重要资源库。通过以上途径，广东画院逐步形成了以院本部专业画家、青年画院画家与签约画家三支队伍组成的创作队伍。

广东画院现拥有 3 个有影响的学术展览品牌，即一年一度的“广东画院创作年度展”，泛珠三角区（9+2）“广东画院作品巡回展”，以及两年一届的“广东画院学术提名展”。通过这些展览汇报和检阅广东画院的创作与研究成果，加强美术交流，提高广东美术的影响力和知名度。

为适应新形势下画院的科学和持续发展，“广东画院新址”建设得到广东省委、省政府的大力支持，被列为广东省重要文化设施建设项目，要求在“十二五”期间建成。现由政府投资 2.8 亿元，总建筑面积 44600 多平方米。目前，画院新址建设工作正在紧锣密鼓全面推进。我们相信，随着我院硬件建设的不断完善，有中共广东省委、省政府文化强省建设的春风吹拂，广东画院必将迎来更加辉煌的明天！

中國壁畫學會

中国壁画学会是由中国当代著名壁画家发起，于2004年经文化部、民政部批准成立的国家一级学会组织，业务主管单位为中国文化部，社团管理为中国民政部。

学会性质为非营利的全国性专业学术团体，其宗旨主要是广泛团结全国从事和关心壁画事业的壁画家和各界人士，为我国21世纪壁画事业的繁荣昌盛而服务。其业务范围：

（一）进行壁画的历史、现状、理论和绘制材料的学术研究；

（二）评价壁画作品、动态；

（三）建立壁画的信息库；

（四）策划并组织实施壁画的创作和绘制；

（五）举办壁画的制度化、系列化展览；

（六）出版壁画的专门杂志；

（七）出版壁画的系列画集和文集；

（八）培训壁画的创作和绘制人才；

（九）开展壁画的国内外文化交流。

为开展以上业务，学会建立了相应部门：工程部、研究部、会员部、办公室等部门。

终身名誉会长：侯一民

会长：戴士和

副会长：唐小禾、张一民、孙景波、任世民、陈建军、阿布都克里木纳斯尔丁

秘书长：张立松

顾问：周令钊、王熙民、黄永玉、吴良镛、陈其、常沙娜、刘大为

学会领导成员多为德高望重的当代大家，20年前，他们领导了新兴壁画创作的高潮，产生了世界性影响，被誉为“中国文化复兴的象征”。随着我国文化建设的需要，20年来壁画创作得到了更大的发展，已成为城市大文化环境的营造、爱国主义教育基地的建设，不可或缺的公众艺术形式，在更广阔的空间中显示了壁画形式多样、内容浩大、色彩缤纷的魅力，出现了不少堪称世纪经典的巨制。“创时代之新”、“创民族之新”，是我们努力的方向。

自学会成立以来我们成功地举办了两次全国壁画大展，出版了“中国壁画百年”巨幅，为优秀壁画的保护进行了艰巨的努力。参与协办第10届和第11届全国美展壁画展，组织创作了北京地铁十号线、四号线的壁画，奥运场馆——《国家体育馆》壁画群，首都机场T3航站楼壁画等；国家奥体中心壁画群，北大乒乓球馆广场壁画等。

终身名誉会长
黄山写生照

北京四号线地铁圆明园站壁画《圆明园》 作者：任士民 材质：花岗岩

线地铁北京大学东门站壁画《北京大学》 作者：胡伟 材质：陶瓷

第 11 届全国美展

《抗震壮歌》巨幅素描局部 2009 年集体创作于汶川地震一周年

中国壁画学会会长戴士和先生张北下乡写生照

建党 90 周年参展作品《六亿神州尽舜尧》 作者：侯一民、邓澍、周令钊

中国军谊诗书画院院长李栋恒中将在将军艺术馆前接受央视采访。

中国军谊诗书画院秘书长周小献在画院开幕式上讲话。

中国军谊诗书画院挂牌仪式。

吴双战上将、袁守芳上将、裴怀亮上将、赵可铭上将、李栋恒中将、陈学政少将共谱《同领风骚图》 左起：吴双战上将、赵可铭上将、周小献秘书长、陈学政少将。

中国军谊诗书画院于2009年5月9日，在北京隆重成立！

中国军谊诗书画院是一个从事古今“将军书画”艺术研究，不以盈利为目的的社会文化机构。它的宗旨是以弘扬民族文化为主旋律，构建和谐社会，立足书画艺术的研究和提高，并且围绕“弘扬、继承、创新、发展”的构思，开展“将军书画”的研究和交流活动，为共和国的将军搭建一个展示翰墨风采、抒发爱国情怀、以诗书画会友、切磋技艺、体现人生价值的大舞台。

它以弘扬中华民族的优秀文化和古今中国将军的诗书画艺术为己任，以满腔的热情投入到诗书画的创作和研究中，以愉悦身心、陶冶情操的高尚品格参与各项书画交流，以全心全意为人民服务的精神为共和国将军服务，以一颗慈善的爱心参与社会公益活动。该院成立以来，先后承办了一系列以纪念吉鸿昌、杨靖宇、花木兰等民族英雄为主题的大型书画展活动，特别是在京举办的庆祝建党90周年书画展活动，规模之大、规格之高，在军内外艺展中亦不多见，具有震撼人心的力量，在全国产生了较大的影响，受到了共和国将军和社会大众的关注和好评，为弘扬爱国主义精神和民族传统文化，促进社会和谐起到了积极的推动作用。

院长由中共十六届中央委员、总装备部原副政委、全国政协常委李栋恒中将担任；常务副院长由北京军区老干部大学常务副校长陈学政少将担任；副院长由国家税务总局原常务副局长、著名画家程法光，民政部原副部长、全国老年大学协会会长张文范，以及原总参炮兵部部长王育华等少将担任；秘书长由总政治部某部政治部副主任周小献担任。另聘请资深党政军领导为顾问、国内外著名书画家为艺术顾问，还设有“将军艺术馆”、《军谊英才》杂志、中国军谊网等机构。

电话：010-62121238　　0201-811546（军线）　　传真：010-62120178

邮编：100081　　地址：北京市海淀区中关村南大街28号总政干管局办公楼

网址：www.chinajunyi.org.cn

国军谊诗书画院

李栋恒院长、周小献秘书长陪同袁守芳上将、吴双战上将参观将军艺术馆。

中国军谊诗书画院秘书长周小献先生接受央视采访。

裴怀亮上将参观将军艺术馆。

纪念巾帼英雄花木兰共和国将军与地方名家书画展剪彩仪式。

河南省委书记徐光春，省委常委、省委宣传部长孔玉芳和中国军谊诗书画院顾问隋永举上将、张志坚上将、院长李栋恒中将、常务副院长陈学政少将以及景学勤中将等领导参加吉鸿昌纪念馆新馆开馆仪式。

庆祝中国共产党成立九十周年共和国将军与地方名家书画展开幕式。左起：李栋恒中将、吴双战上将、裴怀亮上将、王定烈将军、迟浩田上将、张志坚上将、张序三中将和糜振玉中将。

“纪念巾帼英雄花木兰共和国将军书画展开幕式”在北京民族文化宫隆重举行，全国人大副委员长、中阿人民友好协会主席铁木尔·达瓦买提，万海峰上将、隋永举上将、李栋恒中将、王福义中将等共和国将军及地方名家同红军女战士、革命老前辈王定国合影留念。

中国扇子艺術学会

中国扇子艺术学会，是经民政部批准在注册登记，由中国文联直接领导具有独立法人资格的国家一级社会团体组织。

中国扇子艺术学会的宗旨是：在中国共产党领导下，通过组织展览展示、学术研究、文化交流、国际合作、编辑出版等活动，团结全国扇艺界及企业、企业家、专业人士和广大书画艺术家，为继承弘扬中国扇子艺术传统文化，为书画艺术家和广大书画爱好者服务，为政府和企业文化建设服务，为构建社会主义精神文明、物质文明作贡献。

中国扇子艺术学会于1981年由著名艺术家、收藏家张伯驹先生成立，原名为“中国扇子书画艺术鉴赏会”。会长由张伯驹先生担任，其初衷有二：一是借扇(善)的谐音，弘扬中华民族传统统仁、善美德；二是借扇的造型，寓为桥梁，连接海内外华人，为祖国统一大业做贡献。张伯驹先生曾用瘦金体作书，撰写了该会“章程”。“章程”得到了万里、习仲勋、谷牧、雷洁琼、蒋兆和、吴作人、刘海粟、启功、关山月、潘洁兹、黎雄才、关良、亚明、宋文治、侯宝林等百余位老一辈无产阶级革命家和著名艺术家签名和参与。

1982年，张伯驹先生病逝，学会曾一度中断活动。

1983年，在社会各界的要求下，学会成立筹备组，重新修改了章程，将“中国扇子书画艺术鉴赏会”更名为“中国扇子艺术协会”，会长由著名书画家陈叔亮先生担任。

1985年4月，陈叔亮先生年事已高，多病住院，便由魏传统将军接任会长，同时修改了学会章程，调整了学会成员，将“中国扇子艺术协会”改为“中国扇子艺术学会”并报请中国文联及中国民间文艺研究会批准，同年6月15日，中国扇子艺术学会在北京民族文化宫举行了成立大会，魏传统亲自主持了大会，参加大会的有杨静仁、齐欣、白介夫、侯宝林、季万春、胡洁青、李铎、王遐举、杜澎等各界知名人士。

1990年以后，中国扇子艺术学会会长由原政协副主席杨静仁担任。

1995年5月，根据中共中央、国务院关于清理整顿社团的精神，在民政部和中国文联的领导下，重新登记注册，并经批准“中国扇子艺术学会”为中国文联直接领导下的一级社团。会长由原中央顾问委员会副秘书长郝盛琦同志担任。

2010年1月10日，中国扇子艺术学会会长在中国文联的直接领导下召开了第五次全国会员代表大会，选举产生了以毛新宇为会长的新一届领导机构。

1. 向凤台政府赠送作品。
2. 在安徽凤台。
3. 二炮欢迎仪式。
4. 慰问二炮。
5. 毛新宇会长向空军部队赠送作品。
6. 第二届扇子艺术大展。
7. 向空军慰问作品。
8. 慰问总装某部。
9. 老艺术家在留言。

中国扇子艺术学会现任领导：

现任会长：毛新宇
副会长兼秘书长：李景祥
常务副会长：李辉
副会长：王庆泉、孙志筠、朱开来、崔承顺、水恩海、苑全宾、刘永林
艺术总监：李彬

東莞詩書畫研究院

陳永正題 二千零九年

东莞诗书画研究院前身是中国诗书画研究院岭南分院，于1999年12月25日在东莞成立。

宗旨：扎根东莞，继承和发展中国诗书画文化事业。团结、组织国内外诗书画艺术团体、专业人士、爱好者以及关注诗书画文化艺术发展的社会贤达，进行系统地研究、汇编中国诗书画文化艺术的发展历程。开展学术性创作研究，举办区域性、国际性诗书画文化艺术活动。为各种艺术流派、各种艺术风格的诗书画家、理论家、学者提供一个相互交流、创作、展示的平台。沟通思想、增进友谊、汇集经验、提高德艺。挖掘诗书画文化精粹，发现和培养诗书画人才。

成立以来，举办了30多项主题进步、内容健康、学术性强、意义深远的文化活动。主要有：与广东省书协、广州市书协、东莞市原文化局、东莞书协、美协联合举办纪念秦咢生诞辰100周年秦咢生书法展，与东莞军分区、城区政府联合举办军民鱼水情、共建文明城建军节著名书画家大型拥军慰问笔会，贺国庆、迎“十六”大召开专题作品展，承办由中国文联、中国书协、天津市政府等单位主办的第三届和第四届中国（天津）书法艺术节的两届共六项全国书画大展：第三届和第四届中国书法百家精品展、中国书法名家作品邀请展、全国书法名家作品邀请展、中国画名家邀请展、当代中国画名家作品展，与中国书画报社、东莞市文联举办十二生肖系列之“狗年绘狗”全国中国画大奖赛、“牛年画牛”中国画大奖赛、“玉兔迎春”全国中国画年度大赛，与中国书画报社和香港亚洲文化协会联合举办第二届“相约香江”中国书画（工笔画）大奖赛、第三届“相约香江”中国书画（花鸟画）大奖赛、第四届“相约香江”中国书画（山水画）大奖赛、第五届“相约香江”中国画（人物画）大奖赛、第六届“相约香江”中国画（动物画）大奖赛，与东莞市委宣传部、市文广新局、市文联、南城区政府联合举办“诗书画文化与东莞发展同步升级”论坛和研讨会，与广东省文史馆、东莞市文联、南城区政府联合举办“翰海英贤”书法展，与广州中山大学、香港中文大学、澳门大学、台湾成功大学联合举办第四届“粤港澳台”大学生诗词大赛等。与天津美院合作成立天津美术学院东莞教研创作基地。

经常组织诗书画家慰问子弟兵，向党政机关、部队、社会团体、企事业单位赠送书画作品。赴台湾、香港、澳门等地和国内20多个城市进行学术交流活动。特聘了德高望重的当代60多位艺术家和东莞市领导人担任顾问和名誉院长，增强了学术和思想的辅导力量。聘请了近百名专家、学者、教授、诗书画家为艺委会、职评会委员，诗书画篆刻创研员、书画师。使机构得到了不断的完善，大大加强了创研能力和水平。

机构：院务委员会、理事会、监事会、艺术委员会、职称评审委员会、秘书处、人事财务部、宣传联络部、创作研究员和诗书画家工作部、文化产业发展部、企业文化推广部、美术馆。

理事长：万颂颐　监事长：陈健青　院　长：秦长江

1.1999年12月25日，东莞诗书画研究院在广东省东莞市博物馆隆重成立。中央人民政府驻香港特区联络办副主任黎桂康（时任东莞市委副书记、市长）受聘担任名誉院长并与院委会主任秦长江为成立挂牌揭幕。

2. 中国诗书画研究院岭南分院成立十周年院庆暨正式易名为东莞诗书画研究院迁址挂牌和美术馆开馆及系列活动，出席开幕式的主要来宾为东莞诗书画研究院挂牌揭幕。左起：中国美术馆副馆长杨炳延，中国书协副主席陈永正，秦长江院长，市政协主席刘树基，前主席李汉松，市委常委宣传部部长王道平。

3. 东莞市人民政府副市长严小康、天津美术学院院长姜陆、东莞市政协副主席袁德和、东莞市南城区委书记钱超为天津美术学院东莞教研创作基地成立仪式揭幕。

地址：广东省东莞市南城区袁屋边大道艺展路
29号艺展中心B4号楼　邮编：523078
电话：（0769）22111288
传真：（0769）22221372
邮箱：ssh@dgsshr.com
网址：http://www.dgsshr.com
联系人：张雪花　13416723329
472703200@qq.com

北京書法院

北京书法院经中共北京市委宣传部批准，于2009年10月15日在北京市民政局正式登记。业务主管单位是北京市文化局；业务指导单位是北京市文学艺术界联合会。书法院内设办公室、学术研究部、展览活动部。以专门的资金资助和扶持学术研究和创新展览。书法院将在北京建立以书法艺术为主题的公园。公园将建有青少年书法教育中心、展览中心、国际交流中心和研究中心。

北京书法院贯彻党的文化大繁荣、大发展的精神，坚持“二为”方向和“双百”方针，组织学术研究，扶持创新探索，开展对外交流，努力为首都书法艺术与学术的繁荣和发展，为传承和弘扬中华民族的传统文化作出贡献。

北京书法院聘请19位当今国内书法界颇具名望的大家担任顾问，聘请13位在书法研究领域具有成就和影响的学者为研究员，以期打造一个充满活力的、高水准的书法艺术平台。

院长

汪 良

副院长

黎 晶

王岳川

刘守安

郑晓华

邓宝剑

任怀殊

1. 北京市委常委、宣传部部长、副市长蔡赴朝讲话。
2. 北京市政协副主席沈宝昌宣读贾庆林主席的贺信。
3. 成立大会现场。
4. 汪良院长报告筹备情况。
5. 成立大会上嘉宾合影。

上海榜书研究会

上海榜书研究会由上海市政协，上海市杨浦区政协双重领导下的一个社会民间文化团体。成立于2004年8月，会长蔡轩朝负责创建，至今发展会员1200余人(面向海内外)，活动频发，成功举办了首届、二届、三届“上海榜书大展”，首届、二届、三届“中国榜书大赛”，首届“中国榜书艺术大论坛”。08年应邀出访印度尼西亚进行国际榜书艺术交流。2011年榜书精品国际巡回展，“中国榜书名家精品展”正在征稿之中，2010年，会长蔡轩朝率全体同仁向“海内外榜书书法家、榜书爱好者”春节拜年。同年又祝贺中国书协举办的“全国第三届扇面书法艺术展”圆满成功等活动。

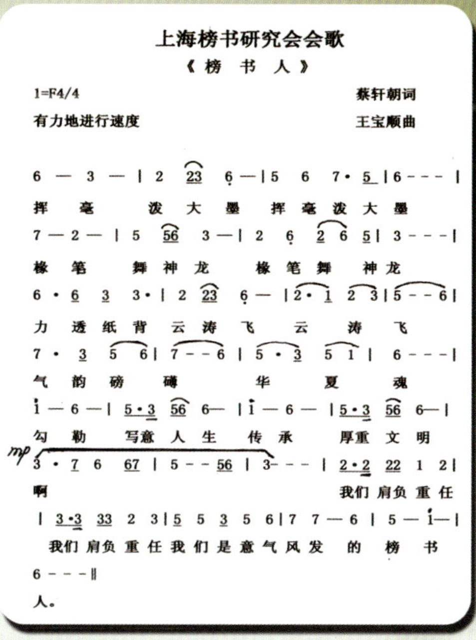

会长蔡轩朝在第二届国际榜书大赛颁证仪式上讲话。

会长蔡轩朝应邀在中共中央办公厅俱乐部泼墨，左为原中央办公厅副主任樊士晋。

会长蔡轩朝在中南海西花厅周总理办公所在地泼墨。

广东华人书法院

广东华人书法院于 2007 年 6 月经广东省机构编制委员会办公室批准为事业性的书法学术研究和创作机构，于当年 9 月在广州举行隆重的成立大会，广东省人大常委会主任欧广源以及专家学者 600 多人到会祝贺。刘佑局先生任院长，并宣布聘请全国著名书法艺术家尉天池、何应辉、林岫、陈振濂、王冬龄等为名誉院长和研究员。

广东华人书法院成立以来举办了“惠风和畅全国书法展”等一系列重大的国内外书法和学术活动，特别是“2008 书法·番禺论坛”后打开了中国书法批评沉闷的大门，接着一系列的全国书法论坛在书法和文化界引起强烈反响。

近年来，刘佑局院长撰写了大量的书法批评文章，针砭时弊、思想深刻、文锋犀利，为净化书法界苦心孤诣，背负沉重的压力，无怨无悔、毅然前行。

2008 年 3 月，广东华人书法院研究员聘任仪式在广州举行。著名书法家尉天池、周志高、陈奋武、王冬龄、徐本一、郭伟、徐利明等到会接受聘请。

2006 年 10 月，时任中共中央政治局委员、广东省委书记张德江参观刘佑局书法展。

2008 年 12 月，中共中央政治局委员、广东省委书记汪洋、省长黄华华、省人大主任欧广源等观摩刘佑局院长书法作品。

2008 年 12 月，广东省人大常委会主任欧广源在广东华人书法院院长刘佑局的陪同下参观“依法治省书法大展”。

2008 年 12 月，广东省委常委、统战部长周镇宏，副省长刘昆在广东省社会主义学院常务副院长鲁开垠，广东华人书法院院长刘佑局的陪同下参观“惠风和畅全国书法展”。

中国儒风书画院

泱泱中华，五千年文明薪火相传。山东济宁素有“孔孟之乡”、“礼仪之邦”美誉，是儒家思想发祥地。根植于孔孟之乡，汲取儒家文化精髓，沐浴检察文化建设春风，中国儒风书画院应运而生，茁壮成长，在书画艺术百花园中绽放异彩。

中国儒风书画院由国际十大最具影响力艺术家之一、中国书画领军人物、中国山水著名画家、北京大学历史文化资源研究所研究员杨松涛先生任院长。世界孔子后裔联谊总会会长孔德墉先生任终身院长。全国政协常委、科教文卫体副主任委员、中国检察官文联主席张耕，山东省委常委、政法委书记柏继民，山东省委常委、宣传部长孙守刚，山东省人民检察院检察长国家森，山东省原副省长王玉玺，济宁市人民检察院检察长张庆建任名誉院长。中国传媒有限公司董事长、中国文化报社社长孔繁灼先生任中国儒风书画院副院长。

中国儒风书画院是全国检察机关唯一的书画院，是全国检察文化产业发展基地的重要组成部分，经民政部门注册的非盈利性社团组织。自建院以来，以弘扬中华优秀传统文化为主旨，秉持“古为今用”“推陈出新”的文化理念，探究“孔、孟、颜、曾、子思”五大圣人的哲学思想，坚守“穷则独善其身，达则兼济天下”的儒家处世观，通过艺术服务换取社会支持，以优秀的书法和绘画作品奉献大众，满足人们的审美需求。

1. 中国儒风书画院院长杨松涛。
2. 中国儒风书画院终身院长、世界孔子后裔联谊总会会长孔德墉先生(中)。
3. 全国政协常委、科教文卫体副主任委员、中国检察官文联主席、中国儒风书画院名誉院长张耕。
4. 山东省委常委、政法委书记、中国儒风书画院名誉院长柏继民(左)与李如林交谈。
5. 山东省人民检察院检察长、中国儒风书画院名誉院长国家森。
6. 济宁市人民检察院检察长、中国儒风书画院名誉院长张庆建。
7. 中国文化传媒有限公司董事长、中国儒风书画院副院长孔繁灼（中）与其他院长们讨论工作。

1 2
3 4 5
6 7

与时俱进谋发展 求真务实谱新篇

——写在潍坊市书画家联谊会建会15周年之际

■ 张国华

潍坊市书画家联谊会成立15年以来，始终坚持“立足潍坊，面向全国；繁荣书画，服务社会；民主兴会，自我发展；开门办会，广泛联谊”的办会方针，团结一致，奋力开拓，求真务实，与时俱进，为繁荣和发展祖国的书画事业做出了积极的贡献。多次被潍坊市民政局评为先进单位，二次被山东省民政厅授予“山东省先进社会团体”称号，多次受到总会表彰，2004年被国家民政部授予“全国先进民间组织”称号。

一、围绕大局，服务中心，细心组织书画活动

围绕大局、服务中心是该会开展各项活动的基本原则，也是不断开创工作新局面的重要前提。

十几年来，该会先后承办了潍坊市委、市政府及有关部门交办的全市大型书画展百余次，国际性书画展2次，全国性书画展4次，接待海内外书画名家200余人，举办个展或联展百余次。他们还积极组织开展各种社会公益活动，倡导并组织了1998年8月的“潍坊市书画抗洪赈灾义捐义卖”、2003年5月的“潍坊市抗非典献爱心大型书画义捐义卖”和2008年的“潍坊市抗震救灾书画大型募捐”活动，还结合“元旦”、“春节”、“八一”、“老人节”等重大节日，组织书画家到农村、学校、部队、干休所开展慰问活动。

实践证明，社团的生命力关键在于活动。要想有地位，首先有作为。该会通过不断开展各项丰富多彩的书画活动，在促进当地书画事业繁荣发展的同时，也使自己壮大了力量，扩大了影响，确立了在书画界的重要地位。

二、发挥优势，创造条件，精心打造“四个平台”

一个民间社团要立稳脚跟，就必须有自己的坚实平台。这些年，该会充分发挥自身优势，努力创造条件，先后精心打造了四个平台。

一是书画展馆。该会成立之初，没有固定展览场所，四处“打游击”。后在潍坊市图书馆解决了办公场所，精心装修了400余平方米的展厅，还有近500米的回廊作为书画展带。他们制定了展览服务规则，添置了为之服务的高档数码照相机、摄像机、刻录机、录放机等设施，《东方书画》报和《东方书画》网与之配合宣传，提供展览、宣传、研讨、点评、接待、营销等全方位服务，整体提升了展览的档次和品味，吸引了海内外更多的书画名家前来办展。

二是《东方书画》报。自1998年7月创办以来，立足潍坊，面向全国，坚持高起点、高品位，及时报道书画信

息，宣传书画名家，推出艺苑新秀，开展学术研究，推动艺术交流，得到了全国书画界的广泛肯定，年年被潍坊市新闻出版局评为优秀。2010年7月，加盟《领导科学报》，改为对开大版，每周两期，随《领导科学报》一起发行，发行量由原先的八千份增至目前的二万份。

三是《东方书画》网。《东方书画》网于2003年7月正式启动，先后4次改版升级，及时更新设备。以规模大、服务好、内容全、更新快、点击率高而成为业界人士广为关注的专业性门户网站，在全国综合艺术类网站稳居前80名，先后两次被山东省民政厅评为“全省民间组织信息宣传先进单位”，并在大会介绍经验。

四是《东方书画》专刊。2009年，该会又推出了《东方书画》专刊，为书画家编辑出版书画集，适应了他们个性化发展的需求。

三、求真务实，周到服务，热心铸就会员之家

该会重视发挥服务职能，做好对会员的联络、协调、服务工作，实心实意为会员着想，积极为会员办实事、办好事，增强了本会的凝聚力和向心力。

优惠为会员举办个人书画展和出版《东方书画》专刊，优先在《东方书画》报和《东方书画》网作宣传。采取多种途径，提高会员业务水平。除积极组织会员参加一些全国、省、市书画展外，7次举办会员书画作品展，为会员举办个人书画展68人次。还通过座谈、观摩、研讨等多种形式，加强对会员的培训，从而有效地提高了会员的创作水平。会员作品先后在全国、省、市书画展中获各类奖项300余人次，400多会员被收入各类书画辞典。

他们还结合春节、中秋节等传统节日，有重点的走访老会员及身体欠佳的会员，使他们能够体会到“家”的关怀和温暖。广大会员以会为家，积极参加活动，主动提合理化建议，对民主办会、民主兴会起到了积极的作用。

召开常务理事会，总结部署年度工作

四、与时俱进，聚精会神，全心抓好自身建设

俗语常说“打铁全靠本身硬”。实践中他们深深体会到，要搞好协会工作首先要抓好自身建设。

一是有一个与时俱进的领导班子。会长任栢榴把几十年党政领导之经验，移植于社团管理，创造性的开展工作，带领大家走出了一条新时期社团工作的新路子。针对社团的特点，他们坚持每年召开一至二次常务理事会，集思广益谋大事；会长、副会长明确分工，各司其职；多种形式，随时交流；还提倡大家每年为会上做一件好事，这些措施较好的增强了领导班子的凝聚力。

二是有一个高效精干的工作机构。本会有固定的办公场所，常设机构5人，由一名常务副会长主持日常工作，按国家规定享受有关工资、劳保及福利待遇。配备了车辆、

《东方书画》报

微机、录像机、数码照相机、激光打印机等现代化办公设施，实现了网上办公，提高了工作效率。重视在岗培训，达到了一人多岗，一岗多能的要求。基本达到人人能上机，个个会采编，既提高了办事效率，又节省了费用开支。

三是有一支宏大活跃的会员队伍。该会现有个人会员856人，团体会员单位8个，团体会员单位有会员二千余人，遍布全市各个行业。

四是有一套行之有效的规章制度。为加强该会自律，

《东方书画》专刊

他们依照国家有关法律、法规和协会《章程》逐步建立健全了民主管理、人事管理、财务管理、物资管理、印章管理、档案管理、工作纪律等规章制度，还实行了年度工作任务目标责任制，把全年工作分解落实到人，提出目标要求，把任务量化，避免了工作的随意性和盲目性，使各项工作逐步程序化，规范化，保证了该会健康持续的发展。

五是有一系列创收的保证措施。该会完全靠自收自支，所以自创办以来就坚持走文化产业化的路子，通过举办各类书画活动争取企业赞助；在《东方书画》网为书画家的代理经销作品、上网有偿服务；利用《东方书画》报赢得书画界支持；为书画家出书、制作光盘；名家作品经营等渠道创收，经济收入稳步上升，有力的保证了本会各项工作的正常运行。（作者现为中国诗歌协会会员，山东省作家协会会员，潍坊市人大代表，原人大教科文卫主任，《齐鲁文学》社名誉社长）

中国书画艺术发展研究院

为弘扬中华民族传统文化，展现中国书画艺术，促进社会经济发展，贯彻落实科学发展观、与时俱进、构建和谐社会，让广大青少年书画艺术爱好者有个更好施展的平台，中年朋友画艺展示，老年朋友，老将军晚年幸福，老有所为，老有所乐，及时抢救将军文化资源，进一步展现书画艺术家的风采，这是我们中国书画艺术发展研究院宗旨。总部设在香港。

中国书画艺术发展研究院通过开展笔会交流、展览等活动，为书画艺术家们的艺术发展提供更有利的条件和机会，同时为服务社会，服务基层积极作出贡献。

中国书画艺术发展研究院的成立，得到了香港政府及大陆相关有关领导，将军们的关心和支持，中国书画艺术发展研究院坚持健康积极向上的原则，坚持党的文艺方针、政策，为培养书画艺术人才，促进和发展中华民族的文化事业，为社会主义精神文明建设作出贡献。

执行院长：方人也

副院长：王永成　王文元

李壮平　李柏青

方人也（老枪）中国新闻传媒出版社社长、中国书画艺术发展研究院院长、中国书画艺术家协会主席

中国王羲之书画艺术研究院

中国王羲之书画艺术研究院在名誉院长中国美协顾问王琦先生、中央办公厅老年书画研究院常务副会长、中办老领导张进跃先生、院长中国书协顾问著名书画家王学仲先生，及常务院长李宗轲先生的努力下，院内工作开展的一直很好，受到社会好评。具体工作以下简介：

该院自成立，院委研究制订发展方向和奋斗目标。办院宗旨是弘扬民族文化，继承传统发展创新。不断培养人才、发现人才、推出人才，为我国的文化事业发展在书画艺术上推陈出新，培养新的人才。在院成立的同时兴办了中国书画国际大学临沂分校，搞好工作，培养人才，为社会服务。

该院自成立以来，自觉执行国家有关规定，严格遵纪守法，为弘扬民族文化，发展书画事业而努力。坚定文艺为人民服务的、党的一贯路线，围绕党的政治多搞活动。在奥运期间搞了庆祝奥运书画大展，同时搞一个100米《国花牡丹庆奥运长卷》献画活动，在社会上起到很大影响。2009年8月18日，在王羲之故居举行了为台湾风灾捐画活动，捐出作品50多幅，受到台湾同胞高度赞扬。

每年的“八一建军节”、春节期间组织多次拥军活动，让书画走进军营受到官兵的一致好评。曾为北京武警总队、天安门升旗护卫队、洛阳铁军部队送多幅作品；为地方武警部队、军分区等赠送书画作品百余幅，为地方政府的拥军工作做出应有的贡献，为此地方领导把该院作为拥军的重点。在中人民共和国成立60周年之际，该院又与北京“中国水墨艺术研究院”联合举办大型书画庆典活动。使更多的书画家和人民群众见到全国60多位书画名家真迹，受到社会的称赞。

1. 中国王羲之书画艺术研究院、中国水墨艺术研究院庆祝新中国成立60周年书画联展开幕式。
2. 中国王羲之书画艺术研究院与中央办公厅老年书画研究会联合举办庆祝建党90周年书画展开幕式。
3. 中国王羲之书画艺术研究院与故宫博物院“兰亭大展”筹委会考察后座谈会。
4. 中国王羲之书画艺术研究院向台湾灾区献爱心笔会。

中国少林书画研究会

为发掘弘扬中原悠久辉煌的传统书画艺术和发展我国民族文化事业，在著名书画家郑玉昆先生的倡导下，于1988年7月，在郑州成立了中国少林书画研究院。由中国文联直接领导、国家民政部批准备案，著名书法家荆汝彭先生担任法人代表兼秘书长。

中国少林书画研究会成立以来，立足于中华文化积淀丰厚的中原，为国内外书画界搭建一座书画交流和学术研究的平台，用以弘扬当代中国书画艺术，研究探讨书画发展方向，几十年来坚持中国特色社会主义文化发展道路，深化文化体制改革，推动协会可持续发展，高举中国特色社会主义伟大旗帜，以马克思列宁主义、毛泽东思想、邓小平理论和“三个代表”重要思想为指导，深入贯彻落实科学发展观，坚持社会主义先进文化前进方向，全面贯彻“二为”方向和“双百”方针，不断推出更多的文化优秀作品，并在省内外乃至东南亚等国家和地区开展了书画家联谊、学术研讨、书画大展等卓有成效的活动。

中国少林书画研究会将全面贯彻党的十七大精神，紧密团结在以胡锦涛同志为总书记的党中央周围，在坚持和发展中国特色社会主义的伟大实践中进行文化创造，为把我国建设成为社会主义文化强国做出自己的贡献！

会长郑玉昆（左五）、秘书长荆汝彭（左三）同马来西亚书画家在一起。

会长郑玉昆先生和时任中央政治局常委李克强在展厅亲切交流。

名誉会长王华先生（左一）、秘书长荆汝彭先生（右一）与中国佛教协会副会长、少林寺方丈释永信（中）亲切交谈。

荆汝彭（中）与书画家范斌（左一）、美国贸易促进会主席张醒亚先生（右一）在2010年黄帝拜祖大典上。

荆汝彭（右一）与河南省委书记徐光春（右二）、副省长史济春（左一）在一起。

中国书画家代表团部分成员在马来西亚展览馆。

中国榜书艺术研究会

中国文化艺术发展促进会榜书艺术研究会成立于1997年，以弘扬中国传统书法为己任，以发展榜书事业、服务社会大众为宗旨。10 多年来，在李力生主席的领导下，注重树形象、创品牌，团结广大书艺同仁，团结求和谐，奋进谋发展。于 1998 年、2005 年、2008 年分别在国家博物馆、国家美术馆、军事博物馆举行了 3 次“ 全国榜书大展 ”，2005 年 4 月，在延安举办“ 纪念毛主席‘5.23’讲话书法展览 ”、在上海举办“ 首届榜书理论学术研讨会 ”；2006 年，举办“ 中韩书艺展览 ”、在国家博物馆举办“ 纪念鲁迅诞辰 110 周年展览 ”；2008 年举办“ 爱在中国大型书画展 ”；2010 年，在军事博物馆举办“ 情系连云港全国大型书画展 ”；2011 年 4 月，在西柏坡为纪念建党 90 周年举办“ 党旗更鲜艳——榜书艺术家走进西柏坡书法展 ”。

平时紧密配合党和国家的重大节日及活动，结合抗震救灾、抗旱义卖等，深入农村、企业、学校、军营、政府积极开展社会公益活动。出版有内部《会刊》、10 本《作品集》和理论著作，顾问黄金元出版有《榜书概论》，建有官方网站。2011 年，开始在多地创建“ 中国榜书创作基地 ”，李力生主席编纂的大型理论专著《中国榜书艺术》一书也已完稿。

目前，榜书艺术研究会正朝着班子年轻化，队伍专业化，活动系列化，管理正规化的方向发展。

1. 第三届中国榜书大展作品评审。
2. 2011 年榜书名家联谊会。
3. “ 爱在中国 ”大型书画展开幕式。
4. “ 山海神韵 ”全国书画大展新闻发布会。

中国保险书画艺术研究会

中国保险书画艺术研究会成立于1994年，业务主管单位是中国文联，是国家民政部登记注册的一级社团。本会成立以来，坚持围绕发展人民保险事业，弘扬行业先进文化的主题，通过举办书画摄影展、讲座等形式，开展一系列活动，宣传保险知识，普及和弘扬书法、绘画、摄影艺术，为丰富和活跃保险行业员工的文化生活，建设精神文明发挥了积极作用。

2009年、2010年，本会连续两年被中国书协评为“中国书法进万家活动”先进集体。2010年，本会主席丁永康先生被中国书协评为“中国书法进万家活动”的先进个人，同时因出版字帖200多个品种，被誉为中国字帖出版冠军。

1. 2009年10月，中国保险书画艺术研究会承办了“中国保险业庆祝新中国成立60周年书法、绘画、摄影展览”，有关领导在嘉宾留言簿上留言。
2. 中国保险书画艺术研究会主席陪同保监会和中国书协领导步入展厅。
3. 展览开幕式现场。

新乡市中山书画院

新乡市中山书画院成立于1981年9月，系民革新乡市委员会直属单位，是改革开放后，成立较早的书画院。首任院长吴焕章(著名画家吴镜汀的入室弟子)，名誉院长郭文煊(原文教副市长、市政协副主席)，顾问为画家李霞生(齐白石的得意门生兼同事)，秘书长赵承璧。该院主要成员计有：夏壮吾(齐白石弟子)、李玉振(女，齐白石弟子)、张一圃、马云峰、郭茂如、冯志福、王海、袁维新、刘振中、邢世珍等近20位资深的项尖书画家。

第二任院长为书法家方景夏先生。现任院长为书法、美术、摄影、文史集于一身的赵承璧先生。副院长为石庆骥、张勇、牛荫泰、杨乃林、王孝哲。院内及外聘书画家已有60余人，是新乡市书画界一支劲旅。

多年以来，该院经常组织书画家下农村、进工厂、奔学校、到部队、上街头为广大工农兵学商及各界人士写字画画。该院也曾多次成功地举办过全国性的中国书画展赛活动。如1989年秋在全国率先举办了“海峡两岸中国书画联谊赛暨获奖作品展”；1996年、2006年先后主办了“纪念孙中山先生诞辰130、140周年(全国)书画大展”等。以文会友、弘扬传统文化，受到社会各界的好评，以及民革中央、省、市有关部门的嘉奖。许多国家级、省市级著作和优秀作品问世。

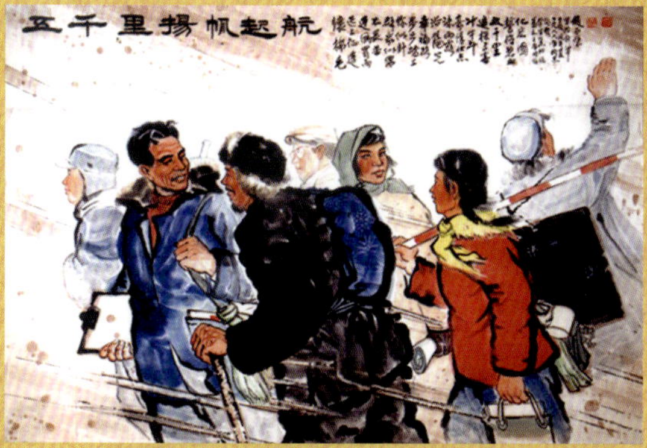

院长赵承璧作品

院长赵承璧作品

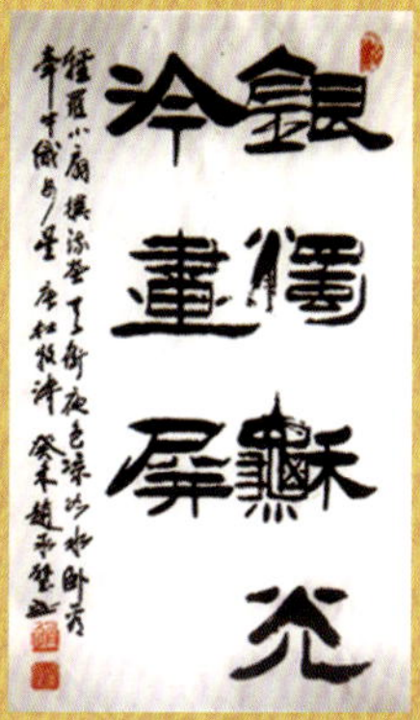

院长赵承璧作品

院长赵承璧作品

无锡市横云书画院

无锡市横云书画院，成立于 1994 年，系群众性的文化艺术团体，属无锡市文学艺术界联合会主管。现有书画艺术人才 50 余人，全国书协、美协和省级以上会员占 70% 以上。

近年来，书画院在无锡市委、市政府的领导下，在市文联的直接指导下积极开展活动，先后在无锡、常州、江阴等地多次举办书画展，并联合无锡市吴文化节大型文化活动多次在著名园林胜地锡惠公园多次举办大型的画展，出版书画院成立 10 周年、15 周年书画专集等，受到广大书画爱好者和广大群众的好评。

现任院长：王安石

院长作品

院长作品

澳门美术协会

澳门美术协会始创于1956年4月，至今已有55年的历史，前身是以陆昌、梁惠民、关万里、谭智生等倡议成立的，创办时，何贤先生为该会的名誉会长，定名为澳门美术研究会，1968年改名为澳门美术协会。

澳门美术协会以热爱祖国、团结美术界、推动美育、培养美术人材、服务社会为宗旨。曾先后举办过群众美术展览，普及美术教育，坚持每年举办会员作品展，开办美术培训班、幼儿童画班，定期与国内美术界交流画艺，经常举办画展、写生等活动，对推动美术工作不遗余力。

半个多世纪以来澳门美协积极参与社会活动，在工作锻炼中成长，在历史的长途中，有风和日丽的时光，也有急风暴雨的日子，但美协全人都能坚持不懈，除了自身努力外，更应感谢社会各界人士的支持和政府有关部门的关怀，会务才得以不断发展。

近年来，澳门美术协会老一辈领导人、会长陆昌、副会长谭智生、理事长郭士等相继逝世，新的澳门美协理监事们继承了前辈的优良传统，承前启后，继往开来，继续贯彻团结、提高和参与的精神，为艺术、为社会做好应做的工作，为澳门美术事业的发展和繁荣做出新的贡献。

1 2
3 4
5

1. 澳门美术协会会长黎鹰作品（水彩、前会长陆昌像）。
2. 澳门美术协会成立50周年志庆前会长陆昌致词。
3. 澳门美术协会会员作品展于北京澳门驻京办举行，嘉宾与澳门艺术家合照。
4. 2010穗港澳油画巡回展香港站开幕三地负责人合照。
5. 澳门美术协会主办“吴仕明书法展”开幕嘉宾合照。

澳门华夏文化艺术学会

澳门华夏文化艺术学会成立于2005年，创会及现任会长关权昌，现有会员126人。创会以来，在全体会员不懈的努力下，学会展开了一系列的文化交流活动。首先，为了加强与会员的联系，提高会员的艺术水平，每年都举办一次会员作品展，并且每月均定期举办一次会员雅集笔会，相互交流、切磋创作心得与经验，对提高会员的艺术水平起了积极的作用，深得全体会员的赞同与支持。与此同时，学会每年都组织文化交流写生团，对各地各山大川交流与写生活动，先后到张家界、湘西凤凰城、武夷山、金华、广西南宁、桂林、柳州、靖西、江西三清山、安徽黄山及山东泰山等。

另一方面，学会为了增进澳门与内地的文化交流与友谊，本会曾先后邀请上海、福建、江苏、广东等地艺术家与社团来澳举办展览或走出去在内地举办作品展，通过相互交流与学习促进澳门与内地的文化艺术发展。

1. 2010年，本会组团到黄山写生。
2. 2010年，本会举办“迎亚运 贺国庆”番澳书画联展在广州番禺举行。
3. 本会每月定期举办笔会文化交流。
4. 本会筹善款支援舟曲泥石流灾害，到中央驻澳联络办送交善款。中联办文化教育部副部长张晓光代表接受。
5. 2011年3月，中国经济导报社到访本会。
6. 2009年4月，本会举办家国情怀—华夏文化书画作品展。澳门特区政府检察长何超明、文化局长吴卫鸣等出席开幕式。
7. 2009年，本会举办第五届会员作品展。
8. 2011年6月，本会组团到山东青岛、泰山写生。

1 2 3 4
5 6 7 8

中国吉祥书画研究院

院长：李青云

中国吉祥书画研究院是中国市场学会文化创意产业专家委员会（国家文化创意产业专家委员会）支持成立的中国第一家研究“中国吉祥书画文化”的专业机构，主要以推广中国古典传统文化和吉祥书画交流为己任，系国家文化创意产业单位，以传承和弘扬中华民族优秀传统文化为目的，以吉祥书画为载体，是学者、吉祥书画家、企业家、社会名流，学术交流奉献爱心的首善圣地。

中国吉祥书画研究院2010年通过整整一年的社会调研、专家学者论证、市场调查和可行性分析，2011年4月1日在香港成功注册，2011年4月15日，由国家文化创意产业专家委员会正式备案并确认为中国文化创意产业单位。中国吉祥书画研究院，是一个让中国吉祥书画走向世界、让世界关注、实现传统文化推广与商业价值双结合的国际平台；是一个凝聚吉祥书画家、易经大师、收藏家、学员、社会团体的合作交流平台，也是培养吉祥书画家、鉴定师、推广吉祥书画作品的宣传平台。她在社会中扮演着“中国吉祥书画导师”的角色，与国内外诸多专业渠道、优秀团体机构、书画大家、收藏家、鉴定家密切联系，建立广泛合作渠道，积累丰富的各种资源，深具远见，善于导向、引领、协调吉祥书画家、社会精英以及各种资源的高效利用和有序发展。在社会经济、文化活动中，起着提供母体环境、促进吉祥书画领域稳健快速成长的捷径和桥梁作用。

吉祥书画是书画作品中极具特色的一种，创作一幅完整的作品笔、墨、纸、砚、印章缺一不可。这些线条与色彩的组合，风格不一、形象丰富，含文化、显艺术，给人以高度的审美意趣和视觉享受，同时人们还赋予其各种美好的寓意来寄托精神愿望。就书画创作者而言，创作作品本身就是一个修身养性、陶冶情操的过程。因此，书画艺术也是精神的，她有形、无形地都在影响着我们，然而所产生的这些有益作用就是一种吉祥。吉祥书画，就是研究书法国画的阴阳五行和吉祥幸福含义与对人的作用和影响，将纯粹的书画艺术与易学、道学、儒学、佛学、美学等学术理论、传统文化、思想体系有机结合，创造精神消费“产品”。并针对不同的环境风水和命理喜忌，为企业和个人度身定制“吉祥书画”：宜居、宜命、宜运、宜福、宜寿、宜禄；旺丁、旺财、旺身、开好运、保平安。

白石書畫研究院

招商合作方案

一、项目介绍

湖南白石文化产业有限公司，是由湘潭白石书画研究院和湘潭白石雕刻研究院共同控股的，专注艺术品经营的文化产业公司，本院拥有一批著名的书画大家担任艺术顾问，且有一批著名的最具升值潜力的签约书画家。公司根植白石，立足湘潭，文化底蕴深厚，艺术资源丰富。为顺应中国文化产业时代的潮流，推动中国艺术品市场良序健康发展，完善文化艺术产业化进程，本公司本着求真务实永续经营的理念，特打造国内首家艺术品连锁企业——星斗堂艺术品连锁有限公司。现特向全国首征100家书画艺术连锁名画加盟店，公司统一品牌，统一模式，连锁经营，共同发展，实现多赢。

二、项目背景

“合作共赢，共谋发展”是当今经济的主流模式；

“乱世藏金银，盛事藏书画”是当今社会财富理念的最佳注着；

艺术品收藏已经被公认为是继证券投资、房地产投资之后的第三大投资热点，被成为美丽的存单，越来越多的机构和个人热衷于艺术品投资和收藏。

三、风险分析

“黄金有价，艺术无价”，在国运昌盛，人民富裕的时代背景下，从事艺术品的投资和收藏，既是一个回报丰厚。利润可观的行业，又与当前的经济发展趋势十分吻合。

字画的升值潜能是不可预知的，但艺术品的升值是一定的，基于这一点，我公司向所有的加盟商和收藏者承诺：凡“星斗堂”门下的作品，到本公司指定的门店一律实行增值回购，确保投资无风险、经营有利益。

四、公司支持

为了确保加盟商的利益，保障运作有序、永续经营，公司为各加盟商提供如下支持：

1、各加盟店的外观形象、标识、装修风格，由我公司统一设计，统一装修；

2、我公司采取系统化运作，为各加盟店提供先进的企业经营理念、企业文化、运营管理模式和高端的客户支持，为各加盟店输送和培训优秀的管理、营销人才。

3、公司为各加盟店提供全国统一的广告支持，当地优势媒体宣传支持，会务营销支持。

4、公司为各加盟店提供全方位的服务：作品串换，增值回购，相关书画资料配送，书画作品配套包装，统一品牌使用，签约画家作品配货，艺术顾问专家指导，书画家笔会，专场拍卖会等。

湖南白石文化产业有限公司

2011年4月

地址：湖南省湘潭市建设北路8号白石公馆8楼
咨询热线：400-1122-608
电话：0731-52320111
传真：0731-52316222
网址：http://www.chinabssh.com
邮箱：bssh88808@163.com

厦门大学文化创意产业研究中心

厦门大学文化创意产业研究中心，以厦门大学多学科的科研平台为依托，开展课题研究和专项调研、培养文化创意产业人才，积极与政府和企业合作，依托闽台区域和人文优势，拓展对台交流与合作的空间，谋求闽台文化创意产业的深度合作。以海西为版块，拓展全国文化创意产业的横向合作，推动全国文化创意产业发展。作为福建省文化创意产业研究基地、福建省文化创意产业人才基地，中心自2009年创立以来，已与多家单位和企业建立合作联盟关系，共建文化创意产业实验室、文化创意产业实训基地，承办教育部中西部中小学教师培训班，以及福建省文化管理干部高级培训班。文化创意与产业对接，研究成果向创意产品转化，理论研究与教育培训相结合，提高社会效益与经济效益，加强两岸文化创意产业合作交流，构建起两岸互动互信的海峡文化圈，与台湾师范大学合作共同创立“闽台文化创意研究中心”，举办海西文化创意产业系列讲座，发起并成立了两岸文化创意产业研究联盟，两岸三地联盟高校已达50多所，是目前全国最大的文化创意产业联盟组织。中心拥有独立的专业网站和研究季刊，致力于打造海峡两岸文化创意产业合作交流前沿平台，全国文化创意产业研究示范基地和世界华人文化创意产业研究中心。

1. 与福建省文化厅合作成立，福建省文化创意产业研究基地、福建省文化创意产业人才基地。
2. 发起并成立了两岸文化创意产业研究联盟。
3. 举办“珠江·恺撒堡钢琴”全国普通高等学校音乐学（教师教育）本科专业学生基本功比赛活动。
4. 承办教育部“中西部中小学艺术骨干教师培训计划”培训班。
5. 两岸文化创意产业研究联盟第一次会议。
6. 两岸文化创意产业研究联盟第二次会议。
7. 两岸文化创意产业研究联盟第三次会议。

1 2
3 4
5 6 7

延安書法院 延安嘉嶺印社

延安书法院、延安嘉岭印社成立于2009年11月28日，特邀请中国书法家协会名誉主席沈鹏先生，中国书法家协会主席张海先生，西泠印社副社长刘江先生分别为延安书法院、延安嘉岭印社题写了院、社名。延安书法院、嘉岭印社隶属于延安市委宣传部主管，市民政局监督管理，业务受上级书法院和篆刻组织的指导，是广大书法篆刻爱好者自愿组成的法人社会团体组织。延安书法院、嘉岭印社以马列主义、毛泽东思想、邓小平理论和科学发展观为指导，坚持党的基本纲领和路线，坚持四项基本原则。继承和发扬祖国传统文化，弘扬延安精神，坚持“双百”方针和“二为”方向，倡导“古为今用、推陈出新”，提倡“继承传统、致力创新”的艺术指导方针，为提高全市的书法篆刻艺术水平，为弘扬祖国传统文化和书法篆刻艺术事业，为促进延安和谐发展而积极努力。

延安书法院、嘉岭印社实行院长、社长领导下的副院长、副社长分工负责制。日常事务由秘书长协调处理。书法院、印社设名誉院长、艺术顾问若干名。书法院设院长1名（张振华首任院长），副院长10名；秘书长1名，副秘书长2名。书法院下设研究创作部、培训展览部、评审交流部、《嘉岭书法》（现改为《延安书法》）杂志编辑部、延安书法网站等。嘉岭印社设社长1名（白世锦首任社长），副社长5名；秘书长1名，副秘书长1名，办公室一处，设有主任一名，副主任两名。现有研究员、社员200余人，书法、篆刻培训基地6处，每年平均培训300余人次。

1 2

1. 延安书法院、延安嘉岭印社成立一周年，延安、驻马店书法交流展。
2. 延安书法院办公室。

地 址：陕西省延安市百米大道永兴路
延安广播电视大学
邮 编：716000
电 话：15809119966 张振华 院长
13891170588 白世锦 社长
13891130466 周亭 秘书长
延安书法网：www.yananshufa.com

湖北美術学院

湖北美术学院是我国中部地区唯一一所专业高等美术学府，是举办本科和研究生学历教育的公办高等美术院校，隶属湖北省人民政府，主管部门为湖北省教育厅。

昙华林校区校门

学院前身是创办于1920年的武昌美术学校，后定名为私立武昌艺术专科学校（简称武昌艺专），是中国近、现代高等美术教育的发源地之一。

湖北美术学院现占地总面积478000平方米，其中，昙华林校区59000平方米，位于武汉市武昌区中山路374号；藏龙岛主校区419000平方米，位于武汉市江夏区藏龙岛科技园栗庙路6号。现在职教职工508人，各类在校学生7838人。学院共设有中国画系、油画系、版画系、壁画与综合材料绘画系、水彩画系、动画学院、雕塑系、视觉传达设计系、环境艺术设计系、服装设计系、工业设计系、美术学系及视觉艺术基础部、公共课部、研究生部、继续教育学院、附属中专部及艺术设计学院等18个教学单位。学院连续两届被湖北省人民政府授予“湖北省最佳文明单位”称号。

“十一五”期间，学院共有艺术学、美术学、设计艺术学、中国少数民族艺术4个二级学科，（其中中国少数民族艺术立项在建）、艺术学、美术学、设计艺术学为省级重点学科，其中，美术学、设计艺术学于2007年分别被评为省级优势学科和特色学科。2006年，获教育部首批招收艺术硕士（MFA）研究生的试点单位，2010年，开始招收全日制艺术硕士研究生。同年，学院获得了艺术学一级学科硕士学位授予权并与其他高校签署联合培养博士生协议，形成了我国中部地区高层次美术人才培养的新格局。

榆园（优秀历史建筑）

“十一五”期间，学院共获批6项教育部“质量工程”国家级建设成果和立项项目，其中，教育部高等学校特色专业建设点3个；国家级精品课程2门，国家级人才培养模式创新实验区1项。获批16项湖北省“质量工程”省级建设成果和立项项目，其中，湖北省高等学校本科品牌专业建设点5个，湖北省高等学校精品课程6门，湖北省高等学校实验教学示范中心3个，湖北省高等学校教学团队1个，湖北省高等学校大学生创新活动基地1个。2010年，“致美拔尖创新人才”培育实验计划项目获批为湖北省普通高等学校拔尖创新人才培育试验计划项目，开启了学院新一轮人才培养模式的探索。

学院设有湖北省人文社科重点研究基地“现代公共视觉艺术设计研究中心”，下设陶艺研究所、雕塑艺术研究所、湖北民间美术研究所、长江流域文化遗产研究所、水彩艺术研究所和环境艺术研究所。还设有湖北省研究生创新中心——湖北省楚文化暨中国南方先秦美术形态研究。公共艺术大学生创新活动基地是湖北省高等学校大学生创新活动基地，“十一五”期间，全院教师共有近500件艺术创作作品入选国内外各种展览，获得国家级和省级以上奖励200余项，艺术创作成果丰硕；“中国中部美术形态研究中心”、“高层次人才引进及创新团队建设”获批为中央财政支持地方高校建设资助项目；“高层次人才培养”、“湖北美术学院与武汉市暨武昌区人民政府合作共建昙华林创意产业园”为湖北省高等教育综合改革试点项目。

2010年10月28日，学院隆重举行了90周年校庆庆祝活动。在90年的办学实践中，学院始终坚持“崇德、笃学、敏行、致美”的校训，服务社会、融入社会、引导社会，以兼收并蓄的学术精神和兼容互动的教学理念，为国家培养了一代又一代优秀的艺术专门人才。

校园景色

学院地址：湖北省武汉市江夏区藏龙岛科技园栗庙路6号（藏龙岛主校区）

湖北省武汉市武昌区中山路374号（昙华林校区）

学院网址：http://www.hifa.edu.cn